Bibliographie zur Zeitgeschichte 1953—1980

Im Auftrag des Instituts für Zeitgeschichte München
herausgegeben von Thilo Vogelsang †
und Hellmuth Auerbach
unter Mitarbeit von Ursula van Laak

Band I
Allgemeiner Teil

Hilfsmittel — Geschichtswissenschaft —
Gesellschaft und Politik — Biographien

K·G·Saur München·New York·London·Paris 1982

Die Originalausgabe der
„Bibliographie zur Zeitgeschichte"
erschien als Beilage der
„Vierteljahreshefte für Zeitgeschichte,"
Jg. 1—26 zusammengestellt von Thilo Vogelsang,
Jg. 27—28 von Hellmuth Auerbach,
unter Mitarbeit von Ursula van Laak,
Deutsche Verlags-Anstalt Stuttgart 1953—1980.

CIP-Kurztitelaufnahme der Deutschen Bibliothek

Vogelsang, Thilo:
Bibliographie zur Zeitgeschichte : 1953 — 1980 /
im Auftr. d. Inst. für Zeitgeschichte München
hrsg. von Thilo Vogelsang u. Hellmuth Auerbach.
Unter Mitarb. von Ursula van Laak. — München ;
New York ; London ; Paris : Saur
  Früher als: Vierteljahrshefte für Zeitgeschichte.
Beil.
ISBN 3-598-10420-0

NE: Auerbach, Hellmuth:; HST

Bd. 1. Allgemeiner Teil : Hilfsmittel —
Geschichtswissenschaft — Gesellschaft und
Politik — Biographien. — 1982.
ISBN 3-598-10421-9

Copyright by Institut für Zeitgeschichte München
Lizenzausgabe des KG Saur Verlages KG München 1982
Printed in the Federal Republic of Germany
Alle Rechte vorbehalten
Dieses Werk — oder Teile daraus — darf nicht vervielfältigt,
in Datenbanken gespeichert oder in irgendeiner Form
— elektronisch, photomechanisch, auf Tonträger oder sonstwie —
übertragen werden ohne die schriftliche Genehmigung des Verlages.
Technische Realisierung und Druck: Norbert Gärtner Mainz-Kastel
Registerherstellung: SRZ Hartmann + Heenemann, Berlin
Binden: Karl Schaumann, Darmstadt
ISBN 3-598-10420-0 (3 Bände)
ISBN 3-598-10421-9 (Bd. 1)

Vorwort

Als in den frühen fünfziger Jahren in der Bundesrepublik die wissenschaftliche Bearbeitung der unmittelbar zurückliegenden Vergangenheit begann und in München das Institut für Zeitgeschichte seine Arbeit aufnahm, war es für diesen neuen Zweig der Geschichtswissenschaft dringend erforderlich, schnell und umfassend über die neuesten Publikationen informiert zu werden. Deshalb erhielten die „Vierteljahrshefte für Zeitgeschichte" mit ihrer Gründung im Jahre 1953 als ständige Beilage die „Bibliographie zur Zeitgeschichte", die vom Leiter der Bibliothek zusammengestellt wird.[1] Ihre Betreuung lag 26 Jahre lang, bis zu seinem Tode 1978, in den Händen von Thilo Vogelsang.

Die Bibliographie will dem Benutzer eine laufende, möglichst umfassende Übersicht über das deutsche und internationale Schrifttum zur Zeitgeschichte an die Hand geben, wobei der Schwerpunkt bei der Geschichte seit 1917 — ursprünglich bis 1945, neuerdings bis zur Gegenwart — liegt. Sie enthält außer Monographien auch Zeitschriftenaufsätze, Beiträge aus Sammelwerken sowie unveröffentlichte Hochschulschriften. Da der gesamte Stoff jeweils innerhalb zweier Jahrgänge durchgearbeitet und erfaßt wird, die Zahl der Titel aber ständig wächst, wurde im Laufe der Zeit eine immer schärfere Auswahl getroffen. Während Arbeiten zur deutschen Geschichte weitgehend berücksichtigt werden, ist für den außerdeutschen Bereich eine Beschränkung auf die wichtigsten Veröffentlichungen notwendig, wobei neben deutschsprachigen vorwiegend englische und französische Titel aufgenommen werden.

Die Gliederung der Bibliographie ist im Laufe der Jahre mehrfach geändert und vor allem für den Zeitraum nach 1945 verfeinert worden. Für die vorliegende kumulierte Ausgabe wurde sie überarbeitet und vereinheitlicht.

Da die frühen Jahrgänge der „Vierteljahrshefte für Zeitgeschichte" größtenteils vergriffen sind und das Aufsuchen von Titeln in den Einzelbänden umständlich und zeitraubend ist, wurde die Anregung des Verlages K.G. Saur aufgegriffen, eine kumulierte Neuausgabe der bisher vorliegenden 28 Jahrgänge zu bringen. Der Neudruck bietet den Vorteil, daß die über 43.000 Titel nach der Systematik der Originalausgabe, aber ohne die jahrgangsweise Aufteilung, neu zusammengestellt sind und durch Gesamtregister für die Einzelbände erschlossen werden. Frau Barbara Fischer gebührt unser Dank für die mühevolle Einrichtung dieser Ausgabe.

Hellmuth Auerbach

---

[1] Im Selbstverlag des Instituts für Zeitgeschichte erschien 1955 auch die „Bibliographie zur Zeitgeschichte und zum Zweiten Weltkrieg für die Jahre 1945—50", zusammengestellt von Franz Herre und Hellmuth Auerbach.

Inhaltsverzeichnis

Hinweise für die Benutzung XVI

I. Allgemeiner Teil

1. Hilfsmittel

Bibliographien

    Allgemeines 3
    Geschichtswissenschaft 5
    Gesellschaft und Politik 5
    Biographische Nachschlagewerke 10
    Geschichte des 20. Jahrhunderts
        Allgemeine Geschichte 14
        Europäische Geschichte 17
        Deutsche Geschichte 18
        Geschichte außerdeutscher Staaten
            Europa 22
            Amerika 32
            Asien 32
            Afrika 34

Quellenkunde 34
Archive und Bibliotheken 40
Institutionen 46
Forschung 49

2. Geschichtswissenschaft

Allgemeines 50
Theorie 57
Methoden 58
Geschichtsschreibung 59
Geschichtsphilosophie 65
Geschichtsunterricht 67

3. Gesellschaft und Politik

Sozialwissenschaftliche Fragestellungen

    Allgemeines 71
    Sozialpolitik 75
    Bevölkerungsgeschichte 75
    Probleme der Gesellschaft
        Allgemeines 76
        Bürgerliche Gesellschaft 81
        Rassenprobleme 82
        Spezielle Fragen 82
    Umweltprobleme 85

Geistige Strömungen der Zeit
Allgemeines 85
Religiöse Bewegungen im politischen Bezug
    Christentum 85
    Judentum 90
    Freimaurer 97

Politische Ideengeschichte
Allgemeines 97
Konservatismus, Restauration 99
Liberalismus 100
Sozialismus 102
Marxismus 107
Kommunismus
    Allgemeines 111
    Einzelne Regionen
        Europa 116
        Sowjetunion 118
        Asien 119
        Lateinamerika 120
        Afrika 120
Nationalismus 120
Faschismus 123
Antisemitismus 128
Spezielle Fragen 130

Politikwissenschaftliche Fragestellungen
Allgemeines 131
Politische Bildung 138
Staatliches Leben
    Allgemeines 140
    Innere Organisation 144
    Staat und Menschenrechte 148
    Widerstandsrecht 150
    Demokratie 152
    Autoritäre und totalitäre Staatsformen 158
    Kapitalismus 160
    Föderalismus 162
    Bürokratie 163
Parteien 163
Arbeiterbewegung und Gewerkschaften 164
Internationale 170
Verbände und andere Gruppen 172
Meinungsbildung 172
Anarchismus 175
Terrorismus 175
Revolutionen, Staatsstreiche 176
Guerillakrieg 178
Wehrwesen 178
Völkerrecht 184
Außenpolitik 193
Imperialismus 200
Kolonialismus und Antikolonialismus 202
Entwicklungspolitik und „Dritte Welt" 203
Friedensbewegung, Friedensforschung 205
Spezielle Fragen 207

Internationale Organisationen

    Allgemeines 210
    Völkerbund 212
    Vereinte Nationen 213
    Rotes Kreuz 220
    Amnesty International 221

4. Biographien 221

Register

Verfasser-, Herausgeber- und Sachtitelregister 389
Personenregister zum Kapitel 4, Biographien 433

Inhaltsübersicht

Band II
Geschichte des 20. Jahrhunderts bis 1945

5. Allgemeine Geschichte
6. Europäische Geschichte
7. Geschichte des I. Weltkrieges
   Allgemeines
   Vorgeschichte und Kriegsausbruch
   Militärische und wirtschaftliche Geschichte
   Politische Geschichte

8. Deutsche Geschichte
   Allgemeines
   Neuere und neueste Geschichte
      Allgemeines
      Politik und Staat
      Parteien
      Wirtschaft und soziales Leben
      Kulturelles Leben
      Deutsche Länder

   Geschichte des Kaiserreiches von 1871 bis 1918
      Vorgeschichte
      Allgemeines
      Politik und Staat
      Parteien
      Wirtschaft und soziales Leben
      Kulturelles Leben
      Deutsche Länder

   Geschichte der Weimarer Republik von 1918 bis 1933
      Allgemeines
      Revolution und Nationalversammlung
      Politik und Staat
      Parteien
      Wehrwesen
      Außenpolitik
      Wirtschaft
      Soziales Leben
      Kulturelles Leben
      Deutsche Länder

   Geschichte der nationalsozialistischen Zeit von 1933 bis 1945
      Allgemeines
      Nationalsozialismus und NSDAP
      Vorgeschichte
      Politik und Staat
      Recht und Verwaltung

Wehrwesen
Außenpolitik
　Allgemeines
　Einzelne Ereignisse
Wirtschaft
Soziales Leben
Medien und Propaganda
Kulturelles Leben
Religiöses Leben
Verfolgung und Widerstand
　Allgemeines
　Konzentrationslager
　Medizinische Versuche und Euthanasie
　Emigration und Exil
　Kirche
　Judentum
　Einzelne Gruppen
　Parteien
　Nationalkomitee „Freies Deutschland"
　20. Juli 1944
Deutsche Länder

9. Geschichte einzelner Staaten

Großbritannien
Irland
Skandinavische Staaten
Frankreich
Belgien, Niederlande, Luxemburg
Italien
Vatikan
Spanien, Portugal
Schweiz
Österreich
Osteuropa, Ostmitteleuropa
Tschechoslowakei
Polen
Danzig 1919 bis 1939
Baltische Staaten
Finnland
Sowjetunion
Südosteuropa
Albanien
Bulgarien
Griechenland
Jugoslawien
Rumänien
Ungarn
Türkei
Vereinigte Staaten von Amerika
Kanada

Lateinamerika
Naher und mittlerer Osten
Süd-, Ost- und Südostasien
Afrika
Australien und Neuseeland

10. Geschichte des II. Weltkrieges

Allgemeines
Vorgeschichte und Kriegsausbruch
Militärische Geschichte

　Allgemeines
　Spezielle Themen
　Militärische Führung
　Feldzüge und Kriegsschauplätze
　Seekrieg
　Luftkrieg
　Rüstung und Wirtschaft
　Nachrichten- und Abwehrdienste

Politische Geschichte

Band III
Geschichte des 20. Jahrhunderts seit 1945

11. Allgemeine Geschichte

Jahrbücher
Allgemeines
Ost-West-Verhältnis
Beziehungen Vereinigte Staaten von Amerika — Europa
Spezielle Fragen

　Suez-Krise

Sicherheitspolitik und -systeme
Rüstungspolitik und -kontrolle
Problematik der Kernenergie
Wirtschaftsprobleme
Entwicklungsländer, Entwicklungspolitik

12. Europäische Geschichte

Europa insgesamt

　Allgemeines
　　Europäische Integration
　Parteien
　Gewerkschaften
　Europäische Organisationen
　Sicherheitspolitik und -konferenzen

Europäische Gemeinschaft
    Allgemeines
    Europäisches Parlament und Wahlen
    Außenpolitik
    Wirtschaft
    Kulturelles Leben

RGW-Staaten

13. Deutsche Geschichte

Deutschland insgesamt
    Allgemeines
    Oder-Neiße-Linie
    Flucht und Vertreibung
    Verfolgung von NS-Verbrechen
    Wiedergutmachung
    Deutschland-Problem
        Allgemeines
        Innerdeutsche Beziehungen
        Vergleichende Studien
    Geschichte 1945 bis 1949
        Allgemeines
        Potsdamer Konferenz
        Alliierte Besatzungspolitik
        Entwicklung in den Westzonen
        Entwicklung in der sowjetischen Besatzungszone
        Deutsche Länder
    Berlin

Bundesrepublik Deutschland
    Allgemeines
    Verfassung und Institutionen
    Recht
    Verhältnis Bund—Länder
    Innenpolitik
        Allgemeines
        Notstandsgesetzgebung
        Außerparlamentarische Opposition
        Interessengruppen und Bürgerinitiativen
        Parteien
        Extremismus
        Terrorismus
        Deutsche Länder
    Außenpolitik
        Allgemeines
        Beziehungen zu anderen Staaten
    Sicherheitspolitik und Wehrwesen
    Wirtschaft
    Soziales Leben
        Allgemeines
        Gewerkschaften, Arbeitskampf
        Spezielle Fragen
    Medien
    Kulturelles Leben
    Religiöses Leben

Deutsche Demokratische Republik
    Allgemeines
    Verfassung, Institutionen, Recht
    Innenpolitik
        Allgemeines
        Sozialistische Einheitspartei Deutschlands
        17. Juni 1953
    Außenpolitik
    Wehrwesen
    Wirtschaft
    Soziales Leben
    Kulturelles Leben
    Religiöses Leben

14. Geschichte einzelner Staaten

Großbritannien
Irland
Skandinavische Staaten
Frankreich
Saarland bis 1956
Belgien, Niederlande, Luxemburg
Italien
Triest bis 1954
Vatikan
Spanien
Portugal
Schweiz, Liechtenstein
Österreich
Osteuropa, Ostmitteleuropa
Tschechoslowakei
Polen
Finnland
Sowjetunion
Südosteuropa
Türkei
Zypern
Vereinigte Staaten von Amerika
Kanada
Lateinamerika
Naher und mittlerer Osten
Süd-, Ost- und Südostasien
Afrika
Nordafrika
Afrika südlich der Sahara
Australien und Neuseeland
Antarktis
Weltmeere

Hinweise zur Benutzung

Für Benutzer, die die Bibliographie aus den „Vierteljahrsheften für Zeitgeschichte" kennen, wird auf folgende Veränderungen aufmerksam gemacht.

Im Band I, Abschnitt Bibliographien, sind keine allgemeinen Bibliographien mehr aufgeführt, auch die früher angezeigten wurden herausgenommen. Wir verweisen dafür auf die neueste Auflage des „Handbuchs der bibliographischen Nachschlagewerke" von Wilhelm Totok und Rolf Weitzel im Verlag Klostermann, Frankfurt a. M. Ferner sind die Regionalbibliographien denjenigen Staaten zugeordnet, zu denen die Region nach den heutigen Grenzregelungen gehört. Das gleiche Zuordnungsprinzip gilt auch für alle Titel im Band III.

Für die Titelaufnahme gelten, wie bei der laufenden Bibliographie, die Preußischen Instruktionen (grammatikalisch-formales Prinzip).

Abweichend davon sind im Register, das mit Hilfe der elektronischen Datenverarbeitung hergestellt wird, Verfasser und Sachtitel Wort für Wort geordnet (sogenannte mechanische Wortfolge). Bei Sachtiteln werden zusätzlich die persönlichen Verfasser in das Register aufgenommen. Die Zahlen im Register verweisen auf die entsprechenden Seiten. Die in der laufenden Bibliographie übliche Nummerierung der einzelnen Titel entfällt.

Um den Zugang zu den inzwischen auf eine Anzahl von 6 000 angewachsenen Biographien zu ermöglichen, sind alle behandelten Personen in einem getrennten Personenregister aufgeführt. Dabei war es nicht in jedem Fall möglich, die Namen in eine vollständige und einheitliche Form zu bringen.

I. Allgemeiner Teil

1. Allgemeiner Teil

1. HILFSMITTEL

Bibliographien

Allgemeines

Historical **abstracts** 1775—1945. A quarterly of abstracts of historical articles appearing currently in periodicals the world over. Ed.: Eric H. Boehm. Vol. 1 (1955) ff. — New York.

Avicenne, Paul: Les services bibliographiques dans le monde, 1960—1964. — Paris: Unesco 1966. 237 S.
(Manuels bibliographiques de l'Unesco. 11.)

Bibliographie. Histoire, sciences politiques, économiques et sociales. Répertoire méthodique des ouvrages parus en France de 1953 au 30 septembre 1958. Préface d'Albert Grosser. — Paris: Libr. du XXe Siècle 1958. 192 S.

Bibliographie zum Archivwesen für die Jahre 1955 und 1956. Folge 1. Zsgest. von Gisela Vollmer. — In: Archivar 11 (1958), 231—256.

Bibliographie zum Archivwesen für die Jahre 1955 und 1956. Folge 2—4. — In: Archivar 11 (1958), 327—340; 12 (1959), 25—48 und 119—142.

Bibliographie zum Archivwesen für die Jahre 1957 und 1958. Folge 1. — In: Archivar 12 (1959), 225—242.

Bibliographie zum Archivwesen für die Jahre 1957 und 1958. Folge 2—4. In: Archivar 12 (1959), 343—354; 13 (1960), 99—114 und 385—406.

Bibliographie zum Archivwesen für die Jahre 1959 und 1960. Folge 1: Zsgest. von Heinz Boberach. — In: Archivar 14 (1961), 439—464.

Bibliographie zur Zeitgeschichte. Beilage der Vierteljahrshefte für Zeitgeschichte. Zusammengestellt von Thilo Vogelsang. Jg 1 (1953) ff. — Stuttgart: Dtsch. Verl.-Anst.

Bibliographie historischer Zeitschriften 1939—1951. Bearb. von Heinrich Kramm. — Marburg: Rasch.
1. Deutschland, Österreich, Schweiz. 1952. 78 S.
2. Großbritannien, Irland, Niederlande, Belgien, Luxemburg, Frankreich, Portugal, Spanien, Italien. 1953. S. 79—221.
3. Norwegen, Schweden, Dänemark, Finnland, Tschechoslowakei, Ungarn, Jugoslawien, Rumänien, Bulgarien, Griechenland, Polen, Baltische Länder, Sowjetunion. 1954. S. 222—366.

International **bibliography** of historical sciences. — Zürich: International Committee of Historical Sciences [usw.] Vol. 18. 1949. 1951. LII, 345 S.

International **bibliography** of historical sciences. — Paris: Colin.
19. 1950. 1952. XXXV, 348 S
20. 1951. 1953. XXIV, 387 S.
21. 1952. 1954. LXXIII, 351 S.
22. 1953. 1955. XXVII, 369 S.
23. 1954. 1956. XXVIII, 390 S.
24. 1955. 1957. XXVIII, 402 S.
25. 1956. 1958. XXIV, 409 S.
26. 1957. 1959. C, 414 S.

Boehm, Eric H.: Blueprint for bibliography. A system for the social sciences and humanities. — Santa Barbara/Calif.: Clio Press 1965. 22 S.
(Bibliography and reference series. 1.)

Braubach, Max: Veröffentlichungen zur Zeitgeschichte. Eine Nachlese. — In: Hist. Jb. 85 (1965), 119—157.

Braubach, Max: Zeitgeschichte. Veröffentlichungen des Jahres 1956. — In: Hist. Jb. 77 (1957), 522—575.

Deutsche wissenschaftliche **Bücher** 1945—1949. Eine Bibliographie mit Nachweis der Besprechungen. Hrsg. von d. Niedersächs. Staats- und Universitäts-Bibliothek Göttingen. — Göttingen: Vandenhoeck & Ruprecht 1951. XII, 718 S.

Bücherschau der Weltkriegsbücherei (Bibliothek für Zeitgeschichte). Jg 25 (1953), H. 1/2 ff. — Stuttgart-O, Urbanstr. 19: Weltkriegsbücherei (Bibliothek für Zeitgeschichte).

Bücherschau der Weltkriegsbücherei. — Stuttgart: Weltkriegsbücherei/Bibliothek für Zeitgeschichte.
26. 1954. 484 S.
27. 1955. 299 S.
28. 1956. 522 S.
29. 1957. 352 S.
30. 1958. 398 S.
31. 1959. XI, 475 S.

Catalogue of periodicals, annuals and special series currently received at the United Nation Library. Catalogue des revues, annuaires et séries spéciales régulièrement reçus à la Bibliothèque des Nations Unies ... — Geneva: [Selbstverl. d. Hrsg.] 1972. XI, 454 S.

Dahlmann-Waitz. **Dahlmann**, [Friedrich Christoph u. Georg] Waitz: Quellenkunde der deutschen Geschichte. Bibliographie d. Quellen u. d. Literatur zur deutschen Geschichte. 10. Aufl. Unter Mitw. zahlr. Gelehrter hrsg. im Max-Planck-Inst. f. Geschichte von Hermann Heimpel u. Herbert Geuss. — Stuttgart: Hiersemann.
Lfg 1. Einleitung, Verzeichnis der allgemeinen Abkürzungen. Verzeichnis der Sigel. 1965. 79 S.
Lfg 2. Abschnitt 393: 8. Buch. Allgemeines. Abschnitt 394: 8. Buch. Weltkrieg und Versailles 1914—1919 ⟨Anfang⟩. 1965. 40 Bl.
Lfg 3. Abschnitt 394 ⟨Schluß⟩ — Abschnitt 402. 1966. 60 Bl.
Lfg 4. Abschnitt 1. — Abschnitt 7 ⟨Anfang⟩. 1966. 40 Bl.
Lfg 5. Abschnitt 7 ⟨Schluß⟩ — Abschnitt 10 ⟨Anfang⟩. 1966. 40 Bl.
Lfg 6. Abschnitt 10 ⟨Schluß⟩ — Abschnitt 20 ⟨Anfang⟩. 1967. 40 Bl.
Lfg 7. Abschnitt 20 ⟨Schluß⟩ — Abschnitt 26 ⟨Anfang⟩. 1968. 40 Bl.
Lfg 8. Abschnitt 26 ⟨Schluß⟩ — Abschnitt 31 ⟨Anfang⟩. 1968. 40 Bl.
Lfg 9. Abschnitt 31 ⟨Schluß⟩ — Abschnitt 35 ⟨Anfang⟩. 1968. 40 Bl.
Lfg 10. Abschnitt 35 ⟨Schluß⟩ — Abschnitt 36 ⟨Anfang⟩. 1968. 40 Bl.
Lfg 11. Abschnitt 36 ⟨Schluß⟩ — Abschnitt 38 ⟨Schluß⟩. 1969. 40 Bl.
Lfg 12. Abschnitt 39 ⟨Anfang⟩. 1969. 40 Bl.

Lfg 13. Abschnitt 39 ⟨Schluß⟩ — Abschnitt 40 ⟨Anfang⟩. 1969. 40 Bl.
Lfg 14. Abschnitt 40 ⟨Schluß⟩ — Abschnitt 42 ⟨Anfang⟩. 1969. 40 Bl.
Lfg 15. Abschnitt 42 ⟨Fortsetzung⟩. 1969. 40 Bl.
Lfg 16. Abschnitt 42 ⟨Schluß⟩ — Abschnitt 43 ⟨Anfang⟩. 1969. 40 Bl.
Lfg 17. Abschnitt 43 ⟨Schluß⟩ — Abschnitt 44 ⟨Anfang⟩. 1970. 40 Bl.
Lfg 18. Abschnitt 44 ⟨Schluß⟩ — Abschnitt 50 ⟨Anfang⟩. 1970. 40 Bl.
Lfg 19. Abschnitt 50 ⟨Schluß⟩ — Abschnitt 51 ⟨Anfang⟩. 1970. 40 Bl.
Lfg 20. Abschnitt 51 ⟨Schluß⟩ - Abschnitt 57 ⟨Schluß⟩. 1971. 40 Bl.
Lfg. 21. Abschnitt 58 – Abschnitt 68 ⟨Anfang⟩. 1972. 40 Bl.
Lfg. 22. Abschnitt 68 ⟨Schluß⟩ - Abschnitt 92 ⟨Anfang⟩. 1973. 40 Bl.
Lfg. 23/24. Abschnitt 92 ⟨Schluß⟩ – Abschnitt 107. 1974. 70 S.
Lfg 25. Abschn. 158 – Abschn. 160 ⟨Anfang⟩. 1975. 43 Bl.
Lfg 26. Abschn. 160 ⟨Schluß⟩ – Abschn. 161 ⟨Anfang⟩. 1975. 40 Bl.
Lfg 27. Abschn. 161 ⟨Schluß⟩ – Abschn. 163 ⟨Anfang⟩. 1975. 40 Bl.
Lfg 28. Abschn. 163 ⟨Schluß⟩ – Abschn. 166 ⟨Anfang⟩. 1976. 40 Bl.
Lfg 29. Abschn. 166 ⟨Schluß⟩ – Abschn. 177 ⟨Anfang⟩. 1976. 40 Bl.
Lfg 30. Abschn. 177 ⟨Schluß⟩ – Abschn. 185 ⟨Anfang⟩. 1976. 40 Bl.

Deutsche **Dissertationen** zur Zeitgeschichte. Auswahlbibliographie. Hrsg. von der Bibliothek des Deutschen Instituts für Zeitgeschichte. — Berlin: Dtsch. Inst. f. Zeitgesch.
1945—1948. 1968. 59 Bl.
1949. 1968. 90 Bl.
1950. 1969. 116 Bl.
1955. 1968. 157 Bl.
1956. (1967.) 176 Bl.
1957. (1966.) 146 Bl.
1958. (1966.) 113 Bl.
1961. (1968.) 2. veränd. u. erw. Aufl. 137 Bl.
1962. (1965.) 73 Bl.
1963. (1966.) 151 Bl.
1964. (1967.) 211 Bl.
1965. 1970. 203 Bl.

Dokumentation in Österreich. Verzeichnis der Dokumentationsstellen u. d. periodisch erscheinenden Bibliographien. Hrsg. v. d. Österr. Gesellsch. f. Dokumentation u. Bibliographie. — Wien: Hollinek 1953. VIII, 63 S.
(Biblos-Schriften. 2.)

Franz, Günther: Bücherkunde zur Weltgeschichte. Vom Untergang des Römischen Weltreiches bis zur Gegenwart. — München: Oldenbourg 1956. XXIV, 544 S.

Grimm, Gerhard: Bibliographien zur Geschichte. — In: Polit. Studien 10 (1959), 134—137 und 559—563.

Guide des centres nationaux d'information bibliographique, établi conformément aux recommandations du Comité Consultatif International de Bibliographie. — Paris: UNESCO 1953. 68 S.

Gysae, Gudrun und Hansjörg Süberkrüb: 1918—1958. Bücher zur Zeitgeschichte aus den Beständen der Stadtbücherei in Bielefeld. — Bielefeld: (Stadtbücherei) 1960. 210 S.

Herre, Franz und Hellmuth Auerbach: Bibliographie zur Zeitgeschichte und zum Zweiten Weltkrieg für die Jahre 1945—1950. Im Auftrage des Instituts für Zeitgeschichte zusammengestellt. — München: Institut für Zeitgeschichte 1955. 254. S.

Histoire contemporaine. (Bibliographie des ouvrages grecs.) — In: Bull. analyt. Bibliogr. hellénique 1947, Fasc. 1. 2.

Howe, George Frederick [u. a.] [Ed.]: Guide to historical literature. — New York: Macmillan 1961. XXXV, 962 S.
(American Historical Association.)

Jahresbibliographie [der] Bibliothek für Zeitgeschichte, Weltkriegsbücherei, Stuttgart. N. F. der Bücherschau der Weltkriegsbücherei. — Frankfurt a. M.: Bernard & Graefe.
32. 1960. XVI, 484 S.
33 (1961). XVI, 664 S.
34 (1962). XVI, 608 S.
35 (1963). XVI, 672 S.
36 (1964). XVI, 538 S.
37 (1965). 1967. XIX, 524 S.
38 (1966). 1968. XVI, 606 S.
39 (1967). 1969. XVI, 549 S.
40 (1968). 1970. XIV, 462 S.
41. (1969). 1971. LXXX, 567 S.
42. (1970). 1971. XIII, 573 S.
43. (1971). 1972. XIII, 580 S.
44. (1972). 1973. XIV, 610 S.
45. (1973). 1974. XIII, 534 S.
46. (1974). 1975. XII, 690 S.
47. (1975). 1976. XII, 753 S.
48. 1976. (1977). XII, 605 S.
49. 1977. (1978). XII, 494 S.

Index to unpublished studies for Free Europe Committee, Inc. Studies 1—378. — New York: Free Europe Committee, Inc.; Washington: The Library of Congress 1958. 21 S.

Jong, Dirk de: Het vrije boek in onvrije tijd. Bibliografie van illegale en clandestiene belletrie. — Leiden: Sijthoff 1958. 341 S.

Alphabetischer **Katalog** [der] Bibliothek des Instituts für Zeitgeschichte, München. Bd. 1—5. — Boston, Mass.: Hall 1967.
1. A—Ek. VIII, 701 S.
2. El—Hs. 656 S.
3. Hu—Mn. 676 S.
4. Mo—Sc. 767 S.
5. Se—Z. 658 S.

Alphabetischer **Katalog** [der] Bibliothek des Instituts für Zeitgeschichte, München. - Boston, Mass.: Hall.
1. Nachtrag. A–Z. 1973. VII, 847 S.

Katalog [der] Bibliothek des Auswärtigen Amts. — Bonn: Auswärtiges Amt.
1. Diplomatie.
   T. 1. Allgemeines, Deutschland. 1957. 45 S.
   T. 2. Ausland. 1958. 52 S.
2. Periodica.
   T. 1. Zeitschriften und Jahrbücher. Stand 1. 9. 1958. 1958. V, 175 S.

Kellaway, William [Comp.]: Bibliography of historical works issued in the United Kingdom 1957—1960. — London: University of London Press 1962. 236 S.

Länderkatalog [der] Bibliothek des Instituts für Zeitgeschichte, München. Bd 1—2. — Boston, Mass.: Hall 1967.
1. A—L. XI, 606 S.
2. M—Z. 537 S.

Lancaster, Joan C. [Compil.]: Bibliography of historical works issued in the United Kingdom 1946—1956. Compiled for the 6th Anglo-American Conference of Historians. — London: University of London, Institute of Historical Research 1957. XXII, 388 S.

(Liening, Walter): Im Brennpunkt Zeitgeschichte 1918—1958. Ein Bücherverzeichnis. Mit Unterstützung des Dtsch. Büchereiverbandes hrsg. von der Studienbücherei für Zeitgeschichte. — Berlin 1959: (Graph. Gesellschaft Grunewald). 72 S.

Neuerscheinungen wissenschaftlicher Literatur aus den Ländern der Volksdemokratie Albanien, Bulgarien, Polen, Rumänien, Tschechoslowakische Republik, Ungarn und der Volksrepublik China. Jg. 1 (1951/52) ff. — Berlin: Zentralstelle f. wissensch. Literatur.

Historical **periodicals.** An annotated world list of historical and related serial publications. Publicaciones periódical de carácter histórico. Periodičeskie izdanija po istorii. Periodici di argomento storico. Périodiques historiques. Historische Periodica. Ed.: Eric H. Boehm and Lalit Adolphus. — Santa Barbara, Calif.; Munich: Clio Press 1961. XVIII, 618 S.
(Clio Reference Publications.)

Roach, John Peter Charles [Ed.]: A bibliography of modern history. — London: Cambridge University Press 1968. XXIV, 388 S.

Sachkatalog [der] Bibliothek des Instituts für Zeitgeschichte, München. Bd 1—6. — Boston, Mass.: Hall 1967.
1. a—c. LIII, 811 S.
2. d—g. 794 S.
3. h—m. 527 S.
4. n—r. 837 S.
5. s—v. 900 S.
6. w—x. 632 S.

Sachkatalog [der] Bibliothek des Instituts für Zeitgeschichte, München. - Boston, Mass.: Hall.
1. Nachtrag.
 1. a–o. 1973. LXI, 650 S.
 2. p–x. 1973. 515 S.

Vollmer, Gisela [u. a.]: Bibliographie zum Archivwesen für die Jahre 1945—1952. — In: Archivar 7 (1954), 153—170 und 275—300.

Vollmer, Gisela: Bibliographie zum Archivwesen für die Jahre 1945—1952. — In: Archivar 8 (1955), 117—130 und 277—290.

Vollmer, Gisela: Bibliographie zum Archivwesen für die Jahre 1953 und 1954. — In: Archivar 9 (1956), 98—120.

Vollmer, Gisela: Bibliographie zum Archivwesen für die Jahre 1953 und 1954. — In: Archivar 9 (1956), 219—248 und 383—396.

Widmann, Hans: Bibliographien zum deutschen Schrifttum der Jahre 1939 bis 1950. — Tübingen: Niemeyer 1951. XII, 284 S.

Geschichtswissenschaft

Baumgart, Winfried: Bibliographie zum Studium der neueren Geschichte. Mit e. Geleitw. von Konrad Repgen. — Bonn: Rhein. Friedrich-Wilhelms-Universität, Histor. Seminar; (Röhrscheid [in Komm.]) 1969. XIII, 312 S.

Berding, Helmut: Bibliographie zur Geschichtstheorie. - Göttingen: Vandenhoeck & Ruprecht 1977. 331 S.
(Arbeitsbücher zur modernen Geschichte. 4.)

Bibliographie zur besonderen Unterrichtslehre. — Weinheim: Beltz.
2. Politische Bildung, Geschichte, Erdkunde, Heimatkunde. Zeitschriftennachweis 1947—1967. Zsgest. u. bearb. von Heiner Schmidt u. F. J. Lützenkirchen. 1970. XX, 390 S.
(Erziehungswissenschaftliche Dokumentation. A, 8.)

Schüddekopf, Otto-Ernst: Die internationale Schulbucharbeit. Eine Bibliographie. Bearb. im Auftr. des Internationalen Schulbuchinstituts an der Kant-Hochschule Braunschweig. — Braunschweig: Limbach (1956). 84 S.

Snell, John L.: Recent German history in German universities. — In: J. Centr. Europ. Aff. 14 (1954), 174—180.

Gesellschaft und Politik

Aleff, Eberhard: Zeitschriftenartikel zur politischen Bildung. (Hrsg.:) Landeszentrale für Polit. Bildungsarbeit Berlin. — (Berlin) 1961: (Verwaltungsdruckerei Berlin). 47 S.

Andreas, Bert [u.] Georges Haupt: Bibliographie der Arbeiterbewegung heute und morgen. — In: Internat. Rev. Soc. Hist. 12 (1967), 1—30.

Aufricht, Hans: Guide to League of Nations publications. A bibliographical survey of the work of the League from 1920 to 1947. — New York: Columbia University Press 1951. XIX, 682 S.

Europäische Gemeinschaft für Kohle und Stahl. Hohe Behörde. **Automation.** 1949—1959. — [Luxemburg] (1959). IV, 67 S.
(Bibliographien der Hohen Behörde. 19.)

Bass, David: Bibliographical list of memorial books published in the years 1943–1972. - In: Yad Vashem Stud. 9 (1973), 273–321.

Bellanger, Claude: La presse clandestine 1940—1944. — Paris: Colin 1961. 264 S.

Ausgewählte **Bibliographie** zu Judentum und Judenfeindschaft (Antisemitismus). — In: Gesch. Wiss. Unterr. 11 (1960), 296—300.

Bibliographie courante des documents, comptes rendus et actes des réunions internationales. Publ. mensuellement par l'Union des assoc. internat. Bruxelles.
1 (1961).

Bibliographie zur Friedensforschung. Hrsg. von Gerta Scharffenorth u. Wolfgang Huber. Mit e. Einf. von Gerta Scharffenorth. — Stuttgart: Klett (1970). 187 S.
(Studien zur Friedensforschung. 6.)

Bibliographie zur Geschichte der deutschen Gewerkschaftsbewegung. Eine Zusammenstellung d. seit 1945 auf d. Gebiet d. DDR erschienenen Veröffentlichungen. — [Berlin:] Freier Dtsch. Gewerkschaftsbund (1962). 36 S.

Neue **Bibliographie** zur Friedensforschung. Hrsg. von Gerta Scharffenorth u. Wolfgang Huber unter Mitarb. von U. Albrecht [u. a.] mit e. Einf. von Gerta Scharffenorth. – Stuttgart: Klett (1973). 327 S.
(Studien zur Friedensforschung. 12.)

Bibliographie zur Politik in Theorie und Praxis. ⟨Hrsg.:⟩ Karl Dietrich Bracher [u.] Hans-Adolf Jacobsen. Unter Mitarb. von Wilfried v[on] Bredow, Erhard Forndran [u. a.] — Düsseldorf: Droste 1970. 368 S.
(Bonner Schriften zur Politik und Zeitgeschichte. 1.)

Bibliographie zur Politik in Theorie und Praxis. ⟨Hrsg.:⟩ Karl Dietrich Bracher [u.] Hans-Adolf Jacobsen. Unter Mitarb. von Wilfried v[on]Bredow, Erhard Forndran [u. a.]. Ergänzungsband. Auswahl aus der von Juni 1969 bis Oktober 1972 erschienenen Literatur und Nachträge. – Düsseldorf: Droste 1973. 207 S.
(Bonner Schriften zur Politik und Zeitgeschichte. 8.)

Bibliographie zur Politik in Theorie und Praxis. (Hrsg.:) Karl Dietrich Bracher, Hans-Adolf Jacobsen [u.] Manfred Funke. Aktualisierte Neuaufl. – Düsseldorf: Droste 1976. 574 S.
(Bonner Schriften zur Politik und Zeitgeschichte. 13.)

Bibliographie der deutschsprachigen Unesco-Literatur 1946—1966. Red.: Horst Richter u. Hans Wieczorek. — Köln: Unesco, Dtsch. Kommission 1968. 62 S.

Selective **bibliographies** of the Library of the Peace Palace. — Leyden: Sijthoff.
1. Fundamentals of public international law. Ed. by B. Landheer and J. L. F. van Essen. 1953. 85 S.

Bibliography of bibliographies in political science, government and public policy. An annotated and intensively indexed compilation ... Prepared under the direction of Alfred de Grazia [u.a.] — Oxford: Pergamon Press 1968. XIX, 927 S.
(Political Science, Government and Public Policy Series. 3.)

International **bibliography** of political science. Ed. by Jean Meynaud. — London: H.M.S.O.
1. 1954. 248 S.
2. 1955. 279 S.
3. 1956. 266 S.
4. 1957. 309 S.

International **bibliography** of political science. Ed. by Jean Meynaud. — Paris: UNESCO.
6. 1957. 1959. 350 S.
7. 1958. 1960. 354 S.
8. 1959. 1961. 312 S.
9. 1960. 1962. 333 S.
10. 1961. 1963. 276 S.
11. 1962. 1964. 282 S.

Bihl, Wolfdieter: Bibliographie der Dissertationen über Judentum und jüdische Persönlichkeiten, die 1872—1962 an österreichischen Hochschulen ⟨Wien, Graz, Innsbruck⟩ approbiert wurden. — Wien: Verl. Notring d. Wissenschaftl. Verbände Österreichs 1965. 51 S.

Bihl, Wolfdieter: Bibliographie der österreichischen Hochschulschriften über Judentum und jüdische Persönlichkeiten 1962–1974. – Wien: Verband der wissenschaftlichen Gesellschaften Österreichs 1976. 32 S.

Politische **Bildung**. Eine Bücherkunde. Hrsg. von d. Staatsbürgerl. Bildungsstelle d. Landes Nordrhein-Westfalen. (3. Aufl., überarb. u. erw. von Günter Fischbach u. Eugen Stamm.) — (Dortmund: Lensingdruck) 1964. X, 302 S.

Politische **Bildung** durch das Buch. Eine Bücherkunde d. Akademie f. Politische Bildung. — Würzburg: Werkbund-Verl. (1961). VIII, 189 S.

Blakey, Robert: Modern revolutions and revolutionists. A bibliography. – Santa Barbara, Calif.: (ABC-Clio Press 1976). XXVII, 257 S.
(The War/Peace Bibliography Series.)

Blümel, Willi L.: Deutsches und ausländisches Schrifttum über die Organisation der Vereinten Nationen unter besonderer Berücksichtigung des Schrifttums zur Revision der UN-Charta. — Frankfurt a. M. 1955: Institut für Europäische Politik und Wirtschaft. III, 63 gez. Bl.
(Aktuelle Bibliographien des Europa-Archivs. 9.)

Blumenkranz, Bernhard: Bibliographie des Juifs en France. — Paris: Ecole Pratique des Hautes Etudes 1961. X, 188 Bl.

Braham, Randolph L.: Jews in the communist world. A bibliography. 1945–1960. — New York: Twaine 1961. 63 S.

Bücher zur Judenfrage. — (Köln 1961:) Germania Judaica. 48 S.

Buse, Michael J. [u.] Diana von Dewitz: Bibliographie zur politischen Planung. Bibliography on political planning. – Baden-Baden: Nomos-Verlagsges. 1974. 272 S.
(Planen. 7.)

Catalogue général des publications de l'Unesco et des publications parues sous les auspices de l'Unesco. 1946—1959. — Paris: Unecso 1962. XVI, 217 S.

Collart, Yves: Disarmament. A study guide and bibliography on the efforts of the United Nations. — The Hague: Nijhoff 1958. 110 S.

Deutsch, Karl W.: Interdisciplinary bibliography on nationalism 1935—1953. — Cambridge, Mass.: The Technology Press of Massachusetts Institute of Technology 1957. V, 165 S.

Dexter, Byron [Ed.]: The Foreign Affairs 50-Year-Bibliography. New evaluations of significant books on international relations, 1920–1970. With Ass. by Elizabeth H. Bryant [u.] Janice L. Murray. – New York: Bowker for the Council on Foreign Relations 1972. XXVIII, 936 S.

Dimitrov, Th. D.: Documents of International Organizations. A bibliographical handbook. – Chicago: Amer. Library Ass. 1973. 301 S.

Dowe, Dieter: Bibliographie zur Geschichte der deutschen Arbeiterbewegung, sozialistischen und kommunistischen Bewegung von den Anfängen bis 1863, unter Berücksichtigung der politischen, wirtschaftlichen und sozialen Rahmenbedingungen. Mit e. Einl.: Berichtszeitraum 1945–1971 (1975). – Bonn-Bad Godesberg: Verl. Neue Gesellsch.1976. 304 S.
(Archiv für Sozialgeschichte. Beih. 5.)

Eberlein, Alfred: Die Presse der Arbeiterklasse und der sozialen Bewegungen. Von den dreißiger Jahren des 19. Jahrhunderts bis zum Jahre 1967. Bibliographie u. Standortverzeichnis d. Presse d. dtsch., österr. u. d. schweizer. Arbeiter-, Gewerkschafts- u. Berufsorganisationen einschließl. d. Protokolle u. Tätigkeitsberichte. Mit e. Anh.: Die deutschsprachige Presse der Arbeiter-, Gewerkschafts- und Berufsorganisationen anderer Länder. Gesammelt, zsgest. u. bearb. — Frankfurt a. M.: Sauer & Auvermann.
1. A — E. 1968. CVIII, 459 S.
2. F — K. 1969. S. 462—968.
3. L — R. 1969. S. 970—1477.
4. S — Z und Anhang. 1969. S. 1480 — 2122.
5. Registerband. Bearb. von Joachim Böhm u. Hellmuth Weber. 1970. 336 S.
(Archivalische Forschungen zur Geschichte der deutschen Arbeiterbewegung. 6, 1/5.)

Ellwein, Thomas: Bücherkunde für die politische Bildung. (4., neubearb. Aufl.) — München: Juventa Verl. (1963). 244 S.

Ellwein, Thomas und Oswald von Nagy: Kleine Bücherkunde für die politische Bildung. 2., überarb. Aufl. — München: Juventa-V. (1957). 140 S.

Ellwein, Thomas [u.] Joachim Hirsch: Bücherkunde zur Politik. (5. Ausg.) — München: Juventa-Verl. (1966). 256 S.

Emig, Dieter u. Rüdiger Zimmermann: Arbeiterbewegung in Deutschland. Ein Dissertationsverzeichnis. – (Berlin: Historische Kommission); Berlin: IWK-Vertrieb [in Komm.] (1977). VIII, 193 S.

Friedman, Philip: Bibliography of books in Hebrew on the Jewish catastrophe and heroism in Europe. — Jerusalem: (Yad Washem; New York: Yivo Institute for Jewish Research) 1960. X, 433 S.
(Bibliographical Series. 2.)

Glaeser, Georg [Bearb.]: Politische Bildung. Eine Bücherkunde. — Düsseldorf: Staatsbürgerl. Bildungsstelle d. Landes Nordrhein-Westfalen 1961. X, 180 S.

Grimann, Jutta [u.] Ilse Heymann: Der deutsche Imperialismus bis 1917. Auswahlbibliographie der Veröffentlichungen aus sozialistischen Ländern ⟨1960–1974⟩. – In: Jb. Gesch. 1977, Bd 15, 347–493.

Gulick, Charles A. [u. a.] [Comps.]: History and theories of working-class movements. A select bibliography. — Berkeley: University of California Press 1955. XIX, 364 S.

Haas, Michael: International organization. An interdisciplinary bibliography. – Stanford, Calif.: Hoover Institution Press 1971. XXIV, 944 S.
(Hoover Institution Bibliographical Series. 41.)

Handbuch der Auslandspresse. Hrsg. vom Institut für Publizistik der Freien Universität Berlin unter Leitung von Emil Dovifat. — Bonn, Köln u. Opladen: Athenäum-V. 1960. XV, 907 S.

Handbuch der deutschsprachigen Presse außerhalb Deutschlands. Hrsg. im Auftrage des Göttinger Arbeitskreises von Karl O. Kurth. — Würzburg: Holzner 1956. XXI, 399 S.

Hindrichs, Günter: Veröffentlichungen der Vereinten Nationen im Jahre 1958. — In: Europa-Archiv 14 (1959), 597—600.

The Jewish **holocaust** and heroism through the eyes of the Hebrew press. A bibliography. Ed. by Mendel Piekarz with the assistance of Baruch Z. Ophir and Varda Arad. — Jerusalem: Yad Vashem martyrs' and heroes' remembrance authority 1966.
1. VII, 368 S.
2. S. 371—896.
3. S. 899—1345.
4. 244 S.
(Joint documentary projects. Bibliographical series. 5. 6. 7. 8.)

Hüfner, Klaus [u.] Jens Naumann: Zwanzig Jahre Vereinte Nationen. Internat. Bibliographie 1945—1965. — Berlin: de Gruyter 1968. LV, 519 S.
(Beiträge zur auswärtigen und internationalen Politik. 2.)

Hultt, Ralph K.: Doctoral dissertations in political science. — In: Amer. Politic. Science Rev. 45 (1951), 779—816.

Hunt, R. N. Carew [Ed.]: Books on communism. A bibliography. — London: Ampersand 1959. X, 333 S.

German **Jewry.** Its history, life and culture. Published for the Wiener Library. — London: Vallentine, Mitchell 1958. 279 S.
(The Wiener Library Catalogue Series. 3.)

Inhaltsverzeichnisse sowjetischer Fachzeitschriften in deutscher Übersetzung. Reihe 1: Gesellschaftswissenschaften. Gesellschaftspolitik. Jg 1 ff. — Berlin: Zentralstelle für wissensch. Literatur 1952 ff. [Maschinenschr. autogr.]

Kisch, Guido: Judaistische Bibliographie. Ein Verzeichnis der in Deutschland und der Schweiz von 1956 bis 1970 erschienenen Dissertationen und Habilitationsschriften. – Stuttgart: Helbing & Lichtenhahn 1972. 104 S.

Kisch, Guido und Kurt Roepke: Schriften zur Geschichte der Juden. Eine Bibliographie der in Deutschland und der Schweiz 1922—1955 erschienenen Dissertationen. — Tübingen: Mohr 1959. 50 S.

Klein, Paul, Ekkehard Lippert [u.] Tjarck Rössler: Bibliographie: Bundeswehr und Gesellschaft 1960–1975. Köllner, Lutz: Bibliographie: Zur Sozio-Ökonomie von Militärausgaben. – München: (Sozialwiss. Inst. d. Bundeswehr) 1976. 218 S.
(Sozialwissenschaftliches Institut der Bundeswehr. Berichte. 5.)

Klein, Paul: Die Darstellung der Bundeswehr in der DDR und die der Nationalen Volksarmee in der Bundesrepublik Deutschland. Literaturbericht und Bibliographie. – In: Jahresbibliographie der Bibliothek für Zeitgeschichte 48 (1977), 471–536.

Klotzbach, Kurt: Bibliographie zur Geschichte der deutschen Arbeiterbewegung, 1914–1945. Sozialdemokratie, freie Gewerkschaften, christlich-soziale Bewegungen, kommunistische Bewegung und linke Splittergruppen. Mit e. forschungsgeschichtl. Einleitung. – Bonn-Bad Godesberg: Verl. Neue Gesellsch. 1974. 278 S.
(Archiv für Sozialgeschichte. Beih. 2.)

Knütter, Hans-Helmuth: Bibliographie zur politischen Bildung. – In: Mat. polit. Bildung 1973, H. 1, 78–85; H. 2, 98–106; H. 3, 93–100 und H. 4, 90–96.

Knütter, Hans-Helmuth: Bibliographie zur politischen Bildung. – In: Mat. polit. Bildung.
In: 1974, H. 1, 93–101; H. 2, 96–103; H. 3, 96–103; H. 4, 98–105 und
1975, H. 1, 92–99; H.2, 105–111; H. 3, 105–112; H. 4, 108–114 und
1976, H. 1, 108–116; H. 2, 127–135; H.3, 115–120.

Knütter, Hans-Helmuth: Bibliographie zur politischen Bildung. – In: Mat. polit. Bildung.
In: 1976, H.4, 142–151 u.
1977, H.1, 107–112; H.2, 118–128; H.3, 109–118; H.4, 149–159 u.
1978, H.1, 204–212; H.2, 139–146; H.3, 156–164.

Kolarz, Walter: Books on communism. A bibliography. 2. ed., enl. — London: Ampersand 1963. VIII, 568 S.

Kommunismus in Geschichte und Gegenwart. Ausgewähltes Bücherverzeichnis. Bearb. von Karl-Heinz Ruffmann. (Stand: Herbst 1964. Hrsg.: Bundeszentrale f. Polit. Bildung, Bonn.) — (Kassel 1964: Meister.) 285 S.
(Schriften d. Bundeszentrale f. Polit. Bildung.)

Konvergenztheorie. Angleichung der ökonomischen, sozialen und politischen Systeme von Ost und West. Bibliographie mit Annotationen. — Bonn: [Selbstverl. d. Hrsg.] 1971. II, 38 S.
[Maschinenschr. hektograph.]
(Deutscher Bundestag. Wissenschaftliche Dienste. Bibliographien. 26.)

Konvergenztheorie. Angleichung der ökonomischen, sozialen und politischen Systeme von Ost und West. Auswahlbibliographie. - Bonn: [Selbstverl. d. Hrsg.] 1975. 10 S.
(Deutscher Bundestag. Wissenschaftliche Dienste. Bibliographien. 26. Nachtr.)
[Maschinenschr. hektogr.]

Koszyk, Kurt: Die Presse der deutschen Sozialdemokratie. Eine Bibliographie, unter Mitarb. von Gerhard Eisfeld. Im Namen d. Vorstandes d. Friedrich-Ebert-Stiftung hrsg. von Fritz Heine. — Hannover: Verl. f. Literatur u. Zeitgeschehen (1966). IX, 404 S.
(Schriftenreihe des Forschungsinstituts der Friedrich-Ebert-Stiftung. B. Historisch-politische Schriften.)

Lang, Kurt: Military institutions and the sociology of war. A review of the literature with annotated bibliography. – Beverly Hills, Calif.: Sage Publ. 1972. 337 S.

Lang, Rudolf: Rundfunkgeschichte. Ein Literaturverzeichnis. [Hrsg. vom] Westdeutschen Rundfunk Köln, Bibliothek. – (Köln: [Selbstverl. d. Hrsg.]) 1977. VIII, 318 S.
(Kleine Rundfunkbibliothek. 3.)

Lehmann, Ruth Pauline: Nova Bibliotheca Anglo-Judaica. A bibliographical guide to Anglo-Jewish history, 1937–1960. — London: The Jewish Historical Soc. of England 1961. 232 S.

Lerg, Winfried B.: A decade of German books on mass communication. — In: Journalism Quart. 40 (1963), H. 3. Literaturbericht.

Lingelbach, Karl: Verzeichnis der an westdeutschen Bibliotheken zugänglichen ausländischen Militärzeitschriften. — In: Wehrwiss. Rdsch. 6 (1956), 330—336.

Lipgens, Walter: Die darstellenden „Jahrbücher" der internationalen Politik seit 1945. — In: Vjh. Zeitgesch. 6 (1958), 197—218.

Literatur-Verzeichnis der politischen Wissenschaften. Hrsg. von der Hochschule für Politische Wissenschaften München. (Bearb. u. zsgest. von Hermann Berber.) — München: Isar-V.
1952. 1952. 62 S.
1953. 1953. 178 S.
1954. 1954. 183 S.
1955. 1955. 219 S.
1956. 1956. 245 S.
1957. 1957. 281 S.
1958. 1958. 281 S.
1959. 1959. 303 S.

Literatur-Verzeichnis der politischen Wissenschaften. Hrsg. von der Hochschule für Politische Wissenschaften München. (Bearb. u. zsgest. von Hermann Berber.) — München: Olzog.
1960. 1960. 304 S.
1961. 1961. 338 S.
1962. 1962. 352 S.
1963. 1963. 352 S.
1964. 1964. 307 S.
1965. 1965. 353 S.
1966. 1966. 338 S.
1967. 1967. 367 S.
1968. 1968. 384 S.
1969. 1969. 419 S.
1970. 1970. 399 S.

Maier, Hans: Politische Ideen in der freien Welt. Eine einführende Bibliographie. — Stuttgart: Kohlhammer 1959. 60 S.

Marxismus-Bibliographie. — In: Periodikum 1960, H. 16, 79—88.

Medienfreiheit, Pressekonzentration, Presserahmengesetz. Auswahlbibliographie mit Annotationen. – Bonn: [Selbstverl. d. Hrsg.] 1974. V, 107 S.
(Deutscher Bundestag. Wissenschaftliche Dienste. Bibliographien. 38.)
[Maschinenschr. hektogr.]

Melzer, Joseph: Deutsch-jüdisches Schicksal. Wegweiser durch das Schrifttum der letzten 15 Jahre. – Köln: Melzer.
[Hauptwerk.] 1945–1960. 1960. 130 S.
Nachtr. 1960—61. Berichtigungen, Ergänzungen, Nachträge. 1961. 107 S.

Meyriat, Jean: Etude des bibliographies courantes des publications officielles nationales. Préparé par le Comité international pour la Documentation des Sciences sociales. — Paris: UNESCO 1958. 260 S.

Meyriat, Jean: La science politique en France 1945–1958. Bibliographie commentée. — Paris: Fondation Nationale des Sciences Politiques 1960. 134 S.

Möhring, Werner: Bibliographie der Flüchtlingsliteratur. — In: Europa und die deutschen Flüchtlinge. Frankfurt a. M.: Institut zur Förderung öffentl. Angelegenheiten 1952, 109—135.

Munby, Lionel Maxwell [u.] Ernst Wangermann [Ed.]: Marxism and history. A bibliography of English language works. — London: Lawrence & Wishart 1967. 7, 62 S.

Zwanzig Jahre Vereinte **Nationen.** Internationale Bibliographie 1945—1965. Zsgest. von Klaus Hüfner u. Jens Naumann. — Berlin: De Gruyter 1968. LV, 519 S.
(Beiträge zur auswärtigen und internationalen Politik. 2.)

Patai, Raphael [Ed.]: Current Jewish social research. — New York: Theodor Herzl Foundation 1958. VII, 102 S.

Periodika der Arbeiterbewegung auf Mikrofilm. - In: Internat. wiss. Korr. Gesch. dtsch. Arbeiterbew. 12 (1976), 507–514.

International **Political Science Abstracts.** Documentation Politique Internationale. [Hrsg. von der International Political Science Association.] Vol. 1 ff. 1951 ff. — Oxford: Blackwell; Paris: Presses Universitaires de France.

La **politique** scientifique en Europe. — Bruxelles, Luxembourg 1967. 54 S.
(Dossier bibliographique. Communautés européennes, Service de Presse et d'Information, Division des Publications.)

Post-war publications on German Jewry. Books and articles, 1945—1955. Compiled by The Wiener Library. — In: Year Book of the Leo Baeck Institute of Jews from Germany 1 (1956), 393—446.

Prejudice. Racist, religious, nationalist. Publ. for the Inst. of Contemp. History. (Comp. and ed. by Helen Kehr.) - London: Vallentine, Mitchell (1971). VIII, 385 S.
(The Wiener Library Catalogue Series. 5.)

Pressefreiheit, Pressekonzentration, Presserechtsrahmengesetz. Auswahlbibliographie. — Bonn: [Selbstverl. d. Hrsg.] 1970. 71 S.
(Wissenschaftliche Abteilung des Deutschen Bundestages. Bibliographien. 24.)

Post-war **publications** on German Jewry. Books and articles. Compiled by the Wiener Library. — In: Year Book of the Leo Baeck Institute of Jews from Germany.
1945—1955. — In: 1 (1956), 391—466.
1956 and suppl., 1945—1955. — In: 2 (1957), 315—356.
1957 and suppl., 1945—1956. — In: 3 (1958), 373—416.
1958. — In: 4 (1959), 333—363.
1959. — In: 5 (1960), 363—416.
1960. — In: 6 (1961), 293—339.
1961. — In: 7 (1962), 337—373.
1962. — In: 8 (1963), 273—325.

Rauschning, Dietrich: Bibliographie des deutschen Schrifttums zum Völkerrecht 1945—1964. — Hamburg: Hanseat. Gildenverl. 1966. XLI, 569 S.

Répertoire des périodiques publiés par les organisations internationales. (2.éd.) Publié avec l'aide de l'UNESCO. — Bruxelles: Union des Associations Internationales 1959. X, 241 S.

Riper, Paul van: A survey of materials for the study of military management. — In: Amer. Polit. Science Rev. 49 (1955), 828—850.

Rothenberg, Joshua: An annotated bibliography of writings on Judaism published in the Soviet Union 1960—1965. Forew. by Erich Goldhagen. — Waltham, Mass.: Philip W. Lown School of Near Eastern and Judaic Studies; Brandeis University, Institute of East European Jewish Studies (1969). X, 66 S.

Rubinstein, A. Z.: Selected bibliography of Soviet works on the United Nations 1946—1959. — In: Amer. Polit. Science Rev. 54 (1960), 985—991.

Rundfunk und Fernsehen im öffentlichen Leben. Auswahlbibliographie. — Bonn: [Selbstverl. d. Hrsg.] 1970. 57 S.
(Wissenschaftliche Abteilung des Deutschen Bundestages. Bibliographien. 22.)

Scheffler, Hildegard und Lutz Noack: Bibliographie zur Geschichte der deutschen Arbeiterbewegung. Eine Auswahl der seit 1945 im Gebiet der DDR erschienenen Veröffentlichungen. — Leipzig: Verl. f. Buch- u. Bibliothekswesen 1955. 94 S.

Schochow, Werner: Die Jahresberichte im Spannungsfeld zwischen Ost und West. Bericht und Dokumentation zum letzten Jahrgang. — In: Jb. Gesch. Mittel- und Ostdtschlds 9/10 (1961), 319—324.

Schumann, Hans-Gerd: Ausgewählte Bibliographie zur Geschichte der politischen Parteien in Deutschland. — In: Bergsträsser, Ludwig: Geschichte der politischen Parteien in Deutschland. 11. Aufl. München: Olzog 1965. S. 267—335.

Political **science,** government and public policy series. An annotated and intensively indexed compilation of significant books, pamphlets and articles, selected and processed by the Universal Reference System, a computerized information retrieval service in the social and behavioral sciences. Prep. under the dir. of Alfred de Grazia [u. a.] Vol. 1—10. — Oxford: Pergamon Press 1968—1969.

Shunami, Shlomo: Bibliography of Jewish bibliographies. (2nd ed. enl.) — Jerusalem: Magnes Press, The Hebrew University 1965. 992 S.

Silberner, Edmund: Western European socialism and the Jewish problem (1800—1918). A selective bibliography. — Jerusalem: The Hebrew University; The Eliezer Kaplan School of Economics ans Social Science 1955. 61 S.

Sonnewald, Karl-Heinz: Bibliographie des deutschen Schrifttums über Völkerrecht und ausländisches öffentliches Recht. 1945—1951. Bearb.: Forschungsstelle für Völkerrecht und ausländisches öffentliches Recht der Universität Hamburg. — Hamburg: (Selbstverlag). [Maschinenschr. autogr.]
1. Abhandlungen und Aufsätze. 1952. 126 gez. Bl.

Speeckaert, G. P.: Les organismes internationaux et l'organisation internationale. Bibliographie sélective. — Bruxelles: Fédération Internationale de Documentation 1956. 116 S.

Spiess, Volker: Bibliographie zu Rundfunk und Fernsehen. — Hamburg: Verl. Hans-Bredow-Institut 1966. 206 S.
(Studien zur Massenkommunikation. 1.)

Stark, Edwin: Bibliographie zur Universitätsgeschichte. Verzeichnis der im Gebiet der Bundesrepublik Deutschland 1945–1971 veröffentlichten Literatur. Hrsg. von Erich Hassinger. – Freiburg: Alber 1974. 316 S.
(*Freiburger Beiträge zur Wissenschafts- und Universitätsgeschichte. 1.*)

Systemkritik und Systemstabilisierung. Auswahlbibliographie mit Inhaltsangaben. – Bonn: [Selbstverl. d. Hrsg.] 1974. VI, 119 S.
(*Deutscher Bundestag. Wissenschaftliche Dienste. Bibliographien. 37.*)
[Maschinenschr. hektogr.]

Terrorismus und Gewalt. Auswahlbibliographie mit Annotationen. – Bonn: [Selbstverl. d. Hrsg.] 1975. 86 S.
(*Deutscher Bundestag. Wissenschaftliche Dienste. Bibliographien. 43.*)
[Maschinenschr. hektogr.]

Terrorismus und Gewalt, 1975–1977. Auswahlbibliographie. – Bonn: [Selbstverl. d. Hrsg.] 1978. 53 S.
(*Deutscher Bundestag. Wissenschaftliche Dienste. Bibliographien. 49.*)

Tramsen, Eckhard: Bibliographie zur geschichtlichen Entwicklung der Arbeiterjugendbewegung bis 1945, insbesondere in Deutschland. (Mit Angaben über die Standorte der verzeichneten Schriften.) – Frankfurt a.M.: Verl. Roter Stern 1973. V, 141 S.
(*Untersuchungen und Materialien. 2.*)

Tudyka, Kurt P[aul] [u.] Juliane Tudyka: Verbände. Geschichte, Theorie, Funktion. Pressure Groups. History, Theory, Functions. Ein bibliographisch-systematischer Versuch. A bibliographic systematic attempt. – Frankfurt a.M.: Bernard & Graefe 1973. 160 S.
(*Schriften der Bibliothek für Zeitgeschichte. 12.*)

Tutenberg, Volker [u.] Christl Pollak: Terrorismus – gestern, heute, morgen. Eine Auswahlbibliographie. – München: Bernard & Graefe 1978. XII, 298 S.
(*Schriften der Bibliothek für Zeitgeschichte. 17.*)

Ubbens, Wilbert: Jahresbibliographie Massenkommunikation 1974/1975. Systematisches Verzeichnis der in den Jahren 1974 und 1975 innerhalb und außerhalb des Buchhandels veröffentlichten Literatur zu Presse, Rundfunk, Fernsehen, Film und angrenzenden Problemen. – (Bremen: Universität Bremen 1976). 209 S.

United Nations Publications. — New York: United Nations Department of Public Information.
1952. 1953. VIII, 55 S.

Utz, Arthur: Grundsatzfragen des öffentlichen Lebens. Bibliographie ⟨Darstellung u. Kritik⟩. Recht, Gesellschaft, Wirtschaft, Staat. Principes de la vie sociale et politique. Bases for social living. Questiones fundamentales de la vida politica y social. Unter Mitw. von Willy Büchi [u. a.] — Freiburg [usw.]: Herder.
1. 1956—1959. (1960.) 446 S.
2. 1959—1961. (1962.) 419 S.

Vorläufiges **Verzeichnis** der in der letzten Jahren abgeschlossenen bzw. begonnenen Hochschularbeiten zur deutschen Parlaments- und Parteigeschichte. Stand Anfang Juni 1952. [Bearb. von d. Kommission für Geschichte des Parlamentarismus und der politischen Parteien.] — o. O. (1952). 11 ungez. Bl. [Maschinenschr. autogr.]

Vigor, P. H.: Books on Communism and the Communist countries. — London: Ampersand 1972. 444 S.

Wahlstatistik in Deutschland. Bibliographie der deutschen Wahlstatistik, 1848–1975. Bearb. von Nils Diederich [u. a.] – München: Verl. Dokumentation 1976. IX, 206 S.
(*Berichte und Materialien des Zentralinstituts für sozialwissenschaftliche Forschung ⟨ZI 6⟩ der Freien Universität Berlin. 4.*)

Wehler, Hans-Ulrich: Bibliographie zum Imperialismus. – Göttingen: Vandenhoeck & Ruprecht (1977). X, 65 S.
(*Arbeitsbücher zur modernen Geschichte. 3.*)

Ten **years** of United Nations publications 1945—1955. A complete catalogue. — New York: United Nations Department of Public Information 1955. VIII, 271 S.

Zukunftsforschung ⟨Futurologie⟩. — Bonn: [Selbstverl. d. Hrsg.] 1971. 101 S.
[Maschinenschr. hektograph.]
(*Deutscher Bundestag. Wissenschaftliche Dienste. Bibliographien. 25.*)

(Biographische Nachschlagewerke)

Adamezyk, Alexander: Schriftenverzeichnis Hans Koch. — In: Jbb. Gesch. Osteuropas 7 (1959), 130—146.

Adelberg, Dietmar-Joachim: Walter Ulbricht zum 75. Geburtstag. Bibliographie. — Berlin: Fachschule f. Bibliothekare an wissenschaftl. Bibliotheken 1968. 78 S.

Assmus, Ursula: Leszek Kołakowski. Zur Bibliographie des Friedenspreisträgers 1977. Originalausgaben und Übersetzungen. (Stand: 19. September 1977.) - [Frankfurt a. M.: Buchhändler-Vereinigung] 1977. 4 S.
(*Börsenblatt für den deutschen Buchhandel. Frankfurter Ausg. 33 (1977), Red. Beil.*)

Berthold, Werner: Die Sondersammlung Exil-Literatur 1933–1945. — In: Die Deutsche Bibliothek 1945—1965. Festgabe für Hanns Wilhelm Eppelsheimer. — Frankfurt a. M.: Klostermann (1966). S. 136—148.

Bibliographie der deutschsprachigen Emigration in den Vereinigten Staaten 1933–1963. Geschichte u. politische Wissenschaft u. deutsche amerikakundliche Veröffentlichungen 1963 mit Nachträgen. — In: Jb. f. Amerikastudien 10 (1965), 232—280.

Bibliographie der deutschsprachigen Emigration in den Vereinigten Staaten. 1933—1963. — In: Jb. f. Amerikastudien 11 (1966), 260—317.

Bremische **Biographie.** 1912—1926. Hrsg. von d. Histor. Ges. zu Bremen u. d. Staatsarchiv Bremen. Bearb. von Wilhelm Lührs. — Bremen: Hauschild 1969. XV, 573 S.

Neue deutsche **Biographie.** Hrsg. von d. Historischen Kommission bei d. Bayer. Akademie d. Wissenschaften. — Berlin: Duncker & Humblot.
1. Aachen—Behaim. (1953). XX, 780 S.

2. Behaim-Bürkel. (1955). XIX, 780 S.
3. Bürklein-Ditmar. (1957.) XV, 784 S.
4. Dittel-Falck. (1959.) XVI, 784 S.
5. Falck-Fyner (voran: Faistenberger). (1961.) XV, 784 S.
6. Gaál — Grasmann. (1964.) XV, 783 S.
7. Grassauer — Hartmann. (1966). XV, 784 S.
8. Hartmann—Heske. (1969). XVI, 784 S.
9. Hess — Hüttig. (1972). XVI, 784 S.
10. Hufeland-Kaffsack. (1974). XVI, 784 S.

Buch, Günther: Namen und Daten. Biographien wichtiger Personen der DDR. – Berlin: Dietz 1973. XV, 332 S.

Ch'en, Jerome [Ed.]: Mao papers. Anthology and bibliography. — London: Oxford University Press 1970. XXXIII, 221 S.

Delzell, Charles F.: Benito Mussolini. A guide to the biographical literature. – In: J. mod. Hist. 35 (1963), 339—353.

Dickie, John [u.] Alan Rake: Who's who in Africa. The political, military and business leaders of Africa. – London: African Buyer and Trader 1973. 602 S.

Elminger, Josef: Das internationale Lexikon der Staatsmänner und Politiker. — Luzern: Problem Verl. 1962. 160 S.

Exil-Literatur 1933—1945. Ausstellung der Deutschen Bibliothek, Frankfurt a.M., Mai bis August 1965. (Ausstellung u. Katalog: Werner Berthold. Mitarb.: Christa Wilhelmi.) — (Frankfurt a. M. 1965: Weisbecker.) 324 S.

Farmer, Bernard J.: Bibliography of the works of Winston S. Churchill. — London: Farmer 1958. 67 S.

Gatzke, Hans W.: Gustav Stresemann. A bibliographical article. — In: J. mod. Hist. 36 (1964), 1—13.

Gold, Hugo: Österreichische Juden in der freien Welt. Ein bio-bibliographisches Lexikon. — Tel Aviv: Olamenu 1971. 51 S.
(Schriftenreihe des Zwi Perez Chajes Instituts.)

Hildebrand, Klaus: Bethmann Hollweg, der Kanzler ohne Eigenschaften? Urteile der Geschichtsschreibung. Eine kritische Bibliographie. — Düsseldorf: Droste (1970). 68 S.

Hubatsch, Walther: Deutsche Memoiren 1945—1953. Eine kritische Übersicht. — Laupheim (Württ.): Steiner 1953. 31 S.
(Geschichte und Politik. 8.)

Jantzen, Hinrich: Namen und Werke. Biographien und Beiträge zur Soziologie der Jugendbewegung. – Frankfurt a.M.: dipa-Verl.
1. (1972). 358 S.
2. (1974). 351 S.
3. (1975). 350 S.
(Quellen und Beiträge zur Geschichte der Jugendbewegung. 12.)

Jantzen, Hinrich: Namen und Werke. Biographien und Beiträge zur Soziologie der Jugendbewegung. – Frankfurt a. M.: dipa-Verl.
4. (1977). 351 S.
(Quellen und Beiträge zur Geschichte der Jugendbewegung. 12.)

Jasper, Gotthard: Verzeichnis der Veröffentlichungen von Hans Rothfels. — In: Geschichte und Gegenwartsbewußtsein, Festschrift für Hans Rothfels zum 70. Geburtstag, 1963, 521—526.

Käsler, Dirk: Max-Weber-Bibliographie. Unter Mitarb. von Helmut Fogt. – In: Kölner Z. Soziol. u. Sozialpsychol. 27 (1975), 703–730.

Biographischer **Katalog** [der] Bibliothek des Instituts für Zeitgeschichte, München. A-Z. — Boston/Mass.: Hall 1967. VIII, 764 S.

Biographischer **Katalog** [mit] Länderkatalog [der] Bibliothek des Instituts für Zeitgeschichte, München. – Boston, Mass.: Hall.
1. Nachtrag. 1973.
  [1.] Biographischer Katalog. IX, 273 S.
  [2.] Länderkatalog. S. 275–588.

Kepeszezuk, J.: Alfred Weber. Schriften und Aufsätze 1897—1955. Bibliographie. — München: Piper 1956. 48 S.

Kischnick, Klaus: Generaloberst Ludwig Beck, 1880–1944. Eine Bibliographie. - In: Wehrforsch. 3 (1974), 152–159.

Klein, Donald [u.] Anne B. Clark: Biographic dictionary of Chinese Communism, 1921—1965. Vol. 1.2. — Cambridge, Mass.: Harvard University Press 1971.

Klingner, Edwin: Arnolt Bronnen. Werk und Wirkung. Eine Personalbibliographie. Mit Abbildungen. – Hildesheim: Gerstenberg 1974. XVI, 84 S.

Kurata, Minoru: Rudolf Hilferding. Bibliographie seiner Schriften, Artikel und Briefe. - In: Internat. wiss. Korr. Gesch. dtsch. Arbeiterbew. 10 (1974), 327–346.

Lautenschlager, Friedrich: Bibliographie der badischen Geschichte. Hrsg. von d. Kommission f. geschichtl. Landeskunde in Baden-Württemberg in Verb. mit d. Badischen Landesbibliothek Karlsruhe. – Stuttgart: Kohlhammer.
6. Personengeschichtliche Literatur ⟨bis einschl. 1959⟩. T. 1.2. Bearb. von Werner Schulz. 1973. VIII, 686 S.

Lazitch, Branko: Biographical dictionary of the Comintern. In coll. with Milorad M. Drachkovitch. – Stanford, Calif.: Hoover Institution Press 1973. XLII, 458 S.
(Hoover Institution Publications. 121.)

Leistner, Otto: Internationale Bibliographie der Festschriften. Mit Sachreg. = International bibliography of Festschriften. – Osnabrück: Biblio-Verl. 1976. 893 S.

Wladimir Iljitsch **Lenin.** Eine Literaturzusammenstellung zum 40. Todestag am 21. 1. 1964. Gemeinschaftskatalog. — Berlin: Dietz; Leipzig: Deutscher Buch-Export u. -Import 1964. 32 S.

Biographisches **Lexikon** zur deutschen Geschichte. Von den Anfängen bis 1945. (Hrsg.-Kollektiv: Gerhart Hass [u. a.]; 2. Aufl.) – Berlin: Dtsch. Verl. d. Wissenschaften 1971. 770 S.

Biographisches **Lexikon** zur Geschichte der böhmischen Länder. Hrsg. im Auftr. d. Collegium Carolinum von Heribert Sturm. – München: Oldenbourg.
1. Lfg. 1. A–Be. 1974. 80 S.

Biographisches **Lexikon** zur Geschichte der böhmischen Länder. Hrsg. im Auftr. d. Collegium Carolinum von Heribert Sturm. – München: Oldenbourg.
  1. Lfg 2. Be–Bu. 1975. 80 S.
  Lfg 3. Bu–De. 1976. 80 S.

Biographisches **Lexikon** zur Geschichte Südosteuropas. Hrsg. von Mathias Bernath u. Felix von Schroeder. – München: Oldenbourg.
  Lfg. 1. 1972. 112 S.
  Lfg. 2./3. 1973. S. 113–336.

Biographisches **Lexikon** zur Geschichte Südosteuropas. Hrsg. von Mathias Bernath u. Felix v. Schroeder. Red.: Gerda Bartl. – München: Oldenbourg.
  1. A–F. 1974. XV, 557 S.
  2. G–K. 1976. 542 S.
  (Südosteuropäische Arbeiten. 75.)

Biographisches **Lexikon** zur Weltgeschichte. Hrsg. von Hans Herzfeld. — (Frankfurt a. M.:) S. Fischer (1970). 1039 S.

Deutschbaltisches biographisches **Lexikon.** 1710—1960. Im Auftr. d. Baltischen Historischen Kommission begonnen von Olaf Welding, hrsg. von Wilhelm Lenz. — Köln: Böhlau 1970. XIII, 930 S.

Österreichisches biographisches **Lexikon.** 1815—1950. Hrsg. von d. Österr. Akademie d. Wissenschaften unter Leitung von Leo Santifaller. Bearb. von Eva Obermayer-Marnach. — Graz, Köln: Böhlau.
  1. (A-Glä.) 1957. XXIX, 448 S.
  2. (Glae-Hüb.) 1959. XXX, 448 S.

Österreichisches biographisches **Lexikon.** 1815—1950. Hrsg. von d. Österr. Akademie d. Wissenschaften unter Leitung von Leo Santifaller. Bearb. von Eva Obermayer-Marnach. — Graz, Köln: Böhlau.
  3. (Hüb-Knoll.) 1965. XXXIV, 448 S.

Österreichisches Biographisches **Lexikon.** 1815—1950. Hrsg. von d. Österr. Akademie d. Wissenschaften unter Leitung von Leo Santifaller. Bearb. von Eva Obermayer-Marnach. — Graz, Köln: Böhlau.
  4. (Knolz — Lan). 1969. XXXI, 448 S.

Österreichisches Biographisches **Lexikon.** 1815–1950. Hrsg. von d. Österr. Akademie d. Wissenschaften unter Leitung von Leo Santifaller. Bearb. von Eva Obermayer-Marnach. – Graz, Köln: Böhlau.
  5. (Lange v. Burgenkron – [Maier] Simon Martin). 1972. XXX, 448 S.

Österreichisches biographisches **Lexikon.** 1850–1950. Hrsg. von d. Österr. Akademie d. Wissenschaften unter Leitung von Leo Santifaller. Bearb. von Eva Obermayer-Marnach. – Graz: Böhlau.
  6. ([Maier] Stefan – Musger August.) 1975. XXX, 448 S.

Lexikon der historischen Persönlichkeiten. Bearb. von Hans-Werner Wittenberg. — Mannheim: Bibliogr. Inst. (1968). 739 S.
  (Meyers Handbuch der Geschichte. 1.)

Schleswig-Holsteinisches Biographisches **Lexikon.** Hrsg. i. Auftr. d. Gesellsch. f. Schleswig-Holstein. Geschichte von Olaf Klose u. Eva Rudolph. — Neumünster: Wachholtz.
  1. (1970). 291 S.
  2. (1971). 251, 8 Bl., [4] S.

Schleswig-Holsteinisches Biographisches **Lexikon.** Hrsg. im Auftr. d. Gesellsch. für Schleswig-Holstein. Geschichte von Olaf Klose u. Eva Rudolph. – Neumünster: Wacholtz.
  3. (1974). 293 S.

Political **literature** of London exiles. — In: Wiener Libr. Bulletin 7 (1953), 23 und 40; 8 (1954), 11.

Lotz, Martin: Gustav W[alter] Heinemann. Bibliographie. Hrsg.: Archiv der sozialen Demokratie ⟨Friedrich-Ebert-Stiftung⟩. – (Bonn-Bad Godesberg: [Selbstverl. d. Hrsg.] 1976). 114 S.

Marquardt, Friedrich-Wilhelm: Bibliographie Helmut Gollwitzer. 1934—1969. — (München:) Kaiser (1969). 37 S.

Matthews, William [Comp.]: British autobiographies. An annotated bibliography of British autobiographies published or written before 1951. — Berkeley: University of California Press 1955. XIV, 376 S.

Milatz, Alfred: Friedrich-Naumann-Bibliographie. Hrsg. von d. Kommission für Geschichte des Parlamentarismus und d. politischen Parteien. — Düsseldorf: Droste-V. (1957). 117 S.
(Bibliographien zur Geschichte des Parlamentarismus und der politischen Parteien. 2.)

Morsey, Rudolf: Schriftenverzeichnis Georg Schreiber. 2. Ausg. — Münster i. W.: Dtsch. Institut f. Auslandskunde 1958. 95 S. [Als Ms. gedruckt.]

Newcomb, Joan I.: John F[itzgerald] Kennedy. An annotated bibliography. – London: Scarecrow Press 1977. 143 S.

Osterroth, Franz: Biographisches Lexikon des Sozialismus. — Hannover: Dietz Nachf.
  1. Verstorbene Persönlichkeiten. (Mit e. Vorwort von Erich Ollenhauer.) (1960.) 368, 48 S.

Paetel, Karl O[tto] [Bearb.]: Ernst Jünger. Eine Bibliographie. — Stuttgart: Lutz & Meyer 1953. 134 S.

Plum, Günter: Bibliographie der Gauleiter der NSDAP. — München: Inst. f. Zeitgesch. 1970. II, 46 Bl. [Maschinenschr. hektograph.]

Plum, Werner: Die Gauleiter der NSDAP. 1925—1945. ⟨Bibliographie.⟩ — München: Institut für Zeitgeschichte 1966. 22, 35 S. [Xerokopie.]

Politiker des 20. Jahrhunderts. Bd. 1.2. — München: Beck.
  1. Die Epoche der Weltkriege. Hrsg. von Rolf K. Hočevar, Hans Maier, Paul-Ludwig Weinacht. (1970). XVII, 386 S.
  2. Die geteilte Welt. Hrsg. von Rolf C. Hočevar, Hans Maier, Paul-Ludwig Weinacht. (1971). XVII, 467 S.
  (Beck'sche Sonderausgaben.)

Reiner, Guido: Ernst-Wiechert-Bibliographie. 1916–1971. – Paris: [Selbstverl. d. Verf.]
  1. Werke, Übersetzungen, Monographien und Dissertationen mit kritisch-analytischen Kurzbesprechungen. 1972. 79 S.

2. Ernst Wiechert im Dritten Reich. Eine Dokumentation. Mit einem Verzeichnis der Ernst-Wiechert-Manuskripte im Haus Königsberg, Duisburg. 1974. 210 S.
3. Ernst Wiechert im Urteil seiner Zeit. Literaturkritische Pressestimmen ⟨1922–1975⟩. 1976. 256 S.

Ritter, Annelies: Veröffentlichungen von Professor Dr. phil. Percy Ernst Schramm, Göttingen. — o. O. [um 1960]. 97 Bl.

SBZ-Biographie. Ein biographisches Nachschlagebuch über d. Sowjetische Besatzungszone Deutschlands. Zsgestellt vom Untersuchungsausschuß Freiheitl. Juristen, Berlin. Hrsg. vom Bundesministerium f. Gesamtdtsch. Fragen, Bonn/Berlin. (3. Aufl.) (Nachdr.) — (Bonn: Dtsch. Bundes-Verl. 1965.) 407 S.

Carlo **Schmid.** Auswahlbibliographie. [Hrsg.:] Wissenschaftl. Abt. d. Dtsch. Bundestages. — Bonn: [Selbstverl. d. Hrsg.] 1966. 22 S.
(Wissenschaftliche Abteilung des Deutschen Bundestages. Bibliographien. 7.)

Schneeberger, Guido: Ergänzungen zu einer Heidegger-Bibliographie. [Als Ms. gedr.] — Bern 1960: (Suhr). 27 S.

Schroth, Hans [u.] Herbert Exenberger: Max Adler. Eine Bibliographie. — Wien: Europa Verl. 1973. 72 S.
(Schriftenreihe des Ludwig-Boltzmann-Instituts für Geschichte der Arbeiterbewegung. 2.)

Schroth, Hans: Karl Renner. Eine Bibliographie. Hrsg. vom Verein f. Geschichte der Arbeiterbewegung. Zsgest. unter Mitarb. von Elisabeth Spielmann [u.a.] Eingel. von Karl Stadler. Mit e. Geleitw. von Franz Jonas. — Frankfurt a.M.: Europa-Verl. (1970). 152 S.

Schulz, Ursula: Adolf Reichwein. ⟨3. Oktober 1898 bis 20. Oktober 1944.⟩ Bibliographie seiner Schriften. Nebst einer Zsstg. seiner Lebensdaten von Ulrich Steinmann u. einem Brief Adolf Reichweins zum Thema: Volk-Völker-Heimat-Welt. Hrsg. von d. Bremer Volkshochschule. — (Bremen: [Selbstverl. d. Hrsg.] 1966.) 56 S.
(Bremer Beiträge zur freien Volksbildung. 9.)

Schwarz, Max: MdR. Biographisches Handbuch der Reichstage. — (Hannover:) Verl. f. Literatur u. Zeitgeschehen (1965). XII, 832 S.

Shu, Austin C. W.: On Mao Tse-tung. A bibliographical guide. — East Lansing, Mich.: Asian Stud. Center, Michigan State University 1972. X, 78 S.

Sinclair, Louis: Leon Trotsky, A bibliography. — Stanford, Calif.: Hoover Institution Press 1972. 1090 S.

Soffke, Günther: Deutsches Schrifttum im Exil ⟨1933–1950⟩. Ein Bestandsverzeichnis. — Bonn: Bouvier 1965. 64 S.
(Veröffentlichungen aus den Beständen der Universitätsbibliothek Bonn. 2.)
(Bonner Beiträge zur Bibliotheks- und Bücherkunde. 11.)

Sternfeld, Wilhelm und Eva Tiedemann: Deutsche Exil-Literatur 1933–1945. Eine Bio-Bibliographie. — Heidelberg, Darmstadt: Schneider 1962. XIV, 405 S.
(Veröffentlichungen der Deutschen Akademie für Sprache und Dichtung, Darmstadt. 29.)

Sternfeld, Wilhelm [u.] Eva Tiedemann: Deutsche Exil-Literatur 1933–1945. Eine Bio-Bibliographie. Mit e. Vorw. von Hans W. Eppelsheimer. 2., verb. u. stark erw. Aufl. — Heidelberg: Schneider 1970. 606 S.
(Veröffentlichungen der Deutschen Akademie für Sprache und Dichtung, Darmstadt. 29a.)

Swearingen, Rodger [Ed.]: Leaders in the Communist world. — New York: Free Press 1971. XV, 632 S.

Szczesniak, B.: Select bibliography of Waldemar Gurian. — In: Rev. Politics 17 (1955), 80–81.

Thomale, Eckhard: Bibliographie Ernst Krieck. Schrifttum, Sekundärliteratur, Kurzbiographie. — Weinheim: Beltz (1970), XXIII, 213 S.
(Pädagogische Bibliographien. A, 4.)

Tommissen, Piet: Versuch einer Carl-Schmitt-Bibliographie. — Düsseldorf: Academia Moralis; (Bonn: Röhrscheid i. Komm.) 1953. 42 S.

Traiser, Walther: Die Indizierung Heinrich Manns in Frankreich während der deutschen Besetzung. Mit einer Bibliographie seiner in Frankreich bis 1939 erschienenen Werke. – In: Arbeitskreis Heinrich Mann. Mitteilungsblatt 7 (1976), 16–24.

Verzeichnis der Schriften von Werner Conze. – In: Soziale Bewegung und politische Verfassung, Stuttgart: Klett (1976), 895–905.

Verzeichnis der Schriften von Peter Rassow (1889–1961). — In: Jb. Akad. Wiss. Lit. 1961, 50–58.

Verzeichnis der Veröffentlichungen von Hans Rothfels 1918–1976. [Bearb. von Bernhard Mann.] – In: Aspekte deutscher Außenpolitik im 20. Jahrhundert, Aufsätze Hans Rothfels zum Gedächtnis, Stuttgart: Dtsch. Verl.-Anst. (1976), 287–304.

Walsdorff, Martin: Bibliographie Gustav Stresemann. Hrsg. von der Kommission für Geschichte des Parlamentarismus und der politischen Parteien. – Düsseldorf: Droste (1972). 207 S.
(Bibliographien zur Geschichte des Parlamentarismus und der politischen Parteien. 5.)

Wer ist wer? Das deutsche Who's who. 14. Ausg. von Degeners Wer ist's. Hrsg. von Walter Habel. — Berlin-Grunewald: arani Verl.-Ges.
1. Bundesrepublik Deutschland und Westberlin. (1962.) XII, 1789 S.

Wer ist wer? Das deutsche Who's who. 14. Ausg. von Degeners Wer ist's. Hrsg. von Walter Habel. — Berlin-Grunewald: arani Verl.-Ges.
2. (1965). XII, 384 S.

Wer ist wer? Das deutsche Who's who. 15. Ausg. von Degeners Wer ist's. Hrsg. von Walter Habel. — Berlin: arani Verl.-Ges.
1. ⟨West⟩. (1967). XII, 2292 S.

Wer ist wer? Das deutsche Who's who. 15. Ausg. von Degeners Wer ist's? Hrsg. von Walter Habel. — Berlin: Arani Verlagsges.
2. ⟨Mitteldeutschland⟩. (1969).

Wer ist wer? Das deutsche Who's who. 16. Ausg. von Degeners Wer ist's? Hrsg. von Walter Habel. — Berlin: Arani Verlagsges.
1. Bundesrepublik Deutschland, West-Berlin. (1970). VIII, 1516 S.

Wer ist wer? Das deutsche Who's who. 18. Ausg. von Degeners Wer ist's. Hrsg. von Walter Habel. - Frankfurt a.M.: Societäts-Verl.
Bundesrepublik Deutschland und West-Berlin. (1975). XXX, 1221 S.

Wer ist wer? Das deutsche Who's who. 19. Ausg. von Degeners Wer ist's? Hrsg. von Walter Habel. - Frankfurt a. M.: Societäts-Verl.
Bundesrepublik Deutschland und Westberlin. (1977). XXX, 1143 S.

Lenins Werk in deutscher Sprache. Bibliographie. (Zsgest. u. bearb. von Maria Uhlmann unter Mitw. von Helga Neusser.) — Berlin: Dietz 1967. 24, 877 S.

Who's who in Austria? A bibliographical dictionary containing about 4000 biographies of prominent personalities from and in Austria. Ed. by Rudolf Bohmann and Stephen S. Taylor [d.i. Stefan Szaból]. — (Montreal:) Intercontinental Book and Publ. Co; Vienna [Wien]: Bohmann. Ed. 6. 1967. 924, VII S.

Who's who in the socialist countries. A bibliographical encyclopedia of 10 000 leading personalities in 16 communist countries. Ed. by Borys Lewytzkyj [u.] Juliusz Stroynowski. - München: Verl. Dokumentation 1978. XI, 736 S.

Who's who in France. Dictionnaire biographique des principales personnalités de France, des départements et territoires français d'Outre-Mer, des états africains d'expression française, de la Republique Malgache, des Français notables vivant à l'étranger et les Étrangers notables résidant en France. — Paris: Lafltte.
7 (1965—1966.) 1965. 2796 S.

Who's who in Germany. A bibliographical dictionary containing about 12 000 biographies of prominent people in and of Germany and 2400 organizations. Ed. by Horst G. Klietmann and Stephen S. Taylor. (3rd ed.) — (Montreal:) Intercontinental Book and Publ. Co.; Munich: Oldenbourg 1964.
1. A—L. XVI, 1076 S.
2. M—Z. VIII, S. 1077—1955, 145 S.

Who's who in Germany. The German Who's who. A biographical dictionary containing 15 500 biographies of prominent people in and of Germany and 2400 organizations. 4. ed. - Ottobrunn: Who's-Who-Book-and-Publ.-GmbH.
A–L. 1972. XVI, 928 S.
M–Z. 1972. XVI S., S. 929–1779.

The international Who's who. 28th ed. 1964—65. — London: Europa Publications (1964). XVI, 1211 S.

Who's who in der Politik. Ein biographisches Verzeichnis von 4500 Politikern in der Bundesrepublik Deutschland. — Berlin: Verl. Dokumentation.
1971. (1971). X, 342 S.

Who was who in the USSR? A biographic directory, containing 5051 biographies of prominent Soviet historical personalities. Ed. by Heinrich E. Schulz [u. a.] - Metuchen, N. J.: Scarecrow Press 1972. 677 S.

Biographisches Wörterbuch zur deutschen Geschichte. Begr. von Hellmuth Rössler und Günther Franz. 2., völlig neubearb. u. stark erw. Aufl. bearb. von Karl Bosl, Günther Franz u. Hans Hubert Hofmann. Bd 1–3. - München: Francke.
1. A–H. [1973]. XII, 1266 Sp.

Biographisches Wörterbuch zur deutschen Geschichte. Begr. von Hellmuth Rössler und Günther Franz. 2., völlig neubearb. u. stark erw. Aufl. bearb. von Karl Bosl, Günther Franz u. Hans Hubert Hofmann. - München: Francke.
2. I–R. (1974). X, Sp. 1267–2416.
3. S–Z. (1975). X, Sp. 2417–3330, 105 S.

Woods, Frederick: A bibliography of the works of Sir Winston Churchill. — London: Vane 1963. 340 S.

Woods, Frederick: A bibliography of the works of Sir Winston Churchill. 2nd rev. ed. — Toronto: University of Toronto Press 1969. 398 S.

Wu, Eugene: Leaders of twentieth-century China. An annotated bibliography of selected Chinese biographical works in the Hoover Library. — Stanford: Stanford University Press 1956. VII, 106 S.

111 Zeitgenossen. Köpfe aus unseren Tagen. Hrsg. von Georg Reißmüller. - (Frankfurt a. M.:) Societäts-Verl. (1977). 190 S.

Zeitgeschichte in Lebensbildern. Aus dem deutschen Katholizismus des 20. Jahrhunderts. Hrsg. von Rudolf Morsey. - (Mainz:) Matthias-Grünewald-Verl. (1973). 320 S.

Zeitgeschichte in Lebensbildern. Aus dem deutschen Katholizismus des 20. Jahrhunderts. Hrsg. von Rudolf Morsey. - (Mainz:) Matthias-Grünewald-Verl.
2. (1975). 230 S.

Ziselka, Gert A.: Allgemeines Gelehrten-Lexikon. Biographisches Handwörterbuch zur Geschichte der Wissenschaften. - Stuttgart: Kröner (196?). VIII, 710 S.
(Kröners Taschenausgabe. 306.)

Zwoch, Gerhard: Gustav-Stresemann-Bibliographie. Hrsg. von d. Kommission f. Geschichte des Parlamentarismus u. d. politischen Parteien. —

Geschichte des 20. Jahrhunderts

Allgemeine Geschichte

Das Münchner Abkommen von 1938. Auswahlbibliographie. — Bonn: [Selbstverl. d. Hrsg.] 1970. 15 S.
(Wissenschaftliche Abteilung des Deutschen Bundestages. Bibliographien. 23.)

Allworth, Edward: Soviet Asia. Bibliographies, with an essay on the Soviet-Asian controversy. - New York: Praeger 1975. 686 S.

The **Atlantic Community**. An introductory bibliography. Prepared by the conference on Atlantic Community, Bruges. Vol. 1.2. — Leiden: Sythoff 1961.

Europäische Gemeinschaft für Kohle und Stahl. Hohe Behörde. **Atomenergie**. 1946—1957. — [Luxemburg] (1958). IV, 82 gez. Bl. [Mimeogr.]
(Bibliographien der Hohen Behörde. 13.)

Europäische Gemeinschaft für Kohle und Stahl. Hohe Behörde. **Atomenergie**. 1946—1958. 1. Ergänzung. — [Luxemburg] (1958). IV, 23 gez. Bl. [Mimeogr.]
(Bibliographien der Hohen Behörde. 14.)

Bayliss, Gwyn M.: Bibliographic guide to the two world wars. An annotated survey of English-language reference materials. - London: Bowker 1977. 578 S.

Bibliografía de las conferencias interamericanas. — Washington: Unión Panamericana 1954. X, 277 S.

Bibliografia storica internazionale 1940—1947. Con una introduzione nello stato degli studi storici durante e dopo la seconda guerra mondiale a cura di Pier Fausto Palumbo. — Roma: Le Edizioni del Lavoro 1950. LXIV, 244 S.

A basic **bibliography**. Disarmament, arms control and national security. United States Disarmament Administration, Department of State. Released June 1961. — Washington: U.S. Government Printing Office 1961. III, 29 S.
(Disarmament Series. 1.)
(Department of State Publication. 7193.)

Bibliography on limited war. Foreword by Maxwell D. Taylor. — Washington: Department of the Army 1958. 53 S.
(Department of the Army Pamphlet.)

Bloomberg, Marty [u.] Hans H. Weber: World war II and its origins. A select annotated bibliography of books in English. - Littleton, CO: Libraries Unlimited 1975. XIV, 311 S.

Boehm, Eric H.: Bibliographies on international relations and world affairs. An annoted directory. — Santa Barbara/Calif.: Clio Press 1965. 33 S.
(Bibliography and reference series. 2.)

Broszat, Martin: Bibliographie zur Geschichte der nationalsozialistischen Zeit. — In: Polit. Studien 9 (1958), H. 96, 280—284.

Burns, Richard Dean: Arms control and disarmament. A bibliography. - Santa Barbara, Calif.: (ABC-Clio Press 1977). XV, 430 S.
(The War/Peace Bibliography Series.)

Burns, Richard Dean [u.] Susan Hoffman: The SALT era. A selected bibliography. - Los Angeles: California State University 1977. 43 S.

Carnell, Francis [Comp.]: The politics of the new states. A select annotated bibliography with special reference to the Commonwealth. — London: Oxford University Press 1961. XVI, 171 S.

Catalogus van pamfletten 1940—1945. [Hrsg.:] Rijksinstituut voor Oorlogsdocumentatie. — Amsterdam 1952. X, 46 S. [Maschinenschr.]

Danckwortt, Helga und Dieter Danckwortt: Entwicklungshilfe — Entwicklungsländer. Ein Verzeichnis von Publikationen in der Bundesrepublik Deutschland u. Westberlin 1950—1959. — Köln (1960): Carl Duisberg-Gesellschaft. 471 S.

Devoto, Andrea: Bibliografia dell' oppressione nazista fino al 1962. — Firenze: Olschki 1964. X, 149 S.

Europäische Gemeinschaft für Kohle und Stahl. Hohe Behörde. **Energie**. 1946—1959. — [Luxemburg] (1959). VI, 222 S.
(Bibliographien der Hohen Behörde. 20.)

Entwicklungshilfe, Entwicklungsländer. Auswahlbibliographie. — Bonn: [Selbstverl. d. Hrsg.] 1969. II, 63 S.
(Wissenschaftliche Abteilung des Deutschen Bundestages. Bibliographien. 20.)

Faschismus und Widerstand. Eine Literaturauswahl. Deutschsprachl. Veröffentlichungen, die nach 1945 a. d. Geb. d. DDR erschienen sind. Stichtag: 31. 12. 1962. — Bernau: Bibl. d. Hochschule d. Dtsch. Gewerkschaften „Fritz Heckert" 1963. 227 S.

Funk, Arthur L.: The Second World War. A bibliography. A select list of publications appearing since 1968. — Gainesville, Fa.: American Committee on the History of the Second World War 1972. 32 S.

Goguel, Rudi: Antifaschistischer Widerstand und Klassenkampf. Die faschistische Diktatur 1933 bis 1945 und ihre Gegner. Bibliographie deutschsprachiger Literatur aus den Jahren 1945 bis 1973. Unter bibliograph. Mitarb. von Jutta Grimann, Manfred Püschner u. Ingrid Volz. - (Berlin:) Militärverl. d. DDR (1976). 567 S.

Goguel, Rudi: Antifaschistischer Widerstandskampf 1933-1945. Bibliographie. Hrsg. vom Komitee der antifaschistischen Widerstandskämpfer der DDR, Zentralleitung. - Berlin: [Selbstverl. d. Hrsg.] 1974. 253 S.
[Maschinenschr. hektogr.]

[**Grossmann**, Kurt R.:] Bibliographie. — o.O. [um 1969]. 67 gez., 8 ungez. Bl.
[Maschinenschr.]
Die Bibliographie sollte ursprünglich in Grossmanns Buch „Emigration. Geschichte der Hitler-Flüchtinge 1933—1945", Frankfurt a.M.: Europ. Verl. Anst. 1969, abgedruckt werden. Sie ist als Ms. nur in der Bibliothek des Instituts für Zeitgeschichte vorhanden.

Gunzenhäuser, Max: Die Bibliographien zur Geschichte des Ersten Weltkrieges. Literaturbericht und Bibliographie. — Frankfurt a. M.: Bernard & Graefe 1964. 63 S.
(Schriften d. Bibliothek f. Zeitgeschichte. 3.)

Halfmann, Horst: Zeitschriften und Zeitungen des Exils. 1933—1945. Bestandsverz. d. Dtsch. Bücherei. - Leipzig: (Dtsch. Bücherei) 1969. 80 S.
(Bibliographischer Informationsdienst der Deutschen Bücherei. 15.)

Halperin, Morton H.: Limited war. An essay on the development of the theory and annotated bibliography. — Cambridge: Harvard University Press 1962. 67 S.

Hochmuth, Ursel: Faschismus und Widerstand 1933–1945. Ein Verzeichnis deutschsprachiger Literatur. – Frankfurt a. M.: Röderberg (1973). 197 S.
(Bibliothek des Widerstandes.)

Hury, Carlo: Bibliographie zur Ardennenoffensive 1944–1945. — In: Hémecht [Luxemburg] 16 (1964), 155–177.

Jonas, Frank Herman: Bibliography of Western politics. Selected, annotated, with introductory essays. — Salt Lake City: University of Utah, Institute of Government 1958. 167 S.

Kahn, Herman: World War II and its background. Research materials at the Franklin D. Roosevelt Library and policies concerning their use. — In: Amer. Archivist 17 (1954), H. 2, 149–162.

Kehrberger, H. Peter: Legal and political implications of space research. Space law and its background. Political, military, economical aspects and techno-scientific problems of astronautics. A selective bibliography of eastern and western sources. — Hamburg: Verl. Weltarchiv 1965. 365, LIII S.
(Veröffentlichungen des Hamburgischen Weltwirtschaftsarchivs.)

Kernwaffen und internationale Sicherheit. Auswahlbibliographie. [Hrsg.:] Wissenschaftl. Abt. d. Dtsch. Bundestages. — Bonn: [Selbstverl. d. Hrsg.] 1967. 77 S.
(Wissenschaftliche Abteilung des Deutschen Bundestages. Bibliographien. 14.)

Kiedrzyńska, Wanda: Materiały do bibliografii hitlerowskich obozów koncentracyjnych. Literatura międzynarodowa 1934–1962. — Warszawa: Państwowe Wydawnictwo Naukowe 1964. 109 S.

Köhler, Karl: Bibliographie zur Luftkriegsgeschichte. Bearb. im Militärgeschichtl. Forschungsamt. — Frankfurt a. M.: Bernard & Graefe.
⟨T. 1 Literatur bis 1960.⟩ 1966. XII, 284 S.
(Schriften der Bibliothek für Zeitgeschichte. 5.)

Kowark, Hannsjörg: Die Konferenz von Washington 1921–1922. Archivalien, Literaturbericht und Bibliographie. – In: Jahresbibl. Bibliothek f. Zeitgesch. 45 (1973), 473–503.

Kreslins, Janis A.: Foreign affairs bibliography. A selected and annotated list of books on international relations, 1962–1972. - New York: Bowker 1976. 921 S.

Leser, Lothar: Psychologische Kriegführung. Die britische und amerikanische Flugblattpropaganda gegen Deutschland im Zweiten Weltkrieg. Versuch einer bibliographischen Übersicht. — In: Bücherschau d. Weltkriegsbücherei 28 (1956), 446–457.

List of books on military operations in Western Europe 1939–1945. — London: Imperial War Museum 1952. 8 S.

Münnich, Ralf: Entwicklung und Einsatz der Panzerwaffe. Bibliographie. – In: Jahresbibliographie der Bibliothek für Zeitgeschichte 48 (1977), 537–566.

Organisation au traité de l'Atlantique Nord. — Paris. Bibliographie. — Nancy: Berger-Levrault 1962. 167 S.

Europäische Gemeinschaft für Kohle und Stahl. Hohe Behörde. **Ostblockstaaten.** Allgemeine Wirtschaftslage, Energievorkommen, Eisen- u. Stahlindustrie. 1947–1959. — [Luxemburg] (1959). III, 72 S.
(Bibliographien der Hohen Behörde 18.)

Paetel, Karl O[tto]: Bibliographie der Zeitschriften und Zeitungen des deutschen politischen Exils 1933–1948. — In: Polit. Studien 9 (1958), 425–431.

Persecution and resistance under the Nazis. 2. [vielm. 3.] (rev. and enl.) edition. — London: Vallentine, Mitchell 1960. 208 S.
(The Wiener Library. Catalogue Series. 1.)

Roberts, Henry L.: Foreign affairs bibliography. A selected and annotated list of books on international relations 1942–1952. — New York: Harper 1955. XXII, 727 S.

Roberts, Henry L.: Foreign affairs bibliography. A selected and annotated list of books on international relations 1952–1962. — New York: Bowker 1964. XXI, 752 S.

Saggio bibliografico sulla seconda guerra mondiale. A cura dell' Ufficio Storico dello Stato Maggiore dell'Esercito. — Roma 1949. 209 S.
Dazu: Supplemento. Roma 1951. 109 S.

Saggio bibliografico sulla seconda guerra mondiale. A cura dell'Ufficio Storico dello Stato Maggiore dell'Esercito. Supplemento No. 2. — Roma: Tipogr. Regionale 1953. 162 S.

Saran, Vimlan: Sino-Soviet schism. A bibliography, 1956/1964. Issued under the auspices of the School of International Studies, Jawaharlal Nehru University. - Bombay: Asia Publ. House (1971). XVIII, 162 S.

Deutsches und ausländisches **Schrifttum** zur Frage der Abrüstung 1945–1956, unter besonderer Berücksichtigung des Schrifttums zu den Problemen der Kernwaffen und der internationalen Kontrolle der Kernenergie. — Frankfurt a. M.: Forschungsinstitut der Dtsch. Gesellschaft f. auswärt. Politik 1957. 44 S.
(Aktuelle Bibliographien des Europa-Archivs. 13.)

Deutsches und ausländisches **Schrifttum** zu den regionalen Sicherheitsvereinbarungen 1945–1956. — Frankfurt a. M.: Forschungsinstitut der Dtsch. Gesellschaft f. auswärt. Politik 1957. 64 S.
(Aktuelle Bibliographien des Europa-Archivs. 14.)

Schwier, Rudolf: Zeitgeschichte. Ein Bücherverzeichnis zur polit. Geschichte von 1917 bis zur Gegenwart. [Hrsg.:] Volksbüchereien d. Stadt Düsseldorf. — (Düsseldorf 1964: Hoch.) 311 S.

Nukleare **Sicherheitspolitik** der einzelnen Staaten. Auswahlbibliographie. [Hrsg.:] Wissenschaftl. Abt. d. Dtsch. Bundestages. — Bonn: [Selbstverl. d. Hrsg.] 1968. 39 S.
(Wissenschaftliche Abteilung des Deutschen Bundestages. Bibliographien. 15.)

Smith, Bruce Lannes und Chitra M. Smith: International communication and political opinion. A guide to the literature. — Princeton: Princeton University Press 1956. XI, 325 S.

Stewart, William J.: The era of Franklin D. Roosevelt. A selected bibliography of periodicals, essays and dissertation literature, 1945–1971. With the ass. of Jeanne Schauble. – [Hyde Park, N. Y.:] Franklin D. Roosevelt Library [1974]. 360 S.

Toppe, Hilmar: Dokumentationen zur Zeitgeschichte (seit 1918). — In: Polit. Studien 9 (1958), 872—876.

Beiderseits ausgewogene **Truppenreduzierungen.** — Bonn: [Selbstverl. d. Hrsg.] 1971. 19 S.
[Maschinenschr. hektograph.]
(Deutscher Bundestag. Wissenschaftliche Dienste. Bibliographien. 27.)

Wahlen, Verena: Select bibliography on Judenraete under Nazi rule. – In: Yad Vashem Stud. 10 (1974), 277–294.

Zwei **Weltkriege** im Buch. Führer durch d. Kriegsliteratur vom 1.Weltkrieg bis 1969. Die lieferbaren Werke dtsch. Sprache über Kriege, Zwischen- u. Nachfolgekriege sowie d. Gefangenschaft. Aufgegliedert nach Kriegsschauplatz, Zeit, Waffengattungen usw. Alphabet u. Bibliographie. 4., neu bearb. Aufl. — Neckargemünd: Vowinckel 1969. 119 S.
(Militärische Schriftweiser. 2.)

Ziegler, Janet: Bibliographies sur la seconde guerre mondiale. — In: Rev. Hist. deux. Guerre mond. 21 (1971), H. 81, 94—104.

Ziegler, Janet: Repertoire international des bibliographies publiées de 1945 à 1965 sur la seconde guerre mondiale. — In: Rev. Hist. deux. Guerre mond. 16 (1966), H. 63, 69—80.

Ziegler, Janet: World War II. Bibliography of books in English, 1945—1965. — Stanford, Calif.: Hoover Institution Press 1971, XVII, 223 S.
(Hoover Institution Bibliographical Series. 45.)

Europäische Geschichte

Auswahlbibliographie zur europäischen Integration. (Zusammenstellung u. Redaktion: Rudolf Volland.) ⟨2., verm. u. verb. Aufl.⟩ Stand: 1. Februar 1963. — Hamburg: (Stiftung Europa-Kolleg, Bibliothek) 1963. 87 S.
(Schriftenreihe z. europäischen Integration. Sonderh. 5.)

Beljaars, G. A. C.: Bibliographie historique et culturelle de l'intégration européenne. — In: Cah. Bruges 6 (1956), H. 2, 151—193.

Bezzel, Irmgard: Zeitschriftenartikel und Bibliographie. Ein Überblick über d. bibliographische Erfassung d. Zeitschriftenliteratur zur europäischen Geschichte. — In: Gesch. Wiss. Unterr. 14 (1963), 121—133.

Centre Européen de la Culture. Association des Instituts d'Etudes Européennes. **Bibliographie** européenne. 2. édit. compl. — Genève: C. E. C. (1955). 32 S.

Bibliographie zur europäischen Integration. Hrsg. vom Bildungswerk Europäische Politik. — (Düsseldorf: Europa-Union-Verl. 1962.) 180 S.

Bibliographie zur europäischen Integration. Auswahl und Kommentierung von Gerda Zellentin. Hrsg. vom Bildungswerk Europäische Politik. 2., rev. u. erw. Aufl. — (Köln: Europa-Union-Verl. 1965.) 209 S.

Bibliographie zur europäischen Integration. Begr. von Gerda Zellentin. (Hrsg. vom Bildungswerk Europäische Politik.) 3., rev. u. erw. Aufl. von Petra Buchrucker unter Mitarb. von Gunhild Holtmann. — Köln: Europa-Union-Verl. (1970). 299 S.

E. G. K. S. — C. E. C. A. Gemeinsame Versammlung (Bd 3, Nr 1 ff.: Europäisches Parlament). Vierteljährliche methodische **Bibliographie.** Bd 1 ff. — (Luxemburg: Europäisches Parlament), Abt. f. Parlamentarische Dokumentation und Information 1956 ff.

Europäisches Parlament. **Euratom.** Bibliographie. Bd 1 ff. — (Luxemburg: Europäisches Parlament), Abt. für Parlamentarische Dokumentation und Information 1957 ff.

Britische **Europaideen** 1940–1970. Eine Bibliographie. Hrsg. von Winfried Böttcher. – Düsseldorf: Droste.
1. Bücher und Broschüren. 1971. 164 S.
2. Zeitschriften. 1973. 590 S.

Europäische **Integration.** Auswahlbibliographie. [Hrsg.:] Wissenschaftl. Abt. d. Dtsch. Bundestages. — Bonn: [Selbstverl. d. Hrsg.] 1967. 75 S.
(Wissenschaftliche Abteilung des Deutschen Bundestages. Bibliographien. 10.)

Kujath, Karl: Bibliographie zur europäischen Integration. Mit Anmerkungen. = Bibliographie sur l'integration européenne. = Bibliography on European integration. Vorw.: Walter Hallstein. Hrsg.: Inst. f. Europäische Politik. – Bonn: Europa-Union-Verl. 1977. 777 S.

Europäische Gemeinschaft für Kohle und Stahl. Hohe Behörde. Gemeinsamer **Markt.** Freihandelszone. Euratom. 1955—1957. — [Luxemburg 1957]. IV, 141 gez. Bl. [Mimeogr.]
(Bibliographien der Hohen Behörde. 12.)

Europäische Gemeinschaft für Kohle und Stahl. Hohe Behörde. Gemeinsamer **Markt.** Freihandelszone. Euratom. 1955—1958. 1. Ergänzung. — [Luxemburg] (1958). III, 74 gez. Bl. [Mimeogr.]
(Bibliographien der Hohen Behörde. 15.)

Europäisches Parlament. Katalog „Gemeinsamer **Markt".** — (Luxemburg:) Europäisches Parlament, Hauptabt. f. Parlamentarische Dokumentation u. Information, Bibliothek.
1. A-Bel. (1960.) IV, 322 S.
2. Ben-Ins. 1961. S. 323—647.

Europäisches Parlament. Katalog „Gemeinsamer **Markt".** — (Luxemburg:) Europäisches Parlament, Hauptabt. f. Parlamentarische Dokumentation u. Information, Bibliothek.
1 [vielm. 3]. Int-Q. [1961.] S. 648—964.
1 [vielm. 4]. R-Traité. [1962]. S. 965—1230.
1 [vielm. 5]. Tran-Z. Index. 1962. S. 1231—1598.

Paklons, L. L.: Bibliographie européenne. European Bibliography. — Bruges: De Tempel 1964. 217 S.
(Cahiers de Bruges. N. S. 8.)

La **politique** régionale des Communautés européennes. — Bruxelles, Luxembourg [um 1966]. 35 S.
(Dossier bibliographique. Communautés européennes, Service de presse et d'information, Division des publications.)

Roussier, Michel: Où trouver le texte des traités européens. Bibliography. — New York: Columbia University Press 1958. 53 S.

Roussier, Michel und Maryvonne Stephan: Les publications officielles des institutions européennes. — New York: Carnegie Endowment for Intern. Peace 1954 ff.

Steindorff, Ernst: Literatur zur Entwicklung der Europäischen Gemeinschaft für Kohle und Stahl. — In: Europa-Archiv 11 (1956), 8967—8970.

Volland, Rudolf: Bibliographische Arbeiten zur europäischen Integration. Ein Literaturbericht. Stand: 1. März 1964. — Hamburg: (Stiftung Europa-Kolleg, Bibliothek) 1964. 24 S.
(Schriftenreihe z. europäischen Integration. Sonderh. 6.)

Wild, J. E.: The European Common Market and the European Free Trade Association. — London: Library Ass. 1961. 30 S.
(Special Subject List. No 35.)

Wittowski, Adolf: Schrifttum zum Marshallplan und zur wirtschaftlichen Integration Europas. Im Auftr. u. unter Mitw. d. Bundesministeriums f. d. Marshallplan zsgest. — Bad Godesberg: Bundesmin. f. wirtschaftl. Zusammenarbeit (1953). 382 S.

Die europäische **Zusammenarbeit** auf dem Gebiete des Verkehrs unter bes. Berücksichtigung d. Tätigkeit internationaler und europäischer Organisationen. Mit e. eingeführ. Bericht von Christian Woelker. — Frankfurt a. M.: Institut für Europäische Politik u. Wirtschaft 1955. 216 S.
(Aktuelle Bibliographien des Europa-Archivs. 10.)

Deutsche Geschichte

Ball-Kaduri, Kurt Jakob: Bibliographie des in Israel erschienenen Schrifttums zur Geschichte der Juden in Deutschland während der Jahre 1933—1945. - In: Jb. Gesch. Mittel- u. Ostdtschl. 22 (1973), 243–246.

Baum, Hanna: 20 Jahre Hochschulwesen in der Deutschen Demokratischen Republik. 1949—1969. Auswahlbibliographie. — Berlin: (Universitätsbibliothek) 1969. 89 S.
(Schriftenreihe der Universitätsbibliothek zu Berlin. 6.)

Baumgart, Winfried: Bücherverzeichnis zur deutschen Geschichte. Hilfsmittel, Handbücher, Quellen. — (Frankfurt a. M.: Ullstein 1971). 195 S.
(Deutsche Geschichte. Ereignisse und Probleme. 14.)

Berlin-Bibliographie bis 1960. In d. Senatsbibliothek Berlin bearb. von Hans Zopf u. Gerd Heinrich unter Verwendung d. von Waldemar Kuhn gesammelten Materials. Mit e. Vorw. von Hans Herzfeld u. Rainald Strohmeyer. — Berlin: De Gruyter 1965. XXXI, 1012 S.
(Veröffentlichungen der Historischen Kommission zu Berlin beim Friedrich-Meinecke-Institut der Freien Universität Berlin. 15.)

Berlin-Bibliographie. Bearb. von Ursula Scholz u. Rainald Strohmeyer. — Berlin: de Gruyter.
(1961/1966.) (1973). XXIII, 406 S.
(Veröffentlichungen der Historischen Kommission zu Berlin. 43: Bibliographien. 4.)

Beyer, Willy: Märzkämpfe 1921. 50. Jahrestag. Literaturzusammenstellung. — Halle (Saale): Universitäts- u. Landesbibliothek Sachsen-Anhalt 1970. 24 S.
(Schriften zum Bibliotheks- und Büchereiwesen Sachsen-Anhalt. 32.)

Bayerische **Bibliographie.** Im Auftrag der Kommission für bayerische Landesgeschichte u. der Generaldirektion der Bayerischen Staatlichen Bibliotheken. — München: Beck.
1959—1963. Bearb. von Michael Renner. 1966. 492 S.
1964. Bearb. von Franziska Stadler. 1967. 214 S.
(Zeitschrift für bayerische Landesgeschichte. Beih. 1. 2.)

Bayerische **Bibliographie.** Im Auftrag der Kommission für bayerische Landesgeschichte u. der Generaldirektion der Bayerischen Staatlichen Bibliotheken. — München: Beck.
1965. Bearb. von Franziska Stadler. 1968. 225 S.
1966. Bearb. von Franziska Stadler. 1969. 231 S.
(Zeitschrift für bayerische Landesgeschichte. Beih. 3. 4.)

Bayerische **Bibliographie.** Im Auftr. d. Kommission für bayer. Landesgesch. u. d. Generaldirektion d. Bayerischen Staatlichen Bibliotheken. — München: Beck.
1967. Bearb. von Franziska Stadler. 1971. 219 S.
(Zeitschrift für bayerische Landesgeschichte. Beih. 5.)

Bibliographie zum Bundesverfassungsgericht. Zsgst. nach dem Stande vom 30. April 1954 von der Bibliothek des Bundesverfassungsgerichts. — [Karlsruhe:] Bundesverfassungsgericht 1954. 41 gez. Bl. Hektogr.

Bibliographie zur Deutschlandpolitik, 1941—1974. Bearb. von Marie-Luise Goldbach [u. a.] Red.: Albrecht Tyrell. Hrsg. vom Ministerium für Innerdeutsche Beziehungen. — Frankfurt a.M.: Metzner 1975. 248 S.
(Dokumente zur Deutschlandpolitik. Beih. 1.)

Bibliographie deutscher Feld- und Soldatenzeitungen des Zweiten Weltkriegs. — In: Bücherschau d. Weltkriegsbücherei 26 (1954), 428—434.

Hamburger **Bibliographie** zum parlamentarischen System der Bundesrepublik Deutschland. Hrsg. von Udo Bermbach. – Opladen: Westdtsch. Verl. 1945/1970. (1973). VIII, 629 S.

Hamburger **Bibliographie** zum parlamentarischen System der Bundesrepublik Deutschland. Hrsg. von Udo Bermbach. – Opladen: Westdtsch. Verl.
Erg.lfg. 1. 1971–1972. (1975). VIII, 134 S.
Erg.lfg. 2. 1973–1974. (1976). VIII, S. 135–256.

Hamburger **Bibliographie** zum parlamentarischen System der Bundesrepublik Deutschland. Hrsg. von Udo Bermbach. – Opladen: Westdtsch. Verl.
Erg. lfg. 3. 1975–1976. (1978). VIII, S. 239–350.

Bibliographie zum Notstandsrecht. (Erw. Neuaufl.) — Bonn 1964: (Wissenschaftl. Abt. d. Dtsch. Bundestages). Getr. Pag.
(Wissenschaftl. Abt. d. Dtsch. Bundestages. Bibliographien. 5.)

Bibliographie zur Stellung und zum Recht parlamentarischer Untersuchungsausschüsse. — Bonn 1963: (Wissenschaftl. Abt. d. Dtsch. Bundestages). 22 S.
(Wissenschaftl. Abt. d. Dtsch. Bundestages. Bibliographien. 3.)

Bibliographie zur Verfassungsgerichtsbarkeit des Bundes und der Länder. Zsgest. von d. Bibliothek des Bundesverfassungsgerichts. Stand vom 31. Juli 1962. (5. Ausg.) — Karlsruhe 1962: (Berenz). VIII, 179 S.

Bibliographie zur deutschen Zeitgeschichte (seit 1945). — In: Z. Geschichtswiss. 7 (1959), 1414—1433 und 1904—1909.

Books on persecution, terror and resistance in Nazi Germany. 2nd ed. with supplement. — London: The Wiener Library 1953. 51, 24 S.
(Catalogue Series. 1.)

Bundesfinanzreform — Gemeindefinanzreform. Auswahlbibliographie. [Hrsg.:] Wissenschaftl. Abt. d. Dtsch. Bundestages. — Bonn: [Selbstverl. d. Hrsg.] 1968. 59 S.
(Wissenschaftliche Abteilung des Deutschen Bundestages. Bibliographien. 17.)

Der Deutsche **Bundestag.** Auswahlbibliographie. [Hrsg.:] Wissenschaftl. Abt. d. Dtsch. Bundestages. — Bonn: [Selbstverl. d. Hrsg.] 1966. IV, 132 S.
(Wissenschaftliche Abteilung des Deutschen Bundestages. Bibliographien. 6.)

Das **Bund-Länder-Verhältnis** in der Bundesrepublik Deutschland. Auswahlbibliographie. [Hrsg.:] Wissenschaftl. Abt. d. Dtsch. Bundestages.— Bonn: [Selbstverl. d. Hrsg.] 1967. 96 S.
(Wissenschaftliche Abteilung des Deutschen Bundestages. Bibliographien. 13.)

Busch, F[riedrich] [u.] R[einhard] Oberschelp: Bibliographie der Niedersächsischen Geschichte für die Jahre 1933 bis 1955. Bearb. in d. Niedersächs. Landesbibliothek Hannover. – Hildesheim: Lax.
1. Allgemeine Literatur (Abt. I bis X). 1973. XVI, 267 S.
(Veröffentlichungen der Historischen Kommission für Niedersachsen und Bremen. 16. 2.1.)
2. Einzelne Landesteile und Orte. A–Harz. (Abt. XI.) 1974. S. 270–612.
3. Einzelne Landesteile und Orte. Harzburg–Z. (Abt. XI.) 1975. S. 614–965.
4. Einzelne Familien und Personen. (Abt. XII.) 1976. S. 968–1290.
(Veröffentlichungen der Historischen Kommission für Niedersachsen und Bremen. 16. 2,2–4.)

Bußmann, Bernhard: Bibliographie zum Problem der deutschen Reparationen nach dem zweiten Weltkrieg. - Bonn 1962: Forschungsinstitut d. Deutschen Gesellschaft für Auswärtige Politik e. V. 49 Bl.

Carlson, Andrew R.: German foreign policy, 1890—1914, and colonial policy to 1914. A handbook and annotated bibliography. — Metuchen, N. J.: Scarecrow Press 1970. VII, 333 S.

Childs, James B.: German Democratic Republic official publications. With those of the preceding zonal period. 1945–1958. A survey. Vol. 1.2. — Washington 1960: The Library of Congress, Reference Department, Serial Division.

Childs, James B.: German Federal Republic. Official publications 1949—1957. With inclusion of preceding zonal official publications. A survey. Vol. 1.2. — Washington 1958. The Library of Congress, Reference Department, Serial Division.

Collotti, Enzo: Die Kommunistische Partei Deutschlands 1918–1933. Ein bibliographischer Beitrag. — Milano: Feltrinelli (1961). 217 S.
(Istituto Giangiacomo Feltrinelli. Bibliographische Beiträge.)

Diefenbach, Alfred: Die Kapitulation der deutschen Wehrmacht. – In: Jahresbibl. Bibliothek f. Zeitgesch. 47 (1975), 615–643.

Diehn, Otto: Bibliographie zur Geschichte des Kirchenkampfes 1933—1945. — Göttingen: Vandenhoeck & Ruprecht 1958. 249 S.
(Arbeiten zur Geschichte des Kirchenkampfes. 1.)

Dietzel, Hans: Bibliographie zur deutschen Geschichte. — In: Deutsche Geschichte im Überblick, hrsg. Peter Rassow, Stuttgart: Metzler 1952, 773 – 837.

Westdeutsche **Dissertationen** über das Recht der DDR, 1949–1974. Stand: 1. Dez. 1974. 2. erw. Aufl. mit Anhang. Zsgest. im Inst. f. Recht, Politik u. Gesellsch. d. sozialist. Staaten d. Universität Kiel von Lieselotte Rawengel. – In: Deutschland-Arch. 8 (1975), 640–658.

Epstein, Fritz T.: East Germany. A selected bibliography. — Washington 1959: Library of Congress, Reference Department, Slavic and Central European Division. VII, 55 S.

Faber, Karl-Georg: Die nationalpolitische Publizistik Deutschlands von 1866 bis 1871. Eine kritische Bibliographie. Bd 1.2. — Düsseldorf: Droste (1963).
(Bibliographien z. Geschichte d. Parlamentarismus u. d. polit. Parteien. H. 4, 1.2.)

Mehrjährige **Finanzplanung.** Auswahlbibliographie. [Hrsg.:] Wissenschaftl. Abt. d. Dtsch. Bundestages. — Bonn: [Selbstverl. d. Hrsg.] 1967. 18 S.
(Wissenschaftliche Abteilung des Deutschen Bundestages. Bibliographien. 11.)

Fleischhack, Ernst: Die Widerstandsbewegung „Weiße Rose". Literaturbericht und Bibliographie. - In: Jahresbibl. d. Bibliothek f. Zeitgesch. 42 (1970), 459–507.

Günther, Klaus [u.] Kurt Thomas Schmitz: SPD, KPD/DKP, DGB in den Westzonen und in der Bundesrepublik Deutschland 1945–1973. Eine Bibliographie. - Bonn–Bad Godesberg: Verl. Neue Gesellschaft 1976. 176 S.
(Archiv für Sozialgeschichte. Beih. 6.)

Held, Walter: Zusammenstellung der nach 1945 erschienenen Veröffentlichungen über Verbände und Einheiten der deutschen Wehrmacht und der Waffen-SS für die Zeit des Zweiten Weltkrieges 1939 bis 1945. Eine Bibliographie. - Frankfurt a. M. 1973.
1. 37 Bl.
2,1. [nebst T. 1, 1. Nachtr.] 70 Bl.
[Als Ms. vervielf.]

Hirsch, Gisela: A bibliography of German studies, 1945–1971. Germany under Allied occupation; Federal Republic of Germany, German Democratic Republic. - Bloomington: Indiana University Press 1972. XVI, 603 S.
(Publications of the Institute of German Studies, Indiana University.)

Historiographie der Deutschen Demokratischen Republik über den deutschen antifaschistischen Widerstandskampf in den Jahren 1933 bis 1945. ⟨Überblick über Veröffentlichungen aus den Jahren 1960 bis 1965.⟩ Zsgest., komm. u. bearb. von Karl Heinz Biernat [u.a.] Als Ms. gedr. — Berlin 1965: Inst. f. Marxismus-Leninismus beim ZK. d. SED. 67 S.

Hochschulschriften zur neueren deutschen Geschichte. Eine Bibliographie. Im Auftrag der Kommission für Geschichte des Parlamentarismus und der politischen Parteien sowie des Instituts für Zeitgeschichte zusammengestellt von Alfred Milatz und Thilo Vogelsang. — Bonn: Selbstverlag der Kommission für Geschichte des Parlamentarismus und der politischen Parteien.
1. 1945—1955. 1956. 142 S.

Jacob, Ernst Gerhard: Deutschland und Portugal. Eine Bibliographie. — Leiden: Brill 1961. 88 S.

Jahresberichte für deutsche Geschichte. Im Auftrage d. Deutschen Akademie d. Wissenschaften zu Berlin hrsg. von Albert Brackmann u. Fritz Hartung. — Berlin: Akademie-Verlag.
N. F. Jg 1. 1949. 1952. XI, 80 S.

Jahresberichte für deutsche Geschichte. Im Auftrage d. Deutschen Akademie d. Wissenschaften zu Berlin hrsg. von Fritz Hartung. — Berlin: Akademie-V.
N. F. Jg 2. 1950. 1953. XVI, 240 S.

Jahresberichte für deutsche Geschichte. Im Auftrage der Deutschen Akademie der Wissenschaften zu Berlin hrsg. von Fritz Hartung. — Berlin: Akademie-Verl.
N. F. Jg 3/4. 1951/52. 1956. XXIV, 439 S.

Jahresberichte für deutsche Geschichte. Neue Folge. Hrsg. vom Institut für Geschichte an der Deutschen Akademie der Wissenschaften zu Berlin. — Berlin: Akademie-V.
5./6. 1953/1954. 1959. XXIV, 505 S.

Kehr, Helen: After Hitler. Germany 1945—1963. Publ. for the Wiener Library. — London: Vallentine, Mitchell 1963. X, 261 S.
(The Wiener Library Catalogue Series. 4.)

Laak, Ursula van: Bibliographie zur Geschichte von Widerstand und Verfolgung in Bayern 1933–1945. Stand: 1. 7. 1975. Im Auftrag des Bayerischen Staatsministeriums für Unterricht und Kultus, hrsg. vom Institut für Zeitgeschichte. — München: [Selbstverl. d. Hrsg.] 1975. III, 77 Bl.
(Widerstand und Verfolgung in Bayern 1933–1945. Hilfsmittel.)
[Maschinenschr. vervielf.]

Lackner, Martin: Beiträge zu einer Bibliographie des deutschen Ostprotestantismus nach dem Zweiten Weltkrieg. Hrsg.: Ostkirchenausschuß, Hannover. [Hauptwerk nebst Nachtrag.] — Hannover: [Selbstverl. d. Hrsg.]
[Hauptwerk]. [1970]. 24 ungez. Bl. (Sonderdr.)
Nachtrag. 1. 1970. 30 gez. Bl.
[Maschinenschr. hektograph.]

Das gespaltene **Land**. Gesamtdeutsche Wirklichkeit im Spiegel unserer Literatur. Bücherverzeichnis zur Ausstellung der Stadtbücherei Flensburg vom 14.—28. Januar 1967. — (Flensburg: Stadtbücherei 1967.) 22 S.

Die **Landtage** in der Bundesrepublik Deutschland. - Bonn: [Selbstverl. d. Hrsg.] 1972. V, 117 S.
(Deutscher Bundestag. Wissenschaftliche Dienste. Bibliographien. 29.)
[Maschinenschr. hektogr.]

Lezsak, Mihaly [u.] Ehrenfried Schnebel: Staatsapparat der DDR. Bibliographie. — In: Deutschland-Arch. 2 (1969), 609—617.

Literatur zur deutschen Frage. Bibliographische Hinweise auf neuere Veröffentlichungen aus dem In- und Ausland. Hrsg. vom Bundesministerium für gesamtdt. Fragen. 2. überarb. und erweit. Aufl. — Bonn: Dtsch. Bundesverl. (1959). 232 S.

Literatur zur deutschen Frage. Bibliographische Hinweise auf neuere Veröffentlichungen aus d. In- u. Auslande. Hrsg. vom Bundesministerium f. Gesamtdt. Fragen. (Bearb. im Büro Bonner Berichte, Bonn, von Günter Fischbach.) (3., überarb. u. erw. Aufl.) — (Bonn: Dt. Bundes-Verl. 1962.) 308 S.

Lottig, Hans: Bibliographie zur Saarfrage (1945—1954). — Hamburg 1954: Forschungsstelle für Völkerrecht und ausländ. öffentl. Recht d. Univ. Hamburg. 21 gez. Bl.
(Hektograph. Veröffentlichungen d. Forschungsstelle f. Völkerrecht u. ausländ. öffentl. Recht d. Univ. Hamburg. 19.)

Mackert, Josef [u.] Franz Schneider: Bibliographie zur Verfassungsgerichtsbarkeit des Bundes und der Länder. [Dem Bundesverfassungsgericht zum 20jährigen Bestehen.] Mit e. Geleitwort von Gebhard Müller. — Tübingen: Mohr 1971. XI, 575 S.

Mason, John Brown: Government, administration and politics in East Germany. A selected bibliography. — In: Amer. Polit. Science Rev. 53 (1959), 507—523.

Mason, John Brown: Government, administration and politics in West Germany. A selected bibliography. — In: Amer. Polit. Science Quart. 52 (1958), 513—530.

Ménudier, Henri: L'Allemagne après 1945. - Paris: Colin 1972. 228 S.
(Coll. "Les Guides de recherches". 4.)

Ménudier, Henri: L'Allemagne après 1945. Chronique bibliographique. - In: Rev. Allemagne 7 (1975), 231–273 und 8 (1976), 277–332.

Ménudier, Henri: L'Allemagne après 1945. Chronique bibliographique. - In: Rev. Allemagne 9 (1977), 97–155; 507–544 u. 10 (1978), 458–480.

Meyer, Georg P.: Bibliographie zur deutschen Revolution 1918/19. — Göttingen: Vandenhoeck & Ruprecht 1977. 188 S.
(Arbeitsbücher zur modernen Geschichte. 5.)

Miller, Robert W.: Die amerikanische Deutschlandpolitik 1945—1955. Amtliche amerikanische Publikationen über Deutschland. — Frankfurt a. M.: Forschungsinstitut der Dtsch. Gesellschaft f. Auswärt. Politik 1956. 40 S.
(Aktuelle Bibliographien des Europa-Archivs. 12.)

Mitbestimmung in der Wirtschaft. 1962—1969. Auswahlbibliographie. — Bonn: [Selbstverl. d. Hrsg.] 1969. II, 34 S.
(Wissenschaftliche Abteilung des Deutschen Bundestages. Bibliographien. 21.)

Mönnig, Richard: Deutschland und die Deutschen im englischsprachigen Schrifttum 1948—1955. Eine Bibliographie. Hrsg. von Inter Nationes, Bonn. — Göttingen: Vandenhoeck & Ruprecht 1957. X, 147 S.

Notstandsrecht. Auswahlbibliographie. [Hrsg.:] Wissenschaftl. Abt. d. Dtsch. Bundestages. — Bonn: [Selbstverl. d. Hrsg.] 1967. 108 S.
(Wissenschaftliche Abteilung des Deutschen Bundestages. Bibliographien. 12.)

Notstandsrecht. — Bonn: [Selbstverl. d. Hrsg.] 1971. 35 S.
[Maschinenschr. hektograph.]
(Deutscher Bundestag. Wissenschaftliche Dienste. Bibliographien. 28.)

Die studentische **Opposition** in der Bundesrepublik. Auswahlbibliographie. (Bearb. von Peter Schindler.) — (Bonn:) [Selbstverl. d. Hrsg.] 1968. 47 S.
(Wissenschaftliche Abteilung des Deutschen Bundestages. Bibliographien. 18.)

Die **Ost-** und Deutschland**politik** der Bundesrepublik Deutschland, 1969–1973. Auswahlbibliographie mit Annotationen. - Bonn: [Selbstverl. d. Hrsg.] 1974. V, 167 S.
(Deutscher Bundestag. Wissenschaftliche Dienste. Bibliographien. 40.)
[Maschinenschr. hektogr.]

Parlamentsreform. Auswahlbibliographie. — Bonn: [Selbstverl. d. Hrsg.] 1969. IV, 33 S.
(Wissenschaftliche Abteilung des Deutschen Bundestages. Bibliographien. 19.)

Planung in Politik und Verwaltung in der Bundesrepublik Deutschland. - Bonn: [Selbstverl. d. Hrsg.] 1972. I, 96 S.
(Deutscher Bundestag. Wissenschaftliche Dienste. Bibliographien. 30.)
[Maschinenschr. hektogr.]

Price, A[rnold] H.: East-Germany. A selected bibliography. — Washington: Library of Congress 1967. VIII, 133 S.

Price, Arnold H.: The Federal Republic of Germany. A selected bibliography of English-language publications. With emphasis on the social sciences. Slavic and Central European Division, Ref. Dep. - Washington: U.S. Government Print. Off. [In Komm.] 1972. IX, 63 S.

Die Deutsche Demokratische **Republik** im Spiegel der Literatur der DDR und der UdSSR. Bibliographisches Verzeichnis von Büchern und Zeitschriftenaufsätzen zu gesellschaftspolitischen Fragen 1945—1959. — Berlin: Deutsche Staatsbibliothek 1961. 248 S.

Rister, Herbert: Schrifttumsverzeichnis zur Geschichte der deutsch-polnischen Beziehungen (1945—1951). — In: Z. Ostforsch. 1 (1952), 625—640.

Schmidt, Jürgen: Die Erforschung des Kirchenkampfes. Die Entwicklung der Literatur und der gegenwärtige Stand der Erkenntnis. — München: Chr. Kaiser (1968). 112 S.
(Theologische Existenz heute. 149.)

Schneider, Hans [Hrsg.]: Bibliographie zum öffentlichen Recht in der Bundesrepublik Deutschland. Ein Hilfsmittel zum Studium von Verfassung und Verwaltung. — München: Beck 1960. 112 S.

Schoelen, Georg: Der Volksverein für das katholische Deutschland 1890–1933. Eine Bibliographie. Mit e. Einl. von Rudolf Morsey u. e. Nachlaßverz. von Wolfgang Löhr. [Hrsg.:] Stadtbibliothek Mönchengladbach. - Mönchengladbach: [Selbstverl. d. Hrsg.] 1974. 110 S.

Schoenwald, Marianne: Schriften zur Statistik in Bayern, 1918–1945. Spezialbibliographie. Im Auftrag des Bayerischen Staatsministeriums für Unterricht und Kultus, hrsg. vom Institut für Zeitgeschichte. - München: [Selbstverl. d. Hrsg.] 1975. VI, 74 Bl.
(Widerstand und Verfolgung in Bayern 1933–1945. Hilfsmittel.)
[Maschinenschr. vervielf.]

Das amtliche **Schrifttum** der Bundesrepublik. 2. Aufl. [nach dem Stande von] Ende März 1957. Hrsg. vom Presse- und Informationsamt der Bundesregierung. — (Bonn:) Dt. Bundes-V. (1957). 114 S.

Schrifttum über Deutschland 1918 – 1962. Ausgewählte Bibliographie dt. Publikationen. Bearb. in Gemeinsch. mit d. Forschungsinst. d. Dt. Gesellsch. f. Auswärt. Politik durch Inter Nationes, Bonn. — (Wiesbaden: Steiner 1962.) 306 S.

Schrifttum über Deutschland 1918 – 1963. Ausgewählte Bibliographie zur Politik und Zeitgeschichte. Bearb. vom Forschungsinstitut d. Deutschen Gesellschaft f. Auswärtige Politik für Inter Nationes, Bonn. 2., erw. Aufl. — (Wiesbaden: Steiner 1964.) 292 S.

Schumacher, Martin: Wahlen und Abstimmungen 1918–1933. Eine Bibliographie zur Statistik und Analyse der politischen Wahlen in der Weimarer Republik. Hrsg. von der Kommission für Geschichte des Parlamentarismus und der politischen Parteien. – Düsseldorf: Droste (1976). 155 S.
(Bibliographien zur Geschichte des Parlamentarismus und der politischen Parteien. 7.)

Schumann, Hans-Gerd: Die politischen Parteien in Deutschland nach 1945. Ein bibliograph.-systemat. Versuch. — Frankfurt a.M.: Bernard & Graefe 1967. XXII, 223 S.
(Schriften der Bibliothek für Zeitgeschichte. 6.)

Snell, John L.: Dissertationen zur deutschen Zeitgeschichte an amerikanischen Universitäten, 1933–1953. — In: Vjh. Zeitgesch. 1 (1953), 289—296.

Stachura, Peter D.: The Weimar era and Hitler, 1918–1933. A critical bibliography. – Oxford: Clio Press (1977). XVII, 275 S.

Stöhr, Liselotte, Gisela Blos [u.] Johannes Lohmann: 25 Jahre SED. (Anläßl. d. 25. Jahrestages d. Gründung d. SED am 21./22. April 1946.) – [Berlin:] Berliner Stadtbibliothek 1971. 100 S.
(Bibliographische Kalenderblätter. Sonderbl. 32, Beil.)

Tarumi, Setsuko [u.] Hartfrid Krause: Bibliographie der USPD-Broschüren 1917–1922. – In: Internat. wiss. Korr. Gesch. dtsch. Arbeiterbew. 10 (1974), 457–471.

Theisen, Heinz: Bibliographie zu den Ereignissen des 17. Juni 1953. – In: Aus Politik und Zeitgeschichte, Beilage zur Wochenzeitung „Das Parlament" Nr. 23 vom 10. Juni 1978, 51–54.

Verfassungsreform. Auswahlbibliographie mit Annotationen. – Bonn: [Selbstverl. d. Hrsg.] 1974. V, 43 S.
(Deutscher Bundestag. Wissenschaftliche Dienste. Bibliographien. 36.)
[Maschinenschr. hektogr.]

Die internationale **Vertretung** Deutschlands nach 1945. Auswahlbibliographie. [Hrsg.:] Wissenschaftl. Abt. d. Dtsch. Bundestages. — Bonn: [Selbstverl. d. Hrsg.] 1967. 56 S.
(Wissenschaftliche Abteilung des Deutschen Bundestages. Bibliographien. 9.)

Verzeichnis amtlicher Veröffentlichungen der Bundesrepublik Deutschland. Bearb. von der Abt. Internationaler Amtlicher Schriftentausch für die Bundesrepublik Deutschland. — Marburg a. L.: Westdt. Bibliothek (ehem. Preuß. Staatsbibliothek) 1959. XI, 93 S. Hektograph. Ausg.

Wahl zum deutschen Bundestag. Wahlrecht, Wahlkampf, Wahlanalyse. Auswahlbibliographie mit Annotationen. – Bonn: [Selbstverl. d. Hrsg.] 1976. V, 30 S.
(Deutscher Bundestag. Wissenschaftliche Dienste. Bibliographien. 45.)
[Maschinenschr. hektogr.]

Wahlsystem und Wahlrecht der Bundesrepublik Deutschland. Auswahlbibliographie. — Bonn: [Selbstverl. d. Hrsg.] 1967. 98 S.
(Wissenschaftliche Abteilung des Deutschen Bundestages. Bibliographien. 8.)

Wehler, Hans-Ulrich: Bibliographie zur modernen deutschen Sozialgeschichte ⟨18.–20. Jahrhundert⟩. – Göttingen: Vandenhoeck & Ruprecht (1976). X, 269 S.
(Arbeitsbücher zur modernen Geschichte. 1.)

Wehler, Hans-Ulrich: Bibliographie zur modernen deutschen Wirtschaftsgeschichte ⟨18.–20. Jahrhundert⟩. – Göttingen: Vandenhoeck & Ruprecht (1976). X, 242 S.
(Arbeitsbücher zur modernen Geschichte. 2.)

From **Weimar** to Hitler. Germany 1918 —1933. Ed. by The Wiener Library.— London: The Wiener Library 1951. 100 S.
(Catalogue Series. 2.)

Geschichte außerdeutscher Staaten

Europa

Adamczyk, Alexander: Beiträge zur Osteuropäischen Bibliographie. 1. Rußland/Sowjetunion (1951/1952). — Beilage zu: Jbb. Gesch. Osteuropas 1 (1953), H. 2.

Adamczyk, Alexander: Beiträge zur Osteuropäischen Bibliographie. — In: Jb. Gesch. Osteuropas.
2. Historisches und Aktuelles aus Sowjetzeitschriften 1949—52, in: 1 (1953), 331—365.
3. Ost und West im Spiegel sowjetrussischer Zeitschriften 1953, in: 2 (1954), 315—366.

Adamczyk, Alexander: Beiträge zur osteuropäischen Bibliographie. — In: Jbb. Gesch. Osteuropas.
4. Sowjetrussische Zeitschriftenliteratur 1954, in: 3 (1955), 292—350.
5. Sowjetrussische Zeitschriftenliteratur 1955, in: 4 (1956), 442—491.

Adamczyk, Alexander: Sowjetrussische Zeitschriftenliteratur 1956. — In: Jbb. Gesch. Osteuropas 7 (1959), 334—394.
(Beiträge zur Osteuropäischen Bibliographie. 6.)

Arista, G. B. [Ed.]: La costituzione italiana. Saggio bibliografico. — Milano: Giuffrè 1956. 414 S.

Balys, Jonas: Lithunia and Lithunians. A selected bibliography. Publ. for the Lithunian Research Inst. — New York: Praeger (1961). X, 190 S.
(Studia Lituanica. 2.)
(Books that matter.)

Bartolini, Alfonso [u. a.]: Resistenza. Panorama bibliografico. Pref. di Ferruccio Parri. — Roma: Antonio Vento 1957. 344 S.

Baumgart, Jan und S. Gluszek: Bibliografia historii polskiej. Za lata 1944—1947. — Wrocław: Polska Akademia Nauk 1962. XXI, 399 S.

Baumgart, J.: Bibliografia historii polskiej za rok 1948. — Kraków: Krak. Druk. Naukowa 1952. 90 S.

Baumgart, Jan: Bibliografia historii polskiej za rok 1949. — Wrocław, Kraków: Polskie Towarzystwo Historyczne 1954.

Baumgart, Jan: Bibliografia historii polskiej za lata 1950—1951. — Wrocław: Zakł. im. Ossolińskich, Wyd. Pan 1955. IV, 232 S.

Baumgart, Jan und Anna Malcówna: Bibliografia historii polskiej. — Wrocław: Im. Ossolińsk.
 1956—1957. 1960. X, 386 S.
 1958. 1960. X, 202 S.
 1959. 1961. X, 242 S.
 1960. 1962. X, 274 S.
 1961. 1963. X, 255 S.
 (Polska Akademia Nauk. Inst. Historii.)

Baumgart, Jan [u.] Anna Malcówna: Bibliografia historii polskiej. — Wrocław: Zakład Narod. im. Ossolińskich.
 1962. 1964. VI, 305 S.
 1963. 1965. VI, 338 S.
 1964. 1966. X, 326 S.
 1965. 1967. X, 334 S.
 1966. 1968. X, 282 S.
 1967. 1969. X, 286 S.
 1968. 1970. IX, 298 S.
 1969. 1971. VI, 387 S.
 1970. 1972. VIII, 376 S.
 1971. 1973. VI, 391 S.
 1972. 1974. VIII, 379 S.

Behrmann, Lilly-Ralou, Peter Proché [u.] Wolfgang Strasser: Bibliographie zur Außenpolitik der Republik Österreich seit 1945. Stand 31. Dez. 1971. - Wien: Braumüller 1974. 505 S.
(Schriftenreihe der Österreichischen Gesellschaft für Außenpolitik und Internationale Beziehungen. 7.)

Bergstraesser, Dorothea: Auswahlbibliographie zur Geschichte und Landeskunde der böhmischen Länder. - In: Z. Ostforsch.
 1975 mit einzelnen Nachträgen. - In: 26 (1977), 561–574.

Bibliografi til Norges historie. (Utg. av Den Norske Historiske Forening.) [Oslo:] Universitetsforlaget.
(Historisk Tidsskrift. Beil.)
 1956—57. Av H. Falck Myckland. (1959.) 115 S.
 1958—59. Av H. Falck Myckland. (1960.) S. 120—215.
 1960—61. Av Anne-Grete Holm Olsen. 1962. S. 220—312.
 1962—63. Av Anne-Grete Holm Olsen. 1965. S. 316—418.
 1964—65. Utg.: Anne Grete Holm-Olsen. 1967. S. 424—592.
 1966—67. Utg.: Cecilie Wiborg Bonafede. (1969). 137 S.

Bibliografi til Norges historie. (Utg. av Den Norske Historiske Forening.) — [Oslo:] Universitetsforlaget.
 1968—69. Utg.: Cecile Wiborg Bonafede. (1972). S. 142—299.
 1970-71. Utg.: Cecile Wiborg Bonafede. (1974). S. 304-457.
 1972-73. Av Cecile Wiborg Bonafede. (1976). S. 464-616.

Svensk historisk **bibliografi.** Utg. av Svenska Historiska Föreningen. - Stockholm: Norstedt.
 81 (1960). Utg.: Jan Rydbeck. 1962. 104 S.
 82 (1961). Utg.: Jan Rydbeck och Marianne Kjellström. 1963. 82 S.
 83 (1962). Utg.: Marianne Kjellström och Marie-Louise Bachman. (1965). 118 S.
 84 (1963). Utg.: Marie-Louise Bachman och Marianne Kjellström. (1966). 112 S.
 85 (1964). Utg.: Marie-Louise Bachman. (1967). 84 S.
 86 (1965). Utg.: Marie-Louise Bachman. (1968). 83 S.
 87 (1966). Utg.: Marie-Louise Bachman. (1969). 96 S.
 88 (1967). Utg.: Marie-Louise Bachman. (1970). 96 S.
 89 (1968). Utg.: Marie-Louise Bachman. (1971). 93 S.
 90 (1969). Utg.: Marie-Louise Bachman. (1972). 83 S.
 91 (1970). Utg.: Marie-Louise Bachmann. (1973). 81 S.
 92 (1971). Utg.: Marie-Louise Bachmann. (1974). 91 S.

Bibliografia general sobre la Guerra de España (1936—1939) y sus antecedentes históricos. Fuentes para la historia contemporánea de España. Introd. general y dir. de Ricardo de la Cierva y de Hoces. Coordinación y revisión: Ma. del Carmen Garrido. — Madrid: Secretária general técnica del Ministerio de información y turismo; Ed. Ariel 1968. XXXIX, 729 S.
(Horas de España.)

Bibliografía histórica de España e Hispanoamerica. Vol. 1: 1953—1954. — Barcelona: Editorial Teide 1955. XXIII., 859 S.

Bibliografía histórica de España e Hispanoamerica. Vol. 2: 1955—1956. — Barcelona: Editorial Teide 1957. XXXII, 1088 S.

Bibliografia historii polskiej. Oprac.: Stanisław Głuszek, Anna Malcówna [u.] Irena Perzanowska. - Wrocław: Wyd. Polskiej Akad. Nauk.
 1973. 1975. VIII, 468 S.

Bibliografia historii śląska 1939—1946. — [Wrocław: Société des sciences et des lettres o. J.] S. 1—48.
 Bibliographie der schlesischen Geschichte 1939—1946.

Bibliografia del socialismo e del movimento operaio italiano. Vol. 1. 2. — Roma: Ente per la Storia del Socialismo e del Movimento Operaio Italiano; Firenze: Olschki 1956.

Bibliografia storica nazionale. — Bari: Laterza.
 17. 1955. A cura di R. Belvederi, G. Manacorda, L. Moretti. 1957. XXVII, 195 S.

Bibliografia storica nazionale. A cura di R. Belvederi [u. a.] — Bari: Leterza.
 18. 1956. 1958. XXX, 201 S.
 19. 1957. 1959. XXVIII, 197 S.

Bibliografia storica nazionale. — Bari: Laterza. 20. 1958. Pref.: Aldo Ferrabino. 1960. XXVII, 259 S.

Bibliografia wojskowa II wojny światowej. Materiały za lata 1939—1958. — Warszawa: Wojskowy Instytut Historyczny 1960. 434 S.

Bibliografie československé historie za rok 1961. [Bearb.:] Věroslav Myška [u. a.] — Praha: Nakladatelství Československé akademie věd 1965. 458 S.

Bibliografie československé historie za rok. [Bearb.:] Věroslav Myška [u. a.] — Praha: Nakladatelství Československé akademie ved.
 1961—1963. 1967. 741 S.
 1964. 1968. 440 S.

Bibliografie Československé historie za rok 1965. [Hrsg.:] Academia, Nakladatelstvi Československé akademie vĕd. [Bearb.:] Vĕroslav Myška [u. a.] – Praha: [Selbstverl. d. Hrsg.] 1972. 561 S.
[Maschinenschr. hektogr.]

Bibliografie der geschiedenis van Nederland. Samengesteld in opdracht van het Nederlands Comité voor Geschiedkundige Wettenschappen door H. de Buck. Met medewerking van E. M. Smit. — Leiden: Brill 1968. XX, 712 S.

Bibliographie zur Geschichte der Kommunistischen Partei der Sowjetunion. — Leipzig: Verl. f. Buch- und Bibliothekswesen 1954. 78 S.

Bibliographie zur österreichischen Neutralität. — In: Österr. Z. Außenpolitik 1 (1960), 142—148.

Bibliographie zur österreichischen Neutralität. — In: Österr. Z. Außenpol. 3 (1963), 125—129.

Österreichische historische **Bibliographie**. Austrian Historical Bibliography Ed. by Eric H. Boehm and Fritz Fellner. — Santa Barbara, Calif.: ABC-Clio Press.
   1965. 1968. 120 S.
   1966. 1969. 130 S.
   1967. 1970. 131 S.
   1968. 1970. 114 S.

Österreichische historische **Bibliographie**. Austrian Historical Bibliography. Hrsg. von Eric H. Boehm [u.] Fritz Fellner. - Santa Barbara. Calif.: ABC-Clio Press.
   1969. 1971. 154 S.
   1970. 1972. 158 S.
   1971. 1973. 147 S.
   1972. 1974. 149 S.

Schlesische **Bibliographie** 1942—1951. Im Auftr. d. Hist. Komm. f. Schlesien bearb. von Herbert Rister. — Marburg a. L. 1953. XII, 216 S. [Als Manuskr. gedr.]
(Wissensch. Beiträge zur Gesch. u. Landeskunde Ostmitteleuropas.5.)

Schlesische **Bibliographie**. Im Auftr. d. Histor. Kommission f. Schlesien bearb. im J. G. Herder-Inst., Marburg a. d. Lahn. – Marburg: J. G. Herder-Inst.
   1961-1963.
      1. 1975. 522 S.
(Wissenschaftliche Beiträge zur Geschichte und Landeskunde Ostmitteleuropas. 97,1.)
(Einzelschriften der Historischen Kommission für Schlesien. 10,1.)

Bibliography of British history 1851–1914. Issued under the direction of the American Historical Association and the Royal Historical Society of Great Britain. Comp. and ed. by H. J. Hanham. - Oxford: Clarendon Press 1976. XXVII, 1606 S.

Besaettelsetidens illegale **blade** og bøger 1940—1945. En bibliografi udarbejdet af Leo Buschardt [u. a.] — København: Kongelige Bibliotek 1954. 201 S.

Blaser, Fritz: Bibliographie der Schweizer Presse mit Einschluß des Fürstentums Liechtenstein. Halbbd 1. 2. — Basel: Birkhäuser 1956/58. XXX, 1441 S.

Böttcher, Winfried, Jürgen Jansen [u.] Friedrich Welsch: Das britische Parlament und Europa. 1940–1972. Eine Fachbibliographie. - Baden-Baden: Nomos-Verlagsges. 1975. 186 S.

Bohmer, Alois [u. a.]: Legal sources and bibliography of Czechoslovakia. — New York: Praeger 1959. 180 S.

Braham, Randolph L.: The Hungarian Jewish catastrophe. A selected and annoted bibliography. — (Jerusalem: Yad Vashem martyrs' and heroes' memorial authority;) New York: (Yivo Inst. for Jewish research) 1962. XXV, 86 S.
(Joint documentary projekts. Bibliographical series. 4.)

Breycha-Vauthier, A. C.: Die Zeitschriften der österreichischen Emigration 1934—1946. — Wien: Österreichische Nationalbibliothek 1960. 28 S.

Bruun, H.: Dansk historisk bibliografi 1913—1942. — København: Rosenkilde og Bagger 1970. 526 S.

Bruun, Henry: Dansk historisk bibliografi 1943—1947. — København: Danske Historiske Forening 1956. XX, 594 S.

Bücherkunde Ostdeutschlands und des Deutschtums in Ostmitteleuropa. Bearb. von Heinrich Jilek, Herbert Rister u. Hellmuth Weiss. — Graz, Köln: Böhlau 1963. XXXVI, 560 S.
(Ostmitteleuropa in Vergangenheit und Gegenwart. 8.)

Bukowski, Andrzej: Bibliografia. — In: Jantar 4 (1946), 96—99.
Bibliographie des Ostseegebietes.

Byrnes, Robert R.: Bibliography of American publications on East Central Europe 1945—1957. — Bloomington: Indiana University Publications 1958. XXX, 213 S.

Catalogo della biblioteca (dell') Istituto Nazionale per la storia del movimento di liberazione in Italia. Libri. Al 31 dicembre 1966. — [Milano: Selbstverl. d. Hrsg. 1968.]
   [1.] A—K. 210 ungez. Bl.
   [2.] L—Z. 226 ungez. Bl.

Catalogo della biblioteca (dell') Istituto Nazionale per la storia del movimento di liberazione in Italia. Fondo periodici. Al 31 maggio 1968. [3 Teile in 1 Bd.] — [Milano: Selbstverl. d. Hrsg. 1968.] 100 ungez. Bl.
   Settore. 1. 1919—25 luglio 1943.
          2. 26 luglio 1943 — 2 maggio 1945.
          3. 3 maggio 1945 — ...

Catalogue des périodiques clandestins diffusés en France de 1939 à 1945. — Paris: Bibliothèque Nationale 1954. XXIII, 282 S.

Chmielewski, Horst von: Auswahlbibliographie zur Geschichte und Landeskunde der Sudetenländer. - In: Z. Ostforschung.
   1971. - In: 22 (1973), 381-397.

Chmielewski, Horst von: Auswahlbibliographie zur Geschichte und Landeskunde der böhmischen Länder. - In: Z. Ostforschung.
   1972 mit Nachträgen von 1971. - In: 23 (1974), 557-574.
   1973 mit Nachträgen von 1972. - In: 24 (1975), 558-576.
   1974 mit Nachträgen von 1973. - In: 25 (1976), 557-574.

Chojnacki, Władysław und Jan Kowalik: Bibliografia niemieckich bibliografii dotyczacych Polski 1900—1958. — Poznań: Instytut Zachodni 1960. 252 S.

Chojnacki, Władysław: Bibliografia zwartych druków konspiracyjnych wydanych pod okupacją hitlerowską w latach 1939—1945. — Warszawa: Państwowe Wydawnictwo Naukowe 1970. 310 S.

Chojnacki, W. [u. a.]: Materiały do bibliografii okupacji hitlerowskiej w Polsce 1939—1945. Uzupełnienia za lata 1944—1953. (Załcznik do pracy „Najonwsze dzieje Polski", T. 1.) — Warszawa: Państwowe Wydawnictwo Naukowe 1957. 63 S.

Chrimes, S. B. und I. A. Roots: English constitutional history. A select bibliography. — London: Routledge & Kegan Paul 1958. 38 S.

Clemens, Walter: Soviet disarmament policy. 1917—1960. An annotated bibliography of Soviet and Western sources compiled. — Stanford: Hoover Inst. 1965. 151 S.

Conti, Laura: La resistenza in Italia. 25 luglio 1943—25 aprile 1945. Saggio bibliografico. — Milano: Feltrinelli (1961). XV, 404 S.
(*Istituto Giangiacomo Feltrinelli. Bibliografie. 3.*)

Cosemans, Arthur und Theodore Heyse: Contribution à la bibliographie dynastique et nationale. — Bruxelles: Van Campenhout.
    4. Règne d'Albert 1909—1934. 1959. 108 S.

Cuadernos bibliográficos de la guerra de España 1936—1939. Ed. por la catedra de „Historia contemporanea de España" de la Universidad de Madrid. Folletos e impresos menores del tiempo de la guerra. Ser. 1. — (Madrid: [Selbstverl. d. Hrsg.])
    1. 1966. XX, 257 S.

Czarnecki, Feliks: Bibliografia Ziem Zachodnich 1945—1958. — Poznań: Inst. Zachodni 1962. 545 S.

Dallin, Alexander: The German occupation of the USSR in World War II. A bibliography. — [Washington:] Department of State, Office of Intelligence Research, External Research Staff 1955. 75 S.
(*External Research Paper. 122.*)

Dissertationen zur Problematik des böhmisch-mährischen Raumes. — München: Selbstverl. Als Manuskr. gedr. 1. 1955. IV, 42 S.
(*Schriftenreihe des Sudetendeutschen Archivs. 1.*)

Dobroszycki, Lucjan: Centralny katalog polskiej prasy konspiracyjnej 1939—1945. — Warszawa: MON 1962. 302 S.

Elfstrand, Percy: Svensk historisk bibliografi 1951. — Stockholm: Svenska Historiska Föreningen 1952. 93 S.

Elfstrand, Percy: Svensk historisk bibliografi. Utg. av Svenska Historiska Föreningen. — Stockholm: Wahlström, Wahlström & Widstrand.
    73. 1952. 1953. 90 S.
    74. 1953. 1955. 103 S.

Elfstrand, Percy: Svensk historisk bibliografi. Utgav Svenska Historiska Föreningen. — Stockholm: Norstedt.
    80 (1959). 1961. 90 S.

Friedman, Philip: The bibliography of the Warsaw ghetto. On the tenth anniversary of the uprising in the Warsaw ghetto. — New York: Jewish Book Council of America 1952. 7 S.
    (Sonderdruck aus: Jewish Book Annual 11 [1952/53].)

Geyer, Arthur: A magyarországi fasizmus zsidóüldözésének bibliográfiája, 1945—1958. — Budapest: A Magyar Izraeliták Országos Képviseletének Kiadása 1958. 167 S.

Gomez, Molleda, D.: Bibliografia historica espanola 1950—1954. — Madrid: C. S.J.C. 1955. 491 S.

Halasz de Beky, I. L. [Comp.]: A bibliography of the Hungarian revolution, 1956. — Toronto: University of Toronto Press 1964. 179 S.

Hanusch, Gerhard: Osteuropa-Dissertationen 1955—1958. Deutsches Sprachgebiet, Nord-, West-, Südeuropa, Nordamerika. — In: Jbb. Gesch. Osteuropas 6 (1958), 153—194 (ges. Pag.)

Hanusch, Gerhard: Osteuropa-Dissertationen 1958—1960. Deutsches Sprachgebiet, Nord-, West-, Südosteuropa, Nordamerika. — In: Jbb. Gesch. Osteuropas 8 (1960), 195—239 (ges. Pag.).

Haralampieff, K.: Bulgarische Bibliographie (1945—1950). — In: Südostforschungen 12 (1953), 419—442.

Heinz, Grete [u.] Agnes F. Peterson: The French Fifth Republic. Establishment and consolidation, 1958—1965. An annotated bibliography. — Stanford, Calif.: Hoover Institution Press 1970. XIII, 170 S.
(*Hoover Institution Bibliographical Series. 44.*)

Heinz, Grete [u.] Agnes F. Peterson: The French 5th Republic. Continuity and change, 1966-1970. An annotated bibliography. A sequel to the 5th Republic, 1958-1965. - Stanford, Calif.: Hoover Institution Press 1974. XVII, 125 S.
(*Hoover Institution Bibliographical Series. 54.*)

Hemmerle, Josef: Schrifttumsverzeichnis zur Geschichte der Sudetenländer und der heutigen Tschechoslowakei in Auswahl 1945—1953. — In: Z. Ostforsch. 4 (1955), 145—160.

Hemmerle, Josef: Schrifttumsverzeichnis zur Landeskunde und Rechtsgeschichte der Sudetenländer in Auswahl 1950—1954. — In: Z. Ostforschung 6 (1957), 305—320.

Hillgruber, Andreas: Südosteuropa im Zweiten Weltkrieg. Literaturbericht und Bibliographie. — Frankfurt a. M.: Bernard & Graefe 1962. 150 S.
(*Schriften der Bibliothek für Zeitgeschichte. 1*)

Russian history since 1917. Classification schedule, classified listing by call number, alphabetical listing by author or title, chronological listing. — Cambridge, Mass.: Harvard University Press 1966. 698 S.

Horecky, Paul L. [Ed.]: East Central Europe. A guide to basic publications. — Chicago: University of Chicago Press 1969. XXV, 956 S.

HILFSMITTEL

Jähnig, Bernhart: Auswahlbibliographie zur Geschichte von Ost- und Westpreußen. – In: Z. Ostforsch.
1975. – In: 26 (1977), 156–172.
1976. – In: 27 (1978), 175–190.

Jilek, Heinrich: Auswahlbibliographie zur Geschichte und Landeskunde der Sudetenländer 1955—1957. — In: Z. Ostforsch. 8 (1959), 465—480.

Jilek, Heinrich: Auswahlbibliographie zur Geschichte und Landeskunde der Sudetenländer 1958—1959. — In: Z. Ostforsch. 10 (1961), 185—200.

Jilek, Heinrich: Auswahlbibliographie zur Geschichte und Landeskunde der Sudetenländer. — In: Z. Ostforsch.
1960. — In: 11 (1962), 385—400.
1961 mit Nachträgen für 1960. — In: 12 (1963), 585—600.

Jilek, Heinrich: Auswahlbibliographie zur Geschichte und Landeskunde der Sudetenländer 1962. — In: Z. Ostforsch. 14 (1965), 185—200.

Jilek, Heinrich: Auswahlbibliographie zur Geschichte und Landeskunde der Sudetenländer 1963. — In: Z. Ostforschung 15 (1966), 385—400.

Jilek, Heinrich: Auswahlbibliographie zur Geschichte und Landeskunde der Sudetenländer 1968. — In: Z. Ostforschung 19 (1970), 582—597.

Jilek, Heinrich: Auswahlbibliographie zur Geschichte und Landeskunde der Sudetenländer. - In: Z. Ostforschung.
1969 mit Nachträgen für 1968. – In: 20 (1971), 583–598.
1970. – In: 21 (1972), 583–598.

Ilie, Petre [u.] Gheorghe Stoean: România in războiul antihitlerist. Contribuții bibliografice. – București: Ed. militară 1971. 159 S.

Jonasova-Hajkova, Stanislava: Bibliografie české historie za léta 1937—1941. — Praha: Historický Klub 1951. XXX, 930 S.

Jonášová [-Hajkova], Stanislava [u.a.]: Bibliografie československé historie za rok 1955. — Praha: Nakladatelstvi Českosl. Akad. 1957. 194 S.

Jonásová-Hajkova, Stanislava [u.a.]: Bibliografie československé za rok 1957. — Praha: Nakladatelstvi Československé Akademie Věd 1960. 327 S.

Jonášová-Hajkova, Stanislava [u. a.]: Bibliografie československé historie. — Praha: Nakladatelstvi Československé Akademie Věd.
1958. 1962. 319 S.
1959/60. 1964. 555 S.

Jones, David Lewis: Books in English on the Soviet Union, 1917–73. A bibliography. – New York: Garland Publ. 1975. XIV, 331 S.

Jong, C. T. de: Die Niederlande und der Zweite Weltkrieg. Versuch einer Bibliographie. — In: Bücherschau d. Weltkriegsbücherei 26 (1954), 421—427.

Kalnoki Bedo, Alexander [u. a.]: Legal sources and bibliography of Hungary. — New York: Praeger 1956. XVI, 157 S.

Kanet, Roger E. [Ed.]: Soviet and East European foreign policy. A bibliography of English- and Russishlanguage publications 1967–1971. - Santa Barbara, Calif.: ABC-Clio Press 1975. XV, 208 S.

Katalog des Schrifttums über den deutschen Osten. — (Hannover: Niedersächs. Landesbibliothek.)
1. Ostpreußen und Westpreußen. ⟨Stand vom 31. 12. 1957.⟩ (1958). VI, 242 S.
2. Schlesien. ⟨Stand vom 1. 4. 1956.⟩ (1956). VII, 191 S.
3. Verzeichnis der Schriften über Pommern. ⟨Stand vom 31. 12. 1963.⟩ (1963). 592 S.
4. Verzeichnis der Schriften über Ostbrandenburg und die Grenzmark Posen-Westpreußen. ⟨Stand vom 31. 12. 1965.⟩ (1966). 454 S.

Keep, J. L. H.: Verzeichnis des amerikanischen Schrifttums 1939—1952 zur Geschichte Osteuropas und Südosteuropas. — In: Forsch. osteurop. Gesch. 7 (1959), 397—446.

Keep, J. H. L.: Verzeichnis des englischsprachigen Schrifttums (außer USA) 1939—1952 zur Geschichte Osteuropas und Südosteuropas. — In: Forschungen z. osteurop. Gesch. 5 (1957), 119—162.

Kiedrzyńska, Wanda: Powstanie warszawskie w książce i prasie. Poradnik bibliograficzny. – Warszawa: Stowarzyszenie Bibliotekarzy Polskich 1972. 164 S.

Köves, Erzsébet: A második világháború története (1939—1945). Válogatott művek bibliográfiája. — Budapest: Fövárosi Szabó Ervin Könyvtár 1955. 167 S.

Kosicki, Jerzy und Wacław Kozłowski: Bibliografia pismiennictwa polskiego za lata 1944—1955 o hitlerowskich zbrodniach wojennych. — Warszawa: Wydawnictwo Prawnicze 1955. 179 S.

Kozocsa, S.: A magyar irodalom bibliográfiája 1945—1949. — Budapest: Közokt. Kiadó, Révai ny. 1950. 232 S.

Kučera, Ladislav: Bibliografie hlavních československých prací z mezinárodních vztahů publikovaných v knižní formě 1945—1966. [Nebst Reg.-Bd.] — Praha: Ústav pro mezinárodní politiku a ekonomii 1967. 406, 117 S. m. Doppel-S.
(Prameny a studie k mezinárodním vztahům. 1967, 4.5.)

Kurl, Salme: Estonia. A selected bibliography. — Washington: Library of Congress, Reference Dept., Slavic and Central Europ. Division 1958. IV, 74 S.

Lawrynenko, Jurij: Ukrainian communism and Soviet Russian policy toward the Ukraine. An annotated bibliography 1917—1953. Ed. by David I. Goldstein — New York: Research Program on the SSR. 1953. XXVIII, 454 S.

Leichter, Otto: Bibliographie der sozialistischen Untergrundliteratur in Österreich 1934—1938. — In: Leichter, Otto: Zwischen zwei Diktaturen, Frankfurt a.M.: Europ. Verl. Anst. 1968. 421—458.

Lindberg, Folke und John I. Kolehmainen: The Scandinavian countries in international affairs. A selected bibliography on the foreign affairs of Denmark, Finland, Norway and Sweden 1800—1952. — Minneapolis: Program in Scandinavian Area Studies 1953. 17S.

Lukowski, Jerzy: Bibliografia obozu koncentracyjnego Oswięcim-Brzezinka 1945—1965. Vol. 1—3. — Varsovie: Comité Internat. d'Auschwitz 1968.

Maleczyński, Karol: Bibliografia historii Śląska za lata 1948—1955. — Zakł. Nar. im Ossol. 1961. 192 S.

Marzian, Herbert: Ostdeutsche Bibliographie. — In: Jb. Albertus-Universität zu Königsberg/Pr.
1. 1945—1948. In: 2 (1952), 269—342.
2. 1949—1951. In: 3 (1953), 261—359.
3. 1952 und Nachträge 1945—1951. In: 4 (1954), 283—397.
4. 1953 und Nachträge 1945—1952. In: 5 (1954), 401—473.
5. 1954 und Nachträge 1945—1953. In: 6 (1955), 327—403.
6. 1955 und Nachtrag 1945—1954. — In: 7 (1957), 371—432. Mit: Index zur Ostdeutschen Bibliographie 1953—1955, ebenda, 433—467.
7. 1956 und Nachträge ab 1945. — In: 8 (1958), 451—510.
8. 1957 und Nachträge ab 1945. — In: 9 (1959), 271—315.
9. 1958 und Nachträge ab 1945. — In: 10 (1960), 309—366.
10. 1959 und Nachträge ab 1945. — In: 11 (1961), 405—501.
11. 1960 und Nachträge ab 1945. In: 12 (1962), 361—460.
12. 1961 und Nachträge ab 1945. — In: 13 (1963), 329—423.
13. 1962 u. Nachtr. ab 1945. — In: 14 (1964), 311—409.
14. 1963 u. Nachtr. ab 1945. — In: 15 (1965), 319—469.
15. 1964 u. Nachtr. ab 1945. — In: 16 (1966), 347—461.
16. 1965 u. Nachtr. ab 1945. — In: 17 (1967), 357—501.
17. 1966 u. Nachtr. ab 1945. — In: 18 (1968), 335—485.
18. 1967 u. Nachtr. ab 1945. — In: 19 (1969), 337—465.
19. 1968 u. Nachtr. ab 1945. — In: 20 (1970), 217—341.
20. 1969 u. Nachtr. ab 1945. — In: 21 (1971), 469—638.
21. 1970 u. Nachtr. ab 1945. — In: 22 (1972), 467—693.

Mercanligil, M. D.: Catalogue of books on Atatürk and the Turkish revolution. — Ankara: Yeni Matbaa 1953. 93 S.

Meyer, Klaus: Bibliographie der Arbeiten zur osteuropäischen Geschichte aus den deutschsprachigen Fachzeitschriften 1858—1964. Hrsg. von Werner Philipp. — Berlin: (Freie Universität, Osteuropa-Inst.); Wiesbaden: Harrassowitz in Komm. 1966. 314 S.
(*Bibliographische Mitteilungen des Osteuropa-Instituts an der Freien Universität Berlin. 9.*)

Meyer, Klaus: Bibliographie zur osteuropäischen Geschichte. Verzeichnis der zwischen 1939 und 1964 veröffentlichten Literatur in westeuropäischen Sprachen zur osteuropäischen Geschichte bis 1945. Unter Mitarb. von John H. L. Keep [u. a.] Hrsg. von Werner Philipp. — Berlin: Osteuropa-Inst. an d. Freien Universität Berlin; Wiesbaden: Harrassowitz [in Komm.] 1972. XLIX, 649 S.
(*Bibliographische Mitteilungen des Osteuropa-Instituts an der Freien Universität Berlin. 10.*)

Michel, Henri: Bibliographie critique de la Résistance. — [Paris] 1964: Inst. pédagogique national, Service d'édition et de vente des publications de l'éducation nationale. 223 S.

Mowat, C. L.: British history since 1926. A selected bibliography. — London: Historical Association 1960. 32 S.
(*Helps for students of history. 61.*)

Müller, Sepp: Schrifttum über Galizien und sein Deutschtum. — Marburg 1962: (Johann Gottfried Herder-Inst.) 230 S.
(*Wissenschaftliche Beiträge zur Geschichte und Landeskunde Ost-Mitteleuropas. 63.*)

Noether, Emiliana P.: Italy reviews its fascist past. A bibliographical essay. — In: Amer. hist. Rev. 61 (1956), 877—899.

Protifašistický **odboj** za druhé světové války. Bibliografie článků z ilegálního periodického tisku, vydávaného na území protektorátu a slovenského státu a z zeném území periodického tisku na osvobozeném území v letech 1939—1945. Zprac. Alexandr Ježek. Sv. 1—3. — Praha: Knihovna Ústavu dějin socialismu 1969.
1. IX, 220 S.
2. 214 S.
3. 231 S.
(*Bibliografie a informace knihovny Ústavu dějin socialismu. 12.*)

Oder-Neisse bibliography. — In: Wiener Libr. Bull. 13 (1959), 49.

Ørvik, Nils: Norwegian foreign policy. A bibliography 1905—1965. — Bergen: Universitetsforlaget 1968. 104 S.

Palmer, John: Government and parliament in Britain. A bibliography. — London: Hansard Society for Parliamentary Government 1960. 42 S.

Parrish, Michael: The 1968 Czechoslovak crisis. A bibliography, 1968-1970. Santa Barbara, Calif.: Amer. Bibl. Center 1971. 41 S.
(*Bibliography and Reference Series. 12.*)

Parrish, Michael: The Soviet armed forces. Books in English, 1950—1967. — Stanford, Calif.: Stanford University Press 1970. VIII, 128 S.
(*Hoover Institutional Bibliographical Series. 48.*)

Philipp, Werner [u. a.]: Verzeichnis des deutschsprachigen Schrifttums 1939—1952 zur Geschichte Osteuropas und Südosteuropas. — In: Forschungen zur osteurop. Geschichte, hrsg. Horst Jablonowski und Werner Philipp, Bd 1, Berlin 1954, 251—316.

Polski czyn zbrojny w II wojnie światowej. Bibliografia wojny wyzwoleńczej narodu polskiego 1939-1945. Problematyka wojskowa, materiały z lat 1939-1967. - Warszawa: Ministerstwo Obrony narodowej 1973. 832 S.

Portal, Roger [u. a.]: Verzeichnis des französischsprachigen Schrifttums 1939—1952 zur Geschichte Osteuropas und Südosteuropas. — In: Forsch. z. osteurop. Gesch. 4 (1956), 219—239.

Preidel, Helmut und Rudolf Schreiber: Bibliographie der Sudetenländer 1945 bis 1948. — In: Stifter-Jahrbuch 1949, 130—163. Gräfelfing: Gans 1949.

Prokešová, Nina: Česká literatura o dějinách nacistické okupace v Severomoravském kraji. — In: Slezský Sborn. 65 (1967), 527—538.

Prpic, George J.: Eastern Europe and world communism. A selective annotated bibliography in English. Publ. by the Institute for Soviet and East European Studies, John Carroll University. — Cleveland, Ohio 1966. III, 148 S.

Reklaitis, Povilas: Litauische Bibliographie in Auswahl. Schrifttum über das Litauertum, erschienen im westlichen Auslande. - In: Z. Ostforschung. 1970-1972. - In: 23 (1974), 364-381.

Reklaitis, Povilas: Litauische Bibliographie in Auswahl. - In: Z. Ostforsch. 1973-1974. - In: 26 (1977), 173-192.

Repertorium van boeken en tijdschriftartikelen betreffende de geschiedenis van Nederland, verschenen in de jaren ... — Leiden: Brill.
10. 1963—1965. Samengesteld in opdracht van het Nederlands Historisch Genootschap door J. Brok-Ten Broek in samenwerking met Mej. J. A. Veltman. 1971. XII, 502 S.

Velikaja oktjabŕskaja socialističeskaja revoljucija. Bibliografičeskij ukazatel' dokumental'nych publikacij. [Hrsg.:] Minist. Kul'tury RFSFSR. Gos. publ. ist. biblioteka. — Moskva: Vses. knižnaja palata 1961. 371 S.

Rister, Herbert: Pommersche Bibliographie 1945—1951. — In: Z. Ostforsch. 2 (1953), 297—320.

Rister, Herbert: Pommersche Bibliographie 1952—1955 und Nachträge für 1947—1951. — In: Z. Ostforsch. 5 (1956), 305—320 und 465—480.

Rister, Herbert: Pommersche Bibliographie 1956—1957 und Nachträge für 1950—1955. — In: Z. Ostforsch. 7 (1958), 465—480.

Rister, Herbert: Pommersche Bibliographie 1958—1959 und Nachträge. — In: Z. Ostforsch. 9 (1960), 465—480.

Rister, Herbert: Pommersche Bibliographie. 1962—1965. — In: Z. Ostforschung 17 (1968), 385—400.

Rister, Herbert: Pommersche Bibliographie 1966—1968. — In: Z. Ostforschung 19 (1970), 382—397.

Rister, Herbert: Pommersche Bibliographie. - In: Z. Ostforschung. 1971-1972. - In: 25 (1976), 364-380.

Rister, Herbert: Bibliographie zur Sozial- und Wirtschaftsgeschichte des gesamtoberschlesischen Industriegebietes 1935—1951. — Neumarkt i. Obpf.: Verl. d. Kulturwerks Schlesien 1952. 32 S.

Rister, Herbert: Schrifttum über das Posener Land 1954—1955. — In: Z. Ostforsch. 4 (1955), 631—640.

Rister, Herbert: Schrifttum über das Posener Land 1956—1958. — In: Z. Ostforsch. 8 (1959), 305—320.

Rister, Herbert: Schrifttum über das Posener Land 1959—1960. — In: Z. Ostforsch. 10 (1961), 585—600.

Rister, Herbert: Schrifttum über das Posener Land 1961—1962 mit Nachträgen in Auswahl. — In: Z. Ostforsch. 13 (1964), 369—392.

Rister, Herbert: Schrifttum über das Posener Land 1963—1964 in Auswahl. — In: Z. Ostforschung 15 (1966), 585—600.

Rister, Herbert: Schrifttum über das Posener Land 1965—1966 in Auswahl. — In: Z. Ostforschung 18 (1969), 585—600.

Rister, Herbert: Schrifttum über Litauen 1943—1953. — In: Z. Ostforsch. 4 (1955), 305—320.

Rister, Herbert: Schrifttum über Ostbrandenburg 1945—1952. — In: Z. Ostforsch. 4 (1955), 625—631.

Rister, Herbert: Schrifttum über Ostbrandenburg und dessen Grenzgebiete. — In: Z. Ostforsch.
1952—1962 mit Nachträgen. — In: 12 (1963), 385—400.
1962—1963 mit Nachträgen. — In: 13 (1964), 393—400.

Rister, Herbert: Schrifttum über Polen 1943—1951 mit besonderer Berücksichtigung des Posener Landes. (Auswahl). — Marburg a. L.: J. G. Herder-Inst. 1953. VIII, 147 S.
(Wissenschaftliche Beiträge zur Geschichte und Landeskunde Ost-Mitteleuropas. 10.)

Rister, Herbert und Hans Moritz Meyer: Schrifttum über Polen 1952—1953 und Nachträge mit besonderer Berücksichtigung des Posener Landes. (Auswahl). — Marburg a. d. L.: J. G. Herder-Inst. 1955. IX, 207 S.
(Wissenschaftliche Beiträge zur Geschichte und Landeskunde Ost-Mitteleuropas. 20.)

Rister Herbert: Schrifttum über Schlesien 1952. — In: Z. Ostforsch. 2 (1953), 625—640.

Rister Herbert: Schrifttum über Schlesien 1953. — In: Z. Ostforsch. 3 (1954), 145—160.

Rister, Herbert: Schrifttum über Schlesien 1956. — In: Z. Ostforschung 6 (1957), 465—480.

Rister Herbert: Schrifttum über Schlesien 1956. — In: Z. Ostforschung 6 (1957), 465—480; 7 (1958), 145—160.

Rister, Herbert: Schrifttum über Schlesien 1958—1959. — In: Z. Ostforsch. 9 (1960), 449—464.

Rister, Herbert: Schrifttum über Schlesien 1960 und 1961 in Auswahl. — In: Z. Ostforsch. 11 (1962), 585—600.

Rister, Herbert: Schrifttum über Schlesien 1962 und 1963 in Auswahl. — In: Z. Ostforsch. 14 (1965), 585—600.

Rister, Herbert: Schrifttum über Schlesien 1964 und 1965 in Auswahl.— In: Z. Ostforschung 16 (1967), 385—400.

Rister, Herbert: Schrifttum über Schlesien 1966 und 1967 in Auswahl. — In: Z. Ostforschung 18 (1969), 385—400.

Rister, Herbert: Schrifttum über Schlesien 1968 und 1969 in Auswahl. — In: Z. Ostforschung 20 (1971), 382—397.

Rister, Herbert: Schrifttum über Schlesien in Auswahl. — In: Z. Ostforschung.
1970. - In: 21 (1972), 383–398.
1971. - In: 22 (1973), 582–597.

Rister, Herbert: Schrifttum über Schlesien in Auswahl. — In: Z. Ostforschung.
1972. - In: 24 (1975), 365–380.

Rister, Herbert: Schrifttum über Schlesien in Auswahl. — In: Z. Ostforsch.
1973. - In: 26 (1977), 365–580.

Rister, Herbert: Schrifttumsverzeichnis der deutschen Ostgebiete (1945—1951). — In: Z. Ostforsch. 1 (1952), 142—160, 304—320 und 465—480.

Rister, Herbert: Schrifttumsverzeichnis der südlichen Ostseegebiete. — In: Z. Ostforsch. 2 (1953), 145—160.
Behandelt u. a. Ost- und Westpreußen.

Roucek, Joseph S.: Recent American literature on Central, Eastern, Balkan Europe 1945—1956. — Bridgeport, Conn.: University of Bridgeport 1959. 24 S.

Rubio Garcia, Leandro: Bibliografía referente a la Polonia de la postguerra. — In: Cuad. Polit. internac. 1957, H. 33, 233—265.

Scherer, Anton: Donauschwäbische Bibliographie 1935—1955. Das Schrifttum über die Donauschwaben in Ungarn, Rumänien, Jugoslawien und Bulgarien sowie, nach 1945, in Deutschland, Österreich, Frankreich, USA, Canada, Argentinien und Brasilien. — München: Verl. d. Südostdtsch. Kulturwerkes 1966. XXXII, 407 S.
(Veröffentlichungen des Südostdeutschen Kulturwerkes. Reihe B, 18.)

Scherer, Anton: Donauschwäbische Bibliographie 1955-1965. Das Schrifttum über die Donauschwaben in Ungarn, Rumänien, Jugoslawien sowie - nach 1945 - in Deutschland, Österreich, Frankreich, USA, Canada, Argentinien, Brasilien und anderen Ländern. - München: Verl. d. Südostdsch. Kulturwerkes 1974. 480 S.
(Veröffentlichungen des Südostdeutschen Kulturwerkes. Reihe B, 30.)

Scherer, Anton: Südosteuropa-Dissertationen 1918—1960. Eine Bibliographie deutscher, österreichischer und schweizerischer Hochschulschriften. — Köln: Böhlau 1968. 221 S.

Schlenger, Herbert: Deutsches Schrifttum über Ost-Mitteleuropa. — In: Geschichte in Wissensch. u. Unterr. 13 (1962), 795—812.

Schötzau, Richard und Heinz Gittig: Die Große Sozialistische Oktoberrevolution. Auswahlbibliographie. — Berlin 1957: Gesellschaftswiss. Beratungsstelle d. Dtsch. Staatsbibliothek. 88 S.

Schröder, Josef: Italien im Zweiten Weltkrieg. Eine Bibliographie. = L'Italia nella seconda guerra mondiale. Mit e. Geleitw. von Renzo De Felice. (Die Übertragungen ins Italienische und aus dem Italienischen wurden vorgenommen durch Rita Ehrhardt u. Ricardo Cotugno.) - München: Bernard & Graefe 1978. 137, 1127 S.
(Schriften der Bibliothek für Zeitgeschichte. 14.)

Schwartz, Michael: Bibliographie zur Geschichte des slowakischen Aufstandes 1944. — In: Bücherschau d. Weltkriegsbücherei 28 (1956), 458—472.

Schwarz, Michael: Slowakische Bibliographie 1944—1950. — In: Südostforschungen 14 (1955), 523—552.

Setterwalls, Kristian [u. a.] [Hrsg.]: Svensk historisk bibliografi 1921—1935. — Uppsala: Almqvist & Wiksells 1956. XVII, 685 S.
(Svenska Historiska Föreningen. Skrifter. 5.)

Sipkov, Ivan und Vladimir Gsovski: Legal sources and bibliography of Bulgaria. — New York: Praeger 1956. 192 S.

Skard, Sigmund: Bøker om Norges kamp. Bibliografiske samlingar. — Washington: Royal Norwegian Information Service 1945. 96 S.

Škerl, France: Bibliografija o narodnoosvobodilnem boju slovencev 1951—1953. — In: Zgodovinski Čas. 8 (1954), 353—428.
Bibliographie zum slovenischen Befreiungskampf während des Zweiten Weltkrieges.

Škerl, France: Bibliografija o narodnoosvobodilnem boju slovencev za 1954—1955 z dodatki za 1945—1953. — In: Zgodovinski Čas. 9 (1955), 287—348.

Smalko, E.: Die Bibliographie der Sowjetkunde der Jahre 1956, 1957 und 1958. — In: Sowjetstudien Nr. 7 (1959), 92—106.

Smits, Rudolf [Comp.]: Serial publications of the Soviet Union 1939—1957. A bibliographic checklist. — Washington: Library of Congress 1958. 459 S.

Smolitsch, Igor und Mathias Bernath: Verzeichnis des sovetrussischen Schrifttums 1939—1952 z. Geschichte Osteuropas und Südosteuropas. — In: Forsch. z. osteurop. Gesch. 3 (1956), 99—281.

Sowjetsystem und demokratische Gesellschaft. Eine vergleichende Enzyklopädie. Hrsg. von C(laus) D(ieter) Kernig. — Freiburg: Herder.
1. Abbildtheorie bis Diktatur des Proletariats. 1966. XIX S, 1276 Sp.

Sowjetsystem und demokratische Gesellschaft. Eine vergleichende Enzyklopädie. Hrsg. von C(laus) D(ieter) Kernig. — Freiburg: Herder.
2. Diplomatie bis Identität. 1968. VIII S., 1336 Sp.
3. Ideologie bis Leistung. 1969. VIII S., 1418 Sp.
4. Lenin bis Periodisierung. 1971. VIII S., 1160 Sp.

Sowjetsystem und demokratische Gesellschaft. Eine vergleichende Enzyklopädie. Hrsg. von K(laus) D(ieter) Kernig. - Freiburg: Herder.
5. Personenkult bis Sozialpsychologie. 1972. VIII S., 1068 Sp.
6. Sozialrevolutionäre bis Zufall. 1973. XXX S., 1218 Sp.

Sowjetunion und Völkerrecht 1917 bis 1962. Eine bibliographische Dokumentation. Hrsg. von Boris Meissner. — Köln: Verl. Wissenschaft & Politik (1963). 622 S.
(Dokumente zum Ostrecht. 4.)

Spinetti, G. Silvano: Bibliografia degli esuli politici sotto il fascismo. — Roma: Ed. di Solidarismo 1959. 38 S.

Steiner, Herbert: Bibliographie zur Geschichte der österreichischen Arbeiterbewegung 1867—1918. Bd. 1. Mit einem Vorwort von Fritz Klenner. — Wien: Verl. Österreichischen Gewerkschaftsbundes 1962. 322 S.

Steiner, Herbert: Bibliographie zur Geschichte der österreichischen Arbeiterbewegung. — Frankfurt a. M.: Europa Verl.
   2. 1918—1934. (1967). 279 S.

Steiner, Herbert: Bibliographie zur Geschichte der österreichischen Arbeiterbewegung. — Frankfurt a. M.: Europa Verl.
   3. 1934—1945. (1970). 170 S.

Steiner, Herbert: Die Kommunistische Partei Österreichs von 1918 bis 1933. Bibliograph. Bemerkungen. — Wien: Europa-Verl.; Meisenheim am Glan: Hain 1968. 95 S.
(Marburger Abhandlungen zur politischen Wissenschaft. 11.)

Sovetskaja strana v period graždanskoj vojny 1918—1920. Bibliografičeskij ukazatel' dokumental'nych publikacij. [Hrsg.:] Minist. Kul'tury RSFR. Gos. publ. ist. biblioteca. — Moskva: Vses. knižnaja palata 1961. 575 S.

Strobel, Georg Waldemar: Auswahlbibliographie westsprachigen Schrifttums über Polen. — Köln-Ehrenfeld: Bundesinst. f. Ostwissenschaftl. u. Internat. Studien [1967]. IX, 107 S.

Stumpp, Karl: Das Schrifttum über das Deutschtum in Rußland. Eine Bibliographie. 2. erw. Aufl. — Tübingen: Selbstverl. 1970. VIII, 74 S.

Sturm, Rudolf: Czechoslovakia. A bibliographic guide. — [Washington:] Library of Congress 1967. 157 S.

Südosteuropa-Bibliographie. Hrsg. vom Südost-Institut München. Red.: Gertrud Krallert-Sattler. — München: Oldenbourg.
   2. 1951—1955.
      T. 1. Südosteuropa und größere Teilräume, Jugoslawien, Ungarn. 1960. 360 S.
      T. 2. Albanien, Bulgarien, Rumänien, Slowakei. 1962. S. 361 bis 705.
   3. 1956—1960.
      T. 1. Slowakei, Ungarn, Rumänien. 1964. 525 S.
      T. 2. Albanien, Bulgarien, Jugoslawien, Südosteuropa und größere Teilräume. 1968. 645 S.

Südosteuropa-Bibliographie. Hrsg. vom Südostinstitut, München. Red.: Gertrud Krallert-Sattler. — München: Oldenbourg.
   4. 1961—1965.
      T. 1. Südosteuropa und größere Teilräume, Ungarn, Rumänien, Slowakei. 1971. 703 S.

Südosteuropa-Bibliographie. Hrsg. vom Südostinstitut, München. Red.: Gertrud Krallert-Sattler. – München: Oldenbourg.
   4. 1961–1965.
      T. 2. Albanien, Bulgarien, Jugoslawien. 1973. 650 S.

Südosteuropa-Bibliographie. Hrsg. vom Südostinstitut München. Red.: Gertrud Krallert-Sattler. – München: Oldenbourg.
   5. 1966–1970.
      T. 2. Albanien, Bulgarien, Jugoslawien. 1976. 756 S.

Szameitat, Max: Bibliographie des Memellandes. — Würzburg: Holzner 1957. X, 248 S.
(Ostdeutsche Beiträge aus dem Göttinger Arbeitskreis. 7.)

Sztachova, Jirina [Ed.]: Mid-Europe. A selective bibliography. — New York: Mid-European Studies Center 1953. 197 S.

Sztaray, Zoltan: Books on the Hungarian revolution. A bibliography. — Bruxelles: Imre Nagy Institute for Political Research 1960. 14 S.

Szymańska, Maria: Bibliografia historii Poznania. — Poznań: Wyd. Poznańskie 1960. 271 S.

Tamborra, Angelo: Verzeichnis des italienischsprachigen Schrifttums 1939—1952 zur Geschichte Osteuropas und Südosteuropas. — In: Forsch. z. osteurop. Gesch. 4 (1956), 240—259.

Thomson, Erik [Hrsg.]: Baltische Bibliographie 1945—1953. Verzeichnis der in den Jahren 1945—1953 erschienenen selbständ. Veröffentlichungen deutschbaltischer Autoren u. der im gleichen Zeitraum veröffentlichten Schriften über Balten und das Baltikum. — Lüneburg Herderstr. 1: Selbstverl. [Maschinenschr. autogr.]
   [1.] 1953. 40 S.
   2. 1954. 30 S.

Thomson, Erik: Baltische Bibliographie 1945—1956. — Würzburg: Holzner 1957. X, 218 S.

Thorsen, Svend: Newspapers in Denmark. — Copenhagen: Det Danske Selskab 1953. 171 S.
Einschließlich der illegalen Presse während des Zweiten Weltkrieges.

Vakar, Nicholas P.: A bibliographical guide to Belorussia. — London: Cumberlege; Cambridge, Mass.: Harvard University Press 1956. XII, 63 S.

Valev, L.: Knigi o natsional' no-osvoboditel'nom dvizhenii v Bolgarii v period vtoroi mirovoi voiny. — In: Vop. Ist., 1950, H. 12.
Schrifttumsverzeichnis zur bulgarischen Widerstandsbewegung im zweiten Weltkriege.

Valjavec, Fritz [Hrsg.]: Südosteuropa-Bibliographie. — München: Oldenbourg.
   Bd 1. 1945—1950.
      T. 1. Slowakei, Rumänien, Bulgarien. 1956. 91 S.

Valjavec, Fritz [Hrsg.]: Südosteuropa-Bibliographie. — München: Oldenbourg.
   Bd 1. 1945—1950.
      T. 2. Jugoslawien, Ungarn, Albanien, Südosteuropa und größere Räume. 1959. 263 S.

Vallinkoski, Jorma und Henrik Schauman: Suomen historiallinen bibliografia 1926—1950. Finsk historisk bibliografi. 1. — Helsinki 1955. XXVII, 709 S.

Vogel, Robert: A breviate of British diplomatic blue books, 1919—1939. — Montreal: Mc Gill University Press 1963. XXXV, 471 S.

Vucinich, Wayne: Postwar Yugoslav historiography. — In: J. mod. Hist. 23 (1951), 41—57.
Mit bibliographischen Hinweisen zur Geschichte des Partisanenkampfes.

Weiss, Hellmuth: Baltische Bibliographie 1945—1952. Schrifttum über Estland und Lettland in Auswahl. — In: Z. Ostforsch. 3 (1954), 305—320.

Weiss, Hellmuth: Balt. Bibliographie 1953 mit Nachträgen für 1945—1952. Schrifttum über Estland und Lettland in Auswahl. — In: Z. Ostforsch. 3 (1954), 481—496.

Weiss, Hellmuth: Baltische Bibliographie 1954—1955. — In: Z. Ostforsch. 5 (1956), 625—640.

Weiss, Hellmuth: Baltische Bibliographie 1956. Schrifttum über Estland und Lettland in Auswahl. — In: Z. Ostforschung 6 (1957), 625—640.

Weiss, Hellmuth: Baltische Bibliographie 1957. — In: Z. Ostforsch. 7 (1958), 625—640.

Weiss, Hellmuth: Baltische Bibliographie 1958. Schrifttum über Estland und Lettland in Auswahl. — In: Z. Ostforsch. 8 (1959), 625—640.

Weiss, Hellmuth: Baltische Bibliographie 1959. Schrifttum über Estland und Lettland in Auswahl. — In: Z. Ostforsch. 9 (1960), 625—640.

Weiss, Hellmuth: Baltische Bibliographie 1960 mit Nachträgen für 1959. Schrifttum über Estland und Lettland in Auswahl. — In: Z. Ostforsch. 10 (1961), 785—800.

Weiss, Hellmuth: Baltische Bibliographie. Schrifttum über Estland und Lettland in Auswahl. — In: Z. Ostforsch.
1961 mit Nachträgen für 1960. — In: 11 (1962), 785—800.
1962 mit Nachträgen für 1961. — In: 12 (1963), 785—800.
1963 mit Nachträgen für 1962. — In: 13 (1964), 785—800.
1964 mit Nachträgen für 1963. — In: 14 (1965), 785—800.
1965. — In: 15 (1966), 785—800.
1966. — In: 16 (1967), 785—800.
1967. — In: 17 (1968), 785—800.
1968. — In: 18 (1969), 785—800.
1969. — In: 19 (1970), 782—797.
1970. — In: 20 (1971), 783—797.
1971. — In: 21 (1972), 783—798.
1972. — In: 22 (1973), 783—798.
1973. — In: 23 (1974), 748—765.
1974. — In: 24 (1975), 751—766.
1975. — In: 25 (1976), 750—766.
1976. — In: 26 (1977), 750—766.

Wepsiec, Jan: Polish periodicals 1953—1956. An annotated bibliography. — Washington: Catholic University of America Press 1957. IV, 169 S.

Wermke, Ernst: Bibliographie der Geschichte von Ost- und Westpreußen. Bearb. im Auftr. d. Histor. Kommission f. Ost- u. Westpreuss. Landesforschung. 1930/1938. — Aalen [/Württ.]: Scientia Verl. 1964. XI, 511 S.

Wermke, Ernst: Bibliographie der Geschichte von Ost- und Westpreußen für die Jahre 1939—1951 nebst Nachträgen aus früheren Jahren. — Marburg: J. G. Herder-Inst. 1953. III, 294 S.
(Wissenschaftliche Beiträge zur Geschichte und Landeskunde Ost-Mitteleuropas. 11.)

Wermke, Ernst: Bibliographie der Geschichte von Ost- und Westpreußen. Nebst Nachtr. aus früheren Jahren. Bearb. im Auftr. d. Histor. Kommission für Ost- u. Westpreuß. Landesforschung. — Marburg: Johann-Gottfried-Herder-Institut.
1967/1970. (1972). XII, 364 S.
(Wissenschaftliche Beiträge zur Geschichte und Landeskunde Ost-Mitteleuropas. 93.)

Wermke, Ernst: Bibliographie der Geschichte von Ost- und Westpreußen. Bearb. im Auftr. d. Histor. Kommission f. Ost- u. Westpreuß. Landesforschung. — Bonn-Bad Godesberg: Verl. Wiss. Arch.
1939-1970. 1974. XV, 1153 S.

Wermke, Ernst: Schrifttum zur Geschichte von Ost- und Westpreußen. — In: Z. Ostforsch. 3 (1954), 641—656.

Wermke, Ernst: Schrifttum zur Geschichte von Ost- und Westpreußen 1953. — In: Z. Ostforsch. 4 (1955), 465—480.

Wermke, Ernst: Schrifttum zur Geschichte von Ost- und Westpreußen 1954. — In: Z. Ostforsch. 5 (1956), 145—160.

Wermke, Ernst: Schrifttum zur Geschichte von Ost- und Westpreußen 1955. — In: Z. Ostforschung 6 (1957), 147—160.

Wermke, Ernst: Schrifttum zur Geschichte von Ost- und Westpreußen 1956. — In: Z. Ostforsch. 7 (1958), 305—320.

Wermke, Ernst: Schrifttum zur Geschichte von Ost- und Westpreußen 1957. — In: Z. Ostforschung 8 (1959), 145—160.

Wermke, Ernst: Schrifttum zur Geschichte von Ost- und Westpreußen 1958. — In: Z. Ostforsch. 9 (1960), 145—160.

Wermke, Ernst: Schrifttum zur Geschichte von Ost- und Westpreußen 1959. — In: Z. Ostforsch. 10 (1961), 385—400.

Wermke, Ernst: Schrifttum zur Geschichte von Ost- und Westpreußen. — In: Z. Ostforsch.
1960. — In: 11 (1962), 185—200.
1961. — In: 12 (1963), 185—200.

Wermke, Ernst: Schrifttum zur Geschichte von Ost- und Westpreußen. — In: Z. Ostforsch.
1962. — In: 13 (1964), 585—600.
1963. — In: 14 (1965), 385—400.

Wermke, Ernst: Schrifttum zur Geschichte von Ost- und Westpreußen. — In: Z. Ostforschung.
1964. — In: 15 (1966), 185—200.
1965. — In: 16 (1967), 185—200.
1966. — In: 17 (1968), 185—200.

Wermke, Ernst: Schrifttum zur Geschichte von Ost- und Westpreußen. — In: Z. Ostforschung.
1967. — In: 18 (1969), 185—200.
1968. — In: 19 (1970), 182—197.

Wermke, Ernst: Schrifttum zur Geschichte von Ost- und Westpreußen 1969. — In: Z. Ostforschung 20 (1971), 182—197.

Wermke, Ernst: Schrifttum zur Geschichte von Ost- und Westpreußen. — In: Z. Ostforschung.
1970. – In: 21 (1972), 183–198.
1971. – In: 22 (1973), 183–198.
1972. – In: 23 (1974), 174–190.
1973. – In: 24 (1975), 176–192.
1974. – In: 25 (1976), 173–189.

Willequet, Jacques: La Belgique et la deuxième guerre mondiale. Orientation bibliographique. — In: Bücherschau d. Weltkriegsbücherei 27 (1955), 239—248.

Zimmel, Bruno: Bibliographie zur Geschichte der österreichischen Widerstandsbewegung. (Geführt bis einschl. Juli 1948.) — [Wien: Bundespressedienst 1949.] 12 S. [Maschinenschr. autogr.]

Živković, Dušan [u.] Vlado Strugar: Selection from the bibliography on the liberation war and revolution of Yugoslav peoples. — Beograd 1965. 107 S.

Amerika

Bayitsch, Stojan A.: Latin America. A bibliographical guide to economy, history, law, politics, and society. — Coral Gables: University of Miami Press 1961. XIII, 335 S.
(Interamerican Legal Studies of the Miami University School of Law. 6.)

Boyd, Anne Morris: United States Government publications. Third ed. revised by Rae Elizabeth Rips. — New York: Wilson 1949. XX, 627 S.

Kantor, Harry: Latin American political parties. A bibliography. — Gainesville: University of Florida Libraries 1968. IX, 113 S.

Konetzke, Richard: Literaturbericht über Geschichte Lateinamerikas. Veröffentlichungen 1945—1959. — In: Hist. Z. 1962, Sonderh. 1, 343—417.

Latin-America 1935—1949. A selected bibliography. — New York: United Nations Department of Public Information 1952. VII, 127 S.

Lauerhass, jr., Ludwig: Communism in Latin America. A bibliography. The post-war years (1945–1960). Los Angeles: University of California 1962. X, 78 S.

Miller, Elizabeth W.: The negro in America. A bibliography. Comp. for the American Academy of Arts and Sciences, with a forew. by Thomas F. Pettigrew. — Cambridge/Mass.: Harvard University Press 1966. XVII, 190 S.

Plischke, Elmer: American foreign relations. A bibliography of official sources. — College Park, Maryland: Bureau of Governmental Research, College of Business and Public Administration (1955). VIII, 71 S.

Plischke, Elmer: American foreign relations. A bibliography of official sources. — New York: Johnson Repr. 1966. VIII, 71 S.

Porter, Dorothy B.: The negro in the United States. A selected bibliography. — Washington, D. C.: Library of Congress 1970. X, 313 S.

Publications of the Department of State. October 1, 1929—January 1, 1953. — (Washington: U.S.Government Printing Office 1954.) V, 207 S.
(Department of State Publication. 5059.)

Publications of the Department of State. January 1, 1953—December 31, 1954. — (Washington: U.S.Government Printing Office 1955.) V, 74 S.
(Department of State Publication. 5482.)

Publications of the Department of State. Jan. 1, 1953 — Dec. 31, 1956. — (Washington, D. C.: US Government Printing Office 1957.) V, 194 S.

Seidman, Joel: Communism in the United States. A bibliography. — Ithaca, N.Y.: Cornell University Press 1969. 560 S.

Stapleton, Margaret L.: The Truman and Eisenhower years, 1945–1960. A selective bibliography. – Metuchen, N.J.: Scarecrow Press 1973. VII, 221 S.

Asien

Abernethy, George L.: Pakistan. A selected, annotated bibliography. — New York: American Institute of Pacific Relations 1957. II, 29 S.

Berton, Peter Alexander [u.] Eugene Wu: Contemporary China. A research guide. — Stanford, Calif.: Hoover Inst. on War, Revolution and Peace 1967. XXIX, 695 S.
(Hoover Institution Bibliographical Series. 31.)

A selected **bibliography** of articles dealing with the Middle East, 1939—1950. — Jerusalem: Hebrew University 1954. VIII, 95, 8 S.

Bolton, A. R. C.: Soviet Middle East studies. An analysis and bibliography. — Oxford: Oxford University Press 1959. 8 S. [Roneograph.]

Books on Southeast Asia. A select bibliography. Rev. ed. — New York: American Institute of Pacific Relations 1959. 62 S.

Chen, John Hsüeh-ming: Vietnam. A comprehensive bibliography. – Metuchen, N.J.: Scarecrow Press 1973. IX, 314 S.

China. A selected list of references. 2nd ed. — New York: American Institute of Pacific Relations 1957. 26 S.

Communist **China.** A bibliographical survey. Prep. by research analysts of the US. army library. — Washington, D.C.: Government Printing Office 1971. 253 S.
(Department of the Army, Pam 550—9.)

Cohen, Erik: Bibliography of the Kibbutz. A selection of recent sociological and related publications on collective settlements in European languages. — Giv'at Haviva: (Israel Press) 1964. 26 S.

DeVore, Ronald M.: The Arab-Israeli conflict. A historical, political, social and military bibliography. - Santa Barbara, Calif.: (ABC-Clio Press 1976). XXXIV, 273 S.
(The War/Peace Bibliography Series.)

Documents on Asian affairs. A select bibliography. — New Delhi: Indian Council of World Affairs.
1. 1957. 1959. 150 S.

Fairbank, John King und Masataka Banno: Japanese studies of modern China. A bibliographical guide to historical and social-science research on the nineteenth and twentieth centuries. — Rutland, Vt.: Tuttle 1955. XVIII, 331 S.

Feuerwerker, Albert und S. Cheng: Chinese communist studies of modern Chinese history. — Cambridge: Harvard University Press 1961. 287 S.

Fraser, Stuart F. [u.] Kuang-Liang Hsu: Chinese education and society. A bibliographical guide. The Cultural Revolution and its aftermath. – White Plains, N.Y.: Internat. Arts and Sciences Press 1972. 204 S.

Hall, John W.: Japanese history. A guide to Japanese reference and research materials. — Ann Arbor: University of Michigan Press 1954. XI, 165. S

Herzer, Christine: Die Volksrepublik China. Eine annotierte Zeitschriftenbibliographie 1960–1970. – Wiesbaden: Harrassowitz 1971. 346 S.
(Schriften des Instituts für Asienkunde in Hamburg. 31.)

Hsüeh Chün-tu: The Chinese communist movement 1921—1937. An annotated bibliography of selected materials in the Chinese collection of the Hoover Institution on War, Revolution and Peace. — Stanford: Hoover Institution, Stanford University 1960. XIII, 131 S.

Hsüeh, Chün-tu: The Chinese communist movement, 1937—1949. An annotated bibliography of selected materials. — Stanford: Stanford University Press 1962. X, 312 S.

Hucker, C. O.: China. A critical bibliography. — Tucson: University of Arizona 1962. 125 S.

Langer, P. F. und A. R. Swearingen: Japanese communism. An annotated bibliography of works in the Japanese language with a chronology 1921—1952. — New York: Institute of Pacific Relations 1953. 95 S.

Legler, A. [u.] K. Hubinek: Der Krieg in Vietnam. Bericht und Bibliographie bis 30. 9. 1968. — Frankfurt a. M.: Bernard & Graefe 1969. VIII, 384 S.
(Schriften der Bibliothek für Zeitgeschichte. N. F. 8.)

Legler, Anton [u.] Frieda Bauer: Der Krieg in Vietnam. Bericht und Bibliographie. – Frankfurt a. M.: Bernard & Graefe.
2. ⟨Okt. 1968 – Sept. 1969⟩. 1971. VII, 146 S.
3. ⟨Okt. 1969 – Sept. 1971⟩. 1973. 276 S.
(Schriften der Bibliothek für Zeitgeschichte. 11. 13.)

Legler, Anton [u.] Frieda Bauer: Der Krieg in Vietnam. Bericht und Bibliographie. – Frankfurt a.M.: Bernard & Graefe.
4. ⟨Okt. 1971 – Jan. 1973⟩. 1976. 258 S.
(Schriften der Bibliothek für Zeitgeschichte. 16.)

Leitenberg, Milton [u.] Richard Dean Burns: The Vietnam conflict. Its geographical dimensions, political traumas and military developments. – Santa Barbara, Calif.: ABC-Clio Press 1973. XXV, 164 S.
(War/Peace Bibliography Series.)

Mason, John Brown und H. Carroll Parish: Thailand bibliography. — Gainesville: University of Florida Libraries 1958. VII, 247 S.

Mote, F. W.: Japanese-sponsored governments in China 1937—1945. An annotated bibliography. — Stanford: Stanford University Press 1954. VIII, 68 S.

Nay, Stephen N. und Margaret H. Case [Eds.]: Southeast Asian history. A bibliographic guide. — New York: Praeger 1962. X, 138 S.

Neuberg, Assia: The State of Israel 1948—1968. An annotated bibliography. — Jerusalem 1970. 4 gez. Bl., 254, XIV S.
(The Graduate Library School of the Hebrew University. The Center for Public Libraries in Israel.)
[Hebräischer Text.]

Nevadomsky, Joseph-John [u.] Alice Li: The Chinese in Southeast Asia. A selected and annotated bibliography of publications in Western languages, 1960—1970. — Berkeley: University of California Press 1970. 119 S.
(Occasional Paper. 6.)

Nunn, Raymond G. [Ed.]: Asia. A selected and annotated guide to reference works. — Cambridge, Mass.: M.I.T. Press 1972. 223 S.

Patai, Raphael: Jordan, Lebanon and Syria. — New Haven: Human Relations Area Files 1957. 289 S. Bibliographie.

Silbermann, B. S.: Japan and Korea. A critical bibliography. — Tuscon: University Press of Arizona 1962. 120 S.

Skinner, G. William [Ed.]: Modern Chinese society. An analytical bibliography. Assist. by Deborah B. Honig [u.] Edwin A. Winckler. – Stanford, Calif.: Stanford University Press.
1. Publications in Western languages 1944–1972. 1973. LXXVIII, 802 S.

Southeast Asia. A critical bibliography by Kennedy G. Tregonning. — Tuscon, Ariz.: University of Arizona Press 1969. 103 S.

Ssu-Yü Teng [u. a.]: Japanese studies on Japan and the Far East. A short biographical and bibliographical introduction. — Hong Kong: Hong Kong University Press; New York: Oxford University Press 1961. X, 485 S.

Ward, Robert E. [u.] Frank Joseph Shulman: The Allied occupation of Japan, 1945-1952. An annotated bibliography of Western-language materials. – Chicago: Amer. Library Ass. 1974. XX, 867 S.

Ward, Robert E. und Hajime Watanabe: Japanese political science. A guide to Japanese reference and research materials. Rev. ed. — Ann Arbor: University of Michigan Press 1961. XI, 210 S.
(The University of Michigan Center for Japanese Studies. Bibliographical Series. 1.)

What to read on Vietnam. A selected, annotated bibliography. Compiled by staff members of the Vietnam Project, Michigan State University. — New York: Institute of Pacific Relations 1959. 67 S.

Wilson, Patrick: South Asia. A selected bibliography on India, Pakistan, Ceylon. — New York: American Institute of Pacific Relations 1957. III, 40 S.

Wilson, Patrick [Comp.]: Government and politics of India and Pakistan 1855—1955. A bibliography of works in Western languages. — Berkeley: Institute of East Asiatic Studies, University of California 1956. 356 S.

Wolffsohn, Michael: Israel und der Nahost-Konflikt. Eine einführende Bibliographie. - In: Aus Politik und Zeitgeschichte, Beilage zur Wochenzeitung „Das Parlament" Nr. 18 vom 6. Mai 1978, 53—69.

Wood, H. W.: Nepal bibliography. — Eugene, Ore.: American-Nepal Education Foundation 1959. 108 S.

Yuan Tung-li: Economic and social development of modern China. A bibliographical guide. — New Haven: Human Relations Area Files 1956. 217 S.

Afrika

Abdel Rahman el Nasri [Comp.]: A bibliography of the Sudan, 1938—1958. — London: Oxford University Press 1962. 171 S.

Bibliographie générale des articles et ouvrages politiques sur la République du Congo-Léopoldville 1959—1962. — Léopoldville 1963. III, 132 S.
(*Etudes congolaises. Num. spéc.*)

Südafrikanische Bibliographie. — (Köln, Hamburg, Bern, Wien): Südafrikanischer Informationsdienst (1960). 11 S.

Blaudin de Thé, B.: Essai de bibliographie du Sahara français et des régions avoisinantes. — Paris: Service des Affaires Sahariennes 1959. 277 S.

Cervanka, Zdenek: The Nigerian war 1967—1970. History of the war. Selected bibliography and documents. — Frankfurt a. M.: Bernard & Graefe 1971. 459 S.
(*Schriften der Bibliothek für Zeitgeschichte. N. F. 10.*)

Conover, Helen F.: North and Northeast Africa. A selected, annotated list of writings 1951—1957. — Washington: Library of Congress 1957. 182 S.

Conover, Helen F.: Africa south of the Sahara. A selected, annotated list of writings 1951—1956. — Washington: Library of Congress 1957. 276 S.

Glazier, Kenneth M.: Africa south of the Sahara. A selected and annotated bibliography, 1958—1963. — Stanford: Stanford University Press 1964. IV, 65 S.

Hill, R. W.: A bibliography of Libya. — (Newcastle upon Tyne: King's College Printing Section) 1959. 100 S.

Köhler, J.: Deutsche Dissertationen über Afrika. Ein Verzeichnis für die Jahre 1918—1959. — Bonn: Schroeder 1962. 250 S.

Lemarchand, René: Selective bibliographical survey for the study of politics in the former Belgian Congo. — In: Amer. Polit. Science Rev. 54 (1960), 715—728.

Musiker, Reuben: South African bibliography. — London: Lockwood 1970. 105 S.

Tötemeyer, Gerhard: Südafrika — South Africa. Südwestafrika — South West Africa. Eine Bibliographie. 1945—1963. — Freiburg i. Br. 1964: (Rota-Druck Krause). 284 S.
(*Materialien d. Arnold-Bergstraesser-Inst. f. Kulturwissenschaftl. Forschung.*)

Quellenkunde

Adler-Bresse, Marcelle: Les sources allemandes de la deuxième guerre mondiale. — In: Rev. Hist. deux. Guerre mond. 11 (1961), H. 41, 41—62.

Allen, David: Surveys of records in the British Isles. — In: Archives 10 (1971), H. 46, 47—52.

Archivbestände zur Geschichte der böhmischen Länder. Vorträge d. Arbeitstagung d. Collegium Carolinum u. d. Historischen Kommission d. Sudetenländer in München am 9. November 1962. — München: Lerche 1966. 93 S.
(*Wissenschaftliche Materialien und Beiträge zur Geschichte und Landeskunde der böhmischen Länder 5.*)

Aretin, Karl Otmar Frhr. von: Der Film als zeitgeschichtliche Quelle. — In: Polit. Studien 9 (1958), H. 96, 254—265.

Bachmann, Harald: Quellen zur Geschichte der Arbeiterbewegung im Bayer'schen Staatsarchiv Coburg. — In: Internat. wiss. Korr. Gesch. dtsch. Arbeiterbew. 12 (1976), 49—50.

Backhaus, Volker: Quellen zur Geschichte der Arbeiterbewegung im Stadtarchiv Coburg. — In: Internat. wiss. Korr. Gesch. dtsch. Arbeiterbew. 12 (1976), 378—381.

Ball-Kaduri, K[urt] Y.: Testimonies and recollections about activities organized by German Jewry during the years 1933—1945. (Catalogue of ms. in the Yad Washem Archives.) — In: Yad Washem Stud. 4 (1960), 317—340.

Ball-Kaduri, K[urt] J[akob]: Testimonies and recollections about activities organized by German Jewry during the years 1933—1945. Catalogue of manuscripts in the Yad Vashem Archives. Supplement for the years 1960—67. — In: Yad Vashem Stud. 7 (1968), 205—219.

Bendiscioli, Mario: Il problema delle fonti. — In: Movim. Liberaz. Italia, H. 22 (Jan. 1953), 27—29.

Berenstein, T[atiana]: Documents in the archives of Poland. A basis for historical research concerning the Jewish population during the Nazi occupation. — In: Yad Washem Stud. 3 (1959), 67—76.

Bildquellen-Handbuch. Der Wegweiser f. Bildsuchende. (Hrsg. u. Bearb.: Gerhard Ploetz. Red. Mitarb.: Clausgünter Schwede [u. a.]) — Wiesbaden: Chmielorz (1961). 611 S.

Blumenthal-Weiss, Ilse: Die Memoiren-Sammlung des Leo Baeck Institutes. — In: Tribüne 3 (1964), H. 9, 945—951.

Boberach, Heinz: Archivalische Quellen zur deutschen Geschichte seit dem Ersten Weltkrieg. — In: Gesch. Wiss. Unterr. 13 (1962), 151—161.

Boberach, Heinz: Das Schriftgut der staatlichen Verwaltung der Wehrmacht und der NSDAP aus der Zeit von 1933—1945. — In: Archivar 22 (1968), 137—152.

Boelcke, Willi A.: Die archivalischen Grundlagen der deutschen Rundfunkgeschichte 1923—1945. — In: Rundfunk und Fernsehen 16 (1968), 161—179.

Boelcke, Willi: Der deutsche Überfall auf die Sowjetunion 1941 im Spiegel der Verwaltungsgeschichte. — In: Archivmitteilungen 7 (1957), 141—150.

Bolis, Luciano: Il problema delle „testimonianze". — In: Movim. Liberaz. Italia, H. 22 (Jan. 1953), 50—51.

Bonnin, Georges: Les archives allemandes d'Alexandria. — In: Rev. hist. 224 (1960), 105—110.

Brilling, B.: Das Archiv des Warschauer Ghettos. — In: Mitteil. Blatt des Irgun Ole Merkas Europa, Tel Aviv, 19 (1951) Nr. 18.
    Behandelt die Geschichte des sog. „Dr. Ringelblum-Archivs".

Brilling, Bernhard: Judenakten in deutschen Archiven. Ergebnisse einer wissenschaftlichen Archivreise 1955/56. — In: Archivar 11 (1958), 199—212.

Burdick, Charles: Die Unterlagen über Einheiten des deutschen Heeres im Zweiten Weltkrieg. — In: Wehrwiss. Rdsch. 16 (1966), 55—58, 112—116 und 172—176.

Casucci, Costanzo: Il carteggio di Antonio Gramsci conservato nel casellario politico centrale. — In: Rassegna Arch. Stato 25 (1965), 421—448.

American Historical Association. Committee for the Study of War Documents. A **catalogue** of files and microfilms of German Foreign Ministry archives 1867—1920. — (Oxford) 1959: (Oxford University Press). XLIV S., 1285 Sp., S. 1286—1290.

American Historical Association. Committee for the Study of War Documents. A **catalog** of files and microfilms of the German Foreign Ministry archives 1920—1945. (Comp. and edit. by George O. Kent.) Vol 1—3. — Stanford/Calif.: Hoover Inst. 1962—1966.

Classen, Wilhelm: Erfassung der Quellen zur Geschichte des Nationalsozialismus durch die Archive. Referat. — In: Archivar 4 (1951), 125—130.

Conway, John S.: Staatliche Akten zum Kirchenkampf, Archive und Bestände. — In: Zur Geschichte des Kirchenkampfes, Bd 2, Göttingen: Vandenhoeck & Ruprecht 1971, 25—34.

Cook, Chris: Sources in British political history, 1900—1951. Compiled for the British Library of Political and Economic Science with Philip Jones, Josephine Sinclair [u.] Jeffrey Weeks. — (London: Macmillan).
    1. A guide to archives of selected organizations and societies. (1975). XIII, 350 S.

Deuerlein, Ernst: Die informatorischen Aufzeichnungen des Auswärtigen Amtes 1918—1939. Eine bisher unbekannte Geschichtsquelle. — In: Außenpolitik 4 (1953), 376—384.

Dohms, Peter: Flugschriften in Gestapo-Akten. Nachweis und Analyse der Flugschriften in den Gestapo-Akten des Hauptstaatsarchivs Düsseldorf; mit einem Literaturbericht und einer Quellenübersicht zu Widerstand und Verfolgung im Rhein-Ruhr-Gebiet 1933-1945. - Siegburg: Respublica-Verl. 1977. 683 S.
    (*Veröffentlichungen der staatlichen Archive des Landes Nordrhein-Westfalen. Reihe C, 3.*)

Epstein, Fritz T[heodor]: Die Erschließung von Quellen zur Geschichte der deutschen Außenpolitik. Die Publikation von Akten d. Auswärtigen Amtes nach d. beiden Weltkriegen ein Vergleich d. Methoden. — In: Welt als Gesch. 22 (1962), 204—219.

Epstein, Fritz T.: Zur Quellenkunde der neuesten Geschichte. Ausländische Materialien in d. Archiven und Bibliotheken d. Hauptstadt d. Vereinigten Staaten. — In: Vjh. Zeitgesch. 2 (1954), 313—325.

Erdmann, Karl Dietrich: Aktenpublikationen zur Neuesten Geschichte. — In: Gesch. Wiss. Unterr. 3 (1952), 507—511.

Findbücher zu Beständen des Bundesarchivs. - Koblenz: Bundesarchiv.
    1. **Booms**, Hans [u.] Elisabeth Kinder: Bestandsgruppe R 45. Liberale Parteien. I. Nationalliberale Partei; II. Deutsche Volkspartei; III. Deutsche Demokratische Partei, Deutsche Staatspartei. 1970. VIII, 52 Bl.
    2. **Trumpp**, Thomas: Bestand R 53. Stellvertreter des Reichskanzlers (Vizekanzler von Papen). 1970. XIV, 54 Bl.
    3. **Kahlenberg**, Friedrich P[eter]: Bestand NS 10. Persönliche Adjudantur des Führers und Reichskanzlers. 1970. XXI, 144 Bl.
    4. **Mommsen**, Wolfgang: Nachlaß Maximilian Harden. Unter Mitw. von Gertrud Winter. 1970. 111 Bl.
    5. **Vietsch**, Eberhard von: Nachlaß Max Bauer. 1970. 57 Bl.
    6. **Mommsen**, Wolfgang: Nachlaß Erich Koch-Weser. Unter Mitw. von Inge Heise. 1970. 59 Bl.
    7. **Kinder**, Elisabeth: Nachlaß Georg Gothein. 1970. IV, 29 Bl.
    8. **Barkhausen**, Hans: Verleihkopien von Dokumentar- und Kulturfilmen sowie Wochenschauen 1900-1945. 1971. 122 Bl.
    9. **Werhan**, Walter: Bestand R 61. Akademie für Deutsches Recht. 1972. XIX, 85 Bl.
    [*Als Ms. gedr.*]

Findbücher zu Beständen des Bundesarchivs. - Koblenz: Bundesarchiv.
10. Booms, Hans: Bestand R 13 I. Verein Deutscher Eisen- und Stahlindustrieller / Wirtschaftsgruppe Eisenschaffende Industrie. 1972. XVII, 197 S.
11. Marschall, Hanne: Nachlaß Eduard Dingeldey. 1974. 63 S.
12. Facius, Friedrich u. Thomas Trumpp: Bestand R 11. Deutscher Industrie- und Handelstag/ Reichswirtschaftskammer. 1976. XXVII, 590 S.
13. Vogel, Walter u. Gregor Verlande: Bestand R 43. Reichskanzlei. 1975.
  1. Akten. LXVII, 279 S.
  2. Protokolle des Gesamt- und Kriegskabinetts, des Rats der Volksbeauftragten und der Kabinette Scheidemann bis Marx II. S. 280-605.
  3. Protokolle der Kabinette Luther I bis Hitler, Registraturhilfsmittel; Akten der Geschäftsführenden Reichsregierung Dönitz. S. 606-887.

Findbücher zu Beständen des Bundesarchivs. - Koblenz: Bundesarchiv.
9. Werhan, Walter: Bestand R 61. Akademie für Deutsches Recht. Ergänzt von Elsa Fensch. 1975. XIX, 91 Bl.

Fröhlich, Elke: Akten aus der NS-Zeit in bayerischen Stadtarchiven. - In: Mitteilungen für die Archivpflege in Bayern 23 (1977), 55-60.

Gatzke, Hans W.: The Stresemann papers. — In: J. mod. Hist. 26 (1954), 49—59.

Gencarelli, E.: Les sources d'archives italiennes sur la seconde Guerre mondiale. - In: Rev. Hist. deux. Guerre mond. 23 (1973), H. 92, 69-85.

Gersdorff, Ursula von: Zum Nachlaß Seeckt. — In: **Wehrwiss. Rdsch. 10** (1960), **336—340.**

Giovana, Mario: Utilità del ricupero degli „Atti" delle Commissioni regionali per la qualifica di partigiano. — In: Movim. Liberaz. Italia, H. 22 (Jan. 1953), 56—57.

Goebel, Klaus [u.] Helmut Hirsch: Engels-Forschungsmaterialien im Bergischen Land. — In: Arch. Sozialgesch. 9 (1969), 429—450.

Granier, Gerhard: Verzeichnung der Mikrofilme deutscher militärischer Archivalien in Alexandria, USA. - In: Archivar 25 (1972), 367-376.

Groener-Geyer, Dorothea: Die Odyssee der Groener-Papiere. — In: Welt als Gesch. 19 (1959), 75—95.

Guide to captured German documents. Prepared by Gerhard L. Weinberg and the War Documentation Project Staff under the direction of Fritz T. Epstein. — [New York]: The Bureau of Applied Social Research, Columbia University (1952). IX, 90 S.
(War Documentation Project Studies. 1.)

Guide to captured German documents. Prepared by Gerhard L. Weinberg and the WDP staff under the direction of Fritz T. Epstein. [Nebst] Suppl. — [New York:] The Bureau of Applied Social Research, Columbia University.
  [Hauptwerk.] (1952.) IX, 90 S.
  Suppl. 1959. VI, 69 S.

Guide to unpublished materials of the Holocaust period. Ed. by Jacob Robinson and Yehuda Bauer. — Jerusalem: Hebrew University. Institute of contemporary Jewry.
  1. 1970. 245 S.

American Historical Association. Committee for the Study of War Documents. **Guides** to German records microfilmed at Alexandria, Va. — Washington: National Archives.
1. Records of the Reich Ministry of Economics (Reichswirtschaftsministerium). 1958. 75 S.
2. Records of the Office of the Reich Commissioner for the Strengthening of Germandom (Reichskommissar für die Festigung deutschen Volkstums). 1958. 15 S.
3. Records of the National Socialist German Labor Party (Nationalsozialistische Deutsche Arbeiterpartei). 1958. 141 S.
4. Records of the Organization Todt. 1958. 1 S.
5. Miscellaneous German records collection. Part I. 1958. 15 S.
6. Records of Nazi cultural and research institutions, and records pertaining to Axis relations and interests in the Far East. 1959. 161 S.
7. Records of Headquarters, German Armed Forces High Command (Oberkommando der Wehrmacht/OKW). Part I. 1959. V, 221 S.
8. Miscellaneous German records collection. Part. II V, 203 S.
9. Records of private German individuals. 1959. V, 23 S.
10. Records of the Reich Ministry for Armaments and War Production (Reichsministerium für Rüstung und Kriegsproduktion). 1959. V, 109 S.
11. Fragmentary records of miscellaneous Reich ministries and offices. 1959. 19 S.
12. Records of Headquarters of the German Army High Command (Oberkommando des Heeres/ OKH). Part I. 1959. III, 19 S.
13. Records of the Reich Air Ministry (Reichsluftfahrtministerium) 1959. V, 33 S.
14. Records of German field commands, Armies (Part 1). (1959.) VIII, 61 S.
15. Records of former German and Japanese embassies and consulates 1890—1945. 1960. V, 63 S.
16. Records of the Deutsches Auslandsinstitut, Stuttgart. Part 1: Records on resettlement. 1960. V, 105 S.
17. Records of Headquarters, German Armed Forces High Command (OKW) (Part 2). 1960. VII, 213 S.
18. Records of Headquarters, German Armed Forces High Command (OKW) (Part 3). 1960. V, 118 S.
19. Records of Headquarters, German Armed Forces High Command (OKW) (Part 4). 1960. V, 76 S.
20. Records of the National Socialist German Labor Party (Part 2). 1960. VII, 45 S.
21. Records of the Deutsches Auslandsinstitut, Stuttgart. Part 2: The general records. 1961. V, 180 S.
22. Records of the Reich Ministry for Public Enlightenment and Propaganda. 1961. V, 41 S.
23. Records of private Austrian,

Dutch, and German enterprises 1917—1946. 1961. III, 119 S.
24. Records of Headquarters of German Air Force High Command. 1961. V, 59 S.
25. German Air Force records: Luftgaukommandos, Flak, Deutsche Luftwaffenmission in Rumänien. 1961. V, 41 S.
26. Records of the Reich Ministry for Soil Exploration (Reichsamt für Bodenforschung). (1961. V, 11 S.
27. Miscellaneous SS records: Einwandererzentralstelle, Waffen-SS, and SS-Oberabschnitte. (1961.) V, 33 S.
28. Records of the Reich Ministry for the Occupied Eastern Territories 1941—1945 (Reichsministerium für die besetzten Ostgebiete). (1961.) V, 69 S.
29. Records of Headquarters, German Army High Command (Oberkommando des Heeres/OKH). Part. 2. (1961.) V, 153 S.
30. Records of Headquarters, German Army High Command (Oberkommando des Heeres/OKH). Part 3. (1961.) V, 211 S.
31. Records of the Office of the Reich Commissioner for the Baltic Staates 1941—1945 (Reichskommissar für das Ostland.) (1961.) V, 19 S.
32. Records of the Reich Leader of the SS and Chief of the German Police (Reichsführer SS und Chef der Deutschen Polizei). (Part 1.) (1961.) V, 165 S.
33. Records of the Reich Leader of the SS and Chief of the German Police (Reichsführer SS und Chef der Deutschen Polizei). (Part 2.) (1961.) V, 89 S.
34. Records of German Army Areas (Wehrkreise). (1961.) VII, 233 S.
35. Records of the National Socialist German Labor Party (Nationalsozialistische Deutsche Arbeiterpartei). (Part 3.) (1962.) V, 29 S.
36. Miscellaneous German records collection. (Part 3). (1962.) V, 61 S.
37. Records of Headquarters, German Navy High Command (OKM). (1962). V, 5 S.
38. Records of German Field Commands. Rear Areas, Occupied Territories, and others. (1963.) V, 199 S.
39. Records of the Reich Leader of the SS and Chief of the German Police (Reichsführer SS und Chef der Deutschen Polizei). (Part 3.) (1963.) VII, 198 S.
40. Records of German Field Commands, Army Groups. (Part 1.) (1964.) XIV, 126 S.
41. Records of German Field Commands, Divisions. (Part 1.) (1964.) X, 160 S.
42. Records of German Field Commands, Armies. (Part 2.) (1964.) IX. 110 S.
43. Records of German Field Commands: Armies ⟨Part 3⟩. 1964. IX, 108 S.
44. Records of German Field Commands: Armies ⟨Part 4⟩. 1964. IX, 96 S.
45. Records of German Field Commands: Divisions ⟨Part 2⟩. 1964. IX, 118 S.
46. Records of German Field Commands: Corps ⟨Part 1⟩. 1965. X, 156 S.
47. Records of German Field Commands: Armies ⟨Part 5⟩. 1965. XI, 162 S.
48. Records of German Field Commands: Armies ⟨Part 6⟩. 1965. XI, 85 S.
49. Records of German Field Commands: Armies ⟨Part 7⟩. 1965. XI, 123 S.
50. Records of German Field Commands: Armee-Abteilungen. 1965. XI, 45 S.
51. Records of German Field Commands: Panzer-Armies ⟨Part 1⟩. 1966. X, 112 S.
52. Records of German Field Commands: Army Groups ⟨Part 2⟩. 1966. XI, 139 S.
53. Records of German Field Commands: Panzer Armies. ⟨Part 2⟩. 1967. XI, 160 S.
54. Records of German Field Commands: Armies. ⟨Part 8⟩. 1967.
55. Records of German Field Commands: Corps. ⟨Part 2⟩. 1967. XI, 150 S.
58. Records of German Field Commands: Corps. ⟨Part 3⟩. 1968. XI, 84 S.
59. Records of German Field Commands: Corps. ⟨Part 4⟩. 1968. XI, 144 S.
60. Records of German Field Commands: Corps. ⟨Part 5⟩. 1969. XI, 124 S.
61. Records of German Field Commands: Corps. ⟨Part 6⟩. 1969. XI, 186 S.
62. Corps ⟨Part 7⟩. 1970. XI, 223 S.
63. Divisions ⟨Part 3⟩. 1970. XI, 143 S.
64. Divisions ⟨Part 4⟩. 1970. XI, 141 S.
65. Divisions ⟨Part 5⟩. 1970. XI, 143 S.
66. Divisions ⟨Part 6⟩. 1972. XV, 177 S.
67. Divisions ⟨Part 7⟩. 1974. XVI, 179 S.
68. Divisions ⟨Part 8⟩. 1974. XVI, 243 S.
69. Records of German Field Commands. Divisions ⟨189th–218th⟩, Part IX. 1974. XVI, 243 S.
70. Divisions ⟨221st–255th⟩, Part X. 1975. XVI, 237 S.
71. Divisions ⟨256th–291st⟩, Part XI, 1976. XVII, 316 S.
72. Divisions ⟨292d–327th⟩, Part XII. 1976. XVII, 305 S.
73. Records of German Field Commands. Divisions ⟨328th–369th⟩. Part XIII. 1976. XVII, 293 S.
74. Records of German Field Commands. Divisions ⟨370th–710th⟩. Part XIV. 1977. XVII, 345 S.
75. Records of the Waffen-SS. Part I. 1978. XIX, 283 S.

Haase, Carl: The records of German history in German and certain other record offices, with short notes on libraries and other collections. Die Archivalien zur deutschen Geschichte in deutschen und einigen anderen Archiven. – Boppard: Boldt 1975. 194 S.

Hamer, Philip M.: A guide to archives and manuscripts in the United States. — New Haven: Yale University Press 1961. XXIII, 775 S.

Harrison, John P.: Guide to materials on Latin America in the National Archives. — Washington: National Archives 1961. X, 246 S.

Heinsius, Paul: Das Aktenmaterial der deutschen Kriegsmarine. Seine bisherige Auswertung und sein Verbleib. — In: Welt als Gesch. 13 (1953), 198—202.

Heinsius, Paul: Der Verbleib des Aktenmaterials der deutschen Kriegsmarine. — In: Archivar 8 (1955), 75—86.

Heinz, Grete u. Agnes F. Peterson: NSDAP Hauptarchiv. Guide to the Hoover Institution Microfilm Collection. — (Stanford, Calif.:) The Hoover Institution on War, Revolution and Peace, Stanford University 1964. XI, 175 S.
(Hoover Institution Bibliographical Series. 17.)

Hiller von Gaertringen, Friedrich Frhr.: Zur „Odyssee der Groener-Papiere". — In: Welt als Gesch. 19 (1959), 244—254.

Hoffmann, Hermann: Quellen zur Geschichte der Arbeiterbewegung im Staatsarchiv Würzburg. — In: Internat. wiss. Korr. Gesch. dtsch. Arbeiterbew. 11 (1975), 228—230.

Hofmann, Gerhard: Das politische Kabarett als geschichtliche Quelle. — Frankfurt a. M.: Haag & Herchen 1976). 284 S.
Diss., Universität München.

Jaeger, Harald: Problematik und Aussagewert der überlieferungsgestörten Schriftgutbestände der NS-Zeit. Referat des 49. Deutschen Archivtages (Gemeinsame Arbeitssitzung, Sektion II). — In: Archivar 28 (1975), 275-291.

Jarck, Horst-Rüdiger: Quellen zur Geschichte der Arbeiterbewegung im Staatsarchiv in Bückeburg. — In: Internat. wiss. Korr. Gesch. dtsch. Arbeiterbew. 11 (1975), 60—68.

Jurkiewicz, Jaroslaw: Polnische Archivalien zur Geschichte der deutsch-polnischen Beziehungen in den Jahren 1914—1945. — In: Archivmitteilungen 9 (1961), 176—179.

Kahlenberg, Friedrich P.: Tondokumente zur Frühgeschichte der Bundesrepublik Deutschland. Zum Problem der Überlieferungsbildung in einem Schallarchiv. - In: Mitt. Studienkr. Rundf. u. Gesch. 3 (1977) H.4, 43-49.

Kennett, Lee: World war materials in the French military archives. — In Military Aff. 37 (1973), H. 2, 60-62.

Kermisch, Joseph: Sources historiques de l'insurrection du ghetto de Varsovie. — In: Monde Juif 12 (1958), H. 81/82, 19—28; 13 (1958), H. 83, 11—13; 14 (1959), H. 84, 14—16.

Kermish, J.: Mutilated versions of Ringelblum's notes. — In: Yivo Ann. Jew. Social Sc. 8 (1953), 289—301.

Klaue, Wolfgang: Filmdokumente zur Geschichte des zweiten Weltkrieges im Staatlichen Filmarchiv der DDR. — In: Bulletin d. Arbeitskreises „Zweiter Weltkrieg" 2 (1975), 52—61.

Klibanski, Bronia: The underground archives of the Bialystok Ghetto founded by Mersik and Tenenbaum. — In: Yad Washem Stud. 2 (1958), 295—329.

Kluke, Paul: Die englischen und deutschen diplomatischen Akten. — In: Hist. Z. 175 (1953), 527—541.

König, Joseph: Quellen zur Geschichte der Arbeiterbewegung im Niedersächsischen Staatsarchiv in Wolfenbüttel. - In: Internat. wiss. Korr. Gesch. dtsch. Arbeiterbew. 10 (1974), 472—495.

Koszyk, Kurt: Zeitungssammlungen in Deutschland. — In: Archivar 11 (1958), 149—160.

Krüschet, Gunter: Der Nachlaß Otto Hörsing. — In: Internat. wiss. Korr. Gesch. dtsch. Arbeiterbew. 1972, H. 15, 48-51.

Krumholz, Walter: Die politische Dokumentation in der Bundesrepublik Deutschland. 3. erw. Aufl. — München: Verl. Dokumentation 1971. 411 S.

Lenz, Wilhelm: Archivalische Quellen zur deutschen Geschichte seit 1500 in Großbritannien. = Manuscript sources for the history of Germany since 1500 in Great Britain. - Boppard: Boldt (1975). XXVIII, 372 S.
(Veröffentlichungen des Deutschen Historischen Instituts in London. 1.)

Lötzke, Helmut: Weiteres Archivmaterial zur deutschen Geschichte von der UdSSR übergeben. — In: Z. Geschichtswiss. 8 (1960), 1177—1182.

Lötzke, Helmut: Die Bedeutung der von der Sowjetunion übergebenen deutschen Archivbestände für die deutsche Geschichtsforschung. — In: Z. Geschichtswiss. 3 (1955), 775—779.

Lötzke, Helmut: Archivalische Quellen zur deutschen Außenpolitik bis zum Ende des Zweiten Weltkrieges. — In: Dtsch. Außenpolitik 2 (1957), 873—879.

Lötzke, Helmut: Die Übergabe deutscher Archivbestände durch die Sowjetunion an die Deutsche Demokratische Republik. — In: Archivar 9 (1956), 31—34.

Majer, Regina: Quellen zur Geschichte der Arbeiterbewegung im Stadtarchiv Duisburg. — In: Internat. wiss. Korr. Gesch. dtsch. Arbeiterbew. 13 (1977), 191-201.

German materials. — In: The Libr. of Congress Quart. J. of curr. Acquisit. 9 (1951/52), 145—146.
Behandelt den Verbleib einiger in Deutschland 1945 erbeuteter Akten.

Mau, Hermann: Die deutschen Archive und Dokumente in den Vereinigten Staaten. — In: Gesch.Wiss.Unterr. 2 (1951), 621—625.

Mayer, S[ydney] L. [u.] W[illiam] J. Koenig: The two world-wars. A guide to manuscript collections in the United Kingdom. - London: Bowker (1976). XII, 317 S.

Merker, Egon: Presse und Dokumentation. — In: Archivar 11 (1958), 211—220.

Merker, Wolfgang: Bedeutung und Aufgaben der Abteilung III des Deutschen Zentralarchivs. Zur Auswertung der neuesten Schriftgutbestände. In: Archivmitteilungen 13 (1963), 17—20.

Miksche, F. O.: Les papiers de Rommel. — In: Rev. Déf. nat. 18 (1954), 184—197.

Milton, Sybil: Die Quellen zur Geschichte der deutschen Arbeiterbewegung im Leo Baeck Institut, New York. - In: Internat. wiss. Korr. Gesch. dtsch. Arbeiterbew. 11 (1975), 231—245.

Mommsen, Wolfgang: Deutsche Archivalien im Ausland. 1.: Auswärtiges Amt. — In: Archivar 4 (1951), 1—13.

Mommsen, Wolfgang: Die schriftlichen Nachlässe in den zentralen deutschen und preußischen Archiven. — Koblenz 1955: Bundesarchiv. XXXIV, 139 S. [Als Ms. gedr.]
(Schriften des Bundesarchivs. 1.)

Mommsen, Wolfgang: Sammlung und Ordnung von historischem Schriftgut aus jüngster Zeit. — In: Nachr. Dokumentation 2 (1951), 92—94 und 113—116.

Momper, Walter: Die Quellen zur Geschichte der Arbeiterbewegung im „Archiv der sozialen Demokratie der Friedrich-Ebert-Stiftung". — In: Internat. wiss. Korr. Gesch. dtsch. Arbeiterbew. 11 (1975), 482-486.

Momper, Walter: Quellen zur Geschichte der Arbeiterbewegung im Hauptstaatsarchiv Düsseldorf ⟨3⟩. - In: Internat. wiss. Korr. Gesch. dtsch. Arbeiterbew. 14 (1978), 40-57.

Morton, Louis: Sources for the history of World War II. — In: World Politics 13 (1960/61), 435—453.

Mühlpfordt, Günter: Wertvolle Hilfsmittel für die Geschichtsforschung. — In: Z. Geschichtswiss. 3 (1955), 284—296.
Bericht über die in letzter Zeit gefertigten „Bestandsübersichten zur Geschichte der deutschen Arbeiterbewegung" (14 maschinenschriftliche Foliobände) aus den Archiven der sowjetischen Besatzungszone.

Nachweis der im Bundesgebiet erfaßten Personalunterlagen der neuen Wehrmacht, der Reichswehr, der alten Wehrmacht, des Reichsarbeitsdienstes, von Polizei- und SS-Formationen und der Organisation Speer. — In: Archivar 6 (1953), 139—150.

Newman B.: The captured archives. The Story of the Nazi-Soviet documents. — London: Latimer 1948. 222 S.

Nissen, Walter: Die Auswirkungen der Großen Sozialistischen Oktoberrevolution auf Deutschland in den Jahren 1917—1918. Bemerkungen zur archivalischen Quellenlage. — In: Archivmitteilungen 7 (1957), 81—88.

Nissen, Walter: Die archivalische Quellenlage zur Erforschung der Geschichte der Novemberrevolution 1918. — In: Archivmitteilungen 8 (1958), 69—76.

Palarczykowa, Anna: Die Nazibehörden des Konzentrationslagers Auschwitz, deren Kanzleien und ihr Aktennachlaß. — In: Archiv-Mitteilungen 15 (1965), 44—53.

Papritz, Johannes: Die Dokumentationsaufgaben der Archive. — In: Nachr. Dokumentation 2 (1951), 88—92.

Pötzsch, Stefan: Quellen zur Geschichte der Arbeiterbewegung im Niedersächsischen Staatsarchiv Aurich. - In: Internat. wiss. Korr. Gesch. dtsch. Arbeiterbew. 10 (1974), 211-218.

Polišenský, Josef: Quellen zur deutschen Geschichte in tschechischen Archiven und Bibliotheken. — In: Archivmitteilungen 9 (1961), 170—176.

Poll, Bernhard: Vom Schicksal der deutschen Heeresakten und der amtlichen Kriegsgeschichtsschreibung. — In: Welt als Gesch. 12 (1952), 61—68.

Poll, Bernhard: Vom Schicksal der deutschen Heeresakten und der amtlichen Kriegsgeschichtsschreibung. — In: Archivar 6 (1953), 66—75.

Puchner, Otto: Der Bestand „Nürnberger Prozesse" im Staatsarchiv Nürnberg — In: Wehrwiss. Rdsch. 6 (1956), 93—97.

Puschnig, Rainer: Zeitgeschichtliche Sammlungen an Landesarchiven. Aufgaben und Möglichkeiten. — In: Archivar 11 (1958), 193—200.

Quellen zur Zeitgeschichte in den staatlichen Archiven des Landes Nordrhein-Westfalen. Nichtstaatliches Schriftgut, nichtschriftliches Archivgut, Nationalsozialismus. (Hrsg. vom Hauptstaatsarchiv Düsseldorf und den Staatsarchiven Münster und Detmold.) - (Münster: Selbstverl. d. Staatsarchivs Münster 1978). 127 S.
(Veröffentlichungen der staatlichen Archive des Landes Nordrhein-Westfalen. Reihe B, 6.)

Quellenkunde zur deutschen Geschichte der Neuzeit von 1500 bis zur Gegenwart. Hrsg. von Winfried Baumgart. - Darmstadt :Wiss. Buchgesellsch.
5. Das Zeitalter des Imperialismus und des Ersten Weltkrieges. ⟨1871-1918.⟩ Bearb. von Winfried Baumgart.
1. Akten und Urkunden. 1977. VIII, 117 S.
2. Persönliche Quellen. 1977. VIII, 137 S.

Reimers, Karl Friedrich: Göttinger Filmdokumente zur Zeitgeschichte. Bericht 1966. — In: Vjh. Zeitgesch. 14 (1966), 334—339.

Ritter, Gerhard: Ergebnis meiner Archivreise nach Berlin. 11.—18. 10. 1950. — In: Archivar 4 (1951), 50—55.

Robinson, Jacob and Philip Friedman: Guide to Jewish history under Nazi impact. — (Jerusalem: Yad Washem Martyrs' and Heroes' Memorial Authority;) New York: (Yivo Inst. for Jewish Research) 1960. XXXI, 425 S.
(Bibliographical Series. 1.)

Röder, Werner: Quellen zur Geschichte der deutschsprachigen Emigration 1933-1945 im Archiv des Instituts für Zeitgeschichte, München ⟨IfZ⟩. - In: Jahrbuch für Internationale Germanistik 7 (1975), 142-170.

Rönnefahrt, Helmuth: Konferenzen und Verträge. (Vertrags-Ploetz.) Ein Handbuch geschichtlich bedeutsamer Zusammenkünfte, Vereinbarungen, Manifeste und Memoranden. — Bielefeld: Ploetz.
T. 2. 1493—1952. 1952. XVI, 448 S.

Rohr, Wilhelm: Mikroverfilmung und Verzeichnung deutscher Akten in Alexandria, USA. — In: Archivar 19 (1966), 251—259.

Rohr, Wilhelm: Schicksal und Verbleib des Schriftguts der obersten Reichsbehörden. — In: Archivar 8 (1955), 161—174.

Rupp, Reinhold: Quellen zur Geschichte der Arbeiterbewegung im Generallandesarchiv Karlsruhe. — In: Internat. wiss. Korr. Gesch. dtsch. Arbeiterbew. 12 (1976), 486-506 u. 13 (1977), 76-101.

Schmid, Gerhard: Probleme der Edition archivalischer Quellen zur neueren und neuesten Geschichte. — In: Z. Geschichtswissensch. 15 (1967), 639—643.

Schmid, Irmtraut: Der Bestand des Auswärtigen Amts im Deutschen Zentralarchiv Potsdam. — In: Archivmitteilungen 12 (1962), 71—79 und 123—132.

Schneider, Friedrich: 40 Jahre Krankenbuchlager. Die Aufbewahrung der Krankenurkunden der ehemaligen Wehrmacht. — In: Der dtsch. Soldat 21 (1957), 199—201 und 230—232.

Schoeps, Hans-Joachim: Biographien, Tagebücher und Briefe als Geschichtsquellen. — In: Dtsch. Rdsch. 86 (1960) 813—817.

Schulze, Heinz-Joachim: Quellen zur Geschichte der Arbeiterbewegung im niedersächsischen Staatsarchiv Stade. — In: Internat. wiss. Korr. Gesch. dtsch. Arbeiterbew. 14 (1978), 214—231 u. 344—361.

Schwandt, Ernst [Comp.]: Index of microfilmed records of the German foreign ministry and the Reich's chancellery covering the Weimar period. — Washington: National Archives 1958. VII, 95 S.

Schwertl, Gerhard: Quellen zur Geschichte der Arbeiterbewegung im Staatsarchiv Neuburg a. d. Donau. — In: Internat. wiss. Korr. Gesch. dtsch. Arbeiterbew. 10 (1974), 58–70.

Seelbach, Ulrich: Quellen zur Geschichte der Arbeiterbewegung in den Stadtarchiven Gießen, Grünberg, Hungen, Laubach und Lich. — In: Internat. wiss. Korr. Gesch. dtsch. Arbeiterbew. 13 (1977), 539–549.

Seraphim, Hans-Günter: Die Dokumentenedition der amtlichen deutschen Ausgabe des Verfahrens gegen die Hauptkriegsverbrecher. — In: Europa-Archiv 5 (1950), 3307—3310.

Seraphim, Hans-Günter: Quellen zur Erforschung der Geschichte des Dritten Reiches. — In: Europa-Archiv 5 (1950), 3028—3031.

Skopowski, Czesław: Naczelna Dyrekcja Archiwów Państwowych. Dzieje Poznania i Województwa Poznańskiego. Informator o materiałach archiwalnych. Opracowanie zbiorowe pod kierunkiem. – Warszawa: [Selbstverl. d. Hrsg.] 1972. 896 S.

Snell, John L.: Some German socialist newspapers in European archives. — In: J. mod. Hist. 24 (1952), 380—382.

Sontag, Raymond J[ames]: The German diplomatic Papers. Publication after two World Wars. — In: Amer. Hist. Rev. 68 (1962/63), 57—68.

Staudinger, Anton: Pfarrchroniken als Quelle der Zeitgeschichte. – In: Aspekte und Kontakte eines Kirchenhistorikers, Kirche und Welt in ihrer Begegnung, Wien: Wiener Dom-Verl. (1976), 197–219.

Steffen, Fr.: Zugang verboten! – In: Les Sacrifiés [Luxembourg] 14 (1975), H. 4, 12–13.
[Über die zeitgeschichtliche Quellenlage in Luxemburg.]

Supplement to the Guide to captured German documents. Prepared by Gerhard L. Weinberg. — Washington: National Archives 1959. 69 S.

Terveen, Fritz: Vorschläge zur Archivierung und wissenschaftlichen Aufbereitung von historischen Filmdokumenten. — In: Gesch. Wiss. Unterr. 6 (1955), 169—177.

Teske, Hermann: Wenn Gegenwart Geschichte wird ... – Neckargemünd: Vowinckel 1974. 145 S.
(Die Wehrmacht im Kampf. 50.)

Tondokumente zur Zeitgeschichte. Politik und Wirtschaft 1901—1933. Hrsg. vom Lautarchiv des Deutschen Rundfunks. — [Frankfurt a. M.] (1958). 73 gez. Bl. [Maschinenschr. vervielf.]

Toscano, Mario: Fonti documentarie e memorialistiche per la storia diplomatica della seconda guerra mondiale. — In: Questioni di storia contemporanea, Tom. 1 u. 3, Milano: Marzorati 1952—53.

Veddeler, Peter: Quellen zur Geschichte der Arbeiterbewegung im Staatsarchiv und Personenstandsarchiv Detmold. – In: Internat. wiss. Korr. Gesch. dtsch. Arbeiterbew. 10 (1974), 347–363.

Institut für den Wissenschaftlichen Film, Göttingen. Verzeichnis der Filmdokumente zur Zeitgeschichte (Stand vom 1. April 1961). (Bearb.: H. Witthöft.) — Göttingen 1961: (Selbstverl. d. Hrsg.) 70 S.

Verzeichnis der schriftlichen Nachlässe in deutschen Archiven und Bibliotheken. — Boppard: Boldt.
1. Die Nachlässe in den deutschen Archiven mit Ergänzungen aus anderen Beständen. Bearb. von Wolfgang A. Mommsen.
T. 1. Einleitung und Verzeichnis. (1971). XXXIX, 582 S.
(Schriften des Bundesarchivs. 17.)

Verzeichnis der schriftlichen Nachlässe in deutschen Archiven und Bibliotheken. — Boppard: Boldt.
2. Die Nachlässe in den Bibliotheken der Bundesrepublik Deutschland. Bearb. v. Ludwig Denecke. (1969). XII, 268 S.

Vollmer, Gisela: Der Bestand Gestapoleitstelle Düsseldorf im Hauptstaatsarchiv Düsseldorf. Zur Erschließung von Personenakten. — In: Archivar 16 (1963), 287—294.

Wulf, Josef: Dr. Emanuel Ringelblum und sein Untergrundarchiv im Warschauer Ghetto. – In: Dtsch. Rdsch. 87 (1961), 241—249.

Zeitgeschichte in Film- und Tondokument. 17 historische, pädagogische und sozialwissenschaftliche Beiträge. Hrsg. von Günter Moltmann [u.] Karl Friedrich Reimers. — Göttingen: Musterschmidt (1970). 337 S.

<u>Archive und Bibliotheken</u>

Absolon, Rudolf: Das Bundesarchiv, Abteilung Zentralnachweisstelle in Kornelimünster. — In: Archivar 8 (1955), 179—188.

Absolon, Rudolf: Das Personenstandsarchiv II in Kornelimünster. — In: Archivar 7 (1954), 75—86.

Aus der **Arbeit** des Bundesarchivs. Beiträge zum Archivwesen, zur Quellenkunde und Zeitgeschichte. Hrsg. von Heinz Boberach u. Hans Booms. - Boppard: Boldt (1977). 568 S.
(*Schriften des Bundesarchivs. 25.*)

Archivar und Historiker. Studien zur Archiv- und Geschichtswissenschaft. Zum 65. Geburtstag von Heinrich Otto Meisner. Hrsg. von der Staatlichen Archivverwaltung im Staatssekretariat für Innere Angelegenheiten. — Berlin: Rütten & Loening (1956). 572 S.
(*Schriftenreihe der Staatlichen Archivverwaltung. 7.*)

Archive. - Berlin: de Gruyter.
Archive im deutschsprachigen Raum.
Bd. 1.2.
A-N. 2. Aufl. 1974. XV, 736 S.
O-Z. 2. Aufl. 1974. S. 738-1418.

Die **Archive** in den deutschen Ostgebieten unter polnischer Verwaltung. (Bericht u. Übersetzung nach „Przegląd Zachodni", Posen 1965, H. 2, 281—297.) — In: Wiss. Dienst für Ost-Mitteleuropa 16 (1966), 41—47 u. 81—87.

Die **Archive** der Sozialdemokratischen Partei Deutschlands. I. Das Parteiarchiv. Von Paul Mayer. II. Presse-Archiv und -Information. Von Wilhelm Peters. — In: Archivar 20 (1967), 375—382.

The Central Zionist **Archives.** — (Jerusalem [um 1954]: The Jerusalem Post Press.) 19 S.

Archives in Israel. Surveys on the institutional members of the Israel Archives Association. — Jerusalem: The Israel Archives Association 1959. VI, 6 S.

Baumont, Maurice: Les archives du ministére allemand des affaires étrangéres. — In: Rev. Déf. nat. 7 (1951), Juli.

Beck, Friedrich: Brandenburgisches Landeshauptarchiv Potsdam. — In: Archivmitt. 9 (1959), 153—158.

Bellée, Hans: Der Ausgang des Preußischen Geheimen Staatsarchivs. — In: Archivar 7 (1954), 23—30.

Die **Bestände** des Hauptstaatsarchivs Düsseldorf. Kurzübersicht. [Hrsg. vom Hauptstaatsarchiv Düsseldorf.] - Düsseldorf: [Selbstverl. d. Hrsg.] 1974. 390 S.
(*Veröffentlichungen der staatlichen Archive des Landes Nordrhein-Westfalen. Reihe B, 4.*)

50 Jahre **Bibliothek** für Zeitgeschichte, Weltkriegsbücherei Stuttgart. 1915—1965. — Frankfurt a.M.: Bernard & Graefe 1965. VI, 89 S.

Die **Bibliothek** des Instituts für Marxismus-Leninismus beim Zentralkomitee der SED. Ein Sammelband. (Hrsg. vom Institut für Marxismus-Leninismus beim ZK der SED.) — Berlin: [Selbstverl. d. Hrsg.] 1969. 237 S.

Generaldirektion der Bayerischen Staatlichen Bibliotheken: Münchener **Bibliotheken.** Bestände und Benützung. - Wiesbaden: Reichert 1975. XI, 179 S.

Bibliotheken als Opfer und Werkzeug der Sowjetisierung. Zur Lage des Büchereiwesens in der sowjetischen Besatzungszone. — Bonn: Bundesministerium f. gesamtd. Fragen 1952. 69 S.
(*Bonner Berichte aus Mittel- und Ostdeutschland.*)

Billig, Joseph: Sur les chantiers de nos archives. — In: Monde juif 6 (1951/52), H. 55, 17—19.
Mit Organisationsplan von Teilen des Archivs des „Centre de Documentation Juive Contemporaine".

Boberach, Heinz: Archivbenutzung und archivalische Arbeit im Wandel von Interessen und Methoden. Vortrag des 49. Deutschen Archivtages. - In: Archivar 28 (1975), 19-34.

Boelcke, Willi: Presseabteilungen und Pressearchive des Auswärtigen Amtes 1871—1945. — In: Archivmitt. 9 (1959), 43—48.

Boeninger, Hildegard R.: The Hoover Library Collection on Germany. — Stanford: Stanford University Press (1955). VI, 56 S.
(*Collection Survey. 2.*)

Böss, Otto: Die Bibliothek des Osteuropa-Instituts München. - In: Bibl. Forum Bayern 3 (1975), 103-116.

Booms, Hans: Zusammenfassung des militärischen Archivgutes im Bundesarchiv. — In: Archivar 21 (1968), 237—240.

Brilling, Bernhard: Die staatlichen und öffentlichen Archive in Israel. — In: Archivar 20 (1967), 398—406.

Brilling, Bernhard: Jüdisches Archivwesen nach dem 2. Weltkrieg in Deutschland, Frankreich und Holland. — In: Archival. Z. 63 (1967), 166—175.

Browder, George C.: Problems and potentials of the Berlin Document Center. - In: Centr. Europ. Hist. 5 (1972), 362—380.

Bruchmann, Karl G.: Das Bundesarchiv in neuen Räumen. Das Hochhaus Am Wöllershof 12. — In: Archivar 14 (1962), 318—323.

Brühl, Reinhard: Entstehung und Konsolidierung des Reichsarchivs 1919—1923. Ein Beitrag zum Thema Generalstab und Militärgeschichtsschreibung. — In: Z. Militärgesch. 7 (1968), 423—438.

Buck, Gerhard: Das Militärarchivwesen in Deutschland. - In: Jahresbibliographie der Bibliothek für Zeitgeschichte 48 (1977), 455-469.

Buck, Herbert: Zur Geschichte der Produktivkräfte und Produktionsverhältnisse in Preußen von 1810—1933. Spezialinventar des Bestandes Preuß. Ministerium f. Handel u. Gewerbe. Bd. 2. — Berlin: Rütten & Loening 1960. 958 S.
(*Schriftenreihe des Deutschen Zentralarchivs. 2.*)

Das **Bundesarchiv** und seine Bestände. Begr. von Friedrich Facius [u. a.] 3. erg. u. neu bearb. Aufl. von Gerhard Granier, Josef Henke [u.] Klaus Oldenhage. - Boppard: Boldt (1977). LXXI, 940 S.
(*Schriften des Bundesarchivs. 10.*)

Castellan, Georges: Les archives de la République Démocratique Allemande. — In: Rev. hist. 221 (1959), 56—89.

HILFSMITTEL

Casucci, Costanzo: Archivi di „Giustizia e Libertà" ⟨1915—1945⟩. Inventario. — Roma: Ministero dell'Interno 1969. XIII, 259 S.
(Pubblicazioni degli Archivi di Stato. 68.)

Cordshagen, Hugo: Mecklenburgisches Landeshauptarchiv Schwerin. — In: Archivmitt. 9 (1959), 169—173.

Corsten, Severin: Die Bibliothek des Auswärtigen Amtes. — Wilhelm Ortmann: Das deutsche Postbibliothekswesen. Entwicklung, Aufgaben, Gestaltung. — Bonn 1961: Bibliothek d. Dtsch. Bundestages. 31 S.
(Arbeitsgemeinschaft d. Parlaments- u. Behördenbibliotheken. Arbeitshefte. 6.)

Cristofoli, Cristina [u.] Laura Degrada: Guida sommaria all'archivio dell' Istituto milanese per la storia della Resistenza e del movimento operaio. - In: Italia contemp. 30 (1978), H. 130, 147-161.

Demeter, Karl: Das Bundesarchiv Abteilung Frankfurt a. M. Entstehung, Aufgabe, Tätigkeit. — In: Archival. Z. 49 (1954), 111—125.

Demeter, Karl: Das Reichsarchiv. Tatsachen und Personen. — Frankfurt a.M.: Bernard & Graefe 1969. 52 S.

Diestelkamp, (Adolf): Die Lage der deutschen Ost-Archive. — In: Archivar 3 (1950), 78—94.

Dodonow, I. K.: Einige Bemerkungen zur Archivforschung in der Sowjetunion und der Deutschen Demokratischen Republik. — In: Z. Geschichtswiss. 2 (1954), 457—467.

Dokumentationsarchiv des deutschen Widerstandes 1933–1945. - In: Argument 18 (1976), 805-806.

Das **Dokumentationsarchiv** des österreichischen Widerstandes ⟨DÖW⟩. - In: Informationen [Wien] 2 (1975/76), H.8, 9-11.

Drüger, Udo: Der Bestand Preußisches Ministerium für Landwirtschaft, Domänen und Forsten im Deutschen Zentralarchiv, Historische Abteilung II, Merseburg. — In: Jb. Wirtschaftsgesch. 1970, H. 3, 263—280.

Duboscq, Guy: Les archives d'un état moderne. — In: Rev. Déf. nat. 16 (1953), 37—44.

Dumrath, Karlheinrich, Wolfgang Eger [u.] Hans Steinberg [Bearb.]: Handbuch des kirchlichen Archivwesens. — Neustadt a.d. Aisch: Degener.
1. Die zentralen Archive in der evangelischen Kirche. 1965. VI, 138 S.
(Veröffentlichungen der Arbeitsgemeinschaft für das Archiv- und Bibliothekswesen in der evangelischen Kirche. 3.)

Dworzaczek, Włodzimierz: Polish archives war losses. — In: Slavon. & East Europ. Rev. 63 (1946), 189—192.

Eberhardt, Hans: Übersicht über die Bestände des Thüringischen Landeshauptarchivs Weimar. — Weimar: Böhlau 1959. X, 207 S.

Eberhardt, Hans: Thüringisches Landeshauptarchiv Weimar und thüringische Landesarchive. — In: Archivmitt. 9 (1959), 174—178.

Enders, Gerhart [u. a.]: Deutsches Zentralarchiv Potsdam und Merseburg. — In: Archivmitt. 9 (1959), 143—152.

Facius, Friedrich [u. a.]: Das Bundesarchiv und seine Bestände. Übersicht. — (Boppard a. Rh.: Boldt 1961.) XVI, 211, 10 S.
(Schriften des Bundesarchivs. 10.)

Facius, Friedrich: Das Bundesarchiv und seine Bestände. Übersicht. Bearb. von Friedrich Facius, Hans Booms, Heinz Boberach. 2. erg. u. neubearb. Aufl. von Hans Booms u. Heinz Boberach. — (Boppard: Boldt 1968). XXXVIII, 376 S.
(Schriften des Bundesarchivs. 10.)

Forstreuter, Kurt: Das staatliche Archivlager in Göttingen. — In: Z. Ostforsch. 3 (1954), 92—94.

Funk, Arthur L.: L'historien et les archives du gouvernement des Etats-Unis. — In: Rev. Hist. deux Guerre mond. 4 (1954), H. 13, 32—42.

Garcia y Mas, Renate: Die Bibliotheca Nacional in Madrid. — Berlin: Colloquium-Verl. 1975. 115 S.
(Bibliotheca ibero-americana. 20.)

Gringmuth-Dallmer, Hanns: Landeshauptarchiv Sachsen-Anhalt, Magdeburg. — In: Archivmitt. 9 (1959), 159—163.

Ministère des Armées. Comité des Archives. **Guide** des Archives des Armées. — (Paris) 1968: Imprimerie Nationale. 39 S.

Hagelweide, Gert: Deutsche Zeitungsbestände in Bibliotheken und Archiven. Hrsg. von der Kommission für Geschichte des Parlamentarismus und der politischen Parteien und dem Verein Deutscher Bibliothekare. - Düsseldorf: Droste (1974). 372 S.

Haghettaoth, Lohamei: Die Archive und das Museum der Ghettokämpfer. — In: Internat. H. d. Widerstandsbew. 2 (1960), H. 4, 151—153.

Hartmann, Karl: Archive und Bibliotheken in Polen. — In: Osteuropa 9 (1959), 832—835.

Hartmann, Peter Claus: Pariser Archive, Bibliotheken und Dokumentationszentren zur Geschichte des 19. und 20. Jahrhunderts. Eine Einführung in Benützungspraxis und Bestände für Historiker, Politologen und Journalisten. — Pullach b. München: Verl. Dokumentation 1976. 151 S.
(Dokumentation Westeuropa. 1.)

Heike, Otto: Das Stadtarchiv in Lodz, insbesondere während der Jahre 1939–1945. - In: Z. Ostforsch. 27 (1978), 86-109.

Hoch, Anton: Das Archiv des Instituts für Zeitgeschichte. - In: Archivar 26 (1973), 295-308.

Horecky, Paul L.: Libraries and bibliographic centers in the Soviet Union. — Bloomington: Indiana University Publications 1959. XVIII, 287 S.

Jacobius, Arnold J.: The private library of Adolf Hitler. — In: The Libr. of Congress Inform. Bulletin 12 (1953), H. 17, 14—15.

Westdeutsche Bibliothek. (Sammlungen der ehem. Preußischen Staatsbibliothek.) **Jahresbericht** 1951/52. — (Marburg a. L. [1952]: Bauer.) 44 S.
Mit e. Anhang: Die Parlamentsdruckschriften der Westdeutschen Bibliothek.

dlicka, Ludwig: Militärische Archive und Museen in Österreich. — : Wehrwiss. Rdsch. 10 (1960), 642– 8.

ensen, Jürgen: Archiv der sozialen emokratie. Übersicht über die Archivbestände. (Bearb. von Jurgen ensen u. Werner Krause.) (Hrsg. om) Forschungsinstitut d. Friedrich-Ebert-Stiftung. — Bonn-Bad Godesberg 1970: (Vorwärts-Dr.) 34 S.

nventar des Kriegsarchivs Wien. /erf. von d. Beamten des Kriegsarchivs. Bd 1. 2 (in einem Bde). — Wien: Berger 1953. Getr. Pag.
(Inventare Österreichischer Archive. 8.)
(Publikationen des Österreichischen Staatsarchivs.)

Jørgensen, Harald: Die skandinavischen Archive. - In: Archival. Z. 66 (1970), 54–115 und 67 (1971), 159–194.

Kaegbein, Paul: Bibliotheken als spezielle Informationssysteme. - In: Z. Bibliotheksw. Bibliogr. 20 (1973), 425–442.

Kahlenberg, Friedrich P[eter]: Deutsche Archive in West und Ost. Zur Entwicklung des staatlichen Archivwesens seit 1945. - Düsseldorf: Droste (1972). 153 S.
(Mannheimer Schriften zur Politik und Zeitgeschichte. 4.)

Kahlenberg, Friedrich P.: Das Zwischenarchiv des Bundesarchivs. Institution zwischen Behörde und Archiv. — In: Archival. Z. 64 (1968), 27–40.

Katalog [des] Dokumentationsarchiv[s] des österreichischen Widerstandes. — Wien: [Selbstverl. d. Hrsg.]
1. Katalog d. Archivbestände. 1963. 69 S.
2. Katalog d. Archivbestände. 1963. 37 S.
3. Katalog d. Archivbestände. 1966. 117 S.
4. Katalog d. Bibliothek. 1966. 133 S.
5. Photographien. 1968. 102 S.
6. Archivbestände. 1969. 108 S.

Krause, Werner [u.] Sheila Ochovà: Archiv der sozialen Demokratie. Übersicht über die Archivbestände. ⟨Stand vom 1. 3. 1973⟩. (Hrsg. vom Forschungsinst. d. Friedrich-Ebert-Stiftung. 3., erw. u. rev. Aufl.) - (Bonn-Bad Godesberg 1973: Vorwärts-Dr.) 134 S.

Kretzschmer, Hellmut: Die wissenschaftliche Bedeutung der staatlichen Archive in der Deutschen Demokratischen Republik. Dazu: Veröffentlichungen der Staatlichen Archivverwaltung und der staatlichen Archive der Deutschen Demokratischen Republik. — In: Archivmitteilungen 6 (1956), 71—78.

Kreutzberger, Max [Hrsg.]: Leo Baeck Institut New York. Bibliothek und Archiv. Katalog. — Tübingen: Mohr.
1. 1970. XI, 618 S.
(Schriftenreihe wissenschaftlicher Abhandlungen des Leo Baeck Instituts. 22.)

Kriegsverluste und -zerstörungen an nichtstaatlichem Archivgut in Österreich. — In: Archivar 7 (1954), 171—178.

Kyle, Barbara: Resources on international affairs in London libraries. — In: Internat. Aff. 32 (1956), 190—198.

Laak, Ursula van: Bibliographie bayerischer Zeitungen aus der Zeit des Nationalsozialismus mit Fundortnachweis. Im Auftrag des Bayerischen Staatsministeriums für Unterricht und Kultus, hrsg. vom Institut für Zeitgeschichte. - München: [Selbstverl. d. Hrsg.] 1975. VII, 119 S.
(Widerstand und Verfolgung in Bayern 1933–1945. Hilfsmittel.)
[Maschinenschr. vervielf.]

Württembergische Landesbibliothek Stuttgart. (Verf. u. zsgest. von Mitarb. d. Württemb. Landesbibliothek.) - Stuttgart 1971: (Scheufele). 104 S.

Leesch, Wolfgang: Archivübersichten und -inventare. - In: Bll. dtsch. Landesgesch. 108 (1972), 302–326.

Lewack, Adam: The archives of Warsaw during World War II, 1939—1945. — In: Polish Rev. 7 (1962), 3—39.

Lötzke, Helmut: Das Archivwesen der Volksrepublik Polen. — In: Archivmitt. 9 (1959), 35—42.

Loetzke, Helmut: Der Aufbau des Deutschen Zentralarchivs 1946—1956. — In: Archivar 9 (1956), 335—348.

Lötzke, Helmut: Zehn Jahre Deutsches Zentralarchiv. — In: Archivmitteilungen 6 (1956), 33—41.

Maas, Liselotte: Handbuch der deutschen Exilpresse, 1933–1945. = Handbook of German exile press, 1933–1945. Hrsg. von Eberhard Lämmert. - (München:) Hanser.
1. Bibliographie A-K. (1976). 352 S.
(Sonderveröffentlichungen der Deutschen Bibliothek. 2.)

Mackert, J. A.: Die Bibliothek des Bundesverfassungsgerichts. — In: Z. Bibliothekswes. Bibliogr. 1 (1954), 208—216.

Mackert, Josef: 10 Jahre Bibliothek des Bundesverfassungsgerichts. — In: Z. Bibliothekswesen Bibliogr. 9 (1962), 225—240.

Mayer, Paul: Die Geschichte des sozialdemokratischen Parteiarchivs und das Schicksal des Marx-Engels-Nachlasses. — In: Arch. Sozialgesch. 6/7 (1966/67), 5—198.

Metschies, Kurt: Der Bestand Badische Anilin- und Sodafabrik AG im Deutschen Zentralarchiv Potsdam, Historische Abteilung I. - In: Jb. Wirtschaftsgesch. 1971, T. II, 269–274.

Michel, Henri: Archives sur la résistance en France. — In: Rassegna Arch. Stato 27 (1967), 87—111.

Mikrofilm-Archiv der deutschsprachigen Presse. [Hrsg.: Mikrofilm-Archiv.] - [Dortmund: Selbstverl. d. Hrsg.] 1965–1975. Bestandsverzeichnis. 1975. 64 S.
Erg. bd. zum Bestandsverzeichnis 1975. 1976. 23 S.
Bayern 1933–1945. Hilfsmittel.)
[Maschinenschr. vervielf.]

Mommsen, Wolfgang: Das Bundesarchiv im Strom unserer Zeit. - In: Archivar 26 (1973), 498–506.

Müller, Wolfgang: Der organisatorische Ausbau des Bundesarchivs 1953—54. — In: Archivar 8 (1955), 74—76.

Nawrocki, Stanisław: Das staatliche Archivwesen in Polen. — In: Archivar 26 (1973), 663–675.

Nissen, Walter: Das Schicksal der ausgelagerten Bestände des Preußischen Geheimen Staats-Archivs und des Brandenburg-Preußischen Haus-Archivs und ihr heutiger Zustand. — In: Archival. Z. 49 (1954), 139—150.

Pauer, Max: Die wissenschaftlichen Bibliotheken Münchens. Bestände und Benutzung. Im Auftr. d. Bayerischen Staatsbibliothek zsgest. — München: Zink 1958. 108 S.

Philippi, Hans: Das Politische Archiv des Auswärtigen Amtes. — In: Archivar 11 (1958), 139—150.

Philippi, Hans: Das Politische Archiv des Auswärtigen Amtes. Rückführung u. Übersicht über die Bestände. — In: Archivar 13 (1960), 201—218.

Pitz, Ernst: Übersicht über die Bestände des Niedersächsischen Staatsarchivs in Hannover. — Göttingen: Vandenhoeck & Ruprecht.
2. (1968). 303 S.
(Veröffentlichungen der niedersächsischen Archivverwaltung. 25.)

Ramm-Helmsing, Herta von: Schicksal, Verbleib und Organisation der ostdeutschen Archive im Rahmen der polnischen Archivgesetzgebung. — In: Archivar 5 (1952), 5—21.

Ramm-Helmsing, Herta von: Schicksal, Verbleib und Organisation der ostdeutschen Archive im Rahmen der polnischen Archivgesetzgebung. — In: Archivar 6 (1953), 209—234.

The **records** of the Foreign Office 1782—1939. — London: Her Majesty's Stationary Office 1969. VIII, 180 S.
(Public Record Office Handbooks. 13.)

Regionalbibliotheken in der Bundesrepublik Deutschland. Im Auftr. d. Arbeitsgemeinschaften d. Landesbibliotheken u. d. Kommunalen Wissenschaftlichen Bibliotheken hrsg. von Wilhelm Totok u. Karl-Heinz Weimann. — Frankfurt a. M.: Klostermann 1971. VII, 354 S.
(Zeitschrift für Bibliothekswesen und Bibliographie. Sonderh. 11.)

Reichhardt, Hans J.: Die Abteilung Zeitgeschichte beim Landesarchiv Berlin. — In: Archivar 27 (1974), 355–358.

Reisberg, Arnold: Über die Arbeit und die Bestände des Archivs des Instituts für Parteigeschichte beim Zentralkomitee der Polnischen Vereinigten Arbeiterpartei. — In: Beitr. Gesch. dtsch. Arbeiterbewegung 6 (1964), 334—342.

Die Deutsche Demokratische **Republik** und ihre Bibliotheken. Ein informativer Überblick. — Berlin: (Dtsch. Bibliotheksverb.) 1969. 32 S.

Rogalla von Bieberstein, Johannes: Archiv, Bibliothek und Museum als Dokumentationsbereiche. Einheit und gegenseitige Abgrenzung. — Pullach b. München: Verl. Dokumentation 1975. 116 S.
(Bibliothekspraxis. 16.)

Rohwer, Jürgen: Die Bibliothek für Zeitgeschichte und ihre Aufgabe in der historischen Forschung. — In: Libro Humanitas, Festschrift für Wilhelm Hoffmann zum sechzigsten Geburtstag, Stuttgart: Klett 1962, 112—138.

Die gesellschaftliche **Rolle** der deutschen öffentlichen Bibliothek im Wandel, 1945–1975. Ein Lesebuch. Hrsg. von Tibor Süle. — Berlin: Dtsch. Bibliotheksverb., Arbeitsstelle f. d. Bibliothekswesen 1976. 207 S.
(AfB-Materialien. 15.)

Das geistige **Rüstzeug** des Deutschen Bundestages. Eine reichhaltige Bibliothek und ein umfassendes Archiv stehen allen Abgeordneten zur Verfügung. In: Das Parlament, Nr 51 vom 15. Dezember 1954.

Ruppert, Karl: Heeresarchiv Potsdam 1936—1945. — In: Archivar 3 (1950), 177—180.

Schatz, Rudolf: Behördenschriftgut. Aktenbildung, Aktenverwaltung, Archivierung. — (Boppard a. Rhein.: Boldt 1961.) XII, 383 S.
(Schriften des Bundesarchivs. 8.)

Schelbert, Peter: Lage und Erfordernisse der westdeutschen Bibliotheken. Im Auftr. d. Notgemeinschaft d. Dt. Wissenschaft dargestellt. Als Ms. gedruckt. — (Bad Godesberg: Notgemeinschaft d. Dt. Wissenschaft 1951.) 24 S.

Schellenberg, Theodore R.: Akten- und Archivwesen in der Gegenwart (Modern archives, principles and techniques, dt.) Theorie und Praxis. Aus dem Engl. übersetzt von Gudrun Banzhaf. Durchgesehen von Ernst Posner und Georg Winter. — München Zink [1961]. XV, 292 S.
(Archiv und Wissenschaft. 2.)

Schetelich, Eberhard: Zehn Jahre Staatliche Archivverwaltung der Deutschen Demokratischen Republik. — In: Archivmitt. 9 (1959), 134—142.

Schlechte, Horst: Sächsisches Landeshauptarchiv Dresden. — In: Archivmitt. 9 (1959), 164—168.

Schmid, Gerhard: Die Verluste in den Beständen des ehemaligen Reichsarchivs im zweiten Weltkrieg. — In: Archivar und Historiker, Berlin 1956, 176—207.

Schreckenbach, Hans-Joachim: Die Bestände der Kreisverwaltungen 1945—1952 und ihre Bearbeitung im Landeshauptarchiv Potsdam. — In: Archivmitteilungen 15 (1965), 81—90.

Seeberg-Elverfeldt, Roland: Das Bundespressearchiv. — In: Archivar 12 (1959), 15—18.

Somerville, Sir Robert: Das britische Archivwesen. — In: Archival. Z. 63 (1967), 155—165.

Spezialinventar des Betriebsarchivs der VEB Filmfabrik Wolfen zur Geschichte der deutschen Arbeiterbewegung und zur Wirtschaftsgeschichte. Bearb. vom Betriebsarchiv der VEB Filmfabrik Wolfen. — (Wolfen 1963: Hausdr.) 70 S.

Stahl, Friedrich-Christian: Das militärische Bibliothekswesen. Einige Notizen zu seiner Geschichte und seinen Aufgaben. — In: Wehrkunde 10 (1961), 470—479.

Stebelski, Adam: The fate of Polish archives during World War II. (Transl. by Barbara Przestepska.) — (Oddział w Łodz: Państwowe Wydawnictwo Naukowe 1964.) 59 S.

Stehkämper, Hugo: Nachlässe und Sammlungen, Verbands- und Vereins-, Familien- und Firmenarchive im Stadtarchiv Köln. Eine Übersicht. — Köln: Neubner 1963. 255 S.
(Mitteilungen aus d. Stadtarchiv von Köln. 47.)

Stengel, August: Archive am Rande des Kontinents. Die Staatsarchive Griechenlands. — In: Archival. Z. 68 (1972), 139-146.

Strütz, Hans-Wolfgang: Archiv der ehemaligen Reichsstudentenführung in Würzburg. — In: Vjh. Zeitgesch. 15 (1967), 106—107.

Vom **Strukturwandel** deutscher Hochschulbibliotheken. Hrsg.: Wolf Haenisch u. Clemens Köttelwesch. — Frankfurt a. M.: Klostermann (1973). 262 S.
(Zeitschrift für Bibliothekswesen und Bibliographie. Sonderh. 14.)

Sworakowski, W. S.: The Hoover Library collection on Russia. — Stanford: Stanford University Press 1954. 42 S.

Taschenbuch Archivwesen der D[eutschen] D[emokratischen] R[epublik]. Hrsg. von d. Staatl. Archivverwaltung d. Min. d. Innern d. DDR. — Berlin: Staatsverl. d. DDR 1971. 304 S.

Teske, Hermann: Zehn Jahre Militärarchiv beim Bundesarchiv. Entwicklung u. Probleme. — In: Wehrkunde 13 (1964), 299—301.

Thomas, Daniel H. und Lynn Case [Ed.]: Guide to the diplomatic archives of Western Europe. — Philadelphia: University of Pennsylvania Press (1959). XII, 389 S.

Übersicht über die Bestände des Deutschen Zentralarchivs Potsdam. — Berlin: Rütten & Loening (1957). 232 S.
(Schriftenreihe des Deutschen Zentralarchivs. 1.)

Übersicht über die Bestände des Geheimen Staatsarchivs in Berlin-Dahlem. — (Köln, Berlin:) Grote.
1. Provinzial- und Lokalbehörden. Bearb. von Hans Branig, Ruth Bliß [u.] Winfried Bliß. 1966. 186 S.
2. Zentralbehörden, andere Institutionen, Sammlungen. Bearb. von Hans Branig, Winfried Bliß [u.] Werner Petermann. 1967. 319 S.

Übersicht über die Bestände des Hauptstaatsarchivs Stuttgart. — Stuttgart: Kohlhammer.
Ministerialbestände bis 1945. (E-Bestände) [Von] Wilfried Braunn [u.a.] 1975. 74 S.
(Veröffentlichungen der Staatlichen Archivverwaltung Baden-Württemberg. 33.)

Übersicht über die Bestände des Hessischen Hauptstaatsarchivs Wiesbaden. — Wiesbaden: Selbstverl. d. Hess. Hauptstaatsarchivs 1970. XXIX, 388 S., 5 ungez. Bl.

Verzeichnis der Spezialbibliotheken. Hrsg. von d. Arbeitsgemeinschaft d. Spezialbibliotheken. — (Aachen: Mayer) 1965. X, 228 S.

Vietsch, Eberhard von u. Wolfgang Kohte: Das Bundesarchiv. Entwicklung und Aufgaben. — Boppard: Boldt [1968]. 55 S.

Vogelsang, Thilo: Das Archiv Walter Hammer. — In: Z. Politik 10 (1963/64), 375—376.

Volkert, Wilhelm: Zur Geschichte des Bayerischen Hauptstaatsarchivs 1843-1944. — In: Archival. Z. 73 (1977), 131-148.

Walentynowicz, Maria: Biblioteka Instytutu Zachodniego. — In: Przgl. Zach. 11 (1955), 561—564.

The **Second** World War. A guide to documents in the Public Record Office. — London: Her Majesty's Stationary Office 1972. IX, 303 S.
(Public Record Office Handbooks. 15.)

Watt, D. C.: The Press Library of the Royal Institute of International Affairs, London. — In: Vjh. Zeitgesch. 16 (1968), 99—100.

Weinbrenner, Hans-Joachim: Das Deutsche Rundfunkarchiv in Frankfurt a.M. Dokumentationstätigkeit, Ordnungsprinzipien und Informationsgehalte. — In: Archivar 21 (1968), 405—418.

Weis, Erwin: 40 Jahre Weltkriegsbücherei. — In: Wehrwiss. Rdsch. 5 (1955), 476—478 und 531—534.

The **Wiener Library** 1934—1954. — In: Wiener Libr. Bull. 8 (1954), 4—5.

Winckler, Martin [Bearb.]: Standortverzeichnis ausländischer Zeitungen und Illustrierten in Bibliotheken und Instituten d. Bundesrepublik Deutschland und Berlin (West): SAZI = Catalogue of foreign newspapers and illustrated papers in German libraries. Hrsg. von der Staatsbibliothek Preußischer Kulturbesitz, Berlin. Stand: 1. Aug. 1973. — Pullach b. München: Verl. Dokumentation 1975. 334 S.

Winter, Georg: Les archives allemands avant et après 1945. — In: Allemagne d'aujourd'hui 1956, H. 5, 88—96.

Winter, Georg: Das Bundesarchiv. Fachprobleme eines Zentralarchivs im Aufbau. — In: Archivar 9 (1956), 1—18.

Woitinas, Erich: Das Archivwesen der Sozialistischen Einheitspartei Deutschlands. — In: Archivmitteilungen 14 (1964), 21—24.

Twenty testing **years.** The Wiener Library 1934—1954. — In: Wiener Libr. Bull. 8 (1954), 1.

Zeller, Bernhard: Das Deutsche Literaturarchiv in Marbach. Zur Eröffnung des Neubaus am 16. Mai 1973. (Geleitw. von Wilhelm Hoffmann.) — (Marbach:) [Selbstverl. d. Hrsg.] 1973. 75 S.
(Marbacher Schriften. 5.)

Zimmermann, Gerhard: Das Hauptarchiv (ehem. Preuß. Geh. Staatsarchiv) in den ersten Nachkriegsjahren. — In: Archivar 8 (1955), 173—180.

HILFSMITTEL

Institutionen

Institut für Auslandsbeziehungen. 1951 bis 1955. Ein **Arbeitsbericht** des Instituts. — In: Mitt. Inst. f. Auslandsbez. 6 (1956), 69—87.

Auerbach, Hellmuth: Die Gründung des Instituts für Zeitgeschichte. — In: Vjh. Zeitgesch. 18 (1970), 529—554.

Die **Aufgaben** des Instituts für Geschichte des deutschen Volkes an der Humboldt-Universität Berlin. — In: Z. Geschichtswiss. 1 (1953), 114—119.

Bamberg, Heinz-Dieter: Die Deutschland-Stiftung e. V. Studien über Kräfte der „demokratischen Mitte" und des Konservatismus in der Bundesrepublik Deutschland. - Meisenheim a. G.: Hain 1978. 563 S.
(Marburger Abhandlungen zur politischen Wissenschaft. 23.)
Diss., Universität Bremen.

Bendiscioli, Mario: Istituto Nazionale per la Storia del Movimento di Liberazione in Italia, Mailand. — In: Vjh. Zeitgesch. 2 (1954), 214—216.

Bendiscioli, Mario: Un istituto tedesco per la storia dell' età nazista. — In: Movim. Liberaz. Italia H. 15 (Nov. 1951), 41—44.

Institut für Sozialforschung an der Johann-Wolfgang-Goethe-Universität Frankfurt am Main. Ein **Bericht** über die Feier seiner Wiedereröffnung, seiner Geschichte u. seiner Arbeiten. — Frankfurt a. M.: Weisbecker 1952. 48 S.

Brilling, B.: Die Juden-Politik Hitlers. — In: Mitteil.Blatt des Irgun Ole Merkas Europa, Tel Aviv, 20 (1952), Nr. 31.
Über die Tätigkeit des Jüdisch-Historischen Instituts in Warschau und das „Haus der Ghettokämpfer" bei Haifa.

Le **Centre** de Documentation Juive Contemporaine de Paris ⟨C. D. J. C.⟩ Ses archives, sa bibliothèque, ses activités, ses publications, sa revue „Le Monde Juif". Le Mémorial du Martyr Juif Inconnu. Par R. Berg [u. a.] - In: Monde Juif 31 (1975), H. 80, 1-32.

Un **centro** scientifico ebraico per la storia dei „combattenti dei ghetti". — In: Movim. Liberaz. Italia, H. 19 (Juli 1952), 60—61.

Černý, Bohumil: Zeitgeschichte im Historischen Institut der Prager Akademie. — In: Vjh. Zeitgesch. 16 (1968), 310—311.

La **commission** générale d'enquête sur les crimes allemands en Pologne. — In: Rev. Hist. deux. Guerre mond. 4 (1954), 148—149.

Däniker, Gustav: „Historismus" und „reine Geschichte". Ziele und Arbeit des Istituto Italiano per gli Studi Storici. — In: Schweiz. Monatsh. 35 (1955/56), 110—112.

Dinur, Benzion: Problems confronting „Yad Washem" in its work of research. — In: Yad Washem Studies 1 (1957), 7—30.

Erdmann, Karl Dietrich: 50 Jahre „Comité International des Sciences Historiques". Erfahrungen und Perspektiven. - In: Gesch. Wiss. Unterr. 27 (1976), 524-537.

Europa. Forschung und Lehre in Deutschland. Lehrstühle und Institute, Lehrveranstaltungen, Wissenschaftliche Arbeiten, Bibliographien. — (Bonn: Arbeitskreis für Europakunde 1966.) 31 S.
(Beiträge zur Europakunde. 2.)

Forschung und Schrifttum. Übersicht über ostdt. Archive, Institute, wissenschaftl. Arbeitskreise u. Büchereien. Zsgest. von Harald v. Koenigswald. — (Troisdorf/Rhld.:) Wegweiser-Verlag 1951. 79 S.
(Schriftenreihe f. d. Vertriebenenwesen. Kulturh. R. 6.)

Forschungsinstitut der Friedrich-Ebert-Stiftung 1970. — (Bonn-Bad Godesberg: [Selbstverl. d. Hrsg.] 1970). 68 S.

Francovich, Carlo: Funzioni e scopi dell'Istituto Storico della Resistenza. — Firenze: Istituto Storico della Resistanza in Toscana 1959. 16 S.

Freund, Michael: Politik und Historie. Betrachtungen zum Max-Planck-Institut für Geschichte. — In: Gegenwart 12 (1957), 489—492.

Das **Friedrich-Meinecke-Institut** der Freien Universität Berlin 1960-1970. - Berlin 1971. 66 S.

Goetz, Walter: Die Historische Reichskommission von 1928. — In: Hist. Jb. 72 (1953), 540—548.

Gründung eines Österreichischen Institutes für Zeitgeschichte. — In: Vjh. Zeitgesch. 9 (1961), 331.

Hamburger, Ernest: Das Leo Baeck Institut. — In: Gesch. Wiss. Unterr. 21 (1970), 131—143.

Höppner, Joachim: Das Institut für Zeitgeschichte in München im Dienste der militaristisch-klerikalen Herrschaft des westdeutschen Imperialismus. — In: Z. Geschichtswiss. 7 (1959), 346—367.

(**Hübner,** H.:) Lehre und Forschung im Institut für Deutsche Geschichte an der Martin-Luther-Universität Halle-Wittenberg. — In: Z. Geschichtswiss. 1 (1953), 495—498.

Ministerie van Onderwijs, Kunsten en Wetenschappen. **Jaarverslag** 1950. Rijksinstituut voor Oorlogsdocumentatie. Verslag omtrent de werkzaamheden in het jaar 1950 door het directorium uitgebracht aan de Staatssecretaris van Onderwijs, Kunsten en Wetenschappen. — s'Gravenhage: Staatsdrukkerij- en Uitgeverijbedrijf 1951. 60 S

Ministerie van Onderwijs, Kunsten en Wetenschappen. **Jaarverslag** [van het] Rijksinstituut voor Oorlogsdocumentatie. — 's-Gravenhage, Amsterdam: Staatsdrukkerij- en Uitgeverijbedrijf.
1951. 1952. 64 S.
1952. 1953. 62 S.
1953. 1954. 52 S.
1954. 1955. 63 S.

J[edlicka], L[udwig]: Institut für Zeitgeschichte der Universität Wien. — In: Vjh. Zeitgesch. 15 (1967), 105—106.

Jens, Walter: Eine deutsche Universität. 500 Jahre Tübinger Gelehrtenrepublik. In Zsarb. mit Inge Jens unter Mitw. von Brigitte Beekmann. - (München:) Kindler (1977). 418 S.

Institut für Zeitgeschichte München. **Informationsbericht.** Februar 1953. — (München 1953.) 12 ungez. Bl. [Maschinenschr.]

Das **Institut** für Dänemarks neueste Geschichte. — In: Vjh. Zeitgesch. 11 (1963), 331.

25 Jahre **Institut** für Zeitgeschichte. Statt einer Festschrift. [Hrsg.: Institut für Zeitgeschichte, München)] - Stuttgart: Dtsch. Verl.-Anst. (1975). 122 S.

Institut für Zeitgeschichte. Selbstverständnis, Aufgaben und Methoden der Zeitgeschichte. Chronik, Bibliothek, Archiv, Publikationen, Personalia. — München: [Selbstverl. d. Hrsg.] 1972. 40 S.

Institut für Zeitgeschichte. Selbstverständnis, Aufgaben und Methoden der Zeitgeschichte. Chronik, Bibliothek, Archiv, Publikationen, Personalia. 2. Aufl. - München: [Selbstverl. d. Hrsg.] 1973. 40 S.

Das **Institut** für Zeitgeschichte in München. — In: Bulletin d. Presse- u. Inform.Amtes d. Bundesreg. vom 8. Mai 1953, 735—736.

East Germany's **Institute** for contemporary history. — In: Wiener Libr. Bull. 8 (1954), 7.

International **Institute** of Social History, Amsterdam. History and activities. — Assen: Royal Van Gorcum 1968. 55 S.

The Russian **Institute**. Research and publications. — New York: School of Internat. Aff. (1966). 39 S.

Instytut śląski w Opolu. 1957—1967. — Opole: Nakład własny 1967. 79 S.

Jong, L. de: The Netherlands State Institute for War Documentation. — In: Wiener Libr. Bull. 5 (1951), 17.

Kaspi, André: Le Centre de Documentation Juive Contemporaine. - In: Rev. Hist. mod. & contemp. 23 (1976), 305-311.

Keyser, Erich: Der Johann-Gottfried-Herder-Forschungsrat und das Johann-Gottfried-Herder-Institut. — In: Z. Ostforsch. 1 (1952), 101—106.

Kluke, Paul: Das Institut für Zeitgeschichte in München. — In: Schweiz. Beitr. Allgem. Gesch. 12 (1954), 238—244.

Krausnick, Helmut: Zur Arbeit des Instituts für Zeitgeschichte. — In: Gesch. Wissensch. Unterr. 19 (1968), 90—96.

Krausnick, Helmut: Das Institut für Zeitgeschichte. — ([München] 1962: [Inst. für Zeitgeschichte].) 11 Bl.

Krausnick, Helmut: Sulla validità scientifica della storia contemporanea. L' „Institut für Zeitgeschichte". — In: Storia e Politica 5 (1966), 503—525.

Kreutzberger, Max [Hrsg.]: Leo Baeck Institute New York. Bibliothek und Archiv. Katalog. Deutschsprachige jüdische Gemeinden, Zeitungen, Zeitschriften, Jahrbücher, Almanache und Kalender. Unveröffentlichte Memoiren und Erinnerungsschriften. Unter Mitarb. von Irmgard Foerg. - Tübingen: Mohr.
1. 1970. XLI, 623 S.

Kruse, Albrecht: Das „Royal Institute of International Affairs" und seine Veröffentlichungen. — In Pol. Lit. 3 (1954), 179—184.

Learning in Poland. Warsaw Jewish Historical Institute. — In: Wiener Libr. Bull. 8 (1954), 38—39.

Lee, Guy, A.: Guide to studies of the Historical Division Office of the U. S. High Commissioner for Germany. — [Bonn] 1953: Office of the U. S. High Commissioner for Germany. V, 131 S.

Lhotsky, Alphons: Geschichte des Instituts für österreichische Geschichtsforschung 1854—1954. (Festschrift zur Hundertjahrfeier des Instituts.) — Köln, Graz: Böhlau 1954. XII, 424 S.
(Mitteilungen des Instituts für österreichische Geschichtsforschung. Erg. Bd 17.)

Lowenthal, E. G.: Das Leo-Baeck-Institut. — In: Archivar 19 (1966), 277—279.

Madajczyk, Czesław: Les vingt ans de l'Institut d'Histoire de l'Académie Polonaise des Sciences. - In: Acta Polon. hist. 29/30 (1974), 181-194.

Mammach, Klaus: Gründung der Sektion Geschichte bei der Deutschen Akademie der Wissenschaften. — In: Beitr. Gesch. Dtsch. Arbeiterbewegung 6 (1964), 330—334.

Die Universität **Mannheim** in Vergangenheit und Gegenwart. Hrsg.: Eduard Gaugler, Wolfgang Hirsch-Weber [u. a.] - (Mannheim: Mannheimer Morgen Verl. 1976). 348 S.

Mayer, Uriel Kurt: Das „Leo Baeck Institute of German Jews". — In: Dtsch. Rdsch. 84 (1958), 1018—1024.

Mazor, Michel: Historique du C[entre] D[ocumentation] J[uive] C[ontemporaine]. — In: Monde Juif 18 (1963), H. 34/35, 43—60.

Menzel, Eberhard: Aufgaben und Funktionen der wissenschaftlichen Institute auf den Gebieten des Völkerrechts, der Zeitgeschichte, der Wissenschaft von der Politik und der internationalen Beziehungen. — In: Europa-Archiv 9 (1954), 6249—6254.

Minerva. Internationales Verzeichnis wissenschaftlicher Institutionen. Forschungsinstitute. Hrsg. von Werner Schuder. 33. Ausg. ⟨Jg.⟩ - Berlin: de Gruyter 1972. IX, 1142 S.

Nicolaisen, Carsten: Evangelische Arbeitsgemeinschaft für kirchliche Zeitgeschichte. — In: Vjh. Zeitgesch. 18 (1970), 339—340.

Obermann, Karl: Aus der Arbeit des Instituts für Geschichte an der Deutschen Akademie der Wissenschaften zu Berlin. — In: Z. Geschichtswiss. 4 (1956), 1044—1049.

Die „**Ostforschung**" — ein Stoßtrupp des deutschen Imperialismus. — In: Z. Geschichtswiss. 6 (1958), 1181—1220.

Das **Otto-Suhr-Institut** an der Freien Universität Berlin, vormals Deutsche Hochschule für Politik. Geschichte, Forschung u. Lehre, Politische Bildungsarbeit. Hrsg. zur Einweihung d. neuen Institutsgebäudes am 7. Mai 1962. — (Berlin-Zehlendorf 1962: Reiter-Druck.) 111 S.

(**Poliakov**, Léon:) Le Centre de Documentation Juive Contemporaine. — In: Rev. Hist. deux. Guerre mond. 4 (1954), H. 15/16, 137—139.

Pollak, Michał: Instytut Zachodni. — In: Przgl. Zach. 11 (1955), 469—486.

Pribilla, Max: Institut für Zeitgeschichte. — In: Stimmen d. Zeit 78 (1952/53), 222—227.

Publikationen des Leo-Baeck-Instituts. Aus zwei Jahrzehnten. (Hrsg. von Max Kreuzberger unter Mitarb. von Irmgard Foerg.) - Jerusalem, London, New York: [Selbstverl. d. Leo-Baeck-Inst.] 1977. XI, 119 S.

Amerikanische **Publikationsreihen** über Osteuropa. — In: Osteuropa 5 (1955), 393—396.
  Behandelt die Tätigkeit des Russian Research Center (Harvard), des Research Program on the USSR (New York) und des Mid-European Studies Center (New York).

Ramm-Helmsing, Herta von: Das polnische Westinstitut. — In: Z. Geopol. 24 (1953), 111—113.

Ritter, Ernst: Das Deutsche Auslands-Institut in Stuttgart, 1917-1945. Ein Beispiel deutscher Volkstumsarbeit zwischen den Weltkriegen. - Wiesbaden: Steiner 1976. VI, 168 S.
  (Frankfurter historische Abhandlungen. 14.)
  Diss., Universität Mainz.

Rothkirchen, Livia: Les travaux de l'Institut Yad Vashem. — In: Rev. Hist. deux. Guerre mond. 19 (1969), H. 75, 93—100.

Savord, Ruth und Donald Wasson [Comp.]: American agencies interested in international affairs. — New York: Council on Foreign Relations 1955. VII, 289 S.

Schneersohn, Isaac: La création du Centre de Documentation Juive Contemporaine. — In: Monde juif 7 (1953), H. 63/64, 3—5.

Schreiber, Rudolf: Werdegang und Ziele der Historischen Kommission der Sudetenländer. — In: Z. Ostforschung 4 (1955), 108—126.

Schwab-Felisch, Hans: Ein Institut in Nöten. — In: Monat 13 (1961), H. 153, 84—90.
  Über das Institut für Zeitgeschichte München.

Seraphim, Hans-Günther: Die zeitgeschichtlichen Sammlungen und Arbeiten des Instituts für Völkerrecht an der Universität Göttingen. — In: Wehrwiss. Rdsch. 4 (1954), 543—544.

Sigmann, Jean: L'institut allemand d'histoire de l'époque nationale-socialiste de Munich. — In: Rev. Hist. deux Guerre mond. 2 (1952), H. 8, 86—89.

Ströhm, Carl Gustav: Deutsche Gesellschaft für Osteuropakunde in Stuttgart. — In: Z. Ostforsch. 1 (1952), 106—109.

Studienführer durch die Münchener Institutionen der Ost- und Südosteuropaforschung. — München: Sagner 1967. 104 S.

Szczezinowski, Waldemar: Die Organisation der „Ostforschung" in Westdeutschland. — In: Z. Geschichtswiss. 2 (1954), 288—309.

Tagung des Donau-Instituts. (Forschungsinstitut für Fragen des Donauraumes in Salzburg.) — In: Der europ. Osten 2 (1956), 695—696.

Übersicht über ausländische Institute auf dem Gebiet zeitgeschichtlicher Forschung. — In: Vjh. Zeitgesch. 1 (1953), 297—300.

Internationales **Universitäts-Handbuch.** = World guide to universities. 2. Ausg. - Pullach b. München: Verl. Dokumentation 1976.
  T. 1,1. Europa: Albanien-Österreich. XLVIII, 703 S.
  T. 1,2. Europa: Polen-Vatikan. Register. LIII—LXXXIX, S. 704-1253.
  (Handbuch der internationalen Dokumentation und Information. 10.)

Vademecum der politischen Bildungsarbeit. Personen, Institutionen, Materialien der politischen Bildung in der Bundesrepublik Deutschland. Hrsg. von Gerhard Lange. - Bonn-Bad Godesberg: Hohwacht-Verl. 1977. XXIV, 828 S.

Vademecum deutscher Forschungsstätten. Hrsg.: Stifterverband für d. Dt. Wissenschaft unter Beratung der Dt. Forschungsgemeinschaft. — (Bonn 1954: Scheur & Kroth.) 458 S.

Vademecum deutscher Forschungsstätten. Hrsg.: Stifterverband für d. dtsch. Wissenschaft. (2.) erg. Aufl. — (Bonn) 1957: (Buchbender & Kroth). 553 S.

Vademecum deutscher Lehr- und Forschungsstätten. Hrsg.: Stifterverband f. d. Dtsch. Wissenschaft, Essen. (Verantwortl. f. d. Inh.: F. E. Nord. Redaktionsleitung: Hanns F. Streit.) (4., überarb. Aufl.) — (Essen) 1964: (WAZ Druck). 432 S.

Vademecum deutscher Lehr- und Forschungsstätten. VDLF. Handbuch d. wiss. Lebens. Hrsg.: Stifterverb. f. d. Dtsch. Wissensch., Essen. (Chefred.: F[erdinand] E[rnst] Nord.) 5., neubearb. u. erw. Aufl. — (Essen-Bredeney: Gemeinnützige Verwaltungsges. f. Wissenschaftspflege m.b.H., Verlagsabt. 1968.) LIX, 791 S.

Vademecum deutscher Lehr- und Forschungsstätten. VDLF. Handbuch d. wiss. Lebens. Hrsg.: Stifterverband für d. Dtsch. Wissenschaft, Essen. 6., neubearb. u. erw. Aufl. - Düsseldorf: Bertelsmann Universitätsverl. 1973. 1248 S.

Vogelsang, Thilo: Die wehrgeschichtliche Forschung im Institut für Zeitgeschichte München. — In: Wehrwiss. Rdsch. 6 (1956), 210—212.

Vromans, A. G.: De Indische Collectie van het Rijksinstituut voor Oorlogsdocumentatie te Amsterdam. — Amsterdam: Stichting „Indie in de Tweede Wereldoorlog" 1954. 38 S.

Wein, Abraham: The Jewish Historical Institute in Warsaw. — In: Yad Vashem Stud. 8 (1970), 203—213.

Werner, Karl Ferdinand: Die Forschungsbereiche des Deutschen Historischen Instituts in Paris, Schwerpunkte und Projekte. - In: Francia 4 (1976), 722-746.

Werner, Karl Ferdinand: 25 Jahre Institut für Zeitgeschichte. Bemerkungen zu einem Jubiläum. - In: Francia 4 (1976), 785-802.

Westphalen, Jürgen: Das Institut für Iberoamerika-Kunde. In: Offene Welt 1963, H. 80, 209—213.

Wittram, Reinhard: Die Baltische Historische Kommission. — In: Z. Ostforsch. 3 (1954), 250—253.

Yad Washem Research Department. — In: Yad Washem Studies 1 (1957), 169—183.

Forschung

Antonicelli, Franco: Il movimento di liberazione nella storia d'Italia. — In: Movim. Liberaz. Italia, H. 21 (Nov. 1952), 3—17.

Arendt, Hannah: Social science techniques and the study of concentration camps. — In: Jew. social Stud. 12 (1950), 49 ff.

Aretin, Karl Otmar Frhr. von: Der Beitrag der Forschung zur politischen Bedeutung des Widerstandes. — In: Frankf. H. 17 (1962), 523—530.

Aubin, Hermann: An einem neuen Anfang der Ostforschung. — In: Z. Ostforsch. 1 (1952), 3—16.

Barthel, Konrad: Das Problem der Zeitgeschichte. — In: Sammlung 9 (1954), 487—500.

Birons, Anatolij: Die wissenschaftliche Forschungstätigkeit des Historischen Instituts der Akademie der Wissenschaften der Lettischen SSR in den Jahren 1971–1975. – In: Jb. Gesch. 1977, Bd 17, 499–519.

Bleiber, Helmut: Bourgeoisie und bürgerliche Umwälzung in Deutschland. Zum Stand und zu Problemen der Forschung. – In: Z. Geschichtswiss. 25 (1977), 305–332.

Broszat, Martin: Massendokumentation als Methode zeitgeschichtlicher Forschung. — In: Vjh. Zeitgesch. 2 (1954), 202—213.

Broszat, Martin: Zeitgeschichte in Japan. – In: Vjh. Zeitgesch. 22 (1974), 287–298.

Burdick, Charles B.: Vom Schwert zur Feder. Deutsche Kriegsgefangene im Dienst der Vorbereitung der amerikanischen Kriegsgeschichtsschreibung über den Zweiten Weltkrieg. Die organisatorische Entwicklung der Operational History [German] Section. — In: Militärgesch. Mitt. 1971, H. 2, 69—80.

Conze, Werner: Die Dokumentation der Vertreibung. Ein Beispiel zeitgeschichtlicher Methodik. — In: Gesch. Wiss. Unterr. 5 (1954), 236—238.

Eschenburg, Theodor: Aufgaben der Zeitgeschichte. — In: Gesch. Wiss. Unterr. 6 (1955), 356—361.

Zeitgeschichtliche **Forschung** in Dänemark. — In: Vjh. Zeitgesch. 9 (1961), 331—332.

Forschungsarbeiten 1973 in den Sozialwissenschaften. Dokumentation. [Hrsg.:] Informationszentrum für sozialwissenschaftliche Forschung. - Stuttgart: Kohlhammer (1974). XIX, 594 S.

Freund, Michael: Vom Erkenntniswert der Erinnerungen. Bemerkungen zum Methodenproblem der Zeitgeschichte. — In: Dtsch. Univ.Ztg. 7 (1952), H. 23/24, 9—11.

Freund, Michael: Britische Memoiren. Zum Erkenntniswert der Erinnerungswerke. — In: Dtsch. Univ. Ztg. 8 (1952), H. 7, 9—13.

Friedman, Philip: Preliminary and methodological problems of the research on the Jewish catastrophe in the Nazi period. — In: Yad Washem Stud. 2 (1958), 95—131.

Friedman, Philip: Problems of research on the European Jewish catastrophe. — In: Yad Washem Stud. 3 (1959), 25—39.

Friedman, Philip: American Jewish research and literature on the Jewish catastrophe of 1939—1945. — In: Jew. social Stud. 13 (1951), 235—250.

Gersdorff, Ursula von: Militärgeschichte in Freiburg. Publikationen und Vorhaben des Militärgeschichtlichen Forschungsamtes. - In: Militärgeschichte, Militärwissenschaft und Konfliktforschung. Eine Festschrift für Werner Hahlweg, Osnabrück: Biblio Verl. 1977, 91–102.

Geyer, Dietrich: Die Geschichte Rußlands in der historischen Forschung der Bundesrepublik Deutschland und Westberlins. - In: Gesch. Wiss. Unterr. 27 (1976), 273–296.

Graml, Hermann: Internationale Tagung zum europäischen Widerstand. — In: Vjh. Zeitgesch. 11 (1963), 103—104.

Gruchmann, Lothar: Schweden im Zweiten Weltkrieg. - In: Vjh. Zeitgesch. 25 (1977), 591–657.

Günther, Hans Karl: Der Stand der Kriegsgeschichte in den USA. — In: Wehrwiss. Rdsch. 5 (1955), 591—594. Mit Dissertationsverzeichnis.

Hacker, Jens: Osteuropa-Forschung in der Bundesrepublik. — In: Politik und Zeitgeschichte, Beilage der Wochenzeitung „Das Parlament", vom 14. September 1960, 591—622.

Hacker, Jens: Osteuropa- und Südosteuropa-Forschung in Österreich. — In: Aus Politik und Zeitgeschichte, Beilage der Wochenzeitung „Das Parlament", vom 5. April 1961, 181—192.

Heffter, Heinrich: Forschungsprobleme der Geschichte des Nationalsozialismus. — In: Gesch.Wiss.Unterr. 3 (1952), 197—215.

Hentschel, Volker: Zum Verhältnis von Industriewirtschaft und Politik in der neuesten deutschen Geschichtsschreibung. Forschungsbericht. - In: Jb. Inst. dtsch. Gesch. 5 (1976), 483–513.

Contemporary **history**. Wiener Library's work. — In: Wiener Libr. Bull. 6 (1952), 29.

Jablonowsky, Horst: Die Lage der sowjetrussischen Geschichtswissenschaft nach dem zweiten Weltkriege. — In: Saeculum 2 (1951), 443—464.

Jahrbuch der historischen Forschung in der Bundesrepublik Deutschland. Hrsg. von der Arbeitsgemeinschaft außeruniversitärer historischer Forschungseinrichtungen in der Bundesrepublik Deutschland. - Stuttgart: Klett.
1974. (1974). 584 S.
1975. (1976). 721 S.

Jahrbuch der historischen Forschung in der Bundesrepublik Deuschland. Hrsg. von der Arbeitsgemeinschaft außeruniversitärer historischer Forschungseinrichtungen in der Bundesrepublik Deutschland. - Stuttgart: Klett.
1976/77. (1978). 847 S.

Jong, C. T. de: Etudes et recherches néerlandaises. — In: Rev. Hist. deux. Guerre mond. 4 (1954), H. 15/16, 143—147.

Kamiński, Andrzej Jozef: Od militaryzmu do faszyzmu niemieckiego. — In: Przgl. Zach. 11 (1955), 383—404.
    Besprechung der „Vierteljahrshefte für Zeitgeschichte".

Klee, Karl: Einige Anregungen zu kriegsgeschichtlichen Veröffentlichungen. — In: Wehrwiss. Rdsch. 3 (1953), 487—489.

Klein, Fritz: Stand und Probleme der Erforschung der Geschichte des deutschen Imperialismus bis 1945. — In: Z. Geschichtswiss. 23 (1975), 485—493.

Kluke, Paul: Aufgaben und Methoden zeitgeschichtlicher Forschung. — In: Europa-Archiv 10 (1955), 7429—7438.

Die zweite Internationale **Konferenz** über die Geschichte der Widerstandsbewegung. — In: Intern. H. Widerstandsbewegung 3 (1961), H. 6, 73.

Lesser, J.: Between collaboration and resistance. Historian's international conference at Tutzing. — In: Wiener Libr. Bull. 10 (1956), 23.

Mende, Dietrich: Internationale Beziehungen als Forschungsgegenstand. — In: Europa-Archiv 10 (1955), 8373—8380.

Miyake, Tatsuru: Ergebnisse und Tendenzen der neueren japanischen Forschungen zur Geschichte der deutschen Arbeiterbewegung. — In: Internat. wiss. Korr. Gesch. dtsch. Arbeiterbew. 11 (1975), 69—90.

Murase, Okio: Nationalismusforschung in Japan seit 1945. — In: Deutschland in der Weltpolitik des 19. und 20. Jahrhunderts, Düsseldorf: Bertelsmann Universitätsverl. (1973), 529—544.

Paulus, Günter: Wissenschaftliche Zeitgeschichte oder Apologie des deutschen Imperialismus? — In: Z. Geschichtswiss. 3 (1955), 3—28.
    Besprechung der „Vierteljahrshefte für Zeitgeschichte".

Pohl, Hans: Unternehmensgeschichte in der Bundesrepublik Deutschland. Stand der Forschung und Forschungsaufgaben für die Zukunft. — In: Z. Unternehmensgesch. 22 (1977), H. 1, 26—41.

Rauch, Georg von: Die sowjetische Geschichtsforschung heute. — In: Welt als Gesch. 11 (1951), 249—262.

Renouvin, Pierre: L'histoire contemporaine des relations internationales. Orientation de recherches. — In: Rev. hist. 211 (1954), 233—255.

The **road** to Auschwitz. Professor Philip Friedman's investigations. — In: Wiener Libr. Bull. 8 (1954), 38.

Röder, Werner: Zur Situation der Exilforschung in der Bundesrepublik Deutschland. — In: Exil und innere Emigration II, Frankfurt a. M.: Athenäum Verl. 1973, 141—153.

Rohwer, Jürgen: Die amtliche Kriegsgeschichtsschreibung in den USA und England. — In: Hist.-pol. Buch 3 (1955), 129—132.

Rohwer, Jürgen: Übersicht über das amtliche britische Werk zur Geschichte des Zweiten Weltkrieges. — In: Wehrwiss. Rdsch. 6 (1956), 646—647.

Rothfels, Hans: Zeitgeschichte als Aufgabe. — In: Vjh. Zeitgesch. 1 (1953), 1—8.

Schlottner, Erich: Zur Erforschung der Geschichte des Zweiten Weltkrieges. — In: Wehrwiss. Rdsch. 3 (1953), 490—492.

Schneider, Oswald: Osteuropa und der deutsche Osten. Fragen der Osteuropa-Forschung in der Gegenwart. — Köln-Braunsfeld: Rud. Müller 1953. 40 S.

Schultz, Lothar: Die Rußlandforschung in den Vereinigten Staaten. — Göttingen: Musterschmidt 1953. 15 S.

Seraphim, Hans Günther: Nachkriegsprozesse und die zeitgeschichtliche Forschung. — In: Mensch und Staat in Recht und Geschichte, Festschrift für Herbert Kraus z. Vollend. seines 70. Lebensjahres, Kitzingen a. Main: Holzner 1954, 436—455.

Sodenstern, Georg von: Warum Wehrforschung? — In: Wehrwiss. Rdsch. 4 (1954), 444—447.

Stern, Leo: Gegenwartsaufgaben der deutschen Geschichtsforschung. — In: Neue Welt 1952, H. 14, 1684—1709.

Stökl, Günther: Die Geschichte der Sowjetunion als Forschungsproblem. In: Dtsch. Univ. Ztg. 13 (1958), 674—682.

Toppe, Hilmar: Die Ostforschung in der Bundesrepublik Deutschland. — In: Wehrwiss. Rdsch. 6 (1956), 579—584.

Vaccarino, Giorgio: Research on the Nazi period in Germany and Italy. — In: Wiener Libr. Bull. 6 (1952), H. 1/2, 8.

Vogelsang, Thilo: Die Zeitgeschichte und ihre Hilfsmittel. — In: Vjh. Zeitgesch. 3 (1955), 211—222.

Willequet, Jacques: Un congrès d'histoire de la seconde guerre mondiale. — In: Synthèses 4 (1950), 120—126.

Wittram, Reinhard: Der Nationalismus als Forschungsaufgabe. — In: Hist. Z. 174 (1952), 1—16.

2. GESCHICHTSWISSENSCHAFT

Allgemeines

Althaus, Paul: Vom Sinn und Ziel der Geschichte. — In: Universitas 19 (1964), 845—852.

Ansichten einer künftigen Geschichtswissenschaft. Hrsg. von Imanuel Geiss [u.] Rainer Tamchina. – München: Hanser.
    1. Kritik, Theorie, Methode. (1974). 191 S.
    (Reihe Hanser. 135.)

Ansichten einer künftigen Geschichtswissenschaft. Hrsg. von Imanuel Geiss [u.] Rainer Tamchina. – München: Hanser.
    2. Revolution, ein historischer Längsschnitt. (1974). 226 S.
    (Reihe Hanser. 154.)

Aron, Raymond: Dimensions de la conscience historique. — Paris: Plon 1961. 337 S.

Aus der Aufklärung in die permanente Restauration. Geschichtswissenschaft in Deutschland. [Hrsg.:] Manfred Asendorf. - (Hamburg:) Hoffmann & Campe (1974). 438 S.
(Reader.)

Bach, Wolfgang: Geschichte als politisches Argument. Eine Untersuchung an ausgewählten Debatten des Deutschen Bundestages. — (Stuttgart:) Klett-Cotta (1977). 200 S.

Bagge, Povl: Die Lage der Geschichtsforschung in Dänemark. — In: Hist. Z. 211 (1970), 77—93.

Barraclough, Geoffrey: History, morals, and politics. — In: Internat. Aff. 34 (1958), 1—15.

Barraclough, Geoffrey: History in a changing world. — Norman: University of Oklahoma Press 1956. VIII, 246 S.

Bartel, Walter: Fragen der Zeitgeschichte. — In: Z. Geschichtswiss. 6 (1958), 730—748.

Bartsch, Gerhard, Herbert Crüger [u.] Christian Zak: Geschichte als gesetzmäßiger Prozeß. - Berlin: Dietz 1976. 182 S.
(Grundfragen der marxistisch-leninistischen Philosophie.)

Bauer, Gerhard: „Geschichtlichkeit." Wege u. Irrwege eines Begriffs. — (Berlin:) de Gruyter (1963). VII, 207 S.
(Die kleinen de-Gruyter-Bände. 3.)

Baumgartner, Hans Michael: Kontinuität und Geschichte. Zur Kritik und Metakritik der historischen Vernunft. - (Frankfurt a. M.:) Suhrkamp (1972). 370 S.

Bayer, Erich: Wörterbuch zur Geschichte. Begriffe und Fachausdrücke. — Stuttgart: Kröner (1960). X, 523 S.
(Kröners Taschenausgabe. 289.)

Becker, Gerhard, Manfred Krause [u.] Dieter Lange: Der XIII. Internationale Historikerkongreß in Moskau. — In: Z. Geschichtswiss. 19 (1971), 165—179.

Die **Bedeutung** des 4. Parteitages der Sozialistischen Einheitspartei Deutschlands für die Geschichtswissenschaft. — In: Z. Geschichtswiss. 2 (1954), 341—348.

Behrendt, Lutz-Dieter: Das erste Auftreten der sowjetischen Geschichtswissenschaft in der internationalen Arena. Die sowjetische Historikerwoche 1928 in Berlin. - In: Jb. Gesch. 1977, Bd 17, 237-265.

Beiträge zu einem Lexikon historischer Grundbegriffe. — Braunschweig: Limbach 1960. 100 S.
Sonderdr. aus: Internat. Jahrbuch f. Geschichtsunterricht 1959/60.

Benz, Wolfgang [u.] Martin Müller: Geschichtswissenschaft. - Darmstadt: Habel (1973). 272 S.
(Das Wissen der Gegenwart. Geisteswiss.)

Bericht über die 23. Versammlung deutscher Historiker in Ulm, 13. bis 16. September 1956. — Stuttgart: Klett (1956). 116 S.
Beiheft zu „Geschichte in Wissenschaft und Unterricht".

Berthold, Werner: Marxistisches Geschichtsbild, Volksfront und antifaschistisch-demokratische Revolution. Zur Vorgeschichte der Geschichtswissenschaft der DDR und zur Konzeption der Geschichte des deutschen Volkes. — Berlin: Akademie Verl. 1970. 296 S.

Bessenrodt, O.: Zeitgeschichte — jetzt und heute. Eine Auseinandersetzung mit der öffentlichen Meinung. — In: Sammlung 15 (1960), 149—154.

Besson, Waldemar: Geschichte als Politische Wissenschaft. — In: Aus Politik und Zeitgeschichte, Beilage zur Wochenzeitung „Das Parlament", vom 14. November 1962, 586—592.

Besson, Waldemar: Zur gegenwärtigen Krise der deutschen Geschichtswissenschaft. — In: Gesellschaft, Staat, Erziehung 8 (1963), 156—172.

Boldt, Werner: Geschichte und politische Bildung. Einführende Überlegungen. - In: Geschichtsdidaktik 3 (1978), 1-12.

Bollhagen, Peter: Soziologie und Geschichte. — Berlin: VEB Dtsch. Verl. d. Wissensch. 1966. VI, 257 S.

Bonwetsch, Bernd: Oktoberrevolution, Legitimationsprobleme der sowjetischen Geschichtswissenschaft. - In: Polit. Vjschr. 17 (1976), 149-185.

Bosl, Karl: Der Verlust der Geschichte. - In: Z. bayer. Landesgesch. 37 (1974), 685-698.

Brendler, Gerhard: Zum Prinzip der Parteilichkeit in der marxistisch-leninistischen Geschichtswissenschaft. — In: Z. Geschichtswiss. 20 (1972), 277—301.

Broeke, Bernhard von: Kurt Breysig, Geschichtswissenschaft zwischen Historismus und Soziologie. — Lübeck: Matthiesen 1971. 351 S.
(Historische Studien. 417.)

Brunner, Otto: Das Fach „Geschichte" und die historischen Wissenschaften. Rede, geh. ... am 11. November 1959. — Hamburg: Selbstverl. d. Univ. Hamburg 1959. 34 S.

Büsch, Otto: Industrialisierung und Geschichtswissenschaft. E. Beitr. zur Thematik u. Methodologie d. histor. Industrialisierungsforschung. (Antrittsvorlesung.) — Berlin: Colloquium-Verl. (1969). 65 S.

Carr, Edward Hallett: Was ist Geschichte? (What is history? dt.) (Aus d. Engl. von Siglinde Summerer u. Gerda Kurz.) 3. Aufl. - Stuttgart: Kohlhammer 1972. 168 S.

Carr, Edward Hallett: What is history? The George Macaulay Trevelyan lectures delivered in the University of Cambridge, January-March 1961. — New York: Knopf 1962. 209, III S.

Chiaromonte, Nicola: Das Paradox der Geschichte (The paradox of history, dt.) Zur Krise des modernen Bewußtseins. (Dtsch. von Peter Aschner.) - (Wien:) Europa Verl. (1971). 174 S.

Christentum und Geschichte. Vorträge der Tagung in Bochum vom 5. bis 8. Oktober 1954. Hrsg. vom Vorstand des Landesverbandes nordrhein-westfälischer Geschichtslehrer. — Düsseldorf: Schwann (1955). 108 S.

Conze, Werner: Die deutsche Geschichtswissenschaft seit 1945. Bedingungen und Ergebnisse. - In: Hist. Z. 1977, Bd 225, 1-28.

Conze, Werner: Sozialgeschichte in der Erweiterung. - In: Neue polit. Lit. 19 (1974), 501-508.

Conze, Werner: Die Stellung der Sozialgeschichte in Forschung und Unterricht. — In: Gesch. Wiss. Unterr. 3 (1952), 648—657.

Conze, Werner: Die Strukturgeschichte des technisch-industriellen Zeitalters als Aufgabe für Forschung und Unterricht. — Köln, Opladen: Westdt. Verl. 1956. 52 S.

Corbett, James A.: France and Germany agree — on the past. — In: Hist. Bull. 33 (1955), 149—166.
Über die französisch-deutschen Historikertreffen seit 1937.

Dahl, Ottar: Norsk historieforskning i 19. og 20. århundre. — Oslo: Universitetsforlaget 1959. 282 S.

Denken über Geschichte. Aufsätze zur heutigen Situation des geschichtlichen Bewußtseins und der Geschichtswissenschaft. Hrsg. von Friedrich Engel-Janosi, Grete Klingenstein [u.] Heinrich Lutz. - München: Oldenbourg 1974. 257 S.
(Wiener Beiträge zur Geschichte der Neuzeit. 1.)

Diaz, Furio: Storicismi e storicità. — Firenze: Parenti 1956. 202 S.

Diehl, Ernst: Zu einigen Problemen und Aufgaben der Geschichtswissenschaft der DDR in der gegenwärtigen Etappe. — In: Z. Geschichtswiss. 17 (1969), 1393—1402.

Dobrowolski, Kazimierz: Studia z pogranicza historii i socjologii. — Wrocław: Ossolineum 1967. 267 S.

Dunk, Hermann von der: Wertfreiheit und Geschichtswissenschaft. — In: Hist. Z. 214 (1972), 1—25.

Eckermann, Walther: Neue Geschichtswissenschaft. Eine Einführung in ihr Studium. — Rudolstadt: Greifen-V. [1950]. 289 S.

Engel, Josef: Die deutschen Universitäten und die Geschichtswissenschaft. — In: Hist. Z. 189 (1959), 223—378.

Engel, Marcel: Die Zeit in der wir leben. — In: d'Letzeburger Land, Nr. 27 vom 30. Juni 1972, S. 3.
[Über zeitgeschichtliche Bemühungen in Luxemburg.]

Engelsing, Rolf: Der Standpunkt der Sozialgeschichte. — In: Welt als Gesch. 22 (1962), 124—141.

Epstein, Klaus: Geschichte und Geschichtswissenschaft im 20. Jahrhundert. Ein Leitfaden. Hrsg. von Eberhard Pikart [u.a.] Mit e. Vorw. von Karl Dietrich Bracher. — Berlin: Propyläen-Verl. 1972. 428 S.

Evolution und Geschichte. Hrsg. von Hans-Ulrich Wehler. - Göttingen: Vandenhoeck & Ruprecht 1976. S. 283–415.
(Geschichte und Gesellschaft 2 (1976), 3.)

Fain, Haskell: History as science. — In: Hist. & Theory 9 (1970), 154—173.

Friedeburg, Ludwig von [u.] Peter Hübner: Das Geschichtsbild der Jugend. — (München:) Juventa Verl. (1964). 79 S.
(Überblick zur wissenschaftl. Jugendkunde. 7.)

Fueter, Eduard K.: Geschichte der gesamtschweizerischen historischen Organisation. — In: Hist. Z. 189 (1959), 449—505.

Die **Funktion** der Geschichte in unserer Zeit. Hrsg. von Eberhard Jäckel und Ernst Weymar. (Karl Dietrich Erdmann zum 29. April 1975.) - Stuttgart: Klett (1975). 360 S.

Gargallo di Castel Lentini, Gioacchino: Storiografia e sociologia. — (Roma:) Bulzoni Ed. (1971). XI, 109 S.
(Ipotesi. 1.)

Gegenwartsaufgaben der Geschichtswissenschaft in der Deutschen Demokratischen Republik. — In: Z. Geschichtswiss. 5 (1957), 449—455.

Geiss, Imanuel: Studien über Geschichte und Geschichtswissenschaft. - (Frankfurt a. M.:) Suhrkamp (1972). 197 S.
(Edition Suhrkamp. 569.)

Gerhard, Dietrich: Alte und neue Welt in vergleichender Geschichtsbetrachtung. - Göttingen: Vandenhoeck & Ruprecht 1962. 249 S.
(Veröffentlichungen des Max-Planck-Instituts für Geschichte. 10.)

Geschichte. Mit einer Einleitung von Hans Rothfels. Hrsg. von Waldemar Besson. — (Frankfurt a. M.:) Fischer Bücherei (1961). 382 S.
(Das Fischer Lexikon. 24.)

Geschichte heute. Tendenzen und Probleme. Hrsg. von Gerhard Schulz. - Göttingen: Vandenhoeck & Ruprecht (1973). 327 S.

Geschichte und Militärgeschichte. Wege der Forschung. Hrsg. von Ursula von Gersdorff. Mit Unterstützung d. Militärgeschichtl. Forschungsamtes. - Frankfurt a.M.: Bernard & Graefe 1974. 381 S.

Geschichte und Ökonomie. Hrsg. von Hans-Ulrich Wehler. - Köln: Kiepenheuer & Witsch (1972). 397 S.
(Neue wissenschaftliche Bibliothek. 58.)

Geschichte und Psychoanalyse. Hrsg. von Hans-Ulrich Wehler. — (Köln:) Kiepenheuer & Witsch (1971). 184 S.
(Pocket. 25.)

Geschichte und Soziologie. Hrsg. von Hans-Ulrich Wehler. — Köln: Kiepenheuer & Witsch (1972). 367 S.
(Neue wissenschaftliche Bibliothek. 53.)

Sudetendeutsches **Geschichtsbild** in Vergangenheit und Gegenwart. 7. Jahrestag der Ackermann-Gemeinde in Dinkelsbühl, 22.—26. Juli 1953. — München: Presseverein Volksbote 1954. 100 S.
(Schriftenreihe d. Ackermann-Gemeinde. 7.)

Unser **Geschichtsbild.** Der Sinn der Geschichte. Im Auftr. d. Bayer. Staatsministeriums f. Unterricht u. Kultus hrsg. von Karl Rüdinger. — (München): Bayer. Schulbuch-Verl. 1955. 118 S.

Geschichtswissenschaft in Deutschland. Traditionelle Positionen und gegenwärtige Aufgaben. Hrsg. von Bernd Faulenbach. – München: Beck (1974). 201 S.
(*Beck'sche schwarze Reihe. 111.*)

Geyer, Dietrich: Gegenwartsfragen der sowjetischen Geschichtswissenschaft. — In: Vjh. Zeitgesch. 15 (1967), 109—120.

Geyl, Pieter: Die Diskussion ohne Ende. Auseinandersetzungen mit Historikern. Einleitung von Franz Petri. — Darmstadt: Gentner 1958. XI, 256 S.

Gibt es ein deutsches Geschichtsbild? Konferenz der Ranke-Gesellschaft, Vereinigung für Geschichte im öffentlichen Leben. — Frankfurt a. M.: Diesterweg (1955). 140 S.

Gibt es ein deutsches Geschichtsbild? (Hrsg. von Karl Forster. Mit Beitr. von Alain Clément, Hans Buchheim [u. a.]). — Würzburg: Echter-Verl. (1961). 161 S.
(*Studien und Berichte der Katholischen Akademie in Bayern. 14.*)

Giuliani, A.: I due storicismi. — In: Politico 18 (1953/54), 329—353.

Glassl, Horst: Die slowakische Geschichtswissenschaft nach 1945. — Wiesbaden: Harrassowitz 1971. 166 S.
(*Veröffentlichungen des Osteuropainstituts München. 37.*)

Grabowsky, Adolf: Die Durchschaubarkeit der Geschichte. — In: Schweizer Rdsch. 67 (1968), 21—30.

Graus, František: Zur Gegenwartslage der Geschichtswissenschaft. Vortrag. — Gießen: W. Schmitz in Komm. (1969). 15 S.
(*Schriften der Justus-Liebig-Universität, Gießen. 8.*)

Groh, Dieter: Kritische Geschichtswissenschaft in emanzipatorischer Absicht. Überlegungen zur Geschichtswissenschaft als Sozialwissenschaft. - Stuttgart: Kohlhammer (1973). 114 S.
(*Urban-Taschenbücher. 846.*)

Groh, Dieter: Strukturgeschichte als „totale" Geschichte? — In: Vjschr. Soz.- & Wirtschaftsgesch. 58 (1971), 289—322.

Gropp, Rugard Otto: Voraussetzungen und Aufbau der Geschichtswissenschaft. (Zur Kritik des historischen Empirismus.) o. O. (1953). 86 gez. Bl. [Maschinenschr.]
Leipzig, Phil. F., Hab.-Schr. vom 29. April 1953.

Grossmann, Kurt R.: Die Vergangenheit als Gegenwartsaufgabe. — In: Dtsch. Rdsch. 87 (1961), 233—240.

Grote, Adolf: Die beschönigte Katastrophe. Lage und Praxis der gegenwärtigen deutschen Geschichtsrevision. — In: Dtsch. Rdsch. 82 (1956), 21—26.

Grundbegriffe der Geschichte. 50 Beiträge zum europäischen Geschichtsbild. Hrsg. in Zsarb. mit d. Europarat u. d. Internat. Schulbuchinst. — (Gütersloh:) Bertelsmann (1964). 432 S.

Geschichtliche **Grundbegriffe.** Historisches Lexikon zur politisch-sozialen Sprache in Deutschland. Hrsg. von Otto Brunner, Werner Conze [u.] Reinhart Koselleck. - Stuttgart: Klett. Bd 1-5.
1. A–D. (1972). XXVII, 948 S.

Geschichtliche **Grundbegriffe.** Historisches Lexikon zur politisch-sozialen Sprache in Deutschland. Hrsg. von Otto Brunner, Werner Conze [u.] Reinhart Koselleck. - Stuttgart: Klett.
2. E–G. (1975). XII, 1082 S.

Habermas, Jürgen: Zum Thema: Geschichte und Evolution. – In: Gesch. u. Gesellsch. 2 (1976), 310-357.

Halle, Louis J.: The cold war as history. — New York: Harper & Row 1967. XIV, 434 S.

Hedinger, Hans-Walter: Subjektivität und Geschichtswissenschaft. Grundzüge einer Historik. — Berlin: Duncker & Humblot (1969). 691 S.
(*Historische Forschungen. 2.*)
Diss., Hamburg.

Heimpel, Hermann: Geschichte und Geschichtswissenschaft. — In: Vjh. Zeitgesch. 5 (1957), 1—17.

Heimpel, Hermann: Über Geschichte und Geschichtswissenschaft in unserer Zeit. — Göttingen: Vandenhoeck und Ruprecht (1959). 26 S.
(*Vortragsreihe der Niedersächsischen Landesregierung zur Förderung der wissenschaftl. Forschung in Niedersachsen. 13.*)

Heimpel, Hermann: Kapitulation vor der Geschichte? — In: Sammlung 10 (1955), 282—285.

Heimpel, Hermann: Über Organisationsformen historischer Forschung in Deutschland. — In: Hist. Z. 189 (1959), 139—222.

Hennig, John: Kritisches Bewußtsein und Geschichte. – In: Gesch. Wiss. Unterr. 25 (1974), 227-237.

Herzfeld, Hans: Internationaler Kongreß für Zeitgeschichte, München, 24.—27. XI. 1959. Ein Rechenschaftsversuch. — In: Vjh. Zeitgesch. 8 (1960), 310—322.

Herzfeld, Hans: Das Menschenbild unserer Zeit vom Historiker gesehen. — In: Universitas 19 (1964), 937—952.

Heuss, Theodor: Deutscher Geist und deutsche Geschichte. — In: Merkur 11 (1957), 505—519.

Hilferding, Rudolf: Das historische Problem. Einf. von Benedikt Kautsky. — In: Z. Politik 1 (1954), 293—324.

Hillgruber, Andreas: Politische Geschichte in moderner Sicht. – In: Hist. Z. 216 (1973), 529-552.

Hippel, Ernst von: Der Rechtsgedanke in der Geschichte. — Düsseldorf: Schwann (1955). 72 S.

Hofer, Walther: Geschichte zwischen Philosophie und Politik. Studien zur Problematik des modernen Geschichtsdenkens. — Stuttgart: Kohlhammer 1956. 185 S.

Hofer, Walther: Geschichte und Politik. In: Hist. Z. 174 (1952), 287—306.

Jaeger, Hans: Generationen in der Geschichte. Überlegungen zu einer umstrittenen Konzeption. – In: Gesch. u. Gesellsch. 3 (1977), 429-452.

Iggers, Georg G.: Die „Annales" und ihre Kritiker. Probleme moderner französischer Sozialgeschichte. – In: Hist. Z. 219 (1974), 578–608.

Iggers, Georg G.: The German conception of history. The national tradition of historical thought from Herder to the present. — Middletown, Conn.: Wesleyan University Press 1968. XII, 363 S.

Iggers, Georg G.: Deutsche Geschichtswissenschaft (The German conception of history, dt.) Eine Kritik der traditionellen Geschichtsauffassung von Herder bis zur Gegenwart. (Autor. Übertr. aus d. Engl. von Christian M. Barth.) — (München:) Dtsch. Taschenbuch Verl. (1971). 397 S.
(dtv-Taschenbücher. 4059.)

Incze, M.: Theoretische und methodische Probleme der Zeitgeschichte. — In: Acta hist. [Budapest] 16 (1970), 323—340.

Kahler, Erich von: Der Sinn der Geschichte. — Stuttgart: Kohlhammer (1964). 34 S.

Kaufmann, Arthur: Naturrecht und Geschichtlichkeit. Ein Vortrag. — Tübingen: Mohr 1957. 31 S.
(Recht und Staat in Geschichte und Gegenwart. 197.)

Kocka, Jürgen: Sozialgeschichte, Strukturgeschichte, Gesellschaftsgeschichte. – In: Arch. Sozialgesch. 15 (1975), 1-42.

Kocka, Jürgen: Sozialgeschichte – Strukturgeschichte – Historische Sozialwissenschaft. Vorüberlegungen zu ihrer Didaktik. – In: Geschichtsdidaktik 2 (1977), 284-297.

Koehl, Robert: Zeitgeschichte and the new German conservatism. — In: J. Centr. Europ. Aff. 20 (1960/61), 131—157.

Kofler, Leo: „Verstehende" und „materialistische" Geschichtsbetrachtung. — In: Dtsch. Univ. Ztg. 14 (1959), H. 1, 5—17.

Kohli-Kunz, Alice: Erinnern und vergessen. Das Gegenwärtigsein des Vergangenen als Grundproblem historischer Wissenschaft. - Berlin: Duncker & Humblot (1973). 117 S.
(Erfahrung und Denken. 40.)

Kohn, Hans: Zum deutschen Geschichtsverständnis. Über einige Probleme deutscher Geschichtsrevision. — In: Dtsch. Rdsch. 82 (1956), 494—499.

Kopp, Fritz: Die Wendung zur „nationalen" Geschichtsbetrachtung in der Sowjetzone. — München: Isar-V. 1955. 112 S.

Kosellek, Arno: Über Bildung und Verbildung unseres Geschichtsbewußtseins. — (Leer 1955: Rautenberg.) 30 S.
(Schriftenreihe der Landeszentrale für Heimatdienst in Niedersachsen. Reihe A, Heft 4.)

Kosthorst, Erich: Zeitgeschichte und Zeitperspektive. Versuch einer didaktischen Ortsbestimmung. - In: Aus Politik und Zeitgeschichte, Beilage zur Wochenzeitung „Das Parlament" Nr 22 vom 21. Juni 1975, 3–10.

Landmann, Michael: Das Zeitalter als Schicksal. Die geistesgeschichtliche Kategorie der Epoche. — Basel: Verl. f. Recht u. Gesellschaft 1956. IX, 104 S.

Lesnodorski, Boguslaw: Die Geschichtswissenschaft im ersten Dezennium Volkspolens. — In: Z. Geschichtswiss., Beih. 3 (1956), 1—62.

Lhotsky, Alphons: Geschichtsforschung und Geschichtsschreibung in Österreich. — In: Hist. Z. 189 (1959), 379—448.

Liebeschütz, Hans: Das Judentum im deutschen Geschichtsbild von Hegel bis Max Weber. — Tübingen: Mohr 1967. X, 360 S.
(Schriftenreihe wissenschaftlicher Abhandlungen des Leo Baeck Instituts. 17.)

Liedman, Sven-Eric: Den historiskkritiska skolan i idéhistorisk belysning. [Mit engl. Resümee.] – In: Scandia 41 (1975), 249-269.

Litt, Theodor: Die Wiedererweckung des geschichtlichen Bewußtseins. — Heidelberg: Quelle & Meyer 1956. 243 S.

Loader, Colin T.: German historicism and its crisis. [Hrsg.:] The Journal of modern History. – (Ann Arbor, Mich.: University Microfilms Internat. 1976). S. 85–119.

Loock, Hans-Dietrich: Möglichkeiten der Zeitgeschichte. — In: Pädagog. Provinz 15 (1961), H. 1, 1—9.

Louch, A. R.: History as narrative. — In: Hist. and Theory 8 (1969), 54—70.

Maier, Hans: Die Abwesenheit der Geschichte. Ein Vortrag. — In: Gesch. Wiss. Unterr. 21 (1970), 261—274.

Marwick, Arthur: The nature of history. — London: Macmillan 1970. 272 S.
(Macmillan Student Editors.)

Meier-Welcker, Hans: Entwicklung und Stand der Kriegsgeschichte als Wissenschaft. — In: Wehrwiss. Rdsch. 6 (1956), 1—10.

Meier-Welcker, Hans: Über die Kriegsgeschichte als Wissenschaft und Lehre. — In: Wehrwiss. Rdsch. 5 (1955), 1—8.

Mirgeler, Albert: Staat, Nation, industrielle Gesellschaft und die Geschichtswissenschaft. — In: Gesch. Wissensch. Unterr. 19 (1968), 21—36.

Mommsen, Hans: Der Internationale Historikertag in Moskau im Rückblick. — In: Gesch. Wiss. Unterr. 22 (1971), 161—173.

Mommsen, Hans: Zum Verhältnis von Politischer Wissenschaft und Geschichtswissenschaft in Deutschland. — In: Vjh. Zeitgesch. 10 (1962), 341—372.

Mommsen, Hans: Politische Wissenschaft und Geschichtswissenschaft. — In: Aus Politik und Zeitgeschichte, Beilage zur Wochenzeitung „Das Parlament", vom 14. November 1962, 577—585.

Mommsen, Wilhelm: Geschichte und Politik. — In: Neue Gesellschaft. 1 (1954), H. 2, 37—43.

Mommsen, Wolfgang J[ustin]: Die Geschichtswissenschaft jenseits des Historismus. — Düsseldorf: Droste (1971). 46 S.

Mommsen, Wolfgang J[ustin]: Die Geschichtswissenschaft in der modernen Industriegesellschaft. - In: Vjh. Zeitgesch. 22 (1974), 1–17.

Mucci, Luigi de: La nemesi dello storicismo. — Milano: Gastaldi 1958. 178 S.

Muth, Heinrich: Der historische Film. Historische und filmische Grundprobleme. — In: Gesch. Wiss. Unterr. 6 (1955), 670—682 und 738—751.

Muth, Heinrich: Zeitgeschichte in neuen deutschen Filmen. — In: Gesch. Wiss. Unterr. 7 (1956), 342—352.

Naujoks, Eberhard: Pressepolitik und Geschichtswissenschaft. — In: Gesch. Wiss. Unterr. 22 (1971), 7—22.

Niebuhr, Reinhold: The self and the drama of history. — New York: Scribner 1955. 264 S.

Nolte, Ernst: Zur Konzeption der Nationalgeschichte heute. — In: Hist. Z. 202 (1966), 603—621.

Nolte, Ernst: Zeitgeschichtsforschung und Zeitgeschichte. — In: Vjh. Zeitgesch. 18 (1970), 1—11.

Oestreich, Gerhard: Die Fachhistorie und die Anfänge der sozialgeschichtlichen Forschung in Deutschland. — In: Hist. Z. 208 (1969), 320—363.

Olzog, Günter: Grenzen der zeitgeschichtlichen Forschung. — In: Polit. Stud. 18 (1967), 428—435.

Opgenoorth, Ernst: Einführung in das Studium der neueren Geschichte. Mit e. Geletiw. von W[alter] Hubatsch. — (Braunschweig:) Westermann 1969. XII, 225 S.

Picht, Georg: Zum Problem einer Grundlegung der Geschichtswissenschaft. - In: Gesch. Wiss. Unterr. 23 (1972), 145-157.

Plaschka, Richard Georg: Von Palacký bis Pekař. Geschichtswissenschaft und Nationalbewußtsein bei den Tschechen. Epilog von Heinrich Felix Schmidt. — Wien: Böhlau 1955. XII, 119 S.

Popper, Karl R.: Das Elend des Historizismus. (Vom Verf. autor. Übers. nach d. 2. engl. Buchaufl. „The poverty of historicism", dt. Die Übers. bes. Leonhard Walentik.) — Tübingen: Mohr 1965. XIV, 132 S.
(Die Einheit der Gesellschaftswissenschaften. Studien in den Grenzbereichen der Wirtschafts- und Sozialwissenschaften. 3.)

Powicke, F. M.: Modern historians and the study of history. Essays and papers. — London: Odham Press 1955. 256 S.

Probleme der Geschichtswissenschaft. Hrsg. von Géza Alföldy [u. a.] - Düsseldorf: Schwann (1973). 176 S.
(Geschichte und Gesellschaft.)

Radkau, Joachim [u.] Orlinde Radkau: Praxis der Geschichtswissenschaft. Die Desorientiertheit des historischen Interesses. - (Düsseldorf:) Bertelsmann Universitätsverl. (1972). 251 S.
(Konzepte Sozialwissenschaft. 3.)

Radkau, Joachim: Die „Rätsel" der Geschichte als Denkmotivation. - In: Gesch. Wiss. Unterr. 23 (1972), 385–405.

Randall, J. G.: Historianship. Presidential address read at the annual dinner of the American Historical Association in Washington on Dec. 29, 1952. — In: Amer. hist. Rev. 58 (1952/53), 249—264.

Reichmann, Eva G[abriele]: The study of contemporary history as a political and moral duty. — In: On the track of tyranny, Essays presented by the Wiener Library to Leonard G. Montefiore, 1960, 189—200.

Reichmann, Eva Gabriele: Zeitgeschichte als politische und moralische Aufgabe. (Hrsg. vom Kuratorium f. Staatsbürgerl. Bildung Hamburg.) — Hamburg 1962: (Selbstverl. d. Hrsg.) 25 S.

Riese, Werner: Das Prinzip der Parteilichkeit in der Geschichtswissenschaft der DDR. - In: Dtsch. Stud. 16 (1978), 19–28.

Ritter, Gerhard: Wissenschaftliche Historie einst und jetzt. Betrachtungen und Erinnerungen. — In: Hist. Z. 202 (1966), 574—602.

Ritter, Gerhard: Wissenschaftliche Historie, Zeitgeschichte und „politische Wissenschaft". — Heidelberg: Winter 1959. 23 S.
Sonderdruck aus: Jahresheft 1957/58 der Heidelberger Akademie der Wissenschaften.

Ritter, Gerhard: Die deutschen Historikertage. Zur 22. Versammlung deutscher Historiker in Bremen vom 17. bis 20. Sept. 1953. — In: Gesch. Wiss. Unterr. 4 (1953), 513—521.

Rohwer, Jürgen: Zeitgeschichte, Krieg und Technik. — In: Wehrwiss. Rdsch. 14 (1964), 205—214.

Romeo, Rosario: Momenti e problemi di storia contemporanea. — Assisi: B. Carucci 1971. 272 S.

Rosati, Mariano: Linee per una storia del secolo XIX e della prima metà del XX. Saggio. — Napoli: Guida 1958. 68 S.

Rossi, Pietro: Lo storicismo tedesco contemporaneo. — Torino: Einaudi 1956. 549 S.

Rothacker, Erich: Mensch und Geschichte. Studien zur Anthropologie und Wissenschaftsgeschichte. — Bonn: Athenäum-V. 1950. 239 S.

Rothacker, Erich: Das Wort „Historismus". — In: Z. dtsch. Wortforsch. 16 (1960), H. 1/2, 3—6.

Rother, Ewald Fr.: Zeitgeschichte als Gegenstand und Bildungsaufgabe der publizistischen Aussage. — In: Publizistik 8 (1963), 3—9.

Rothermund, Dietmar: Geschichtswissenschaft und Entwicklungspolitik. — In: Vjh. Zeitgesch. 15 (1967), 325—340.

Rürup, Reinhard: Die Geschichtswissenschaft und die moderne Technik. Bemerkungen zur Entwicklung und Problematik der technikgeschichtlichen Forschung. – In: Aus Theorie und Praxis der Geschichtswissenschaft. Festschrift für Hans Herzfeld zum 80. Geburtstag, Berlin: de Gruyter 1972, 49–85.

Ryszka, Franciszek: Politische Wissenschaft und Geschichtswissenschaft. Einige methodologische Bemerkungen. – In: Acta Polon. hist. 27 (1973), 139–157.

Schaff, Adam: Geschichte und Wahrheit (Historia i prawda, dt.) (Aus d. Poln. ins Dtsch. übertr. von Elida Maria Szarota.) — Frankfurt a. M.: Europa-Verl. (1970). 280 S.

Scheurig, Bodo: Einführung in die Zeitgeschichte. — Berlin: De Gruyter 1962. 101 S.
 (Sammlung Göschen. 1204.)

Schieder, Theodor: Geschichte als Wissenschaft. Eine Einführung. — München, Wien: Oldenbourg 1965. 228 S.

Schieder, Theodor: Geschichte als Wissenschaft. Eine Einführung. 2., überarb. Aufl. — München: Oldenbourg 1968. 247 S.

Schieder, Theodor: Strukturen und Persönlichkeiten in der Geschichte. — In: Hist. Z. 195 (1962), 265—296.

Schlegel, Wolfgang: Geschichtsbild und geschichtliche Bildung. — In: Welt als Gesch. 17 (1957), 280—290.

Schlegel, Wolfgang: Geschichtsbild und geschichtliche Bildung als volkspädagogische Aufgabe. — Weinheim a. d. Bergstr.: Beltz 1961. 243 S.

Schlegel, Wolfgang: Haben wir ein deutsches Geschichtsbild? — In: Sammlung 13 (1958), 255—264.

Schlegel, Wolfgang: Heimatgeschichte und Weltgeschichte. — In: Sammlung 14 (1959), 515—528.

Schmidt, Alfred: Geschichte und Struktur. Fragen eines marxistischen Historikers. — München: Hanser 1971. 140 S.
 (Reihe Hanser. 84.)

Schmidt, Franz: Über die Struktur der Geschichte. — In: Archiv f. Rechts- u. Sozialphilosophie 46 (1960), 201—219.

Schmidt, Walter: Geschichtswissenschaft und Geschichtsbewußtsein. — In: Z. Geschichtswissensch. 15 (1967), 205—223.

Schoeps, Hans-Joachim: Was ist und was will die Geistesgeschichte. Über Theorie und Praxis der Zeitgeistforschung. — Göttingen: Musterschmidt (1959). 133 S.

Schüle, Klaus: Kritik der Historiographie. Versuch einer Klassifizierung d. historiograph. Bereiche unter bes. Berücksichtigung d. modernen Historiographie Frankreichs. — In: Gesch. Wiss. Unterr. 20 (1969), 151—159.

Schulze, Winfried: Soziologie und Geschichtswissenschaft. Einführung in die Probleme der Kooperation beider Wissenschaften. – München: Fink 1974. 272 S.
 (Kritische Information. 8.)

Sidorov, A. L.: Hauptprobleme und einige Entwicklungsergebnisse der sowjetischen Geschichtswissenschaft. — Berlin: Rütten & Loening 1955. 55 S.
 (Beihefte der Zeitschrift für Geschichtswissenschaft. 2.)

Der **Sinn** der Geschichte. 7 Essays von Golo Mann [u. a.]. Hrsg. von Leonhard Reinisch. (Vortragsreihe, gesendet vom Bayer. Rundfunk, Abt. Sonderprogramm, in d. Monaten Januar u. Februar 1961.) — München: Beck (1961). 135 S.

Sjödell, Ulf: Historikern i tiden. Synpunkter på bevisproblem i historiografisk forskning. [Mit engl. Resümee.] – In: Scandia 41 (1975), 87—120.

Srbik, Heinrich Ritter von: Zukunftswege der Geschichtswissenschaft. Vom Positivismus des 19. Jahrhunderts zur Universalgeschichte der Gegenwart. — In: Universitas 7 (1952), 137—140.

Staiger, Emil: Der Zeitgeist und die Geschichte. (Rede, gehalten vor der Thurgauischen Schulsynode in Frauenfeld am 5. September 1960.) — Tübingen: Mohr (1961) 15 S.
 (Walter Eucken Institut. Vorträge und Aufsätze. 6.)

Stern, Leo: Für eine kämpferische Geschichtswissenschaft. — Berlin: Rütten & Loening (1954), 56 S.

Streisand, Joachim: Geschichtsbild, Geschichtsschreibung, Geschichtswissenschaft. Ihre Wechselbeziehungen und ihre Bedeutung für die Entwicklung des sozialistischen Bewußtseins. — In: Z. Geschichtswissensch. 15 (1967), 822—834.

Streisand, Joachim: Die marxistisch-leninistische Geschichtswissenschaft als Gesellschaftswissenschaft und ihre Beziehungen zu den Naturwissenschaften. – In: Z. Geschichtswiss. 21 (1973), 289–300.

Sywottek, Arnold: Geschichtswissenschaft in der Legitimationskrise. Ein Überblick über die Diskussion um Theorie und Didaktik der Geschichte in der Bundesrepublik Deutschland 1969–1973. – Bonn-Bad Godesberg: Verl. Neue Gesellsch. (1974). 136 S.
 (Archiv für Sozialgeschichte. Beih. 1.)

Thieme, Hans: Rechtsgeschichte und Zeitgeschichte. — In: Discordia concors, Festschrift für Edgar Bonjour, Basel: Helbig & Lichtenhahn 1968, 227—238.

Timm, Albrecht: Das Fach Geschichte in Forschung und Lehre in der sowjetischen Besatzungszone von 1945 bis 1955. Hrsg. vom Bundesmin. f. gesamtdt. Fragen. — Bonn: (Dtsch. Bundes-Verl.) 1957. 91 S.
 (Bonner Berichte aus Mittel- u. Ostdeutschland.)

Timm, Albrecht: Verkümmernde Geschichtswissenschaft. Organisation und Niedergang einer Disziplin in Mitteldeutschland. — In: Dtsch. Univ. Ztg. 10 (1955), H. 22, 10—11.

Torstendahl, Rolf: Historikern inför ideologierna. Problemställningar utifrån debatten om ideologiernas död.— In: Scandia 33 (1967), 217—249.

Valsecchi, Franco: L'età contemporanea nella recente storiografia. — Milano: Marzorati 1969. 47 S.

Verhaltenswandel in der industriellen Revolution. Beiträge zur Sozialgeschichte. Hrsg. von August Nitschke. – Stuttgart: Kohlhammer 1975. 144 S.

Vogt, Josef: Geschichte und Gegenwartsverständnis. Beobachtungen ein. Althistorikers. — In: Geschichte und Gegenwartsbewußtsein, Festschrift für Hans Rothfels zum 70. Geburtstag, 1963, 49—65.

Vogt, Joseph: Geschichtswissenschaft und ethische Werte. — In: Die Verantwortung der Wissenschaft. Hrsg. von Karl Ulmer, Bonn: Grundmann 1975, 122–136.

Vogt, Martin: Journal of Contemporary History. Eine Zeitschrift für die Zeitgeschichte Europas. — In: Gesch. Wissensch. Unterr. 19 (1968), 36—46.

Wagner, Fritz: Begegnungen von Geschichte und Soziologie bei der Deutung der Gegenwart. — In: Hist. Z. 192 (1961), 607—624.

Wagner, Fritz: Geschichtswissenschaft. — München: Alber (1951). VIII, 467 S.
(Orbis academicus. [I. 1.])

Wagner, Fritz: Der Historiker und die Weltgeschichte. — Freiburg i. Br., München: Alber (1965). 187 S.
(Studium universale.)

Wehler, Hans-Ulrich: Geschichte als historische Sozialwissenschaft. — Frankfurt a. M.: Suhrkamp 1973. 122 S.
(Edition Suhrkamp. 650.)

Wenke, Hans: Die geschichtliche Wahrheit und die historischen Klischees. — In: Gesch. Wiss. Unterr. 12 (1961), 620—626.

Wenzl, Aloys: Vom Sinn der Geschichte. — In: Ein Leben aus freier Mitte, Festschrift für Ulrich Noack, 389—404.

Wette, Wolfram: Friedensforschung, Militärgeschichtsforschung, Geschichtswissenschaft. Aspekte einer Kooperation. - In: Aus Politik und Zeitgeschichte, Beilage zur Wochenzeitung „Das Parlament" Nr 7 vom 16. Februar 1974, 3–29.

Weymar, Ernst: Universalgeschichte. Darstellungen, Theorien, Theoretiker. - In: Gesch. Wiss. Unterr. 24 (1973), 248–260 und 309–324.

Wiedmann, Franz: Die mißverstandene Geschichtlichkeit. E. Beitr. zur Neutralisierung ideolog. Positionen. - München: Wewel 1972. 77 S.

Wittram, Reinhard: Das Interesse an der Geschichte. 12 Vorlesungen über Fragen des zeitgenössischen Geschichtsverständnisses. (2., durchges. Aufl.) — Göttingen: Vandenhoeck & Ruprecht (1963). 178 S.
(Kleine Vandenhoeck-Reihe. 59/61.)

Wittram, Reinhard: Zukunft in der Geschichte. Zu Grenzfragen d. Geschichtswissensch. u. Theologie. — Göttingen: Vandenhoeck & Ruprecht (1966). 101 S.
(Kleine Vandenhoeck-Reihe. 235/236.)

Wohlfeil, Rainer: Wehr-, Kriegs- oder Militärgeschichte? — In: Militärgesch. Mitt. 1 (1967), H. 1, 21—29.

Woodward, Llewellyn: The study of contemporary history. — In: J. Contemp. Hist. 1 (1966), H. 1, 1—13.

Wüstemeyer, Manfred: Die „Annales". Grundsätze und Methoden ihrer „neuen Geschichtswissenschaft". — In: Vjschr. f. Sozial- u. Wirtschaftsgesch. 54 (1967), 1—45.

Theorie

Bayertz, Kurt [u.] Josef Schleifstein: Mythologie der „kritischen Vernunft". Zur Kritik der Erkenntnis- und Geschichtstheorie Karl Poppers. - (Köln:) Pahl-Rugenstein (1977). 270 S.
(Kleine Bibliothek. 86.)

Bobinska, Celina: Historiker und historische Wahrheit (Historyk, fakt, metoda, dt.) Zu erkenntnistheoretischen Problemen der Geschichtswissenschaft. ([Aus d. Poln.] übers. von Hildegard Bamberger u. Peter Bollhagen.) — Berlin: Dietz 1967. 239 S.

Engelberg, Ernst: Über Theorie und Methode in der Geschichtswissenschaft. — In: Z. Geschichtswiss. 19 (1971), 1347—1366.

Faber, Karl-Georg: Theorie der Geschichtswissenschaft. — München: Beck (1971). 235 S.
(Beck'sche schwarze Reihe. 78.)

Graneri, Lino: Teorie e realità della storia. — Bari: Ed. Nerio 1968. 263 S.

Kluxen, Kurt: Vorlesungen zur Geschichtstheorie. - Paderborn: Schöningh.
1. (1974). 252 S.
(Sammlung Schöningh zur Geschichte und Gegenwart.)

Kon, I. S.: Fragen der Theorie der Geschichtswissenschaft in der modernen bürgerlichen Geschichtsschreibung. — In: Z. Geschichtswiss. 7 (1959), 973—1001.

Lübbe, Hermann: Geschichtsbegriff und Geschichtsinteresse. Analytik und Pragmatik der Historie. - Stuttgart: Schwabe 1977. 346 S.

Nipperdey, Thomas: Gesellschaft, Kultur, Theorie. Gesammelte Aufsätze zur neueren Geschichte. - Göttingen: Vandenhoeck & Ruprecht 1976. 466 S.
(Kritische Studien zur Geschichtswissenschaft. 18.)

Nipperdey, Thomas: Über Relevanz. - In: Aus Theorie und Praxis der Geschichtswissenschaft. Festschrift für Hans Herzfeld zum 80. Geburtstag, Berlin: de Gruyter 1972, 1–26.

Historische **Objektivität.** Aufsätze zur Geschichtstheorie. Hrsg. von Jörn Rüsen. - Göttingen: Vandenhoeck & Ruprecht 1975. 102 S.
(Kleine Vandenhoeck-Reihe. 1416.)

Reucher, Theo: Zur Systemtheorie der Historie. - Kastellaun: Henn (1976). 150 S.

Rüsen, Jörn: Ästhetik und Geschichte. Geschichtstheoretische Untersuchungen zum Begründungszusammenhang von Kunst, Gesellschaft und Wissenschaft. - Stuttgart: Metzler 1976. VIII, 135 S.

Rüsen, Jörn: Für eine erneuerte Historik. Studien zur Theorie der Geschichtswissenschaft. - (Stuttgart-Bad Cannstatt:) Frommann-Holzboog (1976). 251 S.
(Kultur und Gesellschaft. 1.)

Ruloff, Dieter: Geschichtstheorien, quantitative Historie, Kliometrie. - In: Neue polit. Lit. 21 (1976), 421–442.

Schleier, Hans: Theorie der Geschichte, Theorie der Geschichtswissenschaft. Zu neueren theoretisch-methodologischen Arbeiten der Geschichtsschreibung in der BRD. – Berlin: Akademie-Verl. 1975. 113 S.
(Zur Kritik der bürgerlichen Ideologie. 60.)

Seminar: Geschichte und Theorie. Umrisse einer Historik. Hrsg. von Hans Michael Baumgartner [u.] Jörn Rüsen. – (Frankfurt a.M.:) Suhrkamp (1976). 402 S.
(Suhrkamp Taschenbuch Wissenschaft. 98.)

Theorie der Geschichte. [Hrsg.:] Werner-Reimers-Stiftung. Beiträge zur Historik. Hrsg. von Reinhart Koselleck, Wolfgang J[ustin] Mommsen [u.] Jörn Rüsen. – (München:) Dtsch. Taschenbuch Verl.
   1. Objektivität und Parteilichkeit in der Geschichtswissenschaft. (1977). 495 S.
(dtv. 4281.)

Theorie der Geschichtswissenschaft und Praxis des Geschichtsunterrichts. 8 Beitr. von Reinhart Koselleck [u. a.]. Hrsg. von Werner Conze. – Stuttgart: Klett 1972. 84 S.

Historische **Theorie** und Geschichtsforschung der Gegenwart. (Beiträge aus e. Vortragsreihe d. Histor. Gesellschaft zu Berlin 1961/62. Hrsg.: Richard Dietrich.) — Berlin: de Gruyter 1964. V, 148 S.

Theorien in der Praxis des Historikers. Forschungsbeispiele und Diskussionen. Hrsg. von Jürgen Kocka. – Göttingen: Vandenhoeck & Ruprecht (1977). 224 S.
(Geschichte und Gesellschaft. Sonderh. 3.)

Theorieprobleme der Geschichtswissenschaft. Hrsg. von Theodor Schieder u. Kurt Gräubig. – Darmstadt: Wiss. Buchgesellsch. 1977. XXXV, 500 S.
(Wege der Forschung. 378.)

Voegelin, Eric: Anamnesis. Zur Theorie der Geschichte und Politik. München: Piper (1966). 395 S.

Wehler, Hans-Ulrich: Modernisierungstheorie und Geschichte. – Göttingen: Vandenhoeck & Ruprecht 1975. 85 S.
(Kleine Vandenhoeck-Reihe. 1407.)

Methoden

Braun, Rudolf: Historische Demographie im Rahmen einer integrierten Geschichtsbetrachtung. Jüngere Forschungsansätze und ihre Verwendung. – In: Gesch. u. Gesellsch. 3 (1977), 525–536.

Dahlin, Jan: Ljudband som historiskt käll-material. Reflexioner kring ett praktifall. – In: Scandia 43 (1977), 185–215.

Erickson, Charlotte: Quantitative history. – In: Amer. hist. Rev. 80 (1975), 351–365.

Fogel, William: The limits of quantitative methods in history. – In: Amer. hist. Rev. 80 (1975), 329–350.

Giesen, Bernhard [u.] Michael Schmid: Erklärung und Geschichte. Argumente für eine nomothetische Historiographie. – Gersthofen: Maro-Verl. 1976. III, 210 S.
(Reihe wissenschaftliche Texte. 7.)

Gundlach, Rolf [u.] Carl August Lükkerath: Historische Wissenschaften und elektronische Datenverarbeitung. – (Frankfurt a. M.: Ullstein 1977). 406 S.
(Ullstein-Buch. 3319.)

Hohorst, Gerd: Historische Sozialstatistik und statistische Methoden in der Geschichtswissenschaft. Literaturbericht. – In: Gesch. u. Gesellsch. 3 (1977), 109–124.

Junker, Detlef: Über die Legitimität von Werturteilen in den Sozialwissenschaften und der Geschichtswissenschaft. — In: Hist. Z. 211 (1970), 1—33.

Karlman, Roland: Evidencing historical classifications in British and American historiography 1930–1970. – Uppsala: Almqvist & Wiksell 1976. 110 S.
(Studia Historica Upsaliensia. 80.)

Kater, Michael H[ans]: Quantifizierung und NS-Geschichte. Methodologische Überlegungen über Grenzen und Möglichkeiten einer EDV-Analyse der NSDAP-Sozialstruktur von 1925 bis 1945. – In: Gesch. u. Gesellsch. 3 (1977), 453–484.

Kittsteiner, Heinz-Dieter: Bewußtseinsbildung, Parteilichkeit, dialektischer und historischer Materialismus. Zu einigen Kategorien der marxistisch-leninistischen Geschichtsmethodologie. – In: Internat. wiss. Korr. Gesch. dtsch. Arbeiterbew. 10 (1974), 408–430.

Kuhn, Axel: Die Unterredung zwischen Hitler und Papen im Hause des Barons von Schröder. Eine methodisch-systematische Quellenanalyse mit dem Ziel, Möglichkeiten und Grenzen der Geschichtswissenschaft anzudeuten. – In: Gesch. Wiss. Unterr. 24 (1973), 709–722.

Lundgreen, Peter: Quantifizierung in der Sozialgeschichte der Bildung. – In: Vjschr. Soz.- u. Wirtschaftsgesch. 63 (1976), 433–453.

Marrou, Henri-Irénée: La méthodologie historique: Orientations actuelles. — In: Rev. hist. 209 (1953), 256—270.

Methoden der Geschichtswissenschaft und der Archäologie. Dargest. von Karl Acham [u. a.] – München: Oldenbourg 1974. 301 S.
(Enzyklopädie der geisteswissenschaftlichen Arbeitsmethoden. Lfg 10.)

Quantitative **Methoden** in der historisch-sozialwissenschaftlichen Forschung. Hrsg.: Heinrich Best [u.] Reinhard Mann. – (Stuttgart:) Klett-Cotta (1977). 254 S.
(Historisch - sozialwissenschaftliche Forschungen. 3.)

Methodenprobleme der Geschichtswissenschaft. Hrsg. von Theodor Schieder. – München: Oldenbourg 1974. 148 S.
(Historische Zeitschrift. Beih. ⟨N.F.⟩ 3.)

Moszczeńska, Wanda: Metodologii historii zarys krytyczny. — Warszawa: Państwowe Wydawnictwo Naukowe 1968. 365 S.

Probleme der Geschichtsmethodologie. Hrsg. von Ernst Engelberg. [Hrsg. von d. Dtsch. Akademie d. Wissenschaften zu Berlin, Zentralinstitut für Geschichte, Forschungstelle Methodologie u. Geschichte d. Geschichtswissenschaft.] – Berlin: Akademie-Verl. 1972. 355 S.

Quantifizierung der Geschichtswissenschaft. Probleme und Möglichkeiten. Hrsg. von Konrad H. Jarausch. Mit e. Einl. d. Hrsg. – Düsseldorf: Droste 1976. 365 S.

Samaran, Charles [Ed.]: L'histoire et ses méthodes. Recherche, observation et critique des témoignages. — Paris: Gallimard 1961. XIII, 1771 S.
(Encyclopédie de la Pléiade. 11.)

Schieder, Theodor: Unterschiede zwischen historischer und sozialwissenschaftlicher Methode. – In: Festschrift für Hermann Heimpel zum 70. Geburtstag. Bd. 1, Göttingen: Vandenhoeck & Ruprecht 1971, 255–281.

Schupp, Franz: Poppers Methodologie der Geschichtswissenschaft. Historische Erklärung und Interpretation. – Bonn: Bouvier 1975. 351 S.
(Abhandlungen zur Philosophie, Psychologie und Pädagogik. 99.)

Wittram, Reinhard: Anspruch und Fragwürdigkeit der Geschichte. 6 Vorlesungen zur Methodik der Geschichtswissenschaft und zur Ortsbestimmung der Historie. — Göttingen: Vandenhoeck & Ruprecht (1969). 111 S.
(Kleine Vandenhoeck-Reihe. 297/ 298.)

Geschichtsschreibung

(**Achminow**, Hermann): Periodisierung der russischen Geschichte. — In: Osteuropa 2 (1952), 371—379.

Alpatow, M. A.: Die reaktionäre Geschichtsschreibung im Dienste der Kriegsbrandstifter. — Berlin: Dietz 1953. 108 S.

Andrews, Herbert D.: Bismarck's foreign policy and German historiography, 1919—1945. — In: J. mod. Hist. 37 (1965), 345—356.

Archivarbeit und Geschichtsforschung. Vorträge und Referate, gehalten auf d. Kongreß d. Archivare d. DDR in Weimar 1952. Hrsg. von d. Hauptabt. Archivwesen im Minist. d. Innern d. Regierung d. DDR. — Berlin: Rütten & Loening (1952). 213 S.
(Schriftenreihe d. Inst. f. Archivwiss. 2.)

Aretin, Karl Otmar Frhr. von: Deutschlands Geschichtswissenschaft seit dem zweiten Weltkrieg. — In: Dtsch. Rdsch. 83 (1957), 358—362.

Bachmann, Harald: Die sudetendeutsche Geschichtsschreibung von Höfler bis Wostry. — Aschaffenburg [1964]. 11 S.
(Jahresbericht d. Humanist. Gymnasiums Aschaffenburg. 1963/64. Wissenschaftl. Beil.)

Badstübner, Rolf: Das Geschichtsbild Deutschlands von 1945 bis 1949 in der westdeutschen imperialistischen Geschichtsschreibung. — In: Z. Geschichtswiss. 18 (1970), 497—512.

Bahne, Siegfried: Der marxistisch-leninistische Historismus. — In: Gesch. Wiss. Unterr. 7 (1956), 195—207.

Barraclough, Geoffrey: Geschichtsschreibung und Politik im neuen Deutschland. — In: Außenpolitik 5 (1954), 720—729.

Battaglia, Roberto: La storiografia della resistenza. — In: Movim. Liberaz. Italia 1959, H. 57, 80—131.

Baumgart, Franzjörg: Die verdrängte Revolution. Darstellung und Bewertung der Revolution von 1848 in der deutschen Geschichtsschreibung vor dem Ersten Weltkrieg. – Düsseldorf: Schwann (1976). 232 S.
(Geschichte und Gesellschaft. 14.)

Bendiscioli, Mario: Presupposti metodologici della ricostruzione storica della resistenza. — In: Mov. Liberaz. Italia 1958, H. 3/4, 72—92.

Berger, Carl: The writing of Canadian history. – Toronto: Oxford University Press 1976. 264 S.

Berthold, Lothar [u.] Ernst Diehl: Einige Probleme der Geschichtsschreibung über die Arbeiterbewegung im Lichte des VII. Parteitages der SED. — In: Beitr. Gesch. dtsch. Arbeiterbewegung 9 (1967), 571—583.

Berthold, Werner: „... Großhungern und gehorchen." Zur Entstehung und politischen Funktion der Geschichtsideologie des westdeutschen Imperialismus, untersucht am Beispiel von Gerhard Ritter und Friedrich Meinecke. — Berlin: Rütten & Loening 1960. 263 S.
(Schriftenreihe des Instituts für Deutsche Geschichte an der Karl-Marx-Universität Leipzig. 7.)

Berthold, Werner [u.] Günter Katsch: Zentren historiographischer Forschung in der UdSSR. Zur Bedeutung der sowjetischen Historiographie für die Erforschung der Geschichte der Geschichtsschreibung der DDR und Westdeutschlands. — In: Z. Geschichtswissensch. 15 (1967), 478—485.

Bischoff, Norbert: Einiges über Methodik und Thematik der sowjetischen Geschichtsforschung und Geschichtsschreibung. — Wien: Österr. Staatsdr. 1950. 14 S.

Biviers, Bernard: Pour ou contre l'histoire militaire. — In: Rev. Déf. nat. 3 (1947), 661—677.

Boltin, E. A.: Über den Stand und einige Probleme der Erforschung der Geschichte des Zweiten Weltkrieges in der Sowjetunion. — In: Z. Geschichtswiss. 6 (1958), 990—998.

Brühl, Reinhard: Militärgeschichte und Kriegspolitik. Zur Militärgeschichtsschreibung des preußisch-deutschen Generalstabes 1816–1945. – Berlin: Militärverl. d. DDR 1973. 431 S.
(Schriften des Militärgeschichtlichen Instituts der Deutschen Demokratischen Republik.)

Bullock, Alan: Die Aufgaben der Geschichtsschreibung. Historie und Metahistorie. — In: Monat 6 (1953/54), T. 1, 339—343.

Bychowski, Gustav: Diktatoren (Dictators and disciples, dt.) Beiträge zu einer psychoanalytischen Persönlichkeits- und Geschichtsdeutung. (Die Übers. besorgte Brigitte Weitbrecht.) Mit e. Vorw. von Alexander Mitscherlich. — München: Szczesny (1965). 285 S.

Calvez, J. Y.: Histoire et politique dans l'historiographie allemande. — In Critique, H. 81 (Febr. 1954), 147—164.

Cantimori, Delio: Storici e storia. Metodo caratteristiche e significato del lavoro storiografico. — Torino: Einaudi 1971. 693 S.

Catalano, Franco: Problemi e prospettive della storiografia sulla resistenza. — In: Nuova Riv. stor. 48 (1964), 390—414.

Cervelli, Innocenzo: La storiografia di Fr. Meinecke nella interpretazione italiana da B. Croce agli studi più recenti. — In: Nuova Riv. storica 47 (1963), Fasc. III/IV, 374—386.

Chesneaux, Jean: Les travaux d'histoire moderne et contemporaine en Chine populaire. — In: Rev. hist. 215 (1956), 274—282.

Cohen, E. A.: Problemen der geschiedschrijving van de Tweede Wereldoorlog. — In: Tijschr. Geschiedenis 65 (1952), 52—85.

Croce, Benedetto: Eintönigkeit und Leere der kommunistischen Geschichtsschreibung. — In: Schweizer Monatsh. 32 (1952/53), 553—565.

Curtin, Philip D.: The British empire and commonwealth in recent historiography. — In: Amer. hist. Rev. 65 (1959/60), 72—91.

Danielou, Jean: Marxist history and sacred history. — In: Rev. Politics 13 (1951), 503—513.

Delzell, Charles F.: Italian historical scholarship. A decade of recovery and development, 1945—1955. — In: J. mod. Hist. 28 (1956), 374—388.

Deutsch, Robert [u.] Wilhelm Heinz Schröder: Quantitative Analyse der rumänischen Historiographie. Eine quantitative Analyse zur Wissenschaftsforschung. – Köln 1976. VI, 71 S. *(Interdisziplinäre Studien zur Historiographie. 1.)*

Dittrich, Gottfried: Die sowjetische Historiographie zur Geschichte der Arbeiterklasse der UdSSR in der Übergangsperiode 1917–1937. Entwicklung und Ergebnisse, theoretisch-methodologische Positionen und Probleme. - In: Jb. Gesch. 1977, Bd 17, 267–315.

Dorpalen, Andreas: Historiography as history. The work of Gerhard Ritter. — In: J. mod. Hist. 34 (1962), 1—18.

Dorpalen, Andreas: Die Revolution von 1848 in der Geschichtsschreibung der DDR. — In: Hist. Z. 210 (1970), 324—368.

Droz, Jacques: Hauptprobleme der französischen Forschungen zur neueren Geschichte. — In: Welt als Geschichte 14 (1954), 109—118.

Droz, Jacques: Gegenwärtige Strömungen in der neueren französischen Geschichtsschreibung. — In: Gesch.Wiss. Unterr. 3 (1952), 177—181.

Droz, Jacques: Les tendances actuelles de l'historiographie allemande. — In: Rev. hist. 215 (1956), 3—24.

Engel-Janosi, Friedrich: Die Wahrheit der Geschichte. Vom neuen Mythos in der modernen Historiographie. — In: Wort u. Wahrheit 22 (1967), 765—775.

Engel-Janosi, Friedrich: Die Wahrheit der Geschichte. Versuche zur Geschichtsschreibung in der Neuzeit. - München: Oldenbourg 1973. 280 S.

Engel-Janosi, Friedrich: Weltgeschichte im Ganzen. Universalhistorische Versuche von Vico bis Spengler. — In: Wort u. Wahrheit 19 (1964), 685—697.

Engelberg, Ernst: Politik und Geschichtsschreibung. — In: Z. Geschichtswiss. 6 (1958), 468—495.

Erdmann, Karl Dietrich: Geschichte, Politik und Pädagogik. Aus den Akten des Deutschen Historikerverbandes. Schlußvortrag auf der 27. Versammlung deutscher Historiker, Freiburg, 14. Oktober 1967. — In: Gesch. Wissensch. Unterr. 19 (1968), 2—21.

Ernst, Fritz: Zeitgeschehen und Geschichtsschreibung. — In: Welt als Gesch. 17 (1957), 137—189.

Fischer, Alexander: Der Weg zur Gleichschaltung der sowjetzonalen Geschichtswissenschaft 1945—1949. — In: Vjh. Zeitgesch. 10 (1962), 149—177.

Fischer, Fritz: Objektivität und Subjektivität — ein Prinzipienstreit in der amerikanischen Geschichtsschreibung. — In: Aus Geschichte u. Politik, Festschrift zum 70. Geburtstag von Ludwig Bergstraesser, Düsseldorf: Droste-V. (1954), 167—182.

Fischer, Fritz: Der Erste Weltkrieg und das deutsche Geschichtsbild. Beiträge zur Bewältigung eines historischen Tabus. Aufsätze und Vorträge aus drei Jahrzehnten. - Düsseldorf: Droste (1977). 368 S.

Flores, Marcello: I fronti popolari e la storiografia comunista. - In: Riv. Storia contemp. 4 (1975), 110-132.

Francis, E. K.: History and the social sciences. Some reflections on the reintegration of social science. — In: Rev. Politics 13 (1951), 354—374.

Frauendienst, Werner: Zur Problematik des Erkennens und Verstehens der jüngsten deutschen Vergangenheit. — Göttingen: Musterschmidt [1962]. 31 S. *(Studien zum Geschichtsbild. 6.)*

Freund, Michael: Geschichte ohne Distanz. — In Deutscher Geist zwischen Gestern und Morgen, hrsg. von Joachim Moras und Hans Paeschke, Stuttgart: Dtsch. Verl.-Anst. 1954, 315—333.

Funk, Arthur Layton: Source problems in twentieth century history. — New York: American Book Co. 1953. 310 S.

Garosci, Aldo: Appunti sui criteri generali per una storia della resistenza. — In: Movim. Liberaz. Italia, H. 22 (Jan. 1953), 42—47.

Gause, Fritz: Vertreibung und Zwangsumsiedlung als historisches Problem. — In: Gesch. Wiss. Unterr. 4 (1953), 65—78 und 129—139.

Geiss, Imanuel: Die westdeutsche Geschichtsschreibung seit 1945. — In: Jb. Inst. dtsch. Gesch. 3 (1974), 417—455.

Geiss, Imanuel: Zwischen Marx und Stalin. Kritische Anmerkungen zur marxistischen Periodisierung der Weltgeschichte. - In: Aus Politik und Zeitgeschichte, Beilage zur Wochenzeitung „Das Parlament" Nr 41 vom 12. Oktober 1974, 3—22.

Geschichtsschreibung. Epochen, Methoden, Gestalten. Beitr. von Helmut Beumann, Fritz Fischer [u.a.] Hrsg. von Jürgen Scheschkewitz. — Düsseldorf: Droste (1968). 168 S.

Geyer, Dietrich: Die russische Revolution als zeitgeschichtliches Problem. — In: Vjh. Zeitgesch. 16 (1968), 36—47.

Geyl, Piet: Historicus in de tijd. — Utrecht: de Haan 1954. 175 S.

(Gitermann, Valentin:) Geschichtsschreibung in der Sowjetunion. Zur Situation der Historiographie im heutigen Rußland. — In: Dtsch. Univ. Ztg. 8 (1953), H. 16/17, 8—12.

Gödde-Baumanns, Beate: Deutsche Geschichte in französischer Sicht. D. französ. Historiographie von 1871 bis 1918 über d. Geschichte Deutschlands u. d. dtsch.-französ. Beziehungen in d. Neuzeit. — Wiesbaden: Steiner (1971). XII, 461 S.
(Veröffentlichungen des Instituts für Europäische Geschichte Mainz. 49.)
Diss., Universität München.

Gollwitzer, Heinz: Politische Ideengeschichte und Historiographie. (Literaturbericht.) — In: Gesch. Wiss. Unterr. 13 (1962), 437—451.

Graus, František: Geschichtsschreibung und Nationalsozialismus. — In: Vjh. Zeitgesch. 17 (1969), 87—95.

Gredel, Zdenka Josephine Maria: The problem of continuity as seen by West German historians between 1945 and 1953. — o.O. 1969. 222 Bl.
Buffalo, State University of New York, phil. Diss. 1969.

Greenfield, Kent Roberts: The historian and the army. — New Brunswick: Rutgers University Press 1954. 93 S.

Grille, Dietrich: Bonn. Weimar minus Rapallo. Meditation über das Deutschlandbild der sowjetischen Zeitgeschichte. - In: Dtsch. Stud. 35 (1971), 285—291.

Groote, Wolfgang v[on]: Militärgeschichte. — In: Militärgesch. Mitt. 1 (1967), H. 1, 5—19.

Grote, Adolf: Unangenehme Geschichtstatsachen. Zur Revision des neueren deutschen Geschichtsbildes. — (Nürnberg): Glock & Lutz (1960). 176 S.

Gutsche, Willibald: Zur Interpretation der Anfänge des deutschen Imperialismus in der Historiographie der BRD. - In: Z. Geschichtswiss. 23 (1975), 1274—1286.

Haack, Hanns-Erich: Über den Nachruhm. — Bonn: Brüder Auer (1951). 226 S.

Haferkorn, Katja: Die bürgerliche westdeutsche Historiographie über das Ende der Weimarer Republik. — In: Z. Geschichtswiss. 18 (1970), 1003—1022.

Halperin, William S. [Ed.]: Essays in modern European historiography. — Chicago: University Press of Chicago 1970. XXII, 378 S.

Han Yu-shan: Elements of Chinese historiography. — Hollywood, Calif.: Hawley 1955. 246. S

Harnack, Axel von: Was erwarten wir von einer guten Biographie? — In: Universitas 7 (1952), 1195—1202.

Heiber, Helmut: Liberale und nationale Geschichtsschreibung. In: Universitätstage 1966. Nationalsozialismus u. d. dtsch. Universität. Berlin: De Gruyter 1966, 109—125.

Heimpel, Hermann: Nationale Geschichtsschreibung. Historische Besinnung zum Entwurf einer neuen deutschen Geschichte. — In: Dtsch. Univ.-Ztg. 8 (1953), H. 12, 6—8.

Herzfeld, Hans: Staat und Nation in der deutschen Geschichtsschreibung der Weimarer Zeit. — In: Veritas, Iustitia, Libertas, Festschrift zur 200-Jahrfeier der Columbia University New York, Berlin 1953, 130—143.

Heumos, Peter: Quellenedition und „Prager Frühling". Anmerkungen und Dokumentation zu einer Kontroverse über die Geschichte der Tschechoslowakischen Partei 1945–1948. - In: Jbb. Gesch. Osteuropas 25 (1977), 397–421.

Heuss, Theodor: Zur Frage einer europäischen Geschichtsforschung. — In: Welt als Gesch. 13 (1953), 73—77.

Hildebrand, Klaus: Geschichte oder „Gesellschaftsgeschichte"? Die Notwendigkeit einer politischen Geschichtsschreibung von den Internationalen Beziehungen. - In: Hist. Z. 1976, Bd 223, 328–357.

Hiller von Gaertringen, Friedrich Frhr.: „Dolchstoß"-Diskussion und „Dolchstoß-Legende" im Wandel von vier Jahrzehnten. — In: Geschichte u. Gegenwartsbewußtsein, Festschrift f. Hans Rothfels zum 70. Geburtstag, Göttingen: Vandenhoeck & Ruprecht (1963), 122—160.

Hillgruber, Andreas und Hans-Adolf Jacobsen: Sowjet-Kommunistische Kriegsgeschichtsschreibung 1945—1961. Axiome, Methoden, Wert, Tendenzen. — In: Wehrwiss. Rdsch. 11 (1961), 545—556.

Para la **historiografia** de la última guerra. — In: Arbor 17 (1950), 272—275.

Hofer, Walther: Geschichtsschreibung und Weltanschauung. Betrachtungen zum Werk Friedrich Meineckes. — München: Oldenbourg 1950. 552 S.

Hofer, Walther: Objektivität und Parteilichkeit. Zu den Ost-West-Gesprächen über Geschichtsschreibung. — In: Dtsch. Rdsch. 82 (1956), 591—598.

Hofer, Walther: Der mißbrauchte Ranke. „Konservative Revolution" in der deutschen Geschichtsschreibung? — In: Monat 7 (1954/55), T. 2, 542—547.

Hofer, Walther: H. von Srbiks letztes Werk. — In: Hist. Z. 175 (1953), 55—66.

Hook, Sidney: Der Held in der Geschichte. (Hero in history, dt.) Eine Untersuchung seiner Grenzen und Möglichkeiten. — (Nürnberg:) Nest-V. (1951). 287 S.

Horn, Rüdiger: Die „New Left history" in den USA über den Kalten Krieg. - In: Z. Geschichtswiss. 25 (1977), 803–815.

Hying, Klemens: Das Geschichtsdenken Otto Westphals und Christoph Stedings. Ein Beitrag zur Analyse der nationalsozialistischen Geschichtsschreibung. — (Berlin 1964: Ernst-Reuter-Gesellschaft.) 201 S.

Jäckel, Eberhard: Beobachtungen zur japanischen Zeitgeschichtsforschung. — In: Gesch. Wissensch. Unterr. 18 (1967), 542—552.

Jerussalimskij, A.: Über einige Versuche der modernen reaktionären Geschichtsschreibung zur Rehabilitierung des deutschen Imperialismus. — In: Neue Welt 9 (1954), H. 1, 66—91.

Joll, James: The Historian and the contemporary world. — In: Geschichte und Gegenwartsbewußtsein, Festschrift für Hans Rothfels zum 70. Geburtstag, 1963, 39—48.

Kayser, Jacques: L'historien et la presse. — In: Rev. hist. 218 (1957), 284—309.

Kennan, George F.: Soviet historiography and America's role in the intervention. — In: Amer. hist. Rev. 65 (1959/60), 302—322.

Kennedy, P. M.: The decline of nationalistic history in the West, 1900–1970. - In: J. contemp. Hist. 8 (1973), 77–100.

Kielmansegg, Peter Graf: Erster Weltkrieg und marxistische Geschichtsschreibung. — In: Dtsch. Stud. 7 (1969), 244—255.

King, Robert R.: Verschärfter Disput um Bessarabien. Zur Auseinandersetzung zwischen rumänischen und sowjetischen Historikern. - In: Osteuropa 26 (1976), 1079–1087.

Klee, Karl: Einige Anregungen für die Anfertigung kriegsgeschichtlicher Arbeiten. — In: Wehrwiss. Rdsch. 6 (1956), 66—77.

Klenk, G. Friedrich: Das Absolute im Zwielicht der Geschichte. Von Ranke bis Friedrich Meinecke. — In: Stimmen d. Zeit 88 (1962/63), Bd. 171, 176—187.

Kluke, Paul: Ein Jahrzehnt englischer Geschichtsschreibung. Bericht über die Literatur zur Neueren Geschichte 1939 bis 1949. — In: Hist. Z. 173 (1952), 352—396.

Knorr, Birgit: Autorität und Freiheit. Das Liberalismus-Verständnis des Bildungsbürgertums im Kaiserreich und in der Weimarer Republik im Spiegel der Historiographie über den Frühliberalismus ⟨1815–1848⟩. - Frankfurt a. M.: Lang (1977). 233 S.
(Europäische Hochschulschriften. 3, 78.)

König, Hartmut: Bismarck und die Reichsgründung in der sowjetischen Geschichtsforschung. — In: Osteuropa 21 (1971), 950—957.

Kohn, Hans: Re-thinking recent German history. — In: Rev. Politics 14 (1952), 325—345.

Kopp, Fritz: Historiker diskutieren über Dogmen. — In: SBZ-Archiv 9 (1958), 39—42.

Krill, Hans-Heinz: Die Rankerenaissance. Max Lenz und Erich Marcks. Ein Beitrag zum historisch-politischen Denken in Deutschland 1880—1935. Mit e. Vorw. von Hans Herzfeld. — Berlin: de Gruyter 1962. XII, 271 S.
(Veröffentlichungen der Berliner Historischen Kommission beim Friedrich-Meinecke-Institut der Freien Universität Berlin. 3.)

Kritik der bürgerlichen Geschichtsschreibung. Handbuch, hrsg. von Werner Berthold, Gerhard Lozek [u.a.] — Köln: Pahl-Rugenstein 1970. XI, 566 S.

Kuczynski, Jürgen: Parteilichkeit und Objektivität in Geschichte und Geschichtsschreibung. — In: Z. Geschichtswiss. 4 (1956), 873—888.

Küttler, Wolfgang: Oktoberrevolution und Revolutionsgeschichte. Zu den Kriterien einer historischen Typologie der Revolutionen der Neuzeit. - In: Z. Geschichtswiss. 25 (1977), 1405–1424.

Labuda, Gerard: Stare i nowe tendencje w historiografii zachodnio-niemieckiej. — In: Przgl. Zach. 12 (1956), 224—252.

Lades, Hans: Von Trier bis Wien. Beobachtungen zur Historiographie in Mitteldeutschland. Erw. Fassung d. am 2. Juni 1965 im Friedrich-Meinecke-Institut d. Freien Universität Berlin geh. Vortrages. — o. O. (1965). 70 S.

Lefèbvre, Georges: La naissance de l'historiographie moderne. Préf. de Guy P. Palmade. — Paris: Flammarion 1971. 352 S.
(Nouvelle bibliothèque scientifique.)

Liebeschütz, Hans: Max Weber's historical interpretations of Judaism. — In: Year Book Leo Baeck Inst. 9 (1964), 41—68.

Lindemann, Helmut: Geschichtsschreibung und Publizistik. — In: Monat 4 (1951/52), T. 1, 433—435.
Behandelt die Auffassungen der englischen Historiker L. B. Namier und A. J. P. Taylor.

Lipták, Lubomier: Československá historiografia o Mníchove. — In: Hist. Čas. 6 (1958), 434—446.

Loesdau, Alfred: Die Reflexion des Nationalismus in der gegenwärtigen Geschichtsschreibung der USA. - In: Jb. Gesch. 1976, Bd 14, 373—396.

Lozek, Gerhard: Zu neueren bürgerlichen Darstellungen der Geschichte der DDR. - In: Z. Geschichtswiss. 21 (1973), 509–523.

Ludat, Herbert: Das sowjetische Geschichtsbild Polens. — In: Z. Ostforsch. 1 (1952), 371—387.

Ludat, Herbert: Polen zwischen Versailles und Moskau. Politik und Geschichtsdenken im modernen Polen. — In: Gesch. Wiss. Unterr. 3 (1952), 706—722.

McNeal, Robert: Soviet historiography on the October revolution. A review of forty years. — In: Amer. Slavic & East Europ. Rev. 17 (1958), 269—291.

Mammach, Klaus: Bemerkungen zur reformistischen Geschichtsschreibung über die Novemberrevolution 1918. — In: Z. Geschichtswiss. 6 (1958), Sonderheft, 55—83.

Manacorda, Gastone: Storiografia e socialismo. Saggi e note critiche. — Padova: Liviana Ed. 1967. 356 S.

Mann, Golo: Geschichtsschreibung als Realpolitik. Über A. J. P. Taylor und die Tragödie Mitteleuropas. — In: Monat 4 (1951/52), T. 1, 130—140.

Marczewski, Jerzy: Zagadnienie odpowdzialności Niemiec za wybuch pierwszej wojny światowej w historiografii niemieckiej. - In: Roczn. hist. 38 (1972), 63–99.

Marko, Kurt: Die sowjetrussische Historiographie der Gegenwart und ihr Verhältnis zu Europa. — In: Moderne Welt 5 (1964), 209—216.

Matsulenko, V. und V. Sekistov: Historiographie soviétique de la deuxième guerre mondiale. — In: Rev. Hist. deux. Guerre mond. 11 (1961), H. 43, 71—88.

Maurach, Bruno: Die sowjetische Kriegsgeschichtsschreibung. — In: Wehrkunde 9 (1960), 177—185.

Mazour, Anatole G. und Herman E. Bateman: Recent conflicts in soviet historiography. — In: J.mod.Hist. 24 (1952), 56—68.

Mazour, Anatole G.: Modern Russian historiography. — Princeton: Van Nostrand 1958. 260 S.

Meißner, Boris: Osteuropaforschung im angelsächsischen Sprachraum. Eine Auswahl ab 1951/52 geplanter Veröffentlichungen. — In: Europa-Arch. 7 (1952), 5121—5126.

Mendel, Arthur P.: Current Soviet theory on history. New trends or old? — In: Amer. Hist. Rev. 72 (1966), 50—73.

Mensch und Weltgeschichte. Zur Geschichte der Universalgeschichtsschreibung. Hrsg. von Alexander Randa. — München: Pustet 1969. 313 S.
(Forschungsgespräche des Internationalen Forschungszentrums für Grundfragen der Wissenschaften Salzburg. 7.)

Mérei, Gy[ula]: Die Idee der europäischen Integration in der westdeutschen bürgerlichen Geschichtsschreibung. (Übers. von Z. Jókay.) — Budapest: Akadémiai Kiadó 1966. 206 S.
(Studia Historica Academiae scientiarum Hungaricae. 57.)

Messerschmidt, Manfred: Deutschland in englischer Sicht. Die Wandlungen des Deutschlandbildes in der englischen Geschichtsschreibung. — Düsseldorf: Triltsch 1955. VI, 191 S.

Moltmann, Günter: Die Bedeutung der revisionistischen Geschichtsschreibung in den Vereinigten Staaten für das amerikanisch-deutsche Verhältnis in der Weimarer Zeit. — In: Internat. Jb. f. Geschichts- u. Geographie-Unterr. 11 (1967), 88—100.

Mommsen, Hans: Geschichtsschreibung und Humanität. Zum Gedenken an Hans Rothfels. - In: Aspekte deutscher Außenpolitik. Aufsätze Hans Rothfels zum Gedächtnis, Stuttgart: Dtsch. Verl.-Anst. (1976), 9–27.

Mommsen, Hans: Sozialismus und Nation. Zur Beurteilung des Nationalismus in der marxistischen Theorie. - In: Soziale Bewegung und politische Verfassung, Stuttgart: Klett (1976), 653–676.

Moses, John A.: The politics of illusion. The Fischer controversy in German historiography. - London: Prior 1975. 148 S.

Muhlack, Ulrich: Politische Ideengeschichte und Historiographie. Literaturbericht. - In: Gesch. Wiss. Unterr. 26 (1975), 508–529.

Murawski, Erich: Die amtliche deutsche Kriegsgeschichtsschreibung über den Ersten Weltkrieg. — In: Wehrwiss. Rdsch. 9 (1959), 513—531 und 584—598.

Murawski, Erich: Truppen-Geschichten alter und neuer Art. — In: Wehrkunde 8 (1959), 157—164 und 212—218.

Najdenov, M. E.: Velikaja Oktjabr'skaja socialističeskaja revoljucija v sovetskoj istoriografii. — In: Vop. Ist. 1957, H. 10, 167—180.

Neubauer, Helmut: Historische Forschung und Lehre in Moskau. — In: Osteuropa 8 (1958), 373—385.

Neuhäußer-Wespy, Ulrich: Neue Tendenzen in der Geschichtswissenschaft der DDR. - In: Deutschland-Arch. 8 (1975), 393–399.

Nolte, Ernst: Über das Verhältnis von „bürgerlicher" und „marxistischer" Geschichtswissenschaft. - In: Aus Politik und Zeitgeschichte, Beilage zur Wochenzeitung „Das Parlament" Nr 31 vom 4. August 1973, 10–23.

Nolte, Hans-Heinrich: „Drang nach Osten". Sowjetische Geschichtsschreibung der deutschen Ostexpansion. - (Köln:) Europ. Verl.-Anst. (1976). 270 S.
(Studien zur Gesellschaftstheorie.)

(Ottenga, Cesare:) La storiografia sulla repubblica di Weimar. — In: Società 10 (1954), H. 3.

Patrušev, A. I.: Tradicii „nemeckogo istorizma" v buržuasnoj istoriografii FRG. - In: Vop. Ist. 1975, H. 10, 90–103.

Zur Periodisierung des Feudalismus und Kapitalismus in der geschichtlichen Entwicklung der UdSSR. Diskussionsbeiträge. Red. d. Übers.: K[arl] E[ugen] Wädekin. — Berlin: Verl. Kultur und Fortschritt 1952. 475 S.
(Sowjetwissenschaft. Beih. 20.)

Petersen, Jens: La politica estera del fascismo come problema storiografico.- In: Storia contemp. 3 (1972), 661–705.

Pitz, Ernst: Geschichtsschreibung im Wandel der Interessen und Methoden. Plädoyer für mehr vergleichende Geschichtsbetrachtung. Vortrag des 49. Deutschen Archivtages (1974 in Braunschweig). - In: Archivar 28 (1975), 238–255.

Plaschka, Richard: Zur tschechischen Historiographie. — Wien 1954. 222 gez. Bl. [Maschinenschr.]
Wien, phil. Diss., 7. Juli 1954.

Portal, Roger: L'activité des historiens russes et la guerre, d'après le Istoričeskij Žurnal. — In: Rev. hist. 196 (1946), 41—46.

Pot, J. H. J. van der: De periodisering der geschiedenis. — s'Gravenhage: van Stokkum 1951. XVI, 307 S.

Probleme der Geschichte des Zweiten Weltkrieges. Referate und Diskussion zum Thema: Die wichtigsten Richtungen der reaktionären Geschichtsschreibung über den Zweiten Weltkrieg. Red.: Leo Stern. — Berlin: Akademie-V. 1958. X, 513 S.

Pruck, Erich: Kriegsgeschichte in sowjetischer Sicht. — In: Osteuropa 9 (1959), 748—759.

Rantzau, Johann Albrecht von: Deutsche Geschichtsschreibung und Politik. — In: Aus Geschichte und Politik, Festschrift zum 70. Geburtstag von Ludwig Bergstraesser, Düsseldorf: Droste-V. (1954), 197—206.

Rassow, Peter: Der Historiker und seine Gegenwart. — München: Rinn 1948. 69 S.

Redlich, Fritz: Anfänge und Entwicklung der Firmengeschichte und Unternehmerbiographie. Das deutsche Geschäftsleben in der Geschichtsschreibung. — Baden-Baden: Lutzeyer (1959). 81 S.
(Tradition. Beiheft 1.)

Reichel, Waltraut: Studien zur Wandlung von Max Lehmanns preußisch-deutschem Geschichtsbild. — Göttingen: Musterschmidt (1963). 201 S.
(Göttinger Bausteine zur Geschichtswissenschaft. 34.)

Reuter, Hans-Georg: Stadtgeschichtsschreibung im Wandel. - In: Arch. Kommunalwiss. 17 (1978), 68–83.

Revision des Bismarckbildes. Die Diskussion der deutschen Fachhistoriker 1945-1955. Hrsg. von Hans Hallmann. - Darmstadt: Wiss. Buchges. 1972. XVIII, 493 S.
(Wege der Forschung. 285.)

Rizzo, Franco: Storiografia marxista sulle origine del fascismo. — In: Studi polit. 4 (1957), 273—288.

Rossmann, Gerhard: Die Verfälschung des antifaschistischen Widerstandskampfes in der westdeutschen Geschichtsschreibung. — In: Z. Geschichtswiss. 18 (1970), 5—22.

Rumpf, Horst: Das Blickfeld des Historikers und seine Grenze. Über d. Aspektcharakter d. historischen Betrachtungsweise. — In: Gesch. Wiss. Unterr. 14 (1963), 91—110.

Salov, V. I.: Germanskaja istoriografija Velikoj Oktjabr'skoj socialističeskoj revoljucii. — In: Novaja i Novejšaja Ist. [Moskva], 1957, H. 4, 234—249.

Salvatorelli, Luigi: Appunti sul problema storiografico del fascismo. — In: Movim. Liberaz. Italia, II. 22 (Jan. 1953). 18—21.

Schieder, Theodor: Die deutsche Geschichtswissenschaft im Spiegel der Historischen Zeitschrift. — In: Hist. Z. 189 (1959), 1—104.

Schlarp, Karl-Heinz: Ursachen und Entstehung des Ersten Weltkrieges im Lichte der sowjetischen Geschichtsschreibung. — Hamburg: (Inst. f. Ausw. Politik); Frankfurt a. M.: Metzner in Komm. 1971. 289 S.
(Darstellungen zur auswärtigen Politik. 10.)

Schleier, Hans: Die bürgerliche Geschichtsschreibung der Weimarer Republik. Strömungen, Konzeptionen, Institutionen. Die linksliberalen Historiker. - Berlin: Akademie-Verl. 1975. 593 S.
(Schriften des Zentralinstituts für Geschichte. 40.)

Schleier, Hans: Die Stellung der bürgerlichen deutschen Geschichtsforschung zur Soziologie in der Zeit der Weimarer Republik. - In: Jb. Gesch. 5 (1971), 209–262.

Schleier, Hans: Sybel und Treitschke. Antidemokratismus und Militarismus im historisch-politischen Denken großbourgeoiser Geschichtsideologien. — Berlin: Akademie-Verl. 1965. 317 S.
(Deutsche Akademie d. Wissenschaften zu Berlin. Schriften d. Inst. f. Geschichte. Reihe 1, Bd 23.)

Schmidt, Gustav: Deutscher Historismus und der Übergang zur parlamentarischen Demokratie. Untersuchungen zu den politischen Gedanken von Meinecke, Troeltsch, Max Weber. — Lübeck: Matthiesen 1964. 327 S.
(Historische Studien. 389.)

Schraepler, Ernst: Die Forschung über den Ausbruch des Ersten Weltkrieges im Wandel des Geschichtsbildes 1919–1969. - In: Gesch. Wiss. Unterr. 23 (1972), 321–338.

Schüle, Klaus: Die Tendenzen der neueren französischen Historiographie und ihre Bewertung. Ein Überblick. — In: Gesch. Wissensch. Unterr. 19 (1968), 229—233.

Schulin, Ernst: Das Frankreichbild deutscher Historiker in der Zeit der Weimarer Republik. - In: Francia 4 (1976), 659–673.

Schulz, Gerhard: Der Stil der Historie und der Stand der Erfahrungen. — In: Zur Geschichte und Problematik der Demokratie, Festgabe für Hans Herzfeld, Berlin: Duncker & Humblot (1958), 131—161.

Segel, Edward B.: A. J. P. Taylor and history. — In: Rev. Politics 26 (1964), 531—546.

Shumway, Gary L.: Oral history in the United States. A directory. - New York: Oral History Ass. 1971. 120 S.

Sjöstedt, Lennart: Das Programm des Großadmiral Dönitz bei seinem Regierungsantritt 1945. Eine Studie zur Bedeutung tendenziöser Kritik in der zeitgeschichtlichen Forschung. - In: Probleme deutscher Zeitgeschichte, Stockholm: Läromedelsförlaget 1971, 195–233.

Spranger, Eduard: Aufgaben des Geschichtsschreibers. — In: Hist. Z. 174 (1952), 251—268.

Srbik, Heinrich Ritter von: Geist und Geschichte vom deutschen Humanismus bis zur Gegenwart. Bd 1. 2. — München: Bruckmann; Salzburg: Müller (1950—51).
1. 436 S. 2. X, 421 S.

Stadtmüller, Georg: Die sowjetische Umdeutung der deutschen Geschichte. — In: Sowjetstudien 1957, H. 3, 57—81.

Stern, Leo: Der deutsche Revanchismus nach dem Zweiten Weltkrieg und die bürgerliche Geschichtsschreibung. — In: Z. Geschichtswiss. 8 (1960), 557—582.

Stern, Leo: Zur geistigen Situation der bürgerlichen Geschichtswissenschaft der Gegenwart. — In: Z. Geschichtswiss. 1 (1953), 837—849.

Stöckl, G.: Sowjetforschung und Historiographie. — In: Moderne Welt 17 (1966), 154—159.

Stökl, Günter: Historiker auf Generallinie. Geschichtswissenschaft und Partei in vier Jahrzehnten Sowjetunion. — In: Wort u. Wahrheit 12 (1957), 511—526.

Streisand, Joachim: Geschichtsforschung und Geschichtsschreibung auf dem Wege zur sozialistischen Menschengemeinschaft. — In: Z. Geschichtswiss. 17 (1969), 1521—1532.

Studien über die deutsche Geschichtswissenschaft. — Berlin: Akademie-Verl.
Bd 1. Die deutsche Geschichtswissenschaft vom Beginn des 19. Jahrhunderts bis zur Reichseinigung von oben. Hrsg. von Joachim Streisand. 1963. 354 S.
(Deutsche Akademie d. Wissenschaften zu Berlin. Schriften d. Inst. f. Geschichte. Reihe 1, Bd 20.)

Studien über die deutsche Geschichtswissenschaft. — Berlin: Akademie-Verl.
2. Die bürgerliche deutsche Geschichtsschreibung von der Reichseinigung von oben bis zur Befreiung Deutschlands vom Faschismus. Hrsg. von Joachim Streisand. (Red.: Hans Schleier.) 1965. 442 S.
(Deutsche Akademie der Wissenschaften zu Berlin. Schriften des Instituts für Geschichte. Reihe 1. Bd. 21.)

Takahashi, H. Kôhachirô: Etat actuel et tendances générales des études historiques au Japon depuis la guerre. — In: Rev. hist. 216 (1956), 59—66.

Tamborra, Angelo: Polonia e Germania nella storiografia polacca contemporanea. — In: Riv. stor. ital. 62 (1950), 395—418.

Tapié, Victor-L.: Les historiens tchèques et leur pays. De Palacky à Pekar. — In: Rev. hist. 215 (1956), 290—295.

Thomas, Siegfried: Die ersten beiden Jahrzehnte Bonner Außenpolitik in Geschichtsschreibung und Publizistik der BRD. — In: Z. Geschichtswiss. 20 (1972), 1205–1227.

Ulrich, Theresia: George Peabody Gooch als Historiker. — Wien 1953. 170 gez. Bl. [Maschinenschr.]
Wien, phil. Diss. 10. März 1954.

Valkenier, Elizabeth: Soviet impact on Polish post-war historiography 1946—1950. — In: J. Centr. Europ. Aff. 11 (1951/52), 372—396.

Vardy, Steven Bela: Modern Hungarian historiography. — Boulder, Col.: East European Quarterly 1976. XII, 333 S.
(East European Monographs. 17.)

Viskov, S. I. [u.] V. D. Kul'bakin: Buržuaznaja istoriografija germanskogo voprosa perioda 1945–1949 godov. — In: Vop. Ist. 1975, H. 5, 58–77.

Vives, J. Vicens: Entwicklung der spanischen Geschichtsschreibung 1939 bis 1949. — In: Saeculum 3 (1952), 477—508.

Wagner, Fritz: Geschichte und Zeitgeschichte. Pearl Harbor im Kreuzfeuer der Forschung. — In: Hist. Z. 183 (1957), 303—326.

Wandruszka, Adam: Im Rückblick auf Sarajewo. Österreich-Ungarns Untergang im Geschichtsbild fünfzig Jahre später. — In: Wort u. Wahrheit 19 (1964), 430—436.

Weber, Hermann: Manipulationen mit der Geschichte. — In: SBZ-Archiv 8 (1957), 275—282.

Weisz, Christoph: Geschichtsauffassung und politisches Denken Münchener Historiker der Weimarer Zeit. Konrad Beyerle, Max Buchner, Michael Doeberl, Erich Marcks, Karl Alexander von Müller, Hermann Oncken. — Berlin: Duncker & Humblot (1970). 309 S.
(Beiträge zu einer historischen Strukturanalyse Bayerns im Industriezeitalter. 5.)

Wenger, Pierre: Grundzüge der Geschichtsschreibung von Erich Marcks. — Affoltern a. A.: Weiß 1950. 133 S.
(Zürcher Beiträge zur Geschichtswissenschaft. 8.)

Werner, Karl Ferdinand: On some examples of the nationalsocialist view of history. — In: J. Contemp. Hist. 3 (1968), H. 2, 193—206.

Werner, Karl Ferdinand: Das NS-Geschichtsbild und die deutsche Geschichtswissenschaft. — Stuttgart: Kohlhammer 1967. 123 S.
(Lebendiges Wissen.)

Winckler, Lutz: Die Novemberrevolution in der Geschichtsschreibung der DDR. — In: Gesch. Wiss. Unterr. 21 (1970), 216—234.

Yahil, Leni: The holocaust in Jewish historiography. — In: Yad Vashem Bull. 7 (1968), 57—73.

Zagorin, Perez: Theories of revolution in contemporary historiography. — In: Polit. Science Quart. 88 (1973), 23–52.

Geschichtsphilosophie

Bader, Karl Siegfried: Ursache und Schuld in der geschichtlichen Wirklichkeit. Kritik geschichtswidrigen Denkens. 2. Aufl. — Karlsruhe: C. F. Müller 1946. 79 S.

Bessenrodt, O.: Das Urteil der Geschichte. — In: Sammlung 9 (1954), 146—151.

Brüning, Walther: Geschichtsphilosophie der Gegenwart. — Stuttgart: Klett 1961. 173 S.

Dirks, Walter: Das Berechenbare in der Geschichte. — In: Frankf. H. 8 (1953), 189—193.

Fain, H[askell]: Between philosophy and history. The resurrection of speculative philosophy of history within the analytic tradition. — Princeton, N. J.: Princeton University Press 1970. 329 S.

Franchini, Raffaello: Esperienza dello storicismo. — Napoli: Giannini 1953. 314 S.
(Storia e Pensiero. 3.)

Freyer, Hans: Theorie des gegenwärtigen Zeitalters. (4.—6. Ts.) — Stuttgart: Dtsch. Verl.-Anst. (1956). 259 S.

Freyer, Hans: Die Vollendbarkeit der Geschichte. — In: Merkur 9 (1955), 101—114.

Gebhardt, Jürgen: Politik und Eschatologie. Studien zur Geschichte der Hegelschen Schule in den Jahren 1830—1840. — München: Beck 1963. X, 183 S.
(Münchener Studien zur Politik. 1.)

Grabowsky, Adolf: Der Mensch in Staat und Geschichte. — In: Polit. Studien 8 (1954/55), 103—147.

Günther, Joachim: Geschichte, ihre Wirklichkeit und ihre Grenze. — In: Dtsch. Rdsch. 79 (1953), 826—831.

Hehn, Jürgen von: Die Sowjetisierung des Geschichtsbildes in Mitteldeutschland. — In: Europa-Archiv 9 (1954), 6929—6938 und 6973—6977.

Heimpel, Hermann: Der Mensch in seiner Gegenwart. — In: Sammlung 6 (1951), 489—511.

Heimpel, Hermann: Der Mensch in seiner Gegenwart. Acht historische Essays. — Göttingen: Vandenhoeck & Ruprecht 1953. 240 S.

Hillgruber, Andreas: Philosophie und Geschichte. — In: Gesch. Wiss. Unterr. 11 (1960), 2—11.

Hughes, H. Stuart: Die neuen Spengleriander. — In: Welt als Gesch. 13 (1953), 263—273.

Kalow, Gert: Abschied von der Geschichtsphilosophie? — In: Merkur 21 (1967), 834—847.

Kesting, Hanno: Geschichtsphilosophie und Weltbürgerkrieg. Geschichtsdeutungen von der Französischen Revolution bis zum Ost-West-Konflikt. — Heidelberg: Winter 1958. 340 S.

Klenk, G. Friedrich: Geschichte als Kraftfeld zwischen Freiheit und Ordo. Randglossen zu einer christlichen Geschichtsphilosophie. — In: Stimmen d. Zeit 89 (1963/64), H. 174, 130—143.

Kuderowicz, Zbigniew: Filozofia dziejów. — Warszawa: Wyd. Prawnicze 1973. 180 S.

Levi-Strauß, Claude: Race and history. — Paris: UNESCO 1952. 50 S.

Locher, Th. J. G.: Die Überwindung des europäozentrischen Geschichtsbildes. — Wiesbaden: Steiner 1954. 18 S.

Loevenich, Heinz: Geschichtsphilosophie im Unterricht? — In: Gesch. Wissensch. Unterr. 19 (1968), 98—107.

Mann, Golo: Grundprobleme der Geschichtsphilosophie. — In: Universitas 24 (1969), 585—599.

Marquard, Odo: Schwierigkeiten mit der Geschichtsphilosophie. Aufsätze. — Frankfurt a.M.: Suhrkamp 1973. 247 S.
(Theorie.)

Masur, Gerhard: Arnold Toynbees Philosophie der Geschichte. — In: Hist. Z. 174 (1952), 269—286.

Historischer **Materialismus** und europäisches Geschichtsdenken. Vorträge, geh. anläßl. d. Tagung des nordrheinwestfälischen Geschichtslehrerverbandes vom 20. bis 24. Oktober 1953. — Düsseldorf: Schwann 1954. 72 S.

Meinecke, Friedrich: Vom geschichtlichen Sinn und vom Sinn der Geschichte. (5., veränd. Aufl.) — Stuttgart: Koehler (1951). 132 S.

Mommsen, Wilhelm: Neues Geschichtsbewußtsein? Zum Problem des deutschen Geschichtsbildes. — In: Zeitwende 22 (1950/51), 144—152.

Müller, Gert: Marxismus und Geschichtsphilosophie. Zum Werke I. S. Kons über die Geschichtsphilosophie des 20. Jahrhunderts. — In: Gesch. Wissensch. Unterr. 18 (1967), 650—673.

Näf, Werner: Das Überstaatliche in der Geschichte. — Wiesbaden: Steiner 1954. 22 S.

Neubauer, Ernst [u.] Kurt Stegmann von Pritzwald: Ideologische Geschichtsdeutung? Eine Auseinandersetzung mit Friedrich Heer. — Göttingen: Musterschmidt [1963]. 39 S.
(Studien zum Geschichtsbild. 11.)

Niebuhr, Reinhold: Glaube und Geschichte. (Faith and history [dt.]) Eine Auseinandersetzung zwischen christlichen und modernen Geschichtsanschauungen. (Übers. von Doris Schmidt.) — München: P. Müller 1951. 320 S.

Niess, Frank: Die Geschichtsphilosophie des Antisozialismus. — In: Frankf. H. 31 (1976), H. 3, 14—24.

Robinson, Nehemia: Historique et idéologie. — In: Monde Juif 17 (1962), H. 30/31, 4—9.

Röhricht, R.: Zwischen Historismus und Existenzdenken. Die Geschichtsphilosophie Ernst Troeltschs. — 142, XVI gez. Bl. Maschinenschr.
Tübingen, phil. Diss. 1954.

Rüstow, Alexander: Ortsbestimmung der Gegenwart. Eine universalgeschichtliche Kulturkritik. — Erlenbach-Zürich: Rentsch.
1. Ursprung der Herrschaft. 1950. 360 S.
2. Weg der Freiheit. 1952. 710 S.

Rüstow, Alexander: Ortsbestimmung der Gegenwart. Eine universalgeschichtliche Kulturkritik. — Erlenbach-Zürich: Rentsch.
3. Herrschaft oder Freiheit? 1957. 728 S.

Schaeffler, Richard: Einführung in die Geschichtsphilosophie. — Darmstadt: Wiss. Buchges. 1973. IX, 245 S.
(Die Philosophie.)

Schnädelbach, Herbert: Geschichtsphilosophie nach Hegel. Die Probleme des Historismus. – Freiburg: Alber 1974. 189 S.
(Kolleg Philosophie.)

Schüßler, Wilhelm: Um das Geschichtsbild. — Gladbeck: Freizeiten-V. (1953). 201 S.
(Glaube und Forschung. 5.)

Schütz, Paul: Das Unberechenbare in der Geschichte. — In: Frankf. H. 8 (1953), 181—188.

Schulze, Hans: Strategie der Gegenprophetie. Zur Kritik der gegenwärtigen bürgerlichen Geschichtsphilosophie.- Berlin: Akademie-Verl. 1976. 118 S.
(Zur Kritik der bürgerlichen Ideologie. 69.)

Schulze-Sölde, Walther: Einzelmensch und Geschichte. Untersuchungen über die Möglichkeit einer Weltordnung der Völker. — München-Pasing: Filser (1953), 134 S.

Siewerth, Gustav: Umbesinnung und Neubegründung im deutschen und abendländischen Geschichtsdenken. Wesen und Bildungskraft der Geschichte. — Steinfeld/Eifel: Salvator-V. [1950]. 67 S.

Sorokin, Pitirim A.: Kulturkrise und Gesellschaftsphilosophie. Moderne Theorien über das Werden und Vergehen von Kulturen und das Wesen ihrer Krisen. — Stuttgart: Humboldt-V. 1953. 374 S.

Spranger, Eduard: Die Geburt des geschichtsphilosophischen Denkens aus Kulturkrisen. — In: Schweiz. Monatsh. 34 (1954/55), 11—27.

Steinbach, Ernst: Mythos und Geschichte. — Tübingen: Mohr 1951. 37 S.
(Sammlung gemeinverständlicher Vorträge und Schriften aus dem Gebiet der Theologie und Religionsgeschichte. 194.)

Steinen, Wolfram von den: Kitsch und Wahrheit in der Geschichte. — In: Welt als Gesch. 12 (1952), 149—166.

Steinen, Wolfram von den: Das Vergebliche in der Weltgeschichte. — Laupheim/Württ.: Steiner [1954]. 19 S.
(Geschichte und Politik. 9.)

Stern, Alfred: Geschichtsphilosophie und Wertproblem. — München: E. Reinhardt 1967. 300 S.

Sullivan, John Edward: Prophets of the West. An introduction to the philosophy of history. — New York: Holt, Rinehart & Winston 1970. XIV, 305 S.

Taylor, A[lan] J[ohn] P[ercivale]: Die Realität in der Geschichte. — In: Monat 4 (1951/52), T. 2, 40—44.

Thieme, Karl: Eine neue Geschichtsphilosophie der Legitimität. Zum Vermächtnis Guglielmo Ferreros. — In: Hist. Jb. 70 (1951), 334—359.

Toynbee, Arnold J[oseph]: Können wir etwas aus der Geschichte lernen? — In: Wissenschaft u. Weltbild 8 (1955), 85—96.

Toynbee, Arnold J.: Mensch und Geschichte. — In: Monat 7 (1954/55), T. 1, 15—19.

Toynbee, Arnold J[oseph]: Weltgeschichte in universaler Schau. — In: Universitas 8 (1953), 349—358.

Vogt, Josef: Gesetz und Handlungsfreiheit in der Geschichte. Studien zur historischen Wiederholung. — Stuttgart: Kohlhammer 1956. 106 S.

Weber, Alfred: Der dritte oder der vierte Mensch. Vom Sinn des geschichtlichen Daseins. — München: Piper 1953. 275 S.

Wenzl, Aloys: Die philosophischen Grundlagen von Toynbees Geschichtsbild. — In: Saeculum 4 (1953), 201—205.

Zahn, Ernst F. J.: Toynbee und das Problem der Geschichte. Eine Auseinandersetzung mit dem Evolutionismus. — Köln und Opladen: Westdeutsch. V. 1954. 48 S.

Zeppi, S.: Studi Crociani. — Vicenza: Gualandi 1956. 190 S.

Geschichtsunterricht

Andresen, Hans: Der Nationalsozialismus in Schulbüchern. — In: Blätter f. dtsch. u. internat. Politik 5 (1960), 280—288.

Aufgabe und Gestaltung des Geschichtsunterrichts. Handreichungen für den Geschichtslehrer. Hrsg. von Wolfgang Kleinknecht und Wolfgang Lohan unter Mitarb. von Arnold Bergstrasser [u. a.] — Frankfurt a. M. [usw.]: Diesterweg (1956). IX, 204 S.

Bächinger, Konrad: Der Geschichtsunterricht in der Volksschule. — St. Gallen: Verl. Arbeitsgemeinsch. f. prakt. Unterricht 1960. 40 S.

Barmeyer, Heide: Geschichte in Wissenschaft und Unterricht heute. Gedanken zu einer nachhistorischen Konzeption der Geschichtswissenschaft und zur sozialen Funktion des Geschichtsunterrichtes. - In: Aus Politik und Zeitgeschichte, Beilage zur Wochenzeitung „Das Parlament" Nr 41 vom 12. Oktober 1974, 23–36.

Barthel, Konrad: Theoretische Bemerkungen zum exemplarischen Lehren im Geschichtsunterricht. — In: Neue Sammlung 2 (1962), 308—318.

Barthel, Konrad: Zeitgeschichte und exemplarisches Lehren. — In: Gesch. Wiss. Unterr. 13 (1962), 221—240.

Bauer, Clemens [u. a.]: Die Geschichtsbücher der Bundesrepublik. — In: Saeculum 3 (1952), 603—653.

Bayer, Erich: Auf dem Wege zum thematischen Geschichtsunterricht. — In: Gesch. Wiss. Unterr. 3 (1952), 657—665.

Bergmann, Klaus: Geschichtsunterricht und Identität. - In: Aus Politik und Zeitgeschichte, Beilage zur Wochenzeitung „Das Parlament" Nr 39 vom 27. September 1975, 19–25.

Berndt, Günter: Polen in Schulbüchern der BRD. Zur Ratifizierung des Warschauer Vertrages auf gesellschaftlicher Ebene. — In: Bll. dtsch. internat. Pol. 16 (1971), 1260—1272.

Bodensieck, Heinrich: Deutsche Zeitgeschichte in Schulgeschichtsbüchern der Bundesrepublik. — In: Gesch. Wiss. Unterr. 12 (1961), 1—37.

Bonwetsch, Gerhard: Der Verband der Geschichtslehrer Deutschlands. — In: Gesch. Wiss. Unterr. 4 (1953), 522—525.

Brandis, Udo: Zur Bewertung des Widerstandes in der BRD und der DDR. Ein Vergleich von Darstellungen in Geschichtsbüchern. — In: Deutschland-Arch. 4 (1971), 689—700.

Broszat, Martin: Aufgaben und Probleme zeitgeschichtlichen Unterrichts. (Am Beispiel der nationalsozialistischen Zeit.) — In: Gesch. Wiss. Unterr. 8 (1957), 529—550.

Buttschardt, Dieter: Die Behandlung der russischen Revolution 1917 im Geschichtsunterricht der Oberstufe. — In: Gesch.Wiss. Unterr. 4 (1953), 421—436.

Dammeyer, Manfred: Nationalsozialistische Filme im historisch-politischen Unterricht. - In: Aus Politik und Zeitgeschichte, Beilage zur Wochenzeitung „Das Parlament" Nr. 16 vom 23. April 1977, 3-24.

Über die **Darstellung** der deutschpolnischen Beziehungen im Geschichtsunterricht. — Braunschweig: Limbach (1958). 76 S.

Deutschland und England 1918—1933. Empfehlungen zur Behandlung der englisch-deutschen Beziehungen in der Zwischenkriegszeit. Ergebnisse der 4. und 5. englisch-deutschen Historikertagung, Oxford März 1956 und Bamberg März 1957. — Braunschweig: Limbach (1957). 31 S.

Deutschland-Frankreich-Europa. Die deutsch - französische Verständigung und der Geschichtsunterricht. Im Auftrag des Internat. Schulbuchinstituts hrsg. von Georg Eckert und Otto-Ernst Schüddekopf. — Baden-Baden: Verl. f. Kunst u. Wissenschaft. 1953. 144 S.

Deutschland und Frankreich im Spiegel ihrer Schulbücher. Hrsg. vom Internat. Schulbuchinstitut an d. Kant-Hochschule Braunschweig. Zusammengest. von G. Eckert und O. E. Schüddekopf. — Braunschweig: Limbach 1954. 226 S.

Deutschland und Österreich 1848—1939. Empfehlungen der 2. deutschösterreichischen Historikertagung, Wien, 26. bis 30. Mai 1957. — Braunschweig: Limbach (1957). 8 S.

Deutschland und die Vereinigten Staaten. Empfehlungen der 2. amerikanisch-deutschen Historikerkonferenz über die Behandlung der amerikanisch-deutschen Beziehungen vom 18. Jahrhundert bis 1941, Braunschweig, 23. bis 31. August 1955. — Braunschweig: Limbach 1956. 43 S.

Dörr, Margarete: Zur Reform des Geschichtsunterrichts. - In: Gesch. Wiss. Unterr. 23 (1972), 338-353.

Dudek, Ursula: Das Geschichtsbild in den höheren Schulen Preußens. — Hamburg 1950. 138, VI gez. Bl. [Maschinenschr.]
Hamburg, phil. Diss., 26. Juni 1950.

Empfehlung der Kultusminister-Konferenz vom 17. 12. 1953 in Bonn betreffend Grundsätze zum Geschichtsunterricht. — In: Gesch. Wiss. Unterr. 5 (1954), 132—141.

Empfehlungen für Schulbücher der Geschichte und Geographie in der Bundesrepublik Deutschland und in der Volksrepublik Polen. [Hrsg.:] Georg-Eckert-Institut für Internationale Schulbuchforschung. - (Braunschweig: Selbstverl. [d. Hrsg.] 1977). 56 S.
(Schriftenreihe des Georg-Eckert-Instituts für Internationale Schulbuchforschung. 22.)
Text polnisch und deutsch.

17 [siebzehn] **Empfehlungen** zur Behandlung der deutsch-polnischen Beziehungen in den Schulbüchern der Volksrepublik Polen und der Bundesrepublik Deutschland. Bericht über die zweite deutsch-polnische Schulbuchkonferenz der Deutschen und der Polnischen UNESCO-Kommission vom 11. bis 16. April 1972 in Braunschweig. - (Köln: [Selbstverl. d. Hrsg.] 1972). 31 S.

14 [vierzehn] **Empfehlungen** zur Behandlung der deutsch-polnischen Beziehungen in den Schulbüchern der Volksrepublik Polen und der Bundesrepublik Deutschland. Bericht über die erste deutsch-polnische Schulbuchkonferenz der Deutschen und der Polnischen UNESCO-Kommission vom 22. bis 26. Februar 1972 in Warschau. - (Köln: [Selbstverl. d. Hrsg.] 1972). 19 S.

Erdmann, Karl Dietrich: Entwurf einer historischen Gegenwartskunde. Vortrag auf der Tagung der Rheinischen Direktorenvereinigung, Düsseldorf, 5. Oktober 1962. — In: Gesch. Wiss. Unterr. 14 (1963), 28—45.

Fritzsche, H[ans] K[arl]: Wesen, Gegenstand und Methode der politischen Erziehung und ihr Verhältnis zum Geschichtsunterricht. — In: Gesch. Wiss. Unterr. 5 (1954), 583—598.

Historische **Gegenwartskunde.** Handbuch für den politischen Unterricht. Hrsg. von Joachim Rohlfes und Hermann Körner. — Göttingen: Vandenhoeck & Ruprecht (1970). 717 S.

Geschichte an Universitäten und Schulen. Materialien, Kommentar, Empfehlungen. Hrsg. vom Arbeitskreis für Hochschuldidaktik im Verband der Historiker Deutschlands. [Von:] Joachim Leuschner [u. a.] - Stuttgart: Klett 1973. 89 S.

Das europäische **Geschichtsbild** und die Schule. Experten-Vorträge einer Historiker-Tagung der Europa-Union in Königswinter am 27. und 28. September 1957. — (Bonn 1957): Europa-Union Deutschland. 116 S.

Unser **Geschichtsbild.** Wege zu einer universalen Geschichtsbetrachtung. Im Auftr. d. Bayer. Staatsministeriums f. Unterr. u. Kultus hrsg. von Karl Rüdinger. — (München:) Bayer. Schulbuch-V. 1954. 187 S.
(Das Bildungsgut der höheren Schule. Geschichtl. Reihe. 1.)

Das **Geschichtbuch** als Umerzieher. Eine vom Institut für dtsch. Nachkriegsgeschichte in Zsarb. mit Geschichtslehrern veranstaltete Untersuchung deutscher Schulbücher. Hrsg. von Herbert Grabert, 2. Aufl. — Tübingen: Verl. d. Dtsch. Hochschullehrerzeitung 1967. 161 S.
(Veröffentlichungen des Instituts für deutsche Nachkriegsgeschichte. 3.)

Geschichtsstudium, Geschichtsunterricht. Podiumsdiskussion während der 29. Versammlung Deutscher Historiker, verbunden mit einer Tagung des Verbandes der Geschichtslehrer Deutschlands, am 6. Oktober 1972 in Regensburg. Hrsg. Joachim Leuschner [u. a.] – In: Gesch. Wiss. Unterr. 24 (1973), 391–426.

Geschichtsunterricht. Brücke zwischen den Völkern. Hrsg. vom Internat. Schulbuchinstitut an d. Kant-Hochschule Braunschweig. — Braunschweig: Limbach (1954). 50 S.

Geschichtsunterricht in einer sich wandelnden Welt. Ein Beitrag zur internationalen Verständigung. (Verantwortl. Zusammenstell. u. Bearb.: Internat. Schulbuchinstitut in Braunschweig. Hrsg. v. d. Bundeszentrale f. Heimatdienst.) — Bonn: Köllen 1953. 32 S.

Geschichtswissenschaft und Geschichtsunterricht. Lageanalyse, Folgerungen, Empfehlungen. Stellungnahme des Verbandes der Historiker Deutschlands im Zusammenwirken mit dem Verband der Geschichtslehrer Deutschlands. — In: Gesch. Wiss. Unterr. 23 (1972), 1—13.

Gies, Horst: Zeitgeschichte im Unterricht. Ein didaktischer Grundriß zur Geschichte im 20. Jahrhundert. Mit e. Geleitw. von Otto Büsch. — Berlin: Colloquium-Verl. (1976). 170 S.
(Historische und pädagogische Studien. Sonderr. 1.)

Giesecke, Hermann: „Deutschlands Weg in die Diktatur." Probleme u. Möglichkeiten zeitgeschichtl. Tondokumente. — In: Neue polit. Lit. 6 (1961), 503—514.

Greiffenhagen, Martin: Nationalsozialismus und Kommunismus im Sozialkunde-Unterricht. — In: Frankf. H. 18 (1963), 168—176.

Götting, W.: Emigration als Ereignis und Erlebnis im dichterischen Selbstzeugnis. Anregungen für den Deutschunterricht auf d. Oberstufe. — In: Germania Judaica 1963, N.F. Nr 3/4, 7–14.

Herzfeld, Hans: Zur Krise des Geschichtsunterrichts. — In: Gesch. Wiss. Unterr. 13 (1962), 423—431.

Hillgruber, Andreas: Tondokumente für den Unterricht in Zeitgeschichte. — In: Gesellschaft, Staat, Erziehung 6 (1961), 262—265.

Hoffacker, Helmut [u.] Klaus Hildebrandt: Bestandsaufnahme Geschichtsunterricht. Programmatik, Materialien, Perspektiven. Unter Mitarb. von Michael Friemel [u. a.] – Stuttgart: Metzler 1973. 221 S.

Internationales **Jahrbuch** für Geschichtsunterricht. (Hrsg. von der Arbeitsgemeinschaft Deutscher Lehrerverbände.) Bd 1 (1951). — Braunschweig: Limbach (1951). 339 S.

1000 **Jahre** deutsch-italienischer Beziehungen. Die Ergebnisse der deutsch-italienischen Historikertagungen in Braunschweig (1953), Goslar (1956), Siena (1957), Bamberg (1958) und Erice (1959). — Braunschweig: Limbach (1960). 223 S.
(Schriftenreihe des Internationalen Schulbuchinstituts. 5.)

Kampmann, Wanda: Zur Didaktik der Zeitgeschichte. — Stuttgart: Klett 1968. 128 S.
(Die Zeitgeschichte in der Politischen Bildung.)

Kampmann, Wanda: „... nicht die Taten eines betrunkenen Despoten!" Zur Entstalinisierung der Geschichtsbücher in der DDR. — In: Gesellsch., Staat, Erz. 13 (1968), 158—165.

Kieslich, Günter: Zeitgeschichte auf Schallplatten. — In: Publizistik 4 (1959), 278—295.

Kleßmann, Christoph: Polen in deutschen Geschichtsbüchern. - In: Gesch. Wiss. Unterr. 23 (1972), 731–753.

Klöckener, Rolf: Probleme des Geschichtsunterrichts an den höheren Schulen nach dem Zweiten Weltkrieg. — (München) 1961: (Uni-Druck). IV, 395 S.
München, phil. Diss., 22. Dezember 1960.

Knoop, Anneliese: Europäische Perspektiven im Unterricht. Ein Bericht. — In: Gesch. Wissensch. Unterr. 17 (1966), 679—688.

Kolinsky, Martin [u.] Eva Kolinsky: The treatment of the holocaust in West German textbooks. - In: Yad Vashem Stud. 10 (1974), 149–216.

Küppers, Waltraut: Zur Psychologie des Geschichtsunterrichts. Eine Untersuchung über Geschichtswissen und Geschichtsverständnis bei Schülern. — Bern: Huber; Stuttgart: Klett (1961). 157 S.
(Abhandlungen zur pädagogischen Psychologie. 3.)

Lucas, Friedrich J.: Zur Geschichtsdarstellung im Unterricht. — In: Gesch. Wissensch. Unterr. 16 (1965), 285—298.

Lüdemann, Rudolf: Der Nationalsozialismus im Oberstufenunterricht des Gymnasiums. Beispiel einer kurzen thematischen Behandlung. (Hrsg. von d. Kuratorium f. staatsbürgerl. Bildung, Hamburg.) — (Hamburg 1958: Auerdr.) 23 S.

Menke, J.: Der Antisemitismus. Die Behandlung seiner Erscheinungsformen und seiner Entstehung im Geschichtsunterricht der Oberstufe. — In: Germania Judaica 1962, N. F. H. 1, 1—7.

Messerschmid, Felix: Historische und Politische Bildung. Die geschichtspädagogischen Erwägungen seit 1950 – die Folgerungen. — In: Gesch. Wiss. Unterr. 14 (1963), 3—27.

Messerschmid, Felix: Geschichte und Lehrer der Geschichte an Schule und Universität. — In: Gesch. Wiss. Unterr. 4 (1953), 657—675.

Meyer, Enno: Über die Darstellung der deutsch-polnischen Beziehungen im Geschichtsunterricht. — Braunschweig: Limbach 1956. 19 S.

Mickel, Wolfgang [Wilhelm]: Methodik des politischen Unterrichts. ⟨Gemeinschafts- u. Sozialkunde.⟩ — Frankfurt a. M.: Hirschgrabenverl. 1967. 240 S.

Mickel, Wolfgang: Die Zeitgeschichte in den gymnasialen Lehrplänen für den politischen Unterricht. — In: Gesch. Wiss. Unterr. 22 (1971), 148—161.

Mieleke, Karl: 1917—1945 in den Geschichtsbüchern der Bundesrepublik. — In: Gesch. Wiss. Unterr. 13 (1962), 240—246.

Mohr, Heinrich: Die Schuldfrage im Zusammenhang mit dem 2. Weltkrieg. Begegnung von Geschichtsunterricht und Religionsunterricht. — In: Gesch. Wiss. Unterr. 5 (1954), 282—297.

Müller, Gert: Geschichtsunterricht heute. Universalgeschichte im Zeichen globaler Einheit. — In: Gesch. Wiss. Unterr. 12 (1961), 145—164.

Müller, Heinz: Erziehung zum geschichtlichen Bewußtsein. — In: Gesch. Wiss. Unterr. 3 (1952), 641—647.

Müller, Heinz: Die Macht als Unterrichtsgegenstand. — In: Gesch. Wiss. Unterr. 14 (1963), 237—242.

Multhoff, Robert: Das Bild der deutschen Geschichte im Spiegel amerikanischer Geschichtslehrbücher. — In: Aus Politik und Zeitgeschichte, Beilage zur Wochenzeitung „Das Parlament" vom 3. Dezember 1958, 641—655.

Multhoff, Robert F.: Das amerikanische Bild der deutschen Geschichte. — In: Außenpolitik 10 (1959), 570—576.

Nitschke, August: Angst vor der Macht. Zur politischen Ethik der Geschichtsbücher für die Höheren Schulen. — In: Gesch. Wissensch. Unterr. 18 (1967), 456—466.

Oertel, Helmut: „Mein Kampf" als Quelle im Geschichtsunterricht der Mittelstufe. — In: Gesch. Wissensch. Unterr. 16 (1965), 237—241.

Pawlofsky, Walter: Geschichtsunterricht in der Krise. — In: Gesch. Wiss. Unterr. 11 (1960), 42—44.

Rintelen, Karlludwig: Gemeinschaftskunde und Geschichtsunterricht. Eine Entgegnung auf Gerhard Ritters Aufsatz „Geschichtsunterricht oder Gemeinschaftskunde?" — In: Gesch. Wiss. Unterr. 13 (1962), 705—712.

Ritter, Gerhard: Geschichtsunterricht oder „Gemeinschaftskunde"? — In: Gesch. Wiss. Unterr. 13 (1962), 281—294.

Robinsohn, Saul B[enjamin] u. Chaim Schatzker: Jüdische Geschichte in deutschen Geschichtslehrbüchern. — Braunschweig: Limbach (1963). 53 S.
(Schriftenreihe d. Internat. Schulbuchinst. 7.)

Rohlfes, Joachim: Die Herausforderung der Geschichte durch die „Gemeinschaftskunde". — In: Gesch. Wissensch. Unterr. 16 (1965), 4—19.

Rohlfes, Joachim: Kategorien des Geschichtsunterrichts. — In: Gesch. Wiss. Unterr. 22 (1971), 474—494.

Rudolph, Ludwig Ritter von: Zeitgeschichte im Schulbuch. — In: Dtsch. Rdsch. 86 (1960), 142—145.

Rüsen, Jörn: Zum Verhältnis von Theorie und Didaktik der Geschichte. — In: Gesch. Wiss. Unterr. 26 (1975), 427-441.

Rumpf, Horst: Schule, Geschichtslosigkeit, Entwurzelung. Erwägungen zur gegenwärtigen Hochkonjunktur in Zeitgeschichte. — In: Gesch. Wiss. Unterr. 11 (1960), 692—700.

Rumpf, Horst: Stereotype Vereinfachungen im Geschichtsunterricht. Beobachtungen zur Feinstruktur von Unterrichtsinhalten. — In: Neue Samml. 10 (1970), 42—54.

Rupp, Michael: Die Novemberrevolution 1918/19 in Geschichtsbüchern der Mittelstufe. - In: Gesellsch., Staat, Erz. 17 (1972), 403-407.

Rychner, Max: Vergangenheit bewältigen. Gespräch über ein Schlagwort unserer Zeit. — In: Merkur 15 (1961), 901—913.

Sattler, Rolf-Joachim: Die Französische Revolution in europäischen Schulbüchern. Eine vergleichende Schulbuchanalyse. — Braunschweig: Limbach (1959). 270 S.
(Schriftenreihe des Internationalen Schulbuchinstituts. 4.)

Sattler, Rolf-Joachim: Die Stellung der Zeitgeschichte in ausländischen Schulbüchern. Ein Versuch zur Methode der vergleichenden Schulbuchanalyse. — In: Internat. Jb. Geschichtsunterricht 8 (1961/62), 57—124.

Schallenberger, Horst: Untersuchungen zum Geschichtsbild der Wilhelminischen Ära und der Weimarer Zeit. Eine vergleichende Schulbuchanalyse dtsch. Schulgeschichtsbücher aus der Zeit von 1888 bis 1933. — Ratingen b. Düsseldorf: Henn (1964). 262 S.

Scharffenberg, Renate: Probleme der Zeitgeschichte im Unterricht. — In: Gesellschaft, Staat, Erziehung 3 (1958), H. 1, 27—39.

Schlaich, Heinz Wolfgang: Herrschaft oder Gesellschaft? Zur Stoffauswahl in den Schulbüchern für Geschichte. — In: Polit. Stud. 22 (1971), 386—401.

Schmelzer, Wally: Gedanken zum Nationalsozialismus als Thema des Geschichtsunterrichts und der politischen Erziehung. — In: Sonnenberg-Briefe zur Völkerverständigung 1959, H. 19, 13—20.

Schneider, Gerhard: Bemerkungen zum Geschichtsunterricht im Übergang. Gesellschaftslehre als Alternative? - In: Aus Politik und Zeitgeschichte, Beilage zur Wochenzeitung „Das Parlament" Nr 41 vom 12. Oktober 1974, 37-46.

Schneider, Herbert [u.] Uwe Uffelmann: Außenpolitik im historisch-politischen Unterricht. - In: Gesch. Wiss. Unterr. 29 (1974), 547—562.

Schörken, Rolf: Grundzüge des Geschichtsunterrichts in den USA. — In: Gesch. Wissensch. Unterr. 15 (1964), 743—761.

Schüddekopf, Otto-Ernst: Hier wird Geschichte umgeschrieben. Die europäische Verständigung im Geschichtsunterricht. — In: Polit. Meinung 1957, H. 8, 39—54.

Schüddekopf, Otto-Ernst: Der deutsche Widerstand gegen den Nationalsozialismus. Seine Darstellung in Lehrplänen und Schulbüchern der Fächer Geschichte und Politik in der Bundesrepublik Deutschland. Im Auftrag der Forschungsgemeinschaft 20. Juli. - Frankfurt a. M.: Diesterweg (1977). XIV, 55 S.
(Geschichte lehren und lernen.)

Schulz-Hageleit, Peter: Geschichtsbewußtsein und Menschenbild. Ergebnisse eines Vergleichs von Schulbüchern Frankreichs, der Bundesrepublik Deutschland und der Sowjetunion. - In: Aus Politik und Zeitgeschichte, Beilage zur Wochenzeitung „Das Parlament" Nr 46 vom 16. November 1974, 35–54.

Seibt, Ferdinand: Abschied vom bisherigen Geschichtsunterricht? — In: Dtsch. Rdsch. 83 (1957), 159—165.

Selmeier, Franz: Das nationalsozialistische Geschichtsbild und der Geschichtsunterricht 1933–1945. - o. O. 1969. VII, 407 S.
München, phil. Diss. vom 13. Februar 1970.

Siebert, Horst: Die DDR in neuen westdeutschen Schulbüchern. — In: Gesellsch., Staat, Erz. 16 (1971), 159—171.

Tjaden, K[arl] H[ermann]: Reaktionen von Schülern auf die Behandlung des Themas Nationalsozialismus im Unterricht des Gymnasiums. — In: Gesellsch., Staat, Erzieh. 7 (1962), 238—243.

Tiemann, Dieter: Die Vorgeschichte des Krieges von 1870/71 in deutschen und französischen Schulgeschichtsbüchern. - Wuppertal 1976. VI, 556 S.
Wuppertal, Gesamthochschule, erziehungswiss. Diss. vom 30. September 1976.

Trampe, Gustav: Die Zeitgeschichte in der Schule. — In: Polit. Studien 14 (1963), 267—272.

Uffelmann, Uwe: Problemorientierter Geschichtsunterricht oder Die Frage nach dem Zugang des Schülers zu historischem Denken. - In: Aus Politik und Zeitgeschichte, Beilage zur Wochenzeitung „Das Parlament" Nr. 4 vom 28. Januar 1978, 25–45.

Uffelmann, Uwe: Vorüberlegungen zu einem problemorientierten Geschichtsunterricht im sozialwissenschaftlichen Lernbereich. - In: Aus Politik und Zeitgeschichte, Beilage zur Wochenzeitung „Das Parlament" Nr 33 vom 16. August 1975, 3–23.

Uhe, Ernst: Der Nationalsozialismus in den deutschen Schulbüchern. Eine vergleichende Inhaltsanalyse von Schulgeschichtsbüchern aus der BRD und der DDR. 2. unveränd. Aufl. - Frankfurt a.M.: Lang 1975. 312 S.
(Europäische Hochschulschriften. Reihe 11. Pädagogik. 12.)

Die **USA** im deutschen Schulbuch. — Braunschweig: Limbach (1958). 133 S.
(Schriftenreihe des Internationalen Schulbuchinstituts. 3.)

Deutsch-französische **Vereinbarung** über strittige Fragen europäischer Geschichte. Neudr. März 1958. — Braunschweig: Limbach (1958). 36 S.
Sonderdr. aus: Internat. Jb. f. Gesch. Unterricht 1953.

Wagner, Gisela: Geschichte und Jugend. Aktuelle Probleme des Geschichtsunterrichts. — In: Neue Sammlung 1 (1961), 404—415.

Wagner, Gisela: Quellen und Quelleninterpretation im Unterricht der Geschichte und Gemeinschaftskunde. — In: Gesch. Wiss. Unterr. 20 (1969), 160—172.

Wagner, Helmut: L'histoire récente de la Pologne selon les manuels scolaires de la République fédérale. — In: Cahiers Pologne-Allemagne 1962, No 3, 61—74 und No 4, 63—73.

Wasser, Hartmut: Die Behandlung der Parteien im Politikunterricht der Oberstufe. — In: Gesch. Wissensch. Unterr. 16 (1965), 548—570.

Weidlein, Johann: Das Bild des Deutschen in den heutigen ungarischen Geschichtsschulbüchern. — In: Südostdtsch. Vjbll. 19 (1970), 85—90.

Wende, Peter: Historische Wissenschaft und Didaktik der Geschichte. - In: Gesch. Wiss. Unterr. 26 (1975), 381–389.

Weymar, Ernst: Das Selbstverständnis der Deutschen. Ein Bericht über den Geist des Geschichtsunterrichts der höheren Schulen im 19. Jahrhundert. — Stuttgart: Klett (1961). 232 S.

Weymar, Ernst: Werturteile im Geschichtsunterricht. — In: Gesch. Wiss. Unterr. 21 (1970), 198—215.

Zeitgeschichte und Gegenwartskunde im Unterricht. — Wien: Österr. Bundesverl.; Verl. f. Jugend und Volk 1961. S. 449—516; 49—64.
(= Erziehung u. Unterricht 1961, H. 8.)

Österreichische **Zeitgeschichte** im Geschichtsunterricht. Bericht über d. Expertentagung von 14. 12. bis 16. 12. 1960 in Reichenau. (Die Hrsg. besorgte Anton Kolbabek.) —Wien: Österr. Bundesverl. (1961). 240 S.

3. GESELLSCHAFT UND POLITIK

Sozialwissenschaftliche Fragestellungen

<u>Allgemeines</u>

Abel, Gerd: Wissenschaftssprache und Gesellschaft. Zur Kritik der Sozialwissenschaften. - Opladen: Westdtsch. Verl. 1975. 119 S.
(Studien zur Sozialwissenschaft. 28.)

Adam, Uwe Dietrich: Anmerkungen zu methodologischen Fragen in den Sozialwissenschaften. Das Beispiel Faschismus und Totalitarismus. - In: Polit. Vjschr. 16 (1975), 55–88.

Adler, H[ans] G[ünther]: Die Freiheit des Menschen. Aufsätze zur Soziologie und Geschichte. - Tübingen: Mohr 1976. 358 S.

Adorno, Theodor W[iesengrund]: Soziologische Schriften. – (Frankfurt a.M.:) Suhrkamp.
  I. (Hrsg. von Rolf Tiedemann.) (1972). 587 S.
  II. (Hrsg. von Susan Buck-Morss u. Rolf Tiedemann.) (1975).
    1. 509 S.
    2. 415 S.
(Adorno: Gesammelte Schriften. 8. 9. 1,2.)

Aron, Raymond: Die deutsche Soziologie der Gegenwart (La sociologie allemande contemporaine, dt.). Eine systematische Einführung. Übers. u. bearb. von Iring Fetscher. — Stuttgart: Kröner (1953). XIV, 200, 7 S.
(Kröners Taschenausgabe. 214.)

Aron, Raymond: Die deutsche Soziologie der Gegenwart (La sociologie allemande contemporaine, dt.) Systematische Einführung in das soziol. Denken. Übers. u. bearb. von Irving Fetscher. [2. Aufl.] — Stuttgart: Kröner (1965). XIV, 204 S.
(Kröners Taschenbuchausgabe. 214.)

Baier, Horst: Soziologie und Geschichte. Überlegungen zur Kontroverse zwischen dialektischer und neupositivistischer Soziologie. — In: Arch. Rechts- u. Sozialphilos. 52 (1966), 67—91.

Behrendt, Richard F.: Der Beitrag der Soziologie zum Verständnis internationaler Probleme. — In: Schweiz. Z. Volkswirtsch. Statistik 91 (1955), 145—170.

Bergstraesser, Arnold: Deutsche und amerikanische Soziologie. — In: Vjh. Zeitgesch. 1 (1953), 222—243.

Birnbaum, Norman: Toward a critical sociology. — New York: Oxford University Press 1972. 451 S.

Birnbaum, Pierre [u.] François Chazel [Ed.]: Sociologie politique. Paris: Colin 1971. Vol. 1.2.
  1. 352 S.
  2. 416 S.
(Coll. „U 2". 162—164.)

Bosse, Hans: Marx, Weber, Troeltsch. Religionssoziologie und marxistische Ideologiekritik. — (München:) Kaiser (1970). 154 S.
(Gesellschaft und Theologie. Abt. Sozialwiss. Analysen. 2.)
Diss., Universität Heidelberg.

Braun, Hans [u.] Alois Hahn: Wissenschaft von der Gesellschaft. Entwicklung und Probleme. – Freiburg: Alber 1973. 162 S.
(Alber-Broschur. Rechts- u. Sozialwiss.)

Brimo, Albert: Les méthodes des sciences sociales. – Paris: Montchrestien 1972. 418 S.
(Coll. „Université nouvelle".)

Clemenz, Manfred: Soziologie zwischen Erfahrungswissenschaft und Spekulation. Neue Aspekte der methodologischen und theoretischen Diskussion. — In: Neue pol. Lit. 14 (1969), 58—71.
Literaturbericht.

Clercq, Bertrand (Julian) de: Soziologie und moderne Gesellschaft [Socialisering en sociologie, dt.]. Ein Essay über das soziale Problem. (Aus d. Holländ. übers. von M. Fuhrmann-Plemp van Duiveland.) — München: Manz (1968). 135 S.
(Reflexion. 7.)

Dahrendorf, Ralf: Die Soziologie und der Soziologe. Zur Frage von Theorie und Praxis. — Konstanz: Druckerei u. Verlagsanst. Konstanz [1967]. 34 S.
(Konstanzer Universitätsreden. 6.)

Dick, Franz: Kritik der bürgerlichen Sozialwissenschaften. Theorie und Empirie, Theorie und Praxis, Forschungsprozeß und Wirtschaftstheorie. – Heidelberg: Sendler 1974. 532 S.

Duverger, Maurice: Sociologie de la politique. Eléments de science politique. – Paris: Presses universitaires de France 1973. 452 S.
(Coll. "Thémis. Sér. Sciences politiques". 1.)

Einführung in die Soziologie. Von Alfred Weber in Verb. mit Herbert von Borch [u. a.] — München: Piper (1955). 525 S.

Eisermann, Gottfried: Wirtschaftstheorie und Soziologie. — Tübingen: Mohr 1957. 26 S.
(Recht und Staat in Geschichte und Gegenwart. 205.)

Engelmann, Konrad: Wirtschaft und Wissenschaft. Wege und Irrwege der ökonomischen Forschung und Lehre zu ihrer sozialwissenschaftlichen Bestimmung. Mit e. Vorw. von Fritz Neumark. — Berlin: Duncker & Humblot (1971). 269 S.
(Volkswirtschaftliche Schriften. 167.)

Fitzhenry, R., Clyde Mitchell [u.] D. H. J. Morgan: Modern sociology. Introductionary readings. — Harmondsworth: Penguin Books 1970. 511 S.

Friedrichs, Robert W.: A sociology of sociology. — New York: Free Press 1970. XXIII, 429 S.

Fürstenberg, Friedrich: Soziologie. Hauptfragen und Grundbegriffe. — Berlin: de Gruyter 1971. 154 S.
(Sammlung Göschen. 4000.)

Gehlen, Arnold: Soziologie als Verhaltensforschung: — In: Z. ges. Staatswiss. 115 (1959), 1—12.

Gehlen, Arnold: Studien zur Anthropologie und Soziologie. — Neuwied a. Rh.: Luchterhand (1963). 355 S.
(Soziologische Texte. 17.)

Gilles, Ernst-Dieter: Struktur und Dynamik soziologischer Systeme. - München: Oldenbourg 1974. 156 S.
(Methoden der Regelungstechnik.)

Gittler, Joseph B. [Ed.]: Review of sociology. Analysis of a decade. — New York: Wiley; London: Chapman & Hall 1957. IX, 588 S.

Goldmann, Lucien: Gesellschaftswissenschaften und Philosophie (Sciences humaines et philosophie, dt.) (Aus d. Französ. von Friedrich Griese.) – Frankfurt a. M.: Europ. Verl.-Anst. 1971. 123 S.
(Kritische Studien zur Philosophie.)

Grawitz, Madeleine: Méthodes des sciences sociales. (Nouv. éd.) – Paris: Dalloz 1972. X, 1025 S.
(Coll. „Précis Dalloz".)

Greiffenhagen, Martin: Zum Begriff der Sozialwissenschaften. — In: Schweizer Monatsh. 48 (1968/69), 964—972.

Grieswelle, Detlef: Allgemeine Soziologie. Gegenstand, Grundbegriffe und Methode der Soziologie. - Stuttgart: Kohlhammer 1974. 112 S.
(Urban-Taschenbücher. 177.)

Habermas, Jürgen: Zur Logik der Sozialwissenschaften. Materialien. — (Frankfurt a.M.:) Suhrkamp (1970). 329 S.
(Edition Suhrkamp. 481.)

Handwörterbuch der Sozialwissenschaften. Zugleich Neuaufl. des Handwörterbuch der Staatswissenschaften. Hrsg. von Erwin v. Beckerath, Carl Brinkmann [u. a.] — Stuttgart: G. Fischer; Tübingen: Mohr; Göttingen: Vandenhoeck & Ruprecht.
1. Abbe—Bergson. 1956. X, 784 S.
2. v. Bernhardi-Distribution (II). 1959. IX, 654 S.
3. Domänen — Fondswirtschaft. 1961. X, 803 S.
5. Handelsrecht — Kirchliche Finanzen. 1956. IX, 640 S.
6. Klasse und Stand—Lösch. 1959. VIII, 644 S.
7. Lohn (I) — Notariat. 1961. X, 634 S.
8. Nutzen—Reparationen. 1964. X, 821 S.
9. Restitution — Stadt. 1956. XI, 800 S.
10. Städtebau — Verbrauchsteuern. 1959. XI, 643 S.
11. Verbundwirtschaft —Wert. 1961. IX, 658 S.

Heberle, Rudolf: Hauptprobleme der politischen Soziologie. — Stuttgart: Enke 1967. XI, 363 S.

Hirsch, Wolfgang: Philosophie und Sozialwissenschaften. Vorw. von Gottfried Eisermann. - Stuttgart: Enke 1974. XII, 199 S.
(Bonner Beiträge zur Soziologie. 15.)

Hofmann, Werner: Gesellschaftslehre als Ordnungsmacht. Die Werturteilsfrage heute. — Berlin: Duncker & Humblot 1961. 153 S.

Homans, George C[aspar]: Grundfragen soziologischer Theorie. Aufsätze. (Übers. von Bernd Liedtke u. Viktor Vanberg.) Hrsg. u. mit e. Nachw. vers. von Viktor Vanberg. - Opladen: Westdtsch. Verl. 1972. 175 S.

Homans, George Caspar: Was ist Sozialwissenschaft? (The nature of social science, dt.) (Dtsch. Übers. aus d. Amerikan. von Walther Vontin.) — Köln: Westdtsch. Verl. 1969. 97 S.
(WV-Sammlung Soziologie.)

Horkheimer, Max und Theodor W. Adorno: Reden und Vorträge. — Frankfurt a. M.: Europ. Verl.-Anst. (1962). 240 S.
(Frankfurter Beiträge zur Soziologie. 10.)
(Sociologica. 2.)

Horowitz, Irving Louis [Ed.]: The new sociology. — New York: Oxford University Press 1964. 512 S.

Jaccard, Pierre: Introduction aux sciences sociales. — Toulouse: Privat [Paris, dépôt: Diffédit] 1971. 128 S.
(Coll. „Regard".)

Jager, Hugo de [u.] Albert Louis Mok: Grundlegung der Soziologie (Grondbeginselen der sociologie, dt.) (Autoris. Übers. von Willy Leson.) - Köln: Bachem 1972. 305 S.

Jonas, Friedrich: Zur Aufgabenstellung der modernen Soziologie. — In: Arch. Rechts- u. Sozialphilos. 52 (1966), 349—375.

Jonas, Friedrich: Geschichte der Soziologie. - Reinbek b. Hamburg: Rowohlt.
1. Aufklärung, Liberalismus, Idealismus, Sozialismus, Übergang zur industriellen Gesellschaft. Mit Quellentexten. 1976. 490 S.
2. Von der Jahrhundertwende bis zur Gegenwart. Mit Quellentexten. 1976. 520 S.
(rororo-Studium. 92. 93.)

Jonas, Friedrich: Logik der Sozialwissenschaften. — In: Staat 7 (1968), 329—351.

Karrenberg, Friedrich und Hans Albert [Hrsg.]: Sozialwissenschaft und Gesellschaftsgestaltung. Festschrift f. Gerhard Weisser. Unter Mitarbeit von Hubert Raupach. — Berlin: Duncker & Humblot (1963). 500 S.

Kerlinger, Fred N.: Grundlagen der Sozialwissenschaften (Foundations of behavioral research, dt.) Aus d. Amerikan. übertr., bearb. u. hrsg. von W. Conrad u. P. Strittmatter. - Weinheim: Beltz.
1. 1975. 576 S.
(Beltz-Studienbuch. 58.)

Klages, Helmut: Geschichte der Soziologie. — München: Juventa Verl. (1969). 207 S.
(Grundfragen der Soziologie. 3.)

Kluth, Heinz: Soziologie. - Darmstadt: Habel [1974]. 287 S.
(Das Wissen der Gegenwart. Geisteswiss.)

König, René: Die Freiheit der Distanz. Der Beitrag des Judentums zur Soziologie. — In: Monat 13 (1961), H. 155, 70—76.

König, René: Soziologische Orientierungen. Vorträge u. Aufsätze. — Köln: Kiepenheuer & Witsch (1965). 574 S.

Kreckel, Reinhard: Soziologisches Denken. Eine kritische Einführung. - Opladen: Leske 1975. 224 S.

Kritik der bürgerlichen Sozialwissenschaften. — (Berlin: Argument-Verl. 1969). 313 S.
(Das Argument. Sonderbd. 50.)

Kühnl, Reinhard: Sozialwissenschaftliche Nachschlagewerke. Ein Literaturbericht. - In: Bll. dtsch. internat. Pol. 19 (1974), 294–305.

Lange, Max G.: Politische Soziologie. Eine Einführung. — Berlin, Frankfurt a. M.: Vahlen 1961. 238 S.

Lazarsfeld, Paul: Qu'est que la sociologie? — Paris: Gallimard 1971. 253 S.
(Coll. „Idées". 238.)

Lexikon zur Soziologie. Hrsg. von Werner Fuchs [u. a.] Mit e. Vorw. von Otthein Rammstedt. - Opladen: Westdtsch. Verl. 1973. 783 S.

Luhmann, Niklas: Soziologische Aufklärung. Aufsätze zur Theorie sozialer Systeme. — Köln: Westdtsch. Verl. 1970. 268 S.

Luhmann, Niklas: Soziologische Aufklärung. - Köln: Westdtsch. Verl.
2. Aufsätze zur Theorie der Gesellschaft. 1975. 221 S.

Mackenzie, W. J. M.: Politics and social science. — Harmondsworth: Penguin Books 1967. 423 S.

Martin, Alfred von: Soziologie. Die Hauptgebiete im Überblick. — Berlin: Duncker & Humblot (1956). Getr. Pag.
  Sonderdr. aus: Handbuch für Sozialkunde.

Mayntz, Renate, Kurt Holm [u.] Peter Hübner: Einführung in die Methoden der empirischen Soziologie. 2., erw. Aufl. - Opladen: Westdtsch. Verl. 1971. 239 S.

Messelken, Karlheinz: Politikbegriffe der modernen Soziologie. Eine Kritik d. Systemtheorie, begründet aus ihren Implikationen für d. gesellschaftliche Praxis. — Köln: Westdtsch. Verl. 1968. 223 S.
  (Beiträge zur soziologischen Forschung. 2.)
  Diss., Münster i. W.

Miller, Andreas: Methoden und Ansätze der Soziologie. — In: Universitas 24 (1969), 291—298.

Mills, C[harles] Wright: Kritik der soziologischen Denkweise (The sociological imagination, dt.) (Aus d. Engl. übers. von Albrecht Kruse.) — Neuwied a. Rh.: Luchterhand (1963). 295 S.
  (Soziologische Texte. 8.)

Mühlfeld, Klaus [u.] Michael Schmid: Soziologische Theorie. - Hamburg: Hoffmann & Campe 1974. 626 S.
  (Reader.)

Münch, Richard: Evolutionäre Strukturmerkmale komplexer sozialer Systeme am Beispiel des Wissenschaftssystems. - In: Kölner Z. Soziol. u. Sozialpsychol. 26 (1974), 681-714.

Myrdal, Gunnar: Das Wertproblem in der Sozialwissenschaft (Value in social history, dt.) Mit e. Einf. u. e. Anh. von Paul Streeten. D. Übers. besorgten Suzanne Reichstein u. Manfred Schüler. 2. Aufl. - Bonn-Bad Godesberg: Verl. Neue Gesellsch. (1975). 274 S.
  (Schriftenreihe des Forschungsinstituts der Friedrich-Ebert-Stiftung. 40.)

Niezing, Johan: Aufgaben und Funktionen der Soziologie (Functies der sociologie, dt.) Betrachtungen über ihre Bedeutung f. Wissenschaft u. Ges. (Aus d. Holländ. übers. von Ion Beyerman.) — Köln: Westdtsch. Verl. 1967. 159 S.

Oertzen, Peter von: Überlegungen zur Stellung der Politik unter den Sozialwissenschaften. — In: Kölner Z. Soziol. Sozialpsych. 17 (1965), 503—520.

Opp, Karl-Dieter: Kybernetik und Soziologie. Zur Anwendbarkeit und bisherigen Anwendung der Kybernetik in der Soziologie. — (Neuwied:) Luchterhand (1970). 46 S.

Opp, Karl-Dieter: Methodologie der Sozialwissenschaften. Einführung in die Probleme ihrer Theorienbildung. - (Reinbek b. Hamburg:) Rowohlt (1970). 332 S.
  (Rowohlts deutsche Enzyklopädie. 339/341.)

Plessner, Helmuth: Der Weg der Soziologie in Deutschland. — In: Merkur 14 (1960), 1—16.

Der **Positivismusstreit** in der deutschen Soziologie. [Von] Theodor W. Adorno [u. a.] Mit e. Einl. von Theodor W. Adorno. - (Neuwied:) Luchterhand (1972). 347 S.
  (Sammlung Luchterhand. 72.)
  (Soziologische Texte. 58.)

Prélot, Marcel: Sociologie politique. - Paris: Dalloz 1973. 711 S.
  (Coll. „Précis Dalloz".)

Pross, Helge: Die unbekannte Wissenschaft. Vom gegenwärtigen Stand der deutschen Soziologie. — In: Frankf. H. 10 (1955), 713—723.

Rex, John: Grundprobleme der soziologischen Theorie (Key problems of sociological theory, dt.) (Aus d. Engl. von Christa u. Johannes Feest.) — Freiburg: Rombach (1970). 239 S.
  (Rombach-Hochschul-Paperback. 16.)

Rosenstock-Huessy, Eugen: Soziologie. — Stuttgart: Kohlhammer.
  1. Die Übermacht der Räume. 1958. 335 S.

Roth, Guenther: Das historische Verhältnis der Weberschen Soziologie zum Marxismus. — In: Kölner Z. Soziol. Sozialpsych. 20 (1968), 429—447.

Rothe, Wolfgang: Zur Einführung in die Soziologie. — In: Neue polit. Lit. 1 (1956), 11—26.
  Literaturbericht.

Rothe, Wolfgang: Die Situation der Soziologie in Deutschland. — In: Dtsch. Rdsch. 80 (1954), 32—40.

Runciman, W[alter] G[arrison]: Sozialwissenschaft und politische Theorie (Social science and political theory, dt.) (Aus d. Engl. von Marianne Kalow.) — (Frankfurt a. M.:) Suhrkamp (1967). 199 S.
  (Theorie. 2.)

Rust, Holger: Soziologie als Planungswissenschaft. Gedanken zur gegenwärtigen soziologischen Literatur der DDR. - In: Kölner Z. Soziol. Sozialpsychol. 23 (1971), 98-109.

Salomon-Delatour, Gottfried: Politische Soziologie. — Stuttgart: Enke 1959. 261 S.

Schenda, Rudolf: Volk ohne Buch. Studien zur Sozialgeschichte der populären Lesestoffe 1770-1910. - (München:) Dtsch. Taschenbuchverl. (1977). 607 S.
  (dtv. 4282.)

Schmickl, Emil: Soziologie und Sozialismustheorie in der DDR. - (Köln: Verl. Wissenschaft u. Politik 1973). 92 S.
  (Bibliothek Wissenschaft und Politik. 6.)

Schneider, Peter K[arlfried]: Grundlegung der Soziologie. — Stuttgart: Kohlhammer (1968). 110 S.
  (Lebendiges Wissen.)

Schoeck, Helmut: Geschichte der Soziologie. Ursprung und Aufstieg der Wissenschaft von der menschlichen Gesellschaft. (Gekürzte u. bearb. Neuausg.) - Freiburg: Herder 1974. 380 S.
  (Herderbücher. 475.)

Seger, Imogen: Außenseiter und Modewissenschaft. Die Soziologie in der Alten und Neuen Welt. — In: Polit. Meinung 5 (1960), H. 49, 62—74.

Die gegenwärtige **Situation** der Soziologie. Hrsg. von Gottfried Eisermann. — Stuttgart: Enke 1967. IX, 294 S.
(Bonner Beiträge zur Soziologie. 2.)

Historische **Sozialwissenschaften**. Beiträge zur Einführung in die Forschungspraxis. Hrsg. von Reinhard Rürup. — Göttingen: Vandenhoeck & Ruprecht (1977). 161 S.
(Kleine Vandenhoeck-Reihe. 1431.)

Moderne amerikanische **Soziologie**. Neuere Beiträge zur soziologischen Theorie. Hrsg. u. eingel. von Heinz Hartmann. — Stuttgart: Enke 1967. X, 418 S.

Soziologie und Sozialgeschichte. Aspekte und Probleme. Hrsg. von Peter Christian Ludz. - Opladen: Westdtsch. Verl. (1973). 623 S.
(Kölner Zeitschrift für Soziologie und Sozialpsychologie. Sonderh. 16.)

Stammer, Otto [u.] Peter Weingart: Politische Soziologie. Unter Mitarb. von Hans-Helmut Lenke. - München: Juventa-Verl. 1972. 239 S.
(Grundfragen der Soziologie. 14.)

Stewart, Elbert W. [u.] James A. Glynn: Introduction to sociology. - New York: McGraw-Hill 1971. 321 S.

Stieken, Werner: Das entwickelte gesellschaftliche System des Sozialismus. Die Rolle der Gesellschaftswissenschaften. — In: Dtsch. Stud. 7 (1969), 399—408.

Supek, Rudi: Soziologie und Sozialismus (Sociologija i socijalizam, dt.) Probleme und Perspektiven. (Nach d. vom Autor für d. dtsch. Ausg. rev. Orig.-Ausg. aus d. Serbokroat. übers. von Karl Held.) — Freiburg: Rombach (1970). 246 S.
(Sammlung Rombach. N. F. 8.)

Sztompka, Piotr: Teoria i wyjaśnienie. Z metodologicznych problemów socjologii. - Warszawa: Państwowe Wyd. Naukowe 1974. 235 S.

Theorie, Handeln und Geschichte. Erklärungsprobleme in den Sozialwissenschaften. [Hrsg.:] Bernhard Giesen [u.] Michael Schmid. - (Hamburg:) Hoffmann & Campe (1975). 352 S.
(Reader.)

Tönnies, Ferdinand: Einführung in die Soziologie. Nachdr. mit e. Einf. von Rudolf Heberle. — Stuttgart: Enke 1965. XXVIII, 327 S.

Voigt, Dieter: Soziologie in der DDR. Eine empirische Untersuchung. - Köln: Verl. Wissenschaft u. Politik 1975. 334 S.

Wallner, Ernst M[axim]: Soziologie. Einf. in Grundbegriffe und Probleme. — Heidelberg: Quelle & Meyer 1970. 267 S.

Wiehn, Erhard R[oij]: Erkenntnis und Veränderung. Zu einer liberalen Sozialwissenschaft. — (Tübingen: Huth 1970). 179 S.
(Das wissenschaftliche Arbeitsbuch. 8, 11.)

Winter, Gibson: Grundlegung einer Ethik der Gesellschaft (Elements for a social ethic, scientific and ethical perspectives on social process, dt.) Sozialwissenschaft, Ethik und Gesellschaftspolitik. (Aus d. Amerikan. von Burkhard Müller u. Konrad Raiser.) — (München:) Kaiser (1970). 302 S.
(Gesellschaft und Theologie. Abt. sozialwiss. Analysen. 3.)

Wörterbuch der Soziologie. Unter Mitarbeit zahlreicher Fachleute hrsg. von Wilhelm Bernsdorf und Friedrich Bülow. — Stuttgart: Enke 1955. VII, 640 S.

Wössner, Jakobus: Soziologie. Einführung und Grundlegung. — Köln: Böhlau 1970. 300 S.

Sozialpolitik

Badura, Bernhard [u.] Peter Gross: Sozialpolitische Perspektiven. Eine Einführung in Grundlagen und Probleme sozialer Dienstleistungen. Unter Mitarb. von Ilona Kickbusch u. Elisabeth Lins. - München: Piper 1976. 360 S.
(Piper Sozialwissenschaft. 36.)

Kaufmann, Franz-Xaver: Sicherheit als soziologisches und sozialpolitisches Problem. Untersuchungen zu einer Wertidee hochdifferenzierter Gesellschaften. — Stuttgart: Enke 1970. XII, 396 S.
(Soziologische Gegenwartsfragen. N. F. 31.)
Habil.-Schrift, Münster.

Staatliche **Sozialpolitik** im Sozialsektor. Hrsg. von Axel Murswieck. - München: Piper (1976). 214 S.
(Piper Sozialwissenschaft. 30.)

Soziologie und Sozialpolitik. Hrsg. von Christian von Ferber u. Franz-Xaver Kaufmann. - (Opladen:) Westdtsch. Verl. (1977). 649 S.
(Kölner Zeitschrift für Soziologie und Sozialpsychologie. Sonderh. 19.)

Bevölkerungsgeschichte

Dreesmann, Bernd V.: Probleme der Bevölkerungslawine. — In: Stimmen d. Zeit 93 (1968), Bd 182, 238—250.

Kristensen, Thorkil: Development in rich and poor countries. A general theory with statistical analysis. - New York: Praeger 1974. 164 S.

Piotrow, Phillis Tilson: World population crisis. The United States response. Forew. by George H. Bush. - New York: Praeger 1973. 276 S.
(Praeger Special Studies in International Economics and Development.)

Schildt, Gerhard: Wachstum und Stagnation der sozialen Mobilität im 19. und 20. Jahrhundert. Überlegungen zu mobilitätsfördernden und -hemmenden Faktoren. - In: Kölner Z. Soziol. u. Sozialpsychol. 29 (1977), 702–730.

Schubnell, Hermann: Der kommende internationale Bevölkerungsanstieg. Ergebnisse demographischer Forschung. — In: Universitas 21 (1966), 621—628.

Schubnell, Hermann: Das Wachstum der Weltbevölkerung. — In: Monat 13 (1961), H. 153, 62—68.

Ungern-Sternberg, Roderich von: Eine Diagnose des derzeitigen Zustandes der Weltbevölkerung. — In: Z. ges. Staatswiss. 117 (1961), 241—257.

Probleme der Gesellschaft

Allgemeines

Abendroth, Wolfgang: Antagonistische Gesellschaft und politische Demokratie [Teilsamml.] Aufsätze z. polit. Soziologie. — (Neuwied:) Luchterhand (1967). 578 S.
(Soziologische Texte. 47.)

Adler, H[ans] G[ünther]: Die Erfahrung der Ohnmacht. Beiträge zur Soziologie unserer Zeit. — (Frankfurt a. M.:) Europ. Verl. Anst. (1964). 273 S.
(Sammlung „res novae". 29.)

Adorno, Theodor W.: Aufsätze zur Gesellschaftstheorie und Methodologie [Teilsamml.] — (Frankfurt a. M.:) Suhrkamp (1970). 244 S.
(Theorie.)

Ahlberg, René: Das Proletariat. Die Perspektiven der Arbeiterklasse in der Industriegesellschaft. - Stuttgart: Kohlhammer 1974. 117 S.
(Urban-Taschenbücher. 861.)

Aich, Thomas: Massenmensch und Massenwahn. Zur Psychologie des Kollektivismus. 6.—10. Ts. — München: Verl. Bayer. Union 1947. 239 S.

Allardt, Erik [u.] Rokkan Stein: Mass politics. Studies in political sociology. — New York: Free Press 1970. XII, 400 S.

Arendt, Hannah: Authority in the twentieth century. — In: Rev. Politics 18 (1956), 403—417.

Arendt, Hannah: Macht und Gewalt (On violence, dt.) (Von d. Verf. durchges. Übers. aus d. Engl. von Gisela Uellenberg.) — (München:) Piper 1970). 106 S.

Aron, Raymond: Die industrielle Gesellschaft (Dix-huit leçons sur la société industrielle, dt.) 18 Vorlesungen. (Aus d. Französ. übertr. von Gernot Gather.) — (Frankfurt a. M.:) Fischer Bücherei (1964). 269 S.
(Fischer Bücherei. 636.)

Assel, Hans-Günther: Die Profitthese und ihre Kritiker. Zur Auseinandersetzung pluralistischer und marxistischer Gesellschaftstheorie. - In: Polit. Stud. 26 (1975), 123–138.

Die **Autorität** und die Deutschen. Hrsg. von C[arl] G[ünter] Schmidt-Freytag. — München: Delp (1966). 155 S.

Bachrach, Peter: The theory of democratic elitism. A critique. — Boston: Little, Brown 1967. 109 S.

Badner, Heinz: Revolution und moderne Industriegesellschaft. — In: Polit. Stud. 20 (1969), 663—671.

Baudin, Louis: Die Theorie der Eliten. — In: Schweiz. Monatsh. 32 (1952/53), 636—647.

Becker, Howard und Alvin Boskoff [Ed.]: Modern sociological theory. — New York: Dryden Press. 1958. 756 S.

Bednarik, Karl: Kultur und Massengesellschaft. — In: Gewerksch. Monatsh. (1953), 531—537.

Behrendt, Richard F[ritz]: Zwischen Anarchie und neuen Ordnungen. Soziolog. Versuche über Probleme unserer Welt im Wandel. — Freiburg: Rombach (1967). 451 S.
(Sammlung Rombach.)

Bergstraesser, Arnold: Die Soziologie der Freiheit. Alfred Weber zum Gedächtnis. — In: Außenpolitik 10 (1959). 141—149.

Berman, Marshall: The politics of authenticy. Radical individualism and the emergence of modern society. — New York: Atheneum 1970. XXIV, 325 S.
(Studies in Political Theory.)

Bettelheim, Bruno: Aufstand gegen die Masse (The informed heart, dt.) Die Chance d. Individuums in d. modernen Gesellschaft. (Übers. aus d. Amerikan.: Hermann Schroeder u. Paul Horstrup.) — München: Szczesny (1964). 331 S.

Bettelheim, Bruno [u.] Morris Janowitz: Social change and prejudice, including dynamics of prejudice. — London: Free Press of Glencoe; Collier-Macmillan (1964). XI, 337 S.

Birnbaum, Norman: Die Krise der industriellen Gesellschaft (The crisis of industrial society, dt.) (Aus d. Amerikan. von Waltraud Stein u. Klaus Figge.) – Frankfurt a. M.: Suhrkamp 1972. 167 S.
(Edition Suhrkamp. 386.)

Borelius, Alexander: Das Ende der Vernunft. Eine Beschäftigung mit dem Problem der Macht. — Hamburg, Stuttgart: Rowohlt 1947. 201 S.

Bottomore, Thomas Burton: Elite und Gesellschaft (Elites and society, dt.) Eine Übersicht über die Entwicklung des Elitenproblems. (Aus d. Engl. übertr. von Gerda Kunz u. Sieglinde Summerer.) 3. Aufl. – München: Beck 1974. 178 S.
(Beck'sche schwarze Reihe. 40.)

Bottomore, T[homas] B[urton]: Die sozialen Klassen in der modernen Gesellschaft (Classes in modern society, dt.) (Aus d. Engl. von Jürgen Wilhelm.) — (München:) Nymphenburger Verlagshandl. (1967). 143 S.
(Sammlung Dialog. 21.)

Bröll, Werner: Klassenkonflikt und moderne Gesellschaft. — In: Polit. Stud. 22 (1971), 623—633.

Brückner, Peter: Analyse des Vorurteils. Begriff, Genese, soziale und politische Bedeutung. — In: Tribüne 5 (1966), 2091—2111.

Buckingham, Walter: Automation und Gesellschaft (Automation, its impact on business and people, dt.) (Aus d. Amerikan. übers. von Norbert Junius.) — (Frankfurt a. M.:) S. Fischer (1963). 230 S.
(Welt im Werden.)

Burton, John W.: World society. – New York: Cambridge University Press 1972. 180 S.

Canetti, Elias: Masse und Macht. — Hamburg: Claassen (1960). 568 S.

Carr, Edward Hallett: Die neue Gesellschaft (The new society, dt.) Aspekte der Massendemokratie. (Vorträge. Aus d. Engl. übers. von Klaus Figge u. Waltraud Stein.) — (Frankfurt a. M.): Suhrkamp (1968). 135 S.
(Edition Suhrkamp. 281.)

Cartwright, Dorwin und Alvin Zander [Ed.]: Group dynamics. Research and theory. — London: Tavistock Publications (1954). XIII, 642 S.

Conze, Werner: Das Ende des Proletariats. — In: Vjh. Zeitgesch. 4 (1956), 62—66.

Daàge, Félix Colmet: La classe bourgeoise. Ses origines, ses lois d'existence, son rôle social. — Paris: Nouvelles Edit. Latines (1959). 317 S.

Dahrendorf, Ralf: Am Ende einer Gesellschaftspolitik des status quo. — In: Offene Welt 1962, H. 75, 42—54.

Dahrendorf, Ralf: Essays in the theory of society. — Stanford: Stanford University Press 1968. 300 S.

Dahrendorf, Ralf: Homo sociologicus. Ein Versuch zur Geschichte, Bedeutung u. Kritik d. Kategorie d. sozialen Rolle. 4., erw. Aufl. — Köln: Westdtsch. Verl. 1964. 92 S.

Dahrendorf, Ralf: Konflikt und Freiheit. Auf dem Weg zur Dienstklassengesellschaft. — München: Piper 1972. 336 S.
(Gesammelte Abhandlungen / Ralf Dahrendorf. 2.)

Dahrendorf, Ralf: Die Politik der Massengesellschaft. Amerikanische Theorien und europäische Realitäten. — In: Hamburger Jb. f. Wirtschafts- u. Gesellschaftspolitik 9 (1964), 187—199.

Daim, Wilfried: Die kastenlose Gesellschaft. (Aus d. Inst. f. Politische Psychologie in Wien.) — München: Manz (1960). 543 S.

Dais, Eugene E.: Law, authority and social change. The moral dilemma of „ordered liberty" in modernizing traditional societies. — In: Arch. Rechts- u. Sozialphilos. 57 (1971), 161—185.

Danziger, Kurt: Sozialisation (Socialization, dt.) Konzeptionelle Probleme, Methodologie und Ergebnisse. (Die dtsch. Übers. besorgte E. Drope.) — Düsseldorf: Schwann (1974). 163 S.
(Schule in der Gesellschaft.)

Djilas, Milovan: Die unvollkommene Gesellschaft (Nesavršeno društvo, dt.). Jenseits der „Neuen Klasse". (Ins Dtsch. übertr. von Zora Shaked.) — München: Molden (1969). 255 S.

Drucker, Peter F[erdinand]: Die Zukunft der Industriegesellschaft (The future of industrial man, dt.) (Aus d. Amerikan. übertr. von Johanna Schiche.) — Düsseldorf: Econ-Verl. (1967). 260 S.

Ebert, Theodor: Gewaltfreier Aufstand. Alternative zum Bürgerkrieg. — Freiburg: Rombach (1968). 408 S.
(Sozialwissenschaft in Theorie und Praxis.)

Edinger, Lewis J[oachim], [u.] Donald D. Searing: Social background in elite analysis. A methodological inquiry. — In: Amer. Polit. Science Rev. 61 (1967), 428—445.

Ehrenstein, Walter: Dämon Masse. Neue Erfahrungen auf dem Gebiete der Massenpsychologie in Deutschland. — Frankfurt a. M.: Kramer 1953. 96 S.

Ehrenstein, Walter: Die Entpersönlichung. Masse und Individuum im Lichte neuerer Erfahrungen. — Frankfurt a. M : Kramer (1952). 160 S.

Eisermann, Gottfried: Wirtschaft u. Gesellschaft. — Stuttgart: Enke (1964). VII, 256 S.
(Bonner Beiträge zur Soziologie. 1.)

'Demokratische' **Elitenherrschaft.** Traditionsbestände eines sozialwissenschaftlichen Problems. Hrsg. von Wilfried Röhrich. — Darmstadt: Wiss. Buchges. 1975. XII, 359 S.
(Wege der Forschung. 239.)

Emerich, Francis: Ethnos und Demos. Soziologische Beiträge zur Volkstheorie. — Berlin: Duncker & Humblot (1965). 410 S.

Endruweit, Günter: Der Schritt zur Industriegesellschaft. Der Begriff der Industriegesellschaft als Berührungspunkt zwischen Industriesoziologie und Entwicklungssoziologie. — In: Kölner Z. Soziol. Sozialpsych. 19 (1967), 454—483.

Eschenburg, Theodor: Über Autorität. — (Frankfurt a. M.:) Suhrkamp (1965). 181 S.
(Edition Suhrkamp.)

Falk, Richard A.: The status of law in international society. — Princeton, N. J.: Princeton University Press 1970. 678 S.

Fechner, Erich: Die soziologische Grenze der Grundrechte. Versuch einer Ordnung der einwirkenden Kräfte zum Zwecke ihrer besseren Beherrschung. — Tübingen: Mohr 1954. 37 S.
(Recht und Staat in Geschichte und Gegenwart. 177.)

Fenno, Richard F.: The power and the purse. — Boston: Little, Brown 1966. XXIX, 704 S.

Fikentscher, Wolfgang: Zur politischen Kritik an Marxismus und Neomarxismus als ideologischen Grundlagen der Studentenunruhen 1965 bis 1969. — Tübingen: Mohr 1971. 62 S.
(Recht und Staat in Geschichte und Gegenwart. 392/393.)

Folkers, Karl-Heinz: Die Demokratie als Gesellschaftssystem. Vom Sinn u. Ziel d. Geschichte. Soziolog. Theorie d. Evolution. — Berlin: Duncker & Humblot (1968). 412 S.
(Beiträge zur politischen Wissenschaft. 7.)

Forst de Battaglia, Otto: Allerlei Gemeinschaften. — In: Neues Abendland 8 (1953), 339—348.

Frank, Jürgen: Die postindustrielle Gesellschaft und ihre Theoretiker. – In: Leviathan 1973, 383—407.

Franzel, Emil: Die nivellierenden Tendenzen der Epoche. — In: Neues Abendland 7 (1952), 17—30.

Freund, Ludwig: Bemerkungen über die Stellung des Menschen in der „modernen Arbeitswelt". — In: Arch. Rechts- u. Sozialphilos. 52 (1966), 227—250.

Freyer, Hans: Gedanken zur Industriegesellschaft. (Besorgt von Arnold Gehlen.) — Mainz: v. Hase & Koehler (1970). 216 S.

Friedl, Gerhard A[nton]: Gesellschaftspolitik in Deutschland. Analyse u. Ausblick. — München: Olzog (1967). 175 S.

Friedrichs, Günter: Der arbeitende Mensch im Zugriff der Kybernetik. — In: Gewerkschaftl. Monatsh. 18 (1967), 410—420.

Galbraith, John Kenneth: Die moderne Industriegesellschaft (The new industrial state, dt.) (Aus d. Amerikan. übers. von Norbert Wölfl. Vollst. Ausg.) — (München:) Droemer/Knaur (1970). 399 S.
(Knaur [-Taschenbücher]. 219.)

Garaudy, Roger: Die Alternative (L'alternative, dt.) Ein neues Modell der Gesellschaft jenseits von Kapitalismus und Kommunismus. (Aus d. Französ. von Liselotte Ronte.) - München: Molden (1973). 239 S.

Gehlen, Arnold: Vom Einfluß des Kriegswesens auf die Sozialmoral. — In: Merkur 17 (1963), H. 187, 877—889.

Geiger, Theodor: Die Gesellschaft zwischen Pathos und Nüchternheit. — Aarhus: Universitetsforlaget; København: Munksgaard 1960. 255 S.
(Aarsskrift for Aarhus Universitet. 32.)

Georg, Siegfried: Eliten in der modernen Gesellschaft. — In: Neue polit. Lit. 12 (1967), 156—167.
Literaturbericht.

Gesellschaft in der industriellen Revolution. Hrsg. von Rudolf Braun [u. a.] - Köln: Kiepenheuer & Witsch (1973). 384 S.
(Neue Wissenschaftliche Bibliothek. 56.)

Gibt es noch ein Proletariat? Mit Beitr. von Hans Paul Bahrdt [u. a.] Hrsg. von Marianne Feuersenger. (Hervorgegangen aus einer Sendereihe d. Bayer. Rundfunks.) — (Frankfurt a. M.:) Europ. Verl.-Anst. (1962). 99 S.
(Sammlung „res novae". 15.)

Gidion, Jürgen: Bemerkungen zum Problem der Autorität. — In: Neue Sammlung 8 (1968), 18—24.

Glesermann, G. J.: Der historische Materialismus und die Entwicklung der sozialistischen Gesellschaft. — Berlin: Dietz 1969. 340 S.

Grodzins, Morton: The loyal and the disloyal. Social boundaries of patriotism and treason. — Chicago: University of Chicago Press 1956. X, 319 S.

Guardini, Romano: Die Macht. Versuch einer Wegweisung. — Zürich: Verl. d. Arche (1951). 120 S.

Guillaume, Emil: Überwindung der Masse. Vom Prinzip der Gleichheit zur Lebensgemeinschaft. — Köln, Opladen: Westdeutsch. Verl. 1954. 157 S.

Gurr, Ted: Psychological factors in civil violence. — In: World Politics 20 (1967/68), 255—278.

Habermas, Jürgen [u.] Niklas Luhmann: Theorie der Gesellschaft oder Sozialtechnologie. Was leistet die Systemforschung? — (Frankfurt a. M.:) Suhrkamp (1971). 404 S.
(Theorie.)

Habsburg, Otto von: Soziale Ordnung von morgen. Gesellschaft und Staat im Atomzeitalter. — Wien, München: Herold 1957. 172 S.

Hagemann, Walter: Vom Mythos der Masse. — Heidelberg: Vowinckel 1951. 320 S.

Hartwieg, Oskar: Rechtstatsachenforschung im Übergang. Bestandsaufnahme zur empirischen Rechtssoziologie in der Bundesrepublik Deutschland. - Göttingen: Vandenhoeck & Ruprecht (1975). 162 S.
(Schriftenreihe der Stiftung Volkswagenwerk.)

Haug, Wolfgang Fritz: Zwei Kapitel über ideologischen Klassenkampf. - In: Argument 18 (1976), 905–935.

Heuer, Uwe-Jens: Gesellschaft und Demokratie. — In: Staat u. Recht 16 (1967), 907—920.

Heuer, Uwe-Jens: Gesellschaftliche Gesetze und politische Organisationen. - Berlin: Dietz 1974. 187 S.

Hibbs, Douglas A.: Industrial conflict in advanced industrial societies. - In: Amer. Polit. Science Rev. 70 (1976), 1033–1058.

Hörning, Karl H. [Hrsg.]: Der „neue" Arbeiter. Zum Wandel sozialer Schichtstrukturen. — Frankfurt a.M.: Fischer-Taschenbuch-Verl. 1971. 283 S.
([Fischer-Taschenbücher.] 6502. Texte zur politischen Theorie und Praxis.)

Hondrich, Karl Otto: Theorie der Herrschaft. - Frankfurt a. M.: Suhrkamp 1973. 219 S.
(Edition Suhrkamp. 599.)

Hübner, Peter: Herrschende Klasse und Elite. Eine Strukturanalyse d. Gesellschaftstheorien Moscas u. Paretos. — Berlin: Duncker & Humblot (1967). 178 S.
(Soziologische Abhandlungen. 7.)
Diss., Freie Universität Berlin

Huntington, Samuel P.: Political order in changing societies. — New Haven: Yale University Press 1969. XI, 488 S.

Joas, Hans: Die gegenwärtige Lage der soziologischen Rollentheorie. - (Frankfurt a.M.:) Athenäum-Verl. (1973). 148 S.
(Sozialwissenschaftliche Skripten.)

Jørgensen, Stig: Recht und Gesellschaft (Ret og samfund, dt.) Vorw. von Franz Wieacker. (In Zusammenarb. mit d. Verf. aus d. Dän. übers. von Franz Wieacker.) - Göttingen: Vandenhoeck & Ruprecht 1971. 118 S.
(Kleine Vandenhoeck-Reihe. 330.)

Kirchheimer, Otto: Private man and society. — In: Polit. Science Quart. 81 (1966), 1—24.

Klotzbach, Kurt: Das Eliteproblem im politischen Liberalismus. Ein Beitr. zum Staats- und Gesellschaftsbild d. 19. Jahrhunderts. — Köln: Westdtsch. Verl. 1966. X, 132 S.
(Staat und Politik. 9.)

Krüger, Gerhard: Das Problem der Autorität. — In: Offener Horizont, Festschrift für Karl Jaspers, Hrsg.: Klaus Piper, München: Piper (1953), 463 S.

Kuczynski, Jürgen: Studien zu einer Geschichte der Gesellschaftswissenschaften. – Berlin: Akademie-Verl.
1. 1975. 241 S.
2. 1975. 212 S.
3. Zum Briefwechsel zwischen Engels und Marx. 1976. 237 S.

Kuypers, Karel: Universalismus und Kulturgemeinschaft. — Wiesbaden: Steiner 1957. 31 S.
(Institut für Europäische Geschichte Mainz. Vorträge. 22.)

Landheer, Bart: On the sociology of international law and international society. — Den Haag: Nijhoff 1966. IX, 118 S.

Laufer, Heinz: Der sozialisierte Mensch. Die Gefährdung der personalen Existenz in der demokratisch regierten Industriegesellschaft. – Stuttgart: Seewald (1977). 166 S.

Lenski, Gerhard E.: Power and privilege. A theory of social stratification. — New York: McGraw-Hill 1966. XIV, 495 S.

Leuenberger, Theodor: Bürokratisierung und Modernisierung der Gesellschaft. – Stuttgart: Haupt 1975. 175 S.
(Uni-Taschenbücher. 439.)

Link, Jochen: Theorie der Gesellschaft. Kritische und historische Einführung. – Starnberg: Raith 1973. 240 S.

Lipsky, Michael: Protest as a political resource. — In: Amer. Polit. Science Rev. 62 (1968), 1144—1158.

Löwe, Bernd P.: Klassenkampf oder sozialer Konflikt? Zu den Gleichgewichts- und Konflikttheorien der bürgerlichen politischen Soziologie. – Berlin: Akademie-Verl. 1973. 154 S.
(Zur Kritik der bürgerlichen Ideologie. 23.)

Luhmann, Niklas: Grundrechte als Institution. Ein Beitr. z. polit. Soziologie. — Berlin: Duncker & Humblot (1965). 223 S.
(Schriften zum öffentlichen Recht. 24.)

Luhmann, Niklas: Macht. – Stuttgart: Enke 1975. 156 S.

Luhmann, Niklas: Politische Planung. Aufsätze zur Soziologie von Politik und Verwaltung. 2. Aufl. – Opladen: Westdtsch. Verl. 1975. 256 S.

Luhmann, Niklas: Klassische Theorie der Macht. Kritik ihrer Prämissen. — In: Z. Politik 16 (1969), 149—170.

Malecki, Edward: Theories of revolution and industrialized societies. – In: J. Politics 35 (1973), 948—985.

Mallet, Serge: Die neue Arbeiterklasse (La nouvelle classe ouvrière, dt.) (Übers.: Thomas Hartmann.) — Neuwied: Luchterhand 1972. 382 S.
(Sammlung Luchterhand. 59.)

Man, Hendrik de: Vermassung und Kulturverfall. — Bern: Francke 1951. 205 S.

Manning, C[harles] A[nthony] W[oodward]: The nature of international society. — London: Bell 1962. XI, 220 S.

Marcuse, Herbert: Ideen zu einer kritischen Theorie der Gesellschaft. — (Frankfurt a.M.:) Suhrkamp (1969). 191 S.
(Edition Suhrkamp. 300.)

Marcuse, Herbert: Der eindimensionale Mensch (One-dimensional man, dt.) Studien zur Ideologie der fortgeschrittenen Industriegesellschaft. (Übers.: Alfred Schmidt.) — (Neuwied:) Luchterhand (1967). 282 S.
(Soziologische Texte. 40.)

Martin, Alfred von: Ordnung und Freiheit. Materialien und Reflexionen zu Grundfragen des Soziallebens.— Frankfurt a. M.: Knecht (1956). 345 S.

Mitscherlich, Alexander: Meditationen zu einer Lebenslehre der modernen Massen. — In: Merkur 11 (1957), 201—213 und 335—350.

Mitscherlich, Alexander: Auf dem Weg zur vaterlosen Gesellschaft. Ideen zur Sozialpsychologie. München: Piper (1963). 498 S.
(Sammlung Piper.)

Moore, Wilbert E.: Order and change. Essays in comperative sociology. — New York: Wiley 1967. VIII, 313 S.

Moore, Wilbert Ellis: Strukturwandel der Gesellschaft (Social change, dt.) (Aus d. Amerikan. übers. von Wolfgang Schoene.) – München: Juventa-Verl. 1973. 208 S.
(Grundfragen der Soziologie. 4.)

Mueller, Claus: Politik und Kommunikation (The politics of communication, dt.) Zur Politischen Soziologie von Sprache, Sozialisation und Legitimation. Aus d. Amerikan. von Wolfgang Nötzold. – München: List 1975. 255 S.
(List Taschenbücher der Wissenschaft. 1619.)

Münster, Clemens: Mengen, Massen, Kollektive. — München: Kösel (1952). 211 S.

Narr, Wolf-Dieter: Pluralistische Gesellschaft.—([Hannover:]Niedersächs. Landeszentrale f. Polit. Bildung 1968.) 102 S.
(Schriftenreihe der Niedersächsischen Landeszentrale für Politische Bildung. Gesellschaft und Politik. 2.)

Naschold, Frieder: Gesellschaftsreform und politische Planung. – In: Österr. Z. Politikwiss. 1 (1972), H. 1, 5–34.

Nell-Breuning, Oswald von: Aktuelle Fragen der Gesellschaftspolitik. — Köln: Bachem (1970). 466 S.

Nell-Breuning, Oswald von: Der Mensch in der heutigen Wirtschaftsgesellschaft. – München: Olzog (1975). 152 S.
(Olzog-Studienbuch.)

Nell-Breuning, Oswald von: Wirtschaft und Gesellschaft heute. Bd 1.2. – Freiburg i. Br.: Herder 1957.

Nell-Breuning, Oswald von: Wirtschaft und Gesellschaft heute. — Freiburg i. Br.: Herder.
3. Zeitfragen 1955—1959. 1960. VIII, 424 S.

Neumann, Carl: Wandlung der Gesellschaft. — Köln: Dtsch. Industr. — V. 1956. 306 S.

Neumann, Sigmund: Der demokratische Dekalog. Staatsgestaltung im Gesellschaftswandel. — In: Vjh. Zeitgesch. 11 (1963), 1—15.

GESELLSCHAFT UND POLITIK

Oertzen, Peter von: Öffentlichkeit und Masse. Eine soziologische Erörterung. — In: Dtsch. Univ.-Ztg. 7 (1952), H. 15, 8—11.

Oppen, Dietrich von: Das personale Zeitalter. Formen u. Grundlagen gesellschaftl. Lebens im 20. Jahrhundert. — (Stuttgart, Gelnhausen:) Verl.-Gemeinsch. Burckhardthaus- u. Kreuz-Verl. (1960). 239 S.
(Handbücherei des Christen in d. Welt. 7.)

Parkin, Frank: Class inequality and political order. Social stratification in capitalist and communist societies. — London: MacGibbon & Kee 1971. 205 S.

Parry, Geraint: Political elites. — London: Allen & Unwin (1969). 169 S.
(Studies in Political Science. 5.)

Parsons, Talcott: Das System moderner Gesellschaften (The system of modern societies, dt.) Aus d. Amerikan. übers. von Hans-Werner Franz. — München: Juventa-Verl. 1972. 200 S.
(Grundfragen der Soziologie. 15.)

Plessner, Helmuth: Die Emanzipation der Macht. — In: Merkur 16 (1962), 907—924.

Sozialistischer **Pluralismus.** Texte zur Theorie und Praxis sozialistischer Gesellschaften. ⟨Hrsg.⟩: Udo Bermbach [u.] Franz Nuscheler. — (Hamburg:) Hoffmann & Campe (1973). 448 S.

Pollard, Sidney: Wirtschaftliche Entwicklung und Politik in der modernen Gesellschaft. - In: Gesch. u. Gesellsch. 2 (1976), 358–385.

Popper, Karl R.: Die offene Gesellschaft und ihre Feinde (The open society and its enemies, dt. Übers. von P. K. Feyerabend. 4. Aufl.) - München: Francke (1975).
1. Der Zauber Platons (The spell of Plato, dt.) 435 S.
2. Falsche Propheten (The high tide of prophety, dt.) Hegel, Marx und die Folgen. 483 S.
(Uni-Taschenbücher. 472. 473.)

Presthus, Robert: Elites in the policy process. - New York: Cambridge University Press 1974. XIII, 525 S.

Probleme der postindustriellen Gesellschaft. Hrsg. von Lucian Kern. - Köln: Kiepenheuer & Witsch (1976). 381 S.
(Neue wissenschaftliche Bibliothek. 87.)

Methodologische **Probleme** einer normativ-kritischen Gesellschaftstheorie. Hrsg. v. Jürgen Mittelstraß. - Frankfurt a.M.: Suhrkamp 1975. 264 S.
(Edition Suhrkamp. 742.)

Soziale **Probleme** der modernen Industriegesellschaft. Hrsg. von Bernhard Külp u. Heinz-Dieter Haas. Halbbd. 1. 2. – Berlin: Duncker & Humblot 1977. XIII, IX, 996 S.
(Schriften des Vereins für Socialpolitik. NF. 92, 1–2.)

Pross, Harry: Vor und nach Hitler. Zur deutschen Sozialpathologie. - Olten u. Freiburg i. Br.: Walter (1962). 267 S.

Reiwald, Paul: De l'esprit des masses. Traité de psychologie collective. — Neuchâtel, Paris: Delachaux & Niestlé (1949). 379 S.

Riegel, Klaus-Georg: Politische Soziologie unterindustrialisierter Gesellschaften: Entwicklungsländer. - Wiesbaden: Akad. Verlagsges. 1976. VIII, 221 S.
(Systematische Politikwissenschaft. 13).

Robinson, Joan: Die Gesellschaft als Wirtschaftsgesellschaft (Freedom and necessity, dt.) Grundlagen und Entwicklung. (Aus d. Engl. übertr. von Hermann S. Fischer.) — München: Beck 1971. 128 S.
(Beck'sche schwarze Reihe. 82.)

Röder, Horst: Abschied vom Klassenbegriff? Ein Beitrag zur Analyse der marxistischen Soziologie in der DDR. — Opladen: Westdtsch. Verl. 1972. 230 S.
(Beiträge zur soziologischen Forschung. 7.)
Zugl. phil. Diss., Universität Münster.

Rohrmoser, Günter: Humanität in der Industriegesellschaft. — Göttingen: Vandenhoeck & Ruprecht (1970). 87 S.
(Forum. 14.)

Zeitkritische **Romane** des 20. Jahrhunderts. Die Gesellschaft in der Kritik der deutschen Literatur. Hrsg. von Hans Wagener. - Stuttgart: Reclam (1975). 392 S.

Rose, Guenther: Industriegesellschaft und Konvergenztheorie. Genesis, Strukturen, Funktionen. - - Berlin: Dtsch. Verl. d. Wissenschaften 1971. 396 S.

Rüstow, Dankwart A.: The study of elitism. Who's who, when and how. — In: World Politics 18 (1965/66), 690—717.

Russel, Bertrand: Macht (Power, dt.) (Übertr. aus d. Engl. von Stephan Hermlin.) — München: Europa-Verl. 1973. 263 S.

Russell, Bertrand Arthur William: Human society in ethics and politics. — London: Allen & Unwin 1954. 239 S.

Sampson, Ronald V.: The psychology of power. — New York: Pantheon Books 1966. 247 S.

Soziale **Schichtung** und soziale Mobilität. Hrsg. von David V. Glass u. René König. — Köln u. Opladen: Westdt. Verl. 1961. 345 S.
(Kölner Zeitschrift für Soziologie und Sozialpsychologie. Sonderh. 5.)

Schneider, Reinhold: Formen der Macht. — Nürnberg: Glock und Lutz (1953). 47 S.

Schoch, Jakob: Der soziologische und tiefenpsychologische Aspekt des Krieges. — (Bülach: Selbstverl. d. Verf. [1956]). 99 S.

Schütz, Wilhelm Wolfgang: Antipolitik. Eine Auseinandersetzung über rivalisierende Gesellschaftsformen. — Köln: Kiepenheuer & Witsch (1969). 238 S.

Seibel, Hans Dieter: Problemlage und Schichtungssystem. Eine allgemeine Theorie der Entwicklung. - In: Kölner Z. Soziol. u. Sozialpsychol. 27 (1975), 731–754.

Senghaas, Dieter: Ideologiekritik und Gesellschaftstheorie. — In: Neue polit. Lit. 10 (1965), 341—354.
Literaturbericht.

Senghaas, Dieter: Konfliktformationen in der gegenwärtigen internationalen Gesellschaft. – In: Aus Politik und Zeitgeschichte, Beilage zur Wochenzeitung „Das Parlament" Nr 49 vom 8. Dezember 1973, 3–24.

Siberski, Elias: Untergrund und offene Gesellschaft. Zur Frage der strukturellen Deutung des sozialen Phänomens. — Stuttgart: Enke 1967. XII, 291 S.
(Göttinger Abhandlungen zur Soziologie und ihrer Grenzgebiete. 11.)
Diss., Göttingen.

Šik, Ota: Der dritte Weg. Die marxistisch-leninistische Theorie und die moderne Industriegesellschaft. – Hamburg: Hoffmann & Campe 1972. 450 S.

Sozialstruktur und politische Systeme. Hrsg. von Urs Jaeggi. – Köln: Kiepenheuer & Witsch 1976. 416 S.
(Neue Wissenschaftliche Bibliothek. 84.)

Soziologie. Ein Lehr- und Handbuch zur modernen Gesellschaftskunde. Unter Mitarb. von Carl Jantke [u. a.] hrsg. von Arnold Gehlen und Helmut Schelsky. — (Düsseldorf und Köln:) Diederichs (1955). 351 S.

Steinbacher, Franz: Die Gesellschaft. Einführung in den Grundbegriff der Soziologie. — Stuttgart: Kohlhammer (1971). 112 S.
(Urban-Taschenbücher. 821.)

Steinert, Heinz: Die Strategien sozialen Handelns. Zur Soziologie der Persönlichkeit und der Sozialisation. - München: Juventa-Verl. 1972. 232 S.
(Juventa Materialien. M 6.)
Habil.-Schr., Universität Graz.

Stern, Leo: Die bürgerliche Soziologie und das Problem der Freiheit. (Zum Vortrag von Hans Freyer auf dem Ulmer Historiker-Tag.) — In: Z. Geschichtswiss. 5 (1957), 677—712.

Der Streit um die Gesellschaftsordnung. Aufsätze von G[eoffrey] Barraclough [u. a.] – Zürich: Schulthess 1975. 178 S.
(Sozialwissenschaftliche Studien für das Schweizerische Institut für Auslandsforschung. N.F. 3.)

Strzelewicz, Willi: Industrialisierung und Demokratisierung der modernen Gesellschaft. (Hrsg. von der Niedersächs. Landeszentrale für Heimatdienst, Hannover.) — Leer 1958: Rautenberg. 117 S.

Stuke, Horst: Bedeutung und Problematik des Klassenbegriffs. Begriffs- und sozialgeschichtliche Überlegungen im Umkreis einer historischen Klassentheorie. - In: Soziale Bewegung und politische Verfassung, Stuttgart: Klett (1976), 46–82.

Tillich, Paul: Die Philosophie der Macht. — Berlin-Dahlem: Colloquium-Verl. 1957. 36 S.

Touraine, Alain: Die postindustrielle Gesellschaft (La société post-industrielle, dt.) (Aus d. Französ. übers. von Eva Moldenhauer.) – Frankfurt a. M.: Suhrkamp 1972. 241 S.
(Theorie.)

Tsurutani, Taketsugu: The politics of national development. Political leadership in transitional societies. – New York: Chandler Publ. 1973. XIII, 193 S.

Der Übermensch, Eine Diskussion. Mit Original-Beiträgen von Ernst Benz [u. a.] — Zürich, Stuttgart: Rhein-Verl. (1961). 474 S.

Ungern-Sternberg, Roderich von: Über die Begriffe „Führer" und „Elite" — In: Schmollers Jb. 79 (1959), 27—36.

Veit, Otto: Soziologie der Freiheit. — Frankfurt a. M. Klostermann 1957. 276 S.

Vorurteile, ihre Erforschung und ihre Bekämpfung. Mit e. Geleitw. von René König u. e. Einf. von Helmut von Bracken. — (Frankfurt a. M.:) Europ. Verl. Anst. (1964). 118 S.
(Politische Psychologie. 3.)

Sozialer Wandel. Zivilisation und Fortschritt als Kategorien der soziologischen Theorie. Hrsg. u. eingel. von Hans Peter Dreitzel. — (Neuwied:) Luchterhand (1967). 514 S.
(Soziologische Texte. 41.)

Ward, Barbara: Faith and freedom. A study of Western society. — London: Hamish Hamilton (1954). VIII, 283 S.

Weber, Alfred: Kollektiv und Genius. — In: Dtsch. Rdsch. 80 (1954), 672—678.

Welte, Bernhard: Über das Wesen und den rechten Gebrauch der Macht. Eine philosophische Untersuchung und eine theologische These dazu. — Freiburg i. Br.: Rombach (1960). 60 S.

Wiehn, Erhard R. [u.] Ulrich Mayer: Soziale Schichtung und Mobilität. Eine kritische Einführung. – München: Beck (1975). 192 S.
(Beck'sche schwarze Reihe. 132.)

Winckelmann, Johannes: Die Herrschaftskategorien der politischen Soziologie und die Legitimität der Demokratie. — In: Archiv f. Rechts- u. Sozialphil. 42 (1956), 383—401.

Winckelmann, Johannes: Legitimität und Legalität in Max Webers Herrschaftssoziologie. Mit einem Anhang: Max Weber, Die drei reinen Typen der legitimen Herrschaft. — Tübingen: Mohr 1952. 120 S.

Wössner, Jakobus: Mensch und Gesellschaft. „Kollektivierung" und „Sozialisierung". Ein Beitrag zum Phänomen der Vergesellschaftung im Aufstieg und in der sozialen Problematik des gegenwärtigen Zeitalters. — Berlin: Duncker & Humblot (1963). 618 S.

Wohlfahrtsstaat und Massenloyalität. Hrsg. von Wolf-Dieter Narr u. Claus Offe. – (Köln:) Kiepenheuer & Witsch (1975). 383 S.
(Neue wissenschaftliche Bibliothek. 79.)

Der innere Zensor. Neue und alte Tabus in unserer Gesellschaft. Hrsg. von Gerd-Klaus Kaltenbrunner. - München: Herder (1978). 191 S.
(Herderbücherei Initiative. 22.)

Bürgerliche Gesellschaft

Agnoli, Johannes: Die bürgerliche Gesellschaft und ihr Staat. — In: Argument 8 (1966), 449—461.

Claessens, Dieter [u.] Karin Claessens: Kapitalismus als Kultur. Entstehung und Grundlagen der bürgerlichen Gesellschaft. – Düsseldorf: Diederichs 1973. 255 S.

Habermas, Jürgen: Strukturwandel der Öffentlichkeit. Untersuchungen zu einer Kategorie der bürgerl. Gesellschaft. — Neuwied (a. Rh. u. Berlin): Luchterhand 1962. 291 S.
(Politica. 4.)

Hahn, Manfred: Historiker und Klassen. Zur Grundlegung einer Geschichte der bürgerlichen Gesellschaft. – Frankfurt a. M.: Campus Verl. (1976). 183 S.
(Campus Studium. 524.)

Haltern, Utz: Bürgerliche Gesellschaft, Theorie und Geschichte. – In: Neue polit. Lit. 19 (1974), 472–488 und 20 (1975), 45–59.

Hennig, Eike: Bürgerliche Gesellschaft und Faschismus in Deutschland. Ein Forschungsbericht. – (Frankfurt a. M.:) Suhrkamp (1977). 423 S.
(Edition Suhrkamp. 875.)

Krockow, Christian Graf von: Herrschaft und Freiheit. Politische Grundpositionen der bürgerlichen Gesellschaft. – Stuttgart: Metzler 1977. 172 S.
(Studienreihe Politik. 1.)

Kühnl, Reinhard: Die geistige Krise der kapitalistischen Gesellschaft. – In: Bll. dtsch. internat. Pol. 21 (1976), 1207–1246.

Schuon, Karl Theodor: Bürgerliche Gesellschaftstheorie der Gegenwart. Einführung und Kritik. – (Köln:) Kiepenheuer & Witsch (1975). 144 S.
(Pocket-Wissenschaft. Soziologie/Politologie.)

Thien, Hans-Günter: **Klassenlage und Bewußtseinsform der Lehrer im Staatsdienst.** Zur Funktion der Lehrer im Reproduktionsprozeß der bürgerlichen Gesellschaft. – (Gießen:) Focus Verl. (1976). 223 S.
(Focus-Wissenschaft.)

Rasssenprobleme

Amaudruz, G.-A.: Ist Rassebewußtsein verwerflich? Das sozialrassistische Manifest. – Kälberhagen: Kritik-Verl. 1975. 126 S.
(Kritik. 133.])

Baker, John R.: Race. – London: Oxford University Press 1974. XVIII, 625 S.

Bastide, Roger: Les Amériques noires. Les civilisations africaines dans le Nouveau Monde. – Paris: Payot 1967. 240 S.
("Bibliothèque Historique".)

Berghahn, Marion: „Race-Relations" in Großbritannien und den USA. – In: Neue polit. Lit. 20 (1975), 89–106.

Chase, Allan: The legacy of Malthus. The social costs of the new scientific racism. – New York: Knopf 1977. XXVII, 686 S.

Delbrück, Jost: Die Rassenfrage als Problem des Völkerrechts und nationaler Rechtsordnungen. — Frankfurt a. M.: Athenäum-Verl. 1971. 324 S.
Habil.-Schr., Universität Kiel.

Kinloch, Graham Charles: The dynamics of race relations. A sociological analysis. – New York: McGraw-Hill 1974. XI, 305 S.

Kogon, Eugen: Der Rassenwahn. Relikt oder fortdauernde Drohung? — In: Frankf. H. 20 (1965), 229—244.

Pekelský, Vladimir: Die Zigeunerfrage in den Ost- und Südosteuropäischen Staaten. — In: Osteuropa 20 (1970), 616—620.

Poliakov, Léon: Der arische Mythos (Le mythe aryen, dt.) Zu den Quellen von Rassismus und Nationalismus. (Übers. von Margarete Venjakob.) – München: Europaverl. (1977). 439 S.

Rassismus und Widerstand. Hrsg. vom Inst. f. Gesellschaftspolitik a. d. Hochschule f. Philosophie, München. Schriftl.: Franz Nuscheler [u.] Hans Zwiefelhofer. — Mannheim: Pesch-Haus-Verl. 1972. 115 S.
(Kirche und Dritte Welt. 6.)

Segal, Ronald [Michael]: Kampf der Rassen (The race war, dt.) Der Aufbruch der farbigen Völker. (Aus d. Engl. übers. von Elfriede Burau.) — Düsseldorf: Econ-Verl. (1968). 446 S.

Zur Mühlen, Patrik von: Rassenideologien. Geschichte und Hintergründe. Berlin: Dietz (1977). 278 S.
(Internationale Bibliothek. 102.)

Spezielle Fragen

Abendroth, Wolfgang: Aufgaben und Methoden einer deutschen historischen Wahlsoziologie. — In: Vjh. Zeitgesch. 5 (1957), 300—306.

Allerbeck, Klaus R.: Eine strukturelle Erklärung von Studentenbewegungen in entwickelten Industriegesellschaften. – In: Kölner Z. Soziol. Sozialpsychol. 23 (1971), 478–493.

Améry, Jean: Die ewig Unerwünschten. Vorurteile gegenüber Emigranten. — In: Tribüne 6 (1967), 2230—2238.

Arbeiter über ihr Leben. Von den Anfängen der Arbeiterbewegung bis zum Ende der Weimarer Republik. Auswahl und Einführung von Ursula Münchow. – Berlin: Dietz 1976. 484 S.

Aspekte der Entwicklungssoziologie. Hrsg. von René König unter Mitarb. von Günter Albrecht, Wolfgang Freund u. Dieter Fröhlich. — Köln: Westdtsch. Verl. (1969). 816 S.
(Kölner Zeitschrift für Soziologie und Sozialpsychologie. Sonderh. 13.)

Bartsch, Günter: Beatniks als Revolutionäre. Zur sozialen Rolle der Dutschkisten und Kommunisten in West und Ost. — In: Neue Gesellsch. 15 (1968), 326—331.

Beck, Heinrich: Machtkampf der Generationen? Zum Aufstand der Jugend gegen den Autoritätsanspruch der Gesellschaft. — Frankfurt a.M.: Knecht (1970). 106 S.

Beck, Ulrich: Zu einer Theorie der Studentenunruhen in fortgeschrittenen Industriegesellschaften. Unter Mitarb. von Elisabeth Gernsheim. – In: Kölner Z. Soziol. Sozialpsychol. 23 (1971), 439 –477.

Behrendt, Richard F[ritz]: Soziale Strategie für Entwicklungsländer. Entwurf einer Entwicklungssoziologie. — (Frankfurt a. M.:) S. Fischer (1965). 639 S.
(Welt im Werden.)
(Fischer Paperbacks.)

Borinski, Fritz: Der Weg zum Mitbürger. Die politische Aufgabe der freien Erwachsenenbildung in Deutschland. — (Düsseldorf und Köln:) Diederichs (1954). 255 S.

Bose, Robert: Sociologie de la paix. — Paris: Spes 1965. 256 S.
(„Bibliothèque de la recherche sociale.")

Braun, Hanns: Wandlungen des Begriffs „öffentliche Meinung" in Deutschland. — In: Publizistik 2 (1957), 3—9.

Bühl, Walter L.: Einführung in die Wirtschaftssoziologie. - München: Beck 1974. 354 S.
(Beck'sche schwarze Reihe. 118.)

Burghardt, Anton: Gegenwärtige Jugend. Über eine Strukturdeterminante der Gesellschaft. — In: Hochland 61 (1969), 222—233.

Burghardt, Anton: Allgemeine Wirtschaftssoziologie. Eine Einführung. (Red.: Gerd-Klaus Kaltenbrunner.) - Pullach b. München: Verl. Dokumentation (1974). 231 S.
(Uni-Taschenbücher. 349.)

Burnham, James: Das Regime der Manager. (16.—18. Ts.) — Stuttgart: Union Dtsch. Verl.Anst. (1951). 348 S.

Croner, Fritz: Soziologie der Angestellten. — Köln, Berlin: Kiepenheuer & Witsch (1962). 309 S.

Dethleffsen, Erich: Das Anliegen des Soldaten an die Gesellschaft. — In: Offene Welt 1954, H. 31, 60—69.

Dietz, Heinrich: Jugend von heute — Gesellschaft von morgen. Ist die gesellschaftliche Integration der Jugend gefährdet? — (Neuwied a. Rh.:) Luchterhand (1963).
(Jugend im Blickpunkt.)

Doorn, Jacques van [Ed.]: Armed forces and society. Sociological essays. — The Hague: Mouton 1968. 386 S.

Dux, Günter: Diesseits des historischen Materialismus. Zur Soziologie der Weltanschauung. - In: Kölner Z. Soziol. u. Sozialpsychol. 27 (1975), 201–223.

Etzioni, Amitai: Soziologie der Organisationen (Modern organizations, dt.) (Aus d. Amerikan. übers. von Jörg Baetge.) — (München:) Juventa-Verl. (1967). 191 S.
(Grundfragen der Soziologie. 12.)

Feuer, Lewis S.: The conflict of generations. The character and significance of student movements. — New York: Basic Books 1969. 543 S.

Franz, Günther: Der Bauer in der politischen Welt. — Göttingen: Musterschmidt [1964]. 27 S.
(Historisch-politische Hefte d. Ranke-Gesellschaft. 15.)

Freyer, Hans: Schwelle der Zeiten. Beiträge zur Soziologie der Kultur. — Stuttgart: Dtsch. Verl.-Anst. (1965). 332 S.

Gaitanides, Johannes: Man wählt, was man ist. Zur Typologie des Konservativen, Liberalen und linken „Progressiven". — In: Dtsch. Rdsch. 88 (1963), 11—19.

Geiger, Theodor: Vorstudien zu einer Soziologie des Rechts. Mit e. Einl. u. internat. Bibliographie zur Rechtssoziologie von Paul Trappe. — (Neuwied:) Luchterhand (1964). 479 S.
(Soziologische Texte. 20.)

Glaser, Hermann: Radikalität und Scheinradikalität. Zur Sozialpsychologie des jugendlichen Protests. — (München:) Manz (1970). 176 S.
(Reflexion. 9.)

Gross, Feliks: Some sociological considerations on underground movements. — In: Polish Rev. 2 (1957), H. 2/3, 33—56.

Heydte, Friedrich August Frhr. von der und Karl Sacherl: Soziologie der deutschen Parteien. — München: Isar-V. 1955. XVI, 367 S.

Hildebrand, Walter: Geltung und Rang der freien Meinung im politischen Leben. Ein Beitrag zur Soziologie der Meinung. — In: Dtsch. Studien 2 (1964), 11—27.

Hoby, Jean-Pierre: Bildungssystem und Gesellschaft. Ein Beitrag zur Darstellung ihrer Interdependenz. - Frankfurt a.M.: Lang 1975. 215 S.
(Europäische Hochschulschriften. Reihe 22. Soziologie. 13.)

Hope, Marjorie: Youth against the world. Contemporary portraits of the new revolutionaries. — Boston: Little, Brown 1970. XIV, 409 S.

Horvath, Barna: Probleme der Rechtssoziologie. — Berlin: Duncker & Humblot (1971). 204 S.
(Schriftenreihe zur Rechtssoziologie und Rechtstatsachenforschung. 20.)

Jeziorowski, Jürgen: Studenten im Aufbruch. Motive, Methoden, Modelle. — Stuttgart: Kreuz-Verl. (1968). 83 S.
(Rote Reihe. 21.)

Industriesoziologie. Hrsg. u. eingel. von Friedrich Fürstenberg. — (Neuwied:) Luchterhand.
 1. Vorläufer u. Frühzeit 1835—1934. (2. erg. u. verm. Aufl.) (1966). 367 S.
(Soziologische Texte. 1.)

GESELLSCHAFT UND POLITIK

Industriesoziologie. Hrsg. u. eingel. von Friedrich Fürstenberg. – Neuwied: Luchterhand.
2. Die Entwicklung der Arbeits- und Betriebssoziologie seit dem Zweiten Weltkrieg. (Hrsg.: Heinz Maus [u. a.] Red.: Wieland Eschenhagen.) 1974. 319 S.
3. Industrie und Gesellschaft. Hrsg. u. eingel. von Friedrich Fürstenberg. 1975. 347 S.
(Soziologische Texte. 102. 104.)

Kadritzke, Ulf: Rezeption und Interpretation der Studentenbewegung in der empirischen Sozialforschung. — In: Sozialist. Politik 1 (1969), H. 2, 36—48.

Kern, Horst [u.] Michael Schumann: Industriearbeit und Arbeiterbewußtsein. Eine empirische Untersuchung über den Einfluß der aktuellen Entwicklung auf die industrielle Arbeit und das Arbeiterbewußtsein. Studienausg. – (Frankfurt a. M.:) Suhrkamp (1977). 321 S.
(Edition Suhrkamp. 907.)

Kuhn, Helmut: Jugend im Aufbruch. Zur revolutionären Bewegung unserer Zeit. — München: Kösel (1970). 206 S.

Kuhn, Helmut: Rebellion gegen die Freiheit. Über das Generationsproblem und die Jugendunruhen unserer Zeit. — Stuttgart: Kohlhammer (1968). 78 S.
(Lebendiges Wissen.)

Kux, Ernst: Studentenrevolution in Ost und West. — In: Schweizer Monatsh. 48 (1968/69), 597—608.

Laqueur, Walter: Die Revolution der Jugend. Gedanken über Jugendbewegungen. — In: Monat 21 (1969), H. 429, 53—64.

Lehmann, Albrecht: Das Leben in einem Arbeiterdorf. Eine empirische Untersuchung über die Lebensverhältnisse von Arbeitern. – Stuttgart: Enke 1976. X, 192 S.
(Göttinger Abhandlungen zur Soziologie und ihrer Grenzgebiete. 23.)
Diss., Universität Göttingen.

Lenz, Friedrich: Werden und Wesen der öffentlichen Meinung. Ein Beitrag zur politischen Soziologie. — München: Pohl 1956. 344 S.

Lohmer, Ulrich: Die Hochschule in der modernen Gesellschaft. Anmerkungen zu einer Denkschrift des SDS. — In: Gewerksch. Monatsh. 5 (1954), 94—99.

Macht und Ohnmacht der Intellektuellen. Hrsg. von Kurt Hoffmann. Nach einer Vortragsreihe des Bayerischen Rundfunks. — Hamburg: Wegner (1968). 150 S.

Mayntz, Renate: Soziologie der Organisation. — (Reinbek b. Hamburg:) Rowohlt (1963). 154 S.
(Rowohlts Dtsch. Enzyklopädie. 166.)

Messner, Johannes: Der Funktionär. Seine Schlüsselstellung in d. heutigen Gesellschaft. — Innsbruck, Wien, München: Tyrolia-Verl. (1961). 312 S.

Mitterauer, Michael [u.] Reinhard Sieder: Vom Patriarchat zur Partnerschaft. Zum Strukturwandel der Familie. – München: Beck 1977. 221 S.
(Beck'sche schwarze Reihe. 158.)

Moss, Robert: International terrorism and Western societies. – In: Internat. J. 29 (1973/74), 418–430.

Naraghi, Eshan: Die Situation der Jugend in der heutigen Welt und ihr Ringen. Erkenntnisse der Soziologie. — In: Universitas 24 (1969), 1189—1196.

Platte, Hans K[aspar]: Soziologie der Massenkommunikationsmittel. Analysen u. Berichte. — München, Basel: Reinhardt 1965. 268 S.

Rabe, Bernd: Der sozialdemokratische Charakter. Drei Generationen aktiver Parteimitglieder in einem Arbeiterviertel. Vorw. von Oskar Negt. - Frankfurt a. M.: Campus Verl. 1978. XIV, 202 S.

Raiser, Thomas: Einführung in die Rechtssoziologie. - Berlin: Schweitzer 1972. XI, 100 S.
(Juristische Arbeitsblätter. Sonderh. 9.)

Religionssoziologie. Hrsg. u. eingel. von Friedrich Fürstenberg. — (Neuwied:) Luchterhand (1964). 463 S.
(Soziologische Texte. 19.)

Ryffel, Hans: Rechtssoziologie. Eine systematische Orientierung. – (Neuwied:) Luchterhand (1974). XI, 414 S.

Sahner, Heinz: Politische Sozialisation oder Generationskonflikt? Vorschlag zur Relativierung der Ergebnisse einer Untersuchung über studentischen Protest aufgrund einer Sekundäranalyse. - In: Z. Soziologie 6 (1977), 279–296.

Schall, Wolfgang: Führungstechnik und Führungskunst in Armee und Wirtschaft. — Bad Harzburg: Verl. f. Wissenschaft, Wirtschaft u. Technik 1965. 159 S.
(Menschenführung u. Betriebsorganisation. 5.)

Schlwy, Günther: Intellektuelle und Demokratie heute. Ein Plädoyer für beide. — (Würzburg:) Echter-Verl. (1966). 118 S.

Studien und Materialien zur Rechtssoziologie. Hrsg. von Ernst E. Hirsch u. Manfred Rehbinder. — Köln: Westdtsch. Verl. (1967). 412 S.
(Kölner Zeitschrift für Soziologie und Sozialpsychologie. Sonderh. 11.)

Stutzer, Dietmar: Die Bauern heute. Umstrittener Platz in der Industriegesellschaft. — In: Polit. Meinung 12 (1967), H. 119, 61—76.

Wege der Literatursoziologie. Hrsg. u. eingel. von Norbert Fügen. (2. Aufl.) — (Neuwied:) Luchterhand (1971). 479 S.
(Soziologische Texte. 46.)

Wingenroth, Carl G.: Das Jahrhundert der Flüchtlinge. — In: Außenpolitik 10 (1959), 491—499.

Wissenschaftssoziologie. Studien und Materialien. Hrsg. von Nico Stehr u. René König. – (Opladen:) Westdtsch. Verl. (1975). 525 S.
(Kölner Zeitschrift für Soziologie und Sozialpsychologie. Sonderh. 18.)

Witte, Bernd [Hrsg.]: Deutsche Arbeiterliteratur von den Anfängen bis 1914. – Stuttgart: Reclam (1977). 424 S.
Reclams Universal-Bibliothek. 9840.)

Wölke, Gabriele: Arbeiterliteratur. Über den Versuch, die Arbeitswelt literarisch zu erfassen. – Köln: Dtsch. Instituts Verl. 1977. 58 S.
Beiträge zur Gesellschafts- und Bildungspolitik. 15.

Wurm, Shalom: Das Leben in den historischen Kommunen. ([Ab Ms.] aus d. Hebr. von Shimshon Elath.) – Köln: Bund-Verl. (1977). 342 S.

Zwahr, Hartmut: Die Entwicklung proletarischer Gemeinschaftsbeziehungen im Prozeß der sozialen Konstituierung der deutschen Arbeiterklasse. – In: Jb. Gesch. 13 (1975), 103–241.

Umweltprobleme

Füllenbach, Josef: Umweltschutz zwischen Ost und West. Umweltpolitik in Osteuropa und gesamteuropäische Zusammenarbeit. – Bonn: Europa Union Verl. 1977. 273 S.
(Schriften des Forschungsinstituts der Deutschen Gesellschaft für Auswärtige Politik.)

Gruhl, Herbert: Ein Planet wird geplündert. Die Schreckensbilanz unserer Politik. – (Frankfurt a. M.:) Fischer (1975). 375 S.

Höhmann, Hans-Hermann, Gertrud Seidenstecher [u.] Thomas Vanja: Umweltschutz und ökonomisches System in Osteuropa. Drei Beispiele: Sowjetunion, DDR, Ungarn. (Hrsg.: Bundesinst. f. ostwiss. u. internat. Studien.) – Stuttgart: Kohlhammer 1973. 175 S.

Kay, David A.: Umweltpolitik durch die Vereinten Nationen. Probleme und Perspektiven nach der Stockholmer Konferenz über die Umwelt des Menschen. – In: Europa-Arch. 28 (1973), 259–273.

Kennan, George F[rost]: To prevent a world wasteland. A proposal. — In: Foreign Aff. 48 (1969/70), 401–413.

Manshard, Walther: Umweltbelastung in Entwicklungsländern. – In: Vjb. Probl. Entwicklungsländer 1973, 117–125.

Rauschning, Dietrich: Umweltschutz als Problem des Völkerrechts. – In: Europa-Arch. 27 (1972), 567–580.

Der **RIO-Bericht** an den Club of Rome Reshaping the international order, dt.) Wir haben nur eine Zukunft. Reform der internationalen Ordnung. Leitung: Jan Tinbergen. (Aus d. Engl. übers. von Otto G. Mayer [u. a.]) – (Opladen:) Westdtsch. Verl. (1977). 356 S.

Scholder, Klaus: Kapitalismus, Sozialismus und die Idee der Grenze. Die Umweltkrise als Frage der Wertordnung. – In: Aus Politik und Zeitgeschichte, Beilage zur Wochenzeitung „Das Parlament" Nr. 44 vom 3. Nov. 1973, 3–16.

Taylor, Gordon Rattray: Das Selbstmordprogramm (The doomsdaybook, dt.) Zukunft oder Untergang der Menschheit. (Aus d. Engl. übers. von Gert Kreibich, Rudolf Süss [u.] Martin Traut. 2. Aufl.) — (Frankfurt a.M.:) G. B. Fischer bei S. Fischer (1971). 378 S.

Widener, Don: Kein Platz für Menschen (Timetable for disaster, dt.) Der programmierte Selbstmord. (Aus d. Amerikan. u.) mit e. Vorw. von Richard Kaufmann. (2. Aufl.) — (Stuttgart:) Goverts (1971). 216 S.

Geistige Strömungen der Zeit

Allgemeines

Friedrich, Carl J[oachim]: Die Philosophie des Rechts in historischer Perspektive. — Berlin, Göttingen, Heidelberg: Springer 1955. 153 S.

Huntemann, Georg H.: Utopisches Menschenbild und utopistisches Bewußtsein im 19. und 20. Jahrhundert — o. O. 1953. 223 gez. Bl. [Maschinenschr.]
Erlangen, phil. Diss. 1953.

Windell, George G.: Hegel, Feuerbach and Wagner's „Ring". – In: Centr. Europ. Hist. 9 (1976), 27–57.

Religiöse Bewegungen im politischen Bezug

Christentum

Alix, Christine: Le Saint-Siège et les nationalismes en Europe. — Paris: Sirey 1962. 367 S.
(Coll. „Histoire de la sociologie de l'Eglise".)

Apfelbacher, Karl-Ernst: Christliche Ethik und revolutionäre Gewalt. — In: Stimmen d. Zeit 95 (1970), Bd 186, 378—395.

Apfelbacher, Karl-Ernst: Kirchenunionen im 20. Jahrhundert. – In: Stimmen d. Zeit 98 (1973), Bd 191, 759–779.

Aretin, Karl Otmar [Frhr] von: Papsttum und moderne Welt. — (München: Kindler 1970). 256 S.
(Kindlers Universitätsbibliothek.)

Aretin, Karl Otmar von: Die Situation der nachkonziliaren Kirche. — In: Hochland 59 (1966/67), 451—462.

Arrupe, Pedro: Die Gesellschaft Jesu von heute. – In: Stimmen d. Zeit 98 (1973), Bd 191, 435–442.

Die **Autorität** der Freiheit. Gegenwart des Konzils und Zukunft der Kirche im ökumenischen Disput. Hrsg. von Johann Christoph Hampe. — München: Kösel.
1. (1967.) 629 S.
2. (1967.) 703 S.
3. (1967.) 732 S.

Bauer, Clemens: Deutscher Katholizismus. Entwicklungslinien und Profile. — Frankfurt a. M.: Knecht (1964). 135 S.

Bea, Augustin Kardinal: Die Kirche und die Menschheit (La chiesa e l'umanità, dt.) (Übers. aus d. Italien. von Franz Schmal.) — Freiburg: Herder (1967). 279 S.

GESELLSCHAFT UND POLITIK

Bea, Augustin Cardinal: The unity of christians. Ed. by Bernard Leeming. — London: Geoffrey Chapman 1963. 231 S.

Beckmann, Joachim: Die politische Verantwortung der Kirche. — In: Polit. Studien 15 (1964), 156—165.

Berkenkopf, Galina: Das Konzil in sowjetischer Sicht. — In: Wort u. Wahrheit 21 (1966), 466—470.

Berkouwer, Gerrit Cornelius: Gehorsam und Aufbruch (Nabetrachting op het concile, dt.) Zur Situation der katholischen Kirche und Theologie. (Aus d. Holländ. von Siegfried Solle.) Mit e. Nachw. von Johann Christoph Hampe. — München: Kaiser (1969). 191 S.

Bigo, Pierre: L'église et la révolution du tiers monde. - Paris: Presses universitaires de France 1974. 284 S.

Bilanz des deutschen Katholizismus. Hrsg. von N[orbert] Greinacher [u.] H. T. Risse. — Mainz: Matthias-Grünewald-Verl. (1966). 511 S.
(Grünewald-Reihe.)

Böckenförde, Ernst-Wolfgang: Kirchlicher Auftrag und politische Entscheidung. - Freiburg: Rombach 1973. 237 S.
(Rombach-Hochschul-Paperback. 55.)

Böckenförde, Ernst-Wolfgang: Politisches Mandat der Kirche? — In: Stimmen d. Zeit 94 (1969), Bd 184, 361—373.

Böhler, W. J.: Katholische Kirche und Staat in Deutschland. — In: Polit. Bildung 1953, H. 44, 122—146.

Böhme, Wolfgang: Die evangelische Kirche und die politische Wirklichkeit. — In: Frankf. H. 8 (1953), 350—358.

Bokelmann, Hans: Christliches Selbstverständnis vor Gott und Gegenwart. Grundsätzliche Bemerkungen zur Enzyklika „Mater et magistra". — In: Frankf. H. 16 (1961), 655—668.

Brauns, Heinrich: Katholische Sozialpolitik im 20. Jahrhundert. Ausgew. Aufsätze und Reden. Bearb. von Hubert Mockenhaupt. - Mainz: Matthias-Grünewald-Verl. (1976). 212 S.
(Veröffentlichungen der Kommission für Zeitgeschichte. A, 19.)

Brunotte, Heinz: Bekenntnis und Kirchenverfassung. Aufsätze zur kirchlichen Zeitgeschichte. - Göttingen: Vandenhoeck & Ruprecht 1977. X, 261 S.
(Arbeiten zur kirchlichen Zeitgeschichte. B, 3.)

Brunotte, Heinz: Die Evangelische Kirche in Deutschland. Geschichte, Organisation und Gestalt der EKD. — (Gütersloh:) Mohn (1964). 208 S.
(Evangelische Enzyklopädie. 1.)

Buchheit, Gert: Das Papsttum. Von seiner Einsetzung bis zum Pontifikat Johannes XXIII. — Neuenburg: Osang (1962). 240 S.

Bukow, Wolf-Dieter: Das Elend der sozialistischen Opposition in der Kirche. Celler Konferenz, Theologie als Gesellschaftstheorie? — München: Kaiser (1969). 122 S.
(Theologische Existenz heute. 162.)

Bull, George: Vatican politics at the second Vatican Council 1962—1965. — London: Oxford University Press 1966. 155 S.

Burks, R. V.: Catholic parties in Latin Europe. — In: J. mod. Hist. 24 (1952), 269—286.

Casanova, Antoine: Vatican II et l'évolution de l'église. — Paris: Edit. sociales 1969. 288 S.
(Coll. „Les Essais de la Nouvelle Critique".)

Christen für den Sozialismus. - Stuttgart: Kohlhammer (1975).
  1. Analysen. Hrsg. von Dorothee Sölle und Klaus Schmidt. 188 S.
  2. Dokumente (1945-1959). Hrsg. von Walter Dirks, Klaus Schmidt [und] Martin Stankowski. 160 S.
(Urban-Taschenbücher. 613. 614.)

Christentum und Militarismus. Hrsg. von Wolfgang Huber und Gerhard Liedke. - Stuttgart: Klett 1974. 222 S.
(Studien zur Friedensforschung. 13.)

Christsein in der pluralistischen Gesellschaft. 25 Beiträge aus evangelischer Sicht. Hrsg. von Hans Schulze u. Hans Schwarz. — Hamburg: Wittig (1971). 415 S.

Congar, Yves M[arie]-J[oseph]: Die Katholische Kirche und die Rassenfrage (L'Eglise Catholique devant la question raciale, [dt.]) (Übertr. von Walter Armbruster.) — Recklinghausen: Paulus Verl. (1961). 112 S.

Conzemius, Victor: Nochmals: Kirche und Arbeiterschaft. - In: Stimmen d. Zeit 100 (1975), Bd 193, 745–759.

Dahm, Karl-Wilhelm: Der Staat und die Pastoren. Protestantische Tradition in Beharrung und Krise. — In: Z. Politik 13 (1966), 429—450.

Diskussionen zur politischen Theologie. Hrsg. von Helmut Peukert. Mit e. Bibliographie zum Thema. — (Mainz:) Matthias-Grünewald-Verl. 1969. XIV, 317 S.

Doepfner, Julius Kardinal: The church and science in the world view of the Council. — In: Rev. Politics 29 (1967), 3—12.

Duff, Edward: Der Weltkirchenrat. — In: Stimmen d. Zeit 161 (1957/58), 266—277.

Les **églises** chrétiennes et la décolonisation. Sous la direction de Marcel Merle. — Paris: Colin 1967. 520 S.
(Cahiers de la Fondation Nat. des Sciences Politiques. 151.)

Ellwein, Thomas: Klerikalismus in der deutschen Politik. — München: Isar-V. 1955. 305 S.
(Heiße Eisen. 1.)

Eppstein, John: The cult of revolution in the church. - New Rochelle, N. Y.: Arlington House 1974. 160 S.

Ermecke, Gustav: Christliche Politik. Utopie oder Aufgabe? — Köln: Bachem (1966). 76 S.

Filthaut. Ephrem: Deutsche Katholikentage 1848—1958 und soziale Frage. — Essen: Driewer (1960). 409 S.

Fischer, Hans Gerhard: Evangelische Kirche und Demokratie nach 1945. Ein Beitr. zum Problem d. polit. Theologie. — Lübeck: Matthiesen 1970. 247 S.
(Historische Studien. 407.)
Diss., Münster.

Funcke, Liselotte, Cornelius A. von Heyl [und] Johannes Niemeyer: Kirche in Staat und Gesellschaft. Trennung und Partnerschaft – Gegensatz oder Ergänzung? (2. Aufl.) – Stuttgart: Verl. Bonn Aktuell (1975). 114 S.
(Bonn aktuell. 21.)

Galli, Mario von und Bernhard Moosbrugger: Das Konzil. Chronik der ersten Session. Ein Bild- und Textbericht. — Mainz: Matthias-Grünewald-Verl. (1963). 144 S.

Glässer, Alfred: Kirche kontra Gesellschaft? Beiträge zur Theologie und Soziologie der Kirche. – Kevelaer: Butzon & Bercker (1976). XIV, 320 S.
(Eichstätter Studien. NF, 11.)

Gogarten, Friedrich: Verhängnis und Hoffnung der Neuzeit. Die Säkularisierung als theologisches Problem. — Stuttgart: Vorwerk (1953). 220 S.

Gollwitzer, Helmut: Die christliche Gemeinde in der politischen Welt. — Tübingen: Mohr 1954. 62 S.

Groppe, Lothar: Die Stellung der Kirche zum Krieg. – In: Wehrkunde 25 (1976), 254–259.

Guerry, Emile Maurice: L'église et la communauté des peuples. La doctrine de l'église sur les relations internationales. L'enseignement de Pie XII. – Paris: Bonne Presse (1958). 347 S.

Gurian, Waldemar und M. A. Fitzsimons [Ed.]: The Catholic Church in world affairs. — Notre Dame, Ind.: University of Notre Dame Press 1954. IX, 420 S.

Häring, Bernhard: Das Konzil im Zeichen der Einheit. — (Freiburg, Basel, Wien: Herder 1963.) 123 S.
(Herder-Bücherei. 144.)

Hanssler, Bernhard: Die Kirche in der Gesellschaft. Der deutsche Katholizismus und seine Organisationen im 19. und 20. Jahrhundert. — Paderborn: Bonifacius-Dr. 1961. 95 S.

Hasenhüttl, Gotthold: Herrschaftsfreie Kirche. Soziotheologische Grundlegung. – Düsseldorf: Patmos-Verl. 1974. 154 S.

Hauser, Richard: Christ und Obrigkeit. Der Gehorsam in der politischen Ethik. — In: Wort u. Wahrheit 18 (1963), 657—671.

Heer, Friedrich: Der Linkskatholizismus. — In: Z. Politik 5 (1958), 134—161.

Heer, Friedrich: „Pacem in terris." — In: Neue Gesellsch. 10 (1963), 263–270.

Hermann, Ingo: Die römisch-katholische Kirche und ihre Konflikte. – In: Frankf. H. 28 (1973), 565–580.

Hoeke, Gustav René: Der Vatikan und die ökumenische Bewegung. — In: Außenpolitik 11 (1960), 478—484.

Huber, Wolfgang: Kirche und Öffentlichkeit. – Stuttgart: Klett (1973). 736 S.
(Forschungen und Berichte der evangelischen Studiengemeinschaft. 28.)

Hudak, Adalbert: Die Prager Friedenskonferenz. Kirche und kommunistischer Totalstaat in der Begegnung. Mit e. Nachwort d. Hrsg. Werner Petersmann: Die Prager allchristl. Friedenskonferenz u. d. gerechte u. ⟨darin⟩ dauerhafte Friede. — München: Bergstadtverl. Korn (1964). 48 S.
(Jedermann. 4.)

Igino, [Cardinale]: Le Saint-Siège et la diplomatie. Aperçu historique, juridique et pratique de la diplomatie pontificale. — Tournai, Paris, Rome, New York: Desclée 1962. 343 S.

Imhoff, Christoph von: Der Papst und seine Kardinäle. — In: Außenpolitik 10 (1959), 376—383.

Johannes XXIII. Papa: Die Sozialenzyklika Papst Johannes' XXIII. Mater et magistra. Über die jüngsten Entwicklungen des gesellschaftlichen Lebens und seine Gestaltung im Licht der christlichen Lehre. Mit einer Einführung in die Soziallehre der Päpste von Leo XIII. bis zu Johannes XXIII. von Eberhard Welty. — (Freiburg i. Br., Basel, Wien: Herder 1961.) 150 S.
(Herder-Bücherei. 110.)

Kafka, Gustav E[duard] [Hrsg.]: Die Katholiken vor der Politik. — Freiburg i. Br.: Herder 1958. 194 S.

Katholizismus und freiheitlicher Sozialismus in Europa. Hrsg. von Albrecht Langner. — Köln: Bachem (1965). 412 S.

Kirche und moderne Demokratie. Hrsg. von Theodor Strohm u. Heinz-Dietrich Wendland. – Darmstadt: Wiss. Buchges. 1973. XI, 473 S.
(Wege der Forschung. 205.)

Die **Kirche** und die Rassenfrage. In Zsarb. mit Siegfried Groh u. Gustav Menzel hrsg. von Klaus-Martin Beckmann. Mit Beitr. von: Klaus-Martin Beckmann [u.a.] und Dokumentarteil. — Stuttgart: Kreuz-Verl. (1967). 147 S.
(Kirche im Volk. 34.)

Kirche und Staat. Fritz Eckert zum 65. Geburtstag. Hrsg. von Herbert Schambeck. – Berlin: Duncker & Humblot 1976. XXXI, 611 S.

Kirche und Staat auf Distanz. Historische und aktuelle Perspektiven. [Hrsg.:] Georg Denzler. – München: Kösel (1977). 260 S.

Kleine, Erwin: Hollands Kirche unterwegs. Perspektiven zur Konzilsverwirklichung. — Essen-Werden: Fredebeul & Koenen (1970). 135 S.

Klerikalismus heute? (Hrsg. von Karl Forster. Mit Beitr. von Franz X[aver] Arnold [u. a.]) — Würzburg: Echter (1964). 130 S.
(Studien u. Berichte d. Katholischen Akademie in Bayern. 26.)

Klöeker, Michael: Der politische Katholizismus. Versuch einer Neudefinierung. — In: Z. Politik 18 (1971), 124—130.

Zweites Vatikanisches **Konzil.** — Osnabrück: Fromm.
Sitzungsperiode 1. Dokumente, Texte, Kommentare. (1963). 217 S.
(Fromms Taschenbücher Zeitnahes Christentum. 27.)

Die ökumenischen **Konzile** der Christenheit. Hrsg.: Hans Jochen Margull. — Stuttgart: Evang. Verl.-Werk (1961). 427 S.

Krämer, Manfred: Kirche kontra Demokratie? Gesellschaftliche Probleme im gegenwärtigen Katholizismus. Mit e. Geleitw. von Walter Dirks. - München: Pfeiffer 1973. 285 S.
(Experiment Christentum. 14.)

Kreiterling, Willi: Katholische Kirche und Demokratie. (Ein Beitrag zu Verstehen und Verständigung.) — (Frankfurt a. M.:) Europ. Verl.-Anst. (1960). 82 S.

Kreiterling, Willi: Kirche, Katholizismus, Sozialdemokratie. Von d. Gegnerschaft zur Partnerschaft. — Bonn-Bad Godesberg: Verl. Neue Gesellschaft (1969). 86 S.
(Theorie und Praxis der deutschen Sozialdemokratie.)

Langner, Albrecht: Ökumenische Bewegung und Katholizismus nach der Weltkirchenkonferenz in Uppsala 1968. — In: Stimmen d. Zeit 93 (1968), Bd 182, 217—227.

Lapide, Pinchas E.: Rom und die Juden (The last three popes and the jews, dt.) (Deutsch von Jutta u. Theodor Knust.) — Freiburg: Herder (1967). 375 S.

Laurentin, René: Bilan du Concile Vatican II. — Paris: Edit. du Seuil 1967. 320 S.
(Coll. „Livre de vie". 71/72.)

Laurentin, René: L'église et les juifs à Vatican II. — Paris: Casterman 1967. 136 S.
(Coll. „Eglise vivante".)

Leclercq, Jacques: Vatican II. Un concile pastoral. — Bruxelles: Edit. Vie ouvrière 1966. 166 S.
(Coll. „L'Eglise au monde".)

Liermann, Hans: Kirchen und Staat. — München: Isar-V. 1954. 300 S.

Littell, Franklin H.: Die Bedeutung des Kirchenkampfes für die Ökumene. — In: Evang. Theologie 20 (1960), 1—20.

Littell, Franklin H. und Hans Hermann Walz [Hrsg.]: Weltkirchenlexikon. Handbuch der Ökumene. — Stuttgart: Kreuz-Verl. 1962. 1792 Sp.

Lorenz, Franz und Wolfgang Seibel: Ein Briefwechsel zum Konzil. Die erste Konzilstagung im Blickpunkt der öffentlichen Meinung. — Recklinghausen: Paulus Verl. 1963. 135 S.

Lutz, Heinrich: Demokratie im Zwielicht. Der Weg der deutschen Katholiken aus dem Kaiserreich in die Republik 1914—1925. München: Kösel 1963. 142 S.

Lutz, Heinrich: Die deutschen Katholiken in und nach dem ersten Weltkrieg. — In: Hochland 55 (1962/63), 193—216.

Lutz, Heinrich [u.] Carl Amery: Katholizismus und Faschismus. Analyse einer Nachbarschaft. Heinrich Lutz antwortet Carl Amery. — (Düsseldorf:) Patmos-Verl. (1970). 70 S.
(Das theologische Interview. 16.)

Macha, Josef: Kirchenbünde und Kircheneinheit. Soziologische Erwägungen zu den Einigungsbestrebungen der Kirchen. — In: Stimmen d. Zeit 94 (1969), Bd 184, 404—417.

Maier, Hans: Kirche und Politik. Eine geschichtliche Besinnung. — In: Hochland 55 (1962/63), 320—337.

Maier, Hans: Kirche, Staat, Gesellschaft. — In: Hochland 60 (1967/68), 201—220.

Maier, Hans: Revolution und Kirche. Studien zur Frühgeschichte d. christlichen Demokratie. 1789—1850. Freiburg i. Br.: Rombach (1959). 249 S.
(Freiburger Studien zu Politik und Soziologie.)

Material zum Problem Kirche und Politik. Mit Beitr. von Hans Bolewski [u. a.] — Bonn: Eichholz Verl. 1975. 126 S.
(Materialien zur Tagungs- und Seminararbeit der Politischen Akademie Eichholz. 33.)

May, Georg: Demokratisierung der Kirche. Möglichkeiten und Grenzen. — München: Herold-Verl. (1971). 205 S.

Meinhold, Peter: Konzile der Kirche in evangelischer Sicht. — Stuttgart: Kreuz-Verl. (1962). 229 S.

Meinhold, Peter: Ökumenische Kirchenkunde. Lebensformen d. Christenheit heute. — Stuttgart: Kreuz-Verl. (1962). 652 S.

Meinhold, Peter: Die christliche Ökumene. Evangelische Besinnung auf die Weltkirchenkonferenz in Neu-Dehli und das Zweite Vatikanische Konzil. — In: Wort u. Wahrheit 16 (1961), 101—116.

Michael, J. P.: Pius' XII. politische Prophetie und die Ökumene .— In: Wort u. Wahrheit 14 (1959), 5—15.

Mikat, Paul: Kirche, Gesellschaft, Staat. Wandlungen seit dem 2. Vatikanischen Konzil. — In: Polit. Meinung 11 (1966), H. 115, 38—46.

Mohr, Hubert: Das katholische Apostolat. Zur Strategie u. Taktik d. polit. Katholizismus. — Berlin: Rütten & Loening 1962. 338 S.
(Beiträge zur Geschichte des religiösen und wissenschaftlichen Denkens. 2.)

Mourin, Maxime: Le Vatican et l'U.R.S.S. — Paris: Payot 1965. 304 S.
(Coll. „Etudes et documents Payot".)

Mourin, Maxime: Der Vatikan und die Sowjetunion (Le Vatican et l'URSS, dt.) (Aus d. Französ. von Hildegard Krage.) — (München:) Nymphenburger Verlagshandl. (1967). 379 S.

Mueller, Franz H[ermann]: Kirche und Industrialisierung. Sozialer Katholizismus in den Vereinigten Staaten und in Deutschland bis zu Pius XII. — Osnabrück: Fromm (1971). 241 S.
(Fromms Taschenbücher Zeitnahes Christentum. 60.)

Muhler, Emil: Die Soziallehre der Päpste. — München: Isar-V. (1958). 338 S.

Nell-Breuning, Oswald von: Auseinandersetzung mit dem Sozialismus. Anmerkungen zu einer Kontroverse um das Synodendokument „Kirche und Arbeiterschaft". – In: Stimmen d. Zeit 101 (1976), Bd 194, 261–272.

Nell-Breuning, Oswald von: Katholische Kirche und Marxsche Kapitalismuskritik. — In: Stimmen d. Zeit 92 (1967), Bd 180, 365—374.

Nell-Breuning, Oswald von: Katholische Marx-Renaissance? — In: Stimmen d. Zeit 94 (1969), Bd 183, 1—9.

Nell-Breuning, Oswald von: „Politische Theologie", einst und jetzt. — In: Stimmen d. Zeit 95 (1970), Bd 186, 234—246.

Nell-Breuning, Oswald von: Wie sozial ist die Kirche? Leistung und Versagen der katholischen Soziallehre. - Düsseldorf: Patmos-Verl. 1972. 156 S.
(Patmos-Paperbacks.)
(Schriften der Katholischen Akademie in Bayern.)

Neuß, Wilhelm: Die Kirche der Neuzeit. — (Bonn): Bonner Buchgemeinde (1954). 584 S.
(Die katholische Kirche im Wandel der Zeiten und Völker. 3.)

Nolde, O. Frederick: The churches and the nations. Forew. by W. A. Visser 't Hooft. — Philadelphia: Fortress Press 1970. VIII, 184 S.

Norden, Günther von: Der deutsche Protestantismus in Monarchie, Republik und Diktatur. — In: Neue polit. Lit. 13 (1968), 443—455.
Literaturbericht.

Partner von morgen? Das Gespräch zwischen Christentum und marxistischem Atheismus. Hrsg.: Hans-Joachim Girock. (Hrsg. von d. Evangelischen Zentralstelle für Weltanschauungsfragen.) — Stuttgart: Kreuz-Verl. (1968). 82 S.

Pflegler, Michael: Dokumente zur Geschichte der Kirche. 2., neubearb. u. verm. Aufl. — Innsbruck, Wien, München: Tyrolia-V. (1957). 737 S.

Picht, Georg: Theologie und Kirche im 20. Jahrhundert. — München: Kösel 1972. 68 S.

Poulat, Emile: Eglise contre bourgeoisie. Introduction au devenir du catholicisme actuel. – Paris: Casterman 1977. 290 S.
(Coll. „Religion et sociétés".)

Prinz, Franz: Kirche und Arbeiterschaft. Gestern, heute, morgen. - München: Olzog 1974. 375 S.
(Geschichte und Staat. 175/176.)

Purdy, W[illiam] A[rthur]: Die Politik der katholischen Kirche (The church on the move, dt.) (Aus d. Engl. von Jutta u. Theodor Knust unter Mitarb. von Romanus Knust.) — (Gütersloh:) S. Mohn (1967). 367 S.
(Das moderne Sachbuch. 60.)

Quaritsch, Helmut: Kirchen und Staat. Verfassungs- und staatstheoretische Probleme d. staatskirchenrechtl. Lehre d. Gegenwart. — In: Staat 1 (1962), 173—197 und 289—320.

Quaritsch, Helmut: Neues und Altes über das Verhältnis von Kirchen und Staat. — In: Staat 5 (1966), 451—474.

Raab, Heribert [Hrsg.]: Kirche und Staat. Von der Mitte des 15. Jahrhunderts bis zur Gegenwart. — (München:) Dtsch. Taschenbuch Verl. (1966). 371 S.
(dtv [-Taschenbücher]. 238/39.)

Ratschow, Carl Heinz: Atheismus im Christentum? Eine Auseinandersetzung mit Ernst Bloch. — (Gütersloh:) Mohn (1970). 119 S.

Religion im Umbruch. Soziol. Beitr. zur Situation von Religion und Kirche in d. gegenwärtigen Gesellschaft. Hrsg. von J[akobus] Wössner in Gemeinschaft mit L. von Deschwanden [u. a.] – Stuttgart: Enke 1972. VII, 419 S.

Rendtorff, Trutz: Christentum zwischen Revolution und Restauration. Polit. Wirkungen neuzeitl. Theologie. — München: Claudius-Verl. (1970). 138 S.

Rendtorff, Trutz: Politisches Mandat der Kirchen? Grundfragen einer politischen Theologie. Trutz Rendtorff antwortet Winfried Hassemer. — Düsseldorf: Patmos-Verl. 1972. 61 S.
(Das theologische Interview. 27.)

Roegele, Otto B.: Das Konzil und die Welt. Wirkungen auf d. politische Sphäre. — In: Polit. Meinung 7 (1962), H. 77, 21—33.

Roegele, Otto B.: Moskau und der Papst. Koexistenztheorie im Vatikan? — In: Polit. Meinung 8 (1963), H. 83, 54—71.

Rovan, Joseph: Le catholicisme politique en Allemagne. Préf. d'Henri Marrou. — Paris: Edit. du Seuil (1956). 288 S.
(Histoire de la Démocratie Chrétienne. 2.)

Saventhem, Eric M.: Die deutschen Katholiken und das Konzil. Ergebnisse einer demoskopischen Untersuchung. — In: Wort u. Wahrheit 22 (1967), 249—262.

Savramis, Demosthenes: Theologie und Gesellschaft. — München: List (1971). 253 S.
(List-Taschenbücher der Wissenschaft. 1621.)

Schaeder, Hildegard: Kirchliche West-Ost-Kontakte seit dem zweiten Weltkrieg. — In: Außenpolitik 7 (1956), 384—395.

Schöppe, Lothar [Hrsg.]: Konkordate seit 1800. Originaltext u. dt. Übers. der geltenden Konkordate. — Frankfurt, Berlin: Metzner 1964. XXXVII, 584 S.
(Dokumente. 35.)

Schwan, Alexander: Katholische Kirche und pluralistische Politik. Politische Implikationen des II. Vatikanischen Konzils. — Tübingen: Mohr 1966. 25 S.
(Recht und Staat in Geschichte und Gegenwart. 330.)

Scoppola, P.: La chiesa e il fascismo. Documenti e interpretazioni. — Bari: Laterza 1971. 415 S.

Seeber, David Andreas: Das Zweite Vaticanum. Konzil des Übergangs. — (Freiburg: Herder 1966.) 413 S.
(Herder-Bücherei. 260/261.)

Seibel, Wolfgang: Das Zweite Vatikanische Konzil. Die erste Sitzungsperiode. — In: Stimmen d. Zeit 88 (1962/63), Bd 171, 289—299.

Seth, Ronald: For my name's sake. A brief account of the struggle of Roman Catholic Church against the Nazi in Western Europe and against the communist persecution in Eastern Europe. — London: Bles (1958). IX, 246 S.

Sevenich, Maria: Der „politische Katholizismus" als Ziel und Wirklichkeit. — In: Neue Gesellsch. 1 (1954), H. 3, 30—38.

Siebel, Wigand: Freiheit und Herrschaftsstruktur in der Kirche. Eine soziologische Studie. — Berlin: Morus-Verl. 1971. 115 S.
(Religionssoziologische Schriften. 1.)

Spieker, Manfred: Neomarxismus und Christentum. Zur Problematik des Dialogs. - Paderborn: Schöningh 1974. 296 S.
(Abhandlungen zur Sozialethik. 7.)

Stammler, Eberhard: Kirche am Ende unseres Jahrhunderts. Witterungen, Wünsche, Wagnis. - Stuttgart: Radius-Verl. 1974. 140 S.
(Radius-Bücher.)

Steck, Karl Gerhard: Kritik des politischen Katholizismus. — Frankfurt a. M.: Stimme-Verl. (1963). 109 S.
(Antworten. 1.)

Stehle, Hansjakob: Katholische Kirche und Koexistenz. — In: Außenpolitik 7 (1956), 289—299.

Tavard, Georges H[enri]: Geschichte der ökumenischen Bewegung (Petite histoire du mouvement oecuménique, dt.) (Aus d. Französ. übers. von Ludwig Bläser.) — Mainz: Matthias-Grünewald-Verl. (1964). 242 S.

Thielicke, Helmut: Die Evangelische Kirche und die Politik. Ethisch-politischer Traktat über einige Zeitfragen. — Stuttgart: Evang. Verlagswerk 1953. 80 S.

Thomas, Jean: Der Christ in der modernen Massengesellschaft. — In: Dokumente 12 (1956), 481—488.

Thränhardt, Dietrich: Das Demokratiedefizit in den deutschen evangelischen Kirchen. - In: Tradition und Reform in der deutschen Politik. Gedenkschrift für Waldemar Besson, Berlin: Propyläen-Verl. 1976, 286–332.

Demokratische **Traditionen** im Protestantismus. [Von] Joachim Staedtke, Gerhard Pfeiffer [u. a.] (Bericht über die Tagung der Akademie f. Politik u. Zeitgeschehen am 24. u. 25. Mai 1968 in Nürnberg.) — München: Olzog (1969). 107 S.
(Schriftenreihe der Akademie für Politik und Zeitgeschehen in der Hanns-Seidel-Stiftung. 2.)

Vries, Wilhelm de: Rom, Konstantinopel, Moskau heute. — In: Stimmen d. Zeit 94 (1969), Bd 183, 45—52.

Wenzel, Fritz: Der „politische Katholizismus" in der Literatur. — In: Neue Gesellschaft 1 (1954), H. 3, 39—46.

Wiegand, Brigitte: Krieg und Frieden im Spiegel führender protestantischer Presseorgane Deutschlands und der Schweiz in den Jahren 1890–1914. - Frankfurt a. M.: Lang 1976. 431 S.
(Moderne Geschichte und Politik. 4.)

Wucher, Albert: Das Papsttum in der Welt von heute. Pius XII., Johannes XXIII., Paul VI. — In: Monat 21 (1969), H. 255, 72—81.

Zahrnt, Heinz: Die Sache mit Gott. Die protestantische Theologie im 20. Jahrhundert. — München: Piper (1966). 512 S.

Zanarini, Gaston: Pape et patriarches. — Paris: Nouv. Edit. Latines 1962. 224 S.

Ziegler, Adolf Wilhelm: Religion, Kirche und Staat in Geschichte und Gegenwart. Ein Handbuch. — München: Manz.
  1. Geschichte. Vorgeschichte, Altertum, Mittelalter, Neuzeit. 1969. 485 S.

Ziegler, Adolf Wilhelm: Religion, Kirche und Staat in Geschichte und Gegenwart. Ein Handbuch. - München: Manz.
  2. Das Verhältnis von Kirche und Staat in Europa. 1972. 349 S.

Judentum

Adler, H. G.: Die Juden in Deutschland. Von der Aufklärung bis zum Nationalsozialismus. — München: Kösel (1960). 177 S.

Adler-Rudel, S.: Ostjuden in Deutschland 1880—1940. Zugleich eine Geschichte der Organisationen, die sie betreuten. — Tübingen: Mohr 1959. 175 S.

Arnold, Hermann: Von den Juden in der Pfalz. — Speyer: Verl. d. Pfälzischen Ges. zur Förderung d. Wiss. 1967. VII, 127 S.
(Veröffentlichungen der Pfälzischen Gesellschaft zur Förderung der Wissenschaften Speyer. 56.)

Arnsberg, Paul: Die jüdischen Gemeinden in Hessen. Anfang, Untergang, Neubeginn. Bd. 1. 2. - (Frankfurt a. M.:) Societäts-Verl. (1971).
  1. 515 S.
  2. 500 S.

Aron, Raymond: Zeit des Argwohns (De Gaulle, Israel et les juifs, dt.) De Gaulle, Israel und die Juden. (Aus d. Französ. übers. von Heinz Abosch.) — (Frankfurt a.M.:) S. Fischer (1968). 186 S.

Baeck, Leo: Israel und das deutsche Volk. — In: Merkur 6 (1952), 901—911.

Baeck, Leo: Dieses Volk. Jüdische Existenz. — Frankfurt a. M.: Europ. Verl. Anst. (1955). 182 S.

Bein, Alexander: „Der jüdische Parasit". Bemerkungen zur Semantik d. Judenfrage. — In: Vjh. Zeitgesch. 13 (1965), 121—149.

Ben Gurion, David: Rebirth and destiny of Israel. — New York: Philosophical Library (1954). 539 S.

Bentwich, Norman: The Jews in our time. — Harmondsworth: Penguin Books 1960. 176 S.

Bentwich, Norman: The Hebrew University of Jerusalem 1918—1960. — London: Weidenfeld & Nicolson 1961. 67 S.

Berger, Elmer: Judaism or Jewish nationalism. The alternative to zionism. — New York: Bookman Associates; Twayne Publishers 1957. 207 S.

Bergmann, Samuel H.: Parlament oder Synagoge? Die Erneuerung des Judentums im Staate Israel. — In: Gegenwart 9 (1954), 363—366.

Berkovits, Eliezer: Judaism. Fossil or ferment? — New York: Philosophical Library 1956. XII, 176 S.

Bloch, Erich: Geschichte der Juden von Konstanz im 19. und 20. Jahrhundert. Eine Dokumentation. — (Konstanz:) Rosgarten-Verl. (1971). 300 S.

Bloch, Jochanan: Judentum in der Krise. Emanzipation, Sozialismus und Zionismus. Mit e. Nachw. von Helmut Gollwitzer. — Göttingen: Vandenhoeck & Ruprecht (1966). 201 S.
(Kleine Vandenhoeck-Reihe. 245.)

Bloch, Jochannaan: Das anstößige Volk. Über die weltliche Glaubensgemeinschaft der Juden. — Heidelberg: L. Schneider 1964. 197 S.

Blumenfeld, Kurt: Erlebte Judenfrage. Ein Vierteljahrhundert deutscher Zionismus. (Hrsg. u. mit e. Einf. vers. von Hans Tramer.) — Stuttgart: Dtsch. Verl.-Anst. (1962). 222 S.

Borries, Achim von [Hrsg.]: Selbstzeugnisse des deutschen Judentums 1870—1945. Mit e. Geleitw. von Helmut Gollwitzer. — (Frankfurt a. M., Hamburg:) Fischer Bücherei (1962). 198 S.
(Fischer Bücherei. 439.)

Breslauer, Walter: Die „Vereinigung für das liberale Judentum in Deutschland" und die „Richtlinien zu einem Programm für das liberale Judentum". Erinnerungen aus den Jahren 1908—1914. — In: Bull. Leo Baeck Inst. 9 (1966), 302—329.

Brilling, Bernhard: Die jüdischen Gemeinden Mittelschlesiens. Entstehung und Geschichte. — Stuttgart: Kohlhammer (1972). V, 220 S.
(Studia Delitzschiana. 14.)

Brody, G. P. von: Die Judenfrage im russischen Imperium. — In: Ukraine Verg. Gegenw. 2 (1953), H. 2, 19—24.

Brosius, Dieter: Die Schaumburg-Lippischen Juden 1848—1945. — In: Schaumburg-Lippische Mitteilungen 1971, H. 21, 59—98.

Cang, Joel: The silent millions. A history of the Jews in the Soviet Union. — New York: Taplinger 1970. 246 S.

Catane, Moché: Les juifs dans le monde. — Paris: Michel 1963. 316 S.

Chertoff, Mordechai S. [Ed.]: The new left and the Jews. — New York: Pitman Publ. 1971. 322 S.

Cohen, Arthur A[llen]: The myth of the Judeo-Christian tradition. — New York: Harper & Row 1970. XXI, 223 S.

Cohen, D.: Zwervend en dolend. De Joodse vluchtelingen in Nederland in de jaren 1933—1940. Met een inleiding over de jaren 1900—1933. — Haarlem: De Erven Bohn N. V. 1955. XVI, 364 S.

Cohen, Israel: A short history of zionism. — London: Muller 1951. 280 S.

Cohen, Sir Israel: A Jewish pilgrimage. — London: Vallentine, Mitchell 1956. XVI, 416 S.

Cohen, Naomi W.: Not free to desist. The American Jewish Committee 1906–1966. Introd. by Salo W. Baron. [Hrsg.:] The Jewish Publication Society of America. — Philadelphia, Pa.: ([Selbstverl. d. Hrsg.] 1972). XIII, 652 S.

Cohn, Norman: Die Protokolle der Weisen von Zion (Warrant for genocide, dt.) Der Mythos von der jüdischen Weltverschwörung. (Aus d. Engl. von Karl Römer.) — Köln: Kiepenheuer & Witsch (1969). 390 S.

Crown, Alan D.: The initiative and influences in the development of Australian Zionism, 1850-1948. – In: Jew. soc. Stud. 39 (1977), 299–322.

Dawidowicz, Lucy S.: The golden tradition. Jewish life and thought in Eastern Europe. — New York: Holt, Rinehart & Winston 1967. 502 S.

Deutsche und Juden. Beitr. von Nahum Goldmann [u.a.] — (Frankfurt a.M.:) Suhrkamp (1967). 123 S.
(Edition Suhrkamp. 196.)

Dittmar, Peter: Die Juden im kommunistischen Europa. — In: Polit. Stud. 19 (1968), 307—316.

Doch das Zeugnis lebt fort. Der jüdische Beitrag zu unserem Leben. — Berlin: Leber 1965. 378 S.

Dubnow, Simon: Nationalism and history. Essays on old and new judaism. Ed. with an introductory essay by Koppel S. Pinson. — New York: Jewish Publication Society 1958. 385 S.

Eban, Abba: Dies ist mein Volk (My people, the story of the Jews, dt.) Die Geschichte der Juden. (Ins Dtsch. übertr. von Gerda Kurz u. Siglinde Summerer.) — Zürich: Droemer (1970). 447 S.

Echt, Samuel: Die Geschichte der Juden in Danzig. (Mit e. Vorw. von Erwin Lichtenstein.) – Leer: Rautenberg (1972). 282 S.

Ehrlich, Ernst Ludwig: Geschichte der Juden in Deutschland. — Düsseldorf: Schwann (1957). 95 S.
(Geschichtliche Quellenschriften.)

Eisenstein, Ira: Judaism under freedom. With a foreword by Mordecai M. Kaplan. — New York: Reconstructionist Press 1956. XVIII, 262 S.

Elbogen, Ismar [u.] Eleonore Sterling: Die Geschichte der Juden in Deutschland. Eine Einführung. — Frankfurt a.M.: Europ. Verl. Anst. (1966). 335 S.
(Bibliotheca Judaica.)

Elbogen, Ismar: Ein Jahrhundert jüdischen Lebens. Die Geschichte des neuzeitlichen Judentums. Hrsg. von Ellen Littmann. — (Frankfurt a.M.:) Europ. Verl. Anst. (1967). 753 S.
(Bibliotheka Judaica.)

Eliav, Mordechai: Die Juden Palästinas in der deutschen Politik. Dokumente aus dem Archiv des deutschen Konsulats in Jerusalem 1842–1914. – Tel Aviv: Verl. d. Kibbuz Me'chuad u. d. Universität. Bd. 1. 2.
  1. (In Hebräischer Sprache) XLIII, 344 S.
  2. (Quellen. In deutscher Sprache) XIX, 372 S.

Epstein, Isidore: Judaism. A historical presentation. — Harmondsworth: Penguin Books 1959. 349 S.

Epstein, Melech: The Jew and communism. The story of early communist victories and ultimate defeats in the Jewish community, USA 1919–1941. — New York: Trade Union Sponsoring Committee 1959. X, 438 S.

Esh Shaul: The establishment of the „Reichsvereinigung der Juden in Deutschland" and its main activities. — In: Yad Vashem Bull. 7 (1968), 19—38.

Explorations. An annual on Jewish themes edit. by Murray Mindlin with Chaim Bermant. In association with the Inst. of Contemp. Hist. and Wiener Library. — (London:) Barrie & Rockliff (1967). XVIII, 305 S.

Federbush, S. [Ed.]: World Jewry today. — New York: Yoseloff 1959. 747 S.

Finkelstein, Louis [Ed.]: The jews. Their history. 4th ed. — New York: Schocken Books 1970. XV, 556 S.

Foerster, Friedrich Wilhelm: Die jüdische Frage. — (Freiburg i. Br.): Herder (1959). 139 S.
(Herder-Bücherei. 55.)

Formiggini, Gina: Stella d'Italia, stella di David. Gli ebrei dal risorgimento alla resistenza. — Milano: Mursia 1970. 471 S.
(Testimonianze fra cronaca e storia. 46.)

Forster, Arnold und Benjamin R. Epstein: Cross-currents. – New York: Doubleday 1956. 389 S.

Fraenkel, Josef: The Jewish press of the world. (6th ed.) — London: World Jewish Congress 1967. 116 S.

Freed, Leonard: Deutsche Juden heute. Mit Beitr. von Robert Neumann [u. a.] Hrsg. von Hans Hermann Köper. München: Rütten & Loening (1965). 81 S.

Friedman, Philip: Bücher zur gegenwärtigen jüdischen Geschichte. [In hebr. Sprache.] — In: Kultur un Dertziung 21 (1951), H. 5, 15—18.

Friedmann, Georges: Fin du peuple juif? — Paris: Gallimard 1965. 384 S.
(Coll. „Idées.")

Fuchs, Lawrence H.: The political behavior of American Jews. — Glencoe, Ill.: Free Press 1956. 220 S.

Gamm, Hans-Jochen: Einführung in die Grundfragen des Judentums. — Hamburg: Verl. d. Gesellsch. d. Freunde d. Vaterländ. Schul- und Erziehungswesens e.V. 1959. 103 S.

Gamm, Hans-Jochen: Judentumskunde. Eine Einführung. 4., erw. Aufl. — Frankfurt a. M.: Ner-Tamid-Verl. 1962. 159 S.

Aus Geschichte und Leben der Juden in Westfalen. Eine Sammelschrift. [Hrsg.:] Hans Chanoch Meyer. — Frankfurt a. M.: Ner-Tamid-Verl. 1962. 275 S.

Die geistige **Gestalt** des heutigen Judentums. ([Von] Ernst Ludwig Ehrlich u. a.) — München: Kösel (1969). 165 S.
(Münchener Akademieschriften. 47.)

Burg, J. G. [d. i. J. **Ginsburg**]: Schuld und Schicksal. Europas Juden zwischen Henkern und Heuchlern. — München: Damm Verl. (1962). 370 S.

Glanz, Rudolf: The German Jew in America. — New York: Ktav and Hebrew Union College Press 1969. XIV, 192 S.

Glazer, Nathan: American judaism. — Chicago: University of Chicago Press 1957. XI, 175 S.

Gold, Hugo: Gedenkbuch der untergegangenen Judengemeinden des Burgenlandes. — Tel Aviv: Olamenu 1970. 148 S.

Gold, Hugo: Geschichte der Juden in Österreich. (Ein Gedenkbuch.) – Tel Aviv: Olamenu 1972. VIII, 192 S.

Goldman, Guido G.: Zionism under Soviet rule (1917—1928). — New York: Herzl Press 1960. VIII, 136 S.

Goldmann, Nahum: Das jüdische Paradox (Le paradoxe juif, dt.) Zionismus und Judentum nach Hitler. (Aus d. Französ. von Michel R. Lang.) – Köln: Europ. Verl.-Anst. 1978. 288 S.

Goldschmidt, Hermann Levin: Das Vermächtnis des deutschen Judentums. — Frankfurt a. M.: Europ. Verl. Anst. 1957. 154 S.

Gordis, Robert: Judaism for the modern age. — New York: Farrar, Straus & Cudahy 1955. VIII, 368 S.

Gordis, Robert: The root and the branch. Judaism and the free society. — Chicago: University of Chicago Press 1962. XV, 254 S.

Graupe, Heinz Mosche: Die Entstehung des modernen Judentums. Geistesgeschichte der deutschen Juden 1650—1942. — (Hamburg:) Leibniz-Verl. (1969). 386 S.
(Hamburger Beiträge zur Geschichte der deutschen Juden. 1.)

Grayzel, Salomon: A history of the Jews. — Philadelphia: The Jewish Publication Society of America 1947. 834 S.

Grayzell, Solomon: A history of the contemporary Jews from 1900 to the present. — New York: Meridian Books- Philadelphia: Jewish Publication Society of America 1960. 192 S.

Grossmann, Kurt R.: The Jewish DP problem. Its origin, scope and liquidation. With an introduction by Abraham S. Hyman. — New York: Institute of Jewish Affairs 1951. 43 S.

Guardini, Romano: Verantwortung. Gedanken zur jüdischen Frage. Eine Universitätsrede. — In: Hochland 44 (1951/52), 481—493.

Haber, Julius: The odyssey of an American zionist. 50 years of zionist history. — New York: Twayne 1956. 425 S.

Härtle, Heinrich: Deutsche und Juden. Studien zu einem Weltproblem. 2. Aufl. — Leoni am Starnberger See: Druffel-Verl. 1977. 365 S.

Hagolani, Elhanan: Der Zionismus als imperialistische Bewegung. - In: Bll. dtsch. internat. Pol. 18 (1973), 1159–1174.

Hahn, Otto Max: Jude. — In: Hamburg. Akad. Rdsch. 3 (1948/49), 287–301.

Halperin, Israel: Jews and Judaism in Eastern Europe. — Jerusalem: Magnes Press 1968. 435 S.

Halperin, Samuel: The political world of American zionism. — Detroit: Wayne State University Press 1961. 431 S.

Halpern, Ben: The idea of the Jewish state. — Cambridge: Harvard University Press 1961. XVII, 492 S.

Halpern, Ben: The American Jew. A zionist analysis. — New York: Theodor Herzl Foundation 1956. 174 S.

Hamburger, Ernest: Jews in public service under the German monarchy. — In: Year Book Leo Baeck Inst. 9 (1964), 206–238.

Hamburger, Ernest: Juden im öffentlichen Leben Deutschlands. Regierungsmitglieder, Beamte u. Parlamentarier in d. monarchischen Zeit. 1818–1918. — Tübingen: Mohr 1968. XXII, 595 S.
(Schriftenreihe wissenschaftlicher Abhandlungen des Leo Baeck Instituts. 19.)

Heer, Friedrich: Österreichischer Genius und Judentum. — In: Kontinente 8 (1955), H. 8, 10—15.

Heer, Friedrich: Gottes erste Liebe. 2000 Jahre Judentum und Christentum. Genesis des österreichischen Katholiken Adolf Hitler. — (München:) Bechtle (1967). 740 S.

Heß, Hans: Die Landauer Judengemeinde. Ein Abriß ihrer Geschichte. (Hrsg. von d. Stadtverwaltung, Stadtarchiv, Landau/Pfalz.) — (Landau/Pf.) 1969: (Kraemer). 87 S.

Hirshler, Eric E.: Jews from Germany in the United States. — New York: Farrar, Straus & Cudahy 1955. X, 182 S.

Hundsnurscher, Franz u. Gerhard Taddey: Die jüdischen Gemeinden in Baden. Denkmale, Geschichte, Schicksale. Hrsg. von d. Archivdirektion Stuttgart. — Stuttgart: Kohlhammer 1968. XVIII, 327 S.
(Veröffentlichungen der staatlichen Archivverwaltung Baden-Württemberg. 19.)

Hurwicz, Elias: Sind wir noch Juden? Zur geistigen Transformation in Israel. — In: Frankf. H. (1954), 463—465.

Hurwicz, Elias: Wandlungen des jüdischen Martyriums. — In: Dtsch. Rdsch. 78 (1952), 45–50.

Jéhouda, Josué: Sionisme et messianisme. — Genève: Ed. Synthésis 1954. 318 S.

European **jewry** ten years after the war. — New York: Institute of Jewish Affairs of the World Jewish Congress 1956. 293 S.

Ilsar, Yehiel: Zum Problem der Symbiose. Prolegomena zur deutsch-jüdischen Symbiose. — In: Bull. Leo Baeck Inst. 14 (1975), 122–165.

Die **Juden** und die Kultur. Eine Vortragsreihe des Bayerischen Rundfunks. Hrsg. von Leonhard Reinisch. — Stuttgart: Kohlhammer (1961). 143 S.

Juden im deutschen Kulturbereich. Ein Sammelwerk. Hrsg. von Siegmund Kaznelson. Mit e. Geleitw. von Richard Willstätter. 3. Ausg. mit Erg. u. Richtigstellungen. — Berlin: Jüdischer Verl. (1962). XX, 1078 S.

Judentum. Schicksal, Wesen und Gegenwart. Hrsg. von Franz Böhm u. Walter Dirks, unter Mitarb. von Walter Gottschalk. — Wiesbaden: Steiner 1965.
1. XIV, 466 S.
2. VI, S. 467—953.

Deutsches **Judentum.** Aufstieg und Krise. Gestalten, Ideen, Werke. 14 Monographien. (Hrsg. von Robert Weltsch.) — Stuttgart: Dtsch. Verl.-Anst. (1963). 426 S.

Deutsches **Judentum** in Krieg und Revolution 1916 bis 1923. Ein Sammelband. Hrsg. von Werner E[ugen-Emil] Mosse unter Mitw. von Arnold Paucker. — Tübingen: Mohr 1971. X, 704 S.
(Schriftenreihe wissenschaftlicher Abhandlungen des Leo Baeck Instituts. 25.)

Das **Judentum** in Geschichte und Gegenwart. Eine Vorlesungsreihe. Hrsg. von d. Gesellsch. f. Christl.-jüd. Zusammenarbeit e. V. in Hamburg. — (Hamburg 1961: Kayser.) 110 S.

Kabell, Isaac: Trois étapes de la tragédie juive en Europe. — Paris: Editions Superbes 1946. 212 S.

Kahle, Wolfgang: Von Juden in Frankreich. Assimilierung, geglückt oder mißlungen? — In: Monat 22 (1970), H. 262, 63—76.

Kallner, Rudolf: Herzl und Rathenau. Wege jüdischer Existenz an der Wende des 20. Jahrhunderts. — Stuttgart: Klett 1976. 446 S.

Kamm, Josephine: The Hebrew people. A history of the Jews from Biblical times to the present day. — London: Gollancz 1967. 224 S.

Kampmann, Wanda: Deutsche und Juden. Studien zur Geschichte d. deutschen Judentums. — Heidelberg: L. Schneider 1963. 449 S.

Kaplan, Mordecai Menahem: A new zionism. — New York: Theodor Herzl Foundation 1955. 172 S.

Katcher, Leo: Post-mortem. The Jews in Germany today. — New York: Delacorte Press 1968. XII, 267 S.

Kattermann, Hildegard: Geschichte und Schicksale der Lahrer Juden. Eine Dokumentation. (Hrsg. von der Stadtverwaltung Lahr.) — (Lahr: [Selbstverl. d. Hrsg.]) 1976. 43 S.

Katz, Jacob: Die Anfänge der Judenemanzipation. — In: Bull. Leo Baeck Inst. 13 (1974), 12-31.

Knee, Stuart E.: Jewish non-Zionism in America and Palestine commitment 1917-1941. — In: Jew. soc. Stud. 39 (1977), 209-226.

Koehler, Hans: Die Wirkung des Judentums auf das abendländische Geistesleben. — Berlin: Duncker & Humblot (1952). 137 S.
(Veröffentlichung der Freien Universität Berlin.)

Krohn, Helga: Die Juden in Hamburg. Die politische, soziale und kulturelle Entwicklung einer jüdischen Großstadtgemeinde nach der Emanzipation 1848–1918. – Hamburg: Christians 1974. 247 S.
(Hamburger Beiträge zur Geschichte der deutschen Juden. 4.)
Phil. Diss., Universität Hamburg.

Kuiper, Frits: Israel en de gojiem. — Haarlem: Tjeenk Willink 1951. 184 S.

Kupisch, Karl: Das Volk der Geschichte. Historische Randbemerkungen zur Judenfrage. 2., erw. Aufl. — Berlin: Lettner-Verl. 1960. 252 S.

Kupisch, Karl: Volk ohne Geschichte. Randbemerkungen zur Geschichte der Judenfrage. — Berlin: Lettner-V. (1953). 162 S.

Lamm, Hans: Gibt es heute jüdischen Antizionismus? — In: Tribüne 8 (1969), 3423—3428.

Lamm, Hans [Hrsg.]: Von Juden in München. Ein Gedenkbuch. — München: Ner-Tamid-Verl. 1958. 406 S.

Landauer, Georg: Der Zionismus im Wandel dreier Jahrzehnte [Werke, Teils.] Hrsg. von Max Kreutzberger. — Tel Aviv: Bitaon-V. 1957. 478 S.

Landmann, Salcia: Die Juden als Rasse. Das Volk unter den Völkern. — Freiburg: Walter (1967). 322 S.

Laor, Eran: Vergangen und ausgelöscht. Erinnerungen an das slowakisch-ungarische Judentum. — Stuttgart: Dtsch. Verl.-Anst. 1972. 275 S.
(Veröffentlichungen des Leo Baeck Instituts.)

Laqueur, Walter [Ze'ev]: A history of Zionism. — London: Weidenfeld & Nicolson (1972). XVI, 639 S.

Laqueur, Walter [Ze'ev]: Der Weg zum Staat Israel (A history of Zionism, dt.) Geschichte des Zionismus. (Übers. von Heinrich Jelinek.) – (Wien:) Europaverl. (1975). 669 S.

Laß mein Volk ziehen. Die russischen Juden zwischen Sowjetstern und Davidstern. Eine Dokumentation. [Hrsg.:] Rolf W[alter] Schloss. — München: Olzog (1971). 311 S.
(Geschichte und Staat. 157/158.)

Leschnitzer, Adolf: Saul und David. Die Problematik der deutsch-jüdischen Lebensgemeinschaft. — Heidelberg: L. Schneider 1954. 213 S.

Leuner, H[einz] David: Religiöses Denken im Judentum des 20. Jahrhunderts. — Wuppertal: Brockhaus (1969). 93 S.
(Schriftenreihe für christlich-jüdische Begegnung. 1.)

Levinas, Emmanuel: Difficile liberté. Essais sur le judaïsme. — Paris: Michel 1963. 331 S.

Lexikon des Judentums. Chefred.: John F. Oppenheimer. Mithrsg.: Emanuel Bin Gorion [u.a.] — (Gütersloh:) Bertelsmann (1967). 922 Sp.

Lichtenstein, Erwin: Die Juden der Freien Stadt Danzig unter der Herrschaft des Nationalsozialismus. – Tübingen: Mohr 1973. XIII, 242 S.
(Schriftenreihe wissenschaftlicher Abhandlungen des Leo Baeck Instituts. 27.)

Lichtheim, Richard: Die Geschichte des deutschen Zionismus. — Jerusalem: Mass (1954). 285 S.

Lipsky, Louis: A gallery of zionist profiles. — New York: Farrar, Straus & Cudahy 1957. XXIV, 226 S.

Litvinoff, Barnet: Un peuple particulier. Regard sur le monde d'aujourd'hui. — Paris: Stock 1970. 352 S.

Lüth, Erich: Deutschland und die Juden nach 1945. Vortrag, geh. vor d. Evang. Akademie in Loccum am 19. September 1957. — Hamburg (1957): Aktion Friede mit Israel. 15 S.

Lumer, Hyman: Zionism. Its role in world politics. - New York: Internat. Publ. 1973. 170 S.

Mandel, Arnold: Le judaisme dans la crise de la civilisation. — In: Monde juif 6 (1952), H. 55, 9—10.

Mann, Thomas: Sieben Manifeste zur jüdischen Frage 1936–1948. Hrsg. von Walter A. Berendsohn. – Darmstadt: Melzer (1966). 97 S.

Maòr, Harry: Juden in Deutschland heute. Der Wiederaufbau der Gemeinden in der Bundesrepublik. — In: Germania Judaica 1963, N.F. II. 5, 1—8.

Maòr, Harry: Über den Wiederaufbau der jüdischen Gemeinden in Deutschland seit 1945. — Mainz 1961: (Ditters Bürodienst). 244 S.
(Mainz, phil. Diss., 16. Juli 1960.)

Marrus, Michael R.: European Jewry and the politics of assimilation. Assessment and reassessment. [Literaturbericht.] – In: J. mod. Hist. 49 (1977), 89–109.

Meier-Cronemeyer, Hermann: Der Zionismus. — In: Germania Judaica 6 (1967), H. 1/2, 1—37.

Meyer, Enno: Juden und Judenfeinde. Einführung in d. Geschichte d. Juden von den Anfängen bis z. Gegenwart. [Neuaufl.] — Darmstadt: Melzer (1966). 163 S.

Milano, Attilio: Storia degli ebrei in Italia. — Torino: Einaudi 1963. XXII, 727 S.
(Saggi. 318.)

Morse, Arthur D.: Die Wasser teilten sich nicht (While six million died, dt.) (Einzig berecht. Übertr. aus d. Amerikan. von Norbert Wölfl.) — München: Rütten & Loening in der Scherz-Gruppe (1968). 365 S.

Müller-Claudius, Michael: Deutsche und jüdische Tragik. — Frankfurt a. M.: Knecht (1955). 183 S.

Muhlen, Norbert: The survivors. A report on the Jews in Germany today. — New York: Crowell (1962). XXI, 228 S.

Nantet, Jacques: Les juifs et les nations. — Paris: Ed. de Minuit 1956. 231 S.

Narben, Spuren, Zeugen. 15 Jahre Allgemeine Wochenzeitung der Juden in Deutschland. Hrsg. von Ralph Giordano. — Düsseldorf: Verl. Allgem. Wochenzeitung d. Juden in Dtschld. 1961. 555 S.

Oder, Irwin: American zionism and the congressional resolution of 1922 on Palestine. — In: Public. Amer. Jew. hist. Society 1955, 35—47.

Oelsner, Toni: The place of the Jews in economic history as viewed by German scholars. A critical-comparative analysis. — In: Year Book, Leo Baeck Inst. 7 (1962), 182—212.

Offenberg, Mario: Sozialismus oder Zionismus? Die Palästina-Diskussion in den Beziehungen zwischen der Komintern und der Poalei-Zion-Organisation 1919 bis 1922. – In: Internat. wiss. Korr. Gesch. dtsch. Arbeiterbew. 11 (1975), 297–336.

Oppler, Friedrich: Judenfrage und Welt von heute. — Rio de Janeiro: Livraria Agir 1948. 266 S.

Oppler, Friedrich: Das falsche Tabu. Betrachtungen über das deutsch-jüdische Problem. — Stuttgart: Seewald (1966). 331 S.

Parkes, James: End of an exile. Israel, the Jews and the gentile world. — London: Vallentine, Mitchell & Co. 1954. XII. 192 S.

Peyrefitte, Roger: Die Juden (Les juifs, dt.) (Aus d. Französ. übers. von Brigitte Weitbrecht.) — (Karlsruhe:) Stahlberg-Verl. (1966). 687 S.

Pfisterer, Rudolf: Antizionismus und Antisemitismus. — In: Tribüne 8 (1969), 3407—3418.

Pilch, Judah: The Jewish catastrophe in Europe. — New York: Amer. Ass. for Jewish Education 1968. 230 S.

Poppel, Stephen M.: Zionism in Germany 1897-1933. The shaping of a Jewish identity. – Philadelphia: Jewish Publ. Soc. of America 1977. XVIII, 254 S.

Prowe-Isenbörger, Ina: Deutsche Juden. — Hangelar bei Bonn: Warnecke 1962. 203 S.

Rabinowicz, Oskar K.: Winston Churchill on Jewish problems. A half-century survey. — London: Prager 1956. 232 S.

Reichmann, Eva G[abriele]: Größe und Verhängnis deutsch-jüdischer Existenz. Zeugnisse einer tragischen Begegnung. Mit e. Geleitw. von Helmut Gollwitzer. – Heidelberg: Schneider 1974. 295 S.
(Bibliotheca Judaica. 2.)

Reisner, Erwin: Die Juden und das Deutsche Reich. — Erlenbach-Zürich: Rentsch (1966). 247 S.

Rischin, Moses: The promised city. New York's Jews, 1870—1914. — Cambridge: Harvard University Press 1962. XVI, 342 S.

Robinson, Nehemiah: The United Nations and the World Jewish Congress. — New York: Institute of Jewish Affairs, World Jewish Congress 1955. VI, 285 S.

(Rosenstock, Werner:) Ein Stück Weltgeschichte. Zum 60. Gründungstag des Jüdischen Central-Vereins. — In: Dtsch. Univ.Ztg. 8 (1953), H. 13, 9—10.

Rotenstreich, Nathan: The revival of the fossil remnant — or Toynbee and Jewish nationalism. — In: Jewish soc. Stud. 24 (1962), 131—143.

Roth, Cecil: Geschichte der Juden (A short history of the Jewish people, dt.) Von den Anfängen bis zum neuen Staate Israel. (Übertr. aus d. Engl. von Kurt Blaukopf.) (2., erg. Ausg.) — Köln: Kiepenheuer & Witsch (1964). 540 S.

Roth, Cecil: A history of the Jews in England. — London: Clarendon Press; Oxford University Press 1964. 311 S.

Rürup, Reinhard: Emanzipation und Antisemitismus. Studien zur „Judenfrage" der bürgerlichen Gesellschaft. - Göttingen: Vandenhoeck & Ruprecht 1975. 208 S.
(Kritische Studien zur Geschichtswissenschaft. 15.)

Sachar, Howard M.: The course of modern Jewish history. — Cleveland: World Publ. Comp. 1958; London: Weidenfeld & Nicolson 1959. 617 S.

Sauer, Paul: Die jüdischen Gemeinden in Württemberg und Hohenzollern. Denkmale, Geschichte, Schicksale. Mit e. Beitr. von Julius Wissmann: Zur Geschichte der Juden in Württemberg. 1924—1939. Hrsg. von d. Archivdirektion Stuttgart. — Stuttgart: Kohlhammer 1966. XIV, 230 S.
(Veröffentlichungen der Staatlichen Archivverwaltung Baden-Württemberg. 18.)

Schlamm, William S[iegmund]: Wer ist Jude? — Stuttgart: Seewald (1964). 235 S.

Schmid, Carlo: Wir Deutschen und die Juden. — In: Neue Gesellschaft 8 (1961), 122—131.

Schoeps, Hans-Joachim: Bereit für Deutschland. Der Patriotismus deutscher Juden und der Nationalsozialismus. Frühe Schriften 1930—1939. Eine histor. Dokumentation. — Berlin: Haude & Spener (1970). 316 S.

Schoeps, Julius H.: Zur Geschichte des Zionismus. – In: Neue polit. Lit. 22 (1977), 62–70.

Schopen, Edmund: Geschichte des Judentums im Abendland. — Bern, München: Francke 1961. 160 S.

Schreckenberg, Wilhelm: Das Judentum in Geschichte und Gegenwart. Literaturbericht. — In: Gesch. Wiss. Unterr. 23 (1972), 40—64 und 99—115.

Schultz, Hans Jürgen [u. a.]: Juden, Christen, Deutsche. — Stuttgart: Kreuz-Verl.; Olten u. Freiburg i. Br.: Walter 1961. 443 S.

Schwarz, Stefan: Die Juden in Bayern im Wandel der Zeiten. — München, Wien: Olzog (1963). 367 S.

Shamir, Haim: Die jüdische Gemeinde von Czernowitz 1937 in deutscher Sicht. – In: Jb. Inst. dtsch. Gesch. 4 (1975), 484–497.

Silberner, Edmund: Sozialisten zur Judenfrage. Ein Beitrag zur Geschichte des Sozialismus vom Anfang des 19. Jahrhunderts bis 1914. — Berlin: Colloquium-Verl. 1962. 376 S.

Silver, Abba Hillel: Where judaism differed. An inquiry into the distinctiveness of judaism. — New York: Macmillan 1956. 318 S.

Sklare, Marshall [Ed.]: The Jews. Social patterns of an American group. — Glencoe, Jll.: Free Press 1958. XI, 669 S.

Smith, Gary V. [Ed.]: Zionism. The dream and the reality. A Jewish critique. - New York: Barnes & Noble 1974. 325 S.

Stein, Leonard: The Balfour-declaration. — London: Vallentine, Mitchell (& Co. 1961). XIV, 681 S.

Stölzl, Christoph: Zur Geschichte der böhmischen Juden in der Epoche des modernen Nationalismus. - In: Bohemia 14 (1973), 179–221.

Straus, Raphael: Die Juden in Wirtschaft und Gesellschaft. Untersuchungen zur Geschichte einer Minorität. -- (Frankfurt a. M.:) Europ. Verl. Anst. (1964). 227 S.

Taylor, Alan R.: Prelude to Israel. An analysis of Zionist diplomacy (1897–1947). — New York: Philosophical Library 1959. VIII, 136 S.

Theunissen, Gert H.: Zwischen Golgatha und Auschwitz. Ein Entwurf in drei Vorträgen. Vorw. von Paul Schallück. — (Köln: DuMont Schauberg [1960].) 39 S.
   (Germania Judaica. Schriftenreihe. 1.)

Tillich, Paul: Die Judenfrage, ein christliches und ein deutsches Problem. — Berlin-Schöneberg: Weiss (1952). 46 S.
   (Schriftenreihe d. Dtsch. Hochschule für Politik.)

Toury, Jacob: Soziale und politische Geschichte der Juden in Deutschland 1847–1871. Zwischen Revolution, Reaktion und Emanzipation. - Düsseldorf: Droste (1977). 411 S.
   (Schriftenreihe des Instituts für Deutsche Geschichte [der] Universität Tel Aviv. 2.)
   (Veröffentlichungen des Diaspora Research Institute. 20.)

Toury, Jacob: Die politischen Orientierungen der Juden in Deutschland. Von Jena bis Weimar. — Tübingen: Mohr (1966). X, 387 S.
   (Schriftenreihe wissenschaftlicher Abhandlungen des Leo Baeck Instituts. 15.)

Trepp, Leo: Die Oldenburger Judenschaft. Bild und Vorbild jüdischen Seins und Werdens in Deutschland. - Oldenburg: Holzberg 1973. 394 S.
   (Oldenburger Studien. 8.)

Trepp, Leo: Das Judentum (Judaism, development and life, dt.) Geschichte und lebendige Gegenwart. (Aus d. Amerikan. übers. von Karl-Heinz Laier. — (Reinbek b. Hamburg:) Rowohlt (1970). 254 S.
   (Rowohlts deutsche Enzyklopädie. 325/326.)

Trunk, Isaiah: Judenrat. The Jewish Councils in Eastern Europe under Nazi occupation. Introd. by Jacob Robinson. - New York: Macmillan (1972). XXXV, 664 S.

Trunk, Isaiah: The organizational structure of the Jewish Councils in Eastern Europe. -- In: Yad Vashem Bull. 7 (1968), 147–164.

Tsamriyon, Tsemach M[osche]: Die hebräische Presse in Europa. Ein Spiegel der Geistesgeschichte des Judentums. — München 1951. III, 608 S. [Maschinenschr.]
   München, phil. Diss. 16. August 1951.

Urofsky, Melvin I.: American zionism from Herzl to the holocaust. - Garden City, N.Y.: Doubleday 1975. XI, 538 S.

Valabrega, Guido: Ebrei, fascismo, sionismo. - Urbino: Argalia 1974. 531 S.
   (Studi storici.)

Velt, Otto: Christlich-jüdische Koexistenz. — (Frankfurt a. M.:) Europ. Verl. Anst. (1965). 144 S.
   (Sammlung „res novae". 39.)

Vogel, Rolf: Ein Stück von uns. Deutsche Juden in deutschen Armeen 1813–1976. Eine Dokumentation. - (Mainz:) v. Hase & Koehler (1977). 397 S.

Walk, Joseph: Das „Deutsche Komitee Pro Palästina" 1926-1933. - In: Bull. Leo Baeck Inst. 15 (1976), 162–193.

Wasservogel, Martin: Zur Lage der Juden im heutigen Deutschland. - In: Kontakte 3 (1953), H. 12, 11-17.

Weltmann, Saadia E.: Germany, Turkey, and the zionist movement 1914—1918. — In: Rev. Politics 23 (1961), 246—269.

Wilder-Okladek, F.: The return movement of Jews to Austria after the 2nd World War. With special considerations of the return from Israel. — The Hague: Nijhoff 1969. 130 S.
   (Publications of the Research Group for European Migrations Problems. 16.)

Wischnitzer, Mark: To dwell in safety. The story of Jewish migration since 1800. — Philadelphia: The Jewish Publication Society of America 1948. XXVI, 368 S.

Ten years American Federation of Jews from Central Europe 1941—1951. Ed. by Kurt R. Grossmann. — New York: American Federation of Jews from Central Europe. 1952. 85 S.

Zeitlin, Egon S.: Soziologische Aspekte des Schicksals der Judenheit der Gegenwart. — In: Schweiz. Monatsh. 40 (1960/61), 971—983.

10 Jahre **Zentralrat** der Juden in Deutschland. Jahresbericht 1960. (Für d. Inhalt verantw.: Hendrik George van Dam). — Düsseldorf 1960: (Kalima-Dr.) 32 S.

Zimmerli, Walther: Dieses Volk. Jüdische Existenz. — In: Sammlung 10 (1955), 295—300.

Zionismus. 34 Aufsätze. Hrsg. von Hans Julius Schoeps. - München: Nymphenburger Verlagshandl. 1973. 306 S.
   (Nymphenburger Texte zur Wissenschaft. 16.)

Zweig, Arnold: Bilanz der deutschen Judenheit. Ein Versuch. Mit einem Nachw. von Achim von Borries. — Köln: Melzer 1961. IV, 320 S.

Freimaurer

Guénon, René: Etudes sur la franc-maconnerie et le compagnonage. T. 1. — Paris: Ed. Traditionelles 1964. 316 S.

Mirgeler, Albert: Die Freimaurerei. Eine geistesgeschichtliche Untersuchung. — In: Hochland 55 (1962/63) 430—477.

Steffens, Manfred: Freimaurer in Deutschland. Bilanz eines Vierteljahrtausends. — Flensburg: Wolff (1964). 636 S.

Politische Ideengeschichte

Allgemeines

Abbott, Philip [u.] Michael P. Richards: Reflections in American political thought. Readings from past and present. — New York: Chandler Publ. 1973. VIII, 294 S.

Arendt, Hannah: Between and future. Six exercises in political thought. — New York: Viking Press 1961. 241 S.

Arendt, Hannah: Fragwürdige Traditionsbestände im politischen Denken der Gegenwart. 4 Essays. — Frankfurt a. M.: Europ. Verl.-Anst. 1957. 167 S.

Arendt, Hannah: Wahrheit und Lüge in der Politik. Zwei Essays. — München: Piper 1972. 92 S.
(Serie Piper. 36.)

Aron, Raymond: Zwischen Macht und Ideologie (Etudes politiques, dt.) Politische Kräfte der Gegenwart. Übers. von Margarete Venjakob. — (Wien:) Europaverl. (1974). 373 S.

Billy, J. S.: Le problème de la finalité des sociétés politiques et les explications idéologiques. — In: Rev. franç. Science polit. 4 (1954), 70—79.

Bossle, Lothar: Das Gewissen in der Politik. — Osnabrück: Fromm 1974. 76 S.
(Texte und Thesen. 47.)

Bracher, Karl Dietrich: Zeitgeschichtliche Kontroversen. Um Faschismus, Totalitarismus, Demokratie. — München: Piper 1976. 158 S.
(Serie Piper. 142.)

Bracher, Karl Dietrich: Schlüsselwörter in der Geschichte. Mit einer Betrachtung zum Totalitarismusproblem. In Zsarb. mit Dorothee Bracher. — Düsseldorf: Droste (1978). 123 S.

Brecht, Arnold: Politische Theorie (Political theory, dt.) Die Grundlagen politischen Denkens im 20. Jahrhundert. Stellenweise rev. u. erg. dt. Ausg., übers. von Irmgard Kutscher und d. Verf. — Tübingen: Mohr 1961. XXV, 726 S.

Bußhoff, Heinrich: Zu einer Theorie der politischen Identität. — Opladen: Westdtsch. Verl. 1970. 102 S.
(WV-Sammlung Politik.)

Chevallier, Jean-Jacques: Denker, Planer, Utopisten (Les grandes œuvres politiques de Machiavelli à nos jours, dt.) Die großen politischen Ideen. (Aus d. Französ. übers. von Klaus Peter Wallraven u. Ulla Leippe.) Geleitw. von Thomas Ellwein. — Frankfurt a. M.: Scheffler (1966). 427 S.

Cysarz, Herbert: Neumond des Geistes. Dreimal Anklage und Verteidigung. — Wien: Linde-V. (1950). 174 S.

Degen, Johannes: Das Problem der Gewalt. Politische Strukturen und theologische Reflexionen. Mit Materialien von Jean Cardonnel [u. a.] — Hamburg: Furche-Verl. (1970). 181 S.
(Konkretionen. 9.)

Deininger, Whitaker T.: Problems in social and political thought. A philosophical introduction. — New York: Macmillan 1965. XII, 462 S.

Drucker, H. M.: The political uses of ideology. - New York: Barnes & Noble 1975. 333 S.

Dülffer, Jost: Bonapartism, fascism and national socialism. - In: J. contemp. Hist. 11 (1976), H.4, 109—128.

Emmerich, Wolfgang: Zur Kritik der Volkstumsideologie. — Frankfurt a. M.: Suhrkamp 1971. 181 S.
(Edition Suhrkamp. 502.)

Erdmann, Karl Dietrich: Nationalsozialismus, Faschismus, Totalitarismus. - In: Gesch. Wiss. Unterr. 27 (1976), 457–469.

Feuer, Lewis S.: Ideology and the ideologist. - New York: Harper & Row 1975. 220 S.

Flechtheim, Ossip K[urt]: Kritische Intelligenz und intelligente Politik, eine deutsche Antinomie? — In: Bl. dtsch. u. internat. Politik 11 (1966), 908—919.

Friedrich, Carl Joachim: Prolegomena der Politik. Polit. Erfahrung u. ihre Theorie. (Aus d. Amerikan. unter Mitw. von Edith Kaiser vom Verf. übertr.) — Berlin: Duncker & Humblot (1967). 185 S.
(Erfahrung und Denken. 25.)

Gäßler, Fidelis: Liberalismus, Marxismus und Christentum. Ein Wort zum weltanschaulich-politischen Kräftespiel der Gegenwart. — Würzburg: Echter-V. (1953). 39 S.

Gewalt und Gewaltlosigkeit. Probleme des 20. Jahrhunderts. Hrsg. von Friedrich Engel-Janosi, Grete Klingenstein [u.] Heinrich Lutz. — München: Oldenbourg 1977. 275 S.
(Wiener Beiträge zur Geschichte der Neuzeit. 4.)

Gollwitzer, Heinz: Geschichte des weltpolitischen Denkens. - Göttingen: Vandenhoeck & Ruprecht.
 1. Vom Zeitalter der Entdeckungen bis zum Beginn des Imperialismus. 1972. 535 S.

Grimes, A. P. und R. Horwitz [Ed.]: Modern political ideologies. — London, New York: Oxford University Press 1959. 549 S.

Groth, Alexander J[acob]: Major ideologies. An interpretative survey of democracy, socialism and nationalism. — New York: Wiley 1971. IX, 244 S.

Gürster, Eugen: Der Schriftsteller im Kreuzfeuer der Ideologien. — München: Pustet (1962). 106 S.
(Bücherei der Salzburger Hochschulwochen.)

Harris, Nigel: Die Ideologien in der Gesellschaft (Beliefs in society, dt.) Eine Untersuchung über Entstehung, Wesen und Wirkung. (Aus d. Engl. übertr. von Norbert Wölfl u. Edwin Ortmann.) — München: Beck (1970). 289 S.
(Beck'sche schwarze Reihe. 59.)

Heiss, Robert: Utopie und Revolution. E. Beitr. zur Geschichte des fortschrittlichen Denkens. — (München: Piper 1973). 156 S.
(Serie Piper. 52.)

Hermens, Ferdinand A[loys]: Staat, Interessen, Ideologien und politische Willensbildung. — In: Verfassung u. Verfassungswirklichkeit 3 (1968), 161 bis 182.

Hersch, Jeanne: Die Ideologien und die Wirklichkeit (Idéologies et réalité, dt.) Versuch einer politischen Orientierung. (Übers. v. Ernst von Schenck.) — München: Piper (1957). 376 S.

Ideologies and modern politics. [By] Leo M. Christenson [u.a.] — London: Nelson 1972. 320 S.

Ingersoll, David E.: Communism, fascism and democracy. The origins and development of three ideologies. - Columbus, Ohio: Ch. E. Merrill 1971. V, 190 S.
(Merrill Science Series.)

Jünger, Ernst: Der gordische Knoten. — Frankfurt a. M.: Klostermann 1953. 153 S.

Kaplan, Morton A.: On freedom and human dignity. The importance of the sacred in politics. - Morristown, N.J.: General Learning Press 1973. X, 120 S.

Kelsen, Hans: Aufsätze zur Ideologiekritik. Mit e. Einl. hrsg. von Ernst Topitsch. — (Neuwied:) Luchterhand (1964). 369 S.
(Soziologische Texte. 16.)

Kepplinger, Hans Mathias: Rechte Leute von links. Gewaltkultur und Innerlichkeit. — Freiburg: Walter (1970). 327 S.

Kiesewetter, Hubert: Von Hegel zu Hitler. Eine Analyse der Hegelschen Machtstaatsideologie und der politischen Wirkungsgeschichte des Rechtshegelianismus. - Hamburg: Hoffmann & Campe 1974. 507 S.
(Kritische Wissenschaft.)

Kolakowski, Leszek: Die Philosophie des Positivismus (Filozofia pozytywistyczna, dt.) (Aus d. Poln. von Peter Lachmann.) - (München: Piper 1971). 258 S.
(Serie Piper. 18.)

Kühnl, Reinhard: Rechts und links als politische Grundkategorien. — In: Bl. dtsch. u. internat. Politik 12 (1967), 1166—1176.

Lemberg, Eugen: Ideologie und Gesellschaft. Eine Theorie der ideologischen Systeme, ihrer Struktur und Funktion. — Stuttgart: Kohlhammer (1971). 350 S.

Lenk, Kurt: Sinn und Unsinn der Forderung nach einer Gegenideologie. In: Gesellsch., Staat, Erzieh. 7 (1962), 135—148.

Lenk, Kurt: Volk und Staat. Strukturwandel politischer Ideologien im 19. u. 20. Jahrhundert. — Stuttgart: Kohlhammer (1971). 196 S.
(Reihe Kohlhammer.)

Mende, Gerhard von: Nationalität Ideologie. - (Duisdorf bei Bonn 1962:) Studiengesellschaft für Zeitprobleme. 76 S.
(Staatspolitische Schriftenreihe.)

Nisbet, Robert: The social philosophers. Community and conflict in Western thought. - New York: Crowell 1973. 466 S.

Nolte, Ernst: Kapitalismus, Marxismus, Faschismus. - In: Merkur 27 (1973), 111–126.

Nolte, Ernst: Marxismus, Faschismus, Kalter Krieg. Vorträge und Aufsätze 1964-1976. - (Stuttgart:) Dtsch. Verl.-Anst. (1977). 399 S.

Parkinson, C. Northcote: The evolution of political thought. — London: University of London Press 1958. 327 S.

Picht, Georg: Philosophie und Politik. - In: Merkur 26 (1972), 617–623.

Politik als Gedanke und Tat. Hrsg. von Richard Wisser. — Mainz: v. Hase & Koehler (1967). 327 S.

Prélot, Marcel: Histoire des idées politiques. — Paris: Dalloz 1959. 639 S.

Raphael, D. D.: Problems of political philosophy. — London: Macmillan 1970. 207 S.

Reding, Marcel: Politische Ethik. Eine Einführung. — Freiburg: Rombach 1972. 363 S.
(Rombach-Hochschul-Paperback. 39.)

Rohrmoser, Günter: Emanzipation und Freiheit. — München: Goldmann (1970). 389 S.
(Das Wissenschaftliche Taschenbuch.)

Schelsky, Helmut: Der selbständige und der betreute Mensch. Politische Schriften und Kommentare. - Stuttgart: Seewald (1976). 209 S.

Schissler, Jakob: Gewalt und gesellschaftliche Entwicklung. Die Kontroverse über die Gewalt zwischen Sozialdemokratie und Bolschewismus. - Meisenheim a. G.: Hain 1976. 279 S.
(Schriften zur politischen Wissenschaft. 10.)

Seeber, Gustav: Preußisch-deutscher Bonapartismus und Bourgeoisie. Zu Ausgangssituationen und Problemen der Bonapartismus-Forschung. - In: Jb. Gesch. 16 (1977), 71–118.

Seeger, Wolfgang: Der Mensch und die Politik. E. polit. Anthropologie d. Gegenwart. — Mainz: v. Hase & Koehler (1971). 419 S.
(Institut für internationale Solidarität der Konrad-Adenauer-Stiftung. Schriftenreihe. 9.)
Diss., Universität Freiburg.

Seliger, Martin: Ideology and politics. - London: Allen & Unwin 1976. 352 S.

Shklar, Judith N.[Ed.]: Political theory and ideology. — New York: Macmillan 1966. 134 S.

Spiazzi, R.: Politica e morale. — Roma: Città Nuova 1967. 575 S.

Splett, Jörg: Ideologie und Toleranz. Die Wahrheitsfrage in der pluralistischen Gesellschaft. — In: Wort u. Wahrheit 20 (1965), 37—49.

Spranger, Eduard: Wesen und Wert politischer Ideologien. — In: Vjh. Zeitgesch. 2 (1954), 118—156.

Theimer, Walter: Geschichte der politischen Ideen. — München: Lehnen 1955. 507 S.

Theimer, Walter: Geschichte der politischen Ideen. 3. Aufl. — Bern, München: Francke 1964. 507 S.

Theimer, Walter: Lexikon der Politik. Politische Grundbegriffe und Grundgedanken. 8., neubearb. Aufl. — München: Francke 1975. 315 S.
(Uni-Taschenbücher. 431.)

Tholund, Jakob: Das Ideologie-Problem. — In: Gesch. Wiss. Unterr. 14 (1963), 287—303.

Thorbecke, William J.: A new dimension in political thinking. — Leyden: Sythoff 1965. 226 S.

Tillich, Paul: Politische Bedeutung der Utopie im Leben der Völker. — Berlin: Gebr. Weiß 1951. 64 S.
(Schriftenreihe d. dt. Hochschule f. Politik, Berlin.)

Touchard, Jean: Histoire des idées politiques. T. 1. 2. — Paris: Presses Universitaires de France 1959.

Utley, T. E. und J. Stuart Maclure [Ed.]: Documents of modern political thought. — New York, London: Cambridge University Press 1958. IX, 276 S.

Varma, Vishwanath Prasad: Political philosophy. — Agra: Agarwal 1970. IV, 544 S.

Wayper, C. C.: Political thought. — London: English Universities Press 1954. XII, 260 S.

Weippert, Georg: Jenseits von Individualismus und Kollektivismus. Studien zum gegenwärtigen Zeitalter. — Düsseldorf: Schilling 1964. 332 S.

Willms, Bernhard: Die politischen Ideen von Hobbes bis Ho Tschi Minh. — Stuttgart: Kohlhammer (1971). 292 S.
(Reihe Kohlhammer.)

Wohlgemuth, J(uda) A(ri): Gut oder Böse? Kulturkritische Betrachtungen und Anregungen für Zwecke der Völkerverständigung. — Zürich: Verl. Arzenu (1954). 501 S.

Wormser, René A.: The myth of the good and the bad nations. — Chicago: Regnery 1954. 180 S.

Konservatismus, Restauration

Allmayer-Beck, Johann Christoph: Konservativismus in Österreich. — In: Wort u. Wahrheit 14 (1959), 112—126.

Blank, Herbert: Konservativ. — Hamburg: Dulk 1953. 66 S.

Canaval, Gustav A.: Monarchie — nicht gestern, sondern morgen. — Wien, München: Verl. Herold (1956). 166 S.

Ellwein, Thomas: Das Erbe der Monarchie in der deutschen Staatskrise. Zur Geschichte des Verfassungsstaates in Deutschland. — München: Isar-V. 1954. 397 S.

Elm, Ludwig: Der neue Konservatismus. Zur Ideologie und Politik einer reaktionären Strömung in der BRD. - Berlin: Akademie-Verl. 1974. 122 S.
(Zur Kritik der bürgerlichen Ideologie. 49.)

Elm, Ludwig: Zu Traditionen und Tendenzen des Konservatismus in der BRD. - In: Z. Geschichtswiss. 24 (1976), 861–878.

Epstein, Klaus: The genesis of German conservatism. — Princeton, N. J.: Princeton University Press 1966. XII, 733 S.

Flechtheim, Ossip K[urt]: Das Dilemma des Konservatismus. — In: Gewerksch. Monatsh. 14 (1963), 83—89.

Franzel, Emil: Die restaurativen Tendenzen der Epoche. — In: Neues Abendland 6 (1951), 529—542.

F[reund], M[ichael]: Konservatives Harakiri. Zu Mohlers Buch „Die konservative Revolution". — In: Gegenwart 7 (1952), 41—42.

Gablentz, Otto Heinrich von der: Erneuerung konservativen Denkens? — In: Pol. Lit. 2 (1953), 157—165.
Literaturbericht.

Gablentz, Otto Heinrich von der: Reaktion und Restauration. — In: Zur Geschichte und Problematik der Demokratie, Festgabe für Hans Herzfeld, Berlin: Duncker & Humblot (1958), 55—77.

Greiffenhagen, Martin: Das Dilemma des Konservativismus in Deutschland. — (München:) Piper (1971). 405 S.

Hüttich, Manfred: Individuum und Gesellschaft im Konservativismus. — [Hannover:] Niedersächs. Landeszentrale f. Polit. Bildung 1971. 87 S.
(Schriftenreihe der Niedersächsischen Landeszentrale für Politische Bildung. Individuum und Gemeinschaft. 7.)

Held, Josef: Bayern und die Monarchie. — (Regensburg 1956: Gebr. Held.) 16 S.

Hockerts, Hans Günter: Konservatismus - Sand im Getriebe des Fortschritts? Eine Auseinandersetzung mit neuer Konservatismus-Literatur. - In: Aus Politik und Zeitgeschichte, Beilage zur Wochenzeitung „Das Parlament" Nr 4 vom 26. Januar 1974, 3–18.

Hoff, Klaus: Wie modern ist konservativ heute? - Osnabrück: Fromm 1973. 66 S.
(Texte und Thesen. 38.)

Hülsmann, Bernhard: Das „radikal Andere". Eine konservative Bilanz der Kräfte. — In: Neues Abendland 7 (1952), 385—397.

Ingrim, Robert: Die Stunde des Konservativismus. — In: Neues Abendland 8 (1953), 175—176.

GESELLSCHAFT UND POLITIK

Kaltenbrunner, Gerd-Klaus: Der schwierige Konservativismus. Definition, Theorien, Porträts. – Herford: Nicolai 1975. 280 S.

Kaltenbrunner, Gerd-Klaus [Hrsg.]: Rekonstruktion des Konservatismus. (Mit e. Vorw. d. Hrsg.) – Freiburg: Rombach (1972). 614 S.
(Sammlung Rombach. NF. 18.)

Kann, Robert A.: The problem of restoration. A study in comparative political history. — Berkeley: University of California Press 1968. XII, 441 S.

Kann, Robert A[dolf]: Die Restauration als Phänomen in der Geschichte (The problem of restoration, dt.) (Ins Dtsch. übertr. von Margareth Kees.) – (Graz:) Verl. Styria 1974. 458 S.

Kirk, Russell: The conservative mind. — London: Faber & Faber [1953]. 480 S.

Klemperer, Klemens von: Germany's new conservatism. Its history and dilemma in the twentieth century. — Princeton: Princeton University Press 1957. 276 S.

Klett, Ernst: Konservativ. Ein Vortrag. — In: Merkur 25 (1971), 841—854.

Knoll, Joachim H.: Der autoritäre Staat. Konservative Ideologie und Staatstheorie am Ende der Weimarer Republik. — In: Polit. Studien 10 (1959), 159—164.

Kogon, Eugen: Die Aussichten der Restauration. Über die gesellschaftlichen Grundlagen der Zeit. — In: Frankf. H. 7 (1952), 165—177.

Konservativismus. Hrsg. von Hans-Gerd Schumann. – Köln: Kiepenheuer & Witsch 1974. 394 S.
(Neue wissenschaftliche Bibliothek. 68.)

Konservatismus, eine deutsche Bilanz. Von Helga Grebing [u. a.] – München: Piper 1971. 142 S.
(Serie Piper. 17.)

Konservatismus international. Hrsg. von Gerd-Klaus Kaltenbrunner. – Stuttgart: Seewald 1973. 300 S.

Der neue **Konservatismus** der siebziger Jahre. [Hrsg.:] Martin Greiffenhagen. Mit Beitr. von Imanuel Geiss [u. a.] – Reinbek b. Hamburg: Rowohlt 1974. 235 S.
(rororo. 1822.)

Lewis, G. K.: The metaphysics of conservatism. — In: Western polit. Quart. 6 (1953), 728—741.

Loewenstein, Karl: Die Monarchie im modernen Staat. — Frankfurt a. M.: Metzner (1952). 150 S.

Mann, Golo: Was ist konservativ? Zu dem neuen Buch von Russel Kirk „The conservative mind". — In: Monat 6 (1953/54), T. 1, 183—188.

Merkatz, Hans Joachim von: Die konservative Funktion. Ein Beitrag zur Geschichte des politischen Denkens. — München: Isar-V. (1957). 83 S.
(Konservative Schriftenreihe. 1.)

Mohler, Armin: „Konservative Revolution". Ein aphoristischer Hinweis. — In: Burschenschaftl. Blätt. 69 (1954), H. 2.

Mühlenfeld, Hans: Politik ohne Wunschbilder. Die konservative Aufgabe unserer Zeit. — München: Oldenburg 1952. 387 S.

Nolte, Ernst: Konservativismus und Nationalismus. — In: Z. Politik 11 (1964), 5—20.

Petrie, Sir Charles: Monarchy in the twentieth century. — London: Darkers 1952. 223 S.

Phillips, N. R.: The role of conservatism today. — In: Modern Age 7 (1963), 242—248.

Rossiter, Clinton: Conservatism in America. — London: Heinemann 1956. 340 S.

Saage, Richard: Konservatismus und Demokratie. Zur neuesten Kontroverse über den Konservatismus. – In: Aus Politik und Zeitgeschichte, Beilage zur Wochenzeitung „Das Parlament" Nr 42 vom 19. Oktober 1974, 37-47.

Schoeps, Hans-Joachim: Konservative Erneuerung. Ideen zur deutschen Politik. — Stuttgart: Klett (1958). 152 S.

Schoeps, Hans-Joachim: Kommt die Monarchie? — Ulm a. D.: Deutsch-Europ. Verl. Ges. 1953, 120 S.

Schüddekopf, Otto-Ernst: Die deutsche Innenpolitik im letzten Jahrhundert und der konservative Gedanke. Die Zusammenhänge zwischen Außenpolitik, innerer Staatsführung u. Parteiengeschichte, dargest. an d. Geschichte der Konservativen Partei von 1807 bis 1918. — Braunschweig: Limbach (1951). 132 S.
(Beiträge zum Geschichtsunterricht. 22.)

Schumann, Hans-Gerd: Zum Problem des Konservativismus in Österreich. — In: Z. Politik 5 (1958), 63—68.

Schwarzkopf, Dietrich: Was ist heute eigentlich konservativ? — In: Monat 14 (1961/62), H. 164, 45—50.

Serer, Rafael Calvo: Teoría de la restauración. — Madrid: Rialp 1952. 314 S.

(**Skalnik,** Kurt:) Die Trotzkisten des Nationalsozialismus. — In: Österr. Furche 7 (1951), H. 37, 1—2.

Stolberg-Wernigerode, Otto Graf zu: Der monarchische Gedanke in Deutschland. — In: Polit. Studien 9 (1958), 833—841.

Viereck, Peter: Conservatism revisted. The revolt against revolt 1815—1949. — New York: Scribner 1949. XVI, 187 S.

Waldraff, Felix: Konservativ und reaktionär. — In: Gewerksch. Monatsh. 4 (1953), 35—38.

Liberalismus

Allemann, Fritz René: Der Zerfall des europäischen Liberalismus. — In: Monat 22 (1970), H. 262, 8—14.

Andrae, Wilhelm: Kritik des Liberalismus. Naturrecht, freier Wettbewerb und Mitbestimmung. — In: Neues Abendland 7 (1952), 587—596.

Arndt, Ernst Erich: Zur Kritik der neuliberalen „Unvereinbarkeitslehre". — In: Gewerksch. Monatsh. 2 (1951), 75—82.

Baumgarten, Hermann: Der deutsche Liberalismus. Eine Selbstkritik. Hrsg. u. eingel. von Adolf M. Birke. – Frankfurt a. M.: Ullstein 1974. 199 S.
(Ullstein-Buch. 3034.)

Bertelè, Aldo [u.] Antonio Cantore: Liberalismo e socialismo. — Firenze: Vallecchi 1969. XI, 384 S.

Cros, Jacques: Le neo-libéralisme. Etude positive et critique. Préface de Max Cluseau. — Paris: Médicis 1951. 413 S.

Ehinger, Paul H.: Liberalismus und Gleichheit. Über die Wertvorstellung der Gleichheit im Wertsystem des Liberalismus unter besonderer Berücksichtigung schweizerischer Verhältnisse. – In: Schweiz. Monatsh. 53 (1973/74), 103–111.

Federici, Federico: Der deutsche Liberalismus. Die Entwicklung einer politischen Idee von Immanuel Kant bis Thomas Mann. — Zürich: Artemis-V. [1951]. 467 S.

Franz, Georg: Liberalismus. Die deutschliberale Bewegung in der habsburgischen Monarchie. — München: Callwey (1955). 531 S.

Freund, Michael: Der Liberalismus. In ausgew. Texten dargestellt u. eingeleitet. — Stuttgart: Koehler (1965). LXXXV, 349 S.

Gall, Lothar: Liberalismus und „Bürgerliche Gesellschaft". Zu Charakter und Entwicklung der liberalen Bewegung in Deutschland. – In: Hist. Z. 220 (1975), 324–356.

Gerstenberger, Heide: Der revolutionäre Konservatismus. Ein Beitr. zur Analyse des Liberalismus. — Berlin: Duncker & Humblot (1969). 171 S.
(Sozialwissenschaftliche Abhandlungen. 14.)
Diss., Göttingen.

Geschichte des deutschen Liberalismus. Hrsg. von Paul Luchtenberg, Walter Erbe. — Köln: Westdtsch. Verl. 1966. 190 S.
(Schriftenreihe der Friedrich-Naumann-Stiftung zur Politik und Zeitgeschichte. 10.)

Grebing, Helga: Der Liberalismus in Deutschland 1848—1958. — In: Polit. Studien 9 (1958), 644—653.

Greene, Theodore Meyer: Liberalism. Its theory and practice. — Austin: University of Texas Press 1957. 219 S.

Grimond, J[oseph]: The liberal future. — London: Faber & Faber (1959). 197 S.

Haerdter, Robert: Die Deutschen und der Liberalismus. — In: Monat 18 (1966), H. 213, 78—82.

Haerdter, Robert: Ruhmloses Saeculum. Zur Geschichte des Liberalismus in Deutschland. — In: Gegenwart 9 (1954), 665—668.

Haussmann, Frederick: Der extreme Neoliberalismus. Kritische Betrachtungen. — Hann. Münden: Nowack (1952). 32 S.

Hayek, Frederick A.: Individualismus und wirtschaftliche Ordnung. [Gesammelte Aufsätze.] — Erlenbach-Zürich: Rentsch (1952). 344 S.

Hayek, Friedrich A.: Liberalismus gestern und heute. — In: Universitas 7 (1952), 249—254.

Henning, Friedrich: Liberalismus und Sozialismus auf dem Wege zur Synthese? — In: Polit. Studien 17 (1966), 453—461.

Kempski, Jürgen von: Über den Liberalismus. — In: Merkur 7 (1953), 301 — 318.

Kopp, Bernhard: Liberalismus und Sozialismus auf dem Weg zur Synthese. Eine Analyse d. gesellschaftlichen u. geistigen Wandels unserer Zeit. — Meisenheim am Glan: Hain 1964. 139 S.
(Schriften zur polit. Wissenschaft. 4.)

Lenz, Friedrich: Weltwirtschaft und Wirtschaftswissenschaft. Ein Beitrag zur Kritik des Neo-Liberalismus. — In: Gewerksch. Monatsh. 15 (1964), 193—199.

Lenz, Hans: Freie Menschen in freier Gesellschaft. Liberalismus — heute. — In: Gesellschaft, Staat, Erziehung 6 (1961), 170—180.

Liberalismus. Hrsg. von Lothar Gall. – (Köln:) Kiepenheuer & Witsch (1976). 352 S.
(Neue wissenschaftliche Bibliothek. 85.)

Politischer **Liberalismus** und Evangelische Kirche. — Köln: Westdtsch. Verl. 1967. 128 S.
(Schriftenreihe der Friedrich-Naumann-Stiftung zur Politik und Zeitgeschichte. 11.)

Lort-Phillip, Patrick: Der Liberalismus im heutigen England. — In: Außenpolitik 10 (1959), 668—675.

Lowi, Theodore J.: The end of liberalism. Ideology, policy and the crisis of public authority. — New York: Norton 1969. 322 S.

Lübbe, Hermann: Verteidigung der Freiheit als Kampf gegen den Liberalismus. — In: Z. Politik 8 (1961), 347—352.

Muthesius, Volkmar: Der scheintote Liberalismus. Verteidigung einer Idee. – In: Polit. Meinung 7 (1962), H. 71, 34–42.

Naumann, Robert: Theorie und Praxis des Neoliberalismus. Das Märchen von der freien oder sozialen Marktwirtschaft. — Berlin: Verl. Die Wirtschaft 1957. 414 S.

Neill, Th. P.: The rise and decline of liberalism. — Milwaukee: Bruce (1953). XI, 321 S.

Opitz, Reinhard: Liberalismuskritik und Zukunft des liberalen Motivs. — In: Bll. dtsch. internat. Pol. 17 (1972), 13—43; 166—181 und 294—314.

Die liberalen, europäischen **Parteien** außerhalb Deutschlands und Österreichs. — In: Polit. Studien 16 (1965), 33—37.

Peter, Hans: Freiheit der Wirtschaft. Kritik des Neoliberalismus. — Köln: Bund-V. 1953. 170 S.

Posse, Hans: Liberalisten und Protektoristen. — In: Gegenwart 6 (1951), H. 4, 29—30.

The **relevance** of liberalism. By Robert Bartley [u. a.] – Boulder, Col.: Westview Press 1978. 233 S.

Röpke, Wilhelm: Das Kulturideal des Liberalismus. — In: Neue Schweiz. Rdsch. 14 (1946/47), 515—532.

Rohr, Donald G.: The origins of social liberalism in Germany. — Chicago: University Press 1963. 179 S.

Rossel, Albert: Der Liberalismus, die Quelle der modernen Krise. — In: Veröffentl. d. Unda 1 (1949), 21—33.

Rost, Hans: Der Liberalismus als Feind der Kirche. — Augsburg 1958: Buchhandl. am Fronhof. 27 S.

Salvadori, Massimo [Ed.]: European liberalism. - New York: Wiley 1972. 189 S.
(Major Issues in History.)

Schapiro, J. Salwyn Jacob: Liberalism. Its meaning and history. — Princeton: Van Nostrand 1958. 191 S.

Schieder, Theodor: Zur Krise des Liberalismus. Vom liberalen Verfassungsstaat zur modernen Massendemokratie. — In: Dtsch. Univ. Ztg. 9 (1954), H. 19, 9—13.

Schieder, Theodor: Die Theorie der Partei im älteren deutschen Liberalismus. — In: Aus Geschichte und Politik, Festschrift zum 70. Geburtstag von Ludwig Bergstraesser, Düsseldorf: Droste-V. (1954), 183—196.

Schieder, Theodor: Das Verhältnis von politischer und gesellschaftlicher Verfassung und die Krise des bürgerlichen Liberalismus. — In: Hist. Z. 177 (1954), 49—74.

Schraepler, Ernst: Die politische Haltung des liberalen Bürgertums im Bismarckreich. — In: Gesch. Wiss. Unterr. 5 (1954), 529—544.

Sell, Friedrich C.: Die Tragödie des deutschen Liberalismus. — Stuttgart: Dtsch. Verl.-Anst. 1953. 478 S.

Spranger, Eduard: Was heißt Liberalismus? — In: Universitas 8 (1953), 449—455.

Streiff, Ullin: Die Herausforderung des Liberalismus. — In: Schweiz. Monatsh. 51 (1971/72), 251—259.

Strubl, Gerhard: Die Staatsauffassung des Neoliberalismus. Dargestellt am Staatsdenken von Walter Eucken, Wilhelm Röpke und Alexander Rüstow. — o. O. 1954. 208 gez. Bl. [Maschinenschr.]
Tübingen, rechts- und staatswiss. Diss., 26. März 1954.

Szczesny, Gerhard: Die halbierte Demokratie. Zur Kritik des Liberalismus. — In: Neue Gesellschaft 1 (1954/55), 54—62.

Thieme, W.: Liberalismus und Grundgesetz. — In: Z. ges. Staatswiss. 113 (1957), 285—300.

Voegelin, Eric: Liberalism and its history. Transl. from the German by Mary and Keith Algozin. - In: Rev. Politics 36 (1974), 504–520.

Was heißt heute liberal? Hrsg. von Peter Juling. - (Gerlingen b. Stuttgart:) Bleicher (1978). 224 S.
(Aktuelles Taschenbuch.)

Wolff, Robert Paul: Das Elend des Liberalismus (The poverty of liberalism, dt.) (Aus d. Amerikan. übers. von Eberhard Bubser.) — (Frankfurt a. M.:) Suhrkamp (1969). 260 S.
(Edition Suhrkamp. 352.)

Zundel, Rolf: Die Erben des Liberalismus. — Freudenstadt: Eurobuch-Verl. Lutzeyer 1971. 199 S.
(Bonn aktuell. 6.)

Sozialismus

Abdel-Malek, Anouar: La dialectique sociale. - Paris: Ed. du Seuil 1972. 480 S.

Abendroth, Walter: Aufstieg und Krise der deutschen Sozialdemokratie. Das Problem d. Zweckentfremdung e. polit. Partei durch d. Anpassungstendenz von Institutionen an vorgegebene Machtverhältnisse. — Frankfurt a. M.: Stimme-Verl. (1964). 143 S.
(Antworten. 9.)

Arcais, F. d': Lineamenti storici del socialismo italiano. — In: Civitas 8 (1957), H. 8/9, 52—104.

Armanski, Gerhard: Entstehung des wissenschaftlichen Sozialismus. – Neuwied: Luchterhand 1974. 243 S.
(Sammlung Luchterhand. 1003.)

Aron, Raymond: Betrachtungen zur Entwicklung der sozialistischen Idee. Ernst Reuter zum Gedenken. Vortrag anläßl. d. 10. Wiederkehr seines Todestages, geh. am 28. September 1963 im Auditorium maximum d. Freien Universität Berlin. — Berlin: Colloquium Verl. (1963). 26 S.
(Veröffentlichungen d. Freien Universität Berlin.)

Ascher, Abraham: Professors as propagandists. The politics of the Kathedersozialisten. — In: J. Centr. Europ. Aff. 23 (1963/64), 282—302.

Axen, Hermann: Sozialismus und revolutionärer Weltprozeß. Ausgewählte Reden und Aufsätze. (Institut f. Marxismus-Leninismus beim ZK der SED.) – Berlin: Dietz 1976. 613 S.

Bahro, Rudolf: Die Alternative. Zur Kritik des real existierenden Sozialismus. - (Köln:) Europ. Verl.-Anst. (1977). 542 S.

Balser, Frolinde: Aufbruch zur Freiheit. 1863—1963. Wege zu Mitverantwortung u. sozialer Sicherheit. — (Hannover:) Verl. f. Literatur u. Zeitgeschehen (1963). 139 S.

Balser, Frolinde: Sozial-Demokratie 1848/49—1863. Die erste dtsch. Arbeiterorganisation. „Allgemeine Arbeiterverbrüderung" nach d. Revolution. Textbd. Quellen. — Stuttgart: Klett 1962. 727 S.
(Industrielle Welt. 2.)

Bartsch, Günther: Totalitärer, marxistischer oder demokratischer Sozialismus? — (Bonn: Bundeszentrale für Polit. Bildung 1966.) 128 S.
(Schriftenreihe der Bundeszentrale für Politische Bildung. 72.)

Bernstein, Eduard: Die Voraussetzungen des Sozialismus und die Aufgaben der Sozialdemokratie. (Fotostat. Nachdr. d. neuen, verb. u. erg. Ausg. 2. Aufl. Stuttgart, Berlin 1921.) Eingel. von Dieter Schuster. — Hannover: Dietz Nachf. (1964). XIX, 275 S.
(Sozialistische Klassiker in Neudrucken.)

Beyme, Klaus von: Ökonomie und Politik im Sozialismus. Ein Vergleich der Entwicklung in den sozialistischen Ländern. – München: Piper (1975). 411 S.

Bodensieck, Heinrich: Die Volksratsverfassung. — In: Gesch. Wiss. Unterr. 13 (1962), 161—177.

Brandt, Willy, Bruno Kreisky [und] Olof Palme: Briefe und Gespräche, 1972 bis 1975. – (Frankfurt a. M., Köln:) Europ. Verl.Anst. (1975). 133 S.
(Demokratischer Sozialismus in Theorie und Praxis.)

Braunthal, J.: Sozialistische Weltstimmen. — Berlin, Hannover: Verl. nach Dietz 1958. 312 S.

Bravo, Gian Carlo: Les socialistes avant Marx. Trad. de l'ital. par Alice Théron. Bd 1—3. Paris: Maspero 1970.
("Petit coll. Maspero". 52. 53. 54.)

Brockway, Fenner: African socialism. — London: Bodley Head 1964. 125 S.

Bruclain, Claude: Le socialisme et l'Europe. — Paris: Edit. du Seuil (1965). 144 S.
(Coll. "Jean Moulin".)

Calvez, Jean-Yves: Was ist afrikanischer Sozialismus? — In: Dokumente 18 (1962), 357—368.

Cole, G. D. H.: A history of socialist thought. — London: Macmillan.
3. The Second International 1889—1914. Vol. 1. 2. 1956.
4. Communism and social democracy 1914—1931. Vol. 1. 2. 1958.

Cole, G. D. H.: A history of socialist thought. — London: Macmillan.
5. Socialism and fascism 1931—1939. 1960. 351 S.

Cole, Margaret: The story of Fabian socialism. — London: Heinemann 1961. XVI, 366 S.

Crosland, C. A. R.: The future of socialism. — London: Cape 1956. 540 S.

Crossman, R[ichard] H[oward] S[tafford] [Ed.]: Neue Beiträge sozialistischer Autoren (New Fabian essays, dt.) — (Frankfurt a. M.:) Verl. d. Frankf. Hefte (1953). 280 S.

Derfler, Leslie: Socialism since Marx. A century of the European left. - London: Macmillan 1973. 216 S.

Dommanget, Maurice: Les grands socialistes et l'éducation. De Platon à Lénine. — Paris: Colin 1970. 472 S.
(Coll. "U".)

Drachkovitch, Milorad M.: De Karl Marx à Léon Blum. La crise de la social-démocratie. Préf. de Hendrik Brugmans. — Genève: Droz 1954. 180 S.

Droz, Jacques: Le socialisme démocratique. 1864—1960. — Paris: Colin 1967. 350 S.
("Coll. U. Sér. Histoire contemporaine".)

Dumont, René [u.] Marcel Mazoyer: Développement et socialismes. — Paris: Edit. du Seuil 1969. 336 S.
(Coll. "Esprit".)

Eckert, Georg: Die Flugschriften der lassalleanischen Gemeinde in Braunschweig. — (Hannover: Verl. f. Literatur u. Zeitgeschehen 1962.) S. 295 – 358.
Sonderdr. aus: Archiv für Sozialgeschichte 2 (1962).

Eichler, Willi: Zur Einführung in den demokratischen Sozialismus. — Bonn-Bad Godesberg: Verl. Neue Gesellsch. 1972. 156 S.
(Theorie und Praxis der deutschen Sozialdemokratie.)

Eichler, Willi: Hundert Jahre Sozialdemokratie. (Hrsg.: Vorstand d. SPD, Bonn.) — (Bielefeld [1962]: Presse-Druck.) 85 S.

Friedrich **Engels** und die internationale Arbeiterbewegung. Wissenschaftl. Red.: Karl Obermann u. Ursula Herrmann. — Berlin: Akademie-Verl. 1962. 156 S.
(Deutsche Akademie der Wissenschaften zu Berlin. Schriften der Deutschen Sektion der Kommission der Historiker der DDR und der UdSSR. 1.)

Farner, Konrad [u.] Theodor Pinkus [Hrsg.]: Der Weg des Sozialismus. Quellen u. Dokumente vom Erfurter Programm 1891 bis zur Erklärung von Hannover 1962. — (Reinbek b. Hamburg:) Rowohlt (1964). 311 S.
(Rowohlts Dtsch. Enzyklopädie. 189/190.)

Fenner, Christian: Demokratischer Sozialismus und Sozialdemokratie. Realität und Rhetorik der Sozialismusdiskussion in Deutschland. — Frankfurt a. M.: Campus Verl. (1977). 227 S.

Freyh, Richard: Sozialismus heute. — In: Neue Gesellschaft 2 (1955), H. 6 7—19.

Fricke, Dieter: Die sozialdemokratische Parteischule (1906—1914). — In: Z. Geschichtswiss. 5 (1957), 229—248.

Aus der **Frühgeschichte** der deutschen Arbeiterbewegung. — Berlin: Akademie-Verl. 1964. 307 S.
(Deutsche Akademie der Wissenschaften zu Berlin. Schriften d. Inst. f. Geschichte. Reihe 1. Bd 1.)

Garaudy, Roger: Die große Wende des Sozialismus (Le grand tournant du socialisme, dt.) (Aus d. Französ. übertr. von Ruth von Mayenburg.) — München: Molden (1970). 264 S.

Gay, Peter: Das Dilemma des demokratischen Sozialismus (The dilemma of democratic socialism, dt.) Eduard Bernsteins Auseinandersetzung mit Marx. Übers.: Erwin Schuhmacher. — (Nürnberg:) Nest-V. (1954). 383 S.

Glasneck, Johannes: Die Haltung der Sozialistischen Arbeiter-Internationale zum Zionismus. - In: Z. Geschichtswiss. 25 (1977), 1028–1045.

Gorz, André: Der schwierige Sozialismus (Le socialisme difficile, dt.) (Aus d. Französ. übertr. von B. Leineweber u. T. König.) — (Frankfurt a.M.:) Europ. Verl. Anst. (1968). 245 S.
(Sammlung "res novae". 66.)

Gottschalch, Wilfried, Friedrich Karrenberg [u.] Franz Josef Stegmann: Geschichte der sozialen Ideen in Deutschland. Hrsg. von Helga Grebing. — München: Olzog (1969). XII, 757 S.
(Deutsches Handbuch der Politik. 3.)

Grebing, Helga: Der Revisionismus. Von Bernstein bis zum ,Prager Frühling'. - München: Beck (1977). 281 S.
(Beck'sche Elementarbücher.)

Grebing, Helga: Hundert Jahre SPD. Zwischen Tradition u. Fortschritt. In: Polit. Studien 14 (1963), H. 151, 529–542.

Günsche, Karl-Ludwig [u.] Klaus Lantermann: Kleine Geschichte der Sozialistischen Internationale. — Bonn-Bad Godesberg: Verl. Neue Gesellsch. (1977). 213 S.
(Theorie und Praxis der deutschen Sozialdemokratie.)

Hager, Kurt: Zur Theorie und Politik des Sozialismus. Reden und Aufsätze. — Berlin: Dietz 1972. 355 S.

Hahn, Manfred: Der sogenannte Frühsozialismus als Forschungsproblem. - In: Argument 74 (1972), 638–655.

Halévy, Elie: Histoire du socialisme européen. [Rev. ed.] – Paris: Gallimard 1974. 408 S.

Hangen, Welles: The German way of socialism. — London: Gollancz 1967. 231 S.

Hardach, Gerd [und] Dieter Karras: Sozialistische Wirtschaftstheorie. – Darmstadt: Wiss. Buchgesellsch. 1975. VIII, 157 S.
(Erträge der Forschung. 33.)

Harrington, Michael: Socialism. – New York: Saturday Rev. Press 1972. VII, 436 S.

Harris, Nigel [u.] John Palmer [Ed.]: World crisis. Essays in revolutionary socialism. — London: Hutchinson 1971. 280 S.

Heimann, Eduard: Sozialismus im Wandel der modernen Gesellschaft. Aufsätze zu Theorie und Praxis des Sozialismus. Ein Erinnerungsband. Hrsg. u. eingel. von Heinz-Dietrich Ortlieb. – Berlin [usw.]: Dietz Nachf. 1975. 186 S.
(Internationale Bibliothek. 77.)

Hiller, Kurt: Das Soll des Sozialismus im Rest des Jahrhunderts. — In: Neue Gesellschaft 1 (1954/55), 27–33.

Hinkel, Karl: Zur politischen Konzeption der demokratischen Sozialisten Westeuropas. — In: Gewerksch. Monatsh. 12 (1961), 530–535.

Histoire générale du socialisme. Pub. sous la dir. de Jacques Droz. – Paris: Presses universitaires de France.
1. Des origines à 1875. 1972. 660 S.

Hobsbawm, Eric [John]: Sozialrebellen (Primitive rebels, dt.) Archaische Sozialbewegungen im 19. u. 20. Jahrhundert. (Aus d. Engl. ins Dt. übertr. von Renate Müller-Isenburg u. C[harles] Barry Hyams.) — (Neuwied a. Rh., Berlin-Spandau:) Luchterhand (1962). 269 S.
(Soziologische Texte. 14.)

Hoehfeld, Julian: Poland and Britain. Two concepts of socialism. — In: Internat. Aff. 33 (1957), 2–11.

Hoffacker, Helmut [u.] Klaus Hildebrandt: Theorien des Sozialismus. Philosophie, Ökonomie, Politik. – Frankfurt a. M.: Diesterweg 1973. 126 S.
(Schriften zur politischen Bildung.)

Hofmann, Werner: Ideengeschichte der sozialen Bewegung des 19. und 20. Jahrhunderts. — Berlin: de Gruyter 1962. 243 S.
(Sammlung Göschen. 1205/1250a.)

Jäger, Hans: Die Weltsituation des Sozialismus. — In: Dtsch. Rdsch. 80 (1954), 226–236.

Jaroslawski, Jan: Theorie der sozialistischen Revolution. Von Marx bis Lenin. Vorw.: Leszek Kolakowski. (Aus d. Poln. übers. von Edda Werfel.) – Hamburg: Hoffmann & Campe 1973. 170 S.
(Kritische Wissenschaft.)

Ingrim, Robert: Der überholte Sozialismus. — In: Neues Abendland 7 (1952), 681–684.

La Première Internationale. Recueil de documents publ. sous la dir. de Jacques Freymond. Textes établis par Henri Burgelin [u. a.] Introd. par Jacques Freymond. T.1.2. — Genève: Droz 1962.
(Publications de l'Institut universitaire de hautes études internationales. 39.)

Juchacz, Marie: Sie lebten für eine bessere Welt. — Hannover: J. H. W. Dietz 1955. 168 S.

Kardelj, Edvard: Sozialismus und Krieg. — Beograd: Internationale Politik (1960). 112 S.

Kilroy-Silk, Robert: Socialism since Marx. – London: Allen Lane 1972. XIX, 362 S.

Klenner, Fritz: Sozialismus in der Sackgasse? Wirtschaft und Gesellschaft im Umbruch. — (Wien: Europaverl. (1974). 458 S.

Klüber, Franz: Freiheitlicher Sozialismus und katholische Gesellschaftslehre in der Begegnung. — In: Neue Gesellsch. 11 (1964), 48–64.

Kodalle, Klaus-M[ichael]: Politische Solidarität und ökonomisches Interesse. Der Begriff des Sozialismus nach Eduard Heimann. — In: Aus Politik und Zeitgeschichte, Beilage zur Wochenzeitung „Das Parlament" Nr 4 vom 26. Januar 1974, 3–31.

Koepcke, Cordula: Sozialismus in Deutschland. — München: Olzog (1970). 267 S.
(Geschichte und Staat. 152/153.)

Kofler, Leo: Ethischer oder marxistischer Sozialismus? — In: Neue Gesellschaft 2 (1955), H. 1, 44–45.

Kohlmey, Gunther: Vergesellschaftung und Integration im Sozialismus. – Berlin: Akademie-Verl. 1973. 228 S.
(Schriften des Zentralinstituts für Wirtschaftswissenschaften. 8.)

Kreisky, Bruno: Aspekte des demokratischen Sozialismus. Aufsätze, Reden, Interviews. Mit e. Vorw. v. Ossip K. Flechtheim. – München: List 1974. 200 S.
(Neue Edition List.)

Krockow, Christian Graf von: Über demokratischen Sozialismus. — In: Atomzeitalter 1967, H. 3, 102–111.

Kundel, Erich: Marx und Engels im Kampf um die revolutionäre Arbeitereinheit. Zur Geschichte d. Gothaer Vereinigungskongresses von 1875. – Berlin: Dietz 1962. 338 S.

Landauer, Carl [u. a.]: European socialism. A history of ideas and movements from the industrial revolution to Hitler's seizure of power. Vol. 1. 2. — Berkeley: University of California Press 1959.

Landauer, Gustav: Aufruf zum Sozialismus. Hrsg. u. eingel. von Heinz-Joachim Heydorn. — Frankfurt a.M.: Europ. Verl. Anst. (1967). 194 S.
(Politische Texte.)

Laurat, Lucien: Problèmes actuels du socialisme. — Paris: Les Iles d'Or 1957. 200 S.

Lefranc, Georges: Histoire des doctrines sociales dans le monde moderne. — Paris: Montaigne 1960. 336 S.

Lefranc, Georges: Le socialisme réformiste. - Paris: Presses universitaires de France 1971. 128 S.
(Coll. „Que sais-je?")

Leser, Norbert: Sozialismus zwischen Relativismus und Dogmatismus. Aufsätze im Spannungsfeld von Marx und Kelsen. - Freiburg i. Br.: Rombach 1974. 232 S.
(Rombach Hochschul-Paperback. 68.)

Lichtheim, George: Kurze Geschichte des Sozialismus (A short history of socialism, dt.) (Aus d. Engl. von Lilli F. Flechtheim u. Victoria Wocker in Zsarb. mit d. Autor.) - Köln: Kiepenheuer & Witsch 1972. 243 S.
(Studien-Bibliothek.)

Lichtheim, George: The origins of socialism. — New York: Praeger 1969. XII, 302 S.

Lindemann, Albert A.: The „red years". European socialism versus bolshevism, 1919-1921. - Berkeley: University of California Press 1974. 349 S.

Löwenthal, Richard: Sozialismus und aktive Demokratie. Essays zu ihren Voraussetzungen in Deutschland. - (Frankfurt a. M.:) S. Fischer (1974). 175 S.

Löwenthal, Richard: Sozialismus ohne Utopie. — In: Neue Gesellschaft 1 (1954), H. 2, 50—59.

Lübbe, Peter: Der staatlich etablierte Sozialismus. Zur Kritik des staatsmonopolitischen Sozialismus. - (Hamburg:) Hoffmann & Campe (1975). 185 S.
(Kritische Wissenschaft.)

Lutz, Hans: Hat der Sozialismus eine Zukunft? — In: Gewerksch. Monatsh. 6 (1955), 157—163.

Mann, Golo: Hundert Jahre deutsche Sozialdemokratie. — In: Neue Gesellsch. 10 (1963), 183–189.

Marwitz, W. G.: Freiheit und Sozialismus. Gedanken eines deutschen Sozialisten. Mit einem Vorw. von Rudolf Zorn. — Frankfurt a. M., Bonn: Lutzeyer 1953. 52 S.

Matull, Wilhelm: Werden und Wesen der deutschen Sozialdemokratie. — Berlin, Hannover: Verl. nach Dietz 1957. 159 S.

Mehta, Asoka: Studies in Asian socialism. — Bombay: Bharatiya Vidya Bhavan 1959. 241 S.

Mendel, Arthur P.: The rise and fall of „scientific socialism". — In: Foreign Aff. 45 (1966/67), 98—111.

Metzger, Arnold: Existentialismus und Sozialismus. Der Dialog des Zeitalters. — (Pfullingen:) Neske (1968). 281 S.

Meyer, Ahlrich: Frühsozialismus. Theorien der sozialen Bewegung 1789–1949. - Freiburg: Alber 1977. 405 S.
(Alber-Broschur Rechts- und Sozialwissenschaft.)

Miller, Susanne: Das Problem der Freiheit im Sozialismus. Freiheit, Staat u. Revolution in d. Programmatik d. Sozialdemokratie von Lassalle bis zum Revisionismusstreit. — (Frankfurt a. M.:) Europ. Verl. Anst. (1964). 346 S.

Mollet, Guy: Bilan et perspectives socialistes. — Paris: Plon 1958. 113 S.

Moore, R. Laurence: European socialists and the American promised land. — New York: Oxford University Press 1970. XXIII, 257 S.

Nenning, Günther: Öffnung oder Untergang. Thesen über den Weg zum Sozialismus. — Frankfurt a. M.: Europa-Verl. (1966). 176 S.

Niebuhr, R.: The anomaly of European socialism. — In: Yale Rev. 42 (1952/53), 161—167.

Oschilewski, Walther G.: Traum und Erkenntnis. Ein kleines sozialistisches Lesebuch. — Berlin: Arani-V. (1955). 82 S.

Osterroth, Franz [und] Dieter Schuster: Chronik der deutschen Sozialdemokratie. — Hannover: Dietz Nachf. (1963). 672 S.

Palme, Olof: Socialisme à la scandinave (Politik är att vilja, französ.) Trad. du suedois par Annie Thoraval. - Paris: Plon 1971. 269 S.
(Coll. „Tribune libre".)

Pelling, Henry [Ed.]: The challenge of socialism. — London: Black 1954. 370 S.

Perels, Joachim: Zur politischen Verfassung des Sozialismus. — In: Krit. Justiz 4 (1971), 166—184.

Petry, Richard: Die SPD und der Sozialismus. — In: Frankf. H. 9 (1954), 663—676.

Philip, André: Le socialisme trahi. — Paris: Plon 1957. 240 S.

Programme der deutschen Sozialdemokratie. (Hrsg.: Bundessekretariat d. Jungsozialisten, Bonn. Verantwortl.: Horst Seefeld. Red.: Referat Polit. Bildung beim SPD-Parteivorstand, Bruno Friedrich u. Franklin Schultheiß.) — (Stuttgart 1963: BZ-Druck Schwäbische Tagwacht.) 208 S.

Radbruch, Gustav: Kulturlehre des Sozialismus. Ideologische Betrachtungen. 4. Aufl. nach d. Tod. d. Verf. besorgt u. mit e. Vorw. eingel. von Arthur Kaufmann. — Frankfurt a.M.: Athenäum-Verl. (1970). 83 S.

Regling, Heinz Volkmar: Die Anfänge des Sozialismus in Schleswig-Holstein. — Neumünster: Wachholtz 1965. 300 S.
(Quellen und Forschungen zur Geschichte Schleswig-Holsteins. 48.)

Revel, Jean-François: Die totalitäre Versuchung (La tentation totalitaire, dt. Aus d. Französ. von Eva Brückner-Pfaffenberger.) - (Frankfurt a. M.:) Ullstein (1976). 302 S.

Reventlow, Rolf: Hundert Jahre italienischer Sozialismus. — In: Polit Studien 14 (1963), H. 151, 550–560

Rittig, G[isbert]: Sozialismus heute. Zur Selbstbesinnung des Sozialismus. — Hannover: Dietz (1954). 53 S.

Rittig, Gisbert: Sozialismus und Liberalismus. Annäherung oder Distanz ihrer wirtschaftspolitischen Anschauungen? — In: Neue Gesellschaft 1 (1954/55), 42—53.

Ronneberger, Franz: Sozialistische Systeme im Vergleich. — In: Mod. Welt 11 (1970), 157—163.

Rosenberg, Arthur: Demokratie und Sozialismus. Zur polit. Geschichte der letzten 150 Jahre. — (Frankfurt a. M.:) Europ. Verl.-Anst. (1962). 308 S.
(Sammlung „res novae". 17.)

Sauvy, Alfred: Le socialisme en liberté. — Paris: Denoël 1970. 416 S.

Schaefer, Eduard: Der totalitäre Sozialismus. — In: Gesch. Wiss. Unterr. 19 (1968), 408—424.

Schieder, Wolfgang: Anfänge der deutschen Arbeiterbewegung. Die Auslandsvereine im Jahrzehnt nach d. Julirevolution von 1830. — Stuttgart: Klett 1963. 360 S.
(Industrielle Welt. 4.)

Schmid, Carlo: Hundert Jahre Sozialdemokratische Partei. Festvortrag, geh. am 12. Mai 1963 in Hannover. (2. Aufl.) — Hannover: Dietz Nachf. (1963). 50 S.

Seidel, Bruno: Wesen und Wandlung des Sozialismus und seiner Sozialkritik vom klassischen zum heutigen Sozialismus. — In: Z. ges. Staatswiss. 107 (1951), 660—697.

Smith, Henry: The economics of socialism reconsidered. — New York: Oxford University Press 1962. X, 255 S.

Söhngen, Gottlieb: Zur Frage eines „christlichen Sozialismus". Soziale Struktur und soziales Ethos. — In: Polit. Studien 5 (1954/55), H. 54, 6—20.

Soloveytchik, George: Zwei Aspekte des schwedischen Sozialismus. — In: Schweiz. Monatsh. 34 (1954/55), 497—507.

Sombart, Werner: Sozialismus und soziale Bewegung im 19. Jahrhundert. — Frankfurt a. M.: Europa-Verl. (1966). 124 S.
(Geist und Gesellschaft.)

1863—1963. Hundert Jahre deutsche **Sozialdemokratie.** Bilder u. Dokumente. (Hrsg. von Georg Eckert unter Mitw. von ...) — (Hannover: Dietz Nachf. 1963.) 377 Bl.

Der **Sozialismus.** Vom Klassenkampf zum Wohlfahrtsstaat. Texte, Bilder u. Dokumente. Hrsg. von Iring Fetscher [u.a.] — München: Desch (1968). 428 S.
(Mächte und Kräfte unseres Jahrhunderts.)

Religiöser **Sozialismus.** Hrsg.: Günter Ewald. - Stuttgart: Kohlhammer 1977. 147 S.
(Urban-Taschenbücher. 632.)

Vormarxistischer **Sozialismus.** [Hrsg.:] Manfred Hahn. - Frankfurt a.M.: Athenäum-Fischer-Taschenbuch-Verl. 1974. 337 S.
(Fischer-Athenäum-Taschenbücher. 4014.)

Die frühen **Sozialisten.** Hrsg. von Fritz Kool u. Werner Krause. Eingel. von Peter Stadler. (Übers.: Ursula Langkau-Alex u. a.) — Freiburg: Walter (1967). 685 S.
(Dokumente der Weltrevolution. 1.)

Sozialisten, Kommunisten und der Staat (Il marxismo e lo stato, dt.) Über Hegemonie, Pluralismus und sozialistische Demokratie. (Aus d. Ital. von Helmut Drüke u. Angela Thaller.) - (Hamburg: Verl. f. d. Studium d. Arbeiterbew. 1977). 185 S.
(Reihe Positionen der Sozialisten. 3.)

Religiöse **Sozialisten.** Hrsg. u. eingel. von Arnold Pfeiffer. - (Olten:) Walter (1976). 455 S.
(Dokumente der Weltrevolution. 6.)

Steinberg, Hans-Josef: Sozialismus und deutsche Sozialdemokratie. Zur Ideologie der Partei vor dem 1. Weltkrieg. — Hannover: Verl. f. Literatur u. Zeitgeschehen (1967). 176 S.
(Schriftenreihe des Forschungsinstituts der Friedrich-Ebert-Stiftung. B. Historisch-politische Schriften.)

Steinbüchel, Theodor: Sozialismus. — Tübingen: Mohr 1950. VI, 343 S.
(Gesammelte Aufsätze zur Geistesgeschichte. 1.)

Steinhaus, Kurt: Zur Theorie des internationalen Klassenkampfes. — Frankfurt a. M.: Verl. Neue Kritik (1967). 104 S.
(Probleme sozialistischer Politik. 5.)

Sternberg, Fritz: Die Zukunft des freiheitlichen Sozialismus. — In: Gewerksch. Monatsh. 13 (1962), 257—266.

Sternberger, Dolf: Staatsfreundschaft. Rede zur 100-Jahrfeier d. Sozialdemokrat. Partei Deutschlands. — (Frankfurt a. M.:) Insel-Verl. (1963). 30 S.

Stössinger, Felix: Socialism versus bolshevism. — In: The Twentieth Century 152 (1952), 434—441.

Stojanović, Svetozar: Kritik und Zukunft des Sozialismus (Izmedju i stvarnosti, dt.) Aus d. Serbokroat. von Fred Wagner. (2. Aufl.) — (München:) Hanser (1970). 222 S.
(Reihe Hanser. 41.)

Strobel, Georg W[aldemar]: Die Partei Rosa Luxemburgs, Lenin und die SPD. Der polnische „europäische" Internationalismus in der russischen Sozialdemokratie. - Wiesbaden: Steiner 1974. XI, 759 S.

Tillich, Paul: Christentum und soziale Gestaltung. Frühe Schriften zum Religiösen Sozialismus. (Hrsg. von Renate Albrecht.) — Stuttgart: Evang. Verlagswerk (1962). 380 S.
(Tillich: Gesammelte Werke. 2.)

Treuheit, Werner: Sozialismus in Entwicklungsländern. Indonesien, Burma, Ägypten, Tansania, Westafrika. — (Köln:) Pahl-Rugenstein (1971). 243 S.
(Sammlung Junge Wissenschaft.)
Diss., TH Aachen.

Warth, Hermann: Der Frühsozialismus. Mensch, Gesellschaft, Geschichte. — In: Polit. Stud. 22 (1971), 402—414.

Was ist heute links? Dokumentation der L 76-Tagung in Recklinghausen. - In: L 76 1978, H.7, 84–185.

Weiss, Andreas von: Die Diskussion über den historischen Materialismus in der deutschen Sozialdemokratie 1891—1918. — Wiesbaden: Harrassowitz 1965. 151 S.
(Veröffentlichungen d. Osteuropa-Instituts. 27.)

White, Ralph K.: „Socialism" and „capitalism". An international misunderstanding. — In: Foreign Aff. 44 (1965/66), 216—228.

Zellweger, Eduard: Das Prinzip der sozialistischen Gesetzlichkeit. — In: J. internat. Juristen-Komm. 5 (1964) H. 2, 183—228.

Marxismus

Ahlberg, René: Der Neomarxismus. — In: Osteuropa 20 (1970), 301—311.

Althusser, Louis: Marxismus und Ideologie. [Sammlung, dt.] Probleme der Marx-Interpretation. (Aus d. Französ. übers. von Horst Arenz [u. a.]) — [Berlin:] Verl. f. d. Studium d. Arbeiterbew. 1973. 172 S.
(Archiv-Drucke.)

Aron, Raymond: Die heiligen Familien des Marxismus (Marxismes imaginaires, dt.) Aus d. Französ. übertr. von Hans Naumann. — (Hamburg:) Wegner (1970). 233 S.

Austromarxismus. Texte zu Ideologie und Klassenkampf. Von Otto Bauer [u.a.]. Hrsg. u. eingel. von Hans-Jörg Sandkühler u. Rafael de LaVega. — Frankfurt a.M.: Europ. Verl. Anst. (1970). 408 S.
(Politische Texte.)

Bailey, S. D.: The revision of marxism. — In: Quart. Rev., H. 596 (April 1953), 177—185.

Balinky, Alexander: Marx's economics. Origin and development. — Lexington, Mass.: Heath 1970. XIV, 178 S.
(Studies in International Development and Economics.)

Bauermann, Rolf, Karlheinz Geyer [und] Elmar Julier: Das Elend der „Marxologie". Eine Auseinandersetzung mit Marx-Engels-Verfälschungen. Hrsg. vom Institut für Marxismus-Leninismus beim ZK der SED. — Berlin: Dietz 1975. 279 S.

Bebler, A.: Marxisme et patriotisme. — In: Quest. act. Social. 35 (1956), März—April, 15—33.

Becker, Werner: Die Achillesferse des Marxismus. Der Widerspruch von Kapital und Arbeit. - Hamburg: Hoffmann & Campe 1974. 147 S.
(Standpunkt.)

Berner, Herbert: Politisch-ökonomisches Dogma und historisch-politische Wirksamkeit bei Marx-Engels. — 518 Bl. [Maschinenschr.]
Freiburg i. Br., phil. Diss. 1950.

Bigo, Pierre: Marxisme et humanisme. Introduction à l'oeuvre de Karl Marx. Préf. de Jean Marchal. — Paris: Presses Universitaires 1953. XXXII, 270 S.

Bocheński, Joseph M[aria]: Marxismus, Leninismus. Wissenschaft oder Glaube. - München: Olzog 1973. 147 S.
(Olzog-Studienbuch.)

Boszotta, Josef: Einflüsse des Darwinismus auf den Marxismus. — Wien 1950. III, 175 Bl. [Maschinenschr.]
Wien, Hochsch. f. Welth., Diss. 14. Juli 1951.

Boudin, L. B.: Il sistema teoretico di Marx. - Roma: Napoleone Ed. 1973. 325 S.

Bress, Ludwig: Kommunismus bei Karl Marx. Von der spekulativen zur ökonomischen Konzeption. - Stuttgart: G. Fischer 1972. VIII, 245 S.

Buchholz, Arnold: Über die Triebkräfte der wissenschaftlich-technischen Revolution. Neue Aspekte im Historischen Materialismus. — In: Osteuropa 20 (1970), 585—596.

Childs, David: Marx and the Marxists. An outline of practice and theory. - New York: Barnes & Noble 1973. 367 S.

Christentum und Marxismus heute. Hrsg. von Erich Kellner. — Frankfurt a.M.: Europa-Verl. (1966). 350 S.
(Gespräche der Paulus-Gesellschaft.)

Colletti, Lucio: Marxismus als Soziologie. [Sammlung, dt.] (Aus d. Italien. übers. von Konrad Honsel [u. a.] - Berlin: Merve-Verl. 1973. 91 S.
(Internationale marxistische Diskussion. 31.)

Dahrendorf, Ralf: Marx in Perspektive. Die Idee d. Gerechten im Denken von Karl Marx. — Hannover: Dietz [1953]. 186 S.

Daix, Pierre: Marxismus (Le socialisme du silence, dt.) Die Doktrin des Terrors. (Ins Dtsch. übertr. von Uta u. Gerald Szyszkowitz.) - Graz: Verl. Styria (1976). 250 S.

Dedijer, Vladimir: Marxismus und Völkerrecht. — In: Neue Gesellsch. 4 (1957), 418—434.

Dombois, Hans: Herrschaftsformen des Marxismus. - Witten: Luther-Verl. 1973. 66 S.

Drachkovitch, Milorad M. [Ed.]: Marxist ideology in the contemporary world. Its appeals and paradoxes. — New York: Praeger 1966. XVII, 192 S.
(Hoover Institution Publications.)

Ehlen, Peter [und] Siegfried Rother: Die Sinnfrage im Marxismus. - In: Stimmen d. Zeit 100 (1975), Bd 193, 171–186.

Ehlen, Peter: Die Wende zum Menschen. Der Revisionismus in der osteuropäischen marxistischen Philosophie. — In: Stimmen d. Zeit 91 (1966), Bd 178, 344—355.

Elsenberg, Götz: Marxismus und Arbeiterbewegung. Versuch über das Verhältnis von revolutionärer Theorie und Erfahrung. - Gießen: Focus-Verl. 1974. 164 S.
(Argumentationen. 19.)

Euchner, Walter: Marxismus-Leninismus. Literaturbericht. - In: Gesch. Wiss. Unterr. 25 (1974), 114–128 und 182–192.

Existentialismus und Marxismus (Marxisme et existentialisme, dt.) Eine Kontroverse zwischen Sartre, Garaudy Hyppolite, Vigier und Orcel. (Aus d. Französ. übers. von Elisabeth Schneider.) Mit e. Beitr. von Alfred Schmidt. — (Frankfurt a. M.:) Suhrkamp (1965). 154 S.
(Edition Suhrkamp. 116.)

Favre, Pierre [u.] Monique Favre: Les Marxismes après Marx. — Paris: Presses Universitaires de France 1970. 128 S.
(Coll. „Que sais-je?" 1408.)

Fedossejew, P. N. [**Fedoseev**, Petr Nicolaevič]: Der Marxismus im 20. Jahrhundert (Marksizm v dvadcatom veke, dt.) Marx, Engels, Lenin und die Gegenwart. (Red. d. dtsch.-sprachigen Ausg.: Werner Mussler [u. a.]) — Berlin: Akademie-Verl. 1973. 533 S.

Fejtö, François: Die Krise des marxistischen Internationalismus. — In: Frankf. H. 24 (1969), 549—562.

Ferrarotti, Franco: Betrachtungen über die Entwicklung des Marxismus in Italien. — In: Kölner Z. Soziol. Sozialpsych. 20 (1968), 205—222.

Fetscher, Iring: Karl Marx und der Marxismus. Von der Philosophie des Proletariats zur proletarischen Weltanschauung. — München: Piper (1967). 349 S.
(Piper-Paperback.)

Fetscher, Iring: Der Marxismus. Seine Geschichte in Dokumenten. — München: Piper.
1. Philosophie, Ideologie. (1962.) 490 S.
(Sammlung Piper.)

Fetscher, Iring: Der Marxismus. Seine Geschichte in Dokumenten. — München: Piper.
2. Ökonomie, Soziologie (1964). 489 S.
3. Politik (1965). 534 S.
(Sammlung Piper.)

Fetscher, Iring [Hrsg.]: Marxisten gegen Antisemitismus. — (Hamburg:) Hoffmann & Campe (1974). 229 S.
(Standpunkt.)

Fischer, Klaus-Dieter [u.] Jürgen Prüser: Einführung in den Marxismus-Leninismus. — Herford: Maximilian-Verl. 1974. 78 S.
(Leitfaden für den öffentlichen Dienst. 18.)

Fleischer, Helmut: Marx und Engels. Die philosophischen Grundlinien ihres Denkens. — München: Alber (1970). 223 S.
(Kolleg Philosophie.)

Förder, Herwig: Marx und Engels am Vorabend der Revolution. Die Ausarbeitung der politischen Richtlinien für die deutschen Kommunisten (1846—1848). — Berlin: Akademie-Verl. 1960. IV, 334 S.
(Deutsche Akademie der Wissenschaften zu Berlin. Schriften d. Inst. f. Geschichte. Reihe 1, Bd 7.)

Freund, Siegfried: Das Zeitalter des Marxismus. — In: Periodikum 1960, H. 16, 17—42.

Girardi, Giulio: Marxismus und Christentum (Marxismo e cristianesimo, dt.) (Aus d. Italien. übertr. von Claus Gatterer u. Trautl Brandstaller.) — Freiburg: Herder (1968). 357 S.
(Konfrontationen. 4.)

Goldmann, Lucien: Marxisme et sciences humaines. — Paris: Gallimard 1970. 361 S.
(Coll. „Idées". 288. Sér. Sciences humaines.)

Gruenwald, Oskar: Marxist humanism. — In: Orbis 18 (1974/75), 888–916.

Die **Grundlagen** des Spätmarxismus. Theorie und Wirklichkeit. [Von] Hans Jürgen Eysenck [u. a.] — Stuttgart: Verl. Bonn Aktuell 1977. 130 S.
(Bonn aktuell. 51.)

Gustafsson, Bo: Marxismus und Revisionismus (Marxism och revisionism, dt.) Eduard Bernsteins Kritik des Marxismus und ihre ideengeschichtlichen Voraussetzungen. Aus d. Schwed. übers. von Holger Heide. — Frankfurt a. M.: Europa. Verl.-Anst. 1972.
1. 326 S.
2. S. 336–491.
(Kritische Studien zur Politikwissenschaft.)
Habil.-Schr., Universität Uppsala.

Heintel, Peter: System und Ideologie. Der Austromarxismus im Spiegel der Philosophie Max Adlers. — München: Oldenbourg 1967. 412 S.
(Überlieferung und Aufgabe. 5.)

Helberger, Christof: Marxismus als Methode. Wissenschaftstheoret. Untersuchungen zur Methode der marxist. polit. Ökonomie. — Frankfurt a. M.: Athenäum - Fischer - Taschenbuch-Verl. 1974. 227 S.
(Fischer-Athenäum-Taschenbücher. 5005.)

Hoerkens, Maria: Die Wirtschaftslehre von Karl Marx im Lichte der katholischen Sozialethik. — VII, 243 S.
Freiburg i. Br., rechts- u. staatswiss. Diss. 1951.

Howard, Dick [u.] Karl E. Klare [Ed.]: The unknown dimension. European marxism since Lenin. — New York: Basic Books (1972). 418 S.
(Basic Books. 465.)

Hunt, R. N. Carew: Marxism past and present. — London: Bles (1955). XI, 180 S.

Jordan, Z. A.: The evolution of dialectical materialism. A philosophical and sociological analysis. — New York: St. Martin's Press 1967. XVI, 490 S.

Julier, Elmar: Pluralistischer Marxismus? Zur Marx-Interpretation des heutigen Revisionismus. — Frankfurt a. M.: Verl. Marxist. Bll. 1974. 88 S.
(Zur Kritik der bürgerlichen Ideologie. 35.)

Karl Marx. Das **Kapital**. 1867—1967. Beiträge über „Das Kapital" und marxistische politische Ökonomie. Veröff. anl. d. 100. Jahrestages d. Erscheinens d. Hauptwerkes von Karl Marx. — (Frankfurt a.M.:) Marxist. Bll. 1967. 88 S.
(Marxistische Blätter. Sonderh. 2.)

Katsoulis, Ilias: Sozialismus und Staat. Demokratie, Revolution und Diktatur des Proletariats im Austromarxismus. — Meisenheim a. Gl.: Hain 1975. 448 S.
(Marburger Abhandlungen zur Politischen Wissenschaft. 27.)

Kern, Walter: Hegel, Marx und die Frankfurter Schule. Ein Streiflicht auf die Aktualität Hegels. — In: Stimmen d. Zeit 95 (1970), Bd 186, 217—233.

Klassen und Klassenkampf heute. Beiträge zu einer internationalen wissenschaftlichen Konferenz zum 150. Geburtstag von Karl Marx vom 25.—27. Mai 1968 in Frankfurt a.M. — (Frankfurt a.M.: Marxist. Blätter-Verl.) 1968. 212 S.
(Marxistische Blätter. Sonderh. 2.)

Köhler, Hans: Gründe des dialektischen Materialismus im europäischen Denken. — München: Pustet (1961). 206 S.

Kołakowski, Leszek: Marxismus, Utopie und Anti-Utopie. [Sammlung, dt.] (Vom Verf. autoris. Übers.) — Stuttgart: Kohlhammer 1974. 143 S.
(Urban-Taschenbücher. 865.)

Kołakowski, Leszek: Der Mensch ohne Alternative. Von der Möglichkeit u. Unmöglichkeit, Marxist zu sein. (Dt. von Wanda Bronska-Pampuch.) — München: Piper (1961). 281 S.
(Piper Paperback.)

Krader, Lawrence: Marxist anthropology: Principles and contradictions. New perspectives in the science of man. - In: Internat. Rev. soc. Hist. 20 (1975), 236-272 und 424-449.

Kramer, Dieter: Reform und Revolution bei Marx und Engels. — (Köln:) Pahl-Rugenstein (1971). 201 S.
(Kleine Bibliothek. 10.)

Kurz, Paul Konrad: Marxismus und Literatur. - In: Stimmen d. Zeit 97 (1972), Bd. 190, 164–180.

Lange, Max Gustav: Marxismus, Leninismus, Stalinismus. Zur Kritik des dialektischen Materialismus. — Stuttgart: Klett 1955. 220 S.

Lefèbvre, Henri: Der Marxismus (Le marxisme, dt.) Aus d. Franz. übertr. von Beate Rehschuh.) - München: Beck (1975). 107 S.
(Beck'sche schwarze Reihe. 127.)

Lefèbvre, Henri: Probleme des Marxismus heute (Problèmes actuels du marxisme, dt.) (Dtsch. u. mit e. Nachwort vers. von Alfred Schmidt.) — Frankfurt a. M.: Suhrkamp (1965). 144 S.
(Edition Suhrkamp. 99.)

Leonhard, Wolfgang: Die Dreispaltung des Marxismus. Ursprung und Entwicklung des Sowjetmarxismus, Maoismus und Reformkommunismus. — Düsseldorf: Econ-Verl. (1970). 575 S.

Leser, Norbert: Die Odyssee des Marxismus. Auf dem Weg zum Sozialismus. — München: Molden (1971). 431 S.

Leser, Norbert: Zwischen Austromarxismus und Bolschewismus. Der Austromarxismus als Theorie und Praxis. — Frankfurt a.M.: Europa Verl. (1968). 600 S.

Lewis, John: The marxism of Marx. - London: Lawrence & Wishart 1972. 266 S.

Lewis, John: Marxism and the open mind. — London: Routledge & Kegan Paul 1957. XVIII, 222 S.

Lichtheim, George: Marxism in modern France. — New York: Columbia University Press 1966. X, 212 S.

Lipgens, Walter: Staat und Internationalismus bei Marx und Engels. Versuch einer Systemübersicht. - In: Hist. Z. 217 (1973), 529–583.

Lobkowicz, Nikolaus: Marxismus und Gesellschaft. Was ist die marxistische Kapitalismuskritik wert? - In: Z. Politik 21 (1974), 272–285.

Löwenstein, Julius I[saac]: Vision und Wirklichkeit. Marx contra Marxismus. — Tübingen: Mohr 1970. XIV, 170 S.
(Veröffentlichungen der List-Gesellschaft. 65. Reihe A. Studien des List-Instituts.)

Ludz, Peter Christian: Dreispaltung des Marxismus? Bemerkungen zu einer mißlungenen Interpretation. — In: Neue Gesellsch. 17 (1970), 810—815.

Ludz, Peter Christian: Ideologiebegriff und marxistische Theorie. Ansätze zu einer immanenten Kritik. – Opladen: Westdtsch. Verl. 1976. XVIII, 337 S.

MacIntyre, Alasdair: Marxism and Christianity. — New York: Schocken Books 1968. 143 S.

Maihofer, Werner: Ernst Blochs Evolution des Marxismus. — In: Neue Gesellschaft 15 (1968), 259–266.

Mandel, Ernest: La formation de la pensée économique de Karl Marx. — Paris: Maspero 1967. 216 S.
(Coll. „Textes à l'appui".)

Marinoff, Stefan: Die Idee der proletarischen Weltrevolution. — Köln 1949. 265 gez. Bl. [Maschinenschr.]
Köln, wirtschafts- u. sozialwiss. Diss. 18. Dez. 1948.

Marx und Marxismus heute. [Hrsg.:] Gerd Breitenbürger [und] Günter Schnitzler. - Hamburg: Hoffmann & Campe 1974. 165 S.
(Standpunkt.)

Marx, Karl: Manuskripte über die polnische Frage (1863—1864). Hrsg. u. eingel. von Werner Conze und Dieter Hertz-Eichenrode. — 's-Gravenhage: Mouton 1961. 202 S.
(Quellen und Untersuchungen zur Geschichte der deutschen und österreichischen Arbeiterbewegung. 4.)

Marxism in the modern world. Ed. by Milorad M. Drachkovitch. Contributors: Raymond Aron [u.a.] — Stanford/Calif.: Stanford University Press 1965. XV, 293 S.
(Hoover Institution Publications.)

Marxismus – ernstgenommen. Ein Universalsystem auf dem Prüfstand der Wissenschaften. Hrsg. von Gerhard Szczesny. - Reinbek b. Hamburg: Rowohlt 1975. 254 S.

Marxismus in unserer Zeit. Beiträge zum zeitgenössischen Marxismus. Veröffentlicht zum 150. Geburtstag von Karl Marx am 5. Mai 1968. — (Frankfurt a.M.: Marxist. Blätter-Verl.) 1968. 232 S.
(Marxistische Blätter. Sonderh. 1.)

Marxismusstudien. — Tübingen: Mohr.
[1.] Beitr. von H. Bollnow [u. a.] Mit einem Vorwort von Erwin Metzke. 1954. XI, 243 S.
2. Beitr. von I. Fetscher [u. a.] Hrsg. von I. Fetscher. 1957. IX, 265 S.
3. Beitr. von Ludwig Landgrebe [u. a.] Hrsg. von I. Fetscher. 1960. VI, 221 S.

Marxismusstudien. — Tübingen: Mohr.
4. Beitr. von Helmut Gollwitzer [u. a.] 1962. VI, 258 S.
(Schriften der Evangelischen Studiengemeinschaft. 7.)

Marxismusstudien. Hrsg. von Iring Fetscher. — Tübingen: Mohr.
5. Beiträge von Günther Rohrmoser [u.a.] 1968. VI, 226 S.

Masset, Pierre: Le marxisme dans la conscience moderne. - Paris: Ed. Resma 1974. 264 S.
(Coll. „Connaissance du présent".)

Mayo, H. B.: Democracy and marxism. Forew. by Walter Bedell Smith. — New York: Oxford University Press 1955. XI, 364 S.

Meisner, Maurice J.: Li Ta-chao and the origins of Chinese Marxism. — Cambridge/Mass.: Harvard University Press 1967. XVII, 326 S.
(Harvard East Asian Series. 27.)

Mittenzwei, Werner: Marxismus und Realismus. Die Brecht-Lukacz-Debatte. — In: Argument 10 (1968), 12—43.

Moore, Stanley: Zur Theorie politischer Taktik des Marxismus (The background of Marx, dt.) (Aus d. Amerikan. übers. von Helmut Reinicke.) — (Frankfurt a.M.:) Europ. Verl. Anst. (1969). 86 S.

Mordstein, Friedrich: Marxistischer Humanismus auf dem Prüfstand. — In: Stimmen d. Zeit 95 (1970), Bd 186, 304—312.

Nagels, J.: Travail collectif et travail productif dans l'évolution de la pensée marxiste. - [Bruxelles:] Ed. de l'Université de Bruxelles 1974. 313 S.

Nürnberger, Richard: Die Französische Revolution im revolutionären Selbstverständnis des Marxismus. — In: Offene Welt 1955, H. 36, 79—83.

Pelletier, Antoine [u.] Jean-Jacques Goblot: Matérialisme historique et histoire des civilisations. — Paris: Edit. sociales 1969. 200 S.
(Coll. „Problèmes".)

Piroschkow, Vera: Freiheit und Notwendigkeit in der Geschichte. Zur Kritik des historischen Materialismus. — München: Pustet (1970). 316 S.
(Sammlung Wissenschaft und Gegenwart.)

Plamenatz, John: German marxism and Russian communism. — London: Longmans (1954). XXIII, 356 S.

Plechanov, Georgij V.: Die Grundprobleme des Marxismus. Hrsg. u. eingel. von D. Rjazanow. (Autoris. Übers. aus d. Russ. von Karl Schmückle.) - Berlin: Verl. f. d. Studium d. Arbeiterbew. 1973. 151 S.
(Archiv-Drucke.)

Revolutionäre **Praxis.** Jugoslawischer Marxismus der Gegenwart. ⟨Hrsg.:⟩ Gajo Petrović. (Ins Dtsch. übertr. von Karl Held.) — Freiburg: Rombach (1969). 286 S.
(Sammlung Rombach. N. F. 3.)

Reding, Marcel: Die Glaubensfreiheit im Marxismus. Zum Verhältnis von Marxismus und christlichem Glauben. — Frankfurt a.M.: Europa-Verl. (1967). 140 S.
(Geist und Gesellschaft.)

Reding, Marcel: Kritischer Marxismus und Kritik des Marxismus. — In: Hochland 55 (1962/63), 278—283.

Ernst Blochs **Revision des Marxismus.** Kritische Auseinandersetzungen marxistischer Wissenschaftler mit der Blochschen Philosophie. — Berlin: Dtsch. Verl. d. Wissenschaften 1957. 352 S.

Revisionism. Essays on the history of marxist ideas. Ed. by Leopold Labedz. (Publ. under the auspices of the Congress for Cultural Freedom.) — London: Allen & Unwin (1962). 404 S.
(Library of international studies. 1.)

Schack, Herbert: Karl Marx und der sowjetische Marxismus. — In: Gewerksch. Monatsh. 5 (1954), 711—717.

Schaff, Adam: Zu einigen Fragen der marxistischen Theorie der Wahrheit. — Berlin: Dietz 1954. 507 S.

Schaff, Adam: Marxismus und das menschliche Individuum (Marksizm a jednostka ludzka, dt.) (Aus d. Poln. übers. von Erna Reifer.) - Frankfurt a.M.: Europa-Verl. (1965). 349 S.

Seiffert, Helmut: Marxismus und bürgerliche Wissenschaft. — München: Beck (1971). X, 242 S.
(Beck'sche schwarze Reihe. 75.)

Sieber, Rolf [u.] Horst Richter: Die Herausbildung der marxistischen politischen Ökonomie. — Berlin: Dietz 1969. 386 S.

Sommerville, John [und] Howard L. Parsons [Ed.]: Dialogues on the philosophie of marxism. From the proceedings of the Society for the Philosophical Study of Dialectical Materialism. - Westport, Conn.: Greenwood Press 1974. XVI, 420 S.
(Contributions in Philosophy. 6.)

Soubise, Louis: Le marxisme après Marx. Préf. de François Châtelet. — Paris: Aubier Montaigne 1967. 352 S.
(Coll. „Recherches sociales et économiques".)

Souyri, Pierre: Quelques aspects du marxisme aujourd'hui. — In: Annales 25 (1970), 1434—1458.

Sternberg, Fritz: Marx und die Gegenwart. Entwicklungstendenzen in der 2. Hälfte des 20. Jahrhunderts. — Köln: Verl. f. Politik und Wirtschaft 1955. 387 S.

Stössinger, Felix: Bolschewismus oder revolutionärer Revisionismus. — In: Frankf. Hefte 8 (1953), 507—518.

Suslow, M. A. [**Suslov,** Michail Andreevič]: Der Marxismus-Leninismus, die internationale Lehre der Arbeiterklasse (Marksizm-leninizm, internacionalnoe učenie raboceze klassa, dt.) (Hrsg. von d. Akademie d. Wissenschaften d. UdSSR, Inst. f. Internat. Arbeiterbewegung. Übers.: Intertext.) - Berlin: Dietz 1974. 277 S.
(Bibliothek der Arbeiterbewegung.)

Sweezy, Paul M[arlor]: Theorie der kapitalistischen Entwicklung (Theory of capitalist development, principles of Marxian political economy, dt.) Eine analytische Studie über die Prinzipien der Marxschen Sozialökonomie. (Hrsg. von Gisbert Rittig. Aus d. Amerikan. von Gertrud Rittig-Baumhaus.) — (Frankfurt a. M.:) Suhrkamp (1970). 429 S.
(Edition Suhrkamp. 433.)

Theimer, Walter: Der Marxismus. Lehre, Wirkung, Kritik. — Bern: Francke (1954). 253 S.
(Sammlung Dalp. 73.)

Theimer, Walter: Marxismus — Absage oder Anpassung? — In: Gewerksch. Monatsh. 4 (1953), 745—749.

Theimer, Walter: Marxismus und Mittelschichten. — In: Gewerksch. Monatsh. 4 (1953), 598—602.

Thier, Erich: Entfremdung und revolutionäre Zuversicht. Über eine Auseinandersetzung mit den Frühschriften von Marx. — In: Dt. Univ. Ztg. 11 (1956), H. 5/6, 10—14.

Tillich, Paul: Christentum und Marxismus. — In: Polit. Studien 11 (1960), 149—154.

Tucker, Robert C.: The deradicalization of Marxist movements. — In: Amer. Polit. Science Rev. 61 (1967), 343—358.

Tucker, Robert C.: The Marxian revolutionary idea. — New York: Norton 1969. XI. 240 S.

Ulam, Adam B.: The unfinished revolution. An essay on the sources of influence of marxism and communism. — New York: Random House 1960. 307 S.

Vranicki, Pedrag: Geschichte des Marxismus (Historija marksizma, dt.) (Aus d. Serbokroat. von Stanislava Rummel u. Vjeskoslava Wiedmann.) - Frankfurt a. M.: Suhrkamp.
  1. 1972. 480 S.

Wygodski, Witali Solomonowitsch (**Vygodskij,** Vitalij Solomonovič): Die Geschichte einer großen Entdeckung (Istorija odnogo velikogo otkrytija Karla Marksa, dt.) Über die Entstehung des Werkes Das Kapital von Karl Marx. Übers. aus d. Russ. (Horst Friedrich u. Horst Richter.) — Berlin: Verl. Die Wirtschaft (1967). 158 S.

Weiss, Andreas von: Neomarxismus. Die Problemdiskussion im Nachfolgemarxismus der Jahre 1945—1970. — Freiburg: Alber (1970). 164 S.
(Kolleg Philosophie.)

Weiterentwicklungen des Marxismus. Hrsg. von Willi Oelmüller. - Darmstadt: Wiss. Buchgesellsch. 1977. VI, 461 S.
(Wege der Forschung. 133.)

Weymann, Ansgar: Gesellschaftswissenschaften und Marxismus. Zur methodologischen Entwicklung der marxistisch-leninistischen Gesellschaftswissenschaften in der DDR. — Düsseldorf: Bertelsmann Universitätsverl. 1972. 170 S.
(Studien zur Sozialwissenschaft. 2.)
Diss., Universität Münster.

Weymar, Ernst: Marxismus — Kommunismus. — In: Gesch. Wiss. Unterr. 12 (1961), 705—715; 14 (1963), 775—796; 16 (1965), 224—260 u. 17 (1966), 432—452.
Literaturbericht.

Wiatr, Jerzy J.: Marksistowska teoria rozwoju społecznego. - Warszawa: Książka i Wiedza 1973. 603 S.

Wolfe, Bertram D[avid]: Le marxisme, une doctrine politique centenaire. — Paris: Fayard 1967. 400 S.
(Coll. „Histoire sans frontières".)

Zeitlin, Irving M.: Marxism. A re-examination. — Princeton: Van Nostrand 1967. 170 S.
(New Perspectives in Political Science. 13.)

Kommunismus

Allgemeines

Achminow, German Fedor: Die Macht im Hintergrund. Totengräber des Kommunismus. — Grenchen, Ulm a. D.: Spaten-V. 1950. 308 S.

Achminow, Herman: Das gegenwärtige Bild der kommunistischen „Gesellschaft der Zukunft". — In: Osteuropa 7 (1957), 779—787.

Afanas'ev, Viktor Grigor'evich: Le communisme scientifique. — Moscou: Edit. du progrès 1967. 476 S.

Albrecht, Karl J.: Sie aber werden die Welt zerstören. — München: Neuner 1954. 576 S.

Die **Alternative** unserer Zeit. Auseinandersetzung der Sozialdemokratie mit dem Kommunismus. (Hrsg.: Vorstand d. Sozialdemokratischen Partei Deutschlands, Bonn.) — (Köln 1960: Druckhaus Deutz.) 24 S.

Anatomie des Antikommunismus (Anatomy of Anti-Communism, dt.) Dieser Bericht ist entstanden im Auftr. d. Peace Education Division d. American Friends Service Committee. (Dtsch. von Oscar Wolfbauer.) Mit e. Vorw. u. e. Analyse von Eugen Kogon über d. Funktion d. Antikommunismus in d. Bundesrepublik Deutschland. — Freiburg: Walter (1970). 212 S.

The **anti-Stalin campaign** and international communism. A selection of documents. Ed. by The Russian Institute, Columbia University. — New York: Columbia University Press 1956. VII, 338 S.

Anweiler, Oskar: Bolschewismus und Räte. — In: Osteuropa 5 (1955), 1—7.

Les **assises** du mouvement communiste mondial. — In: Est & Ouest 9 (1957), H. 185, 1—9.

Bahne, Siegfried: Kommunismus im Wandel. - In: Neue polit. Lit. 18 (1973), 88—95.

Bahne, Siegfried: Der „Trotzkismus" in Geschichte und Gegenwart. — In: Vjh. Zeitgesch. 15 (1967), 56—86.

Banning, W.: Der Kommunismus als politisch-soziale Weltreligion. — Berlin: Lettner-V. 1953. 280 S.

Bartsch, Günther: Die kommunistische Jugendarbeit in der Welt. — In: Polit. Studien 14 (1963), H. 147, 14—26.

Benary, Arne: Aktuelle Probleme der Agrartheorie des Marxismus-Leninismus. — Leipzig 1954. 239 gez. Bl. [Maschinenschr.]
Leipzig, wirtschaftswiss. Diss. 25. Okt. 1954.

Berdiajew, Nikolai [Nikolaj Aleksandrovič **Berdjaev**]: Wahrheit und Lüge des Kommunismus ([Pravda i losch kommunisma, dt.] Übers.: J[osua] Schor. — Darmstadt, Genf: Holle (1953). 140 S.

Bertsch, Gary K. [u.] **Thomas** W. Ganschow [Ed.]: Comparative communism. The Soviet, Chinese and Yugoslav models. - San Francisco: Freeman 1976. 463 S.

Black, Cyril E. u. Thomas P. Thornton [Hrsg.]: Communism and revolution. The strategic uses of political violence. — Princeton: Princeton University Press; London: Oxford University Press 1964. 467 S.

Blanshard, Paul: Communism, democracy and Catholic power. — London: Cape 1952. X, 340 S.

Bocheński, Joseph M. und Gerhart Niemeyer [Hrsg.]: Handbuch des Weltkommunismus. — Freiburg, München: Alber 1958. IX, 762 S.

Böckenförde, Ernst-Wolfgang: Die Rechtsauffassung im kommunistischen Staat. — München: Kösel (1967). 109 S.

Der **Bolschewismus.** Eine Ringvorlesung im Rahmen des „Studium Universale"an der Ludwig-Maximilian-Universität München im Sommersemester 1956. (Hrsg. vom Studentenwerk München.) — München: (Akad. Buchh.) 1956. 217 S.

Bondy, François u. Hans Mayer: Literatur und Kommunismus. Ein Gespräch. — In: Monat 16 (1963/64), H. 185, 49—56.

Bouscaren, Anthony Trawick: Imperial communism. — Washington: Public Affairs Press 1953. VII, 256 S.

Brzezinski, Zbigniew: Communist ideology and power. From unity to diversity. — In: J. Politics 19 (1957), 549—590.

Brzezinski, Zbigniew K.: The organisation of the communist camp. — In: World Politics 13 (1961), 175—209.

Burnham, James: The web of subversion. — New York: Day 1954. 248 S.

Les **cahiers** du bolchevisme pendant la campagne 1939—1940. Molotow—Dimitrov—Thorez—Marty. Avant-propos de A. Rossi. — Paris: Wapler 1951. XCIII, 67 S.

Calvez, J. Y.: Was heißt „Kommunismus" bei Karl Marx? — In: Mod. Welt 17 (1966), 170—179.

Carroll, E[ber] Malcolm: Soviet communism and Western opinion. 1919—1921. Ed. by Frederic B. M. Hollyday. — Chapel Hill: University of North Carolina Press (1965). XII, 302 S.

Chambre, Henri: De Karl Marx à Mao Tsé-tung. — Paris: Ed. Spes 1959. 338 S.

Cheverny, Julien: Les deux stratégies du communisme. — Paris: Julliard 1965. 352 S.
(Coll. „Preuves".)

Cohen, Lenard J. [und] Jane P. Shapiro [Ed.]: Communist systems in comparative perspective. - Garden City, N.Y.: Doubleday 1974. 530 S.

Collinet, Michel: Du bolchevisme: Evolution et variations du marxisme-léninisme. — Paris: Amiot-Dumont 1957. 279 S.

Cornell, Richard: Comparative analysis of communist movements. — In: J. Politics 30 (1968), 66—89.

Cornell, Richard: Youth and communism. An historical analysis of international youth movements. — New York: Walker 1965. VII, 239 S.

Cornu, Auguste: Die Herausbildung des historischen Materialismus. — In: Marxist. Bl. 6 (1968), H. 3, 2—12.

Dallin, Alexander [u.] George W. Breslauer: Political terror in Communist systems. — Stanford, Calif.: Stanford University Press 1970. 172 S.

Daniels, Robert V.: The state and revolution. A case study in the genesis and transformation of communist ideology. — In: Amer. Slav. & East Europ. Rev. 12 (1953), 22—43.

Deutscher, Isaac: Ironies of history. Essays on contemporary communism. — New York: Oxford University Press 1966. 278 S.

Djilas, Milovan: The new class. An analysis of the communist system. — London: Atlantic Press: 1957. VII, 214 S.
Dtsch. Ausg. u. d. T.: Die neue Klasse. — München: Kindler 1957. 284 S.

Djilas, Milovan: Das Ende des Kommunismus. — In: Europ. Osten 2 (1956), 707—713.

Ebon, Martin: World communism today. — New York: McGraw-Hill 1948. 536 S.

Falk, Heinrich: Die ideologischen Grundlagen des Kommunismus. — München: Olzog (1961). 154 S.

Falk, Heinrich: Die Weltanschauung des Bolschewismus. Historischer und dialektischer Materialismus gemeinverständlich dargelegt. (7., umgearb. Aufl.) — Würzburg: Echter-V. (1956). 80 S.

Fejtö, François: L'héritage de Lénine. Introd. à l'histoire du communisme mondial. - Tournai: Casterman 1973. 393 S.
(Sér. „Documents".)

Fetscher, Iring: Von Marx zur Sowjetideologie. (7. Aufl.) (Sonderdr. f. d. Bayer. Landeszentrale für Heimatdienst.) — Frankfurt a. M., Berlin, Bonn: Diesterweg (1962). 204 S.
(Staat und Gesellschaft. 4.)

Field, Mark G. [Ed.]: Social consequences of modernization in communist societies. - Baltimore: Johns Hopkins Press 1976. 277 S.

Fischer, Ruth: Von Lenin zu Mao. Kommunismus in der Bandung-Ära. — Düsseldorf und Köln: Diederichs 1956. 240 S.

Fisher, Harold H.: The communist revolution. An outline of strategy and tactics. — Stanford: Stanford University Press 1955. V, 89 S.

Flechtheim, Ossip K.: Von der Massenbewegung zur Managerorganisation. Die Evolution des Weltbolschewismus. — In: Veritas-Iustitia-Libertas, Festschrift z. 200-Jahrfeier d. Columbia University New York, Berlin: Colloquium-V. (1954), 49—57.

Flechtheim, Ossip K.: Weltkommunismus im Wandel. — (Köln:) Verl. Wissensch. u. Politik (1965). 255 S.

Foertsch, Hermann: Die psychologische Kriegführung des Bolschewismus. — In: Wehrkunde 3 (1954), 128—132.

Furtak, Robert: Die kubanische Revolution und der Weltkommunismus. — In: Osteuropa 12 (1962), 735—746.

Garaudy, Roger: Die ganze Wahrheit oder Für einen Kommunismus ohne Dogma (Toute la vérité, dt.) (Aus d. Französ. übertr. von Konrad Komm u. Olaf Emmerich.) — (Reinbek b. Hamburg:) Rowohlt (1970). 136 S.
(rororo [-Taschenbuch]. 1403/1404. rororo aktuell.)

Good, Colin H.: Die deutsche Sprache und die kommunistische Ideologie. - Frankfurt a. M., Bern: Lang 1975. 226 S.
(Europäische Hochschulschriften. I, 121.)

Gottberg, Erika von: Der Islam und der Kommunismus. — In: Polit. Studien 16 (1965), H. 160, 169—175.

Greene, Thomas H.: The Communist parties of Italy and France. A study in comparative Communism. — In: World Politics 21 (1968/69), 1—38.

Grünwald, Leopold: Legende Weltkommunismus. Die Spaltung in der kommunistischen Bewegung. - Köln: Verl. Styria 1974. 210 S.

Gyorgy, Andrew: Issues of world communism. — Princeton: Van Nostrand 1966. 264 S.
(New Perspectives in Political Science Series. 5.)

Heimann, Eduard: Die modernen Ersatzreligionen. — In: Hamburger Akad. Rdsch. 3 (1948/49), 314—328.

Kommunistische **Herrschaftssysteme** in Theorie und Wirklichkeit. — Mainz: v. Hase & Koehler (1970). 230 S.
(Institut für Internationale Solidarität der Konrad-Adenauer-Stiftung. Schriftenreihe. 7.)

Hippel, Ernst von: Die Überwindung des Bolschewismus. 4. Aufl. — Ulm a. D.: Deutsch-Europ. Verl. Ges. 1953. 48 S.

Hommes, Jakob: Kommunistische Ideologie und christliche Philosophie. (4. Aufl.) — (Bonn 1958: Bundeszentrale für Heimatdienst.) 42 S.
(Schriftenreihe der Bundeszentrale für Heimatdienst. 22.)

Hoppe, August: Diarium der Weltrevolution. Eine Datengeschichte d. internat. Kommunismus 1818—1945. — Pfaffenhofen/Ilm: Ilmgau-Verl. 1967. 457 S.
(Das Dokument. 4/5.)

Hudson, G. F.: Fifty years of communism. Theory and practice 1917—1967. — London: Watts 1968. 234 S.

Hunt, R. N. Carew: The theory and practice of communism. An introduction. 5. rev. and enl. ed. — London: Bles 1957. X, 286 S.

Jacobs, Dan. N. [Ed.]: The new communism. — New York: Harper & Row 1969. 326 S.

Jaeger, Hans: Die marxistischen und die russischen Elemente des Bolschewismus. — In: Dtsch. Rdsch. 86 (1960), 970—976.

Jaeger, Hans: Die marxistischen und die russischen Wurzeln des Bolschewismus. — In: Hamburger Akad. Rdsch. 3 (1948/49), 329—335.

Jänicke, Martin: Monopolismus und Pluralismus im kommunistischen Herrschaftssystem. — In: Z. Politik 14 (1967), 150—161.

Johnson, Chalmers: Change in Communist systems. — Stanford, Calif.: Stanford University Press 1970. XIII, 368 S.

Ionescu, Ghita: Comparative Communist politics. — London: Macmillan 1972. 64 S.
(Studies in Comparative Politics.)

Jordan, Z. A.: The evolution of dialectical materialism. A philosophical and sociological analysis. — London: Macmillan 1967. XVI, 490 S.

Kautsky, Benedikt: Kommunismus und nationale Frage. — In: Donauraum 2 (1957), 149—163.

Kautsky, Benedikt: Wandlungen des Kommunismus. — In: Zukunft 1955, 131—141.

Kautsky, John H.: Communism and the politics of development. Persistent myths and changing behavior. — New York: Wiley 1968. 216 S.

Kelsen, Hans: The communist theory of law. — London: Stevens (1955). VIII, 203 S.

Kersten, Heinz: Aufstand der Intellektuellen. Wandlungen in der kommunistischen Welt. Ein dokumentarischer Bericht. — Stuttgart: Seewald 1957. 188 S.

Kiernan, B. P.: The nature of Communism in the emergent world. — In: Yale Rev. 59 (1969), H. 3, 321—332.

Kirkpatrick, Evron M. [Ed.]: Year of crisis. Communist propaganda activities in 1956. — New York: Macmillan 1957. XIX, 414 S.

Koch, Hans und Eugen Wieber: Theorie, Taktik und Technik des Weltkommunismus. Eine Zitatensammlung von Marx bis Chruschtschow. — Pfaffenhofen: Ilmgauverl. 1959. 504 S.

Kolarz, Walter: Communism and colonialism. Essyas. — London: Macmillan 1964. XVI, 147 S.

Der **Kommunismus.** Von Marx bis Mao Tse-Tung. Texte, Bilder und Dokumente. Hrsg. von Iring Fetscher u. Günter Dill. — München: Desch (1969). 383 S.
(Mächte und Kräfte unseres Jahrhunderts.)

Konstanten und Abweichungen im Weltkommunismus. Mit Beitr. von Hermann Warth [u. a.] – Bonn: Eichholz 1975. 119 S.
(Beiträge zu Wissenschaft und Politik. 12.)

Kruse, Joachim von: Kleiner Katechismus der Weltrevolution. Kommunistische Zitate von Lenin bis Ulbricht. (2. erw. Aufl.) — (Pfaffenhofen: Ilmgau-Verl. 1956). 181 S.

Kuntze, Peter: Peking contra Moskau. Der Kampf um Lenins Erbe. (Von Marx zu Mao.) — München: Süddtsch. Verl. (1971). 199 S.
(SVM-Tatsachen.)

La Pira, Giorgio [u. a.]: The philosophy of communism. — New York: McMillan 1952. 308 S.

Laqueur, Walter und Leopold Labedz [Eds.]: Polycentrism. The new factor in international communism. — New York: Praeger 1962. 259 S.

Laurat, Lucien: Du Komintern au Kominform. — Paris: Les Iles d'Or 1951. 102 S.

Lefèbvre, Henri: Der dialektische Materialismus (Le matérialisme dialectique, dt.) (Aus d. Französ. übers. von Alfred Schmidt.) Nachw. von Alfred Schmidt. — (Frankfurt a.M.:) Suhrkamp (1966). 162 S.
(Edition Suhrkamp. 160.)

Leites, Nathan: A study of bolshevism. — Glencoe, Ill.: The Free Press 1953. 639 S.

Lemberg, Eugen: Nationalismus und Kommunismus. — In: Donauraum 8 (1963), 1—16.

Lens, Sidney: The counterfeit revolution. — Boston: Beacon Press 1952. 272 S.

Leonhard, Wolfgang: Die politischen Lehren. — (Frankfurt a. M. u. Hamburg:) Fischer Bücherei (1962). 328 S.
(Sowjetideologie heute. 2.)
(Fischer Bücherei. 461.)

Leonhard, Wolfgang: Was ist Kommunismus? Wandlungen einer Ideologie. – (München:) Bertelsmann (1976). 269 S.

Lichtheim, George: What is left of communism? — In: Foreign Aff. 46 (1967/68), 78—94.

Lippmann, Heinz: The limits of reform communism. — In: Problems Comm. 19 (1970), H. 3, 15—23.

Lippmann, Walter: The communist world and ours. — Boston, Toronto: Little & Brown 1959. 56 S.

Löwenthal, Fritz: Das kommunistische Experiment. Theorie und Praxis des Marxismus-Leninismus. — Köln: Markus-V. 1957. 280 S.

London, Kurt: Die permanente Krise (The permanent crisis, dt.) Der Kommunismus in der Weltpolitik. (Aus d. Amerikan. Dtsch. von Wilhelm Duden.) — Köln: Verl. Wissenschaft u. Politik (1970). 247 S.

Lowenthal, Richard: Gemeinsamkeiten und Unterschiede des internationalen, des sowjetischen und des Nationalkommunismus. — In: Der neue Ackermann 5 (1958), H. 1, 13—27.

Lummert, Günther: Marxismus-Leninismus und Völkerrecht. — Köln: Markus-V. 1959. 64 S.

MacEoin, Garry: Der Kampf des Kommunismus gegen die Religion (The communist war on religion, dt.) — Aschaffenburg: Pattloch 1952. 282 S.

Marczewski, Jan: Planification et croissance économique des démocraties populaires. Vol 1. 2. — Paris: Presses Universitaires 1956.

Martinet, Gilles: Les cinq communismes. Russe, yougoslave, chinois, tchèque, cubain. — Paris: Edit. du Seuil 1971. 256 S.
(Coll. „L'Histoire immédiate".)

Maser, Werner: Genossen beten nicht. Kirchenkampf des Kommunismus. — Köln: Verl. Wissensch. u. Politik (1963). 254 S.

Mayer, Peter: Cohesion and conflict in international communism. A study of Marxist-Leninist concepts and their application. — The Hague: Nijhoff 1968. XV, 256 S.

Mayer, Peter: International fraternity vs. national power. A contradiction in the communist world. — In: Rev. Politics 28 (1966), 193—209.

Mehnert, Klaus: Mao und „Die Chruschtschowisten". — In: Osteuropa 18 (1968), 11—22.

Mehnert, Klaus: Weltrevolution durch Weltgeschichte. Die Geschichtslehre des Stalinismus. Hrsg. vom Generalsekretariat der Dt. Europa-Akademie. — Kitzingen a. M.: Holzner [1951]. 84 S.
(Schriftenreihe der Dt. Europa-Akademie. 9.)

Meissner, Boris: Der ideologische Konflikt zwischen Moskau und Peking. — In: Aus Politik und Zeitgeschichte, Beilage zur Wochenzeitung „Das Parlament", vom 15. März 1961, 149—155.

Der **Mensch** im kommunistischen System. Tübinger Vorträge über Marxismus und Sowjetstaat. Hrsg. von Werner Markert. — Tübingen: Mohr 1957. 118 S.
(Tübinger Studien zur Geschichte und Politik. 8.)

Meyer, Alfred G.: Leninism. — Cambridge, Mass.: Harvard University Press 1957. 324 S.

Mitrany, David: Marx against the peasant. A study in social dogmatism. — London: Weidenfeld & Nicolson (1952). 348 S.

Möbus, Gerhard: Behauptung ohne Beweis. Zur Analyse und Kritik des Marxismus-Leninismus. — Osnabrück Fromm (1961). 130 S.
(Politik der Gegenwart. 6.)

Monnerot, Jules: Soziologie des Kommunismus (Sociologie du communisme, dt.) Übers.: Max Bense, Hans Naumann [u.] Elisabeth Walther. — Köln, Berlin: Kiepenheuer & Witsch (1952). 428 S.

Morris, Bernard S.: The Cominform. A five year perspective. — In: World Politics 5 (1952/53), 368—377.

Năstase, Gheorghe: Die Persönlichkeit des Kommunisten (Personalitatea comunistului, dt.) — Bukarest: Polit. Verl. 1967. 77 S.
(Partei und Staatsaufbau.)

Niemeyer, Gerhart: The role of ideology in communist systems. – In: Orbis 17 (1973/74), 778—792.

Noel-Baker, Francis: The spy web. A study of communist espionage. — London: Batchworth Press (1954). 203 S.

Nollau, Günther: International communism and world revolution. History and methods. — New York: Praeger 1961. 357 S.

Nollau, Günther: Einheit oder Polyzentrismus im Weltkommunismus. — (Aus Politik u. Zeitgeschichte, Beilage zur Wochenzeitung „Das Parlament" 1963, Nr. 11 vom 13. März 1963. 24 S.)

Nollau, Günther: Zerfall des Weltkommunismus. Einheit oder Polyzentrismus. — Köln, Berlin: Kiepenheuer & Witsch (1963). 154 S.
(Information. 5.)

Orth, Robert: Hilfsorganisationen des Weltkommunismus. — Pfaffenhofen/Ilm: Ilmgau Verl. (1963). 189 S.

Osten, Walter: Der Konflikt Moskau—Peking und seine Auswirkung auf den Weltkommunismus. — In: Osteuropa 14 (1964), 502—515; 646—665.

Pfister, Eberhard von: Der militante Charakter des Bolschewismus. — In: Wehrkunde 2 (1953), H. 1, 17—20.

Pinay, Antoine: Der Kommunismus und die Eroberung der Welt (Le communisme à la conquête du monde, dt.) Vortrag, geh. am 22. März 1958. — München: Isar-V. (1958). 24 S.

Pirker, Theo [Hrsg.]: Utopie und Mythos der Weltrevolution. Zur Geschichte d. Komintern 1920—1940. — (München:) Dtsch. Taschenbuch Verl. (1964). 303 S.
(dtv [-Taschenbücher]. 253.)

Plamenatz, John: Communist ideology seen through Western eyes. — In: Review 1967, H. 6, 383—401.

Possony, Stefan T.: A century of conflict. Communist techniques of world revolution, 1848—1950. — Chicago: Regnery 1950. 439 S.

Possony, Stefan T[homas]: Jahrhundert des Aufruhrs (A century of conflict, dt.) Die kommunistische Taktik der Weltrevolution. (Vom Verf. durchges. u. erg. Übers. aus dem Amerikan. von Hedwig Leberfinger u. Josef Hahn.) — München: Isar-V. 1956. 470 S.

Procacci, Giuliano: Contributi bibliografici. L'Internazionale Comunista dal I al VII congresso 1919—1935. — In: Annali [dell'] Istituto G. Feltrinelli 1 (1958), 283—315.

Reitzer, Alfons: Kommunismus und Kybernetik. ([Hrsg.:] Studiengesellsch. f. Zeitprobleme.) — (Duisdorf b. Bonn: Selbstverl. d. Studiengesellsch. f. Zeitprobleme 1967.) VIII, 162 S.
(Staatspolitische Schriftenreihe. 14.)

Révész, László: 50 Jahre Weltkommunismus. Die Rolle der KPdSU. — Bern: Verl. Schweizer Ost-Inst. 1967. 145 S.

Rindl, Peter: Der internationale Kommunismus. — München: Olzog (1961). 160 S.

Roloff, Ernst-August: Exkommunisten. Abtrünnige des Weltkommunismus. Ihr Leben und ihr Bruch mit der Partei in Selbstdarstellungen. — Mainz: v. Hase & Koehler (1969). 432 S.
Zugl. wirtschafts- u. sozialwissenschaftl. Habil.-Schrift Göttingen.

Rubinstein, Alvin Z.: Communist political systems. — Englewood Cliffs, N. J.: Prentice Hall 1966. XVI, 399 S.

Rühle, Jürgen: Literatur und Revolution. Die Schriftsteller und der Kommunismus. — Köln, Berlin: Kiepenheuer & Witsch (1960). 610 S.

Saitschick, Robert: Aufstieg und Niedergang des Bolschewismus. — Zürich, Darmstadt: Montana-V. (1952). 256 S.

Salvadori, Massimo: The rise of modern communism. — New York: Holt 1952. VI, 118 S.
(Berkshire Studies in European History.)

Schneider, Michael: Gegen den Linken Dogmatismus, eine „Alterskrankheit" des Kommunismus. — In: Kursbuch 1971, H. 25, 73—121.

Selbstkritik des Kommunismus. Texte der Opposition. [Von] Günther Hillmann. (Red.: Ursula Schwerin u. Eginhard Hora.) — (Reinbek b. Hamburg:) Rowohlt (1967). 251 S.
(Rowohlts deutsche Enzyklopädie. 272/273.)

Selznick, Philip: The organizational weapon. A study of bolshevik strategy and tactics. — New York: McGraw-Hill 1952. 350 S.

Seton-Watson, Hugh: The pattern of communist revolution. A historical analysis. — London: Methuen (1953). XV, 377 S.

Shoup, Paul: Communism, nationalism and the growth of the communist community of nations after World War II. — In: Amer. polit. Science Rev. 66 (1962), 886—898.

Šik, Ota: Das kommunistische Machtsystem. – Hamburg: Hoffmann & Campe 1976. 357 S.

Simon, Hermann: Kommunismus heute. — Mainz: v. Hase & Koehler (1968). 172 S.

Skilling, H. Gordon: Communism national and international. Eastern Europe after Stalin. — London: Oxford University Press 1965. 168 S.

Smal-Stocki, Roman: The origins of national communism. — In: Ukrain. Quart. 14 (1958), 311—326.

Sobolev, A.: O parlamentskoj forme perehoda k socializmu. — In: Kommunist, Sept. 1956, 14—32.

Steger, Karl: Im Banne des Kommunismus. Ein Werkbuch über Idee und Gefahr des Kommunismus. — Luzern: Rex-V. 1952. 361 S.

Steinberg, Helmut: Marxismus, Leninismus, Stalinismus. Der geistige Angriff des Ostens. — Hamburg: Holsten-V. 1955. 101 S.

Stepun, Fedor: Der Bolschewismus und die christliche Existenz. — München: Kösel 1959. 298 S.

Stern, Geoffrey: The crisis of Communism. The first world political creed. — In: Internat. Aff. 46 (1970), Sonderh., 72—87.

Stern, Geoffrey: Fifty years of communism. — London: Allen & Unwin 1967. 179 S.
(An Ampersand Book.)

Sternberger, Dolf: Weissagung und Inspiration. Zur Analyse des kommunistischen Herrschaftsgedankens. — In: Merkur 16 (1962), 101—118.

Strategy and tactics of world communism. Significance of the Matusow case. Report. — Washington: US Government Printing Office 1955. IV, 120 S.

Strausz-Hupé, Robert [u. a.]: Protracted conflict. A challenging study of communist strategy. — New York: Harper 1959. XVII, 203 S.

Strausz-Hupé, Robert: The crisis of international communism. — In: Confluence 6 (1957), 228—244.

Swearingen, Rodger [Ed.]: Soviet and Chinese communist power in the third world today. — New York: Basic Books 1966. XI, 127 S.

Sworakowski, Witold S. [Ed.]: World communism. A handbook, 1918—1965. - Standford, Calif.: Hoover Institution Press 1973. XV, 567 S.
(Hoover Institution Publications. 108.)

Taborsky, Edward: Communist penetration of the Third World. - New York: Speller 1973. 500 S.

Tang, Peter S. H.: Moscou and Peking. The question of war and peace. — In: Orbis 5 (1961), 15—30.

Urbanski, Rudolf: Die Bedeutung von Stalins Arbeit „Über die Grundlagen des Leninismus" für die Weiterentwicklung der marxistisch-dialektischen Methode. — Halle a. Saale 1953. 219 gez. Bl. [Maschinenschr.]
Leipzig, phil. Diss. 27. Januar 1954.

Walsh, Edmund Aloysius: Total empire. The roots and progress of world communism. — Milwaukee: Bruce 1951. VIII, 293 S.

Wauthers, Arthur: Le communisme et la décolonisation. — Bruxelles: Institut Royal Colonial Belge 1952. 102 S.

Weber, Hermann: Demokratischer Kommunismus? Zur Theorie, Geschichte und Politik der kommunistischen Bewegung. — Hannover: Dietz (1969). XXXII, 312 S.

Weber, Hermann: Konflikte im Weltkommunismus. Eine Dokumentation zur Krise Moskau—Peking. — (München: Kindler 1964.) 345 S.
(Kindler Taschenbücher. 42/43.)

Die kommunistische **Weltbewegung** (Meždunarodnoe kommunstečeskoe diženie, dt.) Abriß der Strategie und Taktik. (Übers.: Intertext.) - Frankfurt a. M.: Verl. Marxist. Bll. 1973. 494 S.

West, Charles G.: Communism and the theologians. Study of an encounter. — London: SCM Press; Philadelphia: Westminster Press 1958. 399 S.

Wetter, Gustav Andreas: Dialektischer und historischer Materialismus. — (Frankfurt a. M.:) Fischer Bücherei (1962). 333 S.
(Sowjetideologie heute. 1.)
(Fischer Bücherei. 460.)

Wilczek, Gerhard: Die kommunistische Weltbetrachtung und die christliche Lehre. — In: Polit. Studien 15 (1964), 27—37.

Wolff, Georg: Warten aufs letzte Gefecht. Aspekte des Kommunismus. Marx, Lenin, Mao. (Zuerst veröff. als Serie in dem Deutschen Nachrichten-Magazin Der Spiegel.) — Köln: DuMont Schauberg (1961). 207 S.

Yearbook on International Communist Affairs. — Stanford, Calif.: Hoover Inst. Press.
1969. Ed. by Richard F. Staar. 1970. XII, 1170 S.
1970. Ed. by Richard F. Staar. 1971. XII, 903 S.

Yearbook on International Communist Affairs. - Stanford, Calif.: Hoover Institution Press.
1971. Ed. by Richard F. Staar. 1972. XII, 708 S.
1972. Ed. by Richard F. Staar. 1973. XVIII, 651 S.

Yearbook on International Communist Affairs. - Stanford, Calif.: Hoover Institution Press.
1973. Ed. by Richard F. Staar. 1974. XIX, 648 S.
1975. Ed. by Richard F. Staar. 1975. XXI, 678 S.
(Hoover Institution Publications. 140. 146.)

Yearbook on International Communist Affairs. - Stanford, Calif.: Hoover Institution Press.
1976. Ed. by Richard F. Staar. (1976). XXX, 636 S.
1977. Ed. by Richard F. Staar. (1977). XXX, 612 S.
(Hoover Institution Publications. 160. 170.)

Yowev, Stefan: Die nationalkommunistische Etappe in der Entwicklung des Marxismus-Leninismus. — In: Sowjetstudien 1958, H. 5, 5—44.

Ziegler, Leopold: Messias Pseudomessias. — In: Neues Abendland 8 (1953), 397—407.

Zilliacus, K.: A new birth of freedom? World communism after Stalin. — London: Secker & Warburg 1957. 286 S.

Einzelne Regionen

Europa

Amendola, Giorgio: Comunismo, antifascismo e resistenza. — Roma: Edit. Riuniti 1967. XII, 479 S.
(Nostro tempo. 13.)

Bauer, Ernest: Was ist Titoismus? — In: Z. Geopolitik 25 (1954), 220—229.

Bettiza, Enzo, Ennio Ceccari [u.] Arrigo Levi: Il comunismo da Budapest a Praga 1956—1968. — Roma: Ed. della Voce 1969. 199 S.

Blackmer, Donald L. M.: Unity in diversity. Italian communism and the communist world. — Cambridge, Mass.: M.I.T. Press 1968. 434 S.

Boettcher, Carl-Heinz [u.] Helmuth Scheffler: Ein Gespenst tritt ab in Europa. Aufstieg und Niedergang des Kommunismus. — Köln: Markus-Verl. (1967). 357 S.

Borkenau, Franz: Der europäische Kommunismus. Seine Geschichte von 1917 bis zur Gegenwart. — Bern: Francke; München: Lehnen 1952. 540 S.

Cammett, John M.: Antonio Gramsci and the origins of Italian communism. — Stanford/Calif.: Stanford University Press 1967. 306 S.

Carrillo, Santiago: Eurokommunismus und Staat (Eurocomunismo y estado, dt. Aus d. Span. von Hans-Werner Franz unter Mitarb. von Santiago Tovar.) - Hamburg: VSA 1977. 184 S.

Communism in Italy and France. Ed. by Donald L. M. Blackmer [und] Sidney Tarrow. - Princeton, N.J.: Princeton University Press 1975. XII, 651 S.

Le **communisme** européen depuis la mort de Staline. — In: Est & Ouest 1957, H. 168, 1—160.

Conze, Werner: Die Befestigung der KPD-Tradition durch Mehring und Rosa Luxemburg. — In: Hist. Z. 188 (1959), 76—82.

Draskovich, Slobodan M.: Titos „neutraler" Kommunismus. — In: Polit. Studien 12 (1961), 155—162.

Einaudi, Mario [u. a.]: Communism in Western Europe. — Ithaca: Cornell University Press 1951. X, 239 S.

Eurokommunismus im Widerspruch. Analyse und Dokumentation. Hrsg., übers. u. eingel. von Manfred Steinkühler. - (Köln: Verl. Wissenschaft u. Politik 1977). 394 S.

Fejtö, François: The french communist party and the crisis of international communism. — Cambridge, Mass.: M.I.T. Press 1967. XIV, 225 S.

Fowkes, F. B. M.: The origins of Czechoslovak communism. - In: Europ. Stud. Rev. 1 (1971), 249-274.

Gilberg, Trond: Patterns of Nordic Communism. - In: Problems Comm. 24 (1975), H. 3, 20-35.

Glaser, Hans Georg: Der sowjetische Hegemonieanspruch im Ostblock und die Auseinandersetzung um den „eigenen Weg zum Sozialismus". Ideologischer und machtpolitischer Hintergrund des Konfliktes Moskau—Belgrad. — In: Europa-Archiv 13 (1958), 10968—10978.

Halperin, Ernst: L'affaire Djilas. Bericht über einen Ketzerprozeß. — In: Monat 6 (1953/54), T. 1, 593—604.

Hammond, Thomas Taylor: The Djilas affair and Jugoslav communism. — In: Foreign Aff. 33 (1954/55), 298—315.

Hansen, Else: Zehn Jahre Titoismus. — In: SBZ-Archiv 9 (1958), 214—225 und 218—221.

Harmel, Claude: La „libéralisation" du communisme à la lumière de la répression en Hongrie. — In: Est & Ouest 8 (1956), H. 162, 1—3.

Hoffmann, Walter: Marxismus oder Titoismus? Titos Versuch zur Neuordnung von Staat und Gesellschaft. — München: Isar-V. 1953. 116 S.

Holzer, Rainer: Eurokommunismus - was ist das? - Berlin: (Landeszentrale f. Polit. Bildungsarbeit 1978). 75 S.
(Politik - kurz und aktuell. 27.)

Huyts, J.: De positie van het communisme in Europa in 1945. — In: Internationale Spectator 9 (1955), 509—543.

Jowitt, Kenneth: Inclusion and mobilization in European Leninist regimes. - In: World Politics 28 (1975/76), 69—96.

Kalvoda, Josef: Titoism and masters of imposture. — New York: Vantage Press 1958. 327 S.

Klugmann, James: From Trotsky to Tito. — London: Lawrence & Wishart 1952. 208 S.

König, Helmut: Der Konflikt zwischen Stalin und Togliatti um die Jahreswende 1950/51. — In: Osteuropa 20 (1970), 699—706.

König, Helmut: Lenin und der italienische Sozialismus 1915—1921. Ein Beitr. zur Gründungsgeschichte der kommunistischen Internationale. — Tübingen: Arbeitsgemeinschaft f. Osteuropaforschung; Köln, Graz: [in Komm.] Böhlau 1967. 240 S.
(Forschungsberichte und Untersuchungen zur Zeitgeschichte. 13.)

Die Berner **Konferenz** der KPD (30. Jan. - 1. Febr. 1939). Hrsg. u. eingel. von Klaus Mammach. [Inst. f. Marxismus-Leninismus beim ZK d. SED.] - Berlin: Dietz 1974. 152 S.

Korab, Alexander: Die Entwicklung der kommunistischen Parteien in Ost-Mitteleuropa. — Hamburg: Terrapress-Verl.
1. Polen, Ungarn, Tschechoslowakei. 1962. 204 S.

Korbel, Josef: Tito's communism. — Denver: University of Denver Press 1951. VIII, 368 S.

Korpi, Walter: Working class communism in Western Europe. Rational or nonrational. - In: Amer. Soc. Rev. 36 (1971), 971-984.

Lazitch, Branko: Les partis communistes d'Europe 1919—1955. — Paris: Plon 1956. 256 S.

Lemberg, Eugen: Reformation im Kommunismus? Ideolog. Wandlungen im Marxismus-Leninismus Ostmitteleuropas. — Stuttgart: Klett (1967). 111 S.

Lendvai, Paul: Die Grenzen des Wandels. Spielarten des Kommunismus im Donauraum. - (Wien:) Europaverl. (1977). 398 S.

Leonhard, Wolfgang: Eurokommunismus. Herausforderung für Ost und West. - München: Bertelsmann (1978). 413 S.

Ludz, Peter C[hristian]: Die aufgeschobene Gipfelkonferenz der europäischen kommunistischen Parteien. Eine Zwischenbilanz. – In: Aus Politik und Zeitgeschichte, Beilage zur Wochenzeitung „Das Parlament" Nr 5 vom 31. Januar 1976, 3–15.

McVicker, Charles P.: Titoism. Pattern for international communism. — New York: St. Martin's Press 1957.

McVicker, Charles P.: Titoism. Pattern for international communism. — New York: St. Martin's Press; London: Macmillan 1957. XX, 332 S.

Mandel, Ernest: Kritik des Eurokommunismus. Revolutionäre Alternative oder neue Etappe in der Krise des Stalinismus? (D. Übers. aus d. Französ. erfolgte durch Uli Laukat.) – Berlin: Olle & Wolter 1978. 216 S.

Morris, Bernard S.: Some perspectives on the nature and role of the Western European communist parties. — In: Rev. Politics 18 (1956), 157—169.

Rossi, A.: Western communists on the defensive. — In: Foreign Aff. 35 (1956/57), 201—212.

Secchia, Pietro: I comunisti e l'insurrezione. — Roma: Ed. di Cultura Sociale 1954. 513 S.

Secchia, Pietro: I communisti e l'insurrezione, 1943–1945. - Roma: Ed. Riuniti 1973. 379 S.

Spartakusbriefe. Hrsg. vom Inst. f. Marxismus-Leninismus beim ZK der SED. — Berlin: Dietz 1958. XLIII, 476 S.

Ströhm, Carl Gustav: Zwischen Mao und Chruschtschow. Wandlungen des Kommunismus in Südosteuropa. — Stuttgart: Kohlhammer (1964). 303 S.
(Politische Paperbacks bei Kohlhammer.)

Timmermann, Heinz: Westeuropas Kommunisten. Einflußzonen und Perspektiven. - In: Schweiz. Monatsh. 55 (1975/76), 702–723.

Timmermann, Heinz: Das Tauziehen um eine Konferenz der europäischen Kommunisten. - In: Europa-Arch. 31 (1976), 35–46.

Ulam, Adam B.: Titoism and the Cominform. — Cambridge: Harvard University Press 1952. 243 S.

Varaigne, Roland: Les intellectuels communistes et progressistes devant la déstalinisation et les révoltes de Hongrie et de Pologne. — In: Est & Ouest 1957, H. 167, 4—14.

Vrtačič, Ludvik: Der jugoslawische Marxismus. Die jugoslawische Philosophie und der eigene Weg zum Sozialismus. - Olten, Freiburg i. Br.: Walter (1975). 207 S.

Weber, Hermann: Zu den Beziehungen zwischen der KPD und der Kommunistischen Internationale. — In: Vjh. Zeitgesch. 16 (1968), 177—208.

Weber, Hermann [Hrsg.:] Der deutsche Kommunismus. Dokumente. — Köln, Berlin: Kiepenheuer & Witsch (1963). 679 S.

Weber, Hermann: Von Rosa Luxemburg zu Walter Ulbricht. Wandlungen d. dt. Kommunismus. — Hannover: Verl. f. Literatur u. Zeitgeschehen (1961). 112 S.
(Hefte zum Zeitgeschehen.)

Willard, Claude: Socialisme et communisme français. — Paris: Colin 1967. 160 S.
(Coll. „U 2", Histoire contemporaine. 4.)

Wollte Stalin Togliatti kaltstellen? [Dokumente.] — In: Osteuropa-Arch. 1970, A 703—A 718.

Wood, Neal: The empirical proletarians. A note on British communism. — In: Polit. Science Quart. 74 (1959), 256—272.

Sowjetunion

Avtorchanov, A.: Stalinizm v osveščenii Chruščeva. — In: Vestnik Inst. Isuč. SSR 1956, H. 20, 9—30.

Bartsch, Günter: Trotzkismus als eigentlicher Sowjetkommunismus? Die IV. Internationale und ihre Konkurrenzverbände. - Berlin: Dietz (1977). 194 S.
(Internationale Bibliothek. 98.)

Bocheński, I[nnocent] M[aria Joseph]: Der sowjetrussische dialektische Materialismus ‹Diamat›. — Bern: Francke; München: Lehnen (1950). 213 S.
(Sammlung Dalp. 69.)

Borkenau, Franz: Stalinismus — und was weiter? — In: Neues Abendland 8 (1953), 207—218.

Chambre, Henri: L'évolution du marxisme soviétique. Théorie économique et droit. - Paris: Ed. du Seuil 1974. 475 S.

Desanti, Dominique: Les Staliniens (1944–1956). Une expérience politique. - Paris: Fayard 1975. IX, 390 S.

Deutscher, Isaac: Marxismus und die UDSSR (Marxism in our time, dt.) Aus d. Engl. von Christiane Trabant-Rommel. - Frankfurt a. M.: S. Fischer 1974. 115 S.
(Reihe Fischer. F 45.)

Elleinstein, Jean: Geschichte des „Stalinismus" (L'histoire du phénomène stalinien, dt. Aus d. Französ. von Norbert Wolter.) - (Berlin: Verl. f. d. Studium d. Arbeiterbew. 1977). 288 S.

Flechtheim, Ossip K[urt]: Bolschewismus 1917—1967. Von der Weltrevolution zum Sowjetimperium. — Frankfurt a.M.: Europa-Verl. (1967). 255 S.
(Europäische Perspektiven.)

Gurian, Waldemar: Bolshevism. An introduction to Soviet communism. — Notre Dame: Notre Dame University Press 1952. XII, 189 S.

Haimson, Leopold H.: Consciousness and spontaneity. Explorations into the origins of bolshevism and menshevism.
Harvard (Cambridge, Mass.), phil. Diss. 1952.

Hofmann, Werner: Parteigeschichtliche Grundlagen des sowjetischen Stalinismus. — In: Jbb. Gesch. Osteuropas, N. F., 2 (1954), 304—314.

Hofmann, Werner: Stalinismus und Antikommunismus. Zur Soziologie des Ost-West-Konflikts. — (Frankfurt a.M.:) Suhrkamp (1967). 169 S.
(Edition Suhrkamp. 222.)

Ingensand, Harald: Die Ideologie des Sowjetkommunismus. Philosophische Lehren. (Bayer. Landeszentrale für Heimatdienst. Sonderdr.) — Hannover: Verl. f. Literatur u. Zeitgeschehen (1962). 96 S.
(Hefte zur Ostkunde. 1.)

Izard, Georges: „Viol d'un mausolée". Le sens et l'avenir de la déstalinisation. — Paris: Julliard 1957. 220 S.

Katkov, George: German Foreign Office documents on financial support to the Bolsheviks in 1917. — In: Internat. Aff. 32 (1956), 181—189.

Kofler, Leo: Stalinismus und Bürokratie. 2 Aufsätze. — (Neuwied:) Luchterhand (1970). 182 S.
(Sammlung Luchterhand. 6.)

Lades, Hans: Die sowjetkommunistische Regionaltaktik für Westeuropa. — In: Aus Politik u. Zeitgeschichte, Beilage zur Wochenzeitung „Das Parlament", Nr. 37 vom 11. September 1968, 19—38.

Laloy, Jean: Le socialisme de Lénine. — Paris: Desclée, De Brouwer 1967. 320 S.

Lieber, Hans-Joachim: Individuum und Gesellschaft in der Sowjetideologie. Unter Mitarb. von René Ahlberg. (Hrsg. von d. Niedersächs. Landeszentrale f. Polit. Bildung.) — (Wolfenbüttel 1964: Grenzland-Dr. Rock.) 100 S.
(Schriftenreihe d. Niedersächs. Landeszentrale f. Polit. Bildung. Individuum u. Gemeinschaft. 5.)

Lowenthal, Richard: Jenseits des Stalinismus. — In: Monat 8 (1955/56), H. 91, 3—10.

Marcuse, Herbert: Die Gesellschaftslehre des sowjetischen Marxismus (Soviet-Marxism, dt.) (Übertr. von Alfred Schmidt.) — Neuwied a. Rh.: Luchterhand (1964). 260 S.
(Soziologische Texte. 22.)

Marcuse, Herbert: Soviet marxism. A critical analysis. — New York: Columbia University Press 1958. 271 S.

Marie, Jean-Jacques: Les paroles qui ébranlèrent le monde. Anthologie bolchévique 1917—1924. Trad. du russe par J.-J. Marie. — Paris: Edit. du Seuil 1967. 268 S.
(Coll. „Histoire immédiate".)

Marie, Jean-Jacques: Le trotskysme. — Paris: Flammarion 1970. 144 S.
(Coll. „Questions d'histoire".)

Masuch, Michael: Das Problem der Erklärung des „Stalinismus". - In: Argument 19 (1977), 826—843.

Mavrakis, Kostas: Du trotskysme. Questions de théorie et d'histoire. — Paris: Maspero 1971. 266 S.
(Cahiers libres. 194. 195.)

Medvedev, Roy A.: Let history judge. The origins and consequences of Stalinism. Ed. by David Joravsky [u.] Georges Haupt. — New York: Knopf 1972. XXXIV, 556 S.

Mehnert, Klaus: Stalin versus Marx. The Stalinist historical doctrine. — London: Allen & Unwin 1952. 128 S.

Müller-Sternberg, Robert: Machtmonopol und Gewissensfreiheit. Der Kommunismus und seine russischen Kritiker. - Bern: Verl. SOI 1974. 99 S.
(Tatsachen und Meinungen. 29.)

Rosenberg, Arthur: Histoire du bolchévisme. Ed. prés. et annotée par Georges Haupt. — Paris: Grasset 1967. 360 S.

Rossi, Amilcare: Autopsie du stalinisme. Avec le texte intrégal du rapport Khrouchtchev. Postface de Denis de Rougemont. — Paris: Horay 1957. 296 S.

Salter, Ernest J.: Von Lenin bis Chruschtschow. Der moderne Kommunismus. — Frankfurt a. M.: Ullstein 1958. 143 S.

Singer, Ladislaus: Sowjetimperialismus. — (Stuttgart:) Seewald (1970). 223 S.
(Zeitpolitik. 7.)

Der **Sowjetkommunismus.** Dokumente. — Köln: Kiepenheuer & Witsch.
Bd 1. Die politisch-ideologischen Konzeptionen. Hrsg. von Hans-Joachim Lieber [u.] Karl-Heinz Ruffmann (1963). 518 S.
Bd 2. Die Ideologie in Aktion. Hrsg. von Hans-Joachim Lieber [u.] Karl-Heinz Ruffmann (1964). 664 S.

Sowjetpatriotismus und Geschichte. Dokumentation. [Hrsg.:] Erwin Oberländer. — Köln: Verl. Wissensch. u. Politik (1967). 255 S.
(Dokumente zum Studium des Kommunismus. 4.)

Tomasic, D. A. und Joseph Strmecki: National communism and Soviet strategy. — Washington: Public Affairs Press 1957. VIII, 222 S.

Tompkins, Stuart Ramsay: The triumph of Bolshevism. Revolution or reaction? — Norman: University of Oklahoma Press 1967. XI, 331 S.

Trotski et le trotskisme. Textes réunis par Jacqueline Pluet. – Paris: Colin 1971. 96 S.
(Coll. „Dossier Sciences humaines". 34.)

Tucker, Robert C. [Ed.]: Stalinism. Essays in historical interpretation. - New York: Norton 1977. 332 S.

Wagenlehner, Günther: Die ideologische Gesamtsituation in der Welt unter dem Einfluß des Sowjetkommunismus. — In: Osteuropa 17 (1967), 765—780.

Weber, Hermann: Stalinismus. - In: Aus Politik und Zeitgeschichte, Beilage zur Wochenzeitung „Das Parlament" Nr. 4 vom 29. Januar 1977, 5—17.

Werner, Ulrich: Der sowjetische Marxismus. 2., erw. Aufl. — Darmstadt: Fundus Verl. (1964). 177 S.

Wetter, Gustav A.: Der dialektische Materialismus. Seine Geschichte und sein System in der Sowjetunion. — Freiburg i. Br.: Herder 1952. XII, 647 S.

Wheeler, Harvey: Problems of stalinism. — In: Western Polit. Quart. 10 (1957), 634—674.

Asien

Agwani, Mohammed Shafi: Communism in the Arab East. — London: Asia Publ. House 1969. VI, 259 S.

Cohen, Arthur A.: The communism of Mao Tse-tung. (3. ed.) — Chicago: University of Chicago Press 1966. 210 S.
(Phoenix Books. 207.)

Durkee, Travers E.: The communist international and Japan 1919—1932. *Stanford, phil. Diss. (Hist.) 1954.*

Garaudy, Roger: Le problème chinois. — Paris: Seghers 1967. 316 S. *(Coll. „Evénements".)*

Harris, George S.: The origins of communism in Turkey. — Stanford, Calif.: Stanford University Press 1967. 215 S.

Kautsky, John H.: Moscow and the communist party of India. A study in the postwar evolution of international communist strategy. — New York: Wiley 1956. 220 S.

Kennedy, Malcolm: A history of the communist movements in Asia. — London: Weidenfeld & Nicolson 1956. 400 S.

Kennedy, Malcolm: A short history of communism in Asia. — London: Weidenfeld & Nicolson 1957. IX, 556 S.

(Gottfried-Karl) **Kindermann,** (Jürgen) Domes, (Heinrich) Gerhardt: Der chinesische **Kommunismus.** Zur Geistes- und politischen Geschichte. (Hrsg.: Bundeszentrale f. Polit. Bildung.) — (Bonn: [Selbstverl. d. Hrsg.] 1966.) 103 S. *(Schriftenreihe der Bundeszentrale für Politische Bildung. 71.)*

Kroker, Eduard J. M.: Der Maoismus, eine chinesische Variante des Marxismus. - In: Stimmen d. Zeit 98 (1973), Bd 191, 820–834.

Laqueur, Walter Z.: Communism and nationalism in the Middle East. — London: Routledge & Kegan Paul 1956. XI, 362 S.

Löwenthal, Richard: Mao und die Eigenart des chinesischen Kommunismus. — (Aus Politik u. Zeitgeschichte, Beilage zur Wochenzeitung „Das Parlament" 1963, Nr. 39/40 vom 25. September 1963. 16 S.)

Maoismus. Hrsg. u. eingel. von Peter J. Opitz. - Stuttgart: Kohlhammer 1972. 184 S. *(Reihe Kohlhammer.)*

Matthiessen, Gunnar: Kritik der philosophischen Grundlagen und der gesellschaftspolitischen Entwicklung des Maoismus. - Köln: Pahl-Rugenstein 1973. 216 S. *(Kleine Bibliothek. 32.)*

Max, Rolf: Zum politisch-ideologischen Wesen des Maoismus. - Berlin: Akademie-Verl. 1974. 90 S. *(Zur Kritik der bürgerlichen Ideologie. 47.)*

North, Robert C[arver]: Der chinesische Kommunismus (Chinese communism, dt.) (Aus d. Engl. übers. von Gudrun Theusner-Stampa.) — (München: Kindler 1966.) 256 S. *(Kindlers Universitätsbibliothek.)*

Pye, L. W.: Communist strategies and Asian societies. — In: World Politics 11 (1958/59), H. 1, 118—127.

Rue, John E.: Is Mao Tse-tungs „Dialectical Materialism" a forgery? — In: J. Asian Studies 26 (1966/67), 464—468.

Starr, John Bryan: Marxism and the political legacy of Mao Tse-tung. - In: Internat. J. 32 (1976/77), 128–155.

Suri, Surindar: Der Kommunismus in Südostasien. (Die dtsch. Fassung besorgte Marion Stürmann-Ries.) (Hrsg. von der Niedersächs. Landeszentrale f. Polit. Bildung.) — (Hildesheim 1965: Gerstenberg.) 51 S. *(Schriftenreihe d. Niedersächs. Landeszentrale f. Polit. Bildung. Weltkommunismus. 3.)*

Swarup, Ram: Foundations of Maoism. Forew. by K. M. Cariappa. — Delhi: Jyotsna Prakashan 1966. 144 S.

Lateinamerika

Alexander, Robert J.: Communism in Latin America. — New Brunswick: Rutgers University Press 1957. XI, 449 S.

Alexander, Robert Jackson: Communism in Latin America. — New Brunswick: Rutgers University Press 1957. X, 499 S.

Bahne, Siegfried: Origines et débuts des partis communistes des pays latines (1919—1923). (Documents.) Introd. de Jules Humbert-Droz. — Dordrecht: Reiderl 1970. XLIV, 615 S. *(Coll. „Archives de Jules Humbert-Droz". 1.)*

Goldenberg, Boris: Kommunismus in Lateinamerika. [Hrsg.: Forschungsinstitut d. Friedrich-Ebert-Stiftung, Bonn-Bad Godesberg; Bundesinst. f. Ostwiss. u. Internat. Studien, Köln.] — Stuttgart: Kohlhammer 1971. 639 S.

Afrika

Fllesi, Teobaldo: Comunismo e nazionalismo in Africa. — Roma: Istituto Italiano per l'Africa 1958. 368 S.

Nationalismus

Abelein, Manfred: Zur Diskussion um das Selbstbestimmungsrecht. — In: Z. Politik 11 (1964), 147—159.

Alff, Wilhelm: Il nazionalismo precursore del fascismo. — In: Veltro 8 (1964), 981—1007.

André, P. J.: Le réveil des nationalismes. — Paris: Berger-Levrault 1958. 464 S.

Aretin, Karl Otmar Frhr von: Nation und Nationalismus heute. - Sankelmark: Akademie Sankelmark 1974. 28 S. *(Schriften der Akademie Sankelmark. N. F. 26.)*

Assac, Jacques Ploncard d': Doctrines du nationalisme. — Paris: Librairie Française 1958. 350 S.

Azaola, José Miquel de: Die Krise des Nationalismus in Europa. — In: Dokumente 7 (1951), 501—508.

Ball, W. Macmahon: Nationalism and communism in East Asia. — London: Cambridge University Press 1952. V, 210 S.

Berger, Peter: Nationale Selbstbestimmung und Minderheitenschutz in den Vereinigten Nationen. — In: Donauraum 1 (1956), 206—216.

Birch, Anthony B.: Minority nationalist movements and theories of political integration. - In: World Politics 30 (1977/78), 325–344.

Bourguiba, Habib: Nationalism. Antidote to communism. — In: Foreign Aff. 35 (1956/57), 646—653.

Buchheim, Karl: Entstehung und Eigenart des Nationalismus in Deutschland. — In: Neues Abendland 6 (1951), 280—290.

Carr, Edward Hallett: Nationalism and after. — London: Macmillan 1945. VI, 74 S.

Chadwick, H. Munro: The nationalities of Europe and the growth of national ideologies. — London: Cambridge University Press; New York: Macmillan 1945. VIII, 209 S.

Claude, Inis L., jr.: National minorities. An international problem. — Cambridge, Mass.: Harvard University Press 1955. 248 S.

Cobban, Alfred: National self-determination. — London: Oxford University Press (1947). XVI, 186 S.

Corciulo, M.: In tema di nazionalismo e razionalismo. — In: Storia e Politica 5 (1966), 125—144.

Davis, Horace B.: Nationalism and socialism. Marxist and labour theories of nationalism to 1917. — New York: Monthly Review Press 1967. XIV, 258 S.

Decker, Günther: Das Selbstbestimmungsrecht der Nationen. — Göttingen: Schwarz 1955. 435 S.

Deutsch, Karl W.: Nationalism and social communication. An inquiry into the foundations of nationality. — New York: Wiley 1953. 266 S.

Deutsch, Karl W[olfgang]: Nationalism and social communication. An inquiry into the foundations of nationality. 2nd ed. — Cambridge, Mass.: M.I.T. Press (1969). X, 345 S.

Deutsch, Karl W[olfgang]: Der Nationalismus und seine Alternativen (Nationalism and its alternatives, dt.) (Aus d. Amerikan. von Hansheinz Werner.) — München: Piper 1972. 192 S.
(Serie Piper. 26.)

Dörr, Margarethe: Paul Schiemanns Theorie vom „anationalen Staat". Ein Beitrag zur europäischen Nationalitätenbewegung zwischen den beiden Weltkriegen. — In: Gesch. Wiss. Unterr. 8 (1957), 407—421.

Dohen, Dorothy: Nationalism and American catholicism. — New York: Sheed & Ward 1967. XIV, 210 S.

Dupeux, Louis: Stratégie communiste et dynamique conservatrice. Essai sur les differents sens de l'expression „National-Bolchevisme" en Allemagne, sous la République de Weimar ⟨1919–1933⟩. - Paris 1976. VII, 627 S.
Paris I, phil. Diss. vom 28. 11. 1974.

Focsaneanu, Lazar: Les conditions internationales des nationalisations. — In: Pol. étr. 18 (1953), 35—50.

Frisch, Alfred: Nationalismus — französisch. — In: Dtsch. Rdsch. 82 (1956), 118—124.

Frisch, Alfred: Was bedeuten uns heute noch Vaterland, Nation und Einheit? — In: Dokumente 17 (1961), 261—270.

Galli, M.: Zur Krise des Nationalismus. — In: Orientierung 15 (1951), 253—254.

Gittler, Joseph B. [Ed.]: Understanding minority groups. — New York: Wiley 1956. XII, 139 S.

Goglia, Luigi: Il nazionalismo arabo. Un contributo alla definizione del fenomeno. - In: Storia contemp. 6 (1975), 555–574.

Grabert, Herbert: Sieger und Besiegte. Der deutsche Nationalismus nach 1945. — Tübingen: Verl. d. Dtsch. Hochschullehrer - Ztg. 1966. 420 S.

Grebing, Helga: Das Nationale in der „Einen Welt" von morgen. Internationale Entwicklungstendenzen in ihrer Rückwirkung auf die Problematik des Nationalismus. — In: Polit. Studien 18 (1967), 416—423.

Grimme, Bruno: Nationalstaatsidee u. Europagedanke. — In: Offene Welt 1954, H. 31, 12—18.

Hantsch, Hugo: Die Nationalitätenfrage im alten Österreich. Das Problem der konstruktiven Reichsgestaltung. — Wien: Herold (1953). 124 S.
(Wiener historische Studien. 1.)

Hayes, Carlton Joseph Huntley: The historical evolution of modern nationalism. — New York: Macmillan 1950. VIII, 327 S.

Hayes, Carlton J[oseph] H[untley]: Nationalism. A religion. — New York: Macmillan 1960. XI, 187 S.

Herre, Franz: Modelle für deutschen Nationalismus. — In: Polit. Meinung 12 (1967), H. 4, 107—118.

Herrfahrdt, Heinrich: Volksgruppen in sprachlichen Überschneidungsräumen. — In: Z. Geopolitik 26 (1955), 720—727.

Hinsley, F. H.: Nationalism and the international system. - London: Hodder & Stoughton 1973. 192 S.
(Twentieth Century Studies. 5.)

Hodgkin, Thomas: Nationalism in colonial Africa. — London: Muller 1956. 216 S.

Howard, Harry N.: Nationalism in the Middle East. — In: Orbis 10 (1966/67), 1200—1213.

Kedourie, Elie: Nationalism. — London: Hutchinson 1960. 151 S.

Kedourie, Elie: Nationalismus (Nationalism, dt.) (Aus d. Engl. übers. von Herbert Drube.) — München: List (1971). 158 S.
([List-Hochschulreihe.] 1553. List-Taschenbücher der Wissenschaft. Politik.)

Kelmes, Erwin: Der europäische Nationalitätenkongreß (1925—1938). — o. O. 1958. XXV, 268, 88 Bl.
Köln, phil. Diss. 18. Juni 1958.

Klocke, Helmut: Nationalbewußtsein in Osteuropa. Bemerkungen zum Wandel der Geschichtsauffassung. — In: Osteuropa 6 (1956), 29—36.

Klocke, Helmut: Nationalbewußtsein in Osteuropa. II: Tschechoslowakei. — In: Osteuropa 6 (1956), 375—386.

Kluke, Paul: Selbstbestimmung. Vom Weg einer Idee durch die Geschichte. — Göttingen: Vandenhoeck & Ruprecht (1963). 165 S.
(Die deutsche Frage in der Welt. 2.)

Kohn, Hans: A new look at nationalism. — In: Virginia Quart. Rev. 32 (1956), 321—332.

Kohn, Hans: Nationalism. Its meaning and history. — New York: Van Nostrand 1955. 192 S.

Kohn, Hans: American nationalism. An interpretative essay. — New York: Macmillan 1957. XI, 272 S.

Kohn, Hans: Nationalism and liberty. The Swiss example. — New York: Macmillan; London: Allen & Unwin 1956. 133 S.

Kohn, Hans: Nationalism in the Low Countries. — In: Rev. Politics 19 (1957), 155—185.

Kohn, Hans: Romanticism and the rise of German nationalism. — In: Rev. Politics 12 (1950), 443—472.

Kohn, Hans: Von Machiavelli zu Nehru (Nationalism, its meaning and history, dt.) Zur Problemgeschichte des Nationalismus. (Dtsch. von Heddy Pross-Weerth.) — (Freiburg, Basel, Wien: Herder 1964.) 186 S.
(Herder-Bücherei. 185.)

Kolarz, Walter: Nationalismus in Ost und West. — In: Der neue Ackermann 4 (1956/57), H. 3/4, 20—35.

Koppelmann, Heinrich L.: Nation, Sprache und Nationalismus. — Leiden: Sijthoff 1956. 233 S.

Kosing, Alfred: Nation in Geschichte und Gegenwart. Studie zur historisch-materialistischen Theorie der Nation. — Berlin: Dietz 1976. 310 S.
(Grundfragen der marxistisch-leninistischen Philosophie.)

Krockow, Christian Graf v[on]: Nationalismus als deutsches Problem. — (München: Piper 1970). 128 S.
(Serie Piper. 4.)

Lange, Karlheinz: Die Stellung der kommunistischen Presse zum Nationalgedanken in Deutschland. — o. O. [1946]. VII, 437 gez. Bl. [Maschinenschr.]
München, phil. Diss. 26. Sept. 1946.

Lemberg, Eugen: Geschichte des Nationalismus in Europa. — Stuttgart: Schwab (1950). 319 S.

Lemberg, Eugen: Nationalismus. — (Reinbek b. Hamburg:) Rowohlt.
1. Psychologie und Geschichte. (1963.) 332 S.
2. Soziologie und politische Pädagogik. (1964.) 169 S.
(Rowohlts Dtsch. Enzyklopädie. 197/ 198. 199.)

Lemberg, Eugen: Nationalismus. Definitionen, Tendenzen, Theorien. — In: Mod. Welt 8 (1967), 317—333.

Lemberg, Eugen: Alter und neuer Nationalismus. Vom Stellenwert des Nationalen in unserer Zeit. — In: Schweizer Monatsh. 49 (1969/70), 474—482.

Lüthy, Herbert: Rehabilitation des Nationalismus? — In: Monat 12 (1959/60), H. 141, 5—13.

Michelat, Guy [u.] Jean-Pierre Thomas: Dimensions du nationalisme. — Paris: Colin-Bourrelier 1966. 200 S.
(Cahiers de la Fondation Nat. des Sciences Politiques. 143.)

Minogue, K. R.: Nationalism. — London: Methuen 1969. 168 S.
(University Paperbacks. 267.)

Minssen, Friedrich: Zur Theorie des Nationalismus und seiner Therapie. — In: Gesellsch., Staat, Erziehung 9 (1964), 377—388.

Nation und Nationalismus. Hrsg. von Hans Bolewski. Bearb. u. zsgest. von Kurt Boehme. — Stuttgart: J. Fink (1967). 122 S.
(Politikumreihe. 1.)

Nationalismus gestern und heute. Texte und Dokumente. [Hrsg.:] Hannah Vogt. — Opladen: Leske 1967. 221 S.

Nöth, Gerhard: Das Problem des nationalen Minderheitenschutzes im europäischen Völkerrecht seit 1945. — o. O. 1959. II, 320 Bl.
Würzburg, rechts- u. staatswiss. Diss. 25. Juni 1959.

Oelßner, Fred: Die heutige Bedeutung der nationalen Frage. (Vortrag, gehalten am 4. April 1951 im Haus der Kultur der Sowjetunion zu Berlin.) — Berlin: Dietz 1951. 36 S.

Petzold, Joachim: Zur Funktion des Nationalismus. — In: Z. Geschichtswiss. 21 (1973), 1285—1300.

Pflanze, Otto: Nationalism in Europe, 1848—1871. — In: Rev. Politics 28 (1966), 129—143.

Poidevin, Raymond: Wirtschaftlicher und finanzieller Nationalismus in Frankreich und Deutschland 1907—1914. — In: Gesch. Wiss. Unterr. 25 (1974), 150—162.

Raschhofer, Hermann: Der Schutz der nationalen Minderheiten und das geltende Völkerrecht. — In: Donauraum 5 (1960), 193—206.

Röpke, Wilhelm: Die Nationalisierung der Menschen. — In: Merkur 4 (1950), 929—941.

Romulo, Carlos P.: Contemporary nationalism and the world order. — London: Asia Publ. House 1965. 92 S.

Rothfels, Hans: Grundsätzliches zum Problem der Nationalität. — In: Hist. Z. 174 (1952), 339—358.

Rothfels, Hans: Zur Krise des Nationalstaats. — In: Vjh. Zeitgesch. 1 (1953), 138—152.

Rothfels, Hans: Nationalität und Grenze im späten 19. und frühen 20. Jahrhundert. — In: Vjh. Zeitgesch. 9 (1961), 225—233.

Sauer, Wolfgang: Das Problem des deutschen Nationalismus. — In: Polit. Vjschr. 2 (1961), 159—186.

Schieder, Theodor: Idee und Gestalt des übernationalen Staates seit dem 19. Jahrhundert. — In: Hist. Z. 184 (1957), 336—366.

Schieder, Theodor: Nationalstaat und Nationalitätenproblem. — In: Z. Ostforsch. 1 (1952), 161—181.

Schneider, Gerhard: Absonderung vom Allgemeinen. Ursprung und Wesen der Staatsideologie des historischen Nationalismus. - Ratingen: Henn 1973. 163 S.

See, Klaus von: Die Ideen von 1789 und die Ideen von 1914. Völkisches Denken in Deutschland zwischen Französischer Revolution und Erstem Weltkrieg. - (Frankfurt a. M.: Akad. Verl.-Ges.) Athenaion (1975). 133 S.

Seton-Watson, Hugh: Nationalism and communism. Essays, 1946—1963. — London: Methuen 1964. 253 S.

Shafer, Boyd C.: Nationalism. Myth and reality. — New York: Harcourt, Bruce & Co. 1955. X, 319 S.

Shafer, Boyd C.: Le nationalisme. Mythe et réalité. Trad. de l'angl. par J. Métadier. — Paris: Payot 1964. 260 S.
(Bibliothèque historique.)

Sima, Horia: Destinée du nationalisme. — Paris: Bonne 1951. 227 S.

Sithole, N.: African nationalism. — London: Oxford University Press (1960). 174 S.

Smith, Anthony D.: Theories of nationalism. — London: Duckworth 1971. VIII, 344 S.

Snyder, Louis: German nationalism. The tragedy of a people. Extremism contra liberalism in modern German history. — Harrisburg: Stockpole 1952. 321 S.

Snyder, Louis L.: The meaning of nationalism. — New Brunswick: Rutgers University Press 1954. 208 S.

Snyder, Louis L.: The new nationalism. — Ithaca, N.Y.: Cornell University Press 1968. 387 S.

Snyder, Louis L.: Varieties of nationalism. A comparative study. - New York: Holt, Rinehart & Winston 1976. 326 S.

Stokes, Gale: Cognition and the function of nationalism. - In: J. interdisc. Hist. 4 (1973/74), 525–542.

Sturzo, Luigi: Nationalism and internationalism. — New York: Roy 1947. 308 S.

Sulzbach, Walter: Zur Definition und Psychologie von „Nation" und Nationalbewußtsein. — In: Polit. Vjschr. 2 (1961), 139—150.

Überwindung des Nationalismus. — In: Außenpolitik 1 (1950), 9—20.

Vaussard, Maurice: De Pétrarque a Mussolini. Evolution du sentiment nationaliste italien. — Paris: Colin 1961. 304 S.
(Sciences politiques.)

Viefhaus, Erwin: Die Minderheitenfrage und die Entstehung der Minderheitenschutzverträge auf der Pariser Friedenskonferenz. Eine Studie zur Geschichte des Nationalitätenproblems im 19. und 20. Jahrhundert. — Würzburg: Holzner 1960. 300 S.

Volpe, Gioacchino: Il nazionalismo tra le due guerre. — In: Veltro 8 (1964), 481—504.

Ward, Barbara: Nationalism and ideology. — New York: Norton 1966. 125 S.

Wendland, Heinz-Dieter: Nationalismus und Patriotismus in der Sicht der christlichen Ethik. (Rede anläßl. d. Übernahme d. Rektoramtes am 13. Nov. 1964.) — Münster: Aschendorff 1965. 39 S.
(Schriften d. Gesellschaft z. Förderung d. Westfäl. Wilhelms-Universität zu Münster. 58.)

Wittram, Reinhard: Das Nationale als europäisches Problem. Beiträge zur Geschichte des Nationalitätenprinzips, vornehmlich im 19. Jahrhundert. — Göttingen: Vandenhoeck & Ruprecht 1954. 244 S.

Wittram, Reinhard: Wandlungen des Nationalitätsprinzips. — In: Remter 1954, H. 3, 3—18.

Zöllner, Erich: Das geschichtliche Bild des Nationalismus. — In: Wissenschaft u. Weltbild 1 (1948), 155—164.

Zwintz, Richard: Nation und Lebensstil. — München 1955. II, 187 Bl.
Ungedrucktes Manuskript in der Deutschen Bibliothek Frankfurt a. M.

Faschismus

Addis Saba, Marina: Il dibattito sul fascismo. Le interpretazioni degli storici e dei militanti politici. - Milano: Longanesi 1976. 149 S.

Alatri, P.: Le origini del fascismo. — Roma: Riuniti 1956: 565 S.

Alatri, Paolo: Le origini del fascismo. (3. ed.) — [Roma:] Editori Riuniti (1962). XXIV, 435 S.
(Orientamenti.)

Alff, Wilhelm: Der Begriff Faschismus und andere Aufsätze zur Zeitgeschichte. — (Frankfurt a. M.:) Suhrkamp (1971). 182 S.
(Edition Suhrkamp. 456.)

Allardyce, Gilbert: The place of fascism in European history. — Englewood Cliffs, N. J.: Prentice Hall 1971. 178 S.

Armaroli, Mino: Fascismo e resistenza. — Milano, Messina: Principato 1961. 240 S.

Bauer, Fritz: Die Wurzeln faschistischen und nationalsozialistischen Handelns. — (Frankfurt a.M.:) Europ. Verl. Anst. (1965). 77 S.
(Sammlung „res novae". 43.)

Bauer, K.: Strumenti e metodi del fascismo. — In: Occidente 10 (1954), 538—561.

Benewick, Robert: A study of British fascism. Political violence and public order. — London: Penguin Books (1969). 340 S.

Besson, Waldemar: Die Interpretation des Faschismus. — In: Neue polit. Lit. 13 (1968), 306—313.
Literaturbericht.

Bettelheim, Bruno und Morris Janowitz: Reactions to fascist propaganda. — In: Publ. Op. Quart. 14 (1950/51), 53—60.

Bibes, G.: Le fascisme italien. Etat des travaux depuis 1945. — In: Rev. franç. Science polit. 18 (1968), 1191—1244.

Blanke, Bernhard, Reimut Reiche u. Jürgen Wert: Die Faschismus-Theorie der DDR. — In: Argument 7 (1965), 35—48.

Botz, Gerhard: Austro-marxist interpretation of fascism. - In: J. contemp. Hist. 11 (1976), H. 4, 129–156.

Bourgin, Georges: Historiographie ou propagande politique. Sur quelques ouvrages néo-fascistes. — In: Rev. Hist. deux. Guerre mond. 3 (1953), H. 9, 25—29.

Caradonna, Giulio: Validità del fascismo. — Cassino: Ipem 1963. 183 S.

Carocci, Giampiero: Storia del fascismo. — Milano: Garzanti 1959. 104 S.

Carsten, Francis Ludwig: The rise of fascism. — Berkeley: University of California Press 1967. 256 S.
   Dtsch. Ausg. u. d. T.: Der Aufstieg d. Faschismus in Europa. — (Frankfurt a. M.:) Europ. Verl. Anst. (1968). 303 S.

Cassels, Alan: Fascism. - New York: Crowell 1975. XIV, 401 S.

Cassels, Alan: Fascism for export. Italy and the United States in the twentieth. — In: American hist. Rev. 69 (1963/64), 707—712.

Castronovo, Valerio: Potere economico e fascismo. - In: Riv. storia contemp. 1972, 273–313.

Casucci, Costanzo [Ed.]: Il fascismo. Antologia di scritti critici. — Bologna: Il Mulino 1961. 464 S.

Clemenz, Manfred: Gesellschaftliche Ursprünge des Faschismus. — Frankfurt a. M.: Suhrkamp 1972. 314 S.
   (Edition Suhrkamp. 550.)

Collotti, Enzo: International fascism as a historical phenomenon. — In: Wiener Libr. Bull. 19 (1965), H. 4, 3—5.

Cross, Colin: The Fascists in Britain. — London: Barrie & Rockliff 1961. 212 S.

De Felice, Renzo: Der Faschismus (Intervista sul fascismo, dt.) Ein Interview von Michael A. Ledeen. Mit e. Nachw. von Jens Petersen. (Aus d. Italien. übers. von Jens Petersen.) - (Stuttgart:) Klett-Cotta (1977). 166 S.

De Felice, Renzo: Interpretations of fascism (Le interpretazioni del fascismo, engl.) Transl. by Brenda Huff Everett. - Cambridge, Mass.: Harvard University Press 1977. XVI, 248 S.

De Felice, Renzo: Le interpretazioni del fascismo. 2. ed. — Bari: Laterza 1970. 221 S.
   (Universale Laterza. 113.)

De Felice, Renzo: Intervista sul fascismo. - Bari: Laterza 1975. 124 S.
   (Saggi tascabili Laterza. 17.)

De Felice, Renzo: I rapporti tra fascismo e nazionalsocialismo fino all' andata al potere de Hitler (1926—1933). — Napoli: Ed. Scientifiche Italiane 1971. 208 S.

Del Boca, Angelo [u.] Mario Giovana: Fascism today (I figli del sole, engl.) Transl. by R. H. Boothroyd. — London: Heinemann (1970). XI, 532 S.

Eisenberg, Dennis: The re-emergence of fascism. — London: Barnes 1968. 348 S.

Faschismus als soziale Bewegung. Deutschland und Italien im Vergleich. [Hrsg.:] Wolfgang Schieder. - Hamburg: Hoffmann & Campe 1976. 211 S.
   (Historische Perspektiven. 3.)

Der **Faschismus** in Deutschland. Analysen der KPD-Opposition aus den Jahren 1928–1933. Eingel. u. hrsg. von der Gruppe Arbeiterpolitik. - Frankfurt a. M.: Europ. Verl.-Anst. 1973. 219 S.
   (Basis.)

Internationaler **Faschismus** 1920—1945 (International fascism 1920—1945, dt.) (Aus d. Engl. übers.: Günter Eichel.) — (München:) Nymphenburger Verlagshandl. (1966). 298 S.

Faschismus und Kapitalismus. Theorien über die sozialen Ursprünge und die Funktion des Faschismus. [Von] Otto Bauer [u.a.] Hrsg. von Wolfgang Abendroth. Eingel. von Kurt Kliem [u.a.] — Frankfurt a. M.: Europ. Verl. Anst. (1967). 185 S.
   (Politische Texte.)

Faschismus — Nationalsozialismus. Ergebnisse u. Referate d. 6. italienisch-deutschen Historiker-Tagung in Trier. — Braunschweig: Limbach (1964). 196 S.
   (Schriftenreihe d. Internat. Schulbuchinst. 8.)

Fascism. A reader's guide. Analyses, interpretations, bibliography. Ed. by Walter [Ze'ev] Laqueur. - Berkeley: University of California Press (1976). X, 478 S.

Fascism in action. A documented study and analysis of fascism in Europe. Prep. under the direction of Ernest S. Guffith. — Washington: U.S. Government Printing Office 1947. 206 S.

European **Fascism.** Ed. by S. J. Woolf. — London: Weidenfeld & Nicolson (1968). 386 S.
   (Reading-University-Studies on contemporary Europe. I. Studies in Fascism.)

Native **fascism** in the successor states 1918—1945. Ed. by Peter F. Sugar. — Santa Barbara, Calif.: Clio Press 1971. 166 S.

Fascismes et National-Socialisme. — In: Annales 24 (1969), 195—233.
   Literaturbericht.

Fascismo. Inchiesta socialista sulle gesta dei fascisti in Italia. — Milano: Ed. Avanti 1963. 496 S.

Fascismo e antifascismo. Lezioni e testimonianze. — Milano: Feltrinelli (1962).
   (1.) 1918—1936. 345 S.
   (2.) 1936—1948. S. 347—706.
   (Universale economica. 393. 394.)

Ferkiss, Victor C.: Ezra Pound and American fascism. — In: J. Politics 17 (1955), 173—197.

Fetscher, Iring: Faschismus und Nationalsozialismus. Zur Kritik des sowjet-marxistischen Faschismusbegriffs. — In: Polit. Vjschr. 3 (1962), 42—63.

Fleming, D. F.: Are we moving toward fascism? — In: J. Politics 16 (1954), 39—75.

Forman, James D.: Fascism. The meaning and experience of reactionary revolution. - New York: New Viewpoints 1974. VIII, 142 S.
(Studies in Contemporary Politics.)

Gacon, Jean [Ed.]: Les origines du fascisme. 2.éd. — Paris: Ed. de la Nouvelle Critique 1958. 185 S.

Gentile, Emilio: Le origini dell'ideologia fascista, 1918-1925. - Bari: Laterza 1975. X, 476 S.
(Biblioteca di cultura moderna.)

Germani, G.: Autoritarismo, fascismo e classi sociali. - Bologna: Ed. Il Mulino 1975. 306 S.

Gramsci, Antonio: Sul fascismo. A cura e con introd. di Enzo Santarelli. - Roma: Ed. Riuniti 1973. 445 S.

Grebing, Helga: Faschismus, Mittelschichten und Arbeiterklasse. Probleme der Faschismus-Interpretation in der sozialistischen Linken während der Weltwirtschaftskrise. - In: Internat. wiss. Korr. Gesch. dtsch. Arbeiterbew. 12 (1976), 443-460.

Grebing, Helga: Aktuelle Theorien über Faschismus und Konservatismus. Eine Kritik. - Stuttgart: Kohlhammer 1974. 117 S.
(Urban-Taschenbücher. 854.)

Gregor, A. James: Professor Renzo De Felice and the fascist phenomen. - In: World Politics 30 (1977/78), 433-449.

Gregor, A. James: The ideology of fascism. The rationale of totalitarianism. — New York: Free Press 1969. XV, 493 S.

Gregor, A. James: Interpretations of fascism. - Morristown, N.J.: General Learning Press 1974. V, 281 S.

Gregor, A. James: The fascist persuasion in radical politics. - Princeton, N.J.: Princeton University Press 1974. XIII, 472 S.

Griepenburg, R. u. K. H. Tjaden: Faschismus und Bonapartismus. Zur Kritik der Faschismustheorie August Thalheimers. — In: Argument 8 (1966), 461—472.

Guichonnet, Paul: Mussolini et le fascisme. — Paris: Presses Universitaires de France 1966. 128 S.
(Coll. „Que sais-je?" 1225.)

Hamilton, Alastair: The appeal of fascism. A study of intellectuals and fascism, 1919—1945. — New York: Macmillan 1971. XXIII, 312 S.

Haug, Wolfgang Fritz [u.a.]: Ideologische Komponenten in den Theorien über den Faschismus. — In: Argument 7 (1965), 1—34.

Hayes, Paul M.: Fascism. - London: Allen & Unwin 1973. 260 S.

Jaeger, Hans: Die faschistische Internationale. — In: Dtsch. Rdsch. 78 (1952), 993—1003.

Jaeger, Hans: Was ist Faschismus? — In: Hamburg. Akad. Rdsch. 3 (1948/49), 20—27.

Jaszunski, G.: Amerykańska odmiana faszyzmu. — Warszawa: Książka i Wiedza 1951. 244 S.

The fascist **international.** — In: Wiener Libr. Bull. 7 (1953), 20.

Ist die Epoche des Faschismus beendet? Hrsg. von Detlef Horster u. Marios Nikolinakos. — Frankfurt a. M.: Melzer 1971. 276 S.

Kamiński, Andrzej: Faszyzm. — Warszawa: Wiedza Powszechna 1971. 246 S.

Karl, Heinz u. Erika Küklich: Die antifaschistische Aktion. Dokumentation und Chronik. Mai 1932 bis Januar 1933. Unter Mitarb. von Elfriede Fölster u. Käthe Haferkorn. — Berlin: Dietz 1965. 423 S.
(Institut für Marxismus-Leninismus beim ZK der SED.)

Kedward, H. R.: Fascism in Western Europe 1900—1945. — Glasgow: Blackie 1969. 272 S.

Krüger, Hans-Jürgen: Zum Verhältnis von Faschismus und Ständestaat. - In: Historisch-politische Streiflichter. Geschichtliche Beiträge zur Gegenwart, Neumünster: Wachholtz 1971, 190-205.

Kühnl, Reinhard: Aspekte der Faschismusdiskussion. Historische Aufarbeitung und aktuelle Bedeutung. Für Wolfgang Abendroth zum 70. Geburtstag. - In: Bll. dtsch. internat. Politik 21 (1976), 531-549.

Kühnl, Reinhard: Faschismus. Versuch einer Begriffsbestimmung. — In: Bll. dtsch. internat. Pol. 13 (1968), 1259—1267.

Kühnl, Reinhard: Der deutsche Faschismus. Nationalsozialismus und „Drittes Reich" in Einzeluntersuchungen und Gesamtdarstellungen. — In: Neue polit. Lit. 15 (1970), 13—43.
Literaturbericht.

Kühnl, Reinhard: Der deutsche Faschismus in der neueren Forschung. - In: Argument 15 (1973), H. 3, 152-182.

Kühnl, Reinhard: Probleme einer Theorie über den internationalen Faschismus. Teil 1.2. - In: Polit. Vjschr. 11 (1970), 318-341 und 16 (1975), 89-121.
Literaturbericht.

Kühnl, Reinhard: Tendenzen der Faschismusforschung. — In: Frankf. H. 25 (1970), 441—447.

Kuhn, Axel: Das faschistische Herrschaftssystem und die moderne Gesellschaft. - Hamburg: Hoffmann & Campe 1973. 157 S.
(Standpunkt.)

Lackó, Miklós: Ostmitteleuropäischer Faschismus. E. Beitr. zur allgemeinen Faschismus-Definition. - In: Vjh. Zeitgesch. 21 (1973), 39-51.

Ledeen, Michael A.: Renzo De Felice and the controversy over Italian fascism. - In: J. contemp. Hist. 11 (1976), H.4, 269-283.

Ledeen, Michael Arthur: Universal fascism. The theory and practice of the Fascist International, 1928-1936. - New York: Howard Fertig 1972. XXI, 200 S.

Leduc, V.: Quelques problèmes d'une sociologie du fascisme. — In: C. intern. Sociol. 1952, H. 12, 115—130.

Lemaître, Henri: Les fascismes dans l'histoire. — Paris: Ed. du Cerf 1959. 115 S.

Leto, Guido: Ovra. Fascismo — antifascismo. — Bologna: Cappelli 1952. 262 S.

Lipset, S. M.: Der „Faschismus": die Linke, die Rechte und die Mitte. — In: Kölner Z. Soziol. soz. Psychol. 11 (1959), 401—444.

Loda, N.: Interpretazioni del fascismo. — In: Studi polit. 3 (1954), 555—572.

Mansilla [Ferret d'Arau], H[ugo] C[elso] F[elipe]: Faschismus und eindimensionale Gesellschaft. — Neuwied: Luchterhand (1971). 238 S.
(Sammlung Luchterhand. 18.)

Marx, Lily E.: Der Neofaschismus in Italien. — In: Frankf. H. 26 (1971), 665—679.

Milan, M(aurizio) und F(austo) Vighi: La resistenza al fascismo. Scritti e testimonianze. (2. ed.) — Milano: Feltrinelli (1962). 302 S.
(Universale economica. 201.)

Mirgeler, Albert: Der Faschismus in der Geschichte des modernen Staates. Die Selbstdeutung Mussolinis und seiner Mitarbeiter. — In: Saeculum 6 (1955), 84—117.

Mourin, Maxime: La naissance du fascisme. — In: Miroir Hist. 6 (1955), H. 66, 33—40.

Nagy-Talavera, Nicholas M.: The Green Shirts and the other. A history of Fascism in Hungary and Rumania. — Stanford, Calif.: Stanford University Press 1970. XII, 427 S.

Nenni, Pietro: Vent'anni di fascismo. Ed.: G. Dalló. 2. Aufl. — Milano: Ed. Avanti 1965. 485 S.

Nipperdey, Thomas: Der Faschismus in seiner Epoche. Zu den Werken von Ernst Nolte zum Faschismus. — In: Hist. Z. 210 (1970), 620—638.

Nolte, Ernst: Die faschistischen Bewegungen. Die Krise des liberalen Systems und die Entwicklung der Faschismen. — (München:) Dtsch. Taschenbuchverl. (1966). 333 S.
(dtv-Weltgeschichte des 20. Jahrhunderts. 4.)

Nolte, Ernst: Three faces of fascism. Transl. from the German by Leila Vennewitz. — New York: Holt, Rinehart & Winston 1966. 561 S.

Nolte, Ernst: Der Faschismus. Von Mussolini zu Hitler. Texte, Bilder und Dokumente. — München: Desch (1968). 403 S.
(Mächte und Kräfte unseres Jahrhunderts. 1.)

Nolte, Ernst: Der Faschismus in seiner Epoche. Die Action française, der italienische Faschismus, der Nationalsozialismus. — München: Piper (1963). 633 S.
Besprechungen durch Klaus Epstein in: World Politics 16 (1963/64), 302 – 321 und Hans Ulrich Wehler in: Kölner Z. Soziologie 16 (1964), 160—168.

Nolte, Ernst: Die Krise des liberalen Systems und die faschistischen Bewegungen. — München: Piper (1968). 475 S.

Nolte, Ernst: Zur Phänomenologie des Faschismus. — In Vjh. Zeitgesch. 10 (1962), 373—407.

Nolte, Ernst: Zeitgenössische Theorien über den Faschismus. — In: Vjh. Zeitgesch. 15 (1967), 247—268.

Opitz, Reinhard: Über die Entstehung und Verhinderung von Faschismus. - In: Argument 16 (1974), 543–603.

Opitz, Reinhard: Über Faschismus-Theorien und ihre Konsequenzen. — In: Bll. dtsch. internat. Pol. 15 (1970), 1267—1284.

Paetel, Karl Otto: Gibt es einen amerikanischen Faschismus? — In: Dtsch. Rdsch. 81 (1955), 1246—1249.

Paris, Robert: Histoire du fascismo en Italie. — Paris: Maspero.
1. Des origines à la prise du pouvoir. 1962. 364 S.
(Cahiers libres. 37/38.)

Paris, Robert: Les origines du fascisme. — Paris: Flammarion 1968. 144 S.
(Coll. „Questions d'Histoire". 2.)

Petersen, Jens: Der italienische Faschismus zwischen politischer Polemik und historischer Analyse. - In: Gesch. Wiss. Unterr. 27 (1976), 257–272.

Petersen, Jens: Der italienische Faschismus aus der Sicht der Weimarer Republik. Einige deutsche Interpretationen. - In: Quellen und Forschungen aus italienischen Archiven und Bibliotheken 55/56 (1976), 315–360.

Petzold, Joachim: War Hitler ein Revolutionär? Zum Thema Modernismus und Antimodernismus in der Faschismus-Diskussion. - In: Bll. dtsch. internat. Pol. 23 (1978), 186–205.

Pirker, Theo: Komintern und Faschismus. (1920–1940.) Dokumente zur Geschichte und Theorie des Faschismus. Hrsg. u. kommentiert. — Stuttgart: Dtsch. Verl.-Anst. (1965). 203 S.
(Schriftenreihe d. Vierteljahrshefte f. Zeitgeschichte. 10.)

Il **problema** storico del fascismo. A cura di Renato Pavetto. — Firenze: Vallecchi 1970. 113 S.
(Unione italiana per il progresso della cultura.)

Rabinbach, Anson G.: Marxistische Faschismustheorien. Ein Überblick. - In: Ästhetik u. Kommunikation 7 (1976), H. 26, 4–19 u. 8 (1977), H. 27, 89–103.

Rama, Carlos M.: Revolución social y fascismo en el siglo XX. — Buenos Aires, Montevideo: Editorial Palestra 1962. 349 S.

Reich, Wilhelm: Die Massenpsychologie des Faschismus. (3. korrig. u. erw. Aufl.) — (Köln:) Kiepenheuer & Witsch (1971). 384 S.

Reich, Wilhelm: The mass psychology of fascism. — New York: Orgone Institute Press 1946. XXIV, 344 S.

Repaci, Antonino: Fascismo vecchio e nuovo e altri saggi. — Torino: Bottega d'Erasmo 1954. 200 S.

Rosner, Jacob: Der Faschismus. Seine Wurzeln, sein Wesen, seine Ziele. Fragmentarische Versuche. — Wien: Selbstverl. J. Rosner 1966. 255 S.

Rossi, Ernesto: Il manganello e l'aspersorio. — Milano: Parenti 1958. 472 S.
(Collana Stato e Chiesa. 3.)

Saage, Richard: Faschismustheorien. Eine Einführung. - München: Beck 1976. 184 S.
(Beck'sche schwarze Reihe. 141.)

Saccomani, Edda: Le interpretazioni sociologiche del fascismo. - Torino: Loescher 1977. 340 S.

Salvemini, Gaetano: Scritti sul fascismo. Vol. 1. A cura di Roberto Vivarelli. — Milano, Feltrinelli 1961. XIV, 671 S.

Santarelli, Enzo: Fascismo e neofascismo. - Roma: Ed. Riuniti 1974. XXIII, 323 S.

Santarelli, Enzo: Ricerche sul fascismo. — Urbino: Argalia 1971. 363 S.

Schieder, Wolfgang: Fascismo e nazionalsocialismo. Profilo d'uno studio strutturale comparativo. — In: Nuova Riv. stor. 54 (1970), 115—124.

Schüddekopf, Otto-Ernst: Bis alles in Scherben fällt (Fascism, dt.) Die Geschichte des Faschismus. - (München:) Bertelsmann (1973). 217 S.

Schulz, Gerhard: Faschismus, Nationalsozialismus. Versionen und theoretische Kontroversen, 1922-1972. - Berlin: Propyläen-Verl. (1974). 222 S.

Schweizer, Gerhard: Bauernroman und Faschismus. Zur Ideologiekritik einer literarischen Gattung. - Tübingen: Tübinger Vereinigung f. Volkskunde 1976. 337 S.
(Untersuchungen des Ludwig-Uhland-Instituts der Universität Tübingen. 42.)

Sitti, Renato: Il primo antifascismo ferrarese. 1920—1943. — Ferrara: Marfisa 1963. 50 S.

Slobodskoi, S. M.: Storia del fascismo [Ital'janskij fašizm i ego krach, italien.] — [Roma:] Editori Riuniti (1962). 185 S.
(Enciclopedia tascabile. 52.)

Soucy, Robert J.: The nature of fascism in France. — In: J. Contemp. Hist. 1 (1966), H. 1, 27—55.

Stollmann, Rainer: Ästhetisierung der Politik. Literaturstudien zum subjektiven Faschismus. - Stuttgart: Metzler 1978. 221 S.
(Metzler Studienausgabe.)

Strasser, Otto: Der Faschismus. Geschichte und Gefahr. — München, Wien: Olzog (1965). 109 S.
(Politische Studien. Beih. 3.)

Sugar, Peter F.: Native fascism in the successor states, 1918-1945. - Santa Barbara, Calif.: ABC-Clio Press 1971. 166 S.

Tasca, Angelo: Glauben, gehorchen, kämpfen; credere, abbedire, combattere (Nascita e avvento del fascismo, dt.) Aufstieg des Faschismus. (Ins Dtsch. übertr. von Claus Gatterer.) Mit e. Beitr. von Ignazio Silone. — Frankfurt a.M.: Europa Verl. (1969). 445 S.

Texte zur Faschismusdiskussion. Positionen und Kontroversen. Hrsg. von Reinhard Kühnl. - Reinbek b. Hamburg: Rowohlt.
1. 1974. 277 S.
(rororo. 1824.)

Thamer, Hans-Ulrich: Ansichten des Faschismus. Der italienische Faschismus in der politischen und wissenschaftlichen Diskussion. - In: Neue polit. Lit. 22 (1977), 19–35.

Thamer, Hans-Ulrich [u.] Wolfgang Wippermann: Faschistische und neofaschistische Bewegungen. Probleme empirischer Faschismusforschung. - Darmstadt: Wiss. Buchgesellsch. 1977. XIII, 268 S.
(Erträge der Forschung. 72.)

Theorien über den Faschismus. Hrsg. von Ernst Nolte. — Köln: Kiepenheuer & Witsch (1967). 513 S.
(Neue wissenschaftliche Bibliothek. 21.)

Tietgens, Hans: Die Verteidigung der Demokratie. Ein Beitrag zur Psychologie des Faschismus. — In: Gewerkschaftl. Monatsh. 4 (1953), 137—141.

Togliatti, Palmiro: A proposito del fascismo. — In: Società 8 (1952), 591—613.

Tondi, Alighiero: Vatikan und Neofaschismus (Vaticano e neofascismo, dt.) Übers. von Erich Salewsk. 2. Aufl. — Berlin: Dietz 1956. 63 S.

Tripodi, Nino: Commento a Mussolini. Note sulla „Dottrina del Fascismo". — Roma: Bocca 1956. 136 S.

Vierhaus, Rudolf: Faschistisches Führertum. Ein Beitrag zur Phänomenologie des europäischen Faschismus. — In: Hist. Z. 198 (1964), 614—639.

Volpe, Gioacchino: Scritti sul fascismo. - Roma: Volpe.
1. 1919-1938. 1976. 261 S.

Weber, Eugen: Varieties of fascism. Doctrines of revolution in the twentieth century. — Princeton, N. J.: Van Nostrand (1964). 191 S.
(Anvil Books. 73.)

Winckler, Lutz: Studie zur gesellschaftlichen Funktion faschistischer Sprache. — (Frankfurt a.M.:) Suhrkamp (1970). 147 S.
(Edition Suhrkamp. 417.)

Wippermann, Wolfgang: Faschismustheorien. Zum Stand der gegenwärtigen Diskussion. - Darmstadt: Wiss. Buchges. 1972. 158 S.
(Erträge der Forschung. 17.)

Wippermann, Wolfgang: Faschismustheorien. Zum Stand der gegenwärtigen Diskussion. 2., verb. und um ein Nachwort erw. Aufl. - Darmstadt: Wiss. Buchgesellschaft 1975. X, 183 S.
(Erträge der Forschung. 17.)

Wippermann, Wolfgang: The postwar German left and fascism. - In: J. contemp. Hist. 11 (1976), H.4, 185–219.

Wiskemann, Elizabeth: Fascism in Italy. Its development and influence. — London: Macmillan 1969. 141 S.

Yamaguchi, Yasushi: Faschismus als Herrschaftssystem in Japan und Deutschland. Ein Versuch des Vergleichs. - In: Gesch. Wiss. Unterr. 27 (1976), 89–99.

Zmarzlik, Hans-Günter: Der Sozialdarwinismus in Deutschland als geschichtliches Problem. — In: Vjh. Zeitgesch. 11 (1963), 246—273.

Antisemitismus

Abosch, Heinz: Antisemitismus als Camouflage. — In: Frankf. H. 23 (1968), 818—820.

Abosch, Heinz: Antisemitismus in Rußland. Eine Analyse und Dokumentation zum sowjetischen Antisemitismus. - Darmstadt: Melzer 1972. 145 S.

Ackerman, Nathan Ward und Marie Jahoda: Anti-semitism and emotional disorder. A psychoanalytic interpretation. — New York: Harper 1950. XIV, 135 S.
(The American Jewish Committee. Social Studies Series. 5.)

Améry, Jean: Der ehrbare Antisemitismus. Eine Rede. - In: Merkur 30 (1976), 533–552.

Andics, Hellmut: Der ewige Jude. Ursachen und Geschichte des Antisemitismus. — Wien: Molden (1965). 415 S.

Antisemitismus. Zur Pathologie d. bürgerlichen Gesellschaft. Mit Beitr. von Fritz Bauer [u. a.] Hrsg. von Hermann Huss u. Andreas Schröder. — (Frankfurt a. M.:) Europ. Verl. Anst. (1965). 193 S.
(Sammlung „res novae". 36.)

Antisemitismus. Die permanente Herausforderung. Hrsg. von Albert Massiczek. — Frankfurt a.M.: Europa-Verl. (1968). 116 S.

„Christlicher **Antisemitismus**..." „Umstrittene Sachen" des WDR. — Köln 1962: (DuMont Schauberg). 50 S.
(Germania Judaica. Schriftenreihe. 4.)

Wider den **Antisemitismus.** Theodor Heuss, Rudolf Hagelstange [u. a.] — (Berlin:) Kongreß f. kulturelle Freiheit, Dt. Ausschuß [1953]. 31 S.

Baron, Salo W.: Changing patterns of antisemitism. A survey. - In: Jew. soc. Stud. 38 (1976), 5–38.

Bein, Alexander: Der moderne Antisemitismus und seine Bedeutung für die Judenfrage. — In: Vjh. Zeitgesch. 6 (1958), 340—360.

Bein, Alexander: Die Judenfrage in der Literatur des modernen Antisemitismus als Vorbereitung zur „Endlösung". — In: Bull. Leo Baeck Inst. 6 (1963), 4—51.

Berdiajew, Nikolai: Christentum und Antisemitismus. Das religiöse Schicksal des Judentums. — In: Hamburg. Akad. Rdsch. 3 (1948/49), 1—14.

Berger, Paul C.: Der sowjetische Antisemitismus. — In: Nation Europa 3 (1953), H. 3, 33—35.

Bernstein, Peretz F.: Jew-hate as a sociological problem. Transl. by David Saraph. — New York: Philosophical Library 1951. 300 S.

Böhm, Franz: Antisemitismus im 19. Jahrhundert. — In: Bull. Leo Baeck Inst. 4 (1961), H. 16, 268—280.

Borée, Karl Friedrich: Semiten und Antisemiten. Begegnungen und Erfahrungen. — Frankfurt a.M.: Europ. Verl. Anst. 1960. 115 S.

Braatz, Werner E.: Antisemitismus, Antimodernismus und Antiliberalismus im ausgehenden 19. Jahrhundert. — In: Polit. Stud. 22 (1971), 20—33.

Cohen, Elliot E. [Ed.]: The new red anti-semitism. A symposium. — New York: Beacon Press 1953. 58 S.

Conference on Anti-Semitism 1969. Papers delivered at the fourth Lerntag of the American Federation of Jews from Central Europe. New York City, March 23, 1969. Herbert A. Strauss, ed. — New York: [Selbstverl. d. Hrsg.] (1969). 53 S.

Deissler, Bruno: Geschichte des Antisemitismus. - In: Gesch. Wiss. Unterr. 25 (1974), 588–600.

Fejtö, François: Judentum und Kommunismus (Les juifs et l'antisémitisme dans les pays communistes, dt.) Antisemitismus in Osteuropa. (Aus d. Französ. von Gertrud Kanda u. Elisabeth Eberan.) — Frankfurt a. M.: Europa-Verl. (1967). 263 S.
(Europäische Perspektiven.)

Fetjö, François: Les Juifs et l'antisémitisme dans les pays communistes (entre l'intégration et la sécession), suivi de documents et de témoignages. — Paris: Plon 1960. 273 S.

Foster, Arnold: The new antisemitism. - New York: McGraw-Hill 1974. XII, 354 S.

Frenkel-Brunswik, Else und R. N. Sanford: La personnalité antisémite. — In: Temps mod. 6 (1950), 577—602.

Freudenberg, Adolf [u. a.]: Antisemitismus, Judentum, Staat Israel. — Frankfurt: Stimme Verl. 1963. 121 S.
(Antworten. 3)

Friedländer, Saul: L'antisémitisme nazi. Histoire d'une psychose collective. — Paris: Edit. du Seuil 1971. 208 S.
(Coll. „L'Histoire immédiate".)

Gathmann, Hans: Der latente Antisemitismus. Prozesse und Fälle in der Bundesrepublik. — In: Polit. Meinung 4 (1959), H. 34, 61—72.

Glock, Charles Y. [u.] Rodney Stark: Christian beliefs and anti-semitism. — New York: Harper & Row (1966). XXI, 266, 24 S.
(University-of-California-Five-Year-Study of Anti-Semitism in the United States.)

Goldschmidt, Dietrich: Zur Soziologie des Antisemitismus. — In: Gesch. Wiss. Unterr. 11 (1960), 285—296.

Goldstein, Anatole: Anti-semitism and war crimes. — New York: Institut of Jewish Affairs 1955. 21 S.

Hammer, Richard: Bürger zweiter Klasse. Antisemitismus in der Volksrepublik Polen und der UdSSR. – Hamburg: Hoffmann & Campe 1974. 278 S.

Harpprecht, Klaus: Im Keller der Gefühle. Gibt es noch einen deutschen Antisemitismus? — In: Monat 11 (1958/59), H. 128, 13—20.

Hertzberg, Arthur: The French enlightenment and the Jews. — New York: Columbia University Press 1968. VIII, 420 S.
[Über die Grundlagen des modernen Antisemitismus.]

Herzfeld, Hans: Ein ungelöstes Problem. Der Antisemitismus — eine deutsche Schicksalsfrage. — In: Polit. Meinung 5 (1960), H. 46, 39—50.

Herzstein, Robert Edwin: Richard Wagner at the crossroads of German anti-semitism. 1848—1933. A re-interpretation. — In: Z. Gesch. Juden 4 (1967), 119—140.

Heydorn, Heinz-Joachim: Judentum und Antisemitismus. — In: Gewerkschaft. Monatsh. 9 (1958), 352—364.

Jaeger, Hans: Kommunismus und Antisemitismus. — In: Dtsch. Rdsch. 78 (1952), 357—365.

Jéhouda, Josué: L'antisémitisme. Miroir du monde. — Genève: Ed. Synthesis [1958]. 380 S.

Isaac, Jules: Genèse de l'antisémitisme. Essai historique. — Paris: Calmann-Lévy 1956. 354 S.

Isaac, Jules: Genesis des Antisemitismus (Genèse de l'antisémitisme, dt.) Vor und nach Christus. (Ins Dtsch. übertr. von Margarete Venjakob). — Frankfurt a. M.: Europa-Verl. (1969). 272 S.
(Europäische Perspektiven.)

Judenfeindschaft. Darstellung u. Analysen. Hrsg. von Karl Thieme. — (Frankfurt a. M.:) Fischer Bücherei (1963). 326 S.
(Fischer Bücherei. 524.)

Kahler, Erich: Ursprung und Wandlung des Judenhasses. In: Die Verantwortung des Geistes. Gesammelte Aufsätze. — Frankfurt a. M.: Fischer 1952, 53—91.

Kampmann, Wanda: Adolf Stoecker und die Berliner Bewegung. Ein Beitrag zur Geschichte des Antisemitismus. — In: Gesch. Wiss. Unterr. 13 (1962), 558—579.

Karbach, Oskar: Die politischen Grundlagen des deutsch-österreichischen Antisemitismus. — In: Z. Gesch. Juden 1964, 1—8; 103—116; 169—178.

Klesse, Max: Vom alten zum neuen Israel. Ein Beitrag zur Genese d. Judenfrage u. d. Antisemitismus. — Frankfurt a. M.: Ner-Tamid-Verl. 1965. 567 S.

Köhler, Hans: Wurzeln des Antisemitismus. — (Duderstadt 1958: Wagner.) 32 S.
(Schriften der Landeszentrale für Heimatdienst in Niedersachsen. A, 8.)

Lazare, Bernhard: L'antisémitisme. Son histoire et ses causes. — Liguge: Impr. Aubin 1969. 199 S.
(Documents et Témoignages.)

Lehr, Stefan: Antisemitismus, religiöse Motive im sozialen Vorurteil. Aus der Frühgeschichte des Antisemitismus in Deutschland 1870-1914. – München: Kaiser 1974. VIII, 291 S.
(Abhandlungen zum christlich-jüdischen Dialog. 5.)
Diss., Universität Köln.

Lendvai, Paul: Anti-semitism without Jews. Communist Eastern Europe. — Garden City, N.Y.: Doubleday 1971. VI, 393 S.

Leschnitzer, Adolf: The magic background of modern anti-semitism. An analysis of the German-Jewish relationship. — New York: International Universities Press 1956. 213 S.

Liefmann, Else: Mittelalterliche Überlieferungen und Antisemitismus. Ein tiefenpsychologischer Beitrag zu seinem Verständnis. — In: Psyche 5 (1951), 481—496.

Löwe, Heinz-Dietrich: Antisemitismus und reaktionäre Utopie. Russischer Konservatismus im Kampf gegen den Wandel von Staat und Gesellschaft, 1890-1917. – (Hamburg:) Hoffmann & Campe (1978). 303 S.
(Historische Perspektiven. 13.)

Loewenberg, Peter: Die Psychodynamik des Antijudentums. – In: Jb. Inst. dtsch. Gesch. 1 (1972), 145–158.

Loewenstein, Rudolph M[aurice]: Psychoanalyse des Antisemitismus (Psychanalyse de l'antisémitisme, dt.) (Aus d. Französ. übers. von Lothar Baier.) — (Frankfurt a.M.:) Suhrkamp (1968). 173 S.
(Edition Suhrkamp. 241.)

Lovsky, F.: Antisémitisme et mystère d'Israel. — Paris: Michel 1955. 560 S.

Lovsky, F.: L'antisémitisme rationaliste. — In: Rev. Hist. Phil. relig. 30 (1950), 176—199.

Lovsky, F.: „Christlicher Antisemitismus" und moderner Rassismus. — In: Dokumente 8 (1952), 305—314.

Mann, Golo: Der Antisemitismus. Wurzeln, Wirkung und Überwindung. (Vortrag, [geh.] am 14. Juni 1960 vor d. Rhein-Ruhr-Klub e.V. in Düsseldorf.) (3. Aufl.) — München, Frankfurt a. M.: Ner-Tamid-Verl. 1961. 36 S.
(Vom Gestern zum Morgen. 3.)

Maritain, Jacques: Ein Brief über den Antisemitismus. — In: Hamburg. Akad. Rdsch. 3 (1948/49), 214—219.

Marx, Karl: Die neue Toleranz in Deutschland. Hat der Antisemitismus noch eine Chance? — In: Polit. Meinung 1957, H. 15, 27—34.

Massing, Paul W.: Rehearsal for destruction. A study of political anti-semitism in imperial Germany. — New York: Harper 1949. XVIII, 341 S.

Massing, Paul W.: Vorgeschichte des politischen Antisemitismus (Rehearsal for destruction, [dt.] Aus dem Amerikan. übersetzt u. für d. dtsch. Ausgabe bearb. von Felix J. Weil.) — (Frankfurt a. M.): Europ. Verl. Anst. (1959). VIII, 285 S.
(Frankfurter Beiträge zur Soziologie. 8.)

Oestmann, Erika: Antisemitischer Nationalismus und nationales Judentum. — In: Polit. Studien 12 (1961), 575—590.

Ornstein, Hans: Der antijüdische Komplex. Versuch einer Analyse. — Zürich: Verl. Die Gestaltung (1949). 99 S.

Parkes, James: Antisemitism. — Chicago: Quadrangle Books 1964. XIII, 192 S.

Parkes, James: An enemy of the people: Antisemitism. — New York: Harmondsworth 1945. 149 S.
(Penguin Books. 521.)

Phelps, Reginald H.: Hitlers „grundlegende" Rede über den Antisemitismus. — In: Vjh. Zeitgesch. 16 (1968), 390—420.

Poliakov, Léon: Geschichte des Antisemitismus (Histoire de l'antisémitisme, dt. D. dtsch. Übers. besorgte Rudolf Pfisterer.) — Worms: Heintz.
 1. Von der Antike bis zu den Kreuzzügen. (1977). XI, 93 S.
 2. Das Zeitalter der Verteufelung und des Ghettos. Mit e. Anh. zur Anthropologie der Juden. (1978). VIII, 239 S.

Poliakov, Léon: Histoire de l'antisémitisme. Vol. 1. — Paris: Calman-Lévy 1955. 339 S.

Porter, David: A conspiracy of complicity and complacency. An anatomy of evils of our century. — New York: Vantage Press 1966. 188 S.

Pross, Harry: Antisemitismus in der Bundesrepublik. — In: Dtsch. Rdsch. 82 (1956), 1069—1076.

Pulzer, Peter G. J.: Die Entstehung des politischen Antisemitismus in Deutschland und Österreich 1867—1914 (The rise of political Anti-Semitism in Germany and Austria, dt.) (Übers. von Jutta u. Theodor Knust.) — (Gütersloh:) Mohn (1966). 312 S.

Reichmann, Eva G.: Antisemitismus — Ideologie der Krise. — In: Hamburg. Akad. Rdsch. 3 (1948/49), 434—439.

Rotenstreich, Nathan: The recurring pattern. Studies in anti-judaism in modern thought. — London: Weidenfeld & Nicolson 1963. 136 S.

Sartre, Jean-Paul: Betrachtungen zur Judenfrage. Psychoanalyse des Antisemitismus. — Zürich: Europa-V. (1948). 135 S.

Sorlin, Pierre: L'antisémitisme allemand. — Paris: Flammarion 1969. 124 S.
(Coll. „Questions d'histoire".)

Stechert, Kurt: Die Geburt des Rassenantisemitismus. — In: Hamburg. Akad. Rdsch. 3 (1948/49), 102—112.

Sterling, Eleonore: Er ist wie du. Aus der Frühgeschichte des Antisemitismus in Deutschland (1815—1850). — München: Chr. Kaiser 1956. 235 S.

Stokvis, B.: The significance of the collective guilt complex in antisemitic aggression. — In: Folia psychiatrica [Amsterdam] 54 (1954), H. 1, 33—39.

Studnitz, Hans Georg von: Die Bewältigung des Antisemitismus in Deutschland. — In: Außenpolitik 10 (1959), 744—750.

Sulzbach, Walter: Die zwei Wurzeln und Formen des Judenhasses. — Stuttgart: Kohlhammer 1959. 55 S.

Toury, Jacob: Jüdische Parteigänger des Antisemitismus. — In: Bull. Leo Baeck Inst. 4 (1961), 323—335.

Tumin, Melvin T.: An inventory and appraisal of research on American anti-semitism. — New York: Freedom Books 1961. V, 185 S.

Weinzierl, Erika: Stereotypen christlicher Judenfeindschaft. — In: Wort & Wahrheit 25 (1970), 343—355.

Zmarzlik, Hans-Günter: Der Antisemitismus im Zweiten Reich. — In: Gesch. Wissensch. Unterr. 14 (1963), 273—286.

Spezielle Fragen

Aron, Raymond: Über die Freiheiten (Essai sur les libertés, dt.) Essay. (Aus d. Französ. übers. von Arend Kulenkampff.) — (Frankfurt a. M.:) S. Fischer (1968). 152 S.

Bahne, Siegfried: „Sozialfaschismus" in Deutschland. Zur Geschichte eines politischen Begriffs. — In: Internat. Rev. Soc. Hist. 10 (1965), 211—245.

Boarman, Patrick M.: Is freedom absolute? — In: Modern Age 10 (1965/66), 7—20.

Conrad-Martius, Hedwig: Utopien der Menschenzüchtung. Der Sozialdarwinismus und seine Folgen. — München: Kösel (1955). 312 S.

Dahmer, Helmut: Was war Nationalbolschewismus? — In: Gewerksch. Monatsh. 14 (1963), 293—297.

Dahrendorf, Ralf: Die neue Freiheit. Überleben und Gerechtigkeit in einer veränderten Welt. — München: Piper (1975). 160 S.

Dodge, Dorothy R. [u.] Duncan H. Baird [Ed.]: Continuities and discontinuities in political thought. A transitional study. — New York: Wiley 1975. 314 S.

Fetscher, Iring: Unterwegs zur Freiheit. Ihr marxistisches und ihr christliches Verständnis. — In: Wort u. Wahrheit 21 (1966), 426—434.

Grünagel, Fritz: Kollektivismus als Krise der Zeit. — Köln: Dt. Industrie-V. 1952. 4 gez. Bl.
(Vortragsreihe des Dt. Industrieinstituts. 40.)

Heimann, Horst: Freiheit als Idee und Ideologie. — In: Monat 18 (1966), H. 211, 5—15.

Hippel, Ernst von: Dostojewskijs Kampf gegen den Nihilismus. — In: Stimmen d. Zeit 77 (1951/52), 356—367.

Jaeger, Hans: Der Nationalbolschewismus. — In: Dtsch. Rdsch. 77 (1951), 991—997.

Jenke, Manfred: Die nationale Rechte. Parteien, Politiker, Publizisten. — Berlin: Colloquium-Verl. (1967). 227 S.

Kallenberg, Fritz: Zum Geschichtsbild des Rechtsradikalismus in Deutschland. Referat. — (Mainz: Inst. f. Staatsbürgerl. Bildung in Rheinland-Pfalz 1967.) 16 S.

Kamlah, Wilhelm: Probleme einer nationalen Selbstbesinnung. — Stuttgart: Kohlhammer (1962). 40 S.

Klemperer, Klemens von: Towards a Fourth Reich? The history of national bolshevism in Germany. — In: Rev. Politics 13 (1951), 191—210.

Knoll, Joachim H.: Führungsauslese in Liberalismus und Demokratie. Zur politischen Geistesgeschichte der letzten 100 Jahre. — Stuttgart: Schwab (1957). 230 S.

Kraft, Julius: Theologische und juristische Formen modernen politischen Wunderglaubens. — In: Vjh. Zeitgesch. 5 (1957), 173—181.

Kuhn, Annette: Was heißt „christlich-sozial"? Zur Entstehungsgeschichte eines politischen Begriffs. — In: Z. Politik 10 (1963), 102—122.

Loewenstein, Karl: Über das Verhältnis von politischen Ideologien und politischen Institutionen. — In: Z. Politik 2 (1955), 191—210.

Lübbe, Hermann: Säkularisierung. Geschichte eines ideenpolitischen Begriffs. München: Alber (1965). 135 S.

Lukács, Georg: Die Zerstörung der Vernunft. Der Weg des Irrationalismus von Schelling bis Hitler. — Berlin: Aufbau-V. 1955. 692 S.

Monaco, Riccardo: La fase attuale del regionalismo internazionale. — In: Comunità int. 12 (1957), 191—209.

Paetel, Karl O[tto]: Politischer Mythos und Realismus. — In: Z. Geopolitik 26 (1955), 705—713.

Paetel, Karl O[tto]: Der deutsche Nationalbolschewismus 1918/1932. — In: Außenpolitik 3 (1952), 229—242.

Paetel, Karl O[tto]: Versuchung oder Chance? Zur Geschichte des deutschen Nationalbolschewismus. — Göttingen: Musterschmidt (1965). 343 S.

Pannwitz, Rudolf: Der Nihilismus und die werdende Welt. — Nürnberg: Carl 1951. 308 S.

Rauschning, Hermann: Der Nihilismus des 20. Jahrhunderts und seine Überwindung. — In: Universitas 7 (1952), 515—522, 625—632.

Rechtsradikalismus. Mit Beitr. von Iring Fetscher, Helga Grebing, Gert Schäfer [u.a.] Hrsg. von Iring Fetscher. (2. Aufl.) — (Frankfurt a.M.:) Europ. Verl. Anst. (1967). 252 S.
(Sammlung „res novae". 53.)

Ruyssen, Théodore: Les sources doctrinales de l'internationalisme. Vol. I. — Paris: Presses Universitaires 1954. 503 S.

Schack, Herbert: Volksbefreiung. Sozialrevolutionäre Ideologien der Gegenwart. - Frankfurt a. M.: Akadem. Verlagsges. Athenaion 1971. 239 S.

Signale von rechts. 100 Jahre Programme rechtsradikaler Parteien und Organisationen 1867—1967. Zsgest. von Kurt Hirsch. — München: Goldmann (1967). 167 S.
(Goldmanns gelbe Taschenbücher. 1892.)

Stegner, Artur: Die Überwindung des Kollektivismus. — Göttingen: Göttinger Verl.Anst. 1953. 344 S.

Utz, Arthur [Fridolin]: Zwischen Neoliberalismus und Neomarxismus. Die Philosophie des 3. Weges. - Köln: Hanstein 1975. 184 S.
(Gesellschaft, Kirche, Wirtschaft. 8.)

Wendland, Heinz Dietrich: Der Begriff Christlich-sozial. Seine geschichtliche u. theologische Problematik. — Köln: Westdtsch. Verl. (1962). 60 S.
(Arbeitsgemeinschaft f. Forschung d. Landes Nordrhein-Westfalen. Geisteswissenschaften. 104.)

Wittig, Hans: Freiheit als Problem und Aufgabe. — In: Neue Sammlung 6 (1966), 348—362.

Politikwissenschaftliche Fragestellungen

Allgemeines

Adorno, Theodor W[iesengrund]: Gesellschaftstheorie und Kulturkritik. - Frankfurt a.M.: Suhrkamp 1975. 178 S.
(Edition Suhrkamp. 772.)

Ake, Claude: A theory of political integration. — Homewood/Ill.: Dorsey Press 1967. 164 S.

Alemann, Ulrich von [u.] Erhard Forndran: Methodik der Politikwissenschaft. Eine Einführung in Arbeitstechnik und Forschungspraxis. - Stuttgart: Kohlhammer 1974. 179 S.
(Grundkurs Politik. 1.)

Vergleichende **Analyse** politischer Systeme. Comparative politics. [Hrsg.:] Guenther Doeker. — Freiburg: Rombach (1971). 470 S.
(Sozialwissenschaft in Theorie und Praxis. 14.)

Arendt, Hannah: Kultur und Politik. — In: Merkur 12 (1958), 1122—1145.

Aron, Raymond: Réflexions sur la politique et la science politique française. — In: Rev. franç. Science polit. 5 (1955), 5—20.

Barents, Jan: Political science in Western Europe. A trend report. — London: Stevens 1961. IX, 121 S.

Bechtoldt, Heinrich [u.] Walter Mogg: Politikwissenschaft. — Berlin: Habel [1971]. 285 S.
(Das Wissen der Gegenwart. Geisteswiss.)

Behr, Wolfgang: Vermittlungsprobleme der Politikwissenschaft. - In: Mat. polit. Bildung 1974, H. 5, 33—50.

Berg-Schlosser, Dirk, Herbert Maier [u.] Theo Stammen: Einführung in die Politikwissenschaft. - München: Beck 1974. IX, 331 S.
(Beck'sche Elementarbücher.)

Berg-Schlosser, Dirk: Politische Kultur. Eine neue Dimension politikwissenschaftlicher Analyse. — München: Vögel 1972. 214 S.
(Politik und politische Bildung.)

Bergsträsser, Arnold: Geschichtliches Bewußtsein und politische Entscheidung. Eine Problemskizze. — In: Geschichte u. Gegenwartsbewußtsein, Festschrift f. Hans Rothfels zum 70. Geburtstag, Göttingen: Vandenhoeck & Ruprecht (1963), 9—38.

Bergsträsser, Arnold: Politik in Wissenschaft und Bildung. Schriften und Reden. — Freiburg i. Br.: Rombach (1961). 291 S.
(Freiburger Studien zu Politik und Soziologie.)

Bergstraesser, Arnold: Wissenschaftliche Politik in unserer Zeit. — In: Vjh. Zeitgesch. 6 (1958), 219—230.

Bergsträsser, Arnold: Weltpolitik als Wissenschaft. Geschichtliches Bewußtsein u. politische Entscheidung. — (Köln: Westdtsch. Verl.) 1965. 265 S.
(Ordo politicus. 1.)

Beyme, Klaus von: Die politischen Theorien der Gegenwart. Eine Einführung. — München: Piper 1972. 336 S.
(Piper Sozialwissenschaft. 12. Texte und Studien zur Politologie.)

Bill, James A[lban] [u.] Robert L. Hargrave: Comparative politics. The quest in theory. — Columbus, Ohio: Ch. E. Merrill 1973. 261 S.

Blissett, Marlan: Politics in science. — Boston: Little, Brown 1972. XVII, 229 S.

Bluhm, William T.: Ideologies and attitudes. Modern political culture. — Englewood Cliffs, N. J.: Prentice Hall 1974. XIV, 385 S.

Bobbio, Roberto: Saggi sulla scienza politica in Italia. — Bari: Laterza 1971. 253 S.

Brecht, Arnold: Political theory. The foundations of 20th-century political thought. — Princeton: Princeton University Press (1959). 608 S.

Bull, Hans Peter: Wertbezug und Normativität in der Politikwissenschaft. Vorbemerkungen zu einer Kooperation von Politik- und Staatsrechtswissenschaft. — In: Juristenztg. 29 (1974), 160—165.

Burdeau, Georges: Einführung in die politische Wissenschaft. (Méthode de la science politique, dt.) (Übers.: Rudolf Stich u. Maria Stich.) — (Neuwied a. Rh.:) Luchterhand (1964). 502 S.
(Politica. 12.)

Burdeau, Georges: Méthode de la science politique. — (Paris): Dalloz 1959. 495 S.

Burdeau, Georges: Traité de science politique. — Paris: Librairie générale de Droit et de Jurisprudence.
1. Le pouvoir politique. 1949. 499 S.
2. L'état. 1949. 577 S.
3. Le statut du pouvoir dans l'état. 1950. 620 S.
4. Les régimes politiques. 1952. 506 S.

Buse, Michael [u.] Siegfried Pabst: Politische Wissenschaft und politische Praxis. — In: Aus Politik und Zeitgeschichte, Beilage zur Wochenzeitung „Das Parlament" Nr. 39 vom 1. Oktober 1977, 3–14.

Bußhoff, Heinrich: Zur neueren Diskussion des Sinnproblems. Einige politiktheoretische Bemerkungen. — In: Kölner Z. Soziol. u. Sozialpsychol. 26 (1974), 715–741.

Bußhoff, Heinrich: Politikwissenschaft und Pädagogik. Studien über den Zusammenhang von Politik und Pädagogik. — Berlin: Duncker & Humblot (1968). 174 S.
(Beiträge zur politischen Wissenschaft. 4.)

Bußhoff, Heinrich: Systemtheorie als Theorie der Politik. Eine Studie über politische Theorie als Grundlagendisziplin der Politischen Wissenschaft. — Pullach b. München: Verl. Dokumentation (1975). 284 S.
(Uni-Taschenbücher. 467.)

Cabot, H. und J. A. Kahl: Human relations. Concepts and cases in concrete social science. — Cambridge, Mass.: Harvard University Press 1953. XXXIII, 333; IX, 273 S.

Chandler, Albert Richard: The clash of political ideals. A source book on democracy, communisme and the totalitarian state. Rev. ed. — New York: Appleton 1949. XIX, 335 S.

Chevallier, Jean-Jacques: Les grandes oeuvres politiques, de Macchiavel à nos jours. — Paris: Colin 1949. XIII, 406 S.

Cobban, Alfred: Der Verfall der politischen Theorie. — In: Monat 6 (1953/54), T. 2, 227—237.

Cochran, Clarke E.: Political science and „the public interest". — In: J. Politics 36 (1974), 327–355.

Cook, Thomas I.: The prospects of political science. — In: Rev. Politics 17 (1955), 265—274.

Curtis, Michael: Comparative government and politics. An introductory essay in political science. — New York: Harper & Row 1968. 266 S.
(Harpers Comparative Government Series.)

Dahl, Robert A.: Die politische Analyse (Modern political analysis, dt. Aus d. Amerikan. von Wilhelm Höck.) — München: List 1973. 221 S.
(List-Taschenbücher der Wissenschaft. 1561.)

Dahlmann, Friedrich-Christoph: Die Politik (auf den Grund und das Maß der gegebenen Zustände zurückgeführt). Einl. von Manfred Riedel. — (Frankfurt a.M.:) Suhrkamp (1968). 305 S.
(Theorie. 1.)

Decker, Günter: Zum gegenwärtigen Stand der politischen Wissenschaft. — In: Pol. Lit. 2 (1953), 442—445.
Sammelbesprechung.

Deutsch, Karl W.: Staat, Regierung, Politik (Politics and government, dt.) Eine Einführung in die Wissenschaft der vergleichenden Politik. (Aus d. Amerikan. übers. von Michaela Steiner.) — Freiburg: Rombach (1976). 544 S.

Dillon, Conley H. [u. a.]: Introduction to political science. — Princeton Van Nostrand 1958. 370 S.

Dror, Yehezkel: Design for political sciences. — New York: American Elsevier 1971. X, 156 S.
(Policy Sciences Book Series.)

Duchacek, Ivo D.: Comparative dimensions of politics. — New York: Holt, Rinehart & Winston 1970. XIV, 370 S.
(Modern Comparative Political Series.)

Dürrenmatt, Peter: Zerfall und Wiederaufbau der Politik. — Bern: Francke (1951). 240 S.

Easton, David: The political system. An inquiry into the state of political science. — New York: Knopf 1953. 320 S.

Eaton, David: The new revolution in political science. — In: Amer. Polit. Science Rev. 63 (1969), 1051—1061.

Ehrlich, Stanislaw: Rechtspositivismus, Rechtssoziologie und Politische Wissenschaften. — In: Staat 5 (1966), 407—422.

Einführung in die politische Wissenschaft. Hrsg. von Wolfgang Abendroth u. Kurt Lenk. — München: Francke (1968). 360 S.
(Sammlung Dalp. 102.)

Ellwein, Thomas: Politische Verhaltenslehre. 2., durchges. Aufl. — Stuttgart: Kohlhammer (1964). 229 S.
(Politische Paperbacks bei Kohlhammer.)

Ernst, Franz: Grundlagen der politischen Gegenwartskunde. — Frankfurt a. M.: Bollwerk-V. 1955. XII, 464 S.

Eschenburg, Theodor: Politik und Moral in unserer Zeit. — In: Polit. Studien 11 (1960), 295—304.

Eysenck, H. J.: The psychology of politics. — London: Routledge & Kegan Paul (1954). XVI, 317 S.

Faktoren der Machtbildung. Wissenschaftliche Studien zur Politik. Mit Beitr. von K[arl] D[ietrich] Bracher [u. a.] Red.: A[rcadius] R[udolf] L[ang] Gurland. — Berlin: Duncker & Humblot 1952. 200 S.
(Schriften des Instituts für politische Wissenschaft. 2.)

Fetscher, Iring: Politikwissenschaft. — (Frankfurt a. M.:) Fischer-Bücherei (1968). 323 S.
(Funkkolleg zum Verständnis der modernen Gesellschaft. 3.)
(Fischer-Bücherei. 871.)

Fijalkowski, Jürgen: Die Bedeutung der Soziologie für die politische Wissenschaft. — In: Gesellschaft, Staat, Erziehung 10 (1965), 6—11.

Flechtheim, Ossip K.: Politik als Wissenschaft. — Berlin: Weiß 1953. 42 S.
(Schriftenreihe der Dt. Hochschule für Politik.)

Flohr, Heiner: Rationalität und Politik. — Neuwied: Luchterhand 1975.
1. Einige Grundprobleme von Theorie und Praxis. VI, 151 S.
2. Einige konkrete Bedingungen rationaler Politik. VII, 148 S.
(Arbeitsmittel für Studium und Unterricht.)

Foerster, Friedrich Wilhelm: Politische Ethik. (4. neubearb. u. erw. Aufl.) — Recklinghausen: Paulus-V. (1956). 344 S.

Politische Forschung. Beiträge zum zehnjährigen Bestehen des Instituts für politische Wissenschaft. Hrsg. von Otto Stammer. — Köln, Opladen: Westdt. Verl. 1960. XI, 272 S.
(Schriften des Instituts für politische Wissenschaft. 17.)

Fraenkel, Ernst: Die Wissenschaft von der Politik und die Gesellschaft. — In: Gesellschaft, Staat, Erziehung 8 (1963), 273—285.

Freund, Julien: L'essence politique. — Paris: Sirey 1965. 800 S.
(Coll. „Philosophie politique".)

Freund, Julien: Qu'est-ce que la politique? — Paris: Édit. du Seuil 1968. 187 S.
(Coll. „Politique". 21.)

Freund, Ludwig: Politik und Ethik. Möglichkeiten und Grenzen ihrer Synthese. — Frankfurt a. M. und Berlin: Metzner 1955. XII, 318 S.

Freund, Ludwig: Politik und Ethik. Möglichkeiten und Grenzen ihrer Synthese. (2., veränd. Aufl.) — (Gütersloh:) Mohn (1961). 351 S.

Freund, Michael: Ist eine Wissenschaft von der Politik möglich? — In: Gesch. Wiss.Unterr. 3 (1952), 129—137.

Freyer, Hans: Politische Grundbegriffe — Demokratie, Liberalismus, Sozialismus, Konservativismus — an ihrem Ursprung aufgesucht. — Wiesbaden: Kesselring (1951). 74 S.
(Schule und Hochschule.)

Friedman, W.: An introduction to world politics. — New York: Macmillan 1951. XII, 313 S.

Friedrich, Carl J.: Grundsätzliches zur Geschichte der Wissenschaft von der Politik. — In: Z. Politik 1 (1954), 325—336.

Friedrich, Carl Joachim: Die Politische Wissenschaft. — Freiburg i. Br., München: Alber 1961. XI, 450 S.
(Orbis academicus. I, 8.)

Gablentz, Otto Heinrich von der: Einführung in die Politische Wissenschaft. — Köln: Westdtsch. Verl. (1965). 378 S.
(Die Wissenschaft von der Politik. 1.)

Gablentz, Otto Heinrich von der: Der Kampf um die rechte Ordnung. Beiträge zur politischen Wissenschaft. — Köln: Westdtsch. Verl. 1964. 350 S.

Gablentz, Otto Heinrich von der: Die Maßstäbe der politischen Entscheidung. ⟨Prolegomena zu einer politischen Ethik.⟩ — In: Faktoren der politischen Entscheidung. Festgabe für Ernst Fraenkel zum 65. Geburtstag. Berlin: de Gruyter 1963. 11—38.

Gablentz, Otto Heinrich von der: Politik als Wissenschaft. — In: Z. Politik 1 (1954), 2—23.

Gablentz, Otto Heinrich von der: Sache und Methode der Politischen Wissenschaft. — In: Polit. Vjschr. 10 (1969), 486—534.

Gablentz, O. H. von der: Die politischen Theorien seit der Französischen Revolution. — Köln, Opladen: Westdtsch. Verl. 1957. 247 S.

Gablentz, Otto Heinrich von der: Politische Wissenschaft und Philosophie. — In: Polit. Vjschr. 1 (1960), 4—11.

GESELLSCHAFT UND POLITIK

Gilpin, Robert [u.] Christopher Wright: Scientists and national policy-making. — New York, London: Columbia University Press 1964. 307 S.

Goldman, Ralph M.: Contemporary perspectives on politics. — New York: Van Nostrand 1972. 454 S.

Gollwitzer, Helmut: Forderungen der Freiheit. Aufsätze u. Reden zur politischen Ethik. — München: Kaiser 1962. XXXIX, 389 S.

Grabowsky, Adolf: Einführung in die Politik. — Braunschweig: Schlösser-V. (1953). 68 S.

Grabowsky, Adolf: Politik im Grundriß. — Freiburg i. Br., Frankfurt a. M.: Dikreiter (1952). 437 S.

Grabowsky, Adolf: Politik im Grundriß. 2. Aufl. — Köln: Heymann (1971). XXXVIII, 264 S.

Graham, George J. [u.] George W. Carey: The post-behavioral era. Perspectives on political science. — New York: Mc Kay 1972. XII, 305 S.

Grazia, Alfred de: The elements of political science. — New York: Knopf 1942. 635 S.

Green, Philip [u.] Sanford Levinson [Ed.]: Power and community. Dissenting essays in political science. — New York: Pantheon Books 1970. IX, 396 S.

Greiffenhagen, Martin: „Politische Theologie" und Politikwissenschaft. — In: Gesellsch., Staat, Erzieh. 8 (1963), 142—155.

Grosser, Alfred: In wessen Namen (Au nom de quoi, dt.) Werte und Wirklichkeit in der Politik. (Aus d. Französ. übers. von Ruth Groh.) — München: Hanser 1973. 331 S.

Grosser, Alfred: Politik erklären (L'explication politique, dt.) Unter welchen Voraussetzungen, mit welchen Mitteln, zu welchen Ergebnissen. (Aus d. Französ. übers. von Barbara u. Robert Picht.) — München: Hanser 1973. 158 S.

Guardini, Romano: Über politische Ethik. — In: Gesch.Wiss. Unterr. 4 (1953), 385—405.

Gurland, A[rcadius] R[udolf] L[ang]: Political science in Western Germany. Thoughts and writings, 1950—1952. — Washington: Library of Congress 1952. VIII, 118 S.

Hättich, Manfred: Lehrbuch der Politikwissenschaft. Bd 1—3. — Mainz: v. Hase & Koehler.
1. Grundlegung und Systematik. (1967). XI, 280 S.
2. Theorie der politischen Ordnung. (1969). 191 S.

Hättich, Manfred: Lehrbuch der Politikwissenschaft. Bd. 1–3. – Mainz: v. Hase & Koehler.
3. Theorie der politischen Prozesse. 1972. 253 S.

Hailsham, Lord [Quintin McGarel Hogg]: Wissenschaft und Politik (Science and politics, dt.) (Übertr. aus d. Engl.: Henning Wegener.) — Düsseldorf, Wien: Econ Verl. (1964). 150 S.

Handlexikon zur Politikwissenschaft. Hrsg. von Axel Görlitz. — (München:) Ehrenwirth (1970). 481 S.

Hass, Ernst: Die Chance Politik als angewandte Wissenschaft vom Menschen. — München, Wien: Olzog (1962). 253 S.

Hennis, Wilhelm: Ende der Politik? Zur Krisis der Politik in der Neuzeit. — In: Merkur 25 (1971), 509—526.

Hennis, Wilhelm: Politik und praktische Philosophie. Eine Studie zur Rekonstruktion d. polit. Wissenschaft. — Neuwied a. Rh.: Luchterhand (1963). 131 S.
(Politica. 14.)

Hennis, Wilhelm: Politik als praktische Wissenschaft. Aufsätze zur politischen Theorie und Regierungslehre. — München: Piper (1968). 296 S.
(Piper-Paperback.)

Herrschaft und Krise. Beitr. zur politikwiss. Krisenforschung. Hrsg. von Martin Jänicke. – Opladen: Westdtsch. Verl. 1973. 236 S.
(Uni-Taschenbücher. 189.)

Horkheimer, Max: Survey of the social sciences in Western Germany. A report on recent developments. — Washington: Library of Congress 1952. IX, 225 S.

Hüttenberger, Peter: Politische Kultur und politische Entwicklung. – In: Aus Politik und Zeigeschichte, Beilage zur Wochenzeitung „Das Parlament" Nr 1 vom 5. Januar 1974, 21–29.

Jäckh, Ernst und Otto Suhr: Geschichte der Deutschen Hochschule für Politik. — Berlin: Weiß 1952. 47 S.
(Schriftenreihe der Deutschen Hochschule für Politik, Berlin.)

Jahrreiß, Hermann: Herrschaft nach dem Maß der Menschen. Akad. Festrede, geh. bei d. Universitäts-Gründungsfeier am 30. Mai 1951. — Krefeld: Scherpe [1952]. 27 S.
(Kölner Universitäts-Reden. 9.)

Imboden, Max: Die politischen Systeme. — Basel, Stuttgart: Helbing & Lichtenhahn 1962. 149 S.

Jouvenel, Bertrand de: On the nature of political science. — In: Amer. Polit. Science Rev. 55 (1961), 773—779.

Jouvenel, Bertrand de: Reine Theorie der Politik (The pure theory of politics, dt.) (Übers. aus d. Engl.: Klaus Streifthau.) — (Neuwied:) Luchterhand (1967). 260 S.
(Politica. 30.)

Kammler, Hans: Logik der Politikwissenschaft. – Wiesbaden: Akadem. Verlagsges. 1976. IX, 252 S.
(Systematische Politikwissenschaft. 1.)

Key, V. O. jr.: Politics, parties and pressure groups. 3. ed. — New York: Crowell 1952. XVI, 799 S.

Konegen, Norbert: Politikwissenschaft. Eine kybernetische Einführung. – Düsseldorf: Droste 1975. 96 S.
(Droste-Kolleg programmiert.)

Krippendorff, Ekkehart: Legitimität als Problem der Politikwissenschaft. – In: Z. Politik 9 (1962), 1—11.

Krockow, Christian Graf von: Politik als praktische Wissenschaft. Kritik und Konzeption der deutschen Politikwissenschaft und ihrer Bedeutung für die politische Bildung. — In: Gesellsch., Staat, Erzieh. 11 (1966), 84—98.

Künneth, Walter: Politik zwischen Dämon und Gott. Eine christliche Ethik des Politischen. — Berlin: Lutherisches Verlagshaus 1954. 616 S.

Kuhn, Helmut: Philosophie — Ideologie — Politik. — In: Z. Politik 10 (1963), 4—35.

Landshut, Siegfried und Wolfgang Gaebler: Politisches Wörterbuch. — Tübingen: Mohr 1958. VI, 265 S.

Lang, Franz: Politisches System und Organisation. Politische Wissenschaft als organisationsbezogene Wissenschaft. — In: Z. Politik 16 (1969), 303—324.

Lasswell, Harold D.: A preview of policy sciences. — New York: American Elsevier 1971. XIII, 173 S.
(Policy Sciences Book Series.)

Lehmbruch, Gerhard: Einführung in die Politikwissenschaft. Unter Mitarb. von Frieder Naschold u. Peter Seibt. (Orig. Ausg.) — Stuttgart: Kohlhammer (1967). 202 S.
(Geschichte und Gegenwart.)

Lehner, Franz: Nostalgie einer Disziplin oder Die Revolution, die nie stattgefunden hat. - In: Polit. Vjschr. 15 (1974), 245-256.

Lenk, Kurt: Politische Wissenschaft. Ein Grundriß. - Stuttgart: Kohlhammer 1975. 166 S.

Lepsius, M[ario] Rainer: Denkschrift zur Lage der Soziologie und der Politischen Wissenschaft. Im Auftr. d. Dtsch. Forschungsgemeinsch. — Wiesbaden: Steiner 1961. VIII, 149 S.
(Denkschriften d. Dtsch. Forschungsgemeinschaft.)

Lerner, Daniel und Harold D. Laswell [Hrsg.]: The policy sciences. Recent developments in scope and method. — Stanford: Stanford University Press 1951. XIV, 344 S.
(Hoover Institute Studies.)

Leser, Norbert: Politikwissenschaft zwischen Politik und Wissenschaft. - In: Österr. Z. Politikwiss. 1 (1972), H. 3, 89-105.

Lippmann, Walter: Philosophia publica (Essays in the public philosophy, dt.) Vom Geist des guten Staatswesens. (Dt. von Karl Mönch.) — München: Isar-V. (1957). 218 S.

Loewenstein, K.: Political systems, ideologies and institutions. The problem of their circulation. — In: Western polit. Quart. 6 (1953), 689—706.

Lompe, Klaus: Wissenschaftliche Beratung in der Politik. Ein Beitrag zur Theorie anwendender Sozialwissenschaften. — Göttingen: Schwartz 1966. XVI, 213 S.
(Wissenschaft und Gesellschaft. 2.)

Lucas, J. R.: The principles of politics. — Oxford: Clarendon Press 1966. XIII, 380 S.

Lübbe, Hermann: Politische Philosophie in Deutschland. Studien zu ihrer Geschichte. — Basel, Stuttgart: Schwabe (1963). 242 S.

Mackenzie, William J. M.: Politikwissenschaft (Political science, dt.) Hauptströmungen der sozialwissenschaftlichen Forschung. Hrsg. von der UNESCO. (Übers. von Norbert Koch u. Karl-Heinz Pütz.) - Frankfurt a. M.: Ullstein 1972. 114 S.
(Ullstein-Bücher. 2923.)

Macpherson, C. B.: World trends in political science research. — In: Amer. polit. Science Rev. 48 (1954), 427—449.

Maier, Hans: Zur Lage der Politischen Wissenschaft in Deutschland. — In: Vjh. Zeitgesch. 10 (1962), 225—249.

Maier, Hans: Politische Wissenschaft in Deutschland. Aufsätze zur Lehrtradition und Bildungspraxis. — München: Piper (1969). 328 S.
(Piper-Studienausgabe.)

Massing, Otwin: Politische Soziologie. Paradigmata einer kritischen Politikwissenschaft. - Frankfurt a.M.: Suhrkamp (1974). 191 S.
(Edition Suhrkamp. 724.)

Methoden der Politologie. Hrsg. von Robert H[einz] Schmidt. — Darmstadt: Wissenschaftl. Buchges. 1967. LXI, 585 S.
(Wege der Forschung. 86.)

Meynaud, Jean: Introduction à la science politique. — Paris: Colin 1959. 369 S.

Meynaud, Jean: La science politique au XXe siècle. — Paris: Foulon 1955. 63 S.

Mitrany, David: The functional theory of politics. - London: Robertson 1975. XXV, 294 S.

Morgenthau, Hans J.: Dilemmas of politics. — Chicago: University of Chicago Press 1958. X, 389 S.

Morkel, Arnd: Politik und Wissenschaft. Möglichkeiten u. Grenzen wissenschaftl. Beratung in d. Politik. — Hamburg: Wegner (1967). 150 S.
(Zeitfragen. 2.)

Mosca, Gaetano: Die herrschende Klasse. Grundlagen der politischen Wissenschaft (Elementi di scienza politica, dt.) Mit einem Geleitw. von Benedetto Croce. (Übers. von Franz Borkenau.) — Bern: Francke; München: Lehnen 1950. 404 S.

Moser, Simon: Zur Philosophie der Politik. Die Vorträge des Marburger Philosophenkongresses. — In: Dtsch. Univ. Ztg. 12 (1957), H. 23/24, 8—12.

Narr, Wolf-Dieter [u.] Frieder Naschold: Einführung in die moderne politische Theorie. Bd 1—3. — Stuttgart: Kohlhammer (1971).
1. Theoriebegriffe und Systemtheorie. [Von] Wolf-Dieter Narr. 2. Aufl. 210 S.
2. Systemsteuerung. [Von] Frieder Naschold. 2. Aufl. 187 S.
3. Theorie der Demokratie. [Von] Wolf-Dieter Narr [u.] Frieder Naschold. 300 S.

Naschold, Frieder: Politische Wissenschaft. Entstehung, Begründung und gesellschaftliche Einwirkung. Unter Mitarb. von Bernhard Pfahlberg. — Freiburg: Alber (1970). 84 S.

Nassmacher, Karl-Heinz: Politikwissenschaft. — (Düsseldorf:) Werner.
1. Politische Systeme und politische Soziologie. (1970). IX, 158 S.

Naßmacher, Karl-Heinz: Politikwissenschaft. – Düsseldorf: Werner.
2. Internationale Beziehungen und politische Ideen. 1974. 148 S.

Noack, Paul: Was ist Politik? Eine Einführung in ihre Wissenschaft. Geleitw. von Alfred Grosser. – München: Droemer (1973). 400 S.

Oakeshott, Michael: Rationalism in politics and other essays. – London: Methuen 1962. 333 S.

Oakeshott, Michael: Rationalismus in der Politik (Rationalism in Politics, dt.) (Übers.: Klaus Streifthau.) — (Neuwied:) Luchterhand (1966). 362 S.
(Politica. 25.)

Olzog, Günter: Das Studium der politischen Wissenschaften im In- und Ausland. — München: Isar-V. 1953. 156 S.
(Veröffentlichungen der Hochschule für Politische Wissenschaften München.)

Pfotenhauer, David: Conception of political science in West Germany and the United States, 1960—1969. — In: J. Politics 34 (1972), 554—591.

Pick, Otto [u.] Julian Critchley: Collective security. – London: Macmillan 1974. 123 S.
(Key Concepts in Political Science.)

Politische Planung in Theorie und Praxis. Hrsg.: Volker Ronge [u.] Günter Schmieg. — München: Piper 1971. 245 S.
(Piper-Sozialwissenschaft. 9. Reader zur Politologie, Soziologie und Ökonomie.)

Politik und Wissenschaft. Hrsg. von Hans Maier [u.a.] — München: Beck 1971. VIII, 573 S.
(Münchener Studien zur Politik. 17.)

Wissenschaftliche **Politik.** Eine Einführung in Grundfragen ihrer Tradition u. Theorie. (Hrsg.:) Dieter Oberndörfer. (Eine Veröffentlichung aus d. Seminar f. Wissenschaftl. Politik an d. Universität Freiburg i. Br.) (Prof. Arnold Bergsträsser zu seinem 65. Geburtstag überreicht.) – Freiburg i. Br.: Rombach (1962). 428 S.
(Freiburger Studien zu Politik u. Soziologie.)

Politikwissenschaft. Eine Einführung in ihre Probleme. Hrsg. von Gisela Kress u. Dieter Senghaas. — (Frankfurt a.M.): Europ. Verl. Anst. (1969). 512 S.
(Kritische Studien zur Politikwissenschaft.)

Powell, David E. [u.] Paul Shoup: The emergence of political science in Communist countries. — In: Amer. Polit. Science Rev. 64 (1970), 572—588.

Prescott, J(ohn) R. V.: Einführung in die politische Geographie (Political geography, dt. Aus d. Engl. übertr. von Christian Spiel.) – München: Beck (1975). 143 S.
(Beck'sche Elementarbücher.)

Reid, Herbert G. [u.] Ernest J. Yanarella: Political science and post-modern critique of scientism and domination. – In: Rev. Politics 37 (1975), 286–516.

Rendulic, Lothar: Gefährliche Grenzen der Politik. — Salzburg: Pilgrim-V. (1954). 333 S.

Riker, William H. [u.] Peter C. Ordeshook: An introduction to positive political theory. – Englewood Cliffs, N.J.: Prentice Hall 1973. XII, 387 S.

Rivero, J.: Une nouvelle classification des régimes politiques. — In: Rev. franç. Science polit. 3 (1953), 849—858.

Rodee, Carlton Clymer [u. a.]: Introduction to political science. — New York, Toronto, London: McGraw-Hill 1957. XIII, 655 S.

Roloff, Ernst-August: Was ist und wie studiert man Politikwissenschaft. — Mainz: v. Hase & Koehler (1969). 124 S.

Rosenstiel, Francis: Prinzip der Supranationalität (Le principe de supranationalité, dt.) Eine Politik d. Unpolitischen. (Dtsch. von Franz Bekker.) — Köln: Kiepenheuer & Witsch (1964). 186 S.

Rüstow, Alexander: Weshalb Wissenschaft von der Politik? — In: Z. Politik 1 (1954), 131—138.

Sacher, Wilhelm: Die Eigenständigkeit der Politikwissenschaft als Staatsführungslehre (Politologie). Eine staatswissenschaftl. Untersuchung. — Linz: Oberösterreichischer Landesverl. (1965). XV, 173 S.

Sartori, Giovanni: Der Begriff der „Wertfreiheit" in der politischen Wissenschaft. — In: Polit. Vjschr. 1 (1960), 12—22.

Schall, James V.: Possibilities and madness. A note on the scope of political theory. – In: Rev. Politics 37 (1975), 161–174.

Schall, Paul: Politik – die Schwäche der Deutschen. — Stuttgart: Fink (1963). 76 S.
(Politikum-Reihe. 10.)

Schlangen, Walter: Theorie der Politik. Einführung in Geschichte und Grundprobleme der Politikwissenschaft. – Stuttgart: Kohlhammer 1974. 144 S.
(Grundkurs Politik. 2.)

Schmitz, Mathias: Politikwissenschaft zwischen Common-Sense und Scientismus. — In: Z. Politik 16 (1969), 325—364.

Schmölz, Franz Martin: Zerstörung und Rekonstruktion der politischen Ethik. — München: Beck 1963. VII, 152 S.
(Münchener Studien zur Politik. 2.)

Schnur, Roman: Das Studium der politischen Wissenschaft in Frankreich. — In: Z. Politik 7 (1960), 35—46.

Schooler, Dean: Science, scientists and public policy. – New York: Free Press 1971. XIV, 338 S.

Schultes, Karl: Funktion und Entwicklung der Politischen Wissenschaft. — In: Gewerksch. Monatsh. 5 (1954), 722—726.

Schultes, Karl: Staatslehre und Politik in Deutschland. — In: Gewerksch. Monatsh. 6 (1955), 236—242.

Schuon, Karl Theodor: Wissenschaft, Politik und wissenschaftliche Politik. – Köln: Pahl-Rugenstein 1972. 264 S.
(Kleine Bibliothek. 21.)
Phil. Diss., Universität Marburg.)

Schwartz, David C.: Toward a more relevant and rigorous political science. – In: J. Politics 36 (1974), 103–137.

Contemporary political **science.** A survey of methods, research and teaching. — Paris: UNESCO 1950. 711 S.
(UNESCO Publication. 426.)

Political **science.** Amerikanische Beiträge zur Politikwissenschaft. Ausgew. u. eingel. von Ekkehart Krippendorf. (Aus d. Engl. übers. von Edgar Walter [u. a.]) — Tübingen: Mohr 1966. VI, 309 S.

Senghaas, Dieter: Systembegriff und Systemanalyse. Analytische Schwerpunkte und Anwendungsbereiche in der Politikwissenschaft. — In: Z. Politik 15 (1968), 50—64.

Singer, J. David: Die szientifische Methode. Ein Ansatz zur Analyse internationaler Politik. – In: Polit. Vjschr. 14 (1973), 471–498 und 15 (1974), 3–32.

Somit, Albert: Political science and the study of the future. – Hinsdale, Ill.: Dryden Press 1974. III, 336 S.

Sontheimer, Kurt: Erfordert das Atomzeitalter eine neue politische Wissenschaft? — In: Z. f. Politik 11 (1964), 208—223.

Sontheimer, Kurt: Politische Wissenschaft und Staatsrechtslehre. — Freiburg: Rombach (1963). 54 S.
(Politik.)

Sternberger, Dolf: Begriff des Politischen. (Der Friede als der Grund und das Merkmal und die Norm des Politischen.) — (Frankfurt a. M.:) Insel-Verl. 1961. 39 S.

Surkin, Marvin [u.] Alan Wolfe [Ed.]: An end of political science. The Caucus Papers. — New York: Basic Books 1970. 324 S.

Taylor, A[lan] J[ohn] P[ercivale]: Politics in wartime and other essays. — New York: Atheneum Press 1965. 207 S.

Thaysen, Uwe: Einführung in die Politologie. — In: Z. Politik 16 (1969), 129—139.
Literaturbericht.

Theimer, Walter: Lexikon der Politik. 4., neubearb. Aufl. — Hamburg: Auerdruck 1952. 701 S.

Neuere politische **Theorie.** Systemtheoretische Modellvorstellungen. Hrsg. von Wilfried Röhrich. – Darmstadt: Wiss. Buchges. 1975. 147 S.
(Erträge der Forschung. 40.)

Thomann, M.: La renaissance de la science politique en Allmagne. — In: Politique 6 (1963), 285—300.

Tietgens, Hans: Politikwissenschaft in Frankreich. — In: Neue polit. Lit. 11 (1966), 16—27.
Literaturbericht.

Tudyka, Kurt P.: Kritische Politikwissenschaft. – Stuttgart: Kohlhammer 1973. 70 S.
(Urban-Taschenbücher. 845.)

Urbani, Giuliano: L'analisi del sistema politico. – Bologna: Il Mulino 1971. 430 S.

Die politische **Verantwortung** der Nichtpolitiker. 10 Beiträge. [Von] C[arl]-F[riedrich] von Weizsäcker [u. a.] — München: Piper (1964). 176 S.
(Das Heidelberger Studio.)
(Piper Paperback.)

Vetter, August: Politik im Licht der Menschenkunde. — In: Z. Politik 1 (1954), 197—210.

Voegelin, Eric: The new science of politics. An introduction. — Chicago: The University of Chicago Press (1952). XIII, 193 S.

Voegelin, Eric: Die neue Wissenschaft von der Politik. — München: Pustet 1959. 264 S.

Voegelin, Eric: Wissenschaft, Politik und Gnosis. — München: Kösel (1959). 92 S.

Waldman, Sidney R.: Foundations of political action. An exchange theory of politics. – Boston: Little, Brown 1972. XII, 256 S.

Weil, Eric: Philosophie der Politik (Philosophie politique, dt.) (Übers. aus d. Franz. von Kurt Weigand u. Wolfgang Gertz.) — Neuwied a. Rh.: Luchterhand (1964). 316 S.
(Politica. 15.)

Weldon, T[homas] D[ewar]: Kritik der politischen Sprache (The vocabulary of politics, dt.) Vom Sinn politischer Begriffe. (Ins Dtsch. übertr. von Günther Nenning.) Mit e. Einl. u. Anm. von Ernst Topitsch. — Neuwied a. Rh.: Luchterhand 1962. 214 S.
(Politica. 5.)

Wiatr, Jerzy J.: Społeczeństwo, polityka, nauka. – Warszawa: Książka i Wiedza 1973. 281 S.

Wildenmann, Rudolf: Politologie in Deutschland. — In: Politologe 8 (1967), H. 23, 13—24.

Winkler, Arnold: Grundlagen der Politik. — Wien: Humboldt-V. 1949. 212 S.
(Sammlung „Die Universität".)

Winter, Herbert R. [u.] Thomas J. Bellows: People and politics. An introduction to political science. – New York: Wiley 1977. XIV, 514 S.

Wiseman, H. V.: Political systems. Some sociological approaches. — New York: Praeger 1966. IX, 254 S.

Wissenschaft und Politik. Abhandlungen. Hrsg. von d. Hochschule f. Polit. Wissenschaften München zur Feier ihres zehnjährigen Bestehens, 14. Juli 1960. — (München 1960: Geither.) 156 S.

Politische **Wissenschaften.** Referate, Diskussionsbeiträge und Vorträge der 1. Tagung d. Hochschule f. Politische Wissenschaften München vom 10. bis 12. Juli 1952. — München: Isar-V. 1952. 136 S.

Young, Oran R.: Systems of political science. — Englewood Cliffs, N.J.: Prentice Hall 1968. XIII, 113 S.

Zöller, Michael: Die Unfähigkeit zur Politik. Politikbegriff und Wissenschaftsverständnis von Humboldt bis Habermas. - Opladen: Westdtsch. Verl. 1975. 270 S.
(Studien zur Sozialwissenschaft. 34.)
Diss., Universität München.

Politische Bildung

Adam, Uwe Dietrich: Kontinuität, Konflikt, Wandel. Überlegungen zu einer Neuorientierung der Didaktik der Politik. - In: Aus Politik und Zeitgeschichte, Beilage zur Wochenzeitung „Das Parlament" Nr 29 vom 19. Juli 1975, 3–20.

Assel, Hans-Günther: Das Demokratieproblem in der politischen Bildung. — In: Gesellsch., Staat, Erz. 16 (1971), 333–340.

Assel, Hans-Günther: Demokratisierung. Zur Kontroverse eines umstrittenen Begriffs politischer Bildung. - In: Polit. Stud. 23 (1972), 478–501.

Assel, Hans-Günther: „Frieden in Freiheit", eine zentrale Kategorie politischer Pädagogik. - In: Aus Politik und Zeitgeschichte, Beilage zur Wochenzeitung „Das Parlament" Nr 15 vom 12. April 1975, 21–30.

Assel, Hans-Günther: Ideologie und Ordnung als Probleme politischer Bildung. — München: Ehrenwirth (1970). 195 S.

Becker, Hellmut: Organisatorische Probleme der Bildungspolitik. - In: Konkretionen politischer Theorie und Praxis. Festschrift für Carlo Schmid zum 75. Geburtstag, Stuttgart: Klett 1972, 249–266.

Behrmann, Günter C.: Soziales System und politische Sozialisation. Eine Kritik der neueren politischen Pädagogik. - Stuttgart: Kohlhammer 1972. 190 S.
(Reihe Kohlhammer.)

Beier, Gerhard: Ost-West-Vorurteile in der politischen Bildung. Methodisch-didaktisches Modell über die Aufarbeitung von Vorurteilen. — (Frankfurt a. M.:) Europ. Verl. Anst. (1971). 208 S.
(Theorie und Geschichte der politischen Bildung.)

Bergstraesser, Arnold: Lehrgehalte politischer Bildung. — In: Gesellschaft, Staat, Erziehung 6 (1961), 194—201.
(Beiträge zur politischen Bildung. 3.)

Binder, Gerhard [u. a.]: Politische Bildung und Erziehung. – Stuttgart: Klett 1953. 155 S.

Bodensieck, Heinrich: Didaktik der politischen Bildung. — In: Neue polit. Lit. 12 (1967), 167—185.
Literaturbericht.

Bodensieck, Heinrich: Herkunft, Didaktik und Methodik der politischen Bildung. — In: Neue polit. Lit. 10 (1965), 362—375.
Literaturbericht.

Bodensieck, Heinrich: Hilfsmittel für die Politische Bildung. — In: Neue pol. Lit. 13 (1968), 359—368.
Literaturbericht.

Bossle, Lothar: Politische Bildung. Durchbruch oder Krise? — Mainz: v. Hase & Koehler (1966). 129 S.
(Politik von heute.)

Boulboullé, Wilfried: Politisierung der Bildung? Versuch einer neuen Allgemeinbildung. - Bonn-Bad Godesberg: Verl. Neue Gesellsch. 1974. 144 S.

Czempiel, Ernst-Otto: Internationale Politik in der Politischen Wissenschaft und in der Politischen Bildung. - In: Gesellsch., Staat, Erz. 16 (1971), 267–277.

Deppe-Wolfinger, Helga: Arbeiterjugend, Bewußtsein und politische Bildung. - Frankfurt a. M.: Athenäum-Fischer-Taschenbuch-Verl. 1972. 346 S.
(Fischer - Athenäum - Taschenbücher. 4006.)

Dießenbacher, Hartmut: Politische Bildung und Staatsideologie, Grundlagen und Kritik bürgerlicher Bildungskonzeptionen. - Frankfurt a. M.: Europ. Verl.-Anst. 1976. 176 S.
(Basis: Arbeitsergebnisse.)

Ehrmann, Henry W[alter]: Politische Bildung. Beobachtungen u. Vorschläge. — Weinheim: Beltz 1966. XII, 133 S.
(Pädagogisches Zentrum. Veröffentlichungen. Reihe C, 3.)

Ellwein, Thomas [u.] Ralf Zoll: Politische Bildung und empirische Sozialforschung. - In: Mat. polit. Bildung 1973, H. 1, 34–55.

Feidel-Mertz, Hildegard: Zur Ideologie der Arbeiterbildung. — (Frankfurt a. M.:) Europ. Verl. Anst. (1964). 254 S.
(Sammlung „res novae". 31.)

Fischer, Gert Heinz: Pädagogisch-psychologische Voraussetzungen der politischen Erziehung und Bildung. – In: Gesellsch., Staat, Erzieh. 7 (1962), 23–30.

Fischer, Kurt Gerhard: Arbeitslehre und „historische Bildung" als Politische Bildung. - In: Neue polit. Lit. 18 (1973), 504–520.

Fischer, Kurt Gerhard: Politische Bildung, Vehikel der Emanzipation? - In: Neue polit. Lit. 20 (1975), 365–393.

Görlitz, Axel: Zu einer Theorie der politischen Bildung. — In: Gesellsch., Staat, Erz. 15 (1970), 349—361.

Graf, Pedro: Erziehung zum Nationalbewußtsein, eine Aufgabe der politischen Bildung. — In: Gesellsch., Staat, Erzieh. 13 (1968), 145—158.

Gutachten des deutschen Ausschusses für das Erziehungs- und Bildungswesen zur politischen Bildung und Erziehung. Bonn, den 22. Januar 1955. — In: Gesch. Wiss. Unterr. 6 (1955), 79—90.

Hartwich, Hans Hermann: Die Wissenschaft von der Politik in der Lehrerfortbildung. Erfahrungen u. Anregungen aus d. Lehrerfortbildung am Otto-Suhr-Inst. d. Freien Universität Berlin. — In: Gesellsch., Staat, Erzieh. 8 (1963), 299–311.

Hoffmann, Dietrich: Politische Bildung 1890—1933. E. Beitr. zur Geschichte d. pädagog. Theorie. — Hannover: Schroedel (1970). 519 S.
(Empirische Forschungen zu aktuellen pädagogischen Fragen und Aufgaben.)

Hoffmann, Walter: Vor welchem Hintergrund spielt sich unsere politische Bildung ab? — In: Neue Samml. 2 (1962), 339—352.

Jaide, Walter: Die jungen Staatsbürger. — (München:) Juventa-Verl. (1965). 167 S.
(Überblick zur wissenschaftlichen Jugendkunde. 8.)

Jochimsen, Reimut: Beiträge der Wirtschaftswissenschaft zur politischen Bildung. — In: Gesellsch., Staat, Erz. 13 (1968), 341—356.

Knoeringen, Waldemar von: Die Zielsetzung politischer Bildung in der modernen Demokratie. — In: Neue Gesellsch. 15 (1968), 30—36.

Knoll, Joachim H[einrich]: Pädagogische Elitebildung. Pädagogische Versuche zur politischen Führungsbildung am Beginn des 20. Jahrhunderts. — Heidelberg: Quelle & Meyer 1964. 78 S.

Knoll, Joachim H[einrich]: Jugend, Politik und politische Bildung. Eine kritische Dokumentation. — Heidelberg: Quelle & Meyer 1962. 79 S.

Kreisky, Eva: Politische Bildung als Erziehung zur Anpassung. – In: Österr. Z. Politikwiss. 1 (1972), H. 2, 71–81.

Kroekow, Christian Graf von: Gesellschaftlicher Wandel und Politische Bildung. — In: Gesellsch., Staat, Erz. 16 (1971), 135—158.

Kühr, Herbert: Das Demokratieverständnis in der neueren politischen Pädagogik. – In: Neue polit. Lit. 20 (1975), 1–16.

Kuhn, Annette: Das Konvergenzproblem als Thema politischer Bildung. — In: Gesellsch., Staat, Erz. 15 (1970), 78—83.

Kleines Lexikon zur politischen Bildung. (Bearb. von W[ilhelm] Hautmann u. E[mil] Kroher unter Mitarb. von H. Hoffmann.) Sonderdr. f. d. Bayer. Landeszentrale f. Heimatdienst. Mit Anh.: Bayern. — München: Horning-Verl. (1963). 352 S.

Kleines Lexikon zur politischen Bildung. Sonderdr. d. Bayer. Landeszentrale f. Polit. Bildungsarbeit. (7. bearb. Aufl.) — München: Hornung Verl. (1971). 188 S.

Lorenz, Richard: Politische Bildung als Ideologie. Zur Kritik des gesellschaftswissenschaftlichen Grundstudiums an den mitteldeutschen Hochschulen. — In: Gesellsch., Staat, Erzieh. 7 (1962), 149—154.

Lürs, Ulf: Bewußtseinsänderung, eine Aufgabe der politischen Bildung? Zu psychologischen Voraussetzungen und Methoden der politischen Bildung. — In: Neue Samml. 9 (1969), 210—222.

Messerschmid, Felix: Zur Didaktik der Politischen Bildung. — In: Gesch. Wiss. Unterr. 22 (1971), 667—674.

Messerschmid, Felix: Zum gegenwärtigen Stand der Diskussion um die Wirksamkeit der politischen Bildung. — In: Gesellsch., Staat, Erz. 13 (1968), 209—221.

Methodik der politischen Bildung (Metodika političeskogo obrazovanija, dt.) (Übers.: Intertext Autorenkollektiv: A. S. Wischnjakow [u. a.]) – Berlin: Dietz 1974. 391 S.

Mickel, Wolfgang W.: Zur Theorie der politischen Bildung. — In: Gesellsch., Staat, Erz. 14 (1969), 14—24.

Mickel, Wolfgang: Das Wertproblem in der politischen Bildung der Gegenwart. – In: Aus Politik und Zeitgeschichte, Beilage zur Wochenzeitung „Das Parlament" Nr. 4 vom 28. Januar 1978, 3–24.

Neundörfer, Ludwig: Politische Bildung aus der Sicht des Soziologen. (Hrsg. von d. Niedersächs. Landeszentrale f. Polit. Bildung.) — (Groß Denkte/Wolfenbüttel 1965: Grenzland-Druckerei.) 43 S.
(Schriftenreihe d. Niedersächs. Landeszentrale f. Politik u. Bildung. Wissenschaft u. Politik. 2.)

Oetinger, Friedrich: Wendepunkt der politischen Erziehung. Partnerschaft als pädagogische Aufgabe. — Stuttgart: Metzler 1951. 263 S.

Peege, Joachim: Politische Bildung aus der Sicht des Wirtschaftspädagogen. (Hrsg. von d. Niedersächs. Landeszentrale f. Polit. Bildung.) — (Hannover 1967: Funke.) 107 S.
(Schriftenreihe der Niedersächsischen Landeszentrale für Politische Bildung. Wissenschaft und Politik. 6.)

Preuß, Ulrich K[laus]: Bildung und Herrschaft. Beitrag zu einer politischen Theorie des Bildungswesens. – Frankfurt a.M.: Fischer-Taschenbuch-Verl. 1975. 143 S.
(Fischer-Taschenbücher. 6269.)

Priester, Karin: Aktuelle Tendenzen auf dem Gebiet der „politischen Bildung". – In: Bll. dtsch. internat. Pol. 19 (1974), 260–280.

Raasch, Rudolf: Zeitgeschichte und Nationalbewußtsein. Forschungsergebnisse zu Fragen der politischen und allgemeinen Erziehung. — (Neuwied a. Rh.:) Luchterhand (1964). XIX, 340 S.
(Schule in Staat u. Gesellschaft.)

Röhrig, Paul: Politische Bildung. Herkunft und Aufgabe. — Stuttgart: Klett (1964). 280 S.

Rohlfes, Joachim: Volk, Nation, Vaterland und politische Bildung. — In: Gesch. Wiss. Unterr. 20 (1969), 745—756.

Roloff, Ernst-August: „Tendenzwende" – oder: Wie politisch darf politische Bildung sein? – In: Neue polit. Lit. 22 (1977), 71–94.

Schicksalsfragen der Gegenwart. Handbuch politisch-historischer Bildung. Hrsg. vom Bundesministerium für Verteidigung, Innere Führung. Bd 1.2. — Tübingen: Niemeyer 1957.

Schmiederer, Rolf: Zur Theorie der politischen Bildung. — In: Argument 9 (1967). 117—127.

Schmiederer, Ursula u. Rolf Schmiederer: Der neue Nationalismus in der politischen Bildung. — (Frankfurt a.M.:) Europ. Verl. Anst. (1970). 68 S.
(Provokativ.)

Schneider, Heinrich: Politische Bildung als Gewissensbildung. Ein Versuch. — Würzburg: Werkbund-Verl. (1961). 66 S.

Schneider, Heinrich: Politische Bildung in der Lehrerbildung. — In: Gesellschaft, Staat, Erziehung 6 (1961), 292—306.

Schneider, Heinrich: Die nationale Frage als Thema und Problem der politischen Bildung. — In: Gesellsch., Staat, Erzieh. 12 (1967), 73—94.

Schneider, Heinrich: Pädagogische Hochschule und politische Wissenschaft. — Würzburg: Werkbund-Verl. (1965). 60 S.
(Beiträge zur politischen Bildung. 8.)

Schneider, Heinrich: Staatliche Ordnung und politische Bildung. (Das Verständnis des Staates als pädagogische Aufgabe.) — München: Ehrenwirth [1961]. 67 S.

Schön, Konrad: Der Begriff der politischen Bildung. — Ratingen b. Düsseldorf: Henn (1964). 76 S.
(Pädagogische Taschenbücher. 1.)

Sontheimer, Kurt: Politische Wissenschaft und Gemeinschaftskunde. — In: Aus Politik u. Zeitgeschichte, Beilage zur Wochenzeitung „Das Parlament", 1963, Nr. B 34/35 vom 21. August 1963, 11—20.

Spranger, Eduard: Gedanken zur staatsbürgerlichen Erziehung. Hrsg. von d. Bundeszentrale für Heimatdienst. (4. Aufl.) — (Duderstadt/Hann. 1961: F. Wagner.) 52 S.
(Schriftenreihe der Bundeszentrale für Heimatdienst. 26.)

Sutor, Bernhard: Realismus in der politischen Bildung. — In: Gesellsch., Staat, Erzieh. 13 (1968), 12—22.

Wallraven, Klaus: Der unmündige Bürger. Ideologien und Illusionen politischer Pädagogik. Unter Mitarb. von Ekkehard Lippert. — (München:) Juventa-Verl. (1976). 399 S.
(Politisches Verhalten. 11.)

Weinacht, Paul-Ludwig: Kompetenz für politische Bildung. Zur Frage, wer kompetent sei und warum, Ziele für das politische Lernen festzulegen. — In: Aus Politik und Zeitgeschichte, Beilage zur Wochenzeitung „Das Parlament" Nr 10 vom 6. März 1976, 3–17.

Weymar, Ernst: Geschichte und politische Bildung. (Hrsg. von d. Niedersächs. Landeszentrale f. Polit. Bildung.) — (Wolfenbüttel 1967: Rock.) 119 S.
(Schriftenreihe der Niedersächsischen Landeszentrale für Politische Bildung. Wissenschaft und Politik. 5.)

Wittig, Hans: Demokratische Existenz und Erziehung. — In: Neue Samml. 2 (1962), 430–440.

Staatliches Leben

Allgemeines

Albrecht, Ernst: Der Staat, Idee und Wirklichkeit. Grundzüge einer Staatsphilosophie. — Stuttgart: Seewald 1976. 260 S.

Bärsch, Claus-Ekkehard: Der Staatsbegriff in der neueren deutschen Staatslehre und seine theoretischen Implikationen. — Berlin: Duncker & Humblot 1974. 182 S.
(Beiträge zur Politischen Wissenschaft. 20.)
Diss., Universität München.

Battaglia, Felice: Nuovi scritti di teoria dello stato. — Milano: Istituto di Filosofia del Diritto dell' Università di Roma 1955. 258 S.

Beer, Samuel H. und Adam B. Ulam [Ed.]: Patterns of government: The major political systems of Europe. — New York: Random House 1958. XVI, 624 S.

Beyer, Wilhelm R.: Staatsphilosophie. — München: Dobbeck 1959. 159 S.

Beyme, Klaus von: Das präsidentielle Regierungssystem der Vereinigten Staaten in der Lehre der Herrschaftsformen. — Karlsruhe: C. F. Müller 1967. IX, 78 S.

Biscaretti di Ruffìa, P.: Le tre „forme di state" dell' età contemporanea. — In: Politico 18 (1953/54), 167—181.

Böhme, Albrecht: Wider den Rechtsbruch der Staatsführung. Vorschläge zur Sicherung des wirklichen Rechts- und Sozialstaates auf Grund von dokumentarisch dargestellten Konflikten eines Kriminalchefs mit Ministern der Diktatur und Demokratie wegen Rechtsbruchs. — München 1958. 9, XX, 372 Bl.

Bourquin, Maurice: L'état souverain et l'organisation internationale. — La Haye: Nijhoff 1959. X, 186 S.

Brill, Hermann: Die Problematik der modernen Staatstheorie. — Berlin, München: Weiß [1952]. 20 S.
(Schriftenreihe der Dt. Hochschule f. Politik.)

Buber, Martin: Zwischen Gesellschaft und Staat. — Heidelberg: Schneider 1952. 42 S.

Butterfield, Herbert: Christianity and politics. — In: Orbis 10 (1966/67), 1233—1246.

Calvocoressi, Peter: World order and new states. — London: Chatto & Windus 1962. 113 S.

Carter, Gwendolen M. und John H. Herz: Government and politics in the twentieth century. — New York: Praeger; London: Thames and Hudson 1961. 224 S.

Cassirer, Ernst: The myth of the state. — New Haven: Yale University Press 1946. XII, 303 S.

Crick, Bernard: Grundformen politischer Systeme (Basic forms of government, dt.) Eine historische Skizze und ein Modell. Aus d. Engl. u. mit e. Vorw. von Kurt Sontheimer. — München: List (1975). 147 S.
(List Taschenbücher der Wissenschaft. 1565.)

Crossman, R. H. S.: Government and the governed. A history of political ideas and political practice. — London: Christophers 1952. 326 S.

Davies, Morton R. [u.] Lewis A. Vaughan: Models of political systems. — New York: Praeger 1971. X, 182 S.

Dibelius, Otto: Grenzen des Staates. — Berlin: Wichern-V. 1949. 118 S.

Dibelius, Otto: Obrigkeit. — Stuttgart Kreuz-Verl. (1963). 141 S.

Eckhardt, Walter: Allgemeine Staatslehre. — Stuttgart: Kohlhammer; Düsseldorf: Schwann (1953). 120 S.
(Schaeffers Grundriß des Rechts und der Wirtschaft. II, 27.)

Edinger, Lewis J.[Ed.]: Political leadership in industrialized societies. Studies in comparative analysis. — New York: Wiley 1967. 376 S.

Die Entstehung des modernen souveränen Staates. Hrsg. von Hanns Hubert Hofmann. — Köln: Kiepenheuer & Witsch (1967). 496 S.
(Neue wissenschaftliche Bibliothek. Geschichte. 17.)

Eschenburg, Theodor: Staatsautorität und Gruppenegoismus. — Düsseldorf 1955: Industrie- u. Handelskammer. 45 S.
(Schriftenreihe der Industrie- und Handelskammer Düsseldorf. 9.)

Esser, Josef: Einführung in die materialistische Staatsanalyse. - Frankfurt a.M.: Campus-Verl. 1975. 182 S.
(Campus. Studium. 514.)
Diss., Universität Konstanz.

Faul, Erwin: Der moderne Macchiavellismus. — Köln, Berlin: Kiepenheuer & Witsch (1961). 384 S.
(Politische Forschungen. 1.)

Field, G. Lowell: Governments in modern society. — New York: McGraw-Hill 1951. X, 554 S.

Finer, Herman: Der moderne Staat (Theory and practise of modern government, dt.) Theorie und Praxis. Bd 1—3. — Stuttgart, Düsseldorf: Ring-V. 1957—58.

Freund, Ludwig: Staatsbewußtsein und Völkerverständigung. — In: Dtsch. Studien 4 (1966), 441—453.

Friedrich, Carl-Joachim: Christliche Gerechtigkeit und Verfassungsstaat (Transcendent justice, dt.) (Aus d. Amerikan. von Marianne Kalow unter Mitarb. d. Verf.) — Köln: Westdtsch. Verl. 1967. 110 S.
(Demokratische Existenz heute. 14.)

Friedrich, Carl Joachim: Man and his government. An empirical theory of politics. — New York: McGraw-Hill 1963. XIII, 737 S.

Friedrich, Carl Joachim: Politik als Prozeß der Gemeinschaftsbildung (Man and his government, an empirical theory of politics, dt.) Eine empirische Theorie. (Aus d. Amerikan. übers. von Edith Kaiser unter Mitw. d. Verf.) — Köln: Westdtsch. Verl. 1970. 550 S.

Friedrich, Carl Joachim: Die Staatsräson im Verfassungsstaat. — Freiburg i. Br., München: Alber 1961. 150 S.

Friedrich, Carl J[oachim]: Der Verfassungsstaat der Neuzeit (Constitutional government and democracy, dt.) Übers. von Alfons Mutter. — Berlin, Göttingen, Heidelberg: Springer 1953. XV, 819 S.
(Enzyklopädie der Rechts- u. Staatswissenschaft.)

Fromkin, David: The question of government. An inquiry into the breakdown of modern political systems. - New York: Scribner 1975. XII, 228 S.

Füsslein, Rudolf Werner: Mensch und Staat. Grundzüge einer anthropologischen Staatslehre. - München: Beck 1973. 194 S.
(Beck'sche schwarze Reihe. 98.)

Gablentz, Otto-Heinrich von der: Autorität und Legitimität im heutigen Staat. — In: Z. Politik 5 (1958), 5—27.

Gablentz, Otto Heinrich von der: Staat und Gesellschaft. — In: Polit. Vjschr. 2 (1961), 2—23.

Gablentz, Otto Heinrich von der: Der Staat als Mythos und Wirklichkeit. — In: Polit. Vjschr. 7 (1966), 138—163.

Gauland, Alexander: Das Legitimitätsprinzip in der Staatenpraxis seit dem Wiener Kongreß. - Berlin: Duncker & Humblot 1971. 110 S.
(Schriften zum Völkerrecht. 20.)
Diss., Universität Marburg.

Gehlen, Arnold: Das Engagement der Intellektuellen gegenüber dem Staat. — In Merkur 18 (1964), 401—413.

Gille, Hans-Werner: Nation heute. Probleme des Staatsbewußtseins und Nationalgefühls. 2. erw. Aufl. — München: Bayer. Landeszentrale f. polit. Bildungsarbeit 1969. 87 S.
(Bayerische Landeszentrale für politische Bildungsarbeit. Arbeitsh. 21.)

Glum, Friedrich: Politik. Eine Staats- und Bürgerkunde. — Stuttgart: Koehler 1958. VIII, 338 S.

Gordon, Morton: Comparative political systems. Managing conflict. - New York: Macmillan 1972. 284 S.

Grabowsky, Adolf: Raum, Staat und Geschichte. Grundlegung der Geopolitik. — Köln, Berlin: Heymann 1960. 263 S.

Grabowsky, Adolf: Staatsverfestigung oder Staatsabbau? — In: Z. Politik 5 (1958), 97—134.

Grosshut, F[riedrich] S[ally]: Staatsnot, Recht und Gewalt. Vorw. von Max Hirschberg. — Nürnberg: Glock u. Lutz (1962). 334 S.
(Schriften aus dem Kreis der Besinnung.)

Guggenberger, Bernd: Ökonomie und Politik. Die neomarxistische Staatsfunktionslehre. - In: Neue polit. Lit. 19 (1974), 425–471.

Guggenberg, Bernd: Wem nützt der Staat? Kritik der neomarxistischen Staatstheorie. — Stuttgart: Kohlhammer 1974. 148 S.
(Urban-Taschenbücher. 857.)

Hartmann, Albert: Über die Autorität des Staates. — In: Stimmen d. Zeit 165 (1959/60), 241—252.

Heckscher, Gunnar: The study of comparative government and politics. — London: Allen & Unwin 1957. 172 S.

Heller, Hermann: Staatslehre. Hrsg. von Herhart Niemeyer. 2., unveränd. Aufl. — Leiden: Sijthoff 1961. XVI, 298 S.

Hennis, Wilhelm: Zum Problem der deutschen Staatsanschauung. — In: Vjh. Zeitgesch. 7 (1959), 1—23.

Herz, John H. und Gwendolen M[argaret] Carter: Regierungsformen des 20. Jahrhunderts (Government and politics in the twentieth century, dt.) (Aus d. Amerikan. von Lili Faktor-Flechtheim.) — Stuttgart: Kohlhammer 1962. 211 S.

Hespe, Klaus: Zur Entwicklung der Staatszwecklehre in der deutschen Staatsrechtswissenschaft des 19. Jahrhunderts. Eine Untersuchung. — (Köln:) Grote (1964). 80 S.

Hippel, Ernst von: Geschichte der Staatsphilosophie in Hauptkapiteln. Bd 1. 2. — Meisenheim a. Glan: Hain 1955—57.

Hippel, Ernst von: Die Krise des Staatsgedankens und die Grenzen der Staatsgewalt. — (Stuttgart:) Metzler 1950. 67 S.

Holubek, Reinhard: Allgemeine Staatslehre als empirische Wissenschaft. Eine Untersuchung am Beispiel von Georg Jellinek. — Bonn: Bouvier 1961. 139 S.
(Schriften zur Rechtslehre und Politik. 35.)

Hoover, Calvin B.: The economy, liberty and the state. — New York: Twentieth Century Fund 1959. 445 S.

Huber, Ernst Rudolf: Nationalstaat und Verfassungsstaat. Studien zur Geschichte der modernen Staatsidee. — Stuttgart: Kohlhammer (1965). 293 S.

Huber, Ernst Rudolf: Rechtsstaat und Sozialstaat in der modernen Industriegesellschaft. — (Oldenburg: Thye 1962.) 28 S.
(Schriftenreihe d. Verwaltungs- u. Wirtschaftsakademie Oldenburg. 1.)

Hübner, Emil [u.] Heinrich Oberreuter: Parlament und Regierung. Ein Vergleich dreier Regierungssysteme. - München: Ehrenwirt (1977). 152 S.
(Sozialwissenschaftliche Texte.)

Jahrreiss, Hermann: Mensch und Staat. Rechtsphilosophische, staatsrechtliche und völkerrechtliche Grundfragen in unserer Zeit. — Köln, Berlin: Heymann 1957. 325 S.

Janke, Rudolf: Rechtsnatur und Rechtsstellung der Regierung im Exil. — Hamburg 1954. XI, 144 gez. Bl. [Maschinenschr.]
Hamburg, rechtswiss. Diss. 19. Okt. 1954.

Jünger, Ernst: Der Weltstaat. Organismus und Organisation. — Stuttgart Klett (1960). 75 S.

Kammler, Hans: Der Ursprung des Staates. Eine Kritik der Überlagerungslehre. — Köln: Westdtsch. Verl. 1966. 98 S.
(Demokratie und Frieden. 3.)

Kirchheimer, Otto: Funktionen des Staats und der Verfassung. 10 Analysen. — Frankfurt a. M.: Suhrkamp 1972. 294 S.
(Edition Suhrkamp. 548.)

Kirchheimer, Otto: Politische Herrschaft. 5 Beiträge zur Lehre vom Staat. (Aus d. Amerikan. übers. von Marianne Kalow.) — (Frankfurt a.M.:) Suhrkamp (1967). 150 S.
(Edition Suhrkamp. 220.)

Kirchheimer, Otto: Majoritäten und Minoritäten in westeuropäischen Regierungen. — In: Neue Gesellsch. 6 (1959), 256—270.

Kleeatsky, Hans R[ichard]: Der Rechtsstaat zwischen heute und morgen. — Freiburg: Herder (1967). 315 S.
(Konfrontationen. 2.)

Klenk, F. Friedrich: Staat u. Nation. — In: Stimmen d. Zeit 90 (1964/65), Bd 175, 120—134.

Kriele, Martin: Einführung in die Staatslehre. Die geschichtlichen Legitimitätsgrundlagen des demokratischen Verfassungsstaates. - Reinbek b. Hamburg: Rowohlt 1975. 351 S.
(rororo-Studium. 35.)

Krockow, Christian Graf von: Nationalstaat und Demokratie. Zur Geschichte und Gegenwart eines deutschen Strukturproblems. — In: Schweizer Monatsh. 47 (1967/68), 17—29.

Kröger, Klaus: Zur älteren deutschen Staatslehre und Staatsanschauung. — In: Neue pol. Lit. 13 (1968), 328—336. Literaturbericht.

Kroll, Gerhard: Was ist der Staat? — München: Schnell & Steiner 1950. 151 S.

Krüger, Herbert: Rechtsstaat, Sozialstaat, Staat. - Frankfurt a.M.: Metzner [in Komm.] 1975. 43 S.
(Hamburger öffentlich-rechtliche Nebenstunden.)

Krüger, Herbert: Allgemeine Staatslehre. — Stuttgart: Kohlhammer 1964. XXIII, 1028 S.

Kühnl, Reinhard: Formen bürgerlicher Herrschaft. Liberalismus, Faschismus. — (Reinbek b. Hamburg:) Rowohlt (1971). 190 S.
(rororo-Taschenbuch. 1342/1343.)

Kuhn, Helmut: Der Staat. Eine philosophische Darstellung. — München: Kösel (1967). 478 S.

Kuhn, Helmut: Der Staat als Herrschaftsform. — In: Z. Politik 14 (1967), 229—245.

Laun, Rudolf: Allgemeine Staatslehre im Grundriß. Ein Studienbehelf. 8., wesentl. erw. Aufl. - - Schloß Bleckede a. d. Elbe: Meissner (1961). 135 S.

Legitimationsprobleme politischer Systeme. Hrsg. von Peter Graf Kielmansegg. Tagung der Deutschen Vereinigung für Politische Wissenschaft in Duisburg, Herbst 1975. - (Opladen:) Westdtsch. Verl. (1976). 287 S.
(Politische Vierteljahresschrift. Sonderh. 7.)

Lenz, Friedrich: Politische Ordnung und Wirtschaftsprinzip. — In: Gewerksch. Monatsh. 4 (1953), 641—649.

Litt, Theodor: Die Freiheit des Menschen und der Staat. Vortrag, gehalten am 12. Juni 1953. — Berlin: Weiß 1953. 44 S.
(Schriftenreihe d. Dt. Hochschule f. Politik, Berlin.)

Loewenstein, Karl: Political power and the government process. — Chicago: University of Chicago Press 1957. X, 442 S.

MacIver, R[obert] M[orrison]: Macht und Autorität (The web of government, dt.) Übertr.: Michael Kogon. — Frankfurt a. M.: Verl. d. Frankf. Hefte (1953) 348 S.

McLennan, Barbara N.: Comparative political systems. Political processes in developed and developing states. - Belmont: Duxbury Press 1975. XI, 307 S.

Macridis, Roy C.: Modern European governments. — Englewood Cliffs, N.J.: Prentice Hall 1968. 244 S.

Mahnke, Hans Heinrich: Entstehung und Untergang von Staaten. Eine völkerrechtliche Studie. — In: Mod. Welt 9 (1968), 288—302.

Maier, Hans: Ältere deutsche Staatslehre und westliche politische Tradition. Münchener Antrittsvorlesung. — Tübingen: Mohr 1966. 28 S.
(Recht und Staat in Geschichte und Gegenwart. 321.)

Marcic, René: Vom Gesetzesstaat zum Richterstaat. Recht als Maß der Macht. Gedanken über den demokratischen Rechts- und Sozialstaat. — Wien: Springer 1957. XV, 548 S.

Maritain, Jacques: Man and the state. — Chicago: University of Chicago Press (1951). 219 S.

Maste, Ernst: Die Republik der Nachbarn. Die Nachbarschaft und der Staatsgedanke Artur Mahrauns. — Gießen: Walltor-V. 1957. 219 S.

Mikat, Paul: Staat und Kultur in verfassungsrechtlicher Sicht. — In: Gewerkschaftl. Monatsh. 14 (1963), 705—709.

Miliband, Ralph: Der Staat in der kapitalistischen Gesellschaft (The state in capitalist society, dt.) Eine Analyse des westlichen Machtsystems. (Aus d. Engl. von Nele Einsele.) — Frankfurt a.M.: Suhrkamp 1972. 376 S.
(Theorie.)

Neeße, Gottfried: Staatsdienst und Staatsschicksal. — Hamburg: Holsten-V. 1955. 115 S.

Neumann, Franz: Demokratischer und autoritärer Staat [Teilsamml., dt.] Studien z. polit. Theorie. Hrsg. u. mit e. Vorw. von Herbert Marcuse. Eingel. (u. Gesamtred. d. dtsch. Ausg.) von Helge Pross. -- Frankfurt a.M.: Europ. Verl. Anst. (1967). 316 S.
(Politische Texte.)

Neumann, Franz: The democratic and the authoritarian state. Essays in political and legal theory. (Ed. and with a preface by Herbert Marcuse.) — (Glencoe: The Free Press & The Falcon's Wing Press 1957.) X, 303 S.

Oertzen, Peter. Die soziale Funktion des staatsrechtlichen Positivismus. Eine wissenssoziologische Studie über die Entstehung des formalistischen Positivismus in der deutschen Staatsrechtswissenschaft. Hrsg. u. mit e. Nachw. von Dieter Sterzel. - (Frankfurt a.M.:) Suhrkamp (1974). 356 S.
(Edition Suhrkamp. 660.)

Osswald, Albert: Der soziale Rechtsstaat als Herausforderung. Aufgaben der Struktur- und Gesellschaftspolitik. - Stuttgart: Kohlhammer (1974). 211 S.

Passerin d'Entrèves, Alexander: The notion of the state. An introduction to political theory. — Oxford: Clarendon Press 1967. 230 S.

Polak, Karl: Zur Dialektik in der Staatslehre. — Berlin: Akademie-V. 1959. XII, 280 S.

Preuß, Ulrich K.: Nachträge zur Theorie des Rechtsstaats. — In: Krit. Justiz 4 (1971), 16—29.

Quervain, Alfred de: Mensch und Staat heute. — München: Kaiser 1952. 51 S.
(Theologische Existenz heute. N.F. 30.)

Regierbarkeit. Studien zu ihrer Problematisierung. Hrsg. von Wilhelm Hennis, Peter Graf Kielmansegg u. Ulrich Matz. - (Stuttgart:) Klett-Cotta.
 1. (1977). 314 S.

Regierungskunst in der heutigen Welt. Hrsg. von Ruprecht Kurzrock. - Berlin: Colloquium-Verl. (1975). 153 S.
(Forschung und Information. 18.)

Vergleichende Regierungslehre. Beiträge zur theoretischen Grundlegung und exemplarischen Einzelstudien. Hrsg. von Theo Stammen. - Darmstadt: Wiss. Buchges. 1976. VI, 509 S.
(Wege der Forschung. 357.)

Ridley, F[rederick] F[ernand]: The study of government. Political science and public administration. – London: Allen & Unwin 1975. 240 S.

Rogge, Heinrich: Die antinomische Spannung zwischen Volk und Staat in der nationalen Bewegung. --- In: Ostdtsch. Wissensch. 8 (1961), 367--399.

Schäfer, Hans: Der Bundesstaat. — Köln u. Berlin: Heymann 1955. 137 S.

Schätzel, Walter [Hrsg.]: Der Staat. — Bremen: Schünemann 1956. XVI, 488 S.

Schieder, Theodor: Zum Problem des Staatenpluralismus in der modernen Welt. (Vortrag.) — Köln: Westdtsch. Verl. (1969). 99 S.
(Veröffentlichungen der Arbeitsgemeinschaft für Forschung des Landes Nordrhein-Westfalen. Geisteswiss. 157.)

Schieder, Theodor: Typologie und Erscheinungsformen des Nationalstaates in Europa. — In: Hist. Z. 202 (1966), 58—81.

Schieder, Theodor: Wandlungen des Staates in der Neuzeit. - In: Hist. Z. 216 (1973), 265–303.

Schmid, Carlo: Der Mensch im Staat von morgen. — München: Ner-Tamid 1960. 32 S.

Schneider, Peter: Recht und Macht. Gedanken zum modernen Verfassungsstaat. — Mainz: v. Hase & Koehler (1970). 281 S.

Schneider, Peter: Zur Staatsauffassung von Karl Barth. — In: Z. ges. Staatswiss. 110 (1954), 522—535.

Schokking, Jan Juriaan: Der Nationalstaat als Problem der westeuropäischen Einigung. — In: Neues Hochland 64 (1972), 101—110.

GESELLSCHAFT UND POLITIK

Seeldrayers, Edmond-Pierre: Les composants de l'état moderne. Procès du paraétatisme et des structures traditionnelles de l'état. En collaboration avec V. Crabbe. — Bruxelles: Ed. de la Libr. Encyclopéd. 1955. 56 S.

Smend, Rudolf: Staatsrechtliche Abhandlungen und andere Aufsätze. — Berlin: Duncker & Humblot (1955). 470 S.

Spieker, Manfred: Sozialstaat kontra Rechtsstaat? Einwände gegen die emanzipatorische Sozialstaatdeutung. – In: Z. Politik 21 (1974), 329–342.

Der bürgerliche **Staat** der Gegenwart. [Von] Arno Klönne [u.a.] — Reinbek b. Hamburg: Rowohlt 1972. 173 S.
(Formen bürgerlicher Herrschaft. 2.)
(rororo. 1536. rororo aktuell.)

Staat und Politik. Hrsg. von Ernst Fraenkel und Karl Dietrich Bracher. — (Frankfurt a. M.): Fischer Bücherei (1957). 362 S.
(Das Fischer-Lexikon. 2.)

Staatsgründungen und Nationalitätenprinzip. Unter Mitw. von Peter Alter hrsg. von Theodor Schieder. — München: Oldenbourg 1974. 196 S.
(Studien zur Geschichte des neun-(zehnten Jahrhunderts. 7.)
(Neunzehntes Jahrhundert.)

Evangelisches **Staatslexikon.** Hrsg. von Hermann Kunst u. Siegfried Grundmann in Verb. mit Wilhelm Schneemelcher u. Roman Herzog. — Stuttgart: Kreuz-Verl. (1966). LXIV S., 2688 Sp.

Stammen, Theo: Der Rechtsstaat. Idee und Wirklichkeit in Deutschland. 3., überarb. Aufl. — München: Bayer. Landeszentrale f. polit. Bildungsarbeit 1970. 144 S.
(Bayerische Landeszentrale für politische Bildungsarbeit. Arbeitsh. 19.)

Staudinger, Hugo: Mensch und Staat im Strukturwandel der Gegenwart. Überlegungen aus der Sicht eines Historikers. – Paderborn: Schöningh (1971). 208 S.
(Sammlung Schöningh zur Geschichte und Gegenwart.)

Sterling, Eleonore: Der unvollkommene Staat. Studien über Diktatur und Demokratie. — (Frankfurt a. M.:) Europ. Verl. Anst. (1965). 307 S.

Sternberger, Dolf: Autorität, Freiheit und Befehlsgewalt. — Tübingen: Mohr (1959). 23 S.
(Vorträge und Aufsätze des Walter-Eucken-Instituts. 3.)

Stewart, Michael: Modern forms of government. A comparative study. — London: Allen & Unwin 1959. 284 S.

Strukturwandel der modernen Regierung. Hrsg. von Theo Stammen. — Darmstadt: Wissenschaftl. Buchges. 1967. VI, 500 S.
(Wege der Forschung. 119.)

Vom Wohlfahrtsausschuß zum Wohlfahrtsstaat. Der Staat in der Industriegesellschaft. Hrsg.: Gerhard A. Ritter. – Köln: Markus-Verl. 1973. 188 S.

Wagensell, Gordan: Souveränität und Freiheit. Zur Entwicklung von Staat und Staatsbewußtsein. — In: Hochland 58 (1965/66), 320—330.

Waldrich, Hans-Peter: Der Staat. Das deutsche Staatsdenken seit dem 18. Jahrhundert. Ausgewählte Quellen. - München: Olzog 1973. 336 S.
(Geschichte und Staat. 141/142.)

Weber, Werner: Staats- und Selbstverwaltung in der Gegenwart. — Göttingen: Schwartz 1953. 112 S.
(Göttinger rechtswissenschaftliche Studien. 9.)

Wit, Daniel: Comparative political institutions. A study of modern democratic and dictatorial systems. — New York: Holt 1953. IX, 543 S.

Zink, Harold: Modern governments. — London: Van Nostrand 1958. XV, 804 S.

Zippelius, Reinhold: Geschichte der Staatsideen. — München: Beck (1971). IX, 172 S.
(Beck'sche schwarze Reihe. 72.)

Innere Organisation

Achterberg, Norbert: Grundzüge des Parlamentsrechts. — München: Beck 1971. 87 S.

Alemann, Ulrich von: Parteiensystem im Parlamentarismus. Eine Einführung und Kritik von Parlamentarismustheorien. – Düsseldorf: Bertelsmann Universitätsverl. 1973. 196 S.
(Studienbücher zur Sozialwissenschaft. 7.)

Baer, Chr.-Claus [Hrsg]: Verfassungen — recht verstehen. Verfassungen großer Demokratien im Vergleich. — Frankfurt a. M.: Bollwerk-V. 1952. 88 S.
(Schriften d. Dtsch. Wählergesellschaft. 5.)

Barion, Jakob: Staat und Zentralismus. — Bonn: Bouvier 1969. 107 S.

Benjamin, Michael: Kybernetik und staatliche Führung. — In: Staat u. Recht 16 (1967), 1230—1239.

Bergstraesser, Arnold: Zum Begriff des politischen Stils. — In: Faktoren der politischen Entscheidung, Festgabe für Ernst Fraenkel zum 65. Geburtstag, Berlin: de Gruyter 1963, 39—55.

Beyme, Klaus von: Parlamentarismus und Rätesystem. — In: Z. Politik 17 (1970), 27—39.

Boberach, Heinz: Wahlrechtsfragen im Vormärz. Die Wahlrechtsanschauung im Rheinland 1815—1849 und die Entstehung des Dreiklassenwahlrechts. — Düsseldorf: Droste (1959). 163 S.
(Beiträge zur Geschichte des Parlamentarismus und der politischen Parteien. 15.)

Bode, Ingeborg: Ursprung und Begriff der parlamentarischen Opposition. — Stuttgart: G. Fischer 1962. 121 S.
(Sozialwissenschaftliche Studien. 3.)

Böhm, Anton: Problematisches Parlament. Die Repräsentativ-Verfassung braucht Reformen. — In: Polit. Meinung 3 (1958), H. 28, 25—35.

Buchanan, James M.: Public finance in democratic process. — Chapel Hill: University of North Carolina Press 1967. X, 307 S.

Buse, Michael J.: Integrierte Systeme staatlicher Planung. Theoretische Grundlagen und praktische Erfahrungen im internationalen Vergleich. - Baden-Baden: Nomos Verlagsges. 1974. 224 S.
(Planen. 8.)

Cahill, Fred V. und Robert J. Steamer: The constitution. Cases and comments. — New York: Ronald Press 1959. 361 S.

Diederich, Nils: Empirische Wahlforschung. Konzeptionen und Methoden im internationalen Vergleich. Mit e. Vorw. von Otto Stammer. — Köln: Westdtsch. Verl. 1965. XII, 240 S.
(Staat und Politik. 8.)

Duverger, Maurice: Constitutions et documents politiques. — Paris: P.U.F. „Themis" 1957. 534 S.

Duverger, Maurice: Droit constitutionnel et institutions politiques. — Paris: Presses Universitaires 1955. VIII, 651 S.

Ehmke, Horst: Grenzen der Verfassungsänderung. — Berlin: Duncker & Humblot (1953). 144 S.

Eschenburg, Theodor: Der Beamte in Partei und Parlament. — Frankfurt a. M.: Metzner (1952). 227 S.
(Kleine Schriften für d. Staatsbürger. 15.)

Forsthoff, Ernst: Zur Problematik der Verfassungsauslegung. — Stuttgart: Kohlhammer (1961). 40 S.
(Res publica. 7.)

Forsthoff, Ernst: Rechtsstaat im Wandel. Verfassungsrechtliche Abhandlungen 1950—1964. — Stuttgart: Kohlhammer 1964. 227 S.

Fraenkel, Ernst: Diktatur des Parlaments. Parlamentarische Untersuchungsausschüsse, öffentliche Meinung und Schutz der Freiheitsrechte. — In: Z. Politik 1 (1954), 99—130.

Fraenkel, Ernst: Parlament und öffentliche Meinung. — In: Zur Geschichte und Problematik der Demokratie, Festgabe für Hans Herzfeld, Berlin: Duncker & Humblot (1958), 163—186.

Fraenkel, Ernst: Historische Vorbelastungen des deutschen Parlamentarismus. — In: Vjh. Zeitgesch. 8 (1960), 323—340.

Frank, Dietrich: Politische Planung im Spannungsverhältnis zwischen Regierung und Parlament. - Meisenheim a. G.: Hain 1976. X, 359 S.
(Politik und Wähler. 15.)
Diss., Universität Köln.

Friedrich, C. J.: Constitutional reason of state. The survival of the constitutional order. — Providence, R. I.: Brown University Press 1957. XII, 132 S.

Friedrich, Carl J[oachim]: Zur Theorie und Politik der Verfassungsordnung. Ausgewählte Aufsätze. (Zsstellung u. red. Bearb.: Erwin Faul. Übers.: Alice Schmitt-Psotta, Christa Altenstetter u. Christoph Bellstedt.) Mit e. Geleitw. von Dolf Sternberger. — Heidelberg: Quelle u. Meyer (1963). 272 S.

Friedrich, Manfred: Opposition ohne Alternative? Eine Studie über die Lage der parlamentarischen Opposition im Wohlfahrtsstaat. — Köln: Verl. f. Wissenschaft u. Politik 1962. 144 S.

Gärtner, Karl-Heinz: Die parlamentarischen Untersuchungsausschüsse.— o. O. 1954. VIII, 151 gez. Bl. [Maschinenschr.]
Würzburg, rechts- u. staatswiss. Diss. 16. Dezember 1954.

Gehrig, Norbert: Parlament, Regierung, Opposition. Dualismus als Voraussetzung für eine parlamentarische Kontrolle der Regierung. — München: Beck (1969). XII, 334 S.
(Münchner Studien zur Politik. 14.)
Diss., München.

Gesellschaft, Parlament und Regierung. Zur Geschichte des Parlamentarismus in Deutschland. Hrsg. im Auftrag der Kommission für Geschichte des Parlamentarismus und der politischen Parteien von Gerhard A[lbert] Ritter. - Düsseldorf: Droste (1974). 458 S.
(Veröffentlichung der Kommission für Geschichte des Parlamentarismus und der politischen Parteien.)

Glum, Friedrich: Das parlamentarische Regierungssystem in Deutschland, Großbritannien und Frankreich. — München: Beck 1950. XI, 414 S.

Grabitz, Eberhard: Freiheit und Verfassungsrecht. Kritische Untersuchungen zur Dogmatik und Theorie der Freiheitsrechte. - Tübingen: Mohr 1976. XII, 280 S.

Grube, Walter: Der Stuttgarter Landtag 1457—1957. Von den Landständen zum demokratischen Parlament. Hrsg. im Auftr. d. Kommission f. geschichtl. Landeskunde in Baden-Württemberg. — Stuttgart: Klett 1957. XV, 631 S.

Herman, Valentine: Parliaments of the world. A reference compendium. Prepared with the collab. of Françoise Mendel. [Hrsg.:] Inter-Parliamentary Union. - Berlin: de Gruyter (1976). XII, 985 S.

Hermens, Ferdinand A.: The representative republic. — Notre Dame: University of Notre Dame Press 1958. XIV, 578 S.

Hermens, Ferdinand A[loys]: Verfassungslehre. — Frankfurt a. M.: Athenäum Verl. 1964. XIV, 611 S.
(Kölner Schriften zur polit. Wissenschaft. 1.)

Heyl, Arnulf von: Wahlfreiheit und Wahlprüfung. - Berlin: Duncker & Humblot 1975. 238 S.
(Schriften zum öffentlichen Recht. 262.)

Hintze, Otto: Staat und Verfassung. Gesammelte Abhandlungen zur allgemeinen Verfassungsgeschichte. Hrsg. von Gerhard Oestreich. Mit e. Einl. von Fritz Hartung. 2., erw. Aufl. — Göttingen: Vandenhoeck & Ruprecht (1962). 579 S.
(Hintze: Gesammelte Abhandlungen. 1.)

Hippel, Fritz von: Die Perversion von Rechtsordnungen. — Tübingen: Mohr 1955. XVI, 214 S.

Hollerbach, Alexander: Auflösung der rechtsstaatlichen Verfassung? Zu Ernst Forsthoffs Abhandlung „Die Umbildung des Verfassungsgesetzes" in der Festschrift für Carl Schmitt. — In: Arch. öff. Rechts 85 (1960), 241—270.

Hoschka, Peter und Hermann Schunck: Schätzung von Wählerwanderungen. Puzzlespiel oder gesicherte Ergebnisse? – In: Polit. Vjschr. 16 (1975), 491–539.

Kaltefleiter, Werner: Die Funktionen des Staatsoberhauptes in der parlamentarischen Demokratie. — Köln: Westdtsch. Verl. 1970. 306 S.
(Demokratie und Frieden. 9.)
Habil.-Schrift, Universität Köln.

King-Hall, Stephen und Richard K. Ullmann: German parliaments. A study of the development of representative institutions in Germany. — London: Hansard Society 1954. 160 S.

Kogon, Eugen: Der Parlamentarismus unter den gegenwärtigen gesellschaftlichen Bedingungen. — In: Frankf. H. 17 (1962), 725—736.

Kremer, Klemens: Der Abgeordnete zwischen Entscheidungsfreiheit und Parteidisziplin. — München: Isar-V. 1954. 112 S.

Kübler, Paul: Wie informieren sich Parlamente? — In: Gewerkschaftl. Monatsh. 17 (1966), 229—234.

Langrod, G.: Quelques aspects de la procédure parlementaire en France, en Italie et en Allemagne fédérale. — In: Rev. intern. Droit comp. 5 (1953), 497—529.

Lehmbruch, Gerhard: Wahlreform und politisches System. Zur Methodenproblematik der vergleichenden Forschung über politische Institutionen. — In: Neue polit. Lit. 12 (1967), 146—152.
Literaturbericht.

Leibholz, Gerhard: Verfassungsrecht und Verfassungswirklichkeit. Vortrag, geh. am 24. Jan. u. 1. Febr. 1955 bei d. Hochschulwochen f. staatswissenschaftl. Fortbildung in Bad Homburg vor der Höhe. — Bad Homburg v. d. Höhe u. Berlin: Gehlen (1955). 15 S.

Lerche, Peter: Übermaß und Verfassungsrecht. Zur Bindung des Gesetzgebers an die Grundsätze der Verhältnismäßigkeit und der Erforderlichkeit. — Köln, Berlin, München, Bonn: Heymann 1961. 361 S.

Loewenberg, Gerhard: Parliament in the German political system. — Ithaca: Cornell University Press 1966. XVIII, 463 S.

Loewenberg, Gerhard [Ed.]: Modern parliaments, change or decline? — Chicago: Atherton 1971. 179 S.

Loewenstein, Karl: Verfassungslehre. Aus d. Amerik. übers. von Rüdiger Boerner. — Tübingen: Mohr 1959. XVI, 429 S.

McCloskey, Robert C. [Ed.]: Essays on constitutional law. — New York: Knopf 1957. 429 S.

Macht und Ohnmacht der Parlamente. Vorträge und Diskussionen auf d. vom 1.—3. April zu Baden-Baden von d. Friedrich-Naumann-Stiftung veranstalteten Arbeitstagung. — Stuttgart: Dtsch. Verl.-Anst. (1965). 229 S.
(Schriftenreihe d. Friedrich-Naumann-Stiftung zu Politik u. Zeitgeschichte. 9.)

MacIver, R. M.: Regierung im Kräftefeld der Gesellschaft. [The web of government, dt.] — Frankfurt a. M.: Verl. d. Frankf. Hefte 1952. 462 S.

Martini, Winfried: Der überfragte Wähler. — In: Merkur 8 (1954), 632—647.

Mattenklott, Diedrich: Der Staatsnotstand. Eine systematische Studie zur heutigen Verfassungslage. Stand: 1. 1. 1956. — o. O. 1956. XVII, 141 gez. Bl. [Maschinenschr., vervielf.]
Freiburg i. Br., rechts- u. staatswiss. Diss. 1. August 1956.

Meisner, Heinrich Otto: Verfassung, Verwaltung, Regierung in neuerer Zeit. — Berlin: Akademie-Verl. 1962. 55 S.
(Sitzungsberichte der Deutschen Akademie der Wissenschaften zu Berlin. Klasse für Philosophie, Geschichte, Staats-, Rechts- und Wirtschaftswissenschaften. Jg. 1962, 1.)

Menger, Christian-Friedrich: Moderner Staat und Rechtsprechung. Eine hist. u. systemat. Studie über Stellung u. Bedeutung d. dritten Gewalt im modernen Staate. (Antrittsvorlesung.) — Tübingen: Mohr 1968. 30 S.
(Recht und Staat in Geschichte und Gegenwart. 361.)

Morof, Federico: Il diritto parlamentare. — Roma: Ed. del Tritone 1969. XX, 435 S.

Noack, Paul: Die Zukunft des Parlaments. — In: Polit. Stud. 23 (1972), 258—267.

Nohlen, Dieter: Wahlsysteme der Welt. Daten und Analysen. Ein Handbuch. Unter Mitarb. von Rainer-Olaf Schultze. – München: Piper (1978). 449 S.

Obermann, Emil: Alter und Konstanz von Fraktionen. Veränderungen in der Struktur parlamentarischer Fraktionen. — Meisenheim a. Glan: Hain 1956. 120 S.

Parlamentarische **Opposition.** Ein internationaler Vergleich. [Hrsg.:] Heinrich Oberreuter. - Hamburg: Hoffmann & Campe 1975. 293 S.
(Kritische Wissenschaft.)

Pappi, Franz Urban: Wahlverhalten und politische Kultur. E. soziolog. Analyse d. polit. Kultur in Deutschland unter bes. Berücksichtigung von Stadt-Land-Unterschieden. — Meisenheim a. G.: Hain 1970. 145 S.
(Politik und Wähler. 1.)
Diss., Universität München.

Parlament und Wissenschaft. — Frankfurt a. M.: Europa-Verl. (1967). 163 S.

Der moderne **Parlamentarismus** und seine Grundlage in der ständischen Repräsentation. Beiträge des Symposiums der Bayerischen Akademie der Wissenschaften und der International Commission for Representative and Parliamentary Institutions auf Schloß Reisensburg vom 20.-25. 4. 1975. Unter Mitw. von Karl Möckl hrsg. von Karl Bosl. – Berlin: Duncker & Humblot (1977). 379 S.

Parlamentarismus ohne Transparenz. Hrsg. von Winfried Steffani. — Opladen: Westdtsch. Verl. 1971. 272 S.
(Kritik. 3.)

Partsch, Karl Josef: Verfassungsprinzipien und Verwaltungsinstitutionen. — Tübingen: Mohr 1958. 32 S.
(Recht und Staat in Geschichte und Gegenwart. 221.)

Partsch, Karl Josef: Die Wahl des Parlamentspräsidenten. — In: Arch. öff. Rechts 86 (1961), 1—38.

Peaslee, Amos Jenkins: Constitutions of nations. 2nd ed. Vol. 1—3. — The Hague: Nijhoff 1956.
1. Afghanistan to Finland. XXVII, 896 S.
2. France to New Zealand. XII, 881 S.
3. Nicaragua to Yugoslavia. XII, 919 S.

Peters, Hans: Die Gewaltenteilung in moderner Sicht. — Köln u. Opladen: Westdt. Verl. 1954. 40 S.

Pfeifer, Wilhelm: Die parlamentarische Immunität. — Würzburg 1952. XX, 249 gez. Bl. [Maschinenschr.]
Würzburg, rechts- u. staatswiss. Diss. 19. Juli 1952.

Pikart, Eberhard: Probleme der deutschen Parlamentspraxis. Ein Beitrag zur Diskussion um den „Parlamentarischen Hilfsdienst". — In: Z. Politik 9 (1962), 201—211.

Pomper, Gerald: The concept of elections in political theory. — In: Rev. Politics 29 (1967), 478—491.

Pünder, Hermann: Das Schaltwerk von Politik und Verwaltung im Reich, in der Bizone und im Bund. Reichskanzlei Berlin — Direktorialkanzlei Frankfurt — Bundeskanzleramt Bonn. — In: Die öffentl. Verwaltung 16 (1963), H. 1, 1—5.

Rae, Douglas W.: The political consequences of electoral laws. — New Haven: Yale University Press 1967. 173 S.

Regimes and oppositions. Ed. by Robert A. Dahl. – New Haven: Yale University Press 1973. 411 S.

Der **Reichstag.** Aufsätze, Protokolle u. Darstellungen d. parlamentarischen Vertretung d. dt. Volkes 1871—1933. (Dem Sammelband liegt zugrunde die Sondernr. d. Wochenzeitung „Das Parlament" 10. Jg. (1960) Nr. 39 vom 28. September 1960. Anregung u. Gestaltung: Ernst Deuerlein.) — (Frankfurt a. M., Bonn: Athenäum Verl. 1963.) 307 S.

Ritter, Ernst-Hasso: Die Verfassungswirklichkeit, eine Rechtsquelle? — In: Staat 7 (1968), 352—370.

Ritter, Gerhard A.: Der Antiparlamentarismus und Antipluralismus der Rechts- und Linksradikalen. — In: Aus Politik u. Zeitgeschichte, Beilage zur Wochenzeitung „Das Parlament" Nr. 34 vom 23. August 1969, 3—27.

Ritter, Gerhard A[lbert]: Deutscher und britischer Parlamentarismus. Ein verfassungsgeschichtl. Vergleich. – Tübingen: Mohr 1962. 56 S.
(Recht und Staat in Geschichte und Gegenwart. 242/243.)

Ruch, Alexander: Das Berufsparlament. Parlamentarische Struktur- und Funktionsprobleme unter Darstellung der Parlamente in der Bundesrepublik Deutschland, Frankreich, Großbritannien, den Vereinigten Staaten von Amerika und Dänemark. – Basel, Stuttgart: Helbig & Lichtenhahn 1976. XXIV, 249 S.
(Basler Studien zur Rechtswissenschaft. 107.)
Basel, jur. Diss. 1973.

Scheuner, (Ulrich und Hans-Joachim) v. Merkatz: Die politischen Pflichten und Rechte des deutschen Beamten. Öffentlicher Dienst zwischen Parteiung und Staatsräson. — Baden-Baden: Lutzeyer (1962). 92 S.
(Deutsches Berufsbeamtentum. 4.)

Scheuner, Ulrich: Parlamentarisches Regierungssystem oder Proporzdemokratie? Das Wahlrecht und der Auftrag zur Staatsleitung. — In: Der Wähler 1968, N. F., H. 13/14, 2—7.

Schlinghoff, Gerhart: Die vorbeugende Gesetzeskontrolle im parlamentarischen Staat. Untersucht nach den Verfassungen der Bundesrepublik Deutschland, Englands und Frankreichs. — Marburg 1955. XII, 84 gez. Bl. [Maschinenschr.]
Marburg, rechts- u. staatswiss. Diss. 27. Januar 1955.

Schmid, Gerhard: Das Verhältnis von Parlament und Regierung im Zusammenspiel der staatlichen Machtverteilung. – Basel, Stuttgart: Helbig & Lichtenhahn 1971. XXV, 271 S.
(Basler Studien zur Rechtswissenschaft. 99.)

Schmitt, Carl: Verfassungsrechtliche Aufsätze aus den Jahren 1924—1954. Materialien zu einer Verfassungslehre. — Berlin, München: Duncker & Humblot 1958. 517 S.

Schmitt, Carl: Verfassungslehre. (Unveränd. Neudruck.) — Berlin: Duncker & Humblot (1954). XX, 404 S.

Schönherr, Carl-Heinz: Die unmittelbare Demokratie als Institution im parlamentarischen Staatssystem. (Beiträge zur Lehre von der plebiszitären Willensbildung unter besonderer Berücksichtigung des neuen deutschen Verfassungsrechts.) — o. O. 1954. XVI, 219 gez. Bl. [Maschinenschr.]
Köln, rechtswiss. Diss. 17. Dezember 1954.

Schwarz, Wolfgang: Gerechtigkeit durch Personenwahl. Ein Vorschlag zum Bundeswahlgesetz. — München: Isar-V. 1955. 60 S.
(Politische Studien, Sonderh. 3.)

Self, Peter: Administrative theories and politics. An inquiry into the structure and processes of modern government. - London: Allen & Unwin 1972. 308 S.

Stammen, Theo: Zum Problem der zweiten Kammer im zeitgenössischen parlamentarischen Regierungssystem. — In: Polit. Stud. 22 (1971), H. 196, 113—130.

Stammen, Theo: Regierungssysteme der Gegenwart. — Stuttgart: Kohlhammer (1967). 204 S.
(Geschichte und Gegenwart.)

Steffani, Winfried: Gewaltenteilung im demokratisch-pluralistischen Rechtsstaat. — In: Polit. Vjschr. 3 (1962), 256—282.

Stegemann, Otto: Gewaltenteilung im modernen Staat. Überlegungen zur Bedeutung einer „vierten" Gewalt. — In: Neue Gesellsch. 11 (1964), 270—285.

Sternberger, Dolf: Parlamentarismus, Parteien und Verbände. — In: Gegenwart 7 (1952), 495—497.

Sternberger, Dolf: Lebende Verfassung. Studien über Koalition und Opposition. — Meisenheim a. Glan: Hain 1956. 160 S.

Stoltenberg, Gerhard: Der Deutsche Reichstag 1871—1873. — Düsseldorf: Droste (1955). 216 S.
(Beiträge zur Geschichte des Parlamentarismus und der politischen Parteien. 7.)

Teichmann, Christian Hermann: Die Obstruktion parlamentarischer Minderheiten. — o. O. 1958. XXI, 179 Bl. [Maschinenschr. vervielf.]
Göttingen, rechts- u. staatswiss. Diss. 15. März 1958.

Valentin, Kurt: Die Entwicklung der politischen Freiheitsrechte und die Ausgestaltung in den einzelnen deutschen Verfassungen. — o. O. [1953]. XV, 148 gez. Bl. [Maschinenschr.]
Köln, rechtswiss. Diss. 12. Juni 1953

Varain, Heinz Josef: Das Parlament im Parteienstaat. — In: Polit. Vjschr. 5 (1964), 339—348.

Vialon, Friedrich Karl: Die Stellung des Finanzministers. — In: Vjh. Zeitgesch. 2 (1954), 136—148.

Vile, M. J. C.: Constitutionalism and separation of power. — London: Oxford University Press 1967. VII, 359 S.

Vogt, Hannah: Parlamentarische und außerparlamentarische Opposition. — Opladen: Leske 1972. 164 S.

Vulpius, Axel: Die Allparteienregierung. — Frankfurt a. M., Berlin: Metzner 1957. XII, 240 S.

Die **Wahl** der Parlamente und anderer Staatsorgane. Ein Handbuch. Hrsg. von Dolf Sternberger u. Bernhard Vogel. — Berlin: de Gruyter.
  1. Europa.
    Halbbd 1. 1969. XL, 831 S.
    Halbbd 2. 1969. XVI S., S. 834—1489.

Deutsches Institut für Rechtswissenschaft. Das **Wahlrecht** der sozialistischen Staaten Europas. Übers. u. red. von Heinz Engelbert. — Berlin: Dt. Zentralverl. 1958. 358 S.

Winckelmann, Johannes: Die verfassungsrechtliche Unterscheidung von Legitimität und Legalität. — In: Z. ges. Staatswiss. 112 (1956), 164—175.

Wolf-Philips, Leslie: Constitutions of modern states. — London: Pall Mall Press 1968. 274 S.

Wollmann, Hellmut: Die Stellung der Parlamentsminderheiten in England, der Bundesrepublik Deutschland und Italien. — Den Haag: Nijhoff 1970. XV, 257 S.
(Studien zur Regierungslehre und Internationalen Politik. 3.)

Zacher, Hans Friedrich: Die Erneuerung des parlamentarischen Systems in Deutschland nach dem zweiten Weltkrieg. — München 1952. XI, 226 gez. Bl. [Maschinenschr.]
München, jur. Diss. 22. Januar 1953.

Staat und Menschenrechte

Apartheit und Menschenrechte. (Beitr. von Albert Luthuli u.a.) — Berlin: Union Verl. VOB (1967). 178 S.

Birnbaum, Karl E.: Die Menschenrechte und die Ost-West-Beziehungen. - In: Europ. Rdsch. 5 (1977), H.3, 49-65.

Buergenthal, Thomas: Der Rang der europäischen Konvention zum Schutze der Menschenrechte und Grundfreiheiten in der innerstaatlichen Rechtsordnung. Ein zweiter Überblick. — In: J. Internat. Juristen-Komm. 7 (1966). 61—109.

Carey, John: International protection of Human Rights. — New York: Oceana Publ. 1968. 116 S.

Case studies on human rights and fundamental freedoms. A world survey. Vol. 1.2. Ed. by Willem A. Veenhoven [u. a.] - The Hague: Nijhoff 1975.

Cassin, René: Zwanzig Jahre nach der Verkündung der allgemeinen Erklärung „Freiheit und Gleichheit". — In: J. Internat. Juristen-Komm. 8 (1967), H. 2, 1—20.

Clark, Roger St.: A United Nations High Commissioner for human rights. - The Hague: Nijhoff 1972. XV, 186 S.

Comte, Philippe: Die Anwendung der Europäischen Konvention zum Schutze der Menschenrechte und Grundfreiheiten in der innerstaatlichen Rechtsordnung. — In: J. Internat. Juristenkomm. 4 (1962/63), 100—139.

Cramer, Dettmar: Bürgerrechte '77. - (Köln:) Verl. Wissenschaft u. Politik (1977). 215 S.

Delbrück, Jost: Inhalt und Geltung der Menschenrechte nach heutigem Völkerrecht. — In: Politik 1966, H. 1, 13—30.

Delbrück, Jost: Menschenrechte und Grundfreiheiten im Völkerrecht. Anhand ausgew. Texte internat. Verträge u. Konventionen. - Stuttgart: Boorberg 1972. 72 S.
(Materialien zum öffentlichen Recht. 2.)

Dyke, Vernon van: Human rights, the United States and world community. — New York: Oxford University Press 1970. IX, 292 S.

Emerson, Rupert: The fate of human rights in the Third World. – In: World Politics 27 (1974/75), 201–226.

Ermacora, Felix: Menschenrechte in der sich wandelnden Welt. – Wien: Verl. d. Österr. Akad. d. Wiss.
1. Historische Entwicklung der Menschenrechte und Grundfreiheiten. 1974. 629 S.
(Veröffentlichungen der Kommission für das Studium der Menschenrechte. 1.)
(Sitzungsberichte der Österr. Akademie der Wissenschaften, Philos.-hist. Klasse. 297.)

Fawcett, J. E. S.: The application of the European Convention on Human Rights. — Oxford: Clarendon Press 1969. 368 S.

Franke, Peter: Grundrechte im Sozialstaat. – In: Neue polit. Lit. 22 (1977), 213–220.

Friesenhahn, Ernst: Der internationale Schutz der Menschenrechte. (Hrsg.: Niedersächsische Landeszentrale für Politische Bildung.) — (Uelzen 1960: Niedersächs. Buchdr.) 67 S.

Geyer, Rolf: Auseinandersetzung um die Menschenrechte. – In: Polit. Stud. 28 (1977), 341–348.

Giraud, Emile: Le respect des droits de l'homme dans la guerre internationale et dans la guerre civile. — In: Rev. Droit internat. 36 (1958), 613—675.

Gössner, Rolf: Die Vereinten Nationen und die Menschenrechte. – In: Bll. dtsch. internat. Pol. 23 (1978), 33–47.

Golsong, Heribert: Der Europäische Gerichtshof für Menschenrechte. — In: Juristenztg. 15 (1960), 193—198.

Golsong, Heribert: Das Rechtsschutzsystem der Europäischen Menschenrechtskonvention. — Karlsruhe: Müller 1958. 116 S.

Gotlieb, Allan [Ed.]: Human rights, federalism and minorities. — Toronto: Canadian Inst. of Internat. Affairs 1970. 268 S.

Haas, Ernst B.: Human rights and international action. — Stanford, Calif.: Stanford University Press 1970. 201 S.

Herzog, Roman: Das Grundrecht auf Freiheit in der Europäischen Menschenrechtskonvention. — In: Arch. öff. Rechts 86 (1961), 194—244.

Hofer, Walther: Von der Freiheit und Würde des Menschen und ihrer Gefährdung. Aus d. Geschichte d. Kampfes um die Menschenrechte. — Bern, Stuttgart, Wien: Scherz (1962). 79 S.

Keith, K. J. [Ed.]: Essays on Human Rights. — Wellington: Sweet & Maxwell 1968. 199 S.

Kimminich, Otto: Die Grundwerte im demokratischen Rechtsstaat. – In: Z. Politik 24 (1977), 1–17.

Klatt, Rudolf: Die Europäische Konvention zum Schutze der Menschenrechte. In: Gesellsch., Staat, Erzieh. 7 (1962), 41–45.

Kogon, Eugen: Die Macht und die Menschenrechte. – In: Frankf. H. 28 (1973), 857–862.

Das **Kolloquium** von Ceylon über die Rechtsstaatlichkeit. — In: Bull. Internat. Juristen-Komm. 26 (1966), 1—17.

Kriele, Martin: Die Menschenrechte zwischen Ost und West. – (Köln:) Verl. Wissenschaft u. Politik (1977). 171 S.

Luard, Evan [Ed.]: The international protection of human rights. — New York: Praeger 1967. 384 S.

Mcnulty, A. B. und Marc-Andre Eissen: Die europäische Kommission für Menschenrechte. Verfahren und Rechtsprechung. — In: Jb. d. Internat. Juristenkommission 1 (1957/58), 214—241.

Maier, Hans: Religionsfreiheit. Entwicklung und Problematik in den modernen Verfassungen. — In: Wort u. Wahrheit 22 (1967), 23—36.

Meißner, Friedrich: Die Menschenrechtsbeschwerde vor den Vereinten Nationen. – Baden-Baden: Nomos Verlagsgesellsch. 1976. 109 S.
(Völkerrecht und Außenpolitik. 24.)

Menschenrechte. Texte internationaler Abkommen, Pakte und Konventionen. Hrsg. von Peter Pulte. – Opladen: Heggen 1974. 222 S.
(Heggen-Dokumentation. 6.)

Menschenrechte heute und morgen. Hrsg. vom Institut z. Förderung öffentl. Angelegenheiten e. V. und d. Deutschen Bund für Bürgerrechte im Auftrag d. Deutschen UNESCO-Kommission. — (Frankfurt a. M.: Institut z. Förderung öffentl. Angelegenheiten e. V. u. Deutscher Bund für Bürgerrechte 1951.) 34 S.

Morrisson, Clovis C.: The developing European law of human rights. — Leyden: Sijthoff 1967. 247 S.
(European Aspects. Series E: Law. 7.)

Nawrocki, Joachim: Die Relativierung der Menschenrechte. – In: Deutschland-Arch. 10 (1977), 488–494.

Oestreich, Gerhard: Geschichte der Menschenrechte und Grundfreiheiten im Umriß. — Berlin: Duncker & Humblot (1968). 136 S.
(Historische Forschungen. 1.)

Oestreich, Gerhard: Die Idee der Menschenrechte in ihrer geschichtlichen Entwicklung. — (Groß Denkte/Wolfenbüttel 1961: Rock.) 43 S.
(Schriftenreihe d. Niedersächsischen Landeszentrale für Politische Bildung. Reihe C. 7.)

Philosophie der Menschenrechte und der Grundrechte des Staatsbürgers. Philosophy of human rights of the citizen. Vorträge des IVR-Kongresses 1963 in Istanbul. Hrsg. von d. Internat. Vereinigung für Rechts- u. Sozialphilosophie. — (Neuwied: Luchterhand) 1963. IV, 155 S.
(Archiv für Rechts- und Sozialphilosophie. Beih. 40. N.F. 3.)

Rabbath, E.: La théorie des droits de l'homme dans le droit musulman. — In: Rev. internat. Droit comp. 11 (1959), 672—693.

Die **Ratifikation** und Anwendung internationaler Konventionen über Menschenrechte. — In: Bull. Internat. Juristen-Komm. 1967, H. 32, 1—12.

Robertson, A. H.: Human rights in Europe. – Manchester: Manchester University Press 1977. 329 S.

Robertson, A[rthur] H[enry]: Human Rights in national and international law. — Manchester: Manchester University Press 1968. X, 396 S.

Robertson, Arthur Henry: Human rights in the world. – Manchester: Manchester University Press 1972. VII, 280 S.

Rupp, Heinrich: Vom Wandel der Grundrechte. - In: Arch. öff. Rechts 101 (1976), 161–201.

Sandmeier, Rudolf: Rund um die universale Erklärung der Menschenrechte der Vereinten Nationen. Zu einem Gespräch zwischen Ost und West. — Bern, München: Francke (1963). 151 S.

Strzelewicz, Willy: Der Kampf um die Menschenrechte. Von d. amerikan. Unabhängigkeitserklärung bis zur Gegenwart. (Erw. Neuausg.) — Frankfurt a. M.: Scheffler (1968). 311 S.

Süsterhenn, Adolf: Der supranationale Schutz der Menschenrechte in Europa. — Franfurt a. M.: Athenäum Verl. 1962. 40 S.
(Demokratische Existenz heute. 6.)

Wagner, Wolfgang: Die Verwirklichung der Menschenrechte im Pakt der Vereinten Nationen über bürgerliche und politische Rechte vom 16. Dezember 1966, im Grundvertrag und den ihn begleitenden Nebeninstrumenten. - Frankfurt a. M.: **Lang** 1977. VIII, 122 S.
(Augsburger Schriften zum Staats- und Völkerrecht. 7.)

Wehe, Walter: Menschenrechte und Grundfreiheiten. [Hrsg.:] Bundeszentrale f. polit. Bildung. (4. überarb. Aufl.) — Bonn: [Selbstverl. d. Hrsg.] (1968). 32 S.
(Schriften der Bundeszentrale für politische Bildung.)

Weil, Gordon L[ee]: The European convention on human rights. Background, development and prospects. Pref. by Leland M. Goodrich. — Leyden: Sythoff 1963. 260 S.
(European Aspects. Section 2, Ser. c, H. 12.)
(Cahiers de Bruges. N. S. Publ. 5.)

Widerstandsrecht

Arnot, Alexander: Widerstandsrecht. Bemerkungen zu den gegenwärtigen Auffassungen in der Bundesrepublik Deutschland. — München 1966: Bauknecht. 151 S.
Hamburg, jur. Diss. vom 21. Juli 1965.

Barzel, Rainer: Das heiligste aller Rechte. Über das Widerstandsrecht von Mensch und Volk. — In: Dtsch. Rdsch. 77 (1951), 289—294.

Bauer, Fritz: Widerstand als geschichtlicher Auftrag. Das Widerstandsrecht in unserer Geschichte. — In: Freiheit u. Recht 11 (1965). H. 10, 1—9.

Bauer, Fritz: Widerstand gegen die Staatsgewalt. Dokumente der Jahrtausende. — (Frankfurt a. M.:) Fischer Bücherei (1965). 310 S.
(Fischer Bücherei. 669.)

Bertram, Karl Friedrich: Widerstand und Revolution. Ein Beitrag zur Unterscheidung der Tatbestände und ihrer Rechtsfolgen. — Berlin: Duncker & Humblot (1964). 121 S.
(Schriften zum öffentlichen Recht. 17.)

Bierzanek, Remigius: Der internationale juridische Status der Partisanen und Widerstandskämpfer. — In: Widerstandskämpfer 16 (1968), H. 1, 41—50.

Blume, Werner: Vom Widerstandsrecht gegen verfassungswidrige Gewalt. — Marburg 1949. 99 gez. Bl. [Maschinenschr.]
Marburg, rechts- u. staatswiss. Diss. 8. Nov. 1949.

Borch, Herbert von: Obrigkeit und Widerstand. Zur politischen Soziologie des Beamtentums. — Tübingen: Mohr (Siebeck) 1954. VIII, 243 S.

Borch, Herbert von: Obrigkeit und Widerstand. Zeitgeschichtliche Gedanken zur „soziologischen Sicherung" der Freiheit. — In: Vjh. Zeitgesch. 3 (1955), 297—310.

Boveri, Margret: Der Verrat im 20. Jahrhundert. Für und gegen die Nation. — Hamburg: Rowohlt.
1. Das sichtbare Geschehen. (1956). 153 S.
2. Das unsichtbare Geschehen. (1956). 170 S.
(Rowohlts Deutsche Enzyklopädie. 23. 24.)

Boveri, Margret: Der Verrat im 20. Jahrhundert. — Hamburg: Rowohlt.
3. Zwischen den Ideologien. Zentrum Europa. (1957.) 196 S.
(Rowohlts Deutsche Enzyklopädie. 58.)

Boveri, Margret: Der Verrat im 20. Jahrhundert. Für und gegen die Nation. — Hamburg: Rowohlt.
4. Verrat als Epidemie: Amerika. Fazit. (1960.) 340 S.
(Rowohlts Deutsche Enzyklopädie. 105/106.)

Even, Bert: Das Widerstandsrecht des Staatsbürgers. — o. O. (1951). 179, V gez. Bl. [Maschinenschr.]
Köln, rechtswiss. Diss. 16. August 1951.

Freudenfeld, Burghard: Über den Widerstand. — In: Gesch. Wissensch. Unterr. 15 (1964), 69—75.

F[reund], M[ichael]: Verrat, Verräter und Verratene. — In: Gegenwart 11 (1956), 728—730.

Gaßmann, Jürgen: Die Rechtmäßigkeit der Amtsausübung beim Widerstand gegen die Staatsgewalt nach deutschem und anglo-amerikanischem Strafrecht. — Berlin 1961: (Ernst-Reuter-Gesellschaft). XIX, 143 S.
FU Berlin, jur. Diss., 24. Juni 1961.

Geiger, Willi: Gewissen, Ideologie, Widerstand, Nonkonformismus. Grundfragen d. Rechts. — München: Pustet (1963). 152 S.
(Bücherei der Salzburger Hochschulwochen.)

Gierke, Julius von: Widerstandsrecht und Obrigkeit. Gedanken anläßlich des Falles „Schlüter". — Stuttgart: Enke 1956. 23 S.

Heyland, Carl: Das Widerstandsrecht des Volkes gegen verfassungswidrige Ausübung der Staatsgewalt im neuen deutschen Verfassungsrecht. Zugleich ein Beitrag zur Auslegung des Art. 147 der Hessischen Verfassung vom 1. Dezember 1946. — Tübingen: Mohr 1950. 124 S.

Hieronymus, Hanns Eberhard: Gehorsamspflicht und Widerstand innerhalb des Beamtenverhältnisses. Eine Untersuchung auf der Grundlage des BBG. — o. O. 1956. XI, 124 gez. Bl. [Maschinenschr.]
Köln, rechtswiss. Diss. 28. Februar 1956.

Hippel, Ernst von: Zum Problem des Widerstandes gegen rechtswidrige Machtausübung. — In: Kirche in d. Welt 4 (1951), 267—276.

Jaspers, Karl: The fight against totalitarianism. — In: Confluence 3 (1954), 251—266.

Jászi, Oscar und John D. Lewis: Against the tyrant. The tradition and theory of tyrannicide. — Glencoe, Ill.: The free Press 1957. XII, 288 S.

Ibach, Karl: Die Würde des Menschen ist unantastbar. Der Widerstand als staatsbürgerliche und sittliche Pflicht. — In: Freiheit u. Recht 9 (1963), H. 3, 1—5.

Kempski, Jürgen von: Gedanken zum Widerstandsrecht. — In: Merkur 11 (1957), 894—899.
Literaturbericht.

Kern, Fritz: Gottesgnadentum und Widerstandsrecht. Hrsg. von Rudolf Buchner. 2. Aufl. — Münster und Köln: Böhlau 1954. XVI, 416 S.

Kluke, Paul: Das Recht des Widerstandes gegen die Staatsgewalt in der Sicht des Historikers. — (Hannover 1957: Funke.) 44 S.
(Schriftenreihe der Landeszentrale für Heimatdienst in Niedersachsen. A, 7.)

Kröger, Klaus: Zur Lehre vom Widerstandsrecht in der Gegenwart. — In: Neue polit. Lit. 10 (1965), 270—282.
Literaturbericht.

Kröger, Klaus: Widerstandsrecht und demokratische Verfassung. (Antrittsvorlesung.) — Tübingen: Mohr 1971. 23 S.
(Recht und Staat in Geschichte und Gegenwart. 399.)

Künneth, Walter: Obrigkeit und Widerstand. — In: Polit. Meinung 4 (1959), H. 43, 50—60.

Künneth, Walter: Das Widerstandsrecht als theologisch-ethisches Problem. — München: Claudius-V. 1954. 18 S.

Lewy, Guenter: Resistance to tyranny. Treason, right or duty? — In: West. polit. Quart. 13 (1960), 581—596.

Lüth, Paul: Bürger und Partisan. Über den Widerstand gestern, heute und morgen. — Frankfurt a. M.: Verl. d. Parma-Ed. (1951). 78 S.

Mandt, Hella: Tyrannislehre und Widerstandsrecht. Studien zur deutschen politischen Theorie des 19. Jahrhunderts. – Neuwied: Luchterhand 1974. XIII, 348 S.
(Politica. 36.)
Phil. Diss., Universität Freiburg.

Mason, Henry L.: Mass demonstrations against foreign regimes. A study of five crises. — New Orleans: Tulane University 1966. VI, 98 S.
(Tulane Studies in Political Science 10.)

Mayer-Tasch, Peter Cornelius: Thomas Hobbes und das Widerstandsrecht. — Tübingen: Mohr 1965. VIII, 131 S.

Müller, Heinz: Der Widerstand gegen die Staatsgewalt als Gegenstand politischer Bildung. — In: Gesch. Wissensch. Unterr. 15 (1964), 461—471.

Neidert, Rudolf: Renaissance des Widerstandsrechts. — In: Neue polit. Lit. 14 (1969), 232—253.
Literaturbericht.

Nicoletti, Gioacchino: Sul diritto alla resistenza. Ricerche e studi. — Milano: Giuffrè 1960. 127 S.

Papadatos, Pierre Achille: Le délit politique. Contribution à l'étude des crimes contre l'état. Préf. de Jean Graven. — Genève: Droz 1954. XVI, 204 S.

Papcke, Sven: Progressive Gewalt. Studien zum sozialen Widerstandsrecht. – Frankfurt a. M.: S. Fischer 1973. 542 S.

Roberts, Adam: Ziviler Widerstand gegen Staatsstreiche. Die Lehren des Militärputsches in Griechenland für gefährdete Demokratien. — In: Neue Sammlung 8 (1968), 183—190.

Rock, Martin: Widerstand gegen die Staatsgewalt. Sozialethische Erörterung. — Münster: Regensberg 1966. 243 S.

Schneider, Hans: Widerstand im Rechtsstaat. Vortrag. — Karlsruhe: C. F. Müller 1969. 23 S.
(Juristische Studiengesellschaft Karlsruhe. Schriftenreihe. 92.)

Schneider, Peter: Widerstandsrecht und Rechtsstaat. — In: Archiv öffentl. Rechts 89 (1964), 1—24.

Schönfeld, Walther: Zur Frage des Widerstandsrechts. — Stuttgart: Kohlhammer 1956. 62 S.

Schorn, Hubert: Das Widerstandsrecht in sittlicher und rechtlicher Bedeutung. Beilage zu „Das Parlament" vom 28. Januar 1953. 16 S.

Sladeczek, Heinz: Zum konstitutionellen Problem des Widerstands. — In: Arch. Rechtssoziologie u. -Philos. 43 (1957), 367—398.

Sladeczek, Heinz: Zur Problematik des Widerstandsrechts in der Gegenwart. Eine rechtstheoretische Studie. — o. O. 1955. XIV, 123 gez. Bl. [Maschinenschr.]
Tübingen, rechts- u. wirtschaftswiss. Diss. 1. November 1955.

Strölin, Karl: Die Pflicht zum Widerstand. — In: Nation Europa 1 (1951), H. 9, 37—42.

Stüttler, Josef Anton: Das Widerstandsrecht und seine Rechtfertigungsversuche im Altertum und im frühen Christentum. — In: Arch. Rechts- u. Sozialphilos. 51 (1965), 494—541.

Trott zu Solz, Werner von: Widerstand heute oder Das Abenteuer der Freiheit. — Düsseldorf: Schwann (1958). 136 S.

Tsatsos, Themistokles: Zur Begründung des Widerstandsrechts. — In: Staat 1 (1962), 155—174.

„Widerstand ist vaterländische Pflicht." — In: Polit. Studien 10 (1959), 435—439.

Widerstandsrecht. Hrsg. von Arthur Kaufmann in Verb. mit Leonhard E. Backmann. - Darmstadt: Wiss. Buchges. 1972. XIV, 642 S.
(Wege der Forschung. 173.)

Widerstandsrecht und Grenzen der Staatsgewalt. Bericht über die Tagung der Hochschule für Politische Wissenschaften, München, und der Evangelischen Akademie, Tutzing, 18.—20. Juni 1955, in der Akademie Tutzing. Hrsg. von Bernhard Pfister und Gerhard Hildmann. — Berlin: Duncker & Humblot (1956). 162 S.

Wilkens, Erwin: Grenzen des Gehorsams. Der evangelische Christ vor der Obrigkeit. — In: Polit. Meinung 7 (1962), H. 69, 23—33.

Wohlnick, Helmut: Das Widerstandsrecht nach evangelisch-lutherischer Auffassung. — (Regensburg, München 1961: Walhalla u. Praetoria Verl.) XXVI, 179 Bl.
Köln, jur. Diss. vom 20. 7. 1961.

Wührer, Sophia: Das Widerstandsrecht in den deutschen Verfassungen nach 1945. Ein rechtstheoretisches Problem. - Bern, Frankfurt a. M.: Lang 1973. 103 S.
(Europäische Hochschulschriften. Rechtswissenschaft. 62.)

Demokratie

Abendroth, Wolfgang: Zum Begriff des demokratischen und sozialen Rechtsstaates im Grundgesetz der Bundesrepublik Deutschland. — In: Aus Geschichte und Politik, Festschrift zum 70. Geburtstag von Ludwig Bergstraesser, Düsseldorf: Droste-V. (1954), 279—300.

Abendroth, Wolfgang: Innerparteiliche und innerverbandliche Demokratie als Voraussetzung der politischen Demokratie. — In: Polit. Vjschr. 5 (1964), 307—338.

Abendroth, Wolfgang: Demokratie als Institution und Aufgabe. — In: Neue Gesellschaft 1 (1954), 34—41.

Adam, August: Die Tugend der Freiheit. 2. Aufl. — Nürnberg: Sebaldus-V. (1952). 340 S.

Aderhold, Dieter: Kybernetische Regierungstechnik in der Demokratie. Planung und Erfolgskontrolle. - München: Olzog 1973. 343 S.
(Deutsches Handbuch der Politik. 7.)

Adrian, Wolfgang: Demokratie als Partizipation. Versuch einer Wert- und Einstellungsanalyse. - Meisenheim a. G.: Hain 1977. 329 S.
(Politik und Wähler. 18.)
Diss., Universität Mannheim.

Agnoli, Johannes [u.] Peter Brückner: Die Transformation der Demokratie. — (Frankfurt a. M.: Europ. Verl. Anst. 1968.) 194 S.

Albrecht, Alfred: Koordination von Staat und Kirche in der Demokratie. Eine juristische Untersuchung über die allgemeinen Rechtsprobleme der Konkordate zwischen der katholischen Kirche und einem freiheitlich-demokratischen Staat. — Freiburg: Herder 1965. 309 S.

Allemeyer, Werner: Christliche Demokratie in Europa und Lateinamerika. Geschichte, Strukturen, Programme. (Hrsg.: Polit. Akademie Eichholz, Wesseling, Bez. Köln. Die Übers. d. Programme aus d. Französ. u. Italien. besorgte Christiane R. Kopp.) — Bonn: Eichholz-Verl. (1964). 485 S.

Allen, Richard V., Hall Bartlett [u.] Kenneth Colegrove: Democracy and communism. Theory and action. Teaching aids by Richard M. Perdew. — Princeton: Van Nostrand 1967. VIII, 520 S.

Alwens, Ludwig: Demokratie oder Freiheit? — In: Z. Geopolitik 26 (1955), 322—330.

Andrews, Lewis M. [u.] Marvin Karlins: Requiem for democracy? — New York: Holt, Rinehart & Winston 1971. 148 S.

Angeli, Roberto: Pionieri del movimento democratico cristiano. - Roma: Ed. Cinque Lune 1959. XX, 328 S.

Arendt, Hannah: Freiheit und Politik. Ein Vortrag. — In: Neue Rdsch. 69 (1958), 670—694.

Arndt, Adolf: Opposition. — In: Neue Sammlung 8 (1968), 1—17.

Aron, Raymond: Demokratie und Totalitarismus (Démocracie et totalitarisme, dt.) Aus d. Französ. übertr. von Samuel H. Schirmbeck. — (Hamburg:) Wegner (1970). 267 S.

Arsenio Torres, José: The political ideology of guided democracy. — In: Rev. Politics 25 (1963), 34—63.

Asmussen, Hans: Die Wiedergeburt der Freiheit. — In: Neues Abendland 8 (1953), 469—478.

Assel, Hans Guenther: Modernes Demokratieverständnis in Theorie und Praxis. — In: Z. Politik 18 (1971), 12—32.

Baade, Fritz: Freiheit durch Planung. — In: Gewerksch. Monatsh. 11 (1964), 201—207.

Bäumlin, Richard: Die rechtsstaatliche Demokratie. — 1954. 160 S.
Bern, jur. Diss.

Besson, Waldemar: Das politische Bewußtsein der Deutschen. Schwierigkeiten im Verhältnis zur Demokratie. — In: Polit. Meinung 8 (1963), H. 82, 31—38.

Besson, Waldemar [u.] Gotthard Jasper: Das Leitbild der modernen Demokratie. Bauelemente einer freiheitlichen Staatsordnung. — München: List (1965). 100 S.

Bethusy-Huc, Viola Gräfin von: Demokratie und Interessenpolitik. — Wiesbaden: Steiner 1962. XII, 176 S.

Beyme, Klaus von: Die verfassungsgebende Gewalt des Volkes. Demokratische Doktrin und politische Wirklichkeit. — Tübingen: Mohr 1968. 68 S.
(Recht und Staat in Geschichte und Gegenwart. 367/368.)

Beyme, Klaus von: Interessengruppen in der Demokratie. — München: Piper (1969). 233 S.
(Piper-Paperback.)

Bloch, Rolf: Der Doppelcharakter der individuellen Freiheitsrechte als Schutz des Einzelnen und als institutionelle Garantie der Demokratie. — 1954. 88 S.
Bern, jur. Diss.

Buchheim, Karl: Leidensgeschichte des zivilen Geistes oder die Demokratie in Deutschland. — München: Kösel (1951). 136 S.

Buchheim, Karl: Ultramontanismus und Demokratie. Der Weg d. dtsch. Katholiken im 19. Jahrhundert. — München: Kösel (1963). 545 S.

Buchheim, Hans: Der demokratische Verfassungsstaat und das Problem der Demokratisierung der Gesellschaft. - [Mainz:] Landeszentrale f. Polit. Bildung Rheinland-Pfalz 1975. 60 S.

Burmeister, Werner [Ed.]: Democratic institutions in the world today. — London: Stevens 1958. X, 157 S.

Burns, James McGregor: The deadlock of democracy. — Englewood Cliffs: Prentice-Hall 1964. VII, 376 S.

Christophersen, Jens A.: The meaning of democracy as used in European ideologies. — Oslo: Universitetsforlaget 1966. 339 S.

Colegrove, Kenneth: Democracy versus communism. Ed. by Hall Bartlett. — Princeton, London: Van Nostrand 1958. VII, 424 S.

Cuesta, S.: La crisis de la democracia y la técnica de la representación ciudadana. — In: Politeia [Fribourg] 5 (1953), 19—35.

Dahl, Robert A. [Ed.]: Political oppositions in Western democracies. — New Haven: Yale University Press 1966. XIX, 458 S.

Dahl, Robert A.: After the revolution? Authority in a good society. — New Haven: Yale University Press 1970. 171 S.

Dahl, Robert A. [u.] Edward R. Tufte: Size and democracy. - Stanford, Calif.: Stanford University Press 1973. 148 S.
(The Politics of the Smaller European Democracies. 2.)

Dahrendorf, Ralf: Gesellschaft und Demokratie in Deutschland. — München: Piper (1965). 516 S.

Dahrendorf, Ralf: Gesellschaft und Freiheit. Zur soziologischen Analyse der Gegenwart. — München: Piper (1961). 455 S.
(Sammlung Piper.)

Dahrendorf, Ralf: Aktive und passive Öffentlichkeit. — In: Merkur 21 (1967), 1109—1122.

Die Bewährung der Demokratie im 20. Jahrhundert (La démocratie à l'épreuve du XXe siècle, dt.) Das Seminar von Berlin, Kongreß f. Kulturelle Freiheit. (Aus d. Franz. übers. von Marc René Jung.) — Zürich: EVZ-Verl. (1961). 253 S.

Demokratie. Studientexte zur Auseinandersetzung mit dem demokratischen System. Hrsg. und eingel. von Hans-Robert Buck. - München: Goldmann 1974. 211 S.
(Politische Wissenschaft. 3.)

Otto-Suhr-Institut an der Freien Universität Berlin, vormals Deutsche Hochschule für Politik. Die **Demokratie** im Wandel der Gesellschaft. Vorträge, geh. im Sommersemester 1962. Hrsg. von Richard Löwenthal. — Berlin: Colloquium Verl. 1963. 192 S.

Demokratietheorien. Konzeptionen und Kontroversen. (Hrsg.:) Frank Grube [und] Gerhard Richter. - Hamburg: Hoffmann & Campe 1975. 246 S.
(Reader.)

Demokratisierung in Staat und Gesellschaft. [Hrsg.: Martin Greiffenhagen.] - München: Piper 1973. 482 S.
(Piper-Sozialwissenschaft. 19.)

Dethleffsen, Erich: Wehrmacht und Demokratie. — In: Wehrkunde 2 (1953), H. 3, 1—5.

Dettling, Warnfried: Demokratisierung: Wege und Irrwege. [Hrsg. vom Inst. d. Dtsch. Wirtschaft.] - Köln: Inst.-Verl. 1974. 154 S.
(div-Sachbuchreihe. 2.)

Dokumente zur christlichen Demokratie. Deutschland, Österreich, Schweiz. Bearb. u. eingel. von Albert Baumhauer [u.a.] — [Wesseling:] Konrad-Adenauer-Stiftung f. Polit. Bildung u. Studienförderung, Polit. Akademie Eichholz (1969). XVI, 741 S.
(Handbücher der Politischen Akademie Eichholz. 2.)

Downs, Anthony: Ökonomische Theorie der Demokratie (An economic theory of democracy, dt.) Hrsg. von Rudolf Wildenmann.) (Aus d. Amerikan. Übers.: Leonhard Walentik.) — Tübingen: Mohr 1968. XIV, 303 S.
(Die Einheit der Gesellschaftswissenschaften. 8.)

Drath, M.: Die Entwicklung der Volksrepräsentation. — Bad Homburg v. d. H. und Berlin: Gehlen 1954. 48 S.

Duverger, Maurice: Demokratie im technischen Zeitalter (Les deux faces de l'occident, dt.) Das Janusgesicht des Westens. Übers. u. mit e. Vorw. von Kurt Sontheimer. - München: Piper 1973. 274 S.
(Piper-Sozialwissenschaft. 16.)

Eckert, Roland: Wissenschaft und Demokratie. Plädoyer für eine verantwortliche Wissenschaft. — Tübingen: Mohr 1971. 63 S.
(Gesellschaft und Wissenschaft. 1.)

Einaudi, Mario: Christian democracy in Italy and France. — Notre Dame: University of Notre Dame Press 1952. VIII, 229 S.

Erler, Fritz: Demokratie und bewaffnete Macht. — In: Gewerksch. Monatsh. 5 (1954), 355—361.

Fetscher, Iring: Die Demokratie. Grundfragen und Erscheinungsformen. — Stuttgart: Kohlhammer (1970). 88 S.
(Urban-Taschenbücher, 805.

Fetscher, Iring: Demokratie zwischen Sozialdemokratie und Sozialismus. - Stuttgart: Kohlhammer 1973. 158 S.
(Urban-Taschenbücher. 836.)

Fetscher, Iring: Die Freiheit im Lichte des Marxismus-Leninismus. Hrsg. von d. Bundeszentrale f. Heimatdienst. 3., um e. Anh. erw. Aufl. — (Melsungen 1962: Bernecker.) 110 S.
(Schriftenreihe der Bundeszentrale für Heimatdienst. 40).

Fitzgibbon, Russell H.: A statistical evaluation of Latin American democracy. — In: West. Polit. Quart. 9 (1956), 607—619.

Flachowsky, Gert: Demokratie als Entscheidungsprozeß. Eine ideologiekritische und organisationssoziologische Studie zum Problem der parlamentarischen Demokratie. - Mannheim 1975. 128 gez. Bl.
Diss., Universität Mannheim.

Flechtheim, Ossip K.: Das Dilemma der Demokratie. — In: Archiv Rechtsu. Sozialphilosophie 49 (1963). 213—236.

Fölsing, Günter H.: Demokratie und Evolution. — In: Polit. Stud. 20 (1969), 389—399.

Fogarty, Michael P.: Christian democracy in Western Europe 1820—1953. — London: Routledge and Kegan Paul 1957. XVIII, 461 S.

Fogarty, Michael P[atrick]: Christliche Demokratie in Westeuropa 1820—1953. (Übertr. aus d. Engl. von Hans Schmidthüs.) — Basel, Freiburg i. Br., Wien: Herder (1959). XVI, 526 S.

Fontaine, François: La démocratie en vacances. — Paris: Julliard 1959. 215 S.

Forsthoff, Ernst: Strukturwandlungen der modernen Demokratie. Vortrag, geh. vor d. Berliner Jurist. Gesellsch. am 21. Juni 1963. — Berlin: de Gruyter 1964. 25 S.
(Schriftenreihe d. Jurist. Gesellschaft e.V., Berlin. 15.)

Fraenkel, Ernst: Demokratie und öffentliche Meinung. — In: Z. Politik 10 (1963), 309—328.

Fraenkel, Ernst: Die repräsentative und die plebiszitäre Komponente im demokratischen Verfassungsstaat. — Tübingen: Mohr 1958. 58 S.
(Recht und Staat in Geschichte und Gegenwart. 219/220.)

Die geistige und politische **Freiheit** in der Massendemokratie. Mit Vorträgen von Walter Erbe [u. a.] — Stuttgart: Dtsch. Verl. Anst. (1960). 149 S.
(Schriftenreihe der Friedrich-Naumann-Stiftung zur Politik und Zeitgeschichte. 1.)

Freund, Ludwig: Freiheit und Unfreiheit im Atomzeitalter. — (Gütersloh:) Mohn (1963). 397 S.

Friedrich, Carl J.: Politische Autorität und Demokratie. — In: Z. Politik 7 (1960), 1—12.

Friedrich, Carl J.: La démocratie constitutionnelle. — Paris: Presses Universitaires de France 1958. 564 S.

Friedrich, Carl Joachim: Demokratie als Herrschafts- und Lebensform. — Heidelberg: Quelle & Meyer 1959. 123 S.
(Studien zur Politik. 1.)

Gasser, Adolf: Geschichte der Volksfreiheit und der Demokratie. 2. erw. Aufl. — Frankfurt a. M.: Sauerländer (1954). 224 S.

Vom rechten **Gebrauch** der Freiheit. [Von] Ludwig Raiser [u. a.] Reden zur Verleihung des 1. Theodor-Heuss-Preises 1965. — Tübingen: Wunderlich (1965). 42 S.
(Veröffentlichungen d. Stiftung Theodor-Heuss-Preis e.V.)

Geismann, Georg: Über den Widerspruch in der Demokratie. — In: Z. Politik 15 (1969), 403—412.

Glum, Friedrich: Krise der Demokratie? — München: Isar-V. 1952. 24 S.
(Politische Bildung. 8.)

Görlitz, Axel: Demokratie im Wandel. — Köln: Westdtsch. Verl. 1969. 289 S.
(WV-Sammlung Politik.)

Grenzen der Demokratie? Probleme und Konsequenzen der Demokratisierung von Politik, Wirtschaft und Gesellschaft. Hrsg.: Ludwig Erhard, Kurt Brüß [u.] Bernhard Hagemeyer. – Düsseldorf: Econ-Verl. 1973. 479 S.
(Schriftenreihe der Ludwig-Erhard-Stiftung. 3.)

Grundprobleme der Demokratie. Hrsg. von Ulrich Matz. – Darmstadt: Wiss. Buchges. 1973. 494 S.
(Wege der Forschung. 141.)

Hättich, Manfred: Demokratie als Herrschaftsordnung. — Köln: Westdtsch. Verl. 1967. 196 S.
(Ordo Politicus. 7.)

Haney, Gerhard: Die Demokratie. Wahrheit, Illusion und Verfälschungen. — Frankfurt a. M.: Verl. Marxist. Bll. 1971. 334 S.
(Marxistische Paperbacks.)

Hartenstein, Wolfgang und Günter Schubert: Mitlaufen oder Mitbestimmen. Untersuchung zum demokratischen Bewußtsein u. zur politischen Tradition. Mit e. Deutungsversuch von Alexander Mitscherlich. — Frankfurt/M.: Europ. Verl.-Anst. (1961). 103 S.
(Veröffentlichungen des Instituts für Angewandte Sozialwissenschaft Bad Godesberg. 2.)

Heer, Friedrich: Grundlagen der europäischen Demokratie der Neuzeit. — Wien: Frick 1953. 96 S.
(Schriftenreihe der österreichischen UNESCO-Kommission. 5.)

Heidenheimer, Arnold J.: Schattierungen im Röntgenbild der christlichen Demokratie. — In: Neue Gesellsch. 5 (1958), 172—181.

Hennis, Wilhelm: Demokratisierung. Zur Problematik eines Begriffs. — Köln: Westdtsch. Verl. (1970). 58 S.
(Veröffentlichungen der Arbeitsgemeinschaft für Forschung des Landes Nordrhein-Westfalen. Geisteswiss. 161.)

(Hermann, Fritz H.:) Demokratie — Wahn oder Wirklichkeit? — In: Nation Europa 3 (1953), H. 4, 9—13.

Hermens, F[erdinand] A[loys]: Demokratie oder Anarchie? Untersuchung über die Verhältniswahl. (Democracy or anarchy? dt.) (Die Übers. besorgte Ursula Wetzel. Originaltext vom Verf. i. Zusammenarb. mit d. Übers. völlig neu bearb.) Mit einem Vorw. von Alfred Weber u. einer Einf. von C[arl] J[oachim] Friedrich. — Frankfurt a. M.: Metzner 1951. XX, 412 S.

Hocevar, Rolf: Pluralismus und Individualismus in der Demokratie. — In: Polit. Stud. 21 (1970), 129—138.

Hoegner, Wilhelm: Die Macht in der Demokratie. — In: Polit. Studien 11 (1960), 225—237.

Hofmann, Rupert: Demokratie und Freiheit. Kritische Anmerkungen zur Vergötzung des Mehrheitswillens. - In: Polit. Stud. 23 (1972), 382–397.

Hondrich, Karl Otto: Demokratisierung und Leistungsgesellschaft. Macht- und Herrschaftswandel als sozio-ökonomischer Prozeß. - Stuttgart: Kohlhammer 1972. 156 S.
(Reihe Kohlhammer.)

Kaltefleiter, Werner: Probleme der demokratischen Legitimation politischer Herrschaft. - In: Aus Politik und Zeitgeschichte, Beilage zur Wochenzeitung „Das Parlament" Nr 47 vom 22. November 1975, 29–38.

Kase, Francis J.: People's democracy. A contribution to the study of the communist theory of state and revolution. — Leiden: Sijthoff 1968. 223 S.

Kaufmann, Erich: Grundtatsachen und Grundbegriffe der Demokratie. — München: Isar-V. 1950. 28 S.
(Schriftenreihe d. Hochschule f. politische Wissenschaften, München. 1.)

Kielmansegg, Peter Graf: Volkssouveränität. Eine Untersuchung der Bedingungen demokratischer Legitimität. - Stuttgart: Klett (1977). 327 S.

Kirchheimer, O.: Parteistruktur und Massendemokratie in Europa. — In: Arch. öff. Rechts 79 (1953/54), 301—325.

Die christliche Konzeption der pluralistischen Demokratie. Akten des internationalen Symposiums Madrid 1976. Unter Mitarb. zahlr. Fachleute hrsg. von Arthur [Fridolin] Utz u. Heinrich Basilius Streithofen. - Stuttgart: Seewald (1977). 288 S.
(Sammlung Politeia. 30.)

Kotowski, Georg: Parlamentarismus und Demokratie im Urteil Friedrich Meineckes. — In: Zur Geschichte und Problematik der Demokratie, Festgabe für Hans Herzfeld, Berlin: Duncker & Humblot (1958), 187—203.

Krieger, Leonard: The German idea of freedom. History of a political tradition. — Boston: Beacon Press (1957). XII, 540 S.

Kroll, Edith: Preußentum und Demokratie. Zu Karl Buchheims „Leidensgeschichte des zivilen Geistes". — In: Neues Abendland 8 (1953), 56—57.

Krüger, Hartmut: Interessenpolitik und Gemeinwohlbefinden in der Demokratie. - München: tuduv-Verlagsges. 1976. 147 S.
(tuduv-Buch. Reihe Politologie, Soziologie. 3.)

Kuhn, Manfred: Herrschaft der Experten? An den Grenzen der Demokratie. — Würzburg: Werkbund-Verl. (1961). 28 S.
(Beiträge zur politischen Bildung. 4.)

Labin, Suzanne: Le drame de la démocratie. — Paris: Horay 1954. 288 S.

Laufer, Heinz: Die demokratische Ordnung. Eine Einführung. — Stuttgart: Kohlhammer (1966). 205 S.
(Geschichte und Gegenwart.)

Lehne, Friedrich: Demokratie ohne Illusion. Eine Einführung. — München: Oldenbourg (1967). 194 S.

Leibholz, Gerhard: Demokratie und Rechtsstaat. — (Göttingen 1957: Niedersächs. Landeszentrale f. Heimatdienst.) 45 S.
(Schriftenreihe d. Landeszentrale f. Heimatdienst in Niedersachsen. A, 5.)

Leibholz, Gerhard: Strukturprobleme der modernen Demokratie. — Karlsruhe: Müller 1958. XII, 304 S.

Leibholz, Gerhard: Strukturprobleme der modernen Demokratie. 3., erw. Aufl. — Karlsruhe: Müller 1967. XIV, 352 S.

Leibholz, Gerhard: Der Strukturwandel der modernen Demokratie. Vortrag, geh. in d. Jur. Stud. Ges. in Karlsruhe am 30. April 1952. — Karlsruhe: Müller (1952). 38 S.

Leibholz, Gerhard: Das Wesen der Repräsentation und der Gestaltwandel der Demokratie im 20. Jahrhundert. 2., erweit. Aufl. — Berlin: De Gruyter 1960. 252 S.

Lenk, Kurt: Wie demokratisch ist der Parlamentarismus? Grundpositionen einer Kontroverse. - Stuttgart: Kohlhammer 1972. 88 S.
(Urban-Taschenbücher. 824.)

Lewin, Leif: Folket och eliterna. En studie i modern demokratisk teori. — Stockholm: Almqvist & Wiksell 1970. 254 S.

Lindblom, Charles E.: The intelligence of democracy. Decision making through mutual adjustment. — New York: Free Press 1965. VIII, 352 S.

Litt, Theodor: Freiheit und Lebensordnung. Zur Philosophie u. Pädagogik d. Demokratie. — Heidelberg: Quelle u. Meyer 1962. 171 S.

Macpherson, C[rawford] B[rough]: Drei Formen der Demokratie [The real world of democracy, dt.] — (Frankfurt a. M.:) Europ. Verl. Anst. (1967). 96 S.
(Sammlung res novae. 61.)

Macpherson, C[rawford] B[rough]: Democratic theory. Essays in retrieval. - London: Oxford University Press 1973. 255 S.

Madariaga, Salvador de: Democracy versus liberty? The faith of a liberal heretic. — London: Pall Mall Press (1958). VIII, 124 S.

Maier, Hans: Herkunft und Grundlagen der christlichen Demokratie. — In: Dokumente 20 (1964), 15—26.

Maier, Hans: Kirche und Demokratie. Ein Vortrag. — In: Z. Politik 10 (1963), 329—345.

Maier, Hans: Reform in der Demokratie. — In: Z. Politik 15 (1968), 389—402.

Mannheim, Karl: Freiheit und geplante Demokratie (Freedom, power and democratic planning, dt.) (Aus d. Engl. übers. von Peter Müller u. Anna Müller-Krefting.) — Köln: Westdtsch. Verl. 1971. 249 S.

Mantl, Wolfgang: Repräsentation und Identität. Demokratie im Konflikt. Ein Beitrag zur modernen Staatsformenlehre. - Wien: Springer 1975. X, 391 S.
(Forschungen aus Staat und Recht. 29.)

Martin, Alfred von: Gesellschaft und Freiheit heute. — In: Hochland 55 (1962/63), 489—504.

Masse und Demokratie. Aufsätze von Louis Baudin, Jean-Baptiste Duroselle [u. a.] Geleitw. von Albert Hunold. — Erlenbach-Zürich und Stuttgart: Rentsch 1957. 276 S.

Mayer, Gustav: Radikalismus und bürgerliche Demokratie. Hrsg. u. mit e. Nachw. versehen von Hans-Ulrich Wehler. — (Frankfurt a.M.): Suhrkamp (1969). 195 S.
(Edition Suhrkamp. 310.)

Megill, Kenneth A.: The new democratic theory. — New York: Free Press 1970. XIII, 176 S.

Meier, Christian: Entstehung des Begriffs Demokratie. 4 Prolegomena zu einer historischen Theorie. — (Frankfurt a.M.): Suhrkamp (1970). 220 S.
(Edition Suhrkamp. 387.)

Menzel, Claus: Thesen der direkten Demokratie. — In: Liberal 10 (1968), H. 5, 357—364.

Merkl, Peter H[ans u.] Dieter Raabe: Politische Soziologie der USA. Die konservative Demokratie. - Wiesbaden: Akadem. Verlagsgesellsch. (1977). XII, 211 S.
(Systematische Politikwissenschaft. 9.)

Mitscherlich, Alexander: Planen für die Freiheit. — In: Monat 15 (1962/63), H. 176, 22—32.

Möbus, Gerhard: Autorität und Disziplin in der Demokratie. — Köln, Opladen: Westdt. Verl. (1959). 35 S.
(Reden und Aufsätze zur Politik. 2.)

Moore, Barrington: Social origins of dictatorship and democracy. Lord and peasant in the making of the modern world. — Boston: Beacon Press 1966. XIX, 559 S.

Moore, Barrington: Soziale Ursprünge von Diktatur und Demokratie (Social origins of dictatorship and democracy, dt.). Die Rolle der Grundbesitzer und Bauern bei der Entstehung der modernen Welt. (Aus d. Amerikan. von Gert H. Müller.) — (Frankfurt a.M.): Suhrkamp (1969). 634 S.

Naphtali, Fritz: Wirtschaftsdemokratie. Ihr Wesen, Weg und Ziel. Mit e. Vorw. von Ludwig Rosenberg u. e. Einf. von Otto Brenner. — (Frankfurt a.M.:) Europ. Verl. Anst. (1966). 193 S.
(Sammlung res novae. 42.)

Narr, Wolf-Dieter: Demokratie zur Entwicklung, Entwicklung zur Demokratie. Thesen zu Statik und Dynamik von Demokratie. - In: Österr. Z. Politikwiss. 2 (1973), H. 1, 19–31.

Neubauer, Deane E.: Some conditions of democracy. — In: Amer. Polit. Science Rev. 61 (1967), 1002—1009.

Newcastle, Percy Lord of: The heresy of democracy. A study in the history of government. — London: Eyre & Spottiswoode (1954). 246 S.

Niebuhr, Reinhold [u.] Paul E. Sigmund: The democratic experience. Past and prospects. — London: Pall Mall Press 1969. 273 S.

Ottinger, Axel: Bewußtsein und Bildung. Wesenselemente sozialistischer Demokratie. — Berlin: Staatsverl. d. DDR 1970. 102 S.
(Politik Aktuell.)

Passerin d'Entreves, Alessandro: Obbedienza e resistenza in una società democratica e altri saggi. — Milano: Ed. di Comunità 1970. 235 S.
(Diritto e cultura moderna. 8.)

Pateman, Carole: Participation and democratic theory. — Cambridge, Mass.: Cambridge University Press 1970. 122 S.

Paul, Egbert: Gewissen und Recht, Demokratie und Rechtsstaat. — Köln: Heymann (1970). 35 S.

Pearson, Lester B.: Democracy in world politics. — Princeton: Princeton University Press 1955. 128 S.

Pelinka, Anton: Dynamische Demokratie. Zur konkreten Utopie gesellschaftlicher Gleichheit. - Stuttgart: Kohlhammer 1974. 148 S.

Pelinka, Anton: Manipulierte Demokratie und politische Form. — In: Polit. Studien 18 (1967), 148—156.

Pennock, James Roland: Liberal democracy. Its merits and prospects. — New York: Rinehart 1950. XII, 403 S.

Ponteil, Félix: Les bourgeois et la démocratie sociale, 1914–1968. - Paris: Michel 1971. 576 S.
(Coll. „Evolution de l'humanité". 32.)

Ponteil, Felix: Les classes bourgeoises et l'avènement de la démocratie (1815—1914). — Paris: Michel 1968. 576 S.
(Coll. „L'Evolution de l'Humanité". 4.)

Probleme der Demokratie heute. Tagung der Deutschen Vereinigung für Politische Wissenschaft in Berlin, Herbst 1969. — Opladen: Westdtsch. Verl. 1971. XX, 515 S.
(Politische Vierteljahresschrift. Sonderh. 2.)

Rammstedt, Otthein: Partizipation und Demokratie. — In: Z. Politik 17 (1970), 343—357.

Rebhahn, Hans: Zum Problem der sozialen Demokratie. — In: Gewerksch. Monatsh. 6 (1955), 230—235.

Rejai, M[ostafa] [Ed.]: Democracy. The contemporary theories. — New York: Atherton Press 1967. X, 320 S.

Renner, Karl: Wege der Verwirklichung. Betrachtungen über politische Demokratie, Wirtschaftsdemokratie u. Sozialismus, insbes. über d. Aufgaben d. Genossenschaften u. d. Gewerkschaften. — Offenbach/M.: Bollwerk-Verl. 1947. 127 S.
(Wege zum Sozialismus. 2.)

Roos, Lothar: Demokratie als Lebensform. — München: Schöningh 1969. 380 S.
(Abhandlungen zur Sozialethik. 1.)
Diss., Freiburg.

Rupp, Hans Karl: Zur akademischen Diskussion des Demokratie-Begriffs. Ein Literaturbericht. — In: Bll. dtsch. internat. Pol. 16 (1971), 507—516.

Sartori, Giovanni: Democrazia e definizioni. — Bologna: Ed. Il Mulino 1969. XIV, 393 S.

Scharpf, Fritz: Demokratietheorie zwischen Utopie und Anpassung. — Konstanz: Druckerei u. Verlagsanst. Konstanz Universitätsverl. 1970. 93 S.
(Konstanzer Universitätsreden. 25.)

Scharpf, Fritz W.: Planung als politischer Prozeß. Aufsätze zur Theorie der planenden Demokratie. - Frankfurt a. M.: Suhrkamp 1973. 178 S.
(Theorie.)

Scheuch, Erwin K.: Demokratie als geschlossene Gesellschaft? — In: Offene Welt 1967, H. 95/96, 68—79.

Schieder, Theodor: Das Werden der Demokratie in Europa. Gemeinsamkeiten und Verschiedenheiten. — In: Gesch. Wiss. Unterr. 13 (1962), 9—21.

Schlangen, Walter: Demokratie und bürgerliche Gesellschaft. Einführung in die Grundlagen der bürgerlichen Demokratie. - Stuttgart: Kohlhammer 1973. 191 S.
(Reihe Kohlhammer.)

Schlesinger, Rudolf: Central European democracy and its background: economic and political group organisation. — London: Routledge & Paul 1953. 402 S.

Schmid, Carlo: Der politische Auftrag des Gebildeten in der Demokratie. — In: Polit. Studien 9 (1958), 521—528.

Schultz, Lothar: Der sowjetische Begriff der Volksdemokratie. — In: Osteuropa-Recht 4 (1958), 297—309.

Schweinitz, Karl de: Industrialization and democracy. — New York: Free Press of Glencoe 1964. 309 S.

Seidel, Bruno: Industrialismus und Demokratie. Die Verfassungsideale der Demokratie und die Tendenzen des Industrialismus. — Berlin: Duncker & Humblot (1954). 119 S.
(Sozialwissenschaftliche Abhandlungen. 2.)

Sieger, Gerd Joachim: Demokratisierung. Schlagwort oder Aufgabe unserer Zeit. Hrsg. von d. Bayer. Landeszentrale für polit. Bildungsarbeit. - (München:) [Selbstverl. d. Hrsg.] 1972. 96 S.
(Zur Diskussion gestellt. 5.)

Simon, Yves R.: Philosophy of democratic government. — Chicago: University of Chicago Press 1951. 323 S.

Singer, Peter: Democracy and disobedience. - Oxford: Clarendon Press 1973. VIII, 150 S.

Somary, Felix: Krise und Zukunft der Demokratie. — Zürich, Konstanz, Wien: Europa-V. [1952]. 150 S.

Stammer, Otto: Demokratie und Elitenbildung. — In: Gewerksch. Monatsh. 4 (1953), 294—297.

Steffani, Winfried: Möglichkeiten der Opposition. In einer parlamentarischen Demokratie und anderswo. — In: Polit. Meinung 13 (1968), H. 2, 43—54.

Stein, Ekkehart: Gewissensfreiheit in der Demokratie. — Tübingen: Mohr 1971. 79 S.
(Wirtschaft und Gesellschaft. 4.)

Steinberger, Walter: Die Entwicklung der Demokratie in Deutschland von 1918 bis 1933. — München 1951. 123 gez. Bl. [Maschinenschr.]
München, phil. Diss. 20. Dez. 1951.

Sternberger, Dolf: Ursprung der repräsentativen Demokratie. (Vortrag.) — Stuttgart: Rentsch (1970). 21 S.
(Schriftenreihe zu aktuellen Problemen aus Politik und Wirtschaft. 5.)

Stier, Hans Erich: Der Untergang der klassischen Demokratie. — Opladen: Westdtsch. Verl. 1971. 84 S.
(Vorträge. Rheinisch-Westfälische Akademie der Wissenschaften. Geisteswiss.; H. G. 175.)

Strzelewicz, Willy: Elemente einer Theorie der Demokratie. — In: Neue Gesellsch. 11 (1964), 258—269.

Szezesny, Gerhard: Elite und Demokratie. — In: Neue Gesellschaft. 9 (1962), 7—18.

Theorie und Praxis der direkten Demokratie. Texte und Materialien zur Räte-Diskussion. Hrsg. u. eingel. von Udo Bermbach. - Opladen: Westdtsch. Verl. 1973. 380 S.
(Probleme der Politik.)
(Uni-Taschenbücher. 187.)

Thesen gegen den Mißbrauch der Demokratie. Eine Dokumentation. Hrsg. von Hans Buchheim u. Felix Raabe. - Stuttgart: Seewald (1972). 191 S.

Thompson, Dennis F.: The democratic citizen. Social science and democratic theory in the 20th century. — Cambridge, Mass.: Cambridge University Press 1971. 271 S.

Thomssen, Wilke: Wirtschaftliche Mitbestimmung und sozialer Konflikt. — (Neuwied:) Luchterhand (1970). 113 S.
(Demokratie und Rechtsstaat.)
Diss., Universität Frankfurt.

Tillion, Germaine: Démocratie et colonialisme. — In: Preuves 1960, H. 6, 3—15; H. 7, 3—25.

Tingsten, Herbert: The problem of democracy. — Totowa, N. J.: Bedminster Press 1965. 210 S.

Vaussard, Maurice: Histoire de la démocratie chrétienne. France-Belgique-Italie. — Paris: Ed. du Seuil 1956. 332 S.

Weinkauff, Hermann Karl August: Naturrecht und Justiz. Positivistisches Gesetzesdenken gefährdet die Freiheit. — In: Polit. Meinung 7 (1962), H. 71, 21—34.

Wheeler, Harvey: Democracy in a revolutionary era. The political order today. — New York: Praeger 1968. 232 S.

Wortmann, Wilhelm: Demokratie als politische Bewußtseinsbildung. — Heidelberg: Quelle & Meyer 1968. 127 S.

Wulf, Hans: Kirche und Demokratie. — In: Stimmen d. Zeit 89 (1963/64), Bd 173, 262—272.

Zashin, Elliot M.: Civil disobedience and democracy. — New York: Free Press 1972. XIII, 368 S.

Zimpel, Gisela: Selbstbestimmung oder Akklamation? Politische Teilnahme in der bürgerlichen Demokratietheorie. — Stuttgart: Enke 1972. VII, 220 S.

Autoritäre und totalitäre Staatsformen

Adler, Les K. [u.] Thomas G. Paterson: Red fascism. The merger of Nazi Germany and Soviet Russia in the American image of totalitarianism, 1930's—1950's. — In: Amer. hist. Rev. 75 (1969/70), 1046—1064.

Albrecht, Dieter: Zum Begriff des Totalitarismus. - In: Gesch. Wiss. Unterr. 26 (1975), 135–141.

Anweiler, Oskar: Totalitäre Erziehung? Eine vergleichende Untersuchung zum Problem des Totalitarismus. — In: Gesellsch., Staat, Erziehung 9 (1964), 179—191.

Aquarone, Alberto: L'organizzazione dello stato totalitario. — Torino: Einaudi 1965. IX, 620 S.

Arendt, Hannah: Elemente und Ursprünge totaler Herrschaft (The origins of totalitarianism, dt.). — Frankfurt a. M.: Europ. Verl.-Anst. (1955). XV, 782 S.

Arendt, Hannah: Ideology and terror. A novel form of government. — In: Rev. Politics 15 (1953), 303—327.

Arendt, Hannah: The origins of totalitarianism. — New York: Harcourt, Brace & Co. (1951). XV, 477 S.

Aron, R.: Totalitarianism and freedom. — In: Confluence 2 (1953), H. 2, 3—20.

Barbu, Zevedei: Democracy and dictatorship. Their psychology and patterns of life. — London: Routledge & Kegan Paul (1956). VIII, 275, 15 S.

Bentin, Lutz-Arwed: Johannes Popitz und Carl Schmitt. Zur wirtschaftlichen Theorie des totalen Staates in Deutschland. - München: Beck (1972). IX, 186 S.
(*Münchener Studien zur Politik. 19.*)

Bodamer, Joachim: Der Mensch im „Feuerofen". Medizinische Bemerkungen zum totalitären Schauprozeß. — In: Dtsch. Rdsch. 79 (1953), 720—724.

Branner, Hans Christian [u.] H[ermann] E[rnst] Herbert Hoffmann: Der Mensch als Spielball zwischen Gewalt und Recht. — Stuttgart: Neue Verl.-Ges. (1952). 142 S.

Brzezinski, Zbigniew K.: Totalitarianism and rationality. — In: Amer. Political Science Rev. 50 (1956), 751—763.

Buchheim, Hans: Totalitäre Herrschaft. Wesen und Merkmale. (2. Aufl.) — München: Kösel (1962). 137 S.

Buchheim, Hans: Struktur der totalitären Herrschaft und Ansätze totalitären Denkens. — In: Vjh. Zeitgesch. 8 (1960), 164—180.

Burrowes, Robert: Totalitarianism. The revised standard version. — In: World Politics 21 (1968/69), 272—294.

Cassinelli, C. W.: The totalitarian party. — In: J. Politics 24 (1962), 111—141.

Cassinelli, C. W.: Totalitarianism, ideology and propaganda. — In: J. Politics 22 (1960), 68—95.

Cohn, Norman: Das Ringen um das tausendjährige Reich (The pursuit of the milennium, dt.) Revolutionärer Messianismus im Mittelalter und sein Fortleben in den modernen totalitären Bewegungen. (Ins Dt. übertr. von Eduard Thorsch.) — Bern, München: Francke (1961). 350 S.

Coudenhove-Kalergi, Richard: Totaler Mensch, totaler Staat. - München: Verl. Herold (1965). 144 S.

Derso, Guido: Dittatura, classe politica e classe dirigente. — Torino: Einaudi 1949. XIV, 186 S.

Deutsch, Julius: Wesen und Wandlung der Diktaturen. — Wien: Weg-V. 1953. 320 S.

Deutsch, Julius: Wesen und Wandlung der Diktaturen. — München: Humboldt Verl. 1963. 286 S.

Dietze, Gottfried: Der Peronismus. Ursachen und Grundzüge seines Wesens. — In: Z. Politik 2 (1955), 97—117.

Dorso, Guido: Dittatura, classe politica e classe dirigente. — Torino: Einaudi 1949. 184 S.

Ertel, Christoph: Der Kollektivmensch. Eine Auseinandersetzung mit den totalitären Systemen. — Limburg a. Lahn: Lahn-V. 1953. 271 S.

Flechtheim, Ossip K.: Die politischen und juristischen Hauptformen der Diktatur. — In: Z. Politik 4 (1957), 116—132.

Friedrich, Carl Joachim und Zbigniew K. Brzezinski: Totalitarian dictatorship and autocracy. — Cambridge, Mass.: Harvard University Press 1956. XII, 346 S.

Friedrich, Carl J., Michael Curtis [u.] Benjamin R. Barber: Totalitarianism in perspective. Three views. — London: Pall Mall Press 1970. XII, 164 S.

Friedrich, Carl J.: Das Wesen totalitärer Herrschaft. — In: Politologe 7 (1966), H. 20, 43—52.

Goetze, Dieter: Castro, Nkrumah, Sukarno. Eine vergleichende soziologische Untersuchung zur Strukturanalyse charismatischer politischer Führung. Mit e. einl. Essay „Die charismatische Verführung" von Wilhelm E. Mühlmann. – Berlin: Reimer 1977. XXIX, 323 S.
(Studien zur Soziologie der Revolution. 2.)

Grabowsky, Adolf: Demokratie und Diktatur. Grundfragen politischer Erziehung. — Zürich: Occident-V. (1949). 316 S.

Gregor, A. James: Contemporary radical ideologies. Totalitarian thought in the twentieth century. — New York: Random House 1968. XII, 370 S.

Greiffenhagen, Martin, Reinhard Kühnl [u.] Johann Baptist Müller: Totlitarismus. Zur Problematik eines politischen Begriffs. – München: List (1972). 156 S.
(List-Taschenbücher der Wissenschaft. 1556.)

Grosser, Alfred: Diktatur in verschiedenen politischen Systemen. — In: Mod. Welt 9 (1968), 172—181.

Gurian, Waldemar: Totalitarian religions. — In: Rev. Politics 14 (1952), 3—14.

Hallgarten, George W. F.: Dämonen oder Retter? Eine kurze Geschichte der Diktatur seit 600 vor Christus. — (Frankfurt a. M.): Europ. Verl. Anst. (1957). 331 S.

Hallgarten, George W. F.: Why dictators? The causes and forms of tyrannical rule since 600 B. C. — New York: Macmillan 1954. XIII, 379 S.

Hennig, Eike: Zur Theorie der Totalitarismustheorien. – In: Neue polit. Lit. 21 (1976), 1–25.

Herz, John H.: The problem of successorship in dictatorial régimes. A study in comparative law and institutions. — In: Rev. Politics 14 (1952), 19—40.

Hofer, Walther [Hrsg.]: Wissenschaft im totalen Staat. (Vorträge.) — (München:) Nymphenburger Verl. Handl. (1964). 231 S.

Horkheimer, Max: Zur Psychologie des Totalitären. — In: Offene Welt 1954, H. 30, 49—56.

Jänicke, Martin: Totalitäre Herrschaft. Anatomie eines politischen Begriffes. — Berlin: Duncker & Humblot (1971). 282 S.
(Soziologische Abhandlungen. 13.) Diss., Freie Universität Berlin.

Iggers, Georg G.: The cult of authority. The political philosophy of the Saint-Simonians. A chapter in the intellectual history of totalitarianism. — The Hague: Nijhoff 1958. 210 S.

Imboden, Max: Die Gefahr des totalitären und des autoritären Staates. — In: Schweizer Monatsh. 43 (1963/64), 21—33.

Kassof, Allen: The administered society. Totalitarianism without terror. — In: World Politics 16 (1963/64), 558—575.

Kecskemeti, Paul: How totalitarians gain absolute power. — In: Commentary 14 (1952), 537—546.

Kielmansegg, Peter Graf: Krise der Totalitarismustheorie? – In: Z. Politik 21 (1974), 311–328.

Knoll, Joachim H.: Der autoritäre Staat. — In: Polit. Studien 10 (1959), 159—164.

Latey, Maurice: Tyranny. A study in the abuse of power. — (London:) Macmillan (1969). 328 S.

Lévy, Yves: Totalitarisme et religion. — In: Contr. soc. 11 (1967), 211—218.

Löffler, Henner: Macht und Konsens in den klassischen Staatsutopien. Eine Studie zur Ideengeschichte des Totalitarismus. — Köln: Heymanns 1972. XV, 201 S.
(Demokratie und Frieden. 13.)

Ludz, Peter Christian: Offene Fragen in der Totalitarismus-Forschung. — In: Polit. Vjschr. 2 (1961), 319—348.

Ludz, Peter Christian: Totalitarismus oder Totalität? (Zur Erforschung bolschewistischer Gesellschafts- und Herrschaftssysteme.) — In: Soziale Welt 12 (1961), 129—145.

McClosky, Herbert und John Turner: The Soviet dictatorship. — London, New York: McGraw-Hill 1960. XIII, 657 S.

Maier, Hans: Zur Genesis des Obrigkeitsstaates in Deutschland. — In: Stimmen d. Zeit 89 (1963/64), Bd 174, 18—35.

Maiwald, Serge: Der totale Staat und das Individuum. Bemerkungen zum neuen Buch von Ernst Jünger „Der Waldgang". — In: Universitas 7 (1952), 35—44.

Mendelssohn, Peter de: Der Geist in der Despotie. Versuche über die moralischen Möglichkeiten des Intellektuellen in der totalitären Gesellschaft. — Berlin: Herbig (1953). 288 S.
Behandelt im einzelnen Knut Hamsun, Jean Giono, Ernst Jünger und Gottfried Benn.

Michaelis, Meir: L'esercito e lo stato totalitario moderno. — In: Il Ponte 19 (1963), 630—655.

Mosley, Sir Oswald: Diktatur. Wahn und Wirklichkeit. — In: Nation Europa 3 (1953), H. 4, 19—21.

Moulin, L.: Réflexions sur les origines du totalitarisme démocratique. — In: Res Publica 8 (1966), 441—448.

Nachtsheim, Hans: Der Mißbrauch der Genetik durch den totalitären Staat. — In: Kontakte 3 (1953), H. 7, 12—13.

Newman, Karl J(oh[ann]): Die Entwicklungsdiktatur und der Verfassungsstaat. — Frankfurt a. M., Bonn: Athenäum Verl. 1963. 54 S.
(Demokratische Existenz heute. 8.)

Piekl, Norbert: Die amerikanische Interpretation des faschistischen Totalitarismus. — München 1965: Schön. 271 S.
München, phil. Diss. vom 18. Juni 1964.

Poulantzas, Nicos: Die Krise der Diktaturen (La crise des dictatures, dt.) Portugal, Griechenland, Spanien. (Aus d. Französ. übers. von Bernd Schwibs.) – (Frankfurt a. M.:) Suhrkamp (1977). 144 S.
(Edition Suhrkamp. 888.)

Pruck, Erich: Die Geheimpolizei im totalitären Regime. — In: Polit. Studien 10 (1959), 313—319.

Read, Herbert: Anarchy and order. Essays in politics. — London: Faber & Faber (1954). 235 S.
  Behandelt u. a. das nationalsozialistische Regime.

Ronneberger, Franz: Militärdiktaturen in Entwicklungsländern. Ein Beitrag zur politischen Formenlehre. — In: Jb. Sozialwissensch. 13 (1965), 13—40.

Salomon, J.: Les dictatures militaires républicaines. — In: Politique 2 (1958), 97—146.

Schapiro, Leonard: Totalitarianism. - (London:) Macmillan (1972). 144 S.
  (Key Concepts in Political Science.)

Schlangen, Walter: Theorie und Ideologie des Totalitarismus. Möglichkeiten und Grenzen einer liberalen Kritik politischer Herrschaft. - Bonn: Bundeszentrale f. Polit. Bildung 1972. 192 S.
  (Schriftenreihe der Bundeszentrale für Politische Bildung. 92.)

Schlangen, Walter: Die Totalitarismus-Theorie. Entwicklung und Probleme. - Stuttgart: Kohlhammer (1976). 168 S.

Schmalriede, Silke: Literaturbericht. Totalitarismus. — In: Gesellsch., Staat, Erz. 12 (1967), 332—341.

Schmidt, Giselher: Politik als Heilslehre. Zur Idee des Totalitarismus. — Mainz: v. Hase & Koehler 1970. 150 S.

Schulz, Gerhard: Der Begriff des Totalitarismus und der Nationalsozialismus. — In: Soziale Welt 12 (1961), 112—128.

Silone, Ignazio: Die Kunst der Diktatur (La scuola dei dittatori, dt.) (Aus d. Italien. von Lisa Rüdiger.) — (Köln:) Kiepenheuer & Witsch (1965). 243 S.

Stammer, Otto: Aspekte der Totalitarismusforschung. — In: Soziale Welt 12 (1961), 97—111.

Stamps, Norman L.: Why democracies fail. A critical evaluation of the causes of modern dictatorships. — Notre Dame: University of Notre Dame Press 1957. XXVI, 182 S.

Stegemann, Herbert: Der Kampf des Totalitarismus gegen die Kirche. — In: Dtsch. Rdsch. 79 (1953), 580—584.

Sterling, Eleonore: Der unvollkommene Staat. Studien über Diktatur und Demokratie. — (Frankfurt a. M.:) Europ. Verl. Anst. (1965). 307 S.

Stuehlik, Werner: Lebensdauer der Diktaturen. — o. O. 1954. VII, 114 gez. Bl. [Maschinenschr.]
  Heidelberg, jur. Diss. 14. März 1955.

Talmon, J. L.: The origins of totalitarian democracy. — London: Secker & Warburg 1952. XI, 366 S.

Talmon, J[acob] L[eib]: Die Ursprünge der totalitären Demokratie (The origins of totalitarian democracy, dt.) (Ins Dt. übertr. von Efrat B. Kleinhaus.) — Köln, Opladen: Westdt. Verl. 1961. VII, 318 S.

Totalitarianism. Proceedings of a conference held at the American Academy of Arts and Sciences, March 1953. Edited with an introduction by Carl J. Friedrich. — Cambridge: Harvard University Press 1954. X, 386 S.

Trentzsch, Christian: Prinzipien zum Terrorsystem. — o. O. 1950. 192 gez. Bl. [Maschinenschr.]
  Heidelberg, phil. Diss. 20. Juli 1950.

Tucker, Robert C.: The dictator and totalitarianism. — In: World Politics 17 (1964/65), 555—583.

Unger, Aryeh L.: The totalitarian party. Party and people in Nazi Germany and Soviet Russia. - New York: Cambridge University Press 1974. 286 S.

Vaerting, M[athilde] T[hemis]: Machtzuwachs des Staates. Untergang des Menschen. — Göttingen: Musterschmidt 1952. 131 S.

Valentin, Otto: Überwindung des Totalitarismus. — Dornbirn: Hugo Mayer 1952. XI, 211 S.

Voegelin, Eric: The origins of totalitarianism. (A reply by Hannah Arendt. Concluding remark by Eric Voegelin.) — In: Rev. Politics 15 (1953), 68—85.

Walsh, Edmund A.: Total power. A footnote to history. — Garden City, New York: Doubleday 1948. VIII, 373 S.

Wege der Totalitarismus-Forschung. Hrsg. von Bruno Seidel und Siegfried Jenkner. (3., durchges. Tsd. d. 1. Aufl.) - Darmstadt: Wissenschaftl. Buchgesellsch. 1974. VII, 638 S.
  (Wege der Forschung. 140.)

Wittfogel, Karl A.: Die orientalische Despotie (Oriental despotism, dt.) Eine vergleichende Untersuchung totaler Macht. (Aus d. Amerikan. von Fritz Kool.) — Köln: Kiepenheuer & Witsch (1962). 642 S.

Kapitalismus

Abromeit, Heidrun: Zum Verhältnis von Staat und Wirtschaft im gegenwärtigen Kapitalismus. - In: Polit. Vjschr. 17 (1976), 2–22.

Bade, Klaus J.: Organisierter Kapitalismus. - In: Neue polit. Lit. 20 (1975), 293–307.

Baechler, Jean: Les origines du capitalisme. - Paris: Gallimard 1971. 192 S.
  (Coll. „Idées". 252.)

Baglaj, M. W.: Kapitalizm i „socjal'naja demokratija". — Moskva: Izd. Mysl' 1970. 255 S.

Boccara, Paul: Etudes sur le capitalisme monopoliste d'Etat, sa crise et son issue. - Paris: Ed. sociales 1973. 450 S.

Brun, Ellen [und] Jacques Hersh: Der Kapitalismus im Weltsystem (Kapitalimens udviklingssystem, dt.) Ein Lehrbuch über Industrie- und Entwicklungsländer. (Aus d. Dän. übers. von Ursula Schmiederer. Erg. und aktualisiert.) - (Frankfurt a. M.:) Fischer Taschenbuch Verl. (1975). 246 S.
  (Texte zur politischen Theorie und Praxis. 6530.)

Dobb, Maurice: Entwicklung des Kapitalismus (Studies in the development of capitalism, dt.) Vom Spätfeudalismus bis zur Gegenwart. (Übersetzt aus d. Engl. von Franz Becker. 2. Aufl.) — (Köln:) Kiepenheuer & Witsch (1970). 397 S.
(Studien-Bibliothek.)

Ehrlich, Stanislaw: Le pouvoir et les groupes de pression (Wladza i interesy Studium struktury politycznej kapitalism, französ.) Etude de la structure politique du capitalisme. Ed. rev. et augm. – Paris: Mouton 1971. 286 S.
(Coll. „Société, mouvements sociaux et idéologies. 1 sér. Etudes". 9.)

Friedman, Milton: Kapitalismus und Freiheit (Capitalism and freedom, dt.) (Aus d. Amerikan. übers. von Paul C. Martin. Vorbemerkung: Wolfram Engels.) — Stuttgart: Seewald 1971. 258 S.

Geiger, Rudolf: Die Entwicklungstendenzen des Kapitalismus bei Keynes, Schumpeter und Burnham. — Zürich: Polygraph. Verl. 1959. 112 S.

Giddens, Anthony: Marx, Weber and the development of capitalism. – In: Sociology 4 (1970), H. 3, 289—310.

Gollwitzer, Helmut: Die kapitalistische Revolution. – München: Kaiser 1974. 130 S.

Habermas, Jürgen: Legitimationsprobleme im Spätkapitalismus. (2. Aufl.) – (Frankfurt a. M.:) Suhrkamp (1973). 195 S.
(Edition Suhrkamp. 623.)

Heilbronner, L.: The future of capitalism. — In: Commentary 41 (1966), H. 4, 23—35.

Heinrich, Brigitte: Intervention und Integration. Zum Verhältnis von Staat und Ökonomie im Spätkapitalismus. – In: Kursbuch 1974, H. 31, 139—153.

Herzog, Philippe: Politique économique et planification en régime capitaliste. — Paris: Edit. sociales 1971. 288 S.
(Coll. „Economie et politique".)

Hilferding, Rudolf: Das Finanzkapital. Eine Studie über d. jüngste Entwicklung d. Kapitalismus. (Unveränd. Nachdr. d. 1. Aufl. von 1910.) — Berlin: Dietz (1947). XLVII, 518 S.

Inosemzew, N. N. [Inozemzev, Nikolaj N.]: Der heutige Kapitalismus (Sovremennyi kapitalizm, dt.) Neue Erscheinungen und Widersprüche. (Übers.: Ilse Stephan.) – Berlin: Dietz 1973. 182 S.

Der **Kapitalismus.** Von Manchester bis Wall Street. Texte, Bilder und Dokumente. Hrsg. von Diether Stolze u. Michael Jungblut. — München: Desch (1969). 384 S.
(Mächte und Kräfte unseres Jahrhunderts.)

Organisierter **Kapitalismus.** Voraussetzungen und Anfänge. Hrsg. von Heinrich August Winkler. – Göttingen: Vandenhoeck & Ruprecht 1974. 223 S.
(Kritische Studien zur Geschichtswissenschaft. 9.)

Kidron, Michael: Western capitalism since the war. — London: Weidenfeld & Nicolson 1968. 165 S.

Köllner, Lutz: Monopolkapitalismus, Exportinteressen und Außenpolitik. Kritik einer überholten Doktrin. — In: Mod. Welt 9 (1968), 232—242.

Multinationale **Konzerne.** Entwicklungstendenzen im kapitalistischen System. Hrsg. von Otto Kreye. – München: Hanser 1974. 294 S.
(Reihe Hanser. 139.)

Kuczynski, Jürgen: Die Krise der kapitalistischen Weltwirtschaft. – Berlin: Dietz 1976. 126 S.

Kuczynski, Jürgen: Studien zur Geschichte des Kapitalismus. — Berlin: Akademie-V. 1957. 246 S.

Lefèbvre, Henri: Die Zukunft des Kapitalismus [La survie du capitalisme, dt.] Die Reproduktion der Produktionsverhältnisse. Aus d. Franz. von Bernd Lächler. — München: List 1974. 235 S.
(List Taschenbücher der Wissenschaft. 1616.)

Lemmnitz, Alfred [u.] Heinz Schäfer: Politische Ökonomie des Kapitalismus. Einführung. — Frankfurt a. M.: Verl. Marxist. Bll. 1972. 273 S.
(Marxistische Taschenbücher. Marxismus aktuell.)

Machtstrukturen des heutigen Kapitalismus. Referate u. Beiträge zu der wissenschaftl. Tagung „Machtstrukturen des heutigen Kapitalismus", veranst. von d. Red. d. Zs. Marxistische Blätter vom 7. bis 9. April 1967 in Frankfurt a.M. — (Frankfurt a.M.: Marxist. Blätter) 1967. 156 S.
(Marxistische Blätter. Sonderh. 1.)

Meyer, A. J.: Middle Eastern capitalism. — Cambridge, Mass.: Harvard University Press 1959. VII, 161 S.

Mises, Ludwig von: Die Wurzeln des Antikapitalismus (The anti-capitalistic mentality, dt.) (Dt. Übers.: Stephen Frowen.) — Frankfurt a. M.: Knapp (1958). 125 S.

Müller-Jentsch, Walther: Der Staat als Planungsagentur. Zum Verhältnis von Staat und Wirtschaft im Kapitalismus. — In: Bll. dtsch. internat. Politik 12 (1967), 758—764.

Nell-Breuning, Oswald von: Kapitalismus, kritisch betrachtet. Zur Auseinandersetzung um das bessere „System". — (Freiburg i. Br.:) Herder (1974). 159 S.
(Herderbücherei. 497.)

Offe, Claus: Strukturprobleme des kapitalistischen Staates. Aufsätze zur Politischen Soziologie. – Frankfurt a. M.: Suhrkamp 1972. 189 S.
(Edition Suhrkamp. 549.)

Poulantzas, Nicos: Les classes sociales dans le capitalisme aujourd'hui. - Paris: Ed. du Seuil 1974. 364 S.
(Coll. Sociologie politique.)

Ripp, Géza: Politische Ökonomie und Ideologie. Kritische Betrachtungen zur ökonomischen Ideologie des gegenwärtigen Kapitalismus. – Berlin: Akademie-Verl. 1974. 108 S.
(Zur Kritik der bürgerlichen Ideologie. 45.)

Salvadori, Massimo: Kapitalismus für alle. Der amerikanische Kapitalismus aus liberaler Sicht. — Bad Nauheim: Christian 1957. 108 S.

Schleifstein, Josef: Zur Theorie des staatsmonopolitistischen Kapitalismus. - In: Bll. dtsch. internat. Pol. 18 (1973), 378–394.

Schumpeter, Joseph A[lois]: Kapitalismus, Sozialismus und Demokratie (Capitalism, socialism and democracy, dt.) Einleitung von Edgar Salin. (Übers. aus d. Engl. von Susanne Preiswerk.) — Bern: Francke; München: Lehnen 1950. 498 S.
(Mensch und Gesellschaft. 7.)

Semjenow, W. S. [**Semenov,** Vadim S.]: Kapitalismus und Klassen (Kapitalizm i klassy, dt.) Zur Sozialstruktur in der modernen kapitalistischen Gesellschaft. (Übers. von Ilse Alex [u. a.] Dtsch. Bearb. von Manfred Lötsch u. Günter Tschacher.) - Köln: Pahl-Rugenstein 1973. 378 S.

Shonfield, Andrew: Modern capitalism. The changing balance of public and private power. — London: Oxford University Press 1965. XVI, 456 S.

Sohn-Rethel, Alfred: Die ökonomische Doppelnatur des Spätkapitalismus. - Neuwied: Luchterhand 1972. 74 S.

Spätkapitalismus oder Industriegesellschaft? Verhandlungen d. 16. Dtsch. Soziologentages. I. Auftr. d. Dtsch. Ges. f. Soziologie hrsg. von Theodor W. Adorno. — Stuttgart: Enke 1969. VII, 300 S.

Spall, Peter van: Zur Sozialstruktur des organisierten Hochkapitalismus. — (Frankfurt a. M.:) Makol-Verl. (1971). 76 S.
(Marxismusbibliothek. 12.)

Sternberg, Fritz: Kapitalismus und Sozialismus vor dem Weltgericht. — Hamburg: Rowohlt (1951). 455 S.

Strachey, John: Contemporary capitalism. — London: Gollancz 1956. 302 S.

Sweezy, Paul M.: Die Zukunft des Kapitalismus. — In: Kursbuch 1969, H. 16, 172—184.

Varga, Eugen [**Varga,** Evgenij Samojlovič]: Die Krise des Kapitalismus. [Teilsamml., dt.] Hrsg. u. eingel. von Elmar Altvater. — Frankfurt a. M.: Europ. Verl. Anst. (1969). XXXIX, 437 S.
(Politische Ökonomie.)

Walicki, A.: The controversy over capitalism. Studies in the social philosophy of the Russian populists. — Oxford: Clarendon Press 1969. VI, 197 S.

Weber, Manfred [Hrsg.]: Der gebändigte Kapitalismus. Sozialisten und Konservative im Wohlfahrtsstaat. - München: List 1974. 238 S.
(List Taschenbücher der Wissenschaft. 1514.)

Wilson, Thomas: Der moderne Kapitalismus und der wirtschaftliche Fortschritt (Modern capitalism and economic progress, dt.) Übers.: Erwin Heinzel. — Stuttgart, Wien: Humboldt-V. (1952). 266 S.
(Die Universität. 27.)

Wirth, Margaret: Kapitalismustheorie in der DDR. Entstehung und Entwicklung der Theorie des staatsmonopolitischen Kapitalismus. - Frankfurt a. M.: Suhrkamp 1972. 215 S.
(Edition Suhrkamp. 562.)

Wolfe, Alan: The limits of legitimacy. Political contradictions of contemporary capitalism. - New York: Free Press 1977. 432 S.

Die **Zukunft** des Kapitalismus. Vortr. anläßl. d. 50jähr. Bestehens d. National Industrial Conference Board vom 19.—21. Sept. 1966 in New York. Hrsg. von Ernst W[olf] Mommsen. Mit e. Vorw. von Hermann J. Abs. — Düsseldorf: Econ-Verl. (1967). 280 S.

Föderalismus

Altmeier, Peter: Föderalismus als politisches Ordnungsprinzip. Ansprache vor dem Bundesrat am 26. Nov. 1965. — (Bonn: Bundesrat, Sekretariat 1965.) 15 S.

Bernier, Ivan: International legal aspects of federalism. - London: Longman 1973. VIII, 308 S.

Brugmans, Henri: La pensée politique du fédéralisme. Avantpropos de Robert Aron. — Leyden: Sijthoff 1969. 144 S.

Brugmans, Henri: European unity and the federalist idea. — In: Orbis 10 (1966/67), 1022–1030.

Deuerlein, Ernst: Föderalismus. Die historischen und philosophischen Grundlagen des föderativen Prinzips. — (München:) List (1972). 416 S.

Deuerlein, Ernst: Wehrordnung und Föderalismus in Deutschland. — In: Wehrwiss. Rdsch. 6 (1956), 223—240 und 306—317.

Federalism. Mature and emergent. Ed. by Arthur W. Macmahon. — Garden City, N. Y.: Doubleday 1955. XI, 557 S.
(Columbia University. Bicentennial Conference Series.)

Le **fédéralisme.** Textes choisis et présentés par Andrée Jallon. - Paris: Presses universitaires de France 1971. 95 S.
(Coll. „Dossiers Thémis." 6.)

Ferber, Walter: Der Föderalismus in Deutschland. — Basel: Verl. f. Recht u. Gesellschaft 1951. — S. 337—345. [Kopft.]
Aus: Friedenswarte 50 (1951).

Föderalismus als nationales und internationales Prinzip. Die öffentl. Sache. Berichte von Hartwig Bülck u. Peter Lerche [u. a.] u. Aussprachen zu den Berichten in d. Verhandlungen d. Tagung d. Dtsch. Staatsrechtslehrer zu Münster ⟨Westfalen⟩ vom 3. bis 6. Oktober 1962. — Berlin: de Gruyter 1964. 279 S.
(Veröffentlichungen d. Vereinigung d. Dtsch. Staatsrechtslehrer. 21.)

Frey, Kurt: Konstruktiver Föderalismus. Gesammelte kulturpolitische Beiträge 1948-1975. Ausgew. u. eingel. von Christoph Führ. - Weinheim: Beltz 1976. IX, 210 S.
(Studien und Dokumentationen zur deutschen Bildungsgeschichte. 1.)

Friedrich, Carl J[oachim]: Federalism and nationalism. — In: Orbis 10 (1966/67), 1009—1021.

Friedrich, Carl J[oachim]: Nationaler und internationaler Föderalismus in Theorie und Praxis. — In: Polit. Vjschr. 5 (1964), 154—187.

Friedrich, Carl J[oachim]: Trends of federalism in theory and practice. — London: Pall Mall Press 1968. 193 S.

Geiger, Willi: Mißverständnisse um den Föderalismus. Vortrag, geh. vor d. Berliner Jurist. Gesellschaft am 24. Januar 1962. — Berlin: de Gruyter 1962. 32 S.
(Schriftenreihe der Juristischen Gesellschaft e. V., Berlin. 8.)

Hellwege, Heinrich: Die föderalistische Lebensordnung. — Bonn 1953: Culemann. 16 S.

Héraud, Guy: Les principes du fédéralisme et la Fédération européenne. Contribution à la théorie juridique du fédéralisme. Préf. et postf. d'Alexandre Marc. — Paris: Presses d'Europe 1968. 155 S.
(Réalités du présent. 6.)

Herre, Franz: Im Kreuzfeuer der Kritik. Vom Sinn und Unsinn des Föderalismus. — In: Pol. Meinung 14 (1969), H. 3, 7—10.

Lang, Kaspar: Die Philosophie des Föderalismus. Versuch einer ethisch fundierten Staatsphilosophie der Verantwortung. — Zürich: Schulthess 1971. XXXII, 353 S.
(Zürcher Beiträge zur Rechtswissenschaft. N. F. 368.)
Diss., Universität Zürich.

Lenz, Karl Otto: Modelle zur Weiterentwicklung des föderativen Systems. — In: Z. Politik 17 (1970), 138—147.

Lüthy, Herbert: Vom Geist und Ungeist des Föderalismus. — In: Schweizer Monatsh. 44 (1964/65), 773—794.

Mauerer, J. H.: Die Krise des Föderalismus. — In: Neues Abendland 7 (1952), 398—403.

Mommsen, Wilhelm: Föderalismus und Unitarismus. — Laupheim/Württ.: Steiner (1954). 29 S.
(Geschichte und Politik. 12.)

Föderalistische Ordnung. Ansprachen und Referate der vom Bund Dtsch. Föderalisten und vom Institut f. Staatslehre u. Politik e.V. am 9. und 10. März 1961 in Mainz veranstalteten staatswissenschaftl. Arbeitstagung. Hrsg. von Adolf Süsterhenn. — (Koblenz 1961: Rhenania.) 144 S.

Probleme einer europäischen Staatengemeinschaft. Studien zum Föderalismus durchgeführt unter Leitung von Robert R. Bowie und Carl J. Friedrich. — Frankfurt a. M.: Institut für Europäische Politik und Wirtschaft 1954. 86 S.
(Dokumente und Berichte des Europa-Archivs. 11.)

Puttkamer, Ellinor von: Föderative Elemente im deutschen Staatsrecht seit 1648. — Göttingen, Berlin, Frankfurt a. M.: Musterschmidt (1955). 191 S.
(Quellensammlung zur Kulturgeschichte. 7.)

Reagan, Michael D.: The new federalism. — New York: Oxford University Press 1972. 175 S.

Sawer, Geoffrey: Modern federalism. — London: Watts 1969. 204 S.
(New Thinkers Library.)

Scheuner, Ulrich: Hat der Föderalismus versagt? Wandlungen im deutschen Verfassungsleben. — In: Polit. Meinung 1956, H. 7, 31—38.

Serbyn, R. [Ed.]: Federalism and nations. — Montreal: University of Quebec Press 1971. 290 S.

Studien zum Föderalismus. Ergebnisse einer amerikanischen Untersuchung über die Probleme einer europäischen Staatengemeinschaft. — In: Europa-Archiv 8 (1953), 6131—6174 und 6191—6227.

Usteri, Johann Martin: Theorie des Bundesstaates. Ein Beitrag zur allgemeinen Staatslehre, ausgearbeitet am Beispiel der Schweizerischen Eidgenossenschaft. — (1954). XVI, 371 S.
Zürich, jur. Diss.

Walper, Karl Heinz: Föderalismus. — Berlin: Colloquium-Verl. (1966). 135 S.
(Zur Politik und Zeitgeschichte. 22/23.)

Wedl, Kurt: Der Gedanke des Föderalismus in Programmen politischer Parteien Deutschlands und Österreichs. Mit e. Vorw. von Felix Ermacora. — München: Olzog (1969). XX, 232 S.
(Politische Studien. Beih. 11.)
Zugl. rechts- u. staatswiss. Diss., Wien.

Wierer, Rudolf: Der Föderalismus bei den kleinen und mittleren slawischen Völkern. — In: Donauraum 4 (1959), H. 1, 3—16.

Bürokratie

Bürokratie. Motor oder Bremse der Entwicklung? Hrsg. von Th(eodor) Leuenberger u. K[arl]-H[einz] Ruffmann. — Frankfurt a. M.: P. Lang (1977). 299 S.

Feit, Edward: The armed bureaucrats. Military administrative regimes and political development. — Boston: Houghton Mifflin 1973. 199 S.

Häußermann, Hartmut: Die Politik der Bürokratie. Einführung in die Soziologie der staatlichen Verwaltung. — Frankfurt a. M.: Campus Verl. 1977. 146 S.
(Campus Studium. 531.)

Schnur, Roman: Der Staat als Apparat. Entwicklungstendenzen von Bürokratisierung und Bürokratie. — In: Wort u. Wahrheit 18 (1963), 351—366.

Parteien

Böhm, Anton: Parteien im Kreuzverhör. Braucht Demokratie Mittler zwischen Volk und Staat? — In Polit. Meinung 3 (1958), H. 29, 42—58.

Caute, David: Die Linke in Europa [The Left in Europe, dt.] (Aus d. Engl. übers. von Harry Maór.) — (München:) Kindler (1966). 255 S.
(Kindlers Universitäts Bibliothek.)

Duverger, Maurice: Les partis politiques. — Paris: Colin 1951. XI, 476 S.

Epstein, Leon D.: Political parties in Western democracies. — New York: Praeger 1967. 374 S.

Eschenburg, Theodor: Probleme der modernen Parteifinanzierung. Rede bei d. feierlichen Rektoratsübergabe am 9. Mai 1961. — Tübingen: Mohr 1961. 46 S.
(Tübinger Universitätsreden. 13.)

Flohr, Heiner: Parteiprogramme in der Demokratie. Ein Beitr. zur Theorie der rationalen Politik. — Göttingen: Schwartz 1968. IX, 219 S.
(Wissenschaft und Gesellschaft. 4.)
Habil.-Schrift, Köln.

Fricke, Dieter: Bürgerliche Parteien und werktätige Massen. - In: Z. Geschichtswiss. 25 (1977), 125-142.

Fusilier, R.: Les finances des partis politiques. — In: Rev. polit. parlem. 211 (1953), 146—161 und 258—276.

Gablentz, Otto Heinrich von der: Politische Parteien als Ausdruck gesellschaftlicher Kräfte. — Berlin, München: Weiß [1952]. 28 S.
(Schriftenreihe der Dt. Hochschule f. Politik.)

Grebing, Helga: Geschichte der deutschen Parteien. — Wiesbaden: Steiner (1962). VIII, 184 S.

Grundmann, Werner: Die Finanzierung der politischen Parteien. — In: Z. ges. Staatswiss. 115 (1959), 113—130.

Gruner, Erich: Die Parteien und das Einflußpotential des Bürgers in der Politik. — In: Schweizer Monatsh. 49 (1969/70), 1056—1067.

Hegels, Ernst Wolfgang: Die Chancengleichheit der Parteien im deutschen und ausländischen Recht. Ein Vergleich. — München 1967: Leidig-Druck. XIII, 138 S.
Diss., München.

Hilger, Dieter: Die Parteien im Spiegel der Zeitgeschichte. — In: Z. Politik 1 (1954), 272—283.

Kühr, Herbert: Theorie und Praxis innerparteilicher Demokratie. - In: Neue polit. Lit. 21 (1976), 41–57.

Lavau, G.: Partis et systèmes politiques. Interactions et fonctions. — In: Canad. J. polit. Science 2 (1969), H. 1, 18—44.

Lipset, Seymour M. [u.] Stein Rokkan [Ed.]: Party systems and voter alignments. Cross-national perspectives. — New York: Free Press 1967. 554 S.

Michels, Robert: Political parties. A sociological study of the oligarchical tendencies of modern democracy. — Glencoe, Ill.: The Free Press 1949. 416 S.

Nebinger, Rolf: Die Stellung der politischen Parteien im Verfassungsleben. — o. O. [1949]. 80 gez. Bl. [Maschinenschr.]
Heidelberg, jur. Diss. 25. Jan. 1949.

Neumann, Sigmund [Ed.]: Modern political parties. Approaches to comparative politics. — (Chicago): The University of Chicago Press (1956). XII, 460 S.

Nipperdey, Thomas: Interessenverbände und Parteien in Deutschland vor dem Ersten Weltkrieg. — In: Polit. Vjschr. 2 (1961), 262—280.

Politische **Parteien** in Deutschland und Frankreich 1918—1939. 10 Vorträge. Hrsg. von Oswald Hauser. — Wiesbaden: Steiner 1969. 139 S.

Party systems, party organizations and the politics of new masses. **Parteiensysteme,** Parteiorganisationen u. die neuen politischen Bewegungen. Beiträge zur 3. Internationalen Konferenz über Vergleichende Politische Soziologie, Berlin, 15.—20. Jan. 1968. Committee on Political sociology of the International Sociological Association. Hrsg. von Otto Stammer, Institut f. politische Wissenschaft an der Freien Universität Berlin. — Berlin: [Selbstverl. d. Hrsg.] 1968. 487 S.
[Als Ms. gedr.]
Text teils engl., teils dtsch.

European political **parties.** Ed. by Stanley Henig and John Pinder. — London: Allen & Unwin 1970. 565 S.

Rabus, G.: Die innere Ordnung der politischen Parteien im gegenwärtigen deutschen Staatsrecht. — In: Arch. öff. Rechts 78 (1952/53), 163—194.

Raschke, Joachim: Organisierter Konflikt in westeuropäischen Parteien. Eine vergleichende Analyse parteiinterner Oppositionsgruppen. – (Opladen:) Westdtsch. Verl. (1977). 320 S.
(Studien zur Sozialwissenschaft. 37.)

Richter, Hans: Die Parteien im demokratischen Staat. — In: Dtsch. Rdsch. 79 (1953), 262—271.

Toekhorn, Friedrich: Zusammenwirken politischer Parteien im Vielparteienstaat. — Hamburg 1957. IX, 204 Bl.
Hamburg, rechtswiss. Diss. 23. Juli 1957.

Willms, Günther: Aufgabe und Verantwortung der politischen Parteien. — Karlsruhe: C. F. Müller 1958. 26 S.

Ziebill, Otto: Politische Parteien und kommunale Selbstverwaltung. — Stuttgart: Kohlhammer (1964). VII, 81 S.
(Schriften des Vereins für Kommunalwissenschaften, Berlin. 7.)

Arbeiterbewegung und Gewerkschaften

Abendroth, Wolfgang: Die deutschen Gewerkschaften. Weg demokratischer Integration. — Heidelberg: Rothe (1954). 104 S.
(Kleine Schriften zur politischen Bildung. 5./6.)

Abendroth, Wolfgang: Zehn Jahre gewerkschaftlicher Kampf für die soziale Demokratie. — In: Gewerksch. Monatsh. 6 (1955), 585—595.

Abendroth, Wolfgang: Sozialgeschichte der europäischen Arbeiterbewegung. — (Frankfurt a. M.:) Suhrkamp (1965). 191 S.
(Edition Suhrkamp.)

Adibekov, Grant M.: Die Rote Gewerkschaftsinternationale [Krasnyj Internacional Profsojuzov, dt.] Grundriß der Geschichte der RGI. (Übers. aus d. Russ.: Intertext.) – [Berlin:] Verl. Tribüne 1973. 156 S.

Adler, Georg: Die Geschichte der ersten sozialpolitischen Arbeiterbewegung in Deutschland. Mit bes. Rücksicht auf d. einwirkenden Theorien. Ein Beitrag zur Entwicklungsgeschichte d. sozialen Frage. (Unveränd. fotomechan. Nachdr. d. Ausg. Breslau 1885). – Frankfurt a.M.: Sauer & Auvermann 1966. VIII, 333, XIII S.

Allen, Victor Leonard: Trade union leadership. — Cambridge, Mass.: Harvard University Press 1958. 349 S.

Anpassung oder Widerstand? Gewerkschaften im autoritären Staat. Hrsg. von Sven Gustav Papcke. — (Frankfurt a.M.:) Fischer-Bücherei (1969). 152 S.
(Fischer-Bücherei. 1094.)

Die deutsche **Arbeiterbewegung** 1848 bis 1919 in Augenzeugenberichten. Hrsg. von Ursula Schulz. Mit e. Einl. von Willy Dehnkamp. — (Düsseldorf:) Rauch (1968). 439 S.

Arbeiterbewegung und westeuropäische Integration. [Hrsg.:] Frank Deppe. – Köln: Pahl-Rugenstein 1976. 568 S.
(Kleine Bibliothek. 53.)

Die **Arbeiterschaft** im kalten Krieg. — Darmstadt: Leske 1954. 104 S.
(Auslandsforschung. 3.)

Bartel, Horst, Annelies Laschitza [und] Walter Schmidt: Reform und Revolution im Ringen um die Konstituierung der Arbeiterklasse. Zum politisch-ideologischen Formierungsprozeß des Proletariats in der zweiten Hälfte des 19. und zu Beginn des 20. Jahrhunderts. – In: Z. Geschichtswiss. 23 (1975), 636–650.

Bauer, Franz: Französischer Syndikalismus und deutsche Gewerkschaften. —o. O. (1948). XIII, 220 S. [Maschinenschr.]
Heidelberg, phil. Diss. 10. Mai 1948.

Beier, Gerhard: Einheitsgewerkschaft. Zur Geschichte eines organisatorischen Prinzips der deutschen Arbeiterbewegung. – In: Arch. Sozialgesch. 13 (1973), 207–242.

Beier, Gerhard: Kritischer Literaturbericht zur Geschichte der deutschen Gewerkschaften seit 1945. – In: Internat. wiss. Korr. Gesch. dtsch. Arbeiterbew. 1972, H. 15, 57–74.

Beyme, Klaus von: Gewerkschaften und Arbeitsbeziehungen in kapitalistischen Ländern. – München: Piper (1977). 381 S.

Briefs, Goetz A.: Gewerkschaftsprobleme in unserer Zeit. Beiträge zur Standortbestimmung. (2. Aufl.) — Frankfurt a.M.: Knapp 1968. 235 S.
(Schriften zur Wirtschaftspolitik. 5.)

Briefs, Goetz A.: Zwischen Kapitalismus und Syndikalismus. Die Gewerkschaften am Scheidewege. — München: Lehnen 1952. 189 S.

Brisch, Ulrich: Die Rechtsstellung der deutschen Gewerkschaften. ‹Probleme eines Gewerkschaftsgesetzes und ihre Lösungsmöglichkeiten.› – o. O. [1950]. V, 79 Bl. [Maschinenschr.]
Köln, rechtswiss. Diss. 19. Jan. 1950.

Brügel, J[ohann] W[olfgang]: Vergangenheit und Gegenwart der Internationalen Gewerkschaftsbewegung. — In: Gewerksch. Monatsh. 14 (1963), 351—354.

Burian, Wilhelm: Reform ohne Massen. Zur Entwicklung der Sozialdemokratie seit 1918. – München: Jugend u. Volk 1974. 70 S.

Buss, Hans-Joachim: Dreimal Stunde Null. Gewerkschaft am Schienenstrang. Aufstieg und Wandlungen 1897–1972. – Frankfurt a. M.: Hauptvorstand d. GdED 1973. 187 S.

Caire, Guy: Les syndicats ouvriers. — Paris: Presses Universitaires de France 1971. 600 S.
(Coll. Thémis. Sér. Sciences politiques.)

Cieslak, Werner: Zur Diskussion um den Standort und die Zukunft der Gewerkschaften. – In: Marxist. Bll. 10 (1972), H. 3, 61–66.

Cieslak, Werner: Die Gewerkschaften als Klassenorganisation oder als Ordnungsfaktor im System des Spätkapitalismus. — In: Marxist. Bll. 9 (1971), H. 1, 13—20.

Conze, Werner [u.] Dieter Groh: Die Arbeiterbewegung in der nationalen Bewegung. Die deutsche Sozialdemokratie vor, während und nach der Reichsgründung. — Stuttgart: Klett (1966). 132 S.
(Industrielle Welt. 6.)

Conze, Werner: Der Beginn der deutschen Arbeiterbewegung. — In: Geschichte und Gegenwartsbewußtsein, Festschrift für Hans Rothfels zum 70. Geburtstag, 1963, 323—338.

Cox, Robert W.: Gewerkschaften und multinationale Konzerne. – In: Aus Politik und Zeitgeschichte, Beilage zur Wochenzeitung „Das Parlament" Nr. 35/36 vom 28. August 1976, 27–39.

Diederich, Reiner, Richard Grübling [u.] Max Bartholl: Die Rote Gefahr. Antisozialistische Bildagitation, 1918–1976. – (Berlin:) Verl. f. d. Studium d. Arbeiterbew. 1976. 184 S.

Dokumente und Materialien zur Geschichte der Deutschen Arbeiterbewegung. Hrsg. vom Institut für Marxismus-Leninismus beim Zentralkomitee der Sozialistischen Einheitspartei Deutschlands. — Berlin: Dietz.
4. März 1898 — Juli 1914. 1967. 535 S.
7,1. Februar 1919 — Dezember 1921. 1966. 651 S.
7,2. Januar 1922 — Dezember 1923. 1966. 523 S.

Droz, Jacques: Einfluß der deutschen Sozialdemokratie auf den französischen Sozialismus, 1871–1914. – Opladen: Westdtsch. Verl. 1973. 22 S.
(Rheinisch-Westfälische Akademie der Wissenschaften. Geisteswissenschaften. Vorträge. G 188.)

Dubofsky, Melvyn: We shall be all. A history of the industrial workers of the world. — Chicago: Quadrangle Books 1969. XVIII, 557 S.

Duclos, Jacques: Der Einfluß der Pariser Kommune auf die weitere Entwicklung der Arbeiterbewegung. — In: Marxist. Bll. 9 (1971), H. 2, 64—72.

Engelberg, Ernst [u. a.]: Zur Geschichte der sächsischen Bergarbeiterbewegung. — Berlin: Tribüne 1954. 95 S.
(Beiträge zur Geschichte der deutschen Gewerkschaftsbewegung.)

Erb, Ludwig: Das Ende des Sklavenstaates. Die Gewerkschaften der Zukunft. — München: Jung 1954. 256 S.

Erbès-Seguin, Sabine: Démocratie dans les syndicats. - Paris: Mouton 1971. 189 S.
(Coll. „Société, mouvements sociaux et idéologies. 1. sér. Etudes". 11.)

Ertl, Eric: Alle Macht den Räten. — (Frankfurt a.M.:) Europ. Verl. Anst. (1968). 118 S.
(Theorie und Praxis der Gewerkschaften.)

Fejtö, François: Trade unionism in Eastern Europe. — In: Internat. Aff. 33 (1957), 427—441.

Fischer, Willibrord: Die rechtliche Struktur der Gewerkschaften. — o. O. [1950]. XII, 81 gez. Bl. [Maschinenschr.]
Köln, rechtswiss. Diss. 6. Dez. 1950.

Foster, William Z.: Abriß der Geschichte der Weltgewerkschaftsbewegung. — Berlin: Tribüne 1960. 813 S.

Fricke, Dieter: Die deutsche Arbeiterbewegung 1869—1890. Ihre Organisation und Tätigkeit. — Leipzig: VEB Verl. Enzyklopädie (1964). 323 S.
(E-Taschenbuch. 31/32.)

Fricke, Dieter: Die deutsche Arbeiterbewegung 1869—1914. Ein Handbuch über ihre Organisation und Tätigkeit im Klassenkampf. - (Berlin:) Verl. Das Europäische Buch (1976). 975 S.

Fricke, Dieter: Die Organisationsfrage in der internationalen Arbeiterbewegung am Ausgang des 19. Jahrhunderts. - In: Z. Geschichtswiss. 22 (1974), 1060-1082.

Frieden, Gewalt, Sozialismus. Studien zur Geschichte der Arbeiterbewegung. Hrsg. von Wolfgang Huber und Johannes Schwerdtfeger. - Stuttgart: Klett 1976. 850 S.
(Forschungen und Berichte der Evangelischen Studiengemeinschaft. 32.)

Furtwängler, Franz-Josef: Die Gewerkschaften. Ihre Geschichte und internationale Auswirkung. — Hamburg: Rowohlt 1956. 149 S.
(Rowohlts Deutsche Enzyklopädie. 34.)

Galenson, Walter und Seymour Martin Lipset [Ed.]: Labor and trade unionism. — New York: Wiley 1960. XIX, 379 S.

Geschichte der deutschen Arbeiterbewegung. Chronik. (Red.: L[othar] Berthold [u.a.]) — Berlin: Dietz.
1. Von den Anfängen bis 1917. 1965. 365 S.
2. Von 1917 bis 1945. 1966. 551 S.
3. Von 1945 bis 1963. 1967. 862 S.

Geschichte der deutschen Arbeiterbewegung in 8 Bänden. (Autorenkollektiv: Walter Ulbricht, Horst Bartel, Lothar Berthold [u.a.]) — Berlin: Dietz 1966.
1. Von den Anfängen der deutschen Arbeiterbewegung bis zum Ausgang des 19. Jahrhunderts. 39, 699 S.
2. Vom Ausgang des 19. Jahrhunderts bis 1917. 527 S.
3. Von 1917 bis 1923. 696 S.
4. Von 1924 bis Januar 1933. 634 S.
5. Von Januar 1933 bis Mai 1945. 664 S.
6. Von Mai 1945 bis 1949. 570 S.
7. Von 1949 bis 1955. 517 S.
8. Von 1956 bis Anfang 1963. 729 S.

Gewerkschaften und Entwicklungspolitik. Hrsg. von Gerhard Leminsky und Bernd Otto unter Mitarb. von Gerhard Breidenstein. - Köln: Bund-Verl. 1975. 496 S.

Gewerkschaften im Klassenkampf. Die Entwicklung der Gewerkschaftsbewegung in Westeuropa. - Berlin: Argument-Verl. 1974. 319 S.
(Das Argument. Sonderbd. AS 2.)

Marxistische **Gewerkschaftstheorie.** Eine Einführung. Autorenkollektiv: Joachim Bischoff [u. a.] — [Berlin:] Verl. für das Studium der Arbeiterbewegung 1976. 192 S.

Gießen, Karl-Heinz: Die Gewerkschaften im Prozeß der Volks- und Staatswillensbildung. - Berlin: Dunkker & Humblot (1976). 253 S.
(Schriften zum Sozial- und Arbeitsrecht. 24.)
Diss., Universität Marburg.

Ginzberg, Eli: Der Arbeiterführer. Versuch einer Analyse. ([Aus d. Engl.] von G. Morberger.) — Köln: Bund-V. 1951. 236 S.

Gottfurch, Hans: Die internationale Gewerkschaftsbewegung von den Anfängen bis zur Gegenwart. — Köln: Bund-Verl. (1966). 167 S.

Gottfurch, Hans: Die internationale Gewerkschaftsbewegung im Weltgeschehen. Geschichte, Probleme, Aufgaben. — Köln: Bund-Verl. (1962). 414 S.

Grebing, Helga: Geschichte der deutschen Arbeiterbewegung. Ein Überblick. — (München:) Nymphenburger Verlagshandl. (1966). 334 S.

Grote, Hermann: Der Streik. Taktik und Strategie. — Köln: Bund-V. 1952. 222 S.

Günther, Klaus [u.] Kurt Thomas Schmitz: Parteien und Gewerkschaften als Forschungsfeld. Einführung in die Material- und Methodendiskussion an ausgewählten Beispielen. - Düsseldorf: Droste (1977). 107 S.
(Bonner Schriften zur Politik und Zeitgeschichte. 16.)

Handlin, Oscar: Wird der Arbeiter konservativ? Praktische Auswirkungen der Prosperität. — In: Monat 5 (1953/54), T. 1, 243—248.

Haupt, Georges: Programm und Wirklichkeit. Die internationale Sozialdemokratie vor 1914. Mit e. Vorw. von Ernest Labrousse. (Aus d. Französ. von Harry Maor.) — (Neuwied:) Luchterhand (1970). 253 S.
(Soziologische Essays.)
[Überarb. u. erw. Fassung d. 1. Teiles d. Orig.-Ausg. u. d. T.: La deuxième Internationale.]

Heer, Hannes: Burgfrieden oder Klassenkampf. Zur Politik der sozialdemokratischen Gewerkschaften 1930—1933. — (Neuwied:) Luchterhand (1971). 239 S.
(Sammlung Luchterhand. 22.)

Heer, Hannes, Dirk Hemje-Oltmanns [u.] Volker Ullrich: Organisationsgeschichte oder Geschichte der „eigentlichen Arbeiterbewegung"? Zu neueren Veröffentlichungen über die Geschichte der deutschen Arbeiterbewegung. - In: Argument 19 (1977), 860–880.

Herkunft und Mandat. Beiträge zur Führungsproblematik in der Arbeiterbewegung. — (Frankfurt a. M.: Europ. Verl.Anst. 1976). 216 S.
(Schriftenreihe der Otto Brenner Stiftung. 5.)

Hirche, Kurt: Die Finanzen der Gewerkschaften. - Düsseldorf: Econ-Verl. 1972. 495 S.

Hirche, Kurt: Die Wirtschaftsunternehmen der Gewerkschaften. - Düsseldorf: Econ-Verl. (1966). 507 S.

Hirsch, Helmut: Denker und Kämpfer. Beiträge zur Geschichte der Arbeiterbewegung. — Frankfurt a. M.: Europ. Verl.-Anst. 1955. 188 S.

Hirsch, Joachim: Die öffentlichen Funktionen der Gewerkschaften. Eine Untersuchung zur Autonomie sozialer Verbände in der modernen Verfassungsordnung. — Stuttgart: Klett (1966). 237 S.
(Frankfurter Studien zur Wissenschaft von der Politik. 2.)

Hirsch-Weber, Wolfgang: Gewerkschaften in der Politik. Von der Massenstreikdebatte zum Kampf um das Mitbestimmungsrecht. Mit e. Vorw. von Otto Stammer. — Köln, Opladen: Westdt. Verl. 1959. XV, 170 S.
(Schriften des Instituts für politische Wissenschaft. 13.)

Ihlau, Olaf: Die roten Kämpfer. Ein Beitrag zur Geschichte der Arbeiterbewegung in der Weimarer Republik und im Dritten Reich. — Meisenheim a. Glan: Hain 1969. 223 S.
(Marburger Abhandlungen zur Politischen Wissenschaft. 14.)
Diss., Marburg.

Juden und jüdische Aspekte in der deutschen Arbeiterbewegung 1848–1918. Internationales Symposium Dezember 1976. Leitung: Shlomo Na'aman. Hrsg.: Walter Grag. - Tel Aviv 1977. 260 S.
(Jahrbuch des Instituts für deutsche Geschichte. Beih. 2.)

Kaiser, Jakob: Zur Frage der Gewerkschaftseinheit. — In: Gewerksch. Monatsh. 7 (1956), 1—4.

Klaus, Barbara: Zur Entwicklung von Organisation und Konzeption der freien Gewerkschaften ⟨1875–1893⟩. - (Offenbach: Verl. 2000 1976). 94 S.
(Zur Geschichte der Arbeiterbewegung. 1.)

Klein, Jürgen: Vereint sind sie alles? Untersuchungen zur Entstehung von Einheitsgewerkschaften in Deutschland, von der Weimarer Republik bis 1946/47. - Hamburg: Stiftung Europa-Kolleg; Fundament-Verl. Sasse 1972. XVIII, 436 S.
(Schriften der Stiftung Europa-Kolleg Hamburg. 23.)

Kluth, Heinz [u. a.]: Arbeiterjugend gestern und heute. Sozialwissenschaftliche Untersuchungen. Hrsg. u. eingeführt von Helmut Schelsky. — Heidelberg: Quelle & Meyer (1955). 349 S.
(Veröffentlichung der Akademie für Gemeinwirtschaft Hamburg.)

Koch, Max Jürgen: Die Bergarbeiterbewegung im Ruhrgebiet zur Zeit Wilhelms II. (1889—1914). Hrsg. von d. Kommission f. Geschichte d. Parlamentarismus und d. politischen Parteien in Bonn. — Düsseldorf: Droste-V. (1954). 160 S.
(Beiträge zur Geschichte des Parlamentarismus und der politischen Parteien. 5.)

Kochański, Aleksander: The international communist movement and the Trade Unions, 1919—1920. — In: Acta Polon. hist. 24 (1971), 115—134.

Kölsch, Hans: Theorie und Taktik im Kampf der Arbeiterklasse. - Berlin: Dtsch. Verl. der Wissenschaften 1975. 161 S.

Kraft, Emil: Achtzig Jahre Arbeiterbewegung zwischen Meer und Moor. Ein Beitrag zur Geschichte der politischen Bewegungen in Weser-Ems. — (Wilhelmshaven: Selbstverl. 1952.) IV, 127 S.

Kühr, Herbert: Die halbe Macht den Räten. - In: Neue polit. Lit. 22 (1977), 1–18.

Kurth, Josef: Geschichte der Gewerkschaften in Deutschland. — Hannover u. Frankfurt a. M.: Norddtsch. Verl.-Anst. 1957. 135 S.

Landauer, Carl: Die Sozialdemokratie. Geschichtsabriß und Standortbestimmung. – Hamburg: Verl. Weltarchiv 1972. 108 S.
(Hamburger Hefte für Wirtschafts- und Gesellschaftspolitik. 4/5.)

Laski, Harold J[oseph]: Die Gewerkschaften in der neuen Gesellschaft (Trade unions in the new society, dt.) Übers. von H. [W.] Büttner. — Köln: Bund -V. 1952. 178 S.

Lehmann, Hans Georg: Die Agrarfrage in der Theorie und Praxis der deutschen und internationalen Sozialdemokratie. Vom Marxismus zum Revisionismus und Bolschewismus. — Tübingen: Mohr 1970. XVI, 329 S.
(Tübinger Studien zur Geschichte und Politik. 26.)
Diss., Tübingen.

Leminsky, Gerhard: Gewerkschaftsreform und gesellschaftlicher Wandel. — In: Gewerksch. Monatsh. 22 (1971), 194—201.

Lepinski, Franz: Die Gewerkschafts-Bewegung in Deutschland. [Hrsg.:] D[eutscher] G[ewerkschafts-] B[und]. — (Frankfurt a. M. [1962]: Union-Druckerei.) 32 S.

Ließ, Otto Rudolf: Weltgewerkschaftsbund. Internationaler Bund freier Gewerkschaften. Gewerkschaftspolitische Konfrontation und Ost-West-Gespräche. Bearb. d. Anh.: Jan Prager. (Hrsg. von d. Niedersächs. Landeszentrale f. Polit. Bildung, Hannover.) — (Alfeld ⟨Leine⟩: Dobler 1966.) 131 S.

Liess, O[tto] R[udolf] u. K. V. Matal: Der Weltgewerkschaftsbund seit dem Warschauer Kongreß 1965. — In: Osteuropa 19 (1969), 97—109.

Lillich, Henry: Zum Weg der deutschen Gewerkschaften. — In: Gewerksch. Monatsh. 6 (1955), 281—286.

Lisko, geb. Hegemann, Maria: Neuere Strömungen in der christlichen Arbeiterbewegung. — o. O. 1949. 280 gez. Bl. [Maschinenschr.]
  München, staatswiss. Diss. 26. Jan. 1950.

Lösche, Peter: Der Bolschewismus im Urteil der deutschen Sozialdemokratie 1903—1920. Mit e. Vorw. von Georg Kotowski. — Berlin: Colloquium-Verl. 1967. IX, 306 S.
  (Veröffentlichungen der Historischen Kommission zu Berlin beim Friedrich-Meinecke-Institut der Freien Universität Berlin. 29: Publikationen zur Geschichte der Arbeiterbewegung. 1.)

Long, Clarence Dickinson: The labor force in war and transition. Four countries. — New York: National Bureau of Economic Research 1952. 61 S.
  (Occasional Papers. 36.)

Lorwin, Lewis L.: The international labor movement. — New York: Harper 1953. 366 S.

Lutz, Hans: Die Gewerkschaften in einer restaurativen Welt. — In: Gewerksch. Monatsh. 6 (1955), 596—602.

Luza, Radomir: History of the International Socialist Youth Movement. — Leyden: Sijthoff 1970. 336 S.
  (European Aspects. C, 20.)

Macdonald, D. F.: The state and the trade unions. — London: Macmillan; New York: St. Martin's Press 1960. VII, 199 S.

Maerker, Rudolf [u.] Peter Krause: Sozialismus ist das Ziel. Dokumente und Zeugnisse aus der Geschichte der Sozialdemokratie 1863 bis 1933. — München: Verl. Polit. Arch. 1973. 263 S.

Martiny, Martin: Die politische Bedeutung der gewerkschaftlichen Arbeiter-Sekretariate vor dem Ersten Weltkrieg. — In: Vom Sozialistengesetz zur Mitbestimmung, Zum 100. Geburtstag von Hans Böckler, (Köln:) Bund-Verl. (1975), 153–174.

Matull, Wilhelm: Ostdeutschlands Arbeiterbewegung. Abriß ihrer Geschichte. — Würzburg: Holzner 1973. XIX, 590 S.
  (Ostdeutsche Beiträge aus dem Göttinger Arbeitskreis. 53.)

Matull, Wilhelm: Ostpreußens Arbeiterbewegung. Geschichte und Leistung im Überblick. — Würzburg: Holzner (1970). VIII, 149 S.
  (Ostdeutsche Beiträge aus dem Göttinger Arbeitskreis. 49.)

Mayer, Evelies: Theorien zum Funktionswandel der Gewerkschaften. - Frankfurt a. M.: Europ. Verl.-Anst. 1973. 159 S.
  (Theorie und Praxis der Gewerkschaften.)

Mergner, Gottfried: Arbeiterbewegung und Intelligenz. — Starnberg: Raith 1973. 237 S.
  (Reihe politische Analysen.)
  Phil. Diss., Universität Erlangen.

Na'aman, Shlomo: Demokratische und sozialistische Impulse in der Frühgeschichte der deutschen Arbeiterbewegung der Jahre 1862/63. — Wiesbaden: Steiner 1969. 129 S.
  (Institut für europäische Geschichte Mainz. Vorträge. 51.)

Opel, Fritz: 75 Jahre Eiserne Internationale 1893—1968. Mit e. Vorw. von Otto Brenner u. e. Nachw. von Adolphe Graedel. [Hrsg.:] Internationaler Metallarbeiter-Bund, Genf. — (Frankfurt a. M. 1968: Union-Dr.) 201 S.
  Text dtsch. u. französ.

Otto, Bernd: Gewerkschaftsbewegung in Deutschland. Entwicklung, geistige Grundlagen, aktuelle Politik. - Köln: Bund-Verl. (1975). 205 S.

Otto, Bernd: Der Kampf um die Mitbestimmung. — In: Vom Sozialistengesetz zur Mitbestimmung, Zum 100. Geburtstag von Hans Böckler, (Köln:) Bund-Verl. (1975), 399–426.

Paterson, William E. [u.] Ian Campbell: Social democracy in post-war Europe. — London: Macmillan 1974. XI, 82 S.

Pfister, Bernhard: Besitzen die Gewerkschaften Monopolmacht? — In: Jbb. Nationalökonomie & Statistik 170 (1958), 136—153.

Piehl, Ernst: Multinationale Konzerne und internationale Gewerkschaftsbewegung. E. Beitr. zur Analyse u. zur Strategie der Arbeiterbewegung im international organisierten Kapitalismus insbesondere Westeuropa. — Frankfurt a. M.: Europ. Verl.-Anst. 1974. 349 S.
  (Schriftenreihe der Otto Brenner Stiftung. 2.)
  Diss., Freie Universität Berlin.

Pikart, Eberhard: Die deutsche Arbeiterbewegung vor 1918. — In: Neue polit. Lit. 11 (1966), 40—49.
  Literaturbericht

Pinl, Claudia: Das Arbeitnehmer-Patriarchat. Die Frauenpolitik der Gewerkschaften. — (Köln:) Kiepenheuer & Witsch (1977). 166 S.

Reventlow, Rolf: Internationale Gewerkschaftspolitik. — In: Außenpolitik 4 (1953), 179—189.

(**Ritter,** Gerhard A[lbert], Ernst Schraepler [und] Ulrich Dübber:) Hundert Jahre deutsche Arbeiterbewegung. (Hrsg.: Bundeszentrale für Politische Bildung, Bonn.) — (Hamburg 1963: Girardet.) 64 S.
  (Schriften der Bundeszentrale für Politische Bildung.)
  Sonderabdr. aus: Aus Politik und Zeitgeschichte. 1963.

Röhrich, Wilfried: Revolutionärer Syndikalismus. Ein Beitrag zur Sozialgeschichte der Arbeiterbewegung. - Darmstadt: Wiss. Buchgesellsch. 1977. 87 S.
  (Impulse der Forschung. 23.)

Rosenberg, Ludwig: Vor hundert Jahren. Gründung der Deutschen Gewerkschaftsvereine ⟨Hirsch-Duncker⟩. — In: Gewerksch. Monatsh. 19 (1968), 513—521.

Rosenberg, Ludwig: Sinn und Aufgabe der Gewerkschaften. Tradition und Zukunft. - Düsseldorf: Econ-Verl. (1973). 309 S.

Rüleker, Christoph: Ideologie der Arbeiterdichtung. 1914—1933. Eine wissenssoziologische Untersuchung. — Stuttgart: Metzler (1970). V, 160 S.
(Metzler Studienausgabe.)

Schäfer, Hermann P.: Die „Gelben Gewerkschaften". — In: Vjschr. Soz.- & Wirtschaftsgesch. 59 (1972), 42—76.

Schmid, Richard: Zum politischen Streik. — In: Gewerksch. Monatsh. 5 (1954), 1—8.

Schmidt, Eberhard: Ordnungsfaktor oder Gegenmacht? Die politische Rolle der Gewerkschaften. — (Frankfurt a. M.:) Suhrkamp (1971). 341 S.
(Edition Suhrkamp. 487.)

Schmierer, Wolfgang: Von der Arbeiterbildung zur Arbeiterpolitik. Die Anfänge der Arbeiterbewegung in Württemberg 1862/63—1878. — Hannover: Verl. f. Literatur u. Zeitgeschehen (1970). 309 S.
(Schriftenreihe des Forschungsinstituts der Friedrich-Ebert-Stiftung. B. Histor.-polit. Schriften.)
Diss., Universität Heidelberg.

Schmitz, Heinrich Karl: Anfänge und Entwicklung der Arbeiterbewegung im Raum Düsseldorf. Die Arbeiterbewegung in Düsseldorf 1859—1878 und ihre Auswirkungen im linken Niederrheingebiet. — Hannover: Verl. f. Literatur u. Zeitgeschehen (1968). 167 S.
(Schriftenreihe des Forschungsinstituts der Friedrich-Ebert-Stiftung. B. Histor.-polit. Schriften.)

Schorske, Carl E.: German social democracy 1905—1917. — New York: Wiley 1965. XIII, 358 S.

Schrumpf, Emil: Gewerkschaftsbildung und -politik im Bergbau (unter besonderer Berücksichtigung des Ruhrbergbaus). — (Bochum) 1958: Verl. Ges. d. Industriegewerkschaft Bergbau. 174 S.
Münster i. W., wirtschaftswiss. Diss. 19. Februar 1958.

Schubert, Peter v[on]: Antigewerkschaftliches Denken in der Bundesrepublik Deutschland. — (Frankfurt a. M.:) Europ. Verl. Anst. (1967). 128 S.
(Sammlung „res novae". 56.)

Schürmann, Karl Heinz: Zur Vorgeschichte der christlichen Gewerkschaften. — Freiburg i. Br.: Herder 1958. 170 S.

Schulz, Klaus-Peter: Proletarier, Klassenkämpfer, Staatsbürger. 100 Jahre deutsche Arbeiterbewegung. — (München: Kindler 1963). 261 S.
(Kindler Taschenbücher. 29.)

Schumann, Hans-Gerd: Zur Geschichte und Problematik der deutschen Gewerkschaftsbewegung. (Literaturübersicht 1945—1955.) — In: Neue Gesellschaft 2 (1955), H. 5, 73—80.

Simpfendörfer, Jörg: Christentum und Einheitsgewerkschaft. — In: Gewerksch. Monatsh. 6 (1955), 649—653.

Sozialdemokratie in Europa. (Hrsg. von) Herbert Wehner. — Hannover: Dietz (1966). VII, 242 S.

Steffen, Bernhard: Die rechtliche Stellung der Gewerkschaft im gesellschaftlichen Gefüge des modernen Staates. — o. O. [1953]. 297 gez. Bl. [Maschinenschr.]
Kiel, rechts- u. staatswiss. Diss. 2. April 1953.

Steiner, Herbert: Die Arbeiterbewegung Österreichs. 1867—1889. Beiträge zu ihrer Geschichte von der Gründung des Wiener Arbeiterbildungsvereines bis zum Einigungsparteitag in Hainfeld. — Wien: Europa-Verl. (1964). VIII, 308 S.
(Veröffentlichungen der Arbeitsgemeinschaft für Geschichte der Arbeiterbewegung in Österreich. 2.)

Zwischen **Stillstand** und Bewegung. Eine kritische Untersuchung über d. Gewerkschaften in d. modernen Industriegesellschaft. Mit Beiträgen von Siegfried Braun [u. a.] Hrsg. von Alfred Horné. — (Frankfurt a. M.:) Europ. Verl. Anst. (1965). 82 S.
(Sammlung „res novae". 35.)

Sturmthal, Adolf: The tragedy of European Labor 1918—1939. Second printing. — New York: Columbia University Press 1951. XXIV, 389 S.

Széplábi, Michael: Das Gesellschaftsbild der Gewerkschaften. Eine wissensoziolog. Analyse gesellschaftstheoret. Programm-Aussagen des DGB. Mit e. Vorw. von Gottfried Eisermann. — Stuttgart: Enke 1973. 112 S.
(Bonner Beiträge zur Soziologie. 13.)
Diss., Universität Bonn.

Taeke, Bernhard: Gewerkschaften in Asien. — In: Gewerksch. Monatsh. 10 (1959), 193—199.

Triesch, Günter: Die Macht der Funktionäre. Macht und Verantwortung der Gewerkschaften. — (Düsseldorf): Rauch (1956). 480 S.
Mit Bibliographie S. 474—480.

Trummel, Hans-Gerhard: Die Geschichte der Gewerkschaftstheorie (von den Webbs bis in die Gegenwart). — o. O. 1956. X, 210 S.
Köln, wirtschafts- u. sozialwiss. Diss. 27. Juli 1956.

Tudyka, Kurt P[aul] [Hrsg.]: Multinationale Konzerne und Gewerkschaftsstrategie. — (Hamburg:) Hoffmann & Campe (1974). 521 S.
(Kritische Wissenschaft.)

Uhlig, Christian: Entwicklungsländer und Gewerkschaften. Gewerkschaften als aktive Gruppen im Entwicklungsprozeß. — Hamburg: Verl. Weltarchiv 1967. 92 S.
(Veröffentlichungen des Hamburgischen Weltwirtschaftsarchivs.)

Vaizey, John: Social democracy. — London: Weidenfeld & Nicolson 1971. 224 S.
(Revolutions of our time.)

Vall, Mark van de: Die Gewerkschaften im Wohlfahrtsstaat (De vakbeweging in de welvaarsstaat, dt.) (Aus d. Niederl. übers. von M. Fuchs-Simoens.) — Köln: Westdtsch. Verl. 1966. IX, 245 S.

Vogt, Hannah: Der Arbeiter, Wesen und Probleme bei Friedrich Naumann, August Winnig, Ernst Jünger. — Grone-Göttingen 1945: Schönhütte. 96 S.
Göttingen, rechts- u. staatswiss. Diss. 21. Juni 1946.

Volkmann, Heinrich: Die Arbeiterfrage im preußischen Abgeordnetenhaus. 1848—1869.—Berlin: Duncker & Humblot (1968). 218 S.
(Schriften zur Wirtschafts- und Sozialgeschichte. 13.)
Diss., Freie Universität Berlin.

Wachenheim, Hedwig: Die deutsche Arbeiterbewegung 1844 bis 1914. — Köln: Westdtsch. Verl. 1967. XIII, 678 S.

Wallraff, Hermann-Josef: Funktionswandel der Gewerkschaften. — In: Gewerksch. Monatsh. 21 (1970), 349—359.

Warnke, Herbert: Überblick über die Geschichte der deutschen Gewerkschaftsbewegung. — Berlin: Tribüne 1952. 99 S.

Waschke, Hildegard: Supra-nationale Gewerkschaftspolitik. Ziele und Wege der internationalen Gewerkschaftsbewegung. - Köln: Dtsch. Institutsverl. 1978. 60 S.
(Beiträge zur Gesellschafts- und Bildungspolitik. 25.)

Wheeler, Robert: Quantitative Methoden und die Geschichte der Arbeiterbewegung. Möglichkeiten und Grenzen. -- In: Internat. wiss. Korr. Gesch. dtsch. Arbeiterbew. 10 (1974), 40—51.

Wildmann, A. K.: The making of a workers' revolution. Russian social democracy, 1891—1903. (Publ. for the Hoover Inst. on War, Revolution and Peace.) — Chicago: University of Chicago Press 1967. 271 S.

Zeitz, Alfred: Zur Geschichte der Arbeiterbewegung der Stadt Brandenburg vor dem ersten Weltkrieg. — Potsdam: Bezirksheimatmuseum 1965. 80 S.
(Veröffentlichungen des Bezirksheimatmuseums Potsdam. 6.)

Zwischen Römer und Revolution. 1869—1969. Hundert Jahre Sozialdemokratie in Frankfurt am Main. Hrsg. von der Sozialdemokratischen Partei, Unterbezirk Frankfurt am Main. (Zsgest. u. bearb. von Dieter Schneider [u.a.]) — (Frankfurt a.M.: Bund-Verl. [in Komm.] 1969). 139 S.

Internationale

Agosti, Aldo: Problemi di storia dell' Internazionale Comunista (1919–1939). - Torino: Einaudi 1974. 253 S.

Bahne, Siegfried: Von der Internationalen Arbeiter-Assoziation zur Kommunistischen Internationale. — In: Neue polit. Lit. 13 (1968), 242—249.
Literaturbericht.

Balabanoff, Angelica: Die Zimmerwalder Bewegung 1914—1919. — Frankfurt a.M.: Verl. Neue Kritik (1969). 160 S.
(Archiv sozialistischer Literatur. 16.)
Faks.-Neudr. d. Ausg. Leipzig: Hirschfeld 1928.

Braunthal, Julius: Geschichte der Internationale. — Hannover: Dietz.
1. (1961.) 403, 40 S.

Braunthal, Julius: Geschichte der Internationale. — Hannover: Dietz.
2. (1963). 617 S.

Braunthal, Julius: Geschichte der Internationale. — Hannover: Dietz.
3. (1971). 723 S.

Britovšek, Marjan: Revolucionarni idejni preobat med prvo svetovno vojno. Lenin v boju za tretjo internacionalo. — Ljubljana: Cankarjeva založba 1969. 417 S.

Brügel, J[ohann] W[olfgang]: Die Geschichte der Internationale. — In: Gewerksch. Monatsh. 15 (1964), 548—553.

Burmeister, Alfred: Dissolution and aftermath of the Comintern. Experiences and observations 1937—1947. — New York: Research Program on the USSR. 1955. V, 43 S.

Cogniot, Georges: L'internationale communiste. Aperçu historique. Avant-propos de Waldeck Rochet. — Paris: Edit. sociales 1969. 160 S.
(Coll. „Notre temps".)

Colletti, Lucio: Bernstein und der Marxismus der Zweiten Internationale. (Aus d. Italien. von Heimke Baratta u. Lu Haas.) — (Frankfurt a.M.:) Europ. Verl. Anst. (1971). 76 S.
(Arbeiterbewegung.)

Collotti-Pischel, Enrica [u.] Chiara Robertazzi: L'internationale communiste et les problèmes coloniaux, 1919—1935. — Paris: Mouton 1968. 584 S.

Contributions à l'histoire du Comintern. Publ. sous la dir. de Jacques Freymond. — Genève: Droz 1965. XXV, 267 S.

Degras, Jane [Ed.]: The Communist International 1919—1943. — London: Cumberlege.
1. 1919—1922. 1956. 496 S.

Degras, Jane [Ed.]: The Communist International 1919—1943. Documents. — London, New York: Oxford University Press.
2. 1923—1928. 1960. XIV, 584 S.

Degras, Jane [Ed.]: The Communist International 1919—1943. Documents. — London, New York: Oxford University Press.
3. 1929—1943. 1965. XVI, 494 S.

Desanti, Dominique: L'Internationale communiste. — Paris: Payot 1970. 400 S.
(Coll. „Etudes et Documents".)

Deutschkron, Inge u. Fritz Heine: Die Internationale. Aus ihrer Geschichte, aus ihrer Politik, aus ihrer Arbeit. Hrsg. vom Sekretariat d. Sozialistischen Internationale, London. — Hannover: Dietz Nachf. 1964. 144 S.

Diehl, Ernst: Die Kommunistische Internationale und die deutsche Arbeiterbewegung. — In: Einheit 24 (1969), 978—990.

Dokumente brüderlicher Unterstützung der KPD durch die Komintern. — In: Beitrr. Gesch. Arbeiterbew. 12 (1970), 410—440.

Drachkovitch, Milorad M. [Ed.]: The revolutionary internationals, 1864—1943. — Stanford/Calif.: Stanford University Press 1966. 256 S.

Esch, Patricia van der: La deuxième internationale 1889—1923. — Paris: Rivière 1957. X, 186 S.

Etudes et documents sur la Première Internationale en Suisse. Publ. sous la dir. de Jacques Freymond. — Genève: Droz 1964. XVI, 316 S.
(Publications de l'Institut universitaire de hautes études internationales. 44.)

Evans, John Lewis: The Communist International, 1919-1943. — Brooklyn: Pageant-Poseidon 1973. VII, 194 S.

Flechtheim, Ossip K.: Die Internationale des Kommunismus 1917—1957. — In: Z. Politik 6 (1959), 231—252.

Foster, William Z.: History of the three internationals. — New York: International Publishers 1955. 580 S.

Freymond, Jacques: Contributions à l'histoire du Comintern. — Genève: Droz 1965. XXV, 267 S.
(Geneva. Institut universitaire de hautes études internationales. Publications. 45.)

Gankin, Olga Hess und H. H. Fisher: The Bolsheviks and the world war. The origin of the Third International. (2nd pr.) — Stanford: Stanford University Press (1960). XVIII, 856 S.

Gruber, Helmut: Soviet Russia masters the Comintern. International Communism in the era of Stalin's ascendancy. — Garden City, N.Y.: Doubleday 1974. XVI, 544 S.

Gruner, Erich: Die Erste Internationale und die Schweiz. — In: Arch. Sozialgesch. 6/7 (1966/67), 199—239.

Hájek, Miloš: Jednotá fronta. K politické orientaci Komunistické internacionály v letech 1921—1935. — Praha: Academia Nakladatelství es-Čkoslovenské Akademie Věd 1969. 299 S.

Haupt, Georges: Der Kongreß fand nicht statt. Die Sozialistische Internationale 1914. (Aus d. Französ. von Karin Königseder.) — Frankfurt a.M.: Europa-Verl. (1967). 318 S.
(Europäische Perspektiven.)

Haupt, Georges: Lenin, i bolscevichi e la Seconda Internazionale ⟨1905—1914⟩. — In: Riv. stor. socialismo 9 (1966), H. 29, 3—30.

Haupt, Georges: Socialism and the Great War. The collapse of the Second International. — Oxford: Clarendon Press 1972. VI, 270 S.

Herrmann, Ursula: Der Kampf von Karl Marx um eine revolutionäre Gewerkschaftspolitik in der I. Internationale 1864—1868. — Berlin: Verl. Tribüne 1968. 320 S.

Hulse, James W.: The forming of the Communist International. — Stanford: Stanford University Press; London: Oxford University Press 1964. 275 S.

Die Kommunistische Internationale. Eine Dokumentation. [Hrsg.:] Hermann Weber. — Hannover: Dietz (1966). 411 S.

Joll, James: The Second International 1889—1914. — London: Weidenfeld & Nicolson (1955). 213 S.

Kahan, Vilém: The Communist International, 1919-43. The personnel of its highest bodies. — In: Internat. Rev. soc. Hist. 21 (1976), 151—185.

Katz, Henryk: Die englischen Arbeiter, der polnische nationale Aufstand 1863 und die Entstehung der Ersten Internationale. — In: Beitr. Gesch. dtsch. Arbeiterbewegung 8 (1966), 846—860.

Lademacher, Horst [Hrsg.]: Die Zimmerwalder Bewegung. Protokolle und Korrespondenz. 2 Bd. — The Hague: Mouton.
  1. Protokolle. 1967. 644 S.
  2. Korrespondenz. 1967. 757 S.
(Internationaal Instituut voor Sociale Geschiedenis, Amsterdam.)

Lazitch, Branko [u.] Milorad M. Drachkovitch: Lenin and the Comintern. — Stanford, Calif: Hoover Institution Press.
  1. 1972. 683 S.

McKenzie, Kermit E.: Comintern and world revolution. 1928—1943. The shaping of doctrine. — New York: Columbia University Press 1964. 368 S.

Meynell, Hildamarie: The Second International 1914—1923.
Oxford, Diss. 1956.

Morgan, Roger: The German social democrats and the first International 1864—1872. — Cambridge: Cambridge University Press 1965. XV, 280 S.

Natoli, Claudio: L'internazionale comunista, il fronte unico e la lotta contro il fascismo in Italia e in Germania ⟨1919—1923⟩. — In: Storia contemp. 7 (1976), 67–121 u. 297–360.

Naumann, Horst: Einige Probleme des VII. Weltkongresses der kommunistischen Internationale. — In: Wiss. Z. Friedrich-Schiller-Univ. Jena, Gesellsch.- und sprachwiss. R., 5 (1955/56), 605—614.

Naumann, Horst: Die USPD und die Kommunistische Internationale. — In: Z. Geschichtswiss. 19 (1971), 1034—1044.

Nettlau, Max: La première internationale en Espagne. 1868—1888. — Dordrecht: Reidel 1969. XXVII, 683 S.

Nollau, Günther: Die Internationale. Wurzeln und Erscheinungsformen des proletarischen Internationalismus. — (Köln): Verl. f. Politik u. Wirtschaft (1959). 338 S.

Novack, George [u. a.]: The first three Internationals. Their history and lessons. — New York: Pathfinder Press 1974. 207 S.

Panaccione, Andrea: Sulla Seconda Internazionale. Problemi e prospettivi de ricerca. — In: Riv. stor. socialismo 9 (1966), H. 29, 31—60.

Perrone, Ottorino: La tattica del Comintern, 1926–1940. — Roma, Venezia: Ed. sociali 1976. 198 S.

Poulantzas, Nicos: Fascisme et dictature. La IIIe Internationale face au fascisme. — Paris: Maspero 1970. 400 S.
(Coll. „Textes à l'appui".)

Richards, Fred H.: Die neue Linke in Westeuropa. Eine neue Internationale marxistischer Sozialisten. — In: Polit. Studien 18 (1967), 270—277.

Ryle, J. Martin: International red aid and Comintern strategy, 1922—1926. — In: Internat. Rev. soc. Hist. 15 (1970), 42—68.

Schickel, Alfred: Die Komintern. Ziele und Geschichte der Kommunistischen Internationale. — In: Polit. Stud. 21 (1970), 155—163.

Studien zur Geschichte der Kommunistischen Internationale. Sammelband. ([Hrsg.:] Institut für Marxismus-Leninismus beim ZK der SED. Wissenschaftl. Gesamtred.: Gisela Jähn [u. a.]) – Berlin: Dietz 1974. 467 S.

Thornton, Richard C.: The Comintern and the Chinese communists, 1928—1931. — Seattle: University of Washington Press 1969. XVIII, 246 S.
(Far Eastern and Russian Institute Publications on Asia. 20.)

Tomicki, Jan: Dzieje II Międzynarodówski 1914–1923. - Warszawa: Książka i Wiedza 1974. 402 S.

Wegmüller, Jürg: Das Experiment der Volksfront. Untersuchungen zur Taktik der kommunistischen Internationale der Jahre 1934 bis 1938. — Frankfurt a. M.: Lang 1972. 162 S.
(Europäische Hochschulschriften. Reihe 3, Geschichte und ihre Hilfswissenschaften. 10.)

Wheeler, Robert F.: The failure of „truth and clarity" at Berne. Kurt Eisner, the opposition and the reconstruction of the International. - In: Internat. Rev. soc. Hist. 18 (1973), 173–201.

Verbände und andere Gruppen

Altmann, Rüdiger: Zur Rechtsstellung der öffentlichen Verbände. — In: Z. Politik 2 (1955), 211—227.

Breitling, Rupert: Die zentralen Begriffe der Verbandsforschung. „Pressure Groups", Interessengruppen, Verbände. — In: Polit. Vjschr. 1 (1960), 47—73.

Castles, Francis: Pressure groups and political culture. A comparative study. — New York: Humanities Press 1967. XIV, 112 S.

Eschenburg, Theodor: Die Herrschaft der Verbände. — Stuttgart: Dtsch. Verl.-Anst. 1955. 60 S.

Pelinka, Anton: Bürgerinitiativen – gefährlich oder notwendig? - Freiburg: Ploetz (1978). 127 S.
(Ploetz-Taschenbücher zum Zeitgeschehen. 1.)

Schröder, Heinrich Josef: Gesetzgebung und Verbände. Ein Beitrag zur Institutionalisierung der Verbandsbeteiligung an der Gesetzgebung. - Berlin: Duncker & Humblot (1976). 282 S.
(Schriftenreihe der Hochschule Speyer. 58.)

Schulz, Gerhard: Über Entstehung und Formen von Interessentengruppen in Deutschland seit Beginn der Industrialisierung. - In: Polit. Vjschr. 2 (1961), 124—154.

Meinungsbildung

Albig, William: Modern public opinion. — New York: McGraw-Hill 1956. XII, 518 S.

Aufermann, Jörg: Kommunikation und Modernisierung. Meinungsführer und Gemeinschaftsempfang im Kommunikationsprozeß. — München: Verl. Dokumentation 1971. 239 S.
(Kommunikation und Politik. 3.)

Binkowski, Johannes: Die Massenmedien in der Industriegesellschaft. — In: Stimmen d. Zeit 95 (1970), Bd 185, 188—197.

Brepohl, Klaus: Die Massenmedien. Ein Fahrplan durch das Zeitalter der Information und Kommunikation. - München: Nymphenburger Verlagshandl. 1974. 308 S.

Bröder, Friedrich J[ulius]: Presse und Politik. Demokratie und Gesellschaft im Spiegel politischer Kommentare der „Frankfurter Allgemeinen Zeitung", der „Welt" und der „Süddeutschen Zeitung". - Erlangen: Palm & Enke 1976. 369 S.
(Erlanger Studien. 8.)
Diss., Universität Erlangen.

Burrichter, Clemens: Fernsehen und Demokratie. Zur Theorie u. Realität d. polit. Information d. Fernsehers. — (Bielefeld:) Bertelsmann-Universitätsverl. (1970). 231 S.
(Gesellschaft und Kommunikation. 5.)
Diss., Freie Universität Berlin.

Dahlmüller, Götz, Wulf D. Hund [u.] Helmut Kommer: Kritik des Fernsehens. Handbuch gegen die Manipulation. — Neuwied: Luchterhand 1973. 386 S.
(Sammlung Luchterhand.)

Davison, W[alter] Phillips: Mass communication and conflict resolution. The role of the information media in the advancement of international understanding. – New York: Praeger 1974. VII, 155 S.
(Praeger Special Studies in International Politics and Government.)

Dovifat, Emil: Freiheit und Zwang in der politischen Willensbildung. Formen der demokratischen und der totalitären Meinungsführung. — In: Veritas-Iustitia-Libertas, Festschrift z. 200-Jahrfeier d. Columbia University New York, Berlin: Colloquium-V. (1954), 33—48.

Dröge, Franz W[ilhelm]: Publizistik und Vorurteil. — Münster: Regensberg (1967). 259 S.
(Dialog der Gesellschaft. 4.)
Diss., Münster.

Dröge, Franz [Wilhelm], Rainer Weissenborn [u.] Henning Haft: Wirkungen der Massenkommunikation. — Münster: Regensberg (1969). 219 S.
(Dialog der Gesellschaft. 5.)

Ebert, Thomas: Angesehene Berichterstattung, ein symptomatisches Beispiel der Meinungsmanipulation. — In: Frankf. H. 23 (1967), 375—380.

Feldmann, Erich: Neue Studien zur Theorie der Massenmedien. — München: E. Reinhardt 1969. 192 S.

Film, Funk, Fernsehen. Medien und Apparate der Industriegesellschaft. Hrsg. von Klaus Tiemann. — Frankfurt a. M.: Hirschgraben-Verl. (1968). 63 S.
(Menschen in der Zeit.)

Fischer, Heinz-Dietrich: Die großen Zeitungen. Portrait der Weltpresse. — (München:) Dtsch. Taschenbuch-Verl. (1966). 305 S.
(dtv [-Taschenbücher]. 343.)

Flach, Karl-Hermann: Macht und Elend der Presse. — Mainz: v. Hase & Koehler (1967). 244 S.

Fleck, Florian: Überlegungen zur Pressekonzentration. — In: Publizistik 16 (1971), 39—47.

Flottau, Heiko: Hörfunk und Fernsehen heute. — München: Olzog (1972). 294 S.
(Geschichte und Staat. 164/165.)

Fraenkel, Ernst: Öffentliche Meinung und internationale Politik. — Tübingen: Mohr 1962. 40 S.
(Recht und Staat in Geschichte und Gegenwart. 255/256.)

Frankenfeld, Alfred: Staat und Presse in ihren aktuellen Beziehungen. — In: Publizistik 4 (1959), 259—268.

Fraser, Lindley: Propaganda. — New York: Oxford University Press 1957. IX, 218 S.

Fröhner, Rolf: Zur Problematik der Meinungsforschung. — In: Z. Politik 4 (1957), 39—61.

Fröhner, Rolf: Die Rolle der Meinungsforschung in der deutschen Politik. — In: Gazette 3 (1957), 65—84.

Grosse, Will: Journalisten und Presse international-offiziell organisiert. — In: Internat. Jb. Politik 1955, 458—466.

Haacke, Wilmont: Politische Zeitschrift und Öffentlichkeit. — In: Z. Politik 17 (1970), 40—50.

Handbuch der Publizistik. Unter Mitarb. führender Fachleute hrsg. von Emil Dovifat. Bd 1—3. — Berlin: de Gruyter.
1. Allgemeine Publizistik. Von Emil Dovifat. 2., durchges. Aufl. 1971. XI, 334 S.

Handbuch der Weltpresse. Hrsg. vom Institut für Publizistik d. Universität Münster unter Leitung von Henk Prakke, Winfried B. Lerg u. Michael Schmolke. (5. Aufl.) Bd 1.2. — Köln: Westdtsch. Verl. 1970.
1. Die Pressesysteme der Welt. XXXI, 656 S.
2. Weltkatalog der Zeitungen. XXXV, 260 S.

Hennis, Wilhelm: Meinungsforschung und repräsentative Demokratie. Zur Kritik politischer Umfragen. — Tübingen: Mohr 1957. 64 S.

Höhne, Hansjoachim: Report über Nachrichtenagenturen. — Baden-Baden: Nomos Verlagsgesellsch. (1977).
1. Die Situation auf den Nachrichtenmärkten der Welt. 224 S.
2. Die Geschichte der Nachricht und ihrer Verbreiter. 181 S.

Jordan, Peter: Presse und Öffentlichkeit. — Frankfurt a. M.: Diesterweg (1970). 118 S.
(Schriften zur politischen Bildung.)

Karsch, Friederun: Die Sprache der politischen Propaganda. Ein Versuch zur Analyse ihrer Charakteristik. — In: Gesch. Wiss. Unterr. 19 (1968), 218—229.

Kolmar, Harry: Geschichte der Pressefreiheit. — o. O. 1955. XI, 181 Bl.
München, jur. Diss. 14. März 1956.

Koschwitz, Hansjürgen: Historische Entwicklung und aktuelle Bedeutsamkeit internationaler Massenkommunikation. — In: Dtsch. Stud. 14 (1976), 37-50.

Koschwitz, Hansjürgen: Die Funktionen der Presse und des Journalismus in den kommunistischen Staaten. — In: Dtsch. Stud. 7 (1969), 13—25.

Koschwitz, Hansjürgen: „Öffentliche Meinung" und Gesellschaftsordnung. — In: Dtsch. Stud. 9 (1971), H. 33, 11—30.

Koschwitz, Hansjürgen: Presse und Pressepolitik sozialistischer Länder. - In: Dtsch. Stud. 11 (1973), 6—28.

Koschwitz, Hansjürgen: Zum Problem der Objektivität in der Informationspolitik der Massenmedien. — In: Stimmen d. Zeit 96 (1971), Bd 188, 337—350.

Koschwitz, Hansjürgen: Publizistik und politisches System. Die internationale Presse der Gegenwart und ihre Entwicklungstendenzen in unterschiedlichen Herrschaftsordnungen. - München: Piper 1974. 275 S.
(Piper-Sozialwissenschaft. 25.)

Koschwitz, Hansjürgen: Sozialismus und Presse. Zur Genesis totalitärer Publizistik. — In: Stimmen d. Zeit 94 (1969), Bd 183, 330—343.

Kristen, Christian: Nachrichtenangebot und Nachrichtenverwendung. Eine Studie zum gate-keeper-Problem. - Düsseldorf: Bertelsmann Universitätsverl. 1972. 130 S.
(Gesellschaft und Kommunikation. 9.)

Lippman, Walter: Die öffentliche Meinung (Public opinion, dt.) (Aus d. Amerikan. von Herbert Reidt.) — München: Rütten & Loening (1964). 285 S.

Martin, L. John: International propaganda. Its legal and diplomatic control. — Minneapolis: University of Minnesota Press 1958. VII, 284 S.

Die **Massenmedien** in der postindustriellen Gesellschaft. Konsequenzen neuer technischer und wirtschaftlicher Entwicklungen für Aufgaben und Strukturen der Massenmedien in der Bundesrepublik Deutschland. Von Horst Decker [u. a.] - Göttingen: Schwartz 1976. VII, 475 S.
(Schriften der Kommission für Wirtschaftlichen und Sozialen Wandel. 111.)

Die öffentliche **Meinung.** Publizistik als Medium und Faktor der öffentlichen Meinung. Hrsg. im Auftr. d. Dtsch. Studiengesellsch. f. Publizistik von Martin Löffler. Mit Beitr. von Adolf Arndt [u. a.] — München: Beck 1962. 82 S.
(Schriftenreihe d. Dtsch. Studiengesellschaft für Publizistik. 4.)

Minte, Horst: Massenmedien im Entwicklungsprozeß. - In: Vjb. Probl. Entwicklungsländer 1977, 1-15.

Noelle, Elisabeth: Öffentliche Meinung und soziale Kontrolle. (Antrittsvorlesung an der Universität Mainz 9. 12. 1965.) — Tübingen: Mohr 1966. 28 S.
(Recht und Staat in Geschichte und Gegenwart. 329.)

Noelle-Neumann, Elisabeth: Pressekonzentration und Meinungsbildung. — In: Publizistik 13 (1968), 107—136.

Noelle, Elisabeth: Umfragen in der Massengesellschaft. Einführung in d. Methoden d. Demoskopie. — (Reinbek b. Hamburg:) Rowohlt (1963). 332 S.
(Rowohlts Dtsch. Enzyklopädie. 177/178.)

Public opinion and propaganda. A book of readings. Ed. for the Society for the Psychological Study of Social Issues. [Ed.:] Daniel Katz, Dorwin Cartwright [u. a.] — New York: Holt, Rinehart and Winston (1962). XX, 779 S.

Otto, Ulla: Totale Manipulation durch Massenmedien. — In: Publizistik 15 (1970), 13—29.

Pausewang, Siegfried: Zur Kritik der öffentlichen Meinung. — In: Gesellsch., Staat, Erzieh. 11 (1966), 395—410.

Picht, Georg: Die Massenmedien und die Zukunft der Gesellschaft. — In: Merkur 24 (1970), 199—208.

Politik und Massenmedien. Aktuelle Themen eines ungeklärten Verhältnisses. Hrsg. von Fritz Hufen. — Mainz: v. Hase & Koehler (1970). 324 S.
(Kommunikationswissenschaftliche Bibliothek. 2.)

The **press** in authoritarian countries. — Zürich: International Press Institute 1959. 201 S.

Pross, Harry: Die Freizeitkontrolle der Massenmedien. — In: Neues Hochland 64 (1972), 313–321.

Pross, Harry: Moral der Massenmedien. Prolegomena zu einer Theorie der Publizistik. — Köln: Kiepenheuer & Witsch (1967). 240 S.

Roegele, Otto B.: Die informierte Gesellschaft. Aufgaben moderner Publizistik. — In: Polit. Meinung 10 (1965), H. 110, 59—66.

Scharf, Wilfried [und] Otto Schlie: Demokratisierung der Massenmedien – Versuche zu Theorie und Praxis der politischen Kommunikation. — In: Neue polit. Lit. 20 (1975), 195—211.

Schmidtchen, Gerhard und Elisabeth Noelle-Neumann: Die Bedeutung repräsentativer Bevölkerungsumfragen für die offene Gesellschaft. — In: Polit. Vjschr. 4 (1963), 168 - 195.

Schmidtchen, Gerhard: Der häßliche Meinungsforscher. Das Irrationale in der Kritik an der politischen Umfrage. — In: Monat 16 (1963/64), H. 188, 48—55.

Schmidtchen, Gerhard: Die befragte Nation. Über den Einfluß der Meinungsforschung auf die Politik. — Freiburg i. Br.: Rombach 1959. 300 S.

Schneider, Franz: Politik und Kommunikation. 3 Versuche. — Mainz: v. Hase & Koehler (1967). 123 S.

Scholler, Heinrich: Person und Öffentlichkeit. Zum Spannungsverhältnis von Pressefreiheit und Persönlichkeitsschutz. — München: Beck 1967. XVIII, 455 S.
(Münchener öffentlich-rechtliche Abhandlungen. 3.)
Habil.-Schrift, München.

Schütte, Manfred: Politische Werbung und totalitäre Propaganda. — Düsseldorf: Econ-Verl. (1968). 237 S.

Schulz, Winfried: Die Konstruktion von Realität in den Nachrichtenmedien. Analyse der aktuellen Berichterstattung. — Freiburg: Alber 1976. 140 S.
(Alber-Broschur Kommunikation. 4.)

Seidel, Hanns: Vom Mythos der öffentlichen Meinung. — Aschaffenburg: Pattloch (1961). 219 S.

Setzen, Karl M.: Die gesellschaftliche Funktion der Massenmedien. Ein sozialkundlicher Überblick. - Heidenheim a. d. B.: Heidenheimer Verl.-Anst. 1974. 163 S.

Seymour-Ure, Colin: The political impact of mass media. – Beverly Hills, Calif.: Sage Publ. 1974. 296 S.
(Communication and Society. 4.)

Silbermann, Alphons [u.] Ernst Zahn: Die Konzentration der Massenmedien und ihre Wirkungen. Eine wirtschafts- und kommunikationssoziologische Studie. — Düsseldorf: Econ-Verl. (1970). 526 S.

Sogno, E.: Le rôle de l'image dans la propagande totalitaire. — Milano: Fiorini 1957. 49 S.

Sontheimer, Kurt: Meinungsforschung und Politik. Eine kritische Auseinandersetzung mit den Ansprüchen der Demoskopie. — In: Monat 16 (1963/64), H. 187, 41—46.

Steinmann, Matthias F[riedrich]: Massenmedien und Werbung. — Freiburg: Rombach (1971). 454 S.
(Beiträge zur Wirtschaftspolitik. 14.)

Sturm, Hertha: Masse, Bildung, Kommunikation.—Stuttgart: Klett (1968). 231 S.
Habil.-Schrift, Freiburg. Überarbeitung.

Sturminger, Alfred: 3000 Jahre politische Propaganda. — Wien, München: Verl. Herold (1960). 468 S.

Traugott, Edgar: Die Herrschaft der Meinung. Über die Wechselwirkung von demoskopischen Daten und politischen Entscheidungsprozessen. — (Düsseldorf:) Bertelsmann-Universitäts-Verl. (1970). 209 S.
(Gesellschaft und Kommunikation. 6.)

Tümmler, Karl: Zu den Traditionen des sozialistischen Films in Deutschland. — In: Beitr. Gesch. Arbeiterbew. 11 (1969), 993—1008.

Die politische **Urteilsbildung** in der Demokratie. — (Hannover: Kommissionsverl. Verl. f. Literatur u. Zeitgeschehen 1960.) 150 S.
(Schriftenreihe der Friedrich-Ebert-Stiftung.)

Wildenmann, Rudolf [u.] Werner Kaltefleiter: Funktionen der Massenmedien. — Frankfurt a. M.: Athenäum Verl. 1965. 84 S.
(Demokratische Existenz heute. 12.)

Wilson, Francis Graham: A theory of public opinion. — Chicago: Regnery 1962. XII, 308 S.

Anarchismus

Anarchismus. Grundtexte zur Theorie und Praxis der Gewalt. Hrsg. u. eingel. von Otthein Rammstedt. — Köln: Westdtsch. Verl. 1969. 168 S.

Anarchismus. Theorie, Kritik, Utopie. Texte u. Kommentare. Hrsg. von Achim v[on] Borries u. Ingeborg Brandies. — (Frankfurt a. M.:) Melzer (1970). 452 S.

Der Anarchismus. Hrsg. u. eingel. von Erwin Oberländer. — Freiburg: Walter 1972. 479 S.
(Dokumente der Weltrevolution. 4.)

Les anarchistes 1870–1940. Textes réunis par Henri Dubief. Paris: Colin 1972. 96 S.
(Coll. „Dossiers sciences humaines". 36.)

Apter, David E. [u.] James Joll [Ed.]: Anarchism today. — London: Macmillan 1971. 237 S.
(Studies in Comparative Politics.)

Baldelli, Giovanni: Social anarchism. — Harmondsworth: Penguin Books 1972. 192 S.

Bartsch, Günter: Der internationale Anarchismus, 1862–1972. (Hrsg. von d. Niedersächs. Landeszentrale f. Polit. Bildung.) – Hannover: [Selbstverl. d. Hrsg.] 1972. 67 S.

Botz, Gerhard, Gerfried Brandstetter [u.] Michael Pollak: Im Schatten der Arbeiterbewegung. Zur Geschichte des Anarchismus in Österreich und Deutschland. Mit e. Vorw. von Karl R. Stadler. – (Wien:) Europaverl. (1977). 190 S.
(Schriftenreihe des Ludwig-Boltzmann-Instituts für Geschichte der Arbeiterbewegung. 6.)

Harich, Wolfgang: Zur Kritik der revolutionären Ungeduld. Eine Abrechnung mit dem alten und dem neuen Anarchismus. — Basel: Edit. etcetera 1971. 117 S.

Heintz, Peter: Anarchismus und Gegenwart. Versuch einer anarchistischen Deutung der modernen Welt. — Zürich: Regio-V. (1951). 143 S.

Hoffman, Robert [Ed.]: Anarchism. — New York: Atherton 1970. 165 S.

Kaltenbrunner, Gerd-Klaus: Das Lustprinzip Revolution. Michail Bakunin und der Anarchismus. — In: Wort & Wahrheit 25 (1970), 248—265.

Krümer-Badoni, Rudolf: Anarchismus. Geschichte und Gegenwart einer Utopie. — München: Molden (1970). 288 S.

Lösche, Peter: Anarchismus – Versuch einer Definition und historischen Typologie. – In: Polit. Vjschr. 15 (1974), 53–73.

Lösche, Peter: Anarchismus. – Darmstadt: Wiss. Buchgesellsch. 1977. IX, 169 S.
(Erträge der Forschung. 66.)

Runkle, Gerald: Anarchism. Old and new. — New York: Delacorte Press 1972. VI, 330 S.

Zoccoli, Hector [**Zoccoli**, Ettore G.]: Die Anarchie (L'anarchia, dt. Die Übers. aus d. Italien. bes. Siegfried Nacht.) – Berlin: Kramer 1976. XVII, 616 S.

Terrorismus

Adamo, Hans: Vorgebliche und tatsächliche Ursachen des Terrorismus. – In: Bll. dtsch. internat. Pol. 22 (1977), 1436–1448.

Carlton, David und Carlo Schaerf [Ed.]: International terrorism and world security. – London: Croom Helm 1975. 332 S.

Eschenburg, Theodor: Lehren für die Terrorbekämpfung aus Art. 48 der Weimarer Verfassung. – In: Z. Parlamentsfragen 9 (1978), 457–460.

Fetscher, Iring: Terrorismus und Reaktion. Mit e. Anh. August Bebel: Attentate und Sozialdemokratie. – (Köln:) Europ. Verl.-Anst. (1977). 147 S.

Fromkin, David: The strategy of terrorism. – In: For. Aff. 53 (1974/75), 683–698.

Glaser, Hermann: Die Diskussion über den Terrorismus. Ein Dossier. – In: Aus Politik und Zeitgeschichte, Beilage zur Wochenzeitung „Das Parlament" Nr. 25 vom 24. Juni 1978, 3–47.

Guillaume, Gilbert [u.] Georges Levasseur: Terrorisme international. Institut des Hautes Etudes Internationales de Paris. – Paris: Pedone 1977. 134 S.

Holz, Hans Heinz: Hat der Terrorismus eine theoretische Basis? – In: Bll. dtsch. internat. Pol. 23 (1978), 317–329.

Laqueur, Walter [Ze'ev]: Terrorismus (Terrorism, dt.) Aus d. Engl. übers. von Rudolf Wichmann. – (Kronberg/Ts.:) Athenäum Verl. 1977. 243 S.

Lübbe, Hermann: Endstation Terror. Rückblick auf lange Märsche. – Stuttgart: Seewald (1978). 215 S.

Pierre, Andrew J.: The politics of international terrorism. – In: Orbis 19 (1976/77), 1251–1269.

International terrorism. National, regional and global perspectives. Ed. by Yonah Alexander. – New York: Praeger 1976. XX, 390 S.

International terrorism and political crimes. Ed. by M. Cherif Bassiouni. – Springfield, Ill.: Thomas 1975. XXVI, 594 S.

Terrorismus. Untersuchungen zur Struktur und Strategie revolutionärer Gewaltpolitik. ⟨Hrsg.:⟩ Manfred Funke. – (Kronberg/Ts.: Athenäum Verl.) 1977. 391 S.
(Athenäum-Droste-Taschenbücher. 7205.)

Der Weg in die Gewalt. Geistige und gesellschaftliche Ursachen des Terrorismus und seine Folgen. Hrsg. von Heiner Geißler. – München: Olzog (1978). 224 S.
(Geschichte und Staat. 214.)

Revolutionen, Staatsstreiche

Andrews, William G. [u.] Uri Ra'anan [Ed.]: The politics of the coup d'état. Five case studies. — New York: Van Nostrand 1969. IV, 153 S.

Arendt, Hannah: Krieg und Revolution. — In: Merkur 19 (1965), 1—19.

Arendt, Hannah: Über die Revolution (On revolution, dt.) — München: Piper (1963). 426 S.

Baechler, Jean: Les phénomènes révolutionnaires. — Paris: Presses Universitaires de France 1970. 264 S.
(Coll. „SUP-le Sociologue". 19.)

Bartsch, Günter: Der Revolutionär als Typus. — In: Polit. Stud. 20 (1969), 400—407.

Bertram, Karl Friedrich: Begriff und Wesen der Revolution und ihre Bedeutung für das Staatsrecht. — o. O. (1951). X, 121 gez. Bl. [Maschinenschr.]
Köln, rechtswiss. Diss. 1. Oktober 1951.

Besson, Waldemar: Krieg und Revolution. — In: Monat 16 (1963/64), H. 191, 5—14.

Brogan, Denis William: The price of revolution. — London: Hamilton 1951. VIII, 280 S.

Calvert, Peter: A study of revolution. — Oxford: Clarendon Press 1970. X, 249 S.

Chung, Charles T. Z.: Zum Begriff der Revolution. — In: Gewerkschaftl. Monatsh. 19 (1968), 654—663.

Davies, James Chowning [Ed.]: When men revolt and why. A reader in political violence and revolution. — New York: Free Press (1971). XV, 357 S.

Dawson, Christopher Henry: The movement of world revolution. — New York: Sheed & Ward (1959). 179 S.

Delmas, Claude: La guerre révolutionnaire. — Paris: Presses Universitaires de France 1959. 127 S.

Deutscher, Isaac: Die russische, französische und chinesische Revolution. Ein Vergleich. — In: Außenpolitik 4 (1953), 293—302.

Downton, James V.: Rebel leadership. Commitment and charisma in the revolutionary process. — New York: Free Press 1973. 306 S.

Drimmel, Heinrich: Der konservative Mensch und die Revolution. — München: Herold Verl. (1970). 116 S.

Dunn, John: Modern revolutions. An introduction to the analysis of a political phenomenon. — Cambridge, Mass.: Cambridge University Press 1972. XIII, 346 S.

Ellul, Jacques: De la révolution aux révoltes. — Paris: Calman-Lévy 1972. 384 S.
(Coll. „Liberté de l'esprit".)

Engelberg, Ernst: Fragen der Evolution und Revolution in der Weltgeschichte. — In: Marxist. Bl. 6 (1968), H. 3, 13—20.

Feil, Ernst: Die Theologie der Revolution. Eine zweischneidige Antwort auf eine eindeutige Herausforderung. — In: Stimmen d. Zeit 95 (1970), Bd 186, 145—162.

Fitzgibbon, Russell H.: Revolutions. Western hemisphere. — In: South Atlantic Quart. 55 (1956), 263—279.

Flechtheim, Ossip K.: Die Revolution. Formen und Wandlungen. — In: Dokumente 13 (1957), 467—476.

Friedrich, Carl Joachim: The anarchist controversy over violence. - In: Z. Politik 19 (1972), 167–177.

Gehring, Axel: Zur Theorie der Revolution. Versuch einer soziologischen Präzisierung. - In: Kölner Z. Soziol. Sozialpsychol. 23 (1971), 673–686.

Geiss, Imanuel: Zur Struktur der industriellen Revolution. — In: Arch. Sozialgesch. 1 (1961), 177—200.

Goodspeed, D[onald] J[ames]: Verschwörung und Umsturz (The conspirators, dt.) Der Staatsstreich im 20. Jahrhundert. (Aus d. Engl. von Arno Dohm.) — München: Rütten & Loening (1963). 255 S.

Greig, Ian: Today's revolutionaries. A study of some prominent modern revolutionary movements and methods of sedition in Europe and the United States. Forew. by William Deedes. — London: Foreign Aff. Publ. 1970. 120 S.

Griewank, Karl: Der neuzeitliche Revolutionsbegriff. Entstehung und Entwicklung. Aus d. Nachlaß hrsg. von Ingeborg Horn. Mit e. Nachwort von Hermann Heimpel. — Weimar: Böhlau 1955. XV, 327 S.

Gross, Feliks: The seizure of political power in a century of revolutions. — New York: Philosophical Library 1958. XXVII, 398 S.

Hensman, C. R.: From Gandhi to Guevara. The polemics of revolt. — London: Allen Lane 1969. 490 S.

Hesse, Eva: Die Wurzeln der Revolution. Theorien der individuellen und der kollektiven Freiheit. – München: Hanser 1974. 434 S.
(Reihe Hanser. 168/169.)

Hobsbawm, Eric J.: Revolution und Revolte (Revolutionaries, dt.) Aufsätze zum Kommunismus, Anarchismus und Umsturz im 20. Jahrhundert. Übers. von Irmela Rütters u. Rainer Wirtz. – (Frankfurt a. M.:) Suhrkamp (1977). 380 S.

Hyams, Edward: A dictionary of modern revolution. – New York: Taplinger 1973. 315 S.

Johnson, Chalmers: Revolutionstheorie (Revolutionary change, dt.) (Aus d. Amerikan. von Karl Römer.) — (Köln:) Kiepenheuer & Witsch (1971). 206 S.
(Studienbibliothek.)

Koepcke, Cordula: Revolution. Ursachen und Wirkung. — München: Olzog 1971. 231 S.
(Geschichte und Staat. 159/160.)

Kramnick, Isaac: Reflections on revolution. Definition and explanation in recent scholarship. - In: Hist. & Theory 11 (1972), 26–63.

Larsson, Reidar: Theories of revolution. From Marx to the first Russian revolution. — Stockholm: Almqvist & Wiksell 1970. 381 S.

Laski, Harold J.: Revolutionäre Wandlungen in unserer Zeit. — Zürich: Gutenberg 1945. IV, 464 S.

Leeuwen, Arend Th[eodor] von: Revolution als Hoffnung (Development through revolution, dt.) Strategie des sozialen Wandels. (Übertr. aus d. Engl.: Werner Simpfendörfer.) — Stuttgart: Kreuz-Verl. (1970). 246 S.

Leiden, Carl [u.] Karl M. Schmitt [Ed.]: The politics of violence. Revolution in the modern world. — Englewood Cliffs N.J.: Prentice Hall 1968. 244 S.

Lenk, Hans: Theorien der Revolution. - München: Fink 1973. 212 S.
(Uni-Taschenbücher. 165.)

Lindner, Clausjohann: Theorie der Revolution. E. Beitr. zur verhaltenstheoretischen Soziologie. - München: Goldmann 1972. 242 S.
(Das wissenschaftliche Taschenbuch. Abt. Soziologie. So 13.)

Lipset, Seymour Martin: Revolution and counterrevolution. Change and persistence in social structures. — New York: Basic Books 1968. XIV, 466 S.

Lipsky, William E.: Comparative approaches to the study of revolution. A historiographic essay. - In: Rev. Politics 38 (1976), 494–509.

Löwenthal, Richard: Unvernunft und Revolution. Über die Loslösung der revolutionären Praxis von der marxistischen Theorie. — In: Monat 21 (1969), H. 251, 71—87.

Lubasz, Heinz [Ed.]: Revolutions in modern European history. — New York: Macmillan 1967. 136 S.

Lussu, Emilio: Theorie des Aufstands (Teoria dell'insurrezione, dt.) (Übers. von Anton Zahorsky-Suchodolsky und Gertraud Kanda.) - (Wien:) Europaverl. (1974). 203 S.

Luttwak, Edward: Coup d'état. A practical handbook. — New York: Knopf 1969. 209 S.

Marek, Franz: Philosophie der Weltrevolution. Beitr. zu einer Anthologie der Revolutionstheorien. — Frankfurt a. M.: Europa-Verl. (1966). 140 S.
(Europäische Perspektiven.)

Matz, Ulrich: Politik und Gewalt. Zur Theorie des demokratischen Verfassungsstaates und der Revolution. - Freiburg i. Br.: Alber 1975. 314 S.
(Alber-Broschur. Rechts- und Sozialwissenschaft.)

Maulnier, Thierry: La révolution du XXe siècle. — Paris: Plon 1957. 48 S.

Menzel, Eberhard, Revolution und Rechtsordnung. — In: Gesch. Wiss. Unterricht 10 (1959), 1—18.

Monnerot, Jules: Sociologie de la révolution. Mythologies politiques du XXe siècle, marxistes-léninistes et fascistes, la nouvelle stratégie révolutionnaire. — Paris: Fayard (1969). 772 S.
(Les grandes Études contemporaines.)

Mühlmann, Wilhelm E.: Chiliasmus und Nativismus. (Studien zur Psychologie, Soziologie und historischen Kasuistik der Umsturzbewegungen.) — Berlin: Reimer 1961. 472 S.

Narr, Wolf-Dieter: Gewalt und Legitimität. - In: Leviathan 1973, 7—42.

Revolution und Gesellschaft. Theorie und Praxis der Systemveränderung. Hrsg. von Theodor Schieder. - Freiburg: Herder 1973. 189 S.
(Herderbücherei. 462.)

Empirische **Revolutionsforschung.** Hrsg. u. eingel. von Klaus von Beyme. - Opladen: Westdtsch. Verl. 1973. 320 S.
(Probleme der Politik.)
(Uni-Taschenbücher. 246.)

Rohrmoser, Günter: Anmerkungen zu einer Theologie der Revolution. — In: Epirrhosis, Festgabe für Carl Schmitt, Berlin: Duncker & Humblot (1968), Bd 2, 617—631.

Rosenstock-Huessy, Eugen: Die europäischen Revolutionen und der Charakter der Nationen. — Stuttgart u. Köln: Kohlhammer (1951). XVII, 583 S.

Scheibert, Peter: Revolution und Utopie. Die Gestalt der Zukunft im Denken der russischen revolutionären Intelligenz. — In: Epirrhosis, Festgabe für Carl Schmitt, Berlin: Duncker & Humblot (1968), Bd 2, 633—649.

Schmauch, Jochen: Theologie der Revolution. — In: Wort & Wahrheit 25 (1970), 291—303.

Seton-Watson, Hugh: Revolution and democracy in the 20th century. — In: Zur Geschichte und Problematik der Demokratie, Festgabe für Hans Herzfeld, Berlin: Duncker & Humblot (1958), 113—129.

Seton-Watson, Hugh: Revolutionen im zwanzigsten Jahrhundert. — In: Monat 4 (1951/52), T. 1, 607—619.

Sontheimer, Kurt: Nationale und konservative Revolution. — In: Monat 14 (1962/63), H. 168, 22—32.

Sternberg, Fritz: Die militärische und die industrielle Revolution. — Berlin, Frankfurt a. M.: Vahlen 1957. VIII, 333 S.

Ströbinger, Rudolf: Anatomie eines Staatsstreichs. Wege zur neuen Weltrevolution. - Zürich: Ed. Interfrom (1977). 118 S.
(Texte & Thesen. 98.)

Struggles in the state. Sources and patterns of world revolution. Ed. by George A. Kelly [u.] Clifford W. Brown. — New York: Wiley 1970. XI, 511 S.

Tetsch, Hartmut: Die permanente Revolution. E. Beitr. zur Soziologie der Revolution und zur Ideologiekritik. - Opladen: Westdtsch. Verl. 1972. 256 S.
(Beiträge zur sozialwissenschaftlichen Forschung. 11.)

Waelder, Robert: Fortschritt und Revolution (Progress and revolution, dt.) (Aus d. Engl. übers. von Erwin Brauer.) — Stuttgart: Klett (1970). 400 S.

Wassmund, Hans: Revolutionsforschung. – In: Neu polit. Lit. 18 (1973), 421–429.

Wassmund, Hans: Revolutionsforschung. – In: Neue polit. Lit. 20 (1975), 425–432.

Wassmund, Hans: Revolutionstheorien. Eine Einführung. – München: Beck (1978). 145 S.
(Beck'sche schwarze Reihe. 176.)

Wirsing, Giselher: Schritt aus dem Nichts. Perspektiven am Ende der Revolutionen. — Düsseldorf u. Köln: Diederichs (1951). 364 S.

Woddis, Jack: New theories of revolution. A commentary on the view of Frantz Fanon, Régis Debray and Herbert Marcuse. - London: Lawrence & Wishart 1972. 415 S.

Guerillakrieg

Allemann, Fritz René: Macht und Ohnmacht der Guerilla. – München: Piper 1974. 532 S.

Campbell, Arthur: Guerillas. A history and analysis. — New York: Day 1968. 344 S.

Clutterbuck, Richard: Guerillas and terrorists. – London: Faber & Faber 1977. 125 S.

Clutterbuck, Richard: Protest and the urban guerilla. – New York: Abelard-Schuman 1974. 309 S.

Gann, Lewis H.: Guerillas in history. — Stanford, Calif.: Hoover Institution Press 1971. VIII, 99 S.
(Hoover Institution Studies. 28.)

Guerilleros, Partisanen, Theorie und Praxis. (Fakten u. Perspektiven. Ausgew. Funktexte u. Dokumente.) Eingel. u. hrsg. von Joachim Schickel. — (München:) Hanser (1970). 221 S.
(Reihe Hanser. 42.)

Hahlweg, Werner: Guerilla, Krieg ohne Fronten. — Stuttgart: Kohlhammer (1968). 297 S.

Heilbrunn, Otto: Die Partisanen in der modernen Kriegführung (Partisan warfare, dt.) — Frankfurt a. M.: Bernard & Graefe 1963. 220 S.

Johnson, C. A.: Civilian loyalties and guerrilla conflict. — In: World Pol. 14 (1962), 646–661.

Kossoy, Edward: Living with guerilla. Guerilla as a legal problem and a political fact. – Genève: Droz 1976. 405 S.
(Travaux de droit, d'économie, de sociologie et de sciences politiques. 109.)

Laqueur, Walter [Ze'ev]: Guerilla. A historical and critical study. – London: Weidenfeld & Nicolson (1977). X, 462 S.

Müller-Borchert, Hans-Joachim: Guerilla im Industriestaat. Ansatzpunkte und Erfolgsaussichten. – Hamburg: Hoffmann & Campe 1973. 182 S.
(Standpunkt.)

Nasution, Abdul Haris: Fundamentals of guerrilla warfare. — New York: Praeger 1965. 324 S.

Politik durch Gewalt. Guerilla und Terrorismus heute. ⟨Hrsg.:⟩ Rolf Tophoven. – Bonn: (Verl. Wehr u. Wissen) 1976. 173 S.
(Beiträge zur Wehrforschung. 25.)

Roucek, Joseph S.: Partisanenkampf als Mittel revolutionärer Politik. Bedeutung, Methoden, Gegenmaßnahmen. – In: Europa-Arch. 27 (1972), 69–78.

Schroers, Rolf: Der Partisan. Ein Beitrag zur politischen Anthropologie. — Köln, Berlin: Kiepenheuer & Witsch (1961). 344 S.

Taber, Robert: La guerre de la puce. Stratégie de la guerre guérilla. Trad. de l'amér. par le Cdt Jouan. — Paris: Juillard 1969. 256 S.

Thayer, Charles W[heeler]: Guerillas und Partisanen (Guerilla, dt.) Wesen und Methodik der irregulären Kriegsführung. (Aus d. Amerikan. von Helmut Degner.) — München: Rütten & Loening (1964). 237 S.

Wehrwesen

Afheldt, Horst: Verteidigung und Frieden. Politik mit militärischen Mitteln. Mit e. Vorw. von Carl Friedrich von Weizsäcker. Red. Mitarb.: Ruth Grosse. Bibliographie u. Sachreg.: Elisabeth Schedone. (München:) Hanser (1976). 345 S.

Anschütz, Oskar: Der Militarismus. Seine Herkunft und sein Wesen, seine Entwicklung und seine Überwindung. Ein Beitr. zu e. Philosophie d. Unbewußten. — (Nürnberg [Grübelstr. 23]: Selbstverl. 1967.) 192 S.

Asmussen, Hans: Krieg und Frieden. — Osnabrück: Fromm (1961). 114 S.
(Fromms Taschenbücher. 15.)

Assmus, Erhard: Die publizistische Diskussion um den Militarismus unter besonderer Berücksichtigung der Geschichte des Begriffes in Deutschland und seiner Beziehung zu den politischen Ideen zwischen 1850 und 1950. — o. O. 1951. 350, 29 gez. Bl. [Maschinenschr.]
Erlangen, phil. Diss. 1951.

Bahrdt, Hans Paul: Militarismus. Definition, Analyse, Kritik. — In: Dtsch. Univ. Ztg. 9 (1954), H. 9, 6—9.

Bailey, Sydney D[awson]: Prohibitions and retraints in war. (Publ. for the Royal Inst. of Internat. Aff.) – London: Oxford University Press 1972. XIII, 194 S.
(Oxford Paperbacks. 284.)

Barringer, Richard E.: War. Patterns of conflict. – Cambridge, Mass.: M.I.T. Press 1972. XVI, 293 S.

Barth, Eberhard: Die Stellung der Streitkräfte im Staat. — In: Z. Politik 1 (1954), 159—176.

Beaufre, André: Abschreckung und Strategie (Dissuasion et stratégie, dt.) Vorw. von Wolf Graf von Baudissin. Übertr. von Walter Schütze). (Hrsg. im Verb. mit d. Forschungsinst. d. Dtsch. Gesellsch. f. Auswärtige Politik e.V., Bonn.) — Berlin: Propyläen Verl. (1964). 209 S.

Beaufre, André: La guerre révolutionnaire. Les formes nouvelles de la guerre. — Paris: Fayard 1972. IV, 305 S.

Beaufre, André: Totale Kriegskunst im Frieden (Introduction de la stratégie, dt.) Einführung in die Strategie. (Hrsg. in Verb. mit d. Forschungsinst. d. Dtsch. Gesellsch. f. Auswärtige Politik e.V., Bonn.) (Übertr. von Walter Schütze.) Geleitw. von Hans Speidel. — Berlin: Propyläen Verl. (1964). 189 S.

Beaufre, André: Wandlungen der Abschreckungsstrategie. — In: Schweizer Monatsh. 49 (1969/70), 721—729.

Beiträge zur Militärsoziologie. Hrsg. von René König unter Mitarb. von Klaus Roghmann, Wolfgang Sodeur [u.] Rolf Ziegler. — Köln: Westdtsch. Verl. (1968). 360 S.
(Kölner Zeitschrift für Soziologie und Sozialpsychologie. Sonderh. 12.)

Below, Fritz: Armee und Soldat im Atomzeitalter. — Karlsruhe: Stahlberg 1957. 213 S.

Beyer, Franz: Das Leitbild des deutschen Offiziers. — Göttingen: Musterschmidt [1965]. 31 S.
(Studien zum Geschichtsbild. 17.)

Bigler, Rolf R.: Der einsame Soldat. Eine soziologische Deutung der militärischen Organisation. — Frauenfeld: Huber (1963). 266 S.

Bingold, Claus: Militärische Notwendigkeit und höherer Befehl. ‹Ein Beitrag zu einer Neugestaltung des Kriegsrechts.› — München 1950. 137 gez. Bl. [Maschinenschr.]
München, jur. Diss. 26. Jan. 1951.

Binz, Gerhard Ludwig: Probleme der Wehrforschung. — In: Wehrwiss. Rdsch. 11 (1961), 90—117.

Binz, Gerhard Ludwig: Wehr-Verneinung. Eine Studie über ihre Entstehung und ihre Erscheinungsformen. — (Frankfurt a. M.: Mittler 1956.) 99 S.
(Wehrwissenschaftliche Rundschau. Beih. 4.)

Blainey, Geoffrey: The causes of war. - London: Macmillan 1973. 278 S.

Böckmann, Herbert von: Krieg und Politik. — In: Wehrwiss. Rdsch. 3 (1953), 11—14.

Bohn, Helmut: Strategische Informationen. Aufgaben und Probleme der Nachrichtendienste. — In: Europa Archiv 15 (1960), 523—532.

Bohn, Helmut: Die Sozialisten und die Verteidigung. Eine Untersuchung in den Nachbarländern Deutschlands. — Köln: Markus-Verl. 1957. 202 S.

Bonte, Florimond: Le militarisme allemand et la France. Préface de Jeannette Vermeersch. — Paris: Ed. Sociales 1961. 242 S.

Booth, Ken: Navies and foreign policy. - New York: Crane, Russak 1977. 294 S.

Breucker, Jean de: La déclaration de Bruxelles de 1874 concernant les lois et coutumes de la guerre. - In: Chron. Polit. etr. 27 (1974), 3-108.

Brodie, Bernard: Strategy in the missile age. — Princeton: Princeton University Press; London: Oxford University Press 1959. VII, 423 S.

Brodie, Bernard: War and politics. - New York: Macmillan 1973. XII, 514 S.

Brown, Frederic J.: Chemical warfare. A study in restraints. — Princeton, N.J.: Princeton University Press 1968. XIX, 355 S.

Browne, Malcolm W.: Das neue Gesicht des Krieges (The new face of war, dt.) (Aus d. Engl. übertr. von M. Graf u. M. L. u. M. Schuler.) — Frauenfeld: Huber (1966). 368 S.

Buchan, Alastair: Der Krieg in unserer Zeit (War in modern society, dt.) Wandlungen und Perspektiven, Politik, Strategie und Technik, Gefahren und Kontrolle. (Aus d. Engl. übers. von Peter de Mendelssohn.) — München: Beck (1968). 228 S.
(Beck'sche schwarze Reihe. 49.)

Busch, Eckart: Der Oberbefehl. Seine rechtliche Struktur in Preußen und Deutschland seit 1848. — Boppard: Boldt (1967). VI, 200 S.
(Wehrwissenschaftliche Forschungen. Abt. Militärgeschichtliche Studien. 5.)

Carrias, Eugène: La pensée militaire allemande. — Paris: Presses Universitaires de France 1948. 400 S.

Challener, Richard D.: The French theory of the nation in arms 1866—1939. — New York: Columbia University Press 1955. 305 S.
(Columbia Studies in the Social Science. 579.)

Challener, Richard D.: French thought on the nation in arms. Revolution and consequences of a military theory, 1866—1939.
New York, Columbia University, phil. Diss. 1952.

Charney, Jean-Paul: Essai général de stratégie. - Paris: Ed. Champ libre 1973. 219 S.

Clarke, Robin: The science of war and peace. - New York: McGraw Hill 1972. 335 S.

Coles, Harry L. [Ed.]: Total war and cold war. — Columbus: Ohio State University Press 1962. XII, 300 S.

Creveld, Martin van: Supplying war. Logistics from Wallenstein to Patton. - Cambridge: Cambridge University Press 1978. 284 S.

Daugherty, William E. und Morris Janowitz: A psychological warfare casebook. — Baltimore: Johns Hopkins Press; London: Oxford University Press 1958. XXIII, 880 S.

Dehio, Ludwig: Um den deutschen Militarismus. Bemerkungen zu G. Ritters Buch „Staatskunst und Kriegshandwerk — Das Problem des Militarismus in Deutschland". — In: Hist. Z. 180 (1955), 43—64.

Demeter, Karl: Das deutsche Offizierskorps in Gesellschaft und Staat 1650—1945. (2., neubearb. u. wesentl. erw. Aufl. d. 1930 ersch. Werkes „Das deutsche Offizierkorps in seinen historisch-soziologischen Grundlagen".) — Frankfurt a. M.: Bernard & Graefe 1962. VII, 321 S.

Doerner, Heinz: Grundfragen des Militärstrafrechts. Eine rechtsvergleichende Untersuchung der geltenden Militärstrafgesetze Frankreichs, Belgiens, Luxemburgs, Italiens, der Schweiz, Englands, der USA und des ehemaligen deutschen Militärstrafgesetzbuches in seiner Fassung vom 10. 10. 1940. — Hamburg 1956. IX, 264 Bl.
Hamburg, rechtswiss. Diss. 12. Juli 1957.

Doorn, Jacques van: Military profession and military regime. Pref. by Morris Janowitz. — The Hague: Mouton 1969. 304 S.

Drascher, Wahrhold: Zur Soziologie des deutschen Seeoffizierkorps. — In: Wehrwiss. Rdsch. 12 (1962), 555—569.

Drott, Karl: Sozialdemokratie und Wehrfrage. Dokumente aus einem Jahrhundert Wehrdebatten. — Berlin, Hannover: Verl. nach Dietz (1956). 197 S.

Ehmke, Horst: Militärischer Oberbefehl und parlamentarische Kontrolle. — In: Z. Politik 1 (1954), 337—356.

Eibl-Eibesfeldt, Irenäus: Krieg und Frieden. Aus der Sicht der Verhaltensforschung. - München: Piper (1975). 315 S.

Eingriffe in die Rüstungsindustrie. Initiativen von unten. [Hrsg.:] Hans-Jürgen Benedict [u.] Hans-Eckehard Bahr. - (Neuwied:) Luchterhand (1975). 173 S.
(Theologie und Politik. 9.)
(Sammlung Luchterhand. 186.)

Ekirch, Arthur A. jr.: The civilian and the military. — New York: Oxford University Press 1956. 340 S.

Engelberg, Ernst: Über das Problem des deutschen Militarismus. — In: Z. Geschichtswiss. 4 (1956), 1113—1145.

Euler, Alexander: Die Atomwaffe im Luftkriegsrecht. — Köln, Berlin: Heymann 1960. 200 S.

Faber, Manfred: Soldat und Politik. — In: Wehrwiss. Rdsch. 2 (1952), 118 – 123.

Faddejew, G. D.: Der Marxismus-Leninismus über gerechte und ungerechte Kriege. — Berlin: Dietz 1953. 44 S.

Finer, S. E.: The man on horseback. The role of the military in politics. — London: Pall Mall 1962. 268 S.

Flor, Georg: Die allgemeine Wehrpflicht in Deutschland. Ein geschichtlicher Überblick. In: Wehrkunde 5 (1956), 221—225.

Flütsch, Hans-Jürg: Die rechtliche Natur des militärischen Befehls. — Zürich: Schulthess 1969. XVI, 122 S.
(Zürcher Beiträge zur Rechtswissenschaft. N. F. 327.)
Diss., Universität Zürich.

Foerster, Wolfgang: Einige Bemerkungen zu Gerhard Ritters Buch „Der Schlieffenplan". — In: Wehrwiss. Rdsch. 7 (1957), 37—44.

Foot, M. R. D.: Men in uniform. Military manpower in a modern society. — New York: Praeger 1961. 224 S.

Forman, Eric M.: Civil war as a source of international violence. - In: J. Politics 34 (1972), 1112–1134.

Fricke, Dieter: Zur Rolle des Militarismus nach innen in Deutschland vor dem Ersten Weltkrieg. — In: Z. Geschichtswiss. 6 (1958), 1298—1310.

Gantzel, Klaus Jürgen: System und Akteur. Beiträge zur vergleichenden Kriegsursachenforschung. — Düsseldorf: Bertelsmann Universitätsverl. 1972. 272 S.
(Krieg und Frieden.)
Zugl. sozialwiss. Habil.-Schrift, Universität Mannheim.

Garthoff, Raymond L.: Unconventional warfare in communist strategy. — In: Foreign Aff. 40 (1961/62), 566—575.

Geyer, Michael: Abschreckung und Krieg. - In: Neue polit. Lit. 20 (1975), 35–44.

Greenspan, Morris: The modern law of land warfare. — Berkeley: California University Press; London: Cambridge University Press (1959). 724 S.

Grunert, Hansheinrich: Der zerissene Soldat. — Berlin: Lüttke (1962). 301 S.

Haffner, Sebastian: Der neue Krieg. Zur militärischen Theorie und Praxis Mao Tse-tungs. — In: Merkur 20 (1966), H. 216, 201—219.

Hahnenfeld, Günter: Kriegsdienstverweigerung. — Hamburg: v. Decker (1966). 127 S.
(Truppe und Verwaltung. 14.)

Hamon, Léo: L'art de la guerre a l'age nucléaire. — In: Rev. Déf. nat. 24 (1968), 606—621 und 796—812.

Hancock, William Keith: Four studies of war and peace in this century. — New York: Cambridge University Press 1961. VIII, 130 S.

Handbuch zur deutschen Militärgeschichte 1648—1939. Hrsg.: Hans Meier-Welcker. — Frankfurt a. M.: Bernard & Graefe.
  Lfg 1. Wohlfeil, Rainer: Vom stehenden Heer des Absolutismus zur Allgemeinen Wehrpflicht (1789—1814.) 1964. 212 S.
  Lfg 2. Zimmermann, Jürg: Militärverwaltung und Heeresaufbringung in Österreich bis 1806. 1965. 167 S.

Handbuch zur deutschen Militärgeschichte 1648--1939. Hrsg. vom Militärgeschichtl. Forschungsamt Freiburg durch Hans Meier-Welcker und Wolfgang von Groote. — Frankfurt a. M.: Bernard & Graefe.
  Lfg 3. Von der Entlassung Bismarcks bis zum Ende des Ersten Weltkrieges ⟨1890—1918⟩. 1968. 360 S.

Handbuch zur deutschen Militärgeschichte ⟨1648—1939⟩. Hrsg. vom Militärgeschichtl. Forschungsamt, Freiburg i. Br., durch Hans Meier-Welcker und Wolfgang von Groote. — Frankfurt a. M.: Bernard & Graefe.
  Lfg 4. Reichswehr und Republik ⟨1918—1933⟩. Rainer Wohlfeil: Heer und Republik. Edgar Graf von Matuschka: Organisation des Reichsheeres. 1970. 379 S.

Hartigan, Richard Shelly: War and its normative justifications. An example and some reflections. - In: Rev. Politics 36 (1974), 492–503.

Hausmann, Manfred: Der militärische Geheimnisverrat und die Pressefreiheit.—Freiburg (1967). XXXVIII, 193, 19 S.
Freiburg, rechts- u. staatswiss. Diss. vom 23./24. Februar 1967.

Hecker, Hellmuth: Die Kriegsdienstverweigerung im deutschen und ausländischen Recht. Mit Übers. d. ausländ. Texte. — Frankfurt a. M.: Metzner 1954. 64 S.
(Dokumente. 13.)

Heilbrunn, Otto: Konventionelle Kriegsführung im nuklearen Zeitalter (Conventional warfare in the nuclear age, dt.) (Aus d. Engl. übertr. von Hans Heinrich Böhmer.) Mit e. Vorw. zur dtsch. Ausg. von Adolf Heusinger. — Frankfurt a. M.: Mittler 1967. 151 S.

Hensel, Walther: Was ist Militarismus? — In: Polit. Studien 6 (1955/56), H. 68, 25—27.

Hermann, Carl Hans: Deutsche Militärgeschichte. Eine Einführung. Hrsg. im Auftr. d. Arbeitskreises f. Wehrforschung. — Frankfurt a. M.: Bernard & Graefe 1966. 626 S.

Heydte, Friedrich August Frhr von der: Der moderne Kleinkrieg als wehrpolitisches und militärisches Phänomen. — Würzburg: Holzner 1972. 280 S.
(Würzburger wehrwissenschaftliche Abhandlungen. 3.)

Histoire universelle des armées. [4 vol.] — Paris: Laffont 1967.
  3. 1700—1914. De Pierre le Grand à Moltke. Préf. du Henry Blanc.
  4. 1914 à nos jours. De Foch à Eisenhower. Préf. du Paul Stehlin. Postface du André Beaufre.

Höhn, Reinhard: Die Armee als Erziehungsschule der Nation. Das Ende einer Idee. — (Bad Harzburg:) Verl. Wissensch., Wirtsch. u. Technik 1963. XLVII, 590 S.

Höhn, Reinhard: Sozialismus und Heer. — Homburg, Berlin, Zürich: Gehlen.
  1. Heer und Krieg im Bild des Sozialismus. 1959. XXXII, 366 S.

Höhn, Reinhard: Sozialismus und Heer. — Homburg, Berlin, Zürich: Gehlen.
  2. Die Auseinandersetzung der Sozialdemokratie mit dem Moltkeschen Heer. 1959. XXXVIII, 404 S.

Höhn, Reinhard: Sozialismus und Heer. — Bad Harzburg: Verl. f. Wissenschaft, Wirtschaft u. Technik.
  3. Der Kampf des Heeres gegen die Sozialdemokratie. 1969. LXXVIII, 836 S.

Hogard, Jacques: Eine moderne Kriegsform: Der revolutionäre Krieg. — In: Schweiz. Monatsh. 37 (1957/58), 859—869.

Holm, Torsten: Allgemeine Wehrpflicht (Värn-Plikten 150 år, dt.) Entstehung, Brauch und Mißbrauch. Übers.: Werner v. Grünau. — München: Pohl (1953). 313 S.

Hornung, Klaus: Soldat und Staat. Gerechte Maßstäbe gegen alte Vorurteile. — Stuttgart: Vorwerk (1956). 47 S.

Howard, Michael [Ed.]: Soldiers and governments. Nine studies in civil-military relations. — London: Eyre & Spottiswoode 1957. 192 S.

Howard, Michael: Studies in war and peace. — New York: Viking Press 1971. 262 S.

Huntington, Samuel P.: The common defense. Strategic programs in national politics. — New York: Columbia University Press 1961. XVIII, 500 S.

Huntington, Samuel P.: The soldier and the state. The theory and politics of civil military relations. — Cambridge, Mass. The Belknap Press of Harvard University Press 1957. XII, 534 S.

Janowitz, Morris: The professional soldier. A social and political portrait. — Glencoe: The Free Press 1960. XIV, 464 S.

Jeismann, Karl Ernst: Das Problem des Präventivkrieges. — Freiburg i. Br., München: Alber 1957. 200 S.

Ingrim, Franz Robert: Militär und Politik. — In: Wehrwiss. Rdsch. 2 (1952), 474—477.

Karst, Heinz: Das Bild des Soldaten. Versuch eines Umrisses. — Boppard a. Rh.: Boldt (1964). 372 S.

Karst, Heinz: Soldat und Technik. Die Reform der Heere im Industriezeitalter. — In: Polit. Meinung 7 (1962), H. 73, 41—57.

Kaufmann, William W. [u. a.] [Ed.]: Military policy and national security. — Princeton: Princeton University Press 1956. VIII, 274 S.

Kayser-Eichberg, Ulrich: Geist und Ungeist des Militärs. Versuch über ein Mißverständnis. — Stuttgart: Steingrüben-V. (1958). 148 S.

Kentner, Albert: Österreichs Wehrgesetz vom 7. 9. 1955. — In: Wehrkunde 5 (1956), 34—38.

Kitson, Frank: Im Vorfeld des Krieges (Low intensity operations, dt.) Abwehr von Subversion und Aufruhr. (Aus d. Engl. von Kurt Jaeger u. Frank Rödiger.) - Stuttgart: Seewald 1974. 275 S.

Klein, Karl: Militarismus. Eine Gegenschrift. — Dreieichenhain b. Frankfurt a. M.: Plania-V. 1952. 70 S.

Knorr, Klaus: On the uses of military power in the nuclear age. — Princeton: Princeton University Press 1966. 185 S.

Koschwitz, Hansjürgen: Streitkräfte und politisches System. Zur Rolle und Entwicklung des Militärs in den Demokratien des Westens. - In: Dtsch. Stud. 15 (1977), 249–264.

Koschwitz, Hansjürgen: Streitkräfte und politisches System. Zur Rolle und Entwicklung des Militärs in den Staaten des Sozialismus. - In: Dtsch. Stud. 15 (1977), 337-352.

Krelle, Wilhelm: Militarismus. — In: Z. ges. Staatswiss. 107 (1951), 698—722.

Gerechte und ungerechte **Kriege**. (Von [e.] Autorenkollektiv: Günter Rau u.a.) — Berlin: Dtsch. Militärverl. 1970. 156 S.
(Serie Politik und Landesverteidigung.)

Kriegsfolgen und Kriegsverhütung. Von H. Afheldt [u.a.] Hrsg. von Carl Friedrich v[on] Weizsäcker. — München: Hanser 1971. 698 S.

Lazareff, Serge: Status of military forces under current international law. — Leyden: Sijthoff 1971. XIV, 458 S.

Lehrmeister des kleinen Krieges. Von Clausewitz bis Mao Tse-tung und (Che) Guevara. [Hrsg.] von Werner Hahlweg. — Darmstadt: Wehr u. Wissen Verlagsges. (1968). 275 S.
(Beiträge zur Wehrforschung. 18/19.)

Lewy, Guenter: Spuerior orders, nuclear warfare, and the dictates of conscience. The dilemma of military obedience in the atomic age. — In: Amer. Polit. Science Rev. 55 (1961), 1—23.

Lindemann, Helmut [Hrsg.]: Ist der Krieg noch zu retten? Eine Anthologie militärpolit. Meinungen. Idee u. Bilanz: Golo Mann. — Bern, Stuttgart, Wien: Scherz (1963). 205 S.

Linebarger, Paul M[yron] A[nthony]: Schlachten ohne Tote. Psychological warfare [dt.] Übers. u. bearb. von A[lfred] J[ürgen] C[hristian] Middleton u. P[aul] H[einrich] G[erhard] Röhl. — Berlin: Mittler (1960). 332 S.

Lohmar, Ulrich: Der deutsche Soldat im Zwielicht der Ideologien. — In: Frankf. H. 12 (1957), 759—770.

Luard, Evan [Ed.]: The international regulation of civil wars. - New York: New York University Press 1972. 240 S.

Mann, Golo: Staat und Heer. — In: Merkur 10 (1956), 1133—1148.

Martin, L. W.: The sea in modern strategy. — London: Chatto & Windus 1967. 190 S.

Martin, Laurence: Arms and strategy. An international survey of modern defence. - London: Weidenfeld & Nicolson 1973. 320 S.

Maszlanka, Bronisław: Cztery oblicza militaryzmu. — Warszawa: Ministerstwo Obrony narodowej 1971. 480 S.

Mégret, Maurice: La guerre psychologique. — Paris: Presses Universitaires de France 1956. 128 S.

Meier-Welcker, Hans: Militär und Militärverwaltung in ihrem Verhältnis in der deutschen Heeresgeschichte. — In: Wehrwiss. Rdsch. 17 (1967), 241—265.

Meier-Welcker, Hans: Soldat und Geschichte. Aufsätze. [Hrsg.:] Militärgeschichtl. Forschungsamt. - (Freiburg: [Selbstverl. d. Hrsg.] 1976). 154 S.

Melzer, Yehuda: Concepts of just war. - Leyden: Sijthoff 1975. X, 190 S.

Meusel, A.: Zum Vortrag von G[erhard] Ritter „Das Problem des Militarismus in Deutschland". — In: Z. Geschichtswiss. 1 (1953), 923—939.

Meyrowitz, Henri: Les armes biologiques et le droit international. (Droit de la guerre et désarmement.) — Paris: Pedone 1969. 158 S.

Meyrowitz, Henri: Le principe de l'égalité des belligérants devant le droit de la guerre. — Paris: Pedone 1970. 418 S.

Midlarsky, Manus I.: On war. Political violence in the international system. - New York: Free Press 1975. XX, 229 S.

Miksche, Ferdinand Otto: Vom Kriegsbild. - Stuttgart: Seewald 1976. 317 S.

Militärgeschichte, Militärwissenschaft und Konfliktforschung. Eine Festschrift für Werner Hahlweg, Professor für Militärgeschichte und Wehrwissenschaft an der Westfälischen Wilhelms-Universität, zur Vollendung seines 65. Lebensjahres am 29. April 1977. Hrsg. von Dermot Bradley u. Ulrich Marwedel. - Osnabrück: Biblio Verl. 1977. VII, 497 S.
(Studien zur Militärgeschichte, Militärwissenschaft und Konfliktforschung. 15.)

Militarismus. Hrsg. von Volker R[olf] Berghahn. - (Köln:) Kiepenheuer & Witsch (1975). 396 S.
(Neue Wissenschaftliche Bibliothek. 83.)

Miller, Lynn H.: The contemporary significance of the doctrine of just war. — In: World Politics 16 (1963/64). 254—286.

Millis, Walter [u.a.]: Arms and the state. Civil-military elements in national policy. — New York: Twentieth Century Fund 1958. XI, 436 S.

Model, Hansgeorg: Der deutsche Generalstabsoffizier. Seine Auswahl u. Ausbildung in Reichswehr, Wehrmacht u. Bundeswehr. — Frankfurt a.M.: Bernard & Graefe 1968. 300 S.

Mosen, Wido: Militär und Gesellschaft. — In: Neue pol. Lit. 13 (1968), 22—48.
Literaturbericht.

Mosen, Wido: Eine Militärsoziologie. Techn. Entwicklung u. Autoritätsprobleme in modernen Armeen. — (Neuwied:) Luchterhand (1967). 148 S.
(Soziologische Essays.)

Mulley, Frederick W.: Die britische Initiative zur totalen Ächtung der biologischen Methoden der Kriegsführung. — In: Europa-Arch. 24 (1969), 787—794.

Noel-Baker, Philip: Krieg, Rüstung und Frieden in der heutigen Welt. Eine Diagnose unserer Zeit. — In: Universitas 26 (1971), 455—462.

Nohn, Ernst August: Personelle und strukturelle Wehrprobleme der modernen Gesellschaft. — In: Wehrwiss. Rdsch. 11 (1961), 380—389.

Norden, Albert: So werden Kriege gemacht! Über Hintergründe und Technik der Aggression. 2. Aufl. — Berlin: Dietz 1952. 176 S.

Obermann, Emil: Soldaten, Bürger, Militaristen. Militär und Demokratie in Deutschland. — (Stuttgart): Cotta (1958). 326 S.

Obermann, Emil: Vom preußischen zum deutschen Militarismus. Ein historisch-soziologischer Beitrag zur deutschen Staats- und Gesellschaftsentwicklung. Halbbd 1. 2. — Heidelberg 1950. IV, 469 gez. Bl. [Maschinenschr.]
Heidelberg, phil. Diss. 27. Juli 1951.

Offiziere im Bild von Dokumenten aus 3 Jahrhunderten. (Mitarb.: Einf.: Manfred Messerschmidt. Dokumente: Manfred Messerschmidt [u.] Ursula von Gersdorff.) — Stuttgart: Dtsch. Verl.-Anst. 1964. 285 S.
(Beiträge zur Militär- u. Kriegsgeschichte. 6.)

Ogorkiewicz, Richard M.: Armour. The development of mechanised forces and their equipment. — London: Atlantic Books (1960). 475 S.

Olzog, Günter: Die occupatio bellica und der Schutz des privaten Eigentums. — o. O. (1949). XVII, 152 gez. Bl. [Maschinenschr.]
München, jur. Diss. 12. Jan. 1950.

Pelchen, Georg: Die Geiselnahme. — o. O. (1950). 84 gez. Bl. [Maschinenschr.]
Köln, rechtswiss. Diss. 28. Juli 1950.

Perlmutter, Amos: The military and politics in modern times. Professionals, praetorians and revolutionary soldiers. - London: Yale University Press 1977. 335 S.

Pernthaler, Peter: Der Rechtsstaat und sein Heer. — Wien: Springer 1964. 284 S.

Perré, Jean: Les mutations de la guerre moderne, de la révolution française à la révolution nucléaire; les guerres nationales, les guerres mondiales et leurs après-guerres (1792—1962). — Paris: Payot 1962. 419 S.

Picht, Werner: Der Begriff „Militarismus". — In: Gesch. Wiss. Unterr. 5 (1954), 455—469.

Quester, George H.: Deterrence before Hiroshima. The airpower background of modern strategy. — New York: Wiley 1966. XIII, 196 S.

Rapoport, David C.: The political dimension of military usurpation. — In: Polit. Science Quart. 83 (1968), 551—572.

Rattinger, Johannes: Rüstungsdynamik im internationalen System. Mathematische Reaktionsmodelle für Rüstungswettläufe und die Probleme ihrer Anwendung. - München: Oldenbourg 1975. XIII, 473 S.
(Forschungsergebnisse bei Oldenbourg.)
Diss., Universität Freiburg.

Raven, Wolfram von: Strategie im Weltraum. Der kosmische Kampf der Giganten. — (Stuttgart:) Seewald (1969). 173 S.
(Militärpolitik. 3.)

Rehm, Walter: Die Wahrung des Primats der Politik in der militärischen Spitzengliederung. — In: Wehrwiss. Rdsch. 9 (1959), 532—542.

Rendulic, Lothar: Grundlagen militärischer Führung. — Herford: Maximilian-Verl. (1967). 178 S.

Ritter, Gerhard: Das Problem des Militarismus in Deutschland. — In: Hist. Z. 177 (1954), 21—48.

Ritter, Gerhard: Der Schlieffen-Plan. Kritik eines Mythos. Mit erstmaliger Veröffentlichung der Texte. — München: Oldenbourg 1956. 200 S.

Ritter, Gerhard: Staatskunst und Kriegshandwerk. Das Problem des „Militarismus" in Deutschland. — München: Oldenbourg.
 1. Die altpreußische Tradition (1740—1890). 1954. 403 S.
 2. Die Hauptmächte Europas und das wilhelminische Reich (1890—1914). 1960. 393 S.

Ritter, Gerhard: Staatskunst und Kriegshandwerk. Das Problem „des „Militarismus" in Deutschland. — München: Oldenbourg.
 3. Die Tragödie der Staatskunst. Bethmann Hollweg als Kriegskanzler 1914—1917. 1964. 707 S.
 4. Die Herrschaft des deutschen Militarismus und die Katastrophe von 1918. 1968. 586 S.

Roberts, Adam: Nations in arms. The theory and practice of territorial defence. - London: Chatto & Windus 1976. 288 S.
(Studies in International Security. 18.)

Ropp, Theodore: War in the modern world. — London: Cambridge University Press; Durham: Duke University Press 1959. XV, 400 S.

Rosenkranz, Erhard [u.] Rüdiger Jütte: Abschreckung contra Sicherheit? Vorw. von Graf von Baudissin. - München: Piper 1974. 136 S.
(Serie Piper. 77.)

Ruge, Friedrich: Politik und Strategie. Strategisches Denken und politisches Handeln. Hrsg. vom Arbeitskreis für Wehrforschung. — Frankfurt a.M.: Bernard & Graefe 1967. VII, 319 S.

Schaefgen, Heinz: Soldat und Politik. Betrachtungen zur politischen Betätigung des Soldaten. - In: Aus Politik und Zeitgeschichte, Beilage zur Wochenzeitung „Das Parlament" Nr. 6 vom 11. Februar 1978, 3-13.

Schall, Wolfgang: Soldatentum und Militarismus. — In: Wehrkunde 12 (1963), 57—71.

Scheider, Armin: Verteidigungsplanung und operations research. — Darmstadt: Wehr- u. Wissen-Verlagsges. (1971). 114 S.
(Beiträge zur Wehrforschung. 22.)

Schelling, Thomas C.: The strategy of conflict. — New York: Oxford University Press 1963. 309 S.

Scheurig, Bodo: Das Problem des Militarismus. — In: Dtsch. Rdsch. 87 (1961), 32—37.

Schneider, Fernand: Histoire des doctrines militaires. — Paris: Presses Universitaires de France 1957. 128 S.

Schneider, Wolf: Das Buch vom Soldaten. Geschichte u. Portrait einer umstrittenen Gestalt. — Düsseldorf, Wien: Econ-Verl. (1964). 502 S.

Schnitter, Helmut: Militärwesen und Militärpublizistik. Die militärische Zeitschriftenpublizistik in der Geschichte des bürgerlichen Militärwesens in Deutschland. — (Berlin:) Dtsch. Militärverl. (1967). 273 S.
(Militärhistorische Studien. N.F. 9.)

Schramm, Wilhelm Ritter von: Der wiederentdeckte Clausewitz. — In: Polit. Studien 8 (1957), H. 81, 1—10.

Schramm, Wilhelm Ritter von: Staatskunst und bewaffnete Macht. — München: Isar-V. (1957). 154 S.
(Isar-Bücherei. 5.)

Schramm, Wilhelm Ritter von: Klassische und romantische Wehrauffassung. Versuch einer Typenlehre des abendländischen Waffenträgers. — In: Polit. Studien 12 (1961), 389—396.

Schulte, Ludwig: Verteidigung im Frieden. Zur Strategie und Menschenführung moderner Streitkräfte. — Frankfurt a.M.: Bernard & Graefe 1968. 278 S.

Senger und Etterlin, Frido von: Politische Macht und Verantwortung des Militärs in der Demokratie. — In: Polit. Studien 9 (1958), 563—568.

Senghaas, Dieter: Rüstung und Militarismus. — Frankfurt a.M.: Suhrkamp 1972. 369 S.
(Edition Suhrkamp. 498.)

Siotis, Jean: Le droit de la guerre et les conflits armés d'un caractère non-international. — Paris: Pichon & Durand-Auzias 1958. 248 S.

Steiner, Felix: Von Clausewitz bis Bulganin. Erkenntnisse und Lehren einer Wehrepoche. — Bielefeld: Dtsch. Heimatverl. 1956. 288 S.

Steinkamm, Armin A[rne]: Die Streitkräfte im Kriegsvölkerrecht. — Würzburg: Holzner (1967). 403 S.
(Würzburger wehrwissenschaftliche Abhandlungen. 1.)

Stern, Frederick Martin: The citizen army. Key to defence in the atomic age. (The story of the citizen-soldier in Great Britain, Germany, Switzerland ...) — London: Macmillan 1957. XIV, 373 S.

Stewart, Oliver: The story of air warfare. — London: Hamilton 1958. 166 S.

Stoessinger, John G[eorge]: Why nations go to war. — New York: St. Martin's Press (1974). 230 S.

Toynbee, Arnold J[oseph]: Krieg und Kultur (A study of history, Ausz., dt.) Der Militarismus im Leben der Völker. Übers.: Heinrich Mattutat. — Stuttgart: Kohlhammer [1952]. X, 169 S.

Untersuchungen zur Geschichte des Offizierskorps. Ancienität u. Beförderung nach Leistung. (Hrsg.: Hans Meier-Welcker. Mitarb.: Gerhard Papke [u. a.]) — Stuttgart: Dtsch. Verl.-Anst. 1962. 342 S.
(Beiträge zur Militär- u. Kriegsgeschichte. 4.)

Vagts, Alfred: The Military Attaché. — Princeton, N.J.: Princeton University Press 1967. XIV, 408 S.

Vagts, Alfred: Defense and diplomacy. The soldier and the conduct of foreign relations. Forew. by William T. R. Fox. — New York: King's Crown Press; London: Oxford University Press 1956. XV, 547 S.

Vagts, Alfred: A history of militarism. — New York: Meridian; London: Hollis & Carter 1960. 542 S.

Venezia, Jean Claude: Stratégie nucléaire et relations internationales. — Paris: Colin 1971. 176 S.
(Coll. „U".)

Waldman, Eric: Soldat im Staat. Der Staatsbürger in Uniform. Vorstellung und Wirklichkeit. — Boppard a. Rh.: Boldt (1963). 294 S.

Wallach, Jehuda L[othar]: Das Dogma der Vernichtungsschlacht [Clausewitz und Schlieffen, dt.] Die Lehren von Clausewitz und Schlieffen und ihre Wirkungen in 2 Weltkriegen. (Aus d. Engl. von Hans Jürgen Baron von Koskull.) Hrsg. vom Arbeitskreis für Wehrforschung. — Frankfurt a.M.: Bernard & Graefe 1967. XIII, 475 S.

Wallach, Jehuda L[othar]: Kriegstheorien. Ihre Entwicklung im 19. und 20. Jahrhundert. — Frankfurt a. M.: Bernard & Graefe 1972. 402 S.

Waterkamp, Rainer: Ethische, rechtliche und politische Aspekte des Krieges im Atomzeitalter. — In: Gesellsch., Staat, Erziehung 10 (1965), 404—411.

Weber, Josef: Was ist Militarismus? Eine kritische Darstellung. — Speyer Dobbeck 1954. 32 S.

Weber, K.: Zur Geschichte des deutschen Militarismus. — In: Neue Welt (1954), H. 13, 1648—1657.

Wehler, Hans-Ulrich: „Absoluter" und „totaler" Krieg. Von Clausewitz zu Ludendorff. — In: Polit. Vjschr. 10 (1969), 220—248.

Weyde, Eugen: Die trojanische List. Zur Theorie und Praxis der unkonventionellen Kriegsführung. — Köln: Markus-Verlagsges. (1965). 230 S.

Wilson, Andrew: Strategie und moderne Führung (The bomb and the computer, dt.) (Aus d. Engl. von Wilhelm Höck.) — München: List (1969). 239 S.

Völkerrecht

Akehurst, Michael: A modern introduction to international law. — New York: Atherton 1970. 367 S.

Alvarez, Alejandro: Le droit international nouveau dans ses rapports avec la vie actuelle des peuples. — Paris: Pedone 1959. 637 S.

Arge, Voldemar-Paul: Das Auslieferungsrecht am Ende des zweiten Weltkrieges und seine Fortentwicklung. — Göttingen 1950. IX, 221 gez. Bl. [Maschinenschr.]
Göttingen, rechts- u. staatswiss. Diss. 3. Juli 1950.

Aroneanu, Eugène: La définition de l'agression. Exposé objectif. Préface de R. Cassin. — Paris: Ed. Internationales 1958. 408 S.

Arx, Herbert Julius von: Atombombenversuche und Völkerrecht. — Stuttgart: Helbig & Lichtenhahn 1974. XVII, 201 S.
(Schriftenreihe des Instituts für Internationales Recht und Internationale Beziehungen. 21.)

Balekjian, Wahé Hagop: Die Effektivität und die Stellung nichtanerkannter Staaten im Völkerrecht. — Den Haag: Nijhoff 1970. XIX, 222 S.

Baltl, Hermann: Probleme der Neutralität, betrachtet am österreichischen Beispiel. — Graz, Köln: Böhlau 1962. 57 S.
(Grazer rechts- u. staatswissenschaftl. Studien. 8.)

Bayer, Hermann-Wilfried: Die Aufhebung völkerrechtlicher Verträge im deutschen parlamentarischen Regierungssystem. Zugl. e. Beitr. zur Lehre vom Abschluß völkerrechtl. Verträge nach dtsch. Recht. — Köln: Heymann 1969. XIV, 270 S.
(Beiträge zum ausländischen öffentlichen Recht und Urheberrecht. 48.)
Habil.-Schrift, Tübingen.

Beck, Raimund: Die Internationalisierung von Territorien. Darstellung u. rechtliche Analyse. — Stuttgart: Kohlhammer 1962. 119 S.
(Untersuchungen zur auswärtigen Politik. 2.)

Becker, Horst: Die völkerrechtliche Intervention nach modernster Entwicklung. — Hamburg 1953. V, 241 gez. Bl. [Maschinenschr.]
Hamburg, rechts- u. staatswiss. Diss. 10. Oktober 1953.

Der verbrecherische **Befehl.** — In: Aus Politik und Zeitgeschichte, Beilage zur Wochenzeitung „Das Parlament", vom 17. Juli 1957.
Diskussion des Arbeitskreises „Europäische Publikation", München.

Beiträge zu einem System des Selbstbestimmungsrechts. Bearb. von Heinz Kloss. — Stuttgart: Braumüller (1970). VIII, 319 S.
(Völkerrechtliche Abhandlungen. 2.)

Berber, F. J.: Rivers in international law. — London: Stevens (1960). 296 S.

Berber, Friedrich: Lehrbuch des Völkerrechts. — München: Beck.
1. Allgemeines Friedensrecht, 1960. XIX, 504 S.
2. Kriegsrecht. 1962. XIV, 312 S.

Berber, Friedrich: Völkerrecht und Kriegsverhütung. — In: Polit. Stud. 21 (1970), 81—87.

Bernhardt, Rudolf: Der Abschluß völkerrechtlicher Verträge im Bundesstaat. Eine Untersuchung zum deutschen und ausländischen Bundesstaatsrecht. — Köln, Berlin: Heymann 1957. XV, 208 S.
(Beiträge zum ausländischen öffentlichen Recht und Völkerrecht. 32.)

Bilfinger, Carl: Gedanken zur Lage des Völkerrechts. — In: Forschungen und Berichte aus dem öffentlichen Recht, Gedächtnisschrift für Walter Jellinek, München: Isar-V. 1955, 67—76.

Bindschedler, R. L.: Die Neutralität im modernen Völkerrecht. — In: Z. ausl. öff. u. Völkerrecht 17 (1956), 1—37.

Bleckmann, Albert: Probleme der Anwendung multilateraler Verträge. Gegenseitigkeit und Anwendbarkeit hinsichtlich der Vertragspartner. — Berlin: Duncker & Humblot (1974). 104 S.
(Schriften zum Völkerrecht. 33.)

Bödighelmer, Walter: Die Bemühungen um eine internationale Weltraumkonvention (1957—1958). — In: Europa-Archiv 14 (1959), 172—180.

Bokor-Szegü, Hanna: New States and international law. — Budapeşt: Akadémiai Kiadó 1970. 116 S.

Bothe, Michael: Das völkerrechtliche Verbot des Einsatzes chemischer und bakteriologischer Waffen. Kritische Würdigung und Dokumentation der Rechtsgrundlagen. — Köln: Heymann 1973. XIV, 597 S.
(Beiträge zum ausländischen öffentlichen Recht und Völkerrecht. 59.)

Bowett, D. W.: Self-defence in international law. — Manchester: Manchester University Press 1958. XV, 294 S.

Bracht, Hans Werner: Ideologische Grundlagen der sowjetischen Völkerrechtslehre. — Köln: Verl. Wissensch. u. Politik (1964). 253 S.
(Abhandlungen d. Bundesinst. zur Erforschung d. Marxismus-Leninismus ‹Institut für Sowjetologie.› 5.)

Brauns, Peter: Der Kriegsbrauch als völkerrechtliche Haftungsgrundlage. — Göttingen 1956. XIII, 96 gez. Bl. [Maschinenschr.]
Göttingen, rechts- und staatswiss. Diss. 10. August 1956.

Brecher, M.: Neutralism. An analysis. — In: Internat. J. 17 (1962), 224—236.

Brownlie, Ian: International law and the use of force by states. — London: Oxford University Press 1963. XXVIII, 532 S.

Bucksch, Heinrich: Die Verantwortlichkeit für auf Befehl begangene Straftaten nach völkerrechtlichen Grundsätzen. Eine Studie über die Wandlung der völkerrechtlichen Bedeutung von Befehl und Gehorsam während des 2. Weltkrieges und in den Jahren danach. — o. O. 1955. XI, 138 gez. Bl. [Maschinenschr. vervielf.]
Tübingen, rechts- u. wirtschaftswiss. Diss. 21. Juli 1956.

Bülck, Hartwig: Die Zwangsarbeit im Friedensvölkerrecht. Untersuchung über die Möglichkeit und Grenzen allgemeiner Menschenrechte. — Göttingen: Vandenhoeck & Ruprecht 1953. 227 S.
(Veröffentlichungen des Instituts für internationales Recht an der Universität Kiel. 36.)

Byrd, Elbert M., jr.: Treaties and executive agreements. — The Hague: Nijhoff 1960. X, 276 S.

Cahier, Philippe: Le droit diplomatique contemporain. — Genève: Droz; Paris: Minard 1963. 544 S.
(Coll. Publications de l'Institut universitaire des hautes études internationales de Genève.)

Castren, Erik: Neutralität. — In: Arch. Völkerrechts 5 (1955/56), 21—40.

Charney, Jonathan I.: Law of the sea. Breaking the deadlock. — In: Foreign Aff. 55 (1976/77), 598—629.

Commager, Henry Steele: Die Rechte der Minderheit im Rahmen der Mehrheitsherrschaft (Majority rule and minority rights, dt.) Übertr.: G[ottlieb] von Poser. [2. Aufl.] — Wiesbaden: Limes-V. (1953). 75 S.

Corbett, Percy Ellwood: The growth of world law. — Princeton, N. J.: Princeton University Press 1971. XII, 216 S.

Corbett, Percy E.: Law in diplomacy. Foreword by Frederick S. Dunn. — Princeton: Princeton University Press 1959. XII, 290 S.

Dahm, Georg: Die Stellung des Menschen im Völkerrecht unserer Zeit. — Tübingen: Mohr 1961. 40 S.
(Recht und Staat in Geschichte und Gegenwart. 238.)

Dahm, Georg: Völkerrecht. Bd 1. 2. — Stuttgart: Kohlhammer 1958—59.

Dahm, Georg: Völkerrecht. Bd. 3. — Stuttgart: Kohlhammer 1961. 393 S.

Daim, Wilfried: Zur Strategie des Friedens. Ein neutralistisches Konzept. — Wien, Köln, Stuttgart, Zürich: Europa Verl. (1962). 184 S.
(Europäische Perspektiven.)

Dambmann, Gerhard: Propaganda im Friedensvölkerrecht. — (Schotten) 1953: (Engel). 128 S.
Frankfurt a. M., rechtswiss. Diss. 15. März 1954.

Dawson, Frank Griffith: International law and the procedural rights of aliens before national tribunals. — In: Internat. and Comparative Law Quart. 17 (1968), H. 2, 404—427.

Dean, A. H.: The Geneva conference on the law of the sea. What was accomplished. — In: Amer. J. internat. Law 52 (1958), 607—628.

Debbasch, Odile: L'occupation militaire. Pouvoirs reconnus aux forces armées hors de leur territoire national. — Paris: Librairie Générale de Droit et de Jurisprudence 1962. III, 424 S.

Dedijer, Vladimir: On military conventions. An essay on the evolution of international law. — Lund: Gleerup 1961. XIV, 138 S.
(Publications of the Fahlbeck Foundation. 16.)

Delbez, L.: La notion juridique de guerre. — In: Rev. gén. Droit intern. publ. 24 (1953), 177—209.

Demes, Franz Hubert: Vom kontinentalen zum globalen Gleichgewicht. Ein Beitrag zur völkerrechtspolitischen Entwicklung seit dem Ausgang des zweiten Weltkrieges. — o. O. 1952. II, 141 gez. Bl. [Maschinenschr.]
Köln, rechtswiss. Diss. 11. Juni 1952.

Depiereux, Stefan: Die völkerrechtliche Haftung des Staates bei Ausschreitungen gegen diplomatische Missionen. — (Köln 1968: Kleikamp.) VII, 86 S.
Bonn, jur. Diss. vom 10. Juli 1968.

Derpa, Rolf M[artin]: Das Gewaltverbot der Satzung der Vereinten Nationen und die Anwendung nichtmilitärischer Gewalt. — Bad Homburg v.d.H.: Athenäum-Verl. (1970). 149 S.
(Völkerrecht und Außenpolitik. 8.)
Diss., Universität Köln.

Divine, Robert A.: The illusion of neutrality. — Chicago: University of Chicago Press 1962. 369 S.

Doehring, Karl: Das Selbstbestimmungsrecht der Völker als Grundsatz des Völkerrechts. — Karlsruhe: Müller 1974. 107 S.
(Deutsche Gesellschaft für Völkerrecht. Berichte. 14.)

Doehring, Karl: Die Teilung Deutschlands als Problem des völker- und staatsrechtlichen Fremdenrechts. Vortrag. — Karlsruhe: C. F. Müller 1968. 25 S.
(Juristische Studiengesellschaft Karlsruhe. Schriftenreihe. 83.)

Döll, Bernhard: Völkerrechtliche Kontinuitätsprobleme bei internationalen Organisationen. — Berlin: de Gruyter 1967. XXXIX, 150 S.
(Neue Kölner rechtswissenschaftliche Abhandlungen. 52.)

Draper, G. I. A. D.: Implementation of international law in armed conflicts. — In: Internat. Aff. 48 (1972), 46—59.

Dunlap, Aurie N. [Ed.]: Basic cases in public international law. — New York: MSS Educational Publ. Comp. 1971. 391 S.

Dupuy, René Jean: Le droit international. — Paris: Presses universitaires de France 1963. 127, 8 S.

Dyba, Johannes Felix: Der Einfluß des Krieges auf die völkerrechtlichen Verträge. — o. O. 1954. XIV, 102 gez. Bl. [Maschinenschr.]
Heidelberg, jur. Diss. 29. März 1954.

Eagleton, Clyde: Excesses of self-determination. — In: Foreign Aff. 31 (1952/53), 592—604.

Eckert, Hermann: Der Einzelmensch als Völkerrechtsobjekt. — Marburg 1951. XIII, 134 gez. Bl. [Maschinenschr.]
Marburg, rechts- und staatswiss. Diss. 26. Juli 1951.

Erdmann, Ulrich: Nichtanerkannte Staaten und Regierungen. Formen und Grenzen internationaler Beziehungen. — Göttingen: (Universität, Inst. für Völkerrecht) 1966. XXIX, 217 S.
(Reihe Allgemeines Völkerrecht. 12.)

Ermacora, Felix: Umbruch im Völkerrecht. Recht und Gewalt im Ringen um die Welt von morgen. — In: Wort u. Wahrheit 22 (1967), 363—377.

Faller, Edmund W.: Gewaltsame Flugzeugentführung aus völkerrechtlicher Sicht. — Berlin: Duncker & Humblot 1972. 212 S.
(Schriften zum Völkerrecht. 21.)
Diss., Universität Köln.

Fiedler, Heinz: Der sowjetische Neutralitätsbegriff in Theorie und Praxis. Ein Beitrag zum Problem des Disengagement. — Köln: Verl. f. Politik u. Wirtschaft (1959). 301 S.

Fraenkel, Ernst: Regionalpakte und Weltfriedensordnung. Zur völkerrechtlichen Entwicklung der Nachkriegszeit. — In: Vjh. Zeitgesch. 2 (1954), 34—54.

Fraenkel, Ernst: Die Selbstbestimmung in der Demokratie und in der Volksdemokratie. — In: Dtsch. Rdsch. 86 (1960), 778—786.

François, J. P. A.: Le tendenze moderne nel diritto internazionale pubblico marittimo. — In: Comunità intern. 13 (1958), 30—44.

Franz, Fritz: Das Asylrecht der politisch verfolgten Fremden nach internationalem und deutschem Recht. — (Berlin 1961:) Ernst-Reuter-Gesellschaft.) 152 S.
Köln, jur. Diss., 25. Juli 1961.

Frei, Daniel: Dimensionen neutraler Politik. Ein Beitr. zur Theorie der internationalen Beziehungen. — Genève 1969. 236 S.
(Geneva. Institut universitaire de hautes études internationales. Etudes et travaux. 8.)

Frei, Daniel: Neutralität und Neutralismus. — In: Neue pol. Lit. 14 (1969), 446—460.
Literaturbericht.

Frenzke, Dietrich: Stillschweigende Anerkennung durch Vertragsschluß in der östlichen Völkerrechtslehre. — In: Osteuropa-Recht 14 (1968), 133—158.

Frenzke, Franz: Die kommunistische Anerkennungslehre. Die Anerkennung von Staaten in der osteuropäischen Völkerrechtstheorie. — Köln: Verl. Wissenschaft u. Politik 1972. 381 S.
(Abhandlungen des Bundesinstituts für ostwissenschaftliche und internationale Studien. 26.)

Freymond, Jacques: Neutralität und Neutralismus. — In: Österr. Z. Außenpolitik 6 (1966), 147—155.

Friedensvölkerrecht. Zsgest. von Michael Schweitzer. Mit e. Einl. von Walter Rudolf. — Bad Homburg v.d.H.: Athenäum-Verl. 1970. 523 S.
(Athenäumtexte. 5.)

Frowein, Jochen Abr[aham]: Das de-facto-Regime im Völkerrecht. Eine Untersuchung zur Rechtsstellung nichtanerkannter Staaten und ähnlicher Gebilde. — Köln: Heymann 1968. XII, 243 S.
(Beiträge zum ausländischen öffentlichen Recht und Völkerrecht. 46.)
Habil.-Schrift, Bonn.

Fuhrmann, Peter: Der höhere Befehl als Rechtfertigungsgrund im Völkerrecht. — München 1960: Schubert. XXI, 134 S.
(München, jur. Diss., 15. Dezember 1960.)

Garcia Mora, Manuel R.: International law and asylum as a human right. — Washington: Public Affairs Press 1956. VI, 171 S.

Gelberg, Ludwik: Die Umsiedlung der deutschen Bevölkerung nach dem gegenwärtigen Völkerrecht. — In: Osteuropa-Recht 14 (1968), 86—108.

Ginther, Konrad: Die völkerrechtliche Verantwortlichkeit internationaler Organisationen gegenüber Drittstaaten. — Wien: Springer 1969. VI, 202 S.

Glahn, Gerhard von: The occupation of enemy territory. A commentary on the law and practice of belligerent occupation. — Minneapolis: University of Minnesota Press 1958. XIII, 350 S.

Glaser, Stefan: Infraction internationale. Ses éléments constitutifs et ses aspects juridiques. Exposé sur la base du droit pénal comparé. — Paris: Librairie de Droit et de Jurisprudence 1957. 230 S.

Goellner, Aladar: Les puissances moyennes et le droit international. L'évolution du monde et des idées. — Neuchâtel: La Baconnière 1960. 163 S.

Gould, Wesley L. [u.] Michael Barkun: International law and the social sciences. — Princeton, N. J.: Princeton University Press 1970. 338 S.

Grahl-Madsen, A.: The status of refugees in international law. — Leyden: Sijthoff.
1. Refugee character. 1966. 499 S.

Green, L. C.: Armed conflict, war and self-defence. — In: Arch. Völkerrechts 6 (1957), 387—438.

Green, L. C.: De l'influence des nouveaux états sur le droit international. — In: Rev. gén. Dr. int. publ. 74 (1970), H. 1, 78—106.

Green, L. C.: Political offences, war crimes and extradition. — In: Internat. comparat. Law Quart. 11 (1962), P. 2, 329—354.

Green, L. C.: Le statut des forces rebelles en droit international. — In: R. gén. Droit int. publ. 66 (1962), 5—33.

Greene, F.: Neutralization and the balance of power. — In: Amer. polit. Science Rev. 47 (1953), 1041—1057.

Greifenberg, Benno: Die völkerrechtliche Stellung der Partisanen. — Göttingen 1955. VI, 159 gez. Bl. [Maschinenschr. vervielf.]
Göttingen, rechts- u. staatswiss. Diss. 12. Januar 1956.

Guggenheim, P.: Universalismo e regionalismo europeo nel diritto internazionale. — In: Comunità intern. 8 (1953), 407—422.

Gunst, Dietrich W[ilhelm]: Der Begriff der Souveränität im modernen Völkerrecht. Eine wissenschaftliche Analyse. — Berlin-Charlottenburg: Selbstverl. 1953. 125 S.

Guradze, Heinz: Der Stand der Menschenrechte im Völkerrecht. — Göttingen: Schwartz 1956. 252 S.

Hagedorn, Manfred R.: Die auswärtige Gewalt des Okkupanten für ein kriegerisch besetztes Gebiet. — o. O. [1958]. 111 Bl. [Maschinenschr. vervielf.]
Bonn, rechts- u. staatswiss. Diss. 8. März 1958.

Hannover, Welf Heinrich Prinz von: Staatshoheit und Weltraum. — In: Europa-Archiv 14 (1959), 159—171.

Hartwig, Bernd: Rechtsprobleme der Raumfahrt. — In: Wehrwiss. Rdsch. 11 (1961), 460—472.

Haug, Hans: Neutralität und Völkergemeinschaft. — Zürich: Polygraphischer Verl. 1962. VIII, 191 S.

Haug, Hans: Völkerrechtliche Stellung und Aufgaben der Schutzmacht. — In: Schweiz. Monatsh. 41 (1961/62), 837—845.

Heeker, Hellmuth: Praktische Fragen des Staatsangehörigkeits-, Entschädigungs- und Völkerrechts. — Hamburg 1960. XIII, 374 S.
(Hektographierte Veröffentlichungen der Forschungsstelle für Völkerrecht u. ausländ. öffentl. Recht der Universität Hamburg. 36.)

Helm, Johann Georg: Die Rechtsstellung der Zivilbevölkerung im Kriege in ihrer geschichtlichen Entwicklung. Ein Beitrag zur Geschichte des Völkerrechts. — (Frankfurt a. M. 1957.) XXI, 135 S.
Frankfurt a. M., rechtswiss. Diss. 31. Oktober 1957.

Henrichs, Wilhelm: Der unzerteilte Himmel. Luftraum und Völkerrecht. — In: Polit. Meinung 5 (1960), H. 51, 45—54.

Herczegh, Géza: General principles of law and the international legal order. — Budapest: Akadémiai Kiadó 1969. 129 S.

Heydte, Friedrich August Frhr. von der: Völkerrecht. Ein Lehrbuch. — Köln-Marienburg: Verl. f. Politik u. Wirtschaft.
1. Die Verfassung der Staatengemeinschaft. 1958. 376 S.

Heydte, Friedrich August Frhr. von der: Völkerrecht. Ein Lehrbuch. Bd. 2. — (Köln, Berlin:) Kiepenheuer & Witsch (1960). 445 S.

Higgins, Rosalyn: The development of international law through the political organs of the United Nations. — London, New York, Toronto: Oxford University Press 1963. XXI, 402 S.

Hilbert, Lothar Wilfried: Le rôle respectif des considérations stratégiques, des intérêts économiques, des idéologies politiques, des facteurs historiques et géographiques, dans la formation des règles du droit international de la mer. — La Haye 1959: Centre de Recherches de l'Académie de Droit International. 20 S. [Hektograph. Ausg.]

Hinz, Joachim: Das Kriegsgefangenenrecht. Unter besonderer Berücksichtigung seiner Entwicklung durch das Genfer Abkommen vom 12. August 1949. — Berlin und Frankfurt a. M.: Vahlen 1955. XVI, 207 S.

Hinz, Joachim [Hrsg.]: Kriegsvölkerrecht. Völkerrechtliche Verträge über die Kriegführung, die Kriegsmittel und den Schutz der Verwundeten, Kriegsgefangenen und Zivilpersonen im Kriege. — Köln, Berlin: Heymann 1957. 346 S.

Hogg, J. F.: The international court. Rules of treaty interpretation. — In: Minnesota Law Rev. 43 (1959), 369—441.

Holborn, Louise W(ilhelmine): Refugees. A problem of our time. The work of the United Nations High Commissioner for Refugees, 1951–1972. With the assistance of Philip and Rita Chartrand. Vol. 1.2. — Metuchen, N.J.: Scarecrow Press 1975. XVIII, 1525 S.

Honig, F.: Progress in the codification of international law. — In: Internat. Aff. 36 (1960), 62—72.

Hoyt, Edwin C.: The unanimity rule in the revision of treaties. A re-examination. With a foreword by Philip A. Jessup. — The Hague: Nijhoff 1959. XII, 264 S.

Huber, Max: Wandlungen des Völkerrechts und Probleme der Erforschung seiner Geschichte. — In: Friedens-Warte 52 (1955), 297—310.

Jeantet, Fernand-Charles: Les juridictions internationales. International courts. — Paris: Dalloz 1959. 682 S.

Jeffries, Sir Charles Joseph: Transfer of power. Problems of the passage to self-government. — New York: Praeger 1961. 148 S.

Jennings, Robert Yewdall: The acquisition of territory in international law. — Manchester: Manchester University Press 1963. VII, 130 S.

Jessup, Philip Caryl: Modernes Völkerrecht (A modern law of nations, dt.) Übers.: Amethe von Zeppelin. — Wien, Stuttgart: Humboldt-V. (1950). 311 S.
(Die Universität. 11.)

Joachim, Horst: Der völkerrechtliche Schutz der Zivilpersonen in Kriegszeiten. Die Entwicklung bis zum vierten Genfer Abkommen vom 12. 8. 1949. — Göttingen 1955. 141, XXXIX, 9 gez. Bl. [Maschinenschr. vervielf.]
Göttingen, rechts- u. staatswiss. Diss. 5. März 1956.

Joppich, Adalbert: Sowjetrussisches Völkerrechtsdenken. — Göttingen 1958. 186 Bl.
Göttingen, rechts- u. staatswiss. Diss. 27. Oktober 1958.

Kallmeyer, Horst: Das politische Asyl. Eine völkerrechtliche Untersuchung. — Göttingen 1956. 188 Bl. [Maschinenschr. vervielf.]
Göttingen, rechts- u. staatswiss. Diss. 23. März 1957.

Kaplan, Morton A.: On historical and political knowing. An inquiry into some problems of universal law and human freedom. — Chicago: University of Chicago Press 1971. 159 S.

Katzarov, Konstantin: Théorie de la nationalisation. Préf. de L. Julliot de la Morandière. — Neuchâtel: La Baconnière 1960. XIV, 515 S.

Kelsen, Hans: Collective security under international law. — Washington: Government Printing Office 1957. V, 49, VI, 275 S.

Kimminich, Otto: Asylrecht. — (Neuwied:) Luchterhand (1968). 180 S.
(Demokratie und Rechtsstaat.)

Kimminich, Otto: Einführung in das Völkerrecht. — Pullach b. München: Verl. Dokumentation (1975). 326 S.
(Uni-Taschenbücher. 469.)

Kimminich, Otto: Das Recht der Nacheile im modernen Völkerrecht. — Würzburg 1956. IV, 132 Bl.
Würzburg, rechts- u. staatswiss. Diss. 10. Juli 1957.

Kimminich, Otto: Völkerrecht im Atomzeitalter. Der Atomsperrvertrag und seine Folgen. — Freiburg: Rombach (1969). 392 S.
(Sozialwissenschaft in Theorie und Praxis.)

Kimminich, Otto: Völkerrecht und internationale Beziehungen. — In: Arch. Völkerrechts 16 (1974), H. 2, 129–149.

King-Hall, Stephan: Common sense in defence. — London: King-Hall Service (1960). 48 S.

Kingston-McCloughry, Edgar James: Defence. Policy and strategy. — London: Stevens 1960. XVI, 272 S.

Kirchheimer, Otto: Gegenwartsprobleme der Asylgewährung. — Köln, Opladen: Westdt. Verl. (1959). 64 S.
(Arbeitsgemeinschaft für Forschung des Landes Nordrhein-Westfalen. Geisteswissenschaften. 82.)

Kirkemo, Ronald B.: An introduction to international law. – Chicago: Nelson-Hall 1974. 235 S.

Klafkowski, Alfons: Die Nürnberger Prinzipien und die Entwicklung des Völkerrechts. (Übers. [aus d. Poln. von] E. Paszkowiak.) — Warszawa: Zachod. Agencja Prasowa 1966. 63 S.

Knackstedt, Heinz: Die 2. Seerechtskonferenz der Vereinten Nationen. — In: Marine-Rdsch. 57 (1960), 193—213.

Koch, Ernst-Günther: Die völkerrechtliche Stellung der Haager Weltgerichtshöfe und ihrer Richter. — o. O. [1954]. VII, 115 gez. Bl. [Maschinenschr.]
Kiel, rechts- und staatswiss. Diss. 4. Febr. 1954.

Kövér, J. F.: Drei Stufen der Neutralität in Europa. Irland—Schweden—Schweiz. — In: Außenpolitik 5 (1954), 309—317.

Kotzsch, Lothar: The concept of war in contemporary history and international law. — Genève: Droz 1956. 310 S.

Koziebrodzki, Léopold: Le droit d'asile. — Leyden: Sythoff 1962. 374 S.

Lauterpacht, Sir Hersch: The development of international law by the international court. Revised and enlarged ed. — London: Stevens; New York: Praeger 1958. XIX, 408 S.

Leca, Jean: Les techniques de revision des conventions internationales. — Paris: Librairie Générale de Droit et de Jurisprudence 1961. IV, 330 S.

Leibholz, Gerhard: „Aggression" im Völkerrecht und im Bereich ideologischer Auseinandersetzung. — In: Vjh. Zeitgesch. 6 (1958), 165—171.

Linster, Kurt: Der völkerrechtliche Schutz der Zivilbevölkerung im Kriege. — o. O. [1957]. 50 Bl.
Würzburg, rechts- u. staatswiss. Diss. 26. Juni 1957.

Low-Beer, Francis: The concept of neutralism. — In: American Polit. Science Rev. 58 (1964), 383—391.

Lyon, Peter: Neutralism. — London: Leicester University Press 1963. 215 S.

Lyon, Peter: Neutrality and the emergence of the concept of neutralism. — In: Rev. Politics 22 (1960), 255—268.

Mackh, Udo: Der Grundsatz der Kollektivhaftung im Völkerrecht. — o. O. [1955]. XXVII, 205 gez. Bl. [Maschinenschr.]
Würzburg, rechts- u. staatswiss. Diss. 12. April 1955.

Macmillan, William M.: The road to self-rule. A study in colonial evolution. — London: Faber 1959. 296 S.

McNair, Lord: International law opinions. Selected and annotated. Vol. 1—3. — Cambridge: University Press 1956.

McWhinney, Edward: Peaceful coexistence and Soviet-Western international law. — Leiden: Sythoff 1964. 136 S.

McWhinney, Edward: International law and world revolution. — Leyden: Sijthoff 1967. 101 S.

Mühler, Hans-Georg: Die völkerrechtliche Bedeutung des Kriegs- und Gewaltverbots durch Kellogg-Pakt und UN-Satzung. — München 1965: Schön. XLVI, 155 S.
München, jur. Diss. vom 24. 2. 1965.

Mahnke, Hans Heinrich: Zur sowjetischen Konzeption des Völkerrechts unter besonderer Beobachtung des Koexistenzbegriffs. — In: Recht in Ost u. West 10 (1966), H. 3, 108—112.

Marchand, Daniel: Entführung auf fremdem Staatsgebiet. — In: Journ. internat. Juristen-Komm. 7 (1966), 270—298.

Mattern, Karl Heinz: Die Exilregierung. Eine historische Betrachtung der internationalen Praxis seit dem Beginn des 1. Weltkrieges und deren völkerrechtliche Wertung. — Tübingen: Mohr 1953. VII, 78 S.

Meissner, Boris: Die sowjetische Bewertung der Völkerrechtsquellen. — In: Osteuropa-Recht 1 (1955), 2—8.

Meissner, Boris: Die sowjetische Völkerrechtskonzeption. — In: Gesch. Wiss. Unterr. 4 (1953), 140—149.

Mendelson, Wallace: Law and development of nations. — In: J. Politics 32 (1970), 223—238.

Menzel, Eberhard: Die Anerkennung von Staaten und die Aufnahme diplomatischer Beziehungen als rechtliches und politisches Problem. — In: Moderne Welt 8 (1967), 120—142.

Menzel, Eberhard: Selbstbestimmungsrecht und „Recht auf Heimat" in West und Ost. — In: Blätter f. dtsch. u. internat. Politik 9 (1964), 782—786; 877—888.

Merrills, J. G.: Anatomy of international law. A study of the role of international law in the contemporary world. — London: Sweet & Maxwell 1976. 106 S.

Meyer, Alex: Internationale Luftfahrtabkommen. — Köln, Berlin: Heymann 1953. XI, 416 S.
(Schriftenreihe der Forschungsstelle für Luftrecht.)

Meyer, Alex: Die Rechtsprobleme des Weltraums. — In: Außenpolitik 10 (1959), 645—653.

Meyer-Lindenberg, Hermann: Völkerrecht. — Stuttgart: Kohlhammer 1957. 254 S.
(Schaeffers Grundriß des Rechts und der Wirtschaft. II. 32.)

Moineville, Hubert: Les états et la mer. Aujourd'hui et demain. — In: Rev. Déf. nat. 24 (1968), 1067—1075.

Mokre, Johann: Der Rechtscharakter des Völkerrechts. — In: Universitas 22 (1967), 513—518.

Morgenthau, Hans J[oachim]: To intervene or not to intervene. — In: Foreign Aff. 45 (1966/67), 425—436.

Müller-Brandenburg, Hermann: Neutralität? — Berlin: Bernard & Graefe (1952). 68 S.

Münch, Ingo von: Das völkerrechtliche Delikt in der modernen Entwicklung der Völkerrechtsgemeinschaft. — Frankfurt a. M.: Keppler 1963. LV, 356 S.

Münch, Ingo von: Völkerrecht. ⟨Ohne Internationale Organisationen und Kriegsvölkerrecht.⟩ In programmierter Form mit Vertiefungshinweisen. Unter Mitarb. von Ch[ristian] Dicke [u. a.] - Berlin: de Gruyter 1971. XV, 445 S.
(De Gruyter-Lehrbuch. Programmiert.)

Münch, R.: Die Freie Stadt. — In: Friedenswarte 55 (1959), H. 1, 26—45.

Nickel, B.: Ein Streifzug durch das Völkerrecht des Krieges im Hinblick auf den „völkerrechtswidrigen Befehl" und unter Berücksichtigung der Genfer Zivilkonvention vom 12.8.1949. — In: Wehrwiss. Rdsch. 3 (1953), 442—449.

Nußbaum, Arthur: A concise history of the law of nations. Rev. ed. — New York: Macmillan 1954. 389 S.

Oberländer, Theodor: Über das Selbstbestimmungsrecht. — In: Südostdt. Vjbl. 9 (1960), 68—76.

Pal, D.: The definition of aggression. — In: Indian Yearb. internat. Aff. 3 (1954), 341—356.

Panhuys, Haro Frederik van: The role of nationality in international law. An outline. — Leiden: Sijthoff 1959. 256 S.

Pardo, Arvid: Who will control the seabed? — In: Foreign Aff. 47 (1968/69), 123—137.

Paschos, Georgios: Die wirtschaftliche Intervention im Völkerrecht der Gegenwart. Völkerrechtliche Erläuterungen des Tatbestandes und Versuch einer operationellen Definition. - Thessaloniki: Inst. of Internat. Publ. Law 1974. 95 S.

Patel, S. R.: Recognition in the law of nations. — Bombay: Tripathi 1959. 122 S.

Pella, V. V.: Le code des crimes contre la paix et la sécurité de l'humanité. — In: Rev. Droit intern. [Genève] 30 (1952), 337—354; 31 (1953), 125—150 und 257—271.

Perret, Robert Louis: De la faute et du devoir en droit international. Fondement de la responsabilité. — Zürich: Polygraphischer Verl. 1962. 265 S.

Petrignani, Rinaldo: Il fondo dei mari e degli oceani nella politica internazionale. — In: Aff. est. 1 (1969), H. 4, 115—137.

Pompe, C. A.: Aggressive war an international crime. — The Hague: Nijhoff 1953. XVI, 382 S.

Pordea, G. A.: L'agression, ses critères déterminatifs et sa définition. — In: Rev. Droit intern. [Genève] 30 (1952), 367—383.

Possony, Stefan T[homas]: Zur Bewältigung der Kriegsschuldfrage. Völkerrecht und Strategie bei der Auslösung zweier Weltkriege. — Köln: Westdtsch. Verl. 1968. 350 S.
(Demokratie und Frieden. 5.)

Prantner, Robert: Malteserorden und Völkergemeinschaft. - Berlin: Duncker & Humblot 1974. 256 S.
(Schriften zum Völkerrecht. 39.)

Rabl, Kurt: Das Selbstbestimmungsrecht der Völker. Geschichtliche Grundlagen. Umriß der gegenwärtigen Bedeutung. Ein Versuch. Hrsg. in Verb. mit d. Forschungsstelle f. Nationalitäten- u. Sprachenfragen in Kiel. — München: Bergstadtverl. Korn 1963. 276 S.
(Jedermann.)

Rabl, Kurt: Die Völkerrechtsgrundlagen der modernen Friedensordnung. T. 1: Geschichtliche Entwicklung. — (Göttingen 1967: Kaestner). 132 S.
(Schriftenreihe der Niedersächsischen Landeszentrale für Politische Bildung. Friedensprobleme. 2.)

Ramundo, Bernard A.: Peaceful coexistence. International law in the building of communism. — Baltimore: Johns Hopkins Press 1967. 262 S.

Raschhofer, Hermann: Nationale Selbstbestimmung. Theorie und Geschichte eines Prinzips. — In: Polit. Meinung 5 (1960), H. 51, 29—44.

Reding, Alois von: Die rechtliche Stellung der Kriegsgefangenen im modernen Völkerrecht. — Bern: Buchdr. Buri 1952. 92 S.

Reinhart, Rainer: Das kommunistische Verständnis des Selbstbestimmungsrechts. — In: Gesellsch., Staat, Erzieh. 7 (1962), 159—165.

Richter, K.: Der Begriff des Angriffskrieges im Völkerrecht. — In: Militärpol. Forum 2 (1953), H. 2, 12—17.

Robinson, Nehemiah: The genocide convention. A commentary. — New York: Institute of Jewish Affairs, World Jewish Congress 1960. XIV, 158 S.

Rogge, Heinrich: Das Koexistenzproblem im Wandel des Völkerrechts. Eine kritische Bilanz zur Weltgeschichte des Völkerrechts. — In: Jb. Geschichte Osteuropas 4 (1956), 293—335.

Rudolf, Walter: Völkerrecht und deutsches Recht. Theoret. u. dogmat. Untersuchungen über die Anwendung völkerrechtl. Normen in der Bundesrepublik Deutschland. — Tübingen: Mohr 1967. XX, 323 S.
(Tübinger rechtswissenschaftliche Abhandlungen. 19.)

Šarmazanašvili, G. V.: Nenapadenie — princip ohrany mira i meždunarodnoj bezopasnosti. — In: Sov. Gos. Pravo 1956, H. 8, 82—87.

Sauer, E.: Die völkerrechtliche Bedeutung der Sputniks. — In: Jb. internat. Recht 8 (1959), H. 1/2, 35—41.

Sauer, Ernst: Souveränität und Solidarität. Ein Beitrag zur völkerrechtlichen Wertlehre. — Göttingen: Musterschmidt 1954. 174 S.
(Göttinger Beiträge für Gegenwartsfragen. 9.)

Sauer, Ernst: Völkerrecht — Ende oder Wende? — In: Neues Abendland 8 (1953), 527—534.

Schätzel, Walter: Die Annexion im Völkerrecht. — In: Arch. d. Völkerrechts 2 (1949/50), 1—28.

Schafer, Mark: Crimes against peace. — Ambilly: Les Presses de Savoie 1952. 222 S.
Genève, Thèse sc. pol.

Schaumann, Wilfried: Völkerrechtliches Gewaltverbot und Friedenssicherung. Berichte, Referate, Diskussionen einer Studientagung der Deutschen Gesellschaft für Völkerrecht. — Baden-Baden: Nomos-Verl. 1971. 352 S.

Schaumann, Wilfried: Die Gleichheit der Staaten. Ein Beitrag zu den Grundprinzipien des Völkerrechts. — Wien: Springer 1957. X, 153 S.

Scheuner, Ulrich: Die Neutralität im heutigen Völkerrecht. — Köln: Westdtsch. Verl. 1969. 52 S.
(Veröffentlichungen der Arbeitsgemeinschaft für Forschung des Landes Nordrhein-Westfalen. Geisteswiss. 61.)

Schick, Franz B.: Die völkerrechtlichen Aspekte des Vietnamkrieges. — In: Bl. dtsch. u. internat. Politik 12 (1967), 1176—1181 u. 13 (1968), 69—80.

Schirmer, Gregor: Zum völkerrechtlichen Begriff der Aggression. — In: Dtsch. Außenpol. 3 (1958), 836—849.

Schmid, Jürgen H.: Die völkerrechtliche Stellung der Partisanen im Kriege. — Zürich: Polygr. Verl. 1956. 214 S.

Schmidt, Hans Karsten: Das Selbstverteidigungsrecht nach der Satzung der Vereinten Nationen und seine Verbindung mit den defensiven Regionalpakten. — Hamburg 1956. XVI, 164 Bl. [Maschinenschr. vervielf.]
Hamburg, rechtswiss. Diss. 9. April 1957.

Schmitt, Carl: Der Nomos der Erde im Völkerrecht. — Köln: Greven-V. 1950. 250 S.

Schmitt, Carl: Der Nomos der Erde im Völkerrecht des Jus Publicum Europaeum. — Köln: Greven 1950. 308 S.

Schmitt, Eberhard: Die „occupatio bellica" und völkerrechtswidriger Gebietserwerb. Dargestellt am Beispiel des „Anschlusses" Österreichs an das Deutsche Reich im Jahre 1938. — Marburg 1955. XII, 86 gez. Bl. [Maschinenschr.]
Marburg, rechts- u. staatswiss. Diss. 15. Dezember 1955.

Schneider, Klaus-Jürgen: Der Angriff. Eine völkerrechtliche Untersuchung. — Göttingen 1951. 120 gez. Bl. [Maschinenschr.]
Göttingen, rechts- und staatswiss. Diss. 8. Dezember 1951.

Schreiber, Boris: Le droit d'asile. — Paris: Denoel 1957. 352 S.

Schuck, Hans: Der völkerrechtliche Status der Spionage. — o. O. [1956]. XVIII, 187 gez. Bl. [Maschinenschr. vervielf.]
Würzburg, rechts- u. staatswiss. Diss. 27. Februar 1956.

Schüler-Springorum, Horst: Notstand im Völkerrecht. — Marburg 1956. XXII, 169 gez. B. [Maschinenschr. vervielf.]
Marburg, rechts- u. staatswiss. Diss. 15. März 1956.

Schütte, Hermann: Das Bonner Grundgesetz und das Völkerrecht. — Heidelberg 1950. X, 226 gez. Bl. [Maschinenschr.]
Heidelberg, jur. Diss. 19. April 1951.

Schultz, L.: Die sowjetische Völkerrechtslehre. — In: Jb. internat. Recht 5 (1954), 78—92.

Schultz, Lothar: Der sowjetische Begriff der Aggression. — In: Osteuropa-Recht 2 (1956), 274—285.

Schulz, Joachim: Völkerrecht und Abrüstung. — Berlin: Staatsverl. d. DDR 1967. 190 S.

Schuschnigg, Kurt von: International law. An introduction to the law of peace. — Milwaukee: Bruce 1959. 512 S.

Schwarzenberger, G.: Neue Aufgaben für die Völkerrechtswissenschaft. — In: Europa-Archiv 9 (1954), 6635—6638.

Schwarzenberger, Georg: The frontiers of international law. — London: Stevens 1962. 320 S.

Schwarzenberger, Georg: International law. — London: Stevens.
1. International law as applied by international courts and tribunals. (3rd ed.) 1957. XLVIII, 808 S.
2. The law of armed conflict. 1968. 881 S.

Schwarzkopf, Dietrich: Atomherrschaft. Politik und Völkerrecht im Nuklearzeitalter. — (Stuttgart:) Seewald (1969). 279 S.

Schweisfurth, Theodor: Breschnjew-Doktrin als Norm des Völkerrechts? — In: Außenpol. 21 (1970), 523—538.

Seeler, Hans Joachim: Die Staatsangehörigkeit der Volksdeutschen. — Frankfurt a. M.: Metzner 1960. 110 S.
(Abhandlungen der Forschungsstelle für Völkerrecht u. ausländ. öffentl. Recht der Universität Hamburg. 8.)

Simpson, George Eaton und J. Milton Yinger: Racial and cultural minorities. — New York: Harper 1953. 773 S.

Simson, W. von: Demokratie und Diktatur in ihren völkerrechtlichen Beziehungen. — In: Friedens-Warte 53 (1956), 201—224.

Singh, Nagendra: Nuclear weapons and international law. — New York: Praeger 1959. 267 S.

Sinha, S. Prakash: Asylum and international law. — The Hague: Nijhoff 1971. XII, 366 S.

Snyder, E. A. und H. W. Bracht: Coexistence and international law. — In: Internat. comp. Law Quart. 7 (1958), 54—71.

Spetzler, Eberhard: Luftkrieg und Menschlichkeit. Die völkerrechtliche Stellung der Zivilpersonen im Luftkrieg. Mit e. Vorwort von Georg Erler. — Göttingen [usw.]: Musterschmidt (1956). VIII, 451 S.
(Göttinger Beiträge zu Gegenwartsfragen des Völkerrechts und der internationalen Beziehungen. 12.)

Steiger, Heinhard: Zur Begründung der Universalität des Völkerrechts. — In: Staat 5 (1966), 423—450.

Stone, Julius: Aggression and world order. A critique of United Nations theories of aggression. — Berkeley: University of California Press; London: Stevens 1958. XIV, 226 S.

Suy, Eric: Leerboek van het Volkenrecht. - Leuven: Acco.
1. Staat en individu. 1972. 282 S.
2. Het territoriaal element. 1973. 256 S.

Teuscher, Hans-Herbert: Die vorzeitige Anerkennung im Völkerrecht. Eine rechtssystematische Untersuchung der völkerrechtlichen Grundlagen der Anerkennung von bürgerkriegführenden Parteien, Regierungen und Staaten. — Frankfurt a. M., Berlin: Metzner 1959. 125 S.

Thirring, Hans: Was ist Aggression? Das Problem der Aggressionsdefinition. — ([Wien]: Österr. Gewerkschaftsbd.. Bildungsreferat [1953].) 19 S.
(Das aktuelle Weltbild. 2 [vielm. 6].)

Tunkin, G. I.: Droit international public. Problèmes théoretiques. Trad. du russe par le Centre de Recherches sur l'U.R.S.S. et les Pays de l'Est et la Faculté de Droit de Strasbourg. Préf. par M. Virally. — Paris: Pedone 1965. 252 S.

Tunkin, G. I.: Mirnoe sosuščestvovanie i meždunarodnoe pravo. — In: Sov. Gos. Pravo 1956, H. 7, 3—13.

Tunkin, Grigorij I[vanovič]: Völkerrechtstheorie (Teorija meždunarodnogo prava, dt.) Hrsg. von Theodor Schweisfurth. (Aus d. Russ. von Helga Müller u. Vera Rathfelder.) — (Berlin:) Berlin-Verl. (1972). 492 S.
(Völkerrecht und Politik. 6.)

Uibopuu, Henn-Jüri: Die Völkerrechtssubjektivität der Unionsrepubliken der UdSSR. - Wien: Springer 1975. XV, 341 S.
(Forschungen aus Staat und Recht. 33.)

Ungerer, Werner: Satellitenprobleme und Intelsat-Verhandlungen. — In: Außenpol. 21 (1970), 71—84.

Verdross, Alfred: General international law and the United Nations charter. — In: Intern. Aff. 30 (1954), 342—348.

Verdross, Alfred: Völkerrecht. 2. völl umgearb. u. erw. Aufl. — Wien: Springer 1950. XVIII, 508 S.

Verdross, Alfred [u.] Bruno Simma: Universelles Völkerrecht. Theorie und Praxis. - Berlin: Duncker & Humblot (1976). 687 S.

Verdross-Drossberg, Alfred: Entwicklung und Grundsätze des globalen Völkerrechts. — In: Universitas 8 (1953), 473—480.

Völkerrecht. Hrsg. von d. Akademie d. Wissenschaften d. UdSSR., Rechtsinstitut. Red.: F. I. Koschewnikow. Übers. von L. Schultz, Vorw. von E. Menzel. — Hamburg: Hansischer Gildenverl. 1960. XXVII, 492 S.

Völkerrecht. Dokumentensammlung. Hrsg. von Friedrich (J[oseph]) Berber. — München: Beck.
1. Friedensrecht. 1967. LIV, 1656, 3 S.
2. Konfliktrecht. 1967. LIV, 1659-2565, 3 S.

Völkerrecht. Hrsg. von der Arbeitsgemeinschaft für Völkerrecht beim Inst. für Internat. Beziehungen an d. Akademie für Staats- u. Rechtswissenschaften d. DDR. Gesamtred.: Herbert Kröger. - Köln: Pahl-Rugenstein 1974.
1. 491 S.
2. 429 S.

Völkerrecht in Ost und West. Hrsg. von Reinhart Maurach [u.] Boris Meissner im Auftr. d. Dtsch. Gesellsch. für Osteuropakunde. — Stuttgart: Kohlhammer (1967). 248 S.

Max-Planck-Institut für ausländisches öffentliches Recht und Völkerrecht. **Völkerrecht** als Rechtsordnung. Grundlagen und Quellen. Beiträge zum fünfzigjährigen Bestehen des Instituts, 1924–1974. - Stuttgart: Kohlhammer 1976. 679 S.
(Zeitschrift für ausländisches öffentliches Recht und Völkerrecht 36 [1976], H. 1/3.)

Völkerrecht und Völkerpflicht. Beiträge zur Verbreitung des Völkerrechts von Fritz Blank (u. a.], eingel. u. hrsg. von Hans K. E. L. Keller. — München: Verl. d. Grotius-Stiftung (1954). 127 S.
(Bibliotheca Grotiana. 2.)

Wagner, Heinz: Der arabisch-israelische Konflikt im Völkerrecht. — Berlin: Duncker & Humblot 1971. 475 S.
(Schriften zum Völkerrecht. 15.)

Waldmann, Alfred: Der Angriffskrieg als internationales Verbrechen nach den Nürnberger Entscheidungen. — o. O. 1951. IV, 126 gez. Bl. [Maschinenschr.]
Erlangen, jur. Diss. 15. März 1951.

Wannow, Marianne: Das Selbstbestimmungsrecht im sowjetischen Völkerrechtsdenken. — Göttingen: (Universität, Inst. für Völkerrecht) 1965. XLVII, 287 S.
(Reihe Allgemeines Völkerrecht. 11.)

Wehberg, Hans [u.] Hans-Waldemar Goldschmidt: Der Internationale Gerichtshof. Entstehungsgeschichte, Analyse, Dokumentation. - Berlin: Berlin Verl. 1973. 115 S.
(Völkerrecht und Politik. 7.)

Wehberg, Hans: Krieg und Eroberung im Wandel des Völkerrechts (L'interdiction de recours à la force. Le principe et les problèms qui se posent, dt.) — Frankfurt a. M.: Metzner 1953. 134 S.
(Völkerrecht und Politik. 1.)

Weis, P.: Nationality and statelessness in international law. Forew. by Hersch Lauterpacht. — London: Stevens 1956. XXXII, 338 S.

Wengler, Wilhelm: Der Begriff des Politischen im internationalen Recht. — Tübingen: Mohr 1956. 60 S.
(Recht und Staat in Geschichte und Gegenwart. 189/190.)

White, Gillian: Nationalisation of foreign property. — London: Stevens 1961. XXVI, 283, VIII S.

Witten, Ulrich von: Kriegsgefangenschaft und Kriegsverbrechen. — o. O. 1957. XIII, 111 Bl. [Maschinenschr. vervielf.]
Bonn, rechts- u. staatswiss. Diss. 29. Mai 1958.

Wortley, B. A.: Expropriation in public international law. — Cambridge: Cambridge University Press 1959. 169 S.

Wright, Quincy: Contemporary international law. A balance sheet. — Garden City, N. Y.: Doubleday 1955. X, 65 S.

Yakemtchouk, R.: La revision des traités multilatéraux en droit international. — In: Rev. gén. Droit intern. publ. 60 (1956), 337—400.

Zelle, Claus: Die völkerrechtliche Bedeutung der parlamentarischen Mitwirkung zum Abschluß von Staatsverträgen. — o. O. 1957. XXVII, 110 Bl. [Maschinenschr. vervielf.]
Münster i. W., rechts- u. staatswiss. Diss. 16. Februar 1957.

Ziehen, Ursula: Vollendete Tatsachen bei Verletzungen der territorialen Unversehrtheit. Eine völkerrechtliche Untersuchung. — Würzburg: Holzner 1962. XIII, 182 S.
(*Beihefte zum Jahrbuch d. Albertus-Universität Königsberg/Pr. 20.*)

Zimmer, Gerhard: Gewaltsame territoriale Veränderungen und ihre völkerrechtliche Legitimation. — Berlin: Duncker & Humblot 1971. 234 S.
(*Schriften zum Völkerrecht. 18.*)
Zugl. rechtswiss. Diss., Universität Köln.

Zivier, Ernst R[enatus]: Die Nichtanerkennung im modernen Völkerrecht. Probleme staatlicher Willensäußerung. — (Berlin:) Berlin-Verl. (1967). 311 S.

Zortea, Beat: Das Problem der Verbindlichkeit des Völkerrechts in der zeitgenössischen Völkerrechtsdoktrin. — [Gossau: Cavelti 1954.] X, 84 S.
Diss. Fribourg.

Außenpolitik

Acheson, Dean: Power and diplomacy. — Cambridge, Mass.: Harvard University Press; London: Oxford University Press 1958. X, 137 S.

Alperovitz, Gar: Atomare Diplomatie, Hiroshima und Potsdam (Atomic diplomacy, dt.) (Aus d. Amerikan. von Oscar Wolfbauer.) — München: Rütten & Loening (1966). 288 S.

Amadeo, Mario: Politica internacional. Los principios y los hechos. — Buenos Aires: Inst. Argentino de Cultura Hispánica 1970. 564 S.

Appadoral, A.: The use of force in international relations. — Bombay: Asia Publishing House 1958. 124 S.

Arbatov, Georgi: The war of ideas in contemporary international relations. The Imperialist doctrine, methods and organisation of foreign political propaganda. - Moscow: Progress Publ. 1973. 317 S.
(*Theories and Critical Studies.*)

Art, Robert J. [u.] Kenneth N. Waltz [Ed.]: The use of force. International politics and foreign policy. — Boston: Little, Brown 1971. 547 S.

Ball, Mary Margaret und Hugh B. Killough: International relations. — New York: Ronald Press 1956. VIII, 667 S.

Bayne-Horn, D.: Studies in diplomatic history. Ed. by Ragnhild Hatton [u.] M. S. Anderson. — London: Longmans 1970. XIV, 383 S.

Bell, Coral: The conventions of crisis. A study in diplomatic management. — London: Oxford University Press 1971. VI, 131 S.
(*Oxford Paperbacks. 276.*)

Beloff, Max: Foreign policy and the democratic process. The Albert Shaw lectures on diplomatic history, 1954. — Baltimore: Johns Hopkins Press; London: Cumberlege 1955. 134 S.

Berding, Andrew H.: The making of foreign policy. — Washington: Potomac Books 1966. 95 S.

Berger, Gaston [u. a.]: Les affaires étrangères. — Paris: Presses Universitaires de France 1959. 480 S.

Berle, A. A.: Tides of crisis. A primer of foreign relations. — New York: Reynal 1957. 328 S.

Internationale **Beziehungen.** Hrsg. von Ekkehart Krippendorf. - Köln: Kiepenheuer & Witsch 1973. 394 S.
(*Neue wissenschaftliche Bibliothek. 62.*)

Internationale **Beziehungen** als System. Im Auftr. d. Sektion hrsg. von Klaus Jürgen Gantzel. - Opladen: Westdtsch. Verl. 1973. 386 S.
(*Politische Vierteljahresschrift. Sonderh. 5.*)

Bierzanek, Remigiusz: Współczesne stosunki międzynarodowe. - Warszawa: Państwowy Inst. Wyd. 1972. 374 S.

Bindschedler, Rudolf L.: Neutralitätspolitik und Sicherheitspolitik. - In: Österr. Z. Außenpol. 16 (1976), 339–354.

Bleiber, Fritz: Handwörterbuch der Diplomatie und Außenpolitik. — Darmstadt: Leske (1959). 280 S.

Blischtschenko, Igor Pawlowitsch [**Bliscenko,** Igor' Pavlovič]: Diplomatenrecht (Diplomatičeskoe pravo, dt. Übers.: J. Kirsten [u. a.]) – Berlin: Staatsverl. d. DDR 1975. 204 S.

Blücher, Wipert von: Wege und Irrwege der Diplomatie. — Wiesbaden: Limes-V. (1953). 184 S.

Blühdorn, Rudolf: Internationale Beziehungen. Einführung in die Grundlagen der Außenpolitik. — Wien: Springer 1956. XIII, 391 S.

Böhnker, Rolf: Nationale Sicherheit und multinationale Unternehmen. - In: Polit. Vjschr. 18 (1977), 3–24.

(**Boitel,** Michel): Situation et problèmes actuels de la fonction publique internationale. — In: Pol. étr. 18 (1953), 5—16.

Borch, Herbert von: Der durchlässige Staat. Zum Problem außenpolitischer Handlungsfähigkeit der Demokratie. — In: Merkur 13 (1959), 1065—1079.

Bowie, Robert R[ichardson]: Foreign policy in the age of transition. — New York, London: Columbia University Press 1964. VIII, 118 S.

Bowman, Isaiah: The strategy of territorial decisions. — In: Foreign Aff. 2 (1945/46), 177—194.

Braunias, Karl und Gerald Stourzh [Hrsg.]: Diplomatie unserer Zeit. — München, Wels: Verl. Welsermühl 1959. 330 S.

Browne, Robert S.: Race relations in international affairs. Introduction by Roger N. Baldwin. — Washington: Public Affairs Press 1961. IV, 62 S.

Brucan, Silviu: Die Auflösung der Macht (The dissolution of power, dt.) Eine Soziologie der internationalen Beziehungen und der internationalen Politik. (Aus d. Amerikan. von Barbara Ullmann.) – München: List 1973. 429 S.
(*List-Taschenbücher der Wissenschaft. 1609.*)

Buchheim, Hans: Außenpolitik und Planung. — In: Gesellsch., Staat, Erz. 14 (1969), 3—14.

Bull, Hedley: The anarchical society. A study of order in world politics. - London: Macmillan 1977. XV, 335 S.

Busk, Sir Douglas: The craft of diplomacy. — New York: Praeger 1967. 293 S.

Calamaros, Arthouros-David: Internationale Beziehungen. Theorie, Kritik, Perspektiven. - Stuttgart: Kohlhammer 1974. 145 S.
(Urban-Taschenbücher. 193.)

Cassinelli, C. W.: Free activities and international relations. — The Hague: Nijhoff 1966. 116 S.

Chatterjee, Partha: Arms, alliances and stability. The development of the structure of international politics. - New York: Halsted Press 1975. XI, 292 S.

Chowdhuri, R. N.: International mandates and trusteeship systems. A comparative study. Forew. by A. J. P. Tammes. — The Hague: Nijhoff; London: Batsford 1955. XVI, 328 S.

Claude, Inis L., Jr.: Power and international relations. — New York: Random House 1962. 310 S.

Coombs, Philip H.: The fourth dimension of foreign policy. Educational and cultural affairs. — New York: Harper & Row 1964. 158 S.

Coplin, William D. [u.] Charles W. Kegley [Ed.]: Multi-method introduction to international politics. Observation, explanation and prescription. — Chicago, Ill.: Markham Publ. 1971. 434 S.
(Markham Political Science Series.)

Coplin, William D.: Introduction to international politics. A theoretical overview. — Chicago, Ill.: Markham Publ. 1971. 391 S.
(Markham Political Science Series.)

Corban, Alfred: Ambassadors and secret agents. — London: Cape 1954. 256 S.

Courteix, Simone: Recherche scientifique et relations internationales. La practice française. - Paris: Libr. gle de droit et de jurisprudence 1972. VIII, 287 S.
(Bibliothèque de droit international. 70.)

Craig, Gordon A.: The professional diplomat and his problems 1919—1939. — In: World Politics 4 (1951/52), 145—158.

Czempiel, Ernst-Otto: Interdependenz und Allgemeinwohl. Bemerkungen zur Theorie der Auswärtigen Politik. — In: Frankf. H. 18 (1963), 101–108.

Czempiel, Ernst-Otto: Der Primat der auswärtigen Politik. Kritische Würdigung einer Staatsmaxime. — In: Polit. Vjschr. 4 (1963), 266—287.

Davison, W[alter] Phillips: International political communication. Publ. for the Council on Foreign Relations. — New York: Praeger (1965). XII, 404 S.

Dean, Vera Micheles: Foreign policy without fear. — New York: McGraw-Hill 1953. 220 S.

De Rivera, Joseph: The psychological dimension of foreign policy. — Columbus: Merrill 1968. 441 S.

Deutsch, Karl W[olfgang]: Die Analyse internationaler Beziehungen (Analysis of international relations, dt.) Konzeption und Probleme der Friedensforschung. (Aus d. Amerikan. übers. von Hans-Joachim Krüger.) — (Frankfurt a. M.:) Europ. Verl. Anst. (1968). 302 S.
(Kritische Studien zur Politikwissenschaft.)

Deutsch, Karl W.: The analysis of international relations. Englewood Cliffs, N.J.: Prentice Hall 1969. 214 S.
(Foundations of Modern Political Science Series.)

Dougherty, James E. [u.] Robert L. Pfaltzgraff: Contending theories of international relations. — Philadelphia: Lippincott 1971. 416 S.

Dunne, John S.: „Realpolitik" in the decline of the West. — In: Rev. Politics 21 (1959), 131—150.

Dyke, Vernon van: International politics. — New York: Appleton-Century-Crofts 1957. 483 S.

Eayrs, James: Fate and will in foreign policy. — Toronto: Canadian Broadcasting Corporation 1967. 87 S.

Erler, Fritz: Diplomatie und militärische Macht. — In: Neue Gesellsch. 12 (1965), 608—615.

Fischer-Baling, Eugen: Theorie der auswärtigen Politik. — Köln, Opladen: Westdt. Verl. (1960). VI, 227 S.
(Die Wissenschaft von der Politik. 6.)

Forward, Nigel: The field of nations. An account of some new approaches to international relations. — London: Macmillan 1971. VII, 207 S.
(New Studies in International Relations.)

Franck, Thomas M. [u.] Edward Weisband [Ed.]: Secrecy and foreign policy. - New York: Oxford University Press 1974. 453 S.

Frank, Lewis A.: The arms trade in international relations. — New York: Praeger (1969). XVIII, 266 S.
(Praeger Special Studies in International Politics and Public Affairs.)

Frankel, Joseph: Die außenpolitische Entscheidung (The making of foreign policy, dt.) (Aus d. Engl. von Claus Peter von Nottbeck.) — (Köln:) Verl. Wissenschaft u. Politik (1965). 279 S.

Frankel, Joseph: The making of foreign policy. An analysis of decision-making. — London: Oxford University Press 1963. XV, 231 S.

Frankel, Joseph: International politics. Conflict and harmony. — London: Allen Lane 1969. 263 S.

Frankel, Joseph: International relations. — New York: Oxford University Press 1964. 227 S.

Frankel, Joseph: Contemporary international theory and the behaviour of states. - London: Oxford University Press 1973. 134 S.

Frei, Daniel: Erfolgsbedingungen für Vermittlungsaktionen in internationalen Konflikten. - In: Polit. Vjschr. 16 (1975), 447–490.

Frei, Daniel: Hat die Theorie der internationalen Beziehungen irgendeinen Nutzen für die Praxis? – In: Österr. Z. Außenpol. 14 (1974), 271–283.

Frei, Daniel: Sicherheit. Grundfragen der Weltpolitik. – Stuttgart: Kohlhammer 1977. 135 S.

Frei, Daniel: Von der Tradition in der Außenpolitik. — In: Schweizer Rundschau 66 (1967), 130—138.

Freund, Ludwig: Grenzen des Bündnissystems. Außenpolitik, außenpolitische Kommentare und die Problematik der Bündnispolitik im nuklearen Zeitalter. — In: Dtsch. Studien 2 (1964), 261—289.

Freymond, Jacques: New dimensions in international relations. – In: Rev. Politics 37 (1975), 464–478.

Friedman, Julian R., Christopher Bladen [u.] Steven Rosen: Alliance in international politics. — Boston: Allyn & Bacon 1970. 383 S.

Friedmann, Wolfgang: Interventionism, liberalism and power-politics. The unfinished revolution in international thinking. — In: Polit. Science Quart. 83 (1968), 169—189.

Geyr von Schweppenburg, Leo Frhr.: Militär-Attachés. — In: Wehrwiss. Rdsch. 11 (1961), 695—703.

Foreign governments. The dynamics of politics abroad. Ed. by Fritz Morstein Marx. Second ed. — New York: Prentice-Hall 1952. XXXIII, 717 S.

Grewe, Wilhelm G[eorg]: Die Sprache der Diplomatie. — In: Merkur 20 (1966), 806—823.

Groth, Alexander J.: On the intelligence aspects of personal diplomacy. — In: Orbis 7 (1963/64), 833—848.

Gunst, Dietrich: Außenpolitik zwischen Macht und Recht. – Mainz: v. Hase & Koehler (1977). 252 S.
(Politik zwischen Macht und Recht. 5.)

Haas, Ernst B. und Allen S. Whiting: Dynamics of international relations. — New York: McGraw-Hill 1956. XX, 557 S.

Haas, Ernst B.: On systems and international regimes. – In: World Politics 27 (1974/75), 147–174.

Haas, Michael [Ed.]: International systems. A behavioral approach. – New York: Chandler Publ. 1974. 433 S.

Haensch, Günther: Die Technik internationaler Konferenzen. — München: Isar-V. 1952. S. 101—144.
(Politische Bildung. 32.)

Haensch, Günther: Wörterbuch der internationalen Beziehungen und der Politik. Dictionary of international relations and politics. Dictionnaire des relations internationales et de la politique. Diccionario de relaciones internacionales y de politica. Systematisch u. alphabetisch. Deutsch, engl., franz., span. — (München: Hueber 1964.) XV, 638 S.

Halperin, Morton H.: Bureaucratic politics and foreign policy. With the ass. of Priscilla Clapp and Arnold Kanter. – Washington, D. C.: Brookings Inst. (1974). XVII, 540 S.

Hammond, Paul Y.: The political order and the burden of external relations. — In: World Politics 19 (1966/67), 443—464.

Harr, John Ensor: The professional diplomat. — Princeton, N.J.: Princeton University Press 1969. XIV, 404 S.

Harriman, Averell W.: Leadership in world affairs. — In: Foreign Aff. 32 (1953/54), 525—539.

Hartmann, Frederick H.: The relations of nations. — New York, London: Macmillan 1957. XVI, 637, XI S.

Henkin, Louis: How nations behave. Law and foreign policy. (Publ. for the Council on Foreign Relations.) — New York: Praeger 1968. XII, 324 S.

Hentig, Hans von: Der Friedensschluß. Geist u. Technik einer verlorenen Kunst. — Stuttgart: Dt. Verl.-Anst. (1952). 319 S.

Hermann, Charles F. [Ed.]: International crises. Insight from behavioral research. – New York: Free Press 1972. X, 334 S.

Herwarth, Hans von: Der diplomatische Dienst in einer sich wandelnden Welt. Zwischenbericht der Kommission für die Reform des Auswärtigen Dienstes. — In: Polit. Stud. 20 (1969), 541—550.

Herz, John H.: International politics in the atomic age. — New York: Columbia University Press 1959. VIII, 360 S.

Herz, John H.: Weltpolitik im Atomzeitalter. — Stuttgart: Kohlhammer 1961. 208 S.

Hillgruber, Andreas: Methodologie und Theorie der Geschichte der Internationalen Beziehungen. – In: Gesch. Wiss. Unterr. 27 (1976), 193–210.

Hilsman, Roger: The politics of policy making in defense and foreign affairs. — New York: Harper & Row 1971. 198 S.

Hinsley, F. H.: Power and the pursuit of peace. Theory and practice in the history of relations between states.— London: Cambridge University Press 1963. 416 S.

Hoffmann, Stanley H.: Contemporary theory in international relations. — Englewood Cliffs: Prentice-Hall 1960. X, 293 S.

Holsti, Ole R., P. Terrence Hopmann [u.] John D. Sullivan: Unity and disintegration in international alliances. Comparative studies. – New York: Wiley 1973. XV, 293 S.
(Comparative Studies in Behavioral Science.)

Huddleston, Sisley: Popular diplomacy and war. Forew. by Harry Elmer Barnes. — London: Holborn 1958. 285 S.

Hütter, Joachim: Einführung in die internationale Politik. – Stuttgart: Kohlhammer 1976. 152 S.
(Grundkurs Politik. 4.)

Hütter, Joachim: Nationale Sicherheit als praktische Aufgabe der Politik. – In: Polit. Vjschr. 17 (1976), 62–80.

Hughes, Thomas L.: Relativity in foreign policy. — In: Foreign Aff. 45 (1966/67), 670—682.

Hugo, Grant: Appearance and reality in international relations. — London: Chatto & Windus 1970. 207 S.

Iklé, Fred Charles: Strategie und Taktik des diplomatischen Verhandelns (How nations negotiate, dt.) Dtsch. Ausg. hrsg. in Verb. mit d. Forschungsinst. d. Dtsch. Gesellsch. f. Auswärtige Politik. (Vom Verf. autor. Übers. von Ulf Pacher.) Einl. zur dtsch. Ausg. von Wilhelm G. Grewe. — (Gütersloh:) Bertelsmann (1965). 260 S.
(Krieg und Frieden.)

Ingrim, Robert: The conversion to the balance of power. — In: Rev. Politics 14 (1952), 233—243.

Jones, Peter [Ed.]: The international yearbook of foreign policy analysis. - New York: Crane, Russak 1976. 266 S.

Jordan, David C.: World politics in our time. — Lexington, Mass.: Heath 1970. 426 S.

Jordan, Robert S. [Ed.]: Multinational cooperation. Economic, social and scientific development. - New York: Oxford University Press 1972. 392 S.

Junne, Gerd: Spieltheorie in der internationalen Politik. Die beschränkte Rationalität strategischen Denkens. - Düsseldorf: Bertelsmann Universitätsverl. 1972. 202 S.
(Studienbücher zur auswärtigen und internationalen Politik. 4.)

Kaplan, Morton A.: The new great debate. Traditionalism vs. science in international relations. — In: World Politics 19 (1966/67), 1—20.

Kaplan, Morton A.: System and process in international politics. — New York: Wiley; London: Chapman & Hall 1957. XXIV, 283 S.

Kelly, Sir David: The ruling few, or: The human background to diplomacy. — London: Hollis and Carter 1952. 449 S.

Kennan, George F. [u. a.]: Demokratie und Außenpolitik. — Darmstadt: Leske 1954. 80 S.

Kennan, George F.: The future of our professional diplomacy. — In: Foreign Aff. 33 (1954/55), 566—586.

Kennan, George F.: Öffentliche Meinung und auswärtige Politik. — In: Europa-Archiv 9 (1954), 6353—6360.

Kertesz, Stephen D. und M. A. Fitzsimons [Ed.]: Diplomacy in a changing world. — Notre Dame: University of Notre Dame Press 1959. VIII, 407 S.

Kintner, William R. [u.] Harvey Sicherman: Technology and international politics. - Lexington, Mass.: Heath 1975. VII, 177 S.
(Foreign Policy Research Institute Book.)

Kissinger, Henry A.: Force and diplomacy in the nuclear age. — In: Foreign Aff. 34 (1955/56), 349—366.

Knorr, Klaus: Power and wealth. The political economy of international power. - New York: Basic Books 1973. X, 210 S.
(The Political Economy of International Relations Series.)

Kramish, Arnold: The peaceful atom in foreign policy. Publ. for the Council on Foreign Relations. — New York, Evanston: Harper & Row (1963). 276 S.

Kraus, Herbert: Staatsinteressen im internationalen Leben. — München: Isar-V. 1951. 32 S.
(Schriftenreihe d. Hochschule f. politische Wissenschaften, München. 9.)

Kreisky, Bruno: Über die ideellen Grundlagen der Außenpolitik. — In: Neue Gesellsch. 8 (1961), 428—436.

Krekeler, Heinz L.: Die Außenpolitik. Eine Einführung in die Grundlagen der internationalen Beziehungen. — München: Olzog (1967). 264 S.
(Geschichte und Staat. 122/123.)

Krekeler, Heinz L[udwig]: Die Diplomatie. — München, Wien, Zürich: Olzog 1965. 256 S.
(Geschichte u. Staat. 110/111.)

Krippendorff, Ekkehart: Die Entstehung des internationalen Systems. - In: Neue polit. Lit. 22 (1977), 36–48.

Krippendorff, Ekkehart: Ist Außenpolitik Außenpolitik? Ein Beitrag zur Theorie u. der Versuch, eine unhaltbare Unterscheidung aufzuheben. — In: Polit. Vjschr. 4 (1963), 243—266.

Krippendorff, Ekkehart: Internationales System als Geschichte. – Frankfurt a.M.: Campus-Verl. 1975. 187 S.
(Krippendorff: Einführung in die internationalen Beziehungen. 1.) (Campus. Studium. 507.)

Krippendorff, Ekkehard: Wege zu einer Theorie der internationalen Beziehungen. — In: Neue polit. Lit. 12 (1967), 436—448.
Literaturbericht.

Kumar, Mahendra: Theoretical aspects of international politics. — Agra: Shiva Lal Agarwala 1967. 487 S.

Kussbach, Erich: Gedanken über Probleme außenpolitischer Grundlagenanalyse und Planung. – In: Österr. Z. Außenpol. 15 (1975), 199–206.

Langer, R.: Seizure of territory. — Princeton: Princeton University Press 1947. 313 S.

Legg, Keith R. [u.] James F. Morrison: Politics and the international system. An introduction. — New York: Harper & Row 1971. 369 S.

Lehmann-Rußbüldt, Otto: Die Pionieraufgabe der kleinen Nationen. — In: Dt. Rdsch. 79 (1953), 673—681.

Die **Lehre** von den internationalen Beziehungen. Hrsg. von Ernst-Otto Czempiel. — Darmstadt: Wissenschaftl. Buchges. 1969. XXVIII, 356 S.
(Wege der Forschung. 120.)

Lentner, Howard H.: Foreign policy analysis. A comparative and conceptual approach. – Columbus, Ohio: Charles E. Merrill 1974. 303 S.

Lenz, Friedrich: Die Bewegungen der großen Mächte. — Laupheim: Steiner [1952]. 35 S.
(Geschichte und Politik. 3.)

Lerche, Charles O.: Principles of international politics. — New York: Oxford University Press 1956. 430 S.

Levi, Werner: International politics. Foundation of the system. – Minneapolis: University of Minnesota Press 1974. 285 S.

Levontin, A. V.: The myth of international security. A juridical and critical analysis. — Jerusalem: Magnes Press, Hebrew University; London: Oxford University Press 1958. XXIII, 346 S.

Lieber, Robert J.: Theory and world politics. – London: Allen & Unwin 1973. IX, 166 S.

Liska, George: Nations in alliance. The limits of interdependence. — Baltimore: The John Hopkins Press (1962). X, 301 S.

Løchen, E.: Nasjonal suverenitet og internasjonalt samarbeide. — In: Int. Politik [Bergen] 1953, H. 10, 220—228.

London, Kurt: How foreign policy is made. — New York: Van Nostrand 1949. X, 277 S.

Lovell, John P.: Foreign policy in perspective. Strategy, adaption, decision making. — New York: Holt, Rinehart & Winston 1970. XIII, 370 S.

Luard, Evan: Nationality and wealth. A study in world government. — London: Oxford University Press 1963. 370 S.

Lukacs, John A.: The great powers and Eastern Europe. — New York: American Book Co. 1953. 845 S.

McCallum Scott, John H.: Experiment in internationalism. A study in international politics. — London: Allen & Unwin 1967. 223 S.

McDermott, Geoffrey: The new diplomacy and its apparatus. - London: Plume Press 1973. 208 S.

McKenna, Joseph C.: Diplomatic protest in foreign policy. Analysis and case studies. — Chicago: Loyola University Press 1962. 222 S.

McLellan, David S. [u. a.]: The theory and practice of international relations. — Englewood Cliffs: Prentice-Hall 1960. XV, 542 S.

McNeal, Robert H.: International relations among communists. — Englewood Cliffs, N. J.: Prentice Hall 1967. 181 S.

Macomber, William: The angel's game. A handbook of modern diplomacy. – New York: Stein & Day 1975. 225 S.

Macridis, Roy C.: Foreign policy in world politics. — Englewood Cliffs: Prentice-Hall 1958. XI, 420 S.

Mann, Golo und Harry Pross: Außenpolitik. — (Frankfurt a. M.): Fischer Bücherei (1958). 378 S.
(Das Fischer-Lexikon. 7.)

Mann, Golo: Außenpolitik und Idee. Zu dem Streit der Optimisten und der Pessimisten. — In: Monat 4 (1951/52), T. 2, 486—497.

Markel, Lester J.: Public opinion and foreign policy. — New York: Harper 1949. XII, 227 S.

Martini, Winfried: Die Emotionalisierung der Außenpolitik. — In: Außenpolitik 5 (1954), 428—437.

Mathisen, Trygve: The functions of small states in the strategies of the great powers. — Oslo: Universitetsforlaget 1971. 287 S.
(Scandinavian University Books.)

Mathisen, Trygve: Methodology in the study of international relations. — New York: Macmillan 1959. X, 265 S.

Mayer, Arno J.: Political origins of the new diplomacy 1917—1918. — New Haven: Yale University Press 1959. 435 S.

Medina, Manuel: La teoria de las relaciones internacionales. - Madrid: Seminarios y Ediciones 1973. 212 S.

Mendershausen, Horst: The diplomat as a national and transnational agent. Dilemmas and opportunities. — Santa Monica, Calif.: Rand Corporation 1969. 28 S.

Merle, Marcel: Sociologie des relations internationales. – Paris: Dalloz 1974. 436 S.
(Etudes politiques, économiques et sociales.)

Meyers, Reinhard: Die Lehre von den internationalen Beziehungen. Ein entwicklungsgeschichtlicher Überblick. – Düsseldorf: Droste (1977). 232 S.
(Bonner Schriften zur Politik und Zeitgeschichte. 15.)

Mickel, Wolfgang W[ilhelm]: Konfliktfeld internationale Politik. – Neuwied: Luchterhand 1974. 104 S.
(Luchterhand-Arbeitsmittel für Erziehungswissenschaft und -praxis.)

Misra, K. M.: Foreign policy and its planning. — London: Asia Publ. House 1971. 88 S.

Mitchell, R. Judson: A new Brezhnev doctrine. The reconstruction of International Relations. – In: World Politics 30 (1977/78), 366–390.

Modelski, George: Principles of world politics. – New York: Free Press 1972. X, 370 S.

Morgenthau, Hans J[oachim]: Macht und Frieden (Politics among nations, dt.) Grundlegung einer Theorie der internationalen Politik. (Aus d. Engl. übertr. von Odette Jankowitsch u. Dieter G. Wilke.) Dtsch. Ausg. hrsg. in Verb. mit d. Seminar für Wissenschaftl. Politik an d. Albert-Ludwig-Universität, Freiburg. Einl. zur dtsch. Ausg. von Gottfried-Karl Kindermann. — (Gütersloh:) Bertelsmann (1963). 480 S.
(Krieg und Frieden)

Murray, Thomas E.: Nuclear policy for war and peace. — Cleveland World Publishing Co. 1960. 241 S.

Nahlik, Stanisław Edward: Narodziny nowożytnej dyplomacji. — Wrocław: Ossolineum 1971. 326 S.

Nash, Henry T.: Nuclear weapons and international behavior. – Leyden: Sijthoff 1975. X, 172 S.
(Atlantic Series. 9.)

Nichols, Jeanette P.: International financial relations as a factor in contemporary diplomacy. — In: World Aff. Quart. 28 (1958), 327—355.

Nicolson, Harold: The evolution of diplomatic method. — London: Constable (1954). 93 S.

Niebuhr, Reinhold: Christlicher Realismus und politische Probleme. — Stuttgart: Evang. Verlagswerk 1956. 166 S.

Niebuhr, Reinhold: Staaten und Großmächte (The structure of nations and empires, dt.) Probleme staatlicher Ordnung in Vergangenheit und Gegenwart. — (Gütersloh): Gütersloher Verl.-Haus (1960). 317 S.

Niebuhr, Reinhold: The structure of nations and empires. A study of the recurring patterns and problems of the political order in relation to the unique problems of the nuclear age. — New York: Scribner 1959. XI, 306 S.

Noack, Paul: Internationale Politik. Eine Einführung. — (München:) Dtsch. Taschenbuch Verl. (1970). 316 S.
(dtv[-Taschenbücher]. 4060. Wiss. Reihe.)

Northedge, F. S. [Ed.]: The use of force in international relations. – New York: Free Press 1974. 258 S.

Ogley, Roderick: The theory and practice of neutrality in the twentieth century. — London: Routledge & Kegan Paul 1970. XIV, 217 S.
(The World Studies Series.)

O'Leary, Michael K. [u.] William D. Coplin: Quantitative techniques in foreign policy analysis and forecasting. – New York: Praeger 1975. 291 S.

Organski, A. F. K.: World politics. — New York: Knopf 1958. XII, 461 S.

Padelford, Norman J. und George A. Lincoln: The dynamics of international politics. — New York, London: Macmillan 1962. 634 S.

Padelford, Norman Judson und George A. Lincoln: International politics. Foundations of international relations. — New York: Macmillan (1954). XII, 719 S.

Palmer, Norman D. und Howard C. Perkins: International relations. The world community in transition. — London: Stevens (1954). XIII, 1270 S.

Panikkar, K. M.: The principles and practice of diplomacy. — Bombay, Calcutta: Asia Publishing House 1956. 99 S.

Pearson, Lester Bowles: Diplomacy in the nuclear age. — Cambridge, Mass.: Harvard University Press 1959. VI, 114 S.

Peyrefitte, Roger: Diplomaten (Les ambassades, dt.) Roman. (Dtsch. von Grete Steinböck.) — (Karlsruhe:) Stahlberg (1962). 261 S.

Pfaltzgraff, Robert L.: International relations theory. Retrospect and prospect. – In: Internat Aff. 50 (1974), 28–48.

La politique étrangère et ses fondements. — Paris: Colin 1954. XII, 403 S.

Prittwitz und Gaffron, Friedrich W[ilhelm] von: Außenpolitik und Diplomatie. — München: Isar-V. 1951. 26 S.
(Politische Bildung. 20.)

Quester, George H.: Power, action and interaction. Readings on international politics. — Boston: Little, Brown 1971. 573 S.

Ransom, Harry Howe: International relations. — In: J. Politics 30 (1968), 345—371.
Literaturbericht.

Reuter, Paul und André Gros: Traités et documents diplomatiques. — Paris: Presses Universitaires de France 1960. 500 S.

Reynolds, Charles: Theory and explanation in international politics. – London: Robertson 1973. VIII, 367 S.

Reynolds, P. A.: An introduction to international relations. — London: Longmans 1971. 275 S.

Richmond, Sir Herbert: Statesmen and sea power. — Oxford: Clarendon Press 1946. XI, 369 S.

Richter, K.: Der politische Bündnisbruch als Folge militärischer Krisenlagen in der Geschichte. — In: Militärpol. Forum 2 (1953), H. 6, 16—22.

Rosecrance, Richard N.: Action and reaction in world politics. International systems in perspective. — Boston: Little, Brown & Co. 1963. 314 S.

Rosen, Steven J. [u.] Walter S. Jones: The logic of international relations. – Cambridge, Mass.: Winthrop 1974. VIII, 390 S.

Rosenau, James N.: National leadership and foreign policy. A case study in the mobilization of public support. — Princeton: Princeton University Press 1963. XVII, 409 S.

Rosenau, James N. [Ed.]: Comparing foreign policies. Theories, findings and methods. – New York: Wiley 1975. 442 S.

Rosenau, James N. [Ed.]: International politics and foreign policy. A reader in research and theory. — New York: Free Press of Glencoe 1961. XII, 511 S.

Rosenau, James N. [Ed.]: Domestic sources of foreign policy. — New York: Free Press 1967. XIV, 340 S.

Rosenau, James N[athan]: The scientific study of foreign policy. — New York: Free Press 1971. XV, 472 S.

Rothfels, Hans: Gesellschaftsform und auswärtige Politik. — Schloß Laupheim i. Württ.: Steiner o. J. 24 S.
(Geschichte und Politik. 5.)

Rothfels, Hans: Sinn und Grenzen des Primats der Außenpolitik. — In: Außenpolitik 6 (1955), 277—285.

Rothstein, Robert L.: Planning, prediction and policymaking in foreign affairs. Theory and practice. – Boston: Little, Brown 1972. 215 S.

Rothstein, Robert L.: Foreign policy and development policy. From nonalignment to international class war. – In: Internat. Aff. 52 (1976), 598–616.

Rudolf, Walter: Die Sprache in der Diplomatie und internationalen Verträgen. – Frankfurt a. M.: Athenäum-Verl. 1972. 161 S.
(Völkerrecht und Außenpolitik. 11.)

Sallet, Richard: Der diplomatische Dienst. Seine Geschichte und Organisation in Frankreich, Großbritannien und den Vereinigten Staaten. — Stuttgart: Dtsch. Verl.-Anst. (1953). 366 S.

Schack, H.: Der Revisionismus. — In: Schmollers Jb. 78 (1958), H. 6, 1—43.

Schenck, D. von: Die Wiener Konferenz der Vereinten Nationen über diplomatischen Verkehr und Immunitäten vom 2. März bis 14. April 1961. — In: Int. Recht Diplomatie 1961, 7—22.

Schmid, Felix: Grundrichtungen und Wendepunkte europäischer Ostpolitik. — In: Jbb. Gesch. Osteuropas 1 (1953), 97—116.

Schou, August [u.] Arne Olaf Brundtland [Ed.]: Small states in international relations. — New York: Wiley 1971. 250 S.
(Nobel Symposium. 17.)

Schrader, Rolf: Wissenschaft im auswärtigen Dienst. — In: Außenpolitik 15 (1964), 187—196.

Schröder, Dieter: Großmächte, Interessensphären, kleine Staaten. — In: Mod. Welt 10 (1969), 54—65.

Schütz, Wilhelm Wolfgang: Organische Außenpolitik. Vom Einzelstaat zum Überstaat. — Stuttgart: Dtsch. Verl.-Anst. 1951. 216 S.

Schuman, Frederick L.: International politics. 5. ed. — New York: McGraw-Hill (1954). 577 S.

Schurmann, Franz: The logic of world power. An inquiry into the origins, currents, and contradictions of world politics. - New York: Pantheon Books (1974). XXVII, 593 S.

Schuster, Hans: Demokratische und totalitäre Außenpolitik. — In: Merkur 16 (1962), 1—18.

Schwarz, Urs: Abkehr von der Gewalt. Konfrontation und Intervention in der modernen Welt. — Düsseldorf: Econ-Verl. (1971). 306 S.

Schweitzer, Carl Christoph: Chaos oder Ordnung? Einführung in die Probleme der internationalen Politik. — Köln: Verl. Wissenschaft u. Politik 1973. 210 S.
(Bibliothek Wissenschaft und Politik. 7.)

Scott, Andrew M.: The functioning of the international political system. — New York: Macmillan 1967. 244 S.

Sedivy, Jaroslav: Grundfragen des Friedens und der Sicherheit in den internationalen Beziehungen. - In: Europa-Arch. 32 (1977), 851–858.

Senghaas, Dieter: Internationale Beziehungen. Amerikanische Beiträge zur Theorie. 1960—1966. — In: Z. Politik 14 (1967), 8—30.

Snyder, Glenn H. [u.] Paul Diesing: Conflict among nations. - Princeton, N. J.: Princeton University Press 1978. 570 S.

Die anachronistische Souveränität. Im Auftr. d. Sektion Internat. Politik d. Dtsch. Vereinigung f. Polit. Wissenschaft hrsg. von Ernst-Otto Czempiel. — Köln: Westdtsch. Verl. 1969. 304 S.
(Politische Vierteljahresschrift. Sonderh. 1/1969.)

Spanier, John W.: Games nations play. Analyzing international politics. - London: Nelson 1972. 457 S.
(Nelson's Political Science Library.)

Sterling, Richard W.: Macropolitics. International relations in a global society. - New York: Knopf 1974. XX, 648 S.

(Sternberger, Dolf): Wie ist Führung möglich? Über die außenpolitische Handlungsfreiheit demokratischer Regierungen. — In: Gegenwart 8 (1953), 359—362.

Stieve, Friedrich: Diplomatie im Sprachgebrauch. — München: Federmann (1954). 184 S.

Stoessinger, John G.: The might of nations. World politics in our time. — New York: Random House 1969. 455 S.

Strang, [William] Lord: The diplomatic career. — London: Deutsch 1962. 160 S.

Studnitz, H. G. von: Charakter und Komponenten politischen Prestiges. In: Außenpolitik 4 (1953), 95—102.

Studnitz, H. G. von: Gestalt und Aufbau des Auswärtigen Amtes. — In: Außenpolitik 3 (1952), 792—799.

Sulzbach, Walter: Die Zufälligkeit der Nationen und die Inhaltslosigkeit der internationalen Politik. — Berlin: Duncker & Humblot (1969). 170 S.
(Beiträge zur politischen Wissenschaft. 9.)

Tanter, Raymond [u.] Richard H. Ullman [Ed.]: Theory and policy in international relations. — Princeton, N. J.: Princeton University Press 1972. 250 S.

Tessier, Georges: La diplomatie. — Paris: Presses Universitaires 1952. 128 S.
(Collection „Que sais-je?")

Thayer, Charles W.: Diplomat. — New York: Harper 1959. 299 S.

Theorie der internationalen Politik. Gegenstand und Methoden der Internationalen Beziehungen. Hrsg. von Helga Haftendorn. Unter Mitarb. von Hans Hoyng [u. a.] - Hamburg: Hoffmann & Campe 1975. 376 S.
(Reader.)

Theory and reality in international relations. Ed. by John C. Farrell and Asa P. Smith. — New York: Columbia University Press 1968. VII, 108 S.
(Columbia Paperback. 87.)

Thompson, Kenneth W.: The prospects and limitations of diplomacy. - In: Rev. Politics 36 (1974), 298–305.

Thompson, Kenneth W.: Understanding world politics. - Notre Dame, Ill.: University of Notre Dame Press 1975. 256 S.

Treviranus, Hans D[ietrich]: Außenpolitik im demokratischen Rechtsstaat. — Tübingen: Mohr 1966. VIII, 160 S.

Triska, J. F. und R. M. Slusser: Treaties and other sources of order in international relations. The Soviet view. — In: Amer. J. internat. Law 52 (1958), 699—726.

Tudyka, Kurt P[aul]: Internationale Beziehungen. Eine Einführung. — Stuttgart: Kohlhammer 1971. 174 S.
(Reihe Kohlhammer.)

Tudyka, Kurt P.: Illusionärer Internationalismus. – In: Österr. Z. Politikwiss. 5 (1976), 53–63.

Vagelis, geb. Bimanis, Alise: Die Nichtangriffspakte. — Hamburg 1949. 124 gez. Bl. [Maschinenschr.]
Hamburg, rechts- u. staatswiss. Diss. 22. Mai 1950.

Vincent, R. J.: Nonintervention and international order. – Princeton, N. J.: Princeton University Press 1974. 457 S.

Vital, David: The survival of small states. Studies in small power — great power conflict. — London: Oxford University Press 1971. VI, 136 S.

Voicu, Ioan: De l'interprétation authentique des traités internationaux. Préf. du Michel Virally. — Paris: Pedone 1968. XII, 246 S.

Wallace, Victor H. [Ed.]: Paths to peace. A study of war, its causes and prevention. Forew. by Jawaharlal Nehru. — New York: Cambridge University Press 1957. XX, 397 S.

Waltz, Kenneth N.: Foreign policy and democratic politics. The British and American experience. — Boston: Little, Brown 1967. XIV, 331 S.

Waterkamp, Rainer: Totalitäre und demokratische Außenpolitik. — In: Neue Gesellsch. 8 (1961), 302–307.

Wauters, A.: Révisionnisme et néo-révisionnisme. — In: Rev. Inst. Sociol. 1959, H. 2, 177–196.

Weber, Theodore R.: Morality and national power in international politics. — In: Rev. Politics 26 (1964), 20–44.

Webster, Sir Charles: The art and practice of diplomacy. — London: Chatto & Windus 1961. VIII, 246 S.

Weizsäcker, Carl Friedrich von: Fragen zur Weltpolitik. – (München:) Hanser (1975). 162 S.
(Reihe Hanser. 186.)

Wettig, Gerhard: Politik im Rampenlicht. Aktionsweisen moderner Außenpolitik. — (Frankfurt a. M.:) Fischer-Bücherei (1967). 201 S.
(Fischer-Bücherei. 845.)

Wildner, Heinrich: Die Technik der Diplomatie. L'art de négocier. — Wien: Springer 1960. X, 342 S.

Winham, G. R.: Quantitative methods in foreign policy analysis. — In: Canad. J. polit. Science 2 (1969), H. 2, 187—199.

Die modernen **Wissenschaften** und die Aufgaben der Diplomatie. Les sciences modernes et les taches de la diplomatie. Modern science and the tasks of diplomacy. Beiträge aus d. Internat. Diplomatenseminar Klessheim. Hrsg. von Karl Braunias u. Peter Meraviglia. — (Graz, Wien, Köln:) Verl. Styria (1965). 238 S.
(Veröffentlichungen d. Österr. Gesellschaft f. Außenpolitik u. Internat. Beziehungen.)

Wright, Quincy: The study of international relations. — New York: Appleton-Century-Crofts 1955. XII, 642 S.

Wriston, Henry M.: Diplomacy in a democracy. — New York: Harper (1956). 115 S.

Young, Oran R.: Political discontinuities in the international system. — In: World Politics 20 (1967/68), 339—392.

Zechlin, Walter: Die Welt der Diplomatie. 2. Aufl. — Frankfurt a. M., Bonn: Athenäum-Verl. (1960). 288 S.

Zemanek, Karl: „Zeitgemäße" Neutralität? – In: Österr. Z. Außenpol. 17 (1977), 355–367.

Zimmermann, Ekkart: Dimensionen von Konflikten innerhalb und zwischen Nationen. Eine kritische Bestandsaufnahme des faktoranalytischen Ansatzes in der Makro-Konfliktforschung. - In: Polit. Vjschr. 16 (1975), 343–408.

Zorgbibe, Charles: Les relations internationales. - Paris: Presses universitaires de France 1975. 364 S.
(Coll. „Science politique".)

Imperialismus

Baumgart, Winfried: Der Imperialismus. Idee und Wirklichkeit der englischen und französischen Kolonialexpansion 1880–1914. – Wiesbaden: Steiner 1975. 178 S.
(Wissenschaftliche Paperbacks. Sozial- und Wirtschaftsgeschichte. 7.)

Beckerath, Herbert von: Wirtschaftspolitik und der Kampf um die Weltordnung. — Tübingen: Mohr 1963. 74 S.
(Recht u. Staat in Geschichte u. Gegenwart. 268/269.)

Bohatec, Josef: Der Imperialismusgedanke und die Lebensphilosophie Dostojewskijs. Ein Beitrag zur Kenntnis des russischen Menschen. — Graz, Köln: Böhlau 1951. XII, 364 S.

Brandes, Volkhard: Die Krise des Imperialismus. Grenzen der kapitalistischen Expansion und der Wiederaufbau der Arbeiterbewegung. - Frankfurt a. M.: S. Fischer 1973. 105 S.
(Reihe Fischer. F 40.)

Busch, Klaus: Die Internationalisierung der kapitalistischen Produktionsverhältnisse – ein Beitrag zur Debatte über die Widersprüche des Imperialismus. - In: Leviathan 1974, 383–408.

Cohen, Benjamin J.: The question of imperialism. The political economy of dominance and dependence. - London: Macmillan 1974. 280 S.
(The Political Economy of International Relations Series.)

Dhombres, Pierre: Impérialismes et démocraties. — Paris: Vautrain 1946. 249 S.

Jerussalimski, A. S. (**Erusalimskij,** A[rkadij] S[amsonovič]): Der deutsche Imperialismus (Nemeckij [vielm. Germanskij] imperializm, dt.) Geschichte und Gegenwart. (Dtsch. Übers. aus d. Russ.: Joachim Böhm u.a.) — Berlin: Dietz 1968. 932 S.

Gollwitzer, Heinz: Die gelbe Gefahr. Geschichte eines Schlagworts. Studien zum imperialistischen Denken. — Göttingen: Vandenhoeck & Ruprecht (1962). 268 S.

Gutsche, Willibald: Zur Imperialismus-Apologie in der BRD. „Neue" Imperialismusdeutungen in der BRD-Historiographie zur deutschen Geschichte 1898 bis 1917. – Berlin: Akademie-Verl. 1975. 83 S.
(Zur Kritik der bürgerlichen Ideologie. 63.)

Guyer, Roberto E.: Imperialismo. Introducción a su problemática. – Buenos Aires: Ed. Arayu 1953. XII, 127 S.

Hallgarten, George F. W.: Der Imperialismus in der historischen Diskussion des Westens nach dem Zweiten Weltkrieg. – In: Deutschland in der Weltpolitik des 19. und 20. Jahrhunderts, Düsseldorf: Bertelsmann Univ.-Verl. (1973), 419–436.

Hampe, Peter: Die ökonomische Imperialismustheorie. Kritische Untersuchungen. – München: Beck 1976. 399 S.
(Münchener Studien zur Politik. 24.)

Hobson, John A[tkinson]: Der Imperialismus (Imperialism, dt.) (Aus d. Engl. von Helmut Hirsch. Mit e. Einl. von Hans-Christoph Schröder.) – (Köln:) Kiepenheuer & Witsch (1968). 314 S.
(Studienbibliothek.)

Jalée, Pierre: Das neueste Stadium des Imperialismus (L'impérialisme en dix-neuf-cent-soixante-dix, dt.) (Aus d. Französ. von Karl Held.) – München: Hanser 1971. 204 S.

Imperialismus. Hrsg. von Hans-Ulrich Wehler. – Köln: Kiepenheuer & Witsch (1970). 465 S.
(Neue wissenschaftliche Bibliothek. 37.)

Imperialismus und strukturelle Gewalt. Analysen über abhängige Reproduktion. Hrsg. von Dieter Senghaas. – (Frankfurt a. M.:) Suhrkamp (1972). 404 S.
(Edition Suhrkamp. 563.)

Imperialismus im 20. Jahrhundert. Gedenkschrift für George W. F. Hallgarten. Hrsg. von Joachim Radkau u. Immanuel Geiss. – München: Beck 1976. 281 S.

Der moderne **Imperialismus**. Hrsg. u. eingel. von Wolfgang J[ustin] Mommsen. – Stuttgart: Kohlhammer 1971. 192 S.
(Reihe Kohlhammer.)

Kahn, Siegbert: Zum Wiedererstehen des deutschen Imperialismus. – In: Aufbau 8 (1952), 403–408.

Kessel, Eberhard: Vom Imperialismus des europäischen Staatensystems zum Dualismus der Weltmächte. Ein Literaturbericht. – In: Arch. Kulturgesch. 42 (1960), 240–266.

Koch, H. W.: Die Rolle des Sozialdarwinismus als Faktor im Zeitalter des neuen Imperialismus um die Jahrhundertwende. – In: Z. Politik 17 (1970), 51–70.

Koebner, Richard und Helmut Dan Schmidt: Imperialism. The story and significance of a political word. 1840–1960. – London: Cambridge University Press 1964. 432 S.

Kollman, Eric C.: Imperialismus und Anti-Imperialismus in der politischen Tradition Amerikas. – In: Hist. Z. 196 (1963), 343–362.

Krippendorff, Ekkehart: Imperialismusbegriff und Imperialismustheorien. – In: Neue polit. Lit. 21 (1976), 141–155.

Lawrence, L. M.: Wandlungen des Imperialismus. – In: Merkur 4 (1950), 593–601.

Lichtheim, George: Imperialism. – London: Allen Lane 1971. 184 S.

L'impérialisme. – In: Relat. internat. 1976, H.6, 105–189 u. H.7, 191–292.

Mommsen, Wolfgang J.: Imperialismustheorien. Ein Überblick über die neueren Imperialismusinterpretationen. – Göttingen: Vandenhoeck & Ruprecht (1977). 132 S.
(Kleine Vandenhoeck-Reihe. 1424.)

Montelone, Renato: Teoria sull'imperialismo, da Kautsky a Lenin. – Roma: Ed. Riuniti 1974. 590 S.

Owen, Roger [u.] Bob Sutcliffe [Ed.]: Studies in the theory of imperialism. – London: Longman 1972. 390 S.

Pistone, Sergio [Ed.]: Politica di potenza e imperialismo. L'analisi dell'imperialismo alla luce dottrina della ragione de Stato. – Milano: Angeli 1973. 404 S.

Rosen, Steven J. und James R. Kurth [Ed.]: Testing theories of economic imperialism. – Lexington, Mass.: Lexington Books 1974. 284 S.

Rüstow, Alexander: The remnants of Western imperialism. A German view. – In: Rev. Politics 22 (1960), 45–71.

Rumpler, Helmut: Zum gegenwärtigen Stand der Imperialismusdebatte. – In: Gesch. Wiss. Unterr. 25 (1974), 257–271.

Schabad, B. A. [Šabad, Boris Abramovič]: Die politische Philosophie des gegenwärtigen Imperialismus (Političeskaja filosofija sovremennogo imperializma, dt.) Zur Kritik der antikommunistischen Grundkonzeption. (Dtsch. von Manfred Feder u. Werner Rossade.) – Berlin: Dtsch. Verl. d. Wissenschaften 1970. 232 S.

Schmidt, Alfred: Imperialismus-Forschung. [Literaturbericht.] – In: Leviathan 1973, 533–544.

Schröder, Hans-Christoph: Sozialistische Imperialismusdeutung. Studien zu ihrer Geschichte. – Göttingen: Vandenhoeck & Ruprecht 1973. 136 S.
(Kleine Vandenhoeck-Reihe. 375.)

Schumann, Hans-Gerd: Imperialismus-Kritik und Kolonialismus-Forschung. – In: Neue polit. Lit. 12 (1967), 186–199.
Literaturbericht.

Schumpeter, Joseph A.: Imperialism and social classes. Translated by Heinz Norden. Ed. by Paul M. Sweezy. – New York: Kelly 1951. XXV, 221 S.

Strachey, John: La fin de l'impérialisme. – Paris: Laffont 1961. 362 S.

Sulzbach, Walter: Imperialismus und Nationalbewußtsein. – Frankfurt a. M.: Europ. Verl. Anst. (1959). 283 S.

Thornton, A. P.: Doctrines of imperialism. – New York: Wiley 1965. 246 S.

Varga, Eugen: Grundfragen der Ökonomik und der Politik des Imperialismus (nach dem Zweiten Weltkrieg). — Berlin: Dietz 1955. 740 S.

Ward, Barbara [u. a.]: The legacy of imperialism. — Pittsburgh: Chatham College 1960. 94 S.

Wirth, Benedicta: Imperialistische Übersee- und Missionspolitik. Dargestellt am Beispiel Chinas. — Münster, Westf.: Aschendorff (1968). 78 S.
(*Veröffentlichungen des Instituts für Missionswissenschaft der Westfälischen Wilhelms-Universität Münster. 13.*)

Wolfe, Martin [Ed.]: The economic causes of imperialism. — New York: Wiley 1972. X, 184 S.

Zumpe, Lotte: Stand und Probleme der wirtschaftshistorischen Imperialismusforschung. — In: Z. Geschichtswiss. 23 (1975), 494–503.

Kolonialismus und Antikolonialismus

Albertini, Rudolf von: Dekolonisation. Die Diskussion über Verwaltung und Zukunft der Kolonien 1919—1960. — Köln: Westdtsch. Verl. 1966. 607 S.
(*Beiträge zur Kolonial- und Überseegeschichte. 1.*)

Albertini, Rudolf von: The impact of two wars on the decline of colonialism. — In: J. Contemp. Hist. 4 (1969), H. 1, 17—35.

Ansprenger, Franz: Auflösung der Kolonialreiche. — (München:) Dtsch. Taschenbuch-Verl. (1966). 307 S.
(*dtv-Weltgeschichte des 20. Jahrhunderts. 13.*)

Arnault, J.: Procès du colonialisme. — Paris: Ed. Sociales 1958. 331 S.

Auphan, Paul: Histoire de la décolonisation. — Paris: France-Empire 1967. 319 S.

Barbier, Maurice: Le Comité de décolonisation des Nations Unies. - Paris: Libr. gle de droit et de jurisprudence 1974. III, 757 S.

Binder-Krauthoff, Kristine: Phasen der Entkolonisierung. Eine Analyse kolonialpolitischer Relikte in Afrika auf der Grundlage historischer Prozesse in Ghana und der Elfenbeinküste. — Berlin: Duncker & Humblot (1970). 185 S.
(*Beiträge zur politischen Wissenschaft. 10.*)
Diss., Universität München.

Birnberg, Thomas B. und Stephen A. Resnick: Colonial development. An economic study. - New Haven, Conn.: Yale University Press 1975. 347 S.

Bonnet, Jean: Les drames de la décolonisation, 1900–1975. - Paris: Roblot 1975. 141 S.
(*Coll. „Histoire du monde".*)

Bosschère, Guy de: Les deux versants de l'histoire. — Paris: Michel.
1. Autopsie de la colonisation. 1967. 331 S.
2. Perspectives de la décolonisation. 1969. 404 S.

Brunschwig, Henri: Colonisation, décolonisation et coopération. — In: Rev. hist. 90 (1966), 397—412.

Brunschwig, Henri: Vom Kolonialimperialismus zur Kolonialpolitik der Gegenwart. — Wiesbaden: Steiner 1957. 32 S.

Césaire, Aimé: Über den Kolonialismus. Discours sur la colonialisme, [dt.] Aus d. Französ. übers. von Monika Kind. — (Berlin:) Wagenbach (1968). 76 S.
(*Rotbuch. 3.*)

Cheverny, Julien: Eloge du colonialisme. Essai sur les révolutions d'Asie. — Paris: Julliard 1961. 370 S.

Colonialism in Africa. 1870—1960. Ed. by L. H. Gann [u.] P. Duignan. — Cambridge, Mass.: Cambridge University Press.
1. The history and politics of colonialism, 1870—1914. 1969. XI, 509 S.
2. The history and politics of colonialism, 1914—1960. 1970. X, 532 S.

Dobosiewicz, Zbigniew: Ekonomicze aspekty neokolonializmu w Afryce. - Warszawa: Państwowe Wyd. Naukowe 1973. 200 S.

Drascher, Wahrhold: Schuld der Weißen? Die Spätzeit des Kolonialismus. —Tübingen: Schlichtenmayer 1960. 352 S.

Easton, Stewart Copinger: The twilight of European colonialism. A political analysis. — London: Methuen 1961. XVI, 591 S.

Ehrhard, Jean: Le destin du colonialisme. — Paris: Eyrolles 1957. 236 S.

Geiss, Imanuel: Panafrikanismus. Zur Geschichte der Dekolonisation. — (Frankfurt a. M.:) Europ. Verl. Anst. (1968). 489 S.

Grimal, Henri: La décolonisation 1919—1963. — Paris: Colin 1965. 350 S.
(*„Coll. U. Sér. Histoire contemporaine."*)

Hoepli, Nancy L. [Ed.]: Aftermath of colonialism. - New York: Wilson 1973. 206 S.

Hooker, M. B.: Legal pluralism. An introduction to colonial and neo-colonial laws. - Oxford: Clarendon Press 1976. 601 S.

Isnard, Hildebert: Géographie de la décolonisation. — Paris: Presses Universitaires de France 1971. 224 S.
(*Coll. Sup. Sér. „Le géographe". 5.*)

Kohn, Hans: Some reflections on colonialism. — In: Rev. Politics 18 (1956), 259—268.

Moderne **Kolonialgeschichte.** Hrsg. von Rudolf von Albertini. - Köln: Kiepenheuer & Witsch (1970). 470 S.
(*Neue wissenschaftliche Bibliothek. 39.*)

Lüthy, Herbert: Die Epoche der Kolonisation. Versuch einer Interpretation des europäischen Zeitalters. — In: Merkur 20 (1966), 905—921; 1019—1034 u. 1119—1137.

Merle, Marcel: L'anti-colonialisme européen. De Las Cazas à Marx. — Paris: Colin 1969. 392 S.
(*Coll. „U". Sér. Idées politiques.*)

Miaja de la Muela, Adolfo: La emancipación de los pueblos coloniales. — Madrid: Ed. Tecnos 1968. 189 S.

Neill, Stephen: Colonialism and Christian missions. — New York: McGraw-Hill 1966. 445 S.

Niculescu, Barbu: Colonial planning. — London: Allen & Unwin 1958. 208 S.

Paczensky, Gert v[on]: Die Weißen kommen. Die wahre Geschichte des Kolonialismus. - (Hamburg:) Hoffmann & Campe (1970). 560 S.

Radovanović, Ljubomir: Ausblicke des afrikanischen Antikolonialismus. — In: Internat. Politik [Beograd] 10 (1959), H. 210, 12—14; H. 211, 5—7.

Salmon, André: La terreur noire. Chronique du mouvement libertaire. — Paris: Pauvert 1959. 542 S.

Strausz-Hupé, Robert und Harry W. Hazard [Ed.]: The idea of colonialism. — New York: Praeger 1958. 496 S.

Tibi, Bassam: Kolonialherrschaft, Antikolonialismus und Dekolonisation. — In: Neue polit. Lit. 15 (1970), 507—532.
Literaturbericht.

Young, Crawford: Decolonization and independence. — Princeton: Princeton University Press 1965. XII, 659 S.

Wolff, Richard D.: The economics of colonialism. Britain and Kenya, 1870–1930. - New Haven, Conn.: Yale University Press 1974. XV, 203 S.
(Yale Series in Economic History.)

Entwicklungspolitik und
„Dritte Welt"

Bald, Detlef: Militärhilfe in der Entwicklungshilfe. [Literaturbericht] - In: Neue polit. Lit. 19 (1974), 201–208.

Baldwin, David A.: Foreign aid, intervention and influence. — In: World Politics 21 (1968/69), 425—447.

Behrendt, Richard F.: Minderheitenprobleme der jungen Nationen. — In: Gewerksch. Monatsh. 20 (1969), 513—522.

Benoit, Emile: Defense and economic growth in developing countries. - Lexington, Mass.: Heath Lexington Books 1973. 326 S.

Berg, Alan D.: Malnutrition and national development. — In: Foreign Aff. 46 (1967/68), 126—136.

Betz, Joachim: Funktionen der Multilateralisierung von Entwicklungshilfe. — In: Polit. Vjschr. 17 (1976), 344–370.

Cho, M. Y.: Vom Kolonialismus zur Entwicklungspolitik. Ein Beitrag zur Problematik. — In: Gewerkschaftl. Monatsh. 18 (1967), 606—617.

Cola Alberich, Julio: Anatomia del Tercer Mundo. - Madrid: Organización Sala Ed.; Sociedad Anónima 1973. 240 S.

Dorner, Klaus: Probleme einer weltwirtschaftlichen Integration der Entwicklungsländer. - Tübingen: Erdmann 1974. VI, 194 S.
(Bochumer Schriften zur Entwicklungsforschung und Entwicklungspolitik. 16.)

Entwicklungsländer. Hrsg. von Bruno Fritsch. — Köln: Kiepenheuer & Witsch (1968). 460 S.
(Neue wissenschaftliche Bibliothek. 24.)

Eppler, Erhard: Der Teufelskreis der Armut. — In: Neues Hochland 64 (1972), 38—42.

Gonidec, Pierre-François: Vie politique du tiers monde. - Paris: Cours de droit 1972. 323 S.

Gordon, David C.: Self-determination and history in the Third World. — Princeton, N.J.: Princeton University Press 1971. 219 S.

Gosovic, Branislav: UNCTAD, conflict and compromise. The Third World's quest for an equitable world economic order through the United Nations. - Leyden: Sijthoff 1972. 349 S.

Goulet, Denis: The cruel choise. A new concept in the theory of development. — New York: Atheneum 1971. 362 S.

Handbuch der Dritten Welt. ⟨Hrsg.:⟩ Dieter Nohlen u. Franz Nuscheler. - (Hamburg:) Hoffmann & Campe.
1. Theorien und Indikatoren von Unterentwicklung und Entwicklung. (1974). 395 S.
2. Unterentwicklung und Entwicklung in Afrika. (1976).
   1. Ägypten und Mali. 355 S.
   2. Marokko, Zentralafrikanische Republik und abhängige Gebiete. S. 361–750.
3. Unterentwicklung und Entwicklung in Lateinamerika. (1976). 600 S.
4. Unterentwicklung und Entwicklung in Asien. (1978).
   1. Afghanistan – Laos. 410 S.
   2. Libanon – Ozeanien. S. 419–869.
(Programm Wissenschaft.)

Handke, Werner: Die Verschuldung der Entwicklungsländer. — In: Außenpolitik 19 (1968), 95—100.

Hauser, Jürg A.: Bevölkerungsprobleme der Dritten Welt. Ein Vademecum mit Tatsachen, Beziehungen und Prognosen. - Stuttgart: Haupt 1974. 316 S.
(Uni-Taschenbücher. 316.)

Hermann, Hans H[einrich], Helmut Klages [u.] Dieter Seelmann: Wettlauf mit dem Chaos. Eine Sozialökonomie der 3. Welt. - Reinbek b. Hamburg: Rowohlt 1972. 122 S.
(rororo-tele. 55.)

Hesse, Kurt: Das System der Entwicklungshilfen. — Berlin: Duncker & Humblot (1969). XXI, 440 S.

Huber, Maria: Strategien der Entwicklungspolitik. Ein Beitrag zur Kritik der Entwicklungsökonomie. - Frankfurt a. M.: Lang 1975. 195 S.
(Beiträge zur Politikwissenschaft. 3.)

Huntington, Samuel P. [u.] Joan M. Nelson: No easy choice. Political participation in developing countries. - Cambridge, Mass.: Harvard University Press 1976. XII, 202 S.

Jalée, Pierre: Die Dritte Welt in der Weltwirtschaft (Le tiers monde dans l'économie mondiale, dt.) (Aus d. Französ. von Ernst Ludwig Zorer u. Heide Maria Hertel.) — (Frankfurt a. M.:) Europ. Verl. Anst. (1969). 205 S.
([res novae.] Dritte Welt.)

Janowitz, Morris: Military institutions and coercion in the developing nations. – Chicago: University of Chicago Press 1977. 211 S.

Inkeles, Alex [und] David H. Smith: Becoming modern. Individual change in six developing countries. – Cambridge, Mass.: Harvard University Press 1974. 437 S.

Les **institutions** du développement. Textes choisis et présentés par Patrick Daillier. – Paris: Presses universitaires de France 1972. 96 S.
(Coll. „Dossiers Thémis". 15.)

Johnson, John J. [Ed.]: The role of the military in underdeveloped countries. Pref. by Hans Speier. — Princeton, N. J.: Princeton University Press 1967. 423 S.

Jones, Graham: The role of science and technology in developing countries. — London: Oxford University Press 1971. XVIII, 174 S.

Jouve, Edmond: Relations internationales du tiers monde. Le tiers-monde en lutte. – Paris: Berger-Levrault 1976. 478 S.
(Coll. „Tiers-monde en marche". 1.)

Iraci, L.: Note sul Terzo Mondo. — Roma: Bulzoni 1970. 311 S.

Peripherer **Kapitalismus**. Analysen über Abhängigkeit und Unterentwicklung. Hrsg. von Dieter Senghaas. – Frankfurt a. M.: Suhrkamp 1974. 391 S.
(Edition Suhrkamp. 652.)

Kaplan, Jacob J.: The challenge of foreign aid. Policies, problems and possibilities. — New York: Praeger 1967. 405 S.

Kasdan, Alan Richard: The Third World. A new focus for development. – Cambridge, Mass.: Schenkman Publ. 1973. 144 S.

Kautsky, John H.: Communism and the politics of development. Persistent myths and changing behavior. — New York: Wiley 1968. 216 S.

Kebschull, Dietrich: Entwicklungspolitik. E. Einf. unter Mitarb. von Karl Fasbender u. Ahmad Naini. — Düsseldorf: Bertelsmann Universitätsverl. 1971. 190 S.
(Veröffentlichungen des HWWA-Institut für Wirtschaftsforschung, Hamburg.)

Kennedy, Gavin: The military in the Third World. – London: Duckworth 1974. XIII, 368 S.

Korany, Bahgat: Social change, charisma and international behaviour. Toward a theory of foreign policy-making in the Third World. – Leiden: Sijthoff 1976. XXIII, 460 S.
(Collection de relations internationales. Institut Universitaire de Hautes Etudes Internationales. 4.)

LaMond Tulis, F.: Politics and social change in third world countries. – New York: Wiley 1973. XIV, 372 S.

La Vallée Poussin, Etienne de u. Martin Vasey: Amerikanische und europäische Entwicklungshilfe. Ein Vergleich der Ziele und Methoden. — In: Europa-Arch. 22 (1967), 783—790.

Linder, Staffan Burenstam: Trade and trade policy for development. — London: Pall Mall Press 1967. XI, 179 S.
(Pall Mall Series on International Economics and Development.)

Livingstone, Arthur: Social policy in developing countries. — London: Routleadge & Kegan Paul 1969. 120 S.
(Library of Social Policy and Administration.)

Losada Aldana, Ramon: La dialectique du sous-développement (Dialectica del subesarrollo, französ.) Trad. par Mylène Berdoyes. – Paris: Ed. Anthropos 1972. 264 S.
(Coll. „Sociologie et tiers monde".)

McCord, William: The springtime of freedom. Evolution of developing societies. — New York: Oxford University Press 1965. 330 S.

McNamara, Robert S[trange]: Die Jahrhundertaufgabe, Entwicklung der Dritten Welt (One houndred countries, two billion people, dt.) – Stuttgart: Seewald 1974. 197 S.

Malenbaum, Wilfred: Government, entrepreneurship and economic growth in poor lands. — In: World Politics 19 (1966/67), 52—68.

Mándi, Péter: Entwicklungsprobleme und der Pearson-Bericht. — In: Österr. Osth. 13 (1971), 131—139.

Matzke, Otto [u.] Hermann Priebe: Entwicklungspolitik ohne Illusionen. Mobilisierung der Eigenkräfte. – Stuttgart: Kohlhammer 1973. 105 S.
(Urban-Taschenbücher. 840.)

Mesa, Roberto: Las revoluciones del Tercer Mundo. — Madrid: Edicusa 1971. 254 S.

Migdal, Joel: Peasants, politics and revolution. Pressures toward political and social change in the Third World. – Princeton, N.J.: Princeton University Press 1974. 300 S.

Mytelka, Lynn Krieger: The salience of gains in Third-World integrative systems. – In: World Politics 25 (1972/73), 236–250.

Niess, Frank: Imperialismustheorie und politische Ökonomie der armen Welt. - In: Polit. Vjschr. 14 (1973), 379–388.

Der Dialog **Nord-Süd**. Informationen zur Entwicklungspolitik. [Hrsg.:] Jan Tinbergen. – Frankfurt a. M.: Europ. Verl.-Anst. 1977. 227 S.
(Demokratischer Sozialismus in Theorie und Praxis.)

Park, Sung-Jo: Entwicklungstheorien, Entwicklungsstrategien und Entwicklungspolitik. – In: Neue polit. Lit. 22 (1977), 49–61.

Pearson, Lester B.: The crisis of development. Publ. for the Council on Foreign Relations. — New York: Praeger (1970). VIII, 117 S.

Pieris, Ralph: Studies in the sociology of development. — Rotterdam: Rotterdam University Press 1969. VIII, 222 S.

Die politischen **Probleme** der Dritten Welt. (Hrsg.:) Dirk Berg-Schlosser. – Hamburg: Hoffmann & Campe 1972. 423 S.
(Reader: Politologie.)

Radetzki, Marian: Aid and development. A handbook for small donors. Forew. by Erik Lundberg. – New York: Praeger 1973. 323 S.
(Praeger Special Studies in International Economics and Development.)

Recum, Hasso von: Bildungsplanung in Entwicklungsländern. Die Regionalpläne der UNESCO. – (Braunschweig: Westermann 1966.) 156 S.
(Westermann-Taschenbuch. Das pädagogische Forum. 8.)

Rotblat, Joseph: Scientists in the quest for peace. A history of the Pugwash conferences. – Cambridge, Mass.: MIT Press 1972. XIX, 399 S.

Roth, Guenther: Personal rulership, patrimonialism and empirebuilding in the new states. – In: World Politics 20 (1967/68), 194–206.

Roy, Maurice Pierre: Les régimes politiques du tiers monde. – Paris: Libr. gle de droit et de jurisprudence 1977. 615 S.

Rubin, Seymour J.: The conscience of the rich nations. The Development Assistance Committee and the common aid effort. – New York: Harper & Row (1966). X, 164 S.

Rubin, Seymour J. [Ed.]: Foreign development lending, legal aspects. – Dobbs Ferry: Oceana Publ. 1972. 352 S.

Rubinstein, Alvin Z. [Ed.]: Soviet and Chinese influence in the Third World. – New York: Praeger 1975. 232 S.

Schmauch, Jochen: Herrschen oder helfen? Krit. Überlegungen zur Entwicklungshilfe. – Freiburg: Rombach (1967). 227 S.

Schmidt, Johann-Lorenz: Die Entwicklungsländer. Ursprung, Lage, Perspektive. – Frankfurt a. M.: Verl. Marxist. Bll. 1974. 288 S.

Senghaas, Dieter: Weltwirtschaftsordnung und Entwicklungspolitik. Plädoyer für Dissoziation. – (Frankfurt a. M.:) Suhrkamp (1977). 357 S.
(Edition Suhrkamp. 856.)

Sieberg, Herward: Dritte Welt – Vierte Welt. Grundprobleme der Entwicklungsländer. – Hildesheim: Olms 1977. 191 S.
(Hildesheimer Beiträge zu den Erziehungs- und Sozialwissenschaften. 6.)

Smith, Donald Eugene [Ed.]: Religion, politics and social change in the Third World. A sourcebook. – New York: Free Press 1971. 286 S.

Sommerlad, E. Lloyd: The press in developing countries. – Sydney: Sydney University Press 1966. XIII, 189 S.

Stahn, Eberhard: Entwicklungshilfe, eine neue Form des Kolonialismus? – In: Außenpol. 20 (1969), 605–615.

Szentes, Tamás: Politische Ökonomie der Entwicklungsländer. – Frankfurt a. M.: Europ. Verl.-Anst. 1974. 347 S.

Taborsky, Edward: The class struggle, the proletariat and the developing nations. – In: Rev. Politics 29 (1967), 370–386.

Tendler, Judith: Inside foreign aid. – Baltimore: Johns Hopkins Press 1975. 140 S.

Thorp, Willard L.: The reality of foreign aid. Publ. for the Council on Foreign Relations. – New York: Praeger (1971). XIV, 370 S.

Tibi, Bassam: Militär und Sozialismus in der Dritten Welt. Allgemeine Theorien und Regionalstudien über arabische Länder. – (Frankfurt a. M.:) Suhrkamp (1973). 346 S.
(Edition Suhrkamp. 631.)

Timmler, Markus: Entwicklungshilfe und Rohstoffpolitik. – In: Außenpol. 26 (1975), 83–97.

Timmler, Markus: Von der Entwicklungshilfe zur Entwicklungspolitik. – In: Außenpol. 29 (1978), 159–172.

Uhlig, Christian: Entwicklungshilfepolitik. Analyse der Konzeption westlicher Geberländer. – Hamburg: Verl. Weltarchiv 1971. 311 S.
(Veröffentlichungen des HWWA-Institut für Wirtschaftsforschung, Hamburg.)

Wall, David: The charity of nations. The political economy of foreign aid. – London: Macmillan 1973. 181 S.

Die Dritte **Welt** als Bildungsaufgabe. – Köln: Westdtsch. Verl. 1969. 328 S.
(Offene Welt. 99/100.)

White, John: The politics of foreign aid. – London: Bodley Head (1974). 316 S.

Wischnewski, Hans-Jürgen: Nord-Süd-Konflikt. Beiträge zur Entwicklungspolitik. – (Hannover:) Verl. f. Literatur u. Zeitgeschehen (1968). 170 S.

Wolpin, Miles D.: Military aid and counterrevolution in the third world. – Lexington, Mass.: Heath Lexington Books 1973. 327 S.

Woodhouse, Edward J.: Re-visioning the future of the Third World. An ecological perspective on development. – In: World Politics 25 (1972/73), 1–33.

Wülker, Gabriele: Bevölkerungsprobleme der Dritten Welt. – In: Polit. Vjschr. 16 (1975), 433–444.

Yoder, Amos: UNCTAD, insights into development policies. – In: Orbis 17 (1973/74), 527–544.

Zenk, Günter: Die Rolle multinationaler Unternehmen bei der binnen- und außenmarktorientierten Industrialisierung in Entwicklungsländern. – In: Vjb. Probl. Entwicklungsländer 1976, 1–21.

Friedensbewegung, Friedensforschung

Aggressionstrieb und Krieg. Symposium des Internationalen Instituts für den Frieden, Wien. Hrsg. von Walter Hollitscher. Mit e. Einf. von Rolf Denker. (Aus d. Engl. übers. von Rudolf Hermstein.) – Stuttgart: Dtsch. Verl.-Anst. (1973). 164 S.
(dva-informativ.)

Assel, Hans Günther: Weltpolitik und Politikwissenschaft. Zum Problem der Friedenssicherung. — ([Bonn:] Bundeszentrale f. Polit. Bildung 1968). 64 S.
(Schriftenreihe der Bundeszentrale für Politische Bildung. 77.)

Bönisch, Alfred [u.] Wolfgang Steinke: Bürgerliche Friedensforschung. Probleme, Widersprüche, Tendenzen. – Berlin: Akademie-Verl. 1973. 166 S.

Bouthoul, Gaston: La paix. – Paris: Presses universitaires de France 1974. 128 S.
(Coll. „Que sais-je?")

Bowles, Chester: The new dimensions of peace. — New York: Harper 1955. XIV, 391 S.

Brauch, Hans Günter: Entwicklung und Ergebnisse der Friedensforschung. - In: Neue polit. Lit. 22 (1977), 174–201; 385–412 u. 516–535.

Brock, Peter: Pacifism in Europe to 1914. - Princeton, N. J.: Princeton University Press 1972. X, 556 S.

Christen und Marxisten im Friedensgespräch. Materialien dreier wissenschaftlicher Symposien. Hrsg. vom Institut für Friedensforschung und vom Internationalen Institut für den Frieden. - Freiburg i. Br.: Herder 1976. 318 S.

Clark, Grenville und Louis B. Sohn: World peace through world law. — Cambridge: Harvard University Press 1958. XXXVI, 540 S.

Coudenhove-Kalergi, Richard: Vom ewigen Krieg zum großen Frieden. — Göttingen: Musterschmidt 1957. 280 S.

Czempiel, Ernst-Otto: Schwerpunkte und Ziele der Friedensforschung. - München: Kaiser 1972. 124 S.
(Reihe Entwicklung und Frieden. 4.)

Dedring, Juergen: Recent advances in peace and conflict research. A critical survey. - London: Sage Publ. 1976. 249 S.
(Sage Library of Social Research. 27.)

Dickmann, Fritz: Friedensrecht und Friedenssicherung. Studien zum Friedensproblem in der Geschichte. — Göttingen: Vandenhoeck & Ruprecht (1971). 183 S.
(Kleine Vandenhoeck Reihe. 321.)

Eberwein, Wolf-Dieter [und] Peter Reichel: Friedens- und Konfliktforschung. Eine Einführung. – München: Piper (1976). 210 S.
(Piper Sozialwissenschaft. 32.)

End, Heinrich: Utopische Elemente in der Friedensforschung. Selbstverständnis und Kritik neuerer politikwissenschaftlicher Forschungsansätze. - In: Z. Politik 20 (1973), 109–119.

Fetscher, Iring: Die Sicherung des Friedens. Ein Problem der politischen Theorie. — In: Merkur 20 (1966), 611 –630.

Forndran, Erhard: Abrüstung und Friedensforschung. Kritik an Krippendorff, Senghaas und Ebert. — Düsseldorf: Bertelsmann Universitätsverl. 1971. 149 S.
(Konzepte. Sozialwissenschaft. 2.)

Friedensforschung. Hrsg. von Ekkehard Krippendorff. — Köln: Kiepenheuer & Witsch (1968). 596 S.
(Neue wissenschaftliche Bibliothek. 29.)

Friedensforschung und Gesellschaftskritik. Hrsg. von Dieter Senghaas. — München: Hanser 1970. 224 S.
(Hanser Umweltforschung. 2.)

Galtung, Johan: Strukturelle Gewalt. Beitr. zur Friedens- und Konfliktforschung. (Übers. aus d. Engl. von Hedda Wagner.) - Reinbek b. Hamburg: Rowohlt 1975. 156 S.
(rororo. 1877.)

Gourevitch, Boris: The road to peace and to moral democracy. An encyclopedia of peace in two volumes. — New York: International Universities Press 1956.

Hehn, Jürgen von: Die Weltfriedensbewegung im Atomzeitalter: — In: Europa-Archiv 9 (1954), 6807—6821.

Hermens, Ferdinand A[loys]: Wege zum Frieden. Konkrete Lösungsversuche, machtbasiert oder freiwilligkeitsorientiert. — In: Hochland 59 (1966/67), 497—519.

Holl, Karl: Historische Friedensforschung. - In: Neue polit. Lit. 22 (1977), 202–212.

Jahrbuch für Friedens- und Konfliktforschung. Hrsg. i. A. d. Vorstandes d. Arbeitsgemeinschaft für Friedens- u. Konfliktforschung. Gesamtred.: Karl Kaiser, [ab Bd. 2:] Theodor Ebert, [ab Bd. 3:] Ulrich Albrecht. – (Düsseldorf:) Bertelsmann Universitätsverl.
1. Bedrohungsvorstellungen als Faktor der internationalen Politik. (1971). 313 S.
2. Friedensforschung und politische Praxis. (1972). 220 S.
3. Perspektiven der Kooperation zwischen kapitalistischen und sozialistischen Ländern. (1973). 196 S.

Jahrbuch für Friedens- und Konfliktforschung. Hrsg. im Auftrag des Vorstandes der Arbeitsgemeinschaft für Friedens- und Konfliktforschung. - Düsseldorf: Bertelsmann Universitätsverl.
4. Friedensforschung und Entwicklungspolitik. Gesamtred.: Ulrich Albrecht [u. a.] (1974). 164 S.

Kabel, Rainer: Mobilmachung zum Frieden. Friedensforschung und Friedenspraxis. — Tübingen: Katzmann 1971. 128 S.
(Jugend, Staat, Gesellschaft. 7.)

Kammler, Hans: Die Begriffe des „Friedens" und der „Gewalt" in einigen neueren Ansätzen der Friedensforschung. – In: Z. Politik 21 (1974), 363 –371.

Kempf, Wilhelm: Konfliktlösung und Aggression. Zu den Grundlagen einer psychologischen Friedensforschung. - Bern: Huber 1978. 230 S.

Köhle, Klaus: Das Friedensproblem im staatstheoretischen Denken seit der Antike. — In: Polit. Stud. 21 (1970), 5—17.

Köhle, Klaus [u.] Eckhard Spannraft: Institutionelle Schwerpunkte der Friedensforschung. — In: Polit. Stud. 21 (1970), 102—112.

Kuhn, Annette: Theorie und Praxis historischer Friedensforschung. – Stuttgart: Klett (1971). 149 S.
(Studien zur Friedensforschung. 7.)

Lindemann, Helmut: Recht und Grenzen des Pazifismus. — In: Pol. Lit. 2 (1953), 11—12.

Lückert, Hans-Rolf: Aspekte einer Psychologie der Friedenssicherung. — In: Polit. Stud. 21 (1970), 18—32.

Mitscherlich, Alexander: Die Idee des Friedens und die menschliche Aggressivität. 4 Versuche. — (Frankfurt a. M.:) Suhrkamp (1970). 137 S.
(Bibliothek Suhrkamp. 233.)

Niezing, Johan: Sociology, war and disarmament. Studies in peace research. — Rotterdam: Rotterdam University Press 1970. XII, 131 S.

Noack, Paul: Friedensforschung, ein Signal der Hoffnung? — Freudenstadt: Eurobuch-Verl. Lutzeyer 1970. 152 S.
(Bonn aktuell. 1.)

Noël-Baker, Philip J.: Die heutige Menschheit am Scheidewege. Forschung, Technologie und Abrüstung. — In: Universitas 23 (1968), 113—124.

Pannwitz, Rudolf: Der Friede. — Nürnberg: Carl (1950). 184 S.

Picht, Georg [u.] Wolfgang Huber: Was heißt Friedensforschung? Mit e. Vorw. von Heinz Eduard Tödt. — München: Kösel (1971). 74 S.

Randle, Robert F.: The origins of peace. A study of peacemaking and the structure of peace settlements. — New York: Free Press 1973. 550 S.

Raumer, Kurt von: Ewiger Friede. Friedensrufe und Friedenspläne seit der Renaissance. — München: Alber 1953. XII, 556 S.

Reineke, Wolfgang: Rüstungspolitik als Friedensstrategie. — In: Polit. Stud. 21 (1970), 66—80.

Röling, Bert V. A.: Einführung in die Wissenschaft von Krieg und Frieden (Inleiding tot de wetenschap van oorlog en vrede, dt.) (Autoris. Übers. aus d. Holländ. von Karin Röling-Gellinek.) — (Neukirchen-Vluyn:) Neukirchener Verl. d. Erziehungsvereins (1970). 275 S.

Rumpf, Helmut: Friedensforschung und Friedensbegriff. — In: Außenpol. 21 (1970), 329—337.

Schlochauer, Hans-Jürgen: Die Idee des ewigen Friedens. Ein Überblick über Entwicklung und Gestaltung des Friedenssicherungsgedankens auf der Grundlage einer Quellenauswahl. — Bonn: Röhrscheid 1953. 236 S.

Schöllgen, Werner: „Ohne mich!... Ohne uns?" Recht und Grenzen des Pazifismus. (1. Aufl.) — Graz, Salzburg, Wien: Pustet (1951). 201 S.

Senghaas, Dieter: Abschreckung und Frieden. Studien zur Kritik organisierter Friedlosigkeit. — (Frankfurt a. M.:) Europ.Verl. Anst. (1969). 317 S.
(Kritische Studien zur Politikwissenschaft.)

Senghaas, Dieter: Gewalt, Konflikt, Frieden. Essays zur Friedensforschung. — Hamburg: Hoffmann & Campe 1974. 203 S.
(Standpunkt.)

Senghaas-Knobloch, Eva: Frieden durch Integration und Assoziation. Literaturbericht und Problemstudium. — Stuttgart: Klett (1969). 199 S.
(Studien zur Friedensforschung. 2.)

Siegmund-Schultze, F.: Die deutsche Friedensbewegung 1945 bis 1953. — In: Friedens-Warte 52 (1954), 154—162.

Studien zur Friedensforschung. Hrsg. von Georg Picht und Heinz Eduard Tödt. — Stuttgart: Klett. [Später auch:] München: Kösel.
1. Hrsg. von Georg Picht und Heinz Eduard Töd(1969). 239 S.t.
2. Frieden durch Integration und Assoziation. Literaturbericht und Problemstudien. [Von] Eva Senghaas-Knobloch. (1969). 199 S.
3. Konflikte zwischen Wehrdienst und Friedensdiensten. Ein Strukturproblem der Kirche. Hrsg. von Ulrich Duchrow u. Gerta Scharffenorth. (1970). 258 S.
4. Historische Beiträge zur Friedensforschung. Hrsg. von Wolfgang Huber. (1970). 242 S.
5. BC-Waffen und Friedenspolitik. Hrsg. von Ernst von Weizsäcker. (1970). 139 S.

Waterkamp, Rainer: Konfliktforschung und Friedensplanung. — Stuttgart: Kohlhammer (1971). 164 S.
(Reihe Kohlhammer.)

Zsifkovits, Valentin: Der Friede als Wert. Zur Wertproblematik der Friedensforschung. — München: Olzog 1973. 222 S.
(Berichte und Studien der Hanns-Seidel-Stiftung München. 3.)

Spezielle Fragen

Arendt, Hannah: Das zeitweilige Bündnis zwischen Mob und Elite. — In: Hochland 44 (1952), 511—524.

Arendt, Hannah: Vita activa oder Vom tätigen Leben. — Stuttgart: Kohlhammer (1960). 375 S.

Baeyer-Katte, Wanda von: Das Zerstörende in der Politik. Eine Psychologie der politischen Grundeinstellung. — Heidelberg: Quelle & Meyer (1958). 271 S.

Ball, George W.: The discipline of power. Essentials of a modern structure. — Boston: Little, Brown 1968. 358 S.
(An Atlantic Monthly Press Book.)

Bay, Christian: The structure of freedom. — Stanford, Calif.: Stanford University Press 1970. XXVII, 419 S.

Bedjaoui, Mohammed: Fonction publique internationale et influences nationales. — London: Stevens 1958. XV, 674 S.

Bentham's Handbook of political fallacies. Revised, edited and with a preface by Harold A. Larrabee. — Baltimore: Johns Hopkins Press 1952. XXXVI, 269 S.

Bergstraesser, Arnold: Führung in der modernen Welt. — Freiburg i. Br.: Rombach (1961). 56 S.

Bergstraesser, Arnold: Die Macht als Mythos und als Wirklichkeit. Eine Untersuchung. — (Freiburg:) Rombach (1965). 190 S.
(Politik.)

GESELLSCHAFT UND POLITIK

Berle, Adolf A.: Macht (Power, dt.) Die treibende Kraft der Geschichte. Aus d. Amerikan. von Uwe Bahnsen. – (Hamburg:) Hoffmann & Campe (1973). 594 S.

Del Bo, Dino: Die Krise der politischen Führungsschicht (La crisi dei dirigenti, dt.) (Ins Dtsch. übertr. von Adolf Kohler.) — Freiburg: Rombach (1966). 216 S.

Bornstein, Joseph: The politics of murder. — New York: Sloane 1951. 295 S.

Boveri, Margret: „Wo Literatur und Politik zusammenfließen." Eine Studie aus dem Gebiet der Vaterlandslosigkeit. — In: Merkur 8 (1954), 172—179.

Brandl, Franz: Staatsprozesse. Zwei Jahrtausende Gericht im Dienste der Macht. — Wien: Kremayr und Scheriau 1953. 513 S.

Bußhoff, Heinrich: Zu einer Theorie des politischen Stils. — Meisenheim a.G.: Hain 1972. 157 S.

Cameron, David R.: Toward a theory of political mobilization. – In: J. Politics 36 (1974), 138–171.

Clough, Shepard B.: The rise and fall of civilization. — New York: McGraw-Hill 1951. 291 S.

Constant, Benjamin: Über den Geist der Eroberer. (De l'esprit de conquête, dt.) Übers. von Josef Ziwutschka. — Wien: Amandus-Ed. 1946. 28 S.
(Symposion. 2.)

Constant, Benjamin: Der Geist der Usurpation. (De l'esprit de l'usurpation, dt.) Übers. von Josef Ziwutschka. — Wien: Amandus-Ed. 1946. 40 S.
(Symposion. 3.)

Cook, Thomas Ira und Malcolm Moos: Power through purpose. The realism of idealism as a basis for policy. — Baltimore: Johns Hopkins Pr. (1954). 216 S.

Daelen, Vital: Der Persönlichkeitsgedanke in der Politik [Ausz.] Vortrag. — Köln: Dt. Industrieverl. Ges. 1953. 4 gez. Bl. [Maschinenschr. autogr.]
(Vortragsreihe des Dtsch. Industrieinstituts. [1953.] 14.)

Dieckmann, Walther: Sprache in der Politik. Einf. in d. Pragmatik u. Semantik d. polit. Sprache. — Heidelberg: C. Winter 1969. 132 S.
(Sprachwissenschaftliche Studienbücher. Abt. 2.)

Draper, Theodore: Abuse of power. — New York: Viking Press 1967. 244 S.

Duroselle, Jean-Baptiste: Opinion, attitude, mentalité, mythe, idéologie. Essai de clarification. – In: Relat. internat. 1976, H. 2, 3–23.

Ellwein, Theodor: Autorität und Freiheit. — In: Intern. Jb. Politik 1954, 2—34.

Enzensberger, Hans Magnus: Politik und Verbrechen. 9 Beiträge. — Frankfurt a. M.: Suhrkamp (1964). 395 S.

Eschenburg, Theodor: Der Sold des Politikers. — (Stuttgart-Degerloch): Seewald (1959). 85 S.

Farneti, P.: Dimensioni del potere politico. — In: Quad. Sociol. 18 (1969), H. 3, 337—362.

Flechtheim, Ossip K[urt]: Extremismus und Radikalismus. Eine Kontrastudie. - In: Aus Politik und Zeitgeschichte, Beilage zur Wochenzeitung „Das Parlament" Nr 6 vom 6. Februar 1976, 22–30.

Friedrich, Carl J. [Ed.]: Authority. — Cambridge, Mass.: Harvard University Press 1958. 234 S.

Friedrich, Carl Joachim: Die Legitimität in politischer Perspektive. — In: Polit. Vjschr. 1 (1960), 119—132.

Friedrich, Carl J[oachim]: Pathologie der Politik (The pathology of politics, dt.) Die Funktion der Mißstände. Gewalt, Verrat, Korruption, Geheimhaltung, Propaganda. (Aus d. Amerikan. übers. von Hans Jürgen Baron von Koskull.) - Frankfurt a. M.: Herder & Herder (1973). 228 S.

Führungsschicht und Eliteproblem. Konferenz d. Ranke-Gesellschaft, Vereinigung f. Geschichte im öffentl. Leben. — Frankfurt a. M., Berlin, Bonn: Diesterweg (1957). 143 S.
(Jahrbuch der Ranke-Gesellschaft. 3.)

Fulbright, J[ames] William: Die Arroganz der Macht (The arrogance of power, dt.) (Aus d. Amerikan. übertr. von Reinhold Neumann-Hoditz.) — (Reinbek b. Hamburg:) Rowohlt (1967). 247 S.
(rororo-Taschenbuch. 987/988: rororo aktuell.)

Gablentz, Otto Heinrich von der: Die Rolle der Intellektuellen in der Politik. — In: Dtsch. Univ.-Ztg 19 (1964), H. 12, 26—28.

Görlitz, Axel: Der politische Deutsche. — Paderborn: Schöningh (1967). 190 S.
(Sammlung Schöningh zur Geschichte und Gegenwart.)

Götz, Christian: Jugend und Politik. — In: Gewerkschaftl. Monatsh. 16 (1965), 148—155.

Grebing, Helga: Linksradikalismus gleich Rechtsradikalismus. Eine falsche Gleichung. – Stuttgart: Kohlhammer (1971). 85 S.

Heckscher, August: Glück für alle (The public happiness, dt.) (Aus d. Amerikan. von Gerhard Schönmann.) — Köln: Kiepenheuer & Witsch (1964). 321 S.

Hennis, Wilhelm: Zum Begriff und Problem des politischen Stils. — In: Gesellschaft, Staat, Erziehung 9 (1964) 225—237.

Heuss, Theodor: Grenzfragen des Religiösen und Politischen. — In: Universitas 8 (1953), 897—911.

Heydegger, Gerald: Der politische Mord nach der geschichtlichen Entwicklung seiner Behandlung in Rechtslehre und Gesetzgebung. — o. O. 1950. 75 gez. Bl. [Maschinenschr.]
Heidelberg, jur. Diss. 12. Juni 1950.

Hiller, Kurt: Schiefe Alternativen. Rede über eine Seuche. — In: Dtsch. Rdsch. 79 (1953), 682—691.

Hirsch-Weber, Wolfgang: Politik als Interessenkonflikt. Mit e. Vorw. von G. Eisermann. — Stuttgart: Enke 1969. X, 288 S.
(Bonner Beiträge zur Soziologie. 6.)

Holzgreve, Werner: Soziale Demokratie gegen politische Vermassung. — In: Gewerksch. Monatsh. 4 (1953), 473—477.

Jahn, Hans Edgar: Vertrauen, Verantwortung, Mitarbeit. Eine Studie über public relations Arbeit in Deutschland. — Oberlahnstein: Nohr 1953. 432 S.

Joll, James: Intellectuals in politics. — London: Weidenfeld & Nicolson (1960). 203 S.

Keller, Ernst: Der unpolitische Deutsche. Eine Studie zu den „Betrachtungen eines Unpolitischen" von Thomas Mann. — Bern, München: Francke (1965). 190 S.

Kern, Eduard: Geschichte des Gerichtsverfassungsrechts. — München, Berlin: Beck 1954. XIV, 352 S.

Kiessling, Heinz: Der politische Mord, de lege ferenda. — o. O. 1950. 129 gez. Bl. [Maschinenschr.]
München, jur. Diss. 10. Juli 1950.

Kirchheimer, Otto: Politik und Verfassung. — (Frankfurt a. M.:) Suhrkamp (1964). 185 S.
(edition suhrkamp. 95.)

Klingemann, Hans D. [u.] Franz U. Pappi: Politischer Radikalismus. Theoretische und methodische Probleme der Radikalismusforschung, dargestellt am Beispiel einer Studie anläßlich der Landtagswahl 1970 in Hessen. - München: Oldenbourg 1972. 124 S.

Kornhauser, William: The politics of mass society. — London: Routledge & Kegan Paul 1960. 256, 15 S.

Langemann, Hans: Das Attentat. Eine kriminalwissenschaftliche Studie zum politischen Kapitalverbrechen. — Hamburg: Kriminalistik, Verl. f. kriminalist. Fachliteratur (1956). 383 S.

Language and politics. Ed. by William M. O'Barr [u.] Jean F. O'Barr. - The Hague: Mouton (1976). XV, 506 S.
(Contributions to the sociology of language. 10.)

Leibholz, Gerhard: Politics and law. — Leyden: Sythoff 1964. 360 S.

Leistritz, Hans-Karl: Die Kunst der Politik. Analyse d. polit. Spielregeln. — München: Callwey (1968). 292 S.

Letwin, Shirley Robin: Rationalism, principles and politics. — In: Rev. Politics 14 (1952), 367—393.

McDougal, Myres S. [u. a.]: Studies in world public order. — New Haven: Yale University Press 1960. XX, 1058 S.

McFarland, Andrew S.: Power and leadership in pluralist systems. — Stanford, Calif.: Stanford University Press 1969. 273 S.

Marcuse, Herbert: Psychoanalyse und Politik. (3. Aufl.) — Frankfurt a.M.: Europ. Verl. Anst. (1968). 78 S.
(Kritische Studien zur Philosophie.)

Massenwahn in Geschichte und Gegenwart. Ein Tagungsbericht. Hrsg. von Wilhelm Bitter. — Stuttgart: Klett (1965). 283 S.

Meisel, James H.: The myth of the ruling class. Gaetano Mosca and the „elite". — Ann Arbor: University of Michigan Press (1958). VI, 432 S.

Meyers, Franz: Über Politik und Staatsgerichtsbarkeit. — München: Isar-V. 1952. S. 278—320.
(Politische Bildung. 29.)

Morkel, Arnd: Über den politischen Stil. — In: Polit. Vjschr. 7 (1966), 119—137.

Moulakis, Athanasios: Homonoia. Eintracht und die Entwicklung eines politischen Bewußtseins. - (München:) List (1973). 138 S.
(Schriftenreihe zur Politik und Geschichte.)

Nettl, J[ohn] P[eter]: Political mobilization. A sociological analysis of methods and concepts. — New York: Basic Books 1967. 442 S.

Neumann, Franz: Ökonomie und Politik im zwanzigsten Jahrhundert. — In: Z. Politik 2 (1955), 1—11.

Nicolet, Claude: Le radicalisme. — Paris: Presses Universitaires de France 1957. 128 S.

Nitschke, August: Der Feind. Erlebnis, Theorie u. Begegnung. Formen politischen Handelns im 20. Jahrhundert. — (Stuttgart:) Kohlhammer (1964). 268 S.

Osgood, Robert E., [u.] Robert W. Tucker: Force, order and justice. — Baltimore: Johns Hopkins Press 1967. 374 S.

Pächter, Heinz: Angst als politische Macht. — In: Neue Gesellsch. 2 (1955), H. 5, 38—43.

Partizipation, Demokratisierung, Mitbestimmung. Problemstellung und Literatur in Politik, Wirtschaft, Bildung und Wissenschaft. Eine Einführung. Hrsg. für die Studiengruppe Partizipationsforschung, Bonn. Von Ulrich Alemann. - (Opladen:) Westdtsch. Verl. (1975). 384 S.
(Studienbücher zur Sozialwissenschaft. 19.)

Plessner, Helmuth: Über Elite und Elitenbildung. — In: Gewerksch. Monatsh. 6 (1955), 602—606.

Politik und Ökonomie. Autonome Handlungsmöglichkeiten des politischen Systems. Hrsg. von Wolf-Dieter Narr. Tagung der Deutschen Vereinigung für Politische Wissenschaft in Hamburg, Herbst 1973. - (Opladen: Westdtsch. Verl. (1975). 498 S.
(Politische Vierteljahresschrift. Sonderh. 6.)

Kritischer **Rationalismus** und Sozialdemokratie. Hrsg. von Georg Lührs [u.a.] Mit e. Vorw. von Helmut Schmidt. - Bonn-Bad Godesberg: Dietz (1975). XVI, 481 S.
(Internationale Bibliothek. 79.)

Raudive, Konstantin: Der Chaosmensch und seine Überwindung. Betrachtungen über die Tragik unserer Zeit. — Memmingen: Dietrich (1951). 400 S.

Robins, Robert S.: Political institutionalization and the integration of elites. -Beverly Hills, Calif.: Sage Publ. 1976. 221 S.

Roth, Dieter: Zum Demokratieverständnis von Eliten in der Bundesrepublik Deutschland. - Frankfurt a. M.: Lang 1976. 187 S.
(Europäische Hochschulschriften. 22, 10.)

Rothfels, Hans: Zeitgeschichtliche Betrachtungen zum Problem der Realpolitik. — In: Forschungen zu Staat und Verwaltung, Festgabe für Fritz Hartung, Berlin: Duncker & Humblot (1958), 521—536.

Rudin, Josef: Fanatismus. Eine psychologische Analyse. — Olten u. Freiburg i. Br.: Walter (1965). 211 S.

Schmid, Carlo: Politik und Geist. — Stuttgart: Klett (1961). 280 S.

Schmitt, Carl: Gespräch über die Macht und den Zugang zum Machthaber. — Pfullingen: Neske (1954). 29 S.

Schmitt, Carl: Theorie des Partisanen. Zwischen-Bemerkung zum Begriff des Politischen. — Berlin: Duncker & Humblot (1963). 96 S.

Schmitz, Mathias: Die Freund-Feind-Theorie Carl Schmitts, Entwurf u. Entfaltung. — (Köln: Westdtsch. Verl.) 1965. 256 S.
(Ordo politicus. 3.)

Schroers, Rolf: Geheimwaffe Mensch. — In: Frankf. H. 8 (1953), 267—277.

Schubert, Glendon: Comparative judical behavior. Cross-cultural studies of political decision-making in the East and West. — New York: Oxford University Press 1969. XXII, 412 S.

[Schulze-] Wilde, Harry: Der politische Mord. — (Bayreuth:) Hestia (Verl. 1962). 352 S.

Schwarz, Urs: Die Angst in der Politik. — Düsseldorf: Econ-Verl. (1967). 243 S.

Seidel, Bruno: Freiheit als politisches, realsoziologisches und pädagogisches Problem. — In: Gesellsch., Staat, Erz. 13 (1968), 287—301.

Seligman, Lester G.: Elite recruitment and political development. — In: J. Politics 26 (1964), 612—626.

Spannraft, Eckhard: Wissenschaft im politischen Entscheidungsprozeß. — In: Polit. Stud. 21 (1970), 88—101.

Innere **Systemkrisen** der Gegenwart. Ein Studienbuch zur Zeitgeschichte. Hrsg. von Hartmut Elsenhans u. Martin Jänicke. — Reinbek b. Hamburg: Rowohlt 1975. 222 S.
(rororo. 1827.)

Talmon, J[akob] L.[eib]: Politischer Messianismus (Political messianism, dt.) Die romantische Phase. (Ins Dtsch. übertr. von Elfrath B. Kleinhaus.) — Köln: Westdtsch. Verl. 1963. XV, 546 S.
(Talmon: Die Geschichte der totalitären Demokratie. 2.)

Veale, F[rederick] J[ohn] P[artington]: Schuld und Sühne. Das Schlüsselproblem unserer Zeit. (Aus d. engl. [Ms.] übers. von Mabel Elsabe Narjes.) — Tübingen: Schlichtenmayer (1964). 71 S.

Verba, Sidney: Small groups and political behavior. A study of leadership. — Princeton: Princeton University Press; London: Oxford University Press 1961. XII, 273 S.

Verdier, H.: Les relations publiques. Information et action. — Paris: Ed. de l'Enterprise Moderne 1959. 254 S.

Vogel, Ernst: Public relations. Öffentliche Meinungs- und Beziehungspflege in Theorie und unternehmerischer Praxis. — Frankfurt a. M.: Knapp (1952). 122 S.
(Mannheimer Schriftenreihe „Angewandte Wirtschaftswissenschaft." 3.)

Vom rechten Gebrauch der Freiheit. Ein zeitgeschichtliches Lesebuch in Dokumenten 1964 bis 1974. Hrsg. von der Stiftung Theodor-Heuss-Preis. — München: List (1974). 335 S.

Waterkamp, Rainer: Politische Leitung und Systemveränderung. Zum Problemlösungsprozeß durch Planungs- und Informationssysteme. — Köln: Europ. Verl.-Anst. 1974. 394 S.

Weippert, Georg: Die Ideologie der „kleinen Leute" und des „Mannes auf der Straße". Vortrag, gehalten am 5. Mai 1952. — Berlin: Weiß 1952. 21 S.
(Schriftenreihe d. Dt. Hochschule f. Politik Berlin.)

Wenke, Hans: Geist und Organisation. Zur Charakteristik unseres Zeitalters. — Tübingen: Mohr 1961. 38 S.
(Recht u. Staat in Geschichte u. Gegenwart. 241.)

Wenzl, Aloys: Psychologie und Takt in der Politik. — München: Isar-V. 1953. S. 211—258.
(Politische Bildung. 40.)

Zelger, Josef: Konzepte zur Messung der Macht. — Berlin: Duncker & Humblot (1975). 260 S.
(Beiträge zur politischen Wssenschaft. 23.)

Internationale Organisationen

Allgemeines

Akzin, Benjamin: New states and international organisations. — Paris: UNESCO; International Political Science Association 1955. 200 S.

Atherton, Alexine L.: International organizations. A guide to information sources. — Detroit: Gale Research 1976. 350 S.

Blomeyer, H.: Der Internationale Gerichtshof und die Nichtmitgliedstaaten des Statuts. — In: Z. ausländ. öff. & Völkerr. 16 (1955), 256—276.

Bodmer, Heinrich: Die Stellung der Staaten in den internationalen Organisationen unter besonderer Berücksichtigung der Kleinstaaten. — Winterthur: Keller 1955. XII, 136 S.

Bodmer, Walter: Das Postulat des Weltstaates. Eine rechtstheoretische Untersuchung. — Zürich: Juris-V. 1952. 124 S.

Bornemann, Paul: Die Teilnahme politisch geteilter Staaten an der Arbeit internationaler Organisationen. — o. O. (1964). XIX, 153 S.
Köln, jur. Diss. vom 26. 2. 1964.

Bossin, André: Les nations et l'organisation mondiale de la paix. — Paris: Economie et Humanisme 1960. 309 S.

Bowett, D. W.: The law of international institutions. — London: Stevens 1963. XVIII, 347, VIII S.

Chiu, Hungdah: The capacity of international organizations to conclude treaties, and the special legal aspects of treaties so concluded. — Cambridge, Mass.: Havard Law School 1964. XII, 403 S.

Claude, Inis L.: Swords into plowshares. The problems and progress of international organization. 2nd ed. — New York: Random House 1959. 557 S.

Colliard, Claude Albert: Institutions internationales. — Paris: Dalloz 1956. 526 S.

Cox, Robert W. [u.] Harold K. Jacobsen: The anatomy of influence. Decision making in international organization. - New Haven: Yale University Press 1973. XIV, 497 S.

Cox, Robert W. [Ed.]: The politics of international organizations. Studies in multilateral social and economic agencies. — New York: Praeger 1970. 319 S.

Czerwinski, Günter: Das Universalitätsprinzip und die Mitgliedschaft in internationalen universalen Verträgen und Organisationen. - Berlin: Dunkker & Humblot 1974. 154 S.
(Schriften zum Völkerrecht. 34.)
Diss., Universität Köln.

Gamble, John King [u.] Dana D. Fisher: The International Court of Justice. An analysis of a failure. - Lexington, Mass.: Heath 1976. IX, 157 S.
(Lexington Books.)

Garcia Arias, Luis: La guerra moderna y la organización internacional. Madrid: Instituto de Estudios políticos 1962. 590 S.

Gautron, Jean Claude: Organisations européennes. - Paris: Dalloz 1973. 146 S.
(Coll. „Mémentos Dalloz".)

Gerbet, Pierre: Les organisations internationales. — Paris: Presses Universitaires 1958. 128 S.

Goodrich, Leland M. [u.] David A. Kay [Ed.]: International organization, politics and process. - London: University of Wisconsin Press 1973. 465 S.

Goodspeed, Stephen S.: The nature and function of international organization. — London, New York: Oxford University Press 1959. 676 S.

Goodspeed, Stephen S.: The nature and function of international organizations. (2. ed.) — New York: Oxford University Press 1967. 730 S.

Gregg, Robert W[hitcomb]: International organization in the Western hemisphere. — Syracuse, N.Y.: Syracuse University Press 1968. VIII, 262 S.

Grosse, Will: Pakte, Fronten, Unionen 1958. 104 Regierungen in 64 internat. Organisationen (IGO's). (Stand 1. 1. 1958.) — Bonn, Bundeshaus: [Selbstverl.] 1958. 1 Faltblatt.

Grosse, Will: Nationale Politik und internationale Organisationen. — In: Intern. Jb. Politik 1954, 378—385.

Huntington, Samuel P.: Transnational organizations in world politics. - In: World Politics 25 (1972/73), 333–368.

Jenks, Wilfred C.: The proper law of international organisations. — London: Stevens; New York: Oceana 1962. XLI, 282 S.

Iwanejko, Marian: The international court of justice. — In: Polish West. Aff. 8 (1967), 220—250.

Kappelmann, Uwe: Die Geschäftsordnungen internationaler Organisationen. Unter besonderer Berücksichtigung der Geschäftsordnung der Allgemeinen Versammlung der Vereinten Nationen. — o. O. 1956. IV, 100 S. [Maschinenschr. vervielf.]
Mainz, rechts- u. wirtschaftswiss. Diss. 23. Mai 1957.

Keohane, Robert O. und Joseph S. Nye: Transgovernmental relations and international organizations. - In: World Politics 27 (1974/75), 59–62.

Kirgis, Frederic L.: International organizations in their legal setting. Documents, comments and questions. - St. Paul, Mn.: West Publ. 1977. 1016 S.

Korowicz, Marc-Stanislas: Organisations internationales et souveraineté des états membres. — Paris: Pedone 1961. 349 S.

L'Huillier, Fernand und G. Hourdin: Les institutions internationales et transnationales. Préf. de Marcel Prélot. — Paris: Presses Universitaires de France 1961. XIII, 295 S.

Lusignan, Guy de: L'organisation internationale du travail (1919—1959). — Paris: Ed. Ouvrières 1959. 133 S.

Mangone, Gerard J.: The idea and practice of world government. — New York: Columbia University Press 1951. XI, 278 S.

Meerhaeghe, M. A. G. van: International economic institutions. — New York: Wiley 1967. 404 S.

Migliazzi, Alessandro: Il fenomeno dell'organizzazione e la comunità internazionale. — Milano: Giuffrè 1958. VIII, 288 S.

Monaco, Riccardo: Lezioni di organisazione internazionale. 1: Diritto delle istituzioni internazionali. — Torino: Giappichelli 1957. 343 S.

Münch, Fritz und Gert von Eynern: Internationale Organisationen und Regionalpakte (ohne Europa-Organisationen). — Köln, Opladen: Westdt. Verl. 1962. VIII, 268 S.

Peaslee, Amos Jenkins: International governmental organizations. Constitutional documents. 1. 2. — The Hague: Nijhoff 1956.

Phillips, L. H.: Multilateral constitution-making: The international atomic energy agency. — In: West. Polit. Quart. 12 (1959), 727—737.

Plano, Jack C. [u.] Robert E. Riggs: Forging world order. The politics of international organizations. — London: Collier-Macmillan 1967. 600 S.

Plehwe, Friedrich-Karl von: Internationale Organisationen und die moderne Diplomatie. ([Mit e.] Geleitw. von Walter Bussmann.) – München: Olzog (1972). 240 S.
(Deutsches Handbuch der Politik. 6.)

Raeymaeker, Omer de: Neue Perspektiven in der Entwicklung der internationalen Organisationen. — In: Intern. Jb. Politik 1955, 2—33.

Reuter, P.: Institutions internationales. — Paris: Presses Universitaires 1955. 426 S.

Rosenne, Shabtai: The international court of justice. An essay in political and legal theory. — Leyden: Sijthoff 1957. XXVI, 592 S.

Rouyer-Hameray, Bernard: Les compétences implicites des organisations internationales. — Paris: Libr. générale de droit et de jurisprudence 1962. 110 S.

Ruzié, David: Organisations internationales et sanctions internationales. — Paris: Colin 1971. 224 S.
(Coll. „U".)

Salmon, Jean: Le rôle des organisations internationales en matière de prêts et d'emprunts: Problèmes juridiques. — London: Stevens 1958. XIX, 366 S.

Schlüter, Bernhard: Die internationale Rechtsstellung der internationalen Organisationen. Unter besonderer Berücksichtigung der Rechtslage in der BRD. - Köln: Heymann 1972. XIII, 200 S.
(Beiträge zum ausländischen öffentlichen Recht und Völkerrecht. 57.)

Schneider, Johannes Wilhelmus: Treaty-making power of international organizations. — Genève: Droz; Paris: Minard 1959. 151 S.

Schneider, Otfried: Die politischen Streitigkeiten in der Rechtsprechung des Ständigen Internationalen Gerichtshofes. — Leipzig 1949. 88 gez. Bl. [Maschinenschr.]
Leipzig, jur. Diss. 23. Mai 1949.

Singh, Nagendra: Termination of membership of international organisations. — London: Stevens 1958. XV, 209 S.

Szawlowski, Richard: The system of the International Organizations of the Communist countries. - Leyden: Sijthoff 1976. XXIX, 322 S.

Vandenbosch, Amry: The small states in international politics and organization. — In: J. Politics 26 (1964), 293—312.

Verzijl, J. H. W.: The jurisprudence of the World Court. A case by case commentary. — Leyden: Sijthoff.
  1. The Permanent Court of International Justice (1922—1940). 1965. 600 S.

Virally, Michel: Le rôle des organisations internationales dans l'atténuation et le règlement des crises internationales. - In: Pol. étr. 41 (1976), 529–562.

Wood, Robert S. [Ed.]: The process of International Organization. — New York: Random House 1971. 525 S.

Yearbook of international organisations 1954—1955. (Fifth year.) — Bruxelles: Union of International Organisations 1955. 1196 S.

Yearbook of International Organizations. Ed. by R. A. Hall for the Union of International Associations. 13th ed. — Brussels: Union of Internat. Associations 1971. 1053 S.

Zemanek, Karl: Das Vertragsrecht der internationalen Organisationen. — Wien: Springer 1957. XI, 159 S.

Völkerbund

Barandon, Paul: Die Vereinten Nationen und der Völkerbund in ihrem rechtsgeschichtlichen Zusammenhang. — Hamburg: Rechts- und staatswiss. Verl. (1948). 330 S.
(Abhandlungen d. Forschungsstelle f. Völkerrecht u. ausländ. öffentl. Recht an d. Univ. Hamburg. 1.)

Bendiner, Elmer: A time for angels. The tragicomic history of the League of Nations. - New York: Knopf 1975. XIV, 441, XVIII S.

Cohen, Armand: La Société des Nations devant le conflit italo-éthiopien (Décembre 1934—Octobre 1935). Politique et procédure. — Genève: Droz; Paris: Minard 1960. 144 S.
(Etudes d'Histoire Economique, Politique et Sociale. 35.)

Dexter, Byron: The years of opportunity. The League of Nations. 1920—1926. — New York: Viking Press 1967. 264 S.

Fortuna, Ursula: Der Völkerbundsgedanke in Deutschland während des Ersten Weltkrieges. - Zürich: Europa-Verl. (1974). 306 S.
(Wirtschaft, Gesellschaft, Staat. 30.)

Fraenkel, Ernst: Idee und Realität des Völkerbundes im deutschen politischen Denken. — In: Vjh. Zeitgesch. 16 (1968), 1—14.

Gottschalk, Anni A.: Legal studies on collective security under the League of Nations convenant and United Nations Charter.
New York, New School for Social Research, Diss. 1952.

Henig, Ruth B. [Ed.]: The League of Nations. - Edinburgh: Oliver & Boyd 1973. X, 203 S.
(Evidence and Commentary. Historical Source Books.)

Nicholas, H. G.: From League to United Nations. — In: Internat. Aff. 46 (1970), Sonderh., 88—100.

Pfeil, Alfred: Der Völkerbund. Literaturbericht und kritische Darstellung seiner Geschichte. - Darmstadt: Wiss. Buchgesellsch. 1976. X, 165 S.
(Erträge der Forschung. 58.)

Rechberg und Rothenloewen, Albrecht Graf von: Wie sind die politischen Verträge in die Völkerbundssatzung eingebaut? — Elkhofen 1950. 122 gez. Bl. [Maschinenschr.]
München, jur. Diss. 13. Februar 1951.

Rovine, Arthur W.: The first fifty years. The secretary-general in world politics 1920—1970. — Leyden: Sijthoff 1970. 498 S.

Scharnow, Wolfgang: Vereinigte Nationen und Völkerbund. Ein Vergleich auf völkerrechtlicher Grundlage. — o. O. 1948. III, 411 gez. Bl. [Maschinenschr.]
Tübingen, rechts- u. staatswiss. Diss. 19. April 1948.

Schickel, Alfred: Völkerbund, Friedenshoffnung der Väter. Zur Gründung des Völkerbundes vor 50 Jahren. — In: Polit. Stud. 20 (1969), 693—699.

Schimmelpfennig, Klaus: Fortschritt im Völkerrecht durch Völkerbund und Vereinte Nationen. — o. O. 1949. IX, 165 gez. Bl. [Maschinenschr.]
Heidelberg, jur. Diss. 20. Sept. 1949.

Schmidt, C. Hugo: Das Ende des Völkerbunds. — Stuttgart: Jauch 1956. 143 S.

Scott, George: The rise and fall of the League of Nations. - New York: Macmillan 1974. 432 S.

Singer, David J.: The finances of the League of Nations. — In: Internat. Organization 13 (1959), 255—273.

Steuernagel, Hans: Völkerbund und Vereinte Nationen. — In: Gesellschaft, Staat, Erziehung 6 (1960), 270—275.

Vinson, John Chalmers: Referendum for isolation. Defeat of article ten of the League of Nations Covenant. — Athens: University of Georgia Press 1961. VIII, 148 S.

Walters, F. P.: A history of the League of Nations. Vol. 1. 2. — London: Oxford University Press 1952. XV, 463 S.; VIII, S. 466—833.

Walters, F[rancis] P[aul]: A history of the League of Nations. Publ. under the auspices of the Royal Institute of International Affairs. [2. ed.] — London, New York, Toronto: Oxford University Press (1960). XV, 833 S.

Vereinte Nationen

Abdine, Abdul Latif: Le régionalisme dans la Charte des Nations Unies. — Genève 1960. XII, 284 Bl.
Université de Genève, Thèse.

Albano-Müller, Armin: Die Deutschland-Artikel in der Satzung der Vereinten Nationen. — Stuttgart: Kohlhammer (1967). 146 S.
(Untersuchungen zur auswärtigen Politik. 4.)

Alcock, Antony Evelyn: History of the International Labour Organization. — London: Macmillan 1971. X, 384 S.

Allen, R. L.: United Nations technical assistance. Soviet and East European participation. — In: Internat. Organization 11 (1957), 615—634.

Armstrong, Hamilton Fish: U[nited] N[ations] on trial. — In: Foreign Aff. 39 (1960/61), 388—415.

Arntz, Joachim: Der Begriff der Friedensbedrohung in Satzung und Praxis der Vereinten Nationen. - Berlin: Duncker & Humblot 1975. 198 S.
(Schriften zum Völkerrecht. 46.)

Asher, Robert E. [u. a.]: The United Nations and the promotion of general welfare. — Washington: Brookings Institute 1958. 1216 S.

Attia, Gamal el din: Les forces armées des Nations Unies en Corée et au Moyen-Orient. — Genève 1959. 540 Bl.
Université de Genève, Thèse.

Baily, Sydney D[awson]: The General Assembly of the United Nations. A study of procedure and practice. — London: Stevens 1960. XX, 337 S.
(United Nations Studies.)

Bailey, Sydney Dawson: The procedure of the UN Security Council. - Oxford: Clarendon Press 1975. XII, 424 S.

Bailey, Sidney D.: The secretariat of the United Nations. New York: Carnegie Endowment for International Peace; London: Stevens 1962. 113 S.

Bailey, Sydney D.: Voting in the Security Council. — Bloomington: Indiana University Press 1970. 275 S.
(Indiana University International (Studies.)

Ballaloud, Jacques: L'O.N.U. et les opérations de maintien de la paix. — Paris: Pedone 1971. 240 S.

Basak, Adam: Decisions of the United Nations organs in the jugdment and opinions of the International Court of Justice. — Wrocław: Ossolineum 1969. 223 S.

Bastid, Suzanne: Le rôle de l'Europe aux Nations Unies jusqu'à la dixième session de l'assemblée générale. — Paris: Pedone 1955. 24 S.

Bebr, G.: Regional organizations. A United Nations problem. — In: Amer. J. int. Law 49 (1955), 166—184.

Beer, Max: Die Vereinigten Nationen im Wandel der Zeiten. — In: Dtsch. Rdsch. 82 (1956), 1154—1171.

Beer, Max: Die Vereinten Nationen und Afrika. — In: Schweiz. Monatsh. 41 (1961/62), 370—379.

Bell, C.: The United Nations and the West. — In: Intern. Aff. 29 (1953), 464—472.

Bergh, H[endrik] van: Deutschland und die Vereinten Nationen. — München: Isar-V. [1952]. 44 S.
(Politische Bildung. 19.)

Bhutto, Z. A.: Peace-keeping by the United Nations. — London: Sweet & Maxwell 1967. 80 S.

Bittel, Karl: Die Vereinten Nationen (UNO). — Berlin: Kongreß-Verl. 1959. 111 S.

Bloomfield, Lincoln P.: Evolution or revolution? The United Nations and the problem of peaceful territorial change. — Cambridge: Harvard University Press 1957. 220 S.

Bödigheimer, Walter: Die 10. Tagung der Vollversammlung der Vereinten Nationen. — In: Europa-Archiv 11 (1956), 8661—8666.

Bornecque-Winandye, Edouard: Droit de l'O.N.U. et stratégies économiques spatiales (Paix et Crise). — Paris: Libr. gle de Droit et de Jurisprudence 1969. 315 S.

Bose, R.: Evolution des idéologies et des institutions à l'ONU depuis 1945. — In: Rev. Action popul. 171 (1961), 403—414.

Bowett, D. W.: United Nations forces. A legal study of United Nations practice. — London: Stevens 1964. 579 S.

Boyd, Andrew: Die Vereinten Nationen (United Nations, dt.) Ehrfurcht, Mythos und Wahrheit. (Aus d. Engl. übertr. von Günter Schütze.) — Frankfurt a.M.:) Fischer-Bücherei (1967). 255 S.
(Fischer-Bücherei. 782.)

Boyd, Andrew: The role of the great powers in the United Nations. — In: Internat. J. 25 (1969/70), 356—369.

Boyd, James M.: United Nations peace-keeping operations. A military and political appraisal. — New York: Praeger (1971). XV, 261 S.

Brix, Günter: Der Begriff der auswärtigen Gewalt unter besonderer Berücksichtigung der Charta der Vereinten Nationen. — o. O. 1952. VI, 137 gez. Bl. [Maschinenschr.]
Erlangen, jur. Diss. 15. März 1952.

Brody, Harrison: UN diary. The search for peace. „A biography of humanity." — New York: Classics Press [1957]. 286 S.

Brügel, J. W.: Vereinte Nationen und Menschenrechte. Nach der Fertigstellung von zwei Konventionsentwürfen. — In: Europa-Archiv 9 (1954), 6923—6928.

Brügel, J[ohann] W[olfgang]: Das Treuhandschaftssystem der Vereinten Nationen (1945—1960). — In: Europa-Archiv 15 (1960), 683—694.

Bruglère, Pierre-F.: Les pouvoirs de l'assemblée générale des Nations Unies en matière politique et de sécurité. — Paris: Pedone 1955. 431 S.

Brunner, Guido: Die Friedenssicherungsaktionen der Vereinten Nationen in Korea, Suez und im Kongo. — In: Vjh. Zeitgesch. 12 (1964), 414—442.

Buehrig, Edward H.: The UN and the Palestinian refugees. A study in non-territorial administration. — Bloomington: Indiana University Press 1971. 215 S.

Butterworth, Robert Lyle: Organizing collectiv security. The UN Charter's Chapter VIII in practice. - In: World Politics 28 (1975/76), 197–222.

Butzer, Friedrich-Wilhelm: Die Abstimmungen im Sicherheitsrat der Vereinten Nationen. — o. O. 1955. XXI, 301 gez. Bl. [Maschinenschr.]
Bonn, rechts- und staatswiss. Diss. 16. September 1955.

Cadoux, C.: La supériorité du droit des Nations Unies sur le droit des états membres. — In: Rev. gén. Droit internat. publ. 63 (1959), 649—680.

Carrillo Salcedo, Juan Antonio: La crisis constitucional de las Naciones Unidas. — Madrid: Consejo superior de investigaciones científicas, Instituto Francisco de Vitoria 1966. 139 S.
(Colección de estudios internacionales. Ser. 1: Problemas actuales. 2.)

Castañeda, Jorge: Legal effects of United Nations resolutions. — New York: Columbia University Press 1969. XII, 234 S.
(Columbia University Studies in International Organizations. 6.)

Chamberlin, W.: The North Atlantic bloc in the UN general assembly. — In: Orbis 1 (1958), 459—473.

Chamberlin, Waldo [u. a.]: A chronology of the United Nations 1941—1958. — New York: Oceana Publications 1959. 48 S.

Chamberlin, W. und H. Clark: Materials for undergraduate study of the United Nations. — In: Amer. Politic. Science Rev. 48 (1954), 204—211.

Die **Charta** der Vereinten Nationen (Charter of the United Nations, dt.). Mit Nebenbestimmungen. In deutscher Übersetzung hrsg. und eingel. von Walter Schätzel. 2., neubearb. Aufl. — München, Berlin: Beck 1957. XI, 117 S.

Die **Charta** von San Franzisko mit Nebenbestimmungen in deutscher Übersetzung. Hrsg. u. eingel. von A. Grabowsky. — Köln, Berlin: Heymann 1957. 146 S.

Charvin, Robert: Les états socialistes aux Nations Unies. — Paris: Colin 1971. 88 S.
(Coll. „U 2".)

Chaumont, Charles [u.] Georges Fischer [Ed.]: 25 ans de Nations Unies. Un bilan positif. — Paris: Libr. gle de droit et de jurisprudence 1970. 276 S.

Chaumont, Charles: L'organisation des Nations Unies. — Paris: Presses Universitaires de France 1957. 128 S.

Clark, William: New forces in the United Nations. — In: Internat. Aff. 36 (1960), 322—329.

Claude, Inis L., jr.: The United Nations and the use of force. — New York: Carnegie Endowment for International Peace 1961. 60 S.

Cohen, Benjamin V.: The United Nations. Constitutional developments, growth and possibilities. — Cambridge: Harvard University Press 1961. 106 S.

Cosgrove, Carol Ann [u.] Kenneth J. Twitchett [Ed.]: The new international actors. The United Nations and the European Community. — New York: St. Martin's Press 1970. 272. S.
(Readings in International Politics.)

Day, Georges: Le droit de veto dans l'Organisation des Nations Unies. Préface de Alexandre Parodi. — Paris: Pédone 1952. 244 S.

Dewulf, Maurice: De ontwikkelingslanden en de industrielanden in de U. N. O.: van dialoog naar confrontatie? - In: Studia dipl. 28 (1975), 151–162.

Dib, Moussa: The Arab bloc in the United Nations. — Amsterdam: Djambatan 1956. 128 S.

Dicke, Detlev Christian und Hans-Werner Rengeling: Die Sicherung des Weltfriedens durch die Vereinten Nationen. Ein Überblick über die Befugnisse der wichtigsten Organe. - Baden-Baden: Nomos-Verlagsges. (1975). 193 S.
(Völkerrecht und Außenpolitik. 15.)

Dieckmann, Johannes: Wir und die Vereinten Nationen. — In: Dtsch. Außenpolitik 2 (1957), H. 1, 12—24.

Dyroff, Robert: Die Rechtsgrundlagen der „United Nations". — o. O. (1949). 131 gez. Bl. [Maschinenschr.]
Erlangen, jur. Diss. 10. Dez. 1949.

Ehrhardt, Dieter: Mikrostaaten als UN-Mitglieder? Zum Strukturproblem der Weltorganisation. — In: Vereinte Nationen 18 (1970), H. 4, 111—116.

Eichelberger, Clark M[ell]: Organizing for peace. A personal history of the founding of the United Nations. - New York: Harper & Row 1977. 317 S.

Eichelberger, Clark M.: U.N. The first ten years. — New York: Harper 1955. 108 S.

Eichelberger, Clarc Mell: UN. The first twenty years. — New York: Harper & Row 1965. XII, 176 S.

Eichelberger, Clark M[ell]: UN. The first twenty-five years. — New York: Harper & Row 1970. 178 S.

Eichelberger, Clark M.: The United Nations and Human Rights. — New York: Oceana Publ. 1968. 239 S.

Eid, Mohammad Salah-uddin: Die blockfreien Staaten in den Vereinten Nationen. — München: Verl. Dokumentation 1970. 267 S.
Diss., Universität Heidelberg.

El-Ayouty, Yassin: The United Nations and decolonization. The role of Afro-Asia. — The Hague: Nijhoff 1971. 286 S.

Elian, George: The International Court of Justice. — Leiden: Sijthoff 1971. 150 S.

Elmandjra, Mahdi: The United Nations system. An analysis. Forew. by Gunnar Myrdal. - London: Faber & Faber 1973. 368 S.
(Studies in International Politics.)

Engelhardt, H.: Das Vetorecht im Sicherheitsrat der Vereinten Nationen. — In: Archiv Völkerrechts 10 (1963), 377—415.

Die **Entstehung** der UNO. Zusammengest. und eingel. von Harry Wünsche. - Berlin: Staatsverl. der DDR 1974. 479 S.
(Die Vereinten Nationen und ihre Spezialorganisationen. Dokumente. 1.)

Epstein, Edna: The first book of the United Nations. — New York: Watts 1959. 89 S.

Ermacora, Felix: Zu den Menschenrechtspakten der Vereinten Nationen. — In: Vereinte Nationen 16 (1968), H. 5, 133—139.

Evatt, Herbert Vere: Die Vereinten Nationen (The United Nations [dt.] Übers. von Hans G. Ficker.) — Frankfurt a. M.: Metzner 1951. 92 S.

Fahl, Gundolf: Der UNO-Sicherheitsrat. Analyse und Dokumentation nach dreißigjährigem Bestehen. - Berlin: Berlin-Verl. 1978. 217 S.
(Völkerrecht und Politik. 10.)

Fakher, Hossein: The relationships among the principal organs of the United Nations. — New York: Staples 1952. 200 S.

Farajallah, Samaan Boutros: Le groupe afro-asiatique dans le cadre des Nations Unies. — Genève: Droz 1963. XII, 511 S.

Feller, A. H.: United Nations and world community. — Boston: Little, Brown 1952. 153 S.

Field-Haviland, H.: Le rôle politique de l'assemblée générale des Nations Unies. — Paris: Presses Universitaires 1952. 198 S.

Finger, Seymour Macwell und John F. Mugno: The politics of staffing the United Nations secretariat. - In: Orbis 19 (1975/76), 117–145.

Forsythe, David P.: United Nations peacemaking. The conciliation commission for Palestine. - Baltimore: Johns Hopkins Press 1972. XVII, 201 S.

Frowein, Jochen Abr[aham]: Die Vereinten Nationen und die Nichtmitgliedstaaten. — In: Europa-Arch. 25 (1970), 256—262.

Frye, William R.: A United Nations peace force. — London: Stevens 1957. XII, 227 S.

Fuhrmann, Peter: Das Ausnahmerecht der UN-Satzung für die Besiegten des Zweiten Weltkrieges. — In: Polit. Studien 15 (1964), 548–553.

Gardner, Richard M.: Stimmrecht und tatsächliche Macht in den Vereinten Nationen. — In: Schweizer Monatsh. 46 (1966/67), 967—978.

Gegenwartsprobleme der Vereinten Nationen. Vorträge gehalten... Hrsg.: Georg Erler. — Göttingen, Berlin und Frankfurt a. M.: Musterschmidt (1955). 196 S.
(Göttinger Beiträge für Gegenwartsfragen. 10.)

Götte, Klaus: Der völkerrechtliche Status der Vereinten Nationen. — Göttingen 1954. IX, 111 gez. Bl. [Maschinenschr.]
Göttingen, rechts- u. staatswiss. Diss. 15. März 1955.

Goodrich, Leland M.: The UN security council. — In: Internat. Org. 12 (1958), 273—287.

Goodrich, Leland M.: The United Nations. — New York: Crowell 1959. X, 419 S.

Goodrich, Leland M. und G. E. Rosner: The United Nations emergency force. — In: Internat. Org. 11 (1957), 413—430.

Goodrich, Leland M. und Anne P. Simons: The United Nations and the maintenance of international peace and security. — Washington: Brookings Institution; London: Faber & Faber 1955. XIII, 709 S.

Goodrich, Leland M.: The United Nations in a changing world. - New York: Columbia University Press 1974. IX, 280 S.

Goodwin, Geoffrey: The role of the United Nations in world affairs. — In: Internat. Aff. 34 (1958), 25—37.

Goodwin, Geoffery: The expanding United Nations. — In: Internat. Aff. 36 (1960), 174—187.

Gordenker, Leon: Policy-making and secretariat influence in the U.N. General Assembly. The case of public information. — In: Amer. Polit. Science Rev. 54 (1960), 359—373.

Gordenker, Leon: The UN Secretary-General and the maintenance of peace. — New York: Columbia University Press 1967. XX, 380 S.

Gordenker, Leon: The United Nations in international politics. — Princeton, N.J.: Princeton University Press 1971. 241 S.

Greber, Anton: Die dauernde Neutralität und das kollektive Sicherheitssystem der Vereinten Nationen. — Zürich: Juris-Verl. 1967. 127 S.

Green, L. C.: The double standard of the United Nations. — In: Yb. World Aff. 11 (1957), 104—137.

Gregg, Robert Whitcomb [u.] Michael Barkun [Ed.]: The United Nations system and its functions. Selected readings. — Princeton, N.J.: Van Nostrand 1968. IV, 460 S.
(Van Nostrand Political Science Series.)

Gross, Ernest A[rnold]: The United Nations. Structure for peace. Publ. for the Council on Foreign Relations. — New York: Harper 1962. IX, 132 S.
(Policy Books.)

Grüber, Hans-Rolf: Die Beziehungen zwischen den Vereinten Nationen und den Sonderorganisationen. — Berlin 1953. IX, 172 gez. Bl. [Maschinenschr.]
Berlin, Freie Univ., jur. Diss. 5. Juni 1954.

Haack, Hanns-Erich: UNESCO, ein politischer Richtstrahl ins Morgen. — In: Außenpol. 20 (1969), 331—339.

Hadwen, John G. und Johan Kaufman: How United Nations decisions are made. — Leyden: Sijthoff 1960. 144 S.

Hägele, Michael P.: Die neue Dimension der Vereinten Nationen. — In: Außenpolitik 13 (1962), 221—229.

Hüttich, Manfred: Die deutsche Mitarbeit in der UNESCO. — In: Europa-Archiv 10 (1955), 8381—8390.

Hafner, Gerhard: Die dritte Seerechtskonferenz der Vereinten Nationen. — Österr. Z. Außenpol. 15 (1975), 3–36.

Harbottle, Michael: The Blue Berets. The story of the United Nations peace keeping forces. — London: Cooper 1971. 157 S.

Hauswaldt, Rüdiger: Regionalismus unter der Satzung der Vereinten Nationen. Unter besonderer Berücksichtigung des Rio-, Brüsseler und Antlantik-Paktes. — Göttingen 1952. 140 gez. Bl. [Maschinenschr.]
Göttingen, rechts- u. staatswiss. Diss. 22. Juli 1953.

Henkin, Louis: The United Nations and its supporters. A self-examination. — In: Polit. Science Quart. 78 (1963), 504—536.

Higgins, Rosalyn: United Nations peacekeeping, 1946—1967. Documents and commentary. — London: Oxford University Press.
1. The Middle East. 1969. 674 S.
2. Asia. 1970. 486 S.

Hilmi, Abbas: Die Unvollkommenheit der Satzung der Vereinten Nationen. — o. O. [1952]. VII, 74 gez. Bl. [Maschinenschr.]
Bonn, rechts- u. staatswiss. Diss., 1. Dezember 1952.

Hiscocks, Richard: The Security Council. A study in adolescence. — New York: Free Press 1974. 371 S.

Holborn, Louise W.: The International Refugee Organization. A specialized agency of the United Nations. Its history and work 1946—1952. — London: Oxford University Press 1956. 830 S.

Horn, Carl (Carlson) von: Soldaten mit beschränkter Haftung (Soldiering for peace, dt.) Ein UN-General rechnet ab. (Aus d. Engl. übertr. von Johannes Eidlitz.) — Wien: Molden (1967). 400 S.

Houston, John A.: Latin America in the United Nations. — New York: Columbia University Press 1957. 345 S.
(United Nations Studies. 8.)

Hovet, Thomas: Bloc politics in the United Nations. — Cambridge, Mass.: Harvard University Press 1960. XX, 197 S.

Hüfner, Klaus [u.] Jens Naumann: Das System der Vereinten Nationen. Eine Einführung. — Düsseldorf: Bertelsmann Universitätsverl. 1974. 283 S.
(Studienbücher zur auswärtigen und internationalen Politik. 9.)

James, A. M.: The role of the secretary-general of the United Nations in international relations. — In: Internat. Relat. 1 (1958/59), 620—638.

Jebb, Gladwyn: Warum noch Vereinte Nationen? — In: Außenpolitik 4 (1953), 234—240.

Johnston, G. A.: The International Labour Organization. Its work for social and economic progress. — London: Europa Publ. 1970. XII, 363 S.

Juterczenka, Manfred von: Was tut die UNO. Idee und Wirklichkeit einer Weltorganisation. — (Düsseldorf:) Schwann (1971). 152 S.

Kasme, Badr.: La capacité de l'organisation des Nations Unies de conclure des traités. — Paris: Libr. Générale de Droit et de Jurisprudence 1960. 214 S.
Université de Genève, Thèse.

Kay, David A.: The new nations in the United Nations, 1960—1967. — New York: Columbia University Press 1970. XIII, 254 S.
(Columbia University Studies in International Organizations. 8.)

Kay, David A. [Ed.]: The United Nations political system. — New York Wiley 1967. 419 S.

Kelsen, Hans: The law of the United Nations. A critical analysis of its fundamental problems. — London: Stevens 1950. XVII, 903 S.
(The Library of World Affairs. 11.)

Kertesz, Stephen D[enis]: The United Nations. A hope and its prospects. — In: Rev. Politics 25 (1963), 523—550.

Kipp, Heinrich: Unesco. Recht, sittliche Grundlage, Aufgabe. — München: Isar-V. 1957. 225 S.

Kojanec, G.: Lo statuto delle Nazioni Unite e gli stati non membri. — In: Comunità int. 13 (1958), 632—648.

Krezdorn, Franz Joseph: Les Nations Unies et les accords régionaux. — 1954. 176 S.
Genève, Thèse sc. polit.

Krill, Hans-Heinz: Die Gründung der UNESCO. — In: Vjh. Zeitgesch. 16 (1968), 247—279.

Krill de Capello, H[ans] H[einz]: The creation of the United Nations Educational, Scientific and Cultural Organization. — In: Internat. Organization 24 (1970), H. 1, 1—30.

Kumleben, Gérard: Die Vereinten Nationen nach zehn Jahren. Möglichkeiten der Revision der Charta. — In: Außenpolitik 6 (1955), 375—380.

Kunzmann, K. H.: Die Generalakte von New York und Genf als Streitschlichtungsvertrag der Vereinten Nationen. — In: Friedens-Warte 56 (1961), H. 1, 1—33.

Lall, Arthur: The UN and the Middle East crisis, 1967. Rev. ed. — New York: Columbia University Press (1970). VIII, 350 S.
(Columbia Paperback. 103.)

Lande, Gabriella Rosner: The effect of the resolutions of the United Nations General Assembly. — In: World Politics 19 (1966/67), 83—105.

Landsberg, William H.: Gruppenmord als internationales Verbrechen. Das „Genocide"-Abkommen der Vereinten Nationen. — In: Außenpolitik 4 (1953), 310—321.

Langenhove, Fernand van: La crise du système de sécurité collective des Nations Unies 1946—1957. — La Haye: Nijhoff 1958. 272 S.

Langenhove, Fernand van: Le rôle proéminent du Secrétaire Général dans l'opération des Nations Unies au Congo. — Den Haag: Nijhoff 1964. 260 S.

Lauterpacht, E. [Ed.]: The United Nations emergency force. Basic documents. — London: Stevens 1960. VI, 49 S.
(British Institute of International and Comparative Law.)

Laves, Walter H. C. und Charles A. Thomson: UNESCO. Purpose, progress, prospects. — Bloomington: Indiana University Press 1957. XXIII, 469 S.

Lefever, Ernest W.: The limits of U.N. Intervention in the Third World. — In: Rev. Politics 30 (1968), 3—18.

Lefever, Ernest W.: Uncertain mandate. Politics of the U. N. Congo operation. — Baltimore: Johns Hopkins Press 1967. 254 S.

Leichter, Otto: Weltmacht im Hintergrund. Hat die UNO eine Zukunft? Wien, Köln: Europa-Verl. (1964). 144 S.
(Europäische Perspektiven.)

MacIver, Robert Morrison: The nations and the United Nations. — New York: Manhattan Publishing Company 1959. X, 186 S.

MacLaurin, John: The United Nations and power politics. — London: Allen & Unwin 1951. XIII, 468 S.

Manly, Chesly: The UN record. Ten fateful years for America. — Chicago: Regnery 1955. XVI, 256 S.

Mattfeldt, Rudolf: Der Kampf um die UNO. — In: Polit. Studien 11 (1960), 722—729.

Meron, Theodor: The United Nations secretariat. The rules and the practice. — Lexington, Mass.: Heath 1977. 208 S.

Misiulis, Vincas: Die Rechte der kleinen Völker unter besonderer Berücksichtigung der Satzung der UNO. — Hamburg 1948. 80 gez. Bl. [Maschinenschr.]
Hamburg, rechts- und staatswiss. Diss. 5. Juni 1950.

Moore, Raymond A. [Ed.]: The United Nations reconsidered. — Columbia: University of South Carolina Press 1963. XII, 158 S.

Moskos, Charles C.: Peace soldiers. The sociology of a United Nations military force. – Chicago: University of Chicago Press 1976. 171 S.

Moskowitz, Moses: Human rights and world order. The struggle for human rights in the United Nations. — New York: Oceana Publications 1958; London: Stevens 1959. 239 S.

Munro, Sir Leslie: Can the United Nations enforce peace? — In: Foreign Aff. 38 (1959/60), 209—218.

Murray, James N., jr.: The United Nations trusteeship system. — Urbana, Ill.: University of Illinois Press 1957. VII, 283 S.

Musaliam, Sami [Ed.]: United Nations resolutions on Palestine 1947–1972. – Beirut: Inst. for Palestine Studies 1973. XXIII, 206 S.

Handbuch Vereinte **Nationen.** Hrsg. von Rüdiger Wolfrum, Norbert J. Prill [u.] Jens A. Brückner. - München: Verl. Dokumentation 1977. XXIV, 577 S.

10 Jahre Vereinte **Nationen.** 1945—1955. Deutschland und die Vereinten Nationen. — Frankfurt a. M.: Continentale Verl. u. Werbe-Ges. 1956. 296 S.

Die Vereinten **Nationen** und die Mitarbeit der Bundesrepublik Deutschland. Hrsg. von Ulrich Scheuner u. Beate Lindemann. – München: Oldenbourg 1973. 338 S.
(Schriften des Forschungsinstituts der Deutschen Gesellschaft für Auswärtige Politik. 32.)

The changing United **Nations.** Options for the United States. Ed. by David A. Kay. – New York: Academy of Political Science 1977. XII, 226 S.
(Proceedings of the Academy of Political Science. 32,4.)

Nehls, Gerd E.: Die Verpflichtung von Nichtmitgliedern nach der UNO-Satzung und die Grundlagen des allgemeinen Völkerrechts. — Hamburg 1957. XII, 120 Bl.
Hamburg, rechtswiss. Diss. 9. Juli 1958.

Nicholas, H. G.: The United Nations in crisis. — In: Internat. Aff. 41 (1965), 441—450.

Nicholas, H. G.: The United Nations as a political institution. — New York, London: Oxford University Press (1959). 222 S.

Ortega, Manuel Medina: La organización de las Naciones Unidas. — Madrid: Editorial Tecnos 1969. 199 S.

Padelford, N. J.: Politics and change in the Security Council. — In: Internat. Org. 14 (1960), 381—401.

Padelford, Norman J.: Financial crisis and the future of the United Nations. — In: World Politics 15 (1962/63), 531—568.

Public **papers** of the Secretaries-general of the United Nations. – New York: Columbia University Press.
1. Trygve Lie. 1946–1953. Ed. by Andrew W[ellington] Cordier [und] Wilder Foote. 1969. XIV, 535 S.
2. Dag Hammarskjöld. 1953–1956. Ed. by Andrew W[ellington] Cordier [und] Wilder Foote. 1972. 640 S.
3. Dag Hammarskjöld. 1956–1957. Ed. by Andrew W[ellington] Cordier [und] Wilder Foote. 1973. 729 S.
4. Dag Hammarskjöld. 1958–1960. Ed. by Andrew W[ellington] Cordier [und] Wilder Foote. 1974. 659 S.
5. Dag Hammarskjöld. 1960–1961. Ed. by Andrew W[ellington] Cordier [und] Wilder Foote. 1975. 592 S.
6. U Thant. 1961-1964. Ed. by Andrew W[ellington] Cordier [und] Max Harrelson. 1976. XVII, 708 S.

Public **papers** of the Secretaries-General of the United Nations. – New York: Columbia University Press.
7. U Thant. 1965–1967. Ed. by Andrew W[ellington] Cordier [u.] Max Harrelson. 1977. XVII, 633 S.

Pardon, Fritz: Die Satzung der Vereinten Nationen und das allgemeine Völkerrecht. — Münster 1948. 148 gez. Bl. [Maschinenschr.]
Münster, rechts- u. staatswiss. Diss. 17. Febr. 1949.

Pawelka, Peter: Vereinte Nationen und strukturelle Gewalt. – München: Piper (1974). 143 S.
(Piper Sozialwissenschaft. 21.)

Paździor, Bolesław: Office Européen des Nations Unies à Genève. — Wrocław: Państwowe Wydawnictwo Naukowe 1969. 126 S.
(Acta Universitatis Wratislaviensis. 102. Prawo 27.)

Pechel, Jürgen: Die Vereinten Nationen und Deutschland. — In: Dtsch. Rdsch. 78 (1952), 571—577.

Pfeifenberger, Werner: Die Vereinten Nationen. Ihre politischen Organe in Sicherheitsfragen. — Salzburg: Pustet 1971. 662 S.
(Salzburger Universitätsschriften. Schriften zu Recht und Politik. 11.)

Poirier, Pierre: La force internationale d'urgence. — Paris: Libr. générale de droit et de jurisprudence 1962. II, 385 S.

Polte, Winfried: Die Rolle der Vereinten Nationen bei politischen Katastrophen ⟨Bürgerkriegen⟩ in Entwicklungsländern. In: Vjb. Prob. Entwicklungsländer 1976, 215–222.

Price, D. B.: The Charter of the United Nations and the Suez war. — In: Internat. Relat. 1 (1958/59), 494—511.

Quaroni, Pietro: Die Rolle der Vereinten Nationen in der Weltpolitik. — In: Aus Politik und Zeitgeschichte, Beilage zur Wochenzeitung „Das Parlament" vom 15. März 1961, 155—160.

Rajan, M. S.: United Nations and domestic jurisdiction. — Bombay: Orient Longmans [1958]. XIII, 679 S.

Indian Council of World Affairs. **Revision** of the United Nations charter. A symposium. — New Delhi, London, New York: Oxford University Press 1956. 144 S.

Rosenne, Shabtai: The world court. What it is and how it works. — Leyden: Sythoff 1962. 230 S.

Rosner, Gabriella: The United Nations emergency force. — New York, London: Columbia University Press 1963. 294 S.

Ross, Alf: The United Nations. Peace and progress. – Totowa, N. J.: Bedminster Press 1966. VII, 443 S.

Russell, Ruth B., assisted by Jeannette E. Muther: A history of the United Nations charter. The role of the United States 1940—45. — Washington: Brookings Institution; London: Faber (1958). XVIII, 1140 S.

Russell, Ruth B.: The United Nations and United States security policy. — Washington: Brookings Inst. 1968. IX, 510 S.

Sady, Emil J.: The United Nations and dependent peoples. — Washington: Brookings Institute 1956. VIII, 205 S.

Salvatorelli, L.: Le Nazioni Unite e gli odierni aggruppamenti internazionali. — In: Comunità int. 16 (1961), H. 1, 3—12.

Sathamurthy, T. V.: The politics of international cooperation. Contrasting conceptions of UNESCO. Genève: Droz 1964. 313 S.
(Travaux de Droit, d'Economie, de Sociologie et de Sciences Politiques. 20.)

Schachter, Oscar: The role of international law in the United Nations. — In: New York Law Forum 3 (1957), H. 1, 28—49.

Scheuner, Ulrich: Die Vereinten Nationen als Faktor der internationalen Politik. – Opladen: Westdtsch. Verl. 1976. 54 S.
(Rheinisch-Westfälische Akademie der Wissenschaften. Geisteswissenschaften. Vorträge. G 210.)

Schlüter, Hilmar Werner: Diplomatie der Versöhnung. Die Vereinten Nationen und die Wahrung des Weltfriedens. – Stuttgart: Seewald-Verl. (1966). 440 S.

Schlüter, Hilmar Werner: Die politische Funktion des Sicherheitsrates der Vereinten Nationen von 1945 bis 1950. – Bonn: Bouvier 1970. 257 S.
(Schriften zur Rechtslehre und Politik. 65.)
Diss., Universität Bonn.

Schlüter, Hilmar Werner: 18 Jahre Vereinte Nationen. Eine Bilanz. – In: Aus Politik u. Zeitgeschichte, Beilage zur Wochenzeitung „Das Parlament" 1963, Nr. 32 vom 7. August 1963, 11 – 22.

Schlüter, Hilmar Werner: Der Sicherheitsrat der Vereinten Nationen. Hrsg.: Deutsche Gesellschaft für die Vereinten Nationen. Handbuch. – Bonn: [Selbstverl. d. Hrsg.] 1977. 79 S.
(UN-Texte. 22.)

Schümperli, Walter: Die Vereinten Nationen und die Dekolonisation. – Bern: Lang 1970. 158 S.
(Europäische Hochschulschriften. Reihe 3. Geschichte und ihre Hilfswissenschaften. 5.)
Diss., Universität Basel.

Schütze, Christian: Die 12. Ordentliche Tagung der Vollversammlung der Vereinten Nationen vom 17. September bis zum 14. Dezember 1957. – In: Europa-Archiv 13 (1958), 11285–11294.

Schwartz, W.: The International Court's role as an adviser to the United Nations. A study in retrogressive development. – In: Boston Univ. Law Rev. 37 (1957), 404–429.

Seitz, Konrad: Die Dominanz der Dritten Welt in den Vereinten Nationen. – In: Europa-Arch. 28 (1973), 403–412.

Sharp, Walter Rice: Field administration in the United Nations system. The conduct of international economic and social programs. – New York: Praeger 1961. XIV, 570 S.

Sharp, Walter R[ice]: The United Nations economic and social council. – New York: Columbia University Press 1969. 322 S.

Shuster, George N[auman]: UNESCO. Assessment and promise. Publ. for the Council on Foreign Relations. – New York: Harper & Row (1963). XIV, 130 S.
(Policy Books.)

Siegler, Heinrich von: Die Vereinten Nationen. Eine Bilanz nach 20 Jahren. – Bonn: Siegler (1966). IX, 195 S.

Singer, Joel David: Financing international organization. The United Nations budget process. – The Hague Nijhoff 1961. XVI, 185 S.

Sobakin, Vadim Konstantinovich: L'UNESCO. Problèmes et perspectives. – Moscou: Ed. de l'Agence de presse Novosti 1972. 133 S.

Soder, Josef: Die Vereinten Nationen und die Nichtmitglieder. Zum Problem der Weltstaatenorganisation. – Bonn: Röhrscheid 1956. 283 S.

Sommerfeld, Dieter: Das Treuhandschaftssystem der Vereinten Nationen. Seine geschichtlichen, rechtlichen und ideologischen Grundlagen. – Hamburg 1955. VIII, 200 Bl. [Maschinenschr. vervielf.]
Hamburg, rechtswiss. Diss. 29. August 1957.

Soward, F. H.: The changing balance of power in the United Nations. – In: Polit. Quart. 28 (1957), 316–327.

Stein, E.: Auswirkungen der Einbeziehung neuer Mitglieder in die Organisation der Vereinten Nationen. – In: Europa-Archiv 12 (1957), 9733–9746.

Stevenson, Adlai Ewing: Looking outward. Years of crisis at the United Nations. Ed. by Robert L. [u.] Selma Schiffer. – New York: Harper & Row 1963. XX, 295 S.

Stoevesandt, Gertrud: Überholtes Freund-Feind-Schema der UN-Charta. – In: Polit. Stud. 20 (1969), 17–21.

Stollreither, Konrad: Das Kriegsverhütungsrecht der Vereinten Nationen. – o. O. (1949). VIII, 187 gez. Bl. [Maschinenschr.]
Erlangen, jur. Diss. 1. Sept. 1949.

Symonds, Richard [u.] Michael Carder: The United Nations and the population question, 1945–1970. – London: Chatto & Windus 1973. XVIII, 236 S.

Szalai, Alexander: The situation of woman in the United Nations. – New York: United Nations Inst. for Training and Research 1973. VIII, 49 S.
(UNITAR Research Reports. 18.)

Tompkins, Berkeley [Ed.]: The United Nations in perspective. – Stanford, Calif.: Hoover Institution Press 1972. 155 S.
(Hoover Institution Publications. 110.)

Toussaint, Charmian Edwards: The trusteeship system of the United Nations. – London: Stevens; 's-Gravenhage: Nijhoff 1957. XIV, 288 S.

Tung, William L.: International organizations under the United Nations system. – New York: Crowell 1969. 415 S.

Twitchett, Kenneth J.: The colonial powers and the United Nations. – In: J. Contemp. Hist. 4 (1969), H. 1, 167–185.

The **United Nations** and disarmament. 1945–1965. Forew. by U Thant. – New York: United Nations 1967. X, 338 S.
(United Nations. Publications. 1967. I. 9.)

The **United Nations development decade.** Proposals for action. Report of the secretary-general. By the United Nations. Forew. by U Thant. – New York: Department of Economic and Social Affairs, United Nations 1962. 125 S.

Unser, Günther: Die UNO. Aufgaben und Struktur der Vereinten Nationen. - München: Olzog 1974. 233 S.
(Geschichte und Staat. 133/133 a.)

Unser, Günther: Die UNO-Krise und die beiden deutschen Staaten in den Vereinten Nationen. - In: Polit. Stud. 27 (1976), 251-266.

U Thant, [Sithu]: The United Nations in a changing world. — In: UN Monthly Chronicle 2 (1965), H. 3, 41—46.

U Thant: Ein Problem von furchtbarer Größe. — In: Gewerksch. Monatsh. 14 (1963), 257—259.

Vallat, F. A.: The General Assembly and the Security Council of the United Nations. — In: Brit. Yb. intern. Law 29 (1952), 63—104.

Villacres, Jorge W.: Les Nations Unies et la sécurité collective internationale. Le problème du contrôle international des bases stratégiques et l'organisation des Nations Unies. — Genève: Edit. de la Bibliothèque de Politique Internationale 1969. 100 S.

Virally, Michel: L'organisation mondiale. - Paris: Colin 1972. 587 S.
(Coll. „U".)

Visser, 't Hooft, H. Ph.: Les Nations Unies et la conservation des ressources de la mer. — The Hague: Nijhoff 1958. 425 S.

Volle, Hermann: Probleme der internationalen Abrüstung. Eine Darstellung der Bemühungen der Vereinten Nationen. 1945—1955. — Frankfurt a. M.: Forschungsinstitut der Dtsch. Gesellschaft für Auswärtige Politik 1956. XIX, 192 S.
(Dokumente und Berichte des Europa-Archivs. 14.)

Wadsworth, James J.: The Glass House. The United Nations in action. — New York: Praeger 1966. XIV, 224 S.

Wagner, Hellmuth: Die Rechtsstellung der Nichtmitgliedstaaten und der Feindstaaten gegenüber der Organisation der Vereinten Nationen. — o. O. 1951. VI, 135 gez. Bl. [Maschinenschr.]
Münster i. W., rechts- u. staatswiss. Diss. 5. Mai 1951.

Wainhouse, David W[alter]: Remnants of Empire. The United Nations and the end of colonialism. Publ. for the Council on Foreign Relations. — New York: Harper & Row (1964), X, 153 S.
(Policy Books.)

War and peace aims of the United Nations. — Boston: World Peace Foundation.
(2.) From Casablanca to Tokio Bay. January 1, 1943—September 1, 1945. Compiled and edited by Louise W. Holborn. Introduct. by Sidney B. Fay. 1948. LXV, 1278 S.

Waters, Maurice: The United Nations. International organization and administration. — New York: Macmillan 1967. XVI, 583 S.

Wortley, B. A. [Ed.]: The United Nations. The first ten years. — Manchester: Manchester University Press 1957. VIII, 206 S.

Wright, Quincy: International conflict and the United Nations. — In: World Politics 10 (1957), 24—48.

Yakemtchouk, Romain: L'ONU. La sécurité régionale et le problème du régionalisme. — Paris: Pedone 1955. 310 S.

Yakemtchouk, Romain: Sowjetunion und regionale Sicherheitsabkommen. Zur Vorgeschichte von Art. 51—54 der Charta der Vereinten Nationen. — In: Osteuropa-Recht 2 (1956), 188—193.

Zacher, Mark W.: Dag Hammarskjöld's United Nations. — New York: Columbia University Press 1970. 295 S.
(Columbia University Studies in International Organizations. 7.)

Ziccardi, P.: L'intervento collettivo delle Nazioni Unite e i nuovi poteri dell'assemblea generale. — In: Comunità int. 12 (1957), 221—236 und 415—447.

Zieger, Gottfried: Die Vereinten Nationen. (Hrsg. von der Niedersächsischen Landeszentrale für Politische Bildung.) - (Hannover: [Selbstverl. d. Hrsg.] 1976). 345 S.

Rotes Kreuz

Beaufre, André: Wie läßt sich die Kriegsführung humanisieren? Die Tendenzen des 20. Jahrhunderts und die Rolle des Roten Kreuzes. — In: Schweizer Monatsh. 48 (1968/69), 861—868.

Bothe, Michael: Krise der Rotkreuz-Idee? Grundfragen der Genfer Diplomatischen Konferenz über humanitäres Recht. - In: Europa-Arch. 31 (1976), 197-204.

Coursier, Henry: La Croix-Rouge et la paix. — Paris: Spes (Ed. ouvrières) 1968. 128 S.

Forsythe, David P.: Humanitarian politics. The International Committee of the Red Cross. - Baltimore: Johns Hopkins Press 1977. 298 S.

Freymond, Jacques: Guerres, révolutions, Croix-Rouge. Réflexions sur le rôle du Comité international de la Croix-Rouge. - Genève: Institut universitaire de hautes études internationales 1976. XII, 222 S.

Haug, Hans: Rotes Kreuz. Werden, Gestalt, Wirken. — Stuttgart: Huber (1966). 220 S.

Hundert Jahre Rotes **Kreuz.** Sein Werden, Wachsen und Wirken. — In: Informationen zur politischen Bildung 1959, H. 84.

Petitpierre, Max: Actualité du Comité international de la Croix-Rouge. — In: Schweiz. Monatsh. 50 (1970/71), 648—665.

Pictet, Jean: Die XX. internationale Rotkreuzkonferenz und ihre rechtlichen Ergebnisse. — In: J. internat. Juristen-Komm. 7 (1966), 3—20.

Ringgenberg, Cécile M.: Die Beziehungen zwischen dem Roten Kreuz und dem Völkerbund. — Bern: H. Lang 1970. 108 S.
(Europäische Hochschulschriften.)

Schindler, Dietrich: Die Entwicklung der Aufgaben des Internationalen Komitees vom Roten Kreuz. — In: Schweizer Monatsh. 43 (1963/64), 221—232.

Amnesty International

An-klagen. Schriften für amnesty international. ⟨Hrsg.:⟩ Urs M. Fiechtner [u.] Klaus Magiera. Mit Vorworten von Jean Améry u. Helmut Frenz. Tübingen: Brusche 1977. 158 S.

Claudius, Thomas [u.] Franz Stepan: Amnesty International. Porträt einer Organisation. Mit e. Geleitw. von Bruno Kreisky. — München: Oldenbourg 1976. 319 S.

Stern, Carola: Den Verfolgten helfen. Fünfzehn Jahre Amnesty International. - In: L 76 1977, H.1, 58—66.

4. BIOGRAPHIEN

Aaron, Jan: Gerald R[udolph] Ford. President of destiny. - New York: Fleet Press Corporation (1975). 103 S.

Abend, H.: Mes années en Chine (1928 — 1941). — Paris: Tallandier 1946, 318 S.

Abend, Murray: Hitler's racial theory and practice. — I, 189 gez. Bl.
Syracuse University, Thesis (1955).
(University Microfilms, Ann Arbor, Mich. Publication 15042.)

Abendroth, Friedrich: Was Dollfuß wirklich wollte. — In: Hochland 54 (1961/62), 479—482.

Abendroth, Wolfgang: August Bebel. Der Volkstribun in d. Aufstiegsperiode d. deutschen Arbeiterbewegung. — In: Frankf. H. 18 (1963), 668—675.

Abendroth, Wolfgang: Ein Leben in der Arbeiterbewegung. Gespräche, aufgezeichnet und hrsg. von Barbara Dietrich u. Joachim Perels. (2. Aufl.) - (Frankfurt a. M.:) Suhrkamp (1977). 287 S.
(Edition Suhrkamp. 820.)

Abernon, Viscountess d': Red Cross and Berlin embassy 1915—1926. Extrait from the diaries of Viscountess d'Abernon. — London: Murray 1946. 152 S.

Abmeier, Hans-Ludwig: Otto Landsberg. Gedenkblatt anläßlich seines 100. Geburtstages. — In: Jb. d. Friedrich-Wilhelms-Universität zu Breslau 14 (1969), 330—355.

Abmeier, Hans-Ludwig: Michael Graf von Matuschka, hingerichtet 1944. - In: Arch. f. schles. Kirchengesch. 1972, Bd 30, 124–156.

Abmeier, Hans-Ludwig: Prälat Carl Ulitzka. - In: Schlesien 19 (1974), 21–30.

Abosch, Heinz: [Leo] Trotzki-Chronik. Daten zu Leben und Werk. – München: Hanser 1973. 155 S.
(Reihe Hanser. 130.)

Abraham, Henry J.: Prime Minister Olof Palme of Sweden. — In: Orbis 15 (1971/72), 953—962.

Abramowski, Günter: Das Geschichtsbild Max Webers. — Stuttgart: Klett (1966). 522 S.
(Kieler Historische Studien. 1.)

Abschied von Konrad Adenauer. † 19. April 1967. — Aus: Bull. d. Presse- u. Informationsamtes d. Bundesregierung. Nr. 41—44. 95 S.

Abshagen, Karl Heinz: Sir Anthony Eden. Tragödie der Unzulänglichkeit. — In: Außenpolitik 11 (1960), 534—542.

Abusch, Alexander: Begegnungen in fünfunddreißig Jahren. — In: Aufbau 12 (1956), 10—20.

Abusch, Alexander: Stalin und die Schicksalsfragen der deutschen Nation. — Berlin: Aufbau-V. 1952. 245 S.

Ach, Manfred [u.] Clemens Pentrop: [Adolf] Hitlers „Religion". Pseudoreligiöse Elemente im nationalsozialistischen Sprachgebrauch. (Hrsg. im Auftr. d. Arbeitsgemeinschaft f. Religions- u. Weltanschauungsfragen.) - [St. Augustin: ASGARD-Verl.] (1977). 116 S.
(ASGARD-Edition. 3.)

Acheson, Dean: A democrat looks at his party. — New York: Harper 1955. 199 S.

Acheson, Dean: Fragments of my fleece. — New York: Norton 1971. 224 S.

Acheson, Dean: Present at the creation. My years in the State Department. — New York: Norton (1969). XIV, 798 S.

Acheson, Dean: This vast external realm. – New York: Norton 1973. 298 S.

Achterberg, Erich: Schwarz auf Weiß. Meine 40 Lehrjahre. Bankhistorische und geldpolitische Essays. — Frankfurt a.M.: Knapp (1960). 244 S.

Acker, Detlev: Walther Schücking (1875—1935). — Münster i. W.: Aschendorff 1970. XXIV, 228 S.
(Westfälische Biographien. 6.)

Ackermann, Josef: Heinrich Himmler als Ideologe. — Göttingen: Musterschmidt (1970). 317 S.

Adamovich, Ludwig: Dr. Karl Renner als Wissenschaftler. Vortrag, gehalten in der Trauersitzung der Österr. Akad. d. Wiss. für das Ehrenmitglied der Gesamtakademie, Bundespräsident Karl Renner, am 11. Jänner 1951. — Wien: [Rohrer in Komm.] 1951. 17 S.

Adams, Henry A.: Harry Hopkins. A biography. – New York: Putnam's 1977. 448 S.

Adelung, Bernhard: Sein und Werden. Vom Buchdrucker in Bremen zum Staatspräsidenten in Hessen. Bearb. von Karl Friedrich. — Offenbach a. M.: Bollwerk-V. 1952. 395 S.
(Bibliothek zeitgenössischer Memoiren.)

Konrad **Adenauer** 1876/1976. Hrsg. von Helmut Kohl (in Zsarb. mit der Konrad-Adenauer-Stiftung e. V. Bonn. Wissenschaftl. Beratung: Eberhard Pikart. 2., erw. und verb. Aufl.) - Stuttgart: Belser (1976). 219 S.

Konrad **Adenauer,** Oberbürgermeister von Köln. Festgabe der Stadt Köln zum 100. Geburtstag ihres Ehrenbürgers am 5. Januar 1976. Hrsg. von Hugo Stehkämper. - Köln: (Historisches Archiv) 1976. 858 S.

BIOGRAPHIEN

Konrad **Adenauer** und seine Zeit. Politik und Persönlichkeit des ersten Bundeskanzlers. Hrsg. von Dieter Blumenwitz [u.a.] – Stuttgart: Dtsch. Verl.-Anst.
  [1.] Beiträge von Weg- und Zeitgenossen. (1976). 709 S.
  2. Beiträge der Wissenschaft. (1976) 714 S.
  (Veröffentlichung der Konrad-Adenauer-Stiftung.)

Adenauer, Konrad: Bundestagsreden [Teilsamml.] Mit e. Vorw. von Eugen Gerstenmaier. Hrsg. von Josef Selbach. — Bonn: Verl. AZ-Studio (1967). 347 S.

Adenauer, Konrad: Erinnerungen. — Stuttgart: Dtsch. Verl. Anstalt.
  [1.] 1945—1953. (1965.) 589 S.
  [2.] 1953—1955. (1966.) 556 S.

Adenauer, Konrad: Erinnerungen. — Stuttgart: Dtsch. Verl.-Anst.
  [3.] 1955—1959. (1967.) 551 S.
  [4.] 1959—1963. Fragmente. (1968.) 375 S.

Adenauer, Konrad: Journey to America. Collected speeches, statements, press, radio and TV interviews. — Washington: Printing Office, German Diplomatic Mission 1953. 188 S.

(**Adenauer**, Konrad): Kanzlerworte [Werke, Ausz.] Ausgew. aus Reden, Artikeln u. Erklärungen d. Bundeskanzlers Konrad Adenauer. (Hrsg. von d. Studienges. f. Politik, Bonn.) — (Essen: Industriedr. AG u. Verl. Dienst) 1956. 80 S.

Konrad **Adenauer**. Portrait eines Staatsmannes. Eine Bilddokumentation. Eingel. von Georg Schröder. — (Gütersloh:) Bertelsmann (1966). 271 S.

Adenauer, Konrad: Reden 1917-1967. Eine Auswahl. Hrsg. von Hans-Peter Schwarz. – Stuttgart: Dtsch. Verl.Anst. 1975. 495 S.

Adenauer-Studien. Hrsg. von Rudolf Morsey u. Konrad Repgen. Bd 1: Mit Beitr. von Hans Maier, Rudolf Morsey [u.a.]. — Mainz: Matthias-Grünewald-Verl. (1971). VII, 118 S.
  (Veröffentlichungen der Kommission für Zeitgeschichte bei der Katholischen Akademie in Bayern. B, 10.)

Adenauer-Studien. Hrsg. von Rudolf Morsey u. Konrad Repgen. Bd 2: Wagner, Wolfgang: Die Bundespräsidentenwahl 1959. — Mainz: Matthias-Grünewald-Verl. (1972). VIII, 99 S.
  (Veröffentlichungen der Kommission für Zeitgeschichte bei der Katholischen Akademie in Bayern. B, 13.)

Friedrich **Adler** vor dem Ausnahmegericht. 18. u. 19. Mai 1917. Hrsg. u. eingel. von J[ohann] W[olfgang] Brügel. — Frankfurt a.M.: Europa-Verl. (1967). 280 S.

Adler, Gusti: Max Reinhardt. Sein Leben. Biographie unter Zugrundelegung seiner Notizen für eine Selbstbiographie, seiner Reden, Briefe und persönlichen Erinnerungen. — Salzburg: Festungsverl. 1964. 308 S.

Adler, Marta: Mein Schicksal waren die Zigeuner. Ein Lebensbericht. Hrsg. von R. A. Stemmle. — Bremen: Schünemann (1957). 455 S.

Adolph, Hans J. L.: Otto Wels und die Politik der deutschen Sozialdemokratie 1894—1939. E. polit. Biographie. Mit e. Vorw. von Walter Bußmann. — Berlin: de Gruyter 1971. XIV, 386 S.
  (Publikationen zur Geschichte der Arbeiterbewegung. 3.)
  (Veröffentlichungen der Historischen Kommission zu Berlin beim Friedrich-Meinecke-Institut der Freien Universität Berlin. 33.)

Adolph, Walter: Zwanzig Jahre später. Zum Gedenken an Erich Klausener (1885—1934). — In: Wichmann-Jb. 8 (1954), 138—160.

Adolph, Walter: Erich Klausener. — Berlin: Morus-V. (1955). 157 S.

Adolph, Walter: Kardinal Preysing und zwei Diktaturen. Sein Widerstand gegen die totalitäre Macht. — Berlin: Morus Verl. 1972. 270 S.

Agarlev, A.: Gamal 'Abdel 'Naser [Nasser]. Moskva: Molodaja Gvardija 1975. 191 S.
  (Zizn zamecatel 'nych ljudej. Serija biografii.)

Agazzi, Emilio: Benedetto Croce e l'avvento del fascismo. — In: Riv. Storica Socialismo 9 (1966), H. 27, 76—103.

Agnelli, Arduino: Heinrich Ritter von Srbik. – Napoli: Guida Ed. 1976. 295 S.

Agnew, Spiro T.: Frankly speaking. A collection of extraordinary speeches. — Washington: Publ. Aff. Press 1970. 108 S.

Agócs, Sándor: Giolitti's reform program. An exercise in equilibrium politics. — In: Polit. Science Quart. 86 (1971), 637—653.

Agosti, Aldo: Rodolfo Morandi. Il pensiero e l'azione politica. — Bari: Laterza 1971. 483 S.
  (Biblioteca di cultura moderna. 707.)

Ahmad, Mohammad: My chief. — Lahore: Longmans 1960. 111 S.
  Über den pakistanischen Präsidenten General Ayub.

Ahrens, Franz: Streiflichter aus dem Leben eines Kommunisten. Über Max Reimann. Mit Beitr. von Adolf Broch [u.a.] — Hamburg: Blinkfüer-Verl. 1968. 211 S.

Ahrens, Franz: Bruno Tesch. Das Sterben eines Hamburger Arbeiterjungen. [Hrsg.:] (Komitee ehemaliger politischer Gefangener, Hamburg.) – (Hamburg:) [Selbstverl. d. Hrsg.] o. J. 18 ungez. S.

Aichelin, Helmut: Dietrich Bonhoeffer. Sein Weg u. seine Frage an die Kirche. — Stuttgart: Calwer Verl. (1962). 29 S.
  (Calwer Hefte zur Förderung biblischen Glaubens und christlichen Lebens. 47.)

Aigner, Dietrich: Winston Churchill. Ruhm und Legende. – Göttingen: Musterschmidt [1975]. 152 S.
  (Persönlichkeit und Geschichte. 84/85.)

Ainsztein, Reuben: How Hitler died. The Soviet version. — In: Internat. Aff. 43 (1967), 307—318.

Airo, A. F. [u.a.]: C. G. Mannerheim, Suomen marsalkka. — Helsinki: Kivi 1951. 336 S.

Akenson, D. H.: Was de Valera a republican? — In: Rev. Politics 33 (1971), 233—253.

Alatri, Paolo: Nitti, d'Annunzio e la questione adriatica. — Milano: Feltrinelli 1959. 544 S.

Albertini, Alberto: Vita di Luigi Albertini. — Roma: Mondadori (1945). 305 S.

Albertz, Heinrich: Dagegen gelebt. Von den Schwierigkeiten, ein politischer Christ zu sein. Gespräche mit Gerhard Rein. (19.–23. Tsd.) – (Reinbek b. Hamburg:) Rowohlt (1977). 123 S.
(*rororo. 4001.*)

Alexandrow [**Aleksandrov**], G. F. [u. a.]: Josef Wissarionowitsch Stalin. Kurze Lebensbeschreibung. (3. Aufl.) — Berlin: Dietz 1951. 158 S.

Alemann, Heine von: Leopold von Wiese und das Forschungsinstitut für Sozialwissenschaften in Köln 1919 bis 1934. - In: Kölner Z. Soziol. u. Sozialpsychol. 28 (1976), 649–673.

Alexander, C.: Der Fall Edith Stein. Flucht in die Chimäre. — Frankfurt a. M.: Karmel-Verl. (1969). 355 S.

Alexander, Edgar: Adenauer und das neue Deutschland. Einführung in das Wesen und Wirken des Staatsmannes. — Recklinghausen: Paulus-V. 1956. 288 S.

Alexander, Horace: Gandhi through Western eyes. — London: Asia Publ. House 1970. 218 S.

Alexander, Manfred: Zur Reise von Marschall [Ferdinand] Foch nach Warschau und Prag im Frühjahr 1923. - In: Bohemia 14 (1973), 289–319.

Alexander, Robert J.: The rise and fall of Janio Quadros. - In: Vjb. Probl. Entwicklungsländer 1973, 231–252.

Alexander of Tunis, Earl [Harold Rupert George]: The Alexander memoirs 1940–1945. Ed. by John North. — London: Cassell (1962). XIII, 209 S.

Alexandrov, Victor: L'affaire Toukhatchevsky [Tuchatschewski]. — Paris: Laffont (1962). 242 S.
Dt. Ausg. u. d. T.: Der Marschall war im Wege. Tuchatschewski zwischen Stalin und Hitler. — Bonn: Berto Verl. 1962. 256 S.

Alexandrov, Victor: Khrushchev [Chruschtschow] of the Ukraine. A biography. Transl. from the French by Paul Selver. — London: Gollancz 1957. 178 S.

Alexandrov, Victor: Six millions de morts. La vie d'Adolf Eichmann. — Paris: Plon 1960. 218 S.

Algisi, Leone: Giovanni [Johannes] XXIII. — Torino: Marietti 1959. 345 S.

Algisi, Leone: Johannes XXIII (Giovanni XXIII, dt.) (Aus d. Italien. übertr. von Arianna Giachi.) — München: Hueber 1960. 359 S.

Alker, Ernst: Elias Canetti. - In: Österr. Gesch. Lit. 16 (1972), 568–571.

Allard, Sven: Diplomat in Wien. Erlebnisse, Begegnungen u. Gedanken um d. österr. Staatsvertrag. (Dtsch. Bearb.: Roland H. A. Gottlieb.) — Köln: Verl. Wissensch. u. Politik (1965). 246 S.

Allardt, Helmut: Moskauer Tagebuch. Beobachtungen, Notizen, Erlebnisse. (2. Aufl.) - Düsseldorf: Econ-Verl. (1973). 423 S.

Allardyce, Gilbert: Jacques Doriot et l'esprit fasciste en France. - In: Rev. Hist. deux. Guerre mond. 25 (1975). H. 97, 31–44.

Allardyce, Gilbert D.: The political transition of Jacques Doriot. — In: J. Contemp. Hist. 1 (1966), H. 1, 56–74.

Allemann, Fritz René: Fidel Castro. Die Revolution der Bärte. — Hamburg: Rütten & Loening (1961). 158 S.
(*Das aktuelle Thema. 8.*)

Allemann, Fritz René: Hybris und Zerfall. Die Tragödie Konrad Adenauers. — In: Monat 15 (1962/63), H. 172, 11–16.

Allemann, F. R.: Wehrminister Franz-Josef Strauß. Der Mann und die Aufgabe. — In: Polit. Meinung 1956, H. 7, 51–56.

Allemann, F. R.: Der Türmer von Berlin. [Ernst Reuter]. — In: Monat 6 (1953/54), T. 1, 116–122.

Allen, Richard C.: Korea's Syngman Rhee. An unauthorized portrait. — Rutland: Tuttle 1960. 259 S.

Allende, Salvador: Chiles Weg zum Sozialismus (La via chilena hacia el socialismo, dt.) Hrsg. von Joan E. Gracés. (Aus d. Span. von Franziska Wolf.) — Wuppertal: Hammer 1972. 167 S.

Allighan, Garry: Verwoerd. The end. — London: Boardman 1961. 228 S.

Allighan, Garry: The Welensky story. — London: Macdonald 1962. 308 S.

Swetlana Alliljewa [Svetlana **Allilueva**]: Zwanzig Briefe an einen Freund (Dvadzat pisem k drugu, dt.) Aus d. russ. Originalms. übertr. von Xaver Schaffgotsch.) — Wien: Molden (1967) 344 S.

Aloisi, Pompeo Baron: Journal (25 juillet, 1932—14 juin, 1936). Introduct. par Mario Toscano. Tr. de l'italien par Maurice Vaussard. — Paris: Plon 1957. XVI, 390 S.

Alphand, Hervé: L'étonnement d'être. Journal ⟨1939–1973⟩. – [Paris:] Fayard (1977). 614 S.

Alsop, Stewart: Nixon and Rockefeller. A double portrait. — Garden City: Doubleday 1960. 240 S.

Altenhöfer, Ludwig: Stegerwald. Ein Leben für den kleinen Mann. Die Adam-Stegerwald-Story. — (Bad Kissingen:) Verl. f. Politische Schriften (1965). 131 S.

Alter, Reinhard: Gottfried Benn. The artist and politics ⟨1910–1934⟩. – Frankfurt a. M : (Lang 1976). 149 S.
(*Australisch-neuseeländische Studien zur deutschen Sprache und Literatur. 8.*)

Altmann, Alexander: Leo Baeck and the Jewish mystical tradition. – New York: Leo Baeck Inst. 1973. 28 S.
(*Leo Baeck Memorial Lecture. 17.*)

Alvensleben, Udo von: Lauter Abschiede. Tagebuch im Kriege. Hrsg. von Harald von Koenigswald. — Berlin: Propyläen-Verl. 1971. 466 S.

Alzin, Josse: Ce petit moine dangereux. Le Père Brandsma, recteur d'université, martyr de Dachau. — Paris: Bonne 1954. 153 S.

BIOGRAPHIEN

Amba, Achmed: I was Stalin's bodyguard. — London: Muller 1952. 296 S.

Amelunxen, Rudolf: Ehrenmänner und Hexenmeister. Erlebnisse und Betrachtungen. — München: Olzog (1960). 214 S.

Amendola Kühn, Eva: Vita con Giovanni Amendola. — Firenze: Parenti (1960). VIII, 636 S.
(Saggi di cultura moderna. 32.)

Amerongen, Martin von: [Bruno Kreisky und seine unbewältigte Gegenwart (De samenzwering tegen Simon Wiesenthal, dt. Ins Dtsch. übertr. von Gerhard Hartmann.] Graz: Verl. Styria (1977). 128 S.

Améry, Jean: Sir Winston Churchill. Ein Jahrhundert Zeitgeschichte. — Luzern, Frankfurt a. M.: Bucher (1965). 200 S.
(Die Zeitgeschichte im Bild.)

Amery, L[eopold] S[tennett]: My political life. — London: Hutchinson.
   2. War and peace 1914—1929. 1953. 536 S.

Amery, L[eopold] S[tennet]: My political life. — London: Hutchinson.
   3. The unforgiving years 1929—1940. 1955. 464 S.

Amouroux, Henri: Pétain avant Vichy. — Paris: Fayard.
   1. La guerre et l'amour. 1967. 365 S.

Amsler, Jean: Hitler. — Paris: Ed. du Seuil 1960. 192 S.

Ander, O. Fritiof: The building of modern Sweden. The reign of Gustav V, 1907—1950. — Rock Island, Ill.: Augustana 1958. XIX, 271 S.

Anders, Günther: Die Schrift an der Wand. Tagebücher 1941 bis 1966. — München: Beck (1967). 428 S.

Anders, Władysław: Bez ostatniego rodziału. Wspomnienia z lat 1939—1946. Wydanie trzecie przejrzane i poprawione. — Londyn: Wyd. Gryf 1959. 408 S.

Anderson, Donald F.: William Howard Taft. A conservative's conception of the presidency. — Ithaca, N.Y.: Cornell University Press 1973. X, 355 S.

Anderson, Jack und Ronald W. May: McCarthy. The man, the senator, the „ism". — Boston: Beacon Press 1952. 431 S.

Andford, Rolf: Med handen pa hjertet. — Oslo: J. W. Cappelen 1964. 246 S.

Andréas, Bert: Marx über die SPD, Bismarck und das Sozialistengesetz. — In: Arch. Sozialgesch. 5 (1965), 363—376.

Andreas, Willy: Karl Griewank †. Betrachtungen zu einem modernen Gelehrtenschicksal. — In: Gesch. Wiss. Unterr. 5 (1954), 610—614.

Andreas-Friedrich, Ruth: Schauplatz Berlin. Ein dt. Tagebuch. — München: Rheinsberg Verl. (1962). 270 S.

Andreev, A. M., B. V. Pankov und E. I. Smirnova: Lenin v Kremle. — Moskva: Gos. izd. pol. lit. 1960. 118 S.

Andreotti, Giulio: DeGasperi (DeGasperi e il suo tempo, dt.) Ein Kap. italien. Geschichte. (Aus d. Italien. übertr. u. bearb. von Horst Hohendorf.) — (Bonn:) Verl. Staat u. Gesellschaft (1967). V, 288 S.

Andrews, James F. [Ed.]: Paul VI. [Paulus VI ⟨Papa⟩]. Critical appraisals. — New York: Bruce Publ. 1970. 160 S.

Andrews, William G.: The fall of de Gaulle. — In: Orbis 14 (1970/71), 642—656.

Angel, Pierre: Eduard Bernstein et l'évolution du socialisme allemand. — **Paris: Didier 1961. 462 S.**

Angermann, Erich: Ein abgebrochenes Lebenswerk. Zum Tode Friedrich Hermann Schuberts. — In: Hist. Z. 218 (1974), 354–365.

Annet, Armand: Aux heures troublées de l'Afrique française (1939—1943). — Paris: Ed. du Conquistador 1952. 260 S.
   Erinnerungen des ehemaligen Generalgouverneurs von Madagaskar.

Ansaldo, Juan Antonio: Mémoires d'un monarchiste espagnol (1931—1952). — Monaco: Ed. du Rocher 1953. 320 S.

Anson, Robert Sam: McGovern. A biography. — New York: Holt, Rinehart & Winston 1972. 303 S.

Anstoß und Ermutigung. Gustav W[alter] Heinemann Bundespräsident, 1969-1974. Hrsg. von Heinrich Böll, Helmut Gollwitzer [u.] Carlo Schmid. — .Frankfurt a. M.: Suhrkamp 1974). 443 S.

An Anti-Hitler-Nazi. The ideology of Otto Strasser. — In: Wiener Libr. Bull. 9 (1955), 28.

Antonow-Owsejenko, W.: Im Jahre Siebzehn. Erinnerungen an die Oktoberrevolution. — Berlin: Dietz 1958. 300 S.

Anweiler, Oskar: Lenin und die Kunst des Aufstandes. — In: Wehrwiss. Rdsch. 5 (1955), 459—472.

Apel, Hans: Bonn, den ... Tagebuch eines Bundestagsabgeordneten. Köln: Kiepenheuer & Witsch 1972. 180 S.

Apelt, Willibalt: Jurist im Wandel der Staatsformen. Lebenserinnerungen. — Tübingen: Mohr 1965. 329 S.

Aquarone, Alberto: [Pietro] Badoglio militare e politico. — In: Aff. est. 6 (1974), H. 22, 167–173.

Arango, E. Ramón: Leopold III and the Belgian royal question. — Baltimore: John Hopkins Press 1963. 234 S.

Ardenne, Manfred von: Ein glückliches Leben für Technik und Forschung. Autobiographie. — München: Kindler (1972). 466 S.

Arendt, Hannah: Martin Heidegger ist achtzig Jahre alt. — In: Merkur 23 (1969), 902—917.

Arendt, Hannah: Bei Hitler zu Tisch. — In: Monat 4 (1951/52), T. 1, 85—90.

Arendt, Hannah: Rosa Luxemburg. — In: Monat 20 (1968), H. 243, 28—40.

Arendt, Hannah: The personality of Waldemar Gurian. — In: Rev. Politics 17 (1955), 33—42.

Arenz, Wilhelm: Die Vernehmung des Reichsmarschalls Göring durch die Sowjets am 17. Juni 1945. Übersetzt u. kommentiert. — In: Wehrwiss. Rdsch. 17 (1967), 523—534.

Aretin, Erwein von: Krone und Ketten. Erinnerungen eines bayerischen Edelmannes. Hrsg. von Karl Buchheim und Karl Otmar von Aretin. — München: Süddeutsch. Verl. (1955). 443 S.

Aretin, Karl Otmar von: Kardinal Faulhaber, Kämpfer oder Mitläufer? — In: Frankf. H. 21 (1966), 314—318.

Aretin, Karl Otmar Frhr von: Brünings ganz andere Rolle. Seine Verfassungspläne. Bemerkungen zu den Memoiren. — In: Frankf. H. 26 (1971), 931—939.

Armonas, Barbara: Laß die Tränen in Moskau (Leave your tears in Moscow, dt.) 1939—1960. Meine 20 Jahre in Rußland. [Bearb.:] A[lfirdas] L. Nasvytis. (Aus d. Amerikan. von Wilhelm Höck.) — München: Ehrenwirth (1966). 215 S.

Armstrong, John P.: The enigma of Senator Taft and American foreign policy. — In: Rev. Politics 17 (1955), 206—231.

Arndt, Adolf: Geist der Politik. Reden. — Berlin: Literar. Colloquim (1965). 330 S.

Arndt, Adolf: Politische Reden und Schriften. Hrsg. von Horst Ehmke u. Carlo Schmid. — Bonn-Bad Godesberg: Dietz 1976). 582 S.
(Internationale Bibliothek. 88.)

Arndt, Hans Joachim und John Roy Carlson: Senator Joseph Raymond McCarthy. Betrachtung eines Deutschen, Selbstkritik eines Amerikaners. — In: Frankf. H. 9 (1954), 177—193.

Arndt, Heinz von: Dwight D. Eisenhower. Ein amerikanisches Soldatenleben. — Berlin, Darmstadt, Bonn: Mittler 1951. 43 S.
(Profile der Zeit.)

Arnold, Guy: [Jomo Kenyatta and the politics of Kenya. — London: Dent 1974. 226 S.

Arnold, H. H.: Global mission. — London: Hutchinson 1951. 276 S.

Arns, Günter: Friedrich Ebert als Reichspräsident. — In: Hist. Z., Beih. 1 (1971), 1—30.

Aroma, Nino d': Churchill e Mussolini. Le grande esistenze. — Roma: Centro editoriale nazionale divulgazioni umanistiche sociologiche storiche 1962. 491 S.

Aroma, Nino d': Mussolini segreto. — Bologna: Cappelli 1958. 469 S.

Aron, Raymond: De Gaulles Alleingang. — In: Monat 12 (1959/60), H. 139, 14—22.

Aron, Raymond: De Gaulle und die Legalität. — In: Monat 13 (1961), H. 153, 7—12.

Aron, Raymond: Polémiques. — Paris: Gallimard 1955. 247 S.

Aron, Raymond: Max Weber. — In: Contrat social 3 (1959), 87—96.

Aron, Raymond: Max Weber und die Machtpolitik. — In: Z. Politik 11 (1964), 100—113.

Aron, Robert: De Gaulle, der Gaullismus und die Parteien. — In: Dokumente 14 (1958), 347—356.

Aron, Robert: The political methods of General de Gaulle. — In: Internat. Aff. 37 (1961), 19—28.

Aron, Robert: Le piège où nous a pris l'histoire. — Paris: Michel 1950. 311 S. Behandelt die Zeit 1940—1944.

Aronsfeld, C. C.: Old fascism writ large. Mosley's memoirs. — In: Patterns of Prejudice 2 (1968), H. 6, 17—20.

Aronsfeld, C. C.: Alfred Wiener ⟨1885—1964⟩. — In: Theokratia 1 (1967/69), 144—159.

Arthoffer, L.: Als Priester im Konzentrationslager. — Wien, Graz: Moser 1959. 150 S.

Artieri, Giovanni: Il re. Colloqui con Umberto II. — Milano: Borghese 1959. 429 S.

Aschauer, Rudolf: Der Fall Herbert Kappler. Ein Plädoyer für Recht, Wahrheit und Verstehen. — München: Damm-Verl. (1968). 74 S.

Aschenauer, Rudolf: Der Fall Schörner. Eine Klarstellung. — (München 1962: Thurnhuber.) 112 S.

Asenbach, W. von: Adolf Hitler. Sein Kampf gegen die Minusseele. Eine politisch-philosophische Studie aus der Alltagsperspektive. — Buenos Aires: Prometheus-Ed. [1955]. 205 S.

Ashbell, Bernard: When F. D. R[oosevelt] died. — New York: Holt, Rinehart & Winston 1961. XI, 211 S.

Ashe, Geoffrey: Gandhi. A study in revolution. — London: Heinemann 1968. 404 S.

Aspinall-Oglander, Cecil: Roger Keyes. Being the biography of Admiral of the Fleet Lord Keyes of Zeebrugge and Dover. — London: Hogarth Press 1951. XV, 479 S.

Assel, Hans-Günther: Normen in der Politik. Eine kritische Betrachtung zum Wertfreiheitsprinzip Max Webers. — In: Z. Politik 16 (1969), 198—222.

Assmann, Kurt: Großadmiral Dr. h. c. Raeder und der Zweite Weltkrieg. — In: Marine-Rdsch. 58 (1961), 3—17.

Aster, Sidney: Anthony Eden. Introd. by A[lan] J[ohn] P[ercivale] Taylor. — London: Weidenfeld & Nicolson 1976. 176 S.

Astier, Emmanuel d': Seven times seven days. Tr. by Humphrey Hare. — London: MacGibbon & Kee 1958. 220 S.

Astier, Emmanuel d': Sur Staline [Stalin]. — Paris: Plon 1963. 221 S.

Attlee, C[lement] R[ichard]: As it happened. — London: Heinemann (1954). 227 S.

Aubert, Louis [u. a.]: André Tardieu. — Paris: Plon 1957. XVIII, 216 S.

Auburtin, Jean: Le Colonel de Gaulle. — Paris: Plon 1965. 179 S.

Audry, Colette: Léon Blum ou la politique du juste. — Paris: Julliard 1955. 198 S.

Audry, Colette: Léon Blum ou la politique du juste. — Paris: Denoël-Gonthier 1970. 208 S.
(„Bibliothèque Méditations". 69.)

Audry, Colette: Tombeau de Léon Blum. — In: Temps mod. 10 (1954), H. 112/113, 1753—1802.

Auer, Frank von: Alfred Dregger. Ein kritisches politisches Portrait. Mit einem Vorw. von Armin Clauss. - (Berlin:) Spiess (1974). 155 S.

Auer, Johann: Zwei Aufenthalte Hitlers in Wien. — In: Vjh. Zeitgesch. 14 (1966), 207—208.

Auerbach, Hellmuth: [Adolf] Hitlers Handschrift und Masers Lesefehler. Eine notwendige Berichtigung. - In: Vjh. Zeitgesch. 21 (1973), 334–336.

Auffray, Bernhard: Pierre de Margerie ⟨1861–1942⟩, et la vie diplomatique de son temps. Préf. de Jacques Chastenet. - Paris: Klincksieck (1976). 528 S.

Aufrecht zwischen den Stühlen. K(arl) O(tto) P(aetel). Grüße zum 50. Geburtstag am 23. November 1956 für Karl O(tto) Paetel. Von Freunden in Deutschland und anderswo. (Zsgst. von Werner Wille und Heinrich Sperl.) — (Nürnberg 1956: Druckhaus Nürnberg.) 92 S.
Nicht im Buchhandel.

Auman, Hans J.: Mein Leben als Mischmosch. - (München:) Kindler (1977). 300 S.

Auriol, Vincent: Mon septennat (1947 — 1954). Notes de journal, prés. par Pierre Nora et Jacques Ozouf. — Paris: Gallimard 1970. 616 S.
(Coll. „Témoins".)

Aurora, Elio d': Fascino slavo. Inchiesta sulla Jugoslavia di Tito. Carteggio segreto Tito—Stalin. — Torino: Soc. Ed. Internaz. 1956. 269 S.

Ausmeier, Peter: (Dietrich) Klagges. Verbrecher im Hintergrund. Ein Prozeßbericht. — (Braunschweig: Volksfreund Druck- u. Verl.Anst. 1951.) 32 S. [Umschlagt.]

Auty, Phyllis: Tito (Tito, a biography, dt.) Staatsmann aus dem Widerstand. (Nach d. engl. Ausg. übers. von Josef Trimmel. Bearb. d. dtsch. Ausg.: Heinz Siegert.) — München: Bertelsmann 1972. 382 S.

Avakumović, Ivan: Mihailović [Draža Mihajlović] prema nemačkim dokumentima. — London: Savez „Oslobodjenje" 1969. 183 S.
(Biblioteka „Naše Delo". 15—17.)

Avi-hai, Avraham: [David] Ben-Gurion, state builder. Principles and pragmatism, 1948–1963. - New York: Wiley 1974. XI, 354 S.

Avineri, Shlomo: The social and political thought of Karl Marx. — Cambridge, Mass.: Cambridge University Press 1968. VIII, 269 S.

Avon, Robert: The political methods of General de Gaulle. — In: Internat. Aff. 37 (1961), 19—28.

Avtorkhanov, Abdurakhman: Stalin and the Soviet Communist party. A study in the technology of power. — New York: Praeger 1959. 380 S.

Ayub Khan, Mohammed: Erinnerungen und Bekenntnisse. Friends not masters, [dt.] Eine polit. Autobiographie. (Aus d. Engl. übertr. von Hermann Thiemke.) — Tübingen: Erdmann (1968). 384 S.
(Schriftenreihe des Instituts für Auslandsbeziehungen Stuttgart. 9.)

Azad, Maulana Abul Kalam: India wins freedom. An autobiographical narrative. — Bombay, Calcutta, Madras, New Delhi: Orient Longmans 1959. X, 252 S.

Babkin, B. P.: Pavlov. A biography. — London: Gollancz 1951. 365 S.

Bach, Jürgen A.: Franz von Papen in der Weimarer Republik. Aktivitäten in Politik und Presse 1918–1932. - Düsseldorf: Droste (1977). 354 S.

Bach, Otto: Ein Europäer kämpft für Berlin [Teilsamml.] Reden u. Ansprachen 1947—1949. Besorgt von Bruno Lampasiak u. Walter G. Oschilewski. (Aus Anlaß d. 70. Geburtstages von Otto Bach am 22. Dez. 1969.) — (Berlin: Arani-Verlagsges. [1969]). 80 S.

Bach, Otto [Hrsg.]: Rudolf Wissell. Ein Leben für soziale Gerechtigkeit. — Berlin-Grunewald: Arani-V. (1949). 99 S.

Bachmann, Harald: Joseph Maria Baernreither, 1845–1925. Der Werdegang eines altösterreichischen Ministers und Sozialpolitikers. - Neustadt a. d. Aisch: Ph. C. W. Schmidt [in Komm.] 1977. 178 S.

Bachmann, Harald: Joseph Maria Baernreither und die nationale Ausgleichspolitik der österreichischen Regierung in Böhmen ⟨1908—1914⟩. — In: Bohemia 7 (1966), 301—319.

Bachmann, Harald: Raphael Pacher und die Deutschradikale Bewegung in den Sudetenländern. Aus d. Erinnerungen Pachers. — In: Bohemia 5 (1964), 447—458.

Bachofen, Maja: Lord Robert Cecil und der Völkerbund. — Zürich: Europa-Verl. 1959. 138 S.

Bachstein, Martin K.: Wenzel Jaksch und die sudetendeutsche Sozialdemokratie. - München: Oldenbourg 1974. 306 S.
(Veröffentlichungen des Collegium Carolinum. 29.)

Baczkowski, Włodzimierz: Józef Stalin. — In: Kultura 1953, H. 4/66, 17—25.

Baden, Hans Jürgen: Wort im Widerstand. Der Fall Jochen Klepper. - In: Stimmen d. Zeit 100 (1975), Bd 193, 539–547.

Baden, Max Prinz von: Erinnerungen und Dokumente. Neu hrsg. von Golo Mann u. Andreas Burckhardt. Mit e. Einl. von Golo Mann. — Stuttgart: Klett (1968). 692 S.

Badia, Gilbert: Rosa Luxemburg. Journaliste, polémiste, révolutionnaire. - Paris: Ed. sociales 1975. 930 S.

Badke, Rolf: Existenz und Ethos in der politischen Theorie Carl Schmitts. Ein Beitrag zur philosophischen Grundlegung der politischen Erziehung. o. O. 1956. — 156, 8 gez. Bl. [Maschinenschr.]
Bonn, phil. Diss. 29. Februar 1956.

Bänziger, Hans: Glücksfischer und Auswanderer. Zu Jakob Schaffner, auch ein Fall von Exilliteratur? - In: Schweizer Monatsh. 55 (1975/76), 624–634.

Bärtschi, Hans Emil: Die Entwicklung vom imperialistischen Reichsgedanken zur modernen Idee des Commonwealth im Lebenswerk Lord Balfours. — Aarau: Sauerländer 1957. 187 S.
(Berner Untersuchungen zur allgemeinen Geschichte. 20.)

Baerwald, Friedrich: Kritische Erinnerungen zu Brünings Memoiren. — In: Frankf. H. 26 (1971), 767—774.

Bäumer, Gertrud: Des Lebens wie der Liebe Band. Briefe. Hrsg. von Emmy Beckmann. — Tübingen: Wunderlich (1956). 381 S.

Bäumer, Gertrud: Im Licht der Erinnerung. — Tübingen: Wunderlich 1953. 164 S.

Bagby, Wesley M.: Woodrow Wilson, a third term, and the solemn referendum. — In: Amer. hist. Rev. 60 (1955), 567—575.

Bahr, Ehrhard: Georg Lukács. — Berlin: Colloquium-Verl. (1970). 93 S.
(Köpfe des 20. Jahrhunderts. 61.)

Rudolf **Bahro.** Eine Dokumentation. - (Köln:) Europ. Verl.-Anst. (1977). 111 S.

Bakaric, Vladimir: Tito — der Politiker, Staatsmann und Mensch. Zum 63. Geburtstag von Staatspräsident Tito. — In: Intern. Politik [Beograd] 6 (1955), H. 124, 3—4.

Baker, Donald N.: Two paths to socialism: Marcel Déat and Marceau Pivert. - In: J. contemp. Hist. 11 (1976), 107—128.

Baker, Liva: Felix Frankfurter. — New York: Coward McCann 1969. 361 S.

Baker, Rachel: Chaim Weizmann. Builder of a nation. — New York: Messner 1950. 180 S.

Baker, Richard St. Barbe: Kabongo. The story of a Kikuyu chief. — Oxford: Ronald 1955. 128 S.

Bakunin, Michail [Aleksandrovič]: Philosophie der Tat [Teilsamml., dt.] Ausw. aus seinem Werk. Eingel. u. hrsg. von Rainer Beer. — Köln: Hegner (1968). 382 S.
(Hegner-Bücherei.)

Balabanoff, Angelica: Lenin (Lenin visto da vicino, dt.) Psychologische Beobachtungen und Betrachtungen. — Hannover: Verl. f. Literatur u. Zeitgeschehen (1961). 183 S.

Baldensperger, Fernand: G. Clemenceau dans la retraite. Souvenirs et documents inédits. — In: Rev. Déf. nat. 12 (1951), 446—457.

Baldwin, A. W.: My father [Stanley Baldwin]. The true story. — London: Allen & Unwin (1955). 360 S.

Balen, Sime: Pavelić. — Zagreb: Hrvatska Seljacka Tiskara 1952. 144 S.

Balfour, Michael [u.] Julian Frisby: Helmuth von Moltke. A leader against Hitler. - New York: St. Martin's Press 1973. 388 S.

Balfour, Michael: The Kaiser [Wilhelm II.] and his times. — London: The Cresset Press 1964. 524 S.

Balfour, Michael: Der Kaiser (The Kaiser and his times, dt.) Wilhelm II. und seine Zeit. Mit e. einleitenden Essay von Walter Bußmann. (Ins Dtsch. übertr. von K[arl] H[einz] Abshagen.) — Berlin: Propyläen-Verl. (1967). 554 S.

Ball-Kaduri, K[urt] J[akob]: Aus meinen Erinnerungen 1944—1947. Die Sammlung: Was nicht in den Archiven steht. — In: Z. Gesch. Juden 8 (1971), 57—71.

Ball-Kaduri, Kurt J.: Jüdisches Leben einst und jetzt. Das Calauer Judenhaus. Erlebtes Israel. — München: Ner-Tamid 1961. 128 S.

Ballola, Renato Carli: 1953, processo Parri. Prefazione di Antonio Greppi.— Milano: Ceschina 1954. 206 S.

Ba Maw: Breakthrough in Burma. Memoirs of a revolution, 1939—1946. — New Haven: Yale University Press 1968. 460 S.

Bamberger-Beyfus, Elise: Tagebuch einer deutschen Frau in Paris 1940—1944. — In: Merkur 14 (1960), 454—467.

Banks, Joseph A.: Marx auf dem Prüfstand. E. soziolog. Analyse d. marxist. Auffassung von Industrieverhältnissen (Marxist sociology in action, dt.) (Aus d. Engl. übers. von Wilhelm Höck.) — München: List 1972. 288 S.

Bankwitz, Philip C. F.: Weygand. A biographical study.
Cambridge, Mass., Harvard University, Diss. 1952.

Bannister, Sybil: I lived under Hitler. — London: Rockliff 1957. 264 S.

Banuls, André: Das völkische Blatt „Der Scherer". E. Beitr. zu [Adolf] Hitlers Schulzeit. - In: Vjh. Zeitgesch. 18 (1970), 196—203.

Baratto, Alessandro: Relativismus und Naturrecht im Denken Gustav Radbruchs. — In: Archiv f. Rechtsu. Sozialphil. 45 (1959), 505—537.

Barbey, Bernard: Aller et retour. Mon journal pendant et après la „drôle de guerre" 1939—1940. — Neuchâtel: Edit. de la Baconnière 1967. 184 S.

Barbey, Bernard: Von Hauptquartier zu Hauptquartier (Aller et retour, dt.) Mein Tagebuch als Verbindungsoffizier zur französischen Armee, 1939—1940. (Aus d. Französ. übertr. von Hans-Ulrich Ganz.) — Stuttgart: Huber (1967). 170 S.

Barbier, J.-B.: Un frac de Nessus. — Paris: Librairie Française 1958. 1400 S.

Bardens, Dennis: Portrait of a statesman. The personal life story of Sir Anthony Eden. — New York: Philosophical Library 1956. 326 S.

Bardoux, Jacques: Journal d'un témoin de la Troisième (1 septembre 1939—15 juillet 1940). — Paris: Fayard 1957. 429 S.

Barić, Ottavio: Luigi Albertini. - Torino: U. T. E. T. 1972. 569 S.

Bariéty, Jacques: Le rôle d'Émile Mayrisch entre les sidérurgies allemande et française après la première guerre mondiale. - In: Relat. internat. 1974, H. 1, 123–134.

Bariéty, Jacques: [Gustav] Stresemann et la France. - In: Francia 3 (1975), 554–583.

Baring, Arnulf und Christian Tautil: Charles de Gaulle. Größe u. Tendenzen. — Köln, Berlin: Kiepenheuer & Witsch (1963). 154 S.
(Information. 3.)

Bark, Sir Peter: The last days of the Russian monarchy. Nicholas (Nikolaj) II at army headquarters. — In: Russ. Rev. 16 (1957), H. 3, 35—44.

Barker, Dudley: Grivas. Portrait of a terrorist. — London: Cresset 1959; New York: Harcourt 1960. 202 S.

Barnard, John T.: The endless years. A personal record of the experiences of a British officer as a prisoner of war in Japanese lands, from the fall of Singapore to his liberation. — London: Chantry Publ. 1950. XII, 160 S.

Baron, Lawrence: The electic anarchism of Erich Mühsam. - New York: Revisionist Press 1976. XII, 217 S.

Barrett, J. Horton: Communism's prophet [Hitler]. — New York: Greenwich Book Publishers 1957. 157 S.

Barron, Gloria J.: Leadership in crisis. FDR [Franklin D. Roosevelt] and the path of intervention. - Port Washington, N. Y.: Kennikat Press 1973. XII, 145 S.

Barros, James: Betrayal from within. Joseph Avenol, Secretary-General of the League of Nations, 1933—1940. — London: Yale University Press 1969. XII, 289 S.

Barry, Colman J.: American nuncio. Cardinal Aloisius Muench. — Collegeville, Minn.: Saint John's University Press 1969. XII, 379 S.

Barth, Karl: Brief an einen Pfarrer in der Deutschen Demokratischen Republik. (3. Aufl.) — Zollikon: Evang. Verl. (1958). 45 S.

Barth, Karl: „Der Götze wackelt." Zeitkritische Aufsätze, Reden und Briefe von 1930 bis 1960. Hrsg. von Karl Kupisch. — (Berlin): Vogt (1961) 220 S.

Barthelot, Jean: Sur les rails du pouvoir (1938—1942). — Paris: Laffont 1968. 344 S.

Bartolai, Sante: Da fossoli a Mauthausen. Memoire di un sacerdote nei campi di concentramento nazisti. — Modena: Istituto storico della resistenza 1966. 108 S.
(Quaderni dell'Istituto storico della resistenza in Modena e Provincia.5.)

Bartoszewski, Władysław: Erich von dem Bach. — Poznań: Wydawnictwo Zachodnie 1961. 110 S.
(Crimes de Guerre en Pologne. Juillet 1961.)
In französischer Sprache.

Bartsch, Günter: Trotzkis Bedeutung für die Gegenwart. — In: Osteuropa 14 (1964), 489—501.

Bartsch, Günther: Djilas und Kolakowski. — In: Osteuropa 15 (1965), 281—295 u. 385—392.

Bartsch, Günter: Milovan Djilas oder die Selbstbehauptung des Menschen. Versuch einer Biographie. — München: Manz 1971. 343 S.

Bartsch, Günter: Imre Nagy, der demokratische Kommunist. Zum 10. Jahrestag der Hinrichtung von Imre Nagy. — In: Neue Gesellsch. 15 (1968), 287—292.

Baruch, Bernard M.: Baruch. My own story. — New York: Holt 1957. XII, 337 S.
Dtsch. Ausg. u. d. T.: Gute 88 Jahre. — (München): Kindler (1958). 383 S.

Baruch, Bernard M.: Baruch. The public years. — New York: Holt, Rinehart & Winston 1960. XII, 431 S.

Baruch, Bernard M[annes]: Die Jahre des Dienens (The public years, dt.) (Aus d. Amerikan. übers. von Werner von Grünau.) — (München:) Kindler (1962). 577 S.

Barzel, Rainer: Karl Arnold. Grundlegung christlich-demokratischer Politik in Deutschland. Dokumentation. — Bonn: Berto-V. 1960. 252 S.

Barzel, Rainer: Auf dem Drahtseil. - (München:) Droemer Knaur (1978). 246 S.

Barzel, Rainer: Bundestagsreden [Teilsamml.] Mit e. Vorw. von Ludwig Erhard. Hrsg. von Will Rasner. — Bonn: Verl. AZ-Studio (1971). 302 S.

Barzel, Rainer: Gesichtspunkte eines Deutschen. — Düsseldorf: Econ-Verl. (1968). 291 S.

Bar-Zohar, Michel: David BenGurion, der streitbare Prophet (BenGurion, le prophète armé, dt.) Eine Biographie. (Aus d. Französ. übertr. von Ulla Leippe.) — (Hamburg:) Wegner (1968). 350 S.

Baschanow [Bašanov], Boris: Ich war Josif Vissarionovič Stalins Sekretär. — Frankfurt a. M.: Ullstein (1977). 269 S.

Bassi, Maurizio: Due anni fra le bande di Tito. — Bologna: Cappelli 1950. 320 S.

Basso, Lelio: Rosa Luxemburgs Dialektik der Revolution. (Aus d. Italien. von Karin Monte.) — (Frankfurt a.M.:) Europ. Verl. Anst. (1969). 192 S.

Basso, Lelio und Luigi Anderlini [Eds.]: Le riviste di Piero Gobetti. — (Milano:) Feltrinelli (1961). CX, 766 S.
(Collana di periodici italiani e stranieri. 4.)

Batty, Peter: La dynastie des Krupp. Trad. de l'angl. — Paris: Laffont 1967. 363 S.
(L'Histoire que nous vivons.)

Bauchard, Philippe: Léon Blum. Le pouvoir pour quoi faire? — (Paris:) Arthaud 1976. 350 S.
(Coll. „Notre temps". 31.)

Baudouin, Paul: The private diaries (March 1940 to January 1941). Transl. by Sir Charles Petrie. With a forew. by Malcolm Muggeridge. — London: Eyre and Spottiswoode 1948. 308 S.

Bauer, Arnold: Thomas Mann. — Berlin: Colloquium-Verl. (1960). 92 S.
(Köpfe des 20. Jahrhunderts. 16.)

Bauer, Ernest: Milovan Djilas — Fall eines Ideologen. — In: Osteuropa 4 (1954), 102—103.

Bauer, Ernest: Tito und die Sowjetunion. — In: Osteuropa 4 (1954), 94—101.

Bauer, Fritz: Oster und das Widerstandsrecht. — In: Polit. Studien 15 (1964), 188—194.

Bauer, Manfred: Herbert Hoovers Verhältnis zu Sowjet-Rußland von der Pariser Friedenskonferenz (1919) bis zum Ende seiner Präsidentschaft (1933). — München 1954. VI, 116 Bl. [Maschinenschr.]
München, phil. Diss. 1954.

Bauer, Otto: Eine Auswahl aus seinem Lebenswerk. Mit einem Lebensbild Otto Bauers von Julius Braunthal. — Wien: Verl. d. Wiener Volksbuchh. 1961. 338 S.

Bauer, Wilhelm: Heinrich Ritter von Srbik. — In: Almanach d. Österr. Akad. d. Wiss. 101 (1951), 327—371.

Bauer, Yehuda: „Onkel Saly". Die Verhandlungen des Saly Mayer zur Rettung der Juden 1944/45. - In: Vjh. Zeitgesch. 25 (1977), 188–219.

Baumer, Franz: E[rich] M[aria] Remarque. - Berlin: Colloquium-Verl. 1976. 95 S.
(Köpfe des 20. Jahrhunderts. 85.)

Baumert, Alfred: Die wirtschafts- und sozialpolitischen Reformpläne Sun Yatsen's. — Marburg 1950. 97 gez. Bl. [Maschinenschr.]
Marburg, rechts- und staatswiss. Diss., 20. März 1950.

Baumgärtner, Franz Josef: Wilhelm Högner. — München, Köln: Olzog (1957). 43 S.
(Münchner Porträts. 8.)

Baumgart, Winfried: Die militärpolitischen Berichte des Freiherrn von Keyserlingk aus Petersburg Januar-Februar 1918. — In: Vjh. Zeitgesch. 15 (1967), 87—104.

Baumgart, Winfried: Neue Quellen zur Beurteilung Ludendorffs. Der Konflikt mit dem Admiralstabschef über die deutsche Schwarzmeerpolitik im Sommer 1918. — In: Militärgesch. Mitt. 1969, H. 2, 161—177.

Baumont, Maurice: Aristide Briand [dt.] Diplomat und Idealist. (Übers. aus d. Französ.: Birgit Franz.) — Göttingen: Musterschmidt (1966). 90 S.
(Persönlichkeit und Geschichte. 43.)

Baumont, Maurice: Les origines et la jeunesse d'Adolf Hitler. — In: Rev. de Paris 66 (1959), H. 3, 69—79.

Baur, Hans: Ich flog Mächtige der Erde. — Kempten: Pröpster 1956. 330 S.

Bausch, Paul: Lebenserinnerungen und Erkenntnisse eines schwäbischen Abgeordneten. — Korntal: Selbstverl. d. Verf. (1969), 325 S.

Bayar, Celâl: [Werke, Ausz.] Celâl Bayar diyor ki ... 1920—1950. Nutuk, hitabe, beyanat, hasbihal. Toplayan ve metni hazirlayan N. Sevgen. — Istanbul: Tan. 1951. XII, 425 S.

Bayern, Konstantin Prinz von: Der Papst [Pius XII.] Ein Lebensbild. 1.—10. Ts. — Bad Wörishofen: Kindler & Schiermeyer (1952). 392 S.

Bayern, Konstantin [Prinz] von: Die Zukunft sichern. — (Stuttgart:) Seewald (1969). 224 S.

Bea [Augustin]: Der Mensch Bea [Teilsamml.] Aufzeichnungen des Kardinals 1959—1968. Hrsg. von Stjepan Schmidt. — Trier: Paulinus-Verl. (1971). 421 S.

Beal, John Robinson: John Foster Dulles. A biography. Foreword by Thomas E. Dewey. — New York: Harper (1957). XVI, 331 S.

Beal, John Robinson: [George C.] Marshall in China. — Garden City: Doubleday 1970. XXII, 385 S.

Beale, Howard K.: Charles A. Beard. An appraisal. — Lexington: University of Kentucky Press 1954. 312 S.

Beam, Jacob D.: Multiple exposure. An American ambassador's unique perspective on East-West issues. - New York: Norton 1978. 317 S.

Beaufre, André: Mémoires 1920—1940—1945. — Paris: Presses de la Cité 1969. 518 S.
(Coll. „Coup d'oeil".)

Beaverbrook, Lord William Maxwell Aitken: Men and power 1917—1918. — London: Hutchinson 1956. XLII, 447 S.

August **Bebel**. Sein Leben in Dokumenten, Reden und Schriften. Hrsg. von Helmut Hirsch. Mit e. Geleitw. von Willy Brandt. — Köln: Kiepenheuer & Witsch (1968). 436 S.

Bebel, August: Aus meinem Leben [Ausz.] (Ausgew. u. hrsg. von Walther G[eorg] Oschilewski.) — Berlin u. Hannover: Dietz (1958). 223 S.

Bebel, August: Politik als Theorie und Praxis [Werke, Ausz.] Ausgew. Texte aus Reden und Schriften. Eingel. u. hrsg. von Albrecht Langner. — Köln: Hegner (1967). 316 S.
(Hegner Bücherei.)

August **Bebels** Briefwechsel mit Friedrich Engels. Hrsg. von Werner Blumenberg. — Den Haag: Mouton 1965. LIII, 824 S.
(Quellen und Untersuchungen zur Geschichte der deutschen und österreichischen Arbeiterbewegung. 6.)

Becher, Heribert J.: Georg Simmel. Die Grundlagen seiner Soziologie. Mit e. Vorw. von G. Eisermann. – Stuttgart: Enke 1971. XI, 107 S.
(Bonner Beiträge zur Soziologie. 12.)

Becher, Johannes R.: Bildnis des Freundes. Alexander Abusch zum fünfzigsten Geburtstag. — In: Aufbau 8 (1952), 138—144.

Becher, Johannes R[obert]: Walter Ulbricht — ein deutscher Arbeitersohn. — Berlin: Dietz 1958. 227 S.

Becher, Lilly und Gert Prokop: Johannes R. Becher. Bildchronik seines Lebens. Mit e. Essay von Bodo Uhse. — Berlin: Aufbau-Verl. 1963. 303 S.

Bechtel, Guy: Pierre Laval. — Paris: Laffont 1963. 875 S.

Bechtoldt, Heinrich: Alleingänger im Osten. Zu den Schriften von Ernst Niekisch. — In: Außenpolitik 5 (1954), 519—524.

Beck, Curt F.: Edvard Beneš's political theory. Application of democracy to international relations. *Cambridge (Harvard), Diss. 1950.*

Beck, Earl R.: Verdict on Schacht. A study in the problem of political „guilt". — Tallahassee: Florida State University 1955. X, 201 S.
(Florida State University Studies. 20.)

Beck, Ludwig: Studien. Hrsg. und eingel. von Hans Speidel. — Stuttgart: Koehler (1955). 302 S.

Beck, Rainer: Käthe Kollwitz, mehr als eine sozialistische Kampfgenossin. - In: Polit. Stud. 29 (1978), 229-240.

Beckenbauer, Alfons: Eine Landshuter Jugendfreundschaft und ihre Verwicklung in die NS-Politik. Der Arzt Dr. Karl Gebhardt und der Reichsführer-SS Heinrich Himmler. – In: Verhandlungen d. Hist. Vereins f. Niederbayern (Landshut) 1974, Bd 100, 5–22.

Beckenbauer, Alfons: Musterschüler und Massenmörder. Heinrich Himmlers Landhuter Jugendjahre. — In: Verhandlungen d. Historischen Vereins für Niederbayern 95 (1969), 93—106.

Beckenbauer, Alfons: Wie Adolf Hitler durch einen niederbayerischen Grafen zu einem Wutausbruch gebracht wurde. Aus den unveröffentlichten Memoiren des Joseph Maria Graf von Soden-Fraunhofen, zugleich ein Beitrag zur Geschichte des monarchischen Gedankens in Bayern während der Weimarer Zeit. – In: Verhandlungen d. Hist. Vereins f. Niederbayern 1977, Bd 103, 5–29.

Becker, Gerhard: Neue Dokumente von Karl Marx aus dem Jahre 1849. Die beschlagnahmten Papiere des Emissärs Karl Bruhn. – In: Z. Geschichtswiss. 22 (1974), 423–442.

Becker, Hellmut: Karl Dietrich Erdmann und der deutsche Bildungsrat. — In: Gesch. Wiss. Unterr. 21 (1970), 274—278.

Becker, Hellmut: Portrait eines Kultusministers. Zum 100. Geburtstag von Carl Heinrich Becker (12. April 1976). – In: Merkur 30 (1976), 365–376.

Becker, Howard: Max Weber. Assassination and German guilt. An interview with Marianne Weber. — In: Amer. J. Econ. Sociol. 10 (1950/51), 401—405.

Becker, Willy, Hans Luft [u.] Gerhard Schulze: Lenin und der demokratische Zentralismus heute. — Berlin: Staatsverl. d. DDR 1970. 128 S.
(Politik aktuell.)

Beermann, Fritz: Reichswehrpolitik in der Weimarer Zeit. Einige nicht ganz unzeitgemäße Betrachtungen zu den Memoiren des früheren Reichswehrministers [Geßler]. — In: Neue Gesellsch. 6 (1959), 145—152.

Beers, Burton F.: Vain endeavor. Robert Lansing's attempts to end the American-Japanese rivalry. — Durham: Duke University Press 1962. IX, 207 S.

Beetham, David: Max Weber and the theory of modern politics. – London: Allen & Unwin 1974. 287 S.

Der Oberste **Befehlshaber.** Ein Nürnberger Gespräch mit Generaloberst Jodl. — In: Nation Europa 10 (1960), H. 5, 25—41.

Begegnungen mit Dietrich Bonhoeffer. Ein Almanach. (Hrsg. von Wolf-Dieter Zimmermann.) — München: Kaiser (1964). 184 S.

Freundschaftliche **Begegnungen.** Festschrift für Ernst Jünger zum 60. Geburtstag. (Hrsg. von Armin Mohler.) — Frankfurt a. M.: Klostermann (1955). 232 S.

Begegnungen mit Theodor Heuss. Hrsg. von Hans Bott und Hermann Leins. — Tübingen: Wunderlich 1954. 496 S.

Begin, Menachem: White nights [engl.] The story of a prisoner in Russia. (Transl. from the Hebrew by Katie Kaplan.) – (London:) Futura Publ. (1978). 240 S.

Behm, Erika [u.] Jürgen Kuczynski: Arthur Dix. Propagandist der wirtschaftlichen Vorbereitung des ersten Weltkrieges. — In: Jb. Wirtschaftsgesch. 1970, T. II, 69—100.

Behrend, Rahel: Verfemt und verfolgt. Erlebnisse einer Jüdin in Nazi-Deutschland 1933—1944. — Zürich: Büchergilde Gutenberg 1945. 328 S.

Behrendt, Armin: Wilhelm Külz. Aus dem Leben eines Suchenden. (Hrsg. vom Zentralvorstand der Liberal-Demokratischen Partei Deutschlands.) — Berlin: Buchverl. Der Morgen (1968). 358 S.

Beier, Gerhard: Rosa Luxemburg. Zur Aktualität und Historizität einer umstrittenen Größe. – In: Internat. wiss. Korr. Gesch. dtsch. Arbeiterbew. 10 (1974), 179–210.

Beier, Gerhard: Willi Richter. Ein Leben für die soziale Neuordnung. – (Köln:) Bund-Verl. (1978). 708 S.

Beinlich, Alexander: Bertold Brecht und wir. Entwurf einer Gesamtwürdigung. — In: Hochland 57 (1964/65), 545—558.

Beiträge über die Bedeutung des Werkes von J. W. Stalin „Ökonomische Probleme des Sozialismus in der UdSSR". — [Düsseldorf, Ackerstraße 144]: Parteivorstand der KPD [1953]. 110 S.
(Wissen und Tat. 15.)

Beke, Laszlo: A student's diary. Budapest, October 16 — November 1, 1956. — London: Hutchinson 1957. 125 S.

Belke, Ingrid: Die sozialreformerischen Ideen von Josef Popper-Lynkeus ⟨1838–1921⟩. Im Zusammenhang mit allgemeinen Reformbestrebungen des Wiener Bürgertums um die Jahrhundertwende. – Tübingen: Mohr 1978. VII, 296 S.
Diss., Universität Basel.

Bell, George [u.] Alphons Koechlin: Briefwechsel 1933—1954. Hrsg., eingel. u. komm. von Andreas Lindt. Geleitw. von W. A. Visser't Hooft. (Die Übers. d. Originalbriefe aus d. Engl. besorgte Elsie Steck.) — Zürich: EVZ-Verl. (1969). 448 S.

Bell, Wolf J[ürgen]: Heinrich von Brentano. — (Bonn:) Berto-Verl. (1961). 96 S.
(Kennen Sie eigentlich den? 6.)

Bell, Wolf J[ürgen]: Kai Uwe von Hassel. — (Bonn:) Berto Verl. (1965). 96 S.
(Kennen Sie eigentlich den? 12.)

Bell, Wolf J[ürgen]: Hermann Höcherl. — (Bonn:) Berto Verl. (1964). 96 S.
(Kennen Sie eigentlich den? 10.)

Belleval, André-Marie-Charles: Le cri de la France. Philippe Pétain. — Paris: Ed. du Conquistador 1951. 311 S.

Bellush, Bernard: Franklin D. Roosevelt as governor of New York. — New York: Columbia University Press 1955. XIII, 338 S.

Ben, Philippe: Gomulka. Patriot oder Generalsekretär? — In: Polit. Meinung 1957, H. 8, 67—74.

Ben-Ami, Shlomo: The dictatorship of Primo de Rivera. A political reassessment. – In: J. contemp. Hist. 12 (1977), 65–84.

BenChorin, Schalom: Zwiegespräche mit Martin Buber. — München: List (1966). 253 S.

Benckendorff, Count Constantine: Half a life. The reminiscences of a Russian gentleman. — London: Richards Press 1954. 319 S.

Benckiser, Nikolaus: Herriot und die Außenpolitik Frankreichs. – In: Außenpolitik 4 (1953), 116—120.

Bendersky, Joseph William: The politics of an intellectual: The political activity and ideas of Carl Schmitt, 1910–1945. – [East Lansing] 1975. IV, 380 S.
  Michigan State University, phil. Diss. von 1975.
  [Xerokopie]

Bendix, Reinhard: Max Weber. An intellectual portrait. — Garden City: Doubleday; London: Heinemann 1960. 480 S.

Beneke, Paul: Canaris und der Tod Udets. — In: Weg [Buenos Aires] 10 (1956), 157—166.

Beneš, Edvard: Memoires of Dr. Edvard Beneš. From Munich to new war and new victory. Transl. (from the Czech original) by Godfrey Lias. — London: Allen & Unwin (1954). XX, 346 S.

Beneš, Eduard: Mnichovské dny. — London: Ustav Dr. Edvarda Beneše 1955. 124 S.

Beneš, Edvard: Paměti od Mnichova k nové válce a k novému vítězství. [Bd 1.] — Praha: Orbis 1947. 518 S.

Ben Gurion, David: Erinnerung und Vermächtnis (Recollections, dt.) Hrsg. von Thomas R. Bransten. (Aus d. Engl. übers. von Günther Danehl.) — (Frankfurt a. M.:) S. Fischer (1971). 238 S.

BenGurion, David: Wir und die Nachbarn [Pegišot 'im manhigim 'arbijjim, dt.] Gespräche mit arabischen Führern. (Aus d. Hebräischen übertr. von Moshe Tavor.) — Tübingen: Wunderlich (1968). 449 S.

Benjamin, Hilde: Georg Benjamin. Eine Biographie. – Leipzig: Hirzel 1977. 360 S.
  (Humanisten der Tat.)

Benjamin, Uri: Literatur richtet sich nicht nach dem Paß. Verleger in der Emigration, Richard Friedenthal. – In: Börsenblatt 30 (1974), 1294–1297.

Benn, Gottfried: Briefe an F. W. Oelze. Mit einem Vorwort des Adressaten. — In: Merkur 15 (1961), 438—454.

Benn, Gottfried: Briefe an F. W. Oelze. (Hrsg. von Harald Steinhagen u. Jürgen Schröder.) – (Wiesbaden:) Limes Verl.
  1. 1932–1945. Vorw. von F. W. Oelze. (1977). 478 S.

Benn, Gottfried: Über mich selbst. 1886—1956. (3. Aufl.) — München: Langen-Müller (1957). 66 S.

Bennecke, Heinrich: Die Memoiren des Ernst Röhm. Ein Vergleich der verschiedenen Ausgaben und Auflagen. — In: Polit. Studien 14 (1963), 179—188.

Bennett, Lerone: Martin Luther King (What manner of man, dt.) Freiheitskämpfer u. Friedens-Nobelpreisträger. (Autor. Übers. aus d. Amerikan. von Leopold Voelker.) (Frankfurt a. M., Berlin: Ullstein 1965). 157 S.
  (Ullstein-Bücher. 619.)

Benoist-Méchin, Jacques: Fayçal [Faisal], roi d'Arabie. L'homme, le souverain, sa place dans le monde. - Paris: Michel 1975. 302 S.

Benoist-Méchin, Jacques: Le loup et le léopard. — Paris: Michel.
  1. Mustapha Kémal ou la mort d'un empire. 1955. 440 S.
  2. Ibn Séoud ou la naissance d'un royaume. 1955. 446 S.

Benoist-Méchin, Jacques: Le roi Saud ou l'Orient à l'heure des relèves. — Paris: Michel 1960. 575 S.

Benoist-Mechin, [Jacques]: Seul face à Hitler. — Liège: Edit. Dynamo 1967. 42 S.
  (Coll. „Sér. Toison d'Or". 8.)

Benoit, Jean: [Josif Vissarionovič] Staline. – Paris: Maspero 1973. 186 S.
  (Petite collection Maspero. 117.)

Benoît, Joseph: Confessions d'un prolétaire. Prés. de M. Moissinnier. — Paris: Edit. Sociales 1968. 310 S.

Benson, Ezra Taft: Cross fire. The eight years with Eisenhower. — Garden City: Doubleday 1962. 627 S.

Bentwich, Norman: My seventy seven years. — London: Routledge & Kegan Paul 1962. 344 S.

Benz, Richard: Alfred Mombert. Ein Visionär in unserer Zeit. — In: Neues Abendland 7 (1952), 597—606.

Benzinger, Klaus: Der Admiral [Wilhelm Canaris]. Leben und Wirken. - Nördlingen: [Selbstverl. d. Verf.] 1973. 216 S.

Beradt, Charlotte: Paul Levi. Ein demokrat. Sozialist in der Weimarer Republik. — (Frankfurt a. M.:) Europ. Verl. Anst. (1969). 155 S.

Bérard, Armand: Un ambassadeur se souvient. - (Paris:) Plon.
  1. Au temps du danger allemand. (1976). 553 S.
  2. Washington et Bonn, 1945–1955. (1978). 618 S.

Berardi, Paolo: Memorie di un capo di stato maggiore dell'esercito (1943—1945). Con premessa di F. Ronco. — Bologna: Studio Ed. 1954. 286 S.

Béraud, Henri: Fünfzehn Tage mit dem Tode (Quinze jours avec la mort, dt.) Übers.: Edmond Lutrand. — Hamburg: Broschek (1952). 170 S.
  Autobiographische Behandlung des Themas Kollaboration.

Berding, Andrew H.: [John Foster] Dulles on diplomacy. — Princeton, New York: Van Nostrand 1965. 184 S.

Berenz, Adam: Weitblick eines Donauschwaben. Dokumentation eines Abwehrkampfes 1935—1944 gegen nationalsozialistische Einflüsse unter den Donauschwaben in Jugoslawien und Ungarn. Hrsg.: Michael Merkl. — Dieterskirch über Riedlingen: [Selbstverl. d. Hrsg.] 1968. 54, 256 S.

Bereshkow, W. M. [**Berežkov**, Valentin Michajlovič]: Jahre im diplomatischen Dienst (Gody diplomatičeskoj služby, dt. Aus d. Russ. übers. von Leon Nebenzahl.) – Berlin: Dietz 1975. 419 S.

Bereshkow, Valentin [**Berežkov**, Valentin Michailovič]: In diplomatischer Mission bei Hitler in Berlin 1940—1941 [Na rubeže mira i vojny, dt.] – Frankfurt a.M.: Stimme-Verl. (1967). 112 S.
(Antworten. 17.)

Bereshkow, Valentin Michailowitsch [Valentin Michajlovič **Berežkov**]: Mit Stalin in Teheran (Teheran 1943, dt.) (Die dtsch. Übers. besorgte die sowjetische Presseagentur Nowosti/APN, Moskau.) — Frankfurt a. M.: Stimme-Verl. (1968). 136 S.
(Antworten. 19.)

[**Berg**, Friedrich von:] Friedrich von Berg als Chef des Geheimen Zivilkabinetts 1918. Erinnerungen aus seinem Nachlaß, bearb. von Heinrich Potthoff. — Düsseldorf: Droste (1971). VI, 234 S.
(Quellen zur Geschichte des Parlamentarismus und der politischen Parteien. 1, 7.)

Berg, Rudolf: Angeklagter oder Ankläger? Das Schlußwort im Klagges-Prozeß. — Göttingen: Göttinger Verl.-Anst. (1954). 87 S.

Berger, Alexander: Kreuz hinter Stacheldraht. Der Leidensweg deutscher Pfarrer. — (Bayreuth:) Hestia (Verl. 1963). 239 S.

Bergér, Ludwig: Idar-Oberstein in schwerer Zeit. Kommunale Bilder aus den Lebenserinnerungen des Stadtbürgermeisters. — (Idar-Oberstein 1965: G. A. Behnert.) 234 S.
(Idar-Oberstein. Stadtgeschichtliche Schriftenreihe. 3.)

Berghahn, Volker R.: Fritz Fischer und seine Schüler. – In: Neue polit. Lit. 19 (1974), 143–154.

Berghaus, Erwin: Nehru. Ein Lebensbild des großen Inders. — Berlin-Grunewald: Arani-V. (1955). 206 S.

Berglar, Peter: Konrad Adenauer. Konkursverwalter oder Erneuerer der Nation? – Frankfurt a. M.: Musterschmidt 1975. 149 S.
(Persönlichkeit und Geschichte. 87/88.)

Berglar, Peter: Harden und Rathenau. Zur Problematik ihrer Freundschaft. — In: Hist. Z. 209 (1969), 75—94.

Berglar, Peter [**Berglar**-Schröer, Hans Peter]: Walther Rathenau. Seine Zeit, sein Werk, seine Persönlichkeit. — Bremen: Schünemann (1970). 416 S.
Diss., Universität Köln.

Bergstraesser, Arnold: Max Webers Antrittsvorlesung in zeitgeschichtlicher Perspektive. — In: Vjh. Zeitgesch. 5 (1957), 209—219.

Bergsträsser, Ludwig und Friedrich Glum: Die Erinnerungen Franz von Papens. — In: Pol. Lit. 1 (1952), 173—180.

Bergsträsser, Ludwig: Mein Weg. — (München 1953: Münchener Druckanst.) 11 S.

Berkandt, Jan Peter: Willy Brandt. Schicksalsweg eines deutschen Politikers. — Hannover: Verl. f. Literatur u. Zeitgeschehen (1961). 62 S.
(Hefte zum Zeitgeschehen.)

Berki, R. N.: [Herbert] Marcuse and the crisis of the new radicalism. From politics to religion? – In: J. Politics 34 (1972), 56—92.

Berlin, Isaiah: President Franklin Delano Roosevelt. — In: Polit. Quart. 26 (1955), 336—344.

Berlin, Isaiah: Chaim Weizmann. – London: Weidenfeld & Nicolson 1958. 60 S.

Berlinguer, Enrico: Für eine demokratische Wende [dt.] Ausgew. Reden und Schriften 1969-1974. [Hrsg.: Inst. für Gesellschaftswiss. beim ZK der SED. Aus dem Ital. übers.] Berlin: Dietz 1975. 492 S.

Berlinguer, Enrico: Die internationale Politik der italienischen Kommunisten (La politica internazionale dei comunisti italiani, dt.) Reden und Schriften 1975/76. Hrsg. von Antonio Tatò. Mit e. Einl. von Wolfgang Leonhard. – Stuttgart:) Klett-Cotta (1978). 315 S.

Bernardino, Anselmo: Vita di Luigi Einaudi. — Padova: Cedam 1954. XIV, 246 S.

Berndorff, H[ans] R[udolf]: General zwischen Ost und West [Kurt von Schleicher]. Aus den Geheimnissen d. Dt. Republik. — (Hamburg:) Hoffmann & Campe [1951]. 320 S.

Bernett, Hajo: Guido von Mengden. „Generalstabschef" des deutschen Sports. – Berlin: Bartel & Wernitz (1976). 136 S.
(Turn- und Sportführer im Dritten Reich. 5.)

Bernhard, Henry: Seeckt und Stresemann. — In: Dtsch. Rdsch. 79 (1953), 465—474.

Berning, Vincent: Hermann Platz (1880–1945). Ein Pionier der katholischen Erneuerungsbewegung und der deutsch-französischen Aussöhnung. – In: Stimmen d. Zeit 103 (1978), 50-62.

Berretta, A.: Amedeo d' Aosta. Il prigioniero del Kenya. — Milano: Eli 1956. 355 S.

Berretta, Alfio: Con Amadeo d'Aosta in Africa Orientale Italiana in pace e in guerra. — Milano: Ceschina 1952. 546 S.

Berthold, Lothar: Unbekannte Dokumente Ernst Thälmanns aus dem faschistischen Kerker. — In: Beitr. Gesch. dtsch. Arbeiterbewegung 6 (1964), 464—473.

Berthold, Werner: Der politisch-ideologische Weg Gerhard Ritters, eines führenden Ideologen der deutschen Bourgeoisie. — In: Z. Geschichtswiss. 6 (1958), 959—989.

Bertoldi, Silvio: Badoglio. — Milano: Della Volpe 1967. 225 S.

Bertoldi, Silvio: Erwin Rommel. Novara: De Agostini 1976. 191 S.

Bertoldi, Silvio: Vittorio Emanuele III. — Torino: UTET 1970. 492 S.

Bertram, Adolf Kardinal: Veritati et caritati. Hirtenworte, Predigten u. Ansprachen. Hrsg. von Joseph Ferche. — Kaldenkirchen: Steyler Verl.-Buchh. (1956). 301 S.

Bertram, Otto: Kurt Schmücker. — (Bonn:) Berto-Verl. (1965). 96 S.
(Kennen Sie eigentlich den? 11.)

Bertrand, Louis: Mes ambassades. Espagne, Italie, Allemagne, Canada. — Paris: Fayard 1954. 301 S.

Besgen, Achim: Der stille Befehl. Medizinalrat Kersten, Himmler und das Dritte Reich. — (München:) Nymphenburger Verlagshandl. (1960). 206 S.

Besgen, Achim: Felix Kersten, Leibarzt Himmlers. Helfer der Menschheit. — In: Stimmen d. Zeit 161 (1957/58), 367—379.

Besson, Waldemar: Gordon A. Craig und jüngste deutsche Geschichte. — In: Dtsch. Rdsch. 86 (1960), 35—42.

Besson, Waldemar: Friedrich Ebert. Verdienst u. Grenze. — Göttingen, Berlin, Frankfurt: Musterschmidt (1963). 94 S.
(Persönlichkeit und Geschichte. 30.)

Besson, Waldemar: Friedrich Meinecke und der Historismus. — In: Neue polit. Literatur 7 (1962), 462—470.

Besson, Waldemar: Friedrich Meinecke und die Weimarer Republik. — In: Vjh. Zeitgesch. 7 (1959), 113—129.

Besson, Waldemar: Die politische Terminologie des Präsidenten Franklin D. Roosevelt. Eine Studie über den Zusammenhang zwischen Sprache und Politik. — Tübingen: Mohr (1955). X, 205 S.
(Tübinger Studien zur Geschichte und Politik. 1.)

Besson, Waldemar: Wie ich mich geändert habe. — In: Vjh. Zeitgesch. 19 (1971), 398—403.

Best, Gary Dean: The politics of American individualism. Herbert Hoover in transition, 1918-1921. — Westport, Conn.: Greenwood Press (1975). VI, 202 S.

Bethge, Eberhard: Dietrich Bonhoeffer. Theologe, Christ, Zeitgenosse. ([Nebst] Beiheft: Inhalt: Ahnentafel, Übersetzungen.) — München: Kaiser 1967. 1128 S.

Bethge, Eberhard: Adam von Trott und der deutsche Widerstand. — In: Vjh. Zeitgesch. 11 (1963), 213—223.

Béthouart, [Antoine]: Cinq années d'espérance. Mémoires de guerre 1939—1945. — Paris: Plon 1968. 369 S.

Béthouart, [Antoine]: La bataille pour l'Autriche. — Paris: Presses de la Cité 1966. 320 S.
(Coll. „Coup d'oeil".)

Betz, Anton: Zeit und Zeitung. Notizen aus acht Jahrzehnten 1893-1973. — Düsseldorf: Droste (1973). 244 S.

Beuve-Méry, Hubert: Réflexions politiques 1932—1952. — Paris: Editions du Seuil 1951. 255 S.

Bevan, Aneurin: Besser als Furcht. — Frankfurt a. M.: Verl. d. Frankf. Hefte (1953). 320 S.

Bevan, Aneurin: In place of fear. — London: Heinemann 1952. 201 S.
Innen- und außenpolitische Betrachtungen.

Beveridge, Janet: Beveridge and his plan. — London: Hodder & Stoughton (1954). 239 S.

Beveridge, Lord William Henry: Power and influence. — London: Hodder & Stoughton 1953. XI, 447 S.

Bewley, Charles: Hermann Göring. — (Göttingen:) Göttinger Verl. Anst. (1956). 346 S.

Bewley, Charles: Hermann Göring and the Third Reich. A biography based on family and official records. — [New York:] Devin-Adair 1962. VIII, 517 S.

Beyer, Franz: Menschen warten. Aus dem politischen Wirken Martin Niemöllers seit 1945. — Siegen: Schneider 1952. 173 S.

Besymenski, Lew (**Bezymenskij,** Lev Aleksandrovič): Die letzten Notizen von Martin Bormann. Ein Dokument und sein Verfasser. (Aus d. Russ. übertr. von Reinhild Holler.) — (Stuttgart:) Dtsch. Verl.-Anst. (1974). 344 S.

Besymenski, Lew [**Bezymenskij,** Lev Aleksandrovič]: Auf den Spuren von Martin Bormann (Po sledam Martina Bormanna, dt.) (Aus d. Russ. übers. von Joachim Böhm u. Gerhard Hilke.) — Berlin: Dietz 1965. 270 S.
(Wahrheiten über den deutschen Imperialismus.)

Besymenski, Lew [**Bezymenskij,** Lev Aleksandrovič]: Der Tod des Adolf Hitler. Unbekannte Dokumente aus Moskauer Archiven. Eingel. von Karl-Heinz Janssen. — (Hamburg:) Wegner (1968). 134 S.

Bianco, Livio: Guerra partigiana. Raccolta di scritti a cur di Giorgio Agosti e Franco Venturi. — Torino: Einaudi 1954. 477 S.

Bianco, Mirella: Kadhafi, der Sohn der Wüste und seine Botschaft Kadhafi, messager du desert, biographie et entretiens, dt. Aus d. Franzos. von Barbara Scriba-Sethe. — Hamburg: Holsten-Verl. 1975. 265 S.

Bibesco, Marthe Lucie Princesse: Churchill ou le courage. — Paris: Michel 1956. 254 S.
Engl. Ausg. u. d. T.: Sir Winston Churchill. Master of courage. Transl. by Vladimir Kean. — London: Hale 1958. 192 S.

Bidault, Georges: Noch einmal Rebell (D'une résistance à l'autre, dt.) Von einer Resistance in die andere. (Aus d. Franz. ins Dtsch. übertr. von Gerlinde Quenzer u. Hans Roesch.) — Berlin: Propyläen-Verl. (1966). 375 S.

Biddle, A(nthony) J(oseph) Drexel: Poland and the coming of the Second World War. The diplomatic papers. Ed. with an introd. by Philip V. Cannistraro [u. a.] - Columbus: Ohio State University Press 1976. XVI, 558 S.

Biddle, Francis Beverley: In brief authority. — New York: Doubleday 1962. 494 S.

Bieber, Horst: Paul Rohrbach, ein konservativer Publizist und Kritiker der Weimarer Republik. — Berlin: Verl. Dokumentation 1972. 270 S.
(Dortmunder Beiträge zur Zeitungsforschung. 16.)

Biedenkopf, Kurt H.: Fortschritt in Freiheit. Umrisse einer politischen Strategie. — München: Piper (1974). 257 S.

Biehle, Herbert: Wilhelm II. als Redner. Seine Rhetorik im Urteil d. Zeitgenossen u. d. Geschichte. — In: Publizistik 7 (1962), 90—99.

Bielenberg, Christabel: Als ich Deutsche war 1934—1945 (The past is myself, dt.) Eine Engländerin erzählt. (Autoris. dtsch. Fassung von Christian Spiel.) — München: Biederstein Verl. (1969). 319 S.

Bienek, Horst: Bakunin, eine Invention.—(München:) Hanser (1970). 93 S.
(Reihe Hanser. 38.)

Bierbaum, Max: Nicht Lob, nicht Furcht. Das Leben des Kardinals von Galen nach unveröffentlichten Briefen und Dokumenten. — Münster i. W.: Regensberg 1956. 224 S.

Bierbaum, Max: Nicht Lob, nicht Furcht. Das Leben d. Kardinals von Galen. Nach unveröffentl. Briefen u. Dokumenten. (5., erw. Aufl.) — Münster: Regensberg (1962). 390 S.

Biermann-Ratjen, Hans Harder: Kultur und Staat. Reden u. Schriften aus d. Jahren 1945—1959. (Zum 60. Geburtstag d. Verf. am 23. März 1961 hrsg. von Werner Gramberg, Carl-Georg Heise u. Jochen Staubesand.) — Hamburg: Hauswedell 1961. XVIII, 237 S.

Bilas, Leo R.: Alexander Kerenskij in der russischen Revolution von 1917. — o. O. 1953. 159 gez. Bl. [Maschinenschr.]
Heidelberg, phil. Diss. 17. Aug. 1954.

Bilke, Jörg Bernhard: Staatsklassikerin Anna Seghers. Kritischer Nachtrag zum 75. Geburtstag. - In: Dtsch. Stud. 14 (1976), 69–76.

Billig, Joseph: Le cas du SS-Obersturmführer Kurt Lischka, adjoint du Commandant de la Police de Sécurité et du Service de Sécurité en France occupée et chef de cette police pour la région parisienne. - In: Monde Juif 30 (1974), H. 75, 22—37.

Billig, J[oseph]: Alfred Rosenberg dans l'action idéologique, politique et administrative du Reich hitlérien. Inventaire commenté de la collection de documents conservés au C.D.J.C. provenant des archives du Reichsleiter et Ministre A. Rosenberg. — Paris: Editions du Centre 1963. 350 S.
(Les inventaires des archives du Centre de documentation juive contemporaine, Paris. 1.)

Billy, Robert de: Sir Samuel Hoare. Ambassadeur en mission spéciale. — In: Rev. Hist. diplom. 62 (1948), 125—135.

Binder, David: The other German. Willy Brandt's life and times. - Washington, D.C.: New Republic Book Comp. 1975. VIII, 373 S.

Bingham, June: U Thant. The search for peace. — New York: Knopf 1966. 300 S.

Binion, Rudolph: „... daß ihr mich gefunden habt" ([Adolf] Hitler among the Germans, dt.) Hitler und die Deutschen. Eine Psychohistorie. Aus d. Amerikan. übers. von Jürgen Abel u. Annelise Dengler. - (Stuttgart:) Klett-Cotta (1978). 278 S.

Binion, Rudolph: [Adolf] Hitler among the Germans. - New York: Elsevier (1976). XIV, 207 S.

Binion, Rudolph: Defeated leaders. The political fate of Caillaux, Jouvenel, and Tardieu. — New York: Columbia University Press 1960. VIII, 425 S.

Binoche, Jacques: L'Allemagne et le Général [Charles] de Gaulle (1940-1945). - In: Rev. Hist. deux. Guerre mond. 24 (1974), H. 94, 1–27.

Binoche, Jacques: L'Allemagne et le Général de Gaulle, 1924–1970. Préf. du François Binoche. - (Paris:) Plon (1975). 228 S.
(Coll. „L'Appel".)

Bird, Eugene K.: [Rudolf] Hess (The loneliest man in the world, dt.) Der „Stellvertreter des Führers". Englandflug und britische Gefangenschaft Nürnberg und Spandau. (Ins Dtsch. übertr. von Heinrich Graf von Einsiedel.) - (München:) Desch (1974). 310 S.

Birdwood, Christopher Bromhead: Nuri as-Said. A study in Arab leadership. — London: Cassell 1959. XIII, 306 S.

Birke, Ernst: Das neue Europa in den Kriegsdenkschriften T. G. Masaryks 1914—1918. — In: Zur Geschichte und Problematik der Demokratie, Festgabe für Hans Herzfeld, Berlin: Duncker & Humblot (1958), 551—575.

Birkenhead, [Frederick Winston Furneaux Smith] Earl of: Halifax. The life of Lord Halifax. — London: Hamish Hamilton (1965). XIII, 626 S.

Birkenhead, Earl of: The Prof in two worlds. The official life of Professor F. A. Lindemann, Viscount Cherwell. — London: Collins 1961. 383 S.

Birla, G. D.: In the shadow of the Mahatma [Gandhi]. — Calcutta: Orient Longmans 1953. 337 S.

Birnbaum, Immanuel: Achtzig Jahre dabeigewesen. Erinnerungen eines Journalisten. - München: Süddtsch. Verl. 1974. 359 S.

Birnbaum, Walter: Zeuge meiner Zeit. Aussagen zu 1912 bis 1972. - Göttingen: Musterschmidt (1973). 352 S.

Biser, Eugen: Martin Buber. — In: Hochland 55 (1962/63), 217—234.

Bismarck, Graf Herbert von: Aus seiner politischen Privatkorrespondenz [Briefe]. Hrsg. u. eingel. von Walter Bußmann unter Mitwirk. von Klaus-Peter Hoepke. — Göttingen: Vandenhoeck & Ruprecht (1964). 598 S.
(Deutsche Geschichtsquellen des 19. und 20. Jahrhunderts. 44.)

Bitterli, Urs: Thomas Manns politische Schriften zum Nationalsozialismus. 1918—1939. — Aarau: Keller 1964. 108 S.
Zürich, phil. Diss. 1963.

Bizardel, Yvon: Sous l'occupation. Souvenirs d'un conservateur de musée ⟨1940—1944⟩. — Paris: Calman-Lévy (1964). 260 S.

Bizer, Ernst: Ein Kampf um die Kirche. Der Fall Schempp nach den Akten erzählt. — Tübingen: Mohr 1965. VIII, 277 S.

Blänsdorf, Agnes: Friedrich Ebert und die Internationale. — In: Arch. Sozialgesch. 9 (1969), 321—428.

Blättner, Fritz: Blühers letzte Rechtfertigung. — In: Dtsch. Univ. Ztg. 11 (1956), H. 5/6, 14—15.

Blake, Robert: The unknown Prime Minister. The life and times of Andrew Bonar Law, 1858—1923. — London: Eyre & Spottiswood 1955. 560 S.

Blanckenhagen, Herbert von: Am Rande der Weltgeschichte. Erinnerungen aus Alt-Livland. 1913—1923. — Göttingen: Vandenhoeck & Ruprecht (1966). 363 S.

Blank, Ulrich [u.] Jupp Darchinger: Helmut Schmidt, Bundeskanzler. — Hamburg: Hoffmann & Campe 1974. 141 S.

Blau, Peter M.: Critical remarks on Weber's theory of authority. — In: Americ. Polit. Science Rev. 57 (1963), 305—316.

Bleicher, Hugo: Colonel Henri's story. The war memoirs of Hugo Bleicher. Ed. by Jan Colvin. — London: Kimber (1954). 200 S.

Bley, Helmut: [August] Bebel und die Strategie der Kriegsverhütung 1904 –1913. Eine Studie über Bebels Geheimkontakte mit der britischen Regierung und Edition der Dokumente. Mit e. Vorwort von Gustav W. Heinemann. — Göttingen: Vandenhoeck & Ruprecht (1975). 254 S.
(Sammlung Vandenhoeck.)

Bloch, Charles: Der Kampf Joseph Blochs und der „Sozialistischen Monatshefte" in der Weimarer Republik. — In: Jb. Inst. Dtsch. Gesch. 3 (1974), 257–287.

Bloch, Ernst: Über Karl Marx. — (Frankfurt a. M.:) Suhrkamp (1968). 178 S.
(Edition Suhrkamp. 291.)

Bloch, Ernst: Vom Hasard zur Katastrophe. Politische Aufsätze 1934—1939. Mit e. Nachw. von Oskar Negt. (Zsgest. von Volker Michels.) — Frankfurt a. M.: Suhrkamp 1972. 447 S.
(Edition Suhrkamp. 534.)

Bloch, Ernst: Widerstand und Friede. Aufsätze zur Politik. — (Frankfurt a. M.:) Suhrkamp (1968). 112 S.
(Edition Suhrkamp. 257.)

Bloch, Marc: L'étrange défaite. Témoignage écrit en 1940, suivi de écrits clandestins 1942—1944. Avant-propos de Georges Altman. — Paris: Michel (1957). 262 S.

Blond, Georges: Pétain. 1856—1951. — Paris: Presses de la Cité (1966). 582 S.

Blond, Georges: L'amiral Togo. Samouraï de la mer. — Paris: Fayard 1958. 270 S.

Blondel, Jules-François: Au fil de la carrière. Récit d'un diplomate 1911—1938. — (Paris:) Hachette (1960). 396 S.

Blücher, Wipert von: Finnlands Gesuch um deutsche Hilfe 1918. Die Memoiren Mannerheims berichtigt. — In: Außenpolitik 5 (1954), 462—464.

Blücher, Wipert von: Am Rande der Weltgeschichte. Notizen eines Diplomaten aus Marokko, Schweden und Argentinien. — Wiesbaden: Limes-V. 1958. 208 S.

Blücher, Wipert von: Die Rolle Mannerheims im zweiten Weltkrieg. — In: Osteuropa 2 (1952), 300—302.

Blüher, Hans, Werner Schmid [u.a.]: Silvio Gesell. — Lauf b. Nürnberg: Zitzmann 1962. 136 S.

Blüher, Hans: Karl Fischers Tat und Untergang. Zur Geschichte der deutschen Jugendbewegung. — Bad Godesberg-Mehlem: Voggenreiter-V. (1952). 64 S.
(Die Kleine Reihe. 2.)
Vorabdruck aus Hans Blühers Selbstbiographie „Werke und Tage".

Blüher, Hans: Werke und Tage. Geschichte eines Denkers. — München: List 1953. 457 S.

Blum, John Morton: Deutschland ein Ackerland? (The Morgenthau diaries, dt.) Morgenthau und die amerikanische Kriegspolitik 1941—1945. Aus den Morgenthau-Tagebüchern. (Aus d. Amerikan. übertr. von Ursula Heinemann u. Ilse Goldschmidt.) — Düsseldorf: Droste (1968). 330 S.

Blum, John Morton: From the Morgenthau diaries. Years of crisis 1928—1938. — Boston: Houghton 1959. 583 S.

Blum, John Morton: From the Morgenthau diaries. Years of urgency 1938—1941. — Boston: Houghton 1965. XI, 443 S.

Blum, John Morton: Woodrow Wilson and the politics of morality. — Boston: Little, Brown 1956. VI, 215 S.

Léon **Blum.** Chef de gouvernement 1936—1937. (Actes du colloque.) — Paris: Colin 1967. 439 S.
(Cahiers de la Fondation Nationale des Sciences Politiques. 155.)

Blum, Léon: Auswahl aus dem Werk [Teilsamml., dt.] (Ausgew., eingel. u. aus d. Französ. übers. von Grete Helfgott.) — Frankfurt a. M.: Europa Verl. (1970). 440 S.

Blum, Léon: L'œuvre de Léon Blum. Mémoires. La prison et le procès, à l'échelle humaine 1940—1945. — Paris: Michel 1955. XV, 556 S.

Blum, Léon: L'oeuvre de Léon Blum. Mémoires. Naissance de la quatrième république 1945—1947. — Paris: Michel 1958. XIII, 472 S.

Blum, Léon: L'oeuvre de Léon Blum. — Paris: Michel.
   4,1. Du 6 février [1934] au Front Populaire. Les lois sociales [1936]. La guerre d'Espagne. 1964. 520 S.
   7. La fin des alliances. La Troisième Force. Politique européenne. Pour la justice. 1947—1950. 1963. 477 S.

Blum, Léon: Oeuvres (1947—1950). — Paris: Michel 1963. 480 S.

Blumberg, H. M.: [Chaim] Weizmann. His life and times. – (Frankfurt a. M.:) Ullstein (1975). 273 S.

Blumel, A.: Léon Blum. Juif et sioniste. — Paris: Terre retrouvée 1951. 36 S.

Blumenberg, Werner: Marx' und Engels Briefwechsel mit Franz Dunkker. — In: Int. Rev. Soc. Hist. 10 (1965), 105—119.

Blumenberg, Werner: Karl Marx in Selbstzeugnissen und Bilddokumenten. — (Reinbek bei Hamburg:) Rowohlt (1962). 175 S.
(Rowohlts Monographien. 76.)

Blumenfeld, Erik: Profile [Teilsamml.] Persönliches und Politisches 1955—1970. — Hamburg: Seehafen-Verl. (1970). 151 S.

Blumenfeld, Kurt: Im Kampf um den Zionismus. Briefe aus fünf Jahrzehnten. Hrsg. von Miriam Sambursky u. Jochanan Ginat. — Stuttgart: Dtsch. Verl.-Anst. 1976. 311 S.
Veröffentlichung des Leo-Baeck-Instituts.

Blumentritt, Günther: Von Rundstedt. The soldier and the man. Transl. by C. Reavely. — London: Odhams 1952. 288 S.

Blunck, Hans Friedrich: Unwegsame Zeiten. Lebensbericht Bd. 2 [1927 bis 1940.] — Mannheim: Keßler 1952. 602 S.

Blunck, Richard: Hugo Junkers. Ein Leben für Technik und Luftfahrt. — Düsseldorf: Econ-Verl. (1951). 312 S.

Boadle, Donald Graeme: Winston Churchill and the German question in British foreign policy, 1918–1922. — The Hague: Nijhoff 1973. XVII, 193 S.

Bocca, Giorgio: Palmiro Togliatti. — Bari: Laterza 1973. 752 S.

Bodenheimer, Max Isidor: So wurde Israel. Aus der Geschichte der zionistischen Bewegung. Erinnerungen. Hrsg. von Henriette Hannah Bodenheimer. — (Frankfurt a. M.): Europ. Verl.-Anst. (1958). 321 S.

Bodensieck, Heinrich: [Wenzel Jakschs Exilauseinandersetzungen mit Beneš. Zur Dokumentation von Friedrich Prinz. — In: Z. Ostforsch. 25 (1976), 69–97.

Böhm, Franz: Reden und Schriften. Über die Ordnung einer freien Wirtschaft und über die Wiedergutmachung. Hrsg. von E.-J. Mestmäcker. — Karlsruhe: Müller 1960. 360 S.

Böhm, Gustav: Adjutant im preußischen Kriegsministerium Juni 1918 bis Oktober 1919. Aufzeichnungen des Hauptmanns Gustav Böhm. Im Auftrage des Militärgeschichtlichen Forschungsamtes hrsg. u. bearb. von Heinz Hürten u. Georg Meyer. — Stuttgart: Dtsch. Verl.-Anst. 1977. 168 S.
Beiträge zur Militär- und Kriegsgeschichte. 19.

Böhm, Johann: Erinnerungen aus meinem Leben. — Wien: Verl. d. Österr. Gewerkschaftsbundes 1953. 253 S.

Böhme, Herbert: Bekenntnisse eines freien Mannes. — München: Türmer Verl. (1960). 335 S.

Böhnke, Werner: Gustav Noskes Entlassung als Oberpräsident der Provinz Hannover. — In: Niedersächs. Jb. f. Landesgesch. 37 (1965), 122–134.

Böhnke, Werner: Gustav Noskes Frontbesuch 1914. — In: Frankf. H. 22 (1971), 429–434.

Boelcke, Willi [Hrsg.]: Krupp und die Hohenzollern. Aus der Korrespondenz der Familie Krupp 1850–1916. — Berlin: Rütten & Loening (1956). 162 S.
(Quellenveröffentlichung aus dem Deutschen Zentralarchiv Merseburg.)

Böll, Heinrich: Einmischung erwünscht. Schriften zur Zeit. — Köln: Kiepenheuer & Witsch 1977. 402 S.

Bölling, Klaus: Josip Broz-Tito. Revisionst wider Willen. — In: Außenpolitik 10 (1959), 324–330.

Börner, Weert: Hermann Ehlers. (Hrsg. von d. Nieders. Landeszentrale f. Polit. Bildung.) — (Hannover) 1963: (Hahn). 191 S.

Bösch, Hermann: Heeresrichter Dr. Karl Sack im Widerstand. Eine historisch-politische Studie. — München: Müller (1967). 101 S.

Böschenstein, Hermann: Vor unseren Augen. Aufzeichnungen über das Jahrzehnt 1935–1945. — Bern: Stämpfli 1978. 334 S.

Böttcher, Helmuth M.: Walther Rathenau. Persönlichkeit und Werk. — Bonn: Athenäum-V. (1958). 322 S.

Bogaert, André: Un homme seul contre Hitler. [Johann Georg Elser.] — Paris: Laffont 1974. 250 S.
(Coll. „Ce jour-là".)

Boger-Langhammer, Margot: Pionier der Zeitenwende. Axel Wenner-Gren. — Gütersloh: Bertelsmann 1959. 301 S.

Bohlen, Charles E.: Witness to history, 1929–1969. — New York: Norton 1973. XIV, 562 S.

Bohnenkamp, Hans: Gedanken an Adolf Reichwein. — Braunschweig [usw.]: Westermann 1949. 22 S.
(Pädagogische Studien. 1.)

Bolesch, [Hermann Otto], und [Ernst] Goyke: Willy Brandt. — (Bonn:) Berto-Verl. (1961). 96 S.
(Kennen Sie eigentlich den? 3.)

Bolesch, [Hermann Otto] [und Ernst] Goyke: Ludwig Erhard. — (Bonn:) Berto-Verl. (1961). 96 S.
(Kennen Sie eigentlich den? 2.)

Bolesch, Hermann Otto [u.] Hans Dieter Leicht: Der lange Marsch des Willy Brandt. Ein Porträt des deutschen Bundeskanzlers. Vorw. von Herbert Wehner. (3., erw. Aufl.) — Tübingen: Erdmann (1970). 195 S.

Bolesch, Hermann Otto und Ernst Goyke: Erich Mende. — Bonn: Berto-Verl. 1961. 94 S.

Bolin, Luis: Spain. The vital years. — Philadelphia: Lippincott 1967. 396 S.
[Bolin war Presseoffizier Francos von 1936–1938.]

Bolitho, Hector: King Edward VIII. — Duke of Windsor. — London: Owen 1954. 225 S.

Bolitho, Hector: Jinnah. Creator of Pakistan. — London: Murray (1954). X, 244 S.

Bolla, Nino: Vittorio Emanuele III di fronte alla storia. — Torino: Il Ritorno 1952. 52 S.

Bolton, Glorney: Pétain. — London: Allen & Unwin 1957. 198 S.

Bolz, (Lothar): Von deutschem Bauen. Reden und Aufsätze. — (Berlin): Verl. d. Nation (1951). 99 S.

Bolz, (Lothar): Es geht um Deutschland. Reden und Aufsätze. — (Berlin:) Verl. d. Nation (1951). 353 S.

Bonacchi, Gabriella M.: Un intellettuale socialista. La formazione di Zino Zini. — In: Riv. Storia contemp. 7 (1976), 525–555.

Bonachea, Rolando E. [u.] Nelson P. Valdés [Ed.]: Revolutionary struggle, 1947—1958. — Cambridge, Mass.: M.I.T. Press 1972. 471 S.
(The selected works of Fidel Castro. 1.)

Bond, Brian: [Basil Henry] Liddell Hart. A study of his military thought. - London: Cassell 1977. 289 S.

Bondurant, Joan V.: Conquest of violence. The Gandhian philosophy of conflict. — Princeton: Princeton University Press (1959). 281 S.

Bondy, François: Der Aufstand als Maß und als Mythos. Ein Blick auf das Werk von Albert Camus aus Anlaß von „L'homme révolté". — In: Monat 6 (1953/54), T. 1, 87—96.

Bonheur, Gaston: Charles de Gaulle. Biographie. — Paris: Gallimard 1958. 302 S.

Bonhoeffer, Dietrich: Gesammelte Schriften. — München: Kaiser.
1. Ökumene. Briefe, Aufsätze, Dokumente. 1928—1942. 1958. 550 S.
2. Kirchenkampf und Finkenwalde. Resolutionen, Aufsätze, Rundbriefe. 1933—1943. 1959. 668 S.

Bonhoeffer, Dietrich: Gesammelte Schriften. — München: Kaiser.
3. Theologie-Gemeinde. Vorlesungen, Briefe, Gespräche. 1927—1944. 1960. 571 S.
4. Auslegungen-Predigten. 1933—1944. 1961. 647 S.

Bonhoeffer, Dietrich: Gesammelte Schriften. — München: Kaiser.
5. Seminare, Vorlesungen, Predigten. 1924 bis 1941. Erster Erg.bd. Hrsg. von Eberhard Bethge in Zsarb. mit Otto Dudzus. 1972. 608 S.
6. Tagebücher, Briefe. Dokumente. 1923 bis 1945. Zweiter Erg.bd. Hrsg. von Eberhard Bethge. 1974. 669 S.

Bonhoeffer, Dietrich und Klaus Bonhoeffer: Auf dem Wege zur Freiheit. Gedichte und Briefe aus der Haft. 5. Aufl. — Berlin: Lettner-V. 1954. 56 S.

Karl **Bonhoeffer** zum hundertsten Geburtstag am 31. März 1968. Hrsg. von J. Zutt, E(rwin) Straus [u.] H(einrich) Scheller. — Berlin: Springer 1969. VII, 148 S.

Bonn, Gisela: Léopold Sédar Senghor. Wegbereiter der culture universelle. — Düsseldorf: Econ-Verl. (1968). 206 S.

Bonn, M[oritz] J[ulius]: Dr. Schacht's new apologia. — In: Wiener Libr. Bull. 8 (1954), 2.

Bonn, M[oritz] J[ulius]: So macht man Geschichte. Bilanz eines Lebens. — München: List (1953). 416 S.

Bonsmann, Paul: Die Rechts- und Staatsphilosophie G. Radbruchs. — Bonn: Bouvier 1966. IX, 124 S.
(Schriften zur Rechtslehre und Politik.)

Bonte, Florimond: Le dossier Heusinger. — Paris: Editions sociales (1962). 155 S.

Boor, Lisa de: Tagebuchblätter aus den Jahren 1938—1945. — München: Biederstein-Verl. (1963). 245 S.

Boorman, Howard L.: Wang Chingwei. China's romantic radical. — In: Polit. Science Quart. 79 (1964), 504—525.

Boothby, Robert: Europa vor der Entscheidung (I fight to live, dt.) Erinnerung u. Ausblick eines englischen Politikers. (Hrsg., übers. u. eingel. von Georg Ahrens.) — Düsseldorf: Droste (1951). 544 S.

Boothe, Leon E.: A fettered envoy. Lord Grey's mission to the United States, 1919—1920. — In: Rev. Politics 33 (1971), 78—94.

Borch, Herbert von: John Foster Dulles, ein politisches Porträt. — In: Außenpolitik 10 (1959), 150—160.

Borch, Herbert von: Kennedy. Der neue Stil und die Weltpolitik. — München: Piper (1961). 108 S.

Borchardt, Robert: Ho Tschi-minh. — In: Internat. Jb. d. Politik 1954, 397—400.

Borchsenius, Paul: David Ben Gurion (Ben Gurion, dt.) (Übers.: Kurt Habernoll.) — Berlin: Colloquium- Verl. (1957). 95 S.
(Köpfe des 20. Jahrhunderts. 3.)

Bordeaux, Henry: La retraite du général Weygand. — In: Ecrits de Paris 1955, H. 126, 29—42.

Bordeaux, Henry: Weygand. — Paris: Plon 1957. 160 S.

Borg, Dorothy: Notes on Roosevelt's „quarantine" speech. — In: Political Science Quart. 72 (1957), 405—433.

Borgesa, G. A.: Gabriele d'Annunzio. — Milano: Mondadori 1951. 158 S.

Borghi, Amando: Mussolini in camicia. Prefaz. di Ernesto Rossi. — Napoli: Edizioni Scientifiche Italiane 1961. 192 S.

Bormann, Martin: The Bormann letters. The private correspondance between Martin Bormann and his wife (Gerda Bormann) from January 1943 to April 1945. Ed. with an introduction and notes by H[ugh] R[edwald] Trevor-Roper. (Transl.: R. H. Stevens.) — London: Weidenfeld & Nicolson (1954). XXIII, 200 S.

Born, Wilhelm: Weg in die Verantwortung. Paul Lücke. — Recklinghausen: Paulus Verl. (1965). 208 S.

Borning, Bernard C[arl]: The political and social thought of Charles A. Beard. — Seattle: University of Washington Press 1962. XXV, 315 S.

Bornstein, Ernst Israel: Die lange Nacht. Ein Bericht aus 7 Lagern. Mit e. Vorw. von Max Mikorey. — (Frankfurt a. M.:) Europ. Verl. Anst. (1967). 243 S.
(Zeugnisse unserer Zeit.)

Borowsky, Peter: Paul Rohrbach und die Ukraine. E. Beitr. zum Kontinuitätsproblem. – In: Deutschland in der Weltpolitik des 19. und 20. Jahrhunderts. Festschrift für Fritz Fischer zum 65. Geburtstag, Düsseldorf: Bertelsmann Universitätsverl. (1973), 437–462.

Borsdorf, Ulrich: Hans Böckler – Repräsentant eines Jahrhunderts gewerkschaftlicher Politik. – In: Vom Sozialistengesetz zur Mitbestimmung, Zum 100. Geburtstag von Hans Böckler, (Köln:) Bund-Verl. (1975), 15–58.

Bortoli, Georges: Mort de [Josif Vissarionovič] Staline. – Paris: Laffont 1973. 320 S.
(Coll. „L'Histoire que nous vivons".)

Borzeix, Jean-Marie: [François] Mitterand lui-même. – (Paris:) Stock (1973). 220 S.
(Coll. „Les Français qui changent la France".)

Bossle, Lothar: [Salvador] Allende und der europäische Sozialismus. – Stuttgart: Seewald (1975). 146 S.

Bosworth, R. S. B.: Sir Rennell Rodd e l'Italia. — In: Nuova Riv. stor. 54 (1970), 420—436.

Bott, Hans: Theodor Heuss in seiner Zeit. — Göttingen: Musterschmidt (1966). 104 S.
(Persönlichkeit u. Geschichte. 42.)

Botz, Gerhard: Genesis und Inhalt der Faschismustheorien Otto Bauers. – In: Internat. Rev. soc. Hist. 19 (1974), 28–53.

Bouc, Alain: Mao Tsé-Toung ou La révolution approfondie. – Paris: Ed. du Seuil 1975. 265 S.
(Coll. „Politique". 69.)

Boulanger, J.: Les allocutions radiodiffusées du Président Mendès-France (26 juin 1954—29 janvier 1955). — In: Rev. franç. Science polit. 6 (1956), 851—867.

Bourdet, Yvon: Georg Lukács im Wiener Exil (1919–1930). – In: Geschichte und Gesellschaft. Festschrift für Karl R. Stadler zum 60. Geburtstag, Wien: Europa-Verl. (1974), 297–329.

Bourget, Pierre: Un certain Philippe Pétain. — Tournai: Casterman 1966. 317 S.

Bourgin, Georges: Léon Blum. — In: Rev. polit. parlem. 202 (1950), 142—144.

Bousa, Joseph: Wilson and T. G. Masaryk. — In: Slovakia 10 (1960), 29—36.

Bouvier, Rudolf J.: Der Fall Jomo Kenyatta. — In: Z. Geopol. 30 (1959), H. 5, 21—29; H. 6, 33—38.

Boveri, Margaret: Die Aktualität John F[itzgerald] Kennedys. — In: Merkur 21 (1967), 62—82.

Boveri, Margret: Automatisches und Elementarisches. Zu drei neuen Büchern von Ernst Jünger. — In: Merkur 12 (1958), 378—386.

Boveri, Margret: Goerdeler und der deutsche Widerstand. — In: Außenpolitik 6 (1955), 73—85.

Boveri, Margret: Von Kraft und Schwächen der Harmonie. Zu den Tagebuchbriefen von Theodor Heuss. — In: Merkur 25 (1971), 380—386.

Boveri, Margret: Joseph Roth und die Frankfurter Zeitung. — In: Merkur 25 (1971), 786—798.

Boveri, Margret: Tage des Überlebens. Berlin 1945. — München: Piper (1968). 337 S.

Boveri, Margret: Verzweigungen. Eine Autobiographie. Hrsg. u. mit e. Nachw. von Uwe Johnson. – München: Piper (1977). 438 S.

Bowers, Claude G.: My mission to Spain. Watching the rehearsal for World War II. — London: Gollancz 1954. XVI, 437 S.

Bowle, John: Viscount Samuel. A biography. — London: Gollancz 1957. 367 S.

Bowles, Chester: Promises to keep. My years in public life 1941—1969. — New York: Harper & Row 1971. XII, 657 S.

Bowles, Chester: Ambassador's report. — New York: Harper 1954. 415 S.

Boyd, Francis: Richard Austen Butler. — London: Rockliff 1956. 124 S.

Boyer, John W.: A[lan] J[ohn] P[ercivale] Taylor and the art of modern history. – In: J. mod. Hist. 49 (1977), 40–72.

Boyle, Andrew: No passing glory. The full biography of group captain Cheshire. — London: Collins 1955. 384 S.

Braatz, Werner: Franz von Papen und die Frage der Reichsreform. – In: Polit. Vjschr. 16 (1975), 319–340.

Bracher, Karl Dietrich: Adolf Hitler. — Bern, München, Wien: Scherz 1964.) 77 S.
(Archiv d. Weltgeschichte.)

Bracher, Karl-Dietrich: Das „Phänomen" Adolf Hitler. — In: Pol. Lit. 1 (1952), 207—212.

Bracher, Karl Dietrich: Brünings unpolitische Politik und die Auflösung der Weimarer Republik. In: Vjh. Zeitgesch. 19 (1971), 113—123.

Bracher, Karl Dietrich: Eine Stresemann-Biographie. — In: Pol. Lit. 2 (1953), 6—9.

Brachet, B.: Pierre Mendès-France. Action et réflexions d'un homme politique. — In: Rev. jur. écon. Sud-Ouest, Sér. jur. 20 (1969), H. 1/2, 3—50.

Bradley, Omar N.: A soldier's story. — New York: Holt 1951. 618 S.

Bräutigam, Otto: So hat es sich zugetragen. Ein Leben als Soldat und Diplomat. — Würzburg: Holzner (1968). 723 S.

Braham, Randolph L.: The Eichmann case. A source book. — New York: World Federation of Hungarian Jews 1969. XI, 186 S.

Brahm, Heinz: [Nikita Sergeevič] „Chruščev erinnert sich". Die sogenannten Memoiren des sowjetischen Staats- und Parteiführers. – In: Österr. Osth. 15 (1973), 378–391.

Brakelmann, Günter: Protestantische Kriegstheologie im Ersten Weltkrieg. Reinhold Seeberg als Theologe des deutschen Imperialismus. – Bielefeld: Luther-Verl. 1974. 222 S.

Bramsted, E.: Joseph Goebbels and nationalsocialist propaganda 1926—1939. — In: Austr. Outl. 8 (1954), H. 2, 65—95.

Bramsted, Ernest K.: Goebbels und die nationalsozialistische Propaganda 1925—1945 (Goebbels and national socialist propaganda 1925—1945, dt.) (Aus d. Engl. übers. von H. E. Strakosch.) — (Frankfurt a. M.:) S. Fischer (1971). 631 S.

Bramsted, E.: What Goebbels left out. Some significant omissions in his wartime books. — In: Wiener Libr. Bull. 9 (1955), 9, 15, 30 und 34.

Brand, Joel: Adolf Eichmann. Fakten gegen Fabeln. — München, Frankfurt a.M.: Ner-Tamid-Verl. 1961. 47.
(Vom Gestern zum Morgen. 10.)

Brand, Urs: Jean Jaurès, Internationalist und Patriot. - Göttingen: Musterschmidt (1973). 107 S.
(Persönlichkeit und Geschichte. 73.)

Brandes, Joseph: Herbert Hoover and economic diplomacy. Department of commerce policy, 1921—1928. — Pittsburgh: University of Pittsburgh Press 1962. XIV, 237 S.

Brandt, Heinz: Ein Traum, der nicht entführbar ist. Mein Weg zwischen Ost und West. Mit e. Vorw. von Erich Fromm. — (München:) List (1967). 374 S.

Brandt, Thomas O.: Bertolt Brecht und sein Amerikabild. — In: Universitas 21 (1966), 719—734.

Brandt, Willy: Deutsche Außenpolitik nach zwei Weltkriegen. Rede zum 100. Geburtstag Walther Rathenaus. — In: Monat 19 (1967), H. 230, 7—17.

Brandt, Willy: Begegnungen und Einsichten. Die Jahre 1960-1975. - (Hamburg:) Hoffmann & Campe (1976). 655 S.

Brandt, Willy: Begegnungen mit Kennedy. — (München:) Kindler (1964). 242 S.

[**Brandt,** Willy:] Brandt Reden. 1961—1965. Ausgew. u. eingel. von Hermann Bortfeldt. — Köln: Verl. Wissensch. u. Politik (1965). 191 S.

Brandt, Willy: Draußen. Schriften während der Emigration. Hrsg. von Günter Struve. — (München:) Kindler (1966). 383 S.

Brandt, Willy: Mit Herz und Hand. Ein Mann in der Bewährung. — Hannover: Verl. f. Literatur u. Zeitgeschehen (1962). 250 S.

Brandt, Willy: Koexistenz — Zwang zum Wagnis. — Stuttgart: Dt. Verl.-Anst. (1963). 114 S.
(Politische Bücherei. 1.)

Brandt, Willy: Plädoyer für die Zukunft. 12 Beiträge zu deutschen Fragen. — (Frankfurt a.M.:) Europ. Verl. Anst. (1961), 133 S.
(Res publica. 5.)

Willy **Brandt.** Porträt und Selbstporträt. [Hrsg.:] Klaus Harpprecht. — (München:) Kindler (1970). 347 S.

Brandt, Willy: Reden und Interviews, 1968—1969. Hrsg. vom Presse- u. Informationsamt d. Bundesregierung, Bonn. — Bonn 1969: Univ. Dr. 240 S.

Brandt, Willy: Reden und Interviews. Hrsg. vom Presse- u. Informationsamt d. Bundesregierung. — (Melsungen 1971: Bernecker). 603 S.

Brandt, Willy: Reden und Interviews. Vorw. von Conrad Ahlers. — Hamburg: Hoffmann & Campe 1971. 379 S.

Brandt, Willy: Reden und Interviews. Vorw.: Rüdiger von Wechmar. - Hamburg: Hoffmann & Campe.
2. Herbst 1971 bis Frühjahr 1973. (1973). 365 S.

Brandt, Willy und Richard Lowenthal: Ernst Reuter. Ein Leben für die Freiheit. Eine politische Biographie. — (München): Kindler 1957. 758 S.

Brandt, Willy: Über den Tag hinaus. Eine Zwischenbilanz. - (Hamburg:) Hoffmann & Campe (1974). 552 S.

Brandt, Willy: Was wollte Ernst Reuter wirklich? — In: Monat 15 (1962/63), H. 170, 38—40.

Brandt, Willy: Mein Weg nach Berlin. Aufgezeichnet von Leo Lania. — (München:) Kindler (1960). 382 S.

Hjalmar **Branting.** Statsmannen och människan. Minnen och värderingar av vänner och medarbetare. — Stockholm: Tiden 1950. 105 S.

Brasillach, Robert: Journal d'un homme occupé. Les souvenirs inédits de Brasillach pendant la drôle de guerre, l'occupation et la libération: mai 1940—janvier 1945. — Paris: Les Sept Couleurs 1955. 350 S.

Brauer, Max: Nüchternen Sinnes und heißen Herzens... Reden und Ansprachen. — Hamburg: Verl. Auerdruck [1953]. 455 S.

Braun, Joachim: Der unbequeme Präsident. [Gustav Heinemann.] Mit e. Vorw. von Siegfried Lenz. Dokumentation u. Bilder sowie Redenauswahl: Peter Borowsky. — Karlsruhe: Müller 1972. 299 S.

Braun, Magnus Frhr. von: Von Ostpreußen bis Texas. Erlebnisse und zeitgeschichtliche Betrachtungen eines Ostdeutschen. — Stollhamm ‹Oldb.›: Rauschenbusch (1955). 444 S.

Braun, Maximilian: Der Fall Lex Ende und Genossen. Wie Gerhart Eisler seine Freunde verriet. — In: Dtsch. Rdsch. 79 (1953), 131—138.

Braun-Neucken, Magnus Frhr. von: Herbert von Dirksen zum Gedächtnis. — In: Jb. Albertus-Univ. zu Königsberg/Pr. 7 (1957), 5—48.

Braun-Vogelstein, Julie: Heinrich Braun. Ein Leben für den Sozialismus. [2., überarb. u. um unveröffentl. Briefe u. Dokumente verm. Aufl.] — Stuttgart: Dtsch. Verl.-Anst. (1967). 383 S.

Braunmühl, Anton: War Hitler krank? — In: Stimmen der Zeit 79 (1953/54), H. 8, 94—102.

Brausch, Gerd: Der Tod des Generalobersten Werner Frhr von Fritsch. — In: Militärgesch. Mitt. 1970, H. 1, 95—112.

Brecher, Michael: India and world politics. Krishna Menon's view of the world. — New York: Praeger 1968. 39 S.

Brecher, Michael: Nehru. A political biography. — London: Oxford University Press 1959. 700 S.

Brecht, Arnold: Mit der Kraft des Geistes. Lebenserinnerungen. Zweite Hälfte. 1927—1967. — Stuttgart: Dtsch. Verl.-Anst. (1967). 496 S.

BIOGRAPHIEN

Brecht, Arnold: Aus nächster Nähe. Lebenserinnerungen 1884—1927. — Stuttgart: Dtsch. Verl. Anst. (1966). 526 S.

Brecht, Arnold: Walther Rathenau und das deutsche Volk. — München: Nymphenburger-V. (1950). 23 S.

Brecht, Bertolt: Schriften zur Politik und Gesellschaft [Teilsamml.] 1919—1956... (Red.: Werner Hecht.) — (Frankfurt a.M.:) Suhrkamp (1968). 361, 54 S.

Brecht, Gustav: Erinnerungen. — (München [um 1964]: Giehrl.) 92 S.

Bredel, Willi: Begegnung am Ebro. [Erzählung aus dem spanischen Bürgerkrieg.] — Berlin: Aufbau-V. 1951. 188 S.

Bredel, Willi: Ernst Thälmann. Ein Beitrag zu einem politischen Lebensbild. 4. Aufl., ergänzt mit der Rede von Walter Ulbricht zum 5. Jahrestag der Ermordung Thälmanns. — Berlin: Dietz 1951. 184 S.

Bredel, Willi: Ernst Thälmann. Beitrag zu einem politischen Lebensbild. 8. Aufl. — Berlin: Dietz 1961. 208 S.

Bredow, Hans: Im Banne der Ätherwellen. — Stuttgart: Mundus-V.
  1. Der Daseinskampf des deutschen Funks. (1954). 347 S.

[**Bredt,** Johann Victor:] Erinnerungen und Dokumente von Johann Victor Bredt 1914 bis 1933. Bearb. von Martin Schumacher. — Düsseldorf: Droste (1970). 425 S.
  (Quellen zur Geschichte des Parlamentarismus und der politischen Parteien. 3, 1.)

Brehm, Bruno: Heimat in Böhmen. [Lebenserinnerungen.] — Salzburg: Pilgram (1951). 114 S.

Breker, Arno: Im Strahlungsfeld der Ereignisse. Leben und Wirken eines Künstlers. Porträts, Begegnungen, Schicksale. - Preußisch Oldendorf: Schütz 1972. 399 S.

Brenner, Otto: Aus Reden und Aufsätzen. - Frankfurt a. M.: Europ. Verl. Anst. 1973. 165 S.
  (Schriftenreihe der Otto-Brenner-Stiftung. 1.)

[**Brentano,** Heinrich von:] Sehr verehrter Herr Bundeskanzler! Heinrich von Brentano im Briefwechsel mit Konrad Adenauer, 1949–1964. Hrsg. von Arnulf Baring unter Mitarb. von Bolko von Oetinger u. Klaus Mayer. - (Hamburg:) Hoffmann & Campe (1974). 511 S.

(**Brereton,** Lewis H.:) The Brereton diaries. The war in the air in the Pacific, Middle East and Europe, 3 Oct. 1941 to 8 May 1945. — New York: Morrow 1946. 450 S.

Leonid **Breschnew** [Leonid Il'ič Brežnev] (Leonid I. Brezhnev, dt.) Umriß seines Lebens. Mit e. Vorw. von Leonid Breschnew. Verfaßt unter der Schirmherrschaft der Akademie der Wissenschaften der UdSSR. - (München:) Bertelsmann (1978). 368 S.

Brescius, Hans von: Gerhart Hauptmann. Zeitgeschehen und Bewußtsein in unbekannten Selbstzeugnissen. Eine politisch-biographische Studie. - Bonn: Bouvier 1976. 393 S.
  (Abhandlungen zur Kunst-, Musik- und Literaturwissenschaft. 197.)

Brese, Wilhelm: Erlebnisse und Erkenntnisse des langjährigen Bundestagsabgeordneten Wilhelm Brese von der Kaiserzeit bis heute. - Marwede: [Selbstverl. d. Verf.] 1976. 156 S.

Leonid Iljitsch **Breshnew** (Leonid Il'ič Brežnev, dt.) Kurzer biographischer Abriß. (Aus d. Russ. übers. von Corrinna u. Gottfried Wojtek.) - Frankfurt a. M.: Verl. Marxist. Bll. 1977. 195 S.

Bret, Paul Louis: Au feu des événements. Mémoires d'un journaliste. Londres-Alger 1929—1944. — Paris: Plon 1959. 443 S.

Bretton, Henry L.: The rise and fall of Kwame Nkrumah. A study of personal rule in Africa. — London: Pall Mall Press 1967. XII, 232 S.

Breueker, Wilhelm: Die Erinnerungen des Generals Groener. — In: Wehrwiss. Rdsch. 5 (1955), 315—322.

Breueker, Wilhelm: Die Tragik Ludendorffs. Eine kritische Studie auf Grund persönlicher Erinnerungen an den General und seine Zeit mit Auszügen aus einer umfangreichen Korrespondenz. — Stollham i. Old.: Rauschenbusch 1953. 200 S.

Robert **Breuer**. Ein Meister der Feder. Hrsg. von Arno Scholz. — Berlin-Grunewald: Arani-V. (1954). 111 S.

(**Breyer,** Richard) [Besprechung der Erinnerungen von Joszef Beck.] — In: Z. Ostforsch. 2 (1953), 450—452.

Breschnew, Leonid [**Brežnev,** Leonid Il'ič]: Über die Politik der Sowjetunion und die internationale Lage. Reden und Schriften. [Sammlung, dt.] - Köln: Pahl-Rugenstein 1973. 236 S.

Breschnew, L. I. [**Brežnev,** Leonid Il'ič]: Auf dem Wege Lenins (Leninskim kursom, dt.) [Teilsamml.] Reden und Aufsätze. (Aus d. Russ.) — Berlin: Dietz.
  1. Oktober 1964—April 1967. 1971. 572 S.
  2. April 1967—April 1970. 1971. 640 S.

Breschnew, L. I. [**Brežnev,** Leonid Il'ič]: Auf dem Wege Lenins (Leninskim kursom, dt.) [Teilsamml.] Reden und Aufsätze. (Aus d. Russ.) - Berlin: Dietz.
  3. Mai 1970 - März 1972. 1973. 575 S.

Breschnew, L. I. [**Brežnev,** Leonid Il'ič]: Auf dem Wege Lenins (Leninskim kursom, dt.) [Teilsamml.] Reden und Aufsätze. (Aus dem Russ.) - Berlin: Dietz.
  4. Juni 1972–März 1974. 1975. 514 S.

Bridgham, Philip: The fall of Lin Piao. - In: China Quart. 1973, H. 55, 427–449.

Die **Briefe** Thomas Manns. Regesten und Register. Bearb. u. hrsg. unter Mitwirkung d. Thomas Mann-Archivs d. Eidgenössischen Technischen Hochschule Zürich von Hans Bürgin u. Hans-Otto Mayer. - (Frankfurt a. M.:) S. Fischer.
  1. Die Briefe von 1889–1933. Mit e. Vorw. von Hans Wysling. (1977). XXXIX, 761 S.

Briefs, Goetz: Die dünne Grenze zur Barbarei. Fazit eines Lebens um der Freiheit willen. — In: Pol. Meinung 14 (1969), H. 1, 95—100.

Briefs, Goetz: Wege und Umwege. Ein deutscher Gelehrter zieht Bilanz. — In: Polit. Meinung 5 (1960), H. 45, 44—50.

August Bebels **Briefwechsel** mit Karl Kautsky. Hrsg. von Karl Kautsky. — Assen: Van Gorcum 1971. LX, 394 S.

Eduard Bernsteins **Briefwechsel** mit Friedrich Engels. Hrsg. von Helmut Hirsch. — Assen: Van Gorcum 1970. XXXVI, 452 S.

Brill, Hermann: Karl Kautsky, 16. Oktober 1854—17. Oktober 1938. — In: Zeitschr. f. Politik N. F. 1 (1954), 211—240.

Brill, Hermann L.: Geschichte und Geschichten. — In: Geist u. Tat 10 (1955), 202—204.

Brissaud, André: Canaris. Le „petit amiral", prince de l'espionnage allemand [1887—1945]. — Paris: Perrin (1970). 727 S.

Brissaud, André: [Wilhelm] Canaris, 1887–1945 (Canaris, le petit amiral, prince de l'espionage allemand ⟨1887–1945⟩, dt. Aus d. Französ. übers. von Georg Vogt.) – (Frankfurt a. M.:) Societäts-Verl. (1976). 588 S.

Brissaud, André: Pétain à Sigmaringen (1944—45). — Paris: Perrin 1966. 317 S.

Brissaud, André: [Josif Vissarionovič] Staline [Stalin]. Trente millions de morts pour un empire. – Paris: Lattès 1974. 634 S.

Broad, Lewis: Winston Churchill, 1874—1951. Rev. and enl. — London: Hutchinson 1951. 611 S.

Broad, Lewis: Winston Churchill. The years of preparation.—New York: Hawthorn 1958. 446 S.

Broad, Lewis: Winston Churchill. The years of achievement. — New York: Hawthorn 1963. 629 S.

Broad, Lewis: Sir Anthony Eden. The chronicles of a career. — London: Hutchinson 1955. 256 S.

Broad, Lewis: Anthony Eden (Sir Anthony Eden, dt.) Chronik einer Karriere. (Ins Dt. übertr. u. bearb. von Egon Larsen.) — Wien, München, Basel: Desch (1956). 318 S.

Broch, Hermann: Gedanken zur Politik [Teilsamml.] (Ausgew. von Dieter Hildebrandt.) — (Frankfurt a. M.:) Suhrkamp (1970). 178 S.
(Bibliothek Suhrkamp. 242.)

Brod, Max: Streitbares Leben. Autobiographie. — (München:) Kindler (1960). 543 S.

Broderick, Francis L.: W. E. B. DuBois. Negro leader in a time of crisis. — Stanford: Stanford University Press 1959. XIII, 259 S.

Broderick, Walter J.: Camilo Torres. A biography of the priest-guerrillero. – Garden City, N. Y.: Doubleday 1975. 370 S.

Brodetsky, Selig: Memoirs. From ghetto to Israel. — London: Weidenfeld & Nicolson 1960. 323 S.

Brogan, Denis W.: Roosevelt and the new deal. — London: Oxford University Press 1952. 259 S.

Bromage, Bernard: Man of terror: Dzherzhynski. — London: Owen 1956. 223 S.

Bromage, Bernard: Molotov. The story of an age. — London: Owen 1956. 256 S.

Bromage, Mary C.: De Valera's mission to America. — In: South Atlantic Quart. 50 (1951), 499—513.

Bromberger, Merry: Le destin secret de Georges Pompidou. — Paris: Fayard 1965. 352 S.

Brome, Vincent: Aneurin Bevan. A biography.—London: Longmans 1953. VII, 244 S.

Arnolt **Bronnen** gibt zu Protokoll. Beiträge zur Geschichte des modernen Schriftstellers. — Hamburg: Rowohlt (1954). 493 S.

Bronowski, J.: Albert Einstein. Zum Leben und Werk eines Physikers. — In: Monat 7 (1954/55), T. 1, 61—65.

Bronsen, David: Joseph Roths Beziehung zur Habsburger Monarchie. Ein Kapitel österreichisch-jüdischer Geschichte. — In: Tribüne 9 (1970), 3556—3564.

Brook, Ray: Ghost on horseback. The incredibile Atatürk (Kemal). — New York: Duell, Sloan & Pearce 1954. VIII, 408 S.

Brooks, Russell: The unknown Darlan. — In: US Naval Inst. Proceedings 81 (1955), 879—892.

Broß, Werner: Gespräche mit Hermann Göring. — Flensburg: Wolff 1950. 315 S.

Brossat, Alain: Aux origines de la révolution permanente, la pensée politique du jeune [Leo] Trotsky [Trotzki.]. – Paris: Maspero 1974. 319 S.
(Coll. „Textes à l'appui. Sér. Histoire contemporaine.")

Brosse, Jacques: Hitler avant Hitler. Essai d'interprétation psychoanalytique. Postface d'Albert Speer. — (Paris:) Fayard (1972). 388 S.
(Le Lieu de la personne.)

Broszat, Martin: Kritische Bemerkungen Herbert Weichmanns zu den Briefen [Heinrich] Brünings an Sollmann. [Dokumentation.] – In: Vjh. Zeitgesch. 22 (1974), 458–460.

Broszat, Martin: Betrachtungen zu „Hitlers Zweitem Buch". — In: Vjh. Zeitgesch. 9 (1961), 417—429.

Broszat, Martin: [Adolf] Hitler und die Genesis der „Endlösung". Aus Anlaß der Thesen von David Irving. – In: Vjh. Zeitgesch. 25 (1977), 739–775.

Brown, George: In my way. The political memoirs of Lord George Brown. — London: Gollancz 1971. 299 S.

Brown, Judith M.: [Mahatma] Gandhi and civil disobedience. The Mahatma in Indian politics, 1928–34. – Cambridge: Cambridge University Press 1977. 414 S.

Brown, Stewart Gerry: Conscience in politics. Adlai E. Stevenson in the 1950's. — Syracuse: Syracuse University Press 1961. XI, 313 S.

Brown, Stuart Gerry: The presidency on trial. Robert Kennedy's 1968 campaign and afterwards. – Honolulu: University Press of Hawai 1972. VIII, 155 S.

Browne, Harry: Hitler and the rise of nazism. — London: Methuen (1969). 93 S.

Browning, Christopher R.: Unterstaatssekretaer Martin Luther and the Ribbentrop Foreign Office. - In: J. contemp. Hist. 12 (1977), 313—344.

Brüchner, Hans: Karl Jannack. Biographie eines revolutionären Kämpfers der deutschen Arbeiterklasse. — (Bautzen: Domowina-Verl. 1970). 85 S.

Brügel, J. W.: Ludwig Czech, Arbeiterführer und Staatsmann. Mit Beiträgen von Angelica Balabanoff [u. a.] — Wien: Verl. d. Wiener Volksbuchhandlung 1960. 200 S.

Brügel, J. W.: Dollfuß und die Austronazi. — In: Zukunft 1959, H. 8, 222—227.

Brügel, J. W.: Moskau, Jalta und Potsdam. Der Abschlußband von Churchills Kriegserinnerungen. — In: Zukunft 1954, H. 11, 320—325.

Brügel, Johann W[olfgang]: Zum Streit um Eduard Beneš. — In: Osteuropa 14 (1964), 729—735.

Heinrich Brüning. Ein deutscher Staatsmann im Urteil der Zeit. Reden und Aufsätze. Gesammelt von Wilhelm Vernekohl. — Münster i.W.: Regensburg (1961). 177 S.

Brüning, Heinrich: Briefe 1946-1960. Hrsg. von Claire Nix unter Mitarb. von Reginald Phelps und George Pettee. (Übers. der ursprüngl. engl. und franz. Texte von Brigitte Weitbrecht.) - Stuttgart: Dtsch. Verl. Anst. (1974). 517 S.

Brüning, Heinrich: Briefe und Gespräche 1934-1945. Hrsg. von Claire Nix unter Mitarb. von Reginald Phelps u. George Pettee. (Übers. d. ursprüngl. engl. u. französ. Texte von Brigitte Weitbrecht.) - Stuttgart: Dtsch. Verl.-Anst. (1974). 556 S.

Brüning, Heinrich: Memoiren 1918—1934. — Stuttgart: Dtsch. Verl.-Anst. (1970). 721 S.

Brüning, Heinrich: Rede am Sarge des Reichsministers a. D. [Hermann] Dietrich. — In: Dtsch. Rdsch. 80 (1954), 345—348.

Brüning, Heinrich: Reden und Aufsätze eines deutschen Staatsmanns. Hrsg. von Wilhelm Vernekohl unter Mitarb. von Rudolf Morsey. — Münster: Regensberg 1968. 358 S.

Brüskow, George P.: Der Ausweg der Kyra Speranzewa. Aufzeichnungen aus den Kriegs- und Wirrjahren 1942—1947. — Frankfurt a. M.: Rudl (1954). 190 S.

Bruge, Roger: Naufrage à Berlin. — Paris: France-Empire 1961. 304 S.

Brugère, Raymond: Veni, vidi, Vichy .. et la suite. Témoignages (1940—1945). — Paris: Deux Rives 1953. 206 S.

Brugmans, Hendrik: Denkend aan Europa. De charme van één Vaderland. - Den Haag: Lannoo 1972. 252 S.

Brundert, Willi: Von Weimar bis heute im Spiegel eigenen Erlebens. — (Hannover:) Verl. f. Literatur u. Zeitgeschehen (1965). 162 S.

Bruyne, Arthur de: Eamon de Valera en de Ierse republiek. — Amsterdam: Standard Boekhandel 1953. 93 S.

Bryant, Arthur: Triumph in the West 1943—1946. Based on the diaries and autobiographical notes of Field Marshall The Viscount Alan Francis Brooke Alanbrooke. (2nd impr.) — London: Collins (1959). 576 S.

Bryant, Arthur: The turn of the tide 1939—1943. A study based on the diaries and autobiographical notes of Field Marshal The Viscount Alanbrooke. (2nd impr.) — London: Collins (1957). 766 S.
  Dtsch. Ausg. u. d. T.: Kriegswende. Aus den Kriegstagebüchern d. Feldmarschalls Lord Alanbrooke.— Düsseldorf: Droste 1957. 720 S.

Buber, Martin: An der Wende. Reden über das Judentum. — Köln, Olten: Hegner 1952. 108 S.

Buber, Martin: Begegnung. Autobiographische Fragmente. Mit e. Nachw. von Albrecht Goes. Neuausg., [3. verb. Aufl.] - Heidelberg: Schneider 1978. 114 S.

Buber-Neumann, Margarete: Als Gefangene bei Stalin und Hitler. Eine Welt im Dunkel. [2. erw. Neuaufl.] — Stuttgart: Dtsch. Verl.-Anst. (1958). 472 S.

Buber-Neumann, Margarethe: Milena Jesenska im Konzentrationslager Ravensbrück. — In: Dtsch. Rdsch. 80 (1954), 774—778.

Buber-Neumann, Margarete: Kriegsschauplätze der Weltrevolution. Ein Bericht aus der Praxis der Komintern. 1919—1943. — Stuttgart: Seewald (1967). 522 S.

Buber-Neumann, Margarete: Von Potsdam nach Moskau. Stationen eines Irrweges. — Stuttgart: Dtsch. Verl.-Anst. 1957. 468 S.

Bucerius, Gerd: Der [Konrad] Adenauer. Subjektive Beobachtungen eines unbequemen Weggenossen. - Hamburg: Hoffmann & Campe 1976. 110 S.

Buchan, Alastair: The irony of Henry Kissinger. - In: Internat. Aff. 50 (1974), 367—379.

Bucher, Rudolf: Zwischen Verrat und Menschlichkeit. Erlebnisse eines Schweizer Arztes an der deutsch-russischen Front 1941/42. (2. Aufl.) — Stuttgart: Huber (1967). 260 S.

Buchheim, Hans: Hermann Mau zum Gedächtnis. — In: Vjh. Zeitgesch. 10 (1962), 427—429.

Buchheim, Hans: Ernst Niekischs Ideologie des Widerstands. — In: Vjh. Zeitgesch. 5 (1957), 334—361.

Buchheit, Gert: Ludwig Beck. Ein preußischer General. — München: List 1964. 388 S.

Buchheit, Gert: Admiral Wilhelm Canaris, ermordet im KZ Flossenbürg am 9. April 1945. Zu seinem Gedächtnis. — In: Freiheit u. Recht 11 (1965), H. 4, 8—10.

Buchheit, Gert: Hitler der Feldherr. Die Zerstörung einer Legende. — (Rastatt): Grote (1958). 560 S.

Buchheit, Gert: Richter in roter Robe. Freisler, Präsident des Volksgerichtshofes. — München: List (1968). 294 S.

Buck, August: Ortega y Gasset als Kulturkritiker. — In: Universitas 8 (1953), 1031—1041.

Buckley, William F. jr. und L. Brent Bozell: McCarthy and his enemies. — Chicago: Regnery 1954. 413 S.

Buczylowski, Ulrich: Kurt Schumacher und die deutsche Frage. Sicherheitspolitik und strategische Offensivkonzeption vom August 1950 bis September 1951. - Stuttgart: Seewald 1973. 228 S.
(Zeitpolitische Schriftenreihe. 13.)

Budkevic, S. L.: „Delo Zorge". [Richard Sorge.] Sledstvie i sudebnyj process. — Moskva: Izd. Nauka 1969. 231 S.

Bücker, Hans: Abbé Stock. Ein Wegbereiter der Versöhnung zwischen Deutschland und Frankreich. — (Freiburg i. Br.: Herder 1964.) 176 S.
(Herder-Bücherei. 183.)

Buehrig, Edward H. [Ed.]: Wilson's foreign policy in perspective. — Bloomington: Indiana University Press 1957. 176 S.

Buehring, Edward H.: Woodrow Wilson and the balance of power. — Bloomington, Ind.: Indiana University Press 1955. X, 325 S.

Bürgerin zweier Welten. (Briefe.) Elly Heuss-Knapp. Ein Leben in Briefen und Aufzeichnungen. Hrsg. von Margarethe Vater. — Tübingen: Wunderlich (1961). 387 S.

Bürgin, Hans u. Hans-Otto Mayer: Thomas Mann. Eine Chronik seines Lebens. — (Frankfurt a. M.:) S. Fischer 1965. 283 S.

Bütler, Hugo: Gaetano Salvemini und die italienische Politik vor dem Ersten Weltkrieg. - Tübingen: Niemeyer 1978. XXIII, 498 S.
(Bibliothek des Deutschen Historischen Instituts in Rom. 50)

Bütow, Thomas: Der Konflikt zwischen Revolution und Pazifismus im Werk Ernst Tollers. Mit einem dokumentarischen Anhang: Essayistische Werke Tollers; Briefe von und über Toller. - Hamburg: Lüdke (1975). 426, 75 S.
(Geistes- und sozialwissenschaftliche Dissertationen. 36.)
Diss., Universität Freiburg.

Buhrer-Solal, Jean Claude: [Salvador] Allende. Un itinéraire sans détours. - Lausanne: L'Aage d'Homme 1974. 167 S.

Bukowski, Wladimir [**Bukovskij**, Vladimir]: Wind vor dem Eisgang. (Aus d. Russ. von Bernd Nielsen-Stokkeby.) - (Berlin:) Ullstein (1978). 345 S.

Bullock, Allan: Hitler. A study in tyranny. — London: Odhams 1952. 776 S.

Bullock, Alan: Hitler. Eine Studie über Tyrannei. (Hitler, a study in tyranny, dt.) (Übertr. von Wilhelm und Modeste Pferdekamp.) — Düsseldorf: Droste-V. (1953). 838 S.

Bullock, Alan: Hitler. Eine Studie über Tyrannei (Hitler. A study in tyranny, dt.) (Aus d. Engl. übertr. von Wilhelm u. Modeste Pferdekamp.) Ungekürzte wohlfeile Ausg. (56.—70. Tsd.) — Düsseldorf: Droste (1961). 838 S.

Bullock, Alan: Hitler. A study in tyranny. Completely rev. ed. — Long Acre, London: Odhams (1965). 848 S.

Bullock, Alan: Hitler [dt.] Eine Studie über Tyrannei. (Aus d. Engl. übertr. von Wilhelm und Modeste Pferdekamp. Übers. neuer Textteile unter Mitarb. von Margret Wand.) Vollst. überarb. Neuausg. — Düsseldorf: Droste (1967). XII, 886 S.

Bullock, Alan: The life and times of Ernest Bevin. - London: Heinemann.
1. Trade union leader (1881—1940). 1960. XV, 672 S.

Bullock, Alan: The life and times of Ernest Bevin. — London: Heinemann.
2. Minister of Labour 1940—1945. (1967). XII, 406 S.

Bumke, Oswald: Erinnerungen und Betrachtungen. Der Weg eines deutschen Psychiaters. [Hrsg. von Walther Gerlach.] — München: Pflaum 1952. 231 S.
Enthält u. a. eine psychiatrische Diagnose über Hitler.

Der **Bundeskanzler**. Der Weg Konrad Adenauers. — Freiburg i. Br. und Frankfurt a. M.: Dikreiter 1953. 220 S.

Bungarten, Franz: Ich darf nicht schweigen. Meine Ausweisung aus dem Saargebiet. — Köln: Comel 1951. 67 S.
(Schriften des Dt. Saarbundes. 1.)

Buonaiuti, Ernesto: Pio XII. — Firenze: Parenti 1958. 332 S.

Buozzi, Bruno: Scritti dell' esilio. — Roma: Ed. Opere Nuove 1958. 188 S.

Burckhardt, Carl J[acob]: Betrachtungen und Berichte. — (Zürich:) Manesse Verl. (1964). 464 S.
(Manesse Bibliothek der Weltliteratur.)

Burckhardt, Carl J[akob]: Im Dienste des Friedens. — In: Polit. Studien 5 (1954), H. 55, 28—31.

Burckhardt, Carl J[acob]: Theodor Heuss. — In: Schweizer Monatsh. 43 (1963/64), 1119—1132.

Burckhardt, Carl J.: Bei der Lektüre von Churchills Memoiren. — In: Außenpolitik 4 (1953), 5—9.

Burckhardt, Carl J[akob]: Memorabilien. Erinnerungen und Begegnungen. - München: Callwey (1977). 393 S.

Burckhardt, Carl J[acob]: Meine Danziger Mission 1937—1939. — München: Callwey (1960). 366 S.

Buré, Emile: Georges Clémenceau et Georges Mandel. — Paris: Ed. du Mail 1946.

Burger, Hanuš: Der Frühling war es wert. Erinnerungen. - München: Bertelsmann (1977). 398 S.

Burger, Herbert: Politik und politische Ethik bei F. W. Foerster. — Bonn: Bouvier 1969. 136 S.
(Schriften zur Rechtslehre und Politik. 60.)

Burke, Kenneth: Die Rhetorik in Hitlers „Mein Kampf" und andere Essays zur Strategie der Überredung. (Aus d. Amerikan. übers. von Günter Rebing.) — (Frankfurt a. M.:) Suhrkamp (1967). 153 S.
(Edition Suhrkamp. 231.)

Burkhard, Hugo: Tanz mal, Jude. Von Dachau bis Shanghai. Meine Erlebnisse in den Konzentrationslagern Dachau, Buchenwald, Getto Shanghai. 1933—1948. (2. Aufl.) — (Nürnberg: Reichenbach 1967.) 207 S.

Burlingame, Roger: Henry Ford. — London: Hutchinson 1958. 184 S.

Burns, James MacGregor: Roosevelt. The lion and the fox. — New York: Harcourt, Brace; London: Sekker & Warburg 1956. XVI, 553 S.

Burns, James MacGregor: Roosevelt. The soldier of freedom. — New York: Harcourt, Brace, Jovanovich (1970). XIV, 722 S.

Busch, Eberhard: Karl B a r t h s Lebenslauf. Nach seinen Briefen und autobiographischen Texten. (2., durchges. Aufl.) - (München:) Kaiser (1975). 555 S.

Buse, D. K.: [Friedrich] E b e r t and the German crisis, 1917-1920. - In: Centr. Europ. Hist. 5 (1972), 234-255.

Buse, D. K.: E b e r t and the coming of World War I. A month from his diary. — In: Internat. Rev. soc. Hist. 13 (1968), 430—488.

Buse, Dieter K. [Hrsg.]: Parteiagitation und Wahlkreisvertretung. Eine Dokumentation über Friedrich E b e r t und seinen Reichstagswahlkreis Elberfeld-Barmen 1910-1918. - Bonn-Bad Godesberg: Verl. Neue Gesellschaft (1975). XXIX, 135 S.
(Archiv für Sozialgeschichte. Beih. 3.)

Bußmann, Walter: Otto von Bismarck. Geschichte, Staat, Politik. (Vortrag, geh. am 24. Mai 1965 in d. Vortragsreihe d. Abt. Universalgeschichte.) — Wiesbaden: Steiner 1966. 46 S.
(Institut für Europäische Geschichte Mainz. Vorträge. 43.)

Bußmann, Walter: Friedrich Meinecke. Zum Gedenken an seinen 100. Geburtstag. — In: Aus Politik und Zeitgeschichte, Beilage zur Wochenzeitung „Das Parlament" vom 16. Januar 1963, 3—20.

Bussmann, Walter: Friedrich Meinecke. Ein Gedenkvortrag zu seinem 100. Geburtstag, geh. am 4. Dezember 1962 im Auditorium maximum d. Freien Universität Berlin. — Berlin: Colloquium Verl. (1963). 31 S.
(Veröffentlichung der Freien Universität Berlin.)

Bußmann, Walter: P i u s XII. an die deutschen Bischöfe. — In: Hochland 61 (1969), 61—65.

Bußmann, Walter: Rede zum 75. Geburtstag von Hans H e r z f e l d 22. Juni 1967. — In: Gesch. Wiss. Unterr. 19 (1968), 108—118.

Buti, Gino: La politica estera di Vittorio S c i a l o j a. — In: Relaz. internazionali 21 (1957), 916—919.

Butler, Ewan und Gordon Young: Goering tel qu'il fut. — Paris: Fayard 1952. 416 S.

Butler, Ewan und Gordon Young: Marshal without glory. The troubled life of Hermann G o e r i n g. — London: Hodder & Stoughton 1951. 287 S.

Butler, J. R. M.: Lord L o t h i a n (Philip Kerr), 1882—1940. — New York: St. Martin's Press 1960. XIII, 385 S.

Butow, Robert J[oseph] C[harles]: T o j o and the coming of the war. — Princeton: Princeton University Press 1961. 584 S.

Butwell, Richard: U Nu of Burma. — Stanford: Stanford University Press 1963. X, 301 S.

Byford-Jones, W.: G r i v a s and the story of EOKA. — London: Hale (1959). X, 192 S.

Byrnes, James F.: All in one lifetime. — New York: Harper 1958. 432 S.

Cachin, Marcel: Marcel Cachin vous parle. — Paris: Ed. Sociales 1959. 222 S.

Cadogan, Peter: Harney and E n g e l s. In: Internat. Rev. Soc. Hist. 10 (1965), 66—103.

Cahén, Fritz Max: Der Weg nach Versailles. Erinnerungen 1912—1919. Schicksalsepoche einer Generation. — Boppard a. Rh.: Boldt (1963). 383 S.

Cahnman, Werner J.: T ö n n i e s und Durkheim. E. dokumentar. Gegenüberstellung. — In: Arch. Rechts- u. Sozialphilos. 56 (1970), 189—207.

Cajumi, Arrigo: Benedetto Croce precursore del fascismo. — In: Occidente 11 (1955), 325—331.

Calamandrei, Piero: Il nostro S a l v emini. — In: Ponte 11 (1955), 1009—1020.

Caliandro, Piero: M u s s o l i n i senza il fascismo. - Milano: A.R.E. 1952. 179 S.

Calkins, Kenneth R.: The election of Hugo H a a s e to the co-chairmanship of the SPD and the crisis of pre-war German social democracy. — In: Internat. Rev. soc. Hist. 13 (1968), 174—188.

Calkins, Kenneth R.: Hugo H a a s e [dt.] Demokrat und Revolutionär. Aus d. Amerikan. von Arthur Mandel. - Berlin: Colloquium-Verl. (1976). 244 S.

Callan, Edward: Albert John L u t h u l i and the South African race conflict. — Kalamazoo: Western Michigan University Press 1962. 75 S.

Calvacoressi, Peter: Arnold T o y n b e e ⟨1889-1975⟩. A memorial lecture. - In: Internat. Aff. 52 (1976), 1-12.

Calvez, Jean-Yves: Karl Marx (La pensée de Karl Marx, dt.) Darstellung u. Kritik seines Denkens. (Aus d. Franz. unter Benutzung e. Übers. von Theodor Sapper.) — Olten u. Freiburg i. Br.: Walter (1964). 599 S.

Campbell, John: [David] L l o y d George. The goat in the wilderness, 1921-1931. - London: Cape 1977. XII, 383 S.

Campbell, Roy: Light on a dark horse. An autobiography (1901—1935). — Chicago: Regnery 1952. XVI, 312 S.

Campbell-Johnson, Alan: Sir Anthony E d e n. A biography. — London: Hale 1955. 272 S.

Campbell-Johnson, Allan: Mission with Mountbatten. — New York: Dutton 1953. 383 S.

Campini, Dino: M u s s o l i n i — Churchill. I carteggi. — Milano: Italpress 1955. 235 S.

Campini, Dino: Re della nostra Italia. Vittorio Emanuele III. — Milano: Studio Edit. P. G. 1953. 331 S.

Camus, Albert: Carnets mai 1935 — février 1942. — Paris: Gallimard 1962. 252 S.

Camus, Albert: Fragen der Zeit [Teilsamml., dt.] (Die Beiträge wurden von Albert Camus ausgew. u. zsgest.) Dtsch. von Guido G. Meister. [Sonderausg.] — (Reinbek b. Hamburg:) Rowohlt (1970). 222 S.

Camus, Albert: Verteidigung der Freiheit [Teilsamml., dt.] Polit. Essays. (Aus d. Französ. übers. von Guido G. Meister.) — (Reinbek b. Hamburg:) Rowohlt (1968). 119 S.
(rororo-Taschenbuch. 1096.)

Camus, Marie-Hélène: Lune de miel avec Fidel Castro. — Paris: Fayard 1960. 202 S.

Canetti, Elias: Alle vergeudete Verehrung. Aufzeichnungen 1949—1960. — (München:) Hanser (1970). 139 S.
(Reihe Hanser. 50.)

Canfield, Leon H.: The presidency of Woodrow Wilson. Prelude to a world in crisis. — Cranbury, N. J.: Fairleigh Dickinson University Press 1968. XV, 299 S.

Canfora, Luciano: [Ulrich von] Wilamowitz[-Moellendorff] e Meyer tra la sconfitta e la „Republica di Novembre". - In: Quaderni di storia 1976, H. 3, 69—93.

Cannistraro, Philip V. und James W. Cortada: Francisco Cambó and the modernization of Spain. The technocratic possibilities of fascism. - In: Rev. Politics 37 1975, 66–82.

Canovan, Margaret: The political thought of Hannah Arendt. - London: Dent 1974. 135 S.

Čapek, Karel: Gespräche mit T[homas] G[arrigue] Masaryk (Hovory s TGM, dt.) (Aus d. Tschech. von Camill Hoffmann.) — München: Rogner & Bernhard 1969. 347 S.

Capek, Karel: Hovory s T. G. Masarykem (President Masaryk tells his story). — London: Allen & Unwin 1951. 351 S.

Caponigri, A. Robert: History and liberty. The historical writings of Benedetto Croce. — London: Routledge & Kegan Paul 1955. XI, 284 S.

Caponigri, Robert A.: Don Luigi Sturzo. — In: Rev. Politics 14 (1952), 142—165.

Caprioglio, Sergio [Ed.]: Antonio Gramsci. Scritti 1915—1921. Nuovi contributi. — Milano: I Quaterni de „Il Corpo" 1968. 198 S.

Carboni, Giacomo: Memorie segrete. 1935—1948. „Più che il dovere." — Firenze: Parenti (1955). XV, 527 S.
(Saggi di cultura moderna. 14.)

Carcopino, Jérôme: Souvenirs de sept ans, 1937—1944. — Paris: Flammarion 1953. 708 S.

Carillo, Elisa A.: Alcide de Gasperi and the fascist regime, 1924—1929. — In: Rev. Politics 26 (1964), 518—530.

Carlebach, Alexander: A German rabbi goes East. — In: Year Book, Leo Baeck Inst. 6 (1961), 60—121.

Carmichael, Joel: [Leo] Trotzki, [dt.] (Aus d. Engl. von Jürgen Schwab.) - Frankfurt a. M.: Ullstein 1973. 409 S.

Carmona Yáñez, Jorge: Pétain y el armisticio. — Madrid: Ind. Gráf. España 1957. VIII, 527 S.

Les **carnets** de guerre d'Albert Ier, Roi des Belges, publiés par R. van Overstraeten. — Bruxelles: Dessart 1953. 215 S.

Caro, Michael K.: Der Volkskanzler. Ludwig Erhard. — Köln: Kiepenheuer & Witsch (1965). 345 S.

Carocci, Giampiero: Giovanni Amendola nella crisi dello Stato italiano 1911—1925. — Milano: Feltrinelli (1956). 174 S.

Carocci, Giampiero: Giolitti e l'età giolittiana. — Torino: Einaudi 1961, 187 S.

Carossa, Hans: Ungleiche Welten. — Wiesbaden: Inselverlag 1951. 339 S.

Carpi, Daniel: The Catholic Church and Italian Jewry under the Fascists. (To the death of Pius XI.) — In: Yad Washem Studies 4 (1960), 43—56.

Carr, E. H.: Stalin. — In: Soviet Stud. 5 (1953/54), 1—7.

Carré, Henri: Les grandes heures du Général Pétain. 1917 et la crise du monde. — Paris: Ed. du Conquistador 1952. 280 S.

Carrillo, Elisa A.: Alcide DeGasperi. The long apprenticeship. — Notre Dame, Ind.: University of Notre Dame Press 1965. VIII, 185 S.

Carry, Charles: Un disciple de Nietzsche: Mussolini. — In: Ecrits de Paris, Juni 1953, 76—81.

Carsten, Francis L.: Arthur Rosenberg als Politiker. - In: Geschichte und Gesellschaft. Festschrift für Karl R. Stadler zum 60. Geburtstag, Wien: Europa-Verl. (1974), 267–280.

Carstens, Karl: Politische Führung. Erfahrungen im Dienst der Bundesregierung. — Stuttgart: Dtsch. Verl.-Anst. (1971). 343 S.

Carton de Wiart, Sir Adrian: Happy odyssey. Memoirs. — London: Pan Books 1955. 219 S.

Caspar, C.: Mein Kampf — a best seller. — In: Jewish soc. Studies 20 (1958), 3—16.
[Über den Absatz von Hitlers erstem Buch.]

Cassels, Alan: Mussolini's early diplomacy. — Princeton, N. J.: Princeton University Press 1970. XVIII, 245 S.

Cassin, René: Churchill et la France pendant la deuxième guerre mondiale. — In: Annales Centre Univ. méditerranéan 62 (1961), 77—98.

Castro, Fidel: Fanal Kuba. Reden und Schriften, 1960—1962. (Aus d. Span. übertr. von e. Übersetzerkollektiv.) Mit e. Dokumentenanh. u. e. Chronologie. — Berlin: Dietz 1963. 430 S.

Castro, Fidel: History will absolve me. Transl. from the Spanish of a defense plea. — (New York: Stuart 1961.) 79 S.

Castro, Fidel: Ausgewählte Reden. [Sammlung, dt.] (Aus dem Span. übers. von Intertext.) — Berlin: Dietz 1976. 561 S.

Catalano, Franco: Mussolini il fascista. — In: Movim. Liberaz. Italia 1967, H. 88, 71—86.

Cato: Zum Tode des letzten Mohikaners. (Maxim Litwinow — 16. 7. 1876 bis 31.12.1951.) — In: Dtsch. Rdsch. 78 (1952), 108—111.

Cato [Pseud.]: Andrej Wyschinski. — In: Dtsch. Rdsch. 77 (1951), 295—303.

Catroux, Georges Albert Julien: J'ai vu tomber le rideau de fer. Moscou 1945–1948. — [Paris:] Hachette 1952. 317 S.

Catroux, Georges Albert Julien: Deux missions au Moyen-Orient, 1919–1922. — Paris: Plon 1958. 256 S.

Cattaui, Georges: Charles de Gaulle. Paris: Ed. Universitaires 1956. 123 S.

Cattaui, Georges: Charles de Gaulle. L'homme et son destin. — Paris: Fayard (1960). 359 S.

Catti de Gasperi, Maria Romana: De Gasperi, uomo solo. — Milano: Mondadori 1964. 418 S.

Cavallero, Carlo: Il dramma del Maresciallo Cavallero. — Milano: Mondadori 1952. 173 S.

Caviglia, Enrico: Diario (aprile 1925 — marzo 1945). Introd. di Mario Zino. — Roma: Casini 1952. XII, 576 S.

Ceauşescu, Nicolae: Rumänien, Realität und Perspektive [Teilsamml., dt.] Berichte, Reden, Artikel. Juli 1965—Februar 1969. Auswahltexte. — Bukarest: Verl. Meridiane 1969. 1097 S.

Ceauşescu, Nicolae: Der rumänische Standpunkt. Thesen zur nationalen und internationalen Politik. - Freiburg i. Br.: Rombach (1973). 262 S.
(*Sozialwissenschaft in Theorie und Praxis. 17.*)

Cecil, Lamar: Albert Ballin. Business and politics in Imperial Germany 1888—1918. — Princeton, N. J.: Princeton University Press 1967. XXI, 388 S.

Cecil, Lamar: Albert Ballin [dt.] Wirtschaft u. Politik im dtsch. Kaiserreich 1888—1918. Dtsch. von Wolfgang Rittmeister. Einf. von Günther Jantzen. — (Hamburg:) Hoffmann & Campe (1969). 335 S.

Cecil, Robert: The myth of the master race. Alfred Rosenberg and Nazi ideology. — London: Batsford 1972. X, 266 S.

Ceppa, Leonardo: Ideologia tecnocratica e contestazione culturale nella sociologia di [Jürgen] Habermas. - In: Riv. Storia contemp. 1972, 225–255.

Cerf-Ferrière, René: Chemin clandestin (1940—1943). — Paris: Juillard 1968. 336 S.

Cerroni, Umberto: Il pensiero di [Karl] Marx. - Roma: Ed. Riuniti 1975. 420 S.

Cerruti, Elisabeth: Visti da vicino. (Je les ai bien connus, ital.) — Milano: Garzanti 1951. 344 S.

Cerrutti, Elisabetta: Ambassador's wife. — New York: Macmillan 1953. 255 S.

Cervantes, Frederico M.: Francisco Villa y la revolución. — México: Ediciones Alonso 1960. 828 S.

Ceva, Bianca: Croce e le vicende politiche italiane fra il 1914 e il 1935 attraverso l'epistolario. — In: Movim. Liberaz. Italia 1968, H. 2, 103—113.

Ceva, Bianca: Tempo dei vivi 1943—1945. Diario della resistenza. — Milano: Ceschena 1955. 210 S.

Ceva, Bianca: Il tribunale speciale e l'ideologia giuridico-politica di Alfredo Rosso. — In: Movim. Liberaz. Italia 1966, H. 84, 3—30.

Chaigne, Louis: Jean de Lattre, Maréchal de France. Préf. du Général Weygand. — Paris: Lanore 1952. 160 S.

Chakrabarti, Atulananda: Nehru. His democracy and India. — Calcutta: Thacker's Press 1961. III, 438 S.

Chales de Beaulieu, Walter: Generaloberst Erich Hoepner. Militärisches Porträt eines Panzer-Führers. — Neckargemünd: Vowinckel 1969. 264 S.
(*Die Wehrmacht im Kampf. 45.*)

Chalfont, A. Jones: [Bernard Law Viscount] Montgomery of Alamein. - London: Weidenfeld & Nicolson 1976. XVI, 365 S.

Chalmers, W. S.: Max Horton and the Western approaches. A biography of Admiral Sir Max Kennedy Horton. — London: Hodder & Stoughton 1955. XVI, 301 S.

Chambe, René: Le Maréchal Juin, „Duc du Garigliano". — Paris: Presses de la Cité 1968. 446 S.
(*Coll. „Coup d'oeil".*)

Chambon, Albert: 81.490. — Paris: Flammarion 1961. 250 S.
Erlebnisse in Buchenwald und anderen Gefängnissen.

Chanady, A. A.: Anton Erkelenz and Erich Koch-Weser. A portrait of two German democrats. — In: Historical Studies: Australia and New Zealand 12 (1965/67), H. 48, 491—505.

Chandos, Viscount Oliver Lyttelton: The memoirs of Lord Chandos. An unexpected view from the summit. — New York: New American Library 1963. 430 S.

Chaney, Otto Preston: Zhukov [Žukov]. — Norman: University of Oklahoma Press 1971. XXIII, 512 S.

Le **chant** interrompu. Histoire des Rosenberg. Textes réunis et présentés par Catherine Varlin et René Guyonnet. — Paris: Gallimard 1955. 300 S.

Charles, Searle F.: Minister of relief. Harry Hopkins and the depression. — Syracuse: Syracuse University Press 1963. XI, 286 S.

Charzat, Michel: Georges Sorel et la révolution au XXe siècle. - Paris: Hachette 1977. 296 S.
(*Essais.*)

Chassin, L. M.: L'ascension de Mao Tsé-Tung, 1921—1945. — Paris: Payot 1953. 216 S.

Chastenet, Jacques: Winston Churchill. (Nouv. édit. rev. et augm.) — Paris: Fayard 1965. 512 S.
(*Coll. „Grandes études contemporaines".*)

Chatelain, Nicolas: Le président Kennedy. La nouvelle vague à la maison blanche. — Paris: Plon 1960. 114 S.

Chaudet, Paul: Verantwortung oder Verzicht. Erinnerungen. — Bern: Verbandsdruckerei 1968. 171 S.

Chautemps, Camille: Cahiers secrets de l'armistice. ⟨1939—1940.⟩ — Paris: Plon (1963). IX, 330 S.

Chauvel, Jean: Commentaire. - (Paris:) Fayard.
1. De Vienne à Alger. ⟨1938–1944.⟩ (1971). 370 S.
2. D'Alger à Berne. ⟨1944–1952.⟩ (1972). 282 S.
3. De Berne à Paris. ⟨1952–1962.⟩ (1973). 370 S.

Chesneaux, Jean: Sun Yat-sen. — Paris: Club Français du Livre 1959. 264 S.

Chevallier, Jean-Jacques: Notice sur la vie et les travaux de René Coty ⟨1882—1962⟩. — Paris: Impr. Firmin-Didot 1967. 22 S.

Chevrier, Lionel: The practical diplomacy of Lester [Bowles] Pearson. - In: Internat. J. 29 (1973/74), 122—135.

Chiaromonte, Nicola: Malraux und der Dämon der Aktion. — In: Merkur 15 (1961), 220—246.

Childs, Marquis: Eisenhower. Captive hero. — New York: Harcourt, Brace & Co. 1958. 300 S.

Chilston, Viscount: Balfour. The philosopher at the helm. — In: Parliam. Aff. 13 (1960), 442—457.

Choltitz, Dietrich von: Soldat unter Soldaten. Die deutsche Armee im Frieden und im Krieg. — Konstanz, Zürich, Wien: Europa-V. 1951. 320 S.

Chouraqui, André: A man alone. The life of Theodor Herzl. — Jerusalem: Keter 1970. 274 S.

Christian, George: The president [Lyndon Baines Johnson] steps down. A personal memoir of the transfer of power. — New York: Macmillan 1970. 282 S.

Christman, Henry M. [Ed.]: This is our strength. The selected papers of Golda Meir. — New York: Macmillan 1962. XVIII, 158 S.

Christman, Henry M. [Ed.]: The essential Tito. New York: St. Martin's Press 1970. XVIII, 197 S.

Christoph, Paul: Dokumente zu den Restaurationsversuchen des Königs Karl IV. von Ungarn. — In: Mitt. Österr. Staatsarchivs 9 (1956), 528—564.

Chromy, Edward: Szachownice nad Berlinem. — Warszawa: Ministerstwo Obrony narodowej 1967. 343 S.

[**Chruščev**, Nikita Sergeevič:] Chruschtschow erinnert sich (Khrushchev remembers, dt.) Hrsg. von Strobe Talbott. Eingel. u. komm. von Edward Crankshaw. — (Reinbek b. Hamburg:) Rowohlt (1971). 598 S.

Chruschtschjow und die „kollektive Führung". — In: Ost-Probleme 7 (1955), 822—829.

Krushchev [**Chruschtschow**], Nikita S.: For victory in peaceful competition with capitalism. — London: Hutchinson (1960). 784 S.

Chruschtschow, N[ikita] S[ergejewitsch]: Über die wichtigsten Probleme der Gegenwart. Reden, Aufsätze von 1956—1963. — Moskau: Verl. f. Fremdsprachige Literatur 1963. Getr. Pag.

Khrushchev [**Chruschtschow**], Nikita S.: World without arms, world without wars. Vol. 1. 2. — Moscow: Foreign Languages Publishing House; London: Central Books 1961.

Churchill, Peter: Missions secrètes en France 1941—1943. Trad. de l'angl. par R. Jouan. — Paris: Presses de la Cité 1967. 320 S.
(Coll. „Coup d'oeil".)

Churchill, Randolph [Frederick Edward] Spencer: Winston S[pencer] Churchill. Vol. 1.2. (1874—1914.) — London: Heinemann 1966/67.

Churchill, Randolph [Frederick Edward] S[pencer]: Winston S[pencer] Churchill. — London: Heinemann.
2. Young statesman 1901—1914. 1967. 775 S.

Churchill, Randolph S.: Lord Derby. „King of Lancashire". — London: Heinemann (1960). 642 S.

Churchill, Randoplh S.: The rise and fall of Sir Anthony Eden. — London: MacGibbon & Kee 1959. 327 S.

Churchill spricht in Blackpool. (Rede, Ausz., geh. am 9. Oktober 1954 auf dem Jahreskongreß der Konservativen Partei.) — In: Gegenwart 9 (1954), 696—697.

Churchill, Sir Winston Spencer: Stemming the tide. Speeches 1951—1952. — London: Cassell (1953). 336 S.

Churchill, Winston S[pencer]: Weltabenteuer im Dienst. (My early life [dt.] Deutsch von Dagobert von Mikusch.) — Hamburg: Rowohlt (1951). 230 S.

Ciechanowski, Jan: Woodrow Wilson in the spotlight of Versailles. — In: Polish Rev. 1 (1956), H. 2/3, 12—21.

Cierva y Peñafiel, Juan de la: Notas de mi vida. — Madrid: Inst. Edit. Reus 1955. 382 S.

Cisneros, Ignacio Hidalgo de: Kurswechsel (Cambio de rumbo, dt. Ins Dtsch. übertr. von Friedrich Johne.) - Frankfurt a. M.: Röderberg (1976). 557 S.

Ciszek, Walter J.: Der Spion des Vatikan (With god in Russia, dt.) 1939—1963. 23 Jahre für Gott in Rußland. [Mitarb.:] Daniel L. Flaherty. (Aus d. Amerikan. von Wilhelm Höck.) — München: Ehrenwirth (1965). 367 S.

Clancy, John G.: Apostle for our time. Pope Paul VI. — London: Collins 1964. 191 S.

Clark, Mark W.: Les alliés jouent et gagnent. — Paris: Berger-Levrault 1952. 398 S.

Clark, Mark W[ayne]: From the Danube to the Yalu. — New York: Harper 1954. X, 369 S.

Clark, Mark W[ayne]: Mein Weg von Algier nach Wien (Calculated risk, dt.) — (Velden a. W., Wien:) Obelisk-V. (1954). 574 S.

Clark, Martin: Antonio Gramsci and the revolution that failed. - New Haven: Yale University Press 1977. 255 S.

Clark, Stanley Frederick: The man who is France. The story of General Charles de Gaulle. — New York: Dodd 1960. 240 S.

Clary-Aldringen, Alfons: Geschichten eines alten Österreichers. Mit e. Vorw. von Golo Mann. - (Frankfurt a. M.:) Ullstein (1977). 282 S.

Claudia, Sister M., I. H. M.: Guide to the documents of Pius XII. — Westminster, Md.: Newman Press 1951. 229 S.

Clauss, Max Walter: Salazars autoritäres Regime in Portugal. — In: Vjh. Zeitgesch. 5 (1957), 379—385.

Clay, Sir Henry: Lord Norman. — London: Macmillan 1957. IX, 495 S.

Clay, Lucius D.: Entscheidung in Deutschland (Decision in Germany, [dt.]) (Aus d. Amerik. übers. von A. Langens.) — Frankfurt a. M.: Verl. d. Frankf. H. (1950). 523 S.

Clemenceau, Georges: Discours de guerre, publ. par la Societé des amis de Georges Clemenceau. Nouv. éd. rev. et compl. — Paris: Presses Universitaires de France 1968. 284 S.

Clemenz, Manfred: Theorie als Praxis? Zur Philosophie und Soziologie Theodor W[iesengrund] Adornos. — In: Neue polit. Lit. 13 (1968), 178—194.
Literaturbericht.

Cliff, Tony: Studie über Rosa Luxemburg (Rosa Luxemburg, a study, dt.) (Übers.: Meino Büning u. Helmut Dahmer.) — Frankfurt a.M.: Neue Kritik 1969. 92 S.
(Probleme sozialistischer Kritik. 13.)

Cochran, Bert: Adlai Stevenson. Patrician among the politicians. — New York: Funk & Wagnalls 1969. 424 S.

Cochran, Bert: Harry [S.] Truman and the crisis presidency. - New York: Funk & Wagnalls 1973. 432 S.

Coffin, Tristram: Senator Fulbright. — London: Hart-Davis 1967. 378 S.

Coffy, Robert: Teilhard de Chardin et le siocalisme. — Lyon: Chronique sociale de France 1966. 178 S.
(Coll. „Le fond du problème".)

Cohen, Richard M. [und] Jules Witcover: A heartbeat away. The investigation and resignation of Vice President Spiro T[heodore] Agnew. - New York: The Viking Press 1974. VIII, 373 S.

Cohen, Stephan F.: Bukharin [Nikolaj Ivanovič Bucharin] and the Bolshevik revolution. A political biography. - New York: Knopf 1973. 495 S.

Cohn, Henry J.: Theodor Herzl's conversion to Zionism. — In: Jew. soc. Stud. 32 (1970), 101—110.

Coillie, Dries van: Der begeisterte Selbstmord (De enthousiaste zelfmoord, dt.) Im Gefängnis unter Mao Tse-tung. (Dt. von Ida Gruiterman. Ungekürzte Ausg.) — Donauwörth: Auer/Cassianeum 1960. 472 S.

Cointet, J.-P.: Marcel Déat et le parti unique (été 1940). - In: Rev. Hist. deux. Guerre mond. 23 (1973), H. 91, 1–22.

Coit, Margaret L.: Mr. Baruch. — Boston: Houghton Mifflin 1957; London: Gollancz 1958. XIV, 784 S.

Colberg, Eckhard: Die Erlösung der Welt durch Ferdinand Lassalle. — (München:) List (1969). 147 S.
(Schriftenreihe zur Politik und Geschichte.)
Diss., München.

Colby, William [u.] Peter Forbath: Honorable men. My life in the CIA. - New York: Simon & Schuster (1978). 493 S.

Cole, Hubert: Laval. A biography. — London: Heinemann 1963. 314 S.

Cole, Wayne S[tanley]: Charles A. Lindbergh and the battle against American intervention in World War II. - New York: Harcourt, Jovanovich (1974). XVII, 298 S.

Cole, Wayne S.: Senator Key Pittnam and American neutrality policies 1933—1940. — In: Mississippi Valley hist. Rev. 46 (1960), 644—662.

Coles, S. F. A.: Franco of Spain. A fulllength biography. — London: Spearman (1955). 264 S.

Collier, Basil: Leader of the few. The authorised biography of Air Chief Marshal The Lord Dowding of Bentley Priory. — London: Jarrolds 1957. 264 S.

Collier, Peter [u.] David Horowitz: Die Rockefellers (The Rockefellers, dt.) Eine amerikanische Dynastie. Aus d. Amerikan. von Erwin Duncker. [u.a.]) - Frankfurt a.M.: Ullstein 1976. 412 S.

Collier, Richard: Der Duce (Duce, dt.) Aufstieg und Fall des Benito Mussolini. (Dtsch. Übers. von Elisabeth Ambròzy u. Brigitte John). - München: Heyne 1974. 404 S.

Collins, R. J.: Lord Wavell. — London: Hodder & Stoughton 1948. 488 S.

Collins, Sarah Mabel: The alien years. Being the autobiography of an englishwoman in Germany and Austria: 1938—1946. — London: Hodder & Stoughton (1949). 222 S.

Collis, Maurice: Nancy Astor. An informal biography. — London: Faber & Faber 1960. 235 S.

Collotti, Enzo: Franz Josef Strauß e la riorganizzazione della destra nella Germania Federale. - In: Riv. Storia contemp. 5 (1976), 208–245.

Colombo, Arturo: [Vladimir Il'ič] Lenin e la rivoluzione. – Firenze: Le Monnier 1974. XIV, 280 S.

Colombo, Cesare (Ed.): [Antonio] Gramsci e il suo tempo. – Milano: Longanesi 1977. 111 S.

Colton, J.: Léon Blum and the French socialists as a government party. — In: J. Politics 15 (1953), 517—543.

Colton, Joel: Léon Blum. Humanist in politics. — New York: Knopf 1966. 512 S.

Colvin, Ian: Admiral Canaris, Chef des Geheimdienstes (Chief on intelligence, dt.). — Wien, München, Zürich: Frick (1955). 281 S.

Colvin, Ian: Chief on intelligence [Wilhelm Canaris.] — London: Gollancz 1951. 223 S.
Amerik. Ausg. u. d. T.: Master spy. The incredible story of Admiral Wilhelm Canaris, who, while Hitler's chief of intelligence, was a secret ally of the British. — New York: McGraw-Hill 1951. VIII, 286 S.

Colvin, Jan: Vansittart in office. An historical survey of the origins of the second world war based on the papers of Sir Robert Vansittart. — London: Gollancz 1965. 360 S.

Comnene, Nicolas Petrescu: Considerazioni sulle memorie dell' Ammiraglio Horthy. — In: Riv. Studi polit. internaz. 22 (1955), 440—455.

Compton, Arthur Holly: Die Atombombe und ich. Ein persönlicher Erlebnisbericht. Übers.: Erwin Schuhmacher. — Frankfurt a. M.: Nest-V. 1958. 480 S.

Conant, James B.: My several lives. Memoirs of a social inventor. — New York: Harper & Row 1970. 701 S.

Confalonieri, Carlo: Pius XI. aus der Nähe gesehen (Pio XI, visito da vicino, dt.) Deutsch von Walter Tschakert. — Aschaffenburg: Pattloch (1958). 381 S.

Connell, John: Auchinleck. — London: Cassell 1959. 640 S.

Connell, John: Wavell, supreme commander 1941—1943. Ed. and completed by Michael Roberts. — London: Collins 1969. 317 S.

Conrad von Hötzendorf, Franz: Private Aufzeichnungen. Erste Veröffentlichungen aus den Papieren des k. und k. Generalstabschefs. Bearb. u. hrsg. von Kurt Peball. - München: Amalthea-Verl. 1977. 352 S.

Conradis, Heinz: Nerven, Herz und Rechenschieber. Kurt Tank, Flieger, Forscher, Konstrukteur. — Göttingen: Musterschmidt (1955). 379 S.

Considine, Bob: General Douglas MacArthur. - Greenwich, Conn: Fawcett Publ. (1964). 126 S.
(Gold Medal Books. 1408.)

Consiglio, Alberto: Vita di un re. Vittorio Emanuele III. — Bologna: Capelli 1970. 251 S.

Consiglio, Alberto: Vita di Vittorio Emanuele III. — Milano: Rizzoli 1950. 253 S.

Constantopoulos, D. S.: Marschall Papagos, ein Grieche und Europäer. — In: Intern. Jb. Politik 1955, 199—201.

Consuegra, J.: Lenin y la América Latina. — Bogotá: Cruz del sur 1971. 200 S.

Conte, Francis: [David] Lloyd George et le Traité de Rapallo. - In: Rev. Hist. mod. & contemp. 23 (1976), 44-67.

Conte, Gilbert: Die politische Karriere des Jean-Jacques Servan-Schreiber. — In: Internat. Europaforum 4 (1970), H. 3, 166—173.

Converse, P. und G. Dupeux: Eisenhower et de Gaulle. Les généraux devant l'opinion. — In: R. franc. Sci. polit. 12 (1962), 54—92.

Conze, Werner: Adenauers Erinnerungen. — In: Hist. Z. 205 (1967), 628—634.

Conze, Werner: Jakob Kaiser. Politiker zwischen Ost und West. 1945—1949. — Stuttgart: Kohlhammer (1969). 294 S.

Conze, Werner: Papens Memoiren. — In: Hist. Z. 175 (1953), 307—317.

Cooke, Colin: The life of Richard Stafford Cripps. — London: Hodder & Stoughton (1957). 414 S.

Cookridge, E. H.: Gehlen. Spy of the century. — New York: Random House 1972. 402 S.

Cooper, Sir (Alfred) Duff: Old men forget. An autobiography. — London: Rupert Hart-Davies 1953. 400 S.

Cooper, Leroy A.: Hannah Arendt's political philosophy. An interpretation. - In: Rev. Politics 38 (1976), 145-176.

Coote, Colin R. und Patrick Bunyan: Sir Winston Churchill. A self portrait. — London: Eyre & Spottiswoode 1954. 304 S.

Coquart, Armand: Roger Salengro ou l'exercise du pouvoir. — In: Rev. soc. 1956, H. 98, 57—94.

Cordemann, Margarete: Wie es wirklich gewesen ist. Lebenserinnerungen einer Sozialarbeiterin auf d. Hintergrund e. Beschreibung d. dtsch. Gesellschaft in d. Zeit von 1890—1960. — Gladbeck: Schriftenmissions-Verl. (1963). 392 S.

Cornebise, Alfred E.: Gustav Stresemann and the Ruhr occupation. - In: Europ. Stud. Rev. 2 (1972), 43-67.

Cornu, Daniel: Karl Barth et la politique. — Paris: Libr. protestante 1968. 223 S.

Cornwell, E. E., jr.: Coolidge and presidential leadership. — In: Publ. Opin. Quart. 21 (1957), 265—278.

Cortés Cavanillas, Julián: Alfonso XIII. Vida, confesiones y muerte. 2.ed. — Madrid: Prensa Española 1956. XV, 498 S.

Cosgrave, Patrick: Margaret Thatcher. A Tory and her party. - London: Hutchinson 1978. 224 S.

Cottiya, Ashok [Pseud.]: Mao Tsetung. Eine kritische Biographie. [Aus d. MS. übers.] — (München:) Verl. Politisches Archiv (1970). 168 S.

Coudenhove-Kalergi, Richard: Eine Idee erobert Europa. Meine Lebenserinnerungen. — Wien, München, Basel: Desch (1958). 366 S.

Cousté, Pierre Bernard [u. François Visine: [Georges] Pompidou et l'Europe. - Paris: Libr. techniques 1974. VII, 207 S.

Couve de Murville, Maurice: [Lester Bowles] Pearson et la France. – In: Internat. J. 29 (1973/74), 25-32.

Couve de Murville, Maurice: Une politique étrangère, 1958—1969. — Paris: Plon 1971. 500 S.
Dtsch. Ausg. u. d. T.: Außenpolitik 1958-1969. - München: Weltforum-Verl. 1973. 413 S.

Cowles, Virginia: Winston Churchill. The era and the man. — London: Hamilton (1953). 378 S.

Cowles, Virginia: Winston Churchill. Der Mann und seine Zeit (Winston Churchill. The era and the man, [dt.] Übertr. von Stella von Musulin). — Wien, München, Basel: Desch 1954. 430 S.

Cowles, Virginia: Wilhelm, der Kaiser (The Kaiser, dt.) (Aus d. Amerikan. übers. von Klaus Velmeden.) — Frankfurt a. M.: Scheffler (1965). 411 S.

Craig, Gordon A.: Briefe Schleichers an Groener. — In: Welt als Gesch. 11 (1951), 122—133.

Cramer, Dettmar: Egon Bahr. - Bornheim: Zirngibl 1975. 159 S.

Crankshaw, Edward: Der rote Zar (Krushchev, a career, dt.) Nikita Chruschtschow. Aus d. Amerikan. von G[ünther] Danehl. — (Frankfurt a.M.:) S. Fischer (1967). 343 S.

Cranston, Maurice: Herbert Marcuse. — In: Encounter 32 (1969), H. 3, 38—50.

Crassweller, Robert D.: Trujillo. The life and times of a Caribbean dictator. — New York: Macmillan 1966. 468 S.

Crawley, Aidan: De Gaulle. A biography. — London: Collins 1969. 510 S.

Cregier, Don M.: Bounder from Wales. [David] Lloyd George's career before the First World War. - Columbia: University of Missouri Press 1976. VI, 292 S.

Creighton, Sir Kenelm: Convoy commodore. — London: Kimber 1957. 205 S.

Crocker, George N.: Roosevelt's road to Russia. — Chicago: Regnery 1959. XVII, 312 S.

Crocker, Walter: Nehru. A contemporary's estimate. — New York: Oxford University Press 1966. 186 S.

Cronbach, Abraham: Autobiography. — In: Amer. Jew. Archives 11 (1959), H. 1, 3—81.

Cross, Colin: Adolf Hitler. - London: Hodder & Stoughton 1973. 348 S.

Cross, Colin [Ed.]: Life with Lloyd George. The diary of A. J. Sylvester, 1931-45. - New York: Barnes & Noble 1975. 351 S.

Crossman, R. H. S.: The Hiss case. — In: Polit. Quart. 24 (1953), 396—403.

Crowe, Philip K.: Diversions of a diplomat in Ceylon. — London: Macmillan 1957. XII, 318 S.

Crozier, Brian: Franco. A biographical history. — London: Eyre & Spottiswoode 1967. 589 S.
> Dtsch. Ausg. u. d. T.: Franco. Eine Biographie. (Aus d. Engl. von Christian Spiel.) — (München:) Bechtle [1968]. 504 S.

Crozier, Brian: The man who lost China. The first full biography of Chiang Kai-shek [Tschiang Kai-schek]. With the coll. of Eric Chou. - (London:) Angus & Robertson 1977. XV, 430 S.

Csokor, Franz Theodor: Zeuge einer Zeit. Briefe aus dem Exil. 1933—1950. — München, Wien: Langen-Müller (1964). 329 S.
(Langen-Müller Paperbacks.)

Csokor, Franz Theodor: Als Zivilist im Balkankrieg. — Wien: Ullstein (1947). 290 S.

Cube, Walter von: Ich bitte um Widerspruch. Fünf Jahre Zeitgeschehen kommentiert. — Frankfurt a. M.: Verl. d. Frankf. Hefte (1952). 418 S.

Cubinskij, V.: Vil'gel'm Libknecht, soldat revoljucii. — Moskva: Izd. Mysl 1968. 213 S.

Tschubinski, Wadim [**Čubinskij,** Vadim]: Wilhelm Liebknecht (Vil'gel'm Libknecht, soldat revoljucii, dt.) Eine Biographie. Übers. von Bernhard Jahnel.) - Berlin: Dietz 1973. 385 S.

Cublier, Anne: Indira Gandhi. — Paris: Gonthier 1967. 216 S.
(Coll. „Grand format femme".)

Cuevas Cancino, Francisco: Roosevelt y la buena vecindad. — Mexico: Fondo de Cultura Económica 1954. 551 S.

Cuff, Robert D.: Woodrow Wilson and business-government relations during World War I. — In: Rev. Politics 31 (1969), 385—407.

Tschuikow, Wassilij [**Čuikov,** Vasilij Ivanovič]: Das Ende des Dritten Reiches (Konec tret'ego rejcha, dt.) (Aus d. Russ. übertr. u. bearb. von Valerian P. Lebedew [Valerian Petrovič Lebedev].) — München: Goldmann (1966). 240 S.

Cunningham of Hyndhope, Andrew Browne Viscount: A sailor's odyssey. The autobiography of the Admiral of the Fleet. — London: Hutchinson 1951. 715 S.

Current, Richard N.: Secretary Stimson. A study in statecraft. — New Brunswick, N. J.: Rutgers University Press 1954. VIII, 272 S.

Curry, Roy Watson: Woodrow Wilson and Far Eastern policy, 1913—1921. — New York: Bookman Associates; Twayne Publishers 1957. 411 S.

Curtis, Charles P.: The Oppenheimer case. — New York: Simon & Schuster 1955. 261 S.

Czeike, Felix: Karl Seitz (1869—1950). — In: Österr. Gesch. Lit. 6 (1962), 151—166.

Czerniakow, Adam: Warsaw Ghetto diary. 6. 9. 1939—23. 7. 1942. Ed. by Nachman Blumental, Nathan Eck [u. a.] - Jerusalem: Yad Vashem 1968. XXI, 264, 395 S.
(From the Yad Vashem Archives. 7.)

Czichon, Eberhard: Hermann Josef Abs, Bankier und Politiker. — In: Bll. dtsch. internat. Pol. 12 (1967), 687—703 und 908—929.

Czisnik, Ulrich: Gustav Noske. Ein sozialdemokrat. Staatsmann. — Frankfurt a. M.: Musterschmidt (1969). 103 S.
(Persönlichkeit und Geschichte. 53.)

Dahlerus, Birger: Der letzte Versuch (Sista försöket, dt.) London-Berlin, Sommer 1939. Nachw. von Walter Siemers. (Aus d. Schwed. von Hellmuth Dix.) - München: Nymphenburger Verlagshandl. 1973. 211 S.

Dahm, Bernhard: Sukarnos Kampf um Indonesiens Unabhängigkeit. Werdegang u. Ideen e. asiat. Nationalisten. — Frankfurt a. M.: Metzner (1966). XVI, 295 S.
(Schriften des Instituts für Asienkunde in Hamburg. 18.)

Dahm, Paul: Pius XII. Ein Leben für Gerechtigkeit und Frieden. — M. Gladbach: Kühlen 1952. 107 S.

Dahms, Hellmuth Günther: Francisco Franco. Soldat und Staatschef. - Göttingen: Musterschmidt 1972. 94 S.
(Persönlichkeit und Geschichte. 70.)

Gustav **Dahrendorf.** Der Mensch Maß aller Dinge. Reden und Schriften zur deutschen Politik 1945—1954. Hrsg. u. eingel. von Ralf Dahrendorf. — (Hamburg: Verl. Dtsch. Konsumgenossenschaften 1955.) 293 S.

Dayan, Yael [**Dājān,** Jā'ēl]: Mein Kriegstagebuch (A soldier's diary, dt.) Die Tochter Moshe Dayans im Sinaifeldzug 1967. (Aus d. Engl. übers. von Günther Danehl.) — (Frankfurt a. M.:) G. B. Fischer (1967). 165 S.

Daim, Wilfrid: Hitler und der Neutempler. Lanz von Liebenfels als Vorfahre der NS-Rasseideologie. — In: Wort und Wahrheit 13 (1958), 165—173.

Daim, Wilfried: Der Mann, der Hitler die Ideen gab. Von den religiösen Verirrungen eines Sektierers zum Rassenwahn des Diktators. — (München): Isar-Verl. (1958). 286 S.
> Lanz von Liebenfels.

Edouard **Daladier**, Chef du Gouvernement. Avril 1938–septembre 1939. Sous la direction de René Rémond & Janine Bourdin. – (Paris:) Presses de la Fondation nationale des sciences politiques (1977). 319 S.

Dalberg, Thomas: Franz Josef Strauß. Portrait eines Politikers. — (Gütersloh:) Bertelsmann Sachbuchverl. (1968). 255 S.

Dalby, Louise Elliott: Léon Blum. Evolution of a socialist. — New York, London: Yoseloff (1963). 447 S.

Dalton, Hugh: Call back yesterday. Memoirs 1887—1931. — London: Muller (1953). 330 S.

Dalton, Hugh: High tide and after. Memoirs 1945—1960. — London: Muller 1961. 453 S.

Dalton, Hugh: The fateful years 1931—1945. (2nd impr.) — London: Muller (1957). XVI, 493 S.

Dalus, Alexander G.: Rákosi — der industrielle und kollektive Führer. — In: Intern. Jb. Politik 1955, 67—70.

Damus, Renate: Ernst Bloch. Hoffnung als Prinzip, Prinzip ohne Hoffnung. — Meisenheim a. Glan: Hain 1971. 167 S.
(*Monographien zur philosophischen Forschung. 68.*)
Diss., Freie Universität Berlin.

Daniels, Jonathan: The end of innocence. — Philadelphia: Lippincott 1954. 351 S.
Aufzeichnungen über die Zeit der Administration Wilson.

Dansette, Adrien: Leclerc. — Paris: Flammarion 1952. 234 S.

Danzl, Erna: Erinnerungen Hans Schäffers an Ernst Trendelenburg. [Dokumentation.] – In: Vjh. Zeitgesch. 25 (1977), 865–888.

Das, M. N.: The political philosophy of Jawaharlal Nehru. — London: Allen & Unwin 1961. 256 S.

Daumal, Jack [u.] Marie Leroy: Gamal Abd-el-Nasser. — Paris: Seghers 1967. 192 S.
(*Coll. „Destins politiques". 6.*)

Daumiller, Oscar: Geführt im Schatten zweier Kriege. Bayerische Kirchengeschichte selbst erlebt. — München: Evang. Presseverband f. Bayern 1961. 119 S.

[**David**, Eduard:] Die Berichte Eduard Davids als Reichsvertreter in Hessen 1921—1927. Bearb. von Friedrich P. Kahlenberg. Hrsg. vom Institut f. geschichtliche Landeskunde an d. Universität Mainz u. vom Bundesarchiv Koblenz. — Wiesbaden: Steiner 1970. XXVII, 262 S.

(**David**, Eduard:) Das Kriegstagebuch des Reichstagsabgeordneten Eduard David 1914—1918. In Verb. mit Erich Matthias bearb. von Susanne Miller. — Düsseldorf: Droste (1966). XL, 330 S.
(*Quellen z. Geschichte d. Parlamentarismus u. d. Polit. Parteien. 4.*)

Davidovič, D. S.: Ernst Tel'man. [Ernst Thälmann.] Stranicy žizni i bor'by. — Moskva: Izd. Nauka 1968. 304 S.

Davidson, Basil: Black star. A view of the life and times of Kwame Nkrumah. – London: Allen Lane 1973. 225 S.

Davidson, Eugene: The making of Adolf Hitler. – New York: Macmillan 1977. 408 S.

Davidson, Eugene: Albert Speer and the Nazi war plans. — In: Modern Age 10 (1965/66), 383—398.

Davies, S. J.: In spite of dungeons. — London: Hodder & Stoughton 1955. 160 S.

Davis, Angela: Mein Herz wollte Freiheit (An autobiography, dt.) Eine Autobiographie. (Aus dem Amerikan. übers. von Walter Hasenclever.) – München: Hanser 1975. 374 S.

Davis, Harry R. und Robert C. Good [Eds.]: Reinhold Niebuhr on politics. — New York: Scribner 1960. XVIII, 364 S.

Davis, Kenneth S.: The hero. Charles A. Lindbergh and the American dream. — Garden City: Doubleday 1959. 527 S.

Davis, Kenneth S.: A prophet in his own country. The triumphs and defeats of Adlai E. Stevenson. — Garden City: Doubleday 1957. XVI, 510 S.

Dawson, R[obert] MacGregor: William Lyon Mackenzie King. Vol. 1. 1874—1923. A political biography. — [Toronto:] University of Toronto Press (1958). XIII, 521 S.

Day, Donald [Hrsg.]: Franklin D. Roosevelt's own story, told in his own words from his private and public papers. — Boston: Little, Brown 1951. 461 S.

Day, Richard B.: Leon Trotzky and the politics of economic isolation. – New York: Cambridge University Press 1973. 221 S.

Dayan, Moshe: Die Geschichte meines Lebens (Story of my life, dt. Aus d. Engl. übertr. von George T. Czuczka.) – München: Molden (1976). 502 S.

Dayton, Eldorous: Walther Reuther. The autocrat of the bargaining table. — New York: Devin-Adair 1958. VIII, 280 S.

Deakin, F[rederick] W[illiam] u. G. R. Storry: Richard Sorge. Die Geschichte eines großen Doppelspiels (The case of Richard Sorge, dt.) (Aus d. Engl. von Ulrike von Puttkamer.) — München: Piper (1965). 430 S.

Dean, William F.: General Dean's story. As told to William L. Worden. — London: Weidenfeld & Nicolson (1954). XIV, 238 S.

Deane, Herbert A.: The political ideas of Harold J. Laski. — New York: Columbia University Press 1955. XIII, 370 S.

Debré, Jean-Louis: Les idées constitutionelles du Général de Gaulle. – Paris: Pichon & Durand-Auzias 1974. 461 S.
(*Bibliothèque constitutionelle et de science politique. 49.*)

Debré, Michel: Une certaine idée de la France. — Paris: Fayard 1972. 307 S.
(*Coll. „En toute liberté".*)

Debré, Michel: Au service de la nation. Essai d'un programme politique. — Paris: Stock 1963. 279 S.

De Caro, Gaspare: [Gaetano] Salvemini. — Torino: UTET 1970. 461 S.
(La vita sociale della nuova Italia. 16.)

Decoux, [Amiral]: A la barre de l'Indochine. Histoire de mon gouvernement général (1940—1945). — Paris: Plon 1950. III, 507 S.

Decoux, Jean: Adieu marine. — Paris: Plon 1957. 412 S.

Dedijer, Vladimir: Stalins verlorene Schlacht (The battle Stalin lost, dt.) Erinnerungen 1948 bis 1953. (Ins Dtsch. übers. von Edith [u.] Hugo Pepper.) - Frankfurt a. M.: Europa-Verl. (1970). 290 S.

Dedijer, V.: Tito. An authorized biography. — Leiden: Brill (1952). 448 S.

Dedijer, Vladimir: Tito. — New York: Simon & Schuster 1953. 443 S.

Dedijer, Vladimir: Tito. Autorisierte Biographie. (Übers. aus d. Amerik. von Hansi Bochow-Blüthgen.) — Berlin: Ullstein (1953). 439 S.

Dedijer, Vladimir: Tito speaks. Its self portrait and struggle with Stalin. — London: Weidenfeld & Nicolson (1953). 456 S.

De Felice, Renzo: [Benito] Mussolini. - (Torino:) Einaudi.
[1.] Mussolini il rivoluzionario, 1883 –1920. (1965). XXX, 773 S.
[2.] Mussolini il fascista.
  I. La conquista del potere, 1921 –1925. (2 ed. 1966). 806 S.
[3.] Mussolini il fascista.
  II. L'organizzazione dello Stato fascista, 1925–1929 (2. ed. 1968). X, 600 S.
[4.] Mussolini il duce.
  I. Gli anni del consenso, 1929 –1936. (2. ed. 1974). X, 949 S.
(Biblioteca di cultura storica. 83. 92, 1.2. 126.)

De Felice, Renzo: Giovanni Preziosi e le origine del fascismo ⟨1917—1931⟩. — In: Riv. storica del socialismo 5 (1962), H. 17, 493—555.

De Feo, Italo: Tre anni con Togliatti. — Milano: Mursia 1971. 300 S.

De Gasperi, Alcide: Lettere dalla prigione, 1927—1928. — Milano: Mondadori 1965. 182 S.

De Gasperi, Alcide: Il ritorno alla pace. A cura di Enzo Scotto Lavina. Introd. di Francesco Malgeri. - (Roma:) Ed. Cinque Lune (1977). 301 S.
(Orientamenti. 28.)

Degen, Gustave: Malgré nous. De la Wehrmacht à Tambow. — Paris: Alsatia 1952. 200 S.
Erinnerungen eines Elsässers als deutscher Soldat.

Dehio, L[udwig]: Abschied von Friedrich Meinecke. — In: Hist. Z. 177 (1954), 225—226.

Dehio, Ludwig: Friedrich Meinecke, der Historiker in der Krise. Festrede. — Berlin: Colloquium-V. 1953. 15 S.

Dehler, Thomas: Reden und Aufsätze. — Köln: Westdtsch. Verl. 1969. 234 S.
(Schriftenreihe der Friedrich-Naumann-Stiftung zur Politik und Zeitgeschichte. 13.)

Delange, René und Léon Werth: Unser Freund Antoine de Saint-Exupéry (La vie de Saint-Exupéry, dt.) Übersetzt von Johannes Pech. — (Düsseldorf und Bad Salzig:) Rauch (1952). 191 S.

Delbars, Yves: The real Stalin. Translated from the French by Bernard Miall. — Allen & Unwin (1953). 439 S.

Delbo, Charlotte: Auschwitz et après. — Paris: Minuit 1970.
1. Aucun de nous ne reviendra. 184 S.
2. Une connaissance inutile. 190 S.
(Coll. „Documents".)

Delclava, Enrico: D'Annunzio e il fascismo. L'interpretazione di Nino Valeri. — In: Movim. liberaz. Italia 73 (1963), 79—84.

Delf, George: Jomo Kenyatta. Towards truth about „The light of Kenya". — London: Gollancz 1961. 223 S.

Delfgaauw, Bernard: Teilhard de Chardin und das Evolutionsproblem (Teilhard de Chardin, dt.) (Aus d. Holländ. übertr. von Maria Fuhrmann-Plemp van Duiveland.) — München: Beck (1966). 132 S.

Delgado, Humberto: The memoirs of General Delgado. — London: Cassell 1964. 234 S.

Delmer, Sefton: Trail sinister. An autobiography. — London: Secker & Warburg.
1. (1961.) 423 S.
2. Black boomerang. 1962. 320 S.
Dt. Ausg. u. d. T.: Die Deutschen und ich. — (Hamburg:) Nannen (1962). 815 S.

Alfred **Delp** S. J. Kämpfer, Beter, Zeuge. Briefe und Beiträge von Freunden. — Berlin: Morus-V. 1955 118 S.

Delp, Alfred: Im Angesicht des Todes. Geschrieben zwischen Verhaftung und Hinrichtung 1944—1945. — Freiburg i. Br.: Herder 1958. 171 S.

Delp, Alfred: Kämpfer, Beter, Zeuge. Letzte Briefe, Beiträge von Freunden. — (Freiburg, Basel, Wien: Herder 1962.) 126 S.
(Herder-Bücherei. 131.)

Demant, Ebbo: Hans Zehrer als politischer Publizist. Von Schleicher zu Springer. — Mainz: v. Hase & Koehler 1971. 263 S.

Demetz, Peter: Zwischen Klassik und Bolschewismus. Georg Lukács als Theoretiker der Dichtung. — In: Merkur 12 (1958), 501—518.

Dennler, Wilhelm: Die böhmische Passion. Prager Tagebuch 1939—1947. — Freiburg i. Br., Frankfurt a. M.: Dikreiter 1953. 262 S.

Depreux, Edouard: Souvenirs d'un militant. Cinquante ans de lutte. De la social-démocratie au socialisme. (1918—1968.) — Paris: Fayard 1972. 608 S.
(Les grandes études contemporaines.)

Derfler, Leslie: Alexandre Millerand. The socialist years. - The Hague: Mouton (1977). X, 326 S.
(Issues in Contemporary Politics. 4.)

De Santis, Vincent P.: Eisenhower revisionism. - In: Rev. Politics 38 (1976), 190–207.

Deschner, Günther: Reinhard Heydrich. Statthalter der totalen Macht. Biographie. - (Esslingen a. Neckar:) Bechtle (1977). 376 S.

Desroches, Alain: Le problème ukrainien et Simon Petlura. (Le feu et la cendre.) — Paris: Nouvelles Ed. Latines (1962). 220 S.

Dessauer, Max: Aus unbeschwerter Zeit. Geschichten um die Juden in meinem Dorf. (Unter Mitarb. von Gerhard Schult.) — (Frankfurt a. M.:) Verl. Frankfurter Bücher (1962). 183 S.

Destler, Chester McArthur: Benedetto Croce and Italian fascism. A note on historical reliability. — In: J. mod. Hist. 24 (1952), 382—390.

Deuerlein, Ernst: Adenauer blickt zum zweiten Mal zurück. Anmerkungen eines Historikers zu Erinnerungen eines Politikers ⟨II⟩. — In: Frankf. H. 22 (1967), 95—104.

Deuerlein, Ernst: Hitlers Eintritt in die Politik und die Reichswehr. — In: Vjh. Zeitgesch. 7 (1959), 177—227.

Deuerlein, Ernst: Zur Friedensaktion Papst Benedikts XV. (1917). — In: Stimmen d. Zeit 155 (1954/55), 241—256.

Deuerlein, Ernst: Hitler. Eine politische Biographie. — München: List (1969). 87 S.
(List-Taschenbücher. 349.)

Deuerlein, Ernst: Marginalien eines Historikers zu Memoiren eines Politikers. Über den historischen Wert der Erinnerungen Adenauers. — In: Frankf. H. 21 (1966), 390—402.

Deuerlein, Ernst: Ludwig Windthorst. — In: Stimmen d. Zeit 169 (1961/62), 277—297.

Deutsch, Julius: Ein weiter Weg. Lebenserinnerungen. — Zürich, Leipzig, Wien: Amalthea-Verl. (1960). 415 S.

Deutscher, Isaac: The Beria affair. — In: Intern. J. [Toronto] 8 (1952/53), 227—239.

Deutscher, I[saac]: The prophet armed. Trotzky: 1879—1921. — London, New York, Toronto: Oxford University Press 1954. VIII, 540 S.

Deutscher, Isaac: The prophet unarmed. Trotsky 1921—1929. — London: Oxford University Press 1959. 506 S.

Deutscher, Isaac: Stalin. Die Geschichte des modernen Rußland. (Stalin. A political biography [dt.]) (Aus dem Englischen übersetzt von Artur W. Just und Gustav Strohm.) — Stuttgart: Kohlhammer 1951. 606 S.

Deutscher, Isaac: Stalin. (Stalin. A political biography, dt.) Eine politische Biographie. (Durchges. u. überarb. von Anneliese Heiss.) (2. Aufl.) — Stuttgart: Kohlhammer 1962. 648 S.

Deutscher, Isaac: Trotzki. (Aus d. Engl. übers. von Harry Maòr.) — Stuttgart: Kohlhammer
1. Der bewaffnete Prophet. 1879—1921 (The Prophet armed, Trotsky 1879—1921, dt.) 1962. 554 S.
2. Der unbewaffnete Prophet. 1921—1929 (The Prophet unarmed, Trotsky 1921—1929, dt.) 1962. 501 S.
3. Der verstoßene Prophet. 1929—1940 (The Prophet outcast, Trotsky 1929—1940, dt.) 1963. 543 S.

Deutscher, Isaac: Trotsky pendant la révolution d'octobre. — In: Temps mod. 13 (1957), H. 137/138, 174—206; H. 139, 478—499; H. 140, 699—728.

Deutschkron, Inge: Ich trug den gelben Stern. - (Köln:) Verl. Wissenschaft u. Politik (1978). 214 S.

Deutz, Josef: Adam Stegerwald. Gewerkschafter — Politiker — Minister, 1874—1945. Ein Beitrag zur Geschichte der christlichen Gewerkschaften in Deutschland. — Köln: Bund-V. 1952. 172 S.

De Vigili, D.: L'ideologia nel pensiero de Karl Mannheim. — In: Politico 34 (1969), H. 1, 71—79.

Devlin, Patrick: Too proud to fight. Woodrow Wilson's neutrality. - London: Oxford University Press 1975. XVIII, 744 S.

Colonel Passy [d. i. André **Dewavrin**]: Missions secrètes en France. Nov. 1942 à Juin 1943. Souvenirs du B. C. R. A. — Paris: Plon 1951. VI, 439 S.

Dewhurst, Claude H.: In nächster Berührung mit der Sowjet-Besatzungstruppe (Close contact, dt.). Beobachtungen des Chefs der Britischen Militärmission hinter dem Eisernen Vorhang (1951—1953). — Lippoldsberg: Klosterhaus-V. (1955). 271 S.

Diakow, Jaromir: Generaloberst Alexander Löhr. Ein Lebensbild. — (Freiburg:) Herder (1964). 185 S.

The unpublished **diary** of Pierre Laval. — London: Falcon Press (1948). 220 S.

Díaz, Doin, Guillermo: Negrin y la politica de resistencia. — In: Cuad. Americ. [Mexico] 17 (1958), H. 1, 56—63.

Otto **Dibelius,** Leben und Wirken. Mit Grußworten zum 80. Geburtstag von Theodor Heuss [u. a.], hrsg. von Gerhard Jacobi. — Berlin-Friedenau: Wichern-Verl. (1960). 127 S.

Dibelius, Otto: Ein Christ ist immer im Dienst. Erlebnisse und Erfahrungen in einer Zeitwende. — Stuttgart: Kreuz-Verl. (1961). 332 S.

Dibelius, Otto: Vom Erbe der Väter. [Betrachtungen und Selbstzeugnisse.] 4. Aufl. — Berlin: Heimatdienst-V. [1953]. 168 S.

Dibelius, Otto: Reden, Briefe. 1933—1967. Vorw. von Peter Dürrenmatt. Hrsg. von Jürgen Wilhelm Winterhager. — Erlenbach-Zürich: Rentsch (1970). 200 S.

Dibold, Hans: Arzt in Stalingrad. Passion einer Gefangenschaft. 2. Aufl. — Salzburg: O. Müller (1954). 228 S.

Dickie, John: The uncommon commoner. A study of Sir Alec Douglas-Home. — London: Pall Mall Press 1964. XV, 224 S.

Dickinson, John K.: German and jew. The life and death of Sigmund Stein. — Chicago: Quadrangle Books 1967. XII, 339 S.

Hans Heinrich **Dieckhoff.** — In: Gegenwart 7 (1952), 203—204.

Dieckmann, Hildemarie: Johannes Popitz. Entwicklung und Wirksamkeit in der Zeit der Weimarer Republik. — Berlin-Dahlem: Colloquium-Verl. (1960). 157 S.
(Studien zur europäischen Geschichte aus dem Friedrich-Meinecke-Institut der Freien Universität Berlin. 4.)

Dieckmann, Johannes: Wohin der Weg führt. Reden u. Aufsätze. (Hrsg.: Zentralvorstand d. Liberal-Demokratischen Partei Deutschlands. Zsgest. von Theo Hanemann.) — Berlin: Buchverl. Der Morgen 1963. 370 S.

Diels, Rudolf: Der Fall Otto John. Hintergründe und Lehren. (2. Aufl.) — (Göttingen:) Göttinger Verl. Anst. (1954). 57 S.

Diem, Hermann: Ja oder nein. 50 Jahre Theologe in Kirche und Staat. – Stuttgart: Kreuz-Verl. (1974). 296 S.

Ein treuer **Diener** von Partei und Volk. [Moscha Pijade.] — In: Internat. Politik [Beograd] 8 (1957), H. 167, 1—3.

General (Eduard) **Dietl.** Hrsg. von Gerda-Luise Dietl und Kurt Herrmann. — München: Münchner Buchverlag (1951). 276 S.

Dietrich, Otto: 12 Jahre mit Hitler. — München, Isar-V. 1955. 285 S.

Dietrich, Valeska: Alfred Hugenberg. Ein Manager in der Publizistik. — Berlin 1960. 124 S.
Berlin, Freie Univ., phil. Diss., 13. Juli 1959.

Dietrich, Valeska: Alfred Hugenberg. Das Leben eines Managers. — In: Polit. Studien 12 (1961), 236—242 und 295—301.

Dietze, Constantin von: Gedanken und Bekenntnisse eines Agrarpolitikers. Gesammelte Aufsätze. [Festgabe für Constantin von Dietze zu seinem 70. Geburtstag.] — Göttingen: Vandenhoeck & Ruprecht (1962). 381 S.

Diggins, John P.. Mussolini and fascism. The view from America. — Princeton, N. J.. Princeton University Press 1972. XX, 524 S.

Djilas, Milovan: Anatomie einer Moral. Eine Analyse in Streitschriften. (Hrsg. von Abraham Rothberg. Mit e. Vorw. von Paul Willen. Aus d. Amerikan. unter Benutzung d. serbokroat. Originals übertr. von Reinhard Federmann.) — (Frankfurt a. M.:) Fischer Bücherei (1963). 153 S.

Djilas, Milovan: Conversations with Stalin. Transl. by Michael B. Petrovich. — London: Rupert Hart-Davis 1962. 192 S.

Djilas, Milovan: Gespräche mit Stalin (Susreti sa Staljinom, dt.) (Übers. nach d. vom Verf. autor. amerikan. Ausg. von Hermann Junius.) — (Frankfurt a. M.:) S. Fischer (1962). 270 S.

Djilas, Milovan: Der Krieg der Partisanen (Wartime, dt.) Memoiren 1941-1945. – München: Molden (1978). 591 S.

Djilas, Milovan: Der junge Revolutionär [Memoirs of a revolutionary, dt.] Memoiren 1929-1941. (Bearb. der dtsch. Übers.: Branko Pejaković.) – München: Molden 1976. 583 S.

Dilks, David [Ed.]: The diaries of Sir Alexander Cadogan, O. M. 1938—1945. — London: Cassell 1971. 881 S.

Dillon, Viscount Michael Eric: Memoires of three wars. — London: Wingate (1953). 143 S.

[Georgi **Dimitrov**:] Georgi Dimitroff (Georgi Dimitrov, dt.) Biographischer Abriß. (Verf.: Wesselin [Veselin] Hadshinikolow [Chadzinikolov] [u. a.] Red.: David Elazar [u. a.]) (Aus d. Bulgar.) – Berlin: Dietz 1972. 373 S.

Dimitrov, Georgi: Oeuvres choisies (1910—1949). — Sofia: Ed. en Langues Etrangères 1960. VII, 461 S.

Dimitroff, Georgi: Ausgewählte Schriften 1933-1945, [dt.] – (Köln:) Verl. Rote Fahne (1976). 558 S.

Dimitrov, Georgi[j]: Selected speeches and articles. With an introduction by Harry Pollitt. — London: Lawrence & Wishart 1951. 275 S.

Dimock, M. E.: Woodrow Wilson as legislative leader. — In: J. Politics 19 (1957), 3—19.

Di Murzio, Luigi Carlo: I giorni della verità. La vicenda di Edith Stein. – Milano: Ed. La Sorgente 1974. 473 S.

Dioudonnat, Pierre-Marie: Je suis partout, 1930-1944. Les Maurrassiens devant la tentation fasciste. – Paris: Ed. de la Table ronde (1973). 471 S.
(Coll. „Mouvements d'idées".)

Diplich, Hans: Fritz Valjavec †. — In: Südostdeutsche Vjbll. 9 (1960), 57—60.

Diplomat in Berlin 1933—1939. Papers and memoirs of József Lipski, ambassador of Poland. Ed.: Wacław Jedrzejewicz. — London: Columbia University Press 1968. 679 S.

Diplomaticus: Marschall Pétain. — In: Schweiz. Monatsh. 31 (1951/52), 391—398.

Dirksen, Herbert von: Moscow—Tokyo—London (Moskau—Tokio—London, dt.) — London: Hutchinson 1951. 339 S.
Amerik. Ausg. u. d. T.: Moscow—Tokyo—London. — Norman: University of Oklahoma Press 1952. 276 S.

Dirschauer, Wilfried: Klaus Mann und das Exil. Hrsg. von Georg Heintz. – (Worms:) [Selbstverl. d. Hrsg.] (1973). X, 151 S.
(Deutsches Exil 1933-1945. 2.)
[Maschinenschr. hektogr.]

Discorsi pronunciati da Vittorio Emanuele Orlando nel senato della repubblica. — Roma: Bardi 1954. 340 S.

Dixon, Piers: Double diploma. The life of Sir Pierson Dixon. Don and diplomat. — London: Hutchinson 1968. 321 S.

Dobrin, Arnold: A life for Israel. The story of Golda Meir. – New York: Dial Press 1974. 97 S.

Dodd, William E[dward]: Diplomat auf heißem Boden (Ambassador Dodds diary 1933—1938, dt.) (Autoris. Bearb. u. Übers. aus d. Amerikan. von G. F. Alexan.) Hrsg. von William E[dward] Dodd u. Martha Dodd. Mit e. Einf. von Charles A. Beard. (Vorw.: Martha Dodd-Stern. Nachw.: D. N. Pritt.) — (Berlin:) Verl. der Nation (1967). 545 S.

Dönhoff, Marion Gräfin: Namen, die keiner mehr nennt. Menschen u. Geschichte. — (Düsseldorf, Köln:) Diederichs (1962). 196 S.

Dönitz, Karl: Zehn Jahre und zwanzig Tage. — Bonn: Athenäum-V. 1958. 512 S.

Dönitz, Karl: Mein wechselvolles Leben. — Göttingen: Musterschmidt (1968). 227 S.

Doerries, Reinhard: Die Mission Sir Roger Casements im Deutschen Reich 1914-1916. - In: Hist. Z. 1976, Bd 222, 578-625.

Doerries, Reinhard R.: Washington – Berlin 1908/1917. Die Tätigkeit des Botschafters Johann Heinrich Graf von B e r n s t o r f f in Washington vor dem Eintritt der Vereinigten Staaten von Amerika in den Ersten Weltkrieg. – Düsseldorf: Schwann (1975). 299 S.
(Geschichte und Gesellschaft. Bochumer Historische Studien.)

Dognin, P.-D.: Initiation à Karl M a r x. — Paris: Ed. du Cerf 1970. 420 S.
(Coll. „Initiations".)

Dokumente. Lenin über S t a l i n. — In: Ost-Probleme 8 (1956), 963—971.

Dokumente zur Bonhoeffer-Forschung. 1928—1945. Hrsg. von Jørgen Glenthøj. — München: Kaiser (1969). 367 S.
(Die mündige Welt. 5.)

Dolanský, Julius: Masaryk a rusko předre voluční. — Praha: NČSAV 1959. 322 S.

Dollmann, Eugen: Dolmetscher der Diktatoren. — (Bayreuth:) Hestia-Verl. 1963. 253 S.

Dollot, René: Deux grands lorrains. Jules Ferry et Raymond P o i n c a r é. ‹Esquisse d'une psychologie lorraine.› — In: Rev. Hist. diplom. 62 (1948), 172—214.

Domarus, Max: Hitler. Reden und Proklamationen. 1932—1945. Kommentiert von einem deutschen Zeitgenossen. — (Neustadt a. d. Aisch: Schmidt.)
   1. Triumph (1932—1938). 1962. VIII, 987 S.

Domarus, Max: Hitler. Reden und Proklamationen 1932—1945. Kommentiert von e. dtsch. Zeitgenossen. — München: Süddtsch. Verl.
   1. Triumph. Halbbd. 1. 2.
     1. 1932—1934. VIII, 464 S.
     2. 1935—1938. VIII S., S. 465—1000.
   2. Untergang. Halbbd. 1. 2.
     1. 1939—1940. VIII S., S. 1001—1642.
     2. 1941—1945. VIII S., S. 1643—2323.

Domarus, Max: [Benito] M u s s o l i n i und Hitler. Zwei Wege, gleiches Ende. – Würzburg: [Selbstverl. d. Verf.] (1977). 512 S.

Dombrowski, Roman: M u s s o l i n i. Twilight and fall. Transl. and preface by H. C. Stevens. — London: Heinemann 1956. XI, 248 S.

Domínguez, Francisco: El apóstol de la mentira. Juan P e r ó n. Las palabras y los hechos de una tiranía. — Buenos Aires: Ed. La Reja 1956. 222 S.

Donald, William: Stand by for action. A sailor's story. — London: Kimber 1956. 200 S.

Donat, Alexander: The holocaust kingdom. — London: Secker & Warburg (1965). 361 S.
[Erinnerungen an Konzentrationslager.]

Donat, Karl: Karl C a r s t e n s. – Bornheim: Zirngibl 1976. 95 S.

Donoughue, Bernard [u.] G. W. Jones: Herbert M o r r i s o n. Portrait of a politician. – London: Weidenfeld & Nicolson 1973. XVI, 696 S.

Donovan, James B[ritt]: Der Fall Oberst Abel (Strangers on a bridge, dt.) (Ins Dtsch. übertr. von Eva Bornemann u. Michael Molitor). — Frankfurt a. M.: Scheffler (1965). 402 S.

Donovan, Robert J.: Eisenhower. The inside story. — London: Hamilton 1956. XVIII, 423 S.

Dor, Milo: Tote auf Urlaub. — Stuttgart: Dtsch. Verl.-Anst. (1952). 482 S.
Schicksale eines serbischen Intellektuellen 1941—45.

Dorn, Wolfram und Wolfgang Wiedner: Der Freiheit gehört die Zukunft: Wolfgang D ö r i n g. Eine politische Biographie. - (Bonn: Liberal-Verl. 1974). 265 S.

Dornberg, Erhard J.: A. J. P. T a y l o r und die moderne deutsche Geschichte. — In: Dtsch. Rdsch. 86 (1960), 133—141.

Dornberg, John: Breschnew [Leonid Il'ič B r e ž n e v] (Brezhnev, dt.) Profil des Herrschers im Kreml. (Aus d. Amerikan. von Rolf Linnenkamp). - München: Praeger 1973. 336 S.

Dornemann, Luise: Clara Zetkin. Ein Lebensbild. — Berlin: Dietz 1957. 439 S.

Dornemann, Luise: Clara Z e t k i n. Leben und Wirken. 5. völlig neu erarb. u. erg. Aufl. - Berlin: Dietz 1973. 562 S.

Dorpalen, Andreas: Hindenburg in der Geschichte der Weimarer Republik (Hindenburg and the Weimar Republic, dt.) (Ins Dtsch. übertr. von Charlotte Dixon u. Margarete von Eynern.) — (Berlin:) Leber (1966). 496 S.

Dorpalen, Andreas: Hindenburg and the Weimar republic. — Princeton: Princeton University Press 1964. XIII, 506 S.

Dorpalen, Andreas: Heinrich von Treitschke. — New Haven: Yale University Press; London: Oxford University Press 1957. IX, 345 S.

Dorso, Guido: Mussolini alla conquista del potere. Prefaz. di Guido Muscetta. — Milano: Mondadori 1961. 361 S.

Doskocil, Walter [Hrsg.]: Johannes Nepomuk Remiger. Der letzte deutsche Weihbischof in Prag. — München: (Pressverein Volksbote) 1964. 163 S.
(Schriftenreihe der Ackermann-Gemeinde. 18.)

Doß, Kurt: Reichsminister Adolf Köster, 1883–1930. Ein Leben für die Weimarer Republik. – Düsseldorf: Droste (1978). 169 S.

Dotti, Roberto: Amedeo Ugolino, letterato e antifascista. — In: Movim. Liberaz. Italia, H. 30 (Mai 1954), 35—45.

Douglas, L. Hewlett: Hitler et les femmes. Le journal intime d'Eva B r a u n. — Paris: Cheval ailé 1948. 273 S.

Douglas-Hamilton, James: Geheimflug nach England (Motive for a mission, dt.) Der Friedensbote Rudolf H e s s und seine Hintermänner. Mit e. Vorw. von Alan Bullock u. e. Nachw. für d. dtsch. Ausg. von Hans-Adolf Jacobsen.) (Aus d. Engl. übers. von Dieter Flamm.) – Düsseldorf: Droste 1973. 222 S.

Douglas-Hamilton, James: Motive for a mission. The story behind Hess's flight to Britain. With a forew. by Allan Bullock. — London: Macmillan 1971. 290 S.

Douglas-Home, Charles: [Erwin] Rommel [dt.] (Übers. aus d. Engl. von Hermann Graml.) – München: List (1974). 176 S.

Dränger, Jakob: Dr. Nahum Goldmann. Ein Leben für Israel. Bd. 1. 2. — Frankfurt a. M.: Europ. Verl.-Anst. 1958.

Drage, Charles: The amiable Prussian [Walther Stennes]. — (London): Blond (1958). 196 S.

Dragoun, Théodore: Le dossier du cardinal Stepinac. — Paris: Nouvelles Editions Latines 1958. 286 S.

Draskovich, Slobodan M.: Tito, Moscow's Trojan horse. — Chicago: Regnery 1957. XIV, 357 S.

Drawbell, James Wedgwood: The long year. — London: Allen & Wingate 1958. 242 S.
Über das Jahr 1939.

Drees, W[illem]: Een jaar Buchenwald. — Amsterdam: De Arbeiderspers 1961. 195 S.

Drees, W.: Van Mei tot Mei. Persoonlijke herinneringen aan bezetting en verzet. 2. dr. — Assen: Van Gorcum 1959. 237 S.

Dreher, Klaus: Rainer Barzel, zur Opposition verdammt. - München: List 1972. 228 S.

Dreher, Klaus: Der Weg zum Kanzler. Adenauers Griff nach der Macht. — Düsseldorf: Econ-Verl. 1972. 364 S.

Dreifort, John E.: Yvon Delbos at the Quai d'Orsay. French foreign policy during the popular front, 1936–1938. - Lawrence: University Press of Kansas 1973. XI, 273 S.

Dresler, Jaroslav: Masaryk und die Kommunisten. — In: Osteuropa 10 (1960), 663—668.

Drexel, Joseph E[duard]: Der Fall Niekisch. Eine Dokumentation. — Köln: Kiepenheuer & Witsch (1964). 208 S.
(Information. 11.)

Drexel, Josef: Wiedergutmachungsfall Niekisch. — In: Frankf. H. 15 (1960), 601—602.

Driberg, Tom: Beaverbrook. A study in power and frustration. — London: Weidenfeld & Nicolson 1956. VIII, 323 S.

Driberg, Tom: Guy Burgess. A portrait with background. — London: Weidenfeld & Nicolson 1956. 123 S.

Driesch, Hans: Lebenserinnerungen. Aufzeichnungen eines Forschers und Denkers in entscheidender Zeit. — München, Basel: Reinhardt (1951). 311 S.

Drieu la Rochelle, Pierre: Verteidigungsrede eines Kollaborateurs. — In: Merkur 21 (1967), 332—338.

Drobisch, Klaus: Wider den Krieg. Dokumentarbericht über Leben und Sterben des katholischen Geistlichen Dr. Max Josef Metzger. — Berlin: Union-Verl. (1970). 209 S.

Drohojowski, Jan: Wspomnienia dyplomatyczne. — Warszawa: PIW 1959. 416 S.

Droit, Michel: De Lattre, Maréchal de France. — Paris: Horay 1952. 156 S.

Drożdżyński, A. und J. Zaborowski: Oberlaender. — Poznań, Warszawa: Wydawnictwo Zachodnie 1960. 289 S.

Druks, Herbert: Harry S. Truman and the Russians 1945—1953. — New York: Speller 1967. 291 S.

Drummond, Roscoe und Gaston Coblentz: Duell am Abgrund (Duel at the brink, dt.) John Foster Dulles und die amerikanische Außenpolitik 1953—1959. (Aus d. Amerikan. von Emil Weiskopf.) — Köln, Berlin: Kiepenheuer & Witsch (1961). 270 S.

Dubois, Jules: Fidel Castro. Rebel, liberator or dictator? — Indianapolis: Bobbs-Merrill 1959. 391 S.

Duclos, Jacques: Memoiren (Memoires, dt.) Bd 1. 2. - Berlin: Dietz 1973.
1. 1896–1939. (Aus d. Französ. von Otto Distler. 2. Aufl.) 758 S.
2. 1940–1945. (Aus d. Französ. von Hans Wetzler.) 484 S.

Duclos, Jacques: Memoiren (Mémoires, dt.) - Berlin: Dietz.
3. 1945–1969. (Aus dem Franz. übers. von Hans Wetzler.) 1975. IV, 684 S.

Düwell, Kurt: Staat und Wissenschaft in der Weimarer Epoche. Zur Kulturpolitik des Ministers C[arl] H[einrich] Becker. - In: Beiträge zur Geschichte der Weimarer Republik, München: Oldenbourg 1971, 31–74.

Dulles, Allen: Im Geheimdienst (The craft of intelligence, dt.) (Ins Dtsch. übertr. von Margarete u. Theodor v. Knoop.) — Düsseldorf, Wien: Econ Verl. (1963). 357 S.

Dulles, Eleanor Lansing: John Foster Dulles. The last year. — New York: Harcourt, Brace & World 1963. 244 S.

Dulles, Foster Rhea und Gerald E. Ridinger: The anti-colonial policies of Franklin D. Roosevelt. — In: Polit. Science Quart. 70 (1955), 1—18.

Duncanson, Dennis J.: Ho-chi-Minh [Hô-chí-Minh] in Hong-Kong, 1931–1932. - In: China Quart. 1974. H. 57, 84–100.

Dunchi, Nardo: Memorie partigiane. — Firenze: La Nuova Italia 1957. VIII, 334 S.

Dungern, Otto Frhr. von: Unter Kaiser und Kanzlern. Erinnerungen. — Coburg: Veste V. 1953. 121 S.

Dunin-Wąsowicz, Krysztof: Stutthof. Ze wspomnień więźnia obozu koncentracyjnego. — Warszawa 1946: Panstwowy Inst. Wydawniczy. V, 103 S.

Dunner, Joseph: Zu Protokoll gegeben. Mein Leben als Deutscher und Jude. — (München:) Desch (1971). 255 S.

Dunphy, Jocelyn: Paul Tillich et le symbole religieux. Préf. de Paul Ricoeur. - Paris: J. P. Delarge, Ed. universitaire 1977. 271 S.
(Encyclopédie universitaire.)

Dupaquier, Robert: Charles de Gaulle. Reinkarnation der Jungfrau und des Tigers von Frankreich. — In: Weg 9 (1955), 257—260.

Dupeux, Georges: L'echo du premier gouvernment de Léon Blum. — In: Rev. Hist. mod. contemp. 10 (1963), 35—44.

Duroselle, Jean-Baptiste: Pierre Renouvin ⟨1893–1974⟩. - In: Rev. Hist. mod. & contemp. 22 (1975), 497–507.

Durosoy, Maurice: Lyautey „mon général". Préface du Maréchal Juin. — Paris: Julliard 1956. 238 S.

Dusen, Henry P. van: Dag Hammarskjöld. A biographical interpretation of markings. The statesman and his faith. — New York: Harper & Row 1967. XV, 240 S.

Dusen, Henry P. van [Ed.]: The spiritual legacy of John Foster Dulles. — Philadelphia: Westminster Press 1960. 232 S.
Reden.

Le Général Raymond **Duval.** Par un témoin de sa vie. — Paris: Berger-Levrault 1958. 116 S.

Dvorjetski, M.: Anton Schmidt — anti-Nazi sergeant in the Vilna Ghetto. — In: Yad Washem Bull. 1958, H. 3, 18—19.

Dwinger, Edwin Erich: General Wlassow. Eine Tragödie unserer Zeit. — Frankfurt a. M. und Überlingen: Dikreiter (1951). 416 S.

Dzelepy, E. N.: Le mythe Adenauer. — Bruxelles: Les Edit. Politiques (1959). 194 S.

Dzeržinskij, F. E.: [Teils.] Izbrannye proizvedenija. Tom. 1. 2. — Moskva: Gospolitizdat 1957.

Dziewanowski, M[arian] K[amil]: Joseph Piłsudski. An European federalist, 1918—1922. — Stanford, Calif.: Hoover Inst. Press (1969). XVI, 379 S.
(Hoover Institution Publications. 79.)

Eban, Abba: Mein Land (My country, dt.) Das moderne Israel. (Ins Dtsch. übertr. von Karl Otto von Czernicki.) - Zürich: Droemer/Knaur 1973. 303 S.

Eban, Abba Solomon: Voice of Israel. — New York: Horizon Press 1957. 304 S.
Reden.

Ebermayer, Erich: Denn heute gehört uns Deutschland ... Persönliches und politisches Tagebuch von der Machtergreifung bis zum 31. Dezember 1935. — Hamburg, Wien: Zsolnay 1959. 655 S.

Ebermeyer, Erich und Hans Roos: Gefährtin des Teufels. Leben und Tod der Magda Goebbels. — (Hamburg:) Hoffmann & Campe (1952). 360 S.

Ebersbach, Volker: Heinrich Mann. Leben, Werk, Wirken. - Frankfurt a. M.: Röderberg 1978. 391 S.
(Röderberg-Taschenbuch. 71.)

Friedrich **Ebert** 1871—1925. Mit e. Geleitw. von Gustav Heinemann. (Hrsg. von d. Friedrich-Ebert-Stiftung.) — (Bonn-Bad Godesberg:) Verl. Neue Gesellsch. (1971). 214 S.

Ebon, Martin: Malenkov. Stalin's successor. — New York: McGraw-Hill [1953]. 284 S.

Eccard, Frédéric: Mes carnets 1939—40. Avec les Alsaciens évacués en Périgord. — Strasbourg: Ed. des Dernières Nouvelles 1952. 48 S.

Eckart, Felix von: Ein unordentliches Leben. Lebenserinnerungen. — Düsseldorf: Econ-Verl. (1967). 637 S.

Eckert, Willehad: Edith Stein. Der Opfergang einer großen Jüdin und Deutschen. — Köln 1959: Kölner Gesellschaft für christlich-jüdische Zusammenarbeit. 29 S.
(Schriftenreihe der Kölner Gesellschaft für christlich-jüdische Zusammenarbeit. 3.)

Edelman, Maurice: Ben Gurion. A political biography. — (London:) Hodder & Stoughton (1964). 214 S.

Eden, Anthony: Angesichts der Diktatoren (The Eden memoirs. Facing the dictators, dt.) Memoiren 1923—1938. (Aus d. Engl. von Wilhelm u. Modeste Pferdekamp.) — Köln: Kiepenheuer & Witsch (1964). 738 S.

Eden, Sir Anthony: The memoirs. Full circle. — London: Cassell (1960). 619 S.

[**Eden,** Sir Anthony] Earl of Avon: The Eden memoirs. Facing the dictators. — London: Cassell (1962). 659 S.

Eden, Guy: Portrait of Churchill. With an introduction by Antony Eden. Rev. ed. — London: Hutchinson 1950. 199 S.

Edinger, Lewis J[oachim]: Kurt Schumachers politische Perspektive. Ein Beitrag zur Deutung seines Handelns. — In: Polit. Vjschr. 3 (1962), 331—361.

Edinger, Lewis J[oachim]: Kurt Schumacher. A study in personality and political behavior. — Stanford, Calif.: Stanford University Press; London: Oxford University Press 1965. VIII, 390 S.

The political **education** of Arnold Brecht. An autobiography. — Princeton, N. J.: Princeton University Press 1970. XVII, 544 S.

Edwardes, Michael: Nehru. A political biography. — London: Allen Lane 1971. 351 S.

Edwards, Marvin L.: Stresemann and the greater Germany, 1914—1918. — New York: Bookman Associates 1963. 245 S.

Eggebrecht, Axel: Der halbe Weg. Zwischenbilanz einer Epoche. - (Reinbek b. Hamburg:) Rowohlt (1975). 325 S.

Eggleston, F. W.: Reflections of an Australian liberal. — Melbourne: Cheshire; London: Angus & Robertson 1953. 301 S.

Ehard, Hans: Bayerische Politik. Ansprachen und Reden des bayerischen Ministerpräsidenten. Ausgew. u. eingel. von Karl Schwend. — München: Pflaum 1952. 208 S.

Bauer, Hans E. [d. i. Hans **Ehbauer**]: Verkaufte Jahre. Ein deutscher Fremdenlegionär berichtet seine Erlebnisse in Indochina und Nordafrika. — Gütersloh: Bertelsmann 1957. 292 S.

Hermann **Ehlers.** Hrsg. von Friedrich Schramm [u. a.] Vorw.: Jutta Ehlers. — Wuppertal-Barmen: Jugenddienst-V. 1954. 144 S.

Ehlers, Hermann: Um dem Vaterland zu dienen. Reden u. Aufsätze. Hrsg. von Friedrich Schramm unter Mitarb. von ... — Köln: O. Schmidt (1955). 165 S.

Ehmke, Horst: Politik als Herausforderung. Reden, Vorträge, Aufsätze, 1968–1974. Mit einem Nachw. von Eduard Neumaier. - Karlsruhe: Müller 1974. VI, 229 S.

Ehmke, Horst: Politik der praktischen Vernunft. Aufsätze und Referate. — (Frankfurt a. M.:) S. Fischer (1969). 227 S.

Ehrenburg, Ilja: Menschen, Jahre, Leben (Ljudi, gody, žizń, dt.) Autobiographie. (Aus d. Russ. übertr. von Alexander Kaempfe.) — (München:) Kindler (1962). 822 S.

Ehrenburg, Ilya: Post-war years. 1945—1954. — Cleveland, Ohio: World Publishing 1967. 349 S.

Ehrentreich, Alfred: Zur Geschichte der Schulgemeinde. Zum 85. Geburtstag von Dr. Gustav Wyneken in Göttingen am 19. März 1960. — In: Gesellschaft, Staat, Erziehung 6 (1960), 255—258.

Ehrentreich, Alfred: Das Lebenswerk Gustav Wynekens. — In: Neue Sammlung 1 (1961), 535—537.

Eiche, Hans: Heinrich Lübke. Der zweite Präsident der Bundesrepublik Deutschland. — Bonn: Beinhauer [1959]. 31 S.

Eichler, Willi: Weltanschauung und Politik. Reden und Aufsätze. Hrsg. u. eingel. von Gerhard Weisser, unter Mitw. von Susanne Miller [u.a.] — (Frankfurt a.M.:) Europ. Verl. Anst. (1967). 442 S.
(Sammlung „res novae". 55.)

Eidelberg, Paul: The temptation of Herbert M a r c u s e. — In: Rev. Politics 31 (1969), 442—458.

Einaudi, Luigi: Opera. — Torino: Einaudi.
2. Serie.
1. Lo scrittoio del presidente 1948 —1955. 1956. XVI, 677 S.

Einaudi, Mario: Roosevelt et la révolution du New Deal. — Paris: Colin 1961. 311 S.

Einsiedel, Heinrich Graf von: Journal d'une tentation (Tagebuch der Versuchung, frz.) — Paris: Julliard 1952. 328 S.

Einsiedel, Heinrich von: The shadow of Stalingrad. Translated by Tania Alexander. — London: Allan & Wingate 1953. 254 S.

Einstein, Albert: Aus meinen späten Jahren. [Teils., dt.] [Essays.] Übers.: Hildegard Blomeyer. — Stuttgart: Dtsch. Verl.-Anst. (1952). 278 S.

Einstein, Albert: Mein Weltbild. — Zürich, Stuttgart, Wien: Europa-V. 1953. 275 S.

Einstein, Lewis: A diplomat looks back. Ed. by Lawrence E. Gelfand. Forew. by George F[rost] Kennan. — London: Yale University Press 1968. 296 S.

Eisenhower, Dwight D[avid]: Die Jahre im Weißen Haus (The White House years, dt.) 1953—1956. (Übertr. aus d. Amerikan.: Horst Jordan.) — Düsseldorf, Wien: Econ Verl. (1964). 670 S.

[**Eisenhower,** Dwight David:] The papers of Dwight David Eisenhower. Ed.: Alfred D. Chandler, Stephen E. Ambrose [u.a.] — Baltimore: Johns Hopkins Press.
[I.] The war years.
1. (1970). XXXV, 659 S.
2. (1970). VI, S. 665—1397.
3. (1970). VI, S. 1401—2037.
4. (1970). VI, S. 2041—2696.
5. (1970). V, 414 S.

Eisenhower, Dwight D.: Peace with justice. Selected addresses. — New York: Columbia University Press 1961. X, 273 S.

Eisenhower, Dwight D[avid]: Wagnis für den Frieden. 1956—1961 (Waging peace. ⟨The White House years 1956 —1961⟩, dt.) (Aus d. Amerikan übertr. von Otto Kolberg.) — Düsseldorf: Econ-Verl. (1966). 557 S.

Eisenhower, Dwight D.: Was Eisenhower denkt (What Eisenhower thinks, [dt.]) Hrsg. von Allan Taylor. — Freiburg i. Br.: Klemm 1952. 252 S.

Eisenhower, Dwight D[avid]: The White House years. A personal account. — New York: Doubleday.
1. 1963. 650 S.

Eisner, Erich: Das europäische Konzept von Franz Josef Strauß. Die gesamteuropäischen Ordnungsvorstellungen der CSU. - Meisenheim a.G.: Hain 1975. 143 S.
(Marburger Abhandlungen zur Politischen Wissenschaft. 28.)

Eisner, Freya: Kurt Eisner. Die Politik des libertären Sozialismus. - Frankfurt a. M.: Suhrkamp 1979. 247 S.
(Edition Suhrkamp. 422.)

Eisner, Kurt: Die halbe Macht den Räten [Teilsamml.] Ausgew. Aufsätze und Reden. Eingel. u. hrsg. von Renate und Gerhard Schmolze. — Köln: Hegner (1969). 292 S.

Eisner, Kurt: Sozialismus als Aktion. Ausgew. Aufsätze und Reden. [Sammlung.] Hrsg. von Freya Eisner. - Frankfurt a. M.: Suhrkamp 1974. 152 S.
(Edition Suhrkamp. 773.)

Eisner, Ruth: Nicht wir allein... Aus dem Tagebuch einer Berliner Jüdin. — Berlin: Arani-Verl. 1971. 296 S.

Eitner, Hans-Jürgen: Der Chefideologe des Kreml. Michail Andrejewitsch Suslow. — In: Polit. Studien 11 (1960), 245—248.

Eitner, Hans-Jürgen: Kreml-Marschall Nr. 1. Rodion Malinowskij. — In: Polit. Studien 11 (1960), 460—463.

Eitner, Hans-Jürgen: Mao Tse-tungs Kriegsphilosophie. — In: Schweizer Monatsh. 41 (1961/62), 937—953.

Eitner, Hans-Jürgen: Japans starker Mann. Nobusuke Kishi. — In: Polit. Studien 11 (1960), 528—531.

Eitner, Hans-Jürgen: Zweiter Mann im Kreml: Frol Romanowitsch Koslow. — In: Polit. Studien 11 (1960), 388—391.

Eitner, Hans-Jürgen: Der Präsident der Republik Guinea. Sékou Touré. — In: Polit. Studien 11 (1960), 326—329.

Eitner, Hans-Jürgen: „Ehrwürdige Reliquie". Marschall Kliment Jefremowitsch Woroschilow. — In: Polit. Studien 11 (1960), 588—592.

Eksteins, Modris: Theodor Heuss und die Weimarer Republik. Ein Beitr. zur Geschichte d. dtsch. Liberalismus. — Stuttgart: Klett (1969). 204 S.
(Stuttgarter Beiträge zur Geschichte und Politik. 3.)

Elkar, Rainer S.: Jakob Wassermann, ein deutscher Jude zwischen Assimilation und Antisemitismus. Versuch einer politisch-biographischen Skizze. - In: Jb. Inst. dtsch. Gesch. 3 (1974), 289—311.

Elletson, D. H.: Roosevelt and Wilson. A comparative study. — London: Murray 1965. 236 S.

Elliott, Lawrence: Johannes XXIII. (I will be called John, dt.) Das Leben eines großen Papstes. (Ins Dtsch. übertr. von Heinz Graef [u.] Hans Schmidthüs.) - Freiburg: Herder 1974. 303 S.

Ellis, L. Ethan: Frank B. Kellog and American foreign relations 1925—1929. — New Brunswick: Rutgers University Press 1961. IX, 303 S.

Elon, Amos: Morgen in Jerusalem (The pride and the pity, dt.) Theodor Herzl, sein Leben und Werk. (Aus d. Engl. übertr. von Traudl Lessing). - München: Molden (197.). 431 S.

Elwood, Ralph Carter: Lenin and the social democratic schools for underground party workers, 1909—11. — In: Polit. Science Quart. 81 (1966), 370—391.

Ely, Paul: Mémoires. L'Indochine dans la tourmente. — Paris: Plon 1964. 363 S.

Ely, Paul: Mémoires. — Paris: Plon. 2. Suez, le 13 mai. 1969. 528 S.

Elyashiv, Vera: Deutschland — kein Wintermärchen. Eine Israeli sieht die Bundesrepublik. — Düsseldorf: Econ Verl. (1964). 325 S.

Embry, Sir Basil: Mission completed. — London: Methuen 1957. 350 S.

Emerson, William: Franklin Roosevelt as Commander-in-Chief in World War II. — In: Military Aff. 22 (1958), 181—207.

Emmendörfer, Heinrich: Das Buch Trotzdem. Bilanz aus „1000" Jahren. - Regensburg: Habbel (1971). 434 S.

Emmerich, Leo: Churchill als Geschichtsschreiber. — In: Merkur 4 (1950), 337—346.

Emmerson, John K.: The Japanese thread. A life in the U.S. foreign service. - New York: Holt, Rinehart & Winston 1978. 485 S.

Emrich, Willi: Reichspräsident Friedrich Ebert und die Stadt Frankfurt am Main. — (Frankfurt a. M.: [Stadtverwaltung] 1953.) 48 S.

Enckell, Carl: Poliittiset muistelmani. Vol. 1. 2. — Helsinki: Söderström 1956.

[**Engel,** Gerhard:] Heeresadjutant bei Hitler, 1938-1943. Aufzeichnungen des Majors Engel. Hrsg. u. komm. von Hildegard von Kotze. - Stuttgart: Dtsch. Verl.-Anst. (1974). 158 S.
(Schriftenreihe der Vierteljahrshefte für Zeitgeschichte. 29.)

Engel-Janosi, Friedrich: Aber ein stolzer Bettler. Erinnerungen aus einer verlorenen Generation. - Graz: Verl. Styria 1974. 316 S.

Engel-Janosi, Friedrich: Die diplomatische Mission Ludwig von Pastors beim Heiligen Stuhle. 1920—1928. — Wien: Österr. Akademie d. Wissensch. 1968. 22 S.
(Österreichische Akademie der Wissenschaften. Sitzungsberichte. Philos.-Histor. Klasse. Bd 254, Abh. 5.)

Engel-Janosi, Friedrich: Der Stellvertreter Christi. Pius XII. Aspekte seiner Gestalt. — In: Wort & Wahrheit 23 (1968), 546—559.

Engell, Christian: Gustav Böß. Oberbürgermeister von Berlin 1921—1930. — Stuttgart: Kohlhammer (1971). 288 S.
(Schriftenreihe des Vereins für Kommunalwissenschaften, Berlin. 31.)
Diss., Freie Universität Berlin.

Engelman, Ralph Max: Dietrich Eckart and the genesis of Nazism. - Saint Louis, Mo. 1971. V, 260 S. *Washington, phil. Diss. 1971.*
[Mikrofilm]

Engels, Friedrich: Zwischen Bureau und Barrikade [Briefe]. Ein Leben in Briefen. (Zsgest. u. eingel. von Käte Schwank u. Lotti Reiher.) — Berlin: Dietz 1970. 292 S.

Engert, Jürgen: Klaus Schütz, ein Porträt. — In: Monat 22 (1970), H. 256, 5—9.

Engl, Steven [u.] Larry S. Ceplair: Un essai de psycho-histoire. Portrait d'un jeune révolutionnaire, Léon Trotsky [Leo Trotzki]. - In: Rev. Hist. mod. & contemp. 24 (1977), 524-543.

Enssle, Manfred J.: [Gustav] Stresemann's diplomacy fifty years after Locarno. Some recent perspectives. - In: Hist. J. 20 (1977), 937-948.

Eppler, Erhard: Liberale und soziale Demokratie. Zum politischen Erbe Friedrich Naumanns. — Villingen im Schwarzwald: Ring-Verl. (1961). 28 S.

Eppler, Erhard: Ende oder Wende. Von der Machbarkeit des Notwendigen. - Stuttgart: Kohlhammer (1975). 128 S.

Eppler, John W.: Geheimagent im Zweiten Weltkrieg. Zwischen Berlin, Kabul und Kairo. - Preußisch Oldendorf: Schütz 1974. 374 S.

Epstein, Joseph: Adlai Stevenson in retrospect. — In: Commentary 46 (1968), H. 6, 71—83.

Epstein, Julius: Seeckt und Tschiang Kai-Schek. — In: Wehrwiss. Rdsch. 3 (1953), 534—543.

Epstein, Klaus: Matthias Erzberger and the dilemma of German democracy. — Princeton, N.J.: Princeton University Press 1959. XIII, 473 S.

Epstein, Klaus: Matthias Erzberger und das Dilemma der deutschen Demokratie (Matthias Erzberger and the dilemma of German democracy, dt.) (Ins Dt. übertr. von Irmgard Kutscher.) — (Berlin, Frankfurt/M.:) Leber (1962). 544 S.

Epstein, Klaus: Erzberger's position in the Zentrumsstreit before World War I. — In: Cathol. hist. Rev. 44 (1958), H. 1, 1—16.

Epstein, Klaus: Gerhard Ritter and the First World War. — In: J. contemp. Hist. 1 (1966), H. 3, 193—210.

Epstein, Melech: Pages from my stormy life. An autobiographical sketch. — In: Amer. Jewish Archives 14 (1962), 129—174.

Epting, Karl: Aus dem Cherchemidi. Pariser Aufzeichnungen 1947—1949. — Bonn: Bonner Univ.-Buchdruckerei 1953. VIII, 136 S.

Epting, Karl: Gedanken eines Konservativen. Aufsätze und Vorträge. - (Bodman/Bodensee:) Hohenstaufen-Verl. (1977). 216 S.

Epting, Karl: Generation der Mitte. — (Bonn:) Bonner Univ.-Buchdruckerei (1953). 247 S.

Epting-Kullmann, Alice: Pariser Begegnungen. - Hänner u. Säckingen: [Selbstverl. d. Verf.] 1972. 75 S.

Epting-Kulmann, Alice: Zwischen Paris und Fluorn. Erinnerungen aus den Jahren 1944—1945. — Burg Stettenfels b. Heilbronn: Hünenburg-V. (1958). 134 S.

Erb, Alfons: Bernhard Lichtenberg, Dompropst von St. Hedwig zu Berlin. Berlin: Morus-V. 1949. 71 S.

Eremenko, V.: Stranicy pamjati. — Moskva: Molodoja Gvardija 1970. 159 S.

Erfurth, Waldemar: Generaloberst a. D. Halder zum 70. Geburtstag (30. 6. 1954). — In: Wehrwiss. Rdsch. 4 (1954) 241—251.

Erfurth, Waldemar: Sotapäiväkirja vuodelta 1944. — Helsinki: Söderström 1954. 292 S.
    Tagebuch des finnischen Kriegsschauplatzes 1944.

Ludwig **Erhard.** Beiträge zu seiner politischen Biographie. Festschrift zum 75. Geburtstag. Hrsg. von Gerhard Schröder, Alfred Müller-Armack [u. a.] (2. Aufl.) - (Frankfurt a. M.:) Propyläen-Verl. (1972). 673 S.

Ludwig **Erhard,** Erbe und Auftrag. Aussagen und Zeugnisse. ⟨Hrsg.:⟩ Karl Hohmann. Eine Veröffentlichung der Ludwig-Erhard-Stiftung. - Düsseldorf: Econ Verl. (1977). 525 S.

Erhard, Ludwig: Bundestagsreden. [Sammlung.] Hrsg. von Rainer Barzel. - Bonn: AZ-Studio 1972. 297 S.

Erhard, Ludwig: Wirken und Reden. (19 Reden aus den Jahren 1952 bis 1965 als Dokumentation eines mutigen und ehrlichen Ringens um Freiheit und Würde des Menschen und einer diesen Zielen dienenden Wirtschaftsordnung. Hrsg. von Walter Hoch.) — Ludwigsburg: Hoch (1966). 379 S.

Zur **Erinnerung** an Ferdinand Freiherr von Lüninck. Ansprachen der Gedenkstunde anläßlich der 20. Wiederkehr seines 20. Todestages am 14. November 1944. — (Münster 1966: o.Dr.) 20 S.

Erlander, Tage: Erinnerungen [dt.] 1901-1959. (Aus dem Schwed. von Horst Ziska.) - Bonn-Bad Godesberg: Verl. Neue Gesellschaft (1974). 268 S.

Erlanger, Philippe: La France sans étoile. Souvenirs de l'avant guerre et du temps de l'occupation. - Paris: Plon 1974. 356 S.

Erlay, David: Worpswede-Bremen-Moskau. Der Weg des Heinrich Vogeler. - Bremen: Schünemann (1972). 239 S.

Erler, Fritz: Politik für Deutschland [Teilsamml.] Eine Dokumentation. Mit e. Vorw. von Willy Brandt. Hrsg. u. eingel. von Wolfgang Gaebler. — Stuttgart: Seewald (1968). 647 S.

Erler, Hans: Fritz Erler contra Willy Brandt. Demokratie oder Volksfront in Europa. - Stuttgart: Seewald 1976. 208 S.

Erlich, Victor: The metamorphoses of Ilya Ehrenburg. — In: Problems of Communism 12 (1963), H. 4, 15—24.

Erman, Hans: August Scherl. Dämonie und Erfolg in Wilhelminischer Zeit. — Berlin: Universitas-V. (1954). 291 S.

Ernst, Fritz: Aus dem Nachlaß des Generals Walther Reinhardt. — In: Welt als Gesch. 18 (1958), 39—65 und 67—121.

Ernst, Fritz: Walther Reinhardt (1872—1930). — In: Z. württ. Landesgesch. 16 (1957), 331—364.

Ernst, Robert: Rechenschaftsbericht eines Elsässers. — Berlin: Bernard & Graefe (1954). 420 S.

Ernst-Weis, Agnes: So war es in Lothringen. — Frankfurt a. M.: Selbstverl. (1956). 130 S.

Erpenbeck, Fritz: Wilhelm Pieck. Ein Lebensbild. — Berlin: Dietz 1951. 172 S.

Die geschichtliche **Erscheinung** Hitler. Stimmen zum neuen Werk Hans Grimms. — In: Nation Europa 4 (1954), H. 11, 35—41.

Jerussalimski, A. S. [**Erusalimskij,** Arkadij Samsonovič]: Bismarck (Bismark. Diplomatija i militarizm, dt.) Diplomatie und Militarismus. (Aus d. Russ. übers. von Irmgard Dörpholz.) — Frankfurt a. M.: Verl. Marxist. Bll. 1970. 335 S.

Jerusalimskij, A. S. [Arkadij Samsonovič **Erusalimskij**]: Bismark. Diplomatija i Militarizm. — Moskva: Izdatel'stvo Nauka 1968. 282 S.

Eschenburg, Theodor: Matthias Erzberger. Der große Mann des Parlamentarismus und der Finanzreform. - (München: Piper 1973). 180 S. *(Serie Piper. 39.)*

Eschenburg, Theodor: Theodor Heuss als politischer Schriftsteller. Rede zur Verleihung der Heinrich-Heine-Medaille (3. 6. 60). — In: Merkur 14 (1960), 868—876.

Eschenburg, Theodor: Franz von Papen. — In: Vjh. Zeitgesch. 1 (1953), 153—169.

Eschenburg, Theodor: Carl Sonnenschein. — In: Vjh. Zeitgesch. 11 (1963), 333—361.

Eschenburg, Theodor u. Ulrich Frank-Planitz: Gustav Stresemann. Eine Bildbiographie. (Stuttgart:) Dtsch. Verl.-Anst. 1978. 167 S.

Eschmann, Ernst Wilhelm: Adenauer. Parallelen und Perspektiven. — In: Merkur 21 (1967), 507—517.

Eschmann, Ernst Wilhelm: Alfred Weber als Kultursoziologe. — In: Merkur 12 (1958), 674—680.

Esme, Jean d': De Gaulle. — Paris: Hachette 1959. 245 S.

Esme, Jean d': De Lattre. — Paris: Hachette 1952. 254 S., 4 Ktn.

Essame, H.: [George S.] Patton. A study in command. - New York: Scribner 1974. X, 280 S.

Essén, Rütger: Sven Hedin. Ein großes Leben. — Leoni: Druffel 1959. 280 S.

Esslin, Martin: Brecht. Das Paradox des politischen Dichters (Brecht, A choice of evils, dt.) — Frankfurt a.M., Bonn: Athenäum-Verl. 1962. 420 S.

Estorick, E.: Stafford Cripps. A biography. — Melbourne: Heinemann 1949. VIII, 378 S.

Etzold, Thomas H.: An American Jew in Germany. The death of Helmut Hirsch. - In: Jew. soc. Stud. 35 (1973), 125–140.

Eubank, Keith: Paul Cambon. Master diplomatist. — Norman: University of Oklahoma Press 1960. XIV, 222 S.

Eubank, Weaver K., jr.: The diplomatic career of Paul Cambon. *Philadelphia, University of Pennsylvania, Diss. 1952.*

Eucken-Erdsieck, Edith: Roosevelt und Rußland. — In: Schweizer Monatsh. 45 (1965/66), 9—24.

Euringer, Richard: Die Sargbreite Leben. Wir sind Internierte. — Hamen i. Westf.: Grote 1953. 372 S.

Evans, Ellen L.: Adam Stegerwald and the role of the Christan Trade Unions in the Weimar Republic. - In: Cath. Hist. Rev. 59 (1974), 602–626.

Evans, Geoffrey: Slim as military commander. — Princeton, N.J.: Van Nostrand 1969. 239 S.

Evans, Humphrey: Thimayya of India. A soldier's life. — New York: Harcourt 1960. 307 S.

Evans, Marian: Ted Heath. A family portrait. — London: Kimber (1970). 144 S.

Evans, Rowland [u.] Robert Novak: Lyndon B. Johnson. The exercise of power. A political biography. — London: Allen & Unwin 1967. 597 S.

Evans, Rowland [u.] Robert D. Novak: Nixon in the White House. — New York: Random House (1971). VIII, 431 S.

Evans, Trevor: [Ernest] Bevin. — Berlin: Verl. Archiv u. Kartei (1947). 272 S.

Eyck, Erich: Abschied von Winston Churchill. — In: Schweiz. Monatsh. 35 (1955/56), 96—100.

Eyck, Erich: Papen als „Historiker". — In: Dtsch. Rdsch. 78 (1952), 1221—1230.

Faber du Faur, Moriz von: Macht und Ohnmacht. Erinnerungen eines alten Offiziers. — Stuttgart: Günther 1953. 296 S.

Fabre-Luce, Alfred: De Gaulle. Le plus illustre des Français, dt.: Zwischen Tadel und Bewunderung. Kritische Biographie. (Aus d. Franz. übertr. von Katarina Hock.) — (Hamburg:) Nannen (1961). 273 S.

Fabre-Luce, Alfred: Gaulle deux. — Paris: Julliard 1958. 171 S.

Fabry, Philipp W[alter]: Mutmaßungen über Hitler. Urteile von Zeitgenossen. — Düsseldorf: Droste (1969). 265 S.

Faccenda, Luigi M.: Ho visto Padre Kolbe. — Bologna: Milizia Mariana Ed. 1970. 118 S.

Fahey, James: Pacific war diary, 1942—1945. — Boston: Houghton, Mifflin Co. 1963. VII, 404 S.

Faktoren der politischen Entscheidung. Festgabe für Ernst Fraenkel zum 65. Geburtstag. Hrsg. von Gerhard A[lbert] Ritter u. Gilbert Ziebura. — Berlin: de Gruyter 1963. X, 451 S.

Falk, Lucy: Ich blieb in Königsberg. Tagebuchblätter aus den dunklen Nachkriegsjahren. — (München:) Gräfe & Unzer (1965). 141 S.

Fanfani, Amintore: Da Napoli a Firenze 1954—1959. — Milano: Garzanti 1959. 339 S.

Farago, Ladislas: Patton, ordeal and triumph. — New York: Obolensky 1963. 885 S.

Farnsworth, Beatrice: William C. Bullitt and the Soviet Union. — Bloomington: Indiana University Press (1967). X, 244 S. *(Indiana University International Studies.)*

Farran, Roy: Winged dagger. Adventures on special service 1940—1947. — London: Collins 1953. 384 S.

Fassbinder, Klara-Marie: Begegnungen und Entscheidungen. — Darmstadt: Fladung (1961). 248 S.

Fassbinder, Klara-Maria: Der versunkene Garten. Begegnungen mit dem geistigen Frankreich des Entre-deux-guerres 1919—1939. Wiederbegegnungen nach dem 2. Weltkrieg. — Heidelberg: Kerle (1968). 276 S.

Faßbinder, Klara Maria: Wladimir Semjonowitsch Semjonow. — In: Frankf. H. 8 (1953), 620—626.

Fasting, Kåre: Nils Claus Ihlen. 1885—1955. — Oslo: Gyldendal 1955. 380 S.

Faul, Erwin: Hitlers Über-Machiavellismus. — In: Vjh. Zeitgesch. 2 (1954), 344—372.

[**Faulhaber**, Kardinal Michael von:] Akten Kardinal Michael von Faulhabers, 1917–1945. - Mainz: Matthias-Grünewald-Verl.
1. 1917–1934. Bearb. von Ludwig Volk. (1975). XCV, 952 S.
(Veröffentlichungen der Kommission für Zeitgeschichte. A, 17.)

Faure, Edgar: Ce que je crois. — Paris: Grasset 1971. 223 S.

Fechter, Paul: Zwischen Haff und Weichsel. Jahre der Jugend. — Braunschweig: Bertelsmann 1954. 376 S.

Feder, Ernst: Heute sprach ich mit ... Tagebücher eines Berliner Publizisten 1926—1932. Hrsg. von Cécile Lowenthal-Hensel u. Arnold Paucker. — Stuttgart: Dtsch. Verl.-Anst. 1971. 431 S. *(Veröffentlichung des Leo-Baeck-Instituts.)*

Fehling, Helmut M.: One great prison. — Boston: Beacon Press 1951. 175 S. Schicksal eines Kriegsgefangenen in Rußland.

Feierabend, Ladislav K[arel]: Beneš mezi Washingtonem a Moskvou. Vzpomínky z londýnské vlády. Od jara 1943 do jara 1944. — Washington: Selbstverl. d. Verf. 1966. 182 S.

Feierabend, Ladislav [Karel]: Prag-London vice versa. Erinnerungen 1938–1950. Hrsg. von Heinrich Kuhn. (Vorw.: Gotthold Rhode. [Aus d. Tschech.] übers. von Karl Matzker.) – Bonn: Ed. Atlantic Forum.
  1. (1938–1941). (1971). 299 S.
  2. 1941–1950. (1973). 540 S.
  (Dokumente und Kommentare zu Ost-Europa-Fragen. 14. 15.)

Feierabend, Ladislav Karel: Soumrak ČS democracie. Vzpomínsky z Londýnske vlády. Od. jara 1944 po návrat do vlasti. — Washington: [Selbstverl. d. Verf.] 1967. 183 S.

Feierabend, Ladislav Karel: V vládě v exilu. — Washington: Selbstverl. d. Verfassers.

Feierabend, Ladislav Karel: Ve vládě v exilu. — Washington: Selbstverl. d. Verf.
  2. Východní vítr nad Londýnem. Od zatažení Sovětského svazu do války do jara 1943. 1966. 203 S.

Feierabend, Ladislav Karel: Pod vládou Národní Fronty. — Washington: [Selbstverl. d. Verf.] 1968. 240 S.

Feis, Herbert: Anthony Eden and the cacophony of nations. — In: Foreign Aff. 44 (1965/66), 78—89.

Feis, Herbert: Suez scenario. A lamentable tale. — In: Foreign Aff. 38 (1959/60), 598—612.

Fejtö, François: Imre Nagy. Ein Porträt. — In: Monat 10 (1957/58), H. 110, 3—11.

Felix, David: Walther Rathenau and the Weimar Republic. The politics of reparations. — Baltimore: Johns Hopkins Press 1971. XII, 210 S.

Fenn, Charles: Ho Chi Minh. A biographical introduction. – London: Studio Vista 1973. 144 S.
  (Leaders of Modern Thought.)

Fensch, Dorothea [u.] Olaf Groehler: Imperialistische Ökonomie und militärische Strategie. Eine Denkschrift Wilhelm Groeners. — In: Z. Geschichtswiss. 19 (1971), 1167—1177.

Ferber, Christian von: Die Gewalt in der Politik. Auseinandersetzung mit Max Weber. — Stuttgart: Kohlhammer (1970). 119 S.
  (Urban-Taschenbücher. 804.)

Ferber, Walter: Georg Ritter von Schönerer. Zur Vorgeschichte des Nationalsozialismus. — In: Hochland 63 (1971), 326—332.

Ferber, Walter: Der Weg Martin Spahns. Zur Ideengeschichte des politischen Rechtskatholizismus. — In: Hochland 62 (1972), 218—229.

Ferber, Walter: Ludwig Windthorst. Der große deutsche Katholikenführer. — Augsburg: Verl. Winfried-Werk (1962). 40 S.

Ferdinand, Horst [u.] Adolf Kohler: Für Europa. Hans Furlers Lebensweg. – (Bonn:) Europa Union Verl. (1977). 115 S.

Fergusson, Bernard: Wavell. Portrait of a soldier. — London: Collins 1961. 96 S.

Fermi, Laura: Mein Mann und das Atom (Atoms in the family, My life with Enrico Fermi, dt.) (Übers. von A. L. Wentzel.) (1. Aufl.) — (Düsseldorf, Köln:) Diederichs (1956). 286 S.

Fermi, Laura: Mussolini. — Chicago: University of Chicago Press 1961. VII, 477 S.

Fernet [Vice-Amiral]: Aux cotés du maréchal Pétain. Souvenirs 1940—1944. — Paris: Plon 1953. II, 312 S.

Ferns, H[enry] S[tanley] und B[ernard] Ostry: The age of Mackenzie King. The rise of the leader. — London: Heinemann (1955). XI, 356 S.

Ferns, H. S. und B. Ostry: The age of Mackenzie King. The rise of the leader. — London: Heinemann 1956. 248 S.

Ferrara, Marcella und Maurizio Ferrara: Conversando con Togliatti. — Roma: Ed. di Cultura Sociale 1954. 391 S.

Ferrell, Robert H[ugh]: Frank B. Kellog. Henry L. Stimson. — New York: Cooper Square Publ. 1963. IX, 360 S.
  (The American Secretaries of State and their diplomacy. 11.)

Ferrell, Robert H[ugh]: George C. Marshall. — New York: Cooper Square Publ. 1966. XIV, 326 S.
  (The American Secretaries of State and their diplomacy. 15.)

Ferrell, Robert H.: Woodrow Wilson. Man and statesman. — In: Rev. Politics 18 (1956), 131—145.

Ferro, Maurice: [Charles] de Gaulle et l'Amérique, une amitié tumultueuse. – Paris: Plon 1973. 447 S.

Ferry, Abel: Les carnets secrets (1914—1918). — Paris: Grasset 1957. 255 S.

Fest, Joachim C.: [Adolf] Hitler. Eine Biographie. (Mit 213 z. T. unbekannten Bild- u. Textdokumenten.) – Berlin: Propyläen-Verl. (1973). 1190 S.

Festa, E.: La vita di Benito Mussolini dalla nascita alla prima giovinezza. — In: Nuova Riv. storica 47 (1963), Fasc. III—IV, 241—281.

Festgabe für Heinrich Herrfahrdt zu seinem 70. Geburtstag. Hrsg. von Erich Schwinge. — Marburg: Elwert 1961. 212 S.

Festgabe für Carl Schmid zum 65. Geburtstag. Dargebracht von Freunden, Schülern u. Kollegen. Hrsg. von Theodor Eschenburg, Theodor Heuss u. Georg-August Zinn unter Mitw. von Wilhelm Hennis. — Tübingen: Mohr 1962. 311 S.

Festgabe Harold Steinacker zum 26. Mai 1955. — München: Verl. d. Südostdtsch. Kulturwerks 1957. 30 S.

Festschrift Landesrat Professor Dr. Hans Gamper zur Vollendung seines 65. Lebensjahres. Hrsg. von Franz Grass. — Innsbruck: Wagner.
  1. 1956. IV, 129 S.

Festschrift für Rudolf Laun zu seinem 80. Geburtstag. Hrsg. von d. Forschungsstelle f. Völkerrecht u. Ausländ. Öffentl. Recht d. Univ. Hamburg. — Göttingen: Vandenhoeck u. Ruprecht 1962. 510 S.

Fetscher, Iring: Rosa Luxemburg, socialismo e democrazia. — In: Mondo operaio 24 (1971), H. 11/12, 10—20.

Feuerstein, Valentin: Irrwege der Pflicht. 1938—1945. — München, Wels: Verl. Welsermühl [1963]. 356 S.
1. Na Londýnské fronté. Od ustavení vlády v exilu az do napadení Sovetského svazu Hitlerem. 1965. 226 S.

Fiedler, Leslie: Der streitbare Senator. Glanz und Elend Joe McCarthys. — In: Der Monat 7 (1954/55), T. 1, 129—142.

Figueroa, Agustín de: Dentro y fuera de mi vida. Capítulos de pequeña historia 1910—1936. — Madrid: Guadarrama 1955. 227 S.

Fijalkowski, Jürgen: Die Wendung zum Führerstaat. Ideologische Komponenten in der politischen Philosophie Carl Schmitts. Mit e. Vorwort von Hans-Joachim Lieber. — Köln, Opladen: Westdt. Verl. 1958. XXIII, 222 S.
(Schriften des Instituts für Politische Wissenschaft. 12.)

Fink, Gary M. [u.] James W. Hilty: Prologue. The senate voting record of Harry S. Truman. – In: J. interdisc. Hist. 4 (1973/74), 207–235.

Finker, Kurt: [Helmuth James] Graf [von] Moltke und der Kreisauer Kreis. – Berlin: Union Verl. 1978. 335 S.

Finker, Kurt: Stauffenberg und der 20. Juli 1944. — Berlin: Union-Verl. VOB (1967). 419 S.

Finker, Kurt: [Claus Graf Schenk von] Stauffenberg und der 20. Juli 1944. (Kap. V wurde in Zsarb. mit Günter Wirth geschr., 3. Aufl.) – Berlin: Union Verl. (1972). 477 S.

Finocchiaro, Beniamino [Ed.]: L' Unita di Gaetano Salvemini. — Venezia: Pozza 1958. 860 S.

Finzelberg, Sigtraut: Der erste Ministerpräsident der Deutschen Demokratischen Republik. Otto Grotewohl. — In: Beitrr. Gesch. dtsch. Arbeiterbew. 11 (1969), 474—483.

Fiori, Giuseppe: Antonio Gramsci. — Paris: Fayard 1970. 384 S.
(Coll. „Le Monde sans frontières".)

Fiš, Teodor: Mein Kommandeur. General Svoboda. Vom Ural zum Hradschin. (Dtsch. Textfassung: Hugo Pepper.) — Frankfurt a. M.: Europa-Verl. (1969). 158 S.

Fischer, Ernst: Das Ende einer Illusion. Erinnerungen 1945–1955. – München: Molden (1973). 400 S.

Fischer, Ernst: Erinnerungen und Reflexionen. — (Reinbek b. Hamburg:) Rowohlt (1969). 477 S.

Fischer, Heinz [Hrsg.]: Einer im Vordergrund. Taras Borodajkewycz. Eine Dokumentation. — Frankfurt a. M.: Europa-Verl. (1966). 307 S.
(Österreichprofile.)

Fischer, Kurt Gerhard: Antonio Gramsci, eine notwendige „Entdeckung". — In: Neue polit. Lit. 13 (1968), 352—358.
Literaturbericht.

Fischer, Louis: Das Leben des Mahatma Gandhi. (The life of Mahatma Gandhi [dt.] Aus dem Amerikanischen von Georg Goyert.) — München: List (1951). 537 S.

Fischer, Louis: Das Leben Lenins (The life of Lenin, dt.) (Aus d. Amerikan. von Irmgard Kutscher.) — Köln: Kiepenheuer & Witsch (1965). 848 S.

Fischer, Louis: The life and death of Stalin. — London: Cape 1953. 255 S.

Fischer, Per: Karl Georg Pfleiderer, geb. 10. 5. 1899, gest. 8. 10. 1957. Versuch eines Lebensbildes. — In: Dtsch. Rdsch. 87 (1961). 560—564.

Fischer, Ruth: Ho Chi Minh: disciplined communist. — In: Foreign Affairs 33 (1954/55), 86—97.

Fischer, Ruth: Wanderer ins Nichts. Der National-Bolschewismus am Beispiel Ernst Niekischs. — In: Frankf. H. 14 (1959), 871—880.

Fischer-Baling, Eugen: Walther Rathenau. „Ein Experiment Gottes." Rede, geh. am 24. Juni 1952. — Berlin: Weiß 1952. 20 S.

Fishman, Sterling: The rise of Hitler as a beer hall orator. — In: Rev. Politics 26 (1964). 244—256.

Fitzgerald, C. P.: Mao Tse-tung and China. – New York: Holmes & Meier 1976. VI, 160 S.

Fitz Randolph, Sigismund-Sizzo: Der Frühstücksattaché aus London. — Stuttgart: Riegler 1954. 308 S.

Fitzsimons, M. A.: Die Deutschen Briefe. Gurian and the German crisis. — In: Rev. Politics 17 (1955), 47—72.

Flach, Karl Hermann: Liberaler aus Leidenschaft. [Sammlung.] Mit e. Geleitw. von Walter Scheel. (Hrsg. von Joachim Bretschneider u. Harald Hofmann.) – (München:) Bertelsmann (1974). 223 S.

Flach, Paul: Dr. Franz Anton Basch, 1901—1945, zum Gedächtnis. 2. verb. Aufl. — München: (Selbstverl. d. Verf.) 1956. 16 S.

Flechtheim, Ossip K[urt]: Friedrich Engels, orthodoxer Marxist oder erster Revisionist? – In: Sozialismus, Geschichte und Wirtschaft, Festschrift für Eduard März, Wien: Europa-Verl. 1973, 277–311.

Flechtheim, Ossip K[urt]: Karl Marx, Größe und Grenze. — In: Gewerksch. Monatsh. 19 (1968), 264—273.

Fleming, D. F.: Woodrow Wilson and collective security today. — In: J. Politics 18 (1956), 611—624.

Fleming, Peter: The fate of Admiral Kolchak [Kolčak]. — London: Hart-Davis 1963. 253 S.

Flinker, Martin: Thomas Mann's politische Betrachtungen im Lichte der heutigen Zeit. — 's-Gravenhage: Mouton 1959. 169 S.

Flint, John E.: Sir George Goldie and the making of Nigeria. — London: Oxford University Press 1960. XIV, 340 S.

Flora, Francesco [Ed.]: Benedetto Croce. — Milano: Melfasi 1954. 615 S.

Flynn, John Thomas: The Roosevelt myth. Rev. ed. — New York: Devin-Adair 1957. 477 S.

Foa, Lisa: Isaac Deutscher, storico della rivoluzione sovietica. - In: Riv. Storia contemp. 1972, 31-49.

Foard, Douglas W.: The forgotten Falangist. Ernest Gimenez Caballero. - In: J. contemp. Hist. 10 (1975), 3-18.

Födermayr, Florian: Vom Pflug ins Parlament. Lebenserinnerungen eines oberösterreichischen Bauern. — Braunau: Innviertler Verl. 1958. 239 S.

Först, Walter: Robert Lehr als Oberbürgermeister. Ein Kapitel deutscher Kommunalpolitik. — Düsseldorf, Wien: Econ-Verl. 1962. 312 S.

Friedrich Wilhelm **Foerster.** Das Gewissen einer Generation. Hrsg. von d. Friedrich-Wilhelm-Foerster-Ges. e. V. — Recklinghausen: Paulus-V. 1953. 48 S.

Foerster, Friedrich Wilhelm: Erlebte Weltgeschichte 1869—1953. Memoiren. — Nürnberg: Glock & Lutz 1953. 719 S.

Foerster, Wolfgang: Generaloberst Ludwig Beck. Sein Kampf gegen den Krieg. Aus nachgelassenen Papieren des Generalstabschefs. — München: Isar-V. 1953. 171 S.

Foerster, Wolfgang: Der Feldherr Ludendorff im Unglück. Eine Studie über seine seelische Haltung in der Endphase des 1. Weltkrieges. — Wiesbaden: Limes-V. (1952). 144 S.

Fomin, V. T.: O roli Šachta v podgotovke Germaniej vtoroj mirovoj vojny. — In: Novaja i Novejšaja Ist. 1958, H. 4., 79—97.

Fonesca, A.: Gandhi und die Revolution der Gewaltlosigkeit. — In: Stimmen d. Zeit 94 (1969), Bd 183, 145—152.

Fontaine, Pierre: Abd-el-Krim. Origine de la rébellion nordafricaine. — Paris: Les Sept Couleurs 1958. 204 S.

Fontenay, Elisabeth de: Les figures juives de [Karl] Marx. Marx dans l'idéologie allemande. - Paris: Ed. Galiée 1973. 150 S.
(Coll. „La Philosophie en effet".)

Foot, Michel: Aneurin Bevan. — London: MacGibbon Kee.
1. 1897—1945. 1962. 536 S.
Amerikan. Ausg.: New York: Atheneum 1963. 536 S.

Foot, Michael: Aneurin Bevan. A biography. - New York: Atheneum Publ.
2. 1945–1960. 1974. 692 S.

Foot, Sylvia: Emergency exit. — London: Chatto & Windus 1960. 192 S.
Bericht der Frau des letzten britischen Gouverneurs, Sir Hugh Foot, über Cypern.

Foote, Wilder [Ed.]: The servant of peace. A selection of the speeches and statements of Dag Hammarskjöld, secretary-general of the United Nations 1953—1961. — London: Bodley Head 1962. 388 S.

Footitt, Hilary Ann: Robert Brasillach and the Spanish Civil War. - In: Europ. Stud. Rev. 6 (1976), 125-135.

Ford, Robert: Captured in Tibet. — London [usw.]: Harrap 1957. 256 S.

Forell, Fritz von: Mölders. Mensch und Flieger. Ein Lebensbild. — Salzburg: Sirius-V. (1951). 223 S.

Form und Erfahrung. Ein Leben für die Demokratie. Zum 70. Geburtstag von Ferdinand A[lois] Hermens. Hrsg. von Rudolf Wildenmann. Berlin: Duncker & Humblot 1976. 255 S.

Fornari, Harry: Mussolini's gadfly, Roberto Farinacci. — Nashville: Vanderbilt University Press 1971. 238 S.

(**Forrestal,** James:) The Forrestal Diaries. Edited by Walter Millis with the collaboration of E. S. Duffield. — New York: Viking 1951. 581 S.

Forrestal, James: Tagebücher. Frankfurt a. M.: Verl. d. Frankf. Hefte (1953). 600 S.

Forschbach, Edmund: Edgar Jung und der Widerstand gegen Hitler. — In: Civis 1959, H. 59, 82—88.

Forst de Battaglia, Otto: Mao Tsetung. — In: Dtsch. Univ.-Ztg. 14 (1959), 226—233.

Forst de Battaglia, Otto: Joseph Roth. Wanderer zwischen drei Welten. — In: Frankf. H. 7 (1952), 441—445.

Forst de Battaglia, Otto: Weltbürger, Europäer, Österreicher. — München: Herold-Verl. (1969). 170 S.

Forsthoff, Ernst: Gerhard Anschütz. — In: Staat 6 (1967), 139—150.

Forstmeier, Friedrich: Zum Bild der Persönlichkeit des Admirals Reinhard Scheer (1863—1928). — In: Marine-Rdsch. 58 (1961), 73—93.

Fosdick, Raymond B.: John D. Rockefeller, jr. A portrait. — New York: Harper 1956. IX, 477 S.

Fox, Richard W.: Reinhold Niebuhr and the emergence of the liberal realist faith, 1930-1945. - In: Rev. Politics 38 (1976), 244-265.

Fraenkel, Ernst: Reformismus und Pluralismus. Materialien zu einer ungeschriebenen politischen Autobiographie. Zsgest. u. hrsg. von Falk Esche und Frank Grube. - (Hamburg:) Hoffmann & Campe (1973). 473 S.
(Kritische Wissenschaft.)

Fraenkel, Ernst: Roosevelt — Schatten über der NATO. — In: Dtsch. Rdsch. 84 (1958), 908—915.

Fraenkel, Heinrich [u.] Roger Manvell: Canaris (The Canaris conspiracy, dt.) Spion im Widerstreit. (Einzig ber. Übers. aus d. Engl. von Gertrude Goldenberg.) — München: Scherz [1970]. 280 S.

Fraenkel, Heinrich und Roger Manvell: Goebbels (Doctor Goebbels, dt.) Eine Biographie. — Köln, Berlin: Kiepenheuer & Witsch (1960). 391 S.

Fraenkel, Heinrich [u.] Roger Manvell: Hermann Göring (Göring, dt.) (Ins Dtsch. übers. von Hedwig Jolenberg.) — (Hannover:) Verl. f. Literatur u. Zeitgeschehen (1964). 401 S.

Fraenkel, Heinrich: [u.] Roger Manvell: Himmler (Heinrich Himmler, dt.) Kleinbürger u. Massenmörder. (Übers. von Wilm W. Elwenspoek.) — (Berlin, Wien:) Ullstein (1965). 259 S.

Fraenkel, Heinrich: Lebewohl, Deutschland. — (Hannover: Verl. f. Literatur u. Zeitgeschehen 1960.) 240 S.

Franco, Francisco: España, ante el communismo. — Madrid: Centro de Estudios Sindicales 1958. 615 S.
Reden 1937—1957.

Franco, Francisco: [Werke, Ausz.] Pensamientos políticos de Francisco Franco. Antología por Fernando Rubio Muñoz-Bocanegra. — Madrid: Artes Gráficas Ibarra 1954. X, 450 S.

François-Poncet, André: Adenauer als historische Gestalt. Porträt eines Freundes. — In: Polit. Meinung 8 (1963), H. 88, 25—31.

François-Poncet, André: Carnets d'un captif. — Paris: Fayard 1952. 426 S.

François-Poncet, André: Au Palais Farnèse. Souvenirs d'une ambassade à Rome 1938—1940. — Paris: Fayard (1961). 187 S.
(Les Quarante. 14.)

François-Poncet, André: Rede auf den Marschall Philippe Pétain. — In: Außenpolitik 4 (1953), 209—225.

François-Poncet, André: Auf dem Wege nach Europa (Au fil des jours, dt.) Polit. Tagebuch 1942 bis 1962. (Aus d. Franz. von Inge Vielhauer.) — Berlin, Mainz: Kupferberg (1964). 295 S.

Francos, Ania [u.] Jean-Pierre Séréni: Un Algérien nommé [Houari] Boumédiène. — Paris: Stock 1976. 416 S.
Coll. „Les grands leaders".)

Frandsen, Dorothea: Helene Lange. Hrsg. von d. Niedersächs. Landeszentrale f. Polit. Bildung.) — Hannover: [Selbverl. d. Hrsg.] 1974). 190 S.

Frank, Anne: Das Tagebuch der Anne Frank 14. Juni 1942—1. August 1944 (Het achterhuis, dt.). Mit einer Einführ. von Anne Baum. (Aus d. Holländ. übersetzt von Anneliese Schütz.) — Heidelberg: Schneider 1950. VII, 273 S.

Frank, Elke: John F. Kennedy. — Berlin: Colloquium-Verl. (1968). 94 S.
(Köpfe des 20. Jahrhunderts. 50.)

Frank, Ernst: Karl Hermann Frank. Staatsminister im Protektorat. — Heusenstamm: Orion-Heimreiter-Verlag (1971). 182 S.

Frank, Hans: Das Diensttagebuch des deutschen Generalgouverneurs in Polen, 1939—1945. Hrsg. von Werner Präg u. Wolfgang Jacobmeyer. — Stuttgart: Dtsch. Verl.-Anst. 1975. 1026 S.
(Quellen und Darstellungen zur Zeitgeschichte. 20.)

Frank, Hans: Im Angesicht des Galgens. Deutung Hitlers und seiner Zeit auf Grund eigener Erlebnisse und Erkenntnisse. Geschrieben im Nürnberger Justizgefängnis. — München-Gräfelfing: F. A. Beck 1953. 479 S.

Frank, Wolfgang: Enemy submarine. The story of Günther Prien, captain of U 47. — London: Kimber (1954). 200 S.

Frank, Wolfgang: Der Stier von Scapa Flow. Leben und Taten des U-Boot-Kommandanten Günther Prien. — Oldenburg, Hamburg: Stalling 1958. 288 S.

Frankenberg, Egbert von: Meine Entscheidung. Erinnerungen aus dem II. Weltkrieg und dem antifaschistischen Widerstandskampf. — Berlin: Dt. Militärverl. 1963. 372 S.

Frankfurter, Felix: From the diaries of Felix Frankfurter. With a biographical essay and notes ed. by Joseph P. Lash. — New York: Norton 1975. XIII, 366 S.

Frankl, Viktor E.: ...trotzdem ja zum Leben sagen. Ein Psychologe erlebt das Konzentrationslager. Vorw. von Hans Weigel. — München: Kösel 1977. 197 S.

Franz, Ernst: An Rommels Seite. Nach Tagebuchnotizen. — In: der Frontsoldat erzählt 18 (1954), H. 1, 25—26.

Franz, Günther: Prof. Dr. Heinz Haushofer 70 Jahre. — In: Z. Agrargesch. Agrarsoz. 24 (1976), 1—7.

Franz, Helmut: Kurt Gerstein, Außenseiter des Widerstandes der Kirche gegen Hitler. — Zürich: EVZ-Verl. 1964. 112 S.
(Polis. 18.)

Franz, Ingbert: Licht im Osten. Erlebnisbericht meiner russischen Gefangenschaft. — Eichstätt, Wien, Düdingen: Franz-Sales-V. (1952). 384 S.

Franzel, Emil: Karl Kraus, ein Diener am Wort. — In: Neues Abendland 8 (1953), 139—146.

Franzen, Erich: Erinnerungen an Max Weber. — In: Merkur 7 (1953), 996—1000.

Fraschka, Günter: Der Panzer-Graf. General Graf Strachwitz — ein Leben für Deutschland. — (Rastatt/Baden:) Pabel (1962). 247 S.

Frassati, Alfredo: Giolitti. — Firenze: Parenti 1959. 74 S.

Frauenfeld, Alfred E.: Und trage keine Reu'. Vom Wiener Gauleiter zum Generalkommissar der Krim. Erinnerungen und Aufzeichnungen. — Leoni a. Starnberger See: Druffel 1978. 303 S.

Frazier, Robert: Malenkov. — New York: Lion Books [1953]. 159 S.

Frederik, Hans: Franz Josef Strauß. Das Lebensbild eines Politikers. — München: Humboldt-Verl. [1965] 293 S.

Freedman, Max [Ed.]: Roosevelt and Frankfurter. Their correspondence, 1928—1945. — Boston: Atlantic (Little, Brown) 1968. 772 S.

Frei, Bruno: Der Anarcho-Kommunismus des Ernst Fischer. — In: Marx. Bll. 8 (1970), H. 2, 62—68.

Frei, Bruno: Der Papiersäbel. Autobiographie. — (Frankfurt a. M.:) S. Fischer (1972). 401 S.

Freidel, Frank: Franklin D. Roosevelt. The apprenticeship. — Boston: Little, Brown 1952. 456 S.

Freidel, Frank: Franklin D. Roosevelt. The ordeal. — Boston: Little, Brown 1954. 320 S.

Freidel, Frank: Franklin D. Roosevelt. The triumph. — Boston: Little, Brown 1956. VII, 433 S.

Freiheit und Verantwortung in der modernen Gesellschaft. Festschrift zum 70. Geburtstag [von] P. Gustav Gundlach S. J., 3. April 1962. — (Münster: Regensberg 1962.) 361 S.
(Jahrbuch des Instituts für Christliche Sozialwissenschaften 3 [1962].)

Freisel, Ludwig: Das Bismarckbild der Alldeutschen. Bismarck im Bewußtsein und in der Politik des Alldeutschen Verbandes von 1890 bis 1933; ein Beitrag zum Bismarckverständnis des deutschen Nationalismus. — Oldenburg 1964: Ad. Littmann. 134 S.
Würzburg, phil. Diss. vom 27. Mai 1964.

Frenay, Henri: La nuit finera. Mémoires de Résistance 1940—1945. — Paris: Laffont 1973. 607 S.
(Coll. „Vécu".)

Frentz, Hans: Der unbekannte [Erich] Ludendorff. Der Feldherr in seiner Umwelt und Epoche. — Wiesbaden: Limes-Verl. 1972. 318 S.

Freudenberger, Gerlind: Hermann Bahrs Stellung zum Nationalsozialismus und zum österreichischen Staatsgedanken. (An Hand seiner Schriften.) — 137 Bl. [Maschinenschr.]
Wien, phil. Diss. 1949.

Freudenhammer, A(lfred) [u.] K(arlheinz) Vater: Herbert Wehner. Ein Leben mit der Deutschen Frage. — (München:) Bertelsmann (1978). 400 S.

Freund, G.: Adenauer and the future of Germany. — In: Internat. J. 18 (1963), 458—467.

Freund, Julien: Georges Sorel ⟨1847—1922⟩. Geistige Biographie. Vortrag, gehalten... am 25. November 1975. Mit e. bio-bibliograph. Anh. von Armin Mohler. — (München: Carl Friedrich von Siemens Stiftung 1977). 75 S.
(Carl-Friedrich-von-Siemens-Stiftung. Themen. 23.)

Freund, Michael: Die Bücherschlacht um Groener. — In: Gegenwart 12 (1957), 113—115.

Freund, Michael: „Der Feind steht rechts!" Zum Tode von Reichskanzler a. D. Wirth. — In: Gegenwart 11 (1956), 11—13.

F[reund], M[ichael]: Größe und Elend der Revolution. Zum Leben und Werk des Joseph W. Stalin. — In: Gegenwart 8 (1953), 167—171.

F(reund), M(ichael): Adolf Hitler. Versuch eines Porträts. — In: Gegenwart 6 (1951), H. 15, 7—9.

F(reund), M(ichael): Israel zwischen den Mächten. (Chaim Weizmann). — In: Gegenwart 7 (1952), 764—766.

Freund, Michael: Ein Kirchenfürst des 20. Jahrhunderts. Papst Pius XII. — In: Gegenwart 11 (1956), 167—170.

F[reund], M[ichael]: Freiherr von Lersner. — In: Gegenwart 9 (1954), 397—398
Leverkuehn, Paul: German military intelligence. s. Nr. 4194

F[reund], M[ichael]: Das Märchen vom Dr. Sorge. — In: Gegenwart 13 (1958), 11—15.

Freund, Michael: Ein Mann gegen seinen Schatten. Sir Anthony Eden. — In: Gegenwart 12 (1957), 40—43.

Freund, Michael: Der Papst der Zeitenwende [Pius XII.] — In: Gegenwart 13 (1958), 655—658.

Freund, Michael: Revolutionär wider Willen (Carl Goerdeler). — In: Gegenwart 10 (1955), 106—109.

Freund, Michael: Heydrichs Rolle. — In: Gegenwart 13 (1958), 626—630.

Freund, Michael: Georges Sorel. Der revolutionäre Konservatismus. 2., erw. Aufl. — Frankfurt a. M.: Klostermann 1972. 397 S.

F[reund], M[ichael]: Ein deutscher Staatsmann. In memoriam Otto Braun. — In: Gegenwart 10 (1955), 855—858.

Freund, Michael: Das Heydrich-Urteil. Oder: Das formale Recht und die höheren Interessen der Nation. — In: Gegenwart 13 (1958), 688—691.

Freville, Jean: Lénine à Paris. — Paris: Edit. sociales 1968. 248 S.

Frey, Michael G.: [David] Lloyd George and foreign policy. — Montreal: McGill-Queen's University Press.
1. The education of a statesman, 1890—1916. 1977. XIV, 314 S.

Freymond, Jacques: Lénine et l'impérialisme. — Lausanne: Payot 1951. 134 S.

Freytag von Loringhoven, Bernd Frhr [u.] Hans-Adolf Jacobsen [Hrsg.]: Im Dienst der Friedenssicherung, General Ulrich de Maizière. Beiträge zu seiner Verabschiedung als Generalinspekteur der Bundeswehr (1966—1972). — Frankfurt a. M.: Bernard & Graefe 1972. 206 S.

Fricke, Dieter und Hans Radandt: Neue Dokumente über die Rolle Albert Südekums. — In: Z. Geschichtswiss. 4 (1956), 757—765.

Fricke, Dieter: Opportunismus und Nationalismus. Zur Rolle Wolfgang Heines in der deutschen Sozialdemokratie bis zum Beginn des Ersten Weltkrieges. [Dokumentation.] — In: Z. Geschichtswiss. 22 (1974), 844—869.

Fricke, Dieter: Zur Rolle von Friedrich Stampfers privater Pressekorrespondenz. — In: Z. Geschichtswiss. 23 (1975), 304—309.

Fricke, Dieter: Friedrich Stampfer und der „demokratische Sozialismus". — In: Z. Geschichtswiss. 6 (1958), 749—774.

Fricke, Karl W.: Wilhelm Pieck, der „Kämpfer für den Frieden". Zum 77. Geburtstage des Sowjetzonen-Präsidenten. — In: Dtsch. Rdsch. 79 (1953), 25—29.

Fridrichs, Hans: Mut zum Markt. Wirtschaftspolitik ohne Illusionen. (3. Aufl.) — Stuttgart: Verl. Bonn Aktuell (1975). 134 S.
(Bonn aktuell. 25.)

Friedensburg, Ferdinand: Lebenserinnerungen. — Frankfurt a. M.: Athenäum Verl.
1. 1969. 326 S.

Friedensburg, Ferdinand: Lebenserinnerungen. — Berlin: Haude & Spener.
2. Es ging um Deutschlands Einheit. Rückschau eines Berliners auf die Jahre nach 1945. (1971). 359 S.

Friedensburg, Ferdinand: Politik und Wirtschaft. Aufsätze u. Vorträge. (Aus Anlaß d. 75. Geburtstages von Ferdinand Friedensburg am 17. November 1961 hrsg. von d. Vereinigung d. Freunde d. Dt. Inst. f. Wirtschaftsforschung in Verb. mit d. Dt. f. Wirtschaftsforschung ⟨Inst. f. Konjunkturforschung⟩.) — Berlin: Duncker & Humblot (1961). XXVII, 488 S.

Friedländer, Saul: Kurt Gerstein ou l'ambiguïté du bien. Postf. de Léon Poliakov. — Paris: Casterman 1967. 208 S.
(Coll. „Vies et témoignages".)
Dtsch. Ausg. u. d. T.: Kurt Gerstein oder die Zwiespältigkeit des Guten. — (Gütersloh:) Bertelmann Sachbuchverl. (1968). 207 S.

Friedlander, Albert H.: Leo Baeck (Leo Baeck. Teacher of Theresienstadt, dt.) Leben und Lehre. (Aus d. Engl. von Eva Gärtner.) – (Stuttgart:) Dtsch. Verl.-Anst. (1973). 300 S.

Friedlander, Albert H.: Leo Baeck, teacher of Theresienstadt. — New York: Holt, Rinehart & Winston 1968. 294 S.

Friedman, Bernard: [Jan Christiaan] Smuts. A reappraisal. – New York: St. Martin's Press 1976. 222 S.

Friedman, Philip: Two „saviors" who failed. Moses Merin of Sosnowiec and Jacob Gens of Vilna. — In: Commentary 26 (1958), 479—491.

Friedmann, Friedrich Georg: Politik und Kultur. Die nationalsozialistische Universität. Judentum und Christentum. Schwarzweißes Amerika. Radikale Studenten. Autorität und Glaubwürdigkeit. — München: Beck (1969). XIV, 171 S.
(Beck'sche schwarze Reihe. 58.)

Friedrich Christian Prinz zu Schaumburg-Lippe: Dr. G[oebbels]. Ein Porträt des Propagandaministers. — Wiesbaden: Limes Verl. 1963. 288 S.

Friis, Erik J.: President Kekkonen of Finland. — In: American-Scandinavian Rev. 49 (1961), 239—245.

Frisch, Max: Erinnerungen an Brecht. — In: Kursbuch 1966, H. 7, 54—79.

Frisch, Morton J.: Roosevelt on peace and freedom. — In: J. Politics 29 (1967), 585—596.

Frischauer, Willi: Goering. — London: Odhams Press 1951. 304 S.
Dtsch. Ausg. u. d. T.: Ein Marschallstab zerbrach. Eine Göring-Biographie. — Ulm a. D.: Münster-V. (1951). 320 S.

Frischauer, Willi: Himmler. The evil genius of the Third Reich. — London: Odhams 1953. 269 S.

Frischauer, Willi: The man who came back. — London: Muller 1958. 276 S. Otto John.

Fritsch, Pierre: Les Wendel – rois de l'acier français. – Paris: Laffont (1976). 279 S.

Frölich, Paul: Rosa Luxemburg. Gedanke und Tat. Mit e. Nachw. von Iring Fetscher. (3. Ausg. Durchsicht von Rose Frölich.)—(Frankfurt a.M.:) Europ. Verl. Anst. (1967). 374 S.

Abraham **Frowein**. Erinnerungen an seine Tätigkeit im Deutschen Wirtschaftsrat bei der Britischen Kontrollkommission in Minden. Hrsg. u. bearb. von Walter Vogel. — Boppard: Boldt (1968). X, 84 S.

Frye, Charles E.: Carl Schmitts concept of the political. — In: J. Politics 28 (1966), 818—835.

Fryksen, Arne: [Adolf] Hitlers Reden zur Kultur. Kunstpolitische Taktik oder Ideologie? – In: Probleme dtsch. Zeitgesch., Stockholm: Läromedelsförl. (1971), 235-266.

Fuchs, Günther [u.] Hans Henseki: Charles de Gaulle. General und Präsident. Unter Mitarb. von Ulrich Schmelz. 2. unveränd. Aufl. – Berlin: Dtsch. Verl. d. Wissenschaften 1974. 195, [16] S.

[**Fučík**, Julius:] Julius Fučík v boji proti fašismu. (Uspoř. Zdeněk Novák. Odp. red. Jaroslava Jiráčková a Alena Zemánkova.) – (Praha: Naše vojsko 1973). 271 S.

Der **Führer** ins Nichts. Eine Diagnose Adolf Hitlers. (Vier Referate über Hitler als Politiker, Ideologe, Soldat und Persönlichkeit. Hrsg. und mit e. Vorwort versehen von Gert Buchheit.) – (Rastatt:) Grote (1960). 88 S.

Fürst, Max: Talisman Scheherazade. Die schwierigen zwanziger Jahre. – (München:) Hanser (1976). 447 S.

Funder, Friedrich: Vom Gestern ins Heute. Aus dem Kaiserreich in die Republik. — Wien: Herold-V. 1952. 717 S.

Funk, Arthur Layton: Charles de Gaulle. The crucial years 1943—1944. — Norman: University of Oklahoma Press (1959). XV, 336 S.

Funk, Arthur L.: Giraud and de Gaulle. A backward glance. — In: Curr. History 23 (1952), 316—325.

Funke, Manfred: 7. März 1936. Studie zum außenpolitischen Führungsstil [Adolf] Hitlers. - In: Aus Politik und Zeitgeschichte, Beilage zur Wochenzeitung „Das Parlament" Nr. 40 vom 3. Oktober 1970, 3-34.

Furgurson, Ernest B.: Westmoreland. The inevitable general. — Boston: Little, Brown (1968). 347 S.

Furler, Hans: Im neuen Europa. Erlebnisse u. Erfahrungen im Europäischen Parlament. — Frankfurt a. M.: Societäts-Verl. (1963), 271 S.

Furler, Hans: Reden und Aufsätze. 1953—1957. — (Baden-Baden 1958: Wesel.) 516 S.

Furtwängler, Franz Josef: Männer, die ich sah und kannte. — Hamburg: Verlag Auerdruck (1951). 229 S.

Fusfeld, Daniel R.: The economic thought of Franklin D. Roosevelt and the origins of the New Deal. — New York: Columbia University Press 1956. 337 S.

Fusti Carofiglio, Mario: Vita di Mussolini e storia del fascismo. — Torino: Soc. ed. Torinese 1950. VII, 472 S.

Gablentz, Otto Heinrich von der: Zu Unrecht vergessen: Wichard von Moellendorff. — In: Gewerksch. Monatsh. 5 (1954), 362—346.

Gadolin, Axel von: Der Staatspräsident J. K. Paasikivi und die „Paasikivi-Linie". — In: Polit. Studien 10 (1959), 789—801.

Gübler, Fritz: Erinnerungen an meine Festungshaft in Gollnow und meine erste Bekanntschaft mit Richard Scheringer. — In: Beitr. Gesch. dt. Arbeiterbewegung 3 (1961), 621—635.

BIOGRAPHIEN

Gäfvert, Björn: Ivar Kreugers förhandlinger med Sovjetunionen - In: Hist. Tidskr. [Stockholm] 1976, 145-169.

Gaertner, Franz von: Die Reichswehr in der Weimarer Republik. Erlebte Geschichte. — Darmstadt: Fundus-Verl. (1969). 158 S.

Gärtner, Margarete: Botschafterin des guten Willens. Außenpolitische Arbeit 1914—1950. — Bonn: Athenäum-V. 1955. 622 S.

Gaier, Otto R.: Edmond Vermeil. — In: Dtsch. Rdsch. 85 (1959), 1083—1089.

Gajewski, Jan: [Wilhelm] Canaris. - Warszawa: Książka i Wiedza 1977. 207 S.

Galante, Pierre [u.] Jack Miller: The general. [De Gaulle.] — London: Leslie Frewin 1969. 192 S.

Galante, Pierre: [André] Malraux. Préf. de Gaston Bonheur. — Paris: Plon 1971. 309 S.

Galbraith, John Kenneth: Tagebuch eines Botschafters (Ambassador's journal, dt.) Ein persönl. Bericht über die Jahre mit Kennedy. Ins Dtsch. übertr. von Karl Otto von Czernicki. — (München:) Droemer/Knaur (1970). 591 S.

Galeazzi-Risi, Riccardo: Dans l'ombre et dans la lumière de Pie XII. — Paris: Flammarion 1960. 257 S.

Galen, Clemens August Graf von: Schweigen oder Bekennen? Zum Gewissensentscheid des Bischofs von Münster im Sommer 1941. Eingel. u. komm. von Ludwig Volk. - In: Stimmen d. Zeit 101 (1976), Bd 194, 219-224.

Galinsoga, Luis de: Centinela de occidente. Semblanza biográfica de Francisco Franco. — Barcelona: Ed. AHR 1956. 467 S.

Galland, Adolf: Die Ersten und die Letzten. Die Jagdflieger im zweiten Weltkrieg. — Darmstadt: Schneekluth (1953). 392 S.

Galli, Giorgio: [Amintore] Fanfani. - Milano: Feltrinelli 1975. 174 S.

Gallman, Waldemar J.: Iraq under General Nuri. My recollections of Nuri al'Said, 1954—1958. — Baltimore: John Hopkins Press 1963. 264 S.

Gallois, Pierre M.: L'adieu aux armes. - Paris: Michel 1976. 361 S.
(Coll. „Au service de qui".)

Gambetti, Fidia: 1919—1945. Inchiesta sul fascismo. — Milano: Mastellone 1953. 350 S.

Kanonikus Michael **Gamper**. — In: Mitt. Inst. f. Auslandsbezieh. 6 (1956), 127.

Gandhi, Indira: Indira Gandhi spricht (Indira Gandhi speaks on democracy, socialism and Third World nonalignment, dt.) Mit e. Einl. von Gisela Bonn. (Übers.: Aggy Jais [u.a.] — (Percha a. Starnberger See:) Schulz (1975). 243 S.

Gandhi, Mahatma (**Gandhi**, Mohandas Karamchand): Freiheit ohne Gewalt [Teilsamml., dt.] Eingel., übers. u. hrsg. von Klaus Klostermeier. — Köln: Hegner (1968). 237 S.
(Hegner-Bücherei.)

Gannon, Robert Ignatius: The Cardinal Spellman story. — Garden City: Doubleday 1962. VI, 447 S.
Dt. Ausg. u. d. T.: Kardinal Spellman. — Osang 1963. 334 S.

Ganshof van der Meersch, W. J.: Notice sur la vie et les travaux de Leon Cornil. Aperçus de l'histoire de l'Université de Bruxelles sous l'occupation ennemie 1940-1944. - In: Rapport académique de l'Université Libre de Bruxelles 1963-1964, 1972, 3-35.

Garas, Félix: Bourgiba et la naissance d'une nation. — Paris: Julliard 1956. 286 S.

Garas, Félix: Charles de Gaulle. Seul contre les pouvoirs. Préf. de Général Catroux. - Paris: Julliard 1957. 305 S.

Garaudy, Roger: Lénine. — Paris: Presses Universitaires de France 1968. 116 S.
(Coll. „SUP. Philosophes".)

Garaudy, Roger: Menschenwort (Parole d'homme, dt.). Ein autobiographischer Bericht. (Aus d. Französ. übertr. von Wolfgang Libal.) - München: Molden 1976. 223 S.

Garder, Michel: Mao Tsé-toung. — Paris: La Table ronde 1960. 126 S.

Gardiner, George: Margaret Thatcher. From childhood to leadership. - London: Kimber 1975. 235 S.

Gardner, Brian: Churchill in his time. A study in reputation 1939—1945. — London: Methuen 1968. 320 S.

Garleff, Michael: Ein unbekannter Brief Thomas Manns an Paul Schiemann aus dem Jahre 1932. [Dokumentation.] - In: Vjh. Zeitgesch. 17 (1969), 450-453.

Garleff, Michael: Paul Schiemanns Minderheitentheorie als Beitrag zur Lösung der Nationalitätenfrage. - In: Z. Ostforsch. 25 (1976), 632-660.

Garliński, J.: Między Londynem i Warszawa. — London: Gryf Publ. 1966. 160 S.

Garraty, John A.: Woodrow Wilson. A great life in brief. — New York: Knopf 1956. VI, 206 S.

Garrett, Randall: Papst Johannes XXIII (Pope John XXIII, pastoral prince, dt.) Ein Lebensbild. (Aus d. Amerikan. übertr. von Gotthard Klewitz.) — (München:) Kindler (1962). 236 S.

Gasiorowski, Zygmunt J.: Beneš and Locarno. Some unpublished documents. — In: Rev. Politics 20 (1958), 209—224.

Gasiorowski, Zygmunt J.: Stresemann and Poland after Locarno. — In: J. Centr. Europ. Aff. 18 (1958/59), 292—317.

Gasiorowski, Zygmunt J.: Stresemann and Poland before Locarno. — In: J. Centr. Europ. Aff. 18 (1958/59), 25—47.

Gasperi, Alcide de: Discorsi politici. A cura di Tommaso Bozza. Vol. 1. 2. — Roma: Ed. Cinque Lune 1956.

Gasperi, Alcide de: Lettere dalla prigione 1927—28. Raccolte a cura della vedova. — Milano: Mondadori 1955. 182 S.

Gasperi, Alcide de: Studi ed appelli della lunga vigilia. — Rocca S. Casciano: Cappelli 1953. 221 S.

Gather, Gernot: Ein Leben für das Recht. [Hermann Höpker-Aschoff.] — In: Offene Welt H. 29 (Jan./Febr. 1954) 8—10.

Gatterer, Claus: Unter seinem Galgen stand Österreich. Cesare Battisti. Portrait eines Hochverräters. — Frankfurt a.M.: Europa-Verl. (1967). 134 S.
(Europäische Perspektiven.)

Gatti, Armand und Pierre Joffroy: La vie de Churchill. — Paris: Ed. du Seuil 1954. 304 S.

Gatzke, Hans W.: [Adolf] Hitler and psychohistory. (A review article of: Walter C. Langer: The mind of Adolf Hitler.) — In: Amer. hist. Rev. 78 (1973), 394—401.

Gatzke, Hans W.: Stresemann und Litwin. — In: Vjh. Zeitgesch. 5 (1957), 76—90.

Gatzke, Hans W.: Stresemann and Russia. — In: World Aff. Quart. 27 (1957), 344—355.

Gaulle, Charles de: L'appel. 1940—1941—1942. — Paris: Plon 1954. 704 S.

Gaulle, Charles de: De Gaulle hat gesagt... [Werke, Ausz., dt.] Eine Dokumentation seiner Politik. Hrsg. von Hans Stercken. — Stuttgart: Seewald (1967). 366 S.

Gaulle, Charles de: Memoiren. Der Ruf 1940—1942 (Mémoires de guerre. L'appel 1940—1942, dt.) (Deutsch von Hector G. Preconi und Otto F. Best.) — (Berlin und Frankfurt a. M.:) S. Fischer 1955. 277 S.

Gaulle, Charles de: Memoiren 1942—1946 (Mémoires de guerre, Ausz., dt.) Die Einheit — Das Heil. (Ins Dt. übertr. von Wilhelm u. Modeste Pferdekamp.) — Düsseldorf: Droste (1961). 555 S.

Gaulle, Charles de: Memoiren der Hoffnung (Mémoires d'espoir, dt.) (Aus d. Französ. übertr. von Hermann Kusterer.) — München: Molden.
Die Wiedergeburt 1958—1962. (1971). 480 S.

Gaulle, Charles de: Mémoires d'espoir. — [Paris:] Plon.
Le renouveau. 1958 — 1962. (1970). 314 S.

Gaulle, Charles de: Mémoires d'espoir. — [Paris:] Plon.
L'effort. 1962—... (1971). 223 S.

Gaulle, Charles de: Des Schwertes Schneide (Le fil de l'epée, dt.) (Übers.: Leo Schmidl.) — Frankfurt a.M., Bonn: Athenäum-Verl. 1961. 143 S.
(Athenäum-Schriften. 4./5.)

Gaultier, Marcel: Prisons japonaises. — Monte Carlo: Ed. S. A. T. E. M. (1953). 314 S.

Gaus, Günter: Der Schwierige. Versuch über Herbert Wehner. — In: Monat 21 (1969), H. 244, 51—60.

Gautschi, Willi: [Vladimir Il'ič] Lenin als Emigrant in der Schweiz. — (Köln:) Benzinger (1973). 383 S.

Gavagnin, Armando: Vent' anni di resistenza al fascismo. Ricordi e testimonianze. — Torino: Einaudi 1957. 533 S.

Gavi, Philippe: Che Guevara. — Paris: Edit. universitaires 1970. 176 S.
(Coll. „Les Justes". 3.)

Gavshon, Arthur L.: The mysterious death of Dag Hammarskjöld. — New York: Walker 1962. 243 S.
Engl. Ausg. u. d. T.: The last days of Dag Hammarskjöld. — London: Barrie & Rockliff; Pall Mall Press 1963. 259 S.

Gawroński, Jan: Moja misja w Wiedniu 1932—1938. — Warszawa: Państwowe Wydawnictwo Naukowe 1965. 576 S.

Andreas **Gayk** und seine Zeit, 1893-1954. Erinnerungen an den Kieler Oberbürgermeister. Hrsg. von Jürgen Jensen [u.] Karl Rickers. — Neumünster: Wachholtz 1974. 267 S.

Dem **Gedächtnis** Konstantin Hierls. — In: Nation Europa 5 (1955), H. 11, 62—64.

Gedanken über einen Politiker. Dieser Mann Brandt. Von 35 Wissenschaftlern, Künstlern und Schriftstellern. Hrsg. von Dagobert Lindlau. — München: Kindler 1972. 206 S.

Zum **Gedenken** an den vermutlichen Todestag von Generaloberst (Alexander) Löhr. — In: Luftwaffenring 1955, H. 3, 15.

Gehlen, Reinhard: Der Dienst. Erinnerungen 1942—1971. — Mainz: v. Hase & Koehler (1971). 424 S.

Gehlen, Reinhard: Zeichen der Zeit. Gedanken und Analysen zur weltpolitischen Entwicklung. — Mainz: v. Hase & Koehler 1973. 302 S.

Gehrig, Emmy: Umjubelt, verkannt, verbannt. Kaiserin und Königin Zita. 2. verm. Aufl. — Wels: Reisinger 1955. 367 S.

Gelgenmüller, Ernst: Briand. Tragik des großen Europäers. — Bonn: Athenäum-V. (1959). 272 S.

Geis, Robert: Leo Baeck. — In: Frankf. H. 12 (1957), 27—30.

Geiss, Imanuel: Kurt Riezler und der Erste Weltkrieg. – In: Deutschland in der Weltpolitik des 19. und 20. Jahrhunderts. Festschrift für Fritz Fischer zum 65. Geburtstag, Düsseldorf: Bertelsmann Universitätsverl. (1973), 398–418.

Gelber, N. M.: The late Dr. P. Friedman. — In: Yad Washem Bull. 1960, H. 6/7, 3—4.

Geldern, Wolfgang von: Wilhelm Oechelhäuser als Unternehmer, Wirtschaftspolitiker und Sozialpolitiker. — München: Bruckmann (1971). 72 S.
(Tradition. Beih. 7.)

Gelsner, Kurt: Konrad Adenauer. — München, Köln: Olzog 1957. 48 S.
(Rheinische Porträts.)

Gemkow, Karl: Karl Marx. Eine Biographie. ([Hrsg.:] Inst. f. Marxismus-Leninismus beim ZK d. SED. 2. durchges. Aufl.) — Berlin: Dietz 1968. 445 S.

Genscher, Hans-Dietrich: Bundestagsreden. [Sammlung.] Mit e. Vorw. von Walter Scheel. Hrsg. von Günter Verheugen. – Bonn: AZ-Studio 1972. 278 S.

Gentile, Emilio: La politica di [Tommaso] Marinetti. – In: Storia contemp. 7 (1976), 415–438.

King **George VI** to his peoples, 1936—1951. Selected broadcasts and speeches. — London: Murray 1952. VII, 103 S.

George, Alexander L. und Juliette L. George: Woodrow Wilson and Colonel House. A personality study. — New York: Day 1956. XVII, 362 S.

George, T[hayil] J[acob] S[ony]: Krishna Menon. A biography. — London: Cape 1964. 272 S.

George, William: My brother and I. — — London: Eyre & Spottiswoode 1958. 323 S.
Lloyd George.

Georghiu-Dej, Gh.: Articole și cuvântări. — Bucuresti: I. D. I. 1951. 452 S.
Aufsätze und Reden.

Gereke, Günther: Ich war königlich-preußischer Landrat. — Berlin: Union Verl. (1970). 468 S.

Gerhard, Jan: Charles de Gaulle. - Warszawa: Książka i Wiedza.
1. 1972. 454 S.
2. 1972. 470 S.

Gerhardt, Maria: Friedrich Naumann. Ein Beitrag zur Frage nach dem Wesen der Politik. — Hamburg 1951. 115 gez. Bl. [Maschinenschr.]
Hamburg, phil. Diss. 18. August 1953.

Gerhart, Eugene C.: America's advocate: Robert H. Jackson. — Indianapolis: Bobbs-Merrill 1958. 545 S.

[**Gerlach,** Hellmut von:] Ein Demokrat kommentiert Weimar. Die Berichte Hellmut von Gerlachs an die Carnegie-Friedensstiftung in New York 1922–1930. Hrsg., eingel. u. erl. von Karl Holl u. Adolf Wild. Mit e. Vorw. von Alfred Kantorowicz. - Bremen: Schünemann (1973). 268 S.

Gerland, Brigitte: Die Hölle ist ganz anders. — Stuttgart: Steingrüben-V. [1954]. 198 S.

Germain, André: La bourgeoisie qui brûle. Propos d'un témoin (1890—1945) — Paris: Sun 1951. 301 S.

Germain, Louis: Mémoires d'un incendiaire. Souvenirs d'un bombardier français dans la R.A.F. — Paris: Julliard 1951. 254 S.

Germanis Uldis: Oberst [Jukums] Vācietis und die lettischen Schützen im Weltkrieg und in der Oktoberrevolution. - Stockholm: Almqvist & Wiksell 1974. 336 S.
(Acta Universitatis Stockholmiensis. Stockholm Studies in History. 20.)

Gersdorff, Rudolf-Christoph Frhr v[on]: Soldat im Untergang. - (Frankfurt a. M.:) Ullstein (1977). 226 S.

Gersdorff, Ursula von: Wolfgang Foerster 85 Jahre. (Mit Bibliographie seiner Schriften.) — In: Wehrwiss. Rdsch. 10 (1960), 439—444.

Gersdorff, Ursula von: Seeckts Notizen für Memoiren. — In: Wehrwiss. Rdsch. 11 (1961), 693—694.

Gerson, Louis L.: John Foster Dulles. — New York: Cooper Square Publishers 1967. XIV, 372 S.
(The American secretaries of state and their diplomacy. 17.)

Gerson, Louis L.: John Foster Dulles. The last two years. — In: Mod. Age 12 (1968), 272—280.

Gerstenmaier, Eugen: Konrad Adenauer. Ehrung und Gedenken. — (Stuttgart: Seewald 1967.) 63 S.

Gerstenmaier, Eugen: Reden und Aufsätze, Bd 2. — Stuttgart: Evang. Verlagswerk 1962. 428 S.

Geschichte und Gegenwartsbewußtsein. Historische Betrachtungen u. Untersuchungen. Festschrift für Hans Rothfels zum 70. Geburtstag dargebracht von Kollegen, Freunden u. Schülern. Hrsg. von Waldemar Besson u. Friedrich Frhr. Hiller v. Gaertringen. — Göttingen: Vandenhoeck u. Ruprecht (1963). 526 S.

Geßler, Otto: Auf dem Nürnberger Bürgermeisterstuhl im Weltkrieg 1914 bis 1918. — In: Festgabe für Seine Königliche Hoheit Kronprinz Rupprecht von Bayern, München-Pasing: Verl. Bayer. Heimatforschung 1953, 98—126.

Geßler, Otto: Reichswehrpolitik in der Weimarer Zeit. Hrsg. von Kurt Sendtner. Mit einer Vorbemerkung von Theodor Heuss. — Stuttgart: Dtsch. Verl.-Anst. (1958). 582 S.

Getzler, Israel: Martov. A political biography of a Russian socialdemocrat. — London: Cambridge University Press 1967. XIII, 246 S.

Geyelin, Philip: Lyndon B. Johnson and the world. — New York: Praeger 1966. VIII, 309 S.

[**Geyer,** Curt:] Die revolutionäre Illusion. Zur Geschichte des linken Flügels der USPD. Erinnerungen von Curt Geyer. Hrsg. von Wolfgang Benz [u.] Hermann Graml. Mit e. Vorw. von Robert F. Wheeler. - Stuttgart: Dtsch. Verl.-Anst. (1976). 303 S.
(Schriftenreihe der Vierteljahrshefte für Zeitgeschichte. 33.)

Geyer, Dietrich: Lenin in der russischen Sozialdemokratie. Die Arbeiterbewegung im Zarenreich als Organisationsproblem der revolutionären Intelligenz 1890—1903. — Köln, Graz: Böhlau 1962. XXVI, 447 S.
(Beiträge zur Geschichte Osteuropas. 3.)

Geyer, Dietrich: Wilson und Lenin. Ideologie und Friedenssicherung in Osteuropa 1917—1919. — In: Jb. Gesch. Osteuropas 3 (1955), 430—441.

Geyr von Schweppenburg, Leo Freiherr: Erinnerungen eines Militärattachés. London 1933—1937. — Stuttgart: Dtsch. Verl.-Anst. 1949. 171 S.
Erweit. engl. Ausg. u. d. T.: The critical years. Foreword: Leslie Hore-Belisha. — London: Alan & Wingate 1952. 206 S.
Die englische Ausgabe bringt neues Material aus den Jahren 1937—1944.

Gheorghe, Jon: Automatic arrest. (Autor., vom Autor durchges. Übers. aus d. Franz.) — Leoni am Starnberger See: Druffel (1957). 223 S.

Giacomini, Ruggero: [Antonio] Gramsci e la formazione del Partito Comunista d'Italia. - Napoli: Ed. cultura operaia 1975. 302 S.

Giannini, Amedeo: Pietro Badoglio. — In: Riv. Studi polit. internaz. 23 (1956), 639—644.

Giannini, Amedeo: Alessandro Casati. — In: Riv. Studi polit. internaz. 22 (1955), 456—458.

Giap, Vo-nguyen-: Unforgettable months and years. (Transl. by Mai Van Ellitoo.) - Ithaca, N. J.: Cornell University Press 1975. 103 S.

Gibney, Frank: Les visées de Khrouchtchev [Chruschtschow]. — Paris: Plon 1961. 310 S.

Giesbert, Franz-Olivier: François Mitterand ou La tentation de l'histoire. - Paris: Ed. du Seuil (1977). 331 S.

Giesler, Hermann: Ein anderer [Adolf] Hitler. Bericht seines Architekten. Erlebnisse, Gespräche, Reflexionen. (2. Aufl.) – Leoni a. Starnberger See: Druffel (1977). 527 S.

Gillessen, Günther: Hugo Preuß. Studien zur Ideen- und Verfassungsgeschichte der Weimarer Republik. — Freiburg i. Br. 1955. 234 gez. Bl. [Maschinenschr.]
Freiburg i. Br., phil. Diss. 26. Mai 1955.

Gimpel, Erich: Spion für Deutschland. Aufgezeichnet von Will Berthold. — München: Süddt. Verl. 1956. 251 S.

Ginsburg, Shaul: Du Wilsonisme au communisme. L'itinéraire du pacifiste Raymond Lefebvre en 1919. – In: Rev. Hist. mod. & contemp. 23 (1976), 583–605.

Ginsburg, Shaul: Raymond Lefebvre, national defence and international revolution. - In: J. contemp. Hist. 6 (1971), H. 4, 72–90.

(**Giolitti,** Giovanni:) Dalle carte di Giovanni Giolitti. Quarant' anni di politica italiana. — Milano: Feltrinelli (1962).
1. L'Italia di fine secolo. 1885—1900. A cura di Piero d'Angiolini. XI, 436 S.
2. Dieci anni al potere. 1901—1909. A cura di Giampiero Carocci. 471 S.
3. Dai prodomi della grande guerra al fascismo. 1910—1928. A cura di Claudio Pavone. 460 S.

(Testi e documenti di storia moderna e contemporanea. 6—8.)

Giolitti, Giovanni: Memorie della mia vita. Introd. di O. Malagodi. — Milano: Garzanti 1967. 387 S.

Giordani, Igino: Alcide de Gasperi. — Milano: Mondadori 1955. 379 S.

Giordani, Igino: Pio XII. Un grande papa. — Torino: SEI 1961. 748 S.

Girard, Ilse: Prof. P. H. Seraphim — „wissenschaftlicher" Wegbereiter faschistischer Ideologie unter Hitler und unter Adenauer. — In: Dokumentation d. Zeit 1956, H. 126, 355—374.

Girard, Louis-Dominique: L'appel de l'ile d'Yeu. La pensée du maréchal [Pétain]. — Paris: Bonne 1951. 359 S.

Gisevius, Hans Bernd: Adolf Hitler. Versuch einer Deutung. — München: Rütten & Loening (1963). 565 S.

Gisevius, Hans Bernd: Wo ist Nebe? Erinnerungen an Hitlers Reichskriminaldirektor. — Zürich: Droemer (1966). 320 S.

Giudice, Gaspare: Benito Mussolini. — Torino: UTET 1969. XI, 708 S.

Giudice, Mauro del: Cronistoria del processo Matteotti. — Palermo: Monaco 1954. 110 S.

Giuliano, Bartolomeo: Testimonianza di B. Giuliano sul secondo incendio di Boves (dicembre 1943 — gennaio 1944). — In: Movim. Liberaz. Italia, H. 24 (Mai 1953), 39—48.

Glaser, Georg K.: Geheimnis und Gewalt. Bd 1. 2. — Basel. Lausanne, Paris: Vineta-V. (1951). 364, 377 S.

Glaser, Georg K.: Geheimnis und Gewalt. Ein Bericht. — Stuttgart: Scherz & Goverts 1953. 549 S.

Glasneck, Johannes: Kemal Atatürk in der Historiographie. — In: Z. Geschichtswiss. 19 (1971), 1154—1166.

Glasneck, Johannes: Carl Goerdeler — Apologet der faschistischen Nah-Ost-Expansion und Vorläufer des Bonner Neokolonialismus. — In: Z. Geschichtswiss. 11 (1963), 1490—1504.

Glazer, Nathan: Herbert H. Lehman of New York. — In: Commentary 35 (1963), 403—409.

Glees, Anthony: Albert C. Grzesinski and the politics of Prussia, 1926–1930. - In: Engl. hist. Rev. 89 (1974), 814–834.

D[okto]r Hans **Globke.** Aktenauszüge, Dokumente. Hrsg. von Reinhard-M. Strecker. — Hamburg: Rütten & Loening (1961). 287 S.

Glubb, Sir John Bagot: A soldier with the Arabs. — London: Hodder & Stoughton 1957. 460 S.

Glubb, Sir John Bagot: War in the desert. — London: Hodder & Stoughton 1960. 352 S.
Über die Kämpfe nach dem Ersten Weltkriege.

Glum, Friedrich: Zwischen Wissenschaft, Wirtschaft und Politik. Erlebtes und Erdachtes in 4 Reichen. — Bonn: Bouvier 1964. 785 S.

Gniffke, Erich W[alter]: Jahre mit Ulbricht. Vorw. von Herbert Wehner. — Köln: Verl. Wissensch. u. Politik (1966). 375 S.

Gobetti, Ada: Diario partigiano. Torino: Einaudi 1956. 429 S.

Goch, Gerd: Heinz Kühn. – (Bornheim:) Zirngibl (1975). 95 S.
(Gefragt.)

Goddard, David: Max Weber and the objectivity of social science. – In: Hist. & Theory 12 (1973), 1–22.

(**Goebbels,** Joseph:) The early Goebbels diaries [Das Tagebuch von Joseph Goebbels, engl.] The journal of Joseph Goebbels from 1925—1926. With a pref. by Alan Bullock. Ed. by Helmut Heiber. Transl. from the German by Oliver Watson. — London: Weidenfeld & Nicolson (1962). 156 S.

[**Goebbels,** Joseph:] Goebbels-Reden. Hrsg. von Helmut Heiber. Bd 1.2. — Düsseldorf: Droste.
1. 1932—1939. (1971). XXXIV, 337 S.
2. 1939—1945. (1972). XXVI, 466 S.

(**Goebbels,** Joseph:) Das Tagebuch von Joseph Goebbels. 1925/26. Mit

Goebbels, Joseph: Tagebücher 1924–1945. - (Hamburg:) Hoffmann & Campe.
1945. Die letzten Aufzeichnungen. Einführung: Rolf Hochhuth. (1977). 607 S.

Goebel, Klaus: Johann Victor Bredt ⟨1879-1940⟩. – In: Rhein. Lebensbilder, Bonn: Habelt [in Komm.] 1973, Bd 5, 243-258.

Göhring, Martin: Stresemann. Mensch, Staatsmann, Europäer. — Wiesbaden: Steiner 1956. 53 S.
(Vorträge des Instituts für Europäische Geschichte Mainz. 17.)

Goergen, Josef Matthias: Friedrich Wilhelm Foersters „Erlebte Weltgeschichte" im Spiegel der Weltmeinung. — Nürnberg: Glock & Lutz 1955. 38 S.

Goering, Emmy: Goering (Memoiren, [franz.]) (Trad. de l'allemand par R. Jouan.) — Paris: Presses de la Cité (1963). 312 S.

Göring, Emmy: An der Seite meines Mannes. Begebenheiten und Bekenntnisse. — Göttingen: Schütz (1967). 337 S.

Görlich, Ernst Joseph: Der letzte Kaiser. [Karl I.] (Wien, Köln:) Wancura (1962). 364 S.

Görlitz, Walter: Karl Dönitz. Der Großadmiral. — Göttingen: Musterschmidt 1972. 94 S.
(Persönlichkeit und Geschichte. 69.)

Görlitz, Walter: Hindenburg. Ein Lebensbild. — Bonn: Athenäum-V. 1953. 438 S.

Görlitz, Walter und Herbert A. Quint: Adolf Hitler. Eine Biographie. — Stuttgart: Steingrüben-V. (1952). 656 S.

Görlitz, Walter: Adolf Hitler. — Göttingen, Berlin, Frankfurt a. M.: Musterschmidt (1960). 145 S.
(Persönlichkeit und Geschichte. 21./22.)

Görlitz, Walter: [Walter] Model. Strategie der Defensive. - (Wiesbaden:) Limes-Verl. (1975). 291 S.

Goetel, Ferdynand: Czasy wojny. — London: Veritas 1955. 276 S.

Götting, Gerald: Christliche Demokraten - Mitgestalter der entwickelten sozialistischen Gesellschaft in der DDR. Aus Reden und Aufsätzen 1971-1977. - Berlin: Union Verl. (1977). 377 S.

Goetz, Helmut: Giovanni Gentile und der Faschismus. - In: Gesch. Wiss. Unterr. 27 (1976), 100–105.

Goetz, Walter: Die Erinnerungen des Staatssekretärs Richard von Kühlmann. — München: Verl. d. Bayer. Ak. d. Wiss. 1952. 54 S.
(Sitzungsberichte d. Bayer. Akad. d. Wiss., Phil.-hist. Klasse, Jg. 1952, H. 3.)

Goetz, Walter: Friedrich Meinecke. Leben und Persönlichkeit. — In: Hist. Z. 174 (1952), 231—250.

Goetz, Walter: Kaiser Wilhelm II. und die deutsche Geschichtsschreibung. — In: Hist. Z. 179 (1955), 21—44.

Götze-Claren, Klaus: Mythos und Moral. Rationalismus und Irrationalismus in d. polit. Philosophie Georges Sorels. — (Berlin 1963: Ernst-Reuter-Gesellschaft.) XVI, 178 S.
Berlin, Freie Univ., phil. Diss. vom 13. Juni 1963.

Goglia, Luigi: Un aspetto dell'azione politica durante la campagna d'Etiopia 1935–36. La missione del senatore Jacopo Gasparini nell'Amhara. In: Storia contemp. 8 (1977), 791 822.

Goldbach, Marie-Luise: Karl Radek und die deutsch-sowjetischen Beziehungen 1918–1923. - Bonn-Bad Godesberg: Verl. Neue Gesellsch. (1973). 163 S.
(Schriftenreihe des Forschungsinstituts der Friedrich-Ebert-Stiftung. 97.)

Goldberg, Harvey: The life of Jean Jaurès. — Madison: University of Wisconsin Press 1962. 590 S.

Goldman, Emma: Gelebtes Leben (Living my life, dt. Aus d. Amerikan. übers. von Renate Orywia u. Sabine Vetter.) - Berlin: Kramer.
1. 1978. 392 S.
(Frauen in der Revolution. 5.)

Goldman, Eric Frederick: The tragedy of Lyndon [Baines] Johnson. — London: MacDonald 1969. XII, 531 S.

Goldmann, Erwin: Zwischen zwei Völkern. Ein Rückblick. Erlebnisse und Erkenntnisse. - Königswinter: Cramer (1975). 264 S.

Goldmann, Nahum: Staatsmann ohne Staat. Autobiographie. — (Köln:) Kiepenheuer & Witsch (1970). 474 S.

Goldschmidt, Hermann Levin: Leo Baeck 1873—1956. — In: Dtsch. Universitätsztg. 12 (1957), H. 21, 4—5.

Goldstein, Moritz ⟨Inquit [Pseud.]⟩: Berliner Jahre. Erinnerungen 1880–1933. - München: Verl. Dokumentation 1977. 269 S.
(Dortmunder Beiträge zur Zeitungsforschung. 25.)

Golffing, Francis: Was für ein Mensch war Hitler? — In: Dokumente 9 (1953), 229—238.

Golffing, Francis: What manner of man was Hitler? Messiah of the ice age. — In: Commentary 15 (1953), 131—139.

Goliakov, G. [u.] V. Ponizovsky: Le vrai Sorge. L'affaire Richard Sorge vue de Moscou. Trad. du russe par M. Matignon. — Paris: Fayard 1967. 322 S.
(Coll. „La guerre secrète".)

Gollancz, Victor: Aufbruch und Begegnung. — Braunschweig: Bertelsmann 1954. 544 S.

Gollancz, Victor: The case of Adolf Eichmann. — London: Gollancz 1961. 61 S.

Gollancz, Victor: Auf dieser Erde (More for Timothy. Being the second instalment of an autobiographical letter to his grandson. Dtsch. von Lutz Weltmann). — (Gütersloh:) Bertelsmann (1955). 478 S.

Gollancz, Victor: Stimme aus dem Chaos. Eine Auswahl der Schriften. — Nürnberg: Nest-V. 1948. 293 S.

Gollert, Friedrich: Dibelius vor Gericht. – München: Beck (1959). VI, 193 S.

Gollin, Alfred M.: The „Observer" and J. L. Garvin. — London: Oxford University Press 1960. 444 S.

Gollwitzer, Heinz: Karl Alexander von Müller 1882—1964. Ein Nachruf. — In: Hist. Z. 205 (1967), 295—322.

Gollwitzer, Helmut: Eugen Kogon und die F[rankfurter] H[efte]. - In: Frankf. H. 28 (1973), 125–128.

Gollwitzer, Helmut: „... und führen, wohin du nicht willst". Bericht einer Gefangenschaft. — München: Kaiser 1951. 339 S.

Gomulka, Władysław: Przemówienia (październik 1956—wrzesień 1957). — Warszawa: Książka i Wiedza 1957. 481 S.

Gomulka, Władysław: Ausgewählte Reden und Aufsätze 1960—1963. — Berlin: Dietz 1965. 441 S.

González Ruano, César: El general Primo de Rivera. — Madrid: Ed. del Movimiento 1954. 232 S.

El Campesino [d. i. Valentin **Gonzalez**]: Life and death in Soviet Russia (La vie et la mort en U.R.S.S., engl.) — New York: Putnam 1952. 218 S.

El Campesino [d. i. Valentin **Gonzalez**]: La vie et la mort en U.R.S.S. (1939—1949). — Paris: Plon 1950. 220 S.
Dtsch. Ausg. u. d. T.: Die große Illusion. Von Madrid nach Moskau. — Köln, Berlin: Kiepenheuer und Witsch [1951]. 210 S.

Gooch, G. P.: Under six reigns. — London: Longmans, Green 1958. VII, 344 S.

Goodspeed, D[onald] J[ames]: Ludendorff. Soldier, dictator, revolutionary. — London: Hart-Davis 1966. XIII, 271 S.
Dtsch. Ausg. u. d. T.: Ludendorff. Soldat, Diktator, Revolutionär. (Dtsch. von Dieter Kehl.) — (Gütersloh:) Bertelsmann Sachbuchverl. (1968). 255 S.

Goold, Douglas: Lord [Charles] Hardinge and the Mesopotamian expedition and inquiry, 1914-1917. In: Hist. J. 19 (1976), 919-945.

Goold-Adams, Richard: The time of power. A reappraisal of John Foster Dulles. — London: Weidenfeld & Nicolson 1962. X, 320 S.

Gopal, Sarvepalli: Jawaharlal Nehru. A biograhhy. - London: Cape.
1. 1889-1947. 1975. 398 S.

Gopal, Servepalli: The viceroyalty of Lord Irwin 1926—1931. — London: Oxford University Press 1957. 152 S.

Goppel, Alfons: Reden. Ausgewählte Manuskripte aus d. Jahren 1958—1965. Mit e. Vorw. von Alois Hundhammer. — Würzburg: Echter-Verl. (1965). 162 S.

Gordon, Harold J.: Ritter von Epp und Berlin 1919—1923. — In: Wehrwiss. Rdsch. 9 (1959), 329—341.

Gordon, Harold J., jr.: Hans von Seeckt als Mensch. — In: Wehrwiss. Rdsch. 7 (1957), 575—584.

Gorman, Robert M.: Racial antisemitism in England. The legacy of Arnold Leese. - In: Wiener Libr. Bull. 30 (1977), 65-74.

Gorrissen, Ellen Maria: Wer ist Pierre Mendès-France? Versuch eines Porträts. — In: Außenpolitik 6 (1955), 47—53.

Gosnell, Harold F.: Champion campaigner: Franklin D. Roosevelt. — New York: Macmillan 1952. VIII, 235 S.

Gosset, Pierre und Renée: Adolf Hitler. — Paris: Juillard.
1. De la jeunesse à la prise du pouvoir. (1961.) 347 S.

Gosset, Pierre und Renée: Adolf Hitler. — Paris: Juillard.
2. De la prise du pouvoir à Munich. (1962.) 337 S.

Gosset, Pierre et Renée: Adolf Hitler. — Paris: Juillard.
3. Du traité de Munich à la mort dramatique du dictateur. (1965.) 528 S.

Gosset, Pierre [u.] Renée Gosset: Richard Nixon, le mal aimé. - Paris: Julliard (1972). 279 S.

Gosztony, Peter: Admiral Horthy. Rückblick anläßlich des 10jährigen Todestages. — In: Schweizer Monatsh. 46 (1966/67), 979—994.

Gosztony, Peter: Miklós von Horthy. Admiral und Reichsverweser. - Göttingen: Musterschmidt (1973). 126 S.
(Persönlichkeit und Geschichte. 76/77.)

Gosztony, Peter: Das private Kriegstagebuch des Chefs des ungarischen Generalstabes [Vörös, János] vom Jahre 1944. Eingel., aus d. Ungar. übers. u. mit Anmerkungen versehen. — In: Wehrwiss. Rdsch. 20 (1970), 634—659 und 703—732.

Gosztony, Peter: László Rajks fünf Leben. — In: Osteuropa 21 (1971), 792—805.

Gosztony, Peter: General Pál Maleter. — In: Polit. Studien 17 (1966), 693—706.

Gottfried, Paul: Otto Strasser and national socialism. — In: Mod. Age 13 (1969), 142—151.

Gottgetreu, Erich: Maximilian Harden. Ways and errors of a publicist. — In: Year Book, Leo Baeck Inst. 7 (1962), 215—246.

Gottschalch, Wilfried: Strukturveränderungen der Gesellschaft und politisches Handeln in der Lehre von Rudolf Hilferding. — Berlin: Duncker & Humblot (1962). 287 S.
(Soziologische Abhandlungen. 3.)

Klement **Gottwald** 1951—1953. Sborník statí a projevů. 1. autoris. vyd. — Praha: SNPL 1953. 269 S.
Reden und Aufsätze.

Gottwald, Klement: Ausgewählte Reden und Aufsätze. Vorw. von Wilhelm Pieck. — Berlin: Dietz 1955. 564 S.

Gottwald, Klement: Spisy. Vol. 1—14. — Praha: Státní Nakladatelství Politické Literatury 1951—1959.

Gould, B. J.: The jewel in the lotus. Recollections of an Indian political. Foreword by Sir Ernest Barker. — London: Chatto & Windus 1957. XIV, 252 S.

Gounelle, Claude: Le dossier Laval. — Paris: Plon 1969. 736 S.

Gourdon, Alain: [Pierre] Mendès France ou la rêve français. - [Paris:] Ramsey '1977). 362 S.

Goyke, Ernst: Hans Friderichs. Staranwalt der Marktwirtschaft. Wirken und Weg eines liberalen Politikers. - Stuttgart: Verl. Bonn Aktuell (1976). 118 S.

Grabmayr, Karl von: Erinnerungen eines Tiroler Politikers 1892—1920. Aus dem Nachlaß des 1923 verstorb. Verfassers. (Hrsg.: Raimund Klebelsberg.) — Innsbruck: Wagner 1955. 199 S.

Grabowsky, Adolf: Leben und Werk. Dem Altmeister d. polit. Wissenschaften als Fest- u. Dankesgabe gewidmet. Hrsg. von Hans Thierbach. — Köln: Heymann 1963. VIII, 232 S.

Grabowsky, Adolf: Gustav Radbruch. — In: Z. Politik 2 (1955), 175—178.

Gradl, Johann Baptist: Für deutsche Einheit. Zeugnisse eines Engagements. Hrsg. u. eingel. von Karl Willy Beer. - Stuttgart: Seewald (1975). 368 S.

Gradl, Johann Baptist: Im Interesse der Einheit. Zeugnisse eines Engagements. Hrsg. u. eingel. von Karl Willy Beer. — Stuttgart: Seewald (1971). 352 S.

Gradobojew, N.: Georgij Maximiljanowitsch Malenkow. — In: Dtsch. Rdsch. 77 (1951), 682—687.

Graef, Hilda: Leben unter dem Kreuz. Eine Studie über Edith Stein. — Frankfurt a. M.: Knecht 1954. 312 S.

Graf, Oskar Maria: Gelächter von außen. Aus meinem Leben 1918—1933. — München: Desch (1966). 517 S.

Willi **Graf.** † 12. 10. 1943. Gedenkblätter zum 15. Jahrestag seiner Hinrichtung. (Hrsg.: Landeszentrale f. Heimatdienst Saarbrücken.) — (Saarbrücken 1963: Funk.) 20 S.

Graham, Robert A[ndrew]: La strana condotta di E[rnst] von Weizsäcker, ambasciatore del Reich in Vaticano. — In: La civiltà cattolica 121 (1970), 455—471.

Graml, Hermann: Ein überflüssiger Film. - In: Gesch. Wiss. Unterr. 28 (1977), 669–677.
[Adolf Hitler]
Besprechung des Films „Hitler — eine Karriere" von Joachim Fest u. Christian Herrendoerfer.

Graml, Hermann: Probleme einer [Adolf] Hitler-Biographie. Kritische Bemerkungen zu Joachim C. Fest. - In: Vjh. Zeitgesch. 22 (1974), 76–92.

Gramsci, Antonio: Lettere dal carcere. — Torino: Einaudi 1955. 260 S.

Gramsci, Antonio: Lettere dal carcere. — Roma: Editori Riuniti 1961. 159 S.

Gran, Bjarne: Juho Kusti Paasikivi. — In: Internasj. Politikk 1955, H. 3, 60—62.

Gran, Bjarne: Østen Unden. Hans forutsetninger i Svensk førkrigs- og krigstidspolitikk. — In: Internasj. Politikk 1955, H. 5, 100—103.

Granatstein, J. und M[oshe] Cahanovich [Kahanovich]: Dr. Ezekiel Atlas, doctor and partisan leader. — In: Yad Washem Bull. 1961, H. 8/9, 41—43.

Grand, Alexandre J. de: Giuseppe Bottai e il fallimento del fascismo revisionista. - In: Storia contemp. 6 (1975), 697–731.

Grandval, Gilbert: Ma mission au Maroc. — Paris: Plon 1956. 273 S.

Granier, Gerhard: Der Reichspräsident Paul von Hindenburg. — In: Gesch. Wiss. Unterr. 20 (1969), 534—554.

Grant Duff, Shiela: Fünf Jahre bis zum Krieg ⟨1934–1939⟩ ‹Fife years to war, dt.› Eine Engländerin im Widerstand gegen Hitler. Mit e. Vorw. von Alan Bullock. (Aus d. Engl. übertr. von Ekkehard Klausa unter Mitw. von Dorothée von Hammerstein.) München: Beck (1978). 311 S.

Granzow, Klaus: Tagebuch eines Hitlerjungen. 1943—1945. — Bremen: Schünemann (1965). 184 S.
(Zeugen ihrer Zeit.)

Grass, Friedrich: Edgar Julius Jung (1894—1934). — In: Pfälzer Lebensbilder, Bd 1, hrsg. von Kurt Baumann, Speyer: Verl. d. Pfälzischen Gesellsch. zur Förderung d. Wissensch. 1964, 320—348.

Grass, Günter: Denkzettel. Politische Reden und Aufsätze. — Neuwied: Luchterhand 1978. 232 S.
(Sammlung Luchterhand. 261.)

Grass, Günter: Über das Selbstverständliche. Reden, Aufsätze, offene Briefe, Kommentare. — (Neuwied:) Luchterhand (1968). 228 S.

Graßmann, Siegfried: Hugo Preuß und die deutsche Selbstverwaltung. — Lübeck: Matthiesen 1965. 130 S.
(Historische Studien. 394.)

Grathwol, Robert: Gustav Stresemann. Reflections on his foreign policy. - In: J. mod. Hist. 45 (1973), 52–70.

Graubard, Stephan: [Henry] Kissinger (Kissinger, portrait of a mind, dt.) Zwischenbilanz einer Karriere. Aus d. Amerikan. von Wilhelm Duden. - (Hamburg:) Hoffmann & Campe (1974). 404 S.

Grauwin, Paul: Ich war Arzt in Dien-Bien-Phu. — Bern: Scherz 1955. 315 S.

Gravelli, Asvero: Mussolini aneddotico. Con pref. di Pierre Pascal. — Roma: Latinità 1951. XXII, 336 S.

Gray, Ezio Maria [Ed.]: Mussolini. — Roma: Centro Ed. Nazionale 1958. 653 S.

Graziani. — Roma: Rivista Romana 1956. 445 S.
(Collana die Studi Storici. 1.)

Prozesso **Graziani.** — (Roma:) Ruffolo.
1. L'autodifesa dell'Ex Maresciallo nel resoconto stenografico. (2. ed.) (1949.) XII, 391 S.
2. Il testimoniale e gli incidenti procedurali. (1950.) VIII, 862 S.
3. Il testimoniale e gli incidenti procedurali. (1950.) S. 863—1446.
(Collana di cronache e documenti. 6.)

Graziani, Rodolfo: Ho difeso la patria. Otto documenti fuori testo. (18. ed.) — (Milano:) Garzanti (1951). 611 S.

Greene, Theodore P. [Ed.]: Wilson at Versailles. Problems in American civilization. — Boston: Heath 1957. X, 114 S.

Greenwall, H. J.: Northcliffe. Napoleon of Fleet Street. — London: Wingate 1957. XII, 240 S.

Greer, Thomas H.: What Roosevelt thought. The social and political ideas of F. D. Roosevelt. — Ann Arbor: University of Michigan Press 1958. 277 S.

Gregor, A. James: Nordicism revisited. — In: Phylon 22 (1961), 351—360.
Über Hans F. K. Günther.

Greil, Lothar: Die Lüge von Marzabotto. Ein Dokumentarbericht über den Fall Major Reder. — (München-Lochhausen:) Schild-Verl. (1959). 90 S.
(Dokumentar-Reihe. 2.)

Gremmels, Herbert: Friedrich Meineckes Anschauung von Staat und Nation. — Marburg 1950. 155 gez. Bl. [Maschinenschr.]
Marburg, phil. Diss. 27. Okt. 1950.

Grenier, Fernand: C'était ainsi ... (Souvenirs.) — Paris: Ed. Sociales 1959. 230 S.

Grenz, Friedemann: [Theodor W.] Adornos Philosophie in Grundbegriffen. Auflösung einiger Deutungsprobleme. Mit e. Anh.: Theodor W. Adorno und Arnold Gehlen: Ist die Soziologie eine Wissenschaft vom Menschen? Ein Streitgespräch. - (Frankfurt a. M.:) Suhrkamp (1974). 320 S.

Grenzfall der Wissenschaft: Herbert Cysarz. Hrsg. von Rudolf Jahn. — Frankfurt a. M.: Heimreiter Verl. (1957). 128 S.

Grenzmann, Robert: Generation ohne Hoffnung. Aufzeichnungen aus den Jahren 1913—1933. Hrsg. von Klaus Simmer-Jochem. — Hannover: Pfeiffer (1968). 365 S.

Greuner, Ruth und Reinhart Greuner: Ich stehe links... Carl von Ossietzky über Geist und Ungeist der Weimarer Republik. — Berlin: Buchverl. Der Morgen 1963. 211 S.

Grew, Joseph C.: Turbulent era. A diplomatic record of forty years 1904 – 1945. Ed. by Walter Johnson, assisted by Nancy Harvison Hooker. Vol. 1.2. — London: Hammond (1953); Boston: Houghton Mifflin 1952. XXVI, 705 S.; VI S., S. 707—1560.

Grézer-Vlkanow, J. O: Valerian Alexandrowitsch Sorin. — In: Frankf. H. 11 (1956), 6—9.

Griebel, Alexander: Generaloberst Ludwig Beck. — In: Dtsch. Rdsch. 86 (1960), 506—510.

Griep, Günter, Alfred Förster und Heinz Siegel: Hermann Duncker, Lehrer dreier Generationen. Ein Lebensbild. – Berlin: Verl. Tribüne 1974. 292 S.

Griep, Günter: Revolutionärer Kämpfer und Lehrer des Proletariats. Hermann Duncker. — In: Beitrr. Gesch. Arbeiterbew. 13 (1971), 96—105.

Griesbach, Ernst: Die Erziehungswissenschaft Ernst Kriecks und ihre weltanschaulichen Grundlagen. — o. O. 1950. VII, 228 Bl. [Maschinenschr.]
Würzburg, phil. Diss., 4. Juli 1951.

Grieser, Helmut: Konrad Adenauer im Urteil der Forschung. – In: Gesch. Wiss. Unterr. 27 (1976), 25–47.

Grieser, Utho: Himmlers Mann in Nürnberg. Der Fall Benno Martin. Eine Studie zur Struktur des Dritten Reiches in der „Stadt der Reichsparteitage". - (Nürnberg: [Selbstverl.]) 1974. XXVIII, 329 S.
(Nürnberger Werkstücke zur Stadt- und Landesgeschichte. 13.)
Diss., Universtät Würzburg.

Grieswelle, Detlef: Propaganda der Friedlosigkeit. Eine Studie zu Hitlers Rhetorik 1920—1933. — Stuttgart: Enke 1972. 233 S.

Griffith, Robert: The politics of feat. Joseph R. McCarthy and the Senate. — Lexington, Ky.: University Press of Kentucky 1970. XI, 362 S.

Griffiths, Richard: Marshal Pétain. — London: Constable (1970). XIX, 379 S.

Grigorenko, Piotr: Staline et la deuxième guerre mondiale. Trad. du russe par Olivier Simon. — Paris: L'Herne (Minard) 1969. 146 S.
(Coll. „Théorie et Stratégie". 3.)

Grille, Dietrich: Lenins Rivale. Bogdanov und seine Philosophie. — Köln: Verl. Wissensch. u. Politik (1966). 263 S.
(Abhandlungen des Bundesinstituts für Ostwissenschaftliche und Internationale Studien. 12.)
Diss., Marburg.

Friedrich **Grimm**. Ein Leben für das Recht. Tatsachen und Dokumente zur Erinnerung an das Wirken eines großen Anwalts und Patrioten. In Zusammenarb. mit Freunden Friedrich Grimms hrsg. von Herbert Grabert. — Tübingen: Verl. d. Dt. Hochschullehrer-Ztg. (1961). 71 S.
(Veröffentlichungen des Institut für deutsche Nachkriegsgeschichte. 1.)

Grimm, Friedrich [Wilhelm]: Politische Justiz, die Krankheit unserer Zeit. 40 Jahre Dienst am Recht. Erlebnis und Erkenntnis. — Bonn: Scheur (1953). VIII, 184 S.

Grimm, Friedrich: Mit offenem Visier. Aus d. Lebenserinnerungen e. deutschen Rechtsanwalts. Als Biographie bearb. von Hermann Schild. — Leoni am Starnberger See: Druffel-Verl. (1961). 283 S.

Grimm, Gerhard: Rudolf Franz Merkel. — In: Z. Religions- u. Geistesgesch. 8 (1956), 364—368.

Grimm, Hans: Erkenntnisse und Bekenntnisse. — Göttingen: Göttinger Verl. Anst. 1955. 206 S.

Grimm, Hans: Rudolf Heß, 60 Jahre alt. — In: Wiking-Ruf 3 (1954), H. 5, 8—9.

Grimm, Hans: Hitler und England. — In: Nation Europa 4 (1954), H. 9, 35—37.

Grimm, Hans: Die geschichtliche Erscheinung Hitler. — In: Nation Europa 4 (1954), H. 7, 57—59.

Grimm, Hans: Suchen und Hoffen. Aus meinem Leben 1928—1934. — Lippoldsberg: Klosterhaus-Verl. (1960). 338 S.

Grimm, Hans: Tiefe Verbeugung vor Großadmiral Dönitz. — In: Nation Europa 4 (1954), H. 9, 45—48.

Grimm, Hans: Warum—Woher—aber Wohin? (Vor, unter und nach der geschichtlichen Erscheinung Hitler.) — Lippoldsberg: Klosterhaus-Verl. (1954). 608 S.

Grimm, Tilemann: Mao Tse-tung in Selbstzeugnissen und Bilddokumenten. — (Reinbek b. Hamburg:) Rowohlt (1968). 179 S.
(Rowohlts Monographien. 141.)

Grimme, Adolf: Briefe. Hrsg. von Dieter Sauberzweig unter Mitarb. von Ludwig Fischer. — Heidelberg: Schneider 1967. 339 S.
(Veröffentlichungen der Deutschen Akademie für Sprache und Dichtung. 39.)

Grimme, Adolf: Albrecht Haushofer. Nach 10 Jahren ein Wort des Gedächtnisses zum 23. 4. 45. — In: Sammlung 10 (1955), 179—182.

Grinišin, D.: Die militärische Tätigkeit Wladimir Iljitsch Lenins. Aus d. Russ. übers. — Berlin: Verl. d. Ministerium f. Nationale Verteidigung 1958. 490 S.

Grinnel-Milne, Duncan: The triumph of integrity. A portrait of Charles de Gaulle. — London: Bodley Head 1961. 320 S.

Gritschneder, Otto: Die Akten des Sondergerichts über Pater Rupert Mayer S. J. – In: Beiträge zur altbayer. Kirchengeschichte, München: Seitz & Höfling (1974), 159–218.

Gritschneder, Otto: P. Rupert Mayer vor dem Sondergericht. — In: An unsere Freunde [München], April 1955, 10—13.

Gritschneder, Otto: P(ater) Rupert Mayer vor dem Sondergericht. — In: An unsere Freunde [München], Januar 1956, 8—10.

(Grivas, [George]:) The memoirs of General Grivas. — Ed. by Charles Foley. — New York: Praeger 1965. 226 S.

Grobba, Fritz: Männer und Mächte im Orient. 25 Jahre diplomatischer Tätigkeit im Orient. — Göttingen: Musterschmidt (1967). 339 S.

Groener, Wilhelm: Lebenserinnerungen. Jugend, Generalstab, Weltkrieg. Hrsg. von Friedrich Frhr. Hiller von Gaertringen. Mit e. Vorw. von Peter Rassow. — Göttingen: Vandenhoeck & Ruprecht 1957. 584 S.
(Deutsche Geschichtsquellen des 19. und 20. Jahrhunderts. 41.)

Groener-Geyer, Dorothea: General Groener. Soldat und Staatsmann. — Frankfurt a. M.: Societäts-V. (1955). 406 S.

Groeninx van Zoelen, R.: Leopold III. Opperbevelhebber, staatsman, diplomat. — Tielt: Lanno 1951. 61 S.

Grohmann, Johannes: „Ich bin dem Ruf gefolgt." Am 14. November vor 20 Jahren wurde Bernhard Letterhaus ermordet. — In: Freiheit u. Recht 10 (1964), H. 11, 24—27.

Grohmann, Johannes: „Jeder Mensch trägt seine Bestimmung in sich". Am 23. Januar 1945, vor 20 Jahren, wurde Nikolaus Groß hingerichtet. — In: Freiheit u. Recht 11 (1965), H. 1, 24—26.

Grohmann, Johannes: Der Weg des Gewissens. Leben und Sterben von P. Alfred Delp S. J. — In: Freiheit u. Recht 11 (1965), H. 2, 22—26.

Gromyko, Anatoli Andreievich: Through Russian eyes. President [John F.] Kennedy's 1036 days. – Washington, D. C.: Internat. Library 1973. 260 S.

Gronau, Wolfgang von: Weltflieger. Erinnerungen 1926—1947. — Stuttgart: Dtsch. Verl.-Anst. 1955. 318 S.

Groos, Helmut: Albert Schweitzer. Größe und Grenzen. Eine kritische Würdigung des Forschers und Denkers. – München: Reinhardt 1974. 841 S.

Grosche, Robert: Kölner Tagebuch 1944—46. Aus d. Nachlaß hrsg. von Maria Steinhoff unter Mitarb. von Christian Pesch, Hubert Luthe u. Ludger Honnefelder. Mit e. Einf. von Auguste Schorn. — Köln: Hegner (1969). 176 S.

Groscurth, Helmuth: Tagebücher eines Abwehroffiziers. 1938—1940. Mit weiteren Dokumenten zur Militäropposition gegen Hitler. Hrsg. von Helmut Krausnick u. Harold C. Deutsch unter Mitarb. von Hildegard von Kotze. — Stuttgart: Dtsch. Verl.-Anst. 1970. 594 S.
(Quellen und Darstellungen zur Zeitgeschichte. 19.)

Grosfeld, Leon: Piłsudski et Savinkov. — In: Acta Polon. hist. 14 (1966), 49—73.

Gross, Babette: Willi Münzenberg. Eine politische Biographie. Mit e. Vorw. von Arthur Koestler. — Stuttgart: Dtsch. Verl.-Anst. (1967). 352 S.
(Schriftenreihe der Vierteljahrshefte für Zeitgeschichte. 14/15.)

Gross, David: Heinrich Mann and the politics of reaction. – In: J. contemp. Hist. 8 (1973), 125–145.

Gross, Leonard: The last, best hope. Eduardo Frei and Chilean democracy. — New York: Random House 1967. 240 S.

Gross, Mirjana: Erzherzog Franz Ferdinand und die Kroatische Frage. Ein Beitrag zur groß-österreichischen Politik in Kroatien. — In: Österr. Osthefte 8 (1966), 277—299.

Grosser, Dieter: Grundlagen und Struktur der Staatslehre Friedrich Julius Stahls. — Köln: Westdtsch. Verl. 1963. X, 138 S.
(Staat und Politik. 3.)

Grossi, Mazzorin C. de: Regia torpediniera „Ariete". — Roma: L'Arnia 1952. 129 S.

Grossman, S.: L'évolution de Marcel Déat. In: Rev. Hist. deux. Guerre mond. 25 (1975), H. 97, 3–29.

Grossmann, Kurt R.: Albert Einstein. Fünfzig Jahre Kampf für Frieden und Freiheit. — In: Dtsch. Rdsch. 87 (1961), 737—743.

Grossmann, Kurt R[ichard]: Ossietzky. Ein deutscher Patriot. — (München:) Kindler (1963). 580 S.

Grotewohl, Otto: Im Kampf um die einige deutsche demokratische Republik. Reden und Aufsätze, Auswahl aus den Jahren 1945—1953. — Berlin: Dietz.
1. 1945—1949. 1954. 568 S.
2. 1950—1951. 1954. 682 S.
3. 1952—1953. 1954. 646 S.

Grottian, Walter: Lenins Anleitung zum Handeln. Theorie und Praxis sowjetischer Außenpolitik. — Köln, Opladen: Westdt. Verl. 1962. XI, 440 S.

Grotzer, Peter: Albert Béguin. Versuch eines Porträts. — In: Dokumente 22 (1966), 442—448.

Gruber, Helmut: Willi Münzenberg. Propagandist for and against the Comintern. — In: Internat. Rev. soc. Hist. 10 (1965), 189—210.

Gruber, Helmut: Willi Münzenberg's German communist propaganda empire 1921—1933. — In: J. mod. Hist. 38 (1966), 278—297.

Gruber, Karl: Ein politisches Leben. Österreichs Weg zwischen den Diktaturen. – München: Molden [1976]. 300 S.

Gruber, Karl: Zwischen Befreiung und Freiheit. Der Sonderfall Österreich. — Wien: Ullstein 1953. 324 S.

Gruber, L. Fritz: Das Adenauer-Bildbuch. Leben, Welt und Wirken des Bundeskanzlers. Eine Photobiographie. — Stuttgart: Strache 1956. 128 S.

Gruchmann, Lothar: Erlebnisbericht Werner Pünders über die Ermordung Klauseners am 30. Juni 1934 und ihre Folgen. Dokumentation. — In: Vjh. Zeitgesch. 19 (1971), 404—431.

Gruchmann, Lothar: Ernst Fraenkel zum 65. Geburtstag. Ein Gruß im Namen seiner Schüler. — In: Z. Politik 10 (1963/64), 303—308.

Heinrich **Grüber.** Zeuge pro Israel. (Die Bearb. u. Hrsg. erfolgte durch einen Freundeskreis Heinrich Grübers.) — Berlin: Vogt (1963). 103 S.
(Pro-Israel-Reihe.)

Grüber, Heinrich: Dona nobis pacem! Gesammelte Predigten und Aufsätze aus 20 Jahren. (Zsgest. u. bearb. von Günter Wirth und Gottfried Kretzschmar.) Hrsg. von seinen Freunden. — Berlin: Union-Verl. (1956). 405 S.
(Bibliothek der CDU. 9.)

Grüber, Heinrich: Erinnerungen aus sieben Jahrzehnten. — (Köln:) Kiepenheuer & Witsch (1968). 429 S.

Grün, Robert: Ho Chi Minh. Eine Biographie des großen Revolutionärs. — München: Heyne (1969). 154 S.
(Heyne-Sachbuch. 129.)

Grünberg, Gottfried: Kumpel, Kämpfer, Kommunist. - (Berlin:) Militärverl. d. DDR 1977). 348 S.

Gründer, Horst: Walter Simons als Staatsmann, Jurist und Kirchenpolitiker. - Neustadt a. d. Aisch: Ph. C. W. Schmidt 1975. 514 S.
(Bergische Forschungen. 13.)
Diss., Universität Münster.

Grüner, Karl: Ilja Ehrenburg in und über seine Zeit. — In: Osteuropa 13 (1963), 294—306.

Grundig, Hans: Zwischen Karneval und Aschermittwoch. Erinnerungen eines Malers. (8. Aufl.) — Berlin: Dietz 1964. 428 S.

Grunenberg, Antonia: Bürger und Revolutionär. Georg Lukács, 1918-1928. Mit e. Vorw. von Frank Benseler. - (Frankfurt a. M.:) Europ. Verl.-Anst. (1976). 300 S.
(Studien zur Gesellschaftstheorie.)

Gruppi, Luciano: [Palmiro] Togliatti e la via italiana al socialismo. - Roma: Ed. Riuniti 1974. 218 S.

Guárard, Jacques: Criminel de paix. — Paris: Nouvelles Editions Latines 1953. 158 S.
Behandelt das Schicksal Lavals.

Guardiola, Antonio: El mariscal Pétain. — Barcelona: Símbolo 1954. 179 S.

Guarglia, Raffaele: Ricordi 1922 — 1946. — Napoli: E. S. I. 1950. 782 S.

Guastalla, Pierre-André: Journal 1940 — 1944. Préface de Gabriel Marcel. — Paris: Plon 1951. XXII, 290 S.

Guderian, Heinz: Erinnerungen eines Soldaten. — Heidelberg: Vowinckel 1951. 462 S.

Guderian, Heinz: Panzer leader (Erinnerungen eines Soldaten, engl.) Translated from the German by Constantine Fitzgibbon. Foreword by Captain Liddell Hart. — London: Michael Joseph 1952. 528 S.

Guderian, Heinz: Panzer marsch! Aus dem Nachlaß des Schöpfers der deutschen Panzerwaffe. Bearb. von Oskar Munzel. — (München:) Schild-V. 1956. 244 S.

Guedalla, Philip: Mr. Churchill. A portrait. — London: Hodder & Stoughton 1950. 347 S.

Gülzow, Gerhard: Kirchenkampf in Danzig. 1934—1945. Persönl. Erinnerungen. Hrsg. in Zsarb. mit d. Ostkirchenausschuß Hannover. — Leer ⟨Ostfriesland⟩: Rautenberg (1968). 46 S.

Günther, Hans F. K.: Mein Eindruck von Adolf Hitler. — Pähl: v. Bebenburg 1969. 158 S.

Günther, Henning: Walter Benjamin und der humane Marxismus. - Freiburg: Walter 1974. 188 S.

Günther, Theodor: Bruno Moll. Leipzig — Lima/Peru. Sein Wirken für lebendige Finanzwissenschaft und solide Währung. — (Köln 1966: Hang.) 40 S.

Guérin, Alain: Le Général gris. — Paris: Juillard 1968. 576 S.
Behandelt die Tätigkeit Reinhard Gehlens.

Guérin, Daniel: Rosa Luxemburg et la spontanéité révolutionnaire. — Paris: Flammarion 1971. 186 S.
(Coll. „Questions d'histoire".)

Guest, Freddie: Escape from the bloodied sun. — London: Jarrolds 1956. 192 S.

Ché **Guevara** und die Revolution. Hrsg. von Heinz Rudolf Sonntag. — (Frankfurt a. M.:) Fischer-Bücherei (1970). 157 S.
(Fischer-Bücherei. 896.)

Guevara, Ernesto Che: Souvenirs de la guerre révolutionnaire (Écrits I.) Préf. de Robert Merle. — Paris: Maspero 1967. 208 S.
(Coll. „Cahiers libres". 94/95.)

Guglielmelli, Francesco: Il martirio di una principessa reale. Mafalda di Savoia. Presentaz. di Umberto Mancuso. — Roma: Mengarelli 1952. 16 S.

Guhin, Michael A.: John Foster Dulles. A statesman and his times. - New York: Columbia University Press 1972. VIII, 404 S.

Guhin, Michael A.: Dulles' thoughts on irrational politics, myth and reality. — In: Orbis 13 (1969/70), 865—889.

Guisan, Henri: Entretiens. — Lausanne: Payot 1953. 208 S.

Guitton, Jean: Dialog mit Paul VI (Dialogues avec Paul VI, dt.) (Aus d. Französ. übertr. von Georg Bürke. Vorw. von Franz König.) — Wien: Molden (1967). 304 S.

Gullek, Merle Lewis: Tom Connally as a founder of the United Nations. — Washington 1955. XVIII, 397 gez. Bl.
Georgetown University, Thesis.

BIOGRAPHIEN

Gun, Nerin E.: Eva Braun-Hitler. Leben und Schicksal. — (Velbert:) blick u. bild Verl. (1967). 212 S.

Gunther, John: Eisenhower [dt.] (Ins Deutsche übertr. von Heinz Liepman.) — Zürich: Diana-V. (1952). 279 S.

Gunther, John: The riddle of MacArthur. Japan, Korea and the Far East. — London: Hamilton 1951. 219 S.

Gunther, John: Roosevelt (Roosevelt in retrospect, dt.) Seine Wirkung auf Vergangenheit und Zukunft. (Deutsch von Manfred Vogel.) Bd 1.2. — Wien, München, Zürich: Frick 1954—56.

Gurian, Waldemar: Stalin. — In: Hochland 43 (1950/51), 554—573.

Guske, Claus: Das politische Denken des Generals von Seeckt. E. Beitr. zur Diskussion d. Verhältnisses Seeckt —Reichswehr—Republik. — Lübeck: Matthiesen 1971. 283 S.
(Historische Studien. 222.)

Gustmann, Kurt: Torgny Segerstedt und die Göteborger Handelszeitung. — In: Dtsch. Rdsch. 87 (1961), 15—21.

Guthrie, Anne: Madame ambassador. The life of Vijaya Lakshmi Pandit. — London: Macmillan 1963. X, 182 S.

Gutmann, Israel: Joseph Kaplan. Profile of a fighter. — In: Yad Washem Bull. 1961, No 8/9, 16—18.

Gutsche, Willibald: Aufstieg und Fall eines kaiserlichen Reichskanzlers. Theobald von Bethmann Hollweg, 1856-1921. Ein politisches Lebensbild. - Berlin: Akademie-Verl. 1973. 267 S.

Gutteridge, W. F.: Amery and the Commonwealth. — In: Polit. Science 8 (1956), H. 2, 122—127.

Guzman, German: Camilo Torres (Camilo, el cura guerillero, presencia y destino, dt.) Persönlichkeit und Entscheidung. (Aus d. Span. übertr. von Ilse Pérez u. Harald Hildebrand.) — München: Kösel (1970). 343 S.

György, Ervin: Ich kämpfe für den Frieden. Erinnerungen eines Funktionärs aus dem Ostblock. Bern: Verl. SOI 1972. 100 S.
(Tatsachen und Meinungen. 20.)

Haack, Hanns-Erich: Dag Hammarskjöld — der Staatsmann. — In: Außenpolitik 15 (1964), 197—204.

Haas, Helmuth de: Antoine de Saint-Exupéry. — In: Hochland 45 (1952/53), 26—37.

Haas, Leonhard: Carl Vital Moor. 1852—1932. Ein Leben für Marx und Lenin. — (Köln:) Benzinger (1970). 372 S.

Haas, Willy: Die literarische Welt. Erinnerungen. — München: List (1958). 315 S.

Habe, Hans: Ich stelle mich. Meine Lebensgeschichte. — München, Wien, Basel: Desch 1954. 544 S.

Haber, Eitan: Menahem Begin [engl.] The legend and the man. (Transl. from the Hebrew by Louis Williams.) — New York: Delacorte Press (1978). VI, 321 S.

(Haber, Fritz:) Letters to Chaim Weizmann. — In: Year Book Leo Baeck Inst. 8 (1963), 103—113.

Habsburg, Alice: Prinsessa och partisan. - Stockholm: Norstedt 1973. 188 S.

Hachenburg, Max: Lebenserinnerungen eines Rechtsanwalts und Briefe aus der Emigration. Hrsg. u. bearb. von Jörg Schadt. - Stuttgart: Kohlhammer (1978). 260 S.
(Veröffentlichungen des Stadtarchivs Mannheim. 5:)

Hachiya, Michiko: Hiroshima diary. The journal of a Japanese physician, August 6 — September 30, 1945. — London: Gollancz 1955. 256 S.

Hacke, Christian: John F[itzgerald] Kennedy und die Kuba-Krise 1962. Zur Revision und Bestandsaufnahme der Ereignisse vor 15 Jahren. - In: Aus Politik und Zeitgeschichte, Beilage zur Wochenzeitung „Das Parlament" Nr. 33/34 vom 20. August 1977, 39-54.

Hacker, Rupert: Hitlers Weltanschauung. — In: Schweizer Monatsh. 40 (1960/61), 1065—1071.

Hadancourt, Gaston: Clemenceau, homme d'état, homme d'esprit. — Paris: Gründ 1958. 217 S.

Haecker, Theodor: Tag- und Nachtbücher 1939—1945. Mit einem Vorwort hrsg. von Heinrich Wild. — München: Kösel (1949). 306 S.

Hägglöf, Gunnar: Möte med Europa. Paris, London, Moskva, Genève, Berlin. 1926—1940. — Stockholm: Norstedt 1971. 232 S.

Hägglöf, Gunnar: Samtida vittne. 1940-1945. - Stockholm: Norstedt 1972. 248 S.

H[aerdter], R[obert]: Ein Bürger aus Indepence, Missouri. ‹Rückblick auf die Ära Truman.› — In: Gegenwart 8 (1953), 38—41.

(Haerdter, Robert:) Ein General spielt falsch. Zum „Fall Schörner" zu Protokoll gegeben. — In: Gegenwart 10 (1955), 175—178.

Haerdter, Robert: Signale und Stationen 1945/1973. - Bonn-Bad Godesberg: Verl. Neue Gesellsch. (1974). 432 S.

Haerdter, Robert: Georg Glasers „rote Wallfahrt". „Geheimnis und Gewalt". — In: Gewerksch. Monatsh. 4 (1953), 710—713.

Härtling, Peter: Otto Flake und Peter Suhrkamp. Tragische Komplikationen in tragischer Zeit. — In: Monat 22 (1970), H. 262, 78—82.

Haeussler, Helmut: General William Groener and the imperial German army. [Ed.:] The State Historical Society of Wisconsin. — Madison 1962: The Department of History, University of Wisconsin. XIV, 161 S.

Haferkorn, Katja: Walter Stoecker. — In: Beitrr. Gesch. dtsch. Arbeiterbewegung 10 (1968), 1057—1071.

Haffner, Sebastian: Anmerkungen zu [Adolf] Hitler. - (München:) Kindler (1978). 203 S.

Haffner, Sebastian: Winston Churchill in Selbstzeugnissen und Bilddokumenten. — (Reinbek b. Hamburg:) Rowohlt (1967). 188 S.
(Rowohlts Monographien. 129.)

Haffner, S.: The meaning of Malenkov. — In: Twentieth Century 153, H. 915 (Mai 1953), 326—334.

Hagelstange, Rudolf: Theodor Plivier. Verlorener Sohn einer verlorenen Revolution. — In: Monat 7 (1954/55), T. 2, 159—165.

Hager, Kurt: Zur Theorie und Politik des Sozialismus. Reden und Aufsätze. — Berlin: Dietz 1972. 356 S.

Hahlweg, W.: Lenin und Clausewitz. — In: Arch. Kulturgesch. 36 (1954), 30—39 und 357—387.

Hahlweg, Werner: Lenins Reise durch Deutschland im April 1917. — In: Vjh. Zeitgesch. 5 (1957), 307—333.

Hahlweg, Werner: Lenins Rückkehr nach Rußland 1917. Die deutschen Akten. — Leiden: Brill 1957. 139 S.
(Studien zur Geschichte Osteuropas. 4.)

Hahn, Assi: Ich spreche die Wahrheit. Sieben Jahre kriegsgefangen in Rußland. — Eßlingen a. N.: Bechtle [1952]. 251 S.

Hahn, Dietrich [Hrsg.]: Otto Hahn. Erlebnisse und Erkenntnisse. Mit e. Einf. von Karl-Erik Zimen. — Düsseldorf: Econ-Verl. (1975). 320 S.

Hahn, Emily: Chiang [Tschiang] Kai-schek. An unauthorized biography. — Garden City, N. Y.: Doubleday 1955. 382 S.

Hahn, Hugo: Kämpfer wider Willen. Erinnerungen des Landesbischofs von Sachsen Hugo Hahn aus dem Kirchenkampf 1933—1945. Bearb. u. hrsg. von Georg Prater. — Metzingen: Brunnquell-Verl. (1969). 351 S.

Hahne, Heinrich: Tödliche Wahrheit. Zum 60. Geburtstag Josef Weinhebers. — In: Dtsch. Universitäts-Ztg. 7 (1952), Heft 4, 12—14.

Hainisch, Michael: 75 Jahre aus bewegter Zeit. Lebenserinnerungen eines österreichischen Staatsmannes. Bearb. von Friedrich Weißensteiner. — Wien: Böhlau 1978. 406 S.
(Veröffentlichungen der Kommission für neuere Geschichte Österreichs. 64.)

Halasz, Nicholas: Roosevelt through foreign eyes. — Princeton: Van Nostrand 1961. VI, 340 S.

Halberstam, David: Ho Chi Minh. — Paris: Buchet-Chastel 1972. 220 S.

Haldeman, Harry Robins: The ends of power. — New York: Times Books 1978. 326 S.

Halder, (Franz.): Kriegstagebuch. Tägliche Aufzeichnungen d. Chefs d. Generalstabes d. Heeres 1939—1942. Hrsg. vom Arbeitskreis f. Wehrforschung, Stuttgart. Bearb. von Hans-Adolf Jacobsen in Verb. mit Alfred Philippi. — Stuttgart: Kohlhammer.
1. Vom Polenfeldzug bis zum Ende der Westoffensive. (14. 8. 1939—30. 6. 1940.) (1962.) XXII, 391 S.
2. Von der geplanten Landung in England bis zum Beginn des Ostfeldzuges. (1. 7. 1940—21. 6. 1941.) (1963.) XII, 503 S.
3. Der Rußlandfeldzug bis zum Marsch auf Stalingrad. (22. 6. 1941—24. 9. 1942.) (1964.) XII, 589 S.

Hale, Oron James: Adolf Hitler: taxpayer. — In: Amer. hist. Rev. 60 (1955), 830—842.

Halecki, Oscar: Eugenio Pacelli. Pope of peace [Pius XII.] — New York: Farrar, Straus 1951. 355 S.

Halifax, Edward Frederick Lindley Wood Earl of: Fulness of days. — London: Collins 1957. 319 S.

Haller, Johannes: Lebenserinnerungen. Gesehenes, Gehörtes, Gedachtes. — Stuttgart: Kohlhammer (1960). 279 S.

Hallgarten, Constanze: Als Pazifistin in Deutschland. Biographische Skizze. — Stuttgart: Conseil-Verl. 1956. 112 S.

Hallgarten, George W[olfgang] F[elix]: Als die Schatten fielen. Erinnerungen vom Jahrhundertbeginn zur Jahrtausendwende. — (Berlin:) Ullstein (1969). 366 S.

Hallgarten, George W. F.: Mein Mitschüler Heinrich Himmler. Eine Jugenderinnerung. — In: Germania Judaica 1 (1960/61), H. 2, 4—7.

Hallstein, Walter: Wege nach Europa [Teilsamml.] Walter Hallstein und die junge Generation. Einl. u. biogr. Skizze von Theo M. Loch. — Andernach a. Rh.: Pontes-Verl. (1967). 199 S.
(Neue Wege nach Europa. 1.)

Halperin, Ernst: Der siegreiche Ketzer. Titos Kampf gegen Stalin. — (Köln): Verl. f. Polit. u. Wirtsch. (1957). 390 S.

Halperin, Maurice: The rise and decline of Fidel Castro. — Berkeley: University of California Press 1975. 592 S.

Halperin, S[amuel] William: Mussolini and Italien fascism. — Princeton: van Nostrand 1964. 191 S.

Halstead, C. R.: Un „Africain" méconnu. Le Colonel Juan Beigbeder. — In: Rev. Hist. deux. Guerre mond. 21 (1971), 31—60.

Halstead, Charles R.: Historians in politics. Carlton J. H. Hayes as American ambassador to Spain, 1942–45. — In: J. contemp. Hist. 10 (1975), 383–405.

Hamacher, Paul: Woodrow Wilsons Idee vom Selbstbestimmungsrecht der Völker. — o. O. 1955. 255 gez. Bl. [Machinenschr.]
Köln, phil. Diss. 13. August 1955.

Hamann, Günther: Hugo Hantsch zum Gedenken. — In: Österr. Gesch. Lit. 16 (1972), 529–538.

Hamburger, Ernest: Betrachtungen über Heinrich Brünings Memoiren. — In: Internat. wiss. Korr. Gesch. dtsch. Arbeiterbew. 1972, H. 15, 18–39.

Hamby, Alonzo L.: Beyond the New Deal. Harry S. Truman and American liberalism. — New York: Columbia University Press 1973. XX, 635 S.
(Contemporary American History Series.)

Hamby, Alonzo L. [Ed.]: Harry S. Truman and the Fair Dal. — Lexington, Mass.: Heath 1974. XV, 233 S.
(Problems in American Civilisation.)

Hamby, Alonzo L.: Henry A. Wallace, the liberals and Soviet-American relations. — In: Rev. Politics 30 (1968), 158—169.

Hamelet, Michel Pierre: Nicolae Ceausescu. Présentation, choix de textes. — Paris: Seghers 1971. 192 S.
(Coll. „Destins politiques". 9.)

Hamm-Brücher, Hildegard: Vorkämpfer für Demokratie und Gerechtigkeit in Bayern und Bonn. Reden, Aufsätze, Dokumente. - Bonn: Liberal-Verl. [1974]. 276 S.

Dag **Hammerskjoeld** — ein Leben für die Menschheit und den Frieden. — Baden-Baden, Bonn: Lutzeyer (1962). 58 S.
(Schriftenreihe der Deutschen Gesellschaft für die Vereinten Nationen. 13.)

Hammarskjöld, Dag: Zeichen am Weg (Vägmärken, dt.) (Aus d. Schwed.) übertr. u. eingel. von Anton Graf Knyphausen. — München, Zürich: Droemer Knaur (1965). 191 S.

Hammen, Oscar J.: The red 48'ers. Karl Marx and Friedrich Engels. — New York: Scribner 1969. XV, 428 S.

Hammer, Franz: Traum und Wirklichkeit. Die Geschichte einer Jugend. - Rudolstadt: Greifenverl. 1975. 370 S.

Hammer, Hermann: Die deutschen Ausgaben von Hitlers „Mein Kampf". — In: Vjh. Zeitgesch. 4 (1956), 161—178.

Hammer, Walter: Theodor Haubach zum Gedächtnis. — Frankfurt a. M.: Europ. Verl.-Anst. (1955). 84 S.
Ebendort die 2. verb. u. erg. Aufl., 86 S.

Hammer, Wolfgang: Adolf Hitler, ein deutscher Messias? Dialog mit dem Führer. — (München:) Delp.
⟨1.⟩ Geschichtliche Aspekte. (1970). 250 S.

Hammerstein, Kunrat [Frhr.] von: Manstein. — In: Frankf. H. 11 (1956), 449—454.

Hammerstein(-Equord), Kunrat Frhr. von: Spähtrupp. (Machtübernahme, Spähtrupp im Westen, Türkischer Sonntag, Höhere Führer, Beerdigung, Staatsstreich.) — Stuttgart: Goverts (1963). 311 S.

Hamon, Léo: De Gaulle dans la république. Préface de René Capitant. — Paris: Plon 1958. XXXIV, 205 S.

Hamsun, Tore: Knut Hamsun, mein Vater (Knut Hamsun min far, dt.) [Übers.:] Werner von Grünau. — München: List (1953). 456 S.

Hanauer, Rudolf: Suche nach einer besseren Welt. Aufsätze und Reden. (Starnberg:) Keller (1978). 192 S.

Hancock, Sir Keith: Exploring the life of Smuts. — In: Austr. J. Politics Hist. 1 (1955), 27—37.

Hancock, W[illiam] K[eith]: Smuts. — Cambridge: University Press.
(1.) The sanguine years. 1870—1919. 1962. XII, 618 S.

Hancock, W[illiam] K[eith]: Smuts. — Cambridge: Cambridge University Press.
(2.) The field of forces. 1919—1950. 1968. XIII, 590 S.

Hancock, Sir Keith: The Smuts papers. — London: Athlone Press 1956. 19 S.

Hanfstaengl, Ernst: Hitler. The missing years. — London: Eyre & Spottiswoode 1957. 299 S.

Hanfstaengl, Ernst: Zwischen Weißem und Braunem Haus. Memoiren eines politischen Außenseiters. — München: Piper (1970). 402 S.

Hanke, Erich: Erinnerungen eines Illegalen. - Berlin: Militärverl. d. DDR 1974. 263 S.

Hanko, Helmut M.: Thomas Wimmer, 1887-1964. Entwicklung und Weg eines sozialdemokratischen Kommunalpolitikers. - München: Wölfle [in Komm.] 1977. IX, 200 S.
(Miscellanea Bavarica Monacensia. 73.)
(Neue Schriftenreihe des Stadtarchivs München. 93.)
München, phil. Diss. vom 16. Dezember 1976.

Hannak, Jacques: Karl Renner und seine Zeit. Versuch einer Biographie. — Wien: Europa Verl. (1965). 718 S.

Hanschel, Hermann: Oberbürgermeister Hermann Luppe. Nürnberger Kommunalpolitiker in der Weimarer Republik. – (Nürnberg:) Selbstverl. d. Vereins f. Geschichte d. Stadt Nürnberg; Edelmann [in Komm.] 1977. XII, 429 S.
(Nürnberger Forschungen. 21.)
Diss., Universität Erlangen 1975.

Hansen, Poul: Kongen. [Frederik IX.] [Ny udg.] — København: Branner & Korsch 1957. 312 S.

Hantsch, Hugo: Leopold Graf Berchtold. Grandseigneur u. Staatsmann. — (Graz, Wien, Köln:) Verl. Styria 1963.
(1.) XIV, 417 S.
(2.) S. 419—896.

Hantsch, Hugo: Die Tagebücher und Memoiren des Grafen Leopold Berchtold. — In: Südostforschungen 14 (1955), 205—243.

Happ, Wilhelm: Das Staatsdenken Friedrich Naumanns. Bonn: Bouvier 1968. 240 S.
(Schriftenreihe zur Rechtslehre und Politik. 57.)
Diss., Köln.

Harcourt, Robert d': Konrad Adenauer. — Paris: Ed. Univ. 1955. 125 S.

Hardman, J. B. S.: John L. Lewis, labor leader and man. An interpretation. — In: Labor History 2 (1961), 3—29.

Hardy, H[enry] Reginald: Mackenzie King of Canada. A biography. - London, Toronto, New York: Oxford University Press 1949. XII, 390 S.

Harlan, Veit: Im Schatten meiner Filme. Selbstbiographie. Hrsg. u. mit e. Nachw. versehen von H. C. Opfermann. — (Gütersloh:) Mohn (1966). 290 S.

Harlinghausen, Norbert: Franz Meyers. — Bonn: Berto-Verl. (1966). 96 S.
(Kennen Sie eigentlich den? 16.)

Harmon, M. J.: Some contributions of Harold L. Ickes. — In: West. pol. Quart. 7 (1954), 238—252.

Harnack, Axel von: Ernst von Harnack ‹1888 bis 1945›. Ein Kämpfer für Deutschlands Zukunft. — (Schwenningen a. N.:) Neckar-V. (1951). 78 S.

Harpprecht, Klaus: Moderator Germaniae. Ein Portrait Kurt Georg Kiesingers. — In: Monat 19 (1966/67), H. 222, 7—14.

Harpprecht, Klaus [Hrsg.]: Ernst Reuter. Ein Leben für die Freiheit. Eine Biographie in Bildern und Dokumenten. — (München): Kindler 1957. 125 S.

Harriman, Averell W.: America and Russia in a changing world. A half century of personal observation. — Garden City: Doubleday 1971. XIX, 218 S.

Harriman, W(illiam) Averell [u.] Elie Abel: Special envoy to Churchill and Stalin 1941-1946. - New York: Random House 1975, XII, 595 S.

Harrington, James: [Teils.] The political writings. Representative selections. Ed. with an introd. by Charles Blitzer. — New York: Liberal Arts Press 1955. XLII, 165 S.

Harris, Ralph: Politics without prejudice. A political appreciation of R. A. Butler. — London: Staples 1956. 206 S.

Harris, Seymour E.: John Maynard Keynes. Economist and policy maker. — New York, London: Scribner 1955. XIV, 234 S.

Harrod, R. F.: The life of John Maynard Keynes. — London: Macmillan 1951. XVI, 674 S.

Hart, Hermann: Attila der Letzte. Adolf Hitler und sein 3. Reich vor dem Gerichtshof d. Weltgewissens. Spiegel d. Selbsterkenntnisse und auch Urteile d. freien Welt zwischen 1933 und 1943... — Volkach vor Würzburg: Hart 1957. 339 S.

Hartl, Hans: Hermann Oberth. Vorkämpfer der Weltraumfahrt. — Hannover: Oppermann 1958. 264 S.

Hartmann, Heinz Ernst Otto: Carl von Ossietzky, 3. Oktober 1889 — 4. Mai 1938. — Fürstenfeldbruck: Steinklopfer 1960. 36 S.

Hartmann, Sverre: Fører uten folk. Quisling som politisk og psykologisk problem. — (Oslo:) Tiden Norsk Forlag (1959). 317 S.

Hartmann, Sverre: Zwischen Staat und System. Ein Versuch zur Klärung des Problems Canaris. — In: Dtsch. Rdsch. 81 (1955), 348—353.

Hartmann, Woldemar: Meine Mission nach Libau im Jahre 1919. — In: Baltische H. 1 (1954), H. 1, 30—37.

Hartung, Fritz: Jurist unter vier Reichen. — Köln: Heymann (1971). V, 169 S.

Hartung, Fritz: Das persönliche Regiment Kaiser Wilhelms II. — Berlin: Akademie-V. 1952. 20 S.
(Sitzungsber. Dtsch. Akad. d. Wiss. Berlin, Klasse f. Gesellschaftswiss., Jg. 1952, 3.)

Hartung, Hugo: Schlesien 1944—45. Aufzeichnungen und Tagebücher. — München: Bergstadt-V. 1956. 206 S.

Harvey, John [Ed.]: The diplomatic diaries of Oliver Harvey 1937—1940. — London: Collins 1970. 448 S.

Haschke, Georg und Norbert Tönnies: Friedrich Ebert. Ein Leben für Deutschland. — Preetz/Holstein; Hamburg: Antares-Verl. (1961). 176 S.

Hase, Hans Christoph von: Dietrich Bonhoeffers Erbe. — In: Schweiz. Monatsh. 35 (1955/56), 154—157.

Hasenclever, Walter: Ihr werdet Deutschland nicht wiedererkennen. Erinnerungen. - [Köln:] Kiepenheuer & Witsch (1975). 245 S.
(Coll. „Mémoires".)

Hassan II [König von Marokko]: Le défi. - (Paris:) Michel (1976). 284 S.

Hassel, Kai Uwe von: Verantwortung für die Freiheit. Auszüge aus Reden u. Veröffentlichungen in d. Jahren 1963/64. (2. Aufl.) — Boppard a. Rh.: Boldt (1965). 426 S.

Hassel, Sven: The legion of the damned. Transl. from the Danish by Maurice Michael. — London: Allen & Unwin 1957. 297 S.

Hassell, Ulrich von: Vom anderen Deutschland. Aus d. nachgelassenen Tagebüchern 1938—1944. Mit e. Geleitwort von Hans Rothfels. — (Frankfurt a. M.:) Fischer Bücherei (1964). 362 S.
(Fischer Bücherei. 605.)

Hassett, William D.: Off the record with F. D. R(oosevelt) 1942—1945. — New Brunswick: Rutgers University Press 1958. 366 S.

Hatch, Alden: The de Gaulle nobody knows. An intimate biography of Charles de Gaulle. — New York: Hawthorn Books; Toronto: McClelland Stewart 1960. 277 S.

Hatch, Alden: General Ike. A biography of Dwight D. Eisenhower. Rev. and enlarged ed. — New York: Holt 1952. 326 S.

Hatch, H. R. H. Prince Bernhard of the Netherlands. An authorized biography. — London: Harrap 1962. 280 S.

Haubach, Theodor: Geboren am 15. 9. 1896, ermordet am 23. 1. 1945: Ansprachen bei d. Gedenkstunden d. Senats d. Freien u. Hansestadt Hamburg am 22. Januar 1965 im Rathaus, Großer Festsaal. — (Hamburg 1965: Kuratorium f. Staatsbürgerl. Bildung.) 19 S.

Hauer, Erich: Bürgerpräsident Gustav Heinemann. Ein Porträt. — Freudenstadt: Lutzeyer (1969). 83 S.
(Persönlichkeiten der Gegenwart. 14.)

Hausenstein, Wilhelm: Begegnungen mit Konrad Adenauer. — In: Polit. Studien 12 (1961), 646—653.

Hausenstein, Wilhelm: Pariser Erinnerungen. Aus fünf Jahren diplomatischen Dienstes 1950—1955. — München: Olzog (1961). 246 S.

Hausenstein, Wilhelm: Impressionen und Analysen. Letzte Aufzeichnungen. — München: Bruckmann (1969). 272 S.

Hausenstein, Wilhelm: Licht unter dem Horizont. Tagebücher von 1942 bis 1946. — München: Bruckmann (1967). 455 S.

Hausmann, Manfred: Im Spiegel der Erinnerung. - Neukirchen-Vluyn: Neukirchener Verl. d. Erziehungsvereins 1974. 127 S.

Hauss, Alfred: Zeitkritik und Zukunftsdeutung bei Walter Rathenau. — o. O. 1953. 137 gez. Bl. [Maschinenschr.]
Tübingen, rechts- und wirtschaftswiss. Diss. 7. Januar 1954.

Havemann, Robert: Fragen, Antworten, Fragen. Aus der Biographie eines deutschen Marxisten. — (München:) Piper (1970). 301 S.

Havemann, Robert: Ein deutscher Kommunist. Rückblicke und Perspektiven aus der Isolation. Hrsg. von Manfred Wilke. Mit e. Nachw. von Lucio Lombardo Radice. (11.–20. Tsd.) — Reinbek b. Hamburg: Rowohlt 1978. 158 S.

Havemann, Robert: Rückantworten an die Hauptverwaltung Ewige Wahrheiten. (Hrsg. von Hartmut Jäckel.) — (München: Piper 1971). 156 S.
(Serie Piper. 8.)

Havemann, Robert: Berliner Schriften. Hrsg. von Andreas W. Mytze. — Berlin: Verl. Europ. Ideen 1976. 122 S.

Hayes, Paul M.: Quisling's political ideas. — In: J. contemp. Hist. 1 (1966) H. 1, 145–157.

Hayes, Paul M.: Quisling. The career and political ideas of Vidkun Quisling, 1887–1945. — Bloomington: Indiana University Press 1972. 368 S.

Headlam-Morley, Sir James: A memoir of the Paris Peace Conference 1919. Ed. by Agnes Headlam-Morley, Russel Bryant [u.] Anna Cienciala. — London: Methuen (1972). XLII, 230 S.

Heath, Jim F.: John F. Kennedy and the business community. — Chicago: University of Chicago Press 1969. IX, 198 S.

Hecht, Günther: General Wlassow. Millionen Russen vertrauten ihm. — Limburg: Zeitbiograph. Verl. 1961. 116 S.

Hedin, Sven: Große Männer, denen ich begegnete (Stormän och kungar [dt.] Übersetzung aus dem Schwedischen von Lothar Tobias.) — Wiesbaden: Brockhaus 1951. 357 S.

Hedin, Sven: Große Männer, denen ich begegnete (Stormän och kungar, dt.) Bd 2. — Wiesbaden: Brockhaus 1952. 279 S.

Heer, Friedrich: Der Glaube des Adolf Hitler. Anatomie einer politischen Religiosität. — (München:) Bechtle (1968). 751 S.

Heer, Friedrich: Josef Weinheber aus Wien. — In: Frankf. H. 8 (1953), 590 –602.

Heer, Hannes: Ernst Thälmann in Selbstzeugnissen und Bilddokumenten. - Reinbek b. Hamburg: Rowohlt 1975. 150 S.

Heiber, Helmut: Joseph Goebbels. — Berlin: Colloquium Verl. (1962). 433 S.

Heiber, Helmut: Joseph Goebbels und seine Redakteure. Einige Bemerkungen zu einer neuen Biographie. — In: Vjh. Zeitgesch. 9 (1961), 66–75.

Heiber, Helmut: Adolf Hitler. Eine Biographie. — Berlin: Colloquium-Verl. (1960). 159 S.
(Beiträge zur Zeitgeschichte.)

Heiber, Helmut: Der Tod des Zaren Boris. — In: Vjh. Zeitgesch. 9 (1961), 384–416.

Heike, Otto: Die Erinnerungen des Grafen Szembek. Polens Außenpolitik 1934–1939. — In: Außenpolitik 4 (1953), 561–567.

Heimpel, Hermann: Königtum, Wandel der Welt, Bürgertum. Nachruf auf P[ercy] E[rnst] Schramm. — In: Hist. Z. 214 (1972), 96–108.

Heimpel, Hermann: Worte des Gedenkens an Albrecht Haushofer. — In: Neue Sammlung 5 (1965), 336–342.

Heine, Friedrich: Dr. Kurt Schumacher. Ein demokrat. Sozialist europ. Prägung.—Göttingen: Musterschmidt (1969). 120 S.
(Persönlichkeit und Geschichte. 52.)

Heinemann, Gustav W.: Plädoyer für den Rechtsstaat. Rechtspolitische Reden und Aufsätze. Mit e. Vorw. von Rolf Zundel u. e. Protokoll von Günter Gaus. — Karlsruhe: C. F. Müller 1969. 100 S.
(Recht, Justiz, Zeitgeschehen. 3.)

Heinemann, Gustav W[alter]: Reden und Interviews. Hrsg. vom Presse- u. Informationsamt d. Bundesregierung. – [Bonn: Selbstverl. d. Hrsg.]
  4. 1. Juli 1972 – 30. Juni 1973. 1973. 215 S.
  5. 1. Juli 1973 – 1. Juli 1974. 1974. 204 S.

Heinemann, Gustav W[alter]: Präsidiale Reden. Einl. von Theodor Eschenburg. – Frankfurt a. M.: Suhrkamp 1975. 260 S.
(Edition Suhrkamp. 790.)

Heinemann, Gustav W[alter]: Reden und Schriften. – (Frankfurt a. M.:) Suhrkamp.
  1. Allen Bürgern verpflichtet. Reden des Bundespräsidenten 1969-1974. (1975). 339 S.
  2. Glaubensfreiheit, Bürgerfreiheit. Reden und Aufsätze zu Kirche, Staat und Gesellschaft 1945–1975. (1976). 330 S.

Heinemann, Gustav W[alter]: Reden und Schriften. — (Frankfurt a. M.:) Suhrkamp.
  5. Es gibt schwierige Vaterländer. (1977). 384 S.

Heinemann, Gustav W.: Im Schnittpunkt der Zeit. Reden und Aufsätze. Mit einem Vorw. von Helmut Gollwitzer. — Darmstadt: Verl. Stimme der Gemeinde 1957. 136 S.

Heinemann, Gustav W.: Was Dr. Adenauer vergißt. Notizen zu einer Biographie. — In: Frankf. H. 11 (1956), 455–472.

Heiner, Stefan: Politische Aspekte im Werk von Thomas Mann 1895 bis 1918. – Berlin (1976). 289 S.
Freie Universität Berlin, phil. Diss. vom 6. August 1976.

Kurt **Heinig.** Der Mann und sein Werk. (Kurt Heinig zum 70. Geburtstag am 19. Januar 1956.) — Berlin: Arani-V. (1956). 25 S.
(Köpfe der Zeit.)

Heinkel, Ernst: Stürmisches Leben. Hrsg. von Jürgen Thorwald — Stuttgart: Mundus-V. 1953. 500 S.

Heinrichs, Erik [u. a.]: Suomen marsalkka vapaaherra Gustaf Mannerheim. — Helsinki: Otava 1953. 173 S.

Heinrichs, Erik: Mannerheim Suomen kohtaloissa. Valkoinen kenraali 1918—1919. — Helsinki: Otava 1957. 404 S.

Heintz, Albert [Hrsg.]: Fels im Sturm. Predigten und Hirtenworte des Erzbischofs Franz Rudolf Bornewasser. — Trier: Paulinus-Verl. 1969.
1. 1922—1939. XVII, 383 S.
2. 1939—1951. X, 234 S.
(Veröffentlichungen des Bistumsarchivs Trier. 17.)

Heisenberg, Werner: Schritte über Grenzen. Gesammelte Reden und Aufsätze. — München: Piper 1971. 313 S.
(Die Bücher der Neunzehn. 204.)

Heist, Walter: Albert Camus und der Nachfaschismus. — In: Frankf. H. 8 (1953), 296—303.

Heitman, Sidney und Peter Knirsch: N. I. Bucharin. — Berlin: Osteuropa-Inst. d. Freien Universität; Wiesbaden: Harrassowitz 1959. I, 93 S.

Helbich, Wolfgang J[ohannes]: Franklin D. Roosevelt. — Berlin: Colloquium Verl. (1971). 265 S.
(Geschichte im Buch.)

Helbig, Herbert: Graf Brockdorff-Rantzau und die Demokratie. — In: Zur Geschichte und Problematik der Demokratie, Festgabe für Hans Herzfeld, Berlin: Duncker & Humblot (1958), 577—599.

Held, Josef: Heinrich Held. Ein Leben für Bayern. — Regensburg: Verl. „Zeit und Welt" Held 1958. 99 S.

Helfferich, Emil: 1932—1946. Tatsachen. Ein Beitrag zur Wahrheitsfindung. — Jever (Oldb.): Mettcker 1969. 284 S.

Helfritz, Hans: Wilhelm II. als Kaiser und König. — Eine historische Studie. — Zürich: Scientia-V. 1954. 491 S.

Hell, Victor: Littérature et société en Allemagne. L'exemple de Heinrich Böll. - In: Rev. Allemagne 5 (1973), 66–80.

Heller, Deane und David Heller: John Foster Dulles. Soldier for peace. — New York: Holt, Rinehart & Winston 1960. 328 S.

Heller, Erich: Karl Kraus oder die Schwarze Magie der Sprache. — In: Monat 6 (1953/54), T. 1, 357—384.

Heinrich **Hellwege.** Ein konservativer Demokrat. Festschrift zu seinem 50. Geburtstag am 18. August 1958. Gewidmet von seinen Freunden in d. Deutschen Partei. — Braunschweig 1958: Westermann. 162 S.

Helmer, Oskar: 50 Jahre erlebte Geschichte. — (Wien:) Verl. d. Wiener Volksbuchh. (1957). 375 S.

Hemleben, Johannes: Pierre Teilhard de Chardin in Selbstzeugnissen und Bilddokumenten. — (Reinbek b. Hamburg:) Rowohlt (1966). 178 S.
(Rowohlts Monographien. 116.)

Hencke, Andor: Augenzeuge einer Tragödie. Diplomatenjahre in Prag 1936-1939. - München: Fides-Verlagsges. 1977. 351 S.
(Veröffentlichung des Sudetendeutschen Archivs. 11.)

Henderson, James L.: Das Gewissen im nationalsozialistischen Deutschland. Adolf Reichwein. — In: Sammlung 10 (1955), 341—346.

Henderson, James L.: Adolf Reichwein. Eine pädagogisch-politische Biographie. — Stuttgart: Dtsch. Verl.-Anst. 1958. 224 S.

Henderson, K. D. D.: The making of modern Sudan. The life and letters of Sir Douglas Newbold. — London: Faber & Faber (1953). 601 S.

Henke, Josef: Hitler und England Mitte August 1939. Ein Dokument zur Rolle Fritz Hesses in den deutsch-britischen Beziehungen am Vorabend des Zweiten Weltkrieges. [Dokumentation.] - In: Vjh. Zeitgesch. 21 (1973), 231–242.

Henle, Günter: Weggenosse des Jahrhunderts. Als Diplomat, Industrieller, Politiker und Freund der Musik. — Stuttgart: Dtsch. Verl.-Anst. (1968). 367 S.

Henle, Hans: Dwight D. Eisenhower. — Frankfurt a. M.: Europ. Verl. Anst. (1952). 225 S.

Hennig, Günter: August Bebel. Todfeind des preußisch-deutschen Militärstaates 1891—1899. — Berlin: Dietz 1963. 309 S.

Hennis, Wilhelm: Zu Siegfried Landshuts wissenschaftlichem Werk. 2. 8. 1897—8. 12. 1968. — In: Z. Politik 17 (1970), 1—14.

Hennyey, Gustav: Ungarns Schicksal zwischen Ost und West. Lebenserinnerungen. - Mainz: v Hase & Koehler 1975. 192 S.
(Studia Hungarica. 10.)

Henry-Haye, Gaston: La grande éclipse franco-américaine. - Paris: Plon 1972. 395 S.

Hensel, Walther: 3 mal Kommunalpolitik. 1926—1964. E. Beitr. zur Zeitgeschichte. — (Berlin:) Grote (1970). 253 S.

Hentig, Werner-Otto von: Bis zum Botschafter auch der Bundesrepublik. Beginn in der Kaiserzeit. Erfahrungen im Auswärtigen Dienst der Weimarer Republik. Im Auswärtigen Dienst des Dritten Reiches. Nachwirkungen 1945: C. I. C. und Evangelisches Hilfswerk. Von Bonn bis Djakarta und zurück. Aus der Entwicklung des Auswärtigen Amtes.— In: Frankf. H. 10 (1955), 21—24, 117—122, 194—198 und 266—274.

[**Hentig,** Werner Otto von:] Werner Otto von Hentig. Zeugnisse und Selbstzeugnisse. Beitr. von Marion Gräfin Dönhoff [u. a.] Hrsg. von Hans Wolfram von Hentig. — (Ebenhausen:) Langewiesche-Brandt (1971). 224 S.

Hentig, Werner Otto von: Mein Leben eine Dienstreise. — Göttingen: Vandenhoeck & Ruprecht (1962). 497 S.

Hentsch, Guy: Staline négotiateur. Une diplomatie de guerre. — Neuchâtel: Edit. de Baconnière 1967. 400 S.
(Histoire et sté d'aujourdhui.)

Hentze, Jürgen: Nationalismus und Internationalismus bei Rosa Luxemburg. - Frankfurt a. M.: Lang 1975. II, 217 S.
(Beiträge zur Politikwissenschaft. 4.)
Diss., Universität München.

Hepple, Alexander: Verwoerd. — Harmondsworth: Penguin Books 1967. 253 S.
(Political leaders of the twentieth century.)

Herbermann, Nanda [Hrsg.]: Friedrich Muckermann. Ein Apostel unserer Zeit. — Paderborn: Schöningh (1953). 188 S.

Herberts, Hermann: Walter Freitag. Weg und Wollen eines deutschen Gewerkschafters. — Berlin: Arani-V. (1954). 52 S.
(Köpfe der Zeit.)

Herbst, Ludolf: Krisenüberwindung und Wirtschaftsneuordnung. Ludwig Erhards Beteiligung an den Nachkriegsplanungen am Ende des Zweiten Weltkrieges. - In: Vjh. Zeitgesch. 25 (1977), 305–340.

Herden, Werner: Geist und Macht. Heinrich Manns Weg an der Seite der Arbeiterklasse. — (Berlin:) Aufbau-Verl. 1971. 342 S.

Héring, [Général]: La vie exemplaire de Philippe Pétain. Le chef de guerre, le chef de l'Etat, le martyr. — Paris: Paris-Livres 1956. 192 S.

Herlin, Hans: Udet. Eines Mannes Leben. — Hamburg: Nannen 1958. 288 S.

Herling, Gustav: A world apart. Translated from the Polish by Joseph Marek. — London: Heinemann 1951.
Behandelt Haft und Zwangsarbeit in der Sowjetunion nach 1939.

Hermann, Lutz: Willy Brandt. Ein polit. Porträt. — Freudenstadt: Lutzeyer (1969). 88 S.
(Persönlichkeiten der Gegenwart. 15.)

Hermann, Lutz: Kurt Georg Kiesinger. Ein polit. Porträt. — Freudenstadt: Lutzeyer (1969). 70 S.
(Persönlichkeiten der Gegenwart. 10.)

Hermann, Lutz: Georg Leber. Vom Maurer zum Staatsmann. Ein Porträt. — Freudenstadt: Lutzeyer (1969). 71 S.
(Persönlichkeiten der Gegenwart. 13.)

Hermann, Lutz: Jean Monnet. — Freudenstadt: Lutzeyer (1968). 58 S.
(Persönlichkeiten der europäischen Integration. 2.)

Hermanns, Johannes: Eugen Gerstenmaier. — Freudenstadt: Eurobuch-Verl. (1966). 66 S.
(Persönlichkeiten der Gegenwart. 3.)

Hermanns, Johannes: Heinrich Lübke. — Freudenstadt: Eurobuch-Verl. (1966). 47 S.
(Persönlichkeiten der Gegenwart. 1.)

Hermens, Ferdinand A[loys]: Zwischen Politik und Vernunft. Gesammelte Aufsätze aus drei Welten. — Berlin: Duncker & Humblot (1969). XX, 437 S.
(Kölner Schriften zur Politischen Wissenschaft. N.F. 1.)

Hermes, Anna: Und setzet ihr nicht das Leben ein. Andreas Hermes, Leben und Wirken. Nach Briefen, Tagebuchaufzeichnungen und Erinnerungen. — Stuttgart: Seewald (1971). 315 S.

Hernández Tomás, Jesús: Yo, ministro de Stalin en España. Pról. y notas de Mauricio Carlavilla. — Madrid: NOS 1954. 447 S.

Hernon, Joseph M.: The last whig historian and consensus history: George Macaulay Trevelyan, 1876–1962. - In: Amer. hist. Rev. 81 (1976), 66–97.

Herraiz, Ismael: Trujillo dentro de la historia. — Madrid: Ed. Acies 1957. 420 S.

Herre, Franz: Die Straße, welche die gerade heißt. (Zum Tode von Franz Michael Gerlich am 30. Juni 1934.) — In: Neues Abendland 9 (1954), 339–346.

Herre, Paul: Kronprinz Wilhelm [von Preußen]. Seine Rolle in der deutschen Politik. — München: Beck 1954. XII, 280 S.

Herriot, Edouard: Jadis. — Paris: Flammarion.
2. D'une guerre à l'autre ‹1914—1936›. 1952. 650 S.

Herrmann, Alfred: Gustav Stresemann. Vom deutschen Nationalisten zum guten Europäer. — In: Aus Geschichte u. Politik, Festschrift zum 70. Geburtstag von Ludwig Bergstraesser, Düsseldorf: Droste-V. (1954), 139–151.

Herrmann, Friedrich Georg: Otto Rühle als politischer Theoretiker. - In: Internat. wiss. Korr. Gesch. dtsch. Arbeiterbew. 1972, H. 17, 16–60 und 1973, H. 18, 23–50.

Herrmann, Paul: Generalfeldmarschall Georg von Küchler 80 Jahre alt. — In: Wehrwiss. Rdsch. 11 (1961), 241–242.

Hersey, John [Richard]: The president [Gerald Rudolph Ford]. - New York: Knopf 1975. XI, 153 S.

Hertel, Hans: Generation im Aufbruch. Im Herzen des Vaterlandes. Preuß. Oldendorf: Schütz (1977). 412 S.

Hertzman, Lewis: Gustav Stresemann. The problem of political leadership in the Weimar Republic. — In: Internat. Rev. soc. Hist. 5 (1960), 361–377.

Herwarth, Hans von: Dem Andenken des Generals der Kavallerie Ernst Köstring. — In: Z. Geopol. 25 (1954), 766–768.

Herwig, Holger H.: From Kaiser to Führer. The political road of a German Admiral [Magnus von Levetzow], 1923–33. - In: J. contemp. Hist. 9 (1974), H. 2, 107–120.

Herz, Emil: Denk ich an Deutschland in der Nacht. Die Geschichte des Hauses Steg. — Berlin: Verlag des Druckhauses Tempelhof 1951. 330 S.

Herzfeld, Hans: Ausgewählte Aufsätze. Dargebracht als Festgabe zum 70. Geburtstage von seinen Freunden u. Schülern. — Berlin: de Gruyter 1962. IX, 460 S.

Herzfeld, Hans: Friedrich Meinecke. Zu seinem 90. Geburtstage. — In: Gesch. Wiss. Unterr. 3 (1952), 577–591.

Herzfeld, Hans: Johannes Popitz. Ein Beitrag zur Geschichte des deutschen Beamtentums. — In: Forschungen zu Staat und Verwaltung, Festgabe für Fritz Hartung, Berlin: Duncker & Humblot (1958), 345–365.

Herzfeld, Hans: Zwei Werke G[erhard] Ritters zur Geschichte des Nationalsozialismus und der Widerstandsbewegung. — In: Hist. Z. 182 (1956), 321–332.

(**Herzl**, Theodor:) Briefwechsel zwischen Theodor Herzl und Franz Oppenheimer. — In: Bull. Leo Baeck Inst. 7 (1964), 21—55.

Hesperus. Festschrift für Gustav Hillard Steinbömer zum 90. Geburtstag am 24. Februar 1971. — (Hamburg [1971]: Christians). 82 S.

Heß, Ilse: England—Nürnberg—Spandau. Ein Schicksal in Briefen. [Rudolf Heß.] — Leoni a. Starnberger See: Druffel 1952. 176 S.

Heß, Ilse: Gefangener des Friedens. Neue Briefe aus Spandau. [Rudolf Heß.] — Leoni a. Starnberger See: Druffel-V. (1955). 195 S.

Hess, Ilse: Ein Schicksal in Briefen. England Nürnberg Spandau. Gefangener des Friedens. Antwort aus Zelle Sieben. — Leoni a. Starnberger See: Druffel 1977. 606 S.
[Rudolf Hess]

Heß, Jürgen C.: Europagedanke und nationaler Revisionismus. Überlegungen zu ihrer künftigen Verknüpfung in der Weimarer Republik am Beispiel Wilhelm Heiles. — In: Hist. Z. 1977. Bd 225, 572—622.

Heß, Jürgen C.: Theodor Heuss vor 1933. E. Beitr. zur Geschichte d. demokrat. Denkens in Deutschland. — Stuttgart: Klett (1973). 230 S.
(*Kieler historische Studien. 20.*)

Hermann **Hesse**. 1877—1977. Stationen seines Lebens, des Werkes und seiner Wirkung. Gedenkausstellung zum 100. Geburtstag im Schiller-Nationalmuseum Marbach am Neckar. Vom 1. 4.—31. 10. 1977. (Katalog: Friedrich Pfäfflin [u. a.]) — (München: Kösel in Komm. 1977). 423 S.
(*Sonderausstellungen des Schiller-Nationalmuseums. 28.*)

Heßlein, Pablo: Meine Begegnung mit Martin Bormann im Urwald Chiles. — In: Österr. Furche 7 (1951), H. 18, 3—4.

Hetherington, John: Blamey. The biography of Field-Marshal Sir Thomas Blamey. — Melbourne: Cheshire 1954; London: Angus & Robertson 1955. 257 S.

Hetzer, Walther: Franz von Schönaich, Reichskriegsminister 1906—1911. — In: Österr. Gesch. Lit. 16 (1972), 353—365.

Heuschele, Otto: Hans Carossa. Zum 75. Geburtstag am 15. Dezember 1953. — In: Dtsch. Rdsch. 79 (1953), 1274—1277.

Adolf **Heusinger**. — In: Wehrkunde 5 (1956), 56.

Heusinger, Adolf: Reden 1956—1961. — Boppard a. Rh.: Boldt (1961). 112 S.

Theodor **Heuss**. Margret Boveri: Die literarische Gestalt. Walter Prinzing: Bibliographie der Schriften und Reden. Hrsg. von d. Württ. Bibliotheksgesellsch. — Stuttgart: Vorwerk 1954. 304 S.

Theodor **Heuss**. Der Mann, das Werk, die Zeit. Eine Ausstellung. (In d. Räumen d. Schiller-Nationalmuseums, Marbach a.N. 5. Mai bis 31. Oktober 1967.)
(*Veröffentlichung des Theodor Heuss Archivs.*)

Heuss, Theodor: Aufzeichnungen 1945 bis 1947. Aus d. Nachlaß hrsg. u. mit e. Einl. vers. von Eberhard Pikart. — Tübingen: Wunderlich (1966). 243 S.
(*Veröffentlichungen d. Theodor-Heuss-Archivs.*)

Heuss, Theodor: Erinnerungen. 1905—1933. — Tübingen: Wunderlich (1963). 459 S.

Heuss, Theodor: Geist der Politik. Ausgewählte Reden. — (Frankfurt a. M.:) Fischer Bücherei (1964). 173 S.
(*Fischer Bücherei. 621.*)

Heuss, Theodor: An und über Juden. Aus Schriften u. Reden (1906—1963) zsgest. u. hrsg. von Hans Lamm. — Düsseldorf, Wien: Econ-Verl. 1964. 231 S.

Heuss, Theodor: Die Machtergreifung und das Ermächtigungsgesetz. Zwei nachgel. Kapitel der „Erinnerungen 1905—1933". Hrsg. von Eberhard Pikart. — Tübingen: Wunderlich (1967). 55 S.
(*Veröffentlichung des Theodor Heuss Archivs.*)

Heuss, Theodor: Friedrich Naumann und die deutsche Demokratie. — (Wiesbaden:) Insel-Verl. 1960. 47 S.
(*Insel-Bücherei. 723.*)

Heuss, Theodor: Die großen Reden. Der Humanist. (Vorw. von Werner Weber. Auswahl: Ernst Ludwig Heuss). — Tübingen: Wunderlich (1965). 282 S.

Heuss, Theodor: Die großen Reden. Der Staatsmann. (Vorw. von Golo Mann. Auswahl: Toni Stolper u. Ernst Ludwig Heuss.) — Tübingen: Wunderlich (1965). 331 S.

Heuss, Theodor: Ernst Reuter. — In: Monat 6 (1953/54), T. I, 115—116.

Heuss, Theodor: Tagebuchbriefe. 1955—1963. E. Ausw. aus Briefen an Toni Stolper. Hrsg. u. eingel. von Eberhard Pikart. — Tübingen: Wunderlich (1970). 644 S.
(*Veröffentlichung des Theodor-Heuss-Archivs.*)

Heuss, Theodor: Vorspiele des Lebens. Jugenderinnerungen. — Tübingen: Wunderlich 1953. 348 S.

Heuss, Theodor: Hitlers Weg. Eine Schrift aus dem Jahre 1932. Neu hrsg. mit e. Einl. von Eberhard Jäckel. — Tübingen: Wunderlich (1968). CX, 167 S.
(*Veröffentlichung des Theodor Heuss Archivs.*)

Heuss, Theodor: Würdigungen [Teils.] Reden, Aufsätze und Briefe aus den Jahren 1949—1955. — Tübingen: Wunderlich (1955). 439 S.

Heuss-Knapp, Elly: Ausblick vom Münsterturm. Erinnerungen. — Tübingen: Wunderlich 1953. 172 S.

Hewins, Ralph: Bernadotte (Count Folke Bernadotte, dt.). Sein Leben und Werk. Dt. Bearb.: M. A. Reuß zur Lippe. — Frankfurt a. M.: Parma-Edition 1952. 369 S.

Hewins, Ralph: Quisling. Prophet without honour. — London: Allen 1965. 384 S.

Heydecker, Joe J.: Kronprinz Rupprecht von Bayern. — München: Süddeutscher V. (1953). 118 S.

Heydorn, Heinz-Joachim: Martin Buber und der Sozialismus. — In: Gewerksch. Monatsh. 4 (1953), 705—709.

Heydrich, Lina: Leben mit einem Kriegsverbrecher. Mit Kommentaren von Werner Maser. - Pfaffenhofen: Ludwig (1976). 211 S.

Heyl, John D.: [Adolf] Hitler's economic thought. A reappraisal. - In: Centr. Europ. Hist. 6 (1973), 83–96.

Heyman, Eva: The diary. Introd. and notes by Judah Marton. Transl. from Hebrew into Engl. by Moshe M. Kohn. - Jerusalem: Yad Vashem (1974). 124 S.

Heymann, Egon: Der kleine Diktator. Nasser vorher und nachher. — In: Polit. Meinung 1957, H. 8, 74—79.

Hibbert, Christopher: Benito Mussolini. — London: Longmans 1961. 368 S.

Hielscher, Friedrich: Fünfzig Jahre unter Deutschen. — Hamburg: Rowohlt (1954). 483 S.

Hier spricht (Otto) Dibelius. Eine Dokumentation. — Berlin: Rütten & Loening (1960). 135 S.

Hierl, Konstantin: Im Dienst für Deutschland 1918—1945. — Heidelberg: Vowinckel 1954. 208 S.

Hierl, Konstantin: Gedanken hinter Stacheldraht. Eine Lebensschau. — Heidelberg: Vowinckel-V. 1953. 159 S.
Privatdruck.

Hieronimus, Ekkehart: Theodor Lessing, Otto Meyerhof, Leonard Nelson. Bedeutende Juden in Niedersachsen. — Hannover: Verl. f. Literatur u. Zeitgeschehen (1964). 134 S.

Hiess, Joseph: Glasenbach. Buch einer Gefangenschaft. 2. Aufl. — Wels: Verl. Welsermühl (1956). 258 S.

Higgins, Trumbull: Winston Churchill and the second front, 1940—1943. — New York: Oxford University Press 1957. 281 S.

Hildebrand, Klaus: Der „Fall Hitler". Bilanz und Wege der Hitler-Forschung. — In: Neue polit. Lit. 15 (1970), 375—386.
Literaturbericht.

Hilger, Gustav: Stalin. Aufstieg der UdSSR zur Weltmacht. — Göttingen: Musterschmidt (1959). 98 S.
(Persönlichkeit und Geschichte. 17.)

Hill, Leonidas E.: The Vatican embassy of Ernst von Weizsäcker, 1943—1945. — In: J. mod. Hist. 39 (1967), 138—159.

Hilliard, Gustav: Begegnung mit Walter Rathenau. — In: Merkur 4 (1950), 164—182.

Hille, Hans Joachim: Vernunft und Geschichte bei Woodrow Wilson. — o. O. [1950]. 180 gez. Bl. [Maschinenschr.]
Frankfurt a. M., phil. Diss. 18. Nov. 1950.

Hiller, Kurt: Leben gegen die Zeit. - (Reinbek b. Hamburg:) Rowohlt.
(1.) Logos. (1969). 421 S.

Hiller, Kurt: Rote Ritter. Erlebnisse mit deutschen Kommunisten. — Gelsenkirchen: Ruhr-Verlag (1951). 128 S.
(Schriften zum Zeitgeschehen. 3.)

Hillgruber, Andreas: England in [Adolf] Hitlers außenpolitischer Konzeption. - In: Hist. Z. 218 (1974), 65–84.

Hillmann, William: Mr. President. — New York: Farrar, Straus & Young 1952. 253 S.
Mit Auszügen aus Tagebüchern und Privatbriefen Trumans.

Hillmann, William [Hrsg.]: „Mr. President" Harry S. Truman. Erste Veröffentlichungen aus seinen Tagebüchern, Briefen und Gesprächen (Dt. von Jutta Braun-Brie). — Freiburg i. Br.: Klemm (1952). 293 S.

Hills, George: Franco. The man and his nation. — London: Robert Hale 1967. 464 S.

Hillson, Norman: Alexander of Tunis (Fieldmarshal Lord Alexander). —London: Allen 1952. 252 S.

Hilton, Richard: Military attaché in Moscow. — London: Hollis & Carter (1949). VIII, 231 S.

Reichsführer! ... Briefe an und von [Heinrich] **Himmler.** Hrsg. von Helmut Heiber. — Stuttgart: Dtsch. Verl. Anst. (1968). 318 S.
Franz. Ausg. u. d. T.: Himmler aux cent visages. Trad. de l'allem. par Denise Meunier. — Paris: Fayard 1969. 408 S.

Himmler, Heinrich: Geheimreden 1933 bis 1945 und andere Ansprachen. Hrsg. von Bradley F. Smith u. Agnes F. Peterson mit e. Einf. von Joachim C. Fest. [Mit 243 z. T. unbekannten Bild- u. Textdokumenten.] (D. Übers. d. Essays, d. Anm. u. Zwischentexte aus d. Engl. besorgten Gerhard Lawrentz u. Dietmar Staffelt.) - Berlin: Propyläen-Verl. 1974. 319 S.

Himmler, Robert: [Walther] Rathenau, Russia and Rapallo. - In: Centr. Europ. Hist. 9 (1976), 146–183.

Hindls, Arnold: Einer kehrte zurück. Bericht eines Deportierten. — Stuttgart: Dtsch. Verl. Anst. (1965). 178 S.
(Veröffentlichung d. Leo Baeck Inst.)

Hingley, Ronald: [Josif Vissarionovič] Stalin, man and legend. - London: Hutchinson 1974. 482 S.

Hippel, Ernst von: Meine Kindheit im Kaiserlichen Deutschland. - Meisenheim a. G.: Hain 1975. 158 S.

Hippel, Fritz von: Gustav Radbruch als rechtsphilosophischer Denker. — Heidelberg: L. Schneider 1951. 111 S.

Hirsch, Felix E.: George Peabody Gooch. - In: J. mod. Hist. 26 (1954), 260—271.

Hirsch, Felix E.: Memories of William Sollmann. — In: American-German Rev. 19 (1953), 14—16.

Hirsch, Felix E.: „Nicht ein Verlust, ein Unglück." Zum Gedächtnis Gustav Stresemanns, gestorben am 3. Oktober 1929. — In: Gegenwart 9 (1954), 616—618.

Hirsch, Felix: Eduard von Simson. Das Problem der deutsch-jüdischen Symbiose im Schatten Goethes und Bismarcks. — In: Gesch. Wissensch. Unterr. 16 (1965), 261—277.

Hirsch, Felix E.: Wilhelm Sollmann. - In: Rheinische Lebensbilder, Bd 6, Köln: Rheinland-Verl. 1975, 257–286.

Hirsch, Felix E.: William Sollmann, wanderer between two worlds. — In: South Atlantic Quart. 52 (1953), 207—227.

Hirsch, Felix: Gustav Stresemann. Patriot und Europäer. Mit e. Geleitw. von George P. Gooch. — Göttingen: Musterschmidt (1964). 112 S.
(Persönlichkeit und Geschichte. 36.)

Hirsch, Felix: Gustav Stresemann. Ein Lebensbild. Göttingen: Musterschmidt 1978. 355 S.

Hirsch, Felix E.: Stresemann in historical perspective. — In: Rev. Politics 15 (1953), 360—377. Literaturbericht.

Hirsch, Helmut: August Bebel in Selbstzeugnissen und Bilddokumenten. - Reinbek b. Hamburg: Rowohlt 1972. 147 S.
(Rowohlts Monographien. 196.)

Hirsch, Helmut: Friedrich Engels in Selbstzeugnissen und Bilddokumenten. (Den Anhang besorgte der Autor.) — (Reinbek b. Hamburg:) Rowohlt (1968). 149 S.
(Rowohlts Monographien. 142.)

Hirsch, Helmut: Rosa Luxemburg in Selbstzeugnissen und Bilddokumenten. (Den Anhang besorgte der Autor.) — (Reinbek b. Hamburg:) Rowohlt (1969). 157 S.
(Rowohlts Monographien. 158.)

Hirschberg, Alfred: Ludwig Hollaender, Director of the C.V. — In: Year Book, Leo Baeck Inst. 7 (1962), 39—74.

(Hirzel, Johannes:) Winston Churchill. Über die Macht in der Demokratie. — In: Frankf. H. 7 (1952), 959—962.

Hiss, Alger: In the court of public opinion. — New York: Knopf; London: Calder 1957. 424, XIII S.

Adolf **Hitler.** Gesichter eines Diktators. Hrsg. von Jochen von Lang. Mit e. Vorw. von Joachim Fest. (Fotogr.: Heinrich Hoffmann.) — (Hamburg:) Wegner (1968). 16 S.

(Hitler, Adolf:) Hitlers zweites Buch. Ein Dokument aus dem Jahr 1928. Eingel. u. kommentiert von Gerhard L. Weinberg. Mit einem Geleitwort von Hans Rothfels. — Stuttgart: Dtsch. Verl.-Anst. 1961. 227 S.
(Quellen und Darstellungen zur Zeitgeschichte. 7.)

Hitler, Adolf: L'expansion du IIIe Reich (Hitlers Zweites Buch, franz.) Trad. de l'allemand par Francis Brière. — (Paris:) Plon (1963). 252 S.

Hitler, Adolf: Libres propos sur la guerre et la paix. Recueillis sur l'ordre de Martin Bormann. Préface de Robert d'Harcourt. Version française de François Genoud. — Paris: Flammarion (1952). XXVIII, 370 S.
Enthält die Äußerungen Hitlers bei Tisch, aufgezeichnet von Heinrich Heim vom 5. Juli 1941 bis 11. März 1942 und mit Vermerken von Martin Bormann versehen. Demgegenüber bietet Nr. 207 im wesentlichen Aufzeichnungen aus der Zeit vom 21. März bis 2. August 1942 auf Grund privater Durchschläge Henry Pickers.

Hitler, Adolf: Le testament politique de Hitler. Notes recueillies par Martin Bormann. Version française et présentation de François Genoud. — Paris: Fayard 1959. 191 S.

[**Hitler,** Adolf:] Adolf Hitlers drei Testamente. Ein Zeitdokument. Hrsg. von Gert Sudholt. - Leoni a. Starnberger See: Druffel [1977]. 107 S.

Hitzer, Friedrich: [Vladimir Il'ič] Lenin in München. Dokumentation und Bericht. Hrsg. von der Bayerischen Gesellschaft zur Förderung der Beziehungen zwischen der Bundesrepublik Deutschland und der Sowjetunion. - München: [Selbstverl. d. Hrsg.] (1977). 521 S.

Hobbs, Joseph P.: Dear General. Eisenhower's wartime letters to Marshall. — Baltimore: Johns Hopkins Press 1971. 288 S.

Hobe, Cord von und Walter Görlitz: Georg von Boeselager. Ein Reiterleben. — Düsseldorf: Verl. Sankt Georg 1957. 111 S.

Hoch, Anton: Das Attentat auf Hitler im Münchner Bürgerbräukeller 1939. [Johann Georg Elser.] - In: Vjh. Zeitgesch. 17 (1969), 383-413.

Ho Chi-minh: Ausgewählte Reden und Aufsätze. — Berlin: Dietz 1961. 445 S.

Ho Tschi Minh [**Hô-chí-Minh**]: Revolution und nationaler Befreiungskampf [Teilsamml., dt.] Ausgew. Reden u. Schriften 1920—1968. Hrsg. u. eingel. von Bernard B. Fall. (Übers. von Arne u. Eva Eggebrecht.) — (München:) Piper (1968). 398 S.
(Piper-Paperback.)

Hochman, Elena [u.] Heinz Rudolf Sonntag: Christentum und politische Praxis, Camilo Torres. — (Frankfurt a.M.:) Suhrkamp (1969). 136 S.
(Edition Suhrkamp. 363.)

Hodes, Aubrey: Martin Buber. An intimate portrait. - New York: Viking Press 1971. XII, 242 S.

Höfer, Werner: Wenn ich mich erinnere. - In: Aus Köln in die Welt, Köln: Grote (1974), 105-142.

Hoegner, Wilhelm: Der schwierige Außenseiter. Erinnerungen eines Abgeordneten, Emigranten und Ministerpräsidenten. — München: Isar-V. (1959). 343 S.

Hoegner, Wilhelm: Flucht vor Hitler. Erinnerungen an die Kapitulation der ersten deutschen Republik 1933. Mit e. Vorw. von Wolfgang Jean Stock. - (München:) Nymphenburger Verlagshandl. (1977). 295 S.

Hoegner, Wilhelm: Georg von Vollmar, ein bayerischer Parlamentarier. — In: Polit. Studien 15 (1964), 53—64.

Höhle, Thomas: Franz Mehring. Sein Weg zum Marxismus 1869—1891. — Berlin: Rütten & Loening (1956). 339 S.
(Schriftenreihe des Instituts für deutsche Geschichte an der Karl-Marx-Universität Leipzig. 1.)

Höhne, Heinz: [Wilhelm] Canaris. Patriot im Zwielicht. - (München:) Bertelsmann (1976). 607 S.

Hoek, K. van: Georges Bidault. — In: Contemp. Rev., Sept. 1953, 138—143.

Hölzle, Erwin: Lenin 1917. Die Geburt der Revolution aus dem Kriege. (Nach teilw. unveröffentlichten Dokumenten, mit Ausz. aus Briefen und Reden Lenins.) — München: Oldenbourg (1957). 96 S.
(Janus-Bücher. 6.)

Hönig, Albertine: Leben in Workuta. 15 Jahre Entbehrungen u. Hoffnungslosigkeit. — (Bonn 1961: Bundeszentrale f. Heimatdienst.) 40 S.
(Schriftenreihe d. Bundeszentrale f. Heimatdienst. Rotationsserie. 3.)

[**Hörsing,** Otto:] Otto Hörsing als konspirativer Helfer Lenins. Ein Bericht Hörsings aus seinem Nachlaß. Kommentiert von Hans H. Biegert. – In: Internat. wiss. Korr. Gesch. dtsch. Arbeiterbew. 1972, H. 16, 40–55.

(**Höß,** Rudolf:) Commandant of Auschwitz. The autobiography of Rudolf Hoess. With an introduction by Lord Russel of Liverpool. — London: Weidenfeld & Nicolson 1959. 252 S.

(**Höß,** Rudolf:) Wspomnienia Rudolfa Hoessa, komendanta obozu Oświęcimskiego. — Warszawa: Wydawnictwo Prawnicze 1956. 358 S.
(Główna Komisja Badania Zbrodni Hitlerowskich w Polsce.)

(**Höß,** Rudolf:) Kommandant in Auschwitz. Autobiographische Aufzeichnungen von Rudolf Höß. Eingeleitet und kommentiert von Martin Broszat. — Stuttgart: Dtsch. Verl.-Anst. 1958. 184 S.
(Quellen und Darstellungen zur Zeitgeschichte. 5).

Hofer, Walther: Lenin und Wilson 1917. Die „leitende Tendenz" des Jahrhunderts. — In: Mod. Welt 8 (1967), 375—383.

Hofer, Walther: Weltgeschichte als Tragödie. Gedanken zum Tode Friedrich Meineckes. — In: Schweiz. Monatsh. 34 (1954/55), 94—97.

Hofer, Walther: Chester Wilmot — Historiker des zweiten Weltkrieges. — In: Schw. Monatsh. 34 (1954/55), 117—118.

Hoff, Klaus: Deutschland, Europa und die Welt. Heinrich v[on] Brentanos politischer Weg. — In: Polit. Meinung 8 (1963), H. 80, 43—57.

Hoffinger, Max Ritter von: Herr von Papen und St. Augustin. Erinnerungen zu dem Erinnerungsbuch Franz von Papens. — In: Österr. Furche 9 (1953), H. 8, 5—6.

Hoffmann, Alexander von: Präsident Roosevelt und die amerikanischen Gewerkschaften im Jahre 1936. — Göttingen 1953. IV, 195 gez. Bl. [Maschinenschr.]
Göttingen, phil. Diss. 5. November 1953.

Hoffmann, Heinrich: Hitler was my friend. Transl. by R. H. Stevens. — London: Burke 1955. 304 S.

Hoffmann, Peter: Die Sicherheit des Diktators. [Adolf] Hitlers Leibwachen, Schutzmaßnahmen, Residenzen, Hauptquartiere. – München: Piper (1975). 328 S.

Hoffmann, S.: De Gaulle, l'Europe et l'alliance. — In: Esprit 31 (1963), 1058—1083.

Hofmann, Hasso: Legitimität gegen Legalität. Der Weg der politischen Philosophie Carl Schmitts. — (Neuwied:) Luchterhand (1964). 304 S.
(Politica. 19.)

Hofmann, Josef: Journalist in Republik, Diktatur und Besatzungszeit. Erinnerungen 1916–1947. Bearb. u. eingel. von Rudolf Morsey. – Mainz: Matthias-Grünewald-Verl. (1977). 236 S.
(Veröffentlichungen der Kommission für Zeitgeschichte. A,23.)

Hohoff, Curt: Politisches Handeln und neue Theologie. Zu einer Biographie Dietrich Bonhoeffers. — In: Merkur 21 (1967), 880—889.

Holger, Hans: Ich war in Werl. Bericht über das Leben hinter den Mauern der Strafanstalt. — Berlin: Kulturbuchverl. 1954. 160 S.

Hollerbach, Alexander: Zu Leben und Werk Heinrich Triepels. — In: Arch. öff. Rechts 91 (1966), 417—440.

Hollis, Sir Leslie: One marine's tale. Foreword by Lord Ismay. — London: Deutsch 1956. 188 S.

Holmes, Oliver Wendell und Harold J. Laski: Letters. The correspondence of Mr. Justice Holmes and Harold J. Laski 1916—1935. Edited by Mark De Wolfe Howe. Vol. 1. 2. — London: Oxford University Press 1953. 813 S., S. 818—1650.

Holotíková, Zdenka: Klement Gottwald na Slovensku v rokoch 1921—1924. — Bratislava: SAV 1953. 142 S.

Holt, Edgar: The Tiger. The life of Georges Clemenceau 1841–1929. London: Hamilton (1976). X, 303 S.

Holthusen, Hans Egon: Ché Guevara. Sein Leben, Tod und Verklärung. — In: Merkur 23 (1969), 1051—1067.

Holubnychy, Vsevolod: Der dialektische Materialismus Mao Tse-tungs. — In: Merkur 17 (1963), 670—689.

Holz, Hans Heinz: Widerspruch in China. Politisch-philosophische Erläuterungen zu Mao Tse-tung. — München: Hanser 1970. 119 S.
(Reihe Hanser. 27.)

Holzamer, Karl: Als Redakteur in den dreißiger Jahren. – In: Aus Köln in die Welt, Köln: Grote (1974), 87–104.

Holzheuer, Walter: Karl Kautskys Werk als Weltanschauung. E. Beitr. zur Ideologie d. Sozialdemokratie vor dem Ersten Weltkrieg. — München: Beck 1972. VIII, 121 S.
(Münchener Studien zur Politik. 21.)

Homar, Helmuth: Konrad Adenauer. Bilder und Daten zum 80. Geburtstag. — Bonn: Drei-Mühlen-V. [1955]. 15 S.

Homberger, Heinrich: Minister Dr. Hans Sulzer zum Gedächtnis. 4. Januar 1959. Eine Episode aus der schweizerischen Handelspolitik im Kriege. — Zürich 1960. 27 S.
(Schweizer Monatshefte 39 [1959/60], H. 10, Sonderbeilage.)

Homburg, Wilhelm: Zwei Jahre unter den Kommunisten Rot-Chinas. — Hiltrup: Verl. d. Herz-Jesu-Missionshauses (1952). 151 S.

Homonnay, Elemer: Wilsons Prinzipien in der Südungarn-Frage. — Freilassing: Pannonia 1959. 24 S.
(Dokumente zum Zeitgeschehen. 2.)

Erich **Honecker.** Skizze seines politischen Lebens. – Frankfurt a. M.: Verl. Marxist. Bll. 1977. 222 S.

Honecker, Erich: Unter dem Banner des Internationalismus. Ausgew. Reden u. Aufsätze. Inst. für Marxismus-Leninismus beim ZK d. SED. — Berlin: Dietz 1972. 361 S.

Honecker, Erich: Reden und Aufsätze. (Hrsg.: Institut für Marxismus-Leninismus beim ZK der SED.) – (Berlin: Dietz).
1. 1975. 594 S.
2. 1976. 552 S.
3. 1976. 521 S.

Honecker, Erich: Die Rolle der Arbeiterklasse und ihrer Partei in der sozialistischen Gesellschaft. [Sammlung.] – Berlin: Dietz 1974. VII, 389 S.

Honecker, Erich: Zuverlässiger Schutz des Sozialismus. Ausgew. Reden u. Schriften zur Militärpolitik d. SED. — Berlin: Militärverl. d. DDR 1972. 203 S.

Honigmann, Georg: Kapitalverbrechen oder Der Fall des Geheimrats [Alfred] Hugenberg. – Berlin: Verl. der Nation (1976). 365 S.

Hooker, J. R.: Lord Curzon and the "Curzon Line". — In: J. mod. Hist. 30 (1958), 137—138.

Hooker, Nancy Harvison [Ed.]: The Moffat papers. Selections (1919—1943) from the diplomatic journals of Jay Pierrepont Moffat. — Cambridge, Mass.: Harvard University Press 1956. 408 S.

Hoop, J[ean]-M[arie] d': [Dwight David] Eisenhower et le problème de Berlin en mars 1945. – In: Rev. Hist. deux. Guerre mond. 22 (1972), H. 88, 67–78.

Hoopes, Townsend: The devil and John Foster Dulles. – Boston: Little, Brown 1973. XIV, 562 S.

Hoover, Calvin: Memoirs of capitalism, communism and nazcism. — Durham, N. C.: Duke University Press 1965. X, 302 S.

[**Hoover** (Herbert u. Woodrow) Wilson:] The Hoover-Wilson wartime correspondence, Sept. 24, 1914, to Nov. 11, 1918. Ed. and with commentaries by Francis William O'Brian. – Ames: Iowa State University Press 1974. XXVI, 297 S.
(*Hoover Presidential Library Association Series.*)

Hoover, Herbert: Memoiren (The memoirs of Herbert Hoover dt.) Die Übers. ins Deutsche besorgte Werner von Grünau. — Mainz: Matthias-Grünewald-Verl.
1. Jahre der Abenteuer 1874—1920 (Years of adventure 1874—1920, dt.) 1953. VIII, 448 S.
2. Das Kabinett und die Präsidentschaft 1920—1933 (The cabinett and the presidenty 1920—1933, dt.) [1953]. VIII, 378 S.

(**Hoover,** Herbert:) The memoirs of Herbert Hoover. — New York: Macmillan.
(1.) Years of adventure. 1874—1920. 1951. XI, 496 S.
(2.) 1920—1932. [1952]. 405 S.

(**Hoover,** Herbert:) The memoirs of Herbert Hoover. — New York: Macmillan.
3. The great depression. 1929—1941. 1952. 503 S.

Hoover, Herbert: The ordeal of Woodrow Wilson. — New York: McGraw-Hill; London: Museum Press 1958. XIII, 318 S.

Hoppe, Hans-Joachim: Todor Shiwkow [Živkov]. Eine politische Biographie. – In: Osteuropa 28 (1978), 399–414.

Horkheimer, Max: Gesellschaft im Übergang. Aufsätze, Reden und Vorträge 1942—1970. Hrsg. von Werner Brede. — Frankfurt a. M.: Athenäum-Fischer-Taschenbuch-Verl. 1972. 176 S.
(*Fischer-Athenäum-Taschenbücher. 4004: Sozialwissenschaft.*)

Horn, Wolfgang: Ein unbekannter Aufsatz Hitlers aus dem Frühjahr 1924. — In: Vjh. Zeitgesch. 16 (1968), 280—294.

Horn, Wolfgang: Hitler und die NSDAP. Neue Untersuchungen zur Geschichte des Nationalsozialismus. — In: Neue polit. Lit. 13 (1968), 466—484.
Literaturbericht.

Hornung, Klaus: Geschichtsrevision, Nachruhm und Hitlers Tischgespräche. — In: Neue Furche 6 (1952), 56—60.

Horowitz, Irving Louis: Radicalism and the revolt against reason. The social theories of Georges Sorel. With a transl. of his essay on The decomposition of marxism (La décomposition du marxisme, engl.) — London: Routledge & Kegan Paul (1961). VIII, 264 S.

Horrocks, Sir Brian: A full life. — London: Collins 1960. 320 S.

Horstmann, Lali: Unendlich viel ist uns geblieben (Nothing for tears, dt.) — München: List 1954. 277 S.

Horthy, Nikolaus von: Ein Leben für Ungarn. — Bonn: Athenäum-V. 1953. 387 S.

(**Horthy,** Nikolaus von:) The confidential papers of Admiral Horthy. (Prep. for the press and introd. by Miklós Szinai and László Szücs.) — (Budapest:) Corvinia Press (1965). XXII, 439 S.

Hough, Richard: Admiral of the fleet. The life of John Fisher. — New York: Macmillan 1970. 392 S.

Hourdin, Georges: Bonhoeffer. Une église pour demain. — Paris: Edit. du Cerf 1971. 188 S.
(*Coll. „Essais".*)

Hovdkinn, Øystein: Joseph Goebbels og sosialismen i nasjonalsosialismen, 1925–30. – Oslo 1975. III, 159 gez. Bl.
Oslo, phil. Diss. 1975.
[Maschinenschr. xerokop.]

How popular was Streicher? His friendship with Hitler. — In: Wiener Libr. Bull. 11 (1957), H. 5/6, 48.

Howe, Irving: Leon Trotsky [Leo Trotzki]. – New York: Viking Press 1978. 193 S.

Howley, Frank Leo: Berlin command. —New York: Putnam 1950. 276 S.

Hsiung, S. J.: The life of Chiang Kai-Shek [Tschiang Kai-Schek]. — London: Davies 1948. 398 S.

Hsu, Kai-Yu: Chou En-Lai [Tschu En-lai]. China's gray eminence. — Garden City: Doubleday 1968. 294 S.

Hu Chi-Hsi [Ed.]: Mao Tsé-Toung et la construction du socialisme. Modèle soviétique ou voie chinoise. - Paris: Ed. du Seuil 1975. 188 S.
(Coll. „Politique". 69.)

Hubatsch, Walther: Hindenburg und der Staat. Aus d. Papieren d. Generalfeldmarschalls u. Reichspräsidenten von 1878 bis 1934. — Göttingen: Musterschmidt (1966). XIV, 397 S.

Huck, Jürgen: Reichsminister Paul Frhr. v. Eltz-Rübenach. Sein Leben u. Wirken 1875—1943. — In: Unser Porz, Beiträge z. Gesch. von Amt u. Stadt Porz 1961, H. 2, 30—65.

Hudal, Alois C.: Römische Tagebücher. Lebensbeichte eines alten Bischofs. - Stuttgart: Stocker (1976). 324 S.

Huddleston, Sisley: Pétain — patriot or traitor? — London: Dakers 1951. 269 S.

Hübinger, Paul Egon: Thomas Mann, die Universität Bonn und die Zeitgeschichte. Drei Kapitel deutscher Vergangenheit aus dem Leben des Dichters, 1905-1955. - München: Oldenbourg 1974. IX, 682 S.

Hühne, Werner: Thadden-Trieglaff. Ein Leben unter uns. — Stuttgart: Kreuz-Verl. (1959). 246 S.

Hühnerfeld, Paul: In Sachen Heidegger. Versuch über ein deutsches Genie. — (Hamburg:) Hoffmann & Campe (1959). 118 S.

Huemer, Peter: Sektionschef Robert Hecht und die Zerstörung der Demokratie in Österreich. Eine historisch-politische Studie. - München: Oldenbourg 1975. 372 S.

(**Hünenburg,** Friedrich:) Tausend Brükken. Eine biographische Erzählung aus dem Schicksal eines Landes. Hrsg. von Agnes Gräfin Dohna. — Straßburg, Stuttgart, Stockholm: Hünenburg-V. (1952). 1086 S.

Hürten, Heinz: Waldemar Gurian. Ein Zeuge der Krise unserer Welt in der ersten Hälfte des 20. Jahrhunderts. — Mainz: Matthias-Grünewald-Verl. (1972). XXIV, 182 S.
(Veröffentlichungen der Kommission für Zeitgeschichte bei der Katholischen Akademie in Bayern. B, 11.)

Hufnagel, Gerhard: Kritik als Beruf. Der kritische Gehalt im Werk Max Webers. — [Berlin:] Propyläen-Verl. (1971). 439 S.
(Schriften zur Theorie von Geschichte und Politik.)

Hug, Heinz: Erich Mühsam. Untersuchungen zu Leben und Werk. - Glashütten i. Ts.: Auvermann 1974. XI, 271 S.

Hughes, E. J.: Winston Churchill and the formation of the United Nations Organization. — In: J. contemp. Hist. 9 (1974), H. 4, 177-194.

Hughes, Emrys: Winston Churchill, British bulldog. His career in war and peace. — New York: Exposition Press 1955. 346 S.

Hughes, Emrys: Macmillan. Portrait of a politician. — London: Allen & Unwin 1962. 248 S.

Huie, William Bradford: Der Hiroshima-Pilot (The Hiroshima pilot, dt.) (Berecht. Übers. aus d. Engl. von Willy Thaler.) — Wien, Hamburg: Zsolnay (1964). 337 S.

Huizinga, J. H.: Confessions of an European in England. — London: Heinemann 1958. 296 S.

Huizinga, James H.: Mr. Europe. A political biography of Paul Henri Spaak. — London: Weidenfeld & Nicolson; New York: Praeger 1961. 248 S.

Hulton, Charles M.: The impact of Senator Joseph McCarthy on the press of the United States. — In: Gazette 4 (1958), 11—20.

Humanist und Politiker. Leo Wohleb, der letzte Staatspräsident des Landes Baden. Gedenkschrift zu seinem 80. Geburtstag am 2. September 1968. Hrsg. von Hans Maier u. Paul-Ludwig Weihnacht in Verb. mit Maria Wohleb [u. a.] — Heidelberg: Kerle (1969). 206 S.

Humbert-Droz, Jules: De Lénine à Staline. Mémoires. — Neuchâtel: Ed. de la Baconnière.
[1.] Dix ans au service de l'Internationale communiste, 1921—1931. 1971. 520 S.
[2.] Dix ans de lutte antifasciste, 1931—1941. 1972. 429 S.

Hundhammer, Alois: Mein Beitrag zur bayerischen Politik 1945—1965. — München 1965: Neuer Presseclub. 18 S.
(Historisch-politische Schriftenreihe d. Neuen Presseclubs.)
(Bayerische Profile. 1.)

Hunt, Frazier: The untold story of Douglas MacArthur. — London: Hale (1955). 544 S.

Hurtig, S.: Le conflit Truman—MacArthur. — In: Rev. franç. Science polit. 10 (1960), 608—634.

Hurwicz, Elias: Aus den Erinnerungen eines Abseitigen. — In: Hochland 45 (1952/53), 446—454.

Husák, Gustáv: Ausgewählte Reden und Aufsätze. April 1969—April 1971. — Berlin: Dietz 1971. 560 S.

Hussein King of Jordan: Uneasy lies the head. An autobiography. — London: Heinemann 1962. 233 S.

Hussein, König von Jordanien: Mein Krieg mit Israel (Ma „guerre" avec Israël, dt.) Aufgezeichnet von Vick Vance u. Pierre Lauer. (Aus d. Französ. übertr. von Wolfgang Teuschl.) — München: Molden (1969). 200 S.

Hutchinson, Bruce: The incredible Canadian. A candid portrait of Mackenzie King, his works, his times, and his nation. — New York: Longmans, Green & Co. 1953. X, 454 S.

Hutchinson, George: Edward Heath. A personal and political biography. — London: Longmans 1970. X, 228 S.

Hutchinson, George: Edward Heath [dt.] (Übers. aus d. Engl. von Claus Velmeden.) - Göttingen: Musterschmidt [1973]. 148 S.

Hutton, Bernard J.: [Rudolf] Hess. The man and his mission. Introd. by Airey Neave. — New York: Macmillan 1971. XV, 262 S.

Huyen, N. Khac: An independent communist leader. Ho Chi Minh between Peking and Moscow. — In: Orbis 13 (1969/70), 1185—1208.

Huyssen, Hans: Wie starb Generalfeldmarschall M o d e l ? — In: Der Frontsoldat erzählt 16 (1952), 34.

Ilwa Yol Jung: Leo Strauss's conception of political philosophy. A critique. — In: Rev. Politics 29 (1967), 492—517.

Hyde, Douglas: ... anders als ich glaubte. Der Weg eines Revolutionärs. Übertr. von Annemarie Langens. — Freiburg i. Br.: Herder (1952). 368 S.

Hyde, H[arford] Montgomery: [Stanley] B a l d w i n. The unexpected Prime Minister. - London: Hart-Davis, MacGibbon 1973. XIII, 616 S.

Hymans, Paul: Mémoires. Publ. par Frans van Kalken avec la collaboration de John Bartier. Vol. 1. 2. — Bruxelles: Institut de Sociologie Solvay 1957.

Jablonka, Hans: [Sigismund] W a i t z, Bischof unter Kaiser und Hitler. - Wien: Wiener Dom-Verl. 1971. 156 S.
(WDV-Report.)

Jackson, Robert: The chief. The biography of Gordon Hewart, Lord Chief Justice of England, 1922—1940. — London: Harrap 1959. 352 S.

Jackson, W. G. F.: Alexander of Tunis as military commander. — New York: Dodd, Mead 1972. 344 S.

Jacobi, Claus: Germany's great old man [Adenauer]. — In: Foreign Aff. 33 (1954/55), 239—249.

Jacobmeyer, Wolfgang: Henryk Dobrzański („Hubal"). E. biograph. Beitr. zu d. Anfängen d. polnischen Résistance im Zweiten Weltkrieg. — In: Vjh. Zeitgesch. 20 (1972), 63—74.

Jacobs, Travis Beal: Roosevelt's „Quarantine Speech". — In: Historian 24 (1962), 483—502.

Jacobsen, Hans-Adolf [Hrsg.]: Hans Steinacher. Bundesleiter des VDA 1933—1937. Erinnerungen und Dokumente. — Boppard: Boldt (1970). LXVIII, 623 S.

Jacobsen, Ingrid [Hrsg.]: War Barth Sozialist? Ein Streitgespräch um Theologie und Sozialismus bei Karl B a r t h. Berlin: Verl. Die Spur 1975. 122 S.
(Radikale Mitte. 13.)

Jacobsen, Otto: Erich M a r c k s, Soldat und Gelehrter. — Göttingen: Musterschmidt (1971). 204 S.

Jacoby, E. Georg: Die moderne Gesellschaft im sozialwissenschaftlichen Denken von Ferdinand T ö n n i e s. E. biograph. Einf. — Stuttgart: Enke 1971. XI, 314 S.

Jacomet, A.: Les chefs du francisme: Marcel B u c a r d et Paul Guiraud. - In: Rev. Hist. deux. Guerre mond. 25 (1975), H. 97, 45—66.

Jacquemin, Gaston: La vie publique de Pierre L a v a l (1883–1945). — Paris: Plon 1972. 350 S.

Jäckel, Eberhard: Charles de G a u l l e und die Fünfte Französische Republik. — In: Gesch.Wiss. Unterr. 10 (1959), 100—114.

Jäckel, Eberhard: Charles de G a u l l e und die Vierte Französische Republik. — In: Gesch.Wiss. Unterr. 9 (1958), 490—504.

Jäckel, Eberhard: Literaturbericht. Rückblick auf die sogenannte [Adolf] H i t l e r -Welle. - In: Gesch. Wiss. Unterr. 28 (1977), 695—710.

Jäckel, Eberhard: Thomas M a n n und die deutsche Geschichte seiner Zeit. Zu einem Buch von Paul Egon Hübinger. - In: Gesch. Wiss. Unterr. 26 (1975), 725-732.

Jäckel, Eberhard: Über eine angebliche Rede Stalins vom 19. August 1939. — In: Vjh. Zeitgesch. 6 (1958), 380—389.

Jäckel, Eberhard: Gerhard Ritter, Historiker seiner Zeit. — In: Gesch. Wiss. Unterr. 18 (1967), 705—715.

Jäckel, Eberhard: Hitlers Weltanschauung. Entwurf einer Herrschaft. — Tübingen: Wunderlich (1969). 159 S.

Jäckh, Ernst: Der goldene Pflug. Lebensernte eines Weltbürgers. — Stuttgart: Dt. Verl.-Anst. (1954). 510 S.

Jäckh, Ernst: Weltsaat. Erlebtes und Erstrebtes. — Stuttgart: Dtsch. Verl. Anst. (1960). 339 S.

Jaeger, Hans: Oberst N a s s e r — Zentralfigur des Mittleren Orient? — In: Dtsch. Rdsch. 85 (1959), 31—36.

Jaeger, Hans: Der neue Sowjetbotschafter (Valerian Alexandrowitsch S o r i n). — In: Dtsch. Rdsch. 82 (1956), 1—4.

Jaeger, Hans: T s c h u En-lai. — In: Dtsch. Rdsch. 80 (1954), 880—886.

Jäger, Wolfgang: Öffentlichkeit und Parlamentarismus. Eine Kritik an Jürgen H a b e r m a s. - Stuttgart: Kohlhammer 1973. 107 S.
(Urban-Taschenbücher. 837.)

Jäschke, Gotthard: Die Ernennung des jüngeren [Helmuth von] Moltke zum Generalstabschef. Ein Rundbrief an Freunde und Bekannte. — Münster ⟨Westf.⟩ 1971. 19 S.
Als Ms. gedr.

Jaffré, Yves-Frédéric: Les derniers propos de Pierre L a v a l recueillis par son avocat. — Paris: Bonne 1953. 320 S.

Jakowlew [Jakovlev], N[ikolaj]: Franklin D[elano] R o o s e v e l t (Franklin Ruzvel't – čelovek i politik, dt.) Eine politische Biographie. (Übers. aus d. Russ.: I. Zeisler [u.] J. Martin.) - Berlin: Dtsch. Verl. d. Wissenschaften 1977. 606 S.

Jaksch, Wenzel: Aus dem Londoner Exil 1939—1945. — In: Neue Ackermann 1 (1953), H. 4, 14—23.

James, Daniel: Ché G u e v a r a. A biography. — New York: Stein & Day 1969. 380 S.

James, Dorris Clayton: The years of MacArthur. — Boston, Mass.: Houghton Mifflin.
1. 1880—1941. 1970. 740 S.

James, Dorris Clayton: The years of [Douglas] MacArthur. - Boston, Mass.: Houghton Mifflin.
2. 1941–1945. 1975. 939 S.

James, Robert Rhodes: Churchill. A study in failure, 1900—1939. — London: Weidenfeld & Nicolson 1970. XVI, 371 S.

James, Sir William: The code breakers of room 40. The story of Admiral Sir William Hall, genius of British counter-intelligence. — New York: St. Martin's Press 1956. XXV, 212 S.

Janni, Ettore: Un tempo, un uomo (Bortoli Belotti). — Milano: Ceschina 1952. 302 S.

Jansen, Marius B.: The Japanese and Sun Yat-sen. — Cambridge: Harvard University Press 1954. 278 S.

Jansen, Reinhard: Georg von Vollmar. Eine politische Biographie. — Düsseldorf: Droste-V. (1958). 137 S.
(Beiträge zur Geschichte des Parlamentarismus u. d. pol. Parteien. 13.)

Jansohn, Heinz: Herbert Marcuse, Philosoph. Grundlagen seiner Gesellschaftskritik. — Bonn: Bouvier 1971. 251 S.

Janßen, Karl-Heinz [Hrsg.]: Die graue Exzellenz. Zwischen Staatsräson und Vasallentreue. Aus den Papieren des kaiserlichen Gesandten Karl Georg von Treutler. — (Frankfurt a. M.: Propyläen-Verl. 1971). 277 S.

Janssen, Karl-Heinz: Alfred von Gossler und die deutsche Verwaltung im Baltikum 1915/18. — In: Hist. Z. 207 (1968), 42—54.

Janßen, Karl-Heinz: [Adolf] Hitler, tiranno o salvatore? - In: Aff. est. 6 (1974), H. 21, 117–122.

Jarausch, Konrad H.: The enigmatic chancellor. [Theobald von] Bethmann Hollweg and the hubris of Imperial Germany. - New Haven: Yale University Press 1973. XIV, 560 S.

Jaspers, Karl: Der Philosoph in der Politik. Aus einem Gespräch mit François Bondy. — In: Monat 15 (1962/63), H. 175, 22—29.

Jaspers, Karl: Schicksal und Wille. Autobiograph. Schriften. Hrsg. von Hans Saner. — München: Piper (1967). 185 S.
(Piper-Paperback.)

Jaspers, Karl: Max Weber. Politiker, Forscher, Philosoph. — München: Piper 1958. 89 S.

Jayakar, M. R.: The story of my life. Vol. 1.: 1873—1922. — Bombay: Asia Publishing House 1958. 627 S.

Ibárruri, Dolores: Der einzige Weg (El único camino, dt.) Erinnerungen. (Aus d. Span. übers. von Gerhard Schie.) — Berlin: Dietz 1964. 543 S.

Ickes, Harold L.: The secret diary. Preface by Jane D. Ickes. — New York: Simon & Schuster; London: Weidenfeld & Nicolson.
1. The first thousand days 1933—1936. 1953. XII, 738 S.
2. The inside struggle 1936—1939. 1955. 759 S.
3. The lowering clouds 1939—1941. 1955. 696 S.

Jeanneney, Jean-Noël: François de Wendel en République. L'argent et le pouvoir, 1914–1940. - Paris: Ed. du Seuil (1976). 669 S.
(Coll. „L'Univers historique".)

Jedlicka, Ludwig: Erzherzog Franz Ferdinand (1863—1914). — In: Gestalter d. Geschicke Österreichs, Bd 2, Innsbruck: Tyrolia 1962, 527—538.

Jedlicka, Ludwig: Feldmarschalleutnant Alfred Jansa — 75 Jahre. — In: Religion, Wissenschaft, Kultur 10 (1959), 281—284.

Jedlicka, Ludwig: Kaiser Karl I. (1887—1922). — In: Gestalter der Geschicke Österreichs, Bd 2, Innsbruck: Tyrolia 1962, 567—576.

Jedlicka, Ludwig: Gauleiter Josef Leopold (1889–1941). - In: Geschichte und Gesellschaft. Festschrift für Karl R. Stadler zum 60. Geburtstag, Wien: Europa-Verl. (1974), 143–161.

Jedlicka, Ludwig: Dr. Alfred Maleta und die Soziale Arbeitsgemeinschaft ⟨SAG⟩. - In: Um Parlament und Partei, Alfred Maleta zum siebzigsten Geburtstag, Graz: Verl. Styria [1976], 69–83.

Jedlicka, Ludwig: Ein österreichischer Militärdiplomat in Rom 1933–1938. Oberst des Generalstabes Dr. Emil Liebitzky. - In: Röm. Hist. Mitteilungen [Rom/Wien] 1973, H. 15, 175–204.

Jelonneck, Klaus: Fritz Erler. — (Bonn:) Berto Verl. (1965). 96 S.
(Kennen Sie eigentlich den? 15.)

Jenkins, Roy: Hugh Gaitskell. In: Encounter 22 (1964), H. 2, 3—10.

Jenks, William A.: Vienna and the young Hitler. — New York: Columbia University Press 1960. 252 S.

Jenschke, Bernhard: Zur Kritik der konservativ-revolutionären Ideologie in der Weimarer Republik. Weltanschauung und Politik bei Edgar Julius Jung. München: Beck (1971). VIII, 200 S.
(Münchener Studien zur Politik. 16.)

Jensen, Jens Marinus: Dag Hammarskjölds vej og virke. — Århus: Aros 1962. 145 S.

Jetzinger, Franz: Hitlers Jugend. Phantasien, Lügen und die Wahrheit. — Wien: Europa-V. (1956). 308 S.

Ignotus, Paul: Political prisoner. — London: Routledge & Kegan Paul 1959, VII, 201 S.
Schicksal in Ungarn.

Ihlenfeld, Kurt: Freundschaft mit Jochen Klepper. — (Witten, Berlin): Eckart-Verl. 1958. 156 S.

Ilsemann, Sigurd von: Der Kaiser in Holland. Aufzeichnungen des letzten Flügeladjutanten Kaiser Wilhelms II. Hrsg. von Harald von Königswald. — (München:) Biederstein-Verl.
[1.] Amerongen und Doorn. 1918—1923. (1967). 334 S.
[2.] Monarchie und Nationalsozialismus. 1924—1941. (1968). 365 S

Imig, Werner, Bernhard Buchholz [u.] Gerhard Janitz: Zur Hilfe W. I. Lenins bei der Herausbildung der KPD. — In: Beitrr. Gesch. Arbeiterbew. 12 (1970), 390—409.

Infield, Glenn B.: Leni Riefenstahl. The fallen film goddess. - New York: Crowell 1976. 278 S.

Inglis, Brian: Roger Casement. - London: Hodder & Stoughton (1973). 448 S.

Jobert, Michel: Mémoires d'avenir. - Paris: Grasset (1974). 310 S.

Jobert, Michel: L'autre regard. - Paris: Grasset (1976). 407 S.

Jochmann, Werner: Zu Papens Erinnerungen. — In: Hist.-pol. Buch 1 (1953), 2—4.

Jochmann, Werner und Bernd Nellessen: Adolf Hitler. Persönlichkeit, Ideologie, Taktik. — Paderborn: Schöningh (1960). 64 S.
(Schriften zum Zeitgeschehen.)

Jochmann, Werner: Im Kampf um die Macht. Hitlers Rede vor dem Hamburger Nationalklub von 1919. — (Frankfurt a. M.: Europ. Verl. Anst. 1960.) 120 S.
(Veröffentlichungen der Forschungsstelle für die Geschichte des Nationalsozialismus in Hamburg. 1.)

(Jodl, Luise:) Eine Frau kämpft seit Kriegsende um das gerechte Andenken ihres Mannes [Jodl, Alfred]. Gedanken von Luise Jodl zu dem Buch General W. Warlimont: Das Hauptquartier der deutschen Wehrmacht 1939—45. — In: Die Gebirgstruppe 12 (1963), H. 4/5, 70—74.

Jodl, Luise: Jenseits des Endes. Leben und Sterben des Generaloberst Alfred Jodl. – München: Molden (1976). 351 S.

Joesten, Joachim: Präsident Kennedy. — Stuttgart: Dtsch. Verl.-Anst. (1960). 233 S.

Joesten, Joachim: Nasser. The rise to power. — London: Odhams Press 1960. 224 S.

Joesten, Joachim: Präsident Nixon. Sein Leben, seine Politik, als Versuch einer Antwort auf diese Schicksalsfrage für unsere Zukunft. (Mitarb.: Irene Schmitz.) — MünchHeyneen: (1969). 143 S.
(Das Heyne-Sachbuch. 121.)

Joffroy, Pierre: Der Spion Gottes (L'espion de Dieu, dt.) Die Passion des Kurt Gerstein. (Aus d. Französ. von Helmut Lindemann.) — Stuttgart: Koehler 1972. 358 S.

Johe, Werner: Bürgermeister Rudolf Petersen. Ein Beitrag zur Geschichte der politischen Neuordnung in Hamburg 1945-1946. - In: Jb. Inst. dtsch. Gesch. 3 (1974), 379-415.

John, Otto: „Durch Verhandlungen dem unerträglichen Zustand der Spaltung Deutschlands ein Ende bereiten." (Erklärung auf der Pressekonferenz am 11. August 1954). — In: Dokumentation d. Zeit 1954, 5349—5356.

John, Otto: Zweimal kam ich heim. Vom Verschwörer zum Schützer der Verfassung. — Düsseldorf: Econ-Verl. (1969). 376 S.

Johnson, Alan Campbell: Mission with Mountbatten. — London: Hale 1952. 383 S.

Johnson, Ale: Eivind Berggrav. Mann der Spannung. — Göttingen: Vandenhoeck & Ruprecht, 1960. 199 S.

Johnson, Haynes [u.] Bernard M. Gwertzman: Fulbright. The dissenter. — Garden City: Doubleday 1968. 321 S.

Johnson, James E.: Kameradschaft der Lüfte. Als Jagdflieger im zweiten Weltkrieg. — Rüschlikon/Zürich, Stuttgart: Müller 1958. 318 S.

Johnson, Lyndon B[aines]: Meine Jahre im Weißen Haus (The vantage point, dt.) (Aus d. Amerikan. von Hans-Heinz Werner.) — München: Praeger 1972. 499 S.

Johnson, Lyndon B[aines]: Zeit zu handeln (A time for action, dt.) Eine Auswahl aus Reden u. Aufsätzen 1953—1964. (Übers. aus d. Amerikan. von Karl Mönch.) Mit e. Einf. von Adlai E. Stevenson. — Wien, Düsseldorf: Econ Verl. (1964). 251 S.

Johnson, Niel M.: Sylvester Viereck. German-American propagandist. — Urbana: University of Illinois Press 1972. 282 S.

Joliot-Curie, Frédéric: Textes choisis. Préface de J.-D. Bernal. — Paris: Ed. Sociales 1959. 294 S.

Joll, James: Intellectuals in politics. Léon Blum, Walther Rathenau and F. T. Marinetti. Three biographical essays. — London: Weidenfeld & Nicolson 1960. XIV, 203 S.

Jonas, Klaus W.: The life of Crown Prince William [Wilhelm]. Transl. from the German by Charles W. Bangert. — Pittsburgh: University of Pittsburgh Press; London: Routledge & Kegan Paul (1961). X, 252 S.

Jonas, Klaus W.: Der Kronprinz Wilhelm. Biographie. — Frankfurt: Scheffler (1962). 333 S.

Jonas, Pal: Jozsef Dudas. — In: East Eur. 6 (1957), H. 9, 3—9.

Jones, Jack: Herbert Marcuse and the cunning of revolution. The shipwreck of totalitarian thought. — In: Michigan Quart. Rev. 9 (1970), H. 2, 71—84.

Jones, R. V.: The wizard war. British scientific intelligence, 1939-1945. - New York: Coward McCann 1978. 556 S.

Jones, Thomas: A diary with letters 1931—1950. — London, New York, Toronto: Cumberlege; Oxford University Press 1954. XXXXV, 582 S.

Jones, Thomas: Lloyd George. — Cambridge, Mass.: Harvard University Press 1951. XI, 330 S.

Joos, Jo[seph]: Am Räderwerk der Zeit. Erinnerungen aus der katholischen und sozialen Bewegung und Politik. — Augsburg: Winfried-Werk [1951]. 181 S.

Joos, Josef: So sah ich sie. Menschen und Geschehnisse. — Augsburg: Verl. Winfried-Werk 1958. 157 S.

Jordan, Rudolf: Erlebt und erlitten. Weg eines Gauleiters von München bis Moskau. — Leoni a. Starnberger See: Druffel 1971. 368 S.

Jordan, Rudolf: Im Zeugenstand der Geschichte. Antworten zum Thema Hitler. - Heusenstamm: Orion-Heimreiter-Verl. 1974. 238 S.

Le **journal** du Dr. Goebbels. Texte intégral. — Paris: Cheval ailé 1948. 543 S.

Jouvenel, B. de: Woodrow Wilson. — In: Confluence 5 (1956/57), 320—331.

Jouvenel, Renaud de: Tito, Marschall der Verräter (Tito, maréchal des traitres, dt.) Übers.: Günther Braganz. — Berlin: Dietz 1952. 154 S.

Jowitt, William Allen: The strange case of Alger Hiss. — London: Hodder & Stoughton (1953). 279 S.

Iraci, Agostino: [Leandro] Arpinati. L'oppositore di Mussolini. — Roma: Bulzoni 1970. XVI, 287 S.

(Ironside, Sir Edmund:) The Ironside diaries 1937—1940. Ed. by Roderick Macleod and Denis Kelly. — London: Constable (1963). 434 S.

Irving, David: Accident. The death of General Sikorski. — London: Kimber (1967). 231 S.

Irving, David: [Adolf] Hitler und seine Feldherren. (Aus d. Engl. von Erwin Duncker.) - (Frankfurt a. M.:) Ullstein (1975). X, 885 S.
Aus d. Ms. übers.

Irving, David: Mord aus Staatsräson (Accident; the death of General Sikorski, dt.) Churchill und Sikorski, eine tragische Allianz. (Einzig. ber. Übertr. aus d. Engl. von Jürgen Abel.) — München: Rütten & Loening [1969]. 257 S.

Irving, David: [Erwin] Rommel (The trail of the fox, dt.) Eine Biographie. Aus d. Engl. von Richard Giese. - (Hamburg:) Hoffmann & Campe (1978). 631 S.

Irving, David: [Adolf] Hitler's war. - London: Hodder & Stoughton (1977). XXXIII, 926 S.

Isay, Rudolf: Aus meinem Leben. — Weinheim/Bergstr.: Verl. Chemie (1960). 184 S.

Ishoven, Armand van: [Ernst] Udet. Biographie. - Wien: Neff 1977. 472 S.

Ismail, Sir Mirza: My public life: recollections and reflections. — London: Allen & Unwin 1954. 180 S.
Indien 1926—1953.

Isorni, Jacques: Philippe Pétain. - Paris: Ed. de la Table ronde.
1. 1972. 489 S.
2. 1973. 560 S.

Isorni, Jacques: Souffrance et mort du Maréchal Pétain. — Paris: Flammarion 1951. 336 S.

Ist verpflichtet den Judenstern zu tragen. Eine Dokumentation von Ruth Felgentreff über die Diakonissen Johanne und Erna Aufricht. Kaiserswerth, Theresienstadt, Auschwitz. - Kaiserswerth: Diakoniewerk Kaiserswerth 1973. 52 S.

Italiaander, Rolf: Richard N. Coudenhove-Kalergi. Begründer der Paneuropa-Bewegung. Mit e. Nachw. von Pierre Grégoire. — Freudenstadt: Lutzeyer (1969). 125 S.
(Persönlichkeiten der europäischen Integration. 5.)

Italiaander, Rolf: Martin Luther King. — Berlin: Colloquium-Verl. (1968). 94 S.
(Köpfe des 20. Jahrhunderts. 53.)

Judd, Denis: Balfour. A study in imperial evolution. — New York: St. Martins Press 1968. 383 S.

Jünger, Ernst: Jahre der Okkupation. — Stuttgart: Klett (1958). 310 S.

Jünger, Friedrich Georg: Spiegel der Jahre. Erinnerungen. — (München): Hanser (1958). 274 S.

Alphonse Pierre **Juin.** — In: Wehrkunde 4 (1955), 210.

Juin, Alphonse: Je suis soldat. — Paris: Ed. du Conquistador 1960. 118 S.

Juin, Alphonse Pierre: Mémoires. T. 1. — Paris: Fayard (1959). 399 S.

Juin, Alphonse Pierre: Mémoires. Tom. 2: Libération de la France. Avènement de la IVe République. Maroc. Alliance atlantique. — Paris: Fayard 1960. 380 S.

Jukić, Ilija: Tito between East and West. — London: Demos 1961. 99 S.

Julllan, Philippe: Edouard VII. — Paris: Hachette 1962. 348 S.

Junker, Heinrich: Aus Bayerns Innenpolitik 1945—1965. — München 1965: Neuer Presse-Club. 30 S.
(Historisch-politische Schriftenreihe des Neuen Presseclubs, München.) (Bayerische Profile. 9.)

Jurkiewicz, Jarosław: Z tajnej korespondencji [Józef] Beck — Wieniawa. — In: Sprawy Miedzynar. 10 (1957), H. 6, 57—61.

Jurt, Joseph: Das politische Denken von Georges Bernanos. — In: Schweizer Rdsch. 68 (1969), 450—479.

Just, Artur W.: Rudolf Nadolny †. — In: Außenpolitik 4 (1953), 385—386.

Just, Artur W.: Stalin und seine Epoche. — München: Heyne 1953. 75 S.
(Bibliothek der Zeit.)

Just, Artur W.: Stalin und seine Zeit. — In: Außenpolitik 4 (1953), 283—292.

Politische **Justiz.** — In: Gegenwart 8 (1953), 667—668.

Juva, Einar W.: Rudolf Walden. — Helsinki: Söderström 1957. 640 S.

Ivanov, Miroslav: L'attentat contre Heydrich. — Paris: Laffont 1972. 318 S.
(Coll. „Ce jour-là".)

Ivanskij, Anatolij Ivanovič: Molodye gody V. I. Lenina. P vospominanijam sovremennikov i dokumentam. — Moskva: „Molodaja gvardija" 1957. 407 S.

Iyer, Raghavan N.: The moral and political thought of Mahatma Gandhi. - New York: Oxford University Press 1973. XIII, 449 S.

Kaas, Ludwig: Tagebuch 7.—20. April 1933. (Aus dem Nachlaß von Prälat Ludwig Kaas hrsg. von Rudolf Morsey.) — In: Stimmen d. Zeit 166 (1959/60), 422—430.

Kabermann, Friedrich: Widerstand und Entscheidung eines deutschen Revolutionärs. Leben und Denken von Ernst Niekisch. - (Köln:) Verl. Wissenschaft u. Politik (1973). 419 S.

Kaczkowska, Ada: Pamięci Romana Knolla. — In: Kultura 1959, H. 135/136, 195—204.

Kádár, János: Reden und Schriften. 1964—1971. — Berlin: Dietz 1972. 728 S.

Kádár, János: Vorwärts auf dem Wege des Sozialismus (Tovább a szocializmus útján, dt.) Reden u. Artikel. Ausw. aus d. Jahren 1960—1966. — Berlin: Dietz 1967. 477 S.

Kaehler, Siegfried A[ugust]: Zur Beurteilung Ludendorffs im Sommer 1918. — In: Nachrichten d. Akademie d. Wissenschaften in Göttingen, philol.-hist. Klasse, Jg. 1953, Nr. 1, Göttingen: Vandenhoeck & Ruprecht (1953).

Kaehler, Siegfried A.: Friedrich Meinecke. Zum Gedächtnis des großen Historikers. — In: Dtsch. Univ. Ztg. 9 (1954), H. 7, 6—8.

Kämpf, Hellmut: Oskar Halecki. — In: Dtsch. Rdsch. 86 (1960), 497—505.

Käsler, Dirk [Hrsg.]: Max Weber. Sein Werk und seine Wirkung. - München: Nymphenburger Verlagshandl. 1972. 366 S.
(Nymphenburger Texte zur Wissenschaft. 3.)

Kästner, Erich: Notabene 45. Ein Tagebuch. — Berlin: Dressler (1961). 245 S.

Kafka, Gustav E[duard]: Der Fall Dr. Otto Habsburg. — In: Arch. öffentl. Rechts 88 (1963), 451—475.

Kahanovitch, Moshe: Moshe Gildenman — partisan commander of the „Yevgrupa". — In: Yad Washem Bull. 1958, H. 3, 13—14.

Kahler, Erich: Verantwortung des Geistes. Gesammelte Aufsätze. — Frankfurt a. M.: S. Fischer 1952. 298 S.

1887—1962. Wilhelm **Kaisen** 75 Jahre. (Es schrieben: Rudolf Alexander Schröder [u. a.] Hrsg. im Auftr. d. Senats d. Freien Hansestadt Bremen. Zsgest. u. bearb. von Moritz Thape.) — (Bremen: Schmalfeldt 1962.) 30 ungez. Bl.

Kaisen, Wilhelm: Meine Arbeit, mein Leben. — (München:) List (1967). 400 S.

Kaisen, Wilhelm: Zuversicht und Beständigkeit. Eine Dokumentation. (Hrsg. u. eingel. von Hans Koschnick [u. a.]) - Bremen: Röver (1977). 343 S.

Kaiser, Carl-Christian: Hans-Jochen Vogel. - (Bornheim:) Zirngibl (1976). 94 S.
(Gefragt.)

Kaiser, Helmut: Mythos, Rausch und Reaktion. Der Weg Gottfried Benns u. Ernst Jüngers. — Berlin: Aufbau-Verl. 1962. 371 S.

Kaiser, Hermann: Tagebuch. — In: Wandlung 1 (1945/46), 530—534.
Aufzeichnungen eines Angehörigen des Gördeler-Kreises.

Kaiser, Wilhelm Jakob: Das Rechts- und Staatsdenken Alfred Rosenbergs. — (Köln 1964: Wasmund.) XIV, 161 S.
Köln, jur. Diss. vom 27. Februar 1964.

Kalb, Mervin [u.] Bernard Kalb: [Henry] Kissinger, [dt.] Verantw. für d. dtsch. Ausg.: Heinz Höhne. (Die Übers aus d. Amerikan. besorgten Burghard von Bülow [u. a.]) - Frankfurt a. M.:) Ullstein (1974). 511 S.

Kalinin, M. I.: Izbrannye proizvedenija v cetyrech tomach. T. 1. 2. — Moskva: Gospolitizdat 1960.

Kalischer, Wolfgang: Hindenburg und das Reichspräsidentenamt im „Nationalen Umbruch" (1932—1934). — o. O. [1957]. 324 S.
Berlin, Freie Univ., phil. Diss. 21. Mai 1957.

Kallay, Nicholas: Hungarian premier. A personal account of a nations struggle in the second world war. — New York: Columbia University Press 1954. 518 S.

Kaltenbrunner, Gerd-Klaus: Houston Stewart Chamberlains germanischer Mythos. — In: Polit. Stud. 18 (1967), 568—583.

Kaltenbrunner, Gerd-Klaus: Plädoyer für Vilfredo Pareto. - In: Polit. Stud. 25 (1974), 125–136.

Kaltenbrunner, Gerd-Klaus: Von Dostojewski zum Dritten Reich. Arthur Moeller van den Bruck und die „Konservative Revolution". — In: Polit. Stud. 20 (1969), 184—200.

Kaltenbrunner, Gerd-Klaus: Vorbild oder Verführer? Über den politischen Einfluß der Philosophie Herbert Marcuses. — In: Wort & Wahrheit 25 (1970). 46—59.

Kalusche, Elfriede: Unter dem Sowjetstern. Erlebnisse einer Königsbergerin in Nordostpreußen 1945–1947. (Hrsg. von der Ost- u. Westpreußenstiftung in Bayern.) - München: Schild-Verl. 1974. 219 S.

Kalz, Wolf: Gustav Landauer. Kultursozialist und Anarchist. — Meisenheim a. Glan: Hain 1967. 161 S.
(Schriften zur politischen Wissenschaft. 6.)

Kammler, Jörg: Politische Theorie von Georg Lukács. Struktur und historischer Praxisbezug bis 1929. - Neuwied: Luchterhand 1974. 382 S.
(Soziologische Texte. 94.)

Kamps, Karl: Johannes Maria Verweyen. Gottsucher, Mahner und Bekenner. Mit e. Gedenkwort von Siegfried Behn. — Wiesbaden: Credo-V. (1955). 114 S.
(Credo-Reihe. 15.)

Kann, Robert A.: [Karl] Renners Beitrag zur Lösung nationaler Konflikte im Lichte nationaler Probleme der Gegenwart. - Wien: Verl d. Österr. Akademie d. Wissenschaften 1973. 18 S.
(Sitzungsberichte. Österreichische Akademie der Wissenschaften. Philosophisch-historische Klasse. Bd 179, Abh. 4.)

Kann, Robert A.: Erzherzog Franz Ferdinand Studien. - München: Oldenbourg 1976. 256 S.
(Veröffentlichungen des österreichischen Ost- und Südosteuropa Instituts. 10.)

Kann, Robert A.: Karl Renner ‹December 14, 1870 — December 31, 1950›. — In: J. mod. Hist. 23 (1951), 243—249.

Kantorowicz, Alfred: Exil in Frankreich. Merkwürdigkeiten und Denkwürdigkeiten. — Bremen: Schünemann (1971). 252 S.
(Geschichte im Buch.)

Kantorowicz, Alfred: Die Geächteten der Republik. Alte und neue Aufsätze hrsg. von Andreas W. Mytze. - Berlin: Verl. Europ. Ideen 1977. 178 S.

Kantorowicz, Alfred: Spanisches Kriegstagebuch. — Köln: Verl. Wissensch. u. Politik (1966). 421 S.

Kantorowicz, Alfred: Heinrich Mann, Vorkämpfer der deutsch-französischen Verständigung. — In: Aufbau 10 (1954) 215—226.

Kantorowicz, Alfred: Deutsches Tagebuch. — (München:) Kindler.
1. 1959. 684 S.

Kantorowicz, Alfred: Deutsches Tagebuch. — (München:) Kindler.
2. (1961.) 739 S.

Kantzenbach, Friedrich Wilhelm: Albert Schweitzer. Wirklichkeit und Legende. — Göttingen: Musterschmidt (1969). 114 S.
(Persönlichkeit und Geschichte. 50.)

Kanza, Thomas: Conflict in the Congo. The rise and fall of Lumumba. — Baltimore: Penguin Press 1972. 345 S.

Kaplan, Chaim A[ron]: Buch der Agonie (Scroll of agony, dt.) Das Warschauer Tagebuch. (Nach der amerikan. Originalausg. übers. von Harry Maor.) Hrsg. von Abraham I[saac] Katsh. — Frankfurt a.M.: Insel-Verl. (1967). 403 S.

Karaka, D. F.: Nehru. The lotus eater from Kashmir. — London: Derek Verschoyle (1953). 114 S.

Kardorff, Ursula von: Berliner Aufzeichnungen aus den Jahren 1942 bis 1945. — (München:) Biederstein Verl. (1962). 323 S.

Kardorff-Oheimb, Katharina von: Politik und Lebensbeichte. Hrsg. von Ilse Reicke. — Tübingen: Hopfer [1965]. 254 S.

Karolyi, Michael: Memoirs. Faith without illusion. — London: Jonathan Cape 1955. 392 S.

Kasch, Wilhelm F[riedrich]: Die Sozialphilosophie von Ernst Troeltsch. — Tübingen: Mohr 1963. IX, 283 S.
(Beiträge zur historischen Theologie. 34.)
Zugl. theol. Habil.-Schrift, Kiel.

Kasdorff, Hans: Ludwig Klages im Widerstreit der Meinungen. Eine Wirkungsgeschichte von 1895–1975. - Bonn: Bouvier 1978. 651 S.

Kast, Hans: Richard Stücklen. — (Bonn:) Berto-Verl. (1963). 96 S.
(Kennen Sie eigentlich den? 8.)

(Kastner, Rudolf:) Der Kastner-Bericht über Eichmanns Menschenhandel in Ungarn. Mit einem Vorwort von Carlo Schmid. (Red. u. Nachw.: Ernest Landau.) — (München:) Kindler (1961). 367 S.

Katcher, Leo: Earl Warren. A political biography. — New York: McGraw-Hill 1967. 502 S.

Katz, Milton: Woodrow Wilson and the twentieth century. — In: Confluence 5 (1956/57), 229—238.

Katzenbach, jr., Edward L. und Gene Z. Hanrahan: The revolutionary strategy of Mao Tse-tung. — In: Polit. Science Quart. 70 (1955), 321—340.

Katzer, Hans: Bundestagsreden. [Sammlung.] Mit e. Vorw. von Rainer Barzel. Hrsg. von Peter Pulte. - Bonn: AZ-Studio 1972. 291 S.

Kaul, Friedrich Karl: Der Fall Eichmann. — (Berlin:) Verl. Das neue Berlin (1963). 365 S.

Kaul, Friedrich Karl: Der Fall des Herschel Grynszpan. — Berlin: Akademie-Verl. 1965. 182 S.

Kaunda, Kenneth David: Zambia shall be free. An autobiography. — London: Heinemann 1962. 202 S.

Kaupp, Peter: Toynbee und die Juden. Eine kritische Untersuchung der Darstellung des Judentums im Gesamtwerk Arnold J. Toynbees. Mit e. ausgew. Bibliographie u. 2 Beiträgen von Arnold J. Toynbee. — Meisenheim a. Glan: Hain 1967. 300 S.
(Archiv für vergleichende Kulturwissenschaft. 1.)

Kautsky, Karl: Erinnerungen und Erörterungen. Hrsg. von Benedikt Kautsky. — 's-Gravenhage: Mouton 1960. 586 S.
(Quellen und Untersuchungen zur Geschichte der deutschen und österreichischen Arbeiterbewegung. 3.)

Kawa, Elisabeth: Edith Stein. Die vom Kreuz Gesegnete. — Berlin: Morus-V. (1954). 94 S.

Kearns, Doris: Lyndon [Baines] Johnson and the American dream. - New York: Harper & Row 1976. XII, 432 S.

Kehrl, Hans: Krisenmanager im Dritten Reich. 6 Jahre Frieden, 6 Jahre Krieg. Erinnerungen. Mit krit. Anmerkungen u. e. Nachw. von Erwin Viefhaus. (Einf.: Arnold Köster.) - Düsseldorf: Droste (1973). 552 S.

Generalfeldmarschall (Wilhelm) **Keitel.** Verbrecher oder Offizier? Erinnerungen, Briefe, Dokumente des Chefs OKW. Hrsg. von Walter Görlitz. — Göttingen: Musterschmidt (1961). 447 S.

Kellen, Konrad: Khrushchev [Chruschtschow]. A political portrait. — New York: Praeger 1961. 271 S.

Kellgren, Henry: Sex krigsår i skölds skuggar. — Stockholm: Saxon & Lindström 1951. 207 S.

Kellgren, Henry: Sex krigsår i Skölds skugga. 2. uppl. — Stockholm: Saxon och Lindström 1951. 206 S.

Kelly, David: Die Herrschaft der Wenigen (The ruling few, dt.) Erinnerungen eines britischen Diplomaten. (Die Übers. besorgte Elisabeth Guth.) — Bremen: Schünemann (1963). 280 S.
(Zeugen ihrer Zeit.)

Kemmerich, M.: Conrad von Hötzendorf. 11. 11. 1852—25. 8. 1925. — In Militärpolit. Forum 3 (1954), H. 11 9—18.

Kemmerich, Max: Ein deutscher Sozialist: August Winnig, geb. 31. 3. 1878 — In: Militärpol. Forum 4 (1955), H. 3 6—15.

Kempka, Erich: Ich habe Adolf Hitler verbrannt. — München: Kyrburg [1951]. 151 S.

Kempka, Erich: Die letzten Tage mit Adolf Hitler. Erw. u. erläutert von Erich Kern. - Pr. Oldendorf: Schütz (1975). 324 S.

Kempner, Robert M. W.: Eichmann und Komplizen. — Zürich: Europa-Verl. 1961. 452 S.

Kennan, George F[rost]: From Prague after Munich. Diplomatic papers, 1938—1940. — Princeton N. J.: Princeton University Pres 1968. 266 S.

Kennan, George F[rost]: Memoiren 1950–1963 [Memoirs, 1950–1963, dt.] (Aus d. Amerikan. von Hans Jürgen Baron von Koskull.) - (Frankfurt a. M.:) Goverts Krüger Stahlberg-Verl. (1973). 367 S.

Kennan, George F[rost]: Memoiren eines Diplomaten. Memoirs 1925 to 1950 [dt.] (Aus d. Amerikan. von Heidi von Alten.) Mit e. Vorw. von Klaus Mehnert. — Stuttgart: Goverts (1968). 607 S.

Kennedy, John: The business of war. The war narrative of Sir John Kennedy. Edited and with a preface by Bernard Fergusson. — London: Hutchinson (1957). XVIII, 370 S.

Kennedy, John F[itzgerald]: Glanz und Bürde (The burden and the glory, dt.) Hrsg. von Allan Nevins. Vorw. von Lyndon B. Johnson. Die Hoffnungen u. Zielsetzungen d. 2. u. 3. Jahres d. Präsidentschaft Kennedys, dargetan in seinen Botschaften u. Reden mit d. vollen Text aller öffentl. Äußerungen während seiner Deutschland-Reise 1963. (Übers. aus d. Amerikan. von Hans Lamm.) — Düsseldorf, Wien: Econ Verl. (1964). 472 S.

Kennedy, John F.: To turn the tide. A selection from President Kennedy's public statements. Ed. by John W. Gardner. — London: Hamilton 1962. 235 S.

Kennedy, John Fitzgerald: Der Weg zum Frieden (The strategy of peace, dt.) Übers.: Karl Mönch und Ulrich Kayser-Eichberg. Hrsg. von Allan Nevins. — Düsseldorf: Econ-Verl. 1961. 376 S.
Reden, Interviews, Stellungnahmen.

Kennedy, John F[itzgerald]: Zivilcourage (Profiles in courage, dt.) Gedächtnisausg. Mit e. Vorw. von Robert F. Kennedy. (Unter Benutzung e. Übers. aus d. Amerkan. von Josef Toch neu übertr. von Hans Lamm. Vorw. übers. von Dietrich Stein.) — Düsseldorf, Wien: Econ Verl. (1964). 279 S.

Kennedy, Robert F[rancis]: Bekenntnis zur Gerechtigkeit (The pursuitf o justice, dt.) Hrsg. von Theodore J. Lowi. (Übertr. aus d. Amerikan.: Thomas Höpfner.) — Düsseldorf: Econ-Verl. (1966). 228 S.

Kennedy, Robert F[rancis]: Suche nach einer neuen Welt (To seek a newer world, dt.) (Übers. aus d. Amerikan.: Wolfgang J. u. Christa Helbich.) — (Gütersloh:) Bertelsmann Sachbuchverl. (1968). 272 S.

Kenner, Martin [u.] James Petras [Ed.]: Fidel Castro speaks. — New York: Grove Press 1970. XVI, 299 S.

Kenney, George C.: The Mac Arthur I know. — New York: Duell, Sloan & Pearce 1951. 264 S.

Kenworthy, Aubrey Saint: The tiger of Malaya. — New York: Exposition Press 1953. 112 S.
Behandelt die japanischen Generale Yamashita und Homma.

Keogh, James: This is Nixon. — New York: Putnam 1956. 191 S.

Kerekes, Lajos: Zur Außenpolitik Otto Bauers 1918/19. Die „Alternative" zwischen Anschlußpolitik und Donaukonföderation. – In: Vjh. Zeitgesch. 22 (1974), 18–45.

Kerensky, [Alexander Feodorowitsch]: Die Kerenski-Memoiren (The Kerensky memoirs, dt.) Rußland und der Wendepunkt der Geschichte. (Übers. von Günter Schlichting.) — Wien, Hamburg: Zsolnay (1966). 570 S.

Kerff, Willy: Karl Liebknecht 1914 bis 1916. Fragment einer Biographie. (Bearb. u. hrsg. v. Annelies Laschitza.) — Berlin: Dietz 1967. 337 S.

Kerker, Elke: Weltbürgertum, Exil, Heimatlosigkeit. Die Entwicklung der politischen Dimension im Werk Klaus Manns von 1924–1936. – Meisenheim a. G.: Hain 1977. 292 S.
(Hochschulschriften Literaturwissenschaft. 26.)

Kermisch, J[oseph]: Eichmann's role in the destruction of Jews. — In: Yad Washem Bull. 1961, H. 10, 19—23.

Kermish, Joseph: Emmanuel Ringelblum's notes nitherto unpublished. — In: Yad Vashem Stud. 8 (1968), 173—183.

Kern, Erich: General von Pannwitz und seine Kosaken. — Göttingen: Plesse-Verl. (1963). 208 S.

Kern, Erich: Generalfeldmarschall Ferdinand Schörner. Ein deutsches Soldatenschicksal. – Preußisch Oldendorf: Schütz 1976. 395 S.

Kerr, Malcolm H.: Hafiz Asad and the changing patterns of Syrian politics. - In: Internat. J. 29 (1973/74), 689–706.

Kersten, Felix: Totenkopf und Treue. Heinrich Himmler ohne Uniform. Aus den Tagebuchblättern des finnischen Medizinalrats Felix Kersten. — Hamburg: Mölich [1953]. 407 S.

Kersten, Kurt: Das Ende Breitscheids und Hilferdings. — In: Dtsch. Rdsch. 84 (1958), 843—854.

(**Kersten,** Kurt:) Robert Breuers Tod und Begräbnis. Bericht. — In: Frankf. H. 8 (1953), 226—230.

Kessel, Eberhard: Friedrich Meinecke. — In: Welt als Gesch. 14 (1954), 1—9.

Kessel, Eberhard: Seeckts politisches Programm von 1923. — In: Spiegel der Geschichte, Festgabe für Max Braubach zum 10. April 1964, Münster: Aschendorff (1964), S. 887—914.

Kessel, Joseph: Medizinalrat Kersten (Les mains du miracle, dt.) Der Mann mit den magischen Händen. (Aus d. Franz. übers. von Kurt Wagenseil.) — (München:) Nymphenburger Verlagshandl. (1961). 327 S.

Kesselring, Albert: Soldat bis zum letzten Tag. — Bonn: Athenäum-V. 1953. 475 S.

Kessler, Harry Graf: Gesichter und Zeiten. Erinnerungen. [Neuaufl.] — (Berlin:) S. Fischer 1962. 267 S.

Kessler, Harry Graf: Walther Rathenau. Sein Leben u. sein Werk. (Offsetnachdr. d. ersten Ausg.) Mit e. Kommentar von Hans Fürstenberg: Erinnerung an Walther Rathenau. — Wiesbaden: Rheinische Verl.-Anst. [1962]. 455 S.

Kessler, Harry Graf: Tagebücher 1918—1937. Hrsg. von Wolfgang Pfeiffer-Belli. — (Frankfurt a. M.:) Insel-Verl. 1961. 799 S.

Keßler, Heinrich: Wilhelm Stapel als politischer Publizist. Ein Beitrag zur Geschichte des konservativen Nationalismus zwischen den beiden Weltkriegen. — Nürnberg: Spindler 1967. 326 S.

Kessler, Helmut: Der Schock. Ein Lebensbericht. Mit e. Nachw. von Martin Walser. – München: List (1974). 183 S.

Kessler, Karl: Rudolf Brandsch. Ein südostdeutscher Volksmann. Ein Beitr. zur neueren Geschichte d. Südostdeutschtums. — München: Verl. d. Südostdtsch. Kulturwerks 1969. 113 S.
(Veröffentlichungen des Südostdeutschen Kulturwerks. Reihe B. Wiss. Arbeiten. 25.)

Keßler, Richard: Heinrich Held als Parlamentarier. Eine Teilbiographie 1868—1924. — Berlin: Duncker & Humblot 1971. 532 S.
(Beiträge zu einer historischen Strukturanalyse Bayerns im Industriezeitalter. 6.)

Kesten, Hermann: Egon Erwin Kisch. — In: Dtsch. Rdsch. 85 (1959), 719—724.

Kettenacker, Lothar: Kontinuität im Denken Ernst Anrichs. Ein Beitr. zum Verständnis gleichbleibender Anschauungen des Rechtsradikalismus in Deutschland. — In: Paul Kluke zum 60. Geburtstag, Frankfurt a. M. 1968, 140—152.
[Maschinenschr. hektogr.]

Keynes, John Maynard: Politik und Wirtschaft. Männer und Probleme. Ausgewählte Abhandlungen. — Tübingen: Mohr 1956. VI, 296 S.

Keyser, Erich: Carl J. Burckhardts Danziger Mission. — In: Z. Ostforsch. 10 (1961), 145—158.

Khadduri, M.: General Nuri's flirtations with the axis powers. — In: Mid. East J. 16 (1962), 328—336.

Kielmansegg, Erich Graf: Kaiserhaus, Staatsmänner und Politiker. Aufzeichnungen des k. k. Statthalters. Mit e. Einl. von Walter Goldinger. — München: Oldenbourg 1966. 430 S.

Kielmansegg, Peter Graf: [Adolf] Hitler und die deutsche Revolution. - In: Merkur 28 (1974), 922-936.

Klenböck, Viktor: Das österreichische und europäische Antlitz Seipels. — In: Österr. Furche 7 (1951), H. 1, 4—5.

Kiernan, Thomas: [Yassir] Arafat. The man and the myth. - New York: Norton 1976. 281 S.

Kiesinger, Kurt Georg: Entspannung in Deutschland, Friede in Europa. (Auszüge aus) Reden und Interviews (zu Fragen der Deutschland- und Ostpolitik) 1967. (Hrsg. vom Presse- u. Informationsamt d. Bundesregierung, Bonn.) — (Kassel 1968: Schneider & Weber). 103 S.

Kiesinger, Kurt Georg: Ideen vom Ganzen. Reden und Betrachtungen. — Tübingen: Wunderlich (1964). 162 S.

Kiesinger, Kurt Georg: Reden und Interviews 1968 [Teilsamml.] — (Bonn: Presse- u. Informationsamt d. Bundesregierung [1969]). 464 S.

Kiesinger, Kurt Georg: Stationen. 1949—1969. — Tübingen: Wunderlich (1969). VII, 260 S.

Kiessling, Wolfgang: Heinrich Mann und das lateinamerikanische Komitee der Freien Deutschen. Ein bisher unbekannter Briefwechsel mit Alexander Abusch, Paul Merker und Ludwig Renn. — In: Beitr. Gesch. Arbeiterbewegung 9 (1967), 64—105.

Kiessling, Wolfgang: Stark und voller Hoffnung. Leben und Kampf von Albert Kuntz. — Berlin: Dietz 1964. 243 S.
[KP-Funktionär im Konzentrationslager.]

Killian, Hans: Im Schatten der Siege. Chirurg am Ilmensee 1941—1942—1943. — München: Ehrenwirth (1964). 333 S.

Kilmuir, Earl of: Political adventure. The memoirs of the Earl of Kilmuir. — London: Weidenfeld & Nicolson 1964. 356 S.

Kimmel, Adolf: [Charles] de Gaulle und der Gaullismus. [Literaturbericht.] - In: Neue polit. Lit. 17 (1972), 85—100.

Kimmel, Husband E.: Admiral Kimmels story. — Chicago: Regnery 1954. 208 S.

King, Ernest J., und Walter Muir Whitehill: Fleet Admiral King. — New York: Norton 1952. 674 S.

King, M. L.: Stride toward freedom. The Montgomery story. — London: Gollancz 1959. 216 S.

King, Martin Luther: Testament der Hoffnung. Letzte Reden, Aufsätze und Predigten. Eingel. u. übers. von Heinrich W. Grosse. - Gütersloh: Mohn 1974. 125 S.
(Gütersloher Taschenbücher. 79.)

King, Martin Luther: Wohin führt unser Weg (Where do we go from there, dt.) Chaos oder Gemeinschaft. (Übertr. aus d. Amerikan. von Hildegard Jany.) — Düsseldorf: Econ-Verl. (1968). 259 S.

King-Hall, Stephen: Letters from Africa. — London: Bles 1957. 126 S.

Kinnear, Michael: The fall of [David] Lloyd George. The political crisis of 1922. - (London:) Macmillan (1973). XIII, 354 S.

Kjoelsen, Frits Hammer: Mit livs logbog. En søofficers og diplomats erindringer før og efter 9. april 1940. 2. opl. — København: Berling 1957. 302 S.

Kjosseff, Dino G.: Tito ohne Maske (Titovci bez maska, dt.) Übers.: Christine Kjossewa. — Berlin: Dietz 1953. 267 S.

Kipphan, Klaus: Julius Streicher und der 9. November 1923. - In: Z. bayer. Landesgsch. 39 (1976), 276-288.

Kirk, Lydia: Postmarked Moscou. An American ambassador's wife looks at life in Russia today. — New York: Scribner 1952. 278 S.

Kirkpatrick, Sir Ivone: The inner circle. Memoirs. — London: Macmillan 1959. IX, 275 S.

Kirkpatrick, Sir Ivone [Augustine]: Im inneren Kreis (The inner circle. Gekürzte Ausg., dt.) Erinnerungen eines Diplomaten. (Aus d. Engl. ins Dtsch. übertr. von Wolf D[ieter] Rogosky.) — Berlin: Propyläen Verl. (1964). 220 S.

Kirkpatrick, Sir Ivone: Mussolini. Study of a demagoge. — London: Odhams (1964). 669 S.

Kirkpatrick, Sir Ivone [Augustine]: Mussolini (Leicht gekürzte Ausg., dt.) (Aus d. Engl. übers. von Horst Schneider.) — Berlin: Propyläen-Verl. (1965). 615 S., 20 S.

Kisch, Guido: Der Lebensweg eines Rechtshistorikers. Erinnerungen. - Sigmaringen: Thorbecke (1975). 259 S.

Kissenkoetter, Udo: Gregor Straßer und die NSDAP. - Stuttgart: Dtsch. Verl.-Anst. 1978. 219 S.
(Schriftenreihe der Vierteljahrshefte für Zeitgeschichte. 37.)

Kissinger, Henry A.: Der weiße Revolutionär. Gedanken über Bismarck. — In: Merkur 25 (1971), 59—76 und 160—176.

Kiszling, Rudolf: Feldmarschall Conrad v. Hötzendorf. — In: Österr. Gesch. Lit. 8 (1964), 151—167.

Kiszling, Rudolf: Erzherzog Franz Ferdinand von Österreich - Este. Leben, Pläne und Wirken am Schicksalsweg der Donaumonarchie. — Münster, Köln: Böhlau Verl. 1954. 356 S.

Kitchen, Martin: Militarism and the development of fascist ideology. The political ideas of Colonel Max Bauer, 1916-18. - In: Centr. Europ. Hist. 8 (1975), 199-220.

Klarsfeld, Beate: Die Geschichte des PG 2633930 Kiesinger. Dokumentation mit e. Vorw. von Heinrich Böll. (Red.: Barbara Gerstein u. Sebastian Johnston.) — (Darmstadt:) Melzer (1969). 160 S.

Klass, Gert von: Hugo Stinnes. — Tübingen: Wunderlich (1958). 354 S.

Klass, Gert von: Albert Vögler. Einer der Großen des Ruhrreviers. — Tübingen: Wunderlich (1957). 307 S.

Klausener, Erich [Bearb.]: Frauen in Fesseln. Erinnerungen einer Berliner Gefängnisfürsorgerin aus d. Jahren 1933—1945. — Berlin: Morus-Verl. (1962). 32 S.
(Morus-Kleinschriften. 51.)

Klebelsberg, Raimund von: Innsbrukker Erinnerungen 1902—1952. — Innsbruck: Wagner 1953. 442 S.

Klein, Anton Adalbert: Hitlers dunkler Punkt in Graz? Das Gerücht von Hitlers jüdischer Abstammung im Lichte der Quellen. — In: Hist. Jb. d. Stadt Graz 3 (970), 7—30.

Klein, Fritz: Neue Dokumente zur Rolle Schachts bei der Vorbereitung der Hitler-Diktatur. — In: Z. Geschichtswiss. 5 (1957), 818—822.

Klein, Karl Kurt: Ein Wahrer der Heimat — Kanonikus Michael Gamper. Zum Tod des Volksführers der Deutschen in Südtirol. — In: Südostdt. Heimatblätter 5 (1956), 84—87.

Klein, Sidney: Capitalism, socialism and the economic theories of Mao Tse-tung. — In: Polit. Science Quart. 73 (1958), 28—46.

Klein, Theo G[eorg]: Saftra budjet. In russischer Gefangenschaft 1945—1949. — Grenchen/Schweiz, Ulm a. D.: Spaten-V. (1951). 428 S.

Kleinewefers, Paul: Jahrgang 1905. Ein Bericht. - Stuttgart: Seewald (1977). 400 S.

Kleist-Schmenzin, Ewald von: Die letzte Möglichkeit. Zur Ernennung Hitlers zum Reichskanzler am 30. Januar 1933. — In: Polit. Studien 10 (1959), 89—92.

Klemperer, Klemens von: Hans Kohn 1891—1971. — In: Centr. Europ. Hist. 4 (1971), 188—190.

Klemperer, Klemens von: Ignaz Seipel. Christian statesman in a time of crisis. - Princeton, N.J.: Princeton University Press 1972. XVI, 468 S.

Klemperer, Klemens von: Ignaz Seipel [dt.] Staatsmann einer Krisenzeit. (Vom Verf. erw. u. rev. Ausg. Ins Dtsch. übertr. von Margareth Kees.) Graz: Verl. Styria (1976). 381 S.

Klepper, Jochen: Unter dem Schatten Deiner Flügel. Aus den Tagebüchern der Jahre 1932—1942. (Hrsg. von Hildegard Klepper. Die Ausw. u. Red. besorgte Benno Mascher.) — Stuttgart: Dtsch. Verl. Anst. 1956. 1171 S.

Klepper, Jochen: Überwindung. — Stuttgart: Dtsch. Verl.-Anst. 1958. 292 S.

Kleßmann, Christoph: Der Generalgouverneur Hans Frank. - In: Vjh. Zeitgesch. 19 (1971), 245–260.

Klieger, Bernard: Der Weg, den wir gingen (Le chemin que nous avons fait..., dt.) Reportage einer höllischen Reise. (5. dt. Ausg.) — Bruxelles: Codac Juifs (1960). 202 S.

Klimkoski, Jerzy: Bylem adjutantem Gen. Andersa. — Warszawa: Wydawnictwo Ministerstwa Obrony Narodowej 1959. 360 S.

Kloidt, Franz: Gestapo-Akten III/4— F 3/41 g, Martyrer-Akten Wilhelm Frede. — (Krefeld: v. Acken 1966). 48 S.

Klose, Werner: Hitler. Ein Bericht f. junge Staatsbürger. — Tübingen: Heliopolis-Verl. (1961). 304 S.

Klump, Brigitte: Das rote Kloster. Eine deutsche Erziehung. - (Hamburg:) Hoffmann & Campe (1978). 334 S.

Knaplund, Paul: Knut Hamsun. Triumph and tragedy. — In: Modern Age 9 (1965), 165—174.

Knapp, Manfred: Ein „Berliner" namens John F. Kennedy. Zur Deutschland- und Europa-Politik der Kennedy-Administration. - In: Frankf. H. 29 (1974), 326–536.

Knapp, Thomas A.: Heinrich Brüning im Exil. Briefe an Wilhelm Sollmann 1940-1946. [Dokumentation.] - In: Vjh. Zeitgesch. 22 (1974), 93–120.

Knappe, Charlotte: Der Bundeskanzler [Adenauer]. — Hamburg: Edeen 1960. 124 S.

Knoll, Helli [Hrsg.]: Walter Kolb. Ein großer Oberbürgermeister. — Frankfurt a. M.: Rütten & Loening 1956. 145 S.

Knoll, Joachim H.: Werk und Methode des Historikers Erich Eyck. — In: Gesch. Wissensch. Unterr. 16 (1965), 277—285.

Knudsen, Harald Franklin: Jeg var Quislings sekretaer. — Kjøbenhavn: Eget 1951. 257 S.

Koch, Diether: Heinemann und die Deutschlandfrage. — München: Kaiser 1972. 570 S.

Koch, Erwin Erasmus: Der rote Mandarin. Ho Chi Minhs Vergangenheit u. Zukunft. — In: Polit. Meinung 10 (1965), H. 103, 62—67.

Koch, Hans: Politik, Literaturwissenschaft und die Position von Georg Lukács. — In: Einheit 12 (1957), 813—827.

Koch, Hans: Theorie und Politik bei Georg Lukács. — In: Einheit 12 (1957), 960—981.

Koch, Werner: Heinemann im Dritten Reich. Ein Christ lebt für morgen. — Wuppertal: Aussaat Verl. 1972. 224 S.

Koch-Kent, Henri: [Joseph] Doudot. Figure légendaire du contreespionnage français. - [Bruxelles:] Casterman (1976). 256 S.

Kock, Erich: Zwischen den Fronten. Der Priester Franz Stock. — Mainz: Matthias-Grünewald-Verl. (1964). 172 S.

Kodalle, Klaus-Michael: Politik als Macht und Mythos. Carl Schmitts Politische Theologie. — Stuttgart: Kohlhammer 1973. 154 S.
(Urban-Taschenbücher. 842.)

Koehl, Robert L.: Heinrich the Great [Himmler]. — In: History Today 7 (1957), H. 3, 147—153.

Köhler, Erich: Ohne Illusionen. Politik der Realität. Reden. — (Wiesbaden: Verl. Der Greif 1949.) 125 S.

Köhler Ernst: Bildungsbürgertum und nationale Politik. Eine Studie zum politischen Denken Otto Hintzes. — Bad Homburg v.d.H.: Gehlen (1970). 250 S.

Köhler, Heinrich: Lebenserinnerungen des Politikers und Staatsmannes 1878—1949. Unter Mitw. von Franz Zilken hrsg. von Josef Becker. Mit e. Geleitw. von Max Miller. — Stuttgart: Kohlhammer 1964. 51, 412 S.
(Veröffentlichungen d. Kommission f. Geschichtl. Landeskunde in Baden-Württemberg. Reihe A, Bd. 11.)

Köhler, Wolfram: Der Chef-Redakteur. Theodor Wolff. Ein Leben in Europa 1868—1943. — Düsseldorf: Droste (1978). 319 S.

König, Hanno: Heinrich Mann. Dichter und Moralist. — Tübingen: Niemeyer 1972. X, 470 S.

(König, Helmut:) Geburtstagsbrief an Sir Winston Churchill. — In: Nation Europa 4 (1954), H. 11, 3—7.

König, Joel: Den Netzen entronnen. Die Aufzeichnungen. — Göttingen: Vandenhoeck & Ruprecht (1967). 375 S.

Koenigswald, Harald von: Birger Forell. Leben und Wirken in den Jahren 1933—1958. — Witten u. Berlin: Eckart-Verl. (1962). 617 S.

Koenigswald, Harald von: Birger Forell und der Kirchenkampf in Deutschland. — In: Aus Politik und Zeitgeschichte, Beilage zur Wochenzeitung „Das Parlament", vom 18.Juli 1962, 349—375.

Koenigswald, Harald von: Zum 20. Jahrestag Jochen Kleppers. — In: Dt. Rdsch. 88 (1962), 1079—1083.

Koestler, Arthur: Die Geheimschrift (The invisible writing, dt.) Bericht eines Lebens 1932—1940. (Ins Dt. übertr. von Franziska Becker.) — Wien, München, Basel: Desch (1945). 458 S.

Koestler, Arthur: Pfeil ins Blaue. Bericht eines Lebens 1905—1931. Aus d. Engl. übers. von E. Thorsch. — München: Desch 1953. 419 S.

(Köstring, Ernst:) General Ernst Köstring. Der militärische Mittler zwischen dem Deutschen Reich und der Sowjetunion 1921—1941. Bearb. von Hermann Teske. — Frankfurt a. M.: Mittler (1965). 334 S.
(Profile bedeutender Soldaten. 1.)

Kogon, Eugen: Wladimir Iljitsch Lenin. — E. biograph. Essay. — (München:) Kindler (1971). 67 S.

Kohl, Helmut: Zwischen Ideologie und Pragmatismus. Aspekte und Ansichten zu Grundfragen der Politik. — Stuttgart: Verl. Bonn Aktuell 1973. 119 S.
(Bonn Aktuell. 13.)

Kohlhaas, Wilhelm: Eberhard Wildermuth. Ein aufrechter Bürger. Ein Lebensbild. — Bonn: Domus-Verl. 1960. 181 S.

Kohn, Hans: Martin Buber. Sein Werk u. seine Zeit. Ein Beitrag zur Geistesgeschichte Mitteleuropas 1880—1930. Nachwort: 1930—1960 von Robert Weltsch. (Veröffentlichung d. Leo-Baeck-Inst. New York). (2., um ein Vor- u. Nachw. erw. Aufl.) — Köln: Melzer (1961). 484 S.

Kohn, Hans: Bürger vieler Welten (Living in a world revolution, dt.) Ein Leben im Zeitalter der Weltrevolution. (Aus d. Engl. übertr. von Katharina Ulrich-Debrunner. Vom Verf. autoris. u. erg. dtsch. Fassung.) — Frauenfeld: Huber (1965). 275 S.

Kohout, Pavel: Aus dem Tagebuch eines Konterrevolutionärs. (Aus d. tschech. [Ms.] von Gustav Solar u. Felix R. Bossonet.) — Frankfurt a. M.: Bucher (1969). 289 S.

Koht, Halvdan: For fred og fridom i krigstid 1939—1948. — Oslo: Tiden Norsk Forlag 1957. 307 S.

Kokoška, Jaroslav: Admirál Canaris. — Praha: Naše vojsko 1968. 256 S.

Koktanek, Anton Mirko: Spenglers Verhältnis zum Nationalsozialismus in geschichtlicher Entwicklung. — In: Z. Politik 13 (1966), 32—55.

Walter **Kolb.** Dargest. von ... Mit e. Geleitw. von Fritz von Unruh. Gesamtbearb.: Helli Knoll. — Berlin: Arani-Verl. (1953). 51 S., 5 Taf.
(Köpfe der Zeit.)

Kolbe, Dieter: Reichsgerichtspräsident Dr. Erwin Bumke. Studien zum Niedergang des Reichsgerichts und der deutschen Rechtspflege. — Karlsruhe: Müller 1975. 451 S.
(Studien und Quellen zur Geschichte des deutschen Verwaltungsrechts. 4, 4.)

Kolbinger, Edgar: Ernst Jünger, ein später Dank. — In: Schweizer Rdsch. 65 (1966), 590—597.

Kollman, Eric C.: Theodor Körner. Militär und Politik. — München: Oldenbourg 1973. 468 S.

Kolodziej, Edward A.: French strategy emergent. General André Beaufre. A critique. — In: World Politics 19 (1966/67), 417—442.

Komarnicki, Tytus: Piłsudski a polityka wielkich mocarstw zachodnich. — Londyn: Joszef-Piłsudski-Instytut 1952. 80 S.

Kondraschow, S. N. [**Kondrašov,** Stanislav N.]: Martin Luther King (Žizń i smert' Martina Ljutera Kinga, dt.) Leben und Kampf eines amerikanischen Negerführers. (Übers. aus d. Russ. von Gisela Lehmann.) — Berlin: Dtsch. Verl. d. Wissenschaften 1972. 231 S.

Konew, Iwan Stepanowitsch [**Konev,** Ivan Stepanovič]: Aufzeichnungen eines Frontoberbefehlshabers (Zapiski komandujuščego frontom, dt.) 1943/44. (Ins Dtsch. übertr. von Irmgard Zeisler.) — Berlin: Militärverl. d. DDR 1978. 358 S.

I. S. **Konjew.** Oberbefehlshaber der Ostblock-Armee. — In: Osteuropa 3 (1955), 182—184.

Iwan Stepanowitsch **Konjew.** — In: Wehrkunde 4 (1955), 254.

Konlev, I. S.: L'invasion du IIIe Reich. Mémoires de guerre 1945. — Paris: Plon 1968. 314 S.

Koning, Ines de: A study of Adolf Eichmann (1906—1962). Adolf Hitler's expert in Jewish affairs. — Newton 1964. 34 S.

Koops, Tilman P.: Heinrich Brünings „Politische Erfahrungen". (Zum ersten Teil der Memoiren.) — In: Gesch. Wiss. Unterr. 24 (1973), 197–221.

Kopecky, Vaclaw: Klement Gottwald, 1896—1953. — Praha: Artia 1954. 311 S.

Kopelew, Lew [**Kopelev,** Lev]: Aufbewahren für alle Zeit! (Chranit' večno, dt. Übers. aus d. Russ. von Heddy Pross-Weerth u. Heinz-Dieter Mendel.) Nachw.: Heinrich Böll. — (Hamburg:) Hoffmann & Campe (1976). 617 S.

Koplenig, Johann: [Werke, Teils.] Reden und Aufsätze 1924—1950. — Wien: Stern-Verlag 1951. VII, 182 S.

Koplin, Raimund: Carl von Ossietzky als politischer Publizist. — (Berlin, Frankfurt a. M.:) Leber 1964. 248 S.

Kopp, Hans: Der General und die Religion. Zu Erich Ludendorffs 100. Geburtstag. — Pähl (Obb.): Bebenburg 1965. 88 S.

Kopp, Otto: Adenauer. Eine biographische u. politische Dokumentation. Völlig neu bearb., textl. erw. u. mit neuen Bildern ausgestattete Ausg. [von:] „Der Kanzler". — Stuttgart: Seewald 1963. 183 S.

Kopp, Otto: Der Kanzler. Konrad Adenauers Leben und Werk für Frieden, Einigkeit und Recht und Freiheit. Geleitwort von Robert Schuman und Glückwunsch von Carl Jakob Burckhardt. Aus Anlaß des 85. Geburtstages am 5. Januar 1961. 2. Aufl. — Olten, Lausanne: Urs Graf 1961. 119 S.

Korboński, Stefan: W imieniu Kremla. — Paris: Instytut Literacki 1956. 375 S.

Korsch, Karl: Karl Marx. Im Auftr. d. Internat. Inst. f. Sozialgesch. hrsg. von Götz Langkau. — Frankfurt a.M.: Europ. Verl. Anst. (1967). XV, 279 S.
(Politische Texte.)

Kortner, Fritz: Aller Tage Abend. (4. Aufl.) — (München:) Dtsch. Taschenbuch-Verl. (1972). 367 S.
(dtv-Taschenbücher. 556.)

[**Koschaker,** Paul:] Paul Koschaker. Gelehrter, Mensch, Freund. Briefe aus den Jahren 1940—1951. Hrsg. u. eingel. von Guido Kisch. — Stuttgart: Helbig & Lichtenhahn 1970. 74 S.

Koschwitz, Hansjürgen: Mao Tsetungs Beitrag zur revolutionären Publizistik Chinas. — In: Dtsch. Stud. 8 (1970), 17—27.

Kosiński, Adam: Polityczny profesor [Albert Brackmann]. — In: Prz. Zach. 3 (1947), 980—992.

Kosmin, Barry A.: Colonial careers for marginal fascists. A portrait of Hamilton Beamish. — In: Wiener Libr. Bull. 27 (1973/74), H. 30/71, 16–23.

Koss, Stephen: [David] Lloyd George and nonconformity. The last rally. — In: Engl. hist. Rev. 89 (1974), 77–108.

Kossak, Zofia: Z otchłani. Wspomnienia. — Warszawa: Pax 1958. 247 S.

Kosthorst, Erich: Jakob Kaiser. Der Arbeiterführer. — Stuttgart: Kohlhammer (1967). 286 S.

Kosthorst, Erich: Jakob Kaiser, Bundesminister für gesamtdeutsche Fragen. 1949—1957. — Stuttgart: Kohlhammer (1972). 399 S.

Kossygin [**Kosygin**], A[leksej] N[ikolaevič]: Ausgewählte Reden und Aufsätze (Izbrannye reči i stat'i, dt.) 1939–1976. (Übers. von Josef Gröbert [u. a.]) — Berlin: Staatsverl. d. DDR 1977. 540 S.

Koszyk, Kurt: Das abenteuerliche Leben des sozialrevolutionären Agitators Carl Minster ⟨1873—1942⟩. — In: Archiv Sozialgesch. 5 (1965), 193—225.

Kot, Stanisław: Polish ambassador to the U.S.S.R. 1941—1942. Conversations with the Kremlin and dispatches from Russia. Transl. and arranged by H. C. Stevens. — London: Oxford University Press 1963. XXX, 285 S.

Kot, Stanisław: Listy z Rosji do gen. Sikorskiego. — Londyn: „Jutro Polski" 1955. 577 S.

Kot, Stanisław: Rozmowy z Kremlem. — Londyn: Jutro Polski 1959. 336 S.

Kotelawala, Sir John: An Asian Prime Minister's story. — London: Harrap (1956). 203 S.

Kotowski, Georg: Friedrich Ebert. Eine politische Biographie. — Wiesbaden: Steiner.
  1. Der Aufstieg eines deutschen Arbeiterführers 1871—1917. 1963. XII, 280 S.

Kotze, Hildegard von: „Es spricht der Führer". 7 exemplarische Hitler-Reden. Hrsg. u. erl. von Hildegard von Kotze u. Helmut Krausnick unter Mitwirkung von F[riedrich] A[rnold] Krummacher. — (Gütersloh:) Mohn (1966). 378 S.

Kovacs, Imre: D'une occupation à l'autre. — Paris: Calmann-Lévy (1953). 304 S.

Kovar, R.: Le programme d'André Tardieu. — In: Politique 1959, H. 7/8, 231—265.

Kowalczyk, J.: Bolesław Bierut. Życie i działalność. — Warszawa: Książka i Wiedza 1952. 149 S.

Kowalewskyj, M.: Symon Petlura (1879—1926). Holowny Otaman. Oberkommandierender der ukrainischen Armee und Staatspräsident der Ukrainischen Volksrepublik. — In: Ukraine Vgh. Gegenw. 5 (1956), H. 1/2, 11—21.

Kozák, J.B.: T[homas] G. Masaryk a vznik Washingtonské deklarace v řijnu 1918. — Praha: Melantrich 1968. 116 S.

Kozhen, M.: Immanuel Ringelblum — before and at the beginning of the war. A colleague's impressions. — In: Yad Washem Bull. 1960, No 6/7, 21—23.

Kracke, Friedrich: Prinz und Kaiser. Wilhelm II. im Urteil seiner Zeit. — München: Olzog (1960). 323 S.

Krader, Lawrence: The works of [Karl] Marx and Engels in ethnology compared. - In: Internat. Rev. soc. Hist. 18 (1973), 223-275.

Krämer-Badoni, Rudolf: Ernst Jünger sechzig Jahre alt ... — In: Frankf. H. 10 (1955), 249—256.

Krämer-Badoni, Rudolf: Ernst Jünger et le monde moderne. — In: Documents 10 (1955), 757—768.

Kraft, Heinz: Das Problem Falkenhayn. Eine Würdigung der Kriegführung des Generalstabschefs. — In: Welt als Gesch. 22 (1962), 49—78.

Kramarz, Joachim: Claus Graf Stauffenberg. 15. Nov. 1907—20. Juli 1944. Das Leben eines Offiziers. — Frankfurt a. M.: Bernard & Graefe 1965. 245 S.

Kramer, Gerhard: Wir werden weiter marschieren. Roman. — Berlin: Blanvalet (1952). 539 S.

Kramer, Hans: Benito Mussolini in Trient und die österreichischen Behörden im Jahre 1909. Nach neu gefundenen Akten. — In: Südostforschungen 14 (1955), 186—204.

Kramer, Hans: „Tirolensien" aus der Feder Mussolinis. — In: Tiroler Heimatbll. 1949, H. 1/2, 18—22.

Kramer, Hans: Die Versammlungsreden Mussolinis in Deutschtirol im Jahre 1909. — In: Hist. Jb. 74 (1955), 765—771.

Krantz, Hubert W.: Die sozial- und gesellschaftspolitischen Vorstellungen Walther Rathenaus. - (Köln 1976: aku-Fotodruck). II, 165 S.
Bochum, sozialwiss. Diss. vom 4. Februar 1976.

Kraus, Fritz: Ein Torero des Geistes. Zum 70. Geburtstage von Ortega y Gasset. — In: Merkur 7 (1953), 584 - 589.

Kraus, Karl: Die Dritte Walpurgisnacht. Aus dem unveröffentlichten Nachlaß. In: Hochland 44 (1951/52), 494—510.

Krausnick, Helmut: Ein Brief Thomas Manns vor der Machtübernahme. — In: Vjh. Zeitgesch. 6 (1958), 172—175.

Krausnick, H[elmut]: Aus den Personalakten von Canaris. — In: Vjh. Zeitgesch. 10 (1962), 280—310.

Krausnick, Helmut: Erwin Rommel und der deutsche Widerstand gegen Hitler. — In: Vjh. Zeitgesch. 1 (1953), 65—70.

Kravchenko, Victor A.: Schwert und Schlange. — Zürich: Thomas-Verlag [1951]. 418 S.

Krebs, Albert: Fritz-Dietlof Graf von der Schulenburg. Zwischen Staatsraison und Hochverrat. — (Hamburg:) Leibniz-Verl. (1964). 338 S.
(Hamburger Beiträge zur Zeitgeschichte. 2.)

Krebs, Albert: Tendenzen und Gestalten der NSDAP. Erinnerungen an die Frühzeit der Partei. — Stuttgart: Dtsch. Verl.-Anst. 1959. 245 S.
(Quellen und Darstellungen zur Zeitgeschichte. 6.)

Krein, Daniela: Konrad Adenauer nahegesehen. Dokumentation. [Hrsg.:] Rudolf Paul Koletzko. — Freiburg, Colmar: Alsatia-Verl. (1968). 255 S.

Kreisky, Bruno: Neutralität und Koexistenz. Aufsätze und Reden. Mit e. Nachw. von Iring Fetscher. - München: List (1975). 200 S.
(Neue Edition List.)

Kreuger, Torsten: Die Wahrheit über Ivar Kreuger. Augenzeugenberichte, Geheimakten, Dokumente. — Stuttgart: Seewald (1966). 291 S.

Kreutzberg, H.: Franz Reinisch. Ein Märtyrer unserer Zeit. — Limburg a. L.: Lahn-V. 1953. 188 S.

Kreuzer, Franz: Ein Leben für Österreich. Franz Jonas. (Hrsg.: Hermann Lein u. Hermann Schnell.) — Wien, München: Verl. f. Jugend u. Volk; Österr. Bundesverl. (1969). 79 S.

Krings, Hermann: Gedenkrede für Willi Graf. — In: Gesch. Wissensch. Unterr. 15 (1964), 273—278.

Kripalani, J. B.: Gandhi the statesman. — New Delhi: Ranjit 1951. V, 111 S.

Krippendorff, Ekkehart: Der unkontroverse John F[itzgerald] Kennedy. — In: Neue polit. Lit. 13 (1968), 503—512.
Literaturbericht.

Kristl, Wilhelm Lukas: Ernst Toller in der Revolution 1918/19. Ein Beitrag zur Geschichte der Bayerischen Räterepublik. — In: Gewerkschaftl. Monatsh. 20 (1969), 205—215.

Křížek, Jaroslav: T. G. Masaryk a vystoupení Čs. legií na jaře 1918. — In: Českoslov. Čas. hist. 14 (1966), 637—666.

Křížek, Jurij: T. G. Masaryk a naše dělnická třída. — Praha: Naše Vojsko 1955. 91 S.
(Dokumenty. 35.)

Krockow, Christian Graf von: Die Entscheidung. Eine Untersuchung über Ernst Jünger, Carl Schmitt, Martin Heidegger. — Stuttgart: Enke 1958. 164 S.
(Göttinger Abhandlungen zur Soziologie. 3.)

Kroef, J. M. van der: Sukarno and Hatta. The great debate in Indonesia. — In: Polit. Quart. 29 (1958), 238—250.

Kroeger, Jürgen E.: Eine baltische Illusion. Tagebuch eines Deutsch-Balten aus den Jahren 1939-1944. - Lüneburg: Verl. Nordland-Dr. [1974]. 95 S.

Krogmann, Carl Vincent: Es ging um Deutschlands Zukunft, 1932-1939. Erlebtes täglich diktiert von dem früheren Regierenden Bürgermeister von Hamburg. - Leoni a. Starnberger See: Druffel (1976). 372 S.

Kroll, Hans: Lebenserinnerungen eines Botschafters. — Köln: Kiepenheuer & Witsch (1967). 611 S.

Kronika, Jacob: Lys i vinduet. Slesvigske dagbogsblade fra Berlin 1933—1939. — København: Danske Forl. 1957. 205 S.

Kropat, Wolf-Arno: Lenin und die Konstituierende Versammlung in Rußland. — In: Jbb. Gesch. Osteuropas 5 (1957), 488—498.

Krosigk, Friedrich von: Philosophie und politische Aktion bei Jean Paul Sartre. — München: Beck (1969). XIII, 190 S.
(*Münchener Studien zur Politik. 11.*) *Diss., München.*

Krüger, Arnd: Theodor Lewald. Sportführer ins Dritte Reich. - Berlin: Bartels & Wernitz (1975). 144 S.
(*Turn- und Sportführer im Dritten Reich. 3.*)

Krüger, Peter: [Eduard] Beneš und die europäische Wirtschaftskonzeption des deutschen Staatssekretärs Carl von Schubert. - In: Bohemia 14 (1973), 320–339.

Krug, Mark M.: Aneurin Bevan. Cautious rebel. — New York: Yoseloff 1961. 316 S.

Krummacher, Friedrich A.: Geoffrey Barraclough und die deutsche Frage. — In: Dtsch. Rdsch. 86 (1960), 318—325.

Krupskaja, Nadežda Konstantinovna: Vospominanija o Lenine. — Moskva: Gospolitizdat 1957. 438 S.
Dtsch. Ausg. u. d. T.: Erinnerungen an Lenin. — Berlin: Dietz 1959. 606 S.

Krylov, Ivan: Soviet staff officer 1940—1945. Translated by E. Fitzgerald. — London: Falcon 1951. 298 S.

Krywalski, Diether: Zwei Niederschriften Ribbentrops über die Persönlichkeit Adolf Hitlers und die letzten Tage in Berlin. — In: Gesch. Wiss. Unterr. 18 (1967), 730—744.

Kubizek, August: Adolf Hitler, mein Jugendfreund. — Graz und Göttingen: Stocker (1953). 352 S.

Kuby, Erich: Alles im Eimer. Siegt Hitler bei Bonn? Ein politischer Monolog 1944—1960. — Stuttgart: Goverts 1960. 253 S.
Sammlung einzelner, früher in Zeitschriften und Zeitungen erschienener Artikel.

Kuby, Erich: Mein Krieg. Aufzeichnungen aus 2129 Tagen. - (München:) Nymphenburger Verlagshandl. (1975). 512 S.

Kuby, Erich: Franz Josef Strauß. Ein Typus unserer Zeit. Mit Eugen Kogon, Otto von Loewenstern, Jürgen Seifert. — Wien, München, Basel: Desch (1963). 380 S.

Kuby, Erich: Wer war Hitler? Bemerkungen zu Versuchen, eines Gespenstes habhaft zu werden. — In: Frankf. H. 9 (1954), 171—176.

Kuckhoff, Greta: Vom Rosenkranz zur Roten Kapelle. Ein Lebensbericht. - Berlin: Verl. Neues Leben 1972. 433 S.

Kuczynski, Jürgen: Memoiren. Die Erziehung des J. K. zum Kommunisten und Wissenschaftler. (2. Aufl.) – Berlin: Aufbau-Verl. (1975). 433 S.

Kuebart, Friedrich: Otto Hoetzsch. Historiker, Publizist, Politiker. - In: Osteuropa 25 (1975), 603–621.

Küchler-Silbermann, Lena: My hundred children. Meā jeladijm šelij. [Übers.:] Šimšon Meltzer. — Jerušalajim: Yad Washem (1959). 460 S.

Kücklich, Erika: Fritz Heckert. — In: Beitrr. Gesch. dtsch. Arbeiterbew. 10 (1968), 847—857.

Kühlmann, Mira von: Frieden auf Widerruf. Erinnerungen aus meinem Leben. - Berlin: Union-Verl. 1975. 160 S.

Kühlmann, Richard von: Erinnerungen. — Heidelberg: Schneider 1948. 590 S.

Kühn, Heinz: Bekenntnisse und Standpunkte. - Bonn-Bad Godesberg: Verl. Neue Gesellsch. (1977). X, 217 S.

Kühn, Heinz: Mindszenty. Skizze eines großen Lebens. — Berlin: Morus-V. 1951. 61 S.

Kuehnelt-Leddihn, Erik von: Beneš und die österreichische Frage. — In: Europ. Osten 2 (1955), 699—705.

Kühner, Hans: Friedrich Wilhelm Foerster. — In: Gewerksch. Monatsh. 20 (1969), 284—289.

Kühnrich, Heinz: Judenmörder Eichmann. Kein Fall der Vergangenheit. — Berlin: Dietz 1961. 156 S.

(**Küsel,** Herbert:) Das genügsame Faltblatt. In Sauerbruch, um Sauerbruch und um Sauerbruch herum. — In: Gegenwart 9 (1954), 619—620 und 637—638.

K[üsel], H[erbert]: Laut gedacht. Mit der Blendlaterne auf dem Speicher des Braunen Hauses. — In: Gegenwart 9 (1954), 300—303.
Betrachtungen zur Person Himmlers auf Grund jüngster Veröffentlichungen.

K[üsel], [Herbert]: Das Patent in der Tasche. Der Fall Rudolf Diels. Hintergründe und Lehren. — In: Gegenwart 9 (1954), 551—553.

K[üsel, Herbert]: Der schwarze Schleier im Dom zu Krakau. Die Erinnerungen von Hans Frank, niedergeschrieben in Nürnberg. — In: Gegenwart 8 (1953), 199—202.

Küster, Ingeborg: Was draußen geschah. Erlebtes zwischen 1933 und 1938. — Hannover: Das andere Deutschland 1948. 13 S.

Kuisel, Richard F.: Auguste Detoeuf, conscience of French industry: 1926–47. - In: Internat. Rev. soc. Hist. 20 (1975), 149–174.

Kumpmann, Walter: Franz Mehring als Vertreter des historischen Materialismus. — Wiesbaden: Harrassowitz 1966. 192 S.
(*Veröffentlichungen des Osteuropa-Instituts München. 29.*)

Kunina, V. E.: Karl Marx i anglijskoe ravočee dviženie. — Moskva: Izd. Mysl 1968. 421 S.

Kupfer, Heinrich: Gustav Wyneken. — Stuttgart: Klett (1970). 384 S.
(*Aus den deutschen Landerziehungsheimen. Texte.*)

Kupfer-Koberwitz, E.: Die Mächtigen und die Hilflosen. Als Häftling in Dachau. — Stuttgart: Vorwerk 1957. 432 S.

Kupfer-Koberwitz, Edgar: Die Mächtigen und die Hilflosen. Als Häftling in Dachau. Bd. 2: Wie es endete. — Stuttgart: Vorwerk (1960). 263 S.

Kupferman, F[red]: Pierre Laval. - Paris: Masson 1976. 182 S.
(*Coll. „Leur vie".*)

Kupisch, Karl: Karl Barth in Selbstzeugnissen und Bilddokumenten dargest. (Den Anhang besorgte der Autor.) — (Reinbek b. Hamburg:) Rowohlt (1971). 156 S.
(Rowohlt Monographien. 174.)

Kuppe, Rudolf: Dr. Karl Lueger. Persönlichkeit u. Wirken. — Wien: Hollinek (1947). 195 S.
(Buchreihe „Österreichische Heimat". 12.)

Kuranow, G. G.: W[ladimir] I[ljitsch] Lenin und die II. Internationale. — In: Beitrr. Gesch. dtsch. Arbeiterbewegung 11 (1969), 461—473.

Kurella, Alfred: Dimitroff contra Göring. Nach Berichten Georgi Dimitroffs über d. Reichstagsbrand 1933. — Berlin: Dietz 1964. 346 S.

Kurz, Hans Rudolf: General Henri Guisan. — Zürich, Göttingen: Musterschmidt (1956). 97 S.
(Persönlichkeit u. Geschichte. 37.)

Kurz, Paul Konrad: Heinrich Böll. Die Denunziation des Kriegs und der Katholiken. — In: Stimmen d. Zeit 96 (1971), Bd 187, 17—30.

Kurz, Paul Konrad: Bertold Brecht. — In: Stimmen d. Zeit 94 (1969), Bd 184, 34—51.

Kusielewicz, Eugene: Wilson and the Polish cause at Paris. — In: Polish Rev. 1 (1956), H. 1, 64—79.

Kusnezow, Eduard: Lagertagebuch (Dnevniki, dt.) Aufzeichnungen aus dem Archipel des Grauens. Dtsch. von Brigitte Reif-Willenthal. — München: List (1974). 313 S.

Kusserow, Hans Ulrich: Ernst Niekisch, ein Leben im Widerstreit. — In: Polit. Stud. 8 (1970), 451—464.

Kuter, Laurence S.: Airman at Yalta. — Boston: Little, Brown & Co. 1955. 180 S.

Kutscher, Artur: Der Theaterprofessor. Ein Leben f. d. Wissenschaft vom Theater. — München: Ehrenwirth (1960). 267 S.

Kuusinen, Aino: Der Gott stürzt seine Engel. Hrsg. u. eingel. von Wolfgang Leonhard. — Wien: Molden 1972. 352 S.

Kux, Ernst: Karl Marx. Die revolutionäre Konfession. — Erlenbach-Zürich: Rentsch 1967. 137 S.

Kykal, Inez [u.] Karl R. Stadler: Richard Bernaschek. Odyssee eines Rebellen. - (Wien:) Europa-Verl. 1976. 317 S.
(Veröffentlichungen des Ludwig-Boltzmann-Instituts für Geschichte der Arbeiterbewegung.)

Laack-Michel, Ursula: Albrecht Haushofer und der Nationalsozialismus. E. Beitr. zur Zeitgeschichte. - Stuttgart: Klett 1974. 407 S.
(Kieler historische Studien. 15.)
Phil. Diss., Universität Kiel.

Labenski, Rosa: Und vergib uns unsere Schuld ... Ein historisches Dokument 1945/48. Aufzeichnungen. Mit e. Einf. von Helmut Gollwitzer. — Mainz: v. Hase & Koehler (1965). 230 S.

Lachmann, Ludwig M.: Drei Essays über Max Webers geistiges Vermächtnis (The legacy of Max Weber, dt. Aus d. Engl. übers. von Leonhard Walentik.) - Tübingen: Mohr 1973. VII, 127 S.

Lacouture, Jean: Léon Blum. - Paris: Ed. du Seuil 1977. 317 S.

Lacouture, Jean: Ho Tschi Minh (Hô Chí Minh, dt.) (Aus d. Französ. übers. von Max u. Sig Harriès-Kester.) — Frankfurt a. M.: S. Fischer (1968). 313 S.

Lacouture, Jean: André Malraux. - New York: Pantheon Books 1976. 510 S.

Lacouture, Jean: Nasser. — Paris: Ed. du Seuil 1971. 354 S.
(Coll. „L'Histoire immédiate".)

Laffargue, André: Le général Dentz (Paris 1940-Syrie 1941). — Paris: Les Iles d'Or 1954. VI, 212 S.

Laforge, Marcel: Au fil des jours en Orient (Grèce, Egypte, Pakistan, Jérusalem) 1922—1958. — Bruxelles: Edit. de la Librairie encyclopédique 1967. 350 S.

La Fournière, Xavier de: [Valéry] Giscard d'Estaing et nous. - Paris: Plon 1976. XXXVII, 278 S.

Lagardelle, Hubert: Mission à Rome: Mussolini. — Paris: Plon 1955. IV, 307 S.

La Gorce, Paul-Marie de: De Gaulle entre deux mondes. Une vie et une époque. — Paris: Fayard 1964. 766 S.

Lahm, Karl: Otto von Habsburg — aktuell? Historisches und Politisches zum Rückkehr-Wunsch des Thronerben. — In: Polit. Meinung 4 (1959), H. 36, 67—76.

Laing, Margaret: The Shah [Mohammed Resā Pahlewi, Schah-in-schah von Persien]. - London: Sidgwick & Jackson 1977. 263 S.

LaMaziere, Christian de: Ein Traum aus Blut und Dreck (Le rêveur casqué, dt.) (Aus d. Französ. übertr. von Reinhard Federmann u. Alfred Baumgartner.) - Berlin: Neff [1973]. 314 S.
[Bericht über die französische Waffen-SS.]

Lancel, François Valéry Giscard d'Estaing. De Chamalières à l'Elysée. - Paris: Belfond 1974. 246 S.

Lancucki, S.: Wspomnienia. — Warszawa: Książka i Wiedza 1957. 286 S.

Landau, David: Kissinger. The uses of power. — Boston: Houghton Mifflin 1972. 270 S.

Landauer, Gustav: Erkenntnis und Befreiung. Ausgew. Reden und Aufsätze. Hrsg. u. mit e. Nachw. versehen von Ruth Link-Salinger (Hyman). - Frankfurt a. M.: Suhrkamp 1976. 106 S.
(Edition Suhrkamp. 818.)

[**Landauer,** Gustav:] Gustav Landauer und die Revolutionszeit 1918/19. Die politischen Reden, Schriften, Erlasse und Briefe Landauers aus der November-Revolution 1918/19. Hrsg., eingel. u. mit e. ausführl. biograph. u. bibliograph. Anh. versehen von Ulrich Linse. - Berlin: Kramer 1974. 298 S.

Landgrebe, Wilhelm: Dietrich Bonhoeffer. Ein Blutzeuge aus jüngster Zeit. — Gießen, Basel: Brunnen-V. (1957). 78 S.

Landgrebe, Wilhelm: August Winnig. Arbeiterführer, Oberpräsident, Christ. — Lahr/Dinglingen: Schweickhardt 1961. 95 S.

Landmann, Michael: Martin Buber, Deuter in der Krise der Gegenwart. — In: Universitas 21 (1966), 591—598.

Landmann, Salcia: Ilja Ehrenburgs jüdisches Testament. — In: Z. Gesch. Juden 5 (1968), 102—109.

Lang, Hugo: Michael Kardinal von Faulhaber, Erzbischof von München und Freising zum Gedenken. — München: Zink (1952). 19 S.

Lang, Jochen von: Der Sekretär. Martin Bormann: Der Mann, der Hitler beherrschte. Unter Mitarb. von Claus Sybill. - (Stuttgart:) Dtsch. Verl.-Anst. (1977). 511 S.

Lange, Friedrich C. A.: Groß-Berliner Tagebuch, 1920—1933. — Berlin- Lichtenrade: Berlinische Verlagsbuchh. 1951. 190 S.

Lange, Karl: Hitlers unbeachtete Maximen. „Mein Kampf" und die Öffentlichkeit. — Stuttgart: Kohlhammer (1968). 211 S.
(Geschichte und Gegenwart.)

Langer, Walter C.: Das Adolf-Hitler-Psychogramm (The mind of Adolf Hitler. The secret wartime, dt.) Eine Analyse seiner Person und seines Verhaltens, verfaßt 1943 für die psychologische Kriegsführung der USA. (Aus d. Amerikan. übertr. von Ferdinand Bruckner.) Mit e. Vorw. von Friedrich Hacker. - München: Molden (1972). 272 S.

Langkau, Götz: Briefe Rosa Luxemburgs im IISG - ein Nachtrag. [Dokumentation.] - In: Internat. Rev. soc. Hist. 21 (1976), 412-444.

Langlade, Paul de: En suivant Leclerc. D'Alger à Berchtesgaden. — Paris: Laffont 1966. 432 S.
(L'Histoire que nous vivons.)

Langoth, Franz: Kampf um Österreich: Erinnerungen eines Politikers. — Wels: Verlag Welsermühl (1951). 395 S.

Laniel, Joseph: Jours de gloire et jours cruels, 1908—1958. Préf. de Maurice Schuman. — Paris: Presses de la Cité 1971. 299 S.
(Coll. „Coup d'œil".)

Lapie, Pierre Olivier: Herriot. — (Paris:) Fayard (1967). 342 S.
(Les grandes études contemporaines.)

Laponce, J. A.: Mendès-France and the radical party. — In: West. Pol. Quart. 11 (1958), 340—356.

Lapter, Karol: Polityka Józefa Becka. — In: Sprawy Miedzynarodowe 11 (1958), H. 5, 47—69.

Laqueur, Walther: Die „Affäre Kastner". Wo liegt hier die Grenze zwischen Heldentum und Verrat? — In: Monat 7 (1954/55), T. 2, 553—563.

Laqueur, Walter: Heimkehr. Reisen in die Vergangenheit. — Berlin: Propyläen-Verl. (1964). 164 S.

Laroche, Jules: La Pologne de Pilsudski. Souvenirs d'une ambassade 1926 à 1935. — Paris: Flammarion 1953. 240 S.

Laroche, Jules: Au Quai d'Orsay avec Briand et Poincaré 1913—1926. — Paris: Hachette 1957. 232 S.

Laschitza, Annelies: Kurt Eisner, Kriegsgegner und Feind der Reaktion. Zu seinem 100. Geburtstag. — In: Beitr. Gesch. dtsch. Arbeiterbewegung 9 (1967), 454—489.

Laschitza, Anneliese: Karl Kautsky und der Zentrismus.—In:Beitrr.Gesch. dtsch. Arbeiterbew.10(1968),798—832.

Laschitza, Annelies [u.] Günter Radczun: Rosa Luxemburg. Ihr Wirken in der deutschen Arbeiterbewegung. — Berlin: Dietz 1971. 579 S.

Lash, Joseph P.: Dag Hammarskjold. Custodian of the brushfire peace. — Garden City: Doubleday; London: Cassell 1962. 304 S.

Lash, Joseph P.: Dag Hammarskjöld [dt.] Ein Leben für den Frieden. (Einzig berecht. Übertr. aus d. Amerikan. von Inge Marten.) — Bern, Stuttgart, Wien: Scherz (1962). 315 S.

Lasky, Melvin J.: Churchill und Stalin. Ein Streifzug durch Winston Churchills Kriegserinnerungen. — In: Monat 4 (1951/52), T. 1, 141—154.

Lasky, Viktor: Bob Kennedy (Robert Kennedy, the man and the myth, dt.) Mensch, Mythos und Tragödie. (Aus d. Engl. übertr. von Hans Benedict u. Hans E. Hausner.) — München: Molden (1968). 312 S.

Last, Jef: Lu Hsün. Dichter und Idol. Ein Beitrag zur Geistesgeschichte des neuen China. Mit e. Einf. von Tilemann Grimm. — Frankfurt a. M., Berlin: Metzner (1959). VI, 70 S.
(Schriften des Instituts für Asienkunde in Hamburg. 5.)

Latham, Earl [Ed.]: The philosophy and policies of Woodrow Wilson. — Chicago: University of Chicago Press 1958. XV, 267 S.

Lathem, Edward Connery [Ed.]: Meet Calvin Coolidge. The man behind the myth. — Brattleboro, Vt.: Stephen Greene Press 1960. 223 S.

Lattmann, Dieter: Die Einsamkeit des Politikers. - (München:) Kindler (1977). 199 S.

Jean de **Lattre,** maréchal de France. — Paris: Plon 1953. II, 414 S.

Lau-Lavie, Naphtali: Moshe Dayan. A biography. (2. impr.) — London: Vallentine 1968. 223 S.

Launey, Jacques de: De Gaulle and his France. A psychopolitical and historical portrait. — New York: Julian Press 1968. X, 316 S.

Launay, Jacques de: [Nicolae] Titulescu et l'Europe. - Strombeek-Bever: Ed. Byblos (1976). 196 S.

Laurent, Jacques: De Gaulle. Die Zerstörung einer Legende. Titel d. franz. Originalausg.: Mauriac sous de Gaulle, [dt]. Mauriac unter de Gaulle. (Ins Dtsch. übertr. von Uta Berlet u. Franz Geiger.) — Basel: Desch (1965). 168 S.

Laurent, Pierre-Henri: Paul-Henri Spaak and the diplomatic origins of the Common Market, 1955—1956. — In: Polit. Science Quart. 85 (1970), 373—396.

Lazitch, Branko: Lénine et la IIIe internationale. — Neuchâtel: La Baconnière 1951. 285 S.

Lazzarini, Andrea: Pope John [Johannes] XXIII. A life of the new pope. — New York: Herder 1959. 167 S.

Leahy, William D.: J'étais là. — Paris: Plon 1950. 578 S.

Leahy, William D.: I was there. The personal story of the Chief of Staff to Presidents Roosevelts and Truman based on his notes and diaries made at the time. — London: Gollancz 1950. 592 S.

Leasor, James: Botschafter ohne Auftrag (Rudolf Hess, the uninvited envoy, dt.) Der Englandflug Rudolf Hess'. (Dt. Übertr. von Günter Schlichtung.) — (Oldenburg:) Stalling 1963. 236 S.

Leasor, James: Rudolf Hess. The uninvited envoy. — London: Allen & Unwin 1962. 239 S.

Das **Leben** eines deutschen Patrioten: Otto Nuschke. — In: Dokumentation d. Zeit, H. 50, 15. Juli 1953, 2740 – 2743.

Julius **Leber.** Ein Mann geht seinen Weg. Reden, Schriften, Briefe gesammelt und hrsg. von seinen Freunden. — Berlin, Frankfurt a. M.: Mosaik-V. (1952). 300 S.

Leber, Julius: Schriften, Reden, Briefe (1920–1945). Hrsg. von Dorothea Beck u. Wilfried F. Schoeller. Mit e. Vorw. von Willy Brandt u. e. Gedenkrede von Golo Mann. – München: Leber (1976). 327 S.

Lebow, Richard Ned: Woodrow Wilson and the Balfour declaration. — In: J. mod. Hist. 40 (1968), 501—523.

Lecorché, Maurice: Vingt-cinq ans d'Indochine et de Yunnan. Souvenirs 1919—1943. — Toulouse: Privat 1950. 286 S.

Georg **Ledebour,** Mensch und Kämpfer. Zsgst. von Minna Ledebour. — Zürich: Europa-V. (1954). 169 S.

Ledeen, Michael A.: The first duce: [Gabriele] d'Annunzio at Fiume. - Baltimore: Johns Hopkins Press 1977. 225 S.

Lederer, Moritz: Das war der „Fackel—Kraus". Am 28. April 1954 wäre Karl Kraus 80 Jahre alt geworden. -- In: Dtsch. Rdsch. 80 (1954), 373—379.

Ledré, Charles: Robert Schuman, pèlerin de l'Europe. — Paris: Spes 1954. 286 S.

Lee, Arthur Gould: Crown against sickle. The story of King Michael of Rumania. — London: Hutchinson [1950]. 199 S

Lee, Arthur Gould: Helen, Queen Mother of Rumania, Princess of Greece and Denmark. An authorized biography. — London: Faber & Faber 1956. 296 S.

Lee, Asher: [Hermann] Göring, air leader. - London: Duckworth 1972. 256 S.

[**Leeb,** Wilhelm Ritter von:] Generalfeldmarschall Wilhelm Ritter von Leeb. Tagebuchaufzeichnungen und Lagebeurteilungen aus zwei Weltkriegen. Aus d. Nachlaß hrsg. u. mit e. Lebensabriß versehen von Georg Meyer. - Stuttgart: Dtsch. Verl.-Anst. 1976. 500 S.
(*Beiträge zur Militär- und Kriegsgeschichte. 16.*)

Leers, Johann von: Zum Fall Otto John. — In: Der Weg 8 (1954), 619—626.

Lefebvre, Jacques-Henri: „39—40". Souvenirs d'un correspondent de guerre. — (Paris:) Durassié (1968). 222 S.

Lefranc, Georges: Jaurès et le socialisme des intellectuels. — Paris: Aubier-Montaigne 1968. 232 S.
(*Histoire du travail et de la vie économique.*)

Legge, J. D.: Sukarno. A political biography. — London: Allen Lane 1972. 431 S.

Legters, Lyman H.: Karl Radek als Sprachrohr des Bolschewismus. — In: Forsch. osteurop. Gesch. 7 (1959), 196—322.

Léhar, Anton: Erinnerungen. Gegenrevolution und Restaurationsversuche in Ungarn, 1918 bis 1921. Hrsg. von Peter Broucek. - Wien: Verl. f. Geschichte u. Politik 1973. 280 S.

Lehmann, Hans G.: Ernst Reuters Entlassung aus dem Konzentrationslager. - In: Arch. Sozialgesch. 13 (1973), 483–508.

Lehmann, Hans Georg: In Acht und Bann. Politische Emigration, NS-Ausbürgerung und Wiedergutmachung am Beispiel Willy Brandts. München: Beck 1976. 587 S.

Lehmann, Hans Georg: Der Reichsverweser-Stellvertreter. [Nikolaus von Horthys gescheiterte Planung einer Dynastie. Mit e. Geleitw. von Georg Stadtmüller. - Mainz: v. Hase & Koehler 1975. 130 S.
(*Studia Hungarica. 8.*)

Lehmann, Hartmut: Graf Berchtold und der Weihnachtsaufruf Papst Benedikts XV. -- In: Vjh. Zeitgesch. 9 (1961), 178—181.

Lehmann, Heinz: Die Bedeutung Nehrus. — In: Außenpolitik 7 (1956), 564—572.

Lehmann, Heinz: Nehru. Baumeister des neuen Indien. — Göttingen: Musterschmidt (1965). 108 S.
(*Persönlichkeit und Geschichte. 38.*)

Lehndorff, Hans Graf von: Ein Bericht aus Ost- und Westpreußen 1945—1947. Aufzeichnungen. — (Düsseldorf 1960: Oskar-Leiner-Dr.) 255 S.
(*Dokumentation der Vertreibung der Deutschen aus Ost-Mitteleuropa. Beih. 3.*)

Lehndorff, Hans Graf von: Die Insterburger Jahre. Mein Weg zur Bekennenden Kirche. — München: Biederstein-Verl. (1971). 99 S.

Leiber, Robert: Pius XII. † — In: Stimmen d. Zeit 163 (1958/59), 81—100.

Leiber, Robert: Pius XII. und die Juden in Rom 1943—1944. — In: Stimmen d. Zeit 167 (1960/61), 428—436.

Leibholz, Sabine: Eugen Rosenstock-Huessy und Dietrich Bonhoeffer, zwei Zeugen der Wende in unserer Zeit. — In: Universitas 21 (1966), 413—422.

Leichter, Otto: Otto Bauer. Tragödie oder Triumph. — Frankfurt a. M.: Europa Verl. (1970). 395 S.

Leip, Hans: Des Kaisers Reeder. Eine Albert Ballin-Biographie. — München: Kindler (1956). 333 S.

Leithäuser, Joachim G[ustav]: Das Jahr 1933 in Wilhelm Leuschners Tagebuch. — In: Gewerksch. Monatsh. 12 (1961), 607—610.

Leithäuser, Joachim G[ustav]: Wilhelm Leuschner. Ein Leben f. d. Republik. — Köln: Bund-Verl. (1962). 264 S.

Leitner, Isabella: Fragments of Isabella. A memoir of Auschwitz. — New York: Crowell 1978. 120 S.

Leitner, Thea und Franz Kreuzer: Das Buch von Doktor Schärf. — Wien: Verl. d. Wiener Volksbuchh. 1957. 192 S.

Lemmer, Ernst: Manches war doch anders. Erinnerungen eines deutschen Demokraten. — Frankfurt a.M.: Scheffler (1968). 397 S.

Lendvai, Paul [u.] Karl Heinz Ritschel: [Bruno] Kreisky. Porträt eines Staatsmannes. — Düsseldorf: Econ-Verl. 1972. 35, 142 S.

Lenin, [Vladimir Il'ič]: Unbekannte Briefe. 1912—1914. Hrsg. von Leonhard Haas. — (Köln): Benzinger (1967). 156 S.

Lenk, Kurt: Ernst Bloch und der SED-Revisionismus. — In: Moderne Welt 5 (1964/65), 13—21.

Lenman, Robin: Julius Streicher and the origins of the NSDAP in Nuremberg, 1918–1923. – In: German democracy and the triumph of Hitler, London: Allen & Unwin (1971), 129–159.

Lenné, Raphael: Charles de Gaulle, der Erleuchtete. — München: Rütten & Loening (1965). 270 S.

Lennert, Rudolf: Dolmetscher im Gefangenenlager. — In: Mitt. Inst. Auslandsbez. 9 (1959), 186—193.

Lenz, Friedrich: Zauber um Dr. Schacht. — (Heidelberg: Selbstverl. d. Verf. 1954.) 155 S.

Leonard, Roger: Quatre ans en Algérie (Avril 1951—février 1955). — Alger: Impr. Officielle 1955. 154 S.

Leonhard, Susanne: Gestohlenes Leben. Schicksal einer politischen Emigrantin in der Sowjetunion. — Frankfurt: Europ. Verl. Anst. 1956. 844 S.

Leonhard, Wolfgang: Nikita Sergejewitsch Chruschtschow. Aufstieg und Fall eines Sowjetführers. — Luzern, Frankfurt a. M.: Bucher (1965). 191 S.
(Die Zeitgeschichte im Bild.)

Leonhard, Wolfgang: Die Revolution entläßt ihre Kinder. — Köln, Berlin: Kiepenhauer & Witsch (1955). 557 S.

Leonhardt, Fritz Hermann: Aristide Briand und seine Deutschlandpolitik. — o. O. 1951. 101 gez. Bl. [Maschinenschr.]
Heidelberg, phil. Diss. 11. Oktober 1951.

Leoni, D.: Luigi Einaudi e la scienza del governo. — In: Politico 29 (1964), 69—88.

Léopold III. [König der Belgier]: [Teils.] Ecrits et discours. Réunis et classés par R. J. Meire. — Anvers: Sheed & Ward 1956. 90 S.

Leopold, John A.: Alfred Hugenberg. The radical nationalist campaign against the Weimar Republic. – London: Yale University Press 1978. XVI, 298 S.

Leppa, Konrad: Generalfeldmarschall Walter Model. Von Genthin bis vor Moskaus Tore. — Nürnberg: Prinz-Eugen-Verl. [um 1963]. 172 S.

Lepre, Aurelio: Antonio Gramsci e la questione del potere (1919—1920). — In: Movim. Liberaz. Italia 1968, H. 90, 47—63.

LeQuang, Gérard: [Vo-nguyen-]Giap, General der Revolution (Giap ou la guerre du peuple, dt.) (Dtsch. von Guy Walter.) – Wiesbaden: Limes-Verl. 1973. 223 S.

Lerner, Warren: Karl Radek. The last internationalist. — Stanford, Calif.: Stanford University Press 1970. X, 240 S.

Lesser, Jonas: Thomas Mann in der Epoche seiner Vollendung. — München: Desch 1952. 540 S.

The Roosevelt **letters.** Being the personal correspondence of Franklin Delano Roosevelt. — London: Harrap. 3. 1928—1945. With a foreword by Eleanor Roosevelt. Edited by Elliott Roosevelt, assisted by J. P. Lash (1952). 540 S.

Lettow-Vorbeck, Paul von: Mein Leben. Hrsg. von Ursula von Lettow-Vorbeck. — Biberach: Koehler (1957). 288 S.

Leuchtenburg, William E.: Franklin D. Roosevelt and the New Deal, 1932—1940. — New York: Harper & Row 1963. 393 S.

Leutelt, Helmut: Menschen in Menschenhand. Bericht aus Sibirien. — München: List (1958). 323 S.

Levi, Paul: Zwischen Spartakus und Sozialdemokratie. Schriften, Aufsätze, Reden und Briefe. Hrsg. u. eingel. von Charlotte Beradt. — Frankfurt a.M.: Europ. Verl. Anst. (1969). 335 S.
(Politische Texte.)

Levin, N. Gordon: Woodrow Wilson and world politics. Americas response to war and revolution. — New York: Oxford University Press 1968. XII, 340 S.

Levine, Herbert S.: A Jewish collaborator in Nazi Germany. The strange career of Georg Kareski, 1933–37. – In: Centr. Europ. Hist. 9 (1976), 251–281.

Levine, Herbert S.: The mediator. Carl J. Burckhardt's efforts to avert a second world war. – In: J. mod. Hist. 45 (1973), 439–455.

Levine, Norman: Gerhard Ritter's Weltanschauung. — In: Rev. Politics 30 (1968), 209—227.

Leviné-Meyer, Rosa: Inside German communism. Memoirs of party life in the Weimar Republic. Ed. and introd. by David Zane Mairowitz. – (London:) Pluto Press (1977). 222 S.

Lewin, Moshé: Le dernier combat de Lénine. — Paris: Minuit 1967. 173 S.
(Grand documents. 29.)

Lewin, Ronald: Sir Basil Liddell Hart. The captain who taught generals. — In: Internat. Aff. 47 (1971), 79—86.

Lewin, Ronald: Rommel (Rommel as military commander, dt.) (Aus d. Engl. übertr. von Hans Jürgen Baron von Koskull.) — Stuttgart: Kohlhammer (1969). 316 S.

Lewis, Beth Irwin: George Grosz. Art and politics in the Weimar Republic. — London: University of Wisconsin Press 1971. XVII, 328 S.

Lewis, David L.: [Martin Luther King]. A critical biography. — New York: Praeger 1970. 460 S.

Lewis, Flora: Bauer im roten Spiel (Red pawn, dt.) Das Leben des Noel H. Field. (Aus d. Amerikan. übertr. von Gitta Bauer.) — (Berlin:) Ullstein (1965). 226 S.

Lewis, Piera R.: Alcide De Gasperi. — Torino: S.E.I. 1970. 161 S.

Lewis, Russell: Margaret Thatcher. A personal and political biography. - London: Routledge & Kegan Paul (1975). XI, 164 S.

Ley, Karl: Aufstand gegen den Kaiser. Weg eines Wahrheitsfanatikers und Kriegsdienstverweigerers unter Wilhelm II. - Siegen-Volnsberg: Rabenhain-Verl. (1974). 259 S.

Ley, Karl: Wir glauben Ihnen. Tagebuchaufzeichnungen und Erinnerungen eines Lehrers aus dunkler Zeit. - Siegen-Volnsberg: Rabenhain-Verl. (1973). 271 S.

Leyen, Ferdinand Prinz von der: Rückblick zum Mauerwald. 4 Kriegsjahre im OKH. — München: Biederstein Verl. (1965). 183 S.

L'Huillier, F.: Joachim von Ribbentrop. — In: Rev. Hist. deux. Guerre mond. 6 (1956), H. 22, 1—9.

Hitlers private library. — In: Wiener Libr. Bull. 7 (1953), 16.

Lichtervelde, Louis Comte de: Notice sur [le] Comte Carton de Wiart. — Bruxelles: Palais des Académies 1956. 62 S.

Lichtervelde, Louis Comte de: Pensées politiques du Dr. Salazar. — In: Bull. Académie Royale de Belgique, Classe des Lettres et des Sciences Morales et Politiques 43 (1957), H. 5, 30—43.

Lichtheim, Richard: Rückkehr. Lebenserinnerungen aus der Frühzeit des deutschen Zionismus. — Stuttgart: Dtsch. Verl.- Anst. (1970). 387 S.
(Veröffentlichungen des Leo-Baeck-Instituts.)

Liddell Hart, B(asil) H[enry Sir]: Lebenserinnerungen (The memoirs of Captain Liddell Hart, dt.) (Übertr. aus d. Engl. von Leo Frhr. Geyr v. Schweppenburg.) — Düsseldorf: Econ-Verl. (1966). 495 S.

(Liddell Hart, Basil Henry:) The memoirs of Captain (B[asil] H[enry]) Liddell Hart. Vol. 1.2. — London: Cassell (1965).
  1. 433 S.
  2. 334 S.

Lie, Trygve: In the cause of peace. Seven years with the United Nations.— New York: Macmillan 1954. XIII, 473 S.

Lie, Trygve: Hjemover. — Oslo: Tiden Norsk Forlag 1958. 230 S.

Lie, Trygve: Med England i ildlinjen 1940—1942. — Oslo: Tiden Norsk Forlag 1956. 341 S.

Lie, Trygve: Syv år for freden [dän.] (Erindringer.) (Overs. fra Norsk af Flemming Madsen.) — København: Branner og Korch 1954. 350 S.

Liebermann, Franz: Klement Gottwald — Triumphator auf Widerruf. — In: Dtsch. Rdsch. 79 (1953), 124—127.

Liebeschütz, Hans: Treitschke and Mommsen on Jewry and Judaism. — In: Year Book, Leo Baeck Inst. 7 (1962), 153—182.

Liebfeld, Alfred: Churchill. — Warszawa: Czytelnik 1971. 720 S.

Liebknecht, Karl: Ausgewählte Reden und Schriften [Teilsamml.] Hrsg. u. eingel. von Helmut Böhme. — Frankfurt a. M.: Europ. Verl. Anst.
  1. (1969). XXVI, 318 S.

Liebknecht, Karl: Gesammelte Reden und Schriften. — Berlin: Dietz.
  1. September 1900 bis Februar 1907. Mit einem Vorwort von Wilhelm Pieck. 1958. 68, 492 S.
  2. Februar 1907 bis Februar 1910. 1960. 19, 512 S.
(Institut für Marxismus-Leninismus beim ZK der SED.)

Liebknecht, Karl: Gesammelte Reden und Schriften [Teilsamml.] — Berlin: Dietz.
  3. Februar bis Dezember 1910. 1960. 12, 540 S.
  4. Januar 1911 bis Februar 1912. 1961. 15, 528 S.
  5. Februar bis Dezember 1912. 1963. 21, 506 S.
  6. Januar bis Dezember 1913. 1964. 17, 441 S.
  8. August 1914 bis April 1916. 1966. 29, 655 S.
  9. Mai 1916 bis 15. Januar 1919. 1968. 46, 734 S.

Liebknecht, Karl: Gesammelte Reden und Schriften. — Berlin: Dietz.
  7. Januar bis August 1914. 1971. 24, 460 S.

Liebknecht, Wilhelm: Briefwechsel mit Karl Marx und Friedrich Engels. Hrsg. u. bearb. von Georg Eckert. — The Hague: Mouton 1963. 509 S.
(Quellen und Untersuchungen zur Geschichte der deutschen und österreichischen Arbeiterbewegung. 5.)

Liebknecht, Wilhelm: Briefwechsel mit deutschen Sozialdemokraten. Hrsg. u. bearb. von Georg Eckert. - Assen: van Gorcum.
  1. 1862–1878. 1973. III, 908 S.

Liebknecht, Wilhelm: Kleine politische Schriften. (Hrsg. von Wolfgang Schröder.) - Frankfurt a. M.: Röderberg 1976. 410 S.
(Röderberg-Taschenbuch. 42.)

The life and times of King George VI. (1895—1952). — London: Odhams (1952). 159 S.

Lilje, Hanns: Memorabilia. Schwerpunkte eines Lebens. - (Stein/Nürnberg:) Laetare Verl. 1973. 255 S.

Lincoln, Charles: Auf Befehl der Militärregierung. (Dtsch. Übers.: Hans u. Elsbeth Berlin.) — (München:) Moderne Verl. Ges. (1965). 293 S.

Lindbergh, Charles A.: Kriegstagebuch 1938—1945 (The war-time journals of Charles A. Lindbergh, dt.) (Aus d. Amerikan. übertr. von Hansheinz Werner.) — München: Molden 1972. 560 S.

Lindemann, Helmut: Konrad Adenauer. — (München, Bern, Wien: Scherz 1965.) 40 S.
(Archiv d. Zeitgeschichte.)

Lindemann, Helmut: Gustav [Walter] Heinemann. Ein Leben für die Demokratie. — München: Kösel (1978). 294 S.

Linden, Carl A.: Khrushchev [Chruschtschow] and the Soviet leadership, 1957—1964. — Baltimore: Johns Hopkins Press 1966. X, 270 S.

Linder, Christian: [Heinrich] Böll. — (Reinbek b. Hamburg:) Rowohlt (1978). 224 S.
(Das neue Buch. 109.)

Lindgren, Henrik: Adam von Trotts Reisen nach Schweden 1942—1944. E. Beitr. zur Frage d. Auslandsverbindungen d. dtsch. Widerstandes. — In: Vjh. Zeitgesch. 18 (1970), 274—291.

Lindley, Ernest K. [Ed.]: The winds of freedom. Selections from the speeches and statements of secretary of state Dean Rusk, january 1961—august 1962. — Boston: Beacon Press 1963. 363 S.

Lindskog, Claes: Ivar Kreuger, en svensk stormaktsdröm. — Stockholm: Askild & Kärnekull 1970. 176 S.

Lingens, Ella: Eine Frau im Konzentrationslager. — Frankfurt a.M.: Europa-Verl. (1966). 44 S.
(Monographien zur Zeitgeschichte.)

Link, Arthur S.: Wilson. — Princeton, N. J.: Princeton University Press.
  1. The road to the White House. 1947. XIII, 570 S.
  2. The new freedom. 1956. IX, 504 S.

Link, Arthur S.: Wilson. — Princeton, N.J.: Princeton University Press.
  3. The struggle for neutrality 1914—1915. 1960. X, 736 S.

Link, Arthur S.: Wilson. — Princeton, N. J.: Princeton University Press.
  4. Confusions and crises. 1915—1916. 1964. IX, 386 S.

Link, Arthur S.: Wilson. — Princeton, N. J.: Princeton University Press.
  5. Campaigns for progressivism and peace. 1916—1917. 1965. X, 464 S.

Link, Arthur S.: Wilson the diplomatist. A look at his major foreign policies. — Baltimore: Johns Hopkins Press 1957. XIV, 166 S.

Link, Arthur S.: President Wilson and his English critics. An inaugural lecture delivered before the University of Oxford on 13 May 1959. — London: Oxford University Press 1959. 22 S.

Link, Arthur S.: Woodrow Wilson and the Democratic Party. — In: Rev. Politics 18 (1956), 146—156.

Link-Salinger, Ruth: Gustav Landauer. Philosopher of Utopia. Ed. by Arthur Hyman. — Indianapolis: Hackett 1977. X, 171 S.

Lippe, Viktor Freiherr von der: Wider die politische Justiz. — In: Pol. Lit. 2 (1953), 358—360.

Lipper, Elinor: Eleven years in Soviet prison camps. — Chicago: Regnery 1951. 310 S.

Lippert, Julius: Lächle... und verbirg die Tränen. Erlebnisse und Bemerkungen eines deutschen „Kriegsverbrechers". — Leoni a. Starnberger See: Druffel-V. (1955). 222 S.

Lippmann, Heinz: Honecker. Porträt eines Nachfolgers. — Köln: Verl. Wissenschaft u. Politik 1971. 271 S.

Lippmann, Leo: Mein Leben und meine amtliche Tätigkeit. Erinnerungen und ein Beitrag zur Finanzgeschichte Hamburgs. Aus dem Nachlaß hrsg. von Werner Jochmann. — (Hamburg:) Christians (1964). XXXV, 720 S.
(Veröffentlichungen des Vereins für Hamburgische Geschichte. 19.)

Lippman, Theo: Senator Ted [Edward] Kennedy. The career behind the image. — New York: Norton (1976). XI, 296 S.

Lissner, Ivar: Vergessen, aber nicht vergeben. Erinnerungen. Aus d. Engl. von Fritz Maurer. — (Frankfurt a.M.:) Ullstein (1970). 340 S.

Littera Judaica. In memoriam Edwin Guggenheim. Ed.: Paul Jacob u. Ernst Ludwig Ehrlich. — [Frankfurt a. M.:] Europ. Verl. Anst. [1964]. 308 S.
(Bibliotheca Judaica.)

Litvinoff, Barnet: (David) Ben-Gurion of Israel. — London: Weidenfeld & Nicolson 1954. XII, 273 S.

Litvinoff, Barnet: The story of David Ben-Gurion. — New York: Oceana 1960. 160 S.

Litvinoff, Barnet: [Chaim] Weizmann. Last of the patriarchs. — New York: Putnam 1976. 288 S.

Litvinov, Maxim: Notes for a journal. Introduction by E. H. Carr. — London: Deutsch 1954. 303 S.

Livermoore, Seward: Politics in adjourned. Woodrow Wilson and the war congress, 1916—1918. — Middletown, Con.: Wesleyan University Press 1966. 324 S.

Lizzadri, Oreste: Il regno di Badoglio. — Milano: Avanti 1963. 185 S.

Lloyd, Alan: Franco. — London: Longmans 1970. 256 S.

Lloyd George, Earl Richard: My father Lloyd George. — New York: Crown 1961. 248 S.

Lobkowicz, Nikolaus: Karl Marx 1966. Ein großer Denker und die Genesis der Ideologien. — In: Wort u. Wahrheit 21 (1966), 409—425.

Loch, Theo M.: Walter Hallstein. Ein Porträt. — Freudenstadt: Lutzeyer (1969). 72 S.
(Persönlichkeiten der europäischen Integration. 4.)

Lochner, Louis Paul: Herbert Hoover and Germany. — New York: Macmillan 1960. VII, 244 S.

Lochner, Louis P[aul]: Stets das Unerwartete (Always the unexpected, dt.). Erinnerungen aus Deutschland 1921—1953. Dt. Übersetzung u. Bearbeitung durch Günther Birkenfeld. — Darmstadt: Schneekluth 1955. 383 S.

Lockhart, Bruce: Jan Masaryk. A personal memoir. — New York: Philosophical Library 1951. 80 S.

[**Lockhart,** Robert Bruce:] The diaries of Sir Robert Bruce Lockhart. Ed. by Kenneth Young. — New York: St. Martin's Press.
  1. 1915–1938. 1975. 436 S.

Lockhart, Sir Robert Bruce: My Europe. – London: Putnam 1952. 273 S.
Dtsch. Ausg. u. d. T.: Mich rief Europa. Begegnungen auf dem Kontinent. — Stuttgart: Dtsch. Verl.-Anstalt 1953. 322 S.

Lockhart, Sir Robert Hamilton Bruce: Friends, foes and foreigners. – London: Putnam 1957. 286 S.

Lockwood, Lee: Conversation with Eldridge Cleaver. — London: Jonathan Cape 1971. 129 S.

Lodge, Henry Cabot: As it was. An inside view of politics and power in the '50s and '60s. – New York: Norton 1976. 224 S.

Lodge, Henry Cabot: The storm has many eyes. A personal narrative. – New York: Norton 1973. 272 S.

Rudolf **Lodgman** von Auen — 77 Jahre. — In: Europ. Osten 1954, 170.

Löbe, Paul: Der Weg war lang. Lebenserinnerungen. 2. veränd. u. erw. Aufl. — Berlin-Grunewald: Arani-V. 1954. 302 S.

Lönne, Karl-Egon: Benedetto Croce als Kritiker seiner Zeit. — Tübingen: Niemeyer 1967. X, 400 S.
(Bibliothek des Deutschen Historischen Instituts in Rom. 28.)
Diss., München.

Loerke, Oskar: Tagebücher 1903—1939. Hrsg. von Hermann Kasack. — Heidelberg u. Darmstadt: Lambert Schneider 1955. 376 S.
(Veröffentlichungen der Deutschen Akademie für Sprache und Dichtung. 5.)

Lösener, Albrecht: Grundzüge von Bismarcks Staatsauffassung. — Bonn: Bouvier 1962. 160 S.
(Schriften zur Rechtslehre und Politik. 39.)

Loewenberg, Peter: The unsuccessful adolescence of Heinrich Himmler. – In: Amer. hist. Rev. 76 (1971/72), 612-641.

Löwenstein, Hubertus Prinz zu: Botschafter ohne Auftrag. Lebensbericht. — Düsseldorf: Droste 1972. 331 S.

Löwenstein, Hubertus Prinz zu: Stresemann. Das deutsche Schicksal im Spiegel seines Lebens. — Frankfurt a. M.: Scheffler [1952]. 340 S.

Löwenstein, Julius I.: Max Webers verborgene Geschichtsphilosophie. – In: Jb. Inst. dtsch. Gesch. 6 (1977), 337-384.

Kurt **Löwenstein.** Leben und Leistung. — Berlin: Arani-V. (1957). 41 S.
(Köpfe der Zeit.)

Löwenstein, Kurt: Sozialismus und Erziehung. Eine Auswahl aus den Schriften 1919-1933. Neu hrsg. von Ferdinand Brandecker und Hildegard Feidel-Mertz. — Bonn-Bad Godesberg: Dietz (1976). 446 S.
(Internationale Bibliothek. 91.)

Löwenstein, Kurt: „Staatsmann ohne Staat". Zu Nahum Goldmanns Autobiographie. — In: Tribüne 9 (1970), 3947—3952.

Löwenthal, Fritz: Wjatscheslaw Michajlowitsch Molotow. — In: Ostprobleme 6 (1954), 1218—1219.

Löwenthal, Richard: Chruschtschow und der Weltkommunismus. — Stuttgart: Kohlhammer 1963. 245 S.
(Politische Paperbacks bei Kohlhammer.)

Loewenthal, Richard: Stalins Vermächtnis. Zur Interpretation seiner letzten Schrift. — In: Monat 5 (1952/53), T. 2, 16—25.

Logue, William: Léon Blum. The formative years, 1872-1914. – DeKalb: Northern Illinois University Press 1973. 345 S.

Loh, Pichon P. Y.: The early Chiang Kai-shek [Tschiang Kai-schek]. A study of his personality and politics, 1887-1924. – New York: Columbia University Press 1971. 216 S.

Lohe, Eilert: Heinrich Brüning. Offizier, Staatsmann, Gelehrter. — Göttingen: Musterschmidt (1969). 97 S.
(Persönlichkeit und Geschichte. 51.)

Lohmeier, Georg: Joseph Baumgartner. Biographie eines bayerischen Patrioten aus Sulzemoos. - (München:) Süddtsch. Verl. (1974). 203 S.

Lombardini, Gabriele: De Gasperi e i cattolici. — Milano: Communità 1962. 152 S.

Long, Gavin: MacArthur as military commander. — Princeton, N. J.: Van Nostrand 1969. XII, 243 S.
(Military Commander Series.)

Looper, R. B.: Roosevelt and the British Empire. — In: Occidente 12 (1956), 348—363 und 424—436.

Loose, Gerhard: Ernst Jünger. Gestalt und Werk. — Frankfurt a. M.: Klostermann (1957). 380 S.

López Calera, N. M.: Filosofía de la negación y crítica social en Herbert Marcuse. — In: Rev. Estud. polít. 167 (1969), 69—101.

Lorant, Stefan: F. D. Roosevelt. A pictorial biography. — New York: Simon & Schuster 1950. 159 S.

Lorenz, Günter W[olfgang]: Federico García Lorca. — (Karlsruhe:) Stahlberg (1961). 306 S.

Lorenz, Reinhold: Kaiser Karl und der Untergang der Donaumonarchie. — Graz, Wien, Köln: Styria (1959). XXIV, 692 S.

Lorit, Sergio C.: Luther King, il sogno finito della non violenza? — Roma: Città Nuova Ed. 1969. 156 S.

Lorit, Sergio C.: Maximilian Kolbe. Chronik der letzten Tage [dt.] (Ins Dtsch. übertr. von Christina Garbe.) - Aschaffenburg: Pattloch 1974. 121 S.

Lotz, Kurt: Lebenserfahrungen. Worüber man in Wirtschaft und Politik auch sprechen sollte. – Düsseldorf: Econ Verl. (1978). 398 S.

Loucheur, Louis: Carnets secrets 1908—1932. Présentés et annotés par Jacques de Launay. — Bruxelles, Paris: Brepols (1962). 189 S.
(Dossiers secrets de l'histoire.)

Lougee, Robert W.: Paul de Lagarde as critic. A romantic protest in an age of realism. — In: J. Centr. Europ. Aff. 13 (1953/54), 232—245.

Louis-Antériou, Jacques und Jean-Jacques Baron: Edouard Herriot au service de la république. — Paris: Ed. du Dauphin 1957. 223 S.

Lowczowski, G.: Jeszcze o wypadku lotniczym gen. Sikorskiego. — In: Kultura 1958, H. 131, 125—131.

Lowy, Michael: The marxism of Che Guevara. Philosophy, economics and revolutionary warfare. – New York: Monthly Rev. Press. 1973. 128 S.

Lucas, Friedrich J.: Hindenburg als Reichspräsident. — Bonn: Röhrscheid 1959. 157 S.
(Bonner Historische Forschungen. 14.)

Luchtenberg, Paul: Wandlung und Auftrag liberaler Kulturpolitik. Reden und Aufsätze. (Hrsg.: Friedrich-Naumann-Stiftung Bonn.) — (Bonn 1960: Bonner Zeitungsdruckerei u. Verl. Anst.) 245 S.

Luciolli, Mario: Palazzo Chigi. Anni roventi. Ricordi di vita diplomatica italiana dal 1933 al 1948. – (Milano:) Rusconi (1976). 243 S.
(La storia da vicino.)

Luckemeyer, Ludwig: Ludwig Haas als Reichstagsabgeordneter der FVP und der DDP. Zum 100. Geburtstag des bedeutenden Staatsmannes der Weimarer Republik. — In: Kritische Solidarität, Bremen 1971, 119—174.

Ludendorff, (Erich): Vom Feldherrn zum Weltrevolutionär und Wegbereiter deutscher Volksschöpfung. — Pähl i. Obb.: Verl. Hohe Warte.
  1. Meine Lebenserinnerungen von 1919 bis 1925. Ungekürzte Ausgabe. Mit allen 1940 unterdrückten Textstellen. 1955. 424 S.
  2. Meine Lebenserinnerungen von 1926 bis 1933. (3. Aufl.) (1952). 392 S.
  3. Meine Lebenserinnerungen von 1933 bis 1937. 1955. 277 S.

Ludendorff, Mathilde: Mein Leben. Bd. 3 (1917—1922). — Pähl i. Obb.: Verl. Hohe Warte 1953. 227 S.

Ludlow, Peter W.: Bischof Berggrav zum deutschen Kirchenkampf. — In: Zur Geschichte des Kirchenkampfes Bd 2, Göttingen: Vandenhoeck & Ruprecht 1971, 221—258.

Ludwig, Emil: Hindenburg. Legende u. Wirklichkeit. — Hamburg: Rütten & Loening (1962). 287 S.

Ludwig, Hartmut: Karl Barths Dienst der Versöhnung. Zur Geschichte des Stuttgarter Schuldbekenntnisses. — In: Zur Geschichte des Kirchenkampfes, Bd 2, Göttingen: Vandenhoeck & Ruprecht 1971, 265—326.

Ludwig, Karl-Heinz: Bertolt Brecht. Tätigkeit und Rezeption. Von der Rückkehr aus dem Exil bis zur Gründung der DDR. – Kronberg/Ts.: Scriptor Verl. 1976. 114 S.
(Monographien Literaturwissenschaft. 31.)

Lückenhaus, Alfred: Mao Tse-tung. — Berlin: Colloquium-V. (1958). 94 S.

Lückenhaus, Alfred: Von draußen gesehen. Bericht eines deutschen Auslandskorrespondenten aus Großbritannien, den Vereinigten Staaten von Amerika, Japan, China 1924 bis 1945. — Düsseldorf: Kämmerer 1955. 295 S.

Lüders, Marie-Elisabeth: Fürchte dich nicht. Persönliches und Politisches aus mehr als 80 Jahren, 1878–1962. – Köln u. Opladen: Westdt. Verl. (1963). 247 S.

Lüders, Martin: Der Soldat und das Reich. Paul von Hindenburg. Generalfeldmarschall und Reichspräsident. — Leoni a. Starnb. See: Druffel-Verl. (1961). 255 S.

Lueg, Ernst Dieter: Kurt Gscheidle. – Bornheim: Zirngibl 1976. 95 S.
(Gefragt.)

Lühe, Irmgard von der: Elisabeth von Thadden. Ein Schicksal unserer Zeit. — (Düsseldorf:) Diederichs (1966). 291 S.

Lütge, Klaus: Die Politik des Reichskanzlers Max von Baden. — Kiel 1953. III, 253 gez. Bl. [Maschinenschr.]
Kiel, phil. Diss. 17. Juli 1953.

Lüth, Erich: Max Brauer. Glasbläser, Bürgermeister, Staatsmann. — Hamburg: Christians 1972. 147 S.
(Veröffentlichung der Lichtwark-Stiftung. 15.)

Lüth, Erich: Erinnerung an Friedrich Wield. Ansprache am 14. April 1976 zur Eröffnung der Wield-Gedächtnis-Ausstellung im Kunsthaus Hamburg. – o.O. [1976]. 4 ungez. S.

Lüth, Erich: Bürgermeister Carl Petersen, 1868—1933. — Hamburg: Christians 1971. 147 S.
(Vorträge und Aufsätze. Verein für Hamburgische Geschichte. 18.)

Lüthy, Herbert: Frankreich persönlich? Zu den Memoiren des Generals Charles de Gaulle. — In: Monat 9 (1956/57), H. 98, 11—22.

Lüthy, Herbert: Der Führer persönlich [Hitler]. Gedanken beim Lesen zweier Biographien. — In: Monat 6 (1953/54), T. 1, 149—161.

Lukács, Georg: Lenin. Studie über den Zusammenhang seiner Gedanken. — (Neuwied:) Luchterhand (1967). 99 S.
(Soziologische Essays.)

Lukács, Georg: Taktik und Ethik. Politische Aufsätze. Hrsg. von Jörg Kammler [u.] Frank Benseler. – Darmstadt: Luchterhand.
  1. 1918–1920. 1975. 296 S.
  (Sammlung Luchterhand. 39.)

Lukasiewicz, Juliusz: Diplomat in Paris, 1936—1939. Papers and memoirs of the ambassador of Poland. Ed. by Wacław Jędrzejewicz. — New York: Columbia University Press 1970. XXVI, 408 S.

Luke, Sir Harry: Cities and men: an autobiography. Vol. II: Aegean, Cyprus, Turkey, Transcaucasia and Palestine (1914—1924). — London: Bles 1953. 262 S.

Lukes, Steven: Emile Durkheim. His life and work. A historical and critical study. – London: Allen Lane 1973. XI, 676 S.

Lukomski, Jess M.: Ludwig Erhard [dt.] Der Mensch und Politiker. (Aus d. Amerikan. übertr. von Eva Bornemann.) — Düsseldorf, Wien: Econ Verl. (1965). 327 S.

Luna, Giovanni de: Benito Mussolini in Selbstzeugnissen und Bilddokumenten. (Die Übersetzung einschließlich aller Mussolini-Zitate und die Anmerkungen besorgte Frau Liselotte Giannachi-Mangels.) – Reinbek b. Hamburg: Rowohlt 1978. 157 S.
(Rowohlts Monographien. 270.)

Lunn, Eugene: Prophet of community. The romantic socialism of Gustav Landauer. – Berkeley: University of California Press 1973. X, 438 S.

Luppe, Hermann: Mein Leben. In Zusammenarbeit mit Mella Heinsen-Luppe aus dem Nachlaß hrsg. vom Stadtarchiv Nürnberg. – Nürnberg: Selbstverl. d. Stadtrats 1977. XIV, 371 S.
(Quellen zur Geschichte und Kultur der Stadt Nürnberg. 10.)

Luther, Hans: Vor dem Abgrund. 1930–1933. Reichsbankpräsident in Krisenzeiten. Einf. von Edgar Salin. — Berlin: Propyläen-Verl. (1964). 316 S.

Luther, Hans: Zur Erinnerung an Aristide Briand. — In: Schweiz. Monatsh. 32 (1952/53), 3—10.

Luther, Hans: Erinnerungen an Gustav Stresemann. — In: Schweiz. Monatsh. 34 (1954/55), 426—432.

Luther, Hans: Politiker ohne Partei. Erinnerungen. (Hrsg. im Einvernehmen mit der List Gesellschaft e. V.) — Stuttgart: Dtsch. Verl. Anst. (1960). 437 S.

Luthuli, Albert: Let my people go. An autobiography. — London: Collins 1962. 255 S.

Luttwak, Edward N. [u.] Walter Laqueur: [Henry] Kissinger & the Yom Kippur War. - In: Commentary 58 (1974), H. 3, 33—40.

Lutz, Hermann F.: Robert Schuman. Ein Portrait. — Freudenstadt: Europabuch-Verl. Lutzeyer 1968. 70 S.
(Persönlichkeiten der Europäischen Integration. 3.)

Lutz, Ralph H.: Rosa Luxemburg's unpublished prison letters 1916—1918. — In: J. Centr. Europ. Aff. 23 (1963/1964), 303—312.

Luxburg, Karl Graf: Nachdenkliche Erinnerungen. — Schloß Achbach a. Saale: Selbstverl. 1953. 185 S.

Luxemburg, Rosa: Politische Schriften [Teilsamml.] Hrsg. u. eingel. von Ossip K[urt] Flechtheim. — Frankfurt a. M.: Europ. Verl. Anst.
1. (1966.) 227 S.
2. (1966.) 208 S.
(Politische Texte.)

Luxemburg, Rosa: Politische Schriften [Teilsamml.] Hrsg. u. eingel. von Ossip K[urt] Flechtheim. — Frankfurt a.M.: Europ. Verl. Anst.
3. (1968.) 156 S.
(Politische Texte.)

Maréchal [Louis Hubert Gonzalve] **Lyautey.** Du rôle social de l'officier. 60 ans d'actualité 1891—1951. — Paris: Julliard (1953). 112 S.

Lyautey, Pierre [Ed.]: Lyautey l' Africain. Textes et lettres du maréchal Lyautey. Vol. 4: 1919—1925. — Paris: Plon 1957. 385 S.

Lyons, Eugene: Herbert Hoover. — Garden City: Doubleday 1964. 444 S.

Maassen, Hermann u. Elmar Hucko: Thomas Dehler, der erste Bundesminister der Justiz. Mit e. Geleitw. von Hans-Jochen Vogel. - Köln: Bundesanzeiger Verlagsges. (1977). 143 S.

MacArthur, Douglas: Reminiscences. — (New York: McGraw-Hill 1965.) 496 S.

McBride, Will: Adenauer. Ein Portrait. Text: Hans-Werner Graf Finck von Finckenstein. — (Starnberg: Keller 1965.) 119 S.

McCagg, William O.: [Josif Vissarionovič] Stalin embattled, 1943–1948. - Detroit: Wayne State University Press 1978. 423 S.

McCann, Kevin: Vom Pentagon zur Politik (Man from Abilene, dt.). Dwight D. Eisenhowers Weg. Übertr.: Johannes Strelitz. 2. Aufl. — (Frankfurt a. M.:) Verl. d. Frankf. Hefte (1952). 271 S.

McCarthy, J[oseph Raymond]: McCarthyism, the figth for America. — New York: Devin-Adair. 1952. 101 S.

McCarthy, Joseph R.: America's retreat from victory. The story of George Catlett Marshall. — New York: Devin-Adair 1952. 187 S.

McCearney, James: [Charles] Maurras et son temps. - (Paris:) Michel (1977). 294 S.

MacClendon, R. Earl: James V. Forrestal. Der erste amerikanische Verteidigungsminister. — In: Marine-Rdsch. 57 (1960), 214—223.

McCormick, Anne O'Hare: Vatican journal 1921—1954. Ed. by Marion T. Sheehan. — New York: Farrar, Straus & Cudahy 1957. 255 S.

McCormick, Donald: The mask of Merlin. A critical biography of David Lloyd George. — New York: Holt, Rinehart & Winston 1964. 343 S.

McCrystal, Cal: Diktator im zweiten Glied. Edgar Hoover, Chef des FBI. — In: Monat 22 (1969), H. 256, 67—75.

McCune, Wesley: Ezra Taft Benson. Man with a mission. — Washington: Public Affairs Press 1958. 123 S.

McDonald, James G.: My mission in Israel 1948—1951. — New York: Simon & Schuster 1951. X, 304 S.

McDowell, Edwin: Barry Goldwater. Portrait of an Arizonan. — Chicago: Regnery 1964. 269 S.

Maček, Vladko: In the struggle for freedom. — New York: Speller 1958. 280 S.

McGill, Barry: Asquith's predicament, 1914—1918. — In: J. mod. Hist. 39 (1967), 283—303.

McGovern, James: Martin Bormann. — London: Barker (1968). 236 S.

McGregor Burns, James [Ed.]: To heal and to build. The programs of President Lyndon B. Johnson. — New York: McGraw-Hill 1968. 506 S.

Mac Gregor-Hastie, Roy: The day of the lion. The life and death of fascist Italy 1922—1945. — London: Macdonald 1963. IX, 395 S.
Mussolini.

Machovec, Milan: Thomas G. Masaryk [dt.] (Aus d. Tschech. von Wilhelm Zrounek.) Mit e. Nachw. von Friedrich Weigand-Abendroth. — (Graz:) Verl. Styria (1969). 339 S.

MacIntyre, Alasdair [Chalmers]: Herbert Marcuse [dt.] (Aus d. Engl. Übers. von Wolfgang Unterzaucher.) — (München:) Dtsch. Taschenbuch-Verl. (1971). 126 S.
(dtv[-Taschenbücher]. 764.)

McKenna, Marian C.: Borah. — Ann Arbor: University of Michigan Press 1961. 450 S.

McKibbin, R. I.: James Ramsey MacDonald and the problem of the independence of the Labour Party, 1910–1914. – In: J. mod. Hist. 42 (1970), 216–235.

Mackiewicz, Stanisław: Zielone oczy. — Warszawa: Pax 1958. 354 S.
Essays.

McKinley, Silas Bent: Woodrow Wilson. A biography. — New York: Praeger 1957. 284 S.

Macksey, Kenneth: [Heinz] Guderian der Panzergeneral (Guderian Panzergeneral, dt.) Mit e. Nachw. von Heinz G. Guderian, Generalmajor a. D. (Aus d. Engl. von Guy Montag.) – Düsseldorf: Econ-Verl. (1976). 348 S.

McLean, E. B.: Rosa Luxemburg, radical socialist. A reappraisal on the occasion of her death in 1919. — In: Politico 34 (1969), H. 1, 28—45.

Maclean, Fitzroy: Disputed barricade. The life and times of Josip Broz — Tito, Marshal of Jugoslavia. — London: Cape 1957. 480 S.

McLellan, David: Karl Marx, [dt.] Leben und Werk. (Aus d. Engl. von Otto Wilck.) – München: Praeger 1974. 570 S.

McLellan, David: The thought of Karl Marx. An introduction. — London: Macmillan 1971. IX, 237 S.

McLellan, David S.: Dean Acheson. The State Department years. – New York: Dodd, Mead 1976. 466 S.

Macleod, Iain: Neville Chamberlain. — London: Muller 1961. 319 S.

MacMahon, Arthur W.: Woodrow Wilson as a legislative leader and administrator. — In: Amer. Polit. Science Rev. 50 (1956), 641—676.

MacManus, M. J.: Eamon de Valera. A biography. — Dublin: Talbot 1953. 371 S.

Macmillan, Harold: The blast of war. 1939—1945. — London: Macmillan 1967. 765 S.

Macmillan, Harold: Erinnerungen. Aus d. Engl. von Erwin Duncker. Bearb. von Winfried Scharlau. — (Berlin:) Propyläen Verl. (1972). 433 S.
Wurde zusammengestellt aus den 5 Bänden der englischen Originalausgabe.

Macmillan, Harold: The past masters. Politics and politicians, 1906–1939. – London: Macmillan 1975. 240 S.

Macmillan, Harold: [Memoirs]. — London: Macmillan.
[3.] Tides of fortune. 1945—1955. 1969. VIII, 729 S.
[4.] Riding the storm. 1956—1959. 1971. VIII, 786 S.
[5.] Pointing the way. 1959—1961. 1972. VIII, 504 S.

Macmillan, Harold: [Memoirs.] – London: Macmillan.
[6.] At the end of a day, 1961–1963. 1974. VI, 572 S.

Macmillan, Harold: Winds of change. 1914—1939. — London: Macmillan 1966. VI, 664 S.

McNeal, Robert H.: Lenin's attack on Stalin. Review and reappraisal. — In: Amer. Slavic & East Europ. Rev. 18 (1959), 295—314.

Macpherson, Fergus: Kenneth Kaunda of Zambia. The times and the man. – New York: Oxford University Press 1975. 478 S.

Madariaga, Salvador de: Weltpolitisches Kaleidoskop. Reden und Aufsätze. — Zürich: Fretz & Wasmuth 1965. 223 S.

Madariaga, Salvador de: Morgen ohne Mittag (Morning without noon, dt.) Erinnerungen 1921–1936. Aus d. Engl. übers. u. bearb. von Anneliese u. Gerhard Hufnagel. - Berlin: Propyläen-Verl. 1972. 474 S.

Madariaga, Salvador de: Zuerst die Freiheit. (Reden und Beiträge aus den Jahren 1960—1971. (Hrsg. von Walter Hoch.) — Ludwigsburg: Hoch 1971. 339 S.

Madia, Titta und Emilio Faldella: Rodolfo Graziani. L'uomo, il soldato. — Roma: „L'Aniene" Editr. 1955. XII, 428 S.

Männer der Evangelischen Kirche in Deutschland. Eine Festgabe für Kurt Scharf zu seinem 60. Geburtstag. Hrsg. von Heinrich Vogel in Gemeinschaft mit Joachim Beckmann u. Johannes Jänicke. — Berlin, Stuttgart: Lettner-Verl. (1962). 267 S.

Mager, Wolfgang: Benedetto Croces literarisches und politisches Interesse an der Geschichte. — Köln: Böhlau 1965. XI, 275 S.
(Kölner Historische Abhandlungen. 12.)

Magistrati, Massimo: Il prologo del drama. Berlino 1934–1937. – Milano: Mursia 1971. 211 S.

Mahlberg, Hartmuth: Erich Ludendorff. Zum Gedenken an seinen 100. Geburtstag. — Hannover: Pfeiffer (1965). 301 S.

Mahr, Gerhard: Romano Guardini. – Berlin: Colloquium-Verl. (1976). 93 S.
(Köpfe des 20. Jahrhunderts. 83.)

Maier, Hans: Anstöße. Beiträge zur Kultur- und Verfassungspolitik. Mit e. Einf. u. erläuternden Hinweisen von Eberhard Dünninger. – Stuttgart: Seewald (1978). 917 S.

Maier, Hans: Kulturpolitik. Reden und Schriften. Mit erläuternden Hinweisen von Peter Menacher. – (München:) Dtsch. Taschenbuch Verl. (1976). 250 S.
(dtv-Taschenbücher. 1212.)

Maier, Hermann: „In uns verwoben, tief und wunderbar". Erinnerungen an Deutschland. – Frankfurt a. M.: Knecht (1972). 206 S.

Maier, Reinhold: Erinnerungen 1948 bis 1953. — Tübingen: Wunderlich (1966). 547 S.

Maier, Reinhold: Ein Grundstein wird gelegt. Die Jahre 1945—1947. — Tübingen: Wunderlich (1964). 415 S.

Maier-Hultschin, J. C.: Der Wahrheit eine Gasse? Woran sich Herr von Papen nicht mehr erinnert. — In: Österr. Furche 8 (1952), H. 50, 3—4.

Maihofer, Werner: Demokratie im Sozialismus. Recht und Staat im Denken des jungen Marx. — Frankfurt a.M.: Klostermann (1968). 81 S.

Majskij, I. M.: Čemberlen [Chamberlain] i Mjunchen. (Iz vospominanij.) — In: Vop. Ist. 1962, No 1, 98—113.

Maiski, Iwan: Maxim Litwinow. — In: Dtsch. Außenpol. 13 (1968), 111—113.

Maiski [**Majskij**], I[van] M[ichajlovič]: Memoiren eines sowjetischen Botschafters (Vospominanija sovetskogo posla, dt.) (Übers. von Leon Nebenzahl.) — Berlin: Dietz 1967. 872 S.

Maitland, Francis Hereward: Hussar of the line. An autobiography. With a foreword by Lord Chetwode. — London: Hurst & Blackett 1951. 160 S.

Maizière, Ulrich de: Führen im Frieden. 20 Jahre Dienst für Bundeswehr und Staat. - München: Bernard & Graefe 1974. 328 S.

Malachowski, Witold: Doktryna integracyjna Franza J. Straussa Franz Josef Strauß. — Warszawa: Panstwowe Wyd. Naukowe 1977. 203 S.

Malcor, [Colonel]: Carnets de route. Préface du général Weygand. — Paris: Ed. de la Colombe 1960. 150 S.

Malczewski, Kazimierz: Ze wspomnień śląskich. — Warszawa: Pax 1958. 293 S.

Maller, Martin: Die Fahrt gegen das Ende. Erlebnisse aus den Partisanenkämpfen im Balkan, nach Tagebuchaufzeichnungen zusammengestellt. — Bonn: Bibliotheca Christiana 1961. 367 S.

Mallet, Alfred: Pierre Laval. — Paris: Amiot- Dumont.
 1. Des années obscures à la disgrâce du 13 décembre 1940. 1954. 349 S.
 2. De la reconquête du pouvoir à l'exécution. 1955. 424 S.
 (Archives d'Histoire Contemporaine.)

Malone, G. P.: Briand. Architect of UNO. — In: Contemp. Rev. 1956, H. 1081, 31—36.

Malraux, André: Antimémoires. — Paris: Gallimard 1967. 612 S.
 (Coll. „Blanche".)
 Dtsch. Ausg. u. d. T.: Anti-Memoiren. Aus d. Französ. übers. von Carlo Schmid. — (Frankfurt a.M.:) S. Fischer (1968). 538 S.

Maltoni, Roberto: La „svolta" di Pietro Nenni ⟨1919–1921⟩. – In: Nuova Riv. stor. 61 (1977), 333–355.

Malys, A. I.: F. Engels' i proletarskaja politekonomija. — Moskva: Polizdat 1970. 160 S.

Man, Hendrik de: Gegen den Strom. Erinnerungen eines Sozialisten. — Stuttgart: Dtsch. Verl.-Anst. 1953. 296 S.

Manacorda, Giuliano: Diari, memorie e racconti della seconda guerra mondiale. — In: Società 13 (1957), 346–360.

Manchester, William [Raymond]: Krupp (The arms of Krupp, dt.) 12 Generationen. (Aus d. Amerikan. Ins Dtsch. übertr. von Evelyn Linke u.a.) — (München:) Kindler (1968). 887 S.

Manchester, William: Der Tod des Präsidenten (The death of a President [John F. Kennedy], dt.) 20.—25. Nov. 1963. (Aus d. Amerikan. übertr. von Karl Berich [u.a.]) — (Frankfurt a.M.:) S. Fischer (1967). 782 S.

Mandel, Ernest: La formation de la pensée économique de Karl Marx. — Paris: Maspero 1967. 216 S.
 (Coll. „Texte à l'appui".)

Mandelstam, Nadeschda [**Mandel'štam** Nadežda Jakovlevna]: Das Jahrhundert der Wölfe (Vospominanija, dt.) Eine Autobiographie. Aus d. Russ. von Elisabeth Mahler. — (Frankfurt a.M.:) S. Fischer (1971). 496 S.

Mankiewicz, Frank: [Richard] Nixon's road to Watergate. - London Hutchinson 1973. 271 S.

Der **Mann**, der Brücken schlug. Erinnerung an Klaus Dieter Arndt. Gedenkschrift zum 50. Geburtstag. Hrsg. von Armin Grünewald. - Berlin: Duncker & Humblot (1977). 195 S.

Mann, Golo: The devil's architect. On Albert Speer's „Memoir". — In: Encounter 35 (1970), H. 2, 58—64.

Mann, Golo: Erinnerungen an meinen Vater [Thomas Mann]. — In: Universitas 25 (1968), 935—951.

(**Mann**, Golo:) Carl Schmitt und die schlechte Juristerei. — In: Monat 5 (1952/53), T. 1, 89—92.
 Besprechung des Schmittschen Buches: Der Nomos der Erde im Völkerrecht des Ius Publicum Europaeum.

Mann, Golo: Leopold Schwarzschild. — In: Monat 18 (1965/66), H. 208, 42—50.

Mann, Golo: Wilhelm II. — (München: Scherz 1964.) 77 S.
 (Archiv der Weltgeschichte.)

Mann, Heinrich: Verteidigung der Kultur [Teilsamml.] Antifaschistische Streitschriften und Essays. (Hrsg. von Werner Herden.) — (Berlin:) Aufbau-Verl. (1971). 527 S.

Mann, Heinrich: Ein Zeitalter wird besichtigt. – (Reinbek b. Hamburg:) Rowohlt (1976). 518 S.
 (rororo. 1968.)

Mann, Klaus: Heute und morgen. Schriften zur Zeit. Hrsg. von Martin Gregor-Dellin. — (München:) Nymphenburger Verlagshandl. (1969). 363 S.

Mann, Klaus: Kind dieser Zeit. Mit e. Nachw. von William L. Shirer. — (München:) Nymphenburger Verlagshandl. (1965). 263 S.

Mann, Klaus: Der Wendepunkt. Ein Lebensbericht. — [Frankfurt a. M.:] S. Fischer 1952. 551 S.

Mann, Thomas: Briefe 1889—1936. (Hrsg. von Erika Mann.) — (Frankfurt a. M.:) S. Fischer 1961. XI, 581 S.

Mann, Thomas: Thomas Mann an Ernst Bertram. Briefe aus den Jahren 1910—1955. (In Verb. mit d. Schiller-Nationalmuseum hrsg., komm. u. mit e. Nachw. vers. von Inge Jens.) — (Pfullingen:) Neske (1960). 315 S.

Mann, Thomas: Schriften zur Politik. (Ausgew. von Walter Boehlich.) — (Frankfurt a.M.:) Suhrkamp (1970). 208 S.
 (Bibliothek Suhrkamp. 243.)

Mann, Thomas: Tagebücher. 1933–1934. Hrsg. von Peter de Mendelssohn. – (Frankfurt a. M.:) S. Fischer (1977). XXI, 817 S.

Mannerheim, (Carl) G(ustav Freiherr von): Erinnerungen [Minnen, dt.] (Übers. von H. von Born-Pilsach.) — Zürich, Freiburg i. Br.: Atlantis-V. (1952). 560 S.

Mannoni, Eugène: Moi, Général de Gaulle. — Paris: Ed. du Seuil 1964. 155 S.

Manny, Peggy: Golda [Meir]. The life of Israel's Prime Minister. — London: Vallentine, Mitchell 1972. 288 S.

Manor, Alexander: Jacob Lestchinsky. The man and his work. — Jerusalem: World Jewish Congress 1961. 234 S.

Manstein, Erich von: Verlorene Siege. — Bonn: Athenäum-Verl. 1955. 680 S., 12 S.

Manstein, Erich von: Aus einem Soldatenleben 1887—1939. — Bonn: Athenäum-V. (1958). 359 S.

Manus, Max: Underwater saboteur. Transl. by F. H. Lyon. — London: Kimber 1953. 239 S.

Manvell, Roger und Heinrich Fraenkel: Doctor Goebbels. His life and death. — London, Melbourne, Toronto: Heinemann (1960). XIII, 329 S.

Manvell, Roger und Heinrich Fraenkel: Hermann Göring. — London, Melbourne, Toronto: Heinemann (1962). XVI, 429 S.

Manvell, Roger [u.] Heinrich Fraenkel: Rudolf Hess. A biography. — London: MacGibbon & Kee 1971. 256 S.

Mao Tsé-Toung, l'empereur rouge de Pékin. Écrit sous la direction de Ernst Krieg. — Paris: Edit. de Saint-Clair 1967. 255 S.
(Les grandes figures historiques de notre temps.)

Worte des Vorsitzenden **Mao** Tse-Tung. — Peking: Verl. f. fremdsprachige Literatur 1967. V, 370 S.

Mao Tse-tung: Vom Kriege [Teilsamml.] Die kriegswissenschaftlichen Schriften. (Aus d. Engl. übertr. von H. Stratman.) Mit e. Geleitw. von Heinz Karst. — (Gütersloh:) Bertelsmann-Sachbuchverl. (1969). 351 S.

[**Mao** Tse-tung:] Mao intern. Unveröffentlichte Schriften, Reden und Gespräche Mao Tse-tungs, 1949–1971. Hrsg. von Helmut Martin. Aus d. Chines. übers. von Helmut Martin [u.] Tienchi Martin-Liao. — München: Hanser 1974. 286 S.

Mao Tse-tung: Über die Revolution. Ausgew. Schriften. Hrsg. von Tilemann Grimm. — (Frankfurt a. M.:) S. Fischer (1971). 414 S.
(Die Bücher der Neunzehn. 194.)

Mao Tse-tung: Ausgewählte Schriften [Teilsamml., dt.] Aus d. Chines. übers., hrsg., eingel. u. mit e. Kommentar u. Anm. vers. von Tilemann Grimm [u. a.] — (Frankfurt a. M.:) S. Fischer (1963). 395 S.
(Fischer-Paperbacks.)

Mao Tse-tung: Selected works. — London: Lawrence & Wishart.
1. 1921—1936. 1954. 336 S.
2. 1937—1938. 1954. 296 S.

Mao Tse-tung: Selected works. — London: Lawrence & Wishart.
3. 1939—1941. 1955. 260 S.
4. 1956. 348 S.

Mao Tse-tung: Selected military writings. — Peking: Foreign Language Press 1963. 408 S.

Marabini, Jean: L'étincelle. Lénine, organisateur de la révolution russe. — Paris: Arthaud 1962. 415 S.

Marchat, Henry: Briand, pelerin de la paix. — In: Rev. déf. nat. 18 (1962), 1330—1348.

Marcks, Erich: Hindenburg. Feldmarschall u. Reichspräsident. Mit Erg. u. e. Vorw. von Walther Hubatsch. — Göttingen: Musterschmidt (1963). 76 S.
(Persönlichkeit u. Geschichte. 32.)

Marcosson, Isaac F.: Before I forget. — New York: Dodd 1959. 587 S.

Marcuse, Ludwig: Mein zwanzigstes Jahrhundert. Auf dem Weg zu einer Autobiographie. — München: List (1960). 388 S.

Marder, Arthur J. [Ed.]: Fear God and dread nought. The correspondence of Admiral of the Fleet Lord Fisher of Kilverstone. — London: Cape.
3. Restoration, abdication and last years, 1914—1920. (1959.) 661 S.

Maretzky, Klaus-Dieter: Geschichte und Klassenbewußtsein. Probleme der Marx-Rezeption in Georg Lukács' geschichtsphilosophischem Werk. — Berlin 1970: (Dissertationsdruckstelle). 114 S.
Berlin, Freie Universität, phil. Diss. vom 25. 6. 1970.

Marianelli, Marianello: Giorgio La Pira und Italiens katholische Linke. — In: Dokumente 19 (1963), 18—27.

Marie, Jean-Jacques: Staline. — Paris: Edit. du Seuil 1967. 288 S.
(Coll. „L'Histoire immédiate".)

Markiewicz, Stanisław: Jan [Johannes] XXIII wobec problemów współczesności. — Warszawa: Wyd. MON 1962. 320 S.

Markovitz, Irving Leonard: Leopold Sedar Senghor and the politics of negritude. — New York: Atheneum 1969. VII, 300 S.

Marle, René: Dietrich Bonhoeffer. Témoin de Jésus-Christ parmi ses frères. — Paris: Casterman 1967. 164 S.
(Coll. „Christianisme en mouvement".)

Maroselli, André: Des prisons de la Gestapo à l'exil. — Montreal: Ed. de l'Arbre 1946. 135 S.

Marquand, David: [James] Ramsey MacDonald. — London: Cape (1977). XVI, 903 S.

Marshall, George C(atlett): Memoires of my services in the World War, 1917–1918. With a forew. and notes by James L. Collins. — Boston: Houghton Mifflin 1976. XIV, 268 S.

Martens, Hans: General v[on] Seydlitz 1942—1945. Analyse eines Konfliktes. — (Berlin:) v. Kloeden (1971). VIII, 101 S.

Martin, Bernd: Britisch-deutsche Friedenskontakte in den ersten Monaten des Zweiten Weltkrieges. Eine Dokumentation über die Vermittlungsversuche von Birger Dahlerus. - In: Z. Politik 19 (1972), 206–221.

Martin, Claude: Franco. Soldat et chef d'état. — Paris: Ed. des Quatre Fils Aymon 1959. 470 S.

Martin, David: General [Idi] Amin. – London: Faber 1974. 254 S.

Martin, Hans-Leo: Unser Mann bei Goebbels. Verbindungsoffizier des Oberkommandos der Wehrmacht beim Reichspropagandaminister 1940–1944. – Neckargemünd: Scharnhorst Buchkameradschaft 1973. 163 S.
(Die Wehrmacht im Kampf. 49.)

Martin, Jan: Antonín Zápotocký. Aus dem Leben des tschechoslowakischen Präsidenten. — Prag: Orbis 1956. 32 S.

Martin, John Bartlow: Adlai Stevenson of Illinois. The life of Adlai E. Stevenson. - Garden City, N. Y.: Doubleday 1976. IX, 828 S.

Martin, Kingsley: Harold Laski (1893 — 1950). A biographical memoir. — London: Gollancz (1953). 287 S.

Martin, Laurence W.: Woodrow Wilson's appeals to the people of Europe. — In: Polit. Science Quart. 74 (1959), 498—516.

Martin, Laurence W.: Peace without victory. W. Wilson and the British liberals. — New Haven: Yale University Press 1958. XIV, 230 S.

Marx, Hugo: Die Flucht. Jüdisches Schicksal 1940. — Düsseldorf: Verl. d. Allg. Wochenzeitung der Juden in Deutschland. 1955. 194 S.

Marx, Hugo: Werdegang eines jüdischen Staatsanwalts und Richters in Baden ⟨1892—1933⟩. Ein soziologisch-politisches Zeitbild. Mit e. Geleitwort von Wolfgang Haußmann. – Villingen: Neckar-Verl. (1965). IX, 240 S.

Marx, Julius: Kriegstagebuch eines Juden. (2. Aufl.) — Frankfurt/Main: ner-tamid-verl. 1964. 229 S.

Karl **Marx,** [dt.] Biographie. (Autorenkollektiv: P. N. Fedossejew [Leiter] u. a. Übers. von Hans Zikmund.) - Berlin: Dietz 1973. 901 S.

(**Marx,** Karl): Karl Marx privat. Unbekannte Briefe. Eingel. u. komm. von Wolfgang Schwerbrock. — München: List (1962). 162 S.

Marx, Karl: Werke, Schriften, Briefe. Hrsg. von Hans-Joachim Lieber. — Stuttgart: Cotta.
1. Frühe Schriften. Hrsg. von Hans-Joachim Lieber u. Peter Furth. 1. (1962). X, 998 S.
3/1. Politische Schriften. 1. 1960. IX, 578 S.
3/2. Politische Schriften. 2. 1960. VI S., S. 582—1148.
4/1. Ökonomische Schriften. 1. (1962.) XXXII, 957 S.
5. Ökonomische Schriften. 2. (1963.) XXXIX, 915 S.

Marx, Karl: Werke, Schriften, Briefe. Hrsg. von Hans-Joachim Lieber. — Stuttgart: Cotta.
6. Ökonomische Schriften. 3. (1964) XI, 1114 S.

Marzari, Walter: Kurat Franz X. Mitterer. Ein Leben im Einsatz für Volkstums- u. Sozialarbeit an der Sprachgrenze in Südtirol. — Wien: Hollinek (1969). 194, VIII S.
(Aus Christentum und Kultur. 1.)

Masani, Zareer: Indira Gandhi. A biography. - London: Hamilton (1975). 331 S.

Maschke, Erich: Es entsteht ein Konzern. Paul Reusch und die GHH. — Tübingen: Wunderlich (1969). 294 S.

Maschmann, Melita: Fazit. Kein Rechtfertigungsversuch. Mit e. Vorw. von Ida Friederike Görres. — Stuttgart: Dt. Verl.-Anst. (1963). 222 S.

Maser, Werner: Hitlers Briefe und Notizen. Sein Weltbild in handschriftlichen Dokumenten. — Düsseldorf: Econ-Verl. (1973). 399 S.

Maser, Werner: Adolf Hitler. Legende, Mythos, Wirklichkeit. (2. Aufl.) - (München:) Bechtle (1971). 529 S.

Maser, Werner: Hitlers Mein Kampf. Entstehung, Aufbau, Stil, Änderungen, Quellen, Quellenwert, kommentierte Auszüge. — (München:) Bechtle (1966). 344 S.

Masiero, Giulio: Padre Massimiliano Kolbe. — Padua: Ed. La Garangola 1971. 171 S.

Massigli, René: Une comédie des erreurs, 1943-1956. - Paris: Plon 1978. 540 S.

Massing, Hede: Richard Sorge, der fast vollkommene Spion. — In: Dtsch. Rdsch. 79 (1953), 368—377.

Massip, Roger: De Gaulle und Europa (De Gaulle et l'Europe, dt.) (Hrsg. vom Bildungswerk Europäische Politik.) (Übers. aus d. Franz.: Karlheinz Koppe.) — Köln: Europa Union Verl. (1964). 152 S.

Massip, Roger: De Gaulle et l'Europe. — Paris: Flammarion 1963. 208 S.
(Collection „L'Actuel".)

Mast, Adolf: Von Bismarck bis Heuss. Rückschau auf 65 Jahre politisches Handeln und Denken eines Unternehmers. — (Berlin: Selbstverl. d. Verf. [1955].) 86 S.

Maste, Ernst: Der Staatsdenker Artur Mahraun ⟨1890-1950⟩. – In: Aus Politik und Zeitgeschichte, Beilage zur Wochenzeitung „Das Parlament" Nr. 31 vom 6. August 1977, 16-32.

Masur, Norbert: Ma rencontre avec H. Himmler. (Trad. de l'allemand par Sara Halperyn.) - In: Monde Juif 30 (1974), H. 74, 2-15.

Matern, H.: Die Rolle Ernst Thälmanns bei der Schaffung der revolutionären Massenpartei der Arbeiterklasse. — Berlin: Dietz 1951. 52 S.

Matern, Hermann: Im Kampf für Frieden, Demokratie und Sozialismus. Ausgewählte Reden und Schriften. — Berlin: Dietz 1963. 1126 S.
1. 1926—1956.
2. 1956—1963.

Mathieu, Pierre-Louis: La pensée politique et économique de Teilhard de Chardin. — Paris: Edit. du Seuil 1969. 304 S.

Matrat, Jean: Mussolini. Du gauchisme au fascisme. — Paris: Structures nouvelles Boucher 1969. 240 S.

Matthews, Gareth B.: Joe McCarthy. Eine Interpretation im Anschluß an einen Europa-Aufenthalt. — In: Dtsch. Univ. Ztg. 8 (1953), H. 21, 8—11.

Matthews, Herbert L.: Fidel Castro. — New York: Simon & Schuster 1969. 382 S.

Matthews, Kenneth: Memoires of a mountain war. Greece 1944–1949. – London: Longman 1972. 284 S.

Matthias, Erich: Hindenburg zwischen den Fronten. Dokumentation. — In: Vjh. Zeitgesch. 8 (1960), 75—84.

Matthias, L. L.: Erinnerungen an Gottfried B e n n. — In: Merkur 16 (1962), 435—446.

Matull, Wilhelm: Otto B r a u n, preußischer Ministerpräsident der Weimarer Zeit. Gedenkrede anläßlich seines 100. Geburtstages am 4. März 1972. – Dortmund: Ostdtsch. Forschungsstelle im Lande Nordrhein-Westfalen 1973. 44 S.
(Veröffentlichungen der Ostdeutschen Forschungsstelle im Lande Nordrhein-Westfalen. Reihe A. 26.)

Matzky, Gerhard (und Luise Jodl): Generaloberst J o d l und sein Stellvertreter. Ein Wort der „anderen Seite". — In: Soldat im Volk 13 (1963), Nr. 5, S. 5 (45).
Stellungnahme zum Buch von Walter Warlimont, Im Hauptquartier der deutschen Wehrmacht 1939—1945, 1962.

Maunz, Theodor: S a l a z a r et son oeuvre. — Lisbonne: S. N. I. 1957. 151 S.

Maurer, Charles B.: Call to revolution. The mystical anarchism of Gustav L a n d a u e r. — Detroit: Wayne State University Press 1971. 218 S.

Maurer Rudolf: Markus F e l d m a n n 1897—1958. Werden und Aufstieg bis zum Ausbruch des Zweiten Weltkrieges. — (Bern: Verbandsdruckerei 1965.) 174 S.

Mauriac, Claude: Un autre de G a u l l e. Journal 1944—1954. — Paris: Hachette 1971. 390 S.

Mauriac, François: De Gaulle [dt.] (Ins Dtsch. übertr. von Eva Rechel-Mertens.) — Berlin: Propyläen Verl. (1964). 287 S.

Mauriac, François: Die düsteren Jahre. Mémoires politiques [dt.] (Übers. aus d. Französ. von Suzanne Pruvost-Seguin.) — Stuttgart: Koehler (1968). 399 S.

Mauriac, Jean: Mort du Général de Gaulle. – Paris: Grasset 1972. 183 S.

Maurizi, Carlo: Il teorema di Couve de Murville. — In: Aff. est. 4 (1972), 153—160.

Maurois, André: Auf den Flügeln der Zeit. Erinnerungen. Aus dem Französischen von W. M. Lusberg. — München: List 1952. 332 S.

Maurras, Charles: Letters de prison. 8 septembre 1944 — 16 novembre 1952. — Paris: Flammarion 1958. 374 S.

Maus, Ingeborg: Bürgerliche Rechtstheorie und Faschismus. Zur sozialen Funktion und aktuellen Wirkung der Theorie Karl S c h m i t t s. - München: Fink 1976. 194 S.

Maus, Ingeborg: Zur „Zäsur" von 1933 in der Theorie Carl S c h m i t t s. — In: Krit. Justiz 2 (1969), 113—124.

Maxelon, Michael-Olaf: S t r e s e m a n n und Frankreich 1914—1929. Deutsche Politik der Ost-West-Balance. — Düsseldorf: Droste 1972. 309 S.
(Geschichtliche Studien zur Politik und Gesellschaft. 5.)

May, Elmar: Che G u e v a r a in Selbstzeugnissen und Bilddokumenten. - Reinbek b. Hamburg: Rowohlt 1973. 150 S.
(Rowohlts Monographien. 207.)

Mayenburg, Ruth von: Blaues Blut und rote Fahnen. Ein Leben unter vielen Namen. — München: Molden (1969). 400 S.

Mayenburg, Ruth von: Hotel Lux. Mit Dimitroff, Ernst Fischer, Ho Tschi Minh, Pieck, Rakosi, Slansky, Dr. Sorge, Tito, Togliatti, Tschou Enlai, Ulbricht und Wehner im Moskauer Quartier der Kommunistischen Internationale. - (München:) Bertelsmann (1978). 352 S.

Mayer, Gustav: Friedrich Engels. Eine Biographie. 2., verb. Aufl. — Köln: Kiepenheuer & Witsch [1971].
1. Friedrich Engels in seiner Frühzeit. IX, 393 S.
2. Friedrich Engels und der Aufstieg der Arbeiterbewegung in Europa. VIII, 585 S.
(Studien-Bibliothek.)

Mayer, Hans: Nach Jahr und Tag. Reden 1945—1977. - (Frankfurt a. M.:) Suhrkamp (1978). 300 S.

Mayer, Hans: Nachdenken über A d o r n o. — In: Frankf. H. 25 (1970), 268—280.

Mayer, Hans: Richard W a g n e r. Mitwelt und Nachwelt. - Stuttgart: Belser (1978). 448 S.

Mayer, Hans: Richard W a g n e r in Bayreuth, 1876–1976. - (Stuttgart:) Belser (1976). 247 S.

Mayer, Reinhold: Christentum und Judentum in der Schau Leo B a e c k s. — o. O. 1959. IV, 189 Bl.
Tübingen, ev.-theol. Diss., 19. Februar 1959.

Mayneri, Carlo Ceriana: Di un libro su Rommel e del valore italiano in Africa. — In: Rass. ital. Pol. Cult., 1952, 150—153.

Mazlish, Bruce: [Henry] K i s s i n g e r. The European mind in American policy. – New York: Basic Books (1976). XIII, 330 S.

Mazlish, Bruce: In search of [Richard] N i x o n. A psychohistorical inquiry. - New York: Basic Books 1972. X, 187 S.

Mazo, Earl [u.] Stephen Hess: President N i x o n. — London: Macdonald 1968. VIII, 326 S.

Mazo, Earl: Richard N i x o n. A political and personal portrait. — New York: Harper (1959). VIII, 309 S.

Mazor, Michael: Otto O h l e n d o r f, bourreau intellectuel. - In: Monde Juif 27 (1971), H. 63/64, 33—42.

Mazucco, Giuseppe: Diario di guerra (1944—45). — Casale Monferrato: Tarditi 1951. 198 S.

Meckling, Ingeborg: Die Außenpolitik des Grafen Czernin. — München: Oldenbourg (1969). 371 S.
(Österricharchiv.)
Diss., Universität Hamburg.

Medlicott, W. N.: Neville Chamberlain. — London: Allan Wingate 1953. 177 S.

Medvedev, Roy: Faut-il réhabiliter Staline? Trad. du russe par Françoise Olivier. — Paris: Edit. du Seuil 1969. 96 S.
(Coll. „Combats".)

Megevand, Louis: Le vrai Salazar. — Paris: Nouvelles Editions Latines (1958). 219 S.

Mehnert, Klaus: Josef Stalins Werk. — In: Osteuropa 3 (1953), 81—83.

Mehring, Franz, und Georg Lukács: Friedrich Nietzsche. — Berlin: Aufbau V. 1957. 219 S.

Mehring, Walter: Carl von Ossietzky. 3. 10. 1889—4. 5. 1938. — In: Dtsch. Rdsch. 85 (1959), 900—906.

Melburger, Sister Anne Vincent: Efforts of Raymond Robins toward the recognition of Soviet Russia and the outlawry of war 1917—1933. — Washington: Catholic University of America Press 1958. IX, 225 S.

Meier-Welcker, Hans: General der Infanterie a. D. Dr. Hermann v. Kuhl zum 100. Geburtstag am 2. November 1956. — In: Wehrwiss. Rdsch. 6 (1956), 595—610.

Meier-Welcker, Hans: Seeckt. — Frankfurt a.M.: Bernard & Graefe 1967. 744 S.

Meier-Welcker, Hans: Seeckt in der Kritik. — In: Wehrwiss. Rdsch. 19 (1969), 265—284.

Meiland, Jack W.: The historical relativism of Charles A. Beard. — In: Hist. & Theory 12 (1973), 405–413.

Meinecke, Friedrich: Straßburg-Freiburg-Berlin. 1901—1919. Erinnerungen — Stuttgart: Köhler 1949. 288 S.

Meinertzhagen, Richard: Middle East diary 1917—1956. — London: Cresset Press 1959. XI, 376 S.

Meinhardt, Günther: Adenauer und der rheinische Separatismus. — Recklinghausen: Kommunal-Verl. 1962. 96 S.

Meinik, Hans Jürgen: Walther Rathenau und die Sozialisierungsfrage. Ein Beitrag zur Wirtschaftspolitik in den Anfangsjahren der Weimarer Republik. – Berlin 1973. 367 S.
Berlin, phil. Diss. vom 14. Februar 1974.

Meïr, Golda: Leben für mein Land (A land of our own, dt.) Selbstzeugnisse aus Leben und Wirken. (Dtsch. Übers. nach d. engl. Ausg.) Hrsg. von Marie Syrkin. - München: Scherz 1973. 312 S.

Meir, Golda: Mein Leben (My life, dt. Aus d. Engl. von Helmut Degner u. Hans-Joachim Maass.) – (Hamburg:) Hoffmann & Campe (1975). 498 S.

Meissner, Boris: Lenin und das Selbstbestimmungsrecht der Völker. — In: Osteuropa 20 (1970), 245–261.

Meissner, Boris: Der Nachfolger — Georgij M. Malenkov. — In: Osteuropa 3 (1953), 84—95.

Meissner, Boris: Der Regent — Nikolai A. Bulganin. — In: Osteuropa 5 (1955), 161—168.

Meißner, Boris: Shdanow. — In: Osteuropa 2 (1952), 15—22, 95—101.

Meissner, Hans Otto: Magda Goebbels. Compagne du diable. — Paris: France-Empire 1961. 320 S.

Meissner, Hans Otto und Erich Ebermayer: Magda Goebbels (Gefährtin des Teufels, franz.) Compagne du diable. Trad. de l'allemand par R. Jouan. — Paris: Ed. France-Empire (1961). 316 S.

Meissner, Hans-Otto: Magda Goebbels. Ein Lebensbild. - München: Blanvalet (1978). 315 S.

Meißner, Hans-Otto: So schnell schlägt Deutschlands Herz. — Gießen: Brühl (1951). 306 S.

Meister, Jürg: Storamiral Dönitz. — In: Tidskrift i Sjöväsendet 126 (1963), H. 1. 35—52.

Meister, Jürg: Storamiral Erich Raeder. — In: Tidskrift i Sjöväsendet 125 (1962), 938—952.

Meister, Maria: Untersuchungen über sozialethische Vorstellungen bei Lenin. — 174 Bl.
Freiburg i. Br., rechts- u. staatswiss. Diss. 1951.

Carl **Melchior.** Ein Buch des Gedenkens und der Freundschaft. — Tübingen: Mohr 1967. 140 S.
(Vorträge und Aufsätze. 15.)

Melchior, Marcus: Gelebt und erlebt (Levet og oplevet, dt.) Die geglückte Symbiose zwischen Dänen und Juden. (Aus d. Dän.) — (Berlin: Leber 1968). 180 S.

Mel'nikov, D[aniil] E[fimovič] [u.] L. B. Černaja: Dvulikij Admiral. Kanaris [Canaris.] — Moskva: Izd. polit. Liter. 1965. 125 S.

Zu den **Memoiren** Franz von Papens. — In: Merkur 7 (1953), 1178—1183.

Les **mémoires** d'Isaac Schneersohn. Pogrome à Staroudoub. — In: Monde Juif 10 (1956), H. 72, 9—12.

Memoirs of Dr. Eduard Beneš. From Munich to new war and new victory. Transl. by Godfrey Lias. — Boston: Houghton Mifflin 1955. XIII, 346 S.

The **memoirs** of Lord Gladwyn. — London: Weidenfeld & Nicolson (1972). X, 422 S.

The **memoirs** of General the Lord Ismay. — London: Heinemann 1960. 486 S.

In memoriam Wilhelm Böhler. Erinnerungen und Begegnungen. (Hrsg. von Bernhard Bergmann u. Josef Steinberg.) — Köln: Bachem (1965). 175 S.

In **memoriam** Alfred Schmid. Chronik und Anruf. Hrsg. von der Professor Dr. Alfred Schmid-Stiftung. - Altdorf/Uri, Schweiz: [Selbstverl. d. Hrsg.]; [Heidenheim: Südmarkverl. in Komm.] (1975). 101 S.

Menczer, Béla: Count Michael Karolyi. — In: Contemp. Rev. 1955, H. 1073, 306—309.

Mende, Tibor: Gespräche mit Nehru. — Hamburg: Rowohlt 1956. 128 S.

Mendelssohn, Peter de: Churchill. Sein Weg und seine Welt. — Freiburg i. Br.: Klemm.
  1. Erbe und Abenteuer 1874—1914. 1957. 400 S.

Mendelssohn, Peter de: Knut Hamsun. Erleuchtung und Verblendung des Zerrissenen. — In: Monat 5 (1952/53), T. 2, 50—70.

Mendelssohn, Peter de: Der Zauberer. Das Leben des deutschen Schriftstellers Thomas Mann. - (Frankfurt a. M.:) Fischer.
  1. 1875—1918. (1975). 1184 S.

Mendès-France, Pierre: The pursuit of freedom. — London: Longmans 1956. 256 S.

Mendès-France, Pierre: La vérité guidait leurs pas. - (Paris:) Gallimard (1976). 258 S.
  (Coll. „Témoins".)

Menéendez, Jaime: Eisenhower. Peregrino de la paz. — In: Politica internac. 1959, H. 45/46, 83—107.

Meneses, Enrique: Fidel Castro. Beschreibung einer Revolution. (Aus d. Engl. von Werner Gebühr.) — (München:) Bechtle (1968). 250 S.

Menges, Franz: Die Ansbacher Jahre des bayerischen Finanzministers Dr. Wilhelm Krausneck. Tagebuchaufzeichnungen aus den Jahren 1913 bis 1919. - In: Jb. d. Hist. Vereins f. Mittelfranken 87 (1973/74), 130–210.

Mennan-Tebelen, A.: Carnets d'un diplomate. — Paris: Ed. Denoel 1951. 348 S.

Der **Mensch** und Kamerad Hugo Sperrle. — In: Luftwaffenring 1953, H. 5.

Mensch und Staat in Recht und Geschichte. Festschrift für Herbert Kraus zur Vollendung seines 70. Lebensjahres. Red.: H. Kruse und H. G. Seraphim. — Kitzingen: Holzner 1954. VIII, 468 S.

Menzies, Robert [Gordon]: Afternoon light. Some memoires of men and events. — London: Cassell 1967. 198 S.

Menzies, Robert Gordon: Speech is of time. — London: Cassell 1958. 256 S.

Méray, Tibor: Imre Nagy. L'homme trahi. Traduit du hongrois par Imre Laszlo. — Paris: Juillard 1960. 359 S.

Merle, Robert: Ahmed Ben Bella. — Paris: Gallimard 1965. 192 S.

Merlin, Rafael W.: In memoriam Karl Wolfskehl. — In: Dtsch. Rdsch. 84 (1958), 939—943.

Mérot, Jean: [Georgi] Dimitrov, un révolutionnaire de notre temps. - Paris: Ed. sociales 1972. 156 S.
  (Coll. „Notre temps. Sér. Histoire". 5.)

Merrill, James M.: A sailor's admiral. A biography of William F. Halsey. - New York: Crowell 1976. 271 S.

Mertens, A. Th.: De passie van Alfred Delp. — In: Streven 8 (1955), H. 8, 144—154.

Merton, Richard: Erinnernswertes aus meinem Leben, das über das Persönliche hinausgeht. — Frankfurt a. M.: Knapp (1955). 359 S.

Messerschmid, Felix: In memoriam Arnold Bergstraesser. — In: Gesch. Wissensch. Unterr. 15 (1964), 269—272.

Methuen, Paul Ayshford Lord: Normandy diary. Being a record of survivals and losses of historical monuments in North Western France, together with those in the island of Walcheren and in that part of Belgium traversed by the 21th Army Group in 1944—1945. — New York: British Book Centre 1954. 288 S.

Metternich, Paul Graf Wolff und Wilhelm Solf: Gegen die Unvernunft. Der Briefwechsel zwischen Paul Graf Wolff Metternich u. Wilhelm Solf. Mit 2 Briefen Albert Ballins. Hrsg. von Eberhard von Vietsch. — Bremen: Schünemann (1964). 145 S.
  (Zeugen ihrer Zeit.)

Metz, Johann Baptist: Karl Rahner, ein theologisches Leben. - In: Stimmen d. Zeit 99 (1974), Bd 192, 305–316.

Metz, William S.: The political career of Mohammed Ali Jinnah.
  Philadelphia, University of Pennsylvania, Diss. 1952.

Metzler, Fritz Jakob: Stacheldraht und Sonnenblumen. Auf der Flucht aus russischer Gefangenschaft. Ein Erlebnisbericht. - Düsseldorf: Droste 1974. 340 S.

Meulen, D. van der: The wells of Ibn Sa'ud. — London: Murray 1957. IX, 270 S.

Meunier, Hubert: Im Rollstuhl notiert. Gedanken eines Gelähmten. Zsgest. u. hrsg. von Henri Koch-Kent u. Jan Matzet. - Luxembourg 1973: Impr. Saint-Paul. 34 S.
  Erlebnisse aus der Zeit der deutschen Besetzung Luxemburgs.

Meurling, Per: Tage Erlander. — Stockholm: Wahlström & Widstrand 1953. 162 S.

Meyer, [Amiral]: Entre marins, Rochefort, La Rochelle, Royan, 1944—1945. — Paris: Laffont 1966. 320 S.
  (L'Histoire que nous vivons.)

Meyer, Claus Heinrich: Walter Becher. Materialien zu einem deutschen Politiker. — In: Monat 23 (1971), H. 269, 25—29.

Meyer, Karl W.: Karl Liebknecht. Man without a country. — Washington: Public Affairs Press 1957. VIII, 180 S.

Meyer, Kurt: Henri Lefebvre. Ein romantischer Revolutionär. - (Wien:) Europa-Verl. 1973. 175 S.

Meyer, Renate: David Lloyd George und der Friedensvertrag von Versailles. — o. O. 1953. VII, 219 gez. Bl. [Maschinenschr.]
  Berlin, Freie Univ., phil. Diss. 2. November 1953.

Meyer, Thomas: Zwischen Spekulation und Erfahrung. Einige Bemerkungen zur Wissenschaftstheorie von Jürgen Habermas. — Frankfurt a. M.: Makol-Verl. 1972. 71 S.
  (Makol-Bibliothek. 23.)

Meyer-Leviné, Rosa: [Eugen] Leviné. Leben und Tod eines Revolutionärs. Erinnerungen, mit e. dokumentar. Anhang. (Aus d. engl. Ms. übers. von Klaus Budzinski.) — München: Hanser 1972. 295 S.

Meyers, Franz: Anmerkungen. — (Köln, Bonn:) Verl. Staat u. Gesellschaft (1961). 122 S.

Meyers, Fritz: Die Baronin im Schutzmantel. Emilie von Loe im Widerstand gegen den Nationalsozialismus. - Kevelaer: Butzon & Bercker 1975. 223 S.
(Veröffentlichungen des Historischen Vereins für Geldern und Umgebung. 75.)

Mičev, Dobrin: Iz dejnostta na G. Dimitrov kato rukuvoditel na partijata i narodnodemokratičnata durzava (1944—1949 g.) — In: Istoričeski Pregled [Sofia] 18 (1962), H. 3, 17—44.

Michael, J. P.: Pius' XII. politische Prophetie und die Ökumene. — In: Wort u. Wahrheit 14 (1959), 5—15.

Michael, Maurice: Haakon. King of Norway. — London: Allen & Unwin 1958. 270 S.

Michaelis, Meir: Il Conte Galeazzo Ciano di Cortellazzo quale antesignano dell'asse Roma-Berlino. La linea „germanofila" di Ciano dal 1934 al 1936 alla luce di alcuni documenti inediti. - In: Nuova Riv. stor. 61 (1977), 116–149.

Michaelis, Wilhelm: Der Reichskanzler Michaelis und die päpstliche Friedensaktion von 1917. — In: Gesch. Wiss. Unterr. 7 (1956), 14—24.

Michaelis, Wilhelm: Der Reichskanzler Michaelis und die päpstliche Friedensaktion 1917. Neue Dokumente. — In: Gesch. Wiss. Unterr. 12 (1961), 418—434.

Michalak, Jan: Numer 3273 miał 16 lat. — Warszawa: Iskry 1969. 540 S.

Michaux, Charlotte: damals . . . 1939—1945. Aufzeichnungen. — Luxemburg: Bourg-Bourger 1964. 131 S.

Michel, Henri: Les „mémoires" du Général de Gaulle. — In: Rev. Hist. deux. Guerre mond. 7 (1957), H. 27, 31—41.

Michel, Henri: Jean Moulin l'unificateur. — Paris: Hachette 1964. 232 S.
(Coll. „Histoire".)

Middlemas, Keith [u.] John Barnes: [Stanley] Baldwin. A biography. — London: Weidenfeld & Nicolson 1969. XVIII, 1149 S.

Mieli, Renato: Togliatti 1937. (2. ed.) — (Milano:) Rizzoli (1964). 292 S.

Miguel, Pierre: Poincaré. — Paris: Fayard (1961). 636 S.
(Les Grandes Etudes Historiques.)

Mihalovics, Sigismund: Mindszenty—Ungarn-Europa. Ein Zeugenbericht. — Karlsruhe: Badenia-V. [1952]. 264 S.

Mikusch, Dagobert von: König Ibn Sa'ud. Mekka, Öl und Politik. — München: List 1953. 239 S.

Milcent, Ernest [u.] Monique Sordet: Léopold Sédar Senghor et la naissance de l'Afrique moderne. Préf. de Georges Pompidou. — Paris: Seghers (1969). 272 S.
(Coll. „Evénements".)

Milićević, Vladeta: Der Königsmord von Marseille. Das Verbrechen und seine Hintergründe. — Bad Godesberg: Hohwacht 1959. 134 S.
Die Ermordung König Alexanders von Jugoslawien.

Millard, Henry: Mölders' Absturz. Die letzten Tage des großen deutschen Jagdfliegers. — In: Der Frontsoldat erzählt 16 (1952), 73—74.

Miller, Francis Trevelyan: General Douglas MacArthur. Soldier, statesman. — Philadelphia: Winston 1951. VI, 313 S.

Miller, James E.: Carlo Sforza e l'evoluzione della politica americana verso l'Italia. 1940-1943. - In: Storia contemp. 7 (1976), 825–853.

Miller, Max: Bolz. Staatsmann und Bekenner. — Stuttgart: Schwaben-V. 1951. IX, 564 S.

Miller, Merle: Offen gesagt (Plain speaking, dt.) Harry S. Truman erzählt sein Leben. Übers. von Hans Joachim Lange [u.] Elfi Lange. - Stuttgart: Dtsch. Verl.-Anst. 1975. 388 S.

Miller, Merle: Plain speaking. An oral biography of Harry S. Truman. - New York: Putnam 1974. 448 S.

Miller, Richard I.: Dag Hammarskjold and crisis diplomacy. — New York: Oceana Publications 1961. 344 S.

Miller, William J.: Henry Cabot Lodge. — New York: Heineman 1967. 449 S.

Miller, William J[ohnson]: Henry Cabot Lodge [dt.] Eine Biographie. (Aus d. Amerikan. ins Dtsch. übertr. von Hans Jürgen Baron von Koskull.) — Frankfurt a. M.: Athenäum-Verl. 1969. 291 S.

Miller, William Robert: Wir werden überwinden (Martin Luther King, dt.) Martin Luther Kings Leben, Marthyrium u. Vermächtnis. (Aus d. Amerikan. von Walter Petwaidic.) — Kassel: Oncken-Verl. (1970). 332 S.

Mindszenty, József Kardinal: Erinnerungen, [dt.] (Übers. aus d. Ungar. von József Vecsey u. Felix Eisenring.) - (Frankfurt a. M.:) Propyläen-Verl. (1974). 438 S.

Mindszenty, Josef Kardinal: Kardinal Mindszenty warnt [Werke, Teils., dt.]. Reden, Hirtenbriefe, Presseerklärungen, Regierungsverhandlungen 1944—1946. Bearb. u. übers. von Josef Vecsey und Johann Schwendemann. — St. Pölten: Verl. d. Pressevereins-Dr. (1956). 381 S.

Mindszenty, Joseph Kardinal: (Mindszenty-Dokumentation.) Reden, Hirtenbriefe, Presseerklärungen... Bearb. u. übers. von Josef Vecsey und Johann Schwendemann. — St. Pölten: Verl. d. Pressevereins-Dr.
 2. Ungarns Kirche im Kampf....Regierungsverhandlungen 1946—1947. (1957.) 335 S.
 3. Prozeß gegen den Kardinal. ...Einkerkerung, Gefangenschaft, Befreiung 1947—1956. (1957.) 390 S.

Minney, R. J.: Viscount Addison. Leader of the lords. — London: Odhams Press 1958. 256 S.

Minney, R. J.: The private papers of Hore — Belisha. — London: Collins 1960. 320 S.

Mirgeler, Albert: Brünings Memoiren. — In: Hochland 63 (1971), 201—226.

Mirtschuk, I.: Hans Koch und die Ostforschung. — In: Sowjetstudien 1959, Nr. 7, 5—12.

Mischnick, Wolfgang: Bundestagsreden. [Teilsammlung.] Mit e. Vorw. von Walter Scheel. Hrsg. von Horst Dahlmeyer. - Bonn: Verl. AZ-Studio (1973). 276 S.

Mises, Ludwig v[on]: Erinnerungen. Mit e. Vorw. von Margit v. Mises u. e. Einl. von Friedrich August von Hayek. Mit e. Bibliographie d. Veröffentlichungen von Ludwig v. Mises. - Stuttgart: G. Fischer 1978. XVI, 112 S.

Mit dem Gesicht nach Deutschland. Eine Dokumentation über die sozialdemokratische Emigration. Aus dem Nachlaß von Friedrich Stampfer erg. durch andere Überlieferungen. Hrsg. im Auftr. d. Kommission f. Geschichte d. Parlamentarismus u. d. politischen Parteien von Erich Matthias. Bearb. von Werner Link. [T. 1.2. in 1 Bd.] — Düsseldorf: Droste (1968). 758 S.
   T. 1. Die dritte Emigration. Ein Beitr. zu ihrer Geschichte. Von Friedrich Stampfer.
   T. 2. Dokumente aus dem Nachlaß von Friedrich Stampfer ergänzt durch andere Überlieferungen.

Mitkiewicz, Leon: Z wypadków lotniczych gen. Sikorskiego. — In: Kultura 1958, H. 128, 123—134.

Mitterand, François: Spreu und Weizen (La paille et le grain, dt. Aus d. Französ. ins Dtsch. übertr. von Ewald Schepper.) - (München: tuduv Verlagsges. 1977). 320 S.

Mlynář, Zdeněk: Nachtfrost. Erfahrungen auf dem Weg vom realen zum menschlichen Sozialismus. (Aus d. Tschech. übers. von Bedrich Uttitz.) - (Köln:) Europ. Verl.-Anst. (1978). 366 S.

Moats, Alice-Leone: Elena Lupescu. — New York: Holt 1955. 220 S.

Moch, Jules: Rencontres avec Léon Blum. — Paris: Plon 1970. 368 S.

Moch, Jules: Rencontres avec de Gaulle. — Paris: Plon 1971. 416 S.

Moch, Jules: Une si longue vie. - Paris: Laffont (1976). 653 S.

Mochalski, Herbert: Der Mann in der Brandung. Ein Bildbuch um Martin Niemöller. Mit e. Geleitw. von Albert Schweitzer. Hrsg. in Zsarb. mit Werner Jaspert [u. a.] — Frankfurt a. M.: Stimme-Verl. 1962. 103 S.

Mockenhaupt, Hubert: Weg und Wirken des geistlichen Sozialpolitikers Heinrich Brauns. - München: Schöningh 1977. 308 S.
   (Beiträge zur Katholizismusforschung. Reihe B.)

Moczarski, Kazimierz: Gespräche mit dem Henker (Rozmowy z katem, dt.) Das Leben des SS-Gruppenführers und Generalleutnants der Polizei Jürgen Stroop aufgezeichnet im Mokatow-Gefängnis zu Warschau. (Mit Beiträgen von Andrzej Szczypiorski: Über Kazimierz Moczarski und Erich Kuby: Ein ganz gewöhnlicher Deutscher. Übers.: Margitta Weber. - Düsseldorf: Droste (1978). 440 S.

Generalfeldmarschall (Walter) Model. — In: Wiking-Ruf 4 (1955), H. 4, 10.

Moellendorff, Wichard v[on]: Das Tagebuch Wichard v[on] Moellendorffs vom 13. August bis zum 14. Oktober 1914. — In: Tradition 16 (1971), 78—92.

Möller, Alex: Reichsfinanzminister Matthias Erzberger und sein Reformwerk. — Bonn: Bundesmin. f. Wirtschaft u. Finanzen; Stollfuss [in Komm.] 1971. 68 S.
   (Informationshefte des Bundesministeriums für Wirtschaft und Finanzen. 7.)

Möller, Alex: Im Gedenken an Reichsfinanzminister Rudolf Hilferding. (Hrsg.: Bundesministerium der Finanzen, Ref. Öffentlichkeitsarbeit.) — (Bonn 1971: Seidl). 42 S.

Möller, Alex: Genosse Generaldirektor. - (München:) Droemer Knaur (1978). 590 S.

Möller, Dietrich: Revolutionär, Intrigant, Diplomat. Karl Radek in Deutschland. - (Köln: Verl. Wissenschaft u. Politik 1976). 303 S.

Möller-Witten, Hans: General der Infanterie v. Kuhl zum 95. Geburtstag. — In: Wehrwiss. Rundschau 1 (1951), H. 6/7, 77—78.

Moen, Peter: Diary. Translated from the Norwegian by Kate Austin-Lund. — London: Faber 1951. 146 S.
   Amerik. Ausg. u. d. T.: Diary. — New York: Creative Age Press 1951. 176 S.
   Nachgelassenes Tagebuch eines Angehörigen des norwegischen Widerstandes.

Mörl, Anton: Erinnerungen aus bewegter Zeit Tirols 1932—1945. — Innsbruck: Wagner 1955. 166 S.
   (Schlern-Schriften. 143.)

Mötzk, Erwin: Hitlers ptolemäische Weltanschauung. — Wien: Europ. Verl. 1954. 32 S.

Mogk, Walter: Paul Rohrbach und das „Größere Deutschland". Ethischer Imperialismus im Wilhelminischen Zeitalter. E. Beitr. zur Geschichte d. Kulturprotestantismus. — München: Goldmann 1972. 307 S.
   (Das wissenschaftliche Taschenbuch. Abt. Geisteswiss. 8.)

Mohammed Reza Pahlevi, Schahinschah von Persien: Im Dienst meines Landes (Mission for my country, dt.) (Ins Dt. übertr. von Helmut Hilzheimer u. Karl Hans Reuss.) — Stuttgart: Dtsch. Verl.-Anst. [1961]. 333 S.

Mohan, Anand: Indira Gandhi. A personal and political biography. — New York: Meredith 1967. IX, 303 S.

Mohler, Armin: Von rechts gesehen. - Stuttgart: Seewald (1974). 343 S.

Mohler, Armin: Zeitgeschichte als Drehbuch und als Katechismus (Über Salomons „Fragebogen" und Niekischs „Europäische Bilanz"). — In: Merkur 6 (1952), 84—90.

Molden, Fritz Fepolinski und Waschlapski auf dem berstenden Stern. Bericht einer unruhigen Jugend. (2. Aufl.) - München: Molden (1976). 456 S.

Molènes, Charles Melchior de: La carrière du président Kennedy et la vie politique américaine. Contribution à l'étude du personnel gouvernemental et des courants d'opinion dans les Etats-Unis d'aujourd'hui. — Paris: Cujas 1963. 595 S.

Mollet, Guy: Gespräche mit Chruschtschow. — In: Dokumente 20 (1964), 99—104.

Molnar, Miklos und Laszlo Nagy: Imre Nagy, réformateur ou révolutionnaire? — Genève: Droz; Paris: Minard 1959. 260 S.

Molnar, Thomas: Sartre [Sartre, idéologue of our time, dt.] Ideologe unserer Zeit. (Aus d. Amerikan. übertr. von Jutta u. Theodor Knust.) — (München:) Langen/Müller (1970). 158 S.

Molo, Walter von: So wunderbar ist das Leben. Erinnerungen und Begegnungen. — Stuttgart: Verl. Dtsch. Volksbücher (1957). 458 S.

Molotow, W. M. [Vjačeslav Michailovič Molotov]: Reden auf der Berliner Außenministerkonferenz 25. Januar — 18. Februar 1954. Folge 1. 2. — Berlin: Dietz 1954. 204, 48 S.

Moltke, Freya von, Michael Balfour [u.] Julian Frisby: Helmuth James von Moltke, 1907–1945 (Helmuth von Moltke, dt.) Anwalt der Zukunft. (Ins Dtsch. übertr. u. bearb. von Freya von Moltke.) — Stuttgart: Dtsch. Verl.-Anst. (1975). 369 S.

Mommsen, Wilhelm: Bismarck. Ein polit. Lebensbild. — München: Bruckmann (1959). 259 S.

Mommsen, Wilhelm: Otto von Bismarck in Selbstzeugnissen und Bilddokumenten (Bismarck, Gekürzte Ausg.) (Bibliographie: Klaus Malettke.) — (Reinbek b. Hamburg:) Rowohlt (1966). 185 S.
(Rowohlts Monographien. 122.)

Mommsen, Wolfgang: Karl C. Bruchmann zum Gedenken. – In: Archivar 24 (1971), 345–358.

Mommsen, W[olfgang] J[ustin]: Kurt Riezler, ein Intellektueller im Dienst Wilhelminischer Machtpolitik. In: Gesch. Wiss. Unterr. 25 (1974), 193–208.

Mommsen, Wolfgang J.: Die Vereinigten Staaten von Amerika im politischen Denken Max Webers. — In: Hist. Z. 213 (1971), 358—381.

Mommsen, Wolfgang J[ustin]: Max Weber. Gesellschaft, Politik und Geschichte. – Frankfurt a. M.: Suhrkamp 1974, 280 S.
(Suhrkamp-Taschenbücher. Wissenschaft. 53.)

Mommsen, Wolfgang J[ustin]: Max Weber und die deutsche Politik 1890 —1920. — Tübingen: Mohr 1959. XV, 442 S.

Monelli, Paolo: Mussolini. An intimate life. Transl. by B. Maxwell. — London: Thames & Hudson 1953. 304 S.

Monfreid, Henry de: Sous le masque Mau-Mau. — Paris: Grasset 1956. 256 S.
Über Jomo Kenyatta.

Monnerat, Paul: Hitler jugé par un Suisse. — (Le Landeron, chez l'auteur [1946].) 14 S.

Monnerville, Gaston: Clemenceau. — Paris: Fayard 1968. 762 S.
(Les grandes Etudes historiques.)

Monnet, Jean: Erinnerungen eines Europäers (Mémoires, dt.) Vorw.: Helmut Schmidt. (Aus d. Französ. von Werner Vetter.) – München: Hanser 1978. 671 S.

Monnet, Jean: Les Etats-Unis d'Europe ont commencé. — Paris: Laffont 1955. 172 S.
Reden und Ansprachen aus den Jahren 1952—1954.

Monnet, Jean: Mémoires. – (Paris:) Fayard (1976). 642 S.

Montesi, Gotthard: Der Führer spricht. Adolf Hitler im fragmentarischen Selbstporträt. — In: Wort und Wahrheit 6 (1951), 827—838.

Montgelas, Albrecht Graf und Carl Nützel: Wilhelm Högner. Eine Lebensbeschreibung. — München: Beck 1957. 145 S.

Montgomery of Alamein, Bernard Law Viscount: Memoirs. — London: Collins 1958. 574 S.
Dtsch. Ausg. u. d. T.: Memoiren. Aus d. Engl. von Dietrich Niebuhr. — München: List 1958. 618 S.

Montherlant, Henry de: Tagebücher 1930 bis 1944. Übers. von Karl August Horst. — Köln, Berlin: Kiepenheuer & Witsch 1961. 361 S.

Monticone, Alberto: Nitti e la grande guerra (1914—1918). — Milano: Giuffrè 1961. XVI, 446 S.

Monticone, Alberto: Salandra e Sonnino verso la decisione dell'intervento. — In: Riv. Studi polit. internaz. 24 (1957), 64—89.

Monz, Heinz: Der 150. Geburtstag von Karl Marx in Trier. Mirbach, Thomas: Karl Marx, eine Bibliographie für das Jahr 1968. — Berlin: Histor. Kommission zu Berlin beim Friedrich-Meinecke-Institut der Freien Universität Berlin 1969. 126 S.
(Internationale wissenschaftliche Korrespondenz zur Geschichte der deutschen Arbeiterbewegung. Sonderh. 2.)

Monz, Heinz: Die jüdische Herkunft von Karl Marx. – In: Jb. Inst. dtsch. Gesch. 2 (1973), 173–197.

Monz, Heinz [Hrsg.]: Der unbekannte junge [Karl] Marx. Neue Studien zur Entwicklung des Marxschen Denkens, 1835–1847. – Mainz: v. Hase & Koehler 1973. 311 S.

Mooney, Booth: Lyndon B. Johnson (The Lyndon B. Johnson story, dt.) (Ins Dtsch. übertr. von Ute Erb-Pampusch u. Michael Pampusch.) — Berlin: Colloquium Verl. 1964. 159 S.

Mooney, Booth: The Lyndon Johnson story. — London: Bodley Head 1964. 198 S.

Moore, Bernard: The second lesson. Seven years at the United Nations. Foreword by Vernon Bartlett. — London: Macmillan; New York: St. Martin's Press 1957. X, 229 S.

Moorehead, Alan: Churchill. — London: Thames and Hudson 1960. 143 S.

Moorehead, Alan: Montgomery. A biography. With an introd. by Alan Clark. — London: Hamilton 1967. XVII, 262 S.

Moraes, Frank: Jawaharlal Nehru. A biography. — New York: Macmillan 1956. 521 S.

Morandi, Luigi: Adenauer. Cancelliere della libertà. Pref. di Antonio Segni. (2 ed.) — Brescia: Gatti (1961). 173 S.

Morazé, Charles: Le général de Gaulle et la république. — Paris: Flammarion 1972. 300 S.
(Coll. „Etudes politiques".)

Mordal, Jacques: Qui était Darlan? — In: Rev. Paris, August 1955, 98—111.

Mordant, [Général]: Au service de la France en Indochine (1941—1943). — Saigon: Ed. I. F. O. M. (1951). 220 S.

Morel, Léon: Catroux le Méditerranéan. — Paris: Ed. Internationales 1959. 138 S.

Morgan, Kenneth O[wen]: [David] Lloyd George. Introd. by A[lan] J[ohn] P[ercivale] Taylor. - London: Weidenfeld & Nicolson 1974. 224 S.

Morgan, Kenneth O[wen]: David Lloyd George, Welsh radical as world statesman. — Cardiff: University of Wales Press 1963. 85 S.

Morgan, M. C.: Lenin. — London: E. Arnold 1971. XII, 236 S.

Morgenstern, Günther: Die „Fireside Chats" Franklin D. Roosevelts als politisch-publizistisches Führungsmittel. Ein Beitrag zum Problem der Führung in der modernen Massendemokratie. — o. O. 1959. 269 Bl. [Maschinenschr. vervielf.]
Freiburg i. Br., phil. Diss., 2. Juli 1959.

Morgenthau, Henry: Das Morgenthau-Tagebuch (Morgenthau diary, Ausz. dt.) Dokumente des Anti-Germanismus. Auswahl u. zeitgeschichtl. Hinweise von Hermann Schild. — Leoni a. Starnberger See: Druffel-Verl. (1970). 415 S.

Morison, Elting E[lmore]: Turmoil and tradition. A study of life and times of Henry L. Stimson. — Boston: Houghton Mifflin; Cambridge: Riverside Press 1960. XII, 686 S.

Moro, Aldo: Pensiero politico di Luigi Sturzo. — Napoli: Ediz. Politica Popolare 1959. 46 S.

Morozow, Michael: Leonid Breschnew [Leonid Il'ič Brežnev]. Biographie. - Stuttgart: Kohlhammer (1973). 288 S.

Morris, Joe Alex: Nelson Rockefeller. A biography. — New York: Harper 1960. 369 S.

Morrison, Herbert: An autobiography. — London: Odhams Press 1960. 336 S.

Morsey, Rudolf: Konrad Adenauer und der Nationalsozialismus. - In: Konrad Adenauer. Oberbürgermeister von Köln, Festgabe der Stadt Köln zum 100. Geburtstag ihres Ehrenbürgers am 5. Januar 1976, Köln: Historisches Archiv 1976, 447–497.

Morsey, Rudolf: [Heinrich] Brüning und Adenauer. Zwei deutsche Staatsmänner. - Düsseldorf: Droste (1972). 44 S.

Morsey, Rudolf: Zur Entstehung, Authentizität und Kritik von [Heinrich] Brünings „Memoiren 1918–1934". - (Opladen:) Westdt. Verl. (1975). 54 S.
(Rheinisch-Westfälische Akademie der Wissenschaften. Geisteswissenschaften. Vorträge. G 202.)

Morsey, Rudolf: Clemens August Kardinal von Galen. Versuch einer historischen Würdigung. — In: Jb. Inst. christl. Sozialwissenschaften 7/8 (1966/67) [=Festschrift für Joseph Höffner], 367—382.

Morsey, Rudolf: Zur Problematik einer zeitgeschichtlichen Briefedition. - In: Hist. Z. 221 (1975), 69–95.

Morsey, Rudolf: Die Rolle Konrad Adenauers im Parlamentarischen Rat. — In: Vjh. Zeitgesch. 18 (1970), 62—94.

Morsey, Rudolf: Der Staatsmann im Kölner Oberbürgermeister Konrad Adenauer. - In: Rhein. Vjbll. 40 (1976), 199–211.

Morsey, Rudolf: Vom Kommunalpolitiker zum Kanzler. Die politische Rolle [Konrad] Adenauers in der Zeit der Weimarer Republik und in der Ära der Besatzungsherrschaft (1919–1949). - In: Konrad Adenauer, Ziele und Wege, Mainz: v. Hase & Koehler (1972), 13–81.

Morsey, Rudolf: [Heinrich] Brünings politische Weltanschauung vor 1918. - In: Gesellschaft, Parlament und Regierung, Düsseldorf: Droste (1974), 517–535.

Mortkowicz-Olczakowa, Hanna: Janusz Korczak [dt.] Biographie. (Aus d. Poln. übers. von Henryk Bereska.) — Weimar: Kiepenheuer 1961. 316 S.

Morton, Frederic: Die Rothschilds (The Rothschilds, dt.) Porträt einer Familie. (Ins Dt. übertr. von Hans Lamm.) — (München, Zürich:) Droemer/Knaur (1962). 307 S.

Moser von Filseck, Carl: Politik in Bayern 1919—1933. Berichte des württembergischen Gesandten Carl Moser von Filseck. Hrsg. u. komm. von Wolfgang Benz. — Stuttgart: Dtsch. Verl.-Anst. (1971). 290 S.
(Schriftenreihe der Vierteljahrshefte für Zeitgeschichte. 22/23.)

Moses, John A.: Gewerkschaftliche Kultur- und Klassenkampfaufgabe bei Carl Legien. - In: Deutschland in der Weltpolitik des 19. und 20. Jahrhunderts. Festschrift für Fritz Fischer zum 65. Geburtstag, Düsseldorf: Bertelsmann Universitätsverl. (1973), 185–204.

Moses, John A.: Carl Legien und das deutsche Vaterland im Weltkrieg 1914–1918. - In: Gesch. Wiss. Unterr. 26 (1975), 595–611.

Moses, John A.: Carl Legien als Vorkämpfer der Wirtschaftsdemokratie. - In: Tradition und Neubeginn, Köln: Heymanns (1975), 491–503.

Mosley, Leonard: Curzon. — London: Longmans 1960. 301 S.

Mosley, Leonard: Dulles. A biography of Eleanor, Allen and John Foster Dulles and their family network. - New York: Dial Press 1978. 530 S.

Mosley, Leonard: [Hermann] Göring (The Reich Marschall, dt.) Eine Biographie. Mit e. Einf. von Wolfgang Jacobmeyer. (Ins Dtsch. übertr. von Hans Jürgen Koskull.) - (München:) Desch (1975). 359 S.

Mosley, Leonard: Ein Gott dankt ab (Hirohito, emperor of Japan, dt.) Hirohito, Kaiser von Japan. (Aus d. Engl. von Marianne Lipcowitz.) — (Oldenburg:) Stalling (1967). 302 S.

Mosley, Sir Oswald: The facts. — London: Euphorion 1957. 319 S.

Mosley, Sir Oswald: Ich glaube an Europa (Europe: Faith and plan, dt.) Ein Weg aus d. Krise. Eine Einführung in d. europäische Denken. (Dt. von Heinrich Härtle.) — Lippoldsberg: Klosterhaus-Verl. (1962). 175 S.

Mosley, Sir Oswald: My life. — (London:) Nelson (1968). 521 S.

Mosley, Sir Oswald: Weg und Wagnis (My life, dt.) Ein Leben für Europa. – Leoni a. Starnberger See: Druffel 1973. 416 S.

Moss, W. Stanley: A war of shadows. — London: Boardman 1952. 240 S.
    Erlebnisse auf Kreta, in Mazedonien 1944 und in Siam 1945.

Mossuz, Janine: André Malraux et le Gaullisme. — Paris: Colin 1970. 312 S.
(Cahiers de la fondation nationale des sciences politiques. 177.)

Most, Johann: Ein Sozialist in Deutschland. [Sammlung.] Hrsg. u. mit e. Nachw. vers. von Dieter Kühn. – München: Hanser 1974. 180 S.
(Reihe Hanser. 171.)

Most, Otto: Drei Jahrzehnte an Niederrhein, Ruhr und Spree. (Aus den Lebenserinnerungen.) — Duisburg: W. Braun 1969. 110 S.
(Duisburger Forschungen. Beih. 11.)

Mostar, Gerhart Hermann: La „commandante" de Buchenwald. [Ilse Koch.] — In: Documents 6 (1951), 55—58.

Moulin, Laure: Jean Moulin. En préf. le discours d'André Malraux. — Paris: Presses de la Cité 1969. 486 S.
(Coll. „Coup d'oeil".)

Mourin, Maxime: Ciano contre Mussolini. — (Paris:) Hachette (1960). 190 S.

Mourin, Maxime: Rommel sans légende. — In: Miroir de l'Histoire 6 (1955), H. 63, 417—426.

Mowat, C. L.: Baldwin restored? — In: J. mod. Hist. 27 (1955), 169—174.

Mroßko, Kurt-Dietrich: Richard Calwer, Wirtschaftspolitiker und Schriftsteller, 1868–1927. - In: Lebensbilder aus Schwaben u. Franken 12 (1972), 362–384.

Mühlbradt, Werner: Hans Constantin Paulssen. — Freudenstadt: Lutzeyer (1967). 64 S.
(Persönlichkeiten der Gegenwart. 5.)

Mühle, Dieter: Ludwig Erhard. Eine Biographie. (Eine Veröffentlichung d. Dtsch. Inst. f. Zeitgesch., Berlin.) — Berlin: Dietz 1965. 179 S.

Mühlen, Norbert: Die Krupps (The incredible Krupps, dt.) (Berecht. Übers. aus d. Amerikan. von Walter Purgleitner.) — Frankfurt a. M.: Scheffler (1960). 302 S.

Müller, André: Der Marxist Bertold Brecht. — In: Marxist. Blätter 3 (1965), H. 3, 33—40.

Müller, Artur: Die Sonne, die nicht aufging. Schuld und Schicksal Leo Trotzkis. — Stuttgart: Cotta 1959. 509 S.

Müller, Christian: Oberst i. G. Stauffenberg. Eine Biographie. — Düsseldorf: Droste [1970]. 623 S.
(Bonner Schriften zu Politik und Zeitgeschichte. 3.)

Müller, Georg Alexander von: Der Kaiser... Aufzeichnungen d. Chefs d. Marinekabinetts Admiral Georg Alexander v. Müller über d. Ära Wilhelms II. Hrsg. von Walter Görlitz. — Göttingen: Musterschmidt (1965). 231 S.

Müller, Georg Alexander von: Regierte der Kaiser? Kriegstagebücher, Aufzeichnungen und Briefe des Chefs des Marinekabinetts Admiral Georg Alexander von Müller 1914—1918. Mit einem Vorwort von Sven von Müller hrsg. von Walter Görlitz. — Göttingen, Berlin, Frankfurt a. M.: Musterschmidt (1959). 455 S.

Müller, Hanfried: Von der Kirche zur Welt. Ein Beitrag zu der Beziehung des Wortes Gottes auf die societas in Dietrich Bonhoeffers theologischer Entwicklung. — o. O. 1956. IX, 242 gez. Bl.; Bl. 243—562. [Maschinenschr.]
Berlin, Humboldt-Univ., theol. Diss. 24. Dovember 1956.

Müller, Heinz: Kampftage in Berlin. Ein deutscher Antifaschist und Internationalist berichtet. – Berlin: Dietz 1973. 172 S.

Müller, Helmut: Die Zentralbank, eine Nebenregierung. Reichspräsident Hjalmar Schacht als Politiker der Weimarer Republik. – Opladen: Westdtsch. Verl. 1973. 139 S.
(Schriften zur politischen Wirtschafts- und Gesellschaftslehre. 5.)

Müller, Joachim: Bertold Brecht und sein lyrisches Lebenswerk. — In: Universitas 19 (1964), 479—492.

Müller, Johannes: Vom Geheimnis des Lebens. Gegen den Strom. Erinnerungen. — Schloß Elmau/Obb.: Verl. d. Grünen Blätter 1953. 437 S.

Müller, Josef: Bis zur letzten Konsequenz. Ein Leben für Frieden und Freiheit. – (München:) Süddtsch. Verl. (1975). 384 S.

Müller, Karl Alexander von: Erinnerungen. — Stuttgart: Kilpper; [Bd 3.:] München: Süddtsch. Verl.
    [1.] Aus Gärten der Vergangenheit. 1882—1914. (1951.) 560 S.
    [2.] Mars und Venus. 1914—1919. (1954.) 351 S.
    [3.] Im Wandel einer Welt. 1919—1932. (1966.) 334 S.

Müller, Karl Alexander von: Mars und Venus. Erinnerungen 1914—1919. — Stuttgart: Kilpper 1954. 350 S.

Müller, Klaus-Jürgen: Ludwig Beck. Probleme seiner Biographie. - In: Militärgesch. Mitt. 1972, 167–175.

Müller, Klaus-Jürgen: Ludwig Beck. Ein General zwischen Wilhelminismus und Nationalismus. – In: Deutschland in der Weltpolitik des 19. und 20. Jahrhunderts. Festschrift für Fritz Fischer zum 65. Geburtstag, Düsseldorf: Bertelsmann Universitätsverl. (1973), 513–528.

Müller, Klaus-Jürgen: Staat und Politik im Denken Ludwig Becks. - In: Hist. Z. 215 (1972), 607–631.

Müller, Klaus-Jürgen: Zu Vorgeschichte und Inhalt der Rede Himmlers vor der höheren Generalität am 15. März 1940 in Koblenz. — In: Vjh. Zeitgesch. 18 (1970), 95—120.

Müller, Vincenz: Ich fand das wahre Vaterland. Hrsg. von Klaus Mammach (1.—8. Tsd.) — (Berlin:) Dt. Militärverl. (1963). 492 S.

Müller-Armack, Alfred: Auf dem Weg nach Europa. Erinnerungen und Ausblicke. — Tübingen: Wunderlich (1971). 267 S.

Müller-Jabusch, Maximilian: Oscar Schlitter. Überarb. u. erg. Neudruck d. Erstauflage von 1938. (Hrsg. im Auftr. der Deutschen Bank und ihrer Nachfolgeinstitute.) — (Krefeld) 1955: (Scherpe). 108 S.

Müller-Jentsch, Walther: Ernst Jünger als Ideologe des autoritären Staates und der Restauration. — In: Gewerkschaftl. Monatsh. 16 (1965), 224—233.

Müller-Marein, Josef: Die Bürger und ihr General. Pariser Tagebuch. — Hamburg: Nannen 1959. 214 S.

Müller-Werth, Herbert: Friedrich Rosen. Ein staatsmännisch denkender Diplomat. Ein Beitrag zur Problematik der deutschen Außenpolitik. — Wiesbaden: Steiner (1969). 87 S.

Müllern-Schönhausen, Johannes von: Die Lösung des Rätsels Adolf Hitler. Der Versuch einer Deutung der geheimnisvollsten Erscheinung der Weltgeschichte. — Wien: Verl. zur Förderung wissenschaftl. Forschung 1959. 256 S.

Muench, Aloisius J.: Bilanz einer Nuntiatur, 1946-1959. Schlußbericht des ersten Nuntius in der Nachkriegszeit. Übers., eingel. u. komm. von Ludwig Volk. - In: Stimmen d. Zeit 102 (1977), Bd 195, 147-158.

Münzebrock, August: Amtshauptmann in Cloppenburg 1933—1945. — Cloppenburg: Heimatverl. d. Buchh. Janssen 1962. 104 S.

Münzenberg, Willi: Propaganda als Waffe. [Sammlung.] Ausgew. Schriften 1919-1940. Hrsg. von Til Schulz. - Frankfurt a. M.: März-Verl. 1972. 363 S.

Mütherties, Heinz: Ernst Thälmann — ein deutscher Patriot — Kämpfer gegen Faschismus und Krieg. — In: Wissen und Tat 7 (1952), H. 4, 54—65.

Muhlen, Norbert: Das seltsame Leben der Martha Dodd. — In: Monat 11 (1958/59), H. 121, 59—66.

Muir, Nadejda: Dimitri Stancioff. Patriot and cosmopolitan, 1864—1940. — London: Murray 1957. 287 S.

Muller, Herbert J.: Adlai Stevenson. A study in values. — New York: Harper & Row 1967. 338 S.

Munafò, Stefano: Marcuse, il marxismo e la „nuova sinistra". — In: Mondo Operaio 22 (1969), H. 3, 15—19.

Murín, Karol: Eight fatal days in the life of Dr. Joseph Tiso. — In: Slovakia 7 (1957), H. 1, 13—18.

Murphy, Robert [Daniel]: Diplomat unter Kriegern (Diplomat among warriors, leicht gekürzte Ausg., dt.) 2 Jahrzehnte Weltpolitik in besonderer Mission. (Übers. von Joachim Neugröschel u. Ernst Wilhelm Graf Lynar.) — Berlin: Propyläen-Verl. (1965). 557 S.

Murphy, Robert: Diplomat among warriors. — Garden City: Doubleday 1964. X, 470 S.
Engl. Ausg.: London: Collins 1964. 575 S.

Murray, Nora: I spied for Stalin. — New York: Funk 1951. 256 S.

Murray, Robert K.: The Harding era. Warren G. Harding and his administration. — Minneapolis: University of Minnesota Press 1969. IX, 626 S.

Murray-Brown, Jeremy: [Jomo] Kenyatta. - London: Allen & Unwin 1972. 381 S.

Murti, B. S. N.: Nehru's foreign policy. — New Delhi: Beacon Information & Publications 1953. 183 S.

Mussolini. [Mitarb.:] Cesare Berti [u. a.] A cura di Rivista Romana. 2. ed. rived.e corr. — Roma: Centro Ed. Nazionale 1958. 643 S.
(Collana di Studi Storici. 3.)

Mussolini antwortete Papst Pius (Zwei Briefe aus dem Jahre 1940). — In: Wiking-Ruf 3(1954), H. 5, 4.

Mussolini, Benito: Opera omnia. A cura di Edoardo e Duilio Susmel. — Firenze: La Fenice.
1. Dagli inize all'ultima sosta in Romagna (1 dicembre 1901 — 5 febbraio 1909). 1951. XVI, 296 S.
3. Dalla fondazione de „La lotta di classe" al primo complotto contro Mussolini (9 gennaio 1910 — 13 maggio 1911). 1952. 436 S.
7. Dalla fondazione de „Il Popolo d'Italia" all'intervento (15 novembre 1914 — 24 maggio 1915). 1951. VIII, 532 S.

Mussolini, Benito: Opera omnia. A cura di Edoardo e Duilio Susmel. — Firenze: La Fenice.
5. Dalla direzione dell' „Avanti" alla vigilia della fondazione di „Utopia" (1 dicembre 1912 — 21 novembre 1913). 1953. VI, 416 S.

Mussolini, Benito: Opera omnia. A cura di Edoardo e Duilio Susmel. — Firenze: La Fenice.
11. Dal convegno di Roma agli armistizi (13 aprile 1918 – 12 november 1918). 1953. 530 S.

Mussolini, Benito: Opera omnia. A cura di Edoardo e Duilio Susmel. — Firenze: La Fenice.
31. Dal discorso al Direttorio Nazionale del PNF del 3 gennaio 1942 alla liberazione di Mussolini (4 gennaio 1942 — 12 settembre 1943). 1960. XXIII, 308 S.
33. Opere giovanili (1904—1913). 1961. X, 335 S.

Mussolini, Benito: Opera omnia. A cura di Edoardo e Duilio Susmel. — Firenze: La Fenice.
35. Aggiunte. Scritti e discorsi, lettere, telegrammi, messaggi. Cronologia essenziale dal 13 settembre 1944 al 28 aprile 1945. 1962.
46. Indice generale dei nomi di persona e dei nomi dei periodici. 1963. 262 S.

Mussolini, Edwige: Mio fratello Benito. Memorie raccolte e trascritte da Rosetta Ricci Crisolini. — Firenze: La Fenice 1957. IV, 244 S.

Mussolini, Rachele: Benito, il mio uomo. — Milano: Rizzoli 1958. 352 S.

Mussolini, Rachele: [Benito] Mussolini ohne Maske (Mussolini sans masque, dt.) Erinnerungen. Hrsg. von Albert Zarca. (Ins Dtsch. übertr. von Karin von Zabiensky. Vorw. zur dtsch. Ausg. von Fritz Richert.) – Stuttgart: Dtsch. Verl.-Anst. (1974). 215 S.

Mussolini, Vittorio: Vita con mio padre. — Milano: Mondadori 1957. 245 S.

(**Muth**, Heinrich:) Bemerkungen zum Rommel-Film. — In: Gesch. Wiss. Unterr. 3 (1952), 671—675.

Muth, Heinrich: Quellen zu Brüning. — In: Gesch. Wiss. Unterr. 14 (1963), 221—236.

Muth, Heinrich: Carl Schmitt in der deutschen Innenpolitik des Sommers 1932. – In: Beiträge zur Geschichte der Weimarer Republik, München: Oldenbourg 1971, 75–147.

Muthesius, Volkmar: Augenzeuge von drei Inflationen. Erinnerungen und Gedanken eines Wirtschaftspublizisten. - Frankfurt a. M.: Knapp (1973). 239 S.

Muynek, Gust de: Churchills Europapolitik. Die alten Motive und die neuen Methoden. — In: Außenpolitik 5 (1954), 573—583.

Myagkov, Aleksei: KGB intern (Inside the KGB, dt.) Enthüllungen eines Offiziers der III. Hauptabteilung. (Aus d. Engl. von Henry Hellmann.) - Stuttgart: Seewald 1977. 201 S.

Myrdal, Gunnar: Aufsätze und Reden [Teilsamml., dt.] (Aus d. Engl. übers. von Michael Lang.) — (Frankfurt a. M.:) Suhrkamp (1971). 154 S.
(*Edition Suhrkamp. 492.*)

Na'aman, Shlomo: Otto Dammer, der erste deutsche Arbeiterfunktionär aus den Reihen der proletarischen Intelligenz. - In: Jb. Inst. dtsch. Gesch. 2 (1973), 287–320.

Na'aman, Shlomo: Lassalle. — Hannover: Verl. f. Literatur u. Zeitgeschehen (1970). XV, 890 S.
(*Veröffentlichungen des Instituts für Sozialgeschichte, Braunschweig.*)

Der **Nachlaß** des Reichskanzlers Wilhelm Marx. Bearb. von Hugo Stehkämper. — Köln: Neubner.
1. 1968. XII, 520 S.
2. 1968. VII, 490 S.
3. 1968. VI, 427 S.
4. 1968. XIX, 558 S.
(*Mitteilungen aus dem Stadtarchiv von Köln. 52.53.54.55.*)

Nadich, Judah: Eisenhower and the Jews. — New York: Twayne Publ. 1953. 271 S.

Nadler, Josef: Josef Weinheber. Die Geschichte seines Lebens und seiner Dichtung. — Salzburg: O. Müller (1952). 446 S.

Nadolny, Rudolf: Mein Beitrag. — Wiesbaden: Limes-V. (1955). 188 S.

Näf, Werner: Heinrich Ritter von Srbik (1878—1951). — In: Hist. Z. 173 (1952), 95—101.

Naegelen, Marcel-Edmond: Tito. — Paris: Flammarion 1961. 247 S.

Nagy, Bela: Journal d'un insurgé hongrois. — Paris: Ed. de la Pensée Moderne 1956. 221 S.

Nagy, Imre: On communism. In defence of the new course. Foreword by Hugh Seton-Watson. — London: Thames & Hudson 1957. XLIV, 306 S.

Nagy, Imre: Politisches Testament. Mit einem Vorwort von Hugh Seton-Watson. — (München): Kindler (1959). 376 S.

Nagy, Imre: Meine Überzeugungen. — In: Hinter dem Eisernen Vorhang 3 (1957), H. 7, 3—18.

Nair, L. R. [Ed.]: Motilal Nehru. — New Delhi: Motilal Nehru Centenary Committee 1962. 203 S.

Nal, Louis: La bataille de Grenoble. Mémoires posthumes. Prés. par Joseph Pérrin. — Paris: Ed. de Deux Miroirs 1964. 320 S.

Namier, L. B.: Halder on Hitler. — In: Nat. & Engl. Rev. 133 (1949), 536—542.

Namier, L. B.: Richard von Kühlmann. The story of a German diplomatist. — In: Quart. Rev. 288 (1950), 356—372.

Nanda, B. R.: The Nehrus. Motilal and Jawaharlal. – London: Allen & Unwin 1962; New York: Day 1963. 357 S.

Nanita, Abelardo R.: Trujillo. The biography of a great leader. — New York: Vantage Press 1957. XVII, 222 S.

Nantet, Jacques: Pierre Mendès-France. — Paris: Edit. du Centurion 1967. 272 S.
(*Coll. „Hommes présents".*)

Nardone, Giorgio: Il pensiero di Gramsci. — Bari: De Donato 1971. 537 S.

Naroun, Amar: Ferhat Abbas. Ou: Les chemins de la souveraineté. — Paris: Denoel 1961. 183 S.

Narvaez, Louise: Degrelle m'a dit. — Paris: Ed. Airmeca, Diff. M. L. F. 1961. 504 S.

Nash, Gerald D.: Franklin D. Roosevelt and labor. The World War I origins of early New Deal policy. — In: Labor History 1 (1960), H. 1, 39—52.

Nash, Jay Robert: Citizen [J. Edgar] Hoover. A critical study of the life and times of J. Edgar Hoover and his FBI. - Chicago: Nelson-Hall (1972). 298 S.

Naske, Karl E.: Tito. Der eigene Weg. — Kreuzweingarten: Zeitbiograph. Verl. 1963. 139 S.

Naso, Eckardt von: Ich liebe das Leben. Erinnerungen aus fünf Jahrzehnten. — Hamburg: Krüger 1953. 728 S.

Natan, Alex: Sir Lewis Namier. Historiker mit Vorurteilen. — In: Vjh. Zeitgesch. 1 (1953), 352—356.

Nattiez, Jean-Jacques: Fidel Castro, avec ses textes essentiels. — Paris: Seghers 1968. 200 S.
(*Coll. „Destins poliques". 7.*)

Naudé, Horst: Im Protektorat Böhmen und Mähren, März 1939 - Mai 1945. Erinnerungen, Erlebnisse, persönliche Urteile. - München: Sudetendtsch. Arch. 1973. 195, 14 S.
(*Dokumentationsreihe des Sudetendeutschen Archivs.*)

Naumann, Friedrich: Werke. ([Hrsg.] im Auftr. d. Friedrich Naumann-Stiftung.) — Köln, Opladen: Westdt.Verl.
(1.) Religiöse Schriften. Hrsg. von Walter Uhsadel. 1964. XXXI, 959 S.

Naumann, Friedrich: Werke. (Hrsg. im Auftr. d. Friedrich-Naumann-Stiftung.) — (Köln:) Westdtsch. Verl.
2. Schriften zur Verfassungspolitik. Hrsg. von Theodor Schieder. Bearb. von Wolfgang Mommsen. 1964. LX, 649 S.
4. Schriften zum Parteiwesen und zum Mitteleuropaproblem. Bearb. von Thomas Nipperdey u. Wolfgang Schieder. 1966. XXVII, 1041 S.

Naumann, Friedrich: Werke. ([Hrsg.:] im Auftr. d. Friedrich-Naumann-Stiftung.) — (Köln:) Westdtsch. Verl.
3. Schriften zur Wirtschafts- und Gesellschaftspolitik. Bearb. von Wolfgang Mommsen. 1966. XXXII, 563 S.
5. Schriften zur Tagespolitik. Bearb. von Alfred Milatz. 1967. XVI, 770 S.

Naumann, Horst: Emil Eichhorn, das Leben eines Revolutionärs. — In: Beitrr. Gesch. dtsch. Arbeiterbew. 11 (1969), 483—490.

Naumann, Horst: Ernst Thälmann im ersten Weltkrieg und in der Novemberrevolution. Eine biographische Skizze über seine Tätigkeit vom Sommer 1914 bis zur Wahl zum Vorsitzenden der Ortsgruppe Hamburg der USPD ⟨Mai 1919⟩. - In: Z. Geschichtswiss. 24 (1976), 1424–1436.

Naumann, Horst: Verkörperung des Kampfes dreier Generationen der revolutionären Arbeiterbewegung. Wilhelm Koenen. — In: Beitrr. Gesch. Arbeiterbew. 13 (1971), 287—295.

Naumann, Horst: Ernst Thälmann's Wirken in der Arbeiterbewegung in Hamburg vor dem Ersten Weltkrig. - In: Z. Geschichtswiss. 22 (1974), 1049–1059.

An anti-Hitler nazi. The ideology of Otto Strasser. — In: Wiener Libr. Bull. 9 (1955), 28.

Neatby, H. Blair: William Lyon Mackenzie King. Vol. 2. 1924—1932. The lonely heights. — [Toronto:] University of Toronto Press (1963). XII, 452 S.

Neathby, H. Blair: William Lyon Mackenzie King. — Toronto: University of Toronto Press.
5. 1952–1959. The prism of unity. 1976. X, 366 S.

Nebgen, Elfriede: Jakob Kaiser. Der Widerstandskämpfer. — Stuttgart: Kohlhammer (1967). 245 S.

Needler, M. C.: Hitlers anti-semitism. A political appraisal. — In: Publ. Opin. Quart. 24 (1960), 665—669.

Jawaharlal **Nehru.** An autobiography. With musings on recent events in India. — London: Bodley Head 1953. XIII, 623 S.

Nehru, Jawaharlal: Before and after independence. A collection of the most important and soul-stirring speeches during the most important years in India's history 1922—1950. Ed. by J. S. Bright. Vol. 1. 2. — New Delhi: Ind. Print. Works [1950]. 612 S.

Nehru, Jawaharlal: Speeches 1949—1953. — Delhi: The Publications Division 1954. 586 S.

Nehru, Jawaharlal: Speeches 1953—1957. — Delhi: The Publications Division 1959. 527 S.

Nehru, Jawaharlal: Summe meines Denkens (The Quintessence of Nehru, dt.) Hrsg. u. eingel. von K. T. Narasimha Char. (Aus d. Engl. übertr. von Paul Baudisch.) — (München:) Kindler (1962). 361 S.

Nehru, Jawaharlal: Die friedliche Völkerkoexistenz, der einzig mögliche Weg. — In: Internat. Politik [Beograd] 6 (1955), H. 126/128, 3—4.

Nehru, Jawaharlal: Indiens Weg zur Freiheit. Die Autobiographie des indischen Ministerpräsidenten. — Frankfurt a. M.: Europ. Verl. Anst. 1956. 624 S.

Nejkow, Peter: Unruhiger Balkan. Erinnerungen eines ehemaligen bulgarischen Diplomaten. — Berlin: Verl. d. Nation (1964). 284 S.

Nemec, Ludvik: Stephen Cardinal Trochta. An educator, a churchman and an ecumenist. - In: Bohemia 17 (1976), 282–324.

Nenni, Pietro: Intervista sul socialismo italiano. - Bari: Laterza 1977. 170 S.

Nenni, Pietro: Taccuino 1942. — Milano: Ed. Avanti 1955. 161 S.

Netea, Vasile: Nicolae Titulescu. Vorw. von Mircea Malița. — Bukarest: Verl. Meridiane 1969. 86 S.

Neton, Albéric: Delcassé (1852—1923). — Paris: Académie Diplomatique Internationale 1952. 587 S.

Nettl, Peter [John]: Rosa Luxemburg (Rosa Luxemburg, dt.) (Aus d. Engl. von Karl Römer.) — Köln: Kiepenheuer & Witsch (1967). 930 S.

Netzer, Hans-Joachim: Giovanni Gronchi. — In: Dtsch. Rdsch. 81 (1955), 788—790.

Neubacher, Hermann: Sonderauftrag Südost 1940—1945. Bericht eines fliegenden Diplomaten. — Göttingen, Berlin, Frankfurt a. M.: Musterschmidt (1956). 215 S.

Neubauer, Helmut: Über den Wert und Unwert von Memoiren. Kerenskij und das Revolutionsjahr 1917. — In: Osteuropa 19 (1969), 612—617.

Neubronn, Alexander Frhr. von: Als „Deutscher General" bei Pétain. — In: Vjh. Zeitgesch. 4 (1956), 227—250.

Neubronn, Alex. von: Ein Soldat blickt zurück. Souvenirs des années 1939 à 1945. — In: Documents 7 (1952), 325 – 329.

Neugebauer, Max: Die Nationalitätenpolitik Karl Renners. — In: Donauraum 4 (1959), 219—225.

Neuman, H. J.: Konrad Adenauer. — 's-Gravenhage: Kruseman 1964. 108 S.

Neuman, H[endricus] J[ohannes]: Arthur Seyss-Inquart [dt.] (Aus d. Holländ. von Karl Ernst Mittring.) — Graz: Verl. Styria (1970). 396 S.

Neumann, E[rich] P[eter] und E[lisabeth] Noelle [-Neumann]: Umfragen über Adenauer. Ein Porträt in Zahlen. — (Allensbach u. Bonn:) Verl. f. Demoskopie (1961). XV, 158 S.

Neumann, Siegfried: Nacht über Deutschland. Vom Leben und Sterben einer Republik. Ein Tatsachenbericht. - München: List (1978). 131 S.

Neumann-Hoditz, Reinhold: Ho Tschi Minh in Selbstzeugnissen und Bilddokumenten. — Reinbek b. Hamburg: Rowohlt 1971. 183 S.
  (Rowohlts Monographien. 182.)

Neuner, Josef: Gespräch mit Radhakrishnan. Zur Verleihung des Friedenspreises des deutschen Buchhandels. — In: Stimmen d. Zeit 169 (1961/62), 241—254.

Neusüß, Arnhelm: Utopisches Bewußtsein und freischwebende Intelligenz. Zur Wissenssoziologie Karl Mannheims. — Meisenheim a. Glan: Hain 1968. 302 S.
  (Marburger Abhandlungen zur Politischen Wissenschaft. 10.)

Nevermann, Paul: Dem Ganzen verpflichtet. Reden u. Aufsätze aus d. Jahren 1959—1961. Mit e. Einf. von Erich Lüth. — (Hamburg 1961: Auerdr.) 142 S.

Nevermann, Paul: Der Weg zur Mehrheit. Reden u. Aufsätze aus d. Oppositionszeit 1953—1957. Mit e. Vorw. von Karl Vittinghoff u. e. Einf. von Erich Lüth. — (Hamburg [1959]: Auerdr.) 152 S.

Nevins, Allan und Frank Ernest Hill: Ford. Expansion and challenge, 1915—1933. — New York, London: Scribner's 1957. XVIII, 714 S.

Newcastle, Percy Lord: Some memories. — London: Eyre & Spottiswoode 1958. 223 S.

Newfield, Jack: Robert Kennedy. A memoir. — New York: Dutton 1969. 318 S.

Newhouse, John: De Gaulle and the Anglo-Saxons. — New York: Viking Press 1970. VIII, 374 S.

Newman, Albert H.: The assassination of John F. Kennedy. The reasons why. — New York. Potter 1970. XIII, 622 S.

Newman, Bernard: The Sosnowski affair. Inquest on a spy. — London: Laurie (1954). 203 S.

Newman, Edward Polson: Masaryk. — London: Campton Press 1960. VIII, 242 S.

Nicholls, David: Few are chosen. Some reflections on the politics of A[rthur] J[ames] Balfour. — In: Rev. Politics 30 (1968), 33—42.

Nickolls, L. A.: Our gracious Queen [Elizabeth II.] — London: Macdonald 1958. 112 S.

Nicolaevsky, B[oris] und O[tto] Maenchen-Helfen: Karl Marx. Eine Biographie. — Hannover: Dietz (1963). XII, 419 S.

Nicolas, M.: Avec Pierre Poujade sur les routes de France. Préf. de P. Poujade. — Les Sables d'Olonne: Ed. de l'Equinoxe 1955. 192 S.

Nicolet, Claude: Pierre Mendès-France ou le métier de Cassandre. — Paris: Julliard 1959. 252 S.

Nicolini, Fausto: Benedetto Croce. — Torino: Unione tipografico editrice torinese 1962. 538 S.

Nicolson, Harold: Diaries and letters. Ed. by Nigel Nicolson. Vol. 1—3. — London: Collins.
  [2.] 1939—1945. 1967. 511 S.
  [3.] 1945—1962. 1968. 448 S.

Nicolson, Harold: Georg V. [von England] (King George the Fifth, dt.) Aus d. Englischen übertr. von Herbert Thiele-Fredersdorf. — München: C. H. Beck 1945. XIX, 646 S.

Nicolson, Harold: King George the Fifth. — London: Constable 1952. XXIII, 570 S.

Nicolson, Sir Harold George: Diaries and letters, 1930—1939. Ed. by Nigel Nicolson. — London: Collins 1966. 447 S.

Nicolson, Nigel: Alex. The life of the Field Marshal Earl Alexander of Tunis. - New York: Atheneum Publ. 1973. 346 S.

Niedermayer, Franz: Ernesto Cardenal. - In: Stimmen d. Zeit 98 (1973), Bd 191, 835–848.

Niekisch, Ernst: Erinnerungen eines deutschen Revolutionärs. Bd [1.] 2. - Köln: Kiepenheuer & Witsch.
  2. Gegen den Strom 1945–1967. (1974). 310 S.

Niekisch, Ernst: Gewagtes Leben. Begegnungen und Begebnisse. — Köln, Berlin: Kiepenheuer & Witsch (1958). 390 S.

Niekisch, Ernst: Politische Schriften. — Köln: Kiepenheuer & Witsch (1965). 347 S.

Nielsen, Frederic W.: Emigrant für Deutschland in der Tschechoslowakei, in England und in Kanada. Tagebuchaufzeichnungen, Aufrufe, Berichte aus den Jahren 1933–1943. Mit einem Sonderband: Zitate und Kommentare. - Darmstadt: Bläschke (1977).
  [Hauptw.] 515 S.
  [Sonderbd] Mit Quellennachweis, Personen- und Sachregister. 89 S.

Niemöller, Martin: Briefe aus der Gefangenschaft Moabit. Hrsg.: Wilhelm Niemöller. - Frankfurt a. M.: Lembeck (1975). 348 S.

Niemöller, Martin: Reden 1955—1957. — Darmstadt: Verl. „Stimme der Gemeinde" 1957. 230 S.

Niemöller, Martin: Reden 1958—1961. — Frankfurt/M.: Stimme-Verl. 1961. 326 S.

Niemöller, Martin: Reden 1961—1963. Eine Welt oder keine Welt? — Frankfurt a. M.: Stimme-Verl. 1964. 229 S.

Niemöller, Martin: Reden, Predigten, Denkanstöße 1964–1976. Mit e. Geleitw. von Walter Kreck. Hrsg. von Hans Joachim Oeffler. - (Köln:) Pahl-Rugenstein (1977). 294 S.
  (Kleine Bibliothek. 69.)

Niemöller, Wilhelm: Gustav Heinemann, Bekenner der Kirche. [2., erw. neubearb., verb., verm. Aufl.] — Gütersloh: Verl. Kirche und Mann (1970). 61 S.

Niemöller, Wilhelm: Aus dem Leben eines Bekenntnispfarrers. — Bielefeld: Bechauf (1961). 287 S.

Niemöller, Wilhelm: Macht geht vor Recht. Der Prozeß Martin Niemöllers. — München: Kaiser 1952. 117 S.

Niemöller, Wilhelm: Neuanfang 1945. Zur Biographie Martin Niemöllers nach seinen Tagebuchaufzeichnungen aus dem Jahre 1945. Wolfgang Sucker: Martin Niemöller als Kirchenpräsident. Adolf Wischmann: Martin Niemöller als Leiter des kirchlichen Außenamtes. — Frankfurt a.M.: Stimme-Verl. (1967). 133 S.
(Antworten. 16.)

Niemöller, Wilhelm: Martin Niemöller. Ein Lebensbild. — München: Kaiser 1952. 19 S.

Niemöller, Wilhelm: Aus der Polizeiakte des Bekenntnispfarrers Joachim Beckmann. — In: Zur Geschichte des Kirchenkampfes, Bd 1, Göttingen: Vandenhoeck & Ruprecht 1965, 217—257.

Niemöller, Wilhelm: Verkündigung und Fürbitte. Der Prozeß des Hauptpastors Wilhelm Jannasch. — In: Zur Geschichte des Kirchenkampfes, Bd 2, Göttingen: Vandenhoeck & Ruprecht 1971, 139—163.

Niethammer, Lutz: Die Unfähigkeit zur Stadtentwicklung. Erklärung der seelischen Störung eines Communalbaumeisters in Preußens größtem Industriedorf. - In: Soziale Bewegung und politische Verfassung, Stuttgart: Klett (1976), 432–471.
[Heinz Voßkühler]

Nikulin, Lev: Tuchačevskij [Tuchatschewski]. Biografičeskij očerk. — Moskva: Izd. Ministerstva Oborony SSSR 1964. 198 S.

Nilson, Sten Sparre: Knut Hamsun und die Politik [En ørn i uvaer, dt.] (Aus d. Norweg. übers. u. zusammen mit d. Autor bearb. von Fritz Nothardt.) — Villingen: Ring-Verl. (1964). IV, 240 S.

Nitti, Francesco Saverio: Meditazioni e ricordi. — Milano: Mondadori 1953. 269 S.

Nitti, Francesco Saverio: Rivelazioni dramatis personae. — Napoli: Edizioni Scientifiche Italiane 1948. 623 S.

Nitti, Francesco Saverio: Scritti politici. — Bari: Laterza.
1. L'Europa senza pace. La decadenza dell'Europa. La tragedia dell'Europa. 1959. XL, 722 S.

Nitti, Francesco Saverio: Scritti politici. — Bari: Laterza.
2. Ed.: Gabriele de Rosa. 1961. XXIII, 371 S.
4. Ed.: Guglielmo Negri. 1962. 627 S.

Nixon, Edgar [Ed.]: Franklin D. Roosevelt and foreign affairs. — Cambridge, Mass.: Belknap Press 1969. 3 vol.

Nixon, Edgar B. [Comp., Ed.]: Franklin D. Roosevelt and conservation 1911—1945. — Hyde Park, N. Y.: Franklin D. Roosevelt Library 1957.
1. 1911—1937. XIV, 614 S.
2. 1937—1945. 700 S.

Nixon, Richard: The memoirs. - New York: Grosset & Dunlap (1978). XI, 1120 S.

Nkrumah, Kwame: Schwarze Fanfare. Meine Lebensgeschichte. (Ghana, autobiography of Kwame Nkrumah, dt. Aus d. Engl. von Ludwig Holzner.) — München: List 1958. 268 S.
(List Bücher. 121.)

Nkrumah, Kwame: I speak of freedom. A statement of African ideology. — London: Heinemann 1961. XIV, 291 S.

Noack, Paul: Ludwig Ficker und „Der Brenner". — In: Monat 17 (1964/65), H. 194, 38—48.

Noble, Bernard G.: Christian A. Herter. — New York: Cooper Square Publ. 1970. XII, 333 S.
(The American Secretaries of State and their Diplomacy. 18.)

Noel, Gerard Eyre: Harold Wilson. Sein Aufstieg mit der Labour Party. — Düsseldorf: Droste 1964. 240 S.

Noguères, Louis: Le véritable procès du maréchal Pétain. — Paris: Fayard 1955. 662 S.

Noguères, L.: Le véritable procès du Maréchal [Philippe] Pétain. - Genève: Edito-Service 1972. 660 S.

Nolfo, Ennio di: Mussolini e la politica estera italiana (1919—1933). — Padova: CEDAM 1960. VI, 315 S.
(Pubblicazioni della Facoltà di Scienze Politiche dell'Università di Padova. 5.)

Nollau, Günther: Das Amt. 50 Jahre Zeuge der Geschichte. - München: Bertelsmann (1978). 303 S.

Nolte, Ernst: Marx und Nietzsche im Sozialismus des jungen Mussolini. — In: Hist. Z. 191 (1960), 249—335.

Nolte, Ernst: Eine frühe Quelle zu Hitlers Antisemitismus. — In: Hist. Z. 192 (1961), 584—606.

Nolte, Ernst: Max Weber vor dem Faschismus. — In: Staat 2 (1963), 1—24.

Norden, Albert: Fünf Jahrzehnte im Dienst seiner Klasse. Ausgew. Aufsätze und Reden 1922-1974. (Institut für Marxismus-Leninismus beim ZK der SED.) - Berlin: Dietz 1974. 578 S.

Norden, Albert: Ewiger Separatist auf dem Kanzlerstuhl. [Konrad Adenauer.] — In: Dokumentation der Zeit, H. 36 (Dez. 1952), 1661—1664.

Norman, Charles: Ezra Pound. — New York: Macmillan 1960. XVI, 493 S.

Norris, Albert George Samuel: A very great soul. A biographic character study of Sir Winston S. Churchill. — Edinburgh: Internat. Publ. Co. 1957. XVI, 336 S.

Norton, Donald H.: Karl Haushofer and the German Academy 1925—1945. — In: Centr. Europ. Hist. 1 (1968), 80—99.

Nostiz, Siegfried von: Algerisches Tagebuch, 1960—1962. — Düsseldorf: Econ-Verl. 1971. 266 S.

Novák, Jaroslav: Im Zeichen zweier Kreuze. Franz Karmasins und Ferdinand Durčanskýs Glanz u. Fall. [Hrsg.:] Verb. d. Antifaschist. Widerstandskämpfer Prag. — Prag: Orbis 1962. 78 S.

Noville, Jean Albert: Au service de son temps. Paul van Zeeland et la politique étrangère de la Belgique. — Bruxelles: L. de Meyer 1954. 267 S.

Novotny, Alexander: Ignaz Seipel im Spannungsfeld zwischen den Zielen des Anschlusses und der Selbständigkeit Österreichs. — In: Österr. Gesch. Lit. 7 (1963), 260—266.

Nowak, Josef: Mensch auf den Acker gesät. Kriegsgefangen in der Heimat. — Hannover: Sponholtz 1956. 224 S.

Nowotny, Rudolf: Walter Nowotny. Berichte aus dem Leben meines Bruders. — Leoni a. Starnb. See: Druffel-V. (1957). 139 S.

Nuechterlein, James A.: Arthur M. Schlesinger, Jr., and the discontents of postwar American liberalism. - In: Rev. Politics 39 (1977), 3-40.

Nunnerly, David: President Kennedy and Britain. — London: Bodley Head 1972. XII, 242 S.

Nuschke hat vielen geholfen. — In: Neue Politik 3 (1958), H. 4, 5—6.

Otto **Nuschke.** Mensch, Politiker, Journalist. — Berlin: Union-V. 1953. 186 S.

Nuschke, Otto: Mahnung und Beispiel. Reden und Aufsätze aus den Jahren 1951—1957. — Berlin: Union-V. 1958. 338 S.

Nutter, G[ilbert] Warren: [Henry A.] Kissinger's grand design. With a forew. by Melvin R. Laird. - Washington, D. C.: Amer. Enterprise Inst. for Publ. Policy Research (1975). 111 S. *(Foreign Affairs Studies. 27.)*

Nutting, Anthony: I saw for myself. The aftermath of Suez. — London: Hollis & Carter 1958. VIII, 103 S.

Nutting, Anthony: Nasser. — New York: Dutton 1972. 493 S.

Nyerere, Julius K.: Freedom and unity. Uhuru na Umoja. A selecting form writings and speeches. — London: Oxford University Press 1967. 366 S.

Oberkofler, Gerhard: Die Reise Walter Ulbrichts nach Wien im Jahre 1924. Eine Episode aus der Geschichte der revolutionären Arbeiterbewegung in Österreich. - In: Österr. Gesch. Lit. 19 (1975), 153-159.

Der Fall **Oberländer.** — In: Widerstandskämpfer 1960, H. 2, Sondernummer.

Obitschkin, G. D. (**Običkin,** G[ennadij] D[mitrievič] [u.] M. J. Pankratowa (M[arIja] J[akovlevna] Pankratova): Die Briefe Lenins (Pis'ma Vladimira Il'iča Lenina, dt.) (Aus d. Russ. Übers. von e. Kollektiv d. Lenin-Abt. d. Inst. für Marxismus-Leninismus beim ZK d. SED.) — Berlin: Dietz 1970. 266 S.

O'Connor, Raymond G.: Diplomacy for victory. FDR [Franklin Delano Roosevelt] and unconditional surrender. — New York: Norton 1971. 143 S.

Odložilík, Otakar: Edvard Beneš on Munich days. — In: J. Centr. Europ. Aff. 16 (1956/57), 384—393.

O'Doherty, Katherine: Assignment America. De Valera's mission to the United States. — New York: De Tanko 1957. 207 S.

Oehme, Walter: Damals in der Reichskanzlei. Erinnerungen aus den Jahren 1918/19. — Berlin: Kongreß-Verl. 1958. 366 S.

Gustav **Oelsner.** Porträt eines Baumeisters. Im Auftr. d. Freien Akademie d. Künste in Hamburg hrsg. von Erich Lüth. — Hamburg: Bueckschmitt 1960. 107 S.

Oelßner, Fred: Rosa Luxemburg. Eine kritische biographische Skizze. — Berlin: Dietz 1951. 216 S.

Oelze, Regina: Mein dreijähriger Aufenthalt im KZ Theresienstadt vom 20. 7. 1942 bis zum 20. 7. 1945. (Hrsg.: Alida Oelze.) - Recklinghausen (1978): Bitter. 28 S.

Österreich und Europa. Festgabe für Hugo Hantsch zum 70. Geburtstag. Hrsg. vom Inst. f. österr. Geschichtsforschung u. von d. Wiener Kathol. Akademie. — Graz, Wien, Köln: Styria 1965. 616 S.

Österreich, Tina: Gleichheit, Gleichheit über alles. Alltag zwischen Elbe und Oder. - Stuttgart: Seewald (1978). 283 S.

Oestreich, Gerhard: Fritz Hartung als Verfassungshistoriker ⟨1883—1967⟩. — In: Staat 7 (1968), 447—469.

Ohse, Bernhard: Der Patriarch. Athenagoras I. von Konstantinopel. Ein ökumenischer Visionär. — Göttingen: Vandenhoeck & Ruprecht (1968). 235 S.

Okupacja i ruch oporu w dzienniku Hansa Franka [Hans Frank] 1939—1945. [Auswahl und Überarbeitung durch eine Gruppe unter der wissenschaftlichen Leitung von Stanisław Płoski.] — Warszawa: Książka i Wiedza 1970.
1. 1939—1942. 617 S.
2. 1943—1945. 675 S.

Olasz, F.: Benito Mussolini a Trento 1909. — Milano: Santo Bravetta 1958. 63 S.

Oliver, Robert Tarbell: Syngman Rhee. The man behind the myth. — New York: Dodd, Mead 1954; London: Hale 1955. X, 380 S.

Ollenhauer, Erich: Reden und Aufsätze. Hrsg. von Fritz Sänger. — (Hannover:) Dietz (1964). 357 S.

Ollenhauer, Erich: Ein großer Sozialist. Gewürdigt von: Willy Brandt, Walther G[eorg] Oschilewski [u. a.] — Berlin: arani Verl. (1964). 133 S.

Omari, T. Peter: Kwame Nkrumah. The anatomy of an African dictatorship. — London: Clarendon Press 1971. XIX, 229 S.

Oncken, Hermann: Lassalle. Zwischen Marx und Bismarck. Mit e. Vorw. von Felix Hirsch. (5., neu bearb. Aufl. Hrsg. von Felix Hirsch.) — Stuttgart: Kohlhammer (1966.) 399 S.

O'Neill, Robert J[ohn]: General Giap. Politician and strategist. — Melbourne: Cassell Australia 1969. XII, 219 S.

Oppel, Kurt: Friedrich Naumann. Zeugnisse seines Wirkens. Lebensbild u. Auswahl. — Stuttgart: Calwer Verl. (1961). 232 S. *(Begegnungen. 5.)*

Oppenheim, Ralph: An der Grenze des Lebens. Theresienstädter Tagebuch. (Berecht. Übertr. aus d. Dän. von Albrecht Leonhardt.) — Hamburg: Rütten & Loening (1961). 250 S.

Oppenheimer, Franz: Erlebtes, Erstrebtes, Erreichtes. Lebenserinnerungen. Geleitw. von Ludwig Erhard u. mit e. Einl. von Joachim Tiburtius. Erg. durch Berichte u. Aufsätze von u. über Franz Oppenheimer. Hrsg. von L. Y. Oppenheimer. — (Düsseldorf:) Melzer (1964). 372 S.

Oppenheimer, Max: Das kämpferische Leben der Johanna Kirchner. Porträt einer antifaschistischen Widerstandskämpferin. — Frankfurt a. M.: Röderberg 1974. 48 S.
(Das antifaschistische Porträt.)

Oprea, Ion M.: Nicolae Titulescu. — București: Edit. Științifică 1967. 406 S

Politische **Ordnung** und menschliche Existenz. Festgabe f. Eric Voegelin zum 60. Geburtstag. Hrsg. von Alois Dempf, Hannah Arendt u. Friedrich Engel-Janosi. — München: Beck 1962. IX, 634 S.

Ordžonikidze, G. K.: Stat'i i reči v dvuch tomach. I: 1910—1926 gg. — Moskva: Gospolitizdat 1956. XII, 516 S.

Ordžonikidze, Zinaida Gavrilovna: Der Weg eines Bolschewiks (Put' bol'ševika, dt.) Aus dem Leben G. K. Ordžonikidzes. Aus d. Russ. übers. von Nikolaj Ščerbina. — Berlin: Dietz 1959. 414 S.

Orfei, Ruggero: |Giulio| Andreotti. — Milano: Feltrinelli 1975. 252 S.

Orga, Irfan: Phoenix ascendant [Atatürk]. — London: Hale 1958. 205 S.

Orlando, Vittorio Emanuele: Memorie 1915—1919. Ed.: Rodolfo Mosca. Prefaz. di Rodolfo Mosca e Mario Toscano. — Milano: Rizzoli 1960. 630 S.

Orlov, Alexander: The secret history of Stalin's crimes. — New York: Random House 1953. XVI, 366 S.

Ornes, German E.: Trujillo, little Caesar of the Carribbean. — New York: Nelson 1958. 338 S.

Orth, Wilhelm: Der Bürgermeister von Zobbenitz. Lebensstationen des Liberaldemokraten Otto Oelze. Aufgezeichnet von Wilhelm Orth. Hrsg. vom Sekretariat des Zentralvorstandes der Liberal-Demokratischen Partei Deutschlands. — (Berlin:) Der Morgen (1976). 116 S.
(Schriften der LDPD. 15.)

Orth, Wilhelm: Walther Rathenau und der Geist von Rapallo. Größe u. Grenzen e. dt. Bürgers. — Berlin: Buchverl. Der Morgen 1962. 166 S.

Oschilewski, Walther G[eorg]: Gustav Dahrendorf. Ein Kämpferleben. — Berlin: Arani-V. (1955). 42 S.

Oschilewski, Walther G[eorg] [Hrsg.]: Wirkendes, sorgendes Dasein. Begegnungen mit Adolf Grimme. — Berlin-Grunewald: Arani-Verl. (1959). 192 S.

Oschilewski, Walther G[eorg]: Am Hebelwerk der Geschichte. Kurt Schumacher zum Gedächtnis. — Berlin-Grunewald: arani Verl.-Ges. (1962). 31 S.

Oschilewski, Walther Georg: Lebensspuren. Begegnungen, Freundschaften, Erinnerungen. — Berlin-Grunewald: arani Verl.-Ges. (1964). 126 S.

Oschilewski, Walther Georg: Siegfried Nestriepke. Leben und Leistung. — Berlin: Arani-V. (1955). 65 S.

Oschilewski, Walther G.: Franz Neumann. Ein Kämpfer für die Freiheit Berlins. — Berlin: Arani-Verl. (1954). 45 S.
(Köpfe der Zeit.)

Oschilewski, Walther G. [u. a.]: Erich Ollenhauer. Der Führer der Opposition, sein Leben und sein Aufstieg. Mit einem Geleitwort von Arno Scholz. — Berlin-Grunewald: Arani-V. (1953). 56 S.

Oschilewski, Walther G. [u. a.]: Ernst Reuter. Ein Leben für die Freiheit und Menschlichkeit. — Berlin: Arani-V. (1954). 51 S.

Oschilewski, Walther G. und Walter Wagner: Otto Suhr. Politik und Wissenschaft. — Berlin: Arani-V. (1954). 39 S.
(Köpfe der Zeit.)

Oschilewski, Walther G.: Von unten auf. Paul Löbes „Erinnerungen eines Reichstagspräsidenten" im Lichte der Autobiographie. — In: Gewerksch. Monatsh. 4 (1953), 553—556.

Oschlies, Wolf: Masarykismus. Konservative und Progressisten in der Auseinandersetzung um das demokratische Vermächtnis des tschechoslowakischen Staatsgründers [Thomas Garrigue Masaryk.] — In: Polit. Stud. 21 (1970), 668—685.

Oschlies, Wolf: Josef Smrkovský ⟨1911-1974⟩. Zum Tode des tschechoslowakischen Politikers. [Hrsg.: Bundesinst. f. ostwiss. u. internat. Studien.] – Köln: [Selbstverl. d. Hrsg.] 1974. 57 S.
(Berichte des Bundesinstituts für ostwissenschaftliche und internationale Studien. 1974, 19.)
[Maschinenschr. hektogr.]

Osgood, Robert E.: Woodrow Wilson, collective security, and the lessons of history. — In: Confluence 5 (1956/57), 341—354.

Oshinsky, David M.: Senator Joseph McCarthy and the American labor movement. – (Columbia:) University of Missouri Press 1976. 206 S.

Ossietzky, Carl von: Rechenschaft. [Sammlung.] Publizistik aus den Jahren 1913–1933. (Hrsg. von Bruno Frei. Die Anmerkungen wurden bearb. von Kurt Pätzold u. Karin Jecht.) – Frankfurt a. M.: Fischer-Taschenbuch-Verl. 1972. 330 S.
([Fischer-Taschenbücher.] 1315.)

Ossietzky, Maud von: Maud von Ossietzky erzählt. Ein Lebensbild. — Berlin: Buchverl. Der Morgen 1966. 199 S.

Osterheld, Horst: Konrad Adenauer. Ein Charakterbild. – (Bonn:) Eichholz (1973). 136 S.

Osterwalder, Theodor: Zum politischen Denken Benedetto Croces. — In: Schweiz. Monatsh. 32 (1952/53), 707 — 713.

Ott, Eugen: Ein Bild des Generals Kurt von Schleicher. — In: Polit. Studien 10 (1959), 360—371.

Ottino, Carlo Leopoldo: Concetti fondamentali nella teoria politica di Antonio Gramsci. — Milano: Feltrinelli 1956. 151 S.

Otto, Bertram: Konrad Adenauer und seine Zeit. — (Bonn: Berto-Verl. 1963.) 199 S.

Otto, Dora: Friedrich Ebert, ein Demokrat und Staatsmann. Mit d. Gedenkrede von Theodor Heuß, am 28. Februar 1950 in Bonn. — Offenbach a. M.: Bollwerk-V. 1952. 72 S.
(Biographien und Lebensbilder.)

Ottone, Pietro: [Alcide] De Gasperi. — Milano: Ed. della Volpe 1968. 231 S.

Ovčarenko, N. E.: Franz Mehrings Beitrag zur Strategie der deutschen Arbeiterbewegung in der Epoche des Imperialismus. - In: Z. Geschichtswiss. 21 (1973), 773—790.

Overstraeten, Raoul François Casimir van: Au service de la Belgique. — Paris: Plon.
1. Dans l'étau. 1960. VI, 367 S.

Owe, Roderic: Tedder. — London: Collins 1952. 320 S.

Owen, Frank: Lloyd George. His life and times. — London: Hutchinson 1954. 784 S.

Owen, Frank: Perón. His rise and fall. — London: Cresset Press 1957. VII, 251 S.

Paasikivi, Juho K.: Paasikiven linja.
1. 2. — Helsinki: Söderström 1956.
Reden.

Paasikivi, J[uho] K[usti]: President J. K. Paasikivis Minnen (Toimintani Moskovassa, schwed.) (Till svenska av Ragnar Numelin.) — Stockholm: Bonnier.
[1.] 1939—1940. (1958.) 213 S.

(**Paasikivi,** Juho K.:) President J. K. Paasikivis minnen. T. 2: Mellankrigstiden, som sändebud i Moskva (1940—41). — Stockholm: Bonnier 1959. 256 S.

Paasikivi, Juho Kusti: Meine Moskauer Mission 1939—41 (Toimintani Moskovassa ja suomessa 1939—41, dt.) (Aus d. Finn. übers. von Helmut Henning.) Hrsg. u. eingel. von Gösta von Uexküll. — Hamburg: Holsten-Verl. (1966). 442 S.

Pabst, Helmut: Der Ruf der äußersten Grenze. Tagebuch eines Frontsoldaten. — Tübingen: Schlichtenmayer 1953. 264 S.

Pacelli, Francesco: Diario della conciliazione, con verbali e appendice di documenti. A cura di Michele Maccarrone. — Roma: Libreria Editrice Vaticana [1958]. VIII, 575 S.

Padberg, Magdalena: Das Leben der Elsa Brändström. — (Hamburg:) Wittig (1968). 191 S.

Padellaro, Nazareno: Pius XII. [Pio XII., dt.] Übers.: Adelaide von Hoerschelmann. — Bonn: Athenäum-V. 1952. 520 S.

Paetel, Karl O[tto]: Durchaus unerschüttert. — In: Frankf. H. 9 (1954), 481—483.

Paetel, Karl O[tto]: Ernst Jünger. Am 29. März wurde Ernst Jünger 70 Jahre alt. — In: Neue Sammlung 5 (1965), 264—273.

Paetel, Karl O[tto]: Ernst Jünger und die Politik. — In: Neues Abendland 13 (1958), H. 3, 1—13.

Paetel, Karl-Otto: Ernst Jünger, Weg und Wirkung. Eine Einführung. — Stuttgart: Klett (1951). 247 S.

Paetel, Karl O.: André Malraux. — In: Z. Geopolitik 26 (1955), 559—567.

Paetel, Karl O.: Otto Strasser und die „Schwarze Front" des „wahren Nationalsozialismus". — In: Polit. Studien 8 (1957), H. 92, 269—281.

Paffrath, F. Hartmut: Eduard Sprangers Idee einer politischen Elementarerziehung. — In: Polit. Stud. 22 (1971), 264—272.

Page, Stanley W.: Lenin and world revolution. — New York: New York University Press 1959. 270 S.

Paget, Reginald T.: Manstein. Seine Feldzüge und sein Prozeß (Manstein. His campaign and his trial, dt.). — Wiesbaden: Limes-V. (1952). 268 S.

Pahlen, Holger: George S. Patton — ein amerikanischer Soldat. — In: Nation Europa 2 (1952), H. 11, 34—37.

Paillard, Georges [u.] Claude Rougerie: Reinhard Heydrich, protecteur de Bohême et Moravie. Le violoniste de la mort. – (Paris:) Fayard (1973). 316 S.

Paillole, Paul: Services spéciaux, 1935–1945. - Paris: Laffont 1975. 565 S. *(Coll. „Vécu".)*

Pakenham [Francis Aungier Baron]: Mein Abschied von den Deutschen. — In: Außenpolitik 4 (1953), 568—575.

Pakenham, Lord Francis Aungier: Born to believe. — London: Cape 1953. 254 S.

Pallenberg, Corrado: Paul VI. [dt.] Schlüsselgestalt eines neuen Papsttums. (Aus d. Engl. von Wilhelm Höck.) — München: List (1965). 278 S.

Palmier, L. H.: Sukarno [Soekarno], the nationalist. — In: Pacific Aff. 30 (1957), H. 2, 101—119.

Paloczi-Horvath, Georg: Chruschtschow. Die Straße zur Macht. — Frankfurt a. M.: Scheffler 1960. 396 S.

Pálóczi-Horvath, György: Der Herr der blauen Ameisen. Mao Tse-tung. — Frankfurt a. M.: Scheffler 1962. 432 S.

Paloczi-Horvath, George: Janos Kádár. — In: Monat 9 (1956/57), H. 102, 3—10.

Paloczi-Horvath, George: Stalin. (Nach d. engl. Ms. übers. von Jutta u. Theodor Knust.) — (Gütersloh:) Bertelsmann-Sachbuchverl. (1968). 349 S.

Pandey, B. N.: [Pandit] Nehru. - London: Macmillan 1976. 499 S.

Panjabi, Kewal L.: Rajendra Prasad. — London: Macmillan 1962. 215 S.

Panikkar, K. M.: In two Chinas. Memoirs of a diplomat. — London: Allen & Unwin 1955. 183 S.

Panikkar, K. M.: The state and the citizen. — Bombay [usw.]: Asia Publishing House 1956. 154 S.
Reden.

Panikkar, K. M. und A. Pershad [Eds.]: The voice of freedom. Selected speeches of Pandit Motilal Nehru. — London: Asia Publishing House 1961. 563 S.

Panin, Dimitri[j Michailovič]: The notebooks of Sologdin (Zapiski Sologdina, engl.) Transl. by John Moore. - New York: Harcourt Brace Jovanovich (1976). XIII, 320 S.

Pankoke, Eckart: Technischer Fortschritt und kulturelles Erbe. Hans Freyers Gegenwartsdiagnosen in historischer Perspektive. — In: Gesch. Wiss. Unterr. 21 (1970), 143—151.

Papée, Kazimierz: Pius XII e Polska 1939—1949. — Roma: Studium 1954. 180 S.

Papeleux, Léon: L'amiral [Wilhelm] Canaris entre Franco et Hitler. Le rôle de Canaris dans les relations germano-espagnoles ⟨1915–1944⟩. Préf.: Henri Bernard. - [Paris:] Casterman (1977). 222 S.

Papen, Franz von: Der Wahrheit eine Gasse. — München: List (1952). 677 S.
Engl. Ausg. u. d. T.: Memoirs. — London: Deutsch 1952. 640 S.

The **papers** of General Lucius D[ubignon] Clay. Germany 1945–1949. Ed. by Jean Edward Smith. - Bloomington: Indiana University Press 1974.
1. XXXVII, 524 S.
2. IX S., S. 527–1210.

Public **papers** of the presidents: John F. Kennedy 1961. — Washington: U.S. Government Printing Office 1962. 908 S.

Public **papers** of the presidents of the United States. — Washington: U.S. Government Printing Office.
Dwight D. Eisenhower. 1. 1. — 31. 12. 1958. 1959. XXXVI, 954 S.

Public **papers** of the presidents of the United States. Harry S. Truman, 1945. — Washington: Government Printing Office 1961. XXXI, 668 S.

Park Chung Hee. Staatspräsident der Republik Korea. — Seoul, Korea: Informationsministerium Republik Korea 1967. 83 S.

Parkinson, G. H. R. [Ed.]: Georg Lukács. The man, his work and his ideas. — New York: Random House 1970. VIII, 254 S.

Parmet, Herbert S.: [Dwight David] Eisenhower and the American crusades. - New York: Macmillan 1972. 660 S.

Partsch, Karl Joseph: Stauffenberg. Das Bild des Täters. — In: Europa-Archiv 5 (1950), 3196—3200.

Parzen, Herbert: President [Harry S.] Truman and the Palestine quandary. His initial experience, April–December 1945. - In: Jew. soc. Stud. 35 (1973), 42–72.

Pasa, Luigi: Tappe di un calvario. Storia di 20 mesi di prigionia nei campi di concentramento in Germania e Polonia. Pref. di Eugenio Tisserant. 2. ed. ampl. — Vicenza: Ed. S.A.T. 1954. 287 S.

Passeron, André: De Gaulle parle. Des institutions, de l'Algérie, de l'armée, des affaires étrangères, de la communauté, de l'économie et les questons sociales. — Paris: Plon 1962. II, 592 S.

Passy, [Colonel]: Missions secrétes en France (novembre 1942 — juin 1943). — Paris: Plon 1951. 439 S.

Patri, Aimé: Un exemple d'engagement. Martin Heidegger et le nazisme. — In: Contrat soc. 6 (1962), H. 1, 37—42.

Patrizi, Paolo: Giovanni Gronchi. (Gestalten der Weltpolitik 1.) — In: Polit. Meinung 6 (1961), H. 67, 56—64.

Pattee, Richard: The case of Cardinal Aloysius Stepinac. — Milwaukee: Bruce 1953. 499 S.

Patterson, James T.: Mr. Republican. A biography of Robert A. Taft. - Boston: Houghton Mifflin 1972. 749 S.

[**Patton,** (George S.):] The Patton papers. Ed. by Martin Blumenson. - Boston: Houghton Mifflin.
1. 1885–1940. (2. print.) 1972. XX, 996 S.
2. 1940–1945. 1974. XIX, 889 S.

Patze, Hans: Willy Flach zum Gedächtnis. — In: Jb. Gesch. Mittel- u. Ostdtschlds. 8 (1959), 349—363.

Paucker, Arnold: Searchlight on the decline of the Weimar Republic. The diaries of Ernst Feder. — In: Year Book of the Leo Baeck Institute 13 (1968), 161—234.

Pauco, Joseph: Dr. Joseph Tiso. Christian democrat. — In: Slovakia 7 (1957), H. 2, 37—50.
(Abhandl. der Akad. d. Wiss. in Göttingen. Phil.-hist. Klasse. Folge 3. Nr. 40.)

Paul, Joseph: Amiral Auphan. Les échéances de l'histoire ou l'éclatement des empires coloniaux de l'Occident. — Paris: Iles d'Or 1952. XXVIII, 360 S.

Paulus, (Friedrich): „Ich stehe hier auf Befehl!" Lebensweg des Generalfeldmarschalls Friedrich Paulus. Mit d. Aufzeichnungen aus d. Nachlaß, Briefen und Dokumenten hrsg. von Walter Görlitz. (Mit einem Geleitwort von Ernst Alexander Paulus.) — Frankfurt a. M.: Bernard & Graefe 1960. 272 S.

[**Paulus** VI Papa]: Papst Paul VI. an die Welt [Teilsamml., dt.] Ansprachen und Botschaften 1963—1969. Hrsg. von Konrad Kraemer. (Vom Vatikan. Presseamt, d. KNA bzw. der Internat. Gemeinschaftsred. CIC, Centrum Informationis Catholicum u. vom Hrsg. erarb.) Mit e. Vorw. von Julius Döpfner. — Osnabrück: Fromm (1970). 280 S.
(Fromms Taschenbücher Zeitnahes Christentum. 59.)

Paul VI. [**Paulus** VI., Papa]: Probleme unserer Zeit. [Teilsamml., dt.] (Übers. aus d. Italien. von Isa von Goglia, Hermen von Kleeborn u. Friedrich Kollmann.) — Wien, München: Verl. Herold (1964). 159 S.

Pauly, Walter: Als Landrat in Ostpreußen. Ragnit-Allenstein. — Würzburg: Holzner 1957. VII, 152 S.
(Ostdeutsche Beiträge aus dem Göttinger Arbeitskreis. 8.)

Pawlowicz, Sala und Kevin Klose: I will survive. — London: Muller 1963. 253 S.

Payer, Friedrich ⟨1847–1931⟩: Autobiographische Aufzeichnungen und Dokumente. Bearb. von Günther Bradler. - Göppingen: Kümmerle 1974. 265 S.
(Göppinger Akademische Beiträge. 83.)

Payne, Robert: Chiang Kai-shek. [Tschiang Kai-schek.] — New York: Weybright & Talley 1969. VIII, 338 S.

Payne, Robert: The life and death of Adolf Hitler. – New York: Praeger 1973. XIII, 623 S.

Payne, Robert: Mao Tse-tung (Mao Tse-tung, ruler of Red China [dt.]) Übers. von Franziska Meister-Weidner. — Hamburg: Krüger (1951). 385 S.

Payne, Robert: Mao Tse-tung (Mao Tse-tung, ruler of Red China, dt.) (Aus d. Amerikan. übertr. von Franziska Meister-Weidner.) — Hamburg: Krüger (1965). 415 S.
(Die Bücher der Neunzehn. 126.)

Payne, Robert: General Marshall. A study in loyalities. — Melbourne, London, Toronto: Heinemann (1952). XII, 335 S.

Payne, Robert: The Marshall story. A biography of General George C. Marshall. — New York: Prentice-Hall (1951). XII, 344 S.

Payne, Robert: Portrait of a revolutionary. Mao Tse-tung. — London: Abelard-Schuman 1962. 311 S.

Pazi, Margarita: Max Brod. Werk und Persönlichkeit. — Bonn: Bouvier 1970. VI, 177 S.
(Abhandlungen zur Kunst-, Musik- und Literaturwissenschaft. 95.)
Diss., Universität Marburg.

Peare, Catherine Owens: Albert Einstein [dt.] Übertr.: Richard Kleineibst. — Hamburg: Europ. Verl. Anst. (1951). 201 S.

Pearlman, Moshe: [David] Ben Gurion looks back in talks with Moshe Pearlman. — London: Weidenfeld & Nicolson (1965). 260 S.

Pearson, Lester Bowles: The four faces of peace and the international outlook. Statements selected and ed. by Sherleigh G. Pierson. — New York: Dodd, Mead 1964. XIX, 267 S.

Pearson, Lester B[owles]: Memoirs. – London: Gollancz.
 1. 1897–1948. Through diplomacy to politics. Forew. by Barbara Ward. 1973. 301 S.
 2. 1948–1957. The international years. Ed. by John A. Munro [u.] Alex I. Inglis. Forew. by Geoffrey Pearson. 1974. XI, 344 S.

Pech, Karlheinz: An der Seite der Résistance. Zum Kampf der Bewegung Freies Deutschland für den Westen in Frankreich (1943–1945). – Frankfurt a. M.: Röderberg 1974. 386 S.

Pechel, Rudolf: Dank an Ernst Reuter. — In: Dtsch. Rdsch. 79 (1953), 1121—1124.

Pechel, Rudolf: Deutsche Gegenwart. Aufsätze und Vorträge 1945—1952. — Darmstadt: Stichnote (1953). 277 S.

Pechel, Rudolf: „Hitler". — In: Dt. Rdsch. 87 (1961), 641—644.

Der Noack-Prozeß. Rudolf **Pechel**: Der Noack-Prozeß. Ein notwendiges Schlußwort. — Sverre Hartmann: Eine eidesstattliche Erklärung von Prof. Ulrich Noack. — Baden-Baden: Kairos-V. 1953. 16 S.
(Schriften zum Zeitgeschehen.)

Pechel, Rudolf: Hanna Solf zum Gedächtnis. — In: Dtsch. Rdsch. 81 (1955), 354—356.

Pechel, Rudolf: Die Wahrheit in der Sackgasse. — In: Dtsch. Rdsch. 78 (1952), 1231—1234.

Peek, Joachim: Dr. Konrad Adenauer. 1917—1952. — (Berlin:) Verl. d. Nation (1952). 145 S.

Pedroncini, Guy: [Pilippe] Pétain, général en chef, 1917–1918. – Paris: Presses universitaires de France 1974. 463 S.
(Publications de la Sorbonne. Sér. recherches. 8.)

Pellicano, Luciano: Introduzione a Marx. — Bologna: Capelli 1969. 244 S.

Pelling, Henry: Winston Churchill. – London: Macmillan (1974). 724 S.

Peltier, R.: Attaché naval à Moscou. — Paris: Ed. France-Empire 1954. 312 S.

Penders, C. L. M.: The life and time of [Achmed] Sukarno. Rutherford, N. J.: Fairleigh Dickinson University Press 1974. 224 S.

Peniakoff, Wladimiro: Corsari in yeep [Popski's private army, ital.].— Milano: Garzanti 1951. 515 S.

Penkowskij, Oleg: Geheime Aufzeichnungen (The Penkovsky Papers, dt.) Hrsg. u. eingel. von Frank Gibney. Vorw. von Edward Crankshaw. (Aus d. Engl. von Otto Merk.) — (München, Zürich:) Droemer/Knaur (1966). 407 S.

Pentkovskaja, V. V.: Rol V. I. Lenina v obrazovanii SSSR. — In Vop. Ist. 1956, H. 3, 13—24.

Perau, Josef: Priester im Heere Hitlers. Erinnerungen 1940—1945. — Essen: Ludgerus-Verl. (1962). 272 S.

Perich, Giorgio: Tito. — Milano: Longanesi 1969. 166 S.

Perkins, Dexter: Was Roosevelt wrong? — In: Virginia Quart. Rev. 30 (1954), 355—372.

Perkins, Dexter: Yield of the years. An autobiography. — Boston: Little, Brown 1969. 245 S.

Perlmutter, O. W.: Acheson and the diplomacy of World War II. — In: West. polit. Quart. 14 (1961), 896—911.

Perón, Eva: La razón de mi vida. — Buenos Aires: Penser 1951. 316 S.
 Dtsch. Ausg. u. d. T.: Der Sinn meines Lebens. — Zürich: Thomas-V. 1952. 146 S.

Perre, Jean: De Gaulle prophète de la guerre des blindés. — In: Ecrits de Paris, H. 127, 70—79.

Peter, Ania: William E. Rappard und der Völkerbund. Ein Schweizer Pionier der internationalen Verständigung. – Frankfurt a. M.: Lang 1973. 185 S.
(Europäische Hochschulschriften. Reihe 3. Gesch. u. ihre Hilfswiss. 21.)

Peter, Colette Capitan: Charles Maurras et l'idéologie d'action française. Etude sociologique d'une pensée de droite. – Paris: Ed. du Seuil (1972). 220 S.

Peter II., King of Yugoslavia: A king's heritage. — New York: Putnam 1954. 304 S.

Peterich, Eckart: Else Lasker-Schüler. — In: Hochland 44 (1951/52), 471 — 473.

Peters, Max: Friedrich Ebert. Erster Präsident der Deutschen Republik. Sein Werden und Wirken. (Mit e. Anh.: Theodor Heuss: Friedrich Ebert zum Gedächtnis. 2. veränd. Aufl.) — Berlin: Arani-Verl. (1954). 178 S.

Peters, Tiemo Rainer: Die Präsenz des Politischen in der Theologie Dietrich Bonhoeffers. Eine historische Untersuchung in systematischer Absicht. - München: Kaiser; Mainz: Grünewald 1976. 224 S.
(Gesellschaft und Theologie. Abt.: Systematische Beiträge. 18.)

Petershagen, Rudolf: Gewissen im Aufruhr. (8. Aufl.) — (Berlin:) Verl. d. Nation [1962]. 332 S.

Peterson, Edward Norman: Hjalmar Schacht. For and against Hitler. A political-economic study of Germany 1923—1945. — Boston: Christopher 1954. 416 S.

Peterson, Sir Maurice: Both sides of the courtain. — London: Constable; New York: Macmillan 1951. 314 S.
Memoiren des britischen Botschafters in Madrid (1939—40) und Moskau (1946—49).

Petit, Antoine G.: Castro, debray contre le marxisme-léninisme. — Paris: Laffont 1968. 208 S.
(Coll. „Contestation".)

Petljura, Symon: Statti, lysty, dokumenty. Vydano v 30. ričnyju z dnja smerty Symona Petljury, 1926—1956. — N'ju-Jork: Ukr. Akad. Nauk u SŠA 1956. 479 S.

Petrie, Charles: King Alfonso XIII and his age. — London: Chapman & Hall 1963. 247 S.

Petrov, Vladimir und Evdokija Petrova: Empire of fear. — London: Deutsch 1956. 351 S.

Petry, Ludwig: Herbert Schlenger. — In: Z. Ostforsch. 18 (1969), 1—14.

Petzold, Joachim: Die Büchse der Pandora oder die politische Funktion Carl Schmitts vor 1945. - In: Jb. Gesch. 10 (1974), 403-444.

Petzold, Joachim: Das politische Programm Oswald Spenglers im System der imperialistischen Ideologie. — In: Jb. Gesch. 5 (1971), 175—207.

Petzold, Joachim: Konservative Revolutionsdemagogie. Edgar Julius Jungs Verhältnis zur Weimarer Republik und zur faschistischen Diktatur. - In: Z. Geschichtswiss. 23 (1975), 285-294.

Peyrouton, Marcel: Du service public à la prison commune. — Paris: Plon 1950. 313 S.

Pfabigan, Alfred: Karl Kraus und der Sozialismus. Eine politische Biographie. – (Wien:) Europa-Verl. (1976). 363 S.

Pfäfflin, Friedrich: Berthold Viertel ⟨1885—1953⟩. Eine Dokumentation. — (München:) Kösel (1969). 64 S.
(Nachrichten aus dem Kösel-Verlag. Sonderh.)

„**Pfarrer**, die dem Terror dienen"? Bischof [Kurt] Scharf und der Berliner Kirchenstreit 1974. Eine Dokumentation. [Von] Heinrich Albertz [u. a.] - Reinbek b. Hamburg: Rowohlt 1975. 136 S.
(Rororo aktuell. 1885.)

Pfarrhofer, Hedwig: Friedrich Funder. Ein Mann zwischen Gestern und Morgen. - (Graz:) Verl. Styria (1978). 382 S.

Pfeil, Alfred: Die französische Kriegsgeneration und der Faschismus. Pierre Drieu la Rochelle als politischer Schriftsteller. - München: Verl. Uni-Dr. 1971. 337 S.
Phil. Diss., Universität Marburg.

Pfeil, Sigurd Graf von: Heinrich von Treitschke und das Judentum. — In: Welt als Gesch. 21 (1961), 49—62.

Pfizer, Theodor: Ansprache bei der Einstein-Feier in Ulm. — Carl Friedrich von Weizsäcker: Einstein und die Wissenschaft unseres Jahrhunderts. — Göttingen: Musterschmidt (1960). 28 S.

Pflanze, Otto: Toward a psychoanalytic interpretation of [Otto von] Bismarck. - In: Amer. hist. Rev. 77 (1972/73), 419-444.

Pflaumer, Hans: Hanns Seidel. — (München:) Christlich-Soziale Union in Bayern [1966], S. 331—361. Aus: Christliche Demokraten der ersten Stunde. 1966.

Pfleiderer, Karl Georg: Politik für Deutschland. Reden und Aufsätze 1948—1956. — Stuttgart: Union Dtsch. Verl.-Anst. (1961), 219 S.

Phelps, Reginald H.: Anton Drexler. Der Gründer der NSDAP. — In: Dtsch. Rdsch. 87 (1961), 1134—1143.

Phelps, Reginald H.: Hitler and the Deutsche Arbeiterpartei 1919—1920. — In: Amer. hist. Rev. 68 (1963), 974—986.

Phelps, Reginald H.: Hitler als Parteiredner im Jahre 1920. — In: Vjh. Zeitgesch. 11 (1963), 274—330.

Phelps, Reginald H.: Die Hitler-Bibliothek. — In: Dtsch. Rdsch. 80 (1954), 923—931.

Phelps, Reginald H.: Aus den Seeckt-Dokumenten. — In: Dtsch. Rdsch. 78 (1952), 881—891 und 1013—1023.
   1. Die Verabschiedung Seeckts 1926.
   2. Seeckt und die Innenpolitik.

Phelps, Reginald S.: Aus den Groener-Dokumenten. 7. — In: Deutsche Rundschau 77 (1951), 19—31.

Philby, H. St. J. B.: Arabian jubilee [Ibn Saud]. — London: Hale 1952. XIV, 280 S.

Ph[ilippi], Alfred]: General Adolf Heusinger, 70 Jahre. — In: Wehrwiss. Rdsch. 17 (1967), 421—425.

Phillips, John: Kwame Nkrumah and the future of Africa. — London: Faber & Faber; New York: Praeger 1961. 272 S.

Phillips, William: Ventures in diplomacy. — London: Murray 1955. XI, 308 S.

Phleps, Artur: Zur Tragödie der Deutschen des Donauraumes im Herbst 1944. Aus den letzten Tagebuchblättern des Generals Artur Phleps. — In: Südostdtsch. Vjbll. 19 (1970), 153—157.

Pianzola, Maurice: Lénine en Suisse. ⟨Préface d' André Bonnard.⟩ — Genève: La Librairie Nouvelle 1952. 228 S.

Picker, Henry [Hrsg.]: Conversazioni di Hitler a tavola (Hitlers Tischgespräche, ital.). — Milano: Longanesi 1952. 542 S.

BIOGRAPHIEN

Picker, Henry: Johannes XXIII. Der Papst d. christl. Einheit u. d. 2. vatikanischen Konzils. (Wissenschaftl. Beratung: Giuseppe Newlin.) — (Kettwig:) Blick u. Bild Verl. f. polit. Bildung (1963). 236 S.

Picker, Henry [u.] Heinrich Hoffmann: [Adolf] Hitlers Tischgespräche im Bild. Hrsg. von Jochen von Lang. — (Oldenburg:) Stalling (1969). 219 S.

Picker, Henry: [Adolf] Hitlers Tischgespräche im Führerhauptquartier. Vollständig überarb. u. erw. Neuausg. mit bisher unbekannten Selbstzeugnissen Adolf Hitlers, Abb., Augenzeugenberichten und Erläuterungen des Autors: Hitler, wie er wirklich war. - Stuttgart: Seewald (1976). 538 S.

Picker, Henry [Hrsg.]: Hitlers Tischgespräche im Führerhauptquartier 1941—42. Im Auftrag des Deutschen Instituts für Geschichte der nationalsozialistischen Zeit geordnet, eingeleitet und veröffentlicht von Gerhard Ritter. — Bonn: Athenäum-Verlag 1951. 463 S.

Picker, Henry: Hitlers Tischgespräche im Führerhauptquartier 1941—1942. Im Auftr. d. Verl. neu hrsg. von Percy Ernst Schramm in Zsarb. mit Andreas Hillgruber u. Martin Vogt. — Stuttgart: Seewald (1963). 546 S.

Pickersgill, J. W. [Ed.]: The Mackenzie King record. Vol. 1: 1939—1944. — Toronto: Toronto University Press 1960; London: Oxford University Press 1961. XIV, 723 S.

Pickersgill, John Whitney: The Mackenzie King Record. — Toronto: University of Toronto Press.
  3. 1945—1946. (1970). VIII, 424 S.
  4. 1947—1948. [By] J[ohn] W[hitney] Pickersgill and D. F. Forster. (1970). 472 S.

Piddington, W. E. R.: Russian frenzy. — London: Elek Books 1955. 264 S.

Pieck, Wilhelm: Gesammelte Reden und Schriften. — Berlin: Dietz.
  1. August 1904 bis Januar 1919. Vorw. von Walter Ulbricht. 1959. 24, 527 S.

Pieck, Wilhelm: Gesammelte Reden und Schriften. — Berlin: Dietz.
  3. Mai 1925 bis Januar 1927. 1961. 612 S.

Pielow, Winfried: Kategorischer Imperativ, Hochverrat. Rede zum Gedächtnis von Willi Graf. — In: Neue Sammlung 6 (1966), 515—526.

Pieri, Piero [u.] Giorgio Rochat: Pietro Badoglio. - Torino: U. T. E. T. 1974. 914 S.

Pierotti, Francesco: Vita in Etiopia 1940—1941. — Bologna: Cappelli 1959. 193 S.

Pierre-Bloch, Jean: De Gaulle ou Le temps des méprises. — Paris: Edit. de la Table ronde 1969. 232 S.

Pies, Otto, S. J.: Stephanus heute. Karl Leisner, Priester und Opfer. (4. Aufl.) — Kevelaer: Butzon & Berkker (1957). 205 S.

Piétri, François: Mes années d'Espagne 1940—1948. — Paris: Plon (1954). IV, 295 S.

Pietsch, Max: Henry Ford und das „Gegenwärtige Zeitalter". — In: Universitas 19 (1964), 413—419.

Pikart, Eberhard: Ein Brief Kurt Riezlers an den Hamburger Bürgermeister Petersen vom 1. Februar 1924. — In: Vjh. Zeitgesch. 15 (1967), 211—218.

Piłsudska, Aleksandra: Wspomnienia. — Londyn: Wyd. Gryf 1960. 383 S.

Pineau, Christian: Nikita Sergueevitch Khrouchtchev. [Chruschtschow.] — Paris: Perrin 1965. 288 S.
  (Coll. „Histoire contemporaine").

Pingaud, Bernhard [Ed.]: [François] Mitterand. L'homme, les idées. - (Paris:) Flammarion (1974). 126 S.

Pini, Giorgio: Itinerario tragico (1943—1945). — Milano: Ediz. „Omnia" 1950. 323 S.

Pini, Giorgio, und Duilio Susmel: Mussolini. L'uomo e l'opera. Vol. 1—4. — Firenze: La Fenice 1953—55.

Pinzani, Carlo: Jean Jaurès, l'Internazionale e la guerra. — Bari: Laterza 1970. 311 S.

Piotrowski, Stanisław: Hans Frank's diary (Dziennik Hansa Franka, engl.) — Warszawa: Państwowe Wydawnictwo Naukowe (1961). 320 S.

Piotrowski, Stanisław: Dziennik Hansa Franka. — Warszawa: Wydawnictwo Prawnicze 1956. XXI, 551 S.
  (Sprawy polskie przed międzynarodowym trybunałem wojennym w Norymberdze. 1.)

Piotrowski, Stanisław: Hans Franks Tagebuch [Dziennik Hansa Franka, dt.] (Übers. von Katja Weintraub.) — Warszawa: PWN-Poln. Verl. d. Wissenschaften (1963). VI, 451 S.

Piovanelli, Maricilla: Un vincitore all' Est. Profilo biografico del Cardinale Luigi Stepinac. — Varese: Istituto di Propaganda Libraria 1961. 188 S.

Pipes, Richard: Max Weber und Rußland. Außenpolitische Studien eines großen Soziologen. — In: Außenpolitik 6 (1955), 627—639.

Piquet-Wicks, Eric: Quatre dans l'ombre. — Paris: Gallimard 1957. 316 S.

Pirow, Oswald: James Barry Munnik Hertzog. — Cape Town: Howard Timmins; London: Allen & Unwin 1958. 288 S.

Pistiner, Ephraim: Der vergessene österreichisch-jüdische Friedens-Nobelpreisträger. [Alfred Hermann Fried.] - In: Z. Gesch. Juden 9 (1972), 16—32.

Pistone, Sergio: Federico Meinecke e la crisi dello stato nazionale tedesco. — Torino: Giappichelli 1969. 515 S.

Pistrak, Lazar: Chruschtschow unter Stalin (The great tactician, dt.) (Ins Dt. übertr. von Christian Schütze.) — Stuttgart: Dt. Verl.-Anst. (1962). 341 S.

Pistrak, Lazar: The grand tactician. Khrushchev's [Chruschtschow] rise to power. — New York: Praeger 1961. XI, 296 S.

Pius XII. [dem zwölften] zum Gedächtnis. Hrsg. von Herbert Schambeck. - Berlin: Duncker & Humblot (1977). XV, 768 S.

Pius XII Papa: Der Papst an die Deutschen. Pius XII. als Apostolischer Nuntius und als Papst in seinen deutschsprachigen Reden und Sendschreiben von 1917 bis 1956. Nach d. vatikan. Archiven hrsg. von Bruno Wuestenberg und Joseph Zabkar. — Frankfurt a. M.: Scheffler (1956). 331 S.

Planté, Louis: Un grand seigneur de la politique. Anatole de Monzie (1876—1947). — Paris: Clavreuil 1955. 380 S.

Plechl, Pia Maria: Hitlers „Mein Kampf" und Stalins „Fragen des Leninismus". Ein Vergleich der publizistischen Methode. — Wien 1955. 179, VII gez. Bl. [Maschinenschr.]
Wien, phil. Diss. 1955.

Pless-Damm, Ursula: Weg ins Ungewisse. Tagebuchaufzeichnungen aus Pommern und Polen 1945. — Bremen: Schünemann (1964). 125 S.
(Zeugen ihrer Zeit.)

Plessner, Monika: Identifikation und Utopie. Versuch über Heinrich und Thomas Mann als politische Schriftsteller. — In: Frankf. H. 16 (1961), 812—826.

Plettenberg, Malte: Guderian. Hintergründe des deutschen Schicksals (1918—1945). — Düsseldorf: abz-V. 1950. 190 S.

Plewnia, Margarete: Auf dem Weg zu Hitler. Der völkische Publizist Dietrich Eckart. — Bremen: Schünemann (1970). 155 S.
(Studien zur Publizistik. Bremer Reihe. Dtsch. Presseforschung. 14.)

Pleyer, Wilhelm: Aber wir grüßen den Morgen. Erlebnisse 1945—1947. 2. Aufl. — Starnberg, Wels: Verl. Welsermühl (1953). 359 S.

Ploncard d'Assac, Jacques: Salazar. — Paris: Edit. de la Table ronde 1967. 352 S.

Plumyene, Jean: Pétain. — Paris: Edit. du Seuil 1964. 192 S.
(Coll. „Microcosme". Sér. „Le temps, qui court".)

Podgórzeczny, Marian: Albert Forster — gauleiter i oscarzony. - Gdańsk: Wyd. Morskie 1977. 436 S.

Pöggeler, Otto: Philosophie und Politik bei [Martin] Heidegger. — München: Alber 1972. 151 S.
(Alber-Broschur: Philosophie.)

Poelchau, Harald: Die Ordnung der Bedrängten. Autobiographisches u. Zeitgeschichtliches seit d. zwanziger Jahren. — Berlin: Vogt (1963). 126 S.

Pogue, Forrest C.: George C. Marshall. Education of a general, 1880—1939. — New York: Viking Press 1963. 421 S.

Pogue, Forrest C.: George C. Marshal. Ordeal and hope, 1939—1942. Forew. by Gen. Omar N. Bradley. — New York: Viking Press 1966. XVIII, 491 S.

Pogue, Forrest C.: George C. Marshall. Organizer of victory, 1943—1945. - New York: Viking Press 1973. 683 S.

Pohl, Brigitte: Fastnacht der Dämonen. Erlebnisse einer Wienerin. — Leoni am Starnberger See: Druffel-Verl. (1963). 304 S.

Pohl, Gerhart: Gerhart Hauptmann. Bin ich noch in meinem Haus? Die letzten Tage Gerhart Hauptmanns. — Berlin: Lettner-V. 1953. 120 S.

Pohl, Oswald: Abschiedsbrief aus der Landsberger Todeszelle. — In: St. Willibalds-Bote [Eichstätt] 14 (1951), 53.

Poincaré, Raymond: A la recherche de la paix, 1919. Préf. de Pierre Renouvin. - Paris: Plon (1974). 505 S.

Pois, Robert A.: Friedrich Meinecke and the German politics in the twentieth century. — Berkeley: University of California Press 1972. VIII, 164 S.

Poliakov, Léon: Le dossier Kurt Gerstein. — In: Monde juif 1 (1964), 4—20.

Poliakov, Léon: Le dossier Kurt Gerstein. — Nouveaux documents sur Kurt Gerstein. — In: Monde Juif 19 (1964), H. 1, 4—20; H. 2, 4—16.

Polin, C.: Raymond Aron and the revolution or the grand passion of a liberal. — In: Soc. Research 37 (1970), H. 1, 102—128.

Polizien, Götz: Dr. Eduard Benesch. Voraussetzungen und Ergebnisse seiner Tätigkeit im Völkerbund bis 1924. — o. O. 1948. IV, 55 gez. Bl. [Maschinenschr.]
Erlangen, jur. Diss. 18. Nov. 1948.

Poll, Bernhard: Franz Oppenhoff (1902—1945). — (Düsseldorf: Rheinland-Verl. 1961.) S. 244—264.
Sonderabdr. aus: Rheinische Lebensbilder. Bd 1.

Poll, F. G. van der: Benito Mussolini. Portret contra zelfportret. — Groningen: Wolters 1964. III, 309 S.

Polte, Willy: Uns aber gehörte der Himmel. Ein Fliegerleben im Umbruch der Zeit. Aufgezeichnet und hrsg. von C. G. Schmidt. — Bonn: Athenäum-V. 1956. 315 S.

Pompidou, Georges: Entretiens et discours, 1968-1974. - [Paris:] Plon (1975).
1. 382 S.
2. 231 S.

Pompidou, Georges: Le noeud gordien. - [Paris:] Plon (1974). 204 S.

Ponto, Jürgen: Mut zur Freiheit. Gedanken zu Politik und Wirtschaft. (2. Aufl.) - Düsseldorf: Econ Verl. (1977). 221 S.

Poor, Harold L.: Kurt Tucholsky and the ordeal of Germany, 1914—1935. — New York: Scribner (1968). XII, 285 S.

Pope-Hennessy, James: Queen Mary. — London: Allen & Unwin (1959). 685 S.

Popoff, George: Ich sah die Revolutionäre. Moskauer Erinnerungen und Begegnungen während der Revolutionsjahre. — Bern: Verl. Schweizerisches Ostinstitut 1967. 174 S.

Popović, Dragiša: Vili Brant [Willy Brandt], čovek sa Rajne. - Beograd: Sloboda 1974. 195 S.

Poppinga, Anneliese: Konrad Adenauer — Geschichtsverständnis, Weltanschauung und politische Praxis. - Stuttgart: Dtsch. Verl.Anst. (1975). 295 S.

Poppinga, Anneliese: Meine Erinnerungen an Konrad Adenauer. — Stuttgart: Dtsch. Verl.-Anst. (1970). 353 S.

Popplow, Ulrich: Reinhard Heydrich oder Die Aufnordung durch den Sport. — (Frankfurt a. M.: Dt. Olymp. Gesellsch. 1963.) S. 14—20.
   Sonderabdr. aus: Olympisches Feuer 13 (1963), H. 8, 14—21.

Portelli, H.: [Antonio] Gramsci e la questione religiosa. - Milano: Mazzotta 1976. 230 S.

Portmann, Heinrich: Kardinal von Galen. Ein Gottesmann seiner Zeit. 3. Aufl. — Münster i. W.: Aschendorff 1953. 323 S.

Portner, Ernst: Koch-Wesers Verfassungsentwurf. Ein Beitrag zur Ideengeschichte der deutschen Emigration. — In: Vjh. Zeitgesch. 14 (1966), 280—298.

Possony, Stefan T[homas]: Lenin [dt.] Eine Biographie. (Dtsch. von Bruno Maurach u. Ulrike Gräfin von Kielmansegg.) — Köln: Verl. Wissensch. u. Politik (1965). 639 S.

Post, Werner: Kritische Theorie und methaphysischer Pessimismus. Zum Spätwerk Max Horkheimers. — München: Kösel (1971). 155 S.

Potok, Chaim: Martin Buber and the Jews. — In: Commentary 41 (1966), 43—49.

Potthoff, Heinz: Zwischen Schlosserlehre und Europapolitik. - Bielefeld: Bechauf 1973. 276 S.

Potyka, Christian: Haile Selassie. Der Negus Negesti in Frieden und Krieg. Zur Politik des äthiopischen Reformherrschers. - (Bad Honnef:) Osang (1974). 299 S.

Pouget, Jean: Un certain capitaine [Charles] de Gaulle. - Paris: Fayard 1973. 283 S.

Poujade, Pierre: J'ai choisi le combat. — Saint-Céré (Lot): Soc. Gén. des Ed. et des Publications 1955. 252 S.

Pound, Reginald und Geoffrey Harmsworth: Northcliffe. — London: Cassell (1959). 933 S.

Powell, Horace B.: W. K. Kellogg. A biography. — Englewood Cliffs, N. J.: Prentice-Hall 1956. 358 S.

Power, Paul F.: Gandhi on world affairs. — Washington: Public Affairs Press 1960. VI, 128 S.

Prasad, Rajendra: Autobiography. — Bombay: Asia Publishing House 1958. X, 624 S.

Pratt, Julius W[illiam]: Cordell Hull. 1933—44. Vol. 1.2. — New York: Cooper Square Publ. 1964.
   1. XVI, 448 S.
   1. VI S., S. 449—840.
   (The American Secretaries of State and their diplomacy. 12. 13.)

Praun, Albert: Soldat in der Telegraphen- und Nachrichtentruppe. — Würzburg [Mittlerer Dallenbergweg 24a]: Selbstverl. 1966. 288 S.

Prauss, Herbert: Doch es war nicht die Wahrheit. Tatsachenbericht zur geistigen Auseinandersetzung unserer Zeit. — Berlin: Morus-Verl. (1960). 295 S.

Pranger, Robert J.: Marx and political theory. — In: Rev. Politics 30 (1968), 191—208.

Prečan, Vilém: Die sieben Jahre von Prag. 1969-1976. Briefe und Dokumente aus der Zeit der „Normalisierung". [Aus d. Ms.] übers. von Ilse Löffler. - (Frankfurt a. M.:) Fischer Taschenbuch Verl. (1978). 253 S.
   (Fischer Taschenbuch. 3412.)

Prescher, Hans: Dr. Kurt Tucholskys publizistischer Kampf in den Jahren 1919 bis 1932. — o. O. 1956. 221 gez. Bl. ([Maschinenschr. vervielf.]
   München, phil. Diss. 6. August 1956.

Preuss, Hugo: Staat, Recht und Freiheit. Aus 40 Jahren deutscher Politik u. Geschichte. Mit e. Geleitw. von Theodor Heuss. (Reprograph. Nachdr. d. Ausg. Tübingen 1926.) — Hildesheim: Olms 1964. V, 588 S.

Preuss, Walter: Franz Oppenheimers wissenschaftliche Bedeutung. — In: Bull. Leo Baeck Inst. 7 (1964), 56—68.

Preußen, Cecilie Kronprinzessin von: Erinnerungen an den deutschen Kronprinzen. — Biberach a. d. Riß: Verlags-Ges. 1952. 230 S.

Preußen, Louis Ferdinand Prinz von: Die Geschichte meines Lebens. — Göttingen: Göttinger Verl. Anst. (1968). 362 S.

Preußen, Louis Ferdinand Prinz von: Als Kaiserenkel durch die Welt. — Berlin Tempelhof: Argon-V. 1952. 420 S.

Priester, Karin: Antonio Gramsci und der italienische Marxismus. - In: Neue polit. Lit. 21 (1976), 182–207.

Primo de Rivera, José Antonio: [Teils.] Dignidad humana y justicia social. Discursos y escritos. Recopilación de Agustín Del Río Cisneros. — Madrid: Ed. del Movimiento 1957. 290 S.

Primo de Rivera, José Antonio: [Teils.] Textos inéditos y epistolario. Recopilación de Agustín Del Río Cisneros y Enrique Pavon Pereyra. — Madrid: Ed. del Movimiento 1956. XXII, 591 S.

Primo de Rivera, José Antonio: Der Troubadour der spanischen Falange. Ausw. u. Komm. seiner Reden und Schriften von Bernd Nellessen. — Stuttgart: Dtsch. Verl. Anst. (1965). 116 S.
   (Schriftenreihe der Vierteljahrshefte für Zeitgeschichte. 11.)

Prinz und Demokrat. Konstantin von Bayern. Ein Gedenkbuch. Hrsg. von Hanns Arens. — München: Langen/Müller (1970). 240 S.

Prinz, Friedrich [Hrsg.]: Wenzel Jaksch, Edvard Beneš. Briefe und Dokumente aus dem Londoner Exil 1939-1943. - (Köln:) Verl. Wissenschaft u. Politik (1973). 159 S.
   (Schriften der Studiengesellschaft für mittel- und osteuropäische Partnerschaft, Wiesbaden.)

Prinz, Friedrich: Hans Kudlich (1823—1917). Versuch einer historisch-politischen Biographie. — München: Lerche 1962. X, 214 S.
   (Veröffentlichungen des Collegium Carolinum. 11.)

Prittie, Terence: Konrad Adenauer (Adenauer, dt.) Vier Epochen deutscher Geschichte. (Aus d. Engl. von Hellmut Jaesrich.) — (Stuttgart:) Goverts (1971). 495 S.

Prittie, Terence: Willy Brandt [dt.] Biographie. (Aus d. Engl. von Gerhard Haucke.) - Frankfurt a. M.: Goverts Krüger Stahlberg-Verl. 1973. 463 S.

Prittie, Terence: Eshkol of Israel. The man and the Nation. — London: Museum Press (1969). XIV, 368 S.

Prittwitz und Gaffron, Friedrich W. von: Zwischen Petersburg und Washington. Ein Diplomatenleben. — München: Isar-V. 1952. 238 S.

Privat, Edmond: La vie de Gandhi. — Paris: Denoel 1958. 224 S.

Proebst, Hermann: Durchleuchtete Zeit. Polit. u. histor. Betrachtungen eines Journalisten. Zum 25. Febr. 1969. Hrsg. von Hans Schuster. — München: Süddtsch. Verl. (1969). XV, 467 S.

Bayerische **Profile,** 1945–1972. Memoirenartige Beiträge zur Geschichte und Politik in Bayern. - München: Neuer Presseclub.
   Dr. Otto Schedl. (Verf. u. bearb. von Josef Mauerer.) 1972. 40 S.
   (Historisch-politische Schriftenreihe des Neuen Presseclubs München.)

Prokoptschuk, G.: Apostel der Union. Andreas Graf Scheptytzkyj. Zum 100jährigen Geburtstag. — In: Ukraine in Vergangenheit u. Gegenwart 12 (1965), H. 32, 118—123.

Prokoptschuk, Gregor: Der Metropolit. Leben und Wirken des großen Förderers der Kirchenunion Graf Andreas Scheptytzkyj. — München: Verl. Ukraine 1955. 299 S.

Prolingheuer, Hans: Der Fall Karl Barth, 1954-1955. Chronographie einer Vertreibung. - (Neukirchen-Vluyn:) Neukirchener Verl. (1977). XXIII, 410 S.

Pross, Harry: Die Aktualität des Gustav Landauer. - In: Hochland 66 (1974), 517–533.

Proß, Harry: Georg Lukács und der Realismus. — In: Dtsch. Rdsch. 84 (1958), 735—742.

Proß, Harry: In Memoriam Alfred Weber. Der Gelehrte und die Gesellschaft. — In: Dtsch. Rdsch. 84 (1958), 554—560.

Pross, Helge: Hans Kohn-Analyse des Nationalismus. Deutsche Geschichte von draußen gesehen. — In: Dtsch. Rdsch. 86 (1961), 986—993.

Prüfer, Karl: Woodrow Wilsons Völkerbundspolitik auf der Pariser Friedenskonferenz 1919. — Berlin 1952. 202, X gez. Bl. [Maschinenschr.]
Berlin, Freie Univ., phil. Diss. 18. Juli 1952.

Prunkl, Gottfried [u.] Axel Rühle: Josip [Broz] Tito in Selbstzeugnissen und Bilddokumenten. - Reinbeck b. Hamburg: Rowohlt 1973. 155 S.
(Rowohlts Monographien. 199.)

Pu Yi: Ich war Kaiser von China (Wo-te ch'ien-pan sheng, dt.) Vom Himmelssohn zum neuen Menschen. Hrsg. u. aus d. Chines. übers. von Richard Schirach u. Mulan Lehner. - München: Hanser 1973. 488 S.

Puaux, Gabriel: Deux années au Levant. Souvenirs de Syrie et du Liban, 1939—1940. — Paris: Hachette 1952. 256 S.

Pucher, Paul: [Karl-Theodor] Freiherr [von und] zu Guttenberg. Ein politisches Porträt. — Freudenstadt: Eurobuch-Verl. (1971). 93 S.
(Persönlichkeiten der Gegenwart. 18.)

Puder, Martin: [Karl] Marx und Engels als konservative Denker. - In: Kaltenbrunner, Gerd-Klaus: Rekonstruktion des Konservatismus, Freiburg: Rombach 1972, 427–443.

Pünder, Hermann: Von Preußen nach Europa. Lebenserinnerungen. — Stuttgart: Dtsch. Verl.-Anst. (1968). 571 S.

Purdy, Anthony und Douglas Sutherland: Burgess and Maclean.

Purdy, Anthony und Douglas Sutherland: Burgess and Maclean. — London: Secker & Warburg 1963. 191 S.

Pusch, Hans Ulrich: Kai-Uwe von Hassel. Ein Porträt. - Freudenstadt: Eurobuch-Verl. 1970. 76 S.
(Persönlichkeiten der Gegenwart. 16.)

Pusch, Hanns Ulrich: Gerhard Stoltenberg. Ein Porträt. - Freudenstadt: Eurobuch-Verl. (1971). 76 S.
(Persönlichkeiten der Gegenwart. 17.)

Pusey, Merlo J.: Eisenhower the president. — New York: Macmillan 1956. 300 S.

Pustejofsky, Otfried: Josef Pekař (1870—1937). Persönlichkeit u. wissenschaftliches Werk. — In: Jbb. Gesch. Osteuropas 9 (1961), 367—398.

Putlitz, Wolfgang Gans Edler Herr zu: Unterwegs nach Deutschland. Erinnerungen eines ehemaligen Diplomaten. — (Berlin:) Verl. d. Nation (1956). 371 S.

Puttkamer, Karl Jesko von: Die unheimliche See. Hitler und die Kriegsmarine. — Wien: Kühne (1952). 64 S.
(Dokumente zur Zeitgeschichte. 2.)

Pyarelal: Mahatma Gandhi. The last phase. Vol. 1 (1944—1947). — Ahmedabad: Navajivan Publishing House 1956. XXIX, 750 S.

Pyarelal: Mahatma Gandhi. The last phase. Vol. 2. — Ahmedabad: Navajivan Publishing House 1958. 887 S.

Pye, Lucian W.: Mao Tse-tung. The man and the leader. - New York: Basic Books 1976. 346 S.

Pye, Lucian W.: Mao Tse-tung's leadership style. - In: Polit. Science Quart. 91 (1976), 219-235.

Pyper, C[harles] B[othwell]: Chamberlain and his critics. A statesman vindicated. (2. impr.) — Isleworth/London: Bishop 1962. XI, 114 S.

Quaroni, Pietro: Diplomaten unter sich (Riccordi di un ambasciatore, dt.). (Übertr. von Cajetan Freund.) — Frankfurt a. M.: Scheffler (1954). 208 S.

The **quest** for peace. The Dag Hammarskjöld Memorial Lectures. Ed. by Andrew W[ellington] Cordier and Wilder Foote. — New York, London: Columbia University Press 1965. XXIV, 390 S.

Raab, Julius: Selbstportrait eines Politikers. Mit e. Einf. von Ludwig Reichhold. — Wien, Köln, Zürich: Europa Verl. (1964). 136 S.
(Österreichprofile.)

Raab, Julius: Verantwortung für Österreich. — Wien: Österr. Wirtschaftsverl. (1961). 175 S.

Raase, Werner: Ernst Thälmanns revolutionäre Gewerkschaftspolitik. — Berlin: Tribüne 1953. 114 S.
(Beiträge zur Geschichte der deutschen Gewerkschaftsbewegung.)

Rabaut, Jean: [Jean] Jaurès. — Paris: Perrin 1971. 592 S.
(Coll. „Présence de l'histoire".)

Raczynski, Edward: In allied London. — London: Weidenfeld & Nicolsen 1963. 395 S.

Radandt, Hans: Hugo Junkers. Ein Monopolkapitalist und korrespondierendes Mitglied der Preussischen Akademie der Wissenschaften. — In: Jb. Wirtschaftsgesch. 1960, T. 1, 53—133.

Radbruch, Gustav: Briefe. Hrsg. von Erik Wolf. — Göttingen: Vandenhoeck & Ruprecht (1968). 344 S.

Radbruch, Gustav: Gestalten und Gedanken. Zehn Studien. Mit e. Nachwort von Reinhard Buchwald. — Stuttgart: Koehler 1954. 224 S.

Radbruch, Gustav: Der innere Weg. — Stuttgart: Koehler 1951. 219 S.

Radezun, Günter: Zum Kampf Eduard Bernsteins gegen die marxistische Lehre vom Staat und von der proletarischen Revolution. — In: Beitrr. Gesch. dtsch. Arbeiterbewegung 8 (1966), 446—460.

Raddatz, Fritz J[oachim]: Karl Marx. Eine politische Biographie. - (Hamburg:) Hoffmann & Campe (1975). 539 S.

Raddatz, Fritz J[oachim]: Tucholsky. Eine Bildbiographie. — (München: Kindler 1961.) 143 S.
(Kindlers klassische Bildbiographien.)

Raddatz, Fritz J.: Werk, Leben und Ende des Erich Mühsam. — In: Frankf. H. 26 (1971), 397—408.

Radde, Gerd: Fritz Karsen. Ein Berliner Schulreformer der Weimarer Zeit. - Berlin: Colloquium-Verl. 1973. 364 S.
(Historische und pädagogische Studien. 4.)

Radecki, Sigismund von: Erinnerungen an Karl Kraus. — In: Frankf. H. 7 (1952), 616—621.

Radhakrishnan, S.: Occasional speeches and writings. — Delhi: Ministry of Information and Broadcasting 1957. 403 S.

Radius, Pietro: Bismarck. — Milano: De Vecchi 1967. 307 S.

Raeder, Erich: Mein Leben. — Tübingen: Schlichtenmayer.
1. Bis zum Flottenabkommen mit England 1935. (1956.) 317 S.
2. Von 1935 bis Spandau 1955. 1957. 347 S.

Ragionieri, Ernesto: Die politische Konzeption Antonio Gramscis. — In: Marxist. Bll. 6 (1968), 44—51.

Raina, Peter: Gomulka. Politische Biographie. (Dtsch. von Doris Essing.) — Köln: Verl. Wissenschaft u. Politik (1970). 191 S.

Rais, Štefan: Klement Gottwald, velký žak Leninův a Stalinův. — Praha: Ministerstvo informací a osvěty 1949. 43 S.

Rais, S.: O presidentu Gottwaldovi. — Praha: Orbis 1950. 100 S.

Raiser, Ludwig: Abschied von Hermann Rein. — In: Dtsch. Univ.-Ztg. 8 (1953), H. 11, 3—4.

Raissac, Guy: Un soldat dans la tourmente. (Le Général Weygand.) — Paris: Michel 1963. 528 S.

Rake, Alan: Tom Mboya. Young man of new Africa. — New York: Doubleday 1962. 264 S.

Rakenius, Gerhard W.: Wilhelm Groener als Erster Generalquartiermeister. Die Politik der Obersten Heeresleitung 1918/19. - Boppard: Boldt (1977). VII, 270 S.
(Wehrwissenschaftliche Forschungen. Abt.: Militärgeschichtl. Studien. 23.)

Rákosi, Mátyás: Face au tribunal fasciste. — Paris: Ed. Sociales 1952. 222 S.

Ramati, Alexander: While the Pope kept silent. Assisi and the Nazi occupation, as told by Padre Rufino Niccacci. - London: Allen & Unwin (1978). 181 S.

Rameke, H[ermann] B[ernhard]: Fallschirmjäger. Damals und danach. — Frankfurt a. M.: Lorch (1951). 270 S.

Range, Willard: Franklin D. Roosevelt's world order. — Athens: University of Georgia Press 1959. XIII, 219 S.

Range, Willard: Jawaharlal Nehru's world view. A theory of international relations. — Athens: University of Georgia Press 1961. IX, 139 S.

Ranulf, Svend: Hitlers Kampf gegen die Objektivität. — København: Munksgaard (1946). 120 S.

Rapone, Leonardo: Movimenti fascisti e classi nell'analisi di Lev D. Trotskij [Leo Trotzki]. – In: Storia contemp. 7 (1976), 267–296.

Rappaport, Armin: Henry L. Stimson and Japan, 1931—33. — Chicago, London: The University of Chicago Press (1963). VIII, 238 S.

Rappard, William Emmanuel: A la mémoire de Chaim Weizmann, principal fondateur et premier président de l'Etat d'Israel, ami de la Suisse. — Neuchâtel: Ed. de la Baconnière 1953. 86 S.

Rasch, Harold: Rußland und die Sowjetunion im politischen Denken Thomas Manns. — In: Bl. dtsch. internat. Politik 11 (1966), 1010—1020.

Rasche, Friedrich [Hrsg.]: Fritz von Unruh. Rebell und Verkünder. Der Dichter und sein Werk. — Hannover: Verl. f. Literatur u. Zeitgeschehen (1960). 225 S.

Raschhofer, Hermann: Der Fall Oberländer. Eine vergleichende Rechtsanalyse d. Verfahren in Pankow u. Bonn. — Tübingen/Neckar: Schlichtenmayer 1962. XV, 279 S.

Rasehorn, Theo: Hitlers Justizminister. Zu einer Biographie über Franz Gürtner. - In: Juristenztg. 32 (1977), 165–167.

Rataj, M.: Pamiętniki. Do druku przygot. J. Dębski. — (Warszawa:) Ludowa Spółdz. Wyd. (1965). 448 S.

Ratcliff, Dillwyn F.: Prelude to Franco. — New York: Las Americas Publishing Co. 1957. 113 S.
Primo de Rivera.

Walther **Rathenau**. Ein preußischer Europäer. Briefe. (Hrsg.: Margarete von Eynern.) — Berlin: Vogt (1955). 467 S.

Rathenau, Walther: Auf dem Fechtboden des Geistes [Werke, Ausz.]. Aphorismen aus seinen Notizbüchern. Hrsg. von Karl G. Walther. — Wiesbaden: Verl. Der Greif (1953). 115 S.
(Sammlung Welt und Geist. 7.)

Rathenau, Walther: Gesamtausgabe. Hrsg. von Hans Dieter Hellige und Ernst Schulin. – München: G. Müller.
2. Hauptwerke und Gespräche. 1977. 980 S.

Rathenau, Walther: Schriften. [Teilsamml.] Ausgew. u. eingel. von Arnold Harttung, Günther Jenne [u. a.] Mit e. Beitr. von Golo Mann. — (Berlin:) Berlin Verl. 1965. 416 S.
(Schriften großer Berliner.)

Rathenau, Walther: Schriften und Reden. [Teilsamml.] Ausw. u. Nachw. von Hans Werner Richter. — (Frankfurt a. M.:) S. Fischer (1964). 481 S.
(Fischer Paperbacks.)

(**Rathenau,** Walter): So spricht Rathenau [Werke, Ausz.]. — München-Planegg: Barth 1953. 128 S.

Rathenau, Walther: Tagebuch 1907—1922. Hrsg. u. kommentiert von Hartmut Pogge von Strandmann. Mit e. Beitr. von James Joll u. e. Geleitw. von Fritz Fischer. (Übers. d. Beitr. von James Joll aus d. Engl.: Nora Pogge.) — Düsseldorf: Droste (1967). 319 S.

Ratinaud, Jean: Clemenceau ou la colère et la gloire. — Paris: Fayard 1958. 253 S.

Ratz, Ursula: Aus Franz Mehrings marxistischer Frühzeit. Ein Briefwechsel Franz Mehrings mit Lujo Brentano (1891–93). – In: Internat. wiss. Korr. Gesch. dtsch. Arbeit.rbew. 9 (1973), H. 19/20, 20–44.

Ratz, Ursula: Georg Ledebour. 1850—1947. Weg und Wirken eines sozialistischen Politikers. Mit e. Einf. von Paul Kluke. — Berlin: de Gruyter 1969. XI, 281 S.
(Publikationen zur Geschichte der Arbeiterbewegung. 2.)
(Veröffentlichungen der Historischen Kommission zu Berlin beim Friedrich-Meinecke-Institut der Freien Universität Berlin. 31.)

Rauch, Georg von: Lenin. Die Grundlegung des Sowjetsystems. — Göttingen: Musterschmidt (1957). 101 S.
(Persönlichkeit und Geschichte. 8).

Rauch, Karl: Der Schatten des Vaters. Ein Lebensbuch aus zwei Welten. — Eßlingen: Bechtle 1954. 336 S.

Raumer, Hans von: Walther Rathenau. — In: Dtsch. Rdsch. 78 (1952), 664—669.

Rausch, Jürgen: In einer Stunde wie dieser. — Stuttgart: Dtsch.Verl.Anst. 1953. 440 S.

Rauschning, Hermann: Gespräche mit [Adolf] Hitler. – (Wien:) Europa Verl. (1973). 278 S.

Razumowsky, Andreas: Mutmaßungen um Chruschtschow [Chruščev.] — In: Merkur 25 (1971), 266—276.

Rebentisch, Dieter: Ludwig Landmann. Frankfurter Oberbürgermeister der Weimarer Republik. – Wiesbaden: Steiner 1975. VIII, 321 S.
(Frankfurter Historische Abhandlungen. 10.)

Reck-Malleczewen, Friedrich Percyval: Tagebuch eines Verzweifelten [Teilsamml.] Mit e. Vorw. von Klaus Harpprecht. (Anm.: Franziska Violet. Neuausg.) — Stuttgart: Goverts (1966). 203 S.

Recktenwald, Johann: Woran hat Hitler gelitten? Eine neuropsychiatrische Deutung. — München, Basel: E. Reinhardt 1963. 122 S.
(Psychologie u. Person. 3.)

Rede des Bundespräsidenten Theodor Heuss vor der Bundesversammlung. — In: Polit. Studien 8 (1954), 242—246.

Redlich, Josef: Schicksalsjahre Österreichs 1908—1919. Das politische Tagebuch Josef Redlichs. Bearb. von Fritz Fellner. — Graz, Köln: Böhlau.
1. 1908—1914. 1953. XIX, 295 S.
(Veröffentlichungen der Kommission für neuere Geschichte Österreichs. 39.)

Redlich, Josef: Schicksalsjahre Österreichs 1908—1919. Das politische Tagebuch Josef Redlichs. Bearb. von Fritz Fellner. — Graz, Köln: Böhlau.
2. 1915—1919. 1954. 400 S.

Redlich, Shimon: Khrushchev [Nikita Sergeevič Chruščev] and the Jews. – In: Jew. soc. Stud. 34 (1972), 343–353.

Redslob, Edwin: Von Weimar nach Europa. Erlebtes und Durchdachtes. — Berlin: Haude & Spener 1972. 411 S.

Reed, Douglas: Otto Strasser, the prisoner of Ottawa. — London: Cape 1953. 272 S.

Rees-Mogg, W.: Sir Anthony Eden. — London: Rockliff 1956. 116 S.

Regala, Roberto: An Asian diplomat looks at the world today. — Milano: Giuffrè 1960. 173 S.

Regele, Oskar: Feldmarschall Conrad. Auftrag und Erfüllung 1906—1918. — Wien, München: Verl. Herold (1955). 613 S.

Reggiani, Carlo: Fanfani. — Palermo: Ed. Sud Europa 1958. 161 S.

Regler, Gustav: Das Ohr des Malchus. Eine Lebensgeschichte. — Köln, Berlin: Kiepenheuer & Witsch (1958). 528 S.

Rehm, Max: Karl Georg Pfleiderer. Landrat, Politiker, Diplomat. 10. Mai 1899—8. Oktober 1957. Gedenkrede zum 10. Todestag. (Hrsg.: Württ. Sparkassen- u. Giroverband, Stuttgart.) — (Stuttgart: [Selbstverl. d. Hrsg.] 1968). 26 S.

Rehwinkel, Edmund: Gegen den Strom. Erinnerungen eines niedersächsischen, deutschen und europäischen Bauernführers. – Dorheim: Podzun [1973]. 246 S.

Reichard, Gary W.: The reaffirmation of republicanism. [Dwigth David] Eisenhower and the eighty-third congress. – Knoxville: University of Tennessee Press 1975. XV, 303 S.

Reichardt, Fritz: Andreas Hermes. — Neuwied a. Rh.: Verl. d. Raiffeisendruck. 1953. 510 S.

Reichardt, Hans J.: Ernst Reuter. — (Hannover:) Verl. f. Literatur u. Zeitgeschehen (1965). 256 S.

Kürenberg, Joachim von [d. i. Joachim von **Reichel**]: Carol II. und Madame Lupescu. — Bonn: Athenäum-V. 1952. 242 S.

Reichenberger, Emmanuel J.: Wider Willkür und Machtrausch. Erlebnisse und Bekenntnisse aus zwei Kontinenten. — Graz, Göttingen: Stocker (1955). 701 S.

[**Reichwein,** Adolf:] Adolf Reichwein. Ein Lebensbild aus Briefen und Dokumenten. Ausgew. von Rosemarie Reichwein unter Mitw. von Hans Bohnenkamp hrsg. u. komm. von Ursula Schulz. - München: Müller (1974). 375 S.

Reid, B. L.: The lives of Roger Casement. - New Haven: Yale University Press 1976. XIX, 532 S.

Reif, Adelbert: Anna Seghers und die Deutsche Frage. Zu den DDR-Romanen „Die Entscheidung" und „Das Vertrauen". — In: Polit Stud. 21 (1970), 703—708.

Reifenberg, Benno: Wilhelm Hausenstein. In memoriam. — In: Gegenwart 12 (1957), 359—363.
 Mit Bibliographie der Arbeiten Hausensteins.

Reifenberg, Benno: Rudolf Kircher. Rede, geh. am Grab auf dem Waldfriedhof von Stuttgart, den 30. Sept. 1954. — In: Die Gegenwart 9 (1954), 662—663.

Reile, Oscar: Treff Letetia Paris. Der Kampf der Geheimdienste im westlichen Operationsgebiet, in England und Nordafrika 1939-1945. Im Dienst Gehlens 1949-1961. - München: Verl. Welsermühl 1973. 411 S.

Reimann, Joachim: Ernst Müller-Meiningen senior und der Linksliberalismus in seiner Zeit. Zur Biographie eines bayerischen und deutschen Politikers 1866—1944. — (München: Wölfle [in Komm.]) 1968. XI, 305 S.
 (Miscellanea Bavarica Monacensia. 11.)
 (Neue Schriftenreihe des Stadtarchivs München. 27.)
 Zugl. phil. Diss., München.

Reimann, Max: Entscheidungen 1945-1956. - Frankfurt a. M.: Verl. Marxist. Bll. 1973. 227 S.

Reimann, Max: Aus Reden und Aufsätzen 1946—1963. — Berlin: Dietz 1963. 731 S.

Reimann, Viktor: Dr. Joseph Goebbels. — München: Molden (1971). 383 S.

Reimann, Viktor: Innitzer. Kardinal zwischen Hitler und Rom. — München: Molden (1967). 380 S.

Reimann, Viktor: Bruno Kreisky. Das Porträt eines Staatsmannes. — München: Molden 1972. 352 S.

Reimers, Karl Friedrich: Der Führer [Adolf Hitler] als völkische Erlösergestalt. Die Berliner NS-Weihnachtskundgebung 1933 im offiziellen Filmbericht. — In: Gesch. Wiss. Unterr. 19 (1968), 164—175.

Reinhard, Marcel: Un historien au XXe siècle: Georges Lefebvre. — In: Rev. hist. 223 (1960), 1—12.

Reinowski, Werner: Bernard Koenen. Ein Leben f. d. Partei. — Halle/Saale: Mitteldt. Verl. 1962. 197 S.

Reisberg, Arnold: Lenins Beziehungen zur deutschen Arbeiterbewegung. — Berlin: Dietz 1970. 623 S.

Reisberg, Arnold: Lenin und die Zimmerwalder Bewegung. Berlin: Dietz 1966. 322 S.

Reiss, Jürgen: George Kennans Politik der Eindämmung. — Berlin: Colloquium-V. (1957). 100 S.
 (Studien zur Europäischen Geschichte aus dem Friedrich-Meinecke-Institut der Freien Universität Berlin. 2.)

Reitlinger, Gerald: The doubts of Wilhelm Kube. — In: Wiener Libr. Bull. 4 (1950), 33 und 5 (1951), 8.

Reitsch, Hanna: Fliegen — mein Leben. — Stuttgart: Dtsch. Verl.-Anst. 1951. 311 S.

Reitter, Ekkehard: Franz Gürtner. Politische Biographie eines deutschen Juristen, 1881-1941. - Berlin: Duncker & Humblot (1976). 238 S.
 (Beiträge zu einer historischen Strukturanalyse Bayerns im Industriezeitalter. 13.)
 Diss., Universität München.

Reitzner, Almar: Alexander Dubček. Männer und Mächte in der Tschechoslowakei. — München: Verl. Die Brücke (1968). 227 S.

Remme, Irmgard: Paul-Henri Spaak. — Berlin-Dahlem: Colloquium-V. 1957. 96 S.

Rémy: Mémoires d'un agent secret de la France libre. — Paris: France-Empire.
 2. (Juin 1942-novembre 1943.) 1960. 610 S.
 3. 1961. 511 S.

Rémy [d. i. Gilbert **Renault**:] Le 18ième jour. La tragédie de Léopold III, roi des Belges. - Paris: France-Empire 1976. 422 S.

Renault, Gilbert: On m'appelait Rémy. — Paris: Plon 1951. 645 S.

Rendel, Sir George: The sword and the olive. Recollections of diplomacy and the foreign service 1913—1954. — London: Murray 1957. 348 S.

Rendulic, Lothar: Gekämpft — gesiegt — geschlagen. — Heidelberg: Vowinkel (1952). 400 S.

Rendulic, Lothar: Glasenbach — Nürnberg — Landsberg. Ein Soldatenschicksal nach dem Krieg. — Göttingen: Stocker 1953. 222 S.

Rendulic, Lothar: Soldat in stürzenden Reichen. — München: Damm Verl. (1965). 483 S.

Renner, Hermann: Der Bauerndoktor Georg Heim. Ein bayerischer Politiker und Bauernführer. — In: Polit. Studien 10 (1959), 252—258.

Renner, Karl: Die Nation. Mythos und Wirklichkeit. Ms. aus d. Nachlaß. Hrsg. von Jacques Hannak. Mit e. Einl. von Bruno Pittermann. — Wien, Köln: Europa Verl. (1964). 144 S.
 (Geist und Gesellschaft.)

Renner, Karl: Österreich von der ersten zur zweiten Republik. (Hrsg. von Adolf Schärf.) — Wien: Wiener Volksbuchh. 1953. 282 S.
 (Nachgelassene Werke. 2.)

Renner, Karl: Karl Renner [Teilsamml.] Porträt einer Evolution. Hrsg. von Heinz Fischer. (Mitarb. bei Sichtung u. Kommentar d. Dokumentation: Hugo Pepper.) — Frankfurt a. M.: Europa-Verl. (1970). 419 S.

Renner, Karl: Wandlungen der modernen Gesellschaft. Zwei Abhandlungen über die Probleme der Nachkriegszeit. — Wien: Wiener Volksbuchh. 1953. 227 S.
 (Nachgelassene Werke. 3.)

Rennhofer, Friedrich: Ignaz Seipel. Mensch und Staatsmann. Eine biographische Dokumentation. – Köln: Böhlau 1978. X, 800 S.
(*Böhlaus zeitgeschichtliche Bibliothek. 2.*)

Reprodukcje dokumentów do sprawy Clauberga. — In: Zeszyty Oświęcimskie, H. 2 (1958), 43—80.

Requin, E.: D'une guerre à l'autre, 1919—1939. — Paris: Lavauzelle 1949. XVI, 258 S.

Réti, László: Lenin und die Ungarische Räterepublik. — In: Beitrr. Gesch. Arbeiterbew. 12 (1970), 372—389.

Retzlaw, Karl: Spartakus. Aufstieg und Niedergang. Erinnerungen eines Parteiarbeiters. (2. durchges. Aufl.) – Frankfurt a. M.: Verl. Neue Kritik (1972). 510 S.

Reuter, Ernst: Aus Reden und Schriften. Hrsg. von Hans E. Hirschfeld u. Hans J. Reichhardt. — Berlin: Colloquium Verl. 1963. 191 S.

Reuter, Ernst: Schriften, Reden [Teilsamml.] Hrsg. von Hans E. Hirschfeld u. Hans J. Reichhardt. Mit e. Vorw. von Willy Brandt. — Berlin: Propyläen-Verl.
 1. Briefe, Aufsätze, Referate 1904—1922. 1972. 812 S.

Reuter, Ernst: Schriften, Reden. [Sammlung.] Hrsg. von Hans E. Hirschfeld u. Hans J. Reichhardt (i. A. d. Senats von Berlin). Mit e. Vorw. von Willy Brandt. – Berlin: Propyläen-Verl.
 2. Artikel, Briefe, Reden. 1922 bis 1946. Bearb. von Hans J. Reichhardt. (1973). 870 S.
 3. Artikel, Briefe, Reden. 1946 bis 1949. Bearb. von Hans J. Reichhardt. (1974). 943 S.

Reuter, Ernst: Schriften, Reden. [Sammlung.] Hrsg. von Hans E. Hirschfeld u. Hans J. Reichhardt (i. A. d. Senats von Berlin). Mit e. Vorw. von Willy Brandt. – Berlin: Propyläen-Verl.
 4. Reden, Artikel, Briefe. 1949 bis 1953. Bearb. von Hans J. Reichhardt. (1975). 1087 S.

Revel, Jean-Francois: Le style du Général. Essai sur Charles de Gaulle (Mai 1958 — Juin 1959). — Paris: Julliard 1959. 179 S.

The German revolution from above (Carl Goerdeler). — In: Times Liter. Suppl. 54 (1955), 584.

Reventlow, Rolf: Garaudy's große Wende. — In: Gewerksch. Monatsh. 21 (1970), 424—426.

Reynaud, Paul: Au cœur de la mêlée (1930—1945). Ed. entièrement rénovée de: La France a sauvé l'Europe. — Paris: Flammarion 1951. 1077 S.

Reynaud, Paul: Ehrgeiz und Illusion (La Politique étrangère du Gaullisme, dt.) Die Außenpolitik de Gaulles. (Aus d. Franz. übertr. von Lothar Ruehl unter Mitarb. von Wolf-Dieter Bach.) — (München, Zürich:) Droemer/Knaur (1964). 206 S.

Reynaud, Paul: Mémoires. — Paris: Flammarion.
 1. Venu de ma montagne. (1960.) 506 S.
 2. Envers et contre tous. 7 mars 1930—16 juin 1940. (1963.) 538 S.

Reynaud, Paul: In the thick of the flight 1930—1945. (Au cœur de la mêlée 1930—1945, engl.) — London: Cassell 1955. 684 S.

Reynolds, Nicholas: [Ludwig] Beck .Treason was no crime, dt.) Gehorsam und Widerstand. Das Leben des deutschen Generalstabschefs 1935—1938. Dtsch. von Heinrich Graf von Einsiedel u. Martin Schulte.) - (Wiesbaden:) Limes Verl. (1977). 283 S.

Reynolds, Quentin: W[inston] Churchill. Il difensore del mondo libero.— Milano: Mursia 1971. 150 S.

Rheinbaben, Werner Frhr. von: Viermal Deutschland. Aus dem Erleben eines Seemanns, Diplomaten, Politikers 1895—1954. — Berlin: Argon-V. (1954). 454 S.

Rheinbaben, Werner Frhr v[on]: Kaiser, Kanzler, Präsidenten. Erinnerungen. — Mainz: v. Hase & Koehler (1968). 314 S.

Rhode, Gotthold: Hermann Aubin und die Geschichte des deutschen und europäischen Ostens. In Zsarb. mit Walter Kuhn. — In: Z. Ostforsch. 18 (1968), 601—621.

Rhode, Gotthold: Außenminister Josef Beck und Staatssekretär Graf Szembek. Ein Vergleich zweier Quellen zur politischen Geschichte der dreißiger Jahre. — In: Vjh. Zeitgesch. 2 (1954), 86—94.

Rhode, Gotthold: Korfanty. — In: Z. Geopolitik 26 (1955), 475—477.

Rhodes, Anthony: The poet as superman. A life of Gabriele d'Annunzio. — London: Weidenfeld & Nicolson 1959. 251 S.

Rials, Stéphane: Les idées politiques du Président Georges Pompidou. Préf. de Roger-Gérard Schwartzenberg. - Paris: Presses universitaires de France (1977). 192 S.
(*Travaux et recherches de l'université de droit, d'économie et de sciences sociales de Paris. Série: Science politique. 9.*)

Ribbentrop, Joachim von: Zwischen London und Moskau. Erinnerungen und letzte Aufzeichnungen. Aus d. Nachlaß hrsg. v. Annelies von Ribbentrop. — Leoni a. Starnb. See: Druffel (1953). 336 S.

Ribbentrop, Joachim von: Memoires. — London: Weidenfeld & Nicolson 1954. XXIV, 216 S.

Ribhegge, Wilhelm: August Winnig. Eine historische Persönlichkeitsanalyse. - Bonn-Bad Godesberg: Verl. Neue Gesellsch. (1973). 315 S.
(*Schriftenreihe des Forschungsinstituts der Friedrich-Ebert-Stiftung. 99.*)

Rice, Edward E.: Mao [Tse-tung]'s way. - Berkeley: University of California Press 1972. IX, 596 S.

Rich, Norman: Friedrich von Holstein. Politics and diplomacy in the era of Bismarck and Wilhelm II. Vol. 1.2. — London: Cambridge University Press 1965.

Richter, Günter: Friedrich von Holstein. Politiker im Schatten der Macht. — Göttingen: Musterschmidt (1969). 99 S.
(*Persönlichkeit und Geschichte. 49.*)

Richter, Hans Werner: Briefe an einen jungen Sozialisten. Vorw. von Leonhard Reinisch. – (Hamburg:) Hoffmann & Campe (1974). 172 S.

Richter, Werner: Bismarck. – (Frankfurt a. M.:) S. Fischer (1962). 660 S.

Richter, Werner: John Foster Dulles. – In: Dtsch. Rdsch. 79 (1953), 225–231.

Ridder, Helmut: Epirrhosis? Carl Schmitt und ein Ende. – In: Neue polit. Lit. 16 (1971), 317–339.

Ridgway, Matthew B[unker]: Soldier. The memoirs of Matthew B[unker] Ridgway. As told to Harold H. Martin. – New York: Harper 1956. 371 S.

Riechers, Christian: Antonio Gramsci. Marxismus in Italien. – (Frankfurt a. M.:) Europ. Verl. Anst. (1970). 251 S.
(Arbeiterbewegung.)
Diss., Freie Universität Berlin.

Riedl, Franz H.: Hans Steinacher. Zum Tode des Kärntner Volkshelden und Betreuers der Auslandsdeutschen. – In: Südostdtsch. Vjbll. 20 (1971), 77–81.

Riemeck, Renate: Lenin und das Prinzip der friedlichen Koexistenz. – In: Marx. Bll. 7 (1969), H. 6, 11–20.

Riemschneider, Ernst G[ünther]: Der Fall [Jochen] Klepper. Eine Dokumentation. – (Stuttgart): Dtsch. Verl.-Anst. (1975). 142 S.

Riesenberger, Dieter: Kardinal Schuster von Mailand. – In: Gesch. Wiss. Unterr. 23 (1972), 14–27.

Riess, Curt: Le crépuscule de Goebbels. – In: Historia 19 (1956), H. 114, 485–494.

Riesser, Hans E[duard]: Von Versailles zur UNO. Aus d. Erinnerungen eines Diplomaten. – Bonn: Bouvier 1962. 284 S.

Riezler, Kurt: Tagebücher, Aufsätze, Dokumente. Eingel. u. hrsg. von Karl Dietrich Erdmann. – Göttingen: Vandenhoeck & Ruprecht 1972. 766 S.
(Deutsche Geschichtsquellen des 19. und 20. Jahrhunderts. 48.)

Rigassi, Georges: Franklin Delano Roosevelt. Héros de la liberté. Préface du Edouard Herriot. — Genève: Ed. Labor et Fides 1951. 191 S.

Riha, Thomas: A Russian European. Paul Miliukov in Russian politics. — Notre Dame, Ind.: University of Notre Dame Press 1969. XVIII, 373 S.

Rimscha, Hans von: Die Politik Paul Schiemanns während der Begründung der Baltischen Staaten im Herbst 1918. — In: Z. Ostforschung 5 (1956), 68–82.

Rimscha, Hans von: Paul Schiemann als Minderheitenpolitiker. — In: Vjh. Zeitgesch. 4 (1956), 43–61.

Ring, Camil: Staline m'a dit ... — Paris: Creator 1952. 470 S.
Enthält u. a. Beiträge zur Biographie Anna Paukers.

Ringelblum, E.: Notatki z getta. — In: Biul. Żyd. Inst. Hist. 1954, H. 11/12, 123–166; 1955, H. 13/14, 211–267.

(Alfred) Hugenbergs **Ringen** in deutschen Schicksalsstunden. Tatsachen und Entscheidungen in den Verfahren zu Detmold und Düsseldorf 1949/50. (Hrsg.: Borchmeyer.) — Detmold: Maximilian-V. (1951). 94, 59, 12 S.

Rintala, Marvin: The politics of Gustaf Mannerheim. — In: J. Centr. Europ. Aff. 21 (1961/62), 67–83.

Ristelhueber, René: Mackenzie King et la France. Souvenirs d'une mission diplomatique au Canada. — In: Rev. Deux Mondes 1954, 116–135, 287–305 und 459–473.

Ritter, Gerhard: Carl Goerdeler und die deutsche Widerstandsbewegung. — Stuttgart: Dtsch. Verl.-Anst. (1954). 630 S.

Ritter, Waldemar: Kurt Schumacher. Eine Untersuchung seiner polit. Konzeption u. seiner Gesellschafts- u. Staatsauffassung. — Hannover: Dietz Nachf. (1964). 238 S.
Zugl. wirtschaftswiss. Diss., FU Berlin.

Ritthaler, Anton: Karl Ludwig Freiherr von und zu Guttenberg. Ein polit. Lebensbild. — Würzburg: Schöningh [in Komm.] 1970. 38 S.
(Neujahrsblätter der Gesellschaft für Fränkische Geschichte. 34.)

Ritthaler, Anton: Major Pabst. Streiter für Deutschlands Recht, Ehre und Ordnung. — In: Tradition u. Leben 12 (1960), Nr. 140, 12–14.

Ritthaler, Anton: Kaiser Wilhelm II. Herrscher in einer Zeitwende. — Köln: Verl. Tradition u. Leben (1958). 87 S.

Ritzel, Heinrich G.: Kurt Schumacher in Selbstzeugnissen und Bilddokumenten. — Reinbek b. Hamburg: Rowohlt 1972. 158 S.
(Rowohlts Monographien. 184.)

Riva, Giuliano: Romano Guardini e la „Katholische Weltanschauung". - Bologna: Ed. Dehoniane 1975. 364 S.

Rizzo, F.: Luigi Sturzo e la questione meridionale nella crisi del primo dopoguerra (1919–1924). — Roma: Editoriale CD 1957. 120 S.

Rizzo, Giovanni: D'Annunzio e Mussolini. La verità sui loro rapporti. — Bologna: Cappelli 1960. 317 S.

Robertson, Arthur Clendenin: La doctrine du général de Gaulle. — Paris: Fayard 1959. 318 S.

Robertson, E. H.: Paul Schneider. The pastor of Buchenwald. — London: S. C. M. Press 1956. 128 S.

Robinson, Edgar Eugene [u.] Vaughn Davis Bornet: Herbert Hoover, President of the United States. - Stanford, Calif.: Hoover Institution Press 1975. 398 S.

Robinson, Jacob: Psychoanalysis in a vacuum. Bruno Bettelheim and the Holocaust. — New York: Yad Vashem-Yivo Documentary Projects 1970. 36 S.

Robrieux, Philippe: Maurice Thorez. Vie secrète et vie publique. - (Paris:) Fayard (1975). 660 S.
(Coll. „Le monde sans frontières".)

Robuchon, Mᵉ Jean: Les grandes heures de Georges Clemenceau. — Paris: Edit. du Marais 1967. 306 S.

Rochat, Giorgio: [Benito] Mussolini, chef de guerre. ⟨1940–1943⟩. - In: Rev. Hist. deux. Guerre mond. 24 (1975), H. 100, 43–66.

Rochat, Giorgio: Gerhard Ritter e la crisi della Germania Guglielma. — In: Nuova Riv. stor. 52 (1968), H. 1/2, 169—174.

Rochat, Giorgio: Il quarto volume della biogafia di [Benito] Mussolini di Renzo De Felice. - In: Italia contemp. 28 (1976), 89–102.

Roche, Georges [u.] Philippe Saint-Germain: Pie XII [Pius XII.] devant l'histoire. - Paris: Laffont 1972. 535 S.
(Coll. „L'Histoire que nous vivons".)

Rochefort, Robert: Robert Schuman. — Paris: Edit. du Cerf 1968. 384 S.

Rocker, Rudolf: Ett liv för friheten (Max Nettlau, der Mann und sein Werk, schwed.) Max Nettlau, anarkismens historiker. (Övers. av Holger Carlsson.) — Stockholm: Federativs Förl. (1956). 349 S.

Rodens, Franz: Konrad Adenauer. Der Mensch u. Politiker. — München, Zürich: Knaur 1963. 142 S.

Rodens, Franz: Jean Rey. Ein pragmatischer Politiker. — Freudenstadt: Europabuch-Verl. Lutzeyer 1968. 67 S.
(Persönlichkeiten der Europäischen Integration. 1.)

Rodgers, W. T. [Ed.]: Hugh Gaitskell, 1906—1963. — London: Thames and Hudson 1963. 167 S.

Roehl, Fritzmichael: Marie Juchacz und die Arbeiterwohlfahrt. Überarb. von Hedwig Wachenheim. — Hannover: Dietz Nachf. (1961). 204 S.

Röhl, John C. G.: Admiral v. Müller and the approach of war, 1911—1914. — In: Hist. J. 12 (1969), 651—673.

Röhr, Heinz: Pseudoreligiöse Motive in den Frühschriften von Karl Marx. — Tübingen: Mohr 1962. 66 S.
(Sammlung gemeinverständlicher Vorträge und Schriften aus dem Gebiet der Theologie und Religionsgeschichte. 235/236.)

Röhrich, Wilfried: Robert Michels. Vom sozialistisch-syndikalistischen zum faschistischen Credo. — Berlin: Duncker & Humblot 1972. 198 S.
(Beiträge zur politischen Wissenschaft. 14.)
Wirtschafts- u. sozialwiss. Habil.-Schr., Kiel.

Röhricht, Edgar: Pflicht und Gewissen. Erinnerungen eines deutschen Generals 1932 bis 1944. — Stuttgart: Kohlhammer (1965). 236 S.

Röhrs, H. D.: Hitler — die Zerstörung einer Persönlichkeit. Grundlegende Feststellungen zum Krankheitsbild. — Neckargemünd: Vowinckel 1965. 152 S.

Röhrs, Hans-Dietrich: Hitlers Krankheit. Tatsachen und Legenden. Medizin und psychische Grundlagen seines Zusammenbruchs. — Neckargemünd: Vowinckel 1966. 203 S.
(Zeitgeschichtliche Streitfragen. 1.)

Römer, Peter: Die reine Rechtslehre Hans Kelsens als Ideologie und Ideologiekritik. - In: Polit. Vjschr. 12 (1971), 579–598.

Rönblom, H[ans] K[rister]: Wennerström, Spion (Wennerström spionen, dt.) (Aus d. Schwed. übertr. von Sven F[ranz] Deppe.) — (Berlin:) Ullstein (1965). 158 S.

Röpke, Wilhelm: Gegen die Brandung. Zeugnisse eines Gelehrtenlebens unserer Zeit. Gesammelt und hrsg. von Albert Hunold. — Erlenbach/Zürich, Stuttgart: Rentsch 1959. 418 S.

Röpke, Wilhelm: Briefe, 1934–1966. Der innere Kompaß. Hrsg. von Eva Röpke. - (Erlenbach-Zürich:) Rentsch (1976). 215 S.

Röpke, Wilhelm: Zum Gedächtnis an Luigi Einaudi. — In: Schweiz. Monatsh. 41 (1961/62), 1045—1050.

Röpke, Wilhelm: Wirrnis und Wahrheit. Ausgewählte Aufsätze. — Erlenbach-Zürich u. Stuttgart: Rentsch (1962). 331 S.

Rösch, Augustin: P. Rupert Mayer gibt nicht nach. — In: An unsere Freunde [München], Jan. 1955, 3—5.

Generalleutnant Hans **Röttiger.** — In: Wehrkunde 5 (1956), 585.

Rogé [Lieutenant-colonel]: Jean Moulin, héros et martyr de la résistance. — In: Rev. Déf. nat. 16 (1953), 706 – 715.

Rogge, Helmuth: Zur Geschichte der [Friedrich von] Holstein-Forschung. - Bad Godesberg: [Selbstverl. d. Verf.] 1974. 42 S.

Rogge, Helmuth: Aus Maximilian Hardens politischer Publizistik 1921—1922. — In: Publizistik 6 (1961), 301—337.

Rogier, L. J.: Mussert bij Mussolini en Pacelli. — In: Annalen van het Thijmgenootschap 43 (1955), 97—108.

Rogow, Arnold A.: James Forrestal. A study of personality, politics, and policy. — New York: Macmillan 1963. 397 S.

Rohan, Karl Anton: Heimat Europa. Erinnerungen und Erfahrungen. — (Düsseldorf, Köln:) Diederichs (1954). 355 S.

Roherty, James M.: Decisions of Robert S. McNamara. A study of the role of Secretary of Defense. — Coral Gables: University of Miami Press 1970. 223 S.

Rohland, Walter: Erlebnisse in der Familie, im Freundeskreis und in der weiten Welt. - (Ratingen:) [Selbstverl. d. Verf.] (1977). X, 193 S.

Rohland, Walter: Bewegte Zeiten. Erinnerungen eines Eisenhüttenmannes. - Stuttgart: Seewald (1978). 238 S.

Rohr, Wilhelm: Georg Winter. Neuruppin 28. 4. 1895, Koblenz 4. 6. 1961. — In: Archivar 14 (1961), 181—190.

Rohrbach, Paul: Um des Teufels Handschrift. Zwei Menschenalter erlebter Weltgeschichte. — Hamburg: Dulk 1953. 518 S.

Rohrmann, Elsabea: Max von Schinckel, hanseatischer Bankmann im wilhelminischen Deutschland. — Hamburg: Verl. Weltarch. 1971. 340 S.
(Veröffentlichungen des HWWA-Institut für Wirtschaftsforschung Hamburg.)
Diss., Universität Hamburg.

Rokossovskij, K. K.: Soldatskij dolg. — Moskva: Voenizdat 1968. 380 S.
(Voen. memuary.)

Rollins, Alfred B., Jr.: Roosevelt and Howe. — New York: Knopf 1962. 479 S.

Rolnikaité, Maria: Das Tagebuch [Ja dolža rasskazat', dt.] — Wien: Europa Verl. [1966]. 259 S.

Romanus, Charles F. und Riley Sunderland: Stillwell's mission to China. — Washington: Office of the Chief of Military History 1953. XIX, 441 S.

(Rommel, Erwin:) The Rommel papers. Ed. by B. H. Liddell Hart with the assistance of Lucie-Marie Rommel [u. a.] Transl. by Paul Findlay. — London: Collins (1953). 545 S.

Rommel, Juliusz: Za honor i ojczyznę. Wspomnienia dowódcy armii „Łódz" i „Warszawa". — Warszawa: Państw. Wydawnictwo Iskry 1958. 419 S.

Romulo, Carlos P., und Marvin M. Gray: The Magsaysay story. — New York: Day 1956. 316 S.

Roon, Ger van: Hermann Kaiser und der deutsche Widerstand. - In: Vjh. Zeitgesch. 24 (1976), 259–286.

Roon, Ger van: [Helmuth James] Graf Moltke als Völkerrechtler im OKW. — In: Vjh. Zeitgesch. 18 (1970), 12—61.

Roon, Ger van: Wilhelm Staehle. Ein Leben auf der Grenze 1877–1945. - München: G. Müller (1969). 112 S.

Roon, Ger van: Oberst Wilhelm Staehle. Ein Beitrag zu den Auslandskontakten des deutschen Widerstandes. — In: Vjh. Zeitgesch. 14 (1966), 209—215.

Roos, Hans: Josef Piłsudski und Charles de Gaulle. Ein Vergleich zweier Staatsmänner und zweier Verfassungen. — In: Vjh. Zeitgesch. 8 (1960), 257—267.

Roosevelt and Daniels. Edited by Carroll Kilpatrick. — Chapel Hill: University of North Carolina Press 1952. 226 S.
    Enthält die Korrespondenz zwischen R. und Daniels, der im Navy Department und als Botschafter in Mexiko tätig war.

Roosevelt, Eleanor: On my own. The years since the White House. — New York: Harper 1958. 241 S.

Roosevelt, Eleanor: Wie ich es sah. (This I remember) [dt.] Politisches und Privates um Franklin D. Roosevelt. (Aus dem Amerikanischen übersetzt von Felix Arnold.) — Wien, Stuttgart: Humboldt-V. (1951). 389 S.

Roosevelt, Franklin D[elano]: Links von der Mitte [Werke, Ausz., dt.]. Selbstzeugnisse aus Briefen, Reden und Konferenzen. Ausgew. u. zsgest. von Donald Day. Übertr.: Peter Stadelmayer u. Christian Hübener. — (Frankfurt a. M.:) Verl. d. Frankf. Hefte [1952]. 490 S.

Roosevelt, Franklin D.: Franklin D. Roosevelt and foreign affairs. Ed. by Edgar B. Nixon. Vol. 1—3. Cambridge, Mass.: Belkamp Press of Harvard University Press 1969.
    1. Jan. 1933—Febr. 1934. XIII, 664 S.
    2. March 1934—August 1935. IX, 637 S.
    3. Sept. 1935—Jan. 1937. IX, 638 S.

Roosevelt, Franklin D.: Selected speeches, messages, press conferences, and letters. Ed. with introd. by Basil Rauch. — New York: Rinehart 1957. XXIV, 391 S.

Roosevelt, Franklin Delano: [Werke, Ausz.] As FDR said. A treasury of his speeches, conversations and writings by Franklin Kingdon. — New York: Duell, Sloan & Pearce 1950. 256 S.

Roosevelt, Franklin Delano: [Werke, Ausz.] The wit and wisdom of Franklin D. Roosevelt. Ed. with an introduction by Maxwell Meyersohn with the collaboration of Adele Archner. — Boston: Beacon Press 1950. 154 S.

Roosevelt, James und Sidney Shalett: Affectionately, F. D. R[oosevelt]. A son's study of a lonely man. — New York: Harcourt, Brace 1959. XII, 394 S.

Ropp, Friedrich von der: Zwischen gestern und morgen. Erfahrungen und Erkenntnisse. — Stuttgart: Steinkopf (1961). 255 S.

Rosa, Gabriele de: Giolitti e il fascismo. — Roma: Edizioni di Storia e Litteratura 1957. 194 S.

Rosa, Gabriele De: Luigi Sturzo. Con 24 tavole fuori testo. — Torino: Unione Tipografico-Editrice Torinese 1977. XIV, 515 S.
    (La vita sociale della nuova Italia. 27.)

Rosar, Wolfgang: Deutsche Gemeinschaft. Seyss-Inquart und der Anschluß. — Frankfurt a. M.: Europa-Verl. 1971. 441 S.

Rosen, Elliot A.: [Franklin D.] Roosevelt and the Brains Trust. An historical overview. - In: Polit. Science Quart. 87 (1972), 531—557.

Rosen, Friedrich: Aus einem diplomatischen Wanderleben. Aus d. Nachlaß hrsg. von Herbert Müller-Werth. — Wiesbaden: Limes-V. (1959). 441 S.
    Zugleich Bd 3/4 der Gesamterinnerungen.

(Rosenberg, Alfred:) Das politische Tagebuch Alfred Rosenbergs 1934/35 und 1939/40. Hrsg. von Hans-Günther Seraphim. — München: Dtsch. Taschenbuch Verl. (1964). 265 S.
    (dtv dokumente. 219.)

Rosenberg, Curt: Bilder aus einem Leben. Erinnerungen eines ostpreußischen Juden. — Würzburg: Holzner 1962. 180 S.
    (Ostdeutsche Beiträge aus d. Göttinger Arbeitskreis. 22.)

Rosenblüth, Pinchas E.: Friedrich Meineckes Anschauungen über Juden und Judentum. - In: Bull. Leo Baeck Inst. 15 (1976), 96–123.

Rosenfeld, Elsbeth: The four lives of Elsbeth Rosenfeld. As told by her to the BBC. With a forew. by James Parkes. — London: Gollancz 1964. 158 S.

Rosenfeld, Günter: W. I. Lenin, der Begründer der sowjetischen Aussenpolitik. — In: Z. Geschichtswiss. 18 (1970), 317—336.

Rosenthal, Gerard: Mémoire pour la réhabilitation de Zinoviev [Sinoviev]. (L'affaire Kirov.) — Paris: Julliard 1962. 166 S.

Rose, William J.: Was Thomas Masaryk's „Austria delenda est!" a mistake? — In: J. Centr. Europ. Aff. 14 (1954), 236—254.

Rosenberg, Alfred: Letzte Aufzeichnungen. Ideale und Idole der nationalsozialistischen Revolution. — Göttingen: Plesse-V. (1955). 343 S.

Rosenblueth, Arturo: Juan Negrin. — In: Cuad. Americ. [Mexico] 16 (1957), H. 2, 59—63.

Rosenman, Samuel I.: Working with Roosevelt. — New York: Harper 1952. XIV, 560 S.

Roskin, Michael [u.] Dieter O. A. Wolf: Henry A. Kissinger. Versuch eines Porträts. - In: Aus Politik und Zeitgeschichte, Beilage zur Wochenzeitung „Das Parlament" Nr 23 vom 8. Juni 1974, 3–25.

Roskothen, Ernst: Groß-Paris, Place de la Concorde 1941–1944. Ein Wehrmachtsrichter erinnert sich ... Vorw.: Erich Schwinge. - (Bad Dürrheim: [Selbstverl. d. Verf.] 1977). XIV, 327 S.

Rosner, Thomas: P.O.W. 332.624. Tagebuch eines österreichischen Kriegsgefangenen des 2. Weltkrieges. — Wien: Herold Verl. 1971. 140 S.

Ross, Hugh: Roosevelt's third-term nomination. — In: Mid-America 44 (1962), 80—94.

Ross, Ronald J.: Heinrich Ritter von Srbik and „Gesamtdeutsch" history. — In: Rev. Politics 31 (1969), 88—107.

Ross, Werner: Hermann Hesses Mission. Versuch einer Einordnung. - In: Merkur 29 (1975), 130–145.

Rossi, Francesco: Mussolini e lo stato maggiore. — Roma: Tipografia Regionale 1951. 191 S.

Rossi dell'Arno, G. de: Pio XI e Mussolini. — Roma: Corso 1954. 195 S.

Rossmann, Erich: Ein Leben für Sozialismus und Demokratie. — Stuttgart, Tübingen: Wunderlich 1947. 262 S.

Rost van Tonningen, M(einoud) M(arinus): Correspondentie. Ingel. en uitgevendoor E. Fraenkel-Verkade in samenwerkning met A. J. van der Leeuw. — s'Gravenhage: Nijhoff.
Deel 1. 1921—Mei 1942. 1967. XIII, 974 S.
(Bronnenpublicaties. Documenten. 1.)

Roth, Andrew: Edward Heath (Heath and the Heathmen, dt.) Ein Mann für Europa. Mit e. Vorw. von Walter Hallstein. (Aus d. Engl. von Heinrich Gottwald.) - Köln: Böhlau 1973. XII, 228 S.

Roth, Gerhard: [Antonio] Gramscis Philosophie der Praxis. Eine neue Deutung des Marxismus. - Düsseldorf: Patmos-Verl. 1972. 250 S.
(Patmos-Paperbacks.)
Phil. Diss., Universität Münster.

Roth, Jack J.: Sorel und die totalitären Systeme. — In: Vjh. Zeitgesch. 6 (1958), 45—59.

Roth, Joseph: Der neue Tag [Teilsamml.] Unbekannte polit. Arbeiten, 1919—1927, Wien, Berlin, Moskau. — (Köln:) Kiepenheuer & Witsch (1970). 280 S.

Rothberg, Abraham [Ed.]: Anatomy of a moral. The political essays of Milovan Djilas. — New York: Praeger; London: Thames and Hudson 1959. XXXII, 181 S.

Rothfels, Hans: Zeitgeschichtliche Betrachtungen. Vorträge und Aufsätze. — Göttingen: Vandenhoeck & Ruprecht (1959). 263 S.

Rothfels. Hans: Bismarck. Vorträge und Abhandlungen. — Stuttgart: Kohlhammer (1970). 238 S.
(Geschichte und Gegenwart.)

Rothfels, H(ans): Bismarck und Karl Marx. — In: Sitzungsberichte d. Heidelberger Akad. d. Wiss., Jahresheft 1959/60, 51—67.

R[othfels], H[ans] [Hrsg.]: Ausgewählte Briefe von Generalmajor Helmuth Stieff (hingerichtet am 8. August 1944). — In: Vjh. Zeitgesch. 2 (1954), 291—305.

Rothfels, Hans: Friedrich Meinecke. Ein Rückblick auf sein wissenschaftl. Lebenswerk. Trauerrede, geh. in Berlin am 27. Februar 1954. — Berlin: Colloquium-Verl. (1954). 19 S.
(Veröffentl. d. freien Universität Berlin.)

Rothfels, Hans: [Adam von] Trott und die Außenpolitik des Widerstandes. — In: Vjh. Zeitgesch. 12 (1964), 300—323.

Rothfels, Hans: Adam von Trott und das State Department. — In: Vjh. Zeitgesch. 7 (1959), 318—332.

Rothschild, Robert: La chute de Chiang Kai-shek. Souvenirs d'un diplomate en Chine, 1944—1949. — Paris: Fayard 1972. 358 S.

Rothwell, V. H.: The mission of Sir Fredrick Leith-Ross to the Far East, 1935–1936. - In: Hist. J. 18 (1975), 147–169.

Rouanet, Pierre: Mendès-France au pouvoir (1954—1955). — Paris: Laffont 1965. 572 S.
(Forum.)

Rouanet, Pierre: Pompidou. — Paris: Grasset (1969). 320 S.

Roubiczek, Paul: Über den Abgrund. Aufzeichnungen 1939/40. Hrsg. von Jörg-Ulrich Fechner. Mit e. Vorw. von Werner Heisenberg. – München: Molden (1978). 280 S.

Rouch, Jane: En cage avec Lumumba. — Paris: Ed. du Temps 1961. 187 S.

Roudiez, Léon S.: Maurras jusqu'à l'Action Française. — Paris: Bonne 1957. 352 S.

Rougemont, Denis de: Journal d'une époque (1926—1946). — Paris: Gallimard 1968. 600 S.
(Coll. „Blanche".)

Rous, Jean: Léopold Sédar Senghor. Un président de l'Afrique nouvelle. — Paris: Didier 1967. 168 S.
(Coll. „Les Chefs d'Etats. Les Leaders d'aujourdhui".)

Roussinov, S.: Georges Dimitrov. — Sofia: Edit. en langues étrangères A.L.A.P. 1967. 213 S.

Rovan, Joseph: Der Fall Mendès-France und der Fall Frankreich. — In: Frankf. H. 10 (1955), 336—342.

Rovere, Richard H.: Senator Joe McCarthy. — New York: Harcourt 1959. 280 S.

Rovere, Richard H[alworth]: McCarthy oder die Technik des Rufmords (Senator Joe McCarthy, dt.) (Dt. von Lotte Stuart u. Richard Maurice Baring.) — (Gütersloh:) Mohn (1959). 304 S.

Rovida, Giorgio: Léon Blum e il fronte popolare. — In: Movim. Liberaz. Italia 1968, H. 93, 93—101.

Rowland, Peter: [David] Lloyd George. - (London:) Barrie & Jenkins (1975). XIX, 872 S.

Rowse, A. L.: The later Churchills. Vol. 2. — London: Macmillan 1958. 528 S.

Rshewskaja, Jelena [Rževskaja, Elena]: Hitlers Ende ohne Mythos [V poslednie dni, dt.] (Ins Dtsch. übertr. von Werner Hantke.) — (Berlin:) Dtsch. Militärverl. (1967). 97 S.

(**Rubinowicz,** Dawid:) Pamiętnik Dawida Rubinowicza. (Słowo wstępne: Jarosław Iwaszkiewicz. Komentarze w tekście, wyodrębnione mniejszą czionką, i wzmiankę „O dalszych losach ludności żydowskiej Bodzentyna" opracował Adam Rutkowski. Posłowie: Maria Jarochowska.) — (Warszawa:) Książka i Wiedza 1960. 122 S.

Rubinstein, A. Z. und J. R. Wike II: The Djilas heresy. Its beginning and development. — In: West. Polit. Quart. 11 (1958), 774—787.

Ruby, Edmond: Un grand Français: Le général Huntzinger. — In: Ecrits de Paris 1955, H. 129, 46—54 und H. 130, 82—89.

Rudel, Christian: [Antonio Oliveira] Salazar. — Paris: Mercure de France 1969. 280 S.

Rudel, Hans-Ulrich: Aus Krieg und Frieden. Aus den Jahren 1945 und 1952. — Göttingen: Plesse-V. [1953]. 318 S.

Rückkehr unerwünscht. Joseph Drexels „Reise nach Mauthausen" und der Widerstandskreis Ernst Niekisch. Hrsg. von Wilhelm Raimund Beyer. - (Stuttgart:) Dtsch. Verl.-Anst. (1978). 331 S.

Ruediger, Wilma: Frauen im Dienst der Menschlichkeit. Erlebtes im „Deutschen Roten Kreuz" von 1914 bis Friedland. — München: J. F. Lehmann (1962). 295 S.

Rüstow, Alexander: Alfred Weber. 30. Juli 1868—2. Mai 1958. — In: Z. Politik 5 (1958), 1—4.

Rufer, D.: Adolf v[on] Thadden. Wer ist dieser Mann. — Hannover: DN-Verl. (1969). 96 S.

Vizeadmiral Friedrich **Ruge.** — In: Wehrkunde 5 (1956), 206.

Ruge, Wolfgang: Matthias Erzberger. Eine politische Biographie. - Berlin: Union-Verl. (1976). 142 S.

Ruge, Wolfgang: Heinrich Brünings posthume Selbstentlarvung. — In: Z. Geschichtswiss. 19 (1971), 1261—1273.

Ruge, Wolfgang: Stresemann. Ein Lebensbild. — Berlin: VEB Dtsch. Verl. d. Wissensch. 1965. 231 S.

Ruge, Wolfgang: Stresemann, ein Leitbild? — In: Bll. dtsch. internat. Pol. 14 (1969), 468—484.

Ruland, Max: Unbequeme Erinnerung zum 40. Todestag Walther Rathenaus. — In: Dtsch. Rdsch. 88 (1962), 538—543.

Rumi, Giorgio: [Benito] Mussolini, „Il Popolo d'Italia" e l'Ungheria ⟨1918-1922⟩. - In: Storia contemp. 6 (1975), 675–696.

Runge, Friedrich: Zum 70. Geburtstag von General Speidel. — In: Wehrwiss. Rdsch. 17 (1967), 541—543.

Ruppel, Edith: Zur Tätigkeit des Eugenio Pacelli als Nuntius in Deutschland. — In: Z. Geschichtswiss. 7 (1959), 297—317.

Rush, Myron: The rise of Khrushchev [Chruschtschow]. — Washington: Public Affairs Press 1958. IX, 116 S.

Ruslanov, P.: Marshal Zhukov [Shukov]. — In: Russ. Rev. 15 (1956), 122—129 und 186—195.

Russell, Bertrand [Arthur William, Earl Russell]: Briefe aus den Jahren 1950—1968. (Aus d. Engl. übers. von Burkhardt Kiegeland.) — (Frankfurt a. M.:) Melzer (1970). 197 S.

Russell, Bertrand: Meine philosophische Entwicklung. — In: Monat 11 (1958/59), H. 126, 33—45.

Rutkowski, Adam: Emmanuel Ringelblum ⟨1900–1944⟩. Historien du Judaïsme polonais, fondateur des Archives clandestines du ghetto de Varsovie, chroniqueur de l'holocauste du peuple juif. - In: Monde Juif 28 (1972), H. 67, 1–18.

Ryan, A. P.: Lord Northcliffe. — London: Collins (1953). 158 S.
(Brief Lives Series. 10.)

Sabatier, G.: Le destin de l'Indochine. Souvenirs et documents 1941—1951. — Paris: Plon 1952. IV, 468 S.

Sabille, Jacques: Du nouveau sur Adolf Hitler. — In: Monde juif 7 (1952), H. 53, 8—9 u. 11.

Sacks, Benjamin: J. Ramsay MacDonald in thought and action. — Albuquerque: Univ. of New Mexico Press 1952. 591 S.

Sadat, Anwar el: Unterwegs zur Gerechtigkeit (In search of identity, dt.) Auf der Suche nach Identität. Die Geschichte meines Lebens. (Aus d. Amerikan. übertr. von Johannes Eidlitz.) - München: Molden (1978). 399 S.

Sänger, Fritz: Verborgene Fäden. Erinnerungen und Bemerkungen eines Journalisten. - Bonn: Verl. Neue Gesellsch. (1978). 250 S.

Karl Rudolf Werner Best — **Sagen.** Københavns byrets, østre landrets og højesterets domme. — København: Gad 1950. 64 S.

Sahgal, Nayantara: Prison and chocolate cake. — New York: Knopf 1954. 236 S.
Geschichte der Familie Nehru.

Sahm, Heinrich: Erinnerungen aus meinen Danziger Jahren 1919—1930. Bearbeitung und biograph. Einleitung von Ulrich Sahm. Als Ms. gedr. — Marburg: Johann-Gottfried-Herder-Institut 1955. VI, 242 S.

Saint-Aulaire, Comte de: Confession d'un vieux diplomate. — Paris: Flammarion 1953. 794 S.

Saint-Caunat, Hugues: Der „Mythos Pétain" ist Wirklichkeit. — In: Nation Europa 2 (1952), H. 8, 17—19.

St. John, Robert: Ben Gurion. London: Jarrolds (1959). 328 S.

S[aint] John, Robert: Ben Gurion [dt.] Biographie. (Aus d. Amerikan. übers. von Ilse Heim-Winter.) — (München:) Kindler (1961). 394 S.

St. John, Robert: The boss. The story of Gamal Abdel Nasser. — New York: McGraw-Hill 1960. VIII, 325 S.

Saint-Quentin, René de: Rencontres avec le Président Franklin D. Roosevelt. — In: Rev. Hist. dipl. 67 (1953), 7—20.

Salandra, Antonio: Memorie politiche 1916—1925. — Milano: Garzanti 1951. VII, 138 S.

Salazar, [Antonio de Oliveira]: Antologia. Discursos, entrevistas, artigos, teses, notas e relatórios. 1909—1966. 3.ª ed. Direc. e nota prévia de Manuel Dias da Fonseca. Escolha de textos e ordenação de Eduardo Freitas Costa — (Lisboa:) Coimbra ed. 1966. 369 S.

Salazar, Antonio de Oliveira: Discursos et notas politicas. 1—4. — Coimbra: Coimbra Ed. 1943—1950.

Salazar, A. Sanchez: Mord in Mexiko. Die Ermordung Leo Trotzkis — ein Musterbeispiel des politischen Verbrechens. — Frankfurt a. M.: Verlag d. Parma-Edition 1952. 334 S.

Saldern, Adelheid von: Hermann Dietrich. Ein Staatsmann der Weimarer Republik. — Boppard: Boldt (1966). VIII, 226 S.
(Schriften des Bundesarchivs. 13.)

Salem, Daniel: Pierre Mendès-France et le Nouveau Socialisme. — Paris: Presses Universitaires de France 1969. 160 S.
(Sér. „Science politique". 14.)

Salin, Edgar: Um Stefan George. Erinnerung und Zeugnis. 2. neugest. u. wesentl. erw. Aufl. — München, Düsseldorf: Küpper (1954). 360 S.

Salinari, Carlo: Le origini del nazionalismo e l'ideologia di Pascoli e d'Annunzio. — In: Società 14 (1958), 459—486.

Salinger, Pierre [Emil George]: Mit J. F. Kennedy (With Kennedy, dt.) Der Bericht eines seiner engsten Mitarbeiter. (Aus d. Amerikan. übertr. von Norbert Wölfl.) — Düsseldorf: Econ-Verl. (1967). 471 S.

Salis, Jean R[udolf] von: Grenzüberschreitungen. Ein Lebensbericht. - Zürich: Orell Füssli.
1. 1901-1939. 1975. 521 S.

Salisbury-Jones, Sir Guy: So full a glory. A biography of Marshal de Lattre de Tassigny. — London: Weidenfeld & Nicolson (1954). XII, 288 S.

(Salomon, Ernst von:) The answers of Ernst von Salomon to the 131 questions in the Allied Military Government „Fragebogen" [Der Fragebogen, engl.] Preface by Goronwy Rees. Transl. by Constantine Fitzgibbon. — London: Putnam 1954. XIV, 546 S.

Salomon, Ernst von: Der Fragebogen. — Hamburg: Rowohlt (1951). 807 S.

Salomon, Michael: Magadan [dt.] 7 Jahre in sowjetischen Straflagern. (Mit e. Vorw. von Irving Layton. Übertr. aus d. Engl. von Helga Künzel.) - Bayreuth: Hestia-Verl. 1974. 343 S.

Salomon, Werner: Josef Römer. Vom Kaiserlichen Offizier zum Soldaten der Revolution. - In: Militärgesch. 13 (1974), 321-331.

Salter, Lord Arthur: Memoirs of a public servant. — London: Faber & Faber 1961. 355 S.

Salvadori, L. Massimo: Gramsci e il problema storico della democrazia. — Torino: Einaudi 1970. X, 316 S.

Salvadori, Massimo L.: [Karl] Kautsky e la rivoluzione socialista 1880/1938. - Milano: Feltrinelli 1976. 349 S.
(Biblioteca di storia contemporanea.)

Salvadori, Massimo L.: Politica, potere e cultura nel pensiero di [Antonio] Gramsci. - In: Riv. Storia contemp. 1972, 6–30.

Salvadori, Massimo L.: Gaetano Salvemini. (2. ed.) — (Torino: Einaudi 1963.) 264 S.
(Piccola biblioteca Einaudi. 34.)

Salvatore, Attilio: Luigi Sturzo. — Messina: Lucio Speranze 1959. 35 S.

Salvatorelli, Luigi: Giolitti. — In: Riv. stor. ital. 62 (1950), 497—532.

Salvatori, Luigi: Al confino e in carcere. Memoriali di un antifascista perseguitato politico. — Milano: Feltrinelli 1958. 296 S.

Salvemini, Gaetano: Lettere dall' America, 1944—1946. Introd. di A. Merola. — Bari: Laterza 1967. XIV, 432 S.
(Libri del tempo. 102/103.)

Salvemini, Gaetano: Nuova luce sull' affare Matteotti. — In: Ponte 11 (1955), 305—320.

Salvemini, Gaetano: Memorie di un fuoruscito. — Milano: Feltrinelli 1960. 160 S.

Salvemini, Gaetano: Il ministro della mala vita e altri scritti sull'Italia giolittiana. A cura di Elio Apih. — Milano: Feltrinelli 1962. XV, 589 S.
(Salvemini: Opere. 4, Vol. 1.)

Salvemini, Gaetano: Mussolini diplomatico (1929—1932). — Bari: Laterza 1952. 536 S.

Salvemini, Gaetano: La mia opposizione al fascismo. — In: Ponte 14 (1958), 1112—1114.

Salvemini, Gaetano: Scritti sulla questione meridionale (1896—1955). — Torino: Einaudi 1955. XLII, 664 S.
(Opere. 1.)

Sampson, Anthony: Macmillan. A study in ambiguity. — New York: Simon Schuster 1967. 180 S.

Sanden, Heinrich: Ein Buch der Widersprüche. Dr. Hans Frank und Adolf Hitler. — In: Nation Europa 3 (1953), H. 6, 35—38.

Sanden, Heinrich: Adolf Hitler und der deutsche Zusammenbruch. — In: Nation Europa 2 (1952), H. 4, 17—22.

(Sanden, Heinrich:) Die Memoiren des Herrn von Papen. — In: Nation Europa 3 (1953), H. 2, 31—34.

Sander, Hans-Dietrich: Revue der zeitgenössischen Marx-Forschung. — In: Deutschland-Arch. 2 (1969), 225—239.

Sandfuchs, Wilhelm: Papst Pius XII. Ein Lebensbild. — Karlsruhe: Badenia 1958. 176 S.

Sandhofer, Gert: Dokumente zum militärischen Werdegang des Großadmiral Dönitz. Dokumentation. — In: Militärgesch. Mitt. 1 (1967), H. 1, 59—81.

Sandvoss, E.: Hitler und Nietzsche. — Göttingen: Musterschmidt 1969. 208 S.

Santner, Inge: Friederike. Eine Königin unserer Tage. — Berlin: Argon-V. (1956). 238 S.

Santucci, A.: Habermas, la teoria critica della società e le scienze sociali. — In: Mulino 207 (1970), 95—110.

Saragat, Giuseppe: Quaranta anni di lotta per la democrazia. Scritti e discorsi 1925—1965. A cura di Luigi Preti e Italo DeFeo. — Milano: Mursia 1966. XXI, 674 S.

Sarkisyanz, Emanuel: Dostojewski und der russische Imperialismus. — In: Außenpolitik 6 (1955), 792—795.

Sarrus, Jean: Edgar Faure. — Paris: Journal du Parlement 1955. 210 S.

Sasso, Gennaro: Profilo di Federico Chabod. — Bari: Laterza 1961. 191 S.
(Biblioteca di cultura moderna. 565.)

Sauerbruch, Ferdinand: Das war mein Leben. — Bad Wörishofen: Kindler & Schiermeyer (1951). 639 S.

Saurel, Louis: La fin de Pierre Laval. Préf. de Alain Decaux. — Paris: Edit. Rouff 1965. 200 S.
(Coll. „Dossiers de l'histoire".)

Saurel, Louis: Rommel. Préf. d'Alain Decaux. — Paris: Rouff 1967. 200 S.
(Coll. „Dossier de l'Histoire". 9.)

Savova, Elena: Georgi Dimitrov. Letopis na života i revoljucionnata mu dejnost. — Sofija: Bulg. Ak. Nauk 1952. XI, 803 S.

Sbarberi, Franco: La svolta del 1929. La polemica [Palmiro] Togliatti - Bucharin. - In: Riv. Storia contemp. 4 (1975), 535–559.

Scapini, Georges: Mission sans gloire. — Paris: Morgan 1961. 373 S.

Scaroni, Silvio: Con Vittorio Emanuele III. Introd. di R. Segala. — Milano: Mondadori 1954. 141 S.

Schachenmayer, Helmut: Arthur Rosenberg als Vertreter des Historischen Materialismus. — Wiesbaden: Harrassowitz 1964. 184 S.
(Veröffentlichungen des Osteuropa-Instituts München. 20.)

Schacht, Hjalmar: 76 Jahre meines Lebens. [3. Aufl.] — Bad Wörishofen: Kindler & Schiermeyer (1953). 689 S.

Schacht, Hjalmar: Seul contre Hitler — Paris: Gallimard 1950. 333 S.

Schacht, Kurt: Rudolf Breitscheid. Sein Wirken für die Einheitsfront von SPD und KPD. — In: Marx. Bll. 7 (1969), H. 4, 53—59.

Schade, Franz: Kurt Eisner und die bayerische Sozialdemokratie. — Hannover: Verl. f. Literatur u. Zeitgeschehen (1961). 200 S.
(Schriftenreihe d. Forschungsstelle d. Friedrich-Ebert-Stiftung. B.)

Schadewaldt, Hans: Kühlmann und die päpstliche Friedensaktion 1917. — In: Stimmen d. Zeit 155 (1954/55), 466—467.

Schadt, Jörg: Der erste Reichspräsident und Mannheim. Zur politischen Herkunft Friedrich Eberts. - In: Mannh. H. 1973, H. 3, 20–26.

Schaeder, Grete: Martin Buber, Begegnung. Autobiographische Fragmente. — In: Neue Sammlung 1 (1961), 390—404.

Schaeder, Hildegard: Ostern im KZ. — Stuttgart: Lettner Verl. 1962. 168 S.

Schäfer, Gerhard: Landesbischof D. Wurm und der nationalsozialistische Staat. 1940—1945. Eine Dokumentation in Verbindung mit Richard Fischer. — Stuttgart: Calwer (1968). 507 S.

Schäfer, Ingo: Mao Tse-tung. Eine Einführung in sein Denken. - München: Beck (1978). 267 S.
(Beck'sche schwarze Reihe. 184.)

Schäfer, Karl: 20 Jahre im Polizeidienst (1925–1945). Die Aufzeichnungen des Kriminal-Direktors a. D. „In eigener Sache". (Hrsg. von Irmgard Schäfer.) - (Hanau: [Selbstverl. d. Hrsg.] 1977). 234 S.

Schäffer, Ernst: Ministerpräsident Jawaharlal Nehru. — In: Außenpolitik 10 (1959), 722—729.

Schürf, Paul: Otto Haas. Ein revolutionärer Sozialist gegen das Dritte Reich. — Frankfurt a.M.: Europa-Verl. (1967). 40 S.

Schall-Riaucour, Heidemarie Gräfin: Aufstand und Gehorsam. Offizierstum und Generalstab im Umbruch. Leben und Wirken von Generaloberst Franz Halder, Generalstabschef 1938—1942. Mit e. Vorw. von Adolf Heusinger. — Wiesbaden: Limes Verl. 1972. 351 S.

Schaltenbrand, Georges: War Hitler geisteskrank? — In: Ein Leben aus freier Mitte, Festschrift für Ulrich Noack, Göttingen: Musterschmidt 1961, 331—341.

Schandler, Herbert J.: The unmaking of a president: Lyndon [Baines] Johnson and Vietnam. - Princeton, N.J.: Princeton University Press 1977. 419 S.

Schaper, B. W.: Albert Thomas. Trente ans de réformisme social. — Assen: Van Gorcum 1959. XIII, 381 S.

Schaper, Edzard: C. G. Mannerheim, Marschall von Finnland. Eine Rede zu seinem Gedächtnis. — Zürich: Verlag der Arche (1951). 30 S.

Schapiro, Leonard [u.] Peter Reddaway: Lenin. The man, the theorist, the leader. — London: Pall Mall Press 1967. 317 S.

Scharf, Kurt: Brücken und Breschen. Biographische Skizzen. Hrsg. von Wolf-Dieter Zimmermann. - Berlin: CZV-Verl. (1977). 200 S.

Scharffenberg, Johan: Folke Bernadotte og det Svenske redningskorps 1945. Trevor-Ropers angrep på Bernadotte. — Oslo: Tabum 1958. 115 S.

Scharlau, Winfried B[ernhard u.] Zbyněk A[nthony Bohuslav] Zeman: Freibeuter der Revolution. Parvus-Helphand. Eine polit. Biographie. — Köln: Verl. Wissensch. u. Politik (1964). 381 S.

Scharndorff, Wernin: The Bukharin trial and Marshal Tukhachevsky's [Tuchatschewski] rehabilitation. In: Bull. Inst. Study USSR 10 (1963), 3—10.

Scharping, Thomas: Mao [Tse-tung] Chronik. Daten zu Leben und Werk. – – (München:) Hanser (1976). 235 S.
(Reihe Hanser. 216.)

Scharrer, Adam: Vaterlandslose Gesellen. Das erste Kriegsbuch eines Arbeiters. — Berlin: Aufbau-V. 1951. 270 S.

Schaufelberger, Constant [u. a.]: La destinée tragique d'un roi. La vie et le règne de Boris III, roi des Bulgares (1894—1918—1943). — Uppsala: A. B. Voluntas 1952. 234 S.

Schauff, Karin: Erinnerung an Ludwig Kaas zum 20. Todestag am 25. April 1972. Sonderdr. — Pfullingen: Neske 1972. 31 S.

Schauff, Karin: Brasilianischer Garten. — (Pfullingen:) Neske (1970). 168 S.

Schaumburg-Lippe, Friedrich Christian Prinz zu: Als die goldne Abendsonne. Aus meinen Tagebüchern der Jahre 1933—1937. — (Wiesbaden:) Limes Verl. (1971). 234 S.

Schaumburg-Lippe, Friedrich Christian Prinz zu: Damals fing das Neue an. Erlebnisse und Gedanken eines Gefangenen. 1945—1948. — Hannover: Pfeiffer (1969). 312 S.

Schaumburg-Lippe, Friedrich Christian Prinz zu: D[okto]r [Joseph] G[oebbels]. Ein Porträt des Propagandaministers. 3. Aufl. - Wiesbaden: Limes-Verl. 1972. 288 S.

Schaumburg-Lippe, Friedrich Christian Prinz zu: Zwischen Krone und Kerker. — Wiesbaden: Limes-V. (1952). 440 S.

Schaumburg-Lippe, Friedrich Christian Prinz zu: Verdammte Pflicht und Schuldigkeit. Weg und Erlebnis 1914—1933. — Leoni a. Starnberger See: Druffel (1966). 288 S.

Schebera, Jürgen: Hanns Eisler im US-Exil. Zu den politischen, ästhetischen und kompositorischen Positionen des Komponisten 1938 bis 1948. - Meisenheim a. G.: Hain 1978. 234 S.

Schechtman, Joseph B.: Fighter and prophet. The Jabotinsky story. The last years. — New York: Yoseloff 1961. 643 S.

Schechtmann, Joseph B.: The Mufti and the Fuehrer. The rise and fall of Haj el-Husseini. — New York: Yoseloff 1965. 336 S.

Schechtman, Joseph B.: Rebel and statesman. The early years 1880—1923. The Jabotinsky story. — New York: Yoseloff 1956. 406 S.

Scheel, Walter: Bundestagsreden [Teilsamml.] Hrsg. von Guido Brunner. — Bonn: AZ Studio (1972). 295 S.

Scheffer, Paul: Augenzeuge im Staate Lenins. Ein Korrespondent berichtet aus Moskau 1921—1930. Mit e. Einl. von Margret Boveri. — München: Piper (1972). 449 S.

Schefold, Christoph: Die Rechtsphilosophie des jungen Marx. Mit einer Interpretation der Pariser Schriften von 1844. — München: Beck (1970). XII, 301 S.
(Münchener Studien zur Politik. 15.)
Diss., Universität München.

Scheiber, Alexander: Leo Baecks Briefe an Immanuel Löw. – In: Z. Gesch. Juden 9 (1972), 1–8.

Scheibert, Peter: Über Lenins Anfänge. — In: Hist. Z. 182 (1956), 549—566.

Schell, Margarethe: Ein Tagebuch aus Prag 1945—46. (Hrsg. vom Bundesministerium f. Vertriebene, Flüchtlinge u. Kriegsgeschädigte.) — (Kassel-Wilhelmshöhe 1957: Nuhr.) 279 S.
(Dokumentation der Vertreibung der Deutschen aus Ost-Mitteleuropa. Beih. 2.)

Schellenberg, Walter: Memoiren. (Hrsg. von Gita Petersen.) — (Köln:) Verl. f. Politik u. Wirtschaft (1959). 421 S.

Schellenberg, Walter: The Schellenberg memoirs. Edited and transl. by Louis Hagen. Introduction by Alan Bullock. — London: Deutsch (1956). 479 S.

Schelling, Werner: Karl Alexander von Müller ⟨1882–1964⟩. Ein Beitrag zur Geschichte der Geschichtswissenschaft und des politischen Denkens in Deutschland. – Wien 1975. X, 664 S.
Wien, phil. Diss. 1975.
[Maschinenschr. vervielf.]

Schelsky, Helmut: Auf der Suche nach der Wirklichkeit. Gesammelte Aufsätze. — (Düsseldorf:) Diederichs (1965). 487 S.

Schenck, Ernst-Günther: Ich sah Berlin sterben. Als Arzt in der Reichskanzlei. — Herford: Nicolai (1970). 190 S.

Schenck, Olga: Erinnerungen. Hrsg. vom Offenbacher Geschichtsverein. – [Offenbach: Selbstverl. d. Hrsg.] 1974. 61 S.
(Offenbacher Geschichtsblätter. 24.)

Scherer, André: Joseph Goebbels. — In: Rev. Hist. deux. Guerre mond. 5 (1955), H. 19, 34—40.

Scheringer, Richard: Das große Los unter Soldaten, Bauern und Rebellen. Mit einem Vorwort von Ernst von Salomon. — Hamburg: Rowohlt (1959). 518 S.

Scherzer, Michael: Die Bedeutung Hitlers. — Nürnberg: Selbstverl. 1954. 44 S.

Scheuer, Georg: Hitler und Otto Strasser. — In: Zukunft 1955, H. 7, 206—211.

[**Scheurer,** Karl:] Bundesrat Karl Scheurer. Tagebücher 1914–1929. Hrsg. u. eingel. von Hermann Böschenstein. – Bern: Stämpfli 1971. 390 S.

Scheurig, Bodo: Befehl und Gewissen. Die Memoiren des Feldmarschalls von Manstein. — In: Geist u. Tat 15 (1960). 141—148.

Scheurig, Bodo: Ewald von Kleist-Schmenzin. Ein Konservativer gegen Hitler. — (Oldenburg:) Stalling (1968). 296 S.

Scheurig, Bodo: Ernst Niekisch, Denker politischer Rebellion. – In: Frankf. H. 32 (1977), H.9, 36–51.

Scheurig, Bodo: [Adolf] Hitlers Ort in der Geschichte des preußisch-deutschen Nationalstaates. – In: Hist. Z. 217 (1973), 584–632.

Scheurig, Bodo: Claus Graf Schenk von Stauffenberg. — Berlin: Colloquium Verl. 1964. 95 S.
(Köpfe des 20. Jahrhunderts. 33.)

Scheurig, Bodo: Henning von Tresckow. Eine Biographie. (2. Aufl.) - Oldenburg: Stalling (1973). 250 S.

Scheurig, Bodo: [Adolf] Hitlers Weltanschauung. – In: Jb. Wittheit Bremen 17 (1973), 149–162.

Schiavi, Alessandro: Esilio e morte di Filippo Turati 1926—1932. — Roma: Opere Nuove 1956. 606 S.

Schiavi, A.: La vita e l'opera di Giacomo Matteotti. — Roma: Opere Nuove 1957. 399 S.

Schieche, Emil: Edvard Beneš und die slawischen Ideen. — In: Z. Ostforsch. 4 (1955), 194—220.

Schieder, Julius: D. Hans Meiser DD. Wächter und Haushalter Gottes. — München: Claudius-V. (1956). 102 S.

Schieder, Theodor: Ludwig Dehio zum Gedächtnis 1888—1963. In: Hist. Z. 201 (1965), 1—12.

Schieder, Theodor: Hermann Rauschnings „Gespräche mit [Adolf] Hitler" als Geschichtsquelle. - Opladen: Westdtsch. Verl. (1972). 91 S.
(Rheinisch-Westfälische Akademie der Wissenschaften. Geisteswissenschaften. Vorträge. G 178.)

Schieder, Theodor: Karl Marx und seine Stellung in der europäischen Geschichte. — In: Gesch. Wissensch. Unterr. 15 (1964), 16—32.

Schieder, Theodor: Hans Rothfels zum 70. Geburtstag am 12. April 1961. — In: Vjh. Zeitgesch. 9 (1961), 117—123.

Schieder, Wolfgang: Pius XII. im II. Weltkrieg. — In: Hist. Z. 207 (1968), 346—356.

Schiefel, Werner: Bernhard Dernburg, 1865-1937. Kolonialpolitiker und Bankier im wilhelminischen Deutschland. - Freiburg i.Br.: Atlantis-Verl. [1974]. 277 S.
(Beiträge zur Kolonial- und Überseegeschichte. 11.)

Schiffer, Eugen: Ein Leben für den Liberalismus. [Erinnerungen.] — Berlin-Grunewald: Herbig (1951). 255 S.

Karl **Schiller**. Ein Porträt. — Freudenstadt: Lutzeyer (1969). 62 S.
(Persönlichkeiten der Gegenwart. 9.)

Schiller, Karl: Berliner Wirtschaft und deutsche Politik. Reden und Aufsätze 1961—1964. — Stuttgart: Seewald (1964). 204 S.

Schimmelpfennig, Walter: Otto Miller als politischer Publizist 1918/19. — In: Z. f. d. Gesch. u. Altertumskunde Ermlands 33 (1969), 161—202.

Schindler, Bärbel: Ernst Thälmann und der Kampf gegen die imperialistische Kriegsgefahr 1932. - In: Z. Geschichtswiss. 24 (1976), 1278-1289.

Schirach, Baldur von: Ich glaubte an Hitler. (Dokumentation: Jochen von Lang.) — Hamburg: Mosaik-Verl. (1967). 367 S.

Schirach, Henriette von: Der Preis der Herrlichkeit. — Wiesbaden: Limes-V. (1956). 266 S.

Schirmer, Hugo: Die völkerrechtlichen Ideen Stresemanns. — o. O. [1949]. 73 gez. B. [Maschinenschr.]
Erlangen, jur. Diss. v. 10. Dez. 1949.

Schlabrendorff, Fabian von: Eugen Gerstenmaier im Dritten Reich. Eine Dokumentation. — Stuttgart: Evang. Verl. Werk (1965). 62 S.

Schlamm, William S.: Zorn und Gelächter. Zeitgeschichte aus spitzer Feder. Ausgew. von Kristin von Philipp. - (München:) Langen Müller (1977). 413 S.

Schlechte, Horst: Karl Marx und sein Wirkungskreis in Brüssel. Dokumente aus belgischen Archiven. — In: Beitr. Gesch. dtsch. Arbeiterbewegung 8 (1966), 101—116.

Schleier, Hans: Johannes Ziekursch. — In: Jb. Gesch. 3 (1969), 137—196.

Die **Schleife**. Dokumente zum Weg von Ernst Jünger. Zsgst. von Armin Mohler. — Zürich: Verl. d. Arche (1955). 153 S.

Schlenke, Manfred: G. P. Gooch und die deutsche Geschichte. — In: Dtsch. Rdsch. 86 (1960), 217—224.

Schlesinger, Arthur M. jr. und Richard H. Rovere: The general and the president, and the future of American foreign policy [MacArthur]. — New York: Farrar, Straus & Young 1951; London: Heinemann 1952. VIII, 307 S.

Schlesinger, Arthur M.: Robert Kennedy and his times. - Boston: Houghton Mifflin 1978. 1066 S.

Schlesinger, Arthur M[eier]: Die tausend Tage Kennedys (A thousand days, dt.) (Einzig berecht. Übertr. aus dem Amerikan. von Wolfgang J[ohannes] u. Christa Helbich.) — Bern, München, Wien: Scherz (1965). 928 S.

Schlesinger, Moritz: Erinnerungen eines Außenseiters im diplomatischen Dienst. Aus d. Nachlaß hrsg. u. eingel. von Hubert Schneider. – (Köln:) Verl. Wissenschaft u. Politik (1977). 315 S.

Schlette, Heinz Robert [u.] Ingo Hermann: Revolution der Vernunft. Philosophie des Politischen bei John F. Kennedy. — München: Kösel (1966). 67 S.
(Bücher zur Zeitgeschichte.)

Schleyer, Hanns Martin: Unternehmerpolitik, Fortschritt in Freiheit. Herausforderungen und Perspektiven für die Führung in der Wirtschaft. Hrsg. von der Hanns-Martin-Schleyer-Stiftung. – Stuttgart: Seewald 1978. 204 S.

Schlicker, Wolfgang: Zu Max Plancks Bedeutung für die Leitung der Wissenschaft und Organisation der Forschung. Unter besonderer Berücksichtigung seines Wirkens in der Weimarer Republik. – In: Jb. Wirtschaftsgesch. 1975, H. 2, 161-185.

Schlomann, Friedrich-Wilhelm [u.] Paulette Friedlingstein: Tschiang Kai-schek. Ein Leben für China. – Stuttgart: Seewald (1976). 351 S.

Schluchter, Wolfgang: Entscheidung für den sozialen Rechtsstaat. Hermann Heller und die staatstheoretische Diskussion in der Weimarer Republik. — Köln: Kiepenheuer & Witsch (1968). 300 S.
Diss., Freie Universität Berlin.

Schmid, Alex P.: [Winston] Churchills privater Krieg. Intervention und Konterrevolution im russischen Bürgerkrieg, November 1918 – März 1920. - (Freiburg i. Br.:) Atlantis-Verl. (1974). 389 S.

Schmid, Carlo: Europa und die Macht des Geistes. – München: Scherz-Verl. (1973). 455 S.
(Schmid: Gesammelte Werke in Einzelausgaben. 2.)

Schmid, Carlo: Politik als geistige Aufgabe. – München: Scherz-Verl. 1973). 459 S.
(Schmid: Gesammelte Werke in Einzelausgaben. 1.)

Schmid, K.: Some observations on certain principles of Woodrow Wilson. — In: Confluence 5 (1956/57), 264—276.

Schmidt, Dietmar: Martin Niemöller. — Hamburg: Rowohlt 1959. 256 S.
Engl. Ausg. u. d. T.: Pastor Niemöller, London: Odhams Press 1959, 224 S.

Schmidt, Heinrich: Gustav Stresemann. Eine Erinnerung nach fünfundzwanzig Jahren. — In: Dtsch. Univ. Ztg. (1954), H. 20, 4—6.

Schmidt, Heinz Werner: With Rommel in the desert. — London: Harrap 1951. 240 S.

Schmidt, Helmut. Beiträge. — Stuttgart: Seewald (1967). 652 S.

Schmidt, Helmut: Als Christ in der politischen Entscheidung. - Gütersloh: Mohn 1976. 187 S.
(Gütersloher Taschenbücher/Siebenstern. 206.)

Schmidt, Helmut: Die Kriegsgeneration. Mein Weg zur Sozialdemokratie. — In: Neue Gesellsch. 15 (1968), 479—483.

Schmidt, Johannes: Von Wodder nach Kopenhagen, von Deutschland zu Europa. Mein politischer Werdegang. — Flensburg: Wolff 1951. 276 S.

Schmidt, Jürgen: Martin Niemöller im Kirchenkampf. - (Hamburg:) Leibniz-Verl. (1971). 541 S.
(Hamburger Beiträge zur Zeitgeschichte. 8.)

Schmidt, Karl M.: Henry A. Wallace. Quixotic crusade 1948. — Syracuse: Syracuse University Press 1960. XII, 362 S.

Schmidt, Otto: Die große Hetze. Der niedersächsische Ministersturz. Ein Tatsachenbericht zum Fall Schlüter. — Tübingen: Verl. d. Dtsch. Hochschullehrer-Zeitung 1958. 270 S.

Schmidt. Paul: Hitler's interpreter. The secret history of German policy. (Statist auf diplomatischer Bühne 1923 — 1945 [Ausz., engl.]). Edited by R. H. C. Steed. — London: Heinemann; New York: Macmillan 1951. 286 S.

Schmidt, Paul: Sur la scène internationale. Ma figuration auprès de Hitler, 1933–1945. Trad. par René Jouan. — Paris: Plon 1951. IV, 368 S.

Schmidt, Paul: Der Statist auf der Galerie 1945—1950. Erlebnisse, Kommentare, Vergleiche. — Bonn: Athenäum-V. 1951. 305 S.

Schmidt, Walter: Wilhelm Wolff als Mitstreiter von Marx und Engels in Manchester. - In: Z. Geschichtswiss. 24 (1976), 642–661.

Schmidt-Hannover, Otto: Umdenken oder Anarchie. Männer, Schicksale, Lehren. — Göttingen: Göttinger Verl.-Anst. (1959). 393 S.

Schmidt-Ott, Friedrich: Erlebtes und Erstrebtes. 1860—1950. — Wiesbaden: Steiner 1952. 332 S.

Schmitt, Carl: Verfassungsrechtliche Aufsätze aus den Jahren 1924—1954. Materialien zu einer Verfassungslehre. — Berlin: Duncker & Humblot (1958). 517 S.

Schmitt, Hejo: Bernhard Letterhaus. Porträt eines Widerstandskämpfers. — In: Dtsch. Rdsch. 83 (1957), 155—158.

Schmolze, Gerhard: Kurt Eisners Föderalismus. — In: Polit. Stud. 19 (1968), 46—60.

Schmolze, Gerhard: Eugen Leviné-Nissen. Israelit unter den jüdischen Dissidenten der bayerischen Revolution. — In: Emuna 4 (1969), 329—336.

Schnabel, Franz: Abhandlungen und Vorträge [Teilsamml.] 1914—1965. Hrsg. u. eingel. von Heinrich Lutz. Mit e. Bibliographie d. Veröffentlichungen Franz Schnabels von Karl-Egon Lönne. — Freiburg: Herder 1970. XXIV, 408 S.

Schnabel, Franz: Eine elsässische Tragödie [Joseph Rossé]. — In: Hochland 44 (1951/52), 373—376.

Schnabel, Peter-Ernst: Die soziologische Gesamtkonzeption Georg Simmels. Eine wissenschaftshistorische und wissenschaftstheoretische Untersuchung. - Stuttgart: Fischer 1974. 235 S.
(Sozialwissenschaftliche Studien. 13.)

Schnee, Heinrich: Gespräche mit General Groener. — In: Dtsch. Rundsch. 77 (1951), 792—795.
Abschnitte aus den Aufzeichnungen des verstorbenen Gouverneurs Schnee.

Schnee, Heinrich: Als letzter Gouverneur in Deutsch-Ostafrika. Erinnerungen. — Heidelberg: Quelle & Meyer (1964). 186 S.

Schnee, Heinrich: Karl Lueger. Leben und Wirken eines großen Sozial- u. Kommunalpolitikers. Umrisse einer politischen Biographie. — Berlin: Duncker & Humblot (1960). 123 S.

Schneeberger, Guido: Nachlese zu Heidegger. Dokumente zu seinem Leben u. Denken. — Bern 1962: (Selbstverl.) XVI, 288 S.

(Schneersohn, Isaac:) Les mémoires d'Isaac Schneersohn. Les premiers représentants Juifs et leur rôle dans la vie Juive. — In: Monde Juif 21 (1966), H. 7, 37—45.

Schneider, Burkhart: Pius XII. Friede, das Werk der Gerechtigkeit. — Göttingen: Musterschmidt (1968). 92 S.
(Persönlichkeit und Geschichte. 47.)

Schneider, Burkhart: Das Tagebuch des Francesco Pacelli. — In: Stimmen d. Zeit 164 (1958/59), 81—97.

Schneider, Hans-Roderich: Otto Graf Lambsdorff. - (Bornheim:) Zirngibl (1976). 95 S.
(Gefragt.)

Schneider, Hans-Roderich: Walter Scheel. Handeln und Wirken eines liberalen Politikers. (Hrsg. u. Red.: Alois Rummel.) -- Stuttgart: Verl. Bonn Aktuell 1974. 148 S.
(Bonn aktuell. 21.)

Schneider, Peter: Ausnahmezustand und Norm. Eine Studie zur Rechtslehre von Carl Schmitt. — Stuttgart: Dtsch. Verl. Anst. 1957. 295 S.
(Quellen und Darstellungen zur Zeitgeschichte. 1.)

Schnelder-Flume, Gunda: Die politische Theologie Emanuel Hirschs, 1918—1933. Als Ms. d. Autors gedr. — Frankfurt a. M.: Lang 1971. 171 S.
(Europäische Hochschulschriften. Reihe B: Theologie. 5.)
Diss., Universität Tübingen.

Schneller, Martin: Zwischen Romantik und Faschismus. Der Beitrag Othmar Spanns zum Konservativismus in der Weimarer Republik. — Stuttgart: Klett (1970). 225 S.
(Kieler historische Studien. 12.)

Schoebe, Gerhard: Die Hitler-Rede vom 8. November 1939. Erläuterungen u. Hinweise f. d. Auswertung d. Tonbandes. (Hrsg. von d. Staatl. Landesbildstelle Hamburg u. d. Kuratorium f. Staatsbürgerl. Bildung Hamburg.) — Hamburg 1960: Selbstverl. d. Hrsg. 59 S.

Schöffer, Ivo: Friedrich Meinecke in de eerste wereldoorlog. — In: Tijdschr. voor Geschiedenis 70 (1957), 340—348.

Schönberner, Franz: Bekenntnisse eines europäischen Intellektuellen (Confessions of a European intellectual, dt.) (Aus d. Engl. übertr. von Elisabeth Stark.) — Icking, München: Kreisselmeier (1964). 349 S.

Schoenberger, Franz: Confessions of an European intellectual. — New York: Macmillan 1946. 315 S.

Schoenberner, Franz: (Erinnerungen.) — Icking b. München: Kreisselmeier.
    (3.) Ausflüge aus der Unbeweglichkeit. (Vom Verf. ins Dtsch. übertr.) (1966.) 221 S.

Schönberner, Franz: Innenansichten eines Außenseiters (The inside story of an outsider, dt.) (Vom Verf. aus d. Engl. ins Dtsch. übertr.) — Icking, München: Kreisselmeier (1965). 320 S.

Schoenbrunn, David: The three lives of Charles de Gaulle. — London: Hamish Hamilton (1966). 365 S.

Schoenthal, Klaus: Präsident Kennedys Regierungsform. — In: Außenpolitik 13 (1962), 246—252.

Schoeps, Hans-Joachim: Ja, nein und trotzdem. Erinnerungen, Begegnungen, Erfahrungen. – Mainz: v. Hase & Koehler (1974). 286 S.

Schoeps, Hans Joachim: Die letzten dreißig Jahre. Rückblicke. — Stuttgart: Klett (1956). 231 S.

Schoeps, Julius H.: Theodor Herzl, Wegbereiter des politischen Zionismus. – Göttingen: Musterschmidt 1975. 108 S.
(Persönlichkeit und Geschichte. 86.)

Scholem, Gershom: Walter Benjamin die Geschichte einer Freundschaft. (Frankfurt a. M.:) Suhrkamp (1975). 299 S.
(Bibliothek Suhrkamp. 467.)

Scholmer, Joseph [Pseud.]: Die Toten kehren zurück. Bericht eines Arztes aus Workuta. — Köln, Berlin: Kiepenheuer & Witsch (1954). 291 S.

Scholz, Arno: Nullvier. Ein Jahrgang zwischen d. Fronten. — Berlin-Grunewald: arani Verl.-Ges. (1962). 502 S.

Scholz, Arno und Walther G. Oschilewski [Hrsg.]: Turmwächter der Demokratie. Ein Lebensbild von Kurt Schumacher. — Berlin: Arani-V.
    1. Sein Weg durch die Zeit. (1954). 621 S.
    2. Reden und Schriften. (1953). 549 S.

Scholz, Dietmar: Politische und menschliche Emanzipation. Karl Marx' Schrift „Zur Judenfrage" aus dem Jahre 1844. — In: Gesch. Wiss. Unterr. 18 (1967), 1—16.

Scholz, Dietmar: Mensch und Geschichte in der Philosophie Karl Jaspers'. — In: Gesch. Wissensch. Unterr. 15 (1964), 197—210.

Scholze, Siegfried: Karl Liebknecht und die Jenaer Jugendkonferenz Ostern 1916. — In: Z. Geschichtswiss. 19 (1971), 1017—1033.

Schomerus, Johanna: De Gaulles Europa-Konzeption im Spiegel seiner Memoiren und Reden. — In: Europa-Archiv 18 (1963), 323—332.

Schonauer, Franz: Monolog eines Intellektualisten. — In: Dtsch. Rdsch. 86 (1961), 890—894.

Schorr, Gene: General Douglas MacArthur. — New York: Field (1953). 127 S.

Schorr, Helmut J.: Adam Stegerwald. Gewerkschaftler und Politiker der ersten deutschen Republik. Ein Beitrag zur Geschichte der christlich-sozialen Bewegung in Deutschland. — Recklinghausen: Kommunal-Verl. (1966). 350 S.

Schottländer, Rudolf: Der „Antikomplex". Zu Thomas Manns 80. Geburtstag. — In: Dtsch. Univ. Ztg. 10 (1955), H. 11, 5—6.

Schrader, Hans-Jürgen: Joseph Goebbels als Raabe-Redner. – In: Jb. Raabe-Gesellsch. 1974, 112–115.

Schraepler, Ernst: August Bebel. Sozialdemokrat im Kaiserreich. — Göttingen: Musterschmidt (1966). 98 S.
(Persönlichkeit und Geschichte. 44.)

Schraepler, Ernst: August-Bebel-Bibliographie. Hrsg. von d. Kommission f. Geschichte d. Parlamentarismus u. d. Polit. Parteien. — Düsseldorf: Droste (1962). 169 S.
(Bibliographie zur Geschichte des Parlamentarismus und der politischen Parteien. 3.)

Schraepler, Ernst: Zur Frage der Marxbiographie in Sowjetrußland und Westeuropa. — In: Forschungen z. osteurop. Gesch. 3 (1956), 7—27.

Schram, Stuart (R[eynolds]): Mao Tse-tung [dt.] (Aus d. Engl. übers. von Wilfried Schwedler.) — (Frankfurt a. M.:) S. Fischer (1969). 390 S.

Schram, Stuart R.: Mao Tse-tung and the theory of the permanent revolution, 1958—69. — In: China Quart. 1971, H. 46, 221—244.

Schramm, Percy Ernst: Hitler als militärischer Führer. Erkenntnisse u. Erfahrungen aus d. Kriegstagebuch d. Oberkommandos d. Wehrmacht. — Frankfurt a. M., Bonn: Athenäum Verl. 1962. 207 S.

Schramm, Wilhelm Ritter von: Generaloberst Beck und der Durchbruch zu einer neuen deutschen Wehrtheorie. — In: Aus Politik u. Zeitgeschichte, Beilage zur Wochenzeitung „Das Parlament", vom 21. Februar 1962, 65—74.

Schramm, Wilhelm Ritter von: Das politisch-militärische Testament des Generalobersten [Ludwig] Beck. Zu seinem 15. Todestag am 20. Juli. — In: Wehrkunde 8 (1959), 346—351.

Schreiber, Georg: Deutschland und Österreich. Deutsche Begegnungen m. Österreichs Wissenschaft u. Kultur. Erinnerungen a. d. letzten Jahrzehnten. — Köln, Graz: Böhlau 1956. 192 S.

Schreiber, Georg: Walther Rathenau. 1. Wissenschaftsplanung. 2. Begegnung beim Reichsetat. — In: Jb. d. Max-Planck-Gesellsch. z. Förderung d. Wissenschaften 1955, 199—243.

Schreiber, Hermann: Willy Brandt. Anatomie einer Veränderung. Photographiert von Sven Simon. — (Düsseldorf:) Econ-Verl. (1973). 50 ungez. Bl. Abb., 39 S.

Schreiber, Hermann [u.] Frank Sommer: Gustav Heinemann, Bundespräsident. Mit e. Vorw. von Günter Grass. — (Frankfurt a. M.:) Fischer-Bücherei (1969). 142 S.
(Fischer-Bücherei. 957.)

Schreiber, Ottomar: Erbe und Aufgabe des deutschen Ostens. Reden und Aufsätze. Hrsg. von Fritz Gause. — München: Gräfe & Unzer (1955). 156 S.

Schröder, Dieter: Erich Ollenhauer. — München, Köln: Olzog (1957). 47 S.
(Rheinische Porträts. 3.)

Schröder, Ernst: Otto Wiedfeldt. Eine Biographie. — (Essen: Fredebeul u. Koenen 1964.) 200 S.
(Beiträge zur Geschichte von Stadt und Stift Essen. 80.)

Schröder, Ernst: Über Otto Wiedfeldt. Ein Vortrag. — In: Das Münster am Hellweg 15 (1962), 137—156.

Louise **Schröder.** Ein Frauenleben unserer Zeit. — Berlin: Arani-V. 1956. 56 S.

Schröder, Rudolf Alexander und Siegbert Stehmann: Freundeswort. Ein Briefwechsel aus d. Jahren 1938 bis 1945. — (Witten u. Berlin:) Eckart (Verl. 1962). 199 S.

Schröder, Wolfgang: De Gaulle und die direkte Demokratie. — (Köln-Lindenthal:) Wison-Verl. (1969). 248 S.
(Kölner Schriften zur sozialwissenschaftlichen Forschung. 2.)
Diss., Köln.

Schrörs, Hans: Was will Willy Brandt? — Essen: Custos-Verl. (1961). 28 S.

Schroers, Rolf: Der kontemplative Aktivist. Versuch über Ernst Jünger. — In: Merkur 19 (1965), 211—225.

Schröter, Klaus: Alfred Döblin in Selbstzeugnissen und Bilddokumenten. — (Reinbek b. Hamburg:) Rowohlt (1978). 156 S.
(Rowohlts Monographien. 266.)

Schubert, Friedrich Hermann: Franz Schnabel und die Geschichtswissenschaft des 20. Jahrhunderts. — In: Hist. Z. 205 (1967), 323—357.

Schüssler, Wilhelm: Kaiser Wilhelm II. Schicksal u. Schuld. — Göttingen, Berlin, Frankfurt, Zürich: Musterschmidt (1962). 149 S.
(Persönlichkeit und Geschichte. 26/27.)

Schütte, Ernst: Noch einmal: Der Reichskanzler Michaelis und die päpstliche Friedensaktion von 1917. — In: Gesch. Wiss. Unterr. 7 (1956), 293—297.

Schütz, Wilhelm Wolfgang: Der gerade Weg. Paul Löbe und die deutsche Einheit. — Berlin: Arani-Verl. (1966). 57 S.

Schulin, Ernst: Martin Göhring. Leben und Werk eines europäischen Historikers. — In: Gesch. Wiss. Unterr. 22 (1971), 65—77.

Schulin, Ernst: Walther Rathenau. — In: Monat 20 (1968), H. 237, 45—56.

Schulla, Renate: Karl Renner als Leiter des Staatsamtes für Äußeres 1919-1920. - In: Österr. Gesch. Lit. 17 (1973), 285-297.

Schultes, Karl: Ein Kämpfer für die Menschenrechte. Hermann Brill zum 60. Geburtstag. — In: Geist u. Tat 10 (1955), H. 3, 74—75.

Schultes, Karl: Harold J. Laski. Eine Staatstheorie der sozialen Demokratie. — In: Z. Politik 2 (1955), 259—272.

Schulz, Eberhard: Ein Günstling des Schicksals. Zu Albert Speers Erinnerungen. — In: Merkur 23 (1969), 1157—1164.

Schulz, Gerhard: Geschichtliche Theorie und politisches Denken bei Max Weber. — In: Vjh. Zeitgesch. 12 (1964), 325—350.

Schulz, Klaus-Peter: Paul Löbe 80 Jahre alt. — In: Dtsch. Rdsch. 81 (1955), 1261—1262.

Schulz, Klaus-Peter: Seid männlich und seid stark! Erinnerungen an Kurt Schumacher. — In: Dtsch. Rdsch. 78 (1952), 1046—1053.

Schulz, Ursula: Die Bremer Anfänge Friedrich Eberts. Eine Dokumentation. Zugl. e. Beitr. zur Geschichte d. Sozialdemokratischen Vereins Bremen u. d. „Bremer Bürger-Zeitung" in d. neunziger Jahren. — Bremen: Schmalfeldt 1968. 232 S.

Schulz, Ursula: Friedrich Ebert in Bremen. Aus seinem parlamentarischen Wirken 1900 bis 1905. — Bremen: Schmalfeldt 1963. 163 S.

Schulze, Erich Edgar: Die Persönlichkeit des Großadmirals v. Tirpitz. Eine Stellungnahme zu dem Buch von Walter Hubatsch „Die Ära Tirpitz". — In: Marine-Rdsch. 53 (1956), 6—10.

Schulze, Fiete: Briefe und Aufzeichnungen aus dem Gestapo-Gefängnis in Hamburg (1935). Mit einer einleitenden Skizze von Erich Weinert. — Berlin: Dietz 1959. 143 S.

Schulze, Hagen: Otto Braun oder Preußens demokratische Sendung. Eine Biographie. — (Frankfurt a. M.: Ullstein 1977). 1094 S.
(Veröffentlichung der Stiftung Preußischer Kulturbesitz.)

Schulze, Hagen: Rückblick auf Weimar. Ein Briefwechsel zwischen Otto Braun und Joseph Wirth im Exil. [Dokumentation.] — In: Vjh. Zeitgesch. 26 (1978), 144—185.

Schulze-Wilde, Harry: Ein halbes Jahrhundert Legenden um Lenin. — In: Polit. Stud. 18 (1967), 517—531.

Schulze-Wilde, Harry: Jean Jaurès, ein Wegbereiter der deutsch-französischen Verständigung. - In: Frankf. H. 29 (1974), 635-646.

Wilde, Harry, d. i. [Schulze-Wilde, Harry]: Rosa Luxemburg. Eine Biographie mit Ausz. aus Rosa Luxemburgs Reden u. Schriften. — München: Molden (1970). 264 S.

Schulze-Wilde, Harry: Karl Marx. — In: Polit. Stud. 19 (1968), 285—295.

[Schulze-]Wilde, Harry: In memoriam Zensl Mühsam. Die Wahrheit gegen Legendenbildung. — In: Frankf. H. 17 (1962), 510—513.

[Schulze-]Wilde, Harry: Theodor Plivier. Nullpunkt der Freiheit. Biographie. — München: Desch (1965). 541 S.

Schulze-Wilde, Harry: Ein Toter auf Urlaub. Kurt Eisner ⟨1867—1919⟩. — In: Monat 19 (1966/67), H. 221, 28—40 und H. 222, 41—53.

Schulze-Wilde, Harry: Trotzki, der besiegte Sieger. — In: Monat 17 (1964/65), H. 201, 39—61.

Schumacher, Ernst: [Bertolt] Brechts Bedeutung für die Gesellschaft der 70er Jahre. - In: Kürbiskern 1973, 396-414.

Schumacher, Ernst u. Renate Schumacher: Leben [Bertolt] Brechts in Wort und Bild. - Berlin: Henschelverl. 1978. 438 S.

Schumacher, Kurt: Bundestagsreden [Teilsamml.] Hrsg. von Annemarie Renger. — Bonn: AZ Studio (1972). 195 S.

Schumacher, Kurt: Der Kampf um den Staatsgedanken in der deutschen Sozialdemokratie. Hrsg. von Friedrich Holtmeier. Mit e. Geleitw. von Herbert Wehner. - Stuttgart: Kohlhammer (1973). 144 S.
(Urban-Taschenbücher. 839.)

Schumacher, Kurt: Reden und Schriften. Mit e. Geleitwort von Erich Ollenhauer und e. Einleitung von Carlo Schmid. — Berlin-Grunewald: Arani-V. (1953). 549 S.

Schumacher, Kurt: Reden und Schriften. (Hrsg. von Arno Scholz u. Walther G[eorg] Oschilewski.) (Sonderausg.) — Berlin-Grunewald: arani Verl.-Ges. (1962). 549 S.

Schumacher, Martin: „Im Dienste der Volksvertretung". Zu den Aufzeichnungen von August Plate, Preußischer Parlamentsdirektor von 1901-1920. - In: Aus Politik und Zeitgeschichte, Beilage zur Wochenzeitung „Das Parlament" Nr 10 vom 8. März 1975, 15—38.

Schumacher, Martin: Agrarische Interessenpolitik. Andreas Hermes. - In: Neue polit. Lit. 18 (1973), 96-101.

Schumacher, Martin: Jüdische Pressestimmen zum Tode von Friedrich Ebert und zur Neuwahl des Reichspräsidenten 1925. - In: Jb. Inst. dtsch. Gesch. 4 (1975), 359-367.

Schuschnigg, Kurt [von]: Im Kampf gegen Hitler. Die Überwindung der Anschlußidee. — München: Molden (1969). 472 S.

Schuster, Dieter: Ausgewählte Dokumente zum politischen Lebensweg Hans Böcklers. - In: Vom Sozialistengesetz zur Mitbestimmung, Zum 100. Geburtstag von Hans Böckler, (Köln:) Bund-Verl. (1975), 491-505.

Schuster, Dieter: Ludwig Rosenberg. Ein Porträt. — Freudenstadt: Lutzeyer (1969). 68 S.
(Persönlichkeiten der Gegenwart. 11.)

Schuster, Hans: Verzicht auf Ostpolitik. Zum zweiten Band der Adenauer-Erinnerungen ⟨1953—1955⟩. — In: Merkur 21 (1967), 265—278.

Schuster, Karlgeorg: Die Lebenserinnerungen des Großadmirals Dr. h. c. Erich Raeder. — In: Marine-Rdsch. 54 (1957), 225—234.

Schwab, George: The challenge of the exception. An introduction to the political ideas of Carl Schmitt between 1921 and 1936. — Berlin: Duncker & Humblot 1970. 174 S.

Schwab, Hermann: 1933. Ein Tagebuch. — Zürich: Jüdischer Volksverl. 1953. 38 S.
(Jüdische Volksbücherei. 7.)

Schwabe, Klaus: Woodrow Wilson. Ein Staatsmann zwischen Puritanertum und Liberalismus. — Göttingen: Musterschmidt (1971). 113 S.
(Persönlichkeit und Geschichte. 62.)

Schwabe, Klaus: Woodrow Wilson and Germany's membership in the League of Nations, 1918-19. - In: Centr. Europ. Hist. 8 (1975), 3-22.

Schwan, Alexander: Politische Philosophie im Denken Heideggers. — (Köln: Westdtsch. Verl.) 1965. 206 S.
(Ordo politicus. 2.)

Schwank, Karl-Heinz [u.] Gerhard Powik: Lenin und die Gegenwart. — Berlin: Dietz 1970. 80 S.
(ABC des Marxismus-Leninismus.)

Schwartz, Benjamin: On the „originality" of Mao Tse-tung. — In: Foreign Aff. 34 (1955/56), 67—76.

Schwarz, G[eorge] M.: Deutschland und Westeuropa bei Ernst Troeltsch. — In: Hist. Z. 191 (1960), 510—547.

Schwarz, Gotthart: Theodor Wolff und das Berliner Tageblatt. Eine liberale Stimme in d. dtsch. Politik 1906—1933. — Tübingen: Mohr 1968. IX, 311 S.
(Tübinger Studien zur Geschichte und Politik. 25.)
Diss., Tübingen.

Schwarz, Hans-Peter: Der konservative Anarchist. Politik u. Zeitkritik Ernst Jüngers. — Freiburg i. Br.: Rombach (1962). 320 S.
(Freiburger Studien zu Politik u. Soziologie.)

Schwarz, Jürgen: Arnold Bergstraesser und die Studentenschaft der frühen zwanziger Jahre. — In: Z. Politik 15 (1968), 300—311.

Schwarzbuch Franz Josef Strauß. Hrsg. von Wolfgang Roth [u. a.] Unter Mitarb. von Bernt Engelmann. Mit e. Nachw.: Zur Geschichte des Buches. — (Köln:) Kiepenheuer & Witsch (1972). 126 S.
(Pocket. 42.)

Schwarzwäller, Wulf: „Der Stellvertreter des Führers" Rudolf Hess. Der Mann in Spandau. - München: Molden (1974). 303 S.

Schweckendiek, Adolf: Hitlers Krankheit aus der Sicht der Psychobiologie. — In: Psychobiologie 17 (1969), 1—16.

Schwellen, Joachim (H[ans]): Richard Nixon. Ein Präsident der Mittelklasse. — (Hamburg:) Wegner (1969). 138 S.

An der **Schwelle** zum gespaltenen Europa [dt.] Der Briefwechsel zwischen George Bell und Gerhard Leibholz, 1939–1951. Hrsg. von Eberhard Bethge und Ronald C. D. Jasper. (Die Übertr. aus dem Engl. besorgte Käthe Gregor-Smith.) — Stuttgart: Kreuz-Verl. (1974). 319 S.

Schwerin von Krosigk, Lutz Graf: Jenny Marx. Liebe und Leid im Schatten von Karl Marx. Eine Biographie nach Briefen, Tagebüchern und anderen Dokumenten. – Wuppertal: Staats 1975. 264 S.

Schwerin von Krosigk, Lutz Graf: Memoiren. – Stuttgart: Seewald (1977). 340 S.

Screen, J. E. O.: Mannerheim. The years of preparation. — London: Hurst 1970. 158 S.

Screen, J. E. O.: Marshal Mannerheim. The years of preparation. — In: Slavonic and East Europ. Rev. 43 (1964/65), H. 101, 293—302.

Seagren, Leonard W.: The last Fuehrer. — In: US Naval Inst. Proceed., Mai 1954, 523—537.
Biographischer Artikel über Dönitz.

Seaton, Albert: [Josif Vissarionovič] Stalin as warlord. – London: Batsford 1976. 312 S.

Sebald, Winfried Georg: Carl Sternheim. Kritiker und Opfer der Wilhelminischen Ära. — Stuttgart: Kohlhammer (1969). 146 S.
(Sprache und Literatur. 58.)

Hans von **Seeckt.** Ein Gedenken. — In: Militärpol. Forum 2 (1953), H. 4, 30 — 32.

Seelig, Carl: Albert Einstein. Eine dokumentarische Biographie. — Stuttgart, Zürich, Wien: Europa-V. 1954. 304 S.

Segelken, Hans: Amor fati. Aufzeichnungen aus einer gescheiterten Juristengeneration. — Hamburg: Talkner [1970]. 390 S.

Sehn, Jan: Zbrodnicze eksperymenty sterylizacyjne Carla Clauberga. — In: Zeszyty Oświęcimskie, H. 2 (1958), 3—21.

Seicaru, P.: Churchill et Franco. — In: Ecrits de Paris 1957, H. 154, 22—28.
Über die Jahre 1943 und 1944.

Seidel, Christian: Die Entwicklung eines Fabiers (George Bernard Shaw). — (München) 1961. 224 S.
München, Staatswirtschaftl. Diss., 19. Juni 1961.

Hanns **Seidel** und die Stiftung. - München: Olzog 1977. 71 S.
(Politische Studien. Sonderh. 1977, 1.)

Seidel, Hanns: Zeitprobleme. Gesammelte Aufsätze und Vorträge. — Aschaffenburg: Pattloch (1960). 320 S.

Seidel, Ina: Lebensbericht 1885—1923. — Stuttgart: Dtsch. Verl.-Anstalt (1970). 334 S.

Seidel, Jutta: Wilhelm Bracke. Vom Lassalleaner zum Marxisten. — Berlin: Dietz 1966. 193 S.

Seidler, Franz W.: Oskar Ritter von Niedermayer im Zweiten Weltkrieg. — In: Wehrwiss. Rdsch. 20 (1970), 168—174 und 193—208.

Seier, Hellmut: Kollaborative und oppositionelle Momente der inneren Emigration Jochen Kleppers. — In: Jb. Gesch. Mittel- u. Ostdtschlds. 8 (1959), 320—347.

Seipel, Ignaz: Ignaz Seipel im Dienste des Wortes. Der Kaplan, Katechet, Kanzler in seinen Predigten, Exhorten und Ansprachen. Aus d. Nachlaß ausgew. u. hrsg. von Rudolf Blüml. — Wien, München: Verl. Herold (1955). 175 S.

Seiz, Wolfgang: Zum Ursprung einiger Seeckt-„Zitate". — In: Wehrwiss. Rdsch. 8 (1958), 319—324.

Selby, Sir Walford: Diplomatic twilight 1930—1940. — London: Murray (1953). VI, 210 S.

Seliger, Kurt: Der Fall Fritz Sperling. Ein Beitrag zur Geschichte der SED. — In: Deutschland-Arch. 4 (1971), 274—278.

Sellen, Robert W.: Old assumptions versus new realities. Lyndon [Baines] Johnson and foreign policy. - In: Internat. J. 28 (1972/73), 205–229.

Seltenreich, Susanne: Leopold Figl — ein Österreicher. — (Wien: Metten 1962.) 238 S.

Semmes, Harry H.: Portrait of Patton. — New York: Appleton-Century-Crofts 1955. 321 S.

Sen, N. B.: Wit and wisdom of Jawaharlal Nehru. — New Delhi: New Book Society of India 1960. 616 S.

Seneourt, Robert: The reign of Edward VIII. — London: Gibbs & Phillips 1962. 224 S.

Sendtner, Kurt: Rupprecht von Wittelsbach, Kronprinz von Bayern. — München: Pflaum (1954). 759 S.

Senger, Valentin: Kaiserhofstraße 12. - (Neuwied:) Luchterhand (1978). 304 S.

Senger und Etterlin, Frido von: Krieg in Europa. — Köln, Berlin: Kiepenheuer & Witsch (1960). 459 S.

Senghor, Léopold Sédar: ... Négritude et civilisation de l'universel. - Paris: Ed. du Seuil 1977. 573 S.

Senghor, Léopold Sédar: Négritude und Humanismus (Négritude et humanisme, dt.) Hrsg. u. übertr. von Janheinz Jahn. — (Düsseldorf:) Diederichs (1967). 322 S.

Seniga, Giulio: Togliatti e Stalin. — Milano: Sugar 1961. 142 S.

Senkbeil, Walter: Die Austerity-Politik des Sir Stafford Cripps. — Köln 1955. 205, VIII gez. Bl. [Maschinenschr.]
Köln, wirtschafts- und sozialwiss. Diss. 18. Juni 1956.

Senn, Alfred Erich: New documents on [Vladimir Il'ič] Lenin's departure from Switzerland, 1917. - In: Internat. Rev. soc. Hist. 19 (1974), 245–276.

Serge, Victor: Carnets. — Paris: Julliard 1952. 218 S.

Serge, Victor: Memoirs d'un revolutionaire 1901—1941. — Paris: Ed. du Seuil 1951. 417 S.

Serge, Victor: Memoirs of a revolutionary, 1901—1941. — New York, Toronto, London: Oxford University Press 1963. XXV, 401 S.

Serge, Victor: Leo Trotzki, Leben und Tod (Vie et mort de Léon Trotsky, dt. Übers. von Peter Linnert.) - München: Europaverl. (1978). 349 S.

Serge, Victor: Vie et mort de Trotsky. — Paris: Amiot-Dumont (1951). 343 S. *(Collection Archives d'Histoire contemporaine.)*

Serrigny, Bernhard: Trente ans avec Pétain. — Paris: Plon 1959. IV, 244 S.

Servan-Schreiber, Jean-Jacques: Lieutenant en Algérie. — Paris: Julliard (1957). 276 S.
Dtsch. Ausg. u. d. T.: Leutnant in Algerien. — Hamburg: Hoffmann & Campe 1957. 228 S.

Service, John S.: Edgar Snow. Some personal reminiscences. - In: China Quart. 1972, H. 50, 209–219.

Sethe, Paul: In Wasser geschrieben. Porträts, Profile, Prognosen. (Hrsg. von Karl-Heinz Janßen.) — Frankfurt a. M.: Scheffler (1968). 367 S.

Seton, Marie: Panditji. A portrait of Jawaharlal Nehru. — London: Dennis Dobson 1967. 515 S.

Seton-Watson, Hugh: R[obert] W[illiam] Seton-Watsons Einstellung zur Habsburger Monarchie 1906–1914. - In: Österr. Gesch. Lit. 17 (1973), 361–381.

Settimelli, Emilio: Edda contro Benito [Mussolini]. — Roma: Corso 1952. 147 S.

Sexau, Richard: Papen in eigener Sache. — In: Neues Abendland 7 (1952), 671—675.

Seydewitz, Max: Es hat sich gelohnt zu leben. Lebenserinnerungen eines alten Arbeiterfunktionärs. - Berlin: Dietz 1976. 484 S.

Seydlitz, Walther von: Stalingrad. Konflikt und Konsequenz. Erinnerungen. Einl.: Bodo Scheurig. - (Oldenburg:) Stalling (1977). 386 S.

Seydoux, François: Botschafter in Deutschland (Dans l'intimité franco-allemande, une mission diplomatique, dt.) Meine zweite Mission 1965 bis 1970. (Übertr. von Oskar Pollak.) - (Frankfurt a. M.:) Societäts-Verl. (1978). 219 S.

Seydoux, François: Beiderseits des Rheins (Memoires d'outre-Rhin, dt.) Erinnerungen eines französischen Diplomaten (Aus d. Französ. übers. von Modeste Zur Nedden-Pferdekamp.) - (Frankfurt a. M.:) Societäts-Verl. (1975). 301 S.

Seymour, Charles: Letters from the Paris Peace Conference. Ed. and forew. by Harold B. Whiteman Jr. — New Haven, London: Yale University Press 1966. 289 S.

Seymour, Charles: Woodrow Wilson. A political balance sheet. — In: Proceed. Americ. Philosoph. Soc. 101 (1957), H. 2, 135—141.

Seymour, Charles: Woodrow Wilson in perspective. — In: Foreign Aff. 34 (1955/56), 175—186.

Sforza, Conte Carlo: Cinque anni a Palazzo Chigi. — Roma: Atlante 1952. 588 S.

Shanahan, William O.: Friedrich Naumann. A mirror of Wilhelminian Germany. — In: Rev. Politics 13 (1951), 267—301.

Shandruk, Pavlo: Arms of valor. — New York: Speller 1959. XXV, 285 S.

Shannon, William V.: The heir apparent. Robert Kennedy and the struggle for power. — New York: Macmillan 1967. 309 S.

Shao Chuan-leng und Norman D. Palmer: Sun Yat-sen and communism. — New York: Praeger; London: Thames and Hudson 1961. XII, 234 S.

Sharlin, Allan N.: Retrospective Max Weber. [Literaturbericht.] - In: J. mod. Hist. 49 (1977), 110–115.

Shaul, Esh: Eine neue literarische Quelle Hitlers? Eine methodologische Überlegung. - In: Gesch. Wiss. Unterr. 15 (1964), 487–493.

Shawcross, William: Crime and compromise. János Kádár and the politics of Hungary since the revolution. - New York: Dutton 1974. 311 S.

Shawcross, William: Dubček [dt.] Der Mann, der die Freiheit wollte. (Aus d. Engl. von Karl-Otto von Czernicki.) — (München:) Droemer Knaur (1970). 368 S.

Sheean, Vincent: Faisal. The king and his kingdom. - Tavistock, Devon: University Press of Arabia 1975. 176 S.

Sheean, Vincent: Nehru. The years of power. — New York: Random House 1960. 306 S.

Sheehan, James J.: The career of Lujo Brentano. A study of liberalism and social reform in Imperial Germany. — Chicago: University of Chicago Press 1966. 223 S.

Sheldon, William F.: Das [Adolf] Hitler-Bild in der „Time" 1923–1933. - In: Tradition und Neubeginn, Köln: Heymanns (1975), 67–81.

Shepherd, Gordon: Engelbert Dollfuss. (Vom Ms. ins Dt. übertr. von Adolf Heine-Geldern.) — Graz, Wien, Köln: Styria (1961). 350 S.

Shepherd, Gordon Brook-: Um Krone und Reich (The last Habsburg, dt.) Die Tragödie des letzten Habsburgerkaisers. [Karl I.] (Aus d. Engl. übertr. von Johannes Eidlitz.) — München: Molden (1968). 400 S.

Sherwood, John M.: Georges Mandel and the Third Republic. — Stanford, Calif.: Stanford University Press 1970. IX, 393 S.

Shigemitsu, Mamoru: Japan and her destiny. My struggle for peace. — London: Hutchinson; New York: Dutton 1958. 392 S.

Shigemitsu, Mamoru: Die Schicksalsjahre Japans (Japan and her destiny, dt.) Vom Ersten bis zum Ende des Zweiten Weltkrieges 1920—1945. Denkwürdigkeiten des letzten japanischen Außenministers im Zweiten Weltkrieg. Hrsg. vom Inst. f. Asienkunde in Hamburg. (Übers. von Egon Heymann.) — Frankfurt a. M.: Metzner 1959. 409 S.

Shihor, Samuel: Hollow glory. The last days of Chaim Weizmann, first president of Israel. Transl. from the Hebrew by Julian L. Meltzer. — New York: Yoseloff 1960. 256 S.

Shimoni, Gideon: Jan Christiaan Smuts and Zionism. - In: Jew. soc. Stud. 39 (1977), 269-298.

Shinwell, Emanuel: Conflict without malice. — London: Odhams 1955. 252 S.

Shtenkler, Ephraim: What happened to me in my childhood. A document of modern history. — In: Commentary 9 (1950), 442—446.

Shtrigler, M.: The Kastner case. — In: Jewish Frontier, August 1955, 10—16.

Shub, David: Lenin [dt.] Eine Biographie. [Übertr.:] Gräfin Margret Zedtwitz. — Wiesbaden: Limes-V. 1952. 452 S.

Shub, David: Lenin [dt.] (Übers. aus d. Amerik. von Gräfin Margret Zedtwitz und A. de Vries. 3. Aufl.) — Wiesbaden: Limes-V. (1958). 474 S.

Shukman, Harold: Lenin and the Russian revolution. — London: Batsford 1967. 224 S.

(Georgij Konstantinowitsch) **Shukow** — Symbol des Sieges. — In: Osteuropa 5 (1955), 123—125.

Shuster, George N.: In Amerika und Deutschland. Erinnerungen eines amerikanischen College-Präsidenten (The ground I walked on, dt.) — Frankfurt a. M.: Knecht (1965). 280 S.

Shuster, George N., und Tibor Horanyi: In silence I speak. The story of Cardinal Mindszenty today and of Hungary's „new order". — London: Gollancz 1957. XIX, 296 S.

Sidey, Hugh: John F. Kennedy. Portrait of a president. — London: Deutsch 1964. 434 S.

Siebert, Ferdinand: Aristide Briand 1862-1932. Ein Staatsmann zwischen Frankreich und Europa. - Erlenbach-Zürich: Rentsch (1973). 704 S.

Sieburg, Friedrich: Ruhm und Asche. — In: Gegenwart 7 (1952), 809—811. Zum Tode Charles Maurras'.

S[ie]b[ur]g, [Friedrich]: Worte sind Taten. — In: Gegenwart 7 (1952), 245—246.

Siegel, Christian Ernst: Egon Erwin Kisch. Reportage und politischer Journalismus. - Bremen: Schünemann (1973). 384 S.
(Studien zur Publizistik. Bremer Reihe. 18.)

Siegert, Heinz: [Nicolae] Ceausescu. Management für ein modernes Rumänien. - (München:) Bertelsmann (1973). 297 S.

Siegfried, André: Mes souvenirs de la IIIe république. — Paris: Hachette 1951. 152 S.

Siegfried, Klaus-Jörg: Universalismus und Faschismus. Das Gesellschaftsbild Othmar Spanns. Zur politischen Funktion seiner Gesellschaftslehre und Ständestaatskonzeption. - (Wien:) Europa-Verl. (1974). 289 S.
(Europa-Verlag. Wissenschaft.)

Siemens, Georg: Geschichte des Hauses Siemens. — Freiburg i. Br. und München: Alber.
3. Die Dämonie des Staates. 1951. 428 S.

Siemoneit, Martin A.: Politische Interpretation von Stefan Georges Dichtung. Eine Untersuchung verschiedener Interpretationen der politischen Aspekte von Stefan Georges Dichtung im Zusammenhang mit den Ereignissen von 1933. - Frankfurt a. M.: Lang 1978. 144 S.
(Europäische Hochschulschriften. 1. 258.)
Diss., University of Connecticut.

Siemsen, August: Anna Siemsen. Leben und Werk. — Hamburg: Europ. Verl. Anst. 1951. 225 S.

Sigmund, Paul E.: [Salvador] Allende in retrospect. - In: Problems Comm. 23 (1974), H. 3, 45-62.

Signoretti, Alfredo: Come diventai fascista. — Roma: Volpe 1967. 182 S.

General **Sikorski** w dziesiątą rocznicę śmierci. — London: General Sikorski Historical Institute 1954. 84 S.

Silberner, Edmund: Moses Hess und die Internationale Arbeiterassoziation. — In: Arch. Sozialgesch. 5 (1965), 83—146.

Silberschmidt, Max: Winston S. Churchill. Leader der freien Welt. Versuch einer Würdigung seiner Persönlichkeit anläßlich seines 90. Geburtstages am 30. November 1964. — ([Zürich: Gesellsch. Schweizer Monatshefte] 1964.) 23 S.
(Schweizer Monatshefte [44 (1964/ 1965), H. 9], Sonderbeil.)

Silex, Karl: Mit Kommentar. Lebensbericht eines Journalisten. — (Frankfurt a.M.:) S. Fischer 1968. 300 S.

Silfen, Paul Harrison: The Völkisch ideology and the roots of nazism. The early writings of Arthur Moeller van den Bruck. - Jericho, N. Y.: Exposition Press 1973. VII, 85 S.

Silling, Victor: Die Hindergründe des Falles Oberländer. — Groß Denkte/ Wolfenbüttel: Grenzland-Verl. (1960). 164 S.
(Das kleine Roco Buch. 1.)

Silverberg, Paul: Reden und Schriften [Werke, Teils.] Hrsg. u. eingel. von Franz Mariaux. — (Köln): Kölner Universitätsverl. 1951. LXXXVII, 244 S.

Silvestri, Maria: Stresemann, uomo Europeo. — In: Storia e Politica 2 (1963), 237—248.

Simiot, Bernard: De Lattre. — Paris: Flammarion 1953. 291 S.

Simon, Albert Karl: Rudolf Ritter Lodgman von Auen. 1877—1962. Ein sudetendeutscher Staatsmann. — In: Europ. Osten 10 (1964), H. 115, 557—581.

Simpson, Amos E.: Hjalmar Schacht in perspective. — The Hague: Mouton 1969. 202 S.
(Studies in European History. 18.)

Sing, Horst: Herbert Marcuse und die Freiheit. - In: Polit. Stud. 25 (1974), 65–77.

Singer, Ladislaus: Ottokar Graf Czernin. Staatsmann einer Zeitenwende. — (Graz:) Styria (1965). 359 S.

Singleton, Gates Peter: General Lord Freyberg V. C. — London: Joseph 1963. 328 S.

Sinkó, Ervin: Roman eines Romans [Roman jednog romana, dt.] Moskauer Tagebuch. (Dtsch. von Edmund Trugly.) Mit e. Vorw. von Alfred Kantorowicz. (Sonderausg.) — (Köln:) Verl. Wissenschaft u. Politik (1969). VII, 479 S.

Sinsheimer, Hermann: Gelebt im Paradies. Erinnerungen und Begegnungen. (Aus d. Nachlaß bearb. von Gerhard Pallmann.) — München: Pflaum (1953). 344 S.

Siorat, L.: Le premier chancelier de la République Fédérale d'Allemagne [Adenauer]. — In: Politique 4 (1958), 336—387.

Skalnik, Kurt: Dr. Karl Lueger. Der Mann zwischen den Zeiten. — Wien, München: Herold-V. (1954). 182 S.
(Beiträge zur neueren Geschichte des christlichen Österreich.)

Skalnik, Kurt: Alfred Rosenberg. Seine letzten Aufzeichnungen. — In: Österr. Furche 5 (1949), H. 7, 6—7.

Skibowski, Klaus Otto [Hrsg.]: Konrad Adenauer. Skizzen aus dem Leben des Bundeskanzlers. — Aschaffenburg: Pattloch 1953. 48 S.

Skidelsky, Robert: Oswald Mosley. - (London: Macmillan 1975). 578 S.

Skop, Arthur Lloyd: The primacy of domestic politics. Eckart Kehr and the intellectual development of Charles A. Beard. - In: Hist. & Theory 13 (1974), 119–131.

Skorzeny, Otto: Meine Kommandounternehmen. Krieg ohne Fronten. - (Wiesbaden:) Limes-Verl. (1976). 445 S.

Skorzeny, Otto: Opérations secrètes. — Paris: Edit. Saint-Just 1965. [o. S.]
(Coll. „Action".)

Skrjabin, Elena: Leningrader Tagebuch. Aufzeichnungen aus den Kriegsjahren 1941—1945. Mit e. Einf. von Hans Graf von Lehndorff. (Aus d. russ. Ms. übers. von Mikolaj Dutsch.) — München: Biederstein-Verl. 1972. 259 S.

Skuhra, Anselm: Max Horkheimer. Eine Einführung in sein Denken. - Stuttgart: Kohlhammer 1974. 108 S.
(Urban-Taschenbücher. 856.)

Slánská, Josefa: Bericht über meinen Mann. Die Affäre Slánský. ([Aus d. Ms.] ins Dtsch. übertr. von Peter Aschner.) — Frankfurt a. M.: Europa-Verl. [1969]. 253 S.

Slater, Montagu: The trial of Jomo Kenyatta. — London: Secker & Warburg 1955. 255 S.

Sławoj-Składowski, Felicjan: Internowanie w Turcji. — In: Kultura 1960, H. 152, 99—118.

Sławoj-Składowski, [Felicjan]: Ucieczka z Rumunii. — In: Kultura 1961, H. 168, 110—128.

Slessor, Sir John: The great deterrent. A collection of lectures, articles and broadcasts, on the development of strategic policy in the nuclear age. Foreword by Alfred M. Gruenther. — London: Cassell 1957. XII, 321 S.

Slim, Sir William: Unofficial history. — London: Cassell 1959. 256 S.

Sloan, Jacob [Ed.]: Notes from the Warsaw ghetto. The journal of Emmanuel Ringelblum. — New York: McGraw-Hill 1958. 369 S.

Smith, Arthur L.: [Winston] Churchill et l'armée allemande (1945). Quelques spéculations sur les origines de la guerre froide. - In: Rev. Hist. deux. Guerre mond. 24 (1974), H. 93, 65–78.

Smith, Arthur L., jr.: General von Seeckt and the Weimar Republic. — In: Rev. Politics 20 (1958), 347—357.

Smith, Bradley F.: Heinrich Himmler. A Nazi in the making, 1900—1926. — Stanford, Calif.: Hoover Inst. Press 1971. IX, 211 S.
(Hoover Institution Publications. 93.)

Smith, Bradley F.: Adolf Hitler. His family, childhood and youth. — Stanford, Calif.: Stanford University Press (1967). 180 S.
(Hoover Institution Publications.)

Smith, Daniel M.: Robert M. Lansing and the Wilson interregnum 1919—1920. — In: Historian 21 (1959), 135—161.

Smith, David G.: Lenin's „imperialismus". A study in the unity of theory and practice. — In: J. Politics 17 (1955), 546—569.

Smith, Denis Mack: Mussolini, artist in propaganda. The downfall of fascism. — In: History Today 9 (1959), 223—232.

Smith, Donald Eugene: Nehru and democracy. The political thought of an Asian democrat. — London, New York, Calcutta: Longmans 1958. XIV, 194 S.

Smith, Edward Ellis: Der junge Stalin (The young Stalin, dt.) Aus d. Amerikan. von Karl Berich. — (München:) Droemer/Knaur (1969). 463 S.

Smith, Edward Ellis: The young Stalin. — London: Cassell 1968. 480 S.

Smith, Gaddis: Dean Acheson. — New York: Cooper Square Publ. 1972. 473 S.

Smith, Leslie: Harold Wilson. The authentic portrait. — London: Hodder & Stoughton 1964. 222 S.

Smith, Walter Bedell: General Eisenhowers sechs große Entscheidungen. — Stuttgart: Scherz 1956. 288 S.

Smith, Walter Bedell: Meine drei Jahre in Moskau. — Hamburg: Hoffmann & Campe 1950. 468 S.

Smith, William Edgett: [Julius K.] Nyerere of Tanzania. - London: Gollancz 1973. 207 S.

Smuts, J. O.: Jan Christian Smuts. A biography. — New York: Morrow 1952. XIV, 496 S.

Snell, John L.: Wilson on Germany and the fourteen points. — In: J. mod. Hist. 26 (1954), 364—369.

Snetsinger, John: [Harry S.] Truman, the Jewish vote and the creation of Israel. – Stanford, Calif.: Hoover Institution Press 1974. XV, 208 S.
(Hoover Institution Studies. 39.)

Snow, Edgar: So fing es an (Journey to the beginning, dt.) Erfahrungen mit neuen Zeiten. Mit e. Vorw. von Lois Wheeler Snow. Aus d. Amerikan. übers. von Hans Hermann. – (Stuttgart:) Dtsch. Verl.-Anst. (1977). 528 S.

Snow, Peter: Hussein. A biography. – London: Barrie & Jenkins 1972. 256 S.

Snow, Peter: Hussein, [dt.] König und Soldat. – Düsseldorf: Diederichs 1973. 282 S.

Soarès, Mario: Le Portugal bailloné. Un témoignage. (Trad. du portugais par Edouard Bailby.) – Paris: Calmann-Lévy 1972. 317 S.
[Memoiren eines portugiesischen Sozialisten.]

Sobel, Robert: Herbert Hoover at the onset of the great depression, 1929-1930. – Philadelphia: Lippincott (1975). XIII, 113 S.

Soell, Hartmut: Fritz Erler – eine politische Biographie. – Berlin, Bonn-Bad Godesberg: Dietz (1976).
1. XIII, 699 S.
2. XI S., S. 701–1232.
(Internationale Bibliothek. 100. 101.)

Söllner, Christa: Clara Zetkin und die sozialistische Frauenbewegung in der Zeit von 1890 bis zum I. Weltkrieg. — (Köln: Zentralausschuß Sozialist. Bildungs-Gemeinschaften [1970]). 58 S.

Sösemann, Bernd: „Die Erforderlichkeit des Möglichen". Kritische Bemerkungen zu der Edition: Kurt Riezler, Tagebücher, Aufsätze, Dokumente. – In: Bll. dtsch. Landesgesch. 110 (1974), 261–275.

Sösemann, Bernd: Die sogenannte Hunnenrede Wilhelms II. Textkritische und interpretatorische Bemerkungen zur Ansprache des Kaisers vom 27. Juli 1900 in Bremerhaven. – In: Hist. Z. 222 (1976), 342–358.

Sokol, Hans: Salazar und sein neues Portugal. — Graz, Wien, Köln: Verl. Styria (1957). 314 S.

Solasse, B.: La démarche critique d'Herbert Marcuse ou un nouveau type de critique sociale. — In: Canad. J. polit. Science 2 (1969), H. 4, 448–470.

Solomon, Michael: Magadan [dt.] Sieben Jahre in sowjetischen Straflagern. (Übertr. aus d. Engl. von Helga Künzel.) – (Bergisch Gladbach:) Lübbe (1978). 346 S.
(Zeitgeschichte. 65008.)

Solschenizyn, Alexander [**Solženicyn,** Aleksandr]: [Vladimir Il'ič] Lenin in Zürich (Lenin v Cjuriche, dt. Übers. aus d. Russ. von L. P. Welinski.) – (München:) Scherz Verl. (1977). 331 S.

Somary, Felix: Erinnerungen aus meinem Leben. — Zürich: Manesse-Verl. 1959. 415 S.

Somervell, D. C.: Stanley Baldwin. An examination of some features of Mr. G. M. Young's biography. — London: Faber & Faber 1953. 135 S.

Sommer, Dudley: Haldane of Cloan. His life and times 1856—1928. — London: Allen & Unwin 1960. 448 S.

Sondermann, Fred A.: The Wilson administration's attitude toward the German emperor. — In: Colorado College Stud. 1958, H. 1, 3—16.

Sonnemann, Theodor: Gestalten und Gedanken. Aus einem Leben für Staat und Volk. – Stuttgart: Seewald (1975). 295 S.

Sonnino, Sidney: Diario. – Bari: Laterza 1972.
1. 1866–1912. (A cura di Benjamin F. Brown.) XLV, 534 S.
2. 1914–1916. (A cura di Pietro Pastorelli.) XII, 374 S.
3. 1916–1922. (A cura di Pietro Pastorelli.) 407 S.

Sonnino, Sidney: Scritti e discorsi extraparlamentari. (A cura di Benjamin F. Brown.) – Bari: Laterza 1972.
1. 1870–1902. XXII, 932 S.
2. 1903–1920. XV, S. 936–1716.

Sonntag, Catrin: „Mein letztes Jahr". Ein mitteldeutsches Tagebuch. — München: Piper 1966. 160 S.

Sontag, Ernst: Adalbert (Wojciech) Korfanty. Ein Beitrag zur Geschichte der polnischen Ansprüche auf Oberschlesien. — Kitzingen a. M.: Holzner 1954. XII, 213 S.
(Beihefte zum Jahrbuch der Albertus-Universität Königsberg/Pr. 7.)

Sontheimer, Kurt: Thomas Mann und die Deutschen. — München: Nymphenburger Verlagshandl. (1961). 194 S.

Sontheimer, Kurt: Thomas Mann als politischer Schriftsteller. — In: Vjh. Zeitgesch. 6 (1958), 1—44.

Sorensen, Theodore C.: Kennedy. (Aus d. Amerikan. von Dieter Kiehl u. Peter Schweitzer.) — München: Piper (1966). 751 S.

Sorge, Walter: Prediger im Niemandsland. Martin Niemöller und die Politik. — In: Polit. Meinung 7 (1962), H. 70, 15—22.

Sormani, Pietro: Breznev [Leonid Il'ič Brežnev]. – In: Aff. est. 5 (1973), H. 19, 29–41.

Souchy, Augustin: „Vorsicht: Anarchist!" Ein Leben für die Freiheit. Politische Erinnerungen. (2. Aufl.) – (Neuwied:) Luchterhand (1977). 286 S.
(Sammlung Luchterhand. 248.)

Soucy, Robert: Fascism in France. The case of Maurice Barrès. – Berkeley: University of California Press 1972. X, 350 S.

Soullé, Michel: La vie politique d' Edouard Herriot. Préf. de Jean Rostand. — [Paris:] Colin 1962. X, 626 S.

Soustelle, Jacques: La page n'est pas tournée. — Paris: Edit. de la Table ronde (1965). 251 S.

Souvarine, Boris: [Josif Vissarionovič] Staline [Stalin]. Aperçu historique du bolchevisme. – Paris: Ed. Champs libre 1977. 639 S.

Spaak, Paul-Henry: Memoiren eines Europäers (Combats inachevés, dt.) (Dtsch. von Willy Thaler.) — (Hamburg:) Hoffmann & Campe (1969). 604 S.

Spacek, Peter: Julius K. Nyerere. — Berlin: Union-Verl. (1968). 31 S.
(Reihe Christ in der Welt. 18.)

Spadolini, Giovanni: Il mondo di Giolitti. — Firenze: Le Monnier 1968. XIV, 460 S.

Spael, Wilhelm: Ludwig Windthorst. Bismarcks kleiner großer Gegner. Ein Lebensbild. — Osnabrück: Fromm (1962). 222 S.

Spaeth, Alfons: Johannes Baptista Sproll, der Bekennerbischof. (2. Aufl.) — Stuttgart: Schwabenverl. (1963). 79 S.

Späth, Alfred: Zum Andenken an Nikolaus Graf von Üxküll. — In: Vjh. Zeitgesch. 8 (1960), 189—192.

Spalcke, Karl: Der Fall Tuchatschewski. Die Wehrmacht, die Rote Armee und die „große Säuberung". — In: Gegenwart 13 (1958), 45—48.

Spampanato, Bruno: Contromemoriale. — Roma: Ediz. di „Illustrato".
   2. L'ultimo Mussolini. Con un'appendice storica, una fotodocumentazione e il „diaro di Mussolini". 1952. 607 S.

Sparrow, Gerald: Hussein of Jordan. — London: Harrap 1960. 160 S.

Albert **Speer**. Kontroversen um ein deutsches Phänomen. [Hrsg. von] Adelbert Reif. — München: Bernard & Graefe (1978). 501 S.

Speer, Albert: Erinnerungen. — Berlin: Propyläen Verl. (1969). 610 S.

Speer, Albert: Spandauer Tagebücher. — (Frankfurt a. M.: Ullstein 1975). 671 S.

Dr. Hans **Speidel**. — In: Wehrkunde 5 (1956), 107.

Speidel, Hans: Ludwig Beck. Portrait eines großen Deutschen. — In: Schweizer Monatsh. 46 (1966/67), 307—319.

Speidel, Hans: Aus unserer Zeit. Erinnerungen. — Berlin:) Propyläen-Verl. (1977). 512 S.

Speidel, Hans: Zeitbetrachtungen. Ausgew. Reden. — Mainz: v. Hase & Koehler (1969). 207 S.

Spencer, C.: (Carlos P.) Romulo — voice of freedom. — New York: Day (1953). 256 S.

Spencer, John H.: Haile Selassie. Triumph and tragedy. — In: Orbis 18 (1974/75), 1129—1152.

Spengler, Oswald: Briefe. 1913—1936. In Zsarb. mit Manfred Schröter hrsg. von Anton M[irko] Koktanek. — München: Beck (1963). 817 S.

Sperber, Manès: André Malraux und die Politik. — In: Merkur 23 (1969), 326—341.

Sperber, Manès: Willi Münzenberg. — In: Merkur 22 (1968), 948—955.

Sperco, W[illy]: Moustapha Kemal Ataturk 1882—1938. — Paris: Nouvelles Editions Latines 1958. 204 S.

Spiegel-Schmidt, Friedrich: Franz Anton Basch 1901—1946. Ein Beitrag zur Klärung des volksdeutschen Schicksalsweges. — Ulm: „Unser Weg" 1957. 16 S.

Spieker, Josef: Mein Kampf gegen Unrecht in Staat und Gesellschaft. Erinnerungen eines Kölner Jesuiten. — Köln: Bachem (1971). 126 S.

Spies, Gerty: Wie ich es überlebte. Ein Dokument. — In: Hochland 50 (1958), 350—360.

Spillmann, Charles: Otto Lang 1863-1936. Sozialismus und Individuum. - Frankfurt a. M.: Lang 1974. 140 S.
(Europäische Hochschulschriften. Reihe 3. Gesch. u. ihre Hilfswiss. 22.)

Spinella, Mario: Memoria della Resistenza. - Milano: Mondadori 1974. 268 S.

Spitta, Theodor: Aus meinem Leben. Bürger und Bürgermeister in Bremen. — (München:) List (1969). 391 S.

(**Spitzemberg**, Hildegard Baronin:) Das Tagebuch der Baronin Hildegard Spitzemberg, geb. Freiin von Varnbüler [Ausz.] Aufzeichnungen aus d. Hofgesellsch. d. Hohenzollernreiches. Ausgew. u. hrsg. von Rudolf Vierhaus. Mit e. Vorw. von Peter Rassow. — Göttingen: Vandenhoeck & Ruprecht (1960). 611 S.
(Deutsche Geschichtsquellen d. 19. u. 20. Jahrhunderts. 43.)

Spoegler, Franz: L'ultima lettera di Mussolini a Churchill. — In: Epoca, 11. März 1956, 32—35.

Eduard **Spranger**. Sein Werk und sein Leben. (Hrsg. von H[ans] Walter Bähr u. Hans Wenke.) — Heidelberg: Quelle & Meyer (1964). 249 S.

Eduard **Spranger** und die Hochschulgeschichte von 1933—1945. — In: Dtsch. Hochschullehrer-Ztg. 4 (1956), H. 4, 7—14.

Spranger, Eduard: Generaloberst Beck in der Mittwochgesellschaft. Zu dem Buch: Ludwig Beck, „Studien". — In: Universitas 11 (1956), 183—193.

Spranger, Eduard: Mein Konflikt mit der nationalsozialistischen Regierung 1933. — In: Universitas 10 (1955), 457—473.

Sprenger, Heinrich: Heinrich Sahm. Kommunalpolitiker und Staatsmann. — (Köln:) Grote (1969). 357 S.
(Wissenschaftliche Beiträge zur Geschichte und Landeskunde Ostmitteleuropas. 84.)
Diss., Münster i. Westfalen.

Sprigge, C.: Benedetto Croce. Man and thinker. — Cambridge: Bowers 1952. 64 S.

Springer, Axel: Von Berlin aus gesehen. Zeugnisse eines engagierten Deutschen. Nachw. von Karl Theodor Frhr von und zu Guttenberg. Hrsg. von Hans Wallenberg. 2. Aufl. — Stuttgart: Seewald 1971. 299 S.

Springer-Fritzsche, Hildegard: Das Schwert auf der Waage. Hans Fritzsche über Nürnberg. — Heidelberg: Vowinckel [1953]. 272 S.

Squarcini, Marco: Léopold Sédar Senghor e la „via africana del socialismo". - In: Storia contemp. 8 (1977), 121—143.

Squires, Richard: Auf dem Kriegspfad (On the war path, dt.) Aufzeichnungen eines englischen Offiziers. — (Berlin:) Rütten & Loening (1951). 246 S.

Staekelberg-Sutlem, Eduard Frh. von: Aus meinem Leben. Die Kriegsjahre 1914—1918. Verschickung nach Sibirien. — Hannover: v. Hirschheydt 1964. 60 S.
(Die baltische Bücherei. 12.)

Stadler, Karl R.: Engelbert Pernerstorfer. Zur „deutschnationalen" Tradition in der österreichischen Sozialdemokratie. — In: Beiträge zur Zeitgeschichte, Festschrift Ludwig Jedlicka zum 60. Geburtstag, St. Pölten: Niederösterr. Pressehaus (1976), 45—60.

Stadler, Peter: Karl Marx. Ideologie und Politik. — Göttingen: Musterschmidt (1966). 145 S.
(Persönlichkeit und Geschichte. 40/41.)

Stadtmüller, Georg: Kurt Breysig. — In: Hist.-pol. Buch 4 (1956), 97—99.

Staempfli, Paul: In Deutschland zum Tode verurteilt. Tatsachenbericht eines Schweizers. — Zürich: Europa-V. 1945. 151 S.

Stahl, W.: Ritter ohne Furcht und Tadel. Kurt Student, Organisator und Führer der Fallschirmtruppe. — In: Der Frontsoldat erzählt 16 (1952), 59—61.

Stahlberger, Peter: Der Zürcher Verleger Emil Oprecht und die deutsche politische Emigration 1933—1945. Mit e. Vorw. von J. R. von Salis. — (Zürich:) Europa-Verl. (1970). 407 S.

Stalin and his Generals. Soviet military memoirs of World War II. Ed. by Seweryn Bialer. — New York: Pegasus 1969. 644 S.

Stalin, Josif Vissarionovič: Stalin's correspondence with Churchill, Attlee, Roosevelt and Truman 1941—45. — London: Lawrence & Wishart 1958. 400, 301 S.

Staline, Joseph: Derniers écrits (1950—1953). — Paris: Ed. Sociales 1953. 196 S.

Stalin, J[osif] V[issarionovič]: Werke. (Sočenija, dt.) Dtsch. Ausg. vom Marx-Engels-Lenin-Institut. (Hrsg. auf Beschluß des Zentralkomitees der KPdSU ‹B›.) — Berlin: Dietz.
 3. März—Oktober 1917. 1951. 399 S.
 4. November 1917—1920. 1951. IV, 423 S.
 5. 1921—1923. 1952. VI, 391 S.
 6. 1924. 1952. VI, 384 S.
 7. 1925. 1952. VI, 368 S.
 8. Januar-November 1926. 1952. VI, 363 S.
 9. Dezember 1926 — Juli 1927. 1953. VI, 332 S.
 10. August—Dezember 1927. 1953. VI, 348 S.
 11. 1928—März 1929. 1954. VII, 342 S.
 12. April 1929 — Juni 1930. 1954. VIII, 348 S.

Stampfer, Friedrich: Erfahrungen und Erkenntnisse. Aufzeichnungen aus meinem Leben. — (Köln): Verl. f. Politik u. Wirtschaft (1957). 298 S.

Standley, William H. und Arthur A. Ageton: Admiral ambassador to Russia. — Chicago: Regnery 1955. 533 S.

Stanislawska, Stefania: Wielka i mała polityka Józefa Becka (marzec-maj 1938). — Warszawa: PISM 1962. 236 S.

Starhemberg, Ernst Rüdiger (Fürst): Memoiren. Mit e. Einl. von Heinrich Drimmel. - München: Amalthea-Verl. (1971). 344 S.

Oskar **Stark** zu seinem achtzigsten Geburtstag. — Freiburg: Badischer Verl. 1970. 116 S.

Staub, Herbert Ulrich: Sir Winston S. Churchill. Versuch eines Porträts. — Winterthur: Keller 1962. XII, 306 S.

Staude, John Raphael: Max Scheler, 1874—1928. An intellectual portrait. — New York: Free Press 1967. XV, 298 S.

Steding, Friedrich: Agrarpolitik zwischen Zwang und Freiheit. Ein Erlebnisbericht. - Prien a. Chiemsee: Verl. Agripol. 1975. III, 180 S.

Steenberg, Sven: Wlassow, Verräter oder Patriot? — Köln: Verl. Wissenschaft u. Politik (1968). 255 S.

Steffani, Winfried: Ernst Fraenkel. 28.12.1898—28.3.1975. - In: Polit. Vjschr. 16 (1975), 569—574.

Steffen, Jochen [u.] Adalbert Wiemers: Auf zum letzten Verhör. Erkenntnisse des verantwortlichen Hofnarren der Revolution Karl Radek. - München: Bertelsmann (1977). 367 S.

Stehkämper, Hugo: Konrad Adenauer als Katholikentagspräsident 1922. Form und Grenze politischer Entscheidungsfreiheit im katholischen Raum. - Mainz: Matthias-Grünewald-Verl. (1977). XVII, 124 S.
(Veröffentlichungen der Kommission für Zeitgeschichte. B, 21.)
(Adenauer-Studien. 4.)

Stehle, Emil: Der Weg der Gewalt. Camilo Torres. - Aschaffenburg: Pattloch 1975. 143 S.

Stehlin, Paul: Auftrag in Berlin (Témoignage pour l'histoire, Gekürzte Ausg., dt.) (Übers. u. mit Zustimmung d. Autors gekürzt von Hans H. Hausser.) — Berlin: Propyläen-Verl. (1965). 272 S.

Stein, Alfred: Adolf Hitler und Gustave Le Bon. — In: Gesch. Wiss. Unterr. 6 (1955), 362—368.

Stein, Edith: Briefe an Hedwig Conrad-Martius. (Mit einem Essay über Edith Stein hrsg. von Hedwig Conrad-Martius.) — München: Kösel (1960). 89 S.

Stein, George A. [Ed.]: Hitler. — New Jersey: Spectrum Books 1968. 179 S.

Stein, Jean: American journey. The times of Robert Kennedy. Interviews. Ed. by George Plimpton. — New York: Harcourt, Brace, Jovanovich 1970. XII, 372 S.

Stein, Leon: The racial thinking of Richard Wagner. — New York: Philosophical Library (1950). XIV, 252 S.

Steinacher, Hans: In Kärntens Freiheitskampf. Meine Erinnerungen an Kärntens Ringen um Freiheit und Einheit in den Abwehrkämpfen 1918/19 und um die Volksabstimmung 1920. — Klagenfurt: Heyn (1970). 452 S.

Steinberg, Alfred: The man from Missouri. — New York: Putnam 1962. 447 S.
Über Präsident Truman.

Hillard, Gustav [d. i. Gustav **Steinbömer**]: Herren und Narren der Welt. — München: List (1954). 339 S.

Steiner, Herbert [Hrsg.]: Käthe Leichter. Leben und Werk. Mit e. Vorw. von Hertha Firnberg. — (Wien:) Europa-Verl. (1973). 524 S.
(Veröffentlichungen des Ludwig-Boltzmann-Instituts für Geschichte der Arbeiterbewegung.)

Steinhöfer, Dieter: Hans von Tschammer und Osten. Reichssportführer im Dritten Reich. - Berlin: Bartels & Wernitz (1973). 146 S.
(Turn- und Sportführer im Dritten Reich. 2.)

Steinhoff, Johannes: Die Straße von Messina. Tagebuch des Kommodore. — (München:) List (1969). 261 S.

Steinhoff, Johannes: In letzter Stunde. Verschwörung der Jagdflieger. – München: List 1974. 287 S.

Stellrecht, Helmut: Adolf Hitler, Heil und Unheil. Die verlorene Revolution. – Tübingen: Grabert 1974. 333 S.

Steltzer, Theodor: Sechzig Jahre Zeitgenosse. — München: List (1966). 337 S.

Stephens, Robert: Nasser. A political biography. — London: Allen Lane 1971. 635 S.

Stepun, Fedor: Das Antlitz Rußlands und das Gesicht der Revolution. Aus meinem Leben. 1884—1922. (Einmalige Sonderausg.) — München: Kösel (1961). 508 S.
(Die Bücher der Neunzehn. 75.)

Sterling, Claire: The Masaryk case. — New York: Harper & Row 1970. 366 S.

Sterling, Richard W.: Ethics in a world of power. The political ideas of Friedrich Meinecke. — Princeton: Princeton University Press 1958. XI, 318 S.

Sterling, Richard W.: Political necessity and moral principle in the thought of Friedrich Meinecke. — In: Canad. J. Econ. polit. Science 26 (1960), 205—214.

Stern, Bruno: Meine Jugenderinnerungen an eine württembergische Kleinstadt und ihre jüdische Gemeinde. Mit e. Chronik d. Juden in Niederstetten u. Hohenlohe vom Mittelalter bis zum Ende d. 2. Weltkrieges. — Stuttgart: Kohlhammer 1968. XIV, 150 S.
(Lebendige Vergangenheit. 4.)

Stern, Carola: Willy Brandt als Parteivorsitzender. – In: Im Gegenstrom. Für Helmut Hirsch zum Siebzigsten, Wuppertal: Hammer (1977), 147–157.

Stern, Carola: Willy Brandt in Selbstzeugnissen und Bilddokumenten. - (Reinbek b. Hamburg:) Rowohlt (1975). 149 S.
(Rowohlts Monographien. 232.)

Stern, Carola: Ulbricht. Eine politische Biographie. — Köln: Kiepenheuer & Witsch (1963). 356 S.

Stern, Heinemann: Warum hassen sie uns eigentlich? Jüdisches Leben zwischen den Kriegen. Erinnerungen. Hrsg. u. kommentiert von Hans Ch[anoch] Meyer. — Düsseldorf: Droste (1970). 372 S.
(Documenta Judaica. 3.)

Stern, Joseph Peter: [Adolf] Hitler. The Führer and the people. – Berkeley: University of California Press 1975. 254 S.

Stern, J[oseph] P[eter]: [Adolf] Hitler [dt.] Der Führer und das Volk. Aus d. Engl. vom Autor u. von Fred Wagner. –München: Hanser (1978). 229 S.

Stern, Philip M. [u.] Harold P. Green: The [J. Robert] Oppenheimer case. Security on trial. — New York: Harper & Row 1969. XIV, 591 S.

Stern, Rudolf A.: Fritz Haber. Personal recollections. — In: Year Book Leo Baeck Inst. 8 (1963), 70—102.

Stern, Victor: Notwendigkeit und Freiheit. Zu den philosophischen Fragen in Stalins letztem Werk. — In: Aufbau 9 (1953), 305—311.

Stern-Rubarth, Edgar: ... Aus zuverlässiger Quelle verlautet ... Ein Leben für Presse und Politik. — Stuttgart: Kohlhammer (1964). 331 S.

Sternberg, Fritz: Erinnerungen an Trotzki. — In: Gewerksch. Monatsh. 14 (1964), 711—722.

Sternberg, Judith: In the hell of Auschwitz. Wartime memories. — New York: Exposition Press 1963. 136 S.

Sternfeld, Wilhelm: Ungesühnte Verbrechen. [I:] Der Fall Helmut Hirsch. — In: Dtsch. Rdsch. 82 (1956), 843—847.

Sternfeld, Wilhelm: Ungesühnte Verbrechen II: Der Mord an Professor Theodor Lessing. — In: Dtsch. Rdsch. 82 (1956), 1181—1184.

[**Stettinius,** Edward R.] The diaries of Edward R. Stettinius, 1943-1946. Ed. by Thomas M. Campbell [u.] George C. Herring. - New York: New Viewpoints 1975. XXVIII, 544 S.

Stevens, Leslie C.: Life in Russia. — London: Longmans 1954. 409 S.

Stevenson, Adlai E.: Friends and enemies. What I learned in Russia. — New York: Harper 1959. 102 S.

[**Stevenson,** Adlai E.:] The papers of Adlai E. Stevenson. Ed. by Walter Johnson. — Boston: Little, Brown.
1. 1972. 586 S.

[**Stevenson,** Adlai E.:] The papers of Adlai E. Stevenson. Ed. by Walter Johnson and Carol Evans. – Boston: Little, Brown.
2. Washington to Springfield, 1941–1948. 1973. 620 S.

[**Stevenson,** Adlai E.:] The papers of Adlai E. Stevenson. Ed. by Walter Johnson, assist. by Carol Evans. - Boston: Little, Brown.
3. Governer of Illinois, 1949–1953. 1973. XIII, 621 S.
4. „Let's talk sense to the American people", 1952–1955. 1974. XIII, 628 S.
5. Visit to Asia, the Middle East and Europe, March–August 1953. 1974. XVI, 512 S.
6. Toward a new America, 1955–1957. 1976. XIV, 574 S.

[**Stevenson,** Adlai E.:] The papers of Adlai E. Stevenson. Ed. by Walter Johnson, assist. by Carol Evans. – Boston: Little Brown.
7. Continuing education and the unfinished business of American society 1957–1961. 1977. 655 S.

Stevenson, Adlai E.: Die politische Philosophie Woodrow Wilsons in heutiger Sicht. Gedanken zum 100. Geburtstag. — In: Europa-Archiv 11 (1956), 8573—8576.

Stevenson, Adlai E.: Putting first things first. — New York: Random House 1960. 115 S.
Reden und Vorträge.

Stevenson, Adlai E.: Major campaign speeches. — New York: Random House 1953. XXXI, 320 S.

Stevenson, Adlai E.: What I think. — London: Hart-Davis 1956. 228 S.

Stevenson, Frances: Lloyd George. A diary. Ed. by A[lan] J[ohn] P[ercivale] Taylor. — New York: Harper & Row. 338 S.

Stewart, Desmond: Theodor Herzl. Artist and politician. - London: Hamilton 1974. XI, 395 S.

Stibio, André: Antoine Pinay. — Paris: Journal du Parlement 1955. 111 S.

Stiehler, Gottfried: Der Dialektiker Karl Marx. Unlösliche Einheit von Materialismus und Dialektik. — In: Einheit 23 (1968), 507—516.

Stierlin, Helm: Adolf Hitler. Familienperspektiven. (Mit e. Vorw. von Alexander Mitscherlich.) - (Frankfurt a. M.:) Suhrkamp (1975). 186 S.
(Suhrkamp-Taschenbuch. 236.)

Stikker, Dirk U[ipko]: Bausteine für eine neue Welt (Men of responsibility, dt.) Gedanken und Erinnerungen an schicksalhafte Nachkriegsjahre. (Übertr. aus d. Amerikan. von Walter Petwaidic.) — Düsseldorf: Econ-Verl. (1966). 494 S.

Stiles, Lela: The man behind Roosevelt. The story of Louis McHenry Howe. — Cleveland: The World Publ. Co. 1954. X, 311 S.

Stilwell, J(oseph) W(arren): L'aventure chinoise (The Stilwell papers, franz.) 1941—1944. Trad. de l'americain par F. Veillet-Lavallée. — Paris: La Presse française et étrangère (1949). 330 S.
(Histoire et société d'aujourd'hui.)

Stirtz, Maria: Heinrich von Brentano di Tremezzo. Seine Herkunft, sein Leben und Wirken für Europa. - Darmstadt: Bläschke (1970). 406 S.

Stockhausen, Max von: Sechs Jahre Reichskanzlei. Von Rapallo bis Locarno. Erinnerungen und Tagebuchnotizen 1922—1927. Bearb. und hrsg. von Walter Görlitz. — Bonn: Athenäum-V. 1954. 279 S.

Stockwood, Mervyn: I went to Moscow. — London: The Epworth Press (1955). IX, 198 S.

Stoecker, Helmuth: Walter Stoecker. Die Frühzeit eines deutschen Arbeiterführers. 1891—1920. — Berlin: Dietz (1970). 270 S.
(Rotbuch. 20.)

Stökl, Günther: Hans Koch, 1894—1959. — In: Jbb. Gesch. Osteuropas 7 (1959), 117—129.

Stoessinger, John G.: Henry Kissinger. The anguish of power. - New York: Norton 1976. 234 S.

Stokes, Lawrence D.: Anton Mussert and the Nationaal-Socialistische Beweging der Nederlanden, 1931–1945. - In: History 56 (1971), H. 188, 387–407.

Stolberg-Wernigerode, Otto Graf zu: Gedanken zum hundertsten Geburtstag von Erich Marcks. — In: Welt als Gesch. 21 (1961), 249—256.

Stoljarowa, Ruth: W[ladimir] I[ljitsch] Lenin und die Partei der Bolschewiki im Kampf für eine Kommunistische Internationale. — In: Beitrr. Gesch. dtsch. Arbeiterbewegung 11 (1969), 215—238.

Stolpe, Sven: Eivind Berggrav [dt.], Bischof von Norwegen. (Aus d. Schwedischen übersetzt von Emmy Groening.) — München: Kaiser 1951. 72 S.

Stolper, Toni: Ein Leben in Brennpunkten unserer Zeit. Wien, Berlin, New York: Gustav Stolper. 1888—1947. — Tübingen: Wunderlich (1960). 501 S.

Stolte, Stefan C.: Togliatti's political testament and the world communist movement. — In: Bull. Inst. Study USSR 12 (1965), H. 1, 23—33.

Stone, Paul: Ein Israeli beim Vatikan in Rom. — In: Außenpolitik 13 (1962), 522—560.

Stoph, Willi: Zur weiteren Entwicklung der sozialistischen Gesellschaft in der DDR. Reden und Aufsätze. - Berlin: Dietz 1974. 673 S.

Storck, Joachim W.: René Schickele, eine europäische Existenz. — In: Frankf. H. 25 (1970), 577—588.

Storia fotografica di Mussolini e del fascismo. — Milano: Meridiano d'Italia Illustrato 1952. 750 S.

Storz, Gerhard: Zwischen Amt und Neigung. Ein Lebensbericht aus der Zeit nach 1945. - Stuttgart: Klett (1976). 267 S.

Stourzh, Gerald: Charles A. Beard's interpretations of American foreign policy. — In: World Aff. Quart. 28 (1957), 111—148.

Sträter, Lothar: Lázló Németh, Lehrer seiner Nation. - In: Frankf. H. 27 (1972), 363–370.

Strang, William Lord: Home and abroad. — (London:) Deutsch (1956). 320 S.

Strasser, B.: Gregor und Otto Strasser. Zum 20. Jahrestag der deutschen Bartholomäusnacht vom 30. Juni 1934. — (München: Bund für Deutschlands Erneuerung; Külsheim i. Bad.: Stössel [1954].) 16 S.

Strasser, Otto: Deutschlands Erneuerung. 2. Aufl. — Buenos Aires: Trenkelbach (1946). 182 S.

Strasser, Otto: Exil. — München: Selbstverl. d. Verf. 1958. 192 S.

Strasser, Otto: Mein Kampf. Mit e. Vorw. von Gerhard Zwerenz. — (Frankfurt a. M.: Heinrich Heine Verl. 1969). 234 S.
(Streit-Zeit-Bücher. 3.)

Stratmann, Franziskus Maria: In der Verbannung. Tagebuchblätter 1940 bis 1947. — (Frankfurt a. M.:) Europäische Verl.-Anst. (1962). 281 S.
(Zeugnisse unserer Zeit.)

Strauch, Rudi: Sir Nevile Henderson. Britischer Botschafter in Berlin von 1937 bis 1939. Ein Beitrag zur diplomatischen Vorgeschichte des Zweiten Weltkrieges. — Bonn: Röhrscheid 1959. 384 S.
(Bonner Historische Forschungen. 11.)

Straus, Rahel: Wir lebten in Deutschland. Erinnerungen einer deutschen Jüdin 1880—1933. Hrsg. u. mit einem Nachwort vers. von Max Kreutzberger. — Stuttgart: Dtsch. Verl. Anst. (1961). 307 S.

Apropos **Strauß.** Eine Dokumentation. Mit e. Vorw. von Konrad Adenauer hrsg. von d. Studiengesellsch. f. Staatspolit. Öffentlichkeitsarbeit in Frankfurt. (2. Aufl.) — Stuttgart: Seewald (1965). 197 S.

Strauß, Franz Josef: Bundestagsreden [Teilsamml.] Mit e. Vorw. von K[urt] G[eorg] Kiesinger. Hrsg. von Leo Wagner. — Bonn: Verl. AZ Studio (1968). 315 S.

Strauß, Franz Josef: Bundestagsreden und Zeitdokumente. (Vorw. von Pascual Jordan.) - Bonn: Verl. AZ Studio (1975). XI, 357 S.

Strauß, Franz Josef: Deutschland Deine Zukunft. - Stuttgart: Seewald (1975). 116 S.

Strauß, Franz Josef: Grundfragen deutscher Politik. Ein Streifzug durch d. polit. Geschehen d. Gegenwart. — (München 1965: Pape.) 22 S.
(Gegenwartsfragen der Politik. 5.)

Strawson, John: Hitler as military commander. — London: Batsford 1971. 256 S.

Streb, Xaver: Lenin in Deutschland. — Berlin: Dietz 1957. 54 S.
(Beiträge zur Geschichte und Theorie der Arbeiterbewegung. 13.)

Streisand, Joachim: Alfred Meusel's Weg vom bürgerlich-demokratischen Soziologen zum marxistisch-leninistischen Historiker. - In: Z. Geschichtswiss. 23 (1975), 1021–1031.

Streiten, Cornelius: Der Lyriker Mao Tse-tung. Eine Betrachtung. — In: Dtsch. Rdsch. 87 (1961), 512—515.

Ein **Streiter** aus Verantwortung. — In: Dtsch. Rdsch. 80 (1954), 1044—1046.
Über Torgny S. Segerstedt, Chefredakteur der Göteborger Handels- och Sjöfartstidning.

Strempel, Heribert von: Confessions of a German propagandist. — In: Publ. Op. Quart. 10 (1946/47), 216—233.
Str. war bis 1941 Erster Sekretär an der deutschen Botschaft in Washington.

Stresau, Hermann: Thomas Mann. — In: Dtsch. Univ. Ztg. 10 (1955), H. 15/16, 3—4.

Gustav **Stresemann**. Festschrift zur Wiedererrichtung d. Stresemann-Ehrenmals in Mainz am 16. Okt. 1960. Bearb. von Joseph Scheidel [Hrsg.:] Arbeitsausschuß f. d. Wiedererrichtung d. Stresemann-Ehrenmals in Mainz. — (Wiesbaden 1960: Wiesbadener Graphische Betriebe.) 168 S.

Gustav **Stresemann** 1878/1978. - Berlin: Berlin Verl. (1978). 152 S.

Stresemann, Gustav: Schriften. Mit e. Vorw. von Willy Brandt. - Hrsg. von Arnold Hartung. - Berlin: Berlin-Verl. 1976. XVI, 438 S.

Strik-Strikfeldt, Wilfried: Gegen Stalin und Hitler. General Wlassow [Vlasov] und die russische Freiheitsbewegung. — Mainz: v. Hase & Koehler (1970). 287 S.
(Geschichte im Buch.)

Strobel, Robert: Adenauer und der Weg Deutschlands. — Luzern, Frankfurt a. M.: Bucher (1965). 204 S.
(Die Zeitgeschichte im Bild.)

Strodthoff, Werner: Stefan George. Zivilisationskritik und Eskapismus. Bonn: Bouvier 1976. 378 S.
(Studien zur Literatur der Moderne. 1.)

Ströbinger, Rudolf: Das Attentat von Prag. - (Landshut:) Verl. Polit. Arch. (1976). 270 S.
[Reinhard Heydrich]

Strohm, Theodor: Konservative politische Romantik in den theologischen Frühschriften Friedrich Gogartens. — (Berlin 1961: Ernst-Reuter-Gesellsch.) 245 S.
Berlin, Freie Univ., phil. Diss. vom 15. Juni 1961.

Strong, Kenneth: Intelligence at the top. The recollections of a British Intelligence Officer. — New York: Doubleday 1969. 365 S.

Strong, Tracy B.: History and choices. The foundations of the political thought of Raymond Aron. - In: Hist. & Theory 11 (1972), 179–192.

Stroomann, Gerhard: Karl Geiler †. — In: Merkur 7 (1953), 377—378.

Strumph-Wostkiewicz, Stanisław: Wbrew tozkasowi. — Warszawa: Czytelnik 1959. 406 S.
S.-W. war Presseoffizier bei Sikorski und Anders.

Stubbe, Walter: Albrecht Haushofer. — In: Berichte zur dtsch. Landeskunde 17 (1956), 1—6.

Stubbe, Walter: In memoriam Albrecht Haushofer. — In: Vjh. Zeitgesch. 8 (1960), 236—256.

Stubbs, J. O.: [Alfred] Lord Milner and patriotic labour, 1914–1918. – In: Engl. hist. Rev. 87 (1972), 717–754.

Studnitz, Hans-Georg von: Als Berlin brannte. Diarium der Jahre 1943–1945. — Stuttgart: Kohlhammer (1963). 299 S.

Studnitz, Hans-Georg von: Seitensprünge. Erlebnisse und Begegnungen, 1907–1970. - (Stuttgart:) Seewald (1975). 428 S.

Studziński, Tadeusz: Wspomnienia partyzanckie. Pięć mostów. — Warszawa: Iskry 1958. 230 S.

Stüber, Fritz: Ich war Abgeordneter. Die Entstehung der freiheitlichen Opposition in Österreich. - Graz: Stocker 1974. 302 S.

Stuebing, D., J. Marshall [u.] G. Oakes: Trudeau. L'homme de demain. — Montreal: Ed. HMH 1969. 238 S.

Stupp, Johann Adam: Johann Wüscht. Der Historiker des Jugoslawiendeutschtums. Zu seinem 75. Geburtstag. - In: Südostdtsch. Vjbll. 21 (1972), 145–146.

Stupperich, Robert: Adolf Stoeckers Anfänge. (Nach ungedruckten Briefen und unbeachteten Aufsätzen.) — In: Hist. Z. 202 (1966), 309—332.

Stupperich, Robert: Pimen, Patriarch von Moskau und ganz Rußland. — In: Osteuropa 22 (1972), 93—100.

Stursberg, Peter: [John] Diefenbaker. Leadership gained, 1956–62. - Toronto: University of Toronto Press 1975. 278 S.

Sturzo, Luigi: I discorsi politici. — Roma: Ist. Luigi Sturzo 1951. VII, 445 S.

Sturzo, Luigi: Politica di questi anni. Vol. 1. 2. — Bologna: Zanichelli 1954.

Stutterheim, Kurt von: Die Majestät des Gewissens. In memoriam Albrecht Bernstorff. Mit e. Vorw. von Theodor Heuss. — Hamburg: Christians (1962). 100 S.

Stutz, Ernst: Oswald Spengler als politischer Denker. — Bern: Francke (1958). 279 S.

Stypułkowski, Zbigniew: W zawierusze dziejowej. Wspomnienia 1939—1945. — London: Gryf Publicat. 1951. 496 S.

Suarez, Georges: Briand. Sa vie, son oeuvre, avec son journal et de nombreux documents inedits. — Paris: Plon.
Tom. 4.
2. 1923—1932. 1952. 380 S.

Sündermann, Helmut: Hier stehe ich ... Deutsche Erinnerungen 1914/45. Aus dem Nachlaß von Gert Sudholt. - Leoni am Starnberger See: Druffel (1975). 367 S.

Sündermann, Helmut: Deutsche Notizen 1945/1965. Erlebnis, Widerspruch, Erwartung. — Leoni am Starnberger See: Druffel (1965). 376 S.

Sulzberger, Cyrus L.: An age of mediocrity. Memoirs and diaries, 1963—1972. - New York: Macmillan 1973. 828 S.

Sulzberger, Cyrus L.: Seven continents and forty years. A concentration of memoirs. - New York: Quadrangle Books 1977. 688 S.

Sulzberger, Cyrus L.: Auf schmalen Straßen durch die dunkle Nacht (A long way of candles, dt.) Erinnerungen eines Augenzeugen der Weltgeschichte 1934—1954. (Aus d. Amerikan. übertr. von Hansheinz Werner.) — München: Molden 1971. 607 S.

Susman, Margarete: Ich habe viele Leben gelebt. Erinnerungen. — Stuttgart: Dtsch. Verl. Anst. (1964). 186 S.

Susmel, Duilio (ed.): Carteggio Arnaldo — Benito Mussolini. — Firenze: La Fenice 1954. 328 S.

Susmel, Diulio: Vita sbagliata di Galeazzo Ciano. — Milano: Palazzi 1962. 395 S.
(Documenti decidivi. 4.)

Susmel, Edoardo: Venticinque scritti e un discorso di Benito Mussolini, da lui proibiti (1915—1919). — Milano: Edizioni del Milione 1950. 200 S.

Sussmann, Heinrich: Ich erinnere mich wieder an Auschwitz. Zeichnungen. — Wien: Europa-Verl. [1963]. 1 Bl. Text, 12 Bl. Abb.

Svanidze, Budu: Im engsten Kreis. — Stuttgart: Union Dtsch. Verl. Ges. 1953. 230 S.
Amer. Ausg. u. d. T.: My uncle Joseph Stalin. — New York: Putnam 1953. 235 S.

Svanidze, Budu: Georgij Malenkov. — London: Wingate 1954. 160 S.

Svenson, Sven: Folke Bernadotte. Ein Kämpfer für Freiheit und Frieden. (Aus d. Schwed. übertragen von Grete Berges.) — Basel: Reinhardt 1953. 118 S.

Swanberg, W. A.: Citizen Hearst. A biography of William Randolph Hearst. — London: Longmans 1962. 555 S.

Sweet, Paul R.: The historical writing of Heinrich von Srbik. — In: Hist. & Theory 9 (1970), 37—58.

Swianiewicz, Stanisław: W cieniu Katynia. - [Paris:] Instytut literacki 1976. 359 S.
(Biblioteka „Kultury". 267.)

Sykes, Christopher: Adam von Trott (Troubled loyalty, dt.) Eine deutsche Tragödie. (Aus d. Engl. übertr. von K[arl] H[einz] Abshagen.) — (Düsseldorf:) Diederichs (1969). 421 S.

Syllaba, T.: T. G. Masaryk a revoluce v Rusku. — Praha: Naše Vojsko 1959. 265 S.

Syrkin, Marie: Golda Meir. Woman with a cause. — New York: Putnam 1964. 307 S.

Szelpal, Arpad: Les 133 jours de Bela Kun. — Paris: Fayard 1959. 288 S.

Szembek, Jan: Diariusz i teki Jana Szembeka ⟨1935—1945⟩. Opracował Tytus Komarnicki. [Hrsg.:] Polish Research Centre. — London: Orbis.
1. (1964). XVIII, 590 S.
(Źródła do najnowszej historii polski.)

Szembek, Jean Comte: Journal (1933—1939). Traduit du polonais par J. Rzewuska et T. Zaleski. Préface de Léon Noel. — Paris: Plon 1952. XI, 506 S.
S. war von 1932 bis 1939 polnischer Unterstaatssekretär des Äußeren.

Szende, Stefan: Zwischen Gewalt und Toleranz. Zeugnisse und Reflexionen eines Sozialisten. Mit e. Vorw. von Willy Brandt. – (Frankfurt a. M.:) Europa. Verl.-Anst. (1975). 332 S.

Szymanski, Antoni: Als polnischer Militärattaché in Berlin (1932—1939). — In: Polit. Studien 13 (1962), 42—51.

Szymanski, Antoni: Zły sąsiad. Niemcy 1932—1939 w oświetleniu polskiego attaché wojskowego w Berlinie. — Londyn: Katolicki Ośrodek Wydawniczy 1959. 200 S.

Taalingen-Dols, L. M. I. L.: De strijd om een mensenleven 1940—1945. — Goes: Oosterbaan & Le Cointre 1960. VIII, 311 S.

Taber, George M.: John F[itzgerald] Kennedy and a uniting Europe. The politics of partnership. — Bruges: College of Europe 1969. 187 S.
(Studies in Contemporary European Issues. 2.)

Taborsky, Edward: The triumph and disaster of Eduard Beneš. — In: Foreign Aff. 36 (1957/58), 669—684.

Tabouis, Geneviève: Vingt ans de „suspense" diplomatique. Préf. de [Joseph] Paul-Boncour. — Paris: Michel (1958). 408 S.

Das politische **Tagebuch** Alfred Rosenbergs aus den Jahren 1934/35 und 1939/40. Nach d. photogr. Wiedergabe d. Handschr. aus d. Nürnberger Akten hrsg. u. erl. von Hans-Günther Seraphim. — Göttingen: Musterschmidt (1956). 218 S.
(Quellensammlung zur Kulturgeschichte. 8.)

Tagliacozzo, Enzo: Gaetano Salvemini nel cinquantennio liberale. — Firenze: La Nuova Italia 1959. XV, 279 S.

Talmon, J. L.: The legacy of Georges Sorel. Marxism, violence, fascism. — In: Encounter 34 (1970), H. 2, 47—60.

Talmon, J[acob] L[eib]: The ordeal of Sir Lewis Namier. The man, the historian, the Jew. — In: Commentary 33 (1962), 237—246.

Tanenbaum, Jean Karl: General Maurice Sarrail, 1856-1929. The French army and left-wing politics. - Chapel Hill: University of North Carolina Press (1974). XII, 300 S.

Tang, Peter S. H.: Stalin's role in the communist victory in China. — In: Amer. Slavic & East Europ. Rev. 13 (1954), 375—388.

Tannenbaum, Edward R.: Jacques Bainville. — In: J. mod. Hist. 22 (1950), 340—345.

Tanner, Väinö: Itsenäisen suomen arkea. — Helsinki: Tammi 1956. 364 S. Reden 1918—1946.

Tansky, Michel: Joukov [Shukow], „le maréchal d'acier". — Paris: Laffont 1956. IX, 239 S.

Tapie, Victor-Louis: Les mémoires du Président Ed. Beneš sur la seconde guerre mondiale. — In: Rev. hist. 207 (1952), 25—48.

Tappolet, Walter: Jochen Klepper. — In: Schweizer Rdsch. 67 (1968), 394—409.

Tarchiani, Alberto: Dieci anni tra Roma e Washington. — [Milano]: Mondadori (1955). 356 S.

Tarde, Guillaume de: Lyautey. Le chef en action. — Paris: Gallimard 1959. 332 S.

Tardini, Domenico Kardinal: Pius XII. als Oberhirte, Priester und Mensch. (Übers. aus d. Ital. von Franz Johna.) — Freiburg i. Br.: Herder (1962). 157 S.

Tattenbach, Franz von: Das entscheidende Gespräch. Zum 10. Todestag P. Alfred Delps S. J. — In: Stimmen d. Zeit 155 (1954/55), 321—329.

Tau, Max: Das Land, das ich verlassen mußte. — (Hamburg:) Hoffmann & Campe (1961). 277 S.

Taube, Arved Frhr von: Der Reichskommissar Graf Robert Keyserlingk und die deutsche Politik in Livland und Estland im März/April 1918. — In: Z. Ostforsch. 19 (1970), 601—631.

Taube, Otto von: Gedenken an Willi Schmid. Ermordet von der SS am 30. Juni 1934. — In: Dtsch. Rdsch. 79 (1953), 717—719.

Taube, Otto Frhr von: Stationen auf dem Wege. Erinnerungen an meine Werdezeit vor 1914. — Heidelberg: Stiehm (1969). 448 S.
(Generation der Zeitenwende. 2.)

Taube, Utz-Friedebert: Ludwig Quidde. Ein Beitrag zur Geschichte des demokratischen Gedankens. — Kallmünz: Lassleben 1963. X, 226 S.
(Münchener historische Studien. Abt. Neuere Geschichte. 5.)

Taubinger, László M. von: Beneschs Vermächtnis. — In: Neues Abendland 9 (1954), 77—82.

Taucher, Franz: Frankfurter Jahre. München: Europaverl. (1977). 212 S.

Taurer, Bernhard: Stalin's last thesis. — In: Foreign Affairs 31 (1952/53), 367—381.

Tausk, Walter: Breslauer Tagebuch. 1933-1940. (Hrsg. von Ryszard Kincel.) - Frankfurt a. M.: Röderberg (1977). 264 S.

Taylor, A[lan] J[ohn] P[ercival]: [Lord William Maxwell Aitken] Beaverbrook. — London: Hamilton (1972). XVII, 712 S.

Taylor, A[lan] J[ohn] P[ercival]: Bismarck, Mensch und Staatsmann (Bismarck, The man and the statesman, dt.) (Aus d. Engl. von Hansjürgen Wille u. Barbara Klau.) — München: Piper (1962). 278 S.
(Piper Paperback.)

Taylor, A[lan] J[ohn] P[ercival]: Churchill revised. A critical assessment. — New York: Dial Press 1969. 274 S.

Taylor, A. J. P.: Lloyd George. Rise and fall. — London: Cambridge University Press 1961. 40 S.

Taylor, A[lan] J[ohn] P[ercivale] [Ed.]: Lloyd George. Twelve essays. — London: Hamilton 1971. XIV, 393 S.

Taylor, Robert Lewis: Winston Churchill. An informal study of greatness. — New York: Doubleday 1952. 433 S.

Taylor, Robert L[ewis]: Winston Churchill. Das Leben des großen britischen Staatsmannes Winston Churchill. (An informal study of greatness, dt.) — Bern: Scherz 1954. 320 S.

Tedder, Lord [Arthur William]: With prejudice. The war memoirs of Marshal of the Royal Air Force. — London: Cassell (1966). 692 S.

Teichman, Miroslav: Titulescu a rumunská zahraniční politika 1933—36. — In: Československ. Čas. hist. 14 (1966), 667—684.

Tellegen, E.: De sociologie in het werk van Max Weber. — Meppel: Boom en Zoon 1968. VII, 227 S.

Templewood, Samuel Hoare Viscount: Nine troubled years. — London: Collins 1954. 448 S.
Dtsch. Ausg. u. d. T.: Neun bewegte Jahre. Englands Weg nach München. — Düsseldorf: Droste 1955. 416 S.

Tenbruck, Friedrich H.: Das Werk Max Webers. - In: Kölner Z. Soziol. Sozialpsychol. 27 (1975), 663-702.

Terhorst, Jerald F.: Gerald [Rudolph Ford [dt.] Der neue Mann im Weißen Haus. (Übers. aus d. Amerikan.: Felicitas u. Alexander Allardt.) - Düsseldorf: Econ-Verl. (1974). VII, 351 S.

Terraine, John: L'Amiral Mountbatten. Sa vie et son époque. — Paris: Presses de la Cité 1969. 448 S.
(Coll. „Coup d'oeil".)

Terrara, Marcella und Maurizio Terrara: Palmiro Togliatti. Essai biographique. — Paris: Ed. Sociales 1955. 420 S.

Terveen, Fritz: Aus einer Wahlrede Hitlers am 27. Juli 1932 in Eberswalde. Ein praktisches Beispiel zur Arbeit an Filmdokumenten. — In: Gesch. Wiss. Unterr. 10 (1959), 215—226.

Tessitore, Fulvio: Friedrich Meinecke, storico delle idee. — Firenze: Le Monnier 1969. 310 S.

Das politische **Testament** Ho Chi Minhs. — In: Europa-Arch. 24 (1969), D 571—D 572.

Teveth, Shabtai: Moshe Dayan. (The solidier, the man, the legend.) (Transl. from the Hebrew by Leah [u.] David Zinder.) — London: Weidenfeld & Nicolson (1972). VIII, 373 S.

Ernst **Thälmann.** Bilder und Dokumente aus seinem Leben. — Berlin: Dietz 1955. 250 S.

Thälmann, Ernst: Briefe aus dem Gefängnis an seine Angehörigen. ([Hrsg.:] Inst. f. Marxismus-Leninismus beim ZK d. SED. Hrsg. von Lothar Berthold [u.a.]) — Berlin: Dietz 1965. 169 S.

Thälmann, Ernst: Zwischen Erinnerung und Erwartung. Autobiografische Aufzeichnungen, geschrieben in faschistischer Haft. Biografische Dokumentation mit einer Thälmann-Chronik. Hrsg. vom Kuratorium „Gedenkstätte Ernst Thälmann", Hamburg. — Frankfurt a. M.: Röderberg (1977). 111 S.

Thälmann, Ernst: Geschichte und Politik. Artikel und Reden 1925 bis 1933. Hrsg. von Inst. f. Marxismus-Leninismus beim ZK der SED. — Berlin: Dietz 1973. 237 S.

Thälmann, Ernst: Reden und Aufsätze zur Geschichte der deutschen Arbeiterbewegung. — Berlin: Dietz.
1. Auswahl aus den Jahren Juni 1919 bis November 1928. 1955. 655 S.

Thälmann, Ernst: Ausgewählte Reden und Schriften in zwei Bänden. — Frankfurt a. M.: Verl. Marxist. Bll.
1. 1976. 309 S.
(Marxistische Taschenbücher. Reihe sozialistische Klassiker. 42.)

Thaer, Albrecht von: Generalstabsdienst an der Front und in der O.H.L. Aus Briefen und Tagebuchaufzeichnungen 1915—1919. Unter Mitarb. von Helmuth K. G. Rönnefarth hrsg. v. Siegfried A. Kaehler. — Göttingen: Vandenhoeck & Ruprecht 1958. 332 S.

Thalmann, Paul: Wo die Freiheit stirbt. Stationen eines politischen Kampfes. — Freiburg: Walter (1974). 269 S.

Thalmann, Rita: Jochen Klepper. Ein Leben zwischen Idyllen und Katastrophen. — (München:) Kaiser 1977. 403 S.

Thape, Ernst: Von Rot zu Schwarz-Rot-Gold. Lebensweg eines Sozialdemokraten. — Hannover: Dietz (1969). 364 S.

Theodorakis, Mikis [**Theodorakēs,** Mikēs]: Mein Leben für die Freiheit (Journal de résistance, dt.) (Einzig autoris. Übers. aus d. Französ. von Argyris Sfountouris [u.a.]) — München: Scherz 1972. 262 S.

Theoharis, Athan: Seeds of repression. Harry S. Truman and the origins of McCarthyism. — Chicago: Quadrangle Books 1971. XI, 238 S.

Thieberger, Richard: Macht und Recht in den Dramen Fritz Hochwälders. — In: Dtsch. Rdsch. 83 (1957), 1147—1152.

Thieme, Karl: Deutscher unter Deutschen. — In: Hochland 60 (1967/68), 609—623 und 715—725.

Thier, Erich: Das Menschenbild des jungen Marx. — Göttingen: Vandenhoeck & Ruprecht (1957). 77 S.
(Kleine Vandenhoeck-Reihe. 44.)

Thier, Günther de: Beiträge zur Geschichte der Parteipresse. Carl Severing. — o. O. 1955. III, 158 gez. Bl. [Maschinenschr.]
München, phil. Diss. 19. Aug. 1955.

Thiess, Frank: Jahre des Unheils. Fragmente erlebter Geschichte. — Hamburg: Zsolnay 1972. 324 S.

Thiess, Jochen: Architekt der Weltherrschaft. Die „Endziele" [Adolf] Hitlers. — Düsseldorf: Droste (1976). 221 S.
Diss., Universität Freiburg.

Thilliez, Jean: Hitler, chef de parti, chef d'Etat, chef de guerre. — Paris: France-Empire 1970. 433 S.

Thimme, Anneliese: Hans Delbrück als Kritiker der wilhelminischen Epoche. — Düsseldorf: Droste-V. (1955). 166 S.
(Beiträge zur Geschichte des Parlamentarismus und der politischen Parteien. 6.)

Thimme, Annelise: Der „Fall [Alfred von] Tirpitz" als Fall der Weimarer Republik. — In: Deutschland in der Weltpolitik des 19. und 20. Jahrhunderts, Düsseldorf: Bertelsmann Universitätsverl. (1973), 463–482.

Thimme, Annelise: Gustav Stresemann. Legende und Wirklichkeit. — In: Hist. Z. 181 (1956), 287—338.

Thimme, Annelise: Gustav Stresemann. Eine politische Biographie zur Geschichte der Weimarer Republik. — Hannover, Frankfurt a. M.: Norddt. Verl. Anst. Goedel 1957. 132 S.

Thimme, Annelise: Stresemann als Reichskanzler. — In: Welt als Gesch. 17 (1957), 9—25.

Thomas, Hugh: The hero in the empty room. José Antonio [Primo de Rivera] and Spanish fascism. — In: J. contemp. Hist. 1 (1966), H. 1, 174—182.

Thomasset, R.: La vie exaltante de Jean de Lattre de Tassigny, maréchal de France. — Paris: Baudinière 1952. 224 S.

Thompson, Sir Geoffrey: Frontline diplomat. — London: Hutchinson (1959). 232 S.

Thompson, J. A.: Lord [Robert] Cecil and the pacifists in the League of Nations Union. — In: Hist. J. 20 (1977), 949–959.

Thompson, W. H.: Churchill und sein Schatten (I was Churchill's shadow, dt.) Im Dienste des englischen Kriegspremiers. — Frankfurt a. M.: Verl. d Parma-Edition 1952. 256 S.

Thoms, Lieselotte, Hans Vieillard u. Wolfgang Berger: Walter Ulbricht. Arbeiter, Revolutionär, Staatsmann. Eine biograph. Skizze. — Berlin: Staatsverl. d. DDR 1968. 338 S.

Thomson, A. Raven: England und Dr. John. — In: Nation Europa 4 (1954), H. 9, 21—25.

Thomson, David: Two Frenchmen. Charles de Gaulle and Pierre Laval. — London: Cresset Press 1951. 254 S.

Thordarson, Bruce: Lester [Bowles Pearson. Diplomat and politician. - New York: Oxford University Press 1974. IX, 245 S.

Thordarson, Bruce: Trudeau and foreign policy. A study in decision-making. — Toronto: Oxford University Press 1972. 231 S.

Thorez, Maurice: Ausgewählte Reden und Schriften. — Berlin: Dietz 1962. 887 S.

Thorn, James: Peter Fraser. New Zealand war-time Prime Minister. Foreword by C. R. Attlee and W. F. Jordan. — London: Odham 1952. 288 S.

Tietz, Georg: Hermann Tietz. Geschichte einer Familie und ihrer Warenhäuser. (Bearb. von Edith J. Hirsch u. Edith Tietz unter Benutzung d. Anm. von Julius Hirsch.) — Stuttgart: Dtsch. Verl. Anstalt.(1965). 212 S.

Tijan, Pablo: El mito Masaryk. — In: Arbor [Madrid] 18 (1951), 241—264.

Tikos, Laszlo: Eugène Varga. Un conformiste malgré lui. — In: Contrat social 9 (1965), 113—116.

Tilkovszky, Lóránt: Teleki Pál. Legenda és valóság. — Budapest: Kossuth Kiadó 1969. 189 S.
(Népszerütörténelem sorozat.)

Tilkovszky, L[óránt]: Pál Teleki (1879-1941). A biographical sketch. - Budapest: Akadémiai Kiadó 1974. 70 S.
(Studia historica Academiae Scientarum Hungaricae. 86.)

Robert **Tillmanns.** Eine Lebensleistung. Hrsg. von Hermann Brügelmann und Klaus Simon. — Stuttgart: Evang. Verlagswerk 1956. 161 S.

Timm, Albrecht: Was weißt Du von Adolf Hitler? — Paderborn: Schöningh [1960]. 62 S.
(Schriften zum Zeitgeschehen.)

Timmons, Bascom N.: Portrait of an American: Charles G. Dawes. — New York: Holt 1953. 344 S.

Timothy, Bankole: Kwame Nkrumah. — London: Allen & Unwin 1955. 198 S.

Timothy, Bankole: Kwame Nkrumah. His rise to power. — London: Allen & Unwin 1963. 191 S.

Tingsten, Herbert: Mitt Liv. — Stockholm: Norstedt.
[1.] Ungdomsaren. (1961.) 324 S.
[2.] Mellian trettio och femtio. 2. uppl. (1962.) 371 S.

Tinker, H.: N u, the serene statesman. — In: Pacific Aff. 30 (1957), 120—137.

Tito, Josip Broz: Lenin, thinker and strategist of the socialist revolution. — In: Socialist Thought and Practice 1970, H. 39, 3—11.

Tito, Josip Broz: Der jugoslawische Weg. Sozialismus und Blockfreiheit, [dt.] Aufsätze und Reden. (Übers. aus d. Serbokroat. von Milan G. Radulović [u.a.]) - München: List (1976). 543 S.

Titulescu, Nicolae: Discursi. — Bucureşti: Edit. Ştiinţifică 1967. 622 S.

Tobler, D. F.: Scholar between worlds. Adolf von Harnack and the Weimar Republic. - In: Z. Religions- u. Geistesgesch. 28 (1976), 193-222.

Todd, Olivier: La marelle de [Valéry] Giscard [d'Estaing], 1926-1974. - Paris: Laffont (1977). 486 S.
(Coll. „Notre époque".)

Toeplitz, Heinrich: Aus Reden und Aufsätzen. 1952-1973. (Hrsg. vom Sekretariat des Hauptvorstandes der CDU.) - Berlin: Union-Verl. 1974. 141 S.

Tötemeyer, Gerhard Karl Hans: Die anti-semitiese denke van Adolf Hitler tot 1933. Inhoud en oorsprong. — o. O. 1969. IX, 307 gez. Bl.
[Maschinenschr. hektogr.]
Stellenbosch, phil. Magisterschrift 1969.

Togliatti, Palmiro: Discorsi alla costituente. — Roma: Ed. Riuniti 1958. 341 S.

Togliatti, Palmiro: Reden und Schriften [Teilsamml., dt.] Eine Auswahl. (Aus d. Italien. übers. von Christel Schenker.) Hrsg. von Claudio Pozzoli mit e. Vorw. von Franco Ferri. — (Frankfurt a.M.:) S. Fischer (1967). 246 S.
(Fischer-Paperbacks.)

Toland, John: Adolf Hitler [dt.] (Aus d. Amerikan. von Uwe Bahnsen.) (Bergisch Gladbach:) Lübbe (1977). 1204 S.

Toledano, Ralph de: Nixon. — New York: Holt; London: Sidgwick & Jackson 1957. 188 S.

Tomberg, Friedrich: Konservative Wegbereitung des Faschismus in der politischen Philosophie Carl Schmitts. - In: Argument 16 (1974), 604-633.

Tommissen, Piet: Über Carl Schmitts „Theorie des Partisanen". — In: Epirrhosis. Festgabe für Carl Schmitt, Berlin: Duncker & Humblot (1968), Bd 2, 709—737.

Tong, André: Sihanouk. La fin des illusions. — Paris: Ed. de la Table ronde 1972. 233 S.
(Coll. „L'ordre du jour".)

Toppe, Hilmar: Josip Broz-Tito. Legende und Wirklichkeit eines Aufstiegs. — In: Polit. Studien 11 (1960), 173—183.

Torbacke, Jarl: Gustaf V, Hitler och judefrågan 1933. — In: Hist. Tidskr. 1971, 49—61.

Tosti, Amedeo: Pietro Badoglio. — Verona: Mondadori 1957. 378 S.

Tosti, Amedeo: Vita eroica di Amadeo duca d'Aosta. — Milano: Mondadori 1952. 172 S.

Toulmin, Stephen: Ludwig Wittgenstein. — In: Encounter 32 (1969), H. 1, 58—71.

Tournoux, Jean-Raymond: Pétain et de Gaulle. — (Paris:) Plon (1964). 542 S.
(Tournoux: Secrets d'Etat.)

Tournoux, J[ean]-R[aymond]: La tragédie du Général [Charles de Gaulle]. — (Paris:) Plon (1967). 697 S.

Tournoux, Jean-Raymond: Die Tragödie des Generals (La tragédie du Général [de Gaulle], dt.) (Aus d. Französ. übers. von Walther Schwerdtfeger u.a.) Mit e. Vorw. von Peter Scholl-Latour. — Düsseldorf: Droste (1968). 448 S.

Toye, Hugh: The springing tiger. A study of Subhas Chandra Bose. — London: Cassell 1959. 260 S.

Toynbee, Arnold J[oseph]: Erlebnisse und Erfahrungen (Experiences, Teilausg., dt.) (Aus d. Engl. übers. von Modeste ZurNedden Pferdekamp.) — (München:) List (1970). 383 S.

Toynbee, Arnold: A centenary view of Lenin. — In: Internat. Aff. 46 (1970), 490—500.

Lebendige **Tradition**. Paul Löbe zum 80. Geburtstag am 14. 12. 1955. Hrsg. von Arno Scholz und Walther Georg Oschilewski. — (Berlin: Arani-V. 1955.) 145 S.

Tranfaglia, Nicola: Rosselli e l'aventino. L'eredità di Matteotti. — In: Movim. Liberaz. Italia 1968, H. 92, 1—34.

Trausch, Gilbert: Emile Reuter devant l'histoire. — In: D'Letzeburger Land [Luxemburg], H. 9 vom 2. März 1973, S. 3 und 9.

Tree, Ronald: When the moon was high. Memoirs of peace and war, 1897—1942. - London: Macmillian 1975. 208 S.

Treffz-Eichhöfer, Friedrich: Reinhold Maier. Sein Weg und sein Wollen. — Berlin: Arani-Verl. (1953). 46 S.
(Köpfe der Zeit.)

Tremel, Ferdinand: Aloys Lexa Graf Aehrenthal. — In: Österr. Gesch. Lit. 6 (1962), 54—57.

Trepper, Leopold: Die Wahrheit (Le grand jeu, dt.) Autobiographie. (Aus d. Französ. übertr. von Emmi Heimann [u.a.] - (München:) Kindler (1975). 440 S.

Treue, Wilhelm: Rede Hitlers vor der deutschen Presse (10. November 1938). — In: Vjh. Zeitgesch. 6 (1958), 175—191.

Treviranus, G[ottfried] R.: Heinrich Brüning. 26. November 1885—1955. — In: Dtsch. Rdsch. 81 (1955), 1146—1149.

Treviranus, Gottfried R.: Winston Spencer Churchill. Zum 80. Geburtstag. — In: Dtsch. Rdsch. 80 (1954), 1116—1123.

Treviranus, Gottfried Reinhold: Das Ende von Weimar. Heinrich Brüning und seine Zeit. — Düsseldorf: Econ-Verl. (1968). 431 S.

Treviranus, Gottfried R.: Für Deutschland im Exil. - Düsseldorf: Econ-Verl. (1973). 215 S.

Treviranus, Gottfried R.: Glückwunsch für Hermann Ullmann. — In: Dtsch. Rdsch. 80 (1954), 951.

Treviranus, G[ottfried] R.: Hans Luther † 10. II. 1879 — 11. V. 1962. — In: Dtsch. Rdsch. 88 (1962), 497—499.

Treviranus, G[ottfried] R.: Friedrich Stampfer 1874—1957. — In: Dtsch. Rdsch. 84 (1958), 256—258.

Treviranus, Gottfried R.: Kuno Graf Westarp (1864—1945). — In: Dtsch. Rdsch. 81 (1955), 1263—1265.

Trevor-Roper, H[ugh] R[edwald]: Table talk's aftermath. A copyright dispute. — In: Wiener Libr. Bull. 8 (1954), 2.

Trevor-Roper, H[ugh] R[edwald]: Martin Bormann. — In: Monat 6 (1953/54), T. 2, 168—176.

Trevor-Roper, Hugh Redwald: Hitlers Kriegsziele. — In: Vjh. Zeitgesch. 8 (1960), 121—133.

Trevor-Roper, H. R.: Himmlers Leibarzt Felix Kersten. — In: Monat 9 (1956/57), H. 98, 69—77.

Trevor-Roper, H[ugh] R[edwald]: Lügen um Hitlers Leiche. Die Sowjets und die letzten Tage der Reichskanzlei. — In: Monat 8 (1956), H. 92, 3—12.

Trevor-Roper, H. R. [Hrsg.]: Hitlers table talk 1941—1944. (Transl. by Norman Cameron and H. R. Stevens.) With an introductory essay on the mind of Adolf Hitler by H. R. Trevor-Roper. — London: Weidenfeld & Nicolson (1953). XXXV, 746 S.

Trevor-Roper, Hugh Redwald: Hitlers Testament. Die letzten Gespräche mit Bormann (Februar 1945). — In: Monat 14 (1961), H. 157, 36—47.

Trevor-Roper, H. R.: A warning from the grave. Dr. Otto Dietrichs book on Hitler. — In: Wiener Libr. Bull. 9 (1955), 5.

Tribute to Leo Baeck on his 80th birthday — May 23, 1953. — In: AJR Information [London] 8 (1953), H. 5.

Trillhaas, Wolfgang: Aufgehobene Vergangenheit. Aus meinem Leben. - Göttingen: Vandenhoeck & Ruprecht 1976. 296 S.

Tripodi, Nino: Italia fascista in piedi! Memorie di un littore. — Milano: Borghese 1960. 260 S.

Tröger, Walter: Die Bedeutung Friedrich Wilhelm Foersters für die Pädagogik der Gegenwart. — In: Stimmen d. Zeit 90 (1964/65), Bd 176, 579—595.

Trost, Ernst: Figl von Österreich. — München: Molden 1972. 372 S.

Trotnow, Helmut: Karl Liebknecht und der „Deutsche Hilfsverein für die politischen Gefangenen und Verbannten Rußlands". - In: Internat. wiss. Korr. Gesch. dtsch. Arbeiterbew. 12 (1976), 555—568.

Trotnow, Helmut: Karl Liebknecht und die russische Revolution. Ein unveröffentlichter Diskussionsbeitrag Karl Liebknechts zu Karl Radeks Rede auf dem Gründungsparteitag der KPD 1918/19. – In: Arch. Sozialgesch. 13 (1973), 379–397.

Trott zu Solz, Werner von: Der Untergang des Vaterlandes. Dokumente und Aufsätze. — Olten, Freiburg i. Br.: Walter (1965). 208 S.

Trotzky, Leon: Trotzky's diary in exile 1935. Ed. and transl. by Elena Zarudnaya. — Cambridge: Harvard University Press 1958. XV, 218 S.

Trotzki, Leo: Mein Leben. Versuch einer Autobiographie. (Aus d. Russ. übertr. von Alexandra Ramm.) Ungekürzte Ausg. – Frankfurt a. M.: Fischer-Taschenbuch-Verl. 1974. 522 S.
(Fischer-Taschenbücher. 6258.)

Trotzki, Leo [Trockij, Lev Davydovič]: Der junge Lenin. (Nach d. russ. Orig.-Ms. ins Dtsch. übertr. von Walter Fischer. Biograph. Skizze u. Zeittafel: Leo Mazakarini.) — München: Molden (1969). 271 S.

Trotzki, Leo: Über Lenin. Material für einen Biographen. (Übers. von G[eorg] Blumental.) — Frankfurt a. M.: Europ. Verl. Anst. (1964). 150 S.
(Sammlung „res novae". 28.)

(**Trotzki**, Leo): The Trotzky papers 1917—1922. Ed. and annot. by Jan M. Meijer. — The Hague, London, Paris: Mouton.
  1. 1917—1919. 1964. XV, 858 S.
(Russian Series.)

Trotzky, Leo: Stalin. Eine Biographie. Aus d. Engl. übersetzt von Raymond Kuhlmann. — Köln: Kiepenheuer & Witsch 1952. 580 S.

Trotzki, Leo: Tagebuch im Exil (Trotzky's diary in exile, dt.) Mit e. Vorw. von Carola Stern. (Das Tagebuch übers. Theodor F. Krause aus d. russ. [Ms.] Die Übers. d. Anm. erfolgte aus d. Engl. von Ursula Albrecht.) — Köln, Berlin: Kiepenheuer & Witsch [1960]. 255 S.

Trujillo, Rafael L.: Discursos, mensajes y proclamas. — Madrid: Ed. Acies 1957. 246 S.

Truman, Harry S.: Memoiren (Memoirs, dt.) (Übertr. von Eduard Thorsch.) — Stuttgart: Scherz & Goverts.
  1. Das Jahr der Entscheidungen (Year of decisions, dt.) ‹1945›. (1955). 611 S.
  2. Jahre der Bewährung und des Hoffens (Years of trial and hope, dt.) ‹1946—1953›. (1956.) 633 S.

Trythall, J. W. D.: Franco. A biography. Forew. by Raymond Carr. — London: Hart-Davis 1970. 304 S.

Tschirschky, Fritz Günther von: Erinnerungen eines Hochverräters. — Stuttgart: Dtsch. Verl.-Anst. (1972). 432 S.

Tschistjakow, W. W.: Der Einfluß der russischen Revolution 1905—1907 auf die Entwicklung der Anschauungen Rosa Luxemburgs. — In: Beitrr. Gesch. dtsch. Arbeiterbewegung 10 (1968), 617—630.

Tsur, Jacob: Prélude à Suez. — Paris: Presses de la Cité 1968. 450 S.
  Aufzeichnungen des israelischen Botschafters in Frankreich von 1953 bis 1956.

Zum Fall **Tuchatschewski**. — In: Gegenwart 13 (1958), 76—79.

Tuchhändler, Klaus: [Charles] de Gaulle und das Charisma. Elemente charismatischer Führung im Gaullismus der 5. Republik. – München: tuduv-Verlagsges. [in Komm.] 1977. VIII, 384 S.
(tuduv-Studien. Reihe Sozialwissenschaften. 4.)

Tuchman, Barbara [Wertheim]: Stilwell and the American experience in China, 1911—45. — New York: Macmillan 1971. XV, 621 S.

Tucholsky, Kurt: Briefe an eine Katholikin 1929—1931. — (Reinbek b. Hamburg:) Rowohlt (1970). 88 S.

Tucholsky, Kurt: Briefe aus dem Schweigen 1932–1935. Briefe an Nuuna. Hrsg. von Mary Gerold-Tucholsky [u.] Gustav Huonker. – (Reinbek b. Hamburg:) Rowohlt (1977). 311 S.

Tucholsky, Kurt: Die Q-Tagebücher 1934–1935. Hrsg. von Mary Gerold-Tucholsky u. Gustav Huonker. – (Reinbek b. Hamburg:) Rowohlt (1978). 444 S.

Tucholsky, Kurt: Gesammelte Werke. Hrsg. von Mary Gerold-Tucholsky [u.] Fritz J[oachim] Raddatz. Bd 1 — 3. [Nebst:] Erg.-Bd. [Verschiedene Aufl.] — (Reinbek b. Hamburg:) Rowohlt (1962—1967).
  1. 1907—1924. (1967). 1330 S.
  2. 1925—1928. (1967). 1387 S.
  3. 1929—1932. (1967). 1345 S.
  [Erg.-Bd.] Tucholsky: Ausgewählte Briefe. 1913—1935. (1962). 567 S.

Tucker, Ben: Winston Churchill. — New York: Anglobooks (1953). 315 S.

Tucker, Robert C.: [Josif Vissarionovič] Stalin as a revolutionary, 1879–1929. – New York: Norton 1973. XX, 519 S.

Tucker, William R.: The fascist ego. A political biography of Robert Brasillach. — Berkeley: University of California Press 1975. X, 331 S.

Tucker, William R.: Fascism and individualism; the political thought of Pierre Drieu La Rochelle. — In: J. Politics 27 (1965), 153—177.

Tucker, W. R.: Politics and aesthetics. The fascism of Robert Brasillach. — In: West. polit. Quart. 15 (1962), 605—617.

Tugwell, R. G.: The compromising Roosevelt. — In: West. pol. Quart. 6 (1953), 320—341.

Tugwell, Rexford Guy: The democratic Roosevelt. A biography of Franklin D. Roosevelt. — New York, Garden City: Doubleday 1957. 712 S.

Turati, Filippo: Da Pelloux a Mussolini. (Dai discorsi parlamentari 1896 bis 1923.) Scelta organica a cura di A. Schiavi. — Torino: De Silva 1953. XI, 328 S.
(Biblioteca Leone Ginzburg. 10.)

Turati, Filippo und Anna Kuliscioff: Carteggio. V: Dopoguerra e fascismo (1919—1922.) — Torino: Einaudi 1953. 621 S.

Turati, Filippo und Anna Kuliscioff: Il delitto Matteoti e l'Aventino. — Torino: Einaudi 1959. 532 S.

Turmwächter der Demokratie. Ein Lebensbild von Kurt Schumacher. Hrsg. von Arno Scholz und Walther G. Oschilewski. — Berlin: Arani-V.
1. Sein Weg durch die Zeit. (1954.) 621 S.
2. Reden und Schriften. (1953). 549 S.
3. Als er von uns ging. (1952.) 153 S.

Turner, H. A.: Woodrow Wilson as an administrator. — In: Publ. Adm. Rev. 16 (1956), 249—257.

Turner, H. A.: Woodrow Wilson and public opinion. — In: Public Opin. Quart. 21 (1957/58), 505—520.

Turner, Henry A[shby]: [Adolf] Hitlers Einstellung zu Wirtschaft und Gesellschaft vor 1933. - In: Gesch. u. Gesellsch. 2 (1976), 89—117.

Turner, Henry Ashby: Emil Kirdorf and the Nazi Party. — In: Centr. Europ. Hist. 1 (1968), 324—344.

Turner, Henry Ashby: Eine Rede Stresemanns über seine Locarnopolitik. — In: Vjh. Zeitgesch. 15 (1967), 412—436.

Turner, Henry Ashby: Stresemann, Republikaner aus Vernunft (Stresemann and the politics of the Weimar Republic, dt.) (Ins Dtsch. übertr. von Robert u. Adriane Gottwald.) — (Berlin:) Leber (1968). 270 S.

Turner, Henry Ashby: Fritz Thyssen und „I paid Hitler". - In: Vjh. Zeitgesch. 19 (1971), 225–244.

Turner, Henry Ashby, Jr.: Stresemann and the politics of the Weimar Republic. — Princeton: Princeton University Press 1963. V, 287 S.

Tutaev, David: The consul of Florence [Gerhard Wolf]. — London: Secker & Warburg (1966). XIV, 303 S.
Dtsch. Ausg. u. d. T.: Der Konsul von Florenz. Die Rettung einer Stadt. — Düsseldorf: Econ-Verl. (1967). 350 S.

Tych, Feliks: Zwei Briefe Rosa Luxemburgs an Kurt Eisner. - In: Internat. wiss. Korr. Gesch. dtsch. Arbeiterbew. 1972, H. 15, 40–46.

Tyrell, Albrecht: Vom ‚Trommler' zum ‚Führer'. Der Wandel von [Adolf] Hitlers Selbstverständnis zwischen 1919 und 1924 und die Entwicklung der NSDAP. - München: Fink 1975. 296 S.

Tyson, Geoffrey William: Nehru. The years of Power. — London: Pall Mall Press 1966. 206 S.

Udet, Ernst: Ein Fliegerleben. Neu hrsg. u. mit einem Nachw. versehen von Jürgen Thorwald. — (Berlin:) Ullstein (1954). 184 S.
(Bibliothek zeitgenössischer Memoiren.)

Ueberhorst, Horst: Carl Krümmel und die nationalsozialistische Leibeserziehung – Berlin: Bartels & Wernitz (1976). 188 S.
(Turn- und Sportführer im Dritten Reich. 4.)

Ueberhorst, H[orst]: Edmund Neuendorff. Turnführer im Dritten Reich. — Berlin: Bartels & Wernitz (1970). 78 S.
(Turn- und Sportführer im Dritten Reich. 1.)

Ueberschär, Gerd R.: Generaloberst [Franz] Halder im militärischen Widerstand 1938–1940. - In: Wehrforsch. 2 (1973), 20–31.

Uexküll, Gösta von: Ferdinand Lassalle in Selbstzeugnissen und Bilddokumenten. - Reinbek b. Hamburg: Rowohlt 1974. 157 S.
(Rowohlts Monographien. 212.)

Ugolino, Luigi: Regina Coeli. — Milano: Cechina 1970. 319 S.

Uhalley, Stephen: Mao Tse-tung. A critical biography. — London: Croom Helm 1975. XIV, 233 S.

Ulam, Adam B.: [Josif Vissarionovič] Stalin. The man and his era. New York: Viking Press 1973. 760 S.

Ulam, Adam: [Josif Vissarionovič] Stalin - Koloss der Macht (Stalin, the man and his era, dt. Aus d. Amerikan. von Götz Pommer.) - (Esslingen:) Bechtle (1977). 705 S.

Walter **Ulbricht**, ein Leben für Deutschland. Hrsg. vom Nationalrat der Nationalen Front des demokratischen Deutschland. (3., überarb. u. erw. Aufl.) — Leipzig: Seemann (1968). 231 S.

Ulbricht, Walter: Zur Geschichte der deutschen Arbeiterbewegung [Teils.] Aus Reden und Aufsätzen. — Berlin: Dietz 1954.
1. 1918—1932. 3. Aufl. 81.—100. Ts. 672 S.
2. 1933—1946. 623 S.

Ulbricht, Walter: Zur Geschichte der deutschen Arbeiterbewegung [Teils.] Aus Reden und Aufsätzen. — Berlin: Dietz.
3. 1946—1950. 1953. 807 S.

Ulbricht, Walter: Zur Geschichte der deutschen Arbeiterbewegung. Teils. Aus Reden und Aufsätzen. — Berlin: Dietz.
4. 1950—1954. 1958. 863 S.

Ulbricht, Walter: Zur Geschichte der deutschen Arbeiterbewegung. [Teilsamml.] Aus Reden und Aufsätzen. — Berlin: Dietz.
2. 1933—1946. Zusatzbd. 1966. 393 S.
5. 1954—1956. 1960. 761 S.
6. 1956—1957. 1962. 736 S.
7. 1957—1959. 1964. 798 S.
8. 1959—1960. 1965. 767 S.

Ulbricht, Walter: Lenin und die Strategie und Taktik der kommunistischen und Arbeiterparteien. — In: Einheit 25 (1970), 387—398.

Ullmann, Hermann: [Werke, Teilsamml.] Publizist in der Zeitenwende. Aus d. Nachlaß ausgew. u. hrsg. von Hans Schmid-Egger. — München: Callwey (1965). 319 S.

Ulrich, Carl: Erinnerungen des ersten hessischen Staatspräsidenten. Hrsg. von Ludwig Bergsträsser. — Offenbach a. M.: Bollwerk-V. 1953. 219 S.
(Bibliothek zeitgenössischer Memoiren.)

Ungari, Paolo: Alfredo Rocco e l'ideologia giuridica del fascismo. — Brescia: Morcelliana 1963. 136 S.

Unruh, Friedrich Franz von: Schlußbericht. — (Bodman am Bodensee:) Hohenstaufen-Verl. (1974). 112 S.

Unruh, Fritz von: Mächtig seid ihr nicht in Waffen. Reden. Mit einem Begleitwort von Albert Einstein. — Nürnberg: Carl (1957). 346 S.

Unruh, Fritz von: Wir wollen Frieden. Die Reden u. Aufrufe 1960/61. Mit e. Geleitw. von Hanns Martin Elster. — Düsseldorf: Monitor Verl. (1961). 94 S.

Unseld, Siegfried: Peter Suhrkamp. Zur Biographie eines Verlegers in Daten und Bildern. Vorgelgt unter Mitwirkung von Helene Ritzerfeld. — (Frankfurt a. M.:) Suhrkamp (1975). 246 S.
(Suhrkamp-Taschenbuch. 260.)

Unterberger, Betty Miller: The Russian revolution and Wilson's Far Eastern policy. — In: Russian Rev. 16 (1957), 35—46.

Uralov, Alexander: The reign of Stalin. Transl. from the French by L. J. Smith. — London: Bodley Head (1953). 256 S.

Cormons, Ernst U. [d. i. Emanuel **Urbas**]: Schicksale und Schatten. Eine österreichische Autobiographie. — Salzburg: O. Müller (1951). 207 S.

Urquhart, Brian: [Dag] Hammarskjöld. — New York: Knopf 1972. 630 S.

Usinger, Fritz: Carlo Mierendorff. Eine Einführung in sein Werk und eine Auswahl. — Wiesbaden: Steiner 1965. 114 S.
(Verschollene und Vergessene.)

Utis, O.: J. W. Stalin und die Kunst des Regierens. — In: Monat 4 (1951/52), T. 2, 3—15.

Uys, Stanley: Dr. Hendrik Frensch Verwoerd, Prime Minister of South Africa. — In: Africa South 3 (1959), H. 2, 1—11.

Vacca, G.: Saggio su [Palmiro] Togliatti e la tradizione comunista. — Bari: De Donato 1974. 526 S.

Vaccarino, Giorgio: A propos de quelques récentes biographies de Benito Mussolini. — In: Rev. Hist. deux. Guerre mond. 7 (1957), H. 26, 67—82.

Vago, Bela: Budapest Jewry in the summer of 1944. Otto Komoly's diaries. — In: Yad Vashem Stud. 8 (1970), 81—105.

Vagts, Alfred: Heinrich Brüning. A review and a memoir. — In: Polit. Science Quart. 87 (1971), 80—89.

Vailati, Vanna: Badoglio racconta. — Torino: Ilte 1955. 468 S.

Vailati, Vanna: Badoglio risponde. — Milano: Rizzoli 1958. 345 S.

Valenti, Jack: A very human president [Lyndon B. Johnson]. — New York: Norton 1975. XII, 402 S.

Valentinov, Nikolay: Encounters with Lenin. — London: Oxford University Press 1968. 273 S.

Valentinov, N.: The new economic policy and the party crisis after the death of Lenin. Reminiscences of my work at the VSNKH. Ed. by J. Bunyan [u.] V. Butenko. With an introd. by Bertram Wolfe. — Stanford, Calif.: Hoover Inst. Press Stanford University 1971. 256 S.
(Hoover Institution Foreign Language Publications.)

Valeri, Nino: D'Annunzio davanti al fascismo. Con documenti inediti. — Firenze: Le Monnier 1963. 180 S.

Vallet, René: Janio Quadros, homme nouveau. — In: Rev. Déf. nat. 17 (1961), 264—272.

Vallon, Louis: De Gaulle et la démocratie. Préf. de Frédéric Grendel. — Paris: Edit. de la Table ronde (1972). 177 S.

Vallotton, H.: Bismarck et Hitler. — Paris: La Table Ronde (1954). 373 S.

Valori, Gino: De Gasperi al parlamento austriaco (1911—1918). — Firenze: Parenti 1953. 171 S.

Valtin, Jan: Tagebuch der Hölle. Aus d. Amerikan. von Werner Krauss. — Köln: Kiepenh. & Witsch 1958. 602 S.

(**Vandenberg,** Arthur H.:) The private papers of Senator Vandenberg. Edited by Arthur H. Vandenberg jr., with the collaboration of Joe Alex Morris. — New York: Houghton Mifflin 1952. XXII, 599 S.

Vanezis, P. N.: Makarios. Faith and power. — New York: Abelard-Schuman 1972. 196 S.

Vanino, Maurice: De Rethondes à l'Ile d'Yeu. — Paris: Créator 1952. 360 S.
Über das Schicksal Pétains.

Vansittart, Robert Gilbert Lord: The mist procession. — London: Hutchinson 1958. 568 S.

Vantijn, B.: Werner Blumenberg. — In: Internat. Rev. soc. Hist. 11 (1966), 1—7.

Vasari, Emilio: Zita [dt.] Kaiserin und Königin. (Aus d. Ungar. von Maria M. Rerrich.) — München: Herold Druck u. Verl. (1976). 159 S.

Vasudev, Uma: Indira Gandhi. Revolution in restraint. — Delhi, Bombay: Vikas Publ. House 1974. 582 S.

Vaucher, Georges: Général Abdel Nasser et son équipe. Vol. 1: Les années d'humiliation et la conquête du pouvoir. — Paris: Julliard 1959. 303 S.

Vaucher, Georges: Gamal Abdel Nasser et son équipe. Vol. 2: L'édification de la République Arabe Unie. — Paris: Juillard (1960). 382 S.

Vegesack, Siegfried von: Als Dolmetscher im Osten. Ein Erlebnisbericht aus den Jahren 1942—43. — Hannover-Döhren: v. Hirschheydt 1965. 265 S.

Velsen, Stephan von: Deutsche Generalstabsoffiziere im 1. Weltkrieg 1914—1918. Erinnerungen. — In: Welt als Geschichte 16 (1956), 250—293.
(Quellen zur neuesten Geschichte. 6.)

Venkataramani, M. S.: Ramsay Macdonald and Britain's domestic politics and foreign relations 1919—1931. A study based on Macdonald's letters to an American friend. — In: Polit. Studies 8 (1960), 231—249.

Venus, Ernst: Amtshauptmann in Sachsen. Lebenserinnerungen des letzten Dresdener Amtshauptmanns und Landrats. Hrsg.: Deutscher Landkreistag, Bonn. — (Troisdorf: Grote [in Komm.] 1970). 119 S.
(Veröffentlichungen des Vereins für Geschichte der deutschen Landkreise. 14.)

Verfassung und Verwaltung in Theorie und Wirklichkeit. Festschrift f. Wilhelm Laforet anl. seines 75. Geburtstages. — München: Isar-Verl. 1952. XIX, 475 S.
(Veröff. d. Instituts f. Staatslehre u. Politik Mainz. 3.)

La **vérité** sur l'affaire Nagy. Préface d' Albert Camus, avec une postface de François Fetjö. — Paris: Plon 1958. V, 256 S.

Vermeil, Edmond: Himmler. — In: Rev. Hist. deux. Guerre mond. 5 (1955), H. 17, 3—14.

Vermeil, Edmond: Réflexions sur les mémoires du Dr. Schacht. — In: Polit. étrang. 15 (1950), 289—303 und 419 bis 436.

Die **Vernehmung** von Generaloberst Jodl durch die Sowjets. Übers. von Wilhelm Arenz. — In: Wehrwiss. Rdsch. 11 (1961), 534—542.

Die **Vernehmung** von Generalfeldmarschall Keitel durch die Sowjets. Übers. von Wilhelm Arenz. — In: Wehrwiss. Rdsch. 11 (1961), 651—662.

Veselý, Ludvík: Dubček. Biographie. (Aus d. Tschech. übertr. von P. E. Grimm.)—(München:) Kindler (1970). 350 S.

Vestuti, Guido: La rivoluzione permanente. Uno studio sulla politica di Trotsky [Trotzki]. — Milano: Giuffrè 1960. 221 S.

Heinz Oskar **Vetter.** Christian Götz befragt und porträtiert den Vorsitzenden des Deutschen Gewerkschaftsbundes. - (Köln:) Europ. Verl.-Anst. (1977). 169 S.
(Theorie und Praxis der Gewerkschaften.)

Veyrier, Marcel: [Josip Broz] Tito et la révolution. - Paris: Julliard 1974. 248 S.

Vezzani, Matteo: Mussolini allo specchio. Documentazione sul ventennio fascista. — Roma: Vallechi 1953. 265 S.

Viehöver, Else, und Joseph Viehöver: Hans Böckler 1875—1951. Ein Bild seiner Persönlichkeit. Vorw.: Magdalena Böckler. — Köln, Berlin: Kiepenheuer & Witsch 1953. 144 S.

Vietsch, Eberhard v[on]: Bethmann Hollweg. Staatsmann zwischen Macht und Ethos. — Boppard: Boldt (1969). 348 S.
(Schriften des Bundesarchivs. 18.)

Vietsch, Eberhard von: Arnold Rechberg und das Problem der politischen West-Orientierung Deutschlands nach dem 1. Weltkrieg. — (Koblenz 1958.) 270 S.
(Schriften des Bundesarchivs. 4.)

Vietsch, Eberhard von: Wilhelm Solf. Botschafter zwischen den Zeiten. — Tübingen: Wunderlich (1961). 402 S.

Vigen, Anders: Erik Scavenius. En dansk udenrigs hovedperson og syndebuk. — København: Arne Frost-Hansen 1958. 133 S.

Vigorelli, Giancarlo: Gronchi. Battaglie d'oggi e di ieri. — Firenze: Vallecchi 1956. XI, 545 S.

Villain, Jörg: Zur Genesis der Mitteleuropakonzeption Friedrich Naumanns bis zum Jahre 1915. - In: Jb. Gesch. 15 (1977), 207–215.

Villefosse, Louis de: Souvenirs d'un marin de la France libre. — Paris: Les Edit. Français Réunis 1951. 326 S.

Villiers, Gérard de: Der Schah (L'irresistible ascension de Mohammed Reza Shah d'Iran, dt.) Der unaufhaltsame Aufstieg des Mohammed Reza Pahlewi. Unter Mitarb. von Bernard Touchais u. Annick de Villiers. (Aus d. Französ. von Linda Hollingstedt.) - Düsseldorf: Econ-Verl. (1975). 495 S.

Vinde, P.: Mollet och den förrådda socialismen. — In: Tiden 49 (1957), 401—408.

Vinke, Hermann: Carl von Ossietzky. (Mit e. Vorw. von Willy Brandt.) - Hamburg: Dressler (1978). 175 S.
(Dressler/Menschen.)

Vins, Georgij Petrowitsch: Der Familie entrissen. Aus dem Tagebuch eines christlichen Sträflings in Rußland. Vater, Mutter, Sohn: Sie alle wählen den Weg des Kreuzes statt den des Kompromisses. (2. Aufl.) - Uhlingen: Stephanus-Verl. (1975). 93 S.

Vinson, John Chalmers: William E. Borah and the outlawry of war. — Athens: University of Georgia Press 1957. X, 212 S.

Vinterhalter, Vilko: Tito (Životnom stazom Josipa Broza, dt.) Der Weg des Josip Broz. (Ins Dtsch. übertr. von Zora Shaked.) — Frankfurt a. M.: Europa-Verl. (1969). 363 S.

Virtute, fideque. Festschrift für Otto von Habsburg zum 50. Geburtstag. (Gesamtred.: Emil Franzel.) — Wien. München: Verl. Herold (1965). 204 S.

Virza, Edvards: Kārlis Ulmanis. Monografija. — Kopenhāgenā: Imanta 1955. 208 S.

Visser't Hooft, Willem A.: Die Welt war meine Gemeinde (Memoirs, dt.) Autobiographie. (Vom Verf. autoris. Übers. aus d. Engl. von Heidi von Alten.) - München: Piper 1972. 452 S.

Vittachi, Tarzie: The fall of Sukarno. — New York: Praeger 1967. 192 S.

Vladimirov, Oleg [u.] W. Rjasanzew: Aus der politischen Biographie Mao Tse-tungs (Stranicy političeskoj biografi Mao Czè-duna, dt.) – Berlin: Dietz 1973. 112 S.

Vocke, Wilhelm: Memoiren. (Die Erinnerungen des früheren Bundesbankpräsidenten.) — Stuttgart: Dtsch. Verl.-Anst. (1973). 222 S.

Völker, Klaus: Bertolt Brecht. Eine Biographie. — München:) Hanser 1976). 445 S.

Völpel, Christiane: Hermann Hesse und die deutsche Jugendbewegung. Eine Untersuchung über die Beziehungen zwischen dem Wandervogel und Hermann Hesses Frühwerk. – Bonn: Bouvier 1977. 315 S.
(Studien zur Literatur der Moderne. 4.)

Vogel, Georg: Diplomat unter Hitler und Adenauer. — Düsseldorf: Econ-Verl. (1969). 319 S.

Vogel, Hans-Jochen: Die Amtskette. Meine 12 Münchner Jahre. Ein Erlebnisbericht. — München: Süddtsch. Verl. 1972. 337 S.

Vogel, Heinrich [Hrsg.]: Der Prediger von Buchenwald. — Das Martyrium Paul Schneiders. — Berlin-Dahlem: Lettner-V. 1953. 240 S.

Vogel, Karl: M-AA 509. Elf Monate Kommandant eines Internierungslagers. — Memmingen: Vogel 1951. 257 S.

Vogelsang, Reinhard: Der Freundeskreis Himmler. — Göttingen: Musterschmidt 1972. 182 S.

Vogelsang, Thilo: [Konrad] Adenauer und die USA. Bemerkungen zur Grundlegung der Beziehungen (1948-1950). – In: Beiträge zur Zeitgeschichte, Festschrift Ludwig Jedlicka zum 60. Geburtstag, St. Pölten: Niederösterr. Pressehaus 1976, 335-345.

Vogelsang, Thilo: Hitlers Brief an Reichenau vom 4. Dezember 1932. Dokumentation. — In: Vjh. Zeitgesch. 7 (1959), 429—437.

Vogelsang, Thilo: Erinnerungen an Hitler. — In: Pol. Lit. 2 (1953), 272 – 274.

Vogelsang, Thilo: Hinrich Wilhelm Kopf und Niedersachsen. (Hrsg. von d. Niedersächs. Landeszentrale f. Polit. Bildung.) — Hannover: Verl. f. Literatur u. Zeitgeschehen (1963). 218 S.

Vogelsang, Thilo: Oberbürgermeister in Jena 1945/46. Aus den Erinnerungen von Dr. Heinrich Troeger. [Dokumentation.] – In: Vjh. Zeitgesch. 25 (1977), 889-930.

Vogelsang, Thilo: Kurt von Schleicher. Ein General als Politiker. — Göttingen: Musterschmidt (1965). 112 S.
(Persönlichkeit und Geschichte. 39.)

Vogt, Adolf: Oberst Max Bauer. Generalstabsoffizier im Zwielicht. 1869 -1929. – Osnabrück: Biblio Verl. 1974. 704 S.
(Studien zur Militärgeschichte, Militärwissenschaft und Konfliktforschung. 6.)

Voigt, Frederick A.: Draža Mihailović. Hingerichtet am 17. Juli 1946. — In: Dtsch. Rdsch. 82 (1956), 708—718.

Volk, Ludwig: Brüning in eigener Sache. Zu den Memoiren des letzten Zentrumskanzlers. — In: Stimmen d. Zeit 96 (1971), Bd 187, 123—127.

Volk, Ludwig: Kardinal Faulhabers Stellung zur Weimarer Republik und zum NS-Staat. — In: Stimmen d. Zeit 91 (1965/66), Bd 177, 173—195.

Volk, Ludwig: Pater Rupert Mayer vor der NS-Justiz. Zum 100. Geburtstag des Münchener Männerseelsorgers am 23. Januar 1976. – In: Stimmen d. Zeit 101 (1976), Bd 194, 3-23.

Volk, Ludwig: Konrad Kardinal von Preysing ⟨1880-1950⟩. – In: Stimmen d. Zeit 100 (1975), Bd 193, 651 -663.

Vollmar, Georg von: Reden und Schriften zur Reformpolitik. Ausgew. u. eingel. von Willy Albrecht. - Berlin: Dietz (1977). 254 S.
(Internationale Bibliothek. 92.)

Bernhard **Vollmer** zum Gedächtnis. — In: Archivar 11 (1958), 98—108.

Vollrath, Ernst: Lenin und der Staat. Zum Begriff des Politischen bei Lenin. — Wuppertal: Henn (1970). 92 S.

Vollrath, Ernst: Politik und Metaphysik. Zum politischen Denken Hannah Arendts. — In: Z. Politik 18 (1971), 205—232.

Vordtriede, Werner: Das verlassene Haus. Tagebuch aus dem amerikanischen Exil, 1938-1947. – (München:) Hanser [1975]. 410 S.

Vos, Pierre de: Vie et mort de Lumumba. — Paris: Calmann-Lévy 1961. 259 S.

Vossen, Frantz: De Gaulle. Chronik einer Berufung. — München: Piper (1963). 227 S.

Voßke, Heinz [u.] Gerhard Nitzsche: Wilhelm Pieck. Biographischer Abriß. (Institut für Marxismus-Leninismus beim ZK der SED.) – Berlin: Dietz 1975. 405 S.

Vukmanović-Tempo, Svetozar: Mein Weg mit [Josip Broz] Tito. Ein Revolutionär erinnert sich. (Aus d. Engl. von Karl-Otto von Czernicki.) – München: Droemer/Knaur 1972. 408 S.

Wache im Niemandsland. Zum 70. Geburtstag von Alfred Kantorowicz. Hrsg. von Heinz-Joachim Heydorn. — Köln: Verl. Wissenschaft u. Politik (1969). 133 S.

Wachenheim, Hedwig: Vom Großbürgertum zur Sozialdemokratie. Memoiren einer Reformistin. [Hrsg. von Susanne Miller.] – Berlin: Colloquium-Verl. 1973. XI, 155 S.
(Internationale wissenschaftliche Korrespondenz zur Geschichte der deutschen Arbeiterbewegung. Beih. 1.)

Wachtling, Oswald: Joseph Joos. Journalist, Arbeiterführer, Zentrumspolitiker. Politische Biographie 1878-1933. – Mainz: Matthias-Grünewald-Verl. 1974. XXVII, 179 S.
(Veröffentlichungen der Kommission für Zeitgeschichte. Reihe B, Forschungen. 16.)
Phil. Diss., Universität Marburg.

Wachtsmuth, Wolfgang: Wege, Umwege, Weggenossen. Lebenserinnerungen eines Balten 1876—1950. — München: Winkler-V. (1954). 386 S.

(**Wagener,** Otto:) [Adolf] Hitler aus nächster Nähe. Aufzeichnungen eines Vertrauten 1929-1932. Hrsg. von H(enry) A(shby) Turner. -(Frankfurt a. M.:) Ullstein (1978). XVII, 508 S.

Wagner, Cosima: Die Tagebücher. Ed. u. komm. von Martin Gregor-Dellin [u.] Dietrich Mack. (Vollst. Text der in der Richard-Wagner-Gedenkstätte aufbewahrten Niederschrift. Hrsg. von der Stadt Bayreuth.) – München: Piper.
1. 1869-1977. (1976). 1278 S.

Wagner, Cosima: Die Tagebücher. Ed. u. komm. von Martin Gregor-Dellin [u.] Dietrich Mack. (Vollst. Text der in der Richard-Wagner-Gedenkstätte aufbewahrten Niederschrift. Hrsg. von der Stadt Bayreuth.) – München: Piper.
  2. 1878–1883. (1977). 1315 S.

Wagner, Elisabeth [Hrsg.]: Der Generalquartiermeister. Briefe und Tagebuchaufzeichnungen des Generalquartiermeisters des Heeres General der Artillerie Eduard Wagner. — München: Olzog (1963). 318 S.

Wagner, James E.: Day is dawning. The story of Bishop Otto Dibelius. Based on his proclamations and authentic documents. — Philadelphia: The Christian Education Press 1956. 22 S.

Wagner, Johannes Volker: ... nur Mut, sei Kämpfer! Heinrich König. Ein Leben für die Freiheit. - (Bochum:) Brockmeyer 1976. 231 S.
  (Bochumer politische Lebensbilder aus der Zeit der Weimarer Republik und des Nationalsozialismus.)

Wagner, Richard: Mein Leben. Vollst., komm. Ausg. (Unter Zugrundelegung der im Richard-Wagner-Archiv Bayreuth aufbewahrten Diktatniederschrift, ergänzt durch Richard Wagners Annalen 1864 bis 1868.) Hrsg. von Martin Gregor-Dellin. - München: List (1976). 845 S.

Wagner, Wolfgang: Der neue Mann im Außenamt. Gerhard Schröders Wandlung. — In: Polit. Meinung 7 (1962), H. 76, 22—31.

Wahl, Karl: ... es ist das deutsche Herz. Erlebnisse und Erkenntnisse eines ehemaligen Gauleiters. — Bad Wörishofen: Selbstverl. Karl Wahl 1954. 476 S.

Wahl, Karl: Patrioten oder Verbrecher. Aus fünfzigjähriger Praxis davon 17 Jahre als Gauleiter. - Heusenstamm: Orion-Heimreiter-Verl. 1973. 243 S.

Wahrhaftig, Samuel: Franz Josef Strauß. — (München: Scherz 1965.) 54 S.
  (Archiv der Zeitgeschichte.)

Die **Wahrheit** über Friedrich Wilhelm Foersters Memoiren „Erlebte Weltgeschichte". — Nürnberg: Glock & Lutz 1954. 20 S.

Die **Wahrheit** über (Theodor) Oberländer. Braunbuch über die verbrecherische faschistische Vergangenheit des Bonner Ministers. Hrsg. v. Ausschuß für Deutsche Einheit. (2., erw. Aufl.) — (Berlin 1960:) Selbstverl. 207 S.

Waite, Robert G. L.: The psychopathic god Adolf Hitler. - New York: Basic Books (1977). XX, 482 S.

Waite, R[obert] G. L.: Adolf Hitler's guilt feelings. A problem in history and psychology. — In: J. interdisc. Hist. 1 (1971), H. 2, 229—249.

Wakeman, Frederick: History and will. Philosophical perspectives of Mao Tse-tung's thought. - Berkeley: University of Calofornia Press 1973. XIII, 392 S.

Walde, Karl J.: [Heinz] Guderian. - (Frankfurt a. M.:) Ullstein (1976). 343 S.

Waldenberg, Marek: Myśl polityczna Karola Kautsky'ego [Karl Kautsky] w okresie sporu o rewizjonizm. — Warszawa: Państwowe Wydawnictwo Naukowe 1970. 214 S.

Waldenfels, Otto Frh. von: Legendenbildung um Himmler. Die königlichbayerischen Edelknaben und die SS. — In: Z. bayer. Landesgesch. 26 (1963), 400—407.

Waldheim, Kurt: Der schwierigste Job der Welt (Un métier unique au monde, dt.) - München: Molden (1978). 207 S.

Walker, Denis Paul: Alfred Hugenberg and the Deutschnationale Volkspartei, 1918 to 1930. - Cambridge 1976. IV, 560 Bl.
  Cambridge, phil. Diss. 1976.

Walker, Oliver: Sailor Malan. A biography. — London: Cassell 1953. 182 S.

Walker, Richard L[ouis]: E. R. Stettinius. — James F. Byrnes. By George Curry. — New York: Cooper Square 1965. X, 423 S.
  (The American Secretaries of State and their diplomacy. 14.)

[**Wallace,** Henry A.:] The price of vision. The diary of Henry A. Wallace, 1942–1946. Ed. and with an introd. by John Morton Blum. - Boston: Houghton Mifflin 1973. X, 707 S.

Wallace, Lillian Parker: Leo XIII and the rise of socialism. — Durham, N. C.: Duke University Press 1966. VIII, 464 S.

Wallach, Jehuda L.: Feldmarschall Erich von Manstein und die deutsche Judenausrottung in Rußland. - In: Jb. Inst. dtsch. Gesch. 4 (1975), 457–472.

Raoul **Wallenberg.** Dokumentsamling jämte kommentarer rörande hans fangenskap i Sovjetunionen. — Stockholm 1957: Kungl. Utrikesdepartementet. 104 S.
  (Aktstycken. Ny Serie II: 9.)

Raoul **Wallenberg.** Dokumentsamling jämte kommentarer rörande hans fångenskap i Sovjetunionen. — Stockholm: Norstedt 1957. 104 S.

Wallraff, Günter: Der Aufmacher. Der Mann, der bei Bild Hans Esser war. - (Köln:) Kiepenheuer & Witsch (1977). 240 S.

Walsdorff, Martin: Westorientierung und Ostpolitik. Stresemanns Rußlandpolitik in der Locarno-Ära. — Bremen: Schünemann (1971). 325 S.

Walter, Dirk: Zeitkritik und Idyllensehnsucht. Erich Kästners Frühwerk ⟨1928–1933⟩ als Beispiel linksbürgerlicher Literatur in der Weimarer Republik. – Heidelberg: Winter 1977. XII, 289 S.
  (Reihe Siegen. 5.)
  Diss., Universität Saarbrücken.

Walter, G.: Lénine. — Paris: Julliard 1950. 544 S.

Walter, Hans [Hrsg.]: Albert Schweitzer. — (Freiburg i. Br.: Herder 1966.) 159 S.
  (Herder-Bücherei. 247.)

Walter, Hans-Albert: Leopold Schwarzschild und das „Neue Tagebuch". — In: Frankf. H. 21 (1966), 549—558.

Walter, Hans-Albert: Vom Liberalismus zum Eskapismus. Stefan Zweig im Exil. — In: Frankf. H. 25 (1970), 427—437.

Walter, Hilde und Walther Kiaulehn: Der Preis für einen Friedenspreis. Aufzeichnungen über Carl von Ossietzky. — In: Dtsch. Rdsch. 87 (1961), 136—147.

Walther, Gerda: Zum anderen Ufer. Vom Marxismus und Atheismus zum Christentum. — Remagen: Der Leuchter, Reichl (1960). 712 S.

Walton, Hanes: The political philosophy of Martin Luther King. — Westport, Conn.: Greenwood Publ. 1971. XXXVIII, 137 S.
(Contributions in Afro-American and African Studies. 10.)

Walton, Richard J.: Cold war and counterrevolution. The foreign policy of John F. Kennedy. — New York: Viking Press 1972. 250 S.

Walworth, Arthur: Woodrow Wilson. — New York: Longmans, Green.
1. American prophet. 1958. XI, 436 S.
2. World prophet. 1958. VII, 439 S.

Wandel durch Annäherung. Egon Bahr in Tutzing 1963 und 1973. [Dokumentation.] – In: Deutschland-Arch. 6 (1973), 862–873.

Wandel, Eckhard: Hans Schäffer, Steuermann in wirtschaftlichen und politischen Krisen. - (Stuttgart:) Dtsch. Verl.-Anst. (1974). 378 S.
(Veröffentlichung des Leo Baeck Instituts.)

Wandel, Paul: Zum 80. Geburtstag von Wilhelm Pieck. — In: Z. Geschichtswiss. 4 (1956), 1—6.

Wandowski, Henryk: Axel Springer, król prasy zachodnio-niemieckiej. — Warszawa: Książka i Wiedza 1971. 396 S.

Wandruszka, Adam: Aus Ignaz Seipels letzten Lebensjahren. Unveröffentlichte Briefe aus den Jahren 1931 und 1932. — In: Mitt. Österr. Staatsarchivs 9 (1956), 565—569.

Ward, Alan J.: [David] Lloyd George and the 1918 Irish conscription crisis. - In: Hist. J. 17 (1974), 107–129.

Warner, Geoffrey: Pierre Laval and the eclipse of France. — London: Eyre & Spottiswoode 1968. XVIII, 461 S.

Warner, O.: The life and letters of Viceadmiral Lord Collingwood. — London: Oxford University Press 1968. 276 S.

Warren, Harris Gaylord: Herbert Hoover and the great depression. — New York: Oxford University Press 1959. 372 S.

Warren report über die Ermordung des Präsidenten John F. Kennedy (Report of the President's Commission on the Assassination of President John F. Kennedy, dt.) Hrsg. u. komm. von Robert M[ax] W[assili] Kempner.) (Aus d. Amerikan. von Ursula Alex, Inge-Maria Alf u. a.) Vollst. Ausg. Anhänge in Ausz. — [Köln:] Kiepenheuer & Witsch; [Esslingen a. N.:] Bechtle (1964). 703 S.

Wartenweiler, Fritz: Jawaharlal Nehru, Demokrat im Osten. — Zürich: Rotapfel 1959. 245 S.

Warth, Robert D.: [Vladimir Il'ič] Lenin. - New York: Twayne Publ. 1973. 198 S.
(Twayne's Rulers and Statesmen of the World Series. 21.)

Warth, Robert D.: Leon Trotsky. Writer and historian. — In: J. mod. Hist. 20 (1948), 27—41.

„Was ich über Adolf Hitler gehört habe..." Folgen eines Tabus. Auszüge aus Schüler-Aufsätzen von heute. Hrsg. von Dieter Boßmann. - (Frankfurt a. M.:) Fischer (1977). 359 S.
(Fischer Taschenbuch. 1935.)

Was verschweigt Fest? Analysen und Dokumente zum [Adolf] Hitler-Film von J. C. Fest. Hrsg.: Jörg Berlin, Dierk Joachim [u. a.] – (Köln:) Pahl-Rugenstein (1978). 217 S.
(Kleine Bibliothek. 120.)
Besprechung des Films „Hitler — eine Karriere" von Joachim Fest u. Christian Herrendoerfer.

Watson, D. R.: Georges Clemenceau. A political biography. – London: Methuen 1974. 463 S.

Watson, Francis: Gandhi and the viceroys. — In: History today 8 (1958) H. 2, 88—97.

Watson, Richard L., jr.: Franklin D. Roosevelt in historical writing 1950 — 1957. — In: South Atlantic Quart. 57 (1958), 104—126.

Watson-Watt, Sir Robert A.: Three steps to victory. A personal account by radars' greatest pioneer. — London: Odhams 1958. 480 S.

Watt, D. C.: Die bayerischen Bemühungen um Ausweisung Hitlers 1924. In: Vjh. Zeitgesch. 6 (1958), 270—280.

Watt, D. C.: Sir Lewis Namier and contemporary European history. — In: Cambridge J. 7 (1953/54), 579—600.

Watt, Donald Cameron: Some aspects of Alan John P[ercivale] Taylor's work as diplomatic historian. In: J. mod. Hist. 49 (1977), 19–33.

Wauters, Arthur: Le communisme de Mao Tsé-tung. — Bruxelles: Institut de Sociologie Solvay, Centre d'Etude des Pays de l'Est 1957. 112 S.

Wavell, Archibald Percival Wavell, 1st Earl of: The viceroy's journal. Ed. by Penderel Moon. – London: Oxford University Press 1973. XVI, 528 S.

Weber, Gerda [u.] Hermann Weber: [Vladimir Il'ič] Lenin. Chronik. Daten zu Leben und Werk. – München: Hanser 1974. 276 S.
(Reihe Hanser. 152.)

Weber, Hermann: Aktionismus und Kommunismus. Unbekannte Briefe von Max Hoelz. [Dokumentation.] – In: Arch. Sozialgesch. 15 (1975), 331–363.

Weber, Hermann: Zwischen kritischem und bürokratischem Kommunismus. Unbekannte Briefe von Clara Zetkin. — In: Arch. Sozialgesch. 11 (1971), 417—448.

Weber, Hermann: Lenin und die Folgen. — In: Neue polit. Lit. 12 (1967), 27—47 und 13 (1968), 337—351.
Literaturbericht.

Weber, Hermann: Lenin in Selbstzeugnissen und Bilddokumenten. — (Reinbek b. Hamburg:) Rowohlt (1970). 184 S.
(Rowohlts Monographien. 168.)

Weber, Max: Gesammelte politische Schriften. 2. erw. Aufl. Mit e. Geleitw. von Theodor Heuss. Neu hrsg. von Johannes Winckelmann. — Tübingen: Mohr 1958. XXXII, 593 S.

Weber, Werner: Liberalität. Ein Beispiel in unserer Zeit. Rede auf Theodor Heuss. — Tübingen: Wunderlich (1967). 35 S.
(Veröffentlichung des Theodor Heuss Archivs.)

Weber-Schäfer, Peter: Die „Weltanschauung" Mao Tse-tungs. - In: Z. Politik 19 (1972), 304–324.

Webersinn, Gerhard: Otto Ulitz. Ein Leben für Oberschlesien. — Augsburg: Oberschles. Heimatverl. 1974. 95 S.
(Veröffentlichung der Oberschlesischen Studienhilfe. 38.)

Webersinn, Gerhard: Prälat Carl Ulitzka. Politiker im Priester. - In: Jb. Schles. Friedrich-Wilhelms-Universität zu Breslau 1970, Bd 15, 146–205.

Weckerling, Rudolf: Propst D. Dr. Heinrich Grüber. Aus Anlaß seines 70. Geburtstages. — In: Blätter f. dt. u. internat. Politik 6 (1961), 545—554.

Wedemeyer, Albert C.: Wedemeyer reports. — New York: Holt 1958. 497 S.

Wedleff, Margarete: Zum Stil in [Adolf] Hitlers Maireden. - In: Muttersprache 80 (1970), 107–128.

Eisenhowers **Weg** vom Pentagon zum Weißen Haus. (Hrsg.: Europ. Informationszentrum, Bonn.) — (Berlin 1953: Teuber.) 48 S.

Wegbereiter des Nationalsozialismus. Franz von Papen. Eine Porträtskizze. Vorwort von Carl Severing. — Bielefeld: Freie Presse 1947. 24 S.

Wegscheider, Hildegard: Weite Welt im engen Spiegel. Erinnerungen. Mit Geleitw. u. Anmerkungen von Susanna Suhr. — Berlin: Arani-V. (1953). 97 S.
(Köpfe der Zeit.)

Herbert **Wehner.** Beiträge zu einer Biographie. Hrsg. von Gerhard Jahn. - Köln: Kiepenheuer & Witsch (1976). 302 S.

Wehner, Herbert: Nachdenkliches Gedenken an W. I. Lenin. — In: Osteuropa 20 (1970), 217—224.

Wehner, Herbert: Wandel und Bewährung. Ausgew. Reden u. Schriften 1930—1967. Hrsg. von Hans-Werner Graf Finckenstein u. Gerhard Jahn. Mit e. Einl. von Günter Gaus. — (Frankfurt a.M.:) Ullstein; (Hannover:) Dietz (1968). XXIII, 398 S.

Wehner, Herbert: Wandel und Bewährung. Ausgewählte Reden und Schriften 1930–1975. Erw. Aufl. Hrsg. von Gerhard Jahn. Mit e. Einl. von Günter Gaus. - (Frankfurt a. M.:) Ullstein (1976). XXVII, 491 S.

Wehr, Gerhard: Der deutsche Jude. Martin Buber. — (München:) Kindler (1977). 287 S.

Weichmann, Herbert: Gefährdete Freiheit. Aufruf zur streitbaren Demokratie. - (Hamburg:) Hoffmann & Campe (1974). 186 S.

Weidenfeld, Werner: Die Englandpolitik Gustav Stresemanns. Theoretische und praktische Aspekte der Außenpolitik. — Mainz: v. Hase & Koehler 1972. 382 S.
Phil. Diss., Universität Bonn.

Weidenfeld, Werner: Gustav Stresemann, der Mythos vom engagierten Europäer. - In: Gesch. Wiss. Unterr. 24 (1973), 740–750.

Weidenreich, Ruth: Un medico nel campo di Auschwitz. Testimonianza di una deportata. — Firenze 1960: Istituto Storico della Resistenza in Toscana. 47 S.
(Atti e Studi. 2.)

Weidlein, Johann: „Es rollt in mir das Blut Attilas . . ." — In: Z. Geopol. 25 (1954), 47—51.

Weigel, Hans: Unternehmen Vatermord. Bemerkungen über den Schriftsteller Arnolt Bronnen. — In: Monat 6 (1953/54), T. 2, 300—308.

Weil, Simone: Hitler and the idea of greatness. Force is our only measure. — In: Commentary 10 (1950), No. 1, 15—22.

Weil, Simone: Unterdrückung und Freiheit. Politische Schriften. [Teilsammlung, dt.] Aus d. Französ. übers. und mit e. Vorw. von Heinz Abosch. - (München:) Roger & Bernhard (1975). 276 S.
(Reihe Passagen.)

Weinberg, Alvin M.: Nuclear energy. A prelude to H. G. Wells' dream. — In: Foreign Aff. 49 (1970/71), 407—418.

Weinberg, Gerhard L.: Hitler's image of the United States. — In: Amer. hist. Rev. 69 (1963/64), 1006—1021.

Weinberg, Gerhard L.: Hitler's private testament of May 2, 1938. — In: J. mod. Hist. 27 (1955), 415—419.

Weinstein, Adelbert: Das ist de Gaulle. Anspruch u. Wirklichkeit. Versuch e. Porträts. — (Düsseldorf, Köln:) Diederichs (1963). 99 S.

Weinzierl, Erika: Aus den Notizen von Richard Schmitz zur österreichischen Innenpolitik im Frühjahr 1933. - In: Geschichte und Gesellschaft. Festschrift für Karl R. Stadler zum 60. Geburtstag, Wien: Europa-Verl. (1974), 115–141.

Weinzierl, Erika: Das Selbstverständnis der päpstlichen Autorität bei Pius XII. — In: Wort & Wahrheit 25 (1970), 35—45.

Weisgal, Meyer W. und Joel Carmichael [Eds.]: Chaim Weizmann. A biography by several hands. — London: Weidenfeld & Nicolson 1962. 364 S.

Weiss, Oskar: Beneš and the ghost of Rapallo. — In: Sudeten Bull. 10 (1962), 151—156.

Weissberg, Alex: Die Geschichte von Joel Brand (Bischlichut Nidonium-Lemaweth, dt.) — Köln, Berlin: Kiepenheuer & Witsch (1956). 319 S.

Weissensteiner, Friedrich: Michael Hainisch. - In: Österr. Gesch. Lit. 19 (1975), 137–153.

Weissmann, Benjamin M.: Herbert Hoover and famine relief to Soviet Russia, 1921–1923. - Stanford, Calif.: Hoover Institution Press (1974). XV, 247 S.
(Hoover Institution Publications. 134.)

Weisstein, Ulrich: Heinrich Mann. Eine historisch-kritische Einführung in sein dichterisches Werk. Mit e. Bibliographie d. von ihm veröffentlichten Schriften. — Tübingen: Niemeyer 1962. 280 S.

Weißthanner, Joseph: Michael Kardinal Faulhaber, Erzbischof von München und Freising, 1869–1952. Ein kurzes Lebensbild. — Saarbrükken: Verl. f. religiöses Schrifttum (1957). 31 S.

Weit, Erwin: Ostblock intern. 13 Jahre Dolmetscher für die polnische Partei- und Staatsführung. — (Hamburg:) Hoffmann & Campe (1970). 273 S.

Weizman, Ezer: On eagle's wings. The personal story of the leading commander of the Israeli Air Force. - New York: Macmillan 1977. 302 S.

Weizmann, Chaim: Memoiren. (Trial and error [dt.]) Das Werden des Staates Israel. (Aus d. Engl. übers. von Thea-Maria Lenz.) — Hamburg: Toth (1951). 699 S.

Weizsäcker, Carl Friedrich von: Deutlichkeit. Beiträge zu politischen und religiösen Gegenwartsfragen. - (München:) Hanser (1978). 182 S.

Ernst von **Weizsäcker,** geb. 25. Mai 1882 in Stuttgart, gest. 2. August 1951 in Lindau. Aus seinen Gefängnisbriefen 1947—1950. — Stuttgart [1955]: Scheufele. 74 S. [Als Manuskript gedr.]

Weizsäcker, Ernst Freiherr von: Memoirs. (Erinnerungen [engl.]) Transl. by John Andrews. — London: Gollancz; Chicago: Regnery 1951. 322 S.

[**Weizsäcker,** Ernst von:] Die Weizsäcker-Papiere 1933–1950. Hrsg. von Leonidas E. Hill. (Übers. d. Einl. u. d. Anmerkungen von Irene Miller.) - Berlin: Propyläen-Verl. 1974. 683 S.

Welchert, Hans-Heinrich: Theodor Heuss. Ein Lebensbild. — Bonn: Athenäum-V. 1953. 232 S.

Welchert, Hans-Heinrich: Theodor Heuss. Ein Lebensbild. Neue, erw. Ausg. — Bonn: Athenäum-Verl. 1959. 359 S.

Weller, B. Uwe: Maximilian Harden und die „Zukunft". — Bremen: Schünemann (1970). 485 S.
(Studien zur Publizistik. Bremer Reihe. 13.)

Die mündige **Welt.** Dem Andenken Dietrich Bonhoeffers. Vorträge und Briefe. (2. Aufl.) — München: Kaiser 1955. 143 S.

Wende, Erich: C[arl] H[einrich] Becker. Mensch und Politiker. Ein biographischer Beitrag zur Kulturgeschichte der Weimarer Republik. — Stuttgart: Dtsch. Verl. Anst. 1959. 334 S.

Wengst, Udo: [Ulrich] Graf [von] Brockdorff-Rantzau und die außenpolitischen Anfänge der Weimarer Republik. - Bern: Lang 1973. 163 S.
(Moderne Geschichte und Politik. 2.)

Wennerström, Stig: Mein Verrat (Från början till slutet, dt.) Erinnerungen eines Spions. (Übers. von Renate Bausch.) - München: Herbig 1973. 302 S.

Wenzel-Burchard, Gertrud: Granny. Gerta Warburg und die Ihren. Hamburger Schicksale. — (Hamburg:) Christians [1970]. 237 S.

Wer ist Mendès-France? — In: Die Gegenwart 9 (1954), 724—725.

Wermuth, Helga: Dr. h. c. Max Winkler, ein Gehilfe staatlicher Pressepolitik in der Weimarer Republik. - München 1975. II, 296 S.
München, phil. Diss. vom 25. Juli 1974.
[Maschinenschr. vervielf.]

Werner, Alfred: Trotzky of the Nazi Party. [Otto Strasser.] — In: J. Centr. Europ. Aff. 11 (1951/52), 39—46.

Werner, Carl M.: Maximilian Harden. — In: Polit. Studien 12 (1961), 654—658.

Werth, Alexander: The strange history of Pierre Mendès-France and the great conflict over French North Africa. — London: Barrie 1957. XIX, 428 S.

Werth, Alexander: Lost statesman. The strange story of Pierre Mendès-France. — New York, London: Abelard-Schuman 1958. XX, 428 S.

Werth, Alexander: Der Tiger Indiens. Subhas Chandra Bose. - (München:) Bechtle (1971). 272 S.

Werther, Maurice: John Fitzgerald Kennedy. — Paris: Seghers 1966. 192 S.
(Coll. „Destins politiques". 3.)

Wesemann, Fried: Kurt Schumacher. Ein Leben für Deutschland. — Frankfurt a. M.: Herkul Verl. Anst. 1952. 260 S.

Westen, Klaus: Die rechtstheoretischen und rechtspolitischen Ansichten Josef Stalins. Ein Beitrag zur Genealogie des Sowjetrechts. — Konstanz: Thorbecke 1959. 256 S.
(Schriften des Kopernikus-Kreises. 5.)

Westphal, Siegfried: Erinnerungen. - (Mainz:) v. Hase & Koehler (1975). 499 S.

Wetzel, Hans Heinrich: Liu Shao Chi. Le moine rouge. — Paris: Denoel 1961. 222 S.

Wexley, John: The judgment of Julius and Ethel Rosenberg. — London: Bookville 1956. XIV, 627 S.

Weygand, Jacques: [Maxime] Weygand, mon père. — Paris: Flammarion 1970. 512 S.

Weygand, [Louis Maxime]: Foch. — Paris: Flammarion 1947. 372 S.

Weygand, Maxime: En lisant des mémoires de guerre du général de Gaulle. — Paris: Flammarion 1955. 236 S.

Weygand, [Maxime]: Frankreich trauert. Zum Tode von Marschall de Lattre de Tassigny. — In: Schweiz. Monatsh. 31 (1951/52), 641—646.

Weygand, Maxime: Mémoires. — Paris: Flammarion.
1. Idéal vécu. 1953. 640 S.

Weygand, Maxime: Mémoires. — Paris: Flammarion.
2. Mirages et réalités 1918—1939. Vingt ans d'erreurs et de faiblesse. 1957. 523 S.

Weygand, Maxime: Mémoires. — Paris: Flammarion.
3. Rappelé au service. 1950. 595 S.

Johannes **Weyl** – aus 50 Jahren Zeitungsarbeit. Aufsätze, Reden, Bilder und Dokumente. - Konstanz: Verl. d. Südkuriers 1976. 223 S.

Weymar, Paul: Konrad Adenauer. Die autorisierte Biographie. — München: Kindler (1955). 782 S.

Whalen, Richard J.: Der Kennedy-Clan (The founding father, dt.) Joseph P. Kennedy und seine Söhne. (Übers. u. Bearb.: Günter Eichel.) — Düsseldorf: Droste (1965). 436 S.

Wharton, Michael: A nation's security. The case of Dr. J. Robert Oppenheimer. Edited from the official transcript of evidence given before the Personnel Security Board of the United States Atomic Energy Commission. — London: Secker & Warburg 1955. 398 S.

What did Hitler read? — In: Wiener Libr. Bull. 9 (1955), 32.

Whealey, Robert H.: Mussolini's ideological diplomacy. — In: J. mod. Hist. 39 (1967), 432—437.

Wheeler-Bennett, Sir John: Action this day. Working with Churchill. — London: Macmillan 1968. 272 S.

Wheeler-Bennett, John W[heeler]: John Anderson, Viscount Waverley. — New York: St. Martin's Press 1962. XV, 430 S.

Wheeler-Bennett, J. W.: Three episodes in the life of Kaiser Wilhelm II. — London: Cambridge University Press 1955. 27 S.

Wheeler-Bennett, John W.: King George VI. His life and reign. — London: Macmillan; New York: St. Martin's Press 1958. 891 S.

Wheeler-Bennett, John W[heeler]: Der hölzerne Titan (Hindenburg, the wooden titan, dt.) Paul von Hindenburg. (Aus d. Engl. übertr. von Werner Gebühr.) — Tübingen: Wunderlich (1969). 506 S.
Die engl. Ausg. erschien 1936.

White, Leigh: Balkan Caesar. Tito versus Stalin. New York: Scribner 1951. 245 S.

White, William S[mith]: Lyndon B. Johnson. Persönlichkeit, Politiker, Präsident. Vorw. von Herbert von Borch. (Aus d. Amerikan. von Ulla H. de Herrera.) — München: Piper (1964). 261 S.

White, William S.: The Taft story. — New York: Harper 1954. 288 S.

Whiteside, Andrew G.: The socialism of fools. Georg Ritter von Schönerer and Austrian Pan-Germanism. - Berkeley: University of California Press 1975. X, 404 S.

Whitney, Courtney: Mac Arthur. His rendezvous with history. — New York: Knopf 1956. 547 S.

Whitney, Thomas P. [Ed.]: Khrushev [Chruschtschow] speaks. — Ann Arbor: University of Michigan Press 1963. 466 S.

Whittle, Peter: One afternoon at Mezzegra. [Benito Mussolini.] — Englewood Cliffs, N. J.: Prentice Hall 1969. 195 S.

Wichterich, Richard: Benito Mussolini. Aufstieg, Größe, Niedergang. — Stuttgart: Dtsch. Verl.-Anst. (1952). 366 S.

Widenmann, Wilhelm: Marine-Attaché an der kaiserlich-deutschen Botschaft in London 1907—1912. Mit e. Einl. von W(alther) Hubatsch. — Göttingen: Musterschmidt 1952. 325 S.
(Göttinger Beiträge für Gegenwartsfragen. 4.)

Widerstand, Kirche, Staat. Eugen Gerstenmaier zum 70. Geburtstag. Hrsg. von Bruno Heck. - (Frankfurt a. M.:) Propyläen-Verl. (1976). 269 S.

Wiechert, Ernst: Häftling Nr. 7188. Tagebuchnotizen und Briefe. (Hrsg. von Gerhard Kamin.) — (München:) Desch (1966). 128 S.

Wiedemann, Fritz: Der Mann, der Feldherr werden wollte. Erlebnisse und Erfahrungen des Vorgesetzten Hitlers im 1. Weltkrieg und seines späteren persönlichen Adjutanten. — (Velbert:) Blick u. Bild Verl. (1964). 270 S.

Wiedemeyer, Wolfgang: Helmut Kohl. Porträt eines deutschen Politikers. Eine biographische Dokumentation. - Bad Honnef: Osang 1975. 216 S.

Wiedemeyer, Wolfgang: Walter Scheel. Ein Porträt. — Freudenstadt: Lutzeyer (1969). 57 S.
(Persönlichkeiten der Gegenwart. 12.)

Wiedemeyer, Wolfgang: Gerhard Stoltenberg. – (Bornheim:) Zirngibl (1975). 95 S.
(Gefragt.)

Wiedenfeld, Kurt: Zwischen Wirtschaft und Staat. Aus den Lebenserinnerungen. — Berlin: De Gruyter 1960. 238 S.

Wiedner, Wolfgang: Theodor Heuss. Das Demokratie- und Staatsverständnis im Zeitablauf; Betrachtungen der Jahre 1902–1963. - Ratingen: Henn 1973. 200 S.
(Schriftenreihe zur Geschichte und politischen Bildung. 13.)
Diss., Universität Mannheim.

Wiemers, Gerald [u.] Ullrich Bewersdorff: Fröhlich bestehen. Zum 85. Geburtstag von Adam Kuckhoff. (Mit e. Geleitw. von E. Poppe, hrsg. von d. Martin-Luther-Universität.) - Wittenberg: [Selbstverl. d. Hrsg.] 1972. 14 S.

Wien, Otto: Ein Leben und viermal Deutschland. Erinnerungen aus siebzig Lebensjahren 1906–1976. - Düsseldorf: Droste (1978). 631 S.

Dr. Alfred **Wiener** 75 Jahre alt. — In: Dtsch. Rdsch. 86 (1960), 294—296.

Wiener, Alfred: Wir Emigranten. Erfahrungen und Empfehlungen von draußen. — In: Dtsch. Univ. Ztg. 9 (1954), H. 7, 14—15.

Wiersing, Klaus: Der Revisionist [Eduard] Bernstein als Historiograph. E. Beitr. zum Selbstverständnis d. dtsch. Sozialdemokratie vor 1914. - Würzburg 1971: Schmitt & Meyer. 152 S.
Diss., Universität Würzburg.

Wighton, Charles: Adenauer. A critical biography. — New York: Coward-McCann 1964. 389 S.
Engl. Ausg. u. d. T.: Adenauer — Democratic dictator. — London: Muller 1963. 389 S.

Wighton, Charles: Heydrich. Hitler's most evil henchman. — London: Odham (1962). 288 S.

Wignall, Sydney: Gefangen im Roten Tibet (Prisoner in Red Tibet, dt.) (Aus d. Engl. übers. von Kurt Lamerdin.) — Stuttgart: Günther 1961. 333 S.

Wilber, Donald N[ewton:] Riza [Reza] Shah Pahlavi. The resurrection and reconstruction of Iran. - Hicksville, N. Y.: Exposition Press (1975). XII, 301 S.
(Exposition-University Book.)

Wilczek, Gerhard: Die Erkenntnislehre [Vladimir Il'ič] Lenins. - Pfaffenhofen a. d. Ilm: Ilmgau Verl. 1974. 146 S.

Wild, Adolf: Baron d'Estournelles de Constant (1852–1924). Das Wirken eines Friedensnobelpreisträgers für die deutsch-französische Verständigung und europäische Einigung. - Hamburg: Stiftung Europa-Kolleg 1973. LXI, 482 S.
(Schriften zur europäischen Integration. 9.)

Wildner, Clemens: Von Wien nach Wien. Erinnerungen eines Diplomaten. — Wien, München: Verl. Herold (1961). 266 S.

Wilhelm, Hans-Heinrich: [Adolf] Hitlers Ansprache vor Generalen und Offizieren am 26. Mai 1944. [Dokumentation.] - In: Militärgesch. Mitt. 1976, H.20, 123–170.

Wilhelmina (Prinzessin der Niederlande): Einsam und doch nicht allein (Eenzaam maar niet alleen, dt.) (Dt. Übertr. von Hans Fischer.) — (Stuttgart:) Evang. Verl.-Werk (1961). 407 S.

Wilkinson, David: Malraux, revolutionist and minister. — In: J. contemp. Hist. 1 (1966), H. 2, 43—64.

Wilkinson, David: Malraux. An essay in political criticism. — Cambridge, Mass.: Harvard University Press 1967. XVI, 224 S.

Willequet, Jacques: Paul-Henri Spaak. Un homme, des combats. - (Bruxelles:) Ed. La Renaissance du Livre (1975). 282 S.

Williams, Donald: Dawes and the 1924 republican vice presidential nomination. — In: Mid-America 44 (1962), 3—18.

Williams, Francis: Ernest Bevin. With a foreword by Clement Attlee. — London: Hutchinson 1952. 288 S.

Williams, Francis: A Prime Minister remembers. The war and post-war memoirs of Earl Attlee. Based on his private papers and on a series of recorded conversations. (Repr.) — London: Heinemann (1961). 264 S.

Williamson, D. G.: Pro and contra [Walther] Rathenau. The controversy in the German press 1914–1918. - In: Wiener Libr. Bull. 28 (1974/75), H. 33/34, 32–43.

Williamson, John G.: Karl Helfferich, 1872—1924. Economist, financier, politician. — Princeton, N.J.: Princeton University Press 1971. 439 S.

Williamson, Samuel R.: Influence, power and the policy process. The case of Franz Ferdinand, 1906–1914. - In: Hist. J. 17 (1974), 417–434.

Willms, Bernhard: Kritik und Politik. Jürgen Habermas oder das politische Defizit der „Kritischen Theorie". - Frankfurt a. M.: Suhrkamp 1973. 207 S.

Willner, Jakub: Moja droga Mauthausen. — Lublin: Wydawnictwo Lubelskie 1965. 220 S.

Willoughby, Charles A. und John Chamberlain: MacArthur 1941—1951. — New York: McGraw-Hill (1954). 550 S.

Wilmowsky, Tilo Frhr. von: Rückblickend möchte ich sagen... An der Schwelle des 150jährigen Krupp-Jubiläums. — Oldenburg, Hamburg: Stalling 1961. 248 S.

Moran, Lord ([d.i.] Sir Charles McMoran **Wilson**): Churchill (Winston Churchill. The struggle for survival 1940—1965, dt.) Der Kampf ums Überleben. 1940—1965. Aus dem Tagebuch seines Leibarztes. — (München:) Droemer Knaur (1967). 863 S.

Wilson, Harold: Unser Sozialismus. — Stuttgart: Dtsch. Verl. Anst. 1965. 126 S.
(Politische Bücherei. 7.)

Wilson, Harold: Die Staatsmaschine (The Labour government, dt.) Erinnerungen des britischen Premiers 1964—1970. (Aus d. Engl. übertr. von Hans Jürgen von Koskull.) — München: Molden 1972. 559 S.

Wilson, Lawrence: The incredible Kaiser. A portrait of William [Wilhelm] II. — London: Hale (1963). 196 S.—

Wimer, Kurt: Wilson and Eisenhower. Two experiences in summit diplomacy. -- In: Contemporary Rev. 1961, H. 1145, 284—295.

Wimmer, Lothar: Zwischen Ballhausplatz und Downing Street. — Wien, München: Fromme 1957. 360 S.

Windell, George C.: Leon Blum and the crisis over Spain, 1936. — In: Historian 24 (1962), 423—449.

Windisch-Graetz, Ludwig A.: Ein Kaiser kämpft für die Freiheit. So begann Ungarns Leidensweg. — Wien, München: Verl. Herold (1957). 227 S.
Karl I. von Österreich.

Windsor, Edward [Albert Christian George Andrew Patrick David Duke of]: Eines Königs Geschichte. (A king's story [dt.]) Die Memoiren des Herzogs von Windsor. (Aus d. Engl. übertr. von Walter Schürenberg.) — Berlin: Blanvalet (1951). 527 S.

Winegarten, Renee: The fascist mentality, Drieu la Rochelle. — In: Wiener Libr. Bull. 22 (1967/68), H. 1, 37—43.

Wingate, Sir Ronald: Lord Ismay. A biography. — London: Hutchinson 1970. VIII, 232 S.

Wingate, Sir Ronald: Not in the limelight. — London: Hutchinson 1959. 232 S.

Winkel, Udo: Rosa Luxemburg und die deutsche Sozialdemokratie. — Gaiganz: Politladen Erlangen 1974. XII, 369, 60 S.
(Politladen-Typoskript. 1.)
Phil. Diss., Universität Erlangen.

Winkler, Henry R.: Sir Lewis Namier. — In: J. mod. Hist. 35 (1963), 1—19.

Winnig, August: Aus zwanzig Jahren. 1925—1945. — Hamburg: Wittig 1951. 296 S.

Winowska, Maria: Le secret de Maximilian Kolbe. — Paris: Ed. Saint-Paul 1972. 191 S.

Winter, E.: Lenin — Erinnerungen in österreichischen Archiven. — In: Z. Slawistik 2 (1957), 481—492.

Winter, Franz Florian: Ich glaubte an die NPD. — Mainz: v. Hase & Koehler (1968). 128 S.

Winzer, Bruno: Soldat in drei Armeen. Autobiograph. Bericht. — Berlin: Verl. d. Nation (1968). 535 S.

Ein Stück **Wirklichkeit** mehr. Zum 25. Jahrestag der Ermordung von Adam Kuckhoff. Hrsg. von Gerald Wiemers. — Berlin: Dtsch. Akademie d. Wissenschaften [1968]. 139 S.

Wirth, Günter: Ein Katholik als Kämpfer für das republikanische Spanien. Dr. Albert Gerhard Müller-Stifter — Forscher, Antifaschist, Interbrigadist. Hrsg. Sekretariat des Hauptvorstandes der CDU. — o. O. 1976. 24 S.
(Hefte aus Burgscheidungen.)

Wiskemann, Elizabeth: Erlebtes Europa (The Europe I saw, dt.) Ein polit. Reisebericht 1930—1945. (Aus d. Engl.) — Stuttgart: Hallwag (1969). 255 S.

Rudolf **Wissell.** Ein Leben für soziale Gerechtigkeit. Unter Mitarb. von Adolf Dünnebacke [u. a.] hrsg. von Otto Bach. — Berlin-Grunewald: Arani-V. (1959). 112 S.

Wistrich, Robert S.: Georg [Ritter] von Schoenerer and the genesis of modern Austrian antisemitism. — In: Wiener Libr. Bull. 29 (1976/77), H. 39/40, 20—29.

Witcover, Jules: White knight. The rise of Spiro Agnew. — New York: Random House 1972. 465 S.

Witetschek, Helmut: Der gefälschte und der echte Mölders-Brief. — In: Vjh. Zeitgesch. 16 (1968), 60—65.

Witke, Roxane: Genossin Tschiang Tsching (Comrade Chiang Ch'ing, dt.) Die Gefährtin Maos erzählt ihr Leben. (Übers. aus d. Amerikan.) — München: Piper (1977). 607 S.

Witos, Wincenty: Fragmenty z pamietnika. — In: Kultura 9 (1955), H. 9, 107—128.

Witt, Peter-Christian: Eine Denkschrift Otto Hoetzschs vom 5. November 1918. [Dokumentation.] — In: Vjh. Zeitgesch. 21 (1973), 337-353.

Wittenberg, Erich: Bismarcks politische Persönlichkeit im Bilde der Weimar-Republik. Eine ideengeschichtl. Beleuchtung e. polit. Tradition. — Lund, Schweden: Gleerup.
1. Geschichte und Tradition von 1918 bis 1933 im Bismarckbild der deutschen Weimar-Republik. Ideengeschichtl. zum Aufkommen d. totalitär. Staates. (1969). 319 S.

Wittig, Roland: Die Versuchung der Macht. Essayistik und Publizistik Heinrich Manns im französischen Exil. — Frankfurt a. M.: Lang 1976. 445 S.
(Tübinger Studien zur deutschen Literatur. 1.)
Diss., Universität Tübingen.

Wiznitzer, Manuel: Arnold Zweig et le pays d'Israel: Patrie ou exil? — Paris 1976. 338 S.
Diss., Université de Paris.

Władyka, Maria: Teoria faktu społecznego w systemie socjogicznym Emila Durkheima. — Wrocław: Ossolineum 1974. 164 S.

Wodak, Walter: Diplomatie zwischen Ost und West. — Graz: Verl. Styria (1976). 235 S.
(Österreichische Diplomaten.)

Wohl, Robert: La révolution ou la mort. Raymond Lefebvre and the formation of the French Communist Party. — In: Internat. Rev. soc. Hist. 7 (1962), 177—202.

Leo **Wohleb** 1888—1955. Zum 10. Todestag am 12. März 1965 zsgest. von seiner Frau. — Karlsruhe: Badenia Verl. (1965). 48 S.

Leo **Wohleb,** der andere politische Kurs. Dokumente und Kommentare. Hrsg. von Paul-Ludwig Weihnacht, in Verb. mit Maria Wohleb u. Hans Maier. — Freiburg: Rombach (1975). 176 S.

Wohlgemuth, Heinz: Karl Liebknecht. Eine Biographie. [Parteihochschule Karl Marx beim ZK der SED.] — Berlin: Dietz 1973. 533 S.

Wojna, Ryszard: Strauss and Europe. — In: Polish persp. 12 (1969), H. 4, 15—28.

Wolf, Curt: Willy Brandt, Mann ohne Kompaß. SPD zwischen Wehner, Brandt und Brenner. — Recklinghausen: Kommunal-Verl. (1961). 77 S.

Wolf, Erik: Umbruch oder Entwicklung in Gustav Radbruchs Rechtsphilosophie? — In: Archiv f. Rechts- u. Sozialphil. 45 (1959), 481—503.

Wolf, K.: Hans Kohn's liberal nationalism. The historian as prophet. — In: J. hist. Ideas 37 (1976), 651-672.

Wolf, Karin: Sir Roger Casement und die deutsch-irischen Beziehungen. — Berlin: Duncker & Humblot 1972. 205 S.
(Historische Forschungen. 5.)

Wolf, Lore: Ein Leben ist viel zu wenig. — Frankfurt a. M.: Röderberg (1974). 183 S.

Wolf, Mechthild: Ignaz von Plener. Vom Schicksal eines Ministers unter Kaiser Franz Joseph. - München: (Lerche) 1975. 210 S.
(Wissenschaftliche Materialien und Beiträge zur Geschichte und Landeskunde der böhmischen Länder. 20.) Saarbrücken, phil. Diss. vom 17./18. Februar 1972.

(Wolff Metternich, Paul Graf:) Gegen die Unvernunft. Der Briefwechsel zwischen Paul Graf Wolff Metternich u. Wilhelm Solf 1915—1918. Mit 2 Briefen Albert Ballins. Hrsg. von Eberhard von Vietsch. — Bremen: Schünemann (1964). 145 S.
(Zeugen ihrer Zeit.)

Wolfskehl, Karl: Zehn Jahre Exil. Briefe aus Neuseeland 1938—1948. Hrsg. u. eingel. von Margot Ruben. Mit einem Nachwort von Fritz Usinger. — Heidelberg, Darmstadt: Lambert Schneider 1959. 429 S.

Wolfskill, George [u.] John A. Hudson: All but the people. Franklin D. Roosevelt and his critics, 1933—1939. — New York: Macmillan 1969. 386 S.

Wollenberg, Erich: Gerhart Eisler — ein Toter auf Urlaub. — In: Dtsch. Rdsch. 78 (1952), 249—256.

Wollschläger, Dagmar: Zu Lenins Deutschland-Interessen. — In: Osteuropa 20 (1970), 232—239.

Woods, John A.: Roosevelt and modern America. — New York: Macmillan; London: English Universities Press 1959. 192 S.

Woolton, Earl of: Memoirs. — London: Cassell 1959. 416 S.

Wooten, James: Dasher. The roots and the rising of Jimmy Carter. - New York: Summit Books 1978. 377 S.

Wormser, Georges: Georges Mandel. — Paris: Plon 1967. 320 S.

Wrangel, Baron Peter N.: Always with honour. Foreword by Herbert Hoover. — New York: Speller 1957. 356 S.

Wrangell, Wilhelm Baron: Am Nullpunkt. — In: Jb. d. balt. Deutschtums 12 (1965), 86—96.

Wrench, John Evelyn: Alfred Lord Milner. — London: Eyre & Spottiswoode 1958. 398 S.

Wright, Gordon: Ambassador Bullitt and the fall of France. — In: World Politics 10 (1957/58), 63—90.

Wright, Q.: Woodrow Wilson and the League of Nations. — In: Soc. Res. 24 (1957), H. 1, 65—86.

Wright, Robert: The man who won the battle of Britain. [Air Chief Marshal Lord Dowding.] — New York: Scribner 1969. 291 S.

Wrigley, Chris: David Lloyd George and the British Labour Movement. Peace and war. - New York: Barnes & Noble (1976). X, 298 S.

Wroblewsky, Vincent von: Jean-Paul Sartre. Theorie und Praxis eines Engagements. - Frankfurt a. M.: Verl. Marxist. Bll. 1977. 134 S.
(Zur Kritik der bürgerlichen Ideologie. 77.)

Wrona, Vera: Die theoretisch-weltanschauliche Entwicklung August Bebels. — In: Z. Geschichtswiss. 16 (1968), 347—362.

Wucher, Albert: Hitlers letzte Phrasen. — In: Polit. Studien 11 (1960), 798—805.

Wüst, Hans: Franz Josef Strauß. — München, Köln: Olzog (1957). 47 S.
(Münchner Porträts. 5.)

Wulf, Joseph: Martin Bormann, Hitlers Schatten. — (Gütersloh:) Mohn (1962). 254 S.

Wulf, Joseph: Dr. Hans Frank, Generalgouverneur im besetzten Polen. — In: Aus Politik und Zeitgeschichte, Beilage zur Wochenzeitung „Das Parlament", vom 2. August 1961, 453—463.

Wulf, Josef: Heinrich Himmler. Eine biographische Studie. — Berlin-Grunewald: Arani-Verl. (1960). 39 S.
(Das Dritte Reich und seine Mörder. 2.)

Wulf, Josef: Raoul Wallenberg. — Berlin: Colloquium-V. 1958. 96 S.

Wulff, Wilhelm Th[eodor] H[einrich]: Tierkreis und Hakenkreuz. Als Astrologe an Himmlers Hof. — (Gütersloh:) Bertelsmann-Sachbuchverl. (1968). 248 S.

Wulffen, Christian: Mitteldeutsches Tagebuch 1952—1954. — Eßlingen: Bechtle 1955. 120 S.

Wulffen, Christian: Mitteldeutsches Tagebuch. - Esslingen: Bechtle.
(2.) 1955—1957. (1958.) 111 S.
(3.) Neue Folge. 1958—1959. (1960.) 105 S.
4. 1960 bis zum 13. August 1961. (1962.) 119 S.

Wurm, Theophil: Erinnerungen aus meinem Leben. — Stuttgart: Quell-V. 1953. 228 S.

Wyatt, Woodrow: Churchill als Parlamentarier. Ein Labour-Abgeordneter zum 80. Geburtstag des englischen Premiers. — In: Monat 7 (1954/55), T. 1, 243—254.

Wyckoff, Theodore: Henry L.(ewis) Stimson, amerikanischer Kriegsminister im 2. Weltkrieg. — Bonn 1968: (Rhein. Friedrich-Wilhelms-Universität). 307 S.
Bonn, phil. Diss. vom 26. Juli 1967.

Wynen, Arthur: Ludwig Kaas. — Trier: Paulinus-V. 1953. 62 S.

Wynn, Wilton: Nasser of Egypt. The search for dignity. — Cambridge: Arlington Books 1959. X, 213 S.

Wysocki, Alfred: Tajemnice dyplomatycznego seifu. - Warszawa: Książka i Wiedza 1974. 806 S.

Yavuz, Fehmi: Ernst Reuter in der Türkei (Prof. Ernst Reuter, dt.) 1935—1946. — (Berlin: Presse- u. Informationsamt 1970). 80 S.

Yerushalmi, Eliezer: Pinkas Shavli. A diary from a Lithuanian ghetto, 1941—1944. — Jerusalem: Yad Washem 1958. 420 S.

Yorck von Wartenburg, Paul Graf: Besinnung und Entscheidung. Fragen an die Gegenwart. Aufsätze und Vorträge. — Stuttgart: Vorwerk (1971). 213 S.

Yoshida, Shigeru: The Yoshida memoirs. The story of Japan in crisis. Transl. by Kenichi Yoshida. — London: Heinemann (1961). 302 S.

Young, Arthur James Balfour. The happy life of the politician, prime minister, statesman and philosopher, 1848—1930. — London: Bell 1963. XXXVI, 516 S.

Young, A[rthur] P[rimrose]: The „X" documents. Ed. by Sidney Aster. - London: Deutsch 1974. 253 S.
[Über Carl Friedrich Goerdeler.]

Young, Desmond: Rommel [dt.] (Dt. von Carl Brinnitzer.) Mit einem Vorwort von Claude Auchinlek. — Wiesbaden: Limes-V. 1950. 320 S.

Young, G. M.: Stanley Baldwin. — London: Hart-Davis 1952. 266 S.

Young, Gordon: The fall and rise of Alfried Krupp. — London: Cassell (1960). XI, 178 S.

Young, Harry F.: Maximilian Harden, censor Germaniae. The critic in opposition from Bismarck to the rise of nazism. — The Hague: Nijhoff 1959. 288 S.
(*International Scholars Forum. 11.*)

Young, Harry F.: Maximilian Harden, censor Germaniae, [dt.] Ein Publizist im Widerstreit von 1892—1927. (Aus d. Engl. Red. d. dt. Ausg.: Ulla C. Lerg-Kill.) — Münster: Regensberg (1971). 291 S.
(*Dialog der Gesellschaft. 6.*)

Young, Kenneth: Stanley Baldwin. Introd. by A[lan] J[ohn] P[ercivale] Taylor. - London: Weidenfeld & Nicolson (1976). XI, 161 S.

Young, Kenneth T.: Sir Alec Douglas-Home. — London: Dent 1970. XII, 282 S.

Zakaria, Rafiq [Ed.]: A study of Nehru. Foreword by Rajendra Prasad. — Bombay: The Times of India Press 1959. 478 S.

Zander, Jürgen: Das Problem der Beziehungen Max Webers zu Karl Marx. - Frankfurt a. M.: Haag & Herchen 1978. IX, 179 S.

Zapponi, Niccolò: Ezra Pound e il fascismo. - In: Storia contemp. 4 (1973), 423–479.

Zbyszewski, W. A.: Fragmenty pamiętników min. Szembeka. — In: Kultura 1952, H 6, 49—73.

Zebel, Sydney H.: [Arthur James] Balfour. A political biography. - Cambridge: Cambridge University Press 1973. VIII, 312 S.
(*Conference on British Studies. Biographical Series.*)

Zechlin, Egmont: Ludendorff im Jahre 1915. Unveröffentlichte Briefe. — In: Hist. Z. 211 (1970), 316—353.

Zechlin, Walter: Pressechef bei Ebert, Hindenburg und Kopf. Erlebnisse eines Pressechefs und Diplomaten. — Hannover: Schlütersche Verl.-Anst. u. Buchdr. (1956). 234 S.

Zehm, Günter Albrecht: Historische Vernunft und direkte Aktion. Zur Politik und Philosophie Jean-Paul Sartres. — Stuttgart: Klett (1964). 320 S.
(*Frankfurter Studien zur Wissenschaft von der Politik. 1.*)

Zehn, Günter Albrecht: Ernst Bloch. In: Monat 14 (1961), H. 158, 21—28.

Zelinsky, Hartmut: Richard Wagner - ein deutsches Thema. Eine Dokumentation zur Wirkungsgeschichte Richard Wagners, 1876-1976. - (Frankfurt a. M.:) Zweitausendeins (1976). 292 S.

Zeller, Eberhard: Claus und Bertold Stauffenberg. — In: Vjh. Zeitgesch. 12 (1964), 223—249.

Zentner, Christian: Das Verhalten von Georg Leber analysiert unter dem Aspekt seiner machtpolitischen Bedeutung für die deutsche Gewerkschaftsbewegung und die Sozialdemokratische Partei Deutschlands. — Mainz: v. Hase & Koehler (1966). 226 S.
Diss., München.

Zerkaulen, Heinrich: Zwischen Nacht und Tag. Erlebnisse aus dem Camp 94. — München: Mühlberger 1951. 263 S.

Zerner, Ruth: Dietrich Bonhoeffer and the Jews. Thoughts and actions, 1933-1945. - In: Jew. soc. Stud. 37 (1975), 235-250.

Zeßner, Klaus: Josef Seliger und die nationale Frage in Böhmen. Eine Untersuchung über die nationale Politik der deutschböhmischen Sozialdemokratie 1899-1920. Hrsg.: Seligerarchiv, Stuttgart. – Stuttgart: [Selbstverl. d. Hrsg.] (1976). 257 S.
Diss., Universität Saarbrücken.

Zessner-Spitzenberg, Hans Karl: Kaiser Karl. Aus d. Nachlaß hrsg. v. Erich Thanner.—Salzburg: Salzburger Verl. f. Wirtschaft u. Kultur 1953. 294 S.

Zetkin, Klara: Unveröffentlichte Briefe an Heleen Ankersmit. — In: Beitr. Gesch. dtsch. Arbeiterbewegung 9 (1967), 659—692.

Zetkin, Clara: Ausgewählte Reden und Schriften. — Berlin: Dietz.
1. Auswahl aus den Jahren 1889 bis 1917. Vorw. von Wilhelm Pieck. 1957. XIX, 799 S.

Zetkin, Clara: Zur Theorie und Taktik der kommunistischen Bewegung. Hrsg. von Katja Haferkorn [u.] Heinz Karl. - Leipzig: Reclam 1974. 511 S.
(*Reclams Universal-Bibliothek. 549.*)

Zevin, Vladimir: Wladimir Iljitsch Lenin [V. I. Lenin, dt.] Leben und Wirken. - Moskau: APN-Verl. 1974. 207 [65] S.

Ziebura, Gilbert: Léon Blum. Theorie u. Praxis einer sozialistischen Politik. — Berlin: de Gruyter.
1. 1872—1934. 1963. VIII, 526 S.

Ziegler, Hans Severus: Adolf Hitler aus dem Erleben dargestellt. — Göttingen: Schütz (1964). 300 S.

Ziehm, Ernst: Aus meiner politischen Arbeit in Danzig 1914—1939. — Marburg: Gottfried-Herder-Institut 1957. VII, 200 S.

Ziehm, Ernst: Aus meiner politischen Arbeit in Danzig 1914—1939. 2. Aufl. — Marburg/Lahn 1960: (Johann Gottfried Herder-Inst.) VII, 200 S.
(*Wissenschaftliche Beiträge zur Geschichte und Landeskunde Ost-Mitteleuropas. 25.*)

Zierer, Otto: Franz Josef Strauß. Lebensbild. — (München:) Herbig 1978). 400 S.

Zilliacus, K.: Tito of Yugoslavia. — London: Michael Joseph (1952). 303 S.

Zillich, Heinrich: Hermann Neubacher und der Wiener Schiedsspruch. — In: Südostdtsch. Vjbl. 9 (1960), 204–208.

Zimmermann, Ludwig: Paul Cambon. Schöpfer der Entente cordiale mit England. — Göttingen: (Musterschmidt [1964].) 35 S.
(Studien zum Geschichtsbild. 18.)

Zini, Zino: La tragedia del proletariato in Italia. Diario 1914–1926. Pref. di Giancarlo Bergami. - Milano: Feltrinelli 1973. 275 S.

Zipfel, Friedrich: Hitlers Konzept einer „Neuordnung" Europas. E. Beitr. zum polit. Denken d. deutschen Diktators. — In: Aus Theorie und Praxis der Geschichtswissenschaft, Festschrift für Hans Herzfeld, Berlin: de Gruyter 1972, 154—174.

Zipfel, Friedrich: Wir wollen unseren Kaiser Wilhelm wiederhaben! — In: Monat 6 (1953/54), T. 2, 76—79.

Zirngibl, Willy: Werner Maihofer. - (Bornheim:) Zirngibl (1975). 95 S.
(Gefragt.)

Zitta, Victor: Georg Lukács' marxism, alienation, dialectics, revolution. — The Hague: Nijhoff 1964. XVI, 305 S.

Ze života a činnosti Klementa Gottwalda. — Praha: Orbis 1954. 307 S.
Aus dem Leben und Schaffen Gottwalds.

Zmarzlik, Hans-Günter: Bethmann Hollweg als Reichskanzler 1909—1914. Studien zu Möglichkeiten und Grenzen seiner innerpolitischen Machtstellung. — Düsseldorf: Droste-V. (1957). 160 S.
(Beiträge zur Geschichte des Parlamentarismus und der politischen Parteien. 11.)

Zmarzlik, Hans-Günter: Das Bismarckbild der Deutschen gestern und heute. (Vortrag.) — Freiburg: Becksmann [1967]. 35 S.

Zmarzlik, Hans-Günter: Lebendige Vergangenheit. Eine Würdigung Gerhard Ritters. — In: Hist. Z. 207 (1968), 55—74.

Zoff, Otto: Tagebücher aus der Emigration ⟨1939—1944⟩. Mit e. Nachw. von Hermann Kesten. (Aus d. Nachlaß hrsg. von Liselotte Zoff u. Hans-Joachim Pavel.) — Heidelberg: Schneider 1968. 293 S.
(Veröffentlichungen der Deutschen Akademie für Sprache und Dichtung. 41.)

Zohn, Harry: Theodor Herzl, der Mann und das Werk. - In: Z. Gesch. Juden 10 (1973), 73–84.

Zpověď K[arl] H[ermanna] Franka. Podle vlastních výpovedi v dobe vazby u krajského soudu trestního na pankráci. S úvodem a za technické spoluprace Karla Vykusy. — Praha: Cíl 1946. 191 S.

Zubek, Th. J.: Monsignor Jozef Tiso —controversial personality. — In Slovakia 6 (1956), H.3/4, 15—24.

Zubow, Valentin Graf: Eine Welt ändert ihr Gesicht. Erinnerungen aus den Jahren der russischen Revolution ⟨1917—1925⟩. — München: W. Fink 1967. 160 S.

Zuckermann, Sir Solly: From apes to warlords. - New York: Harper 1978. 447 S.

Schukow, Georgi K. [Žukov, Georgij Konstantinovič]: Erinnerungen und Gedanken. — Stuttgart: Dtsch. Verl.-Anst. (1969). 692 S.

Zunz, Leopold: Jude, Deutscher, Europäer. [Briefe.] Ein jüdisches Gelehrtenschicksal d. 19. Jahrhunderts in Briefen an Freunde. Hrsg. u. eingel. von Nahum N[orbert] Glatzer. — Tübingen: Mohr 1964. XII, 498 S.
(Schriftenreihe wissenschaftlicher Abhandlungen des Leo Baeck Instituts. 11.)

Zur Linden, Wilhelm: Blick durchs Prisma. Lebensbericht eines Arztes. (Autobiographie der Jahre 1896—1964.) (3., durchges. Aufl.) — Frankfurt a.M.: Klostermann (1966). 304 S.

Zweig, Stefan und Friderike Zweig: Briefwechsel. 1912—1942. (1. Aufl.) — Bern: Scherz (1951). 358 S.

Zweig, Stefan: Die Welt von gestern. 58.—77. Ts. — [Frankfurt a. M.:] S. Fischer [1952]. 402 S.

Zweig, Stefan: Zeit und Welt. Gesammelte Aufsätze und Vorträge 1904—1940. Hrsg. von Richard Friedenthal. — Frankfurt a. M.: S. Fischer (1952). 375 S.

Zwerenz, Gerhard: Walter Ulbricht. — München: Scherz (1966). 57 S.
(Archiv der Zeitgeschichte.)

Register

Bei jedem Eintrag verweisen die nachgestellten Zahlen auf die entsprechenden Seiten. Da das Register mit Hilfe der elektronischen Datenverarbeitung hergestellt wurde, sind Sachtitel abweichend vom Hauptteil nach der mechanischen Wortfolge unter Vernachlässigung der Artikel am Anfang geordnet. Bei den Personen war es leider nicht in jedem Fall möglich, die Namen in eine vollständige und einheitliche Form zu bringen.

VERFASSER-, HERAUSGEBER- UND SACHTITELREGISTER

Aaron, Jan 221
Abbott, Philip 97
Abdel Rahman, el Nasri 34
Abdel-Malek, Anouar 102
Abdine, Abdul Latif 213
Abelein, Manfred 120
Abend, H. 221
Abend, Murray 221
Abendroth, Friedrich 221
Abendroth, Walter 102
Abendroth, Wolfgang 76 82 133 152 164 221
Abernethy, George L. 32
Abernon, Viscountess d' 221
Abmeier, Hans-Ludwig 221
Abosch, Heinz 128 221
Abraham Frowein 267
Abraham, Henry J. 221
Abramowski, Günter 221
Abromeit, Heidrun 160
Abschied von Konrad Adenauer 221
Abshagen, Karl Heinz 221
Absolon, Rudolf 40
Abusch, Alexander 221
Ach, Manfred 221
Acham, Karl 58
Acheson, Dean 193 221
Achminow, German Fedor 111
Achminow, Herman 111
Achminow, Hermann 59
Achterberg, Erich 221
Achterberg, Norbert 144
Acker, Detlev 221
Ackerman, Nathan Ward 128
Ackermann, Josef 221
Adam, August 152
Adam, Uwe Dietrich 138
Adamczyk, Alexander 10 22
Adamo, Hans 175
Adamovich, Ludwig 221
Adams, Henry A. 221
Addis Saba, Marina 123
Adelberg, Dietmar-Joachim 10
Adelung, Bernhard 221
Adenauer, Konrad 222
Adenauer-Studien 222
Aderhold, Dieter 152
Adibekov, Grant M. 165
Adler, Georg 165
Adler, Gusti 222
Adler, Hans Günther 76 90
Adler, Les K. 158
Adler, Marta 222
Adler-Bresse, Marcelle 34
Adler-Rudel, S. 90
Adolf Heusinger 285
Adolf Hitler 287
Adolph, Hans. J. L. 222
Adolph, Walter 222
Adorno, Theodor W. 72 74 76 131 162
Adrian, Wolfgang 152
Afanas'ev, Viktor Grigor'evich 111
Afheldt, Horst 178
Agaršev, A. 222
Agazzi, Emilio 222
Aggleston, F. W. 257
Aggressionstrieb und Krieg 205
Agnelli, Arduino 222

Agnew, Spiro T. 222
Agnoli, Johannes 81 152
Agócs, Sándor 222
Agosti, Aldo 170 222
Agwani, Mohammed Shafi 119
Ahlberg, René 76 107
Ahmad, Mohammad 222
Ahrens, Franz 222
Aich, Thomas 76
Aichelin, Helmut 222
Aigner, Dietrich 222
Ainsztein, Reuben 222
Airo, A. F. 222
Ake, Claude 131
Akehurst, Michael 184
Akenson, D. H. 222
Akzin, Benjamin 210
Alatri, P. 123
Alatri, Paolo 123 223
Albano-Müller, Armin 213
Albert Speer 362
Albertini, Alberto 223
Albertini, Rudolf von 202
Albertz, Heinrich 223 335
Albig, William 172
Albrecht, Dieter 158
Albrecht, Ernst 140
Albrecht, Karl J. 111
Alcock, Antony Evelyn 213
Aleff, Eberhard 5
Aleksandrov, G. F. 223
Alemann, Heine von 223
Alemann, Ulrich von 131 144 209
Alexander, C. 223
Alexander, Edgar 223
Alexander, Horace 223
Alexander, Manfred 223
Alexander of Tunis, Earl Harold Rupert George 175
Alexander, Robert J. 120 223
Alexander, Yonah 175
Alexandrov, Victor 223
Alff, Wilhelm 120 123
Alföldy, Géza 55
Alfred Delp S.J.Kämpfer, Beter, Zeuge 252
Algisi, Leone 223
Alix, Christine 85
Alker, Ernst 223
Allard, Sven 223
Allardcee, Gilbert 123
Allardt, Erik 76
Allardt, Helmut 223
Allardyce, Gilbert 223
Allemann, Fritz René 100 178 223
Allemeyer, Werner 152
Allen, David 34
Allen, R. L. 213
Allen, Richard C. 223
Allen, Richard V. 152
Allen, Victor Leonard 165
Allende, Salvador 223
Allerbeck, Klaus R. 82
Allighan, Garry 223
Allilueva, Svetlana 223
Allmayer-Beck, Johann Christoph 99
Allworth, Edward 14
Aloisi, Pompeo Baron 223

Alpatow, M. A. 59
Alperovitz, Gar 193
Alphabetischer Katalog der Bibliothek des Instituts für Zeitgeschichte 4
Alphand, Hervé 223
Alphonse Pierre Juin 294
Alsop, Stewart 223
Altenhöfer, Ludwig 223
Alter, Reinhard 223
Alternative unserer Zeit 111
Althaus, Paul 50
Althusser, Louis 107
Altmann, Alexander 223
Altmann, Rüdiger 172
Altmeier, Peter 162
Alvarez, Alejandro 184
Alvensleben, Udo von 223
Alwens, Ludwig 152
Alzin, Josse 223
Amadeo, Mario 193
Amaudruz, G.-A. 82
Amba, Achmed 224
Amelunxen, Rudolf 224
Amendola, Giorgio 116
Amendola Kühn, Eva 224
Amerikanische Publikationsreihen über Osteuropa 48
Amerongen, Martin von 224
Améry, Jean 82 128 224
Amery, Leopold Stennett 224
Amouroux, Henri 224
Amsler, Jean 224
Amtliches Schrifttum der Bundesrepublik 21
Anachronistische Souveränität 199
Anarchismus 175
Anarchismus. Grundtexte zur Theorie und Praxis 175
Anarchismus. Theorie, Kritik, Utopie 175
Anarchistes 1870–1940 175
Anatomie des Antikommunismus 111
Ander, O. Fritiof 224
Anders, Günther 224
Anders, Wladyslaw 224
Anderson, Donald F. 224
Anderson, Jack 224
Andford, Rolf 224
Andics, Hellmut 128
Andrae, Wilhelm 100
André, P. J. 120
Andreas, Bert 5 224
Andreas Gayk und seine Zeit 269
Andreas, Willy 224
Andreas-Friedrich, Ruth 224
Andreev, A. M. 224
Andreotti, Giulio 224
Andresen, Hans 67
Andrews, Herbert D. 59
Andrews, James F. 224
Andrews, Lewis M. 152
Andrews, William G. 176 224
Angel, Pierre 224
Angeli, Roberto 152
Angermann, Erich 224
Anklagen 221
Annet, Armand 224
Anpassung oder Widerstand 165

Ansaldo, Juan Antonio 224
Anschütz, Oskar 178
Ansichten einer künftigen Geschichtswissenschaft 50
Anson, Robert Sam 224
Ansprenger, Franz 202
Anstoß und Ermutigung 224
Anti-Hitler nazi 327
Anti-Hitler-Nazi 224
Antisemitismus. Die permanente Herausforderung 128
Antisemitismus. Zur Pathologie d. bürgerlichen Gesellschaft 128
Anti-Stalin campaign and international communism 111
Antonicelli, Franco 49
Antonow-Owsejenko, W. 224
Anweiler, Oskar 111 158 224
Apartheit und Menschenrechte 148
Apel, Hans 224
Apelt, Willibalt 224
Apfelbacher, Karl-Ernst 85
Appadorai, A. 193
Apropos Strauß 365
Apter, David E. 175
Aquarone, Alberto 158 224
Arango, E. Ramón 224
Arbatov, Georgi 193
Arbeiter über ihr Leben 82
Arbeiterbewegung und westeuropäische Integration 165
Arbeiterschaft im kalten Krieg 165
Arbeitsbericht für Auslandsbeziehungen 46
Arcais, F. d' 102
Archivar und Historiker 41
Archivarbeit und Geschichtsforschung 59
Archivbestände zur Geschichte der böhmischen Länder 34
Archive 41
Archive der Sozialdemokratischen Partei Deutschlands 41
Archive in den deutschen Ostgebieten 41
Archives in Israel 41
Ardenne, Manfred von 224
Arendt, Hannah 49 76 97 131 152 158 176 207 224
Arens, Hanns 338
Arenz, Wilhelm 224
Aretin, Erwein von 225
Aretin, Karl Otmar Frhr von 34 49 59 85 225
Aretin, Karl Ottmar Frhr von 120
Arge, Voldemar-Paul 184
Arista, G. B. 22
Armanski, Gerhard 102
Armaroli, Mino 123
Armonas, Barbara 225
Armstrong, Hamilton Fish 213
Armstrong, John P. 225
Arnault, J. 202
Arndt, Adolf 152 225
Arndt, Ernst Erich 100
Arndt, Hans Joachim 225
Arndt, Heinz von 225
Arnold, Guy 225
Arnold, H. H. 225
Arnold, Hermann 90
Arnolt Bronnen gibt zu Protokoll 241
Arnot, Alexander 150
Arns, Günter 225
Arnsberg, Paul 90

Arntz, Joachim 213
Aroma, Nino d' 225
Aron, R. 158
Aron, Raymond 51 72 76 90 97 102 107 130 131 152 225
Aron, Robert 225
Aroneanu, Eugène 184
Aronsfeld, C. C. 225
Arrupe, Pedro 85
Arsenio, Torres, José 152
Art, Robert J. 193
Arthoffer, L. 225
Artieri, Giovanni 225
Arx, Herbert Julius von 184
Aschenauer, Rudolf 225
Ascher, Abraham 102
Asenbach, W. von 225
Asendorf, Manfred 51
Ashbell, Bernard 225
Ashe, Geoffrey 225
Asher, Robert E. 213
Asmussen, Hans 152 178
Aspekte der Entwicklungssoziologie 82
Aspinall-Oglander, Cecil 225
Assae, Jacques Ploncard d' 120
Assel, Hans Guenther 152
Assel, Hans-Günther 76 138 206 225
Assises du mouvement communiste mondial 111
Assmann, Kurt 225
Assmus, Erhard 178
Assmus, Ursula 10
Aster, Sidney 225
Astier, Emmanuel d' 225
Atherton, Alexine L. 210
Atlantic Community 15
Atomenergie 15
Attia, Gamal el din 213
Attlee, Clement Richard 225
Aubert, Louis 225
Aubin, Hermann 49
Auburtin, Jean 225
Audry, Colette 225
Auer, Frank von 226
Auer, Johann 226
Auerbach, Hellmuth 46 226
Aufermann, Jörg 172
Auffray, Bernhard 226
Aufgabe und Gestaltung des Geschichtsunterrichts 67
Aufgaben des Instituts für Geschichte des deutschen Volkes 46
Aufrecht zwischen den Stühlen 226
Aufricht, Hans 5
August Bebel 229
August Bebels Briefwechsel mit Friedrich Engels 229
August Bebels Briefwechsel mit Karl Kautsky 241
Auman, Hans J. 226
Auphan, Paul 202
Auriol, Vincent 226
Aurora, Elio d' 226
Aus der Arbeit des Bundesarchivs 41
Aus der Aufklärung in die permanente Restauration 51
Aus der Frühgeschichte der deutschen Arbeiterbewegung 103
Aus Geschichte und Leben der Juden in Westfalen 92
Ausgewählte Bibliographie zu Judentum und Judenfeindschaft 5
Ausmeier, Peter 226
Austromarxismus 107

Auswahlbibliographie zur europäischen Integration 17
Automation 1949–1959 5
Autorität der Freiheit 85
Autorität und die Deutschen 76
Auty, Phyllis 226
Avakumović, Ivan 226
Avi-hai, Avraham 226
Avicenne, Paul 3
Avineri, Shlomo 226
Avron, Robert 226
Avtorchanov, A. 118
Avtorkhanov, Abdurakhman 226
Axen, Hermann 102
Ayub Khan, Mohammed 226
Azad, Maulana Abul Kalam 226
Azaola, José Miquel de 120

Ba Maw 227
Baade, Fritz 152
Babkin, B. P. 226
Bach, Jürgen A. 226
Bach, Otto 226 383
Bach, Wolfgang 51
Bachman, Marie-Louise 23
Bachmann, Harald 34 59 226
Bachofen, Maja 226
Bachrach, Peter 76
Bachstein, Martin K. 226
Backhaus, Volker 34
Baczkowski, Włodzimierz 226
Bade, Klaus J. 160
Baden, Hans Jürgen 226
Baden, Max Prinz von 226
Bader, Karl Siegfried 65
Badia, Gilbert 226
Badke, Rolf 226
Badner, Heinz 76
Badstübner, Rolf 59
Badura, Bernhard 75
Bächinger, Konrad 67
Bähr, Hans Walter 362
Bänziger, Hans 226
Bärsch, Claus-Ekkehard 140
Bärtschi, Hans Emil 226
Bäumer, Gertrud 227
Bäumlin, Richard 152
Baechler, Jean 160 176
Baeck, Leo 90
Baer, Chr.-Claus 144
Baerwald, Friedrich 227
Baeyer-Katte, Wanda von 207
Bagby, Wesley M. 227
Bagge, Povl 51
Baglaj, M. W. 160
Bahne, Siegfried 59 111 112 120 130 170
Bahr, Ehrhard 227
Bahrdt, Hans Paul 178
Bahro, Rudolf 102
Baier, Horst 72
Bailey, S. D. 107
Bailey, Sidney Dawson 178
Baily, Sydney Dawson 213
Bakaric, Vladimir 227
Baker, Donald N. 227
Baker, John R. 82
Baker, Liva 227
Baker, Rachel 227
Baker, Richard St. Barbe 227
Bakunin, Michail Aleksandrovič 227
Balabanoff, Angelica 170 227
Bald, Detlef 203
Baldelli, Giovanni 175

Baldensperger, Fernand 227
Baldwin, A. W. 227
Baldwin, David A. 203
Balekjian, Wahé Hagop 185
Balen, Sime 227
Balfour, Michael 227
Balinsky, Alexander 107
Ball, George W. 207
Ball, Mary Margaret 193
Ball, W. Macmahon 120
Ball-Kaduri, Kurt Jakob 18 34 227
Ballaloud, Jacques 213
Ballola, Renato Carli 227
Balser, Frolinde 102
Baltl, Hermann 185
Balys, Jonas 22
Bamberg, Heinz-Dieter 46
Bamberger-Beyfus, Elise 227
Banks, Joseph A. 227
Bankwitz, Philip C. F. 227
Banning, W. 112
Bannister, Sybil 227
Banuls, André 227
Bar-Zohar, Michel 228
Barandon, Paul 212
Baratto, Alessandro 227
Barbey, Bernard 227
Barbier, J.-B. 227
Barbier, Maurice 202
Barbu, Zevedei 158
Bardens, Dennis 227
Bardoux, Jacques 227
Barents, Jan 131
Barié, Ottavio 227
Bariéty, Jacques 227
Baring, Arnulf 227
Barion, Jakob 144
Bark, Sir Peter 228
Barker, Dudley 228
Barkhausen, Hans 35
Barmeyer, Heide 67
Barnard, John T. 228
Baron, Lawrence 228
Baron, Salo W. 128
Barraclough, Geoffrey 51 59 81
Barrett, J. Horton 228
Barringer, Richard E. 178
Barron, Gloria J. 228
Barros, James 228
Barry, Colman J. 228
Bartel, Horst 165
Bartel, Walter 51
Barth, Eberhard 178
Barth, Karl 228
Barthel, Konrad 49 67
Barthelot, Jean 228
Bartley, Robert 101
Bartolai, Sante 228
Bartolini, Alfonso 22
Bartoszewski, Władysław 228
Bartsch, Gerhard 51
Bartsch, Günter 82 102 112 118 175 176 228
Baruch, Bernard M. 228
Barzel, Rainer 150 228
Basak, Adam 213
Bašanov, Boris 228
Basic bibliography 15
Bass, David 5
Bassi, Maurizio 228
Bassiouni, Cherif 175
Basso, Lelio 228
Bastid, Suzanne 213
Bastide, Roger 82

Battaglia, Felice 140
Battaglia, Roberto 59
Batty, Peter 228
Bauchard, Philippe 228
Baudin, Louis 76 156
Baudouin, Paul 228
Bauer, Arnold 228
Bauer, Clemens 67 85
Bauer, Ernest 117 228
Bauer, Franz 165
Bauer, Fritz 123 150 228
Bauer, Gerhard 51
Bauer, K. 123
Bauer, Manfred 228
Bauer, Otto 124 229
Bauer, Wilhelm 229
Bauer, Yehuda 229
Bauermann, Rolf 107
Baum, Hanna 18
Baumer, Franz 229
Baumert, Alfred 229
Baumgärtner, Franz Josef 229
Baumgart, Franzjörg 59
Baumgart, Jan 22
Baumgart, Winfried 5 18 39 200 229
Baumgarten, Hermann 101
Baumgartner, Hans Michael 51 58
Baumhauer, Albert 153
Baumont, Maurice 41 229
Baur, Hans 229
Bausch, Paul 229
Bay, Christian 207
Bayar, Celâl 229
Bayer, Erich 51 67
Bayer, Hermann-Wilfried 185
Bayerische Bibliographie 18
Bayerische Profile 339
Bayern, Konstantin Prinz von 229
Bayertz, Kurt 57
Bayitsch, Stojan A. 32
Bayliss, Gwyn M. 15
Bayne-Horn, D. 193
Bea, Augustin 85 229
Beal, John Robinson 229
Beale, Howard K. 229
Beam, Jacob D. 229
Beaufre, André 178 179 220 229
Beaverbrook, Lord William Maxwell Aitken 229
Bebel, August 229
Bebler, A. 107
Bebr, G. 213
Becher, Heribert J. 229
Becher, Johannes R. 229
Becher, Lilly 229
Bechtel, Guy 229
Bechtoldt, Heinrich 131 229
Beck, Curt F. 229
Beck, Earl R. 229
Beck, Friedrich 41
Beck, Heinrich 82
Beck, Ludwig 229
Beck, Raimund 185
Beck, Rainer 229
Beck, Ulrich 83
Beckenbauer, Alfons 230
Becker, Gerhard 51 230
Becker, Hellmut 138 230
Becker, Horst 185
Becker, Howard 76 230
Becker, Werner 107
Becker, Willy 230
Beckerath, Erwin v. 73
Beckerath, Herbert von 200

Beckmann, Joachim 86
Beckmann, Klaus-Martin 87
Bedeutung des 4. Parteitages der Sozialistischen Einheitspartei Deutschlands 51
Bedjaoui, Mohammed 207
Bednarik, Karl 76
Beer, Max 213
Beer, Samuel H. 140
Beermann, Fritz 230
Beers, Burton F. 230
Beetham, David 230
Begegnungen mit Dietrich Bonhoeffer 230
Begegnungen mit Theodor Heuss 230
Begin, Menachem 230
Behm, Erika 230
Behr, Wolfgang 131
Behrend, Lutz-Dieter 51
Behrend, Rahel 230
Behrendt, Armin 230
Behrendt, Richard Fritz 72 76 83 203
Behrmann, Günter C. 138
Behrmann, Lilly-Ralou 23
Beiderseits ausgewogene Truppenreduzierungen 17
Beier, Gerhard 138 165 230
Bein, Alexander 90 128
Beinlich, Alexander 230
Beiträge über die Bedeutung des Werkes von J. W. Stalin 230
Beiträge zu einem Lexikon historischer Grundbegriffe 51
Beiträge zu einem System des Selbstbestimmungsrechts 185
Beiträge zur Militärsoziologie 179
Beke, Laszlo 230
Beljaars, G. A. C. 17
Belke, Ingrid 230
Bell, C. 213
Bell, Coral 193
Bell, George 230
Bell, Wolf 230
Bellanger, Claude 5
Bellée, Hans 41
Belleval, André-Marie-Charles 230
Bellush, Bernard 230
Beloff, Max 193
Below, Fritz 179
Belvederi, R. 23
Ben, Philippe 230
Ben-Ami, Shlomo 231
BenChorin, Schalom 231
Benckendorff, Count Constantine 231
Benckiser, Nikolaus 231
Bendersky, Joseph William 231
Bendiner, Elmer 212
Bendiscioli, Mario 34 46 59
Bendix, Reinhard 231
Benedict, Hans-Jürgen 180
Beneke, Paul 231
Beneš, Edvard 231
Benewick, Robert 123
BenGurion, David 90 231
Benjamin, Hilde 231
Benjamin, Michael 144
Benjamin, Uri 231
Benn, Gottfried 231
Bennecke, Heinrich 231
Bennett, Lerone 231
Benoist-Méchin, Jacques 231
Benoit, Emile 203
Benoit, Jean 231

Benoit, Joseph 231
Benson, Ezra Taft 231
Bentham's Handbook of political fallacies 207
Bentin, Lutz-Arwed 158
Bentwich, Norman 90 231
Benz, Ernst 81
Benz, Richard 231
Benz, Wolfgang 51
Benzinger, Klaus 231
Beradt, Charlotte 231
Bérard, Armand 231
Berardi, Paolo 231
Béraud, Henri 231
Berber, F. J. 185 192
Berber, Friedrich 185
Berber, Hermann 8
Berdjaev, Nikolai Aleksandrovič 128
Berdjaev, Nikolaj Aleksandrovič 112
Berding, Andrew H. 193 231
Berding, Helmut 5
Berenstein, Tatiana 34
Berenz, Adam 231
Berězkov, Valentin Michajlovič 232
Berg, Alan D. 203
Berg, Friedrich von 232
Berg, R. 46
Berg, Rudolf 232
Berg-Schlosser, Dirk 131 204
Berger, Alexander 232
Berger, Carl 59
Berger, Elmer 91
Berger, Gaston 193
Bergér, Ludwig 232
Berger, Paul C. 128
Berger, Peter 121
Bergh, Hendrik van 213
Berghahn, Marion 82
Berghahn, Volker Rolf 182 232
Berghaus, Erwin 232
Berglar-Schröer, Hans Peter 232
Bergmann, Bernhard 318
Bergmann, Klaus 67
Bergmann, Samuel H. 91
Bergsträsser, Ludwig 232
Bergstraesser, Arnold 72 76 132 138 144 207 232
Bergstraesser, Dorothea 23
Bericht... Institut für Sozialforschung an der Johann-Wolfgang-Goethe-Universität 46
Bericht über die 23. Versammlung deutscher Historiker 51
Berkandt, Jan Peter 232
Berkenkopf, Galina 86
Berki, R. N. 232
Berkouwer, Gerrit Cornelius 86
Berkovits, Eliezer 91
Berle, A. A. 193 208
Berlin, Jörg 378
Berlin, Isaiah 232
Berlin-Bibliographie 18
Berlinguer, Enrico 232
Berman, Marshall 76
Bermbach, Udo 18 19 80 157
Bernardino, Anselmo 232
Bernath, Mathias 12
Berndorff, Hans Rudolf 232
Berndt, Günter 67
Berner, Herbert 107
Berner Konferenz der KPD 117
Bernett, Hajo 232
Bernhard, Henry 232
Bernhard Vollmer zum Gedächtnis 376

Bernhardt, Rudolf 185
Bernier, Ivan 162
Berning, Vincent 232
Bernsdorf, Wilhelm 75
Bernstein, Eduard 102
Bernstein, Peretz F. 128
Berretta, Alfio 232
Bertelè, Aldo 101
Berthold, Lothar 59 232
Berthold, Werner 10 11 59 62 232
Bertoldi, Silvio 232
Berton, Peter Alexander 32
Bertram, Adolf 232
Bertram, Karl Friedrich 150 176
Bertram, Otto 232
Bertrand, Louis 233
Bertsch, Gary K. 112
Besaettelsetidens illegale blade og bøger 1940-1945 24
Besgen, Achim 233
Bessenrodt, O. 51 65
Besson, Waldemar 51 52 123 152 153 176 270
Best, Gary Dean 233
Best, Heinrich 58
Bestände des Hauptstaatsarchivs Düsseldorf 41
Bethge, Eberhard 233 357
Béthouart, Antoine 233
Bethusy-Huc, Viola Gräfin von 153
Bettelheim, Bruno 76 123
Bettiza, Enzo 117
Betz, Anton 233
Betz, Joachim 203
Beuve-Méry, Hubert 233
Bevan, Aneurin 233
Beveridge, Janet 233
Beveridge, Lord William Henry 233
Bewley, Charles 233
Beyer, Franz 179 233
Beyer, Wilhelm R. 140
Beyer, Wilhelm Raimund 348
Beyer, Willy 18
Beyme, Klaus von 103 132 140 144 153 165 177
Bezymenskij, Lev Aleksandrovič 233
Bezzel, Irmgard 17
Bhutto, Z. A. 213
Bialer, Seweryn 363
Bianco, Livio 233
Bianco, Mirella 233
Bibes, G. 124
Bibesco, Marthe Lucie Princesse 233
Bibliografi til Norges historie 23
Bibliografia de las conferencias interamericanas 15
Bibliografia del socialismo e del movimento operaio italiano 23
Bibliografía general sobre la Guerra de España 23
Bibliografía histórica de España e Hispanoamerica 23
Bibliografia historii polskiej 23
Bibliografia historii śląska 1939-1946 23
Bibliografia storica internazionale 1940-1947 15
Bibliografia storica nazionale 23
Bibliografia wojskowa II wojny światowey 23
Bibliografie československé historie 23
Bibliografie Československé historie 24
Bibliografie der geschiedenis van Nederland 24

Bibliographie courante des documents 5
Bibliographie der deutschsprachigen Emigration in den Vereinigten Staaten 1933-1963 10
Bibliographie der deutschsprachigen Unesco-Literatur 1946-1966 6
Bibliographie deutscher Feld- und Soldatenzeitungen des Zweiten Weltkriegs 18
Bibliographie européenne 17
Bibliographie générale des articles et ouvrages politiques sur la République du Congo-Léopoldville 34
Bibliographie. Histoire, sciences politiques, économiques et sociales 3
Bibliographie historischer Zeitschriften 1939-1951 3
Bibliographie zum Archivwesen 3
Bibliographie zum Bundesverfassungsgericht 18
Bibliographie zum Notstandsrecht 19
Bibliographie zur besonderen Unterrichtslehre 5
Bibliographie zur deutschen Zeitgeschichte 19
Bibliographie zur Deutschlandpolitik, 1941-1974 18
Bibliographie zur europäischen Integration 17
Bibliographie zur Friedensforschung 5
Bibliographie zur Geschichte der deutschen Gewerkschaftsbewegung 5
Bibliographie zur Geschichte der Kommunistischen Partei der Sowjetunion 24
Bibliographie zur österreichischen Neutralität 24
Bibliographie zur Politik in Theorie und Praxis 6
Bibliographie zur Stellung und zum Recht parlamentarischer Untersuchungsausschüsse 19
Bibliographie zur Verfassungsgerichtsbarkeit des Bundes und der Länder 19
Bibliographie zur Zeitgeschichte 3
Bibliography of bibliographies in political science 6
Bibliography of British history 1851-1914 24
Bibliography on limited war 15
Bibliothek des Instituts für Marxismus-Leninismus 41
Bibliotheken als Opfer und Werkzeug der Sowjetisierung 41
Bidault, Georges 233
Biddle, Anthony Joseph Drexel 233
Biddle, Francis Beverley 233
Bieber, Horst 233
Biedenkopf, Kurt H. 233
Biehle, Herbert 233
Bielenberg, Christabel 234
Bienek, Horst 234
Bierbaum, Max 234
Biermann-Ratjen, Hans Harder 234
Biernat, Karl Heinz 20
Bierzanek, Remigius 150 193
Bigler, Rolf R. 179
Bigo, Pierre 86 107
Bihl, Wolfdieter 6
Bilanz des deutschen Katholizismus 86
Bilas, Leo R. 234
Bildquellen-Handbuch 34
Bilfinger, Carl 185

Bilke, Jörg Bernhard 234
Bill, James Alban 132
Billig, Joseph 41 234
Billy, J. S. 97
Billy, Robert de 234
Binder, David 234
Binder, Gerhard 138
Binder-Krauthoff, Kristine 202
Bindschedler, Rudolf L. 185 193
Bingham, June 234
Bingold, Claus 179
BinGorion, Emanuel 94
Binion, Rudolph 234
Binkowski, Johannes 172
Binoche, Jacques 234
Binz, Gerhard Ludwig 179
Biographischer Katalog der Bibliothek des Instituts für Zeitgeschichte 11
Biographischer Katalog mit Länderkatalog der Bibliothek des Instituts für Zeitgeschichte 11
Biographisches Lexikon zur deutschen Geschichte 11
Biographisches Lexikon zur Geschichte der böhmischen Länder 11
Biographisches Lexikon zur Geschichte Südosteuropas 12
Biographisches Lexikon zur Weltgeschichte 12
Biographisches Wörterbuch zur deutschen Geschichte 14
Birch, Anthony B. 121
Bird, Eugene K. 234
Birdwood, Christopher Bromhead 234
Birke, Ernst 234
Birkenhead, Frederick Winston Furneaux Smith Earl of 234
Birla, G. D. 234
Birnbaum, Immanuel 234
Birnbaum, Karl E. 148
Birnbaum, Norman 72 76
Birnbaum, Pierre 72
Birnbaum, Walter 234
Birnberg, Thomas B. 202
Birons, Anatolij 49
Biscaretti di Ruffia, P. 140
Bischoff, Joachim 166
Bischoff, Norbert 59
Biser, Eugen 234
Bismarck, Herbert Graf von 234
Bittel, Karl 213
Bitter, Wilhelm 209
Bitterli, Urs 234
Biviers, Bernhard 59
Bizardel, Yvon 234
Bizer, Ernst 234
Black, Cyril E. 112
Blackmer, Donald L. M. 117
Blänsdorf, Agnes 234
Blättner, Fritz 234
Blainey, Geoffrey 179
Blake, Robert 234
Blakey, Robert 6
Blanckenhagen, Herbert von 235
Blank, Herbert 99
Blank, Ulrich 235
Blanke, Bernhard 124
Blanshard, Paul 112
Blaser, Fritz 24
Blau, Peter M. 235
Blaudin de Thé, B. 34
Bleckmann, Albert 185
Bleiber, Fritz 193
Bleiber, Helmut 49

Bleicher, Hugo 235
Bley, Helmut 235
Bliščenko, Igor' Pavlovič 193
Blisset, Marlan 132
Bloch, Charles 235
Bloch, Erich 91
Bloch, Ernst 235
Bloch, Jochanan 91
Bloch, Marc 235
Bloch, Rolf 153
Blomeyer, H. 210
Blond, Georges 235
Blondel, Jules-François 235
Bloomberg, Marty 15
Bloomfield, Lincoln P. 213
Blücher, Wipert von 193 235
Blühdorn, Rudolf 193
Blüher, Hans 235
Blümel, Willi L. 6
Bluhm, William T. 132
Blum, John Morton 235
Blum, Léon 235
Blumberg, H. M. 235
Blume, Werner 150
Blumel, A. 235
Blumenberg, Werner 229 235
Blumenfeld, Erik 235
Blumenfeld, Kurt 91 236
Blumenkranz, Bernhard 6
Blumenthal-Weiss, Ilse 35
Blumentritt, Günther 236
Blumenwitz, Dieter 222
Blunck, Hans Friedrich 235
Blunck, Richard 236
Boadle, Donald Graeme 236
Boarman, Patrick M. 130
Bobbio, Roberto 132
Boberach, Heinz 3 35 41 144
Bobinska, Celina 57
Bocca, Giorgio 236
Boccara, Paul 160
Bocheński, Joseph Maria 107 112 118
Bodamer, Joachim 158
Bode, Ingeborg 144
Bodenheimer, Max Isidor 236
Bodensieck, Heinrich 68 103 138 236
Bodmer, Heinrich 210
Bodmer, Walter 210
Böckenförde, Ernst-Wolfgang 86 112
Böckmann, Herbert von 179
Bödigheimer, Walter 185 213
Böger-Langhammer, Margot 236
Böhler, W. J. 86
Böhm, Anton 145 163
Böhm, Franz 93 128 236
Böhm, Gustav 236
Böhm, Johann 236
Böhme, Albrecht 140
Böhme, Herbert 236
Böhme, Wolfgang 86
Böhnke, Werner 236
Böhnker, Rolf 193
Böll, Heinrich 224 236
Bölling, Klaus 236
Bönisch, Alfred 206
Börner, Weert 236
Bösch, Hermann 236
Böschenstein, Hermann 236
Böss, Otto 41
Böttcher, Helmuth M. 236
Böttcher, Winfried 17 24
Boehm, Eric H. 3 5 15 24
Boelcke, Willi 41 236
Boelcke, Willi A. 35

Boeninger, Hildegard R. 41
Boettcher, Carl-Heinz 117
Bogaert, André 236
Bohatec, Josef 200
Bohlen, Charles E. 236
Bohmann, Rudolf 14
Bohmer, Alois 24
Bohn, Helmut 179
Bohnenkamp, Hans 236
Boitel, Michel 193
Bokelmann, Hans 86
Bokor-Szegü, Hanna 185
Boldt, Werner 51
Bolesch, Hermann Otto 236
Bolewski, Hans 88 122
Bolin, Luis 236
Bolis, Luciano 35
Bolitho, Hector 236
Bolla, Nino 236
Bollhagen, Peter 51
Bolschewismus 112
Boltin, E. A. 59
Bolton, A. R. C. 32
Bolton, Glorney 236
Bolz, Lothar 236
Bonacchi, Gabriella M. 236
Bonachea, Rolando E. 237
Bonafede, Cecilie Wiborg 23
Bond, Brian 237
Bondurant, Joan V. 237
Bondy, François 112 237
Bonheur, Gaston 237
Bonhoeffer, Dietrich 237
Bonn, Gisela 237
Bonn, Moritz Julius 237
Bonnet, Jean 202
Bonnin, Georges 35
Bonsmann, Paul 237
Bonte, Florimond 179 237
Bonwetsch, Bernd 51
Bonwetsch, Gerhard 68
Books on persecution, terror and resistance in Nazi Germany 19
Books on Southeast Asia 32
Booms, Hans 35 41
Boor, Lisa de 237
Boorman, Howard L. 237
Booth, Ken 179
Boothby, Robert 237
Boothe, Leon E. 237
Borch, Herbert von 150 193 237
Borchardt, Robert 237
Borchmeyer 344
Borchsenius, Paul 237
Bordeaux, Henry 237
Borée, Karl Friedrich 128
Borelius, Alexander 76
Borg, Dorothy 237
Borgesa, G. A. 237
Borghi, Amando 237
Borinski, Fritz 83
Borkenau, Franz 117 118
Bormann, Martin 237
Born, Wilhelm 237
Bornecque-Winandye, Edouard 213
Bornemann, Paul 210
Borning, Bernard Carl 237
Bornstein, Ernst Israel 237
Bornstein, Joseph 208
Borowsky, Peter 237
Borries, Achim von 91 175
Borsdorf, Ulrich 238
Bortoli, Georges 238
Borzeix, Jean-Marie 238

Bose, R. 213
Bose, Robert 83
Bosl, Karl 14 51 147
Boßmann 378
Bosschère, Guy de 202
Bosse, Hans 72
Bossin, André 210
Bossle, Lothar 97 138 238
Bosworth, R. S. B. 238
Boszotta, Josef 107
Bothe, Michael 185 220
Bott, Hans 230 238
Bottomore, Thomas Burton 76
Botz, Gerhard 124 175 238
Bouc, Alain 238
Boudin, L. B. 107
Boulanger, J. 238
Boulboullé, Wilfried 138
Bourdet, Yvon 238
Bourget, Pierre 238
Bourgin, Georges 124 238
Bourguiba, Habib 121
Bourquin, Maurice 140
Bousa, Joseph 238
Bouscaren, Anthony Trawick 112
Bouthoul, Gaston 206
Bouvier, Rudolf J. 238
Boveri, Margret 150 208 238
Bowers, Claude G. 238
Bowett, D. W. 185 211 214
Bowie, Robert R. 163 193
Bowle, John 238
Bowles, Chester 206 238
Bowman, Isaiah 193
Boyd, Andrew 214
Boyd, Anne Morris 32
Boyd, Francis 238
Boyd, James M. 214
Boyer, John W. 238
Boyle, Andrew 238
Braatz, Werner E. 128 238
Bracher, Karl Dietrich 6 97 133 238
Brachet, B. 238
Bracht, Hans Werner 185
Brackmann, Albert 20
Bradley, Dermot 182
Bradley, Omar N. 238
Bräutigam, Otto 238
Braham, Randolph L. 6 24 238
Brahm, Heinz 238
Brakelmann, Günter 238
Bramsted, Ernest K. 238 239
Brand, Joel 239
Brand, Urs 239
Brandes, Joseph 239
Brandes, Volkhard 200
Brandis, Udo 68
Brandl, Franz 208
Brandt, Heinz 239
Brandt, Thomas O. 239
Brandt, Willy 103 239
Branig, Hans 45
Branner, Hans Christian 158
Brasillach, Robert 239
Braubach, Max 3
Brauch, Hans Günter 206
Brauer, Max 239
Braun, Hanns 83
Braun, Hans 72
Braun, Joachim 239
Braun, Magnus Frhr. von 239
Braun, Maximilian 239
Braun, Rudolf 58 78
Braun-Neucken, Magnus Frhr von 239

Braun-Vogelstein, Julie 239
Braunias, Karl 193 200
Braunmühl, Anton 239
Brauns, Heinrich 86
Brauns, Peter 185
Braunthal, Julius 103 170
Brausch, Gerd 239
Bravo, Gian Carlo 103
Brecher, Michael 185 239
Brecht, Arnold 97 132 239 240
Brecht, Bertolt 240
Brecht, Gustav 240
Bredel, Willi 240
Bredow, Hans 240
Bredt, Johann Victor 240
Brehm, Bruno 240
Breitenbürger, Gerd 109
Breitling, Rupert 172
Breker, Arno 240
Bremische Biographie 10
Brendler, Gerhard 51
Brenner, Otto 240
Brentano, Heinrich von 240
Brepohl, Klaus 172
Brereton, Lewis H. 240
Brescius, Hans von 240
Brese, Wilhelm 240
Breslauer, Walter 91
Bress, Ludwig 107
Bret, Paul Louis 240
Bretton, Henry L. 240
Breucker, Jean de 179
Breucker, Wilhelm 240
Breycha-Vauthier, A. C. 24
Breyer, Richard 240
Brežnev, Leonid Il'ič 240
Bridgham, Philip 240
Briefe an und von Heinrich Himmler 286
Briefe Thomas Manns 240
Briefs, Goetz 165 241
Brill, Hermann 140 241
Brill, Hermann L. 241
Brilling, Bernhard 35 41 46 91
Brimo, Albert 72
Brisch, Ulrich 165
Brissaud, André 241
Britische Europaideen 1940–1970 17
Britovšek, Marjan 170
Brix, Günter 214
Broad, Lewis 241
Broch, Hermann 241
Brock, Peter 206
Brocke, Bernhard von 51
Brockway, Fenner 103
Brod, Max 241
Broderick, Francis L. 241
Broderick, Walter J. 241
Brodetsky, Selig 241
Brodie, Bernard 179
Brody, G. P. von 91
Brody, Harrison 214
Bröder, Friedrich Julius 172
Bröll, Werner 76
Brogan, Denis W. 176 241
Brok-Ten Broek, J. 28
Bromage, Bernard 241
Bromage, Mary C. 241
Bromberger, Merry 241
Brome, Vincent 241
Bronowski, J. 241
Bronsen, David 241
Brook, Ray 241
Brooks, Russel 241

Brosius, Dieter 91
Broß, Werner 241
Brossat, Alain 241
Brosse, Jacques 241
Broszat, Martin 15 49 68 241
Browder, George C. 41
Brown, Frederic J. 179
Brown, George 241
Brown, Judith M. 241
Brown, Stewart Gerry 241
Brown, Stuart Gerry 242
Browne, Harry 242
Browne, Malcolm W. 179
Browne, Robert S. 193
Browning, Christopher R. 242
Brownlie, Ian 185
Brucan, Silviu 193
Bruchmann, Karl G. 41
Bruclain, Claude 103
Brüchner, Hans 242
Brückner, Alfred 152
Brückner, Peter 76
Brügel, Johann Wolfgang 165 170 214 222 242
Brügelmann, Hermann 370
Brühl, Reinhard 41 59
Brüning, Heinrich 242
Brüning, Walther 65
Brüskow, George P. 242
Bruge, Roger 242
Brugère, Raymond 242
Brugière, Pierre-F. 214
Brugmans, Henri 162 242
Brun, Ellen 160
Brundert, Willi 242
Brunner, Guido 214
Brunner, Otto 51 53
Brunotte, Heinz 86
Brunschwig, Henri 202
Bruun, Henry 24
Bruyne, Arthur de 242
Bryant, Arthur 242
Brzezinski, Zbigniew K. 112 158
Buber, Martin 140 242
Buber-Neumann, Margarete 242
Bucerius, Gerd 242
Buch, Günther 11
Buchan, Alastair 179 242
Buchanan, James M. 145
Buchdrucker, Petra 17
Bucher, Rudolf 242
Buchheim, Hans 153 157 158 194 242
Buchheim, Karl 121 153
Buchheit, Gert 86 242
Buchholz, Arnold 107
Buck, August 242
Buck, Gerhard 41
Buck, H. de 24
Buck, Hans-Robert 153
Buck, Herbert 41
Buckingham, Walter 76
Buckley, William, F. 243
Buczylowski, Ulrich 243
Budkevic, S. L. 243
Bücher zur Judenfrage 6
Bücherkunde Ostdeutschlands und des Deutschtums in Ostmitteleuropa 24
Bücherschau der Weltkriegsbücherei 3
Bücker, Hans 243
Bühl, Walter L. 83
Bülck, Hartwig 162 185
Bürgerin zweier Welten 243
Bürgerlicher Staat der Gegenwart 144
Bürgin, Hans 240 243

Bürokratie 163
Büsch, Otto 51
Bütler, Hugo 243
Bütow, Thomas 243
Buehrig, Edward H. 214 243
Buergenthal, Thomas 148
Buhrer-Solal, Jean Claude 243
Bukovskij, Vladimir 243
Bukow, Wolf-Dieter 86
Bukowski, Andrzej 24
Buksch, Heinrich 185
Bull, George 86
Bull, Hans Peter 132
Bull, Hedley 194
Bullock, Alan 59 243
Bumke, Oswald 243
Bundesarchiv und seine Bestände 41
Bundesfinanzreform — Gemeindefinanzreform 19
Bundeskanzler 243
Bund-Länder-Verhältnis in der Bundesrepublik Deutschland 19
Bungarten, Franz 243
Buonaiuti, Ernesto 243
Buozzi, Bruno 243
Burckhardt, Carl Jacob 243
Burdeau, Georges 132
Burdick, Charles B. 35 49
Buré, Emile 243
Burger, Hanuš 243
Burger, Herbert 243
Burghardt, Anton 83
Burian, Wilhelm 165
Burke, Kenneth 243
Burkhard, Hugo 243
Burks, R. V. 86
Burlingame, Roger 243
Burmeister, Alfred 170
Burmeister, Werner 153
Burnham, James 83 112
Burns, James MacGregor 153 243 244
Burns, Richard Dean 15
Burrichter, Clemens 172
Burrowes, Robert 158
Burton, John W. 76
Busch, Eberhard 244
Busch, Eckart 179
Busch, Friedrich 19
Busch, Klaus 200
Buschardt, Leo 24
Buse, D. K. 244
Buse, Michael 6 132
Buse, Michael J. 145
Busk, Sir Douglas 193 194
Bußhoff, Heinrich 97 132 208
Bußmann, Bernhard 19
Bußmann, Walter 244
Buss, Hans-Joachim 165
Buti, Gino 244
Butler, Ewan 244
Butler, J. R. M. 244
Butow, Robert Joseph Charles 244
Butterfield, Herbert 140
Butterworth, Robert Lyle 214
Buttschardt, Dieter 68
Butwell, Richard 244
Butzer, Friedrich-Wilhelm 214
Bychowski, Gustav 60
Byford-Jones, W. 244
Byrd, Elbert M. 185
Byrnes, James F. 244
Byrnes, Robert R. 24

Cabot, H. 132

Cachin, Marcel 244
Cadogan, Peter 244
Cadoux, C. 214
Cahén, Fritz Max 244
Cahier, Philippe 185
Cahiers du bolchevisme 112
Cahill, Fred V. 145
Cahnman, Werner J. 244
Caire, Guy 165
Cajumi, Arrigo 244
Calamandrei, Piero 244
Calamaros, Arthouros-David 194
Caliandro, Piero 244
Calkins, Kenneth R. 244
Callan, Edward 244
Callotti, Enzo 124
Calvacoressi, Peter 244
Calvert, Peter 176
Calvez, Jean-Yves 60 103 112 244
Calvocoressi, Peter 140
Cameron, David R. 208
Cammett, John M. 117
Campbell, Arthur 178
Campbell, John 244
Campbell, Roy 244
Campbell-Johnson, Alan 244
Campini, Dino 244
Camus, Albert 244 245
Camus, Marie-Hélène 245
Canaval, Gustav A. 99
Canetti, Elias 76 245
Canfield, Leon H. 245
Canfora, Luciano 245
Cang, Joel 91
Cannistraro, Philip V. 245
Canovan, Margaret 245
Cantimori, Delio 60
Čapek, Karel 245
Caponigri, A. Robert 245
Caprioglio, Sergio 245
Caradonna, Giulio 124
Carboni, Giacomo 245
Carcopino, Jérôme 245
Carey, John 148
Carillo, Elisa A. 245
Carillo Salcedo, Juan Antonio 214
Carl Melchior 318
Carlebach, Alexander 245
Carlo Schmid 13
Carlson, Andrew R. 19
Carlton, David 175
Carmichael, Joel 245
Carmona Yáñez, Jorge 245
Carnell, Francis 15
Carnets de guerre d'Albert Ier 245
Caro, Michael K. 245
Carocci, Giampiero 124 245
Carossa, Hans 245
Carpi, Daniel 245
Carr, Edward Hallett 51 76 121 245
Carré, Henri 245
Carrias, Eugène 179
Carrillo, Elisa A. 245
Carrillo, Santiago 117
Carroll, Eber Malcolm 112
Carry, Charles 245
Carsten, Francis L. 124 245
Carstens, Karl 245
Carter, Gwendolen M. 140
Carton de Wiart, Sir Adrian 245
Cartwright, Dorwin 77
Casanova, Antoine 86
Case studies on human rights and fundamental freedoms 148

Caspar, C. 245
Cassels, Alan 124 245
Cassin, René 148 245
Cassinelli, C. W. 158 194
Cassirer, Ernst 140
Castañeda, Jorge 214
Castellan, Georges 41
Castles, Francis 172
Castren, Erik 185
Castro, Fidel 245
Castronovo, Valerio 124
Casucci, Costanzo 35 42 124
Catalano, Franco 60 245
Catalogo della biblioteca dell' Istituto Nazionale 24
Catalogue des périodiques clandestins 24
Catalogue général des publications de l'Unesco 6
Catalogue of files and microfilms of German Foreign Ministry archives 35
Catalogue of periodicals, annuals and special series 3
Catalogus van pamfletten 1940–1945 15
Catane, Moché 91
Cato 245
Catroux, Georges Albert Julien 246
Cattaui, Georges 246
Catti de Gasperi, Maria Romana 245
Caute, David 163
Cavallero, Carlo 245
Caviglia, Enrico 245
Ceaușescu, Nicolae 246
Cecil, Lamar 246
Cecil, Robert 246
Central Zionist Archives 41
Centre de Documentation Juive Contemporaine de Paris 46
Centro scientifico ebraico 46
Ceppa, Leonardo 246
Cerf-Ferrière, René 246
Černý, Bohumil 46
Cerroni, Umberto 246
Cerruti, Elisabeth 246
Cervanka, Zdenek 34
Cervantes, Frederico M. 246
Cervelli, Innocenzo 60
Césaire, Aimé 202
Ceva, Bianca 246
Chadwick, H. Munro 121
Chaigne, Louis 246
Chakrabarti, Atulananda 246
Chales de Beaulieu, Walter 246
Chalfont, A. Jones 246
Challener, Richard D. 179
Chalmers, W. S. 246
Chambe, René 246
Chamberlin, W. 214
Chambon, Albert 246
Chambre, Henri 112 118
Chanady, A. A. 246
Chandler, Albert Richard 132
Chandos, Viscount Oliver Lyttelton 246
Chaney, Otto Preston 246
Changing United Nations 217
Chant interrompu 246
Charles, Searle F. 246
Charney, Jean-Paul 179
Charney, Jonathan I. 185
Charta der Vereinten Nationen 214
Charta von San Franzisko 214
Charvin, Robert 214
Charzat, Michel 246
Chase, Allan 82

Chassin, L. M. 246
Chastenet, Jacques 246
Chatelain, Nicolas 246
Chatterjee, Partha 194
Chaudet, Paul 246
Chaumont, Charles 214
Chautemps, Camille 246
Chauvel, Jean 246
Ché Guevara und die Revolution 277
Ch'en, Jerome 11
Chen, John Hsüeh-ming 32
Chertoff, Mordechai S. 91
Chesneaux, Jean 60 247
Chevallier, Jean-Jacques 97 132 247
Cheverny, Julien 112 202
Chevrier, Lionel 247
Chiaromonte, Nicola 51 247
Childs, David 107
Childs, James B. 19
Childs, Marquis 247
Chilston, Viscount 247
China. A selected list of references 32
Chinesischer Kommunismus 120
Chiu, Hungdah 211
Chmielewski, Horst von 24
Cho, M. Y. 203
Chojnacki, Władysław 25
Choltitz, Dietrich von 247
Chouraqui, André 247
Chowdhuri, R. N. 194
Chrimes, S. B. 25
Christen für den Sozialismus 86
Christen und Marxisten im Friedensgespräch 206
Christenson, Leo M. 98
Christentum und Geschichte 52
Christentum und Marxismus heute 107
Christentum und Militarismus 86
Christian, George 247
Christliche Konzeption der pluralistischen Demokratie 155
Christlicher Antisemitismus 128
Christman, Henry M. 247
Christoph, Paul 247
Christophersen, Jens A. 153
Christsein in der pluralistischen Gesellschaft 86
Chromy, Edward 247
Chruščev, Nikita Sergeevič 247
Chruschtschjow und die „kollektive Führung" 247
Chung, Charles T. Z. 176
Churchill, Peter 247
Churchill, Randolph Frederick Edward Spencer 247
Churchill, Sir Winston Spencer 247
Churchill spricht in Blackpool 247
Ciechanowski, Jan 247
Cierva y de Hoces, Ricardo de la 23
Cierva y Peñafiel, Juan de la 247
Cieslak, Werner 165
Cisneros, Ignacio Hidalgo de 247
Ciszek, Walter J. 247
Claessens, Dieter 82
Clancy, John G. 247
Clark, Grenville 206
Clark, Mark W. 247
Clark, Martin 247
Clark, Roger St. 148
Clark, Stanley Frederick 247
Clark, William 214
Clarke, Robin 179
Clary-Aldringen, Alfons 247
Classen, Wilhelm 35

Claude, Inis L. 121 194 211 214
Claudia, Sister M. 247
Claudius, Thomas 221
Clauss, Max Walter 247
Clay, Lucius D. 248
Clay, Sir Henry 247
Clemenceau, Georges 248
Clemens, Walter 25
Clemenz, Manfred 72 124 248
Clercq, Bertrand 72
Cliff, Tony 248
Clough, Shepard B. 208
Clutterbuck, Richard 178
Cobban, Alfred 121 132
Cochran, Bert 248
Cochran, Clarke E. 132
Coffin, Tristram 248
Coffy, Robert 248
Cogniot, Georges 170
Cohen, Armand 212
Cohen, Arthur A. 91 119
Cohen, Benjamin J. 200
Cohen, Benjamin V. 214
Cohen, D. 91
Cohen, E. A. 60
Cohen, Elliot E. 128
Cohen, Erik 32
Cohen, Israel 91
Cohen, Lenard J. 112
Cohen, Naomi W. 91
Cohen, Richard M. 248
Cohen, Stephan F. 248
Cohn, Henry J. 248
Cohn, Norman 91 158
Coillie, Dries van 248
Cointet, J.-P. 248
Cola Alberich, Julio 203
Colberg, Eckhard 248
Colby, William 248
Cole, G. D. H. 103
Cole, Hubert 248
Cole, Margaret 103
Cole, Wayne Stanley 248
Colegrove, Kenneth 153
Coles, Harry L. 179
Coles, S. F. A. 248
Collart, Yves 6
Colletti, Lucio 107 170
Colliard, Claude Albert 211
Collier, Basil 248
Collier, Peter 248
Collier, Richard 248
Collinet, Michel 112
Collins, R. J. 248
Collins, Sarah Mabel 248
Collis, Maurice 248
Collotti, Enzo 19 248
Collotti-Pischel, Enrica 170
Colombo, Arturo 248
Colombo, Cesare 248
Colonialism in Africa 202
Colt, Margaret L. 248
Colton, Joel 248
Colvin, Ian 248
Commager, Henry Steele 185
Commene, Nicolas Petrescu 248
Commission générale d'enquête sur les crimes allemands en Pologne 46
Communism in Italy and France 117
Communisme européen depuis la mort de Staline 117
Communist China 32
Compton, Arthur Holly 248
Comte, Philippe 148

Conant, James B. 248
Confalonieri, Carlo 249
Conference on Anti-Semitism 128
Congar, Yves Marie-Joseph 86
Conidec, Pierre-François 203
Connell, John 249
Conover, Helen F. 34
Conrad von Hötzendorf, Franz 249
Conrad-Martius, Hedwig 130
Conradis, Heinz 249
Considine, Bob 249
Consiglio, Alberto 249
Constant, Benjamin 208
Constantopoulos, D. S. 249
Consuegra, J. 249
Conte, Francis 249
Conte, Gilbert 249
Contemporary history 49
Contemporary political science 137
Conti, Laura 25
Contributions à l'histoire du Comintern 170
Converse, P. 249
Conway, John S. 35
Conze, Werner 49 52 77 117 165 249
Conzemius, Victor 86
Cook, Chris 35
Cook, Thomas I. 132 208
Cooke, Colin 249
Cookridge, E. H. 249
Coombs, Philip H. 194
Cooper, Leroy A. 249
Cooper, Sir Alfred 249
Coote, Colin R. 249
Coplin, William D. 194
Coquart, Armand 249
Corban, Alfred 194
Corbett, James A. 52
Corbett, Percy E. 185 186
Corciuo, M. 121
Cordemann, Margarete 249
Cordier, Andres Wellington 218
Cordier, Andrew Wellington 339
Cordshagen, Hugo 42
Cornebise, Alfred E. 249
Cornell, Richard 112
Cornu, Auguste 112
Cornu, Daniel 249
Cornwell, E. E. jr. 249
Corsten, Severin 42
Cortés Cavanillas, Julián 249
Cosemans, Arthur 25
Cosgrave, Patrick 249
Cosgrove, Carol Ann 214
Cottiya, Ashok 249
Coudenhove-Kalergi, Richard 158 206 249
Coursier, Henry 220
Courteix, Simone 194
Cousté, Pierre Bernard 249
Couve de Murville, Maurice 249
Cowles, Virginia 249
Cox, Robert W. 165 211
Craig, Gordon A. 194 249
Cramer, Dettmar 148 249
Crankshaw, Edward 249
Cranston, Maurice 249
Crassweller, Robert D. 249
Crawley, Aidan 249
Cregier, Don M. 250
Creighton, Sir Kenelm 250
Creveld, Martin van 179
Crick, Bernard 140
Cristofoli, Cristina 42

Croce, Benedetto 60
Crocker, George N. 250
Crocker, Walter 250
Cronbach, Abraham 250
Croner, Fritz 83
Cros, Jacques 101
Crosland, C. A. R. 103
Cross, Colin 124 250
Crossman, Richard Howard Stafford 103 141 250
Crowe, Philip K. 250
Crown, Alan D. 91
Crozier, Brian 250
Csokor, Franz Theodor 250
Cuadernos bibliográficos de la guerra de España 25
Cube, Walter von 250
Cubinskij, V. 250
Cublier, Anne 250
Cuesta, S. 153
Cuevas Cancino, Francisco 250
Cuff, Robert D. 250
Čuikov, Vasilij Ivanovič 250
Cunningham of Hyndhope, Andrew Browne Viscount 250
Current, Richard N. 250
Curry, Roy Watson 250
Curtin, Philip D. 60
Curtis, Charles P. 250
Curtis, Michael 132
Cysarz, Herbert 97
Czarnecki, Feliks 25
Czeike, Felix 250
Czempiel, Ernst-Otto 138 194 196 199 206
Czerniakow, Adam 250
Czerwinski, Günter 211
Czichon, Eberhard 250
Czisnik, Ulrich 250

Daàge, Félix Colmet 77
Däniker, Gustav 46
Daelen, Vital 208
Dag Hammarskjöld 280
Dahl, Ottar 52
Dahl, Robert A. 132 147 153
Dahlerus, Birger 250
Dahlin, Jan 58
Dahlmann, Friedrich-Christoph 3 132
Dahlmann-Waitz 3
Dahlmüller, Götz 172
Dahm, Bernhard 250
Dahm, Georg 186
Dahm, Karl-Wilhelm 86
Dahm, Paul 250
Dahmer, Helmut 130
Dahms, Hellmuth Günther 250
Dahrendorf, Ralf 72 77 107 130 153 250
Dājān, Jāʾēl 250
Daillier, Patrick 204
Daim, Wilfried 77 186 250
Dais, Eugene E. 77
Daix, Pierre 107
Dalberg, Thomas 251
Dalby, Louise Elliott 251
Dallin, Alexander 25 112
Dalton, Hugh 251
Dalus, Alexander G. 251
Dam, Hendrik, George van 96
Dambmann, Gerhard 186
Dammeyer, Manfred 68
Damus, Renate 251
Danckwortt, Helga 15
Danielou, Jean 60

Daniels, Jonathan 251
Daniels, Robert V. 112
Dansette, Adrien 251
Danziger, Kurt 77
Danzl, Erna 251
Das, M. N. 251
Daugherty, William E. 179
Daumal, Jack 251
Daumiller, Oscar 251
David, Eduard 251
Davidovič, D. S. 251
Davidson, Basil 251
Davidson, Eugene 251
Davies, James Chowning 176
Davies, Morton R. 141
Davies, S. J. 251
Davis, Angela 251
Davis, Harry R. 251
Davis, Horace B. 121
Davis, Kenneth S. 251
Davison, Walter Phillips 172 194
Dawidowiez, Lucy S. 91
Dawson, Christopher Henry 176
Dawson, Frank Griffith 186
Dawson, Robert MacGregor 251
Day, Donald 251
Day, Georges 214
Day, Richard B. 251
Dayan, Moshe 251
Dayton, Eldorous 251
Deakin, Frederick William 251
Dean, A. H. 186
Dean, Vera Micheles 194
Dean, William F. 251
Deane, Herbert A. 251
Debbasch, Odile 186
Debré, Jean-Louis 251
Debré, Michel 251
DeCaro, Gaspare 252
Decker, Günter 132
Decker, Günther 121
Decker, Horst 173
Decoux, Jean 252
Dedijer, Vladimir 107 186 252
Dedring, Juergen 206
DeFelice, Renzo 124 252
DeFeo, Italo 252
DeGasperi, Alcide 252
Degen, Gustave 252
Degen, Johannes 97
Degras, Jane 170
Dehio, Ludwig 179 252
Dehler, Thomas 252
Deininger, Whitaker T. 97
Deissler, Bruno 128
Delange, René 252
Delbars, Yves 252
Delbez, L. 186
Delbo, Charlotte 252
DelBo, Dino 208
DelBoca, Angelo 124
Delbrück, Jost 82 148
Delclava, Enrico 252
Delf, George 252
Delfgaauw, Bernard 252
Delgado, Humberto 252
Delmas, Claude 176
Delmer, Sefton 252
Delp, Alfred 252
Delzell, Charles F. 11 60
Demant, Ebbo 252
Demes, Franz Hubert 186
Demeter, Karl 42 179
Demetz, Peter 252

Démocratie à l'épreuve du XXºesiècle 153
Demokratie 153
Demokratie im Wandel der Gesellschaft 153
Demokratietheorien 153
Demokratische Elitenherrschaft 77
Demokratische Traditionen im Protestantismus 90
Demokratisierung in Staat und Gesellschaft 153
Dempf, Alois 331
Denken über Geschichte 52
Dennier, Wilhelm 252
Denzler, Georg 87
Depiereux, Stefan 186
Deppe, Frank 165
Deppe-Wolfinger, Helga 138
Depreux, Edouard 252
Derfler, Leslie 103 252
DeRivera, Joseph 194
Derpa, Rolf Martin 186
Derso, Guido 158
Desanti, Dominique 118 170
DeSantis, Vincent P. 252
Deschner, Günther 252
Desroches, Alain 252
Dessauer, Max 253
Destler, Chester McArthur 253
Dethleffsen, Erich 83
Deuerlein, Ernst 35 147 162 253
Deutsch, Julius 158 253
Deutsch, Karl W. 6 121 132 194
Deutsch, Robert 60
Deutschbaltisches biographisches Lexikon 12
Deutsche Arbeiterbewegung 1848 bis 1919 165
Deutsche Demokratische Republik 44
Deutsche Demokratische Republik im Spiegel der Literatur der DDR und der UDSSR 21
Deutsche Dissertationen zur Zeitgeschichte 4
Deutsche und Juden 91
Deutsche wissenschaftliche Bücher 1945–1949 3
Deutscher Bundestag 19
Deutscher, Isaac 112 118 176 253
Deutsches Judentum 93
Deutsches Judentum in Krieg und Revolution 1916 bis 1923 93
Deutsches und ausländisches Schrifttum zu den regionalen Sicherheitsvereinbarungen 1945–1956 16
Deutsches und ausländisches Schrifttum zur Frage der Abrüstung 1945–1956 16
Deutsch-französische Vereinbarung über strittige Fragen europäischer Geschichte 71
Deutschkron, Inge 170 253
Deutschland, Frankreich, Europa 253
Deutschland und die Vereinigten Staaten 68
Deutschland und England 1918–1933 68
Deutschland und Frankreich im Spiegel ihrer Schulbücher 68
Deutschland und Österreich 1848–1939 68
Deutz, Josef 253
DeVigili, D. 253
Devlin, Patrick 253

DeVore, Ronald M. 32
Devoto, Andrea 15
Dewavrin, André 253
Dewhurst, Claude H. 253
Dewulf, Maurice 214
Dexter, Byron 6 212
Dhombres, Pierre 200
Diakow, Jaromir 253
Dialog Nord-Süd 204
Diaz Doin, Guillermo 253
Diaz, Furio 52
Dib, Moussa 214
Dibelius, Otto 141 253
Dibold, Hans 253
Dick, Franz 72
Dicke, Detlev Christian 214
Dickie, John 11 253
Dickinson, John K. 253
Dickmann, Fritz 206
Dieckmann, Hildemarie 253
Dieckmann, Johannes 214 253
Dieckmann, Walther 208
Diederich, Nils 10 145
Diederich, Reiner 165
Diefenbach, Alfred 19
Diehl, Ernst 52 170
Diehn, Otto 19
Diels, Rudolf 254
Diem, Hermann 254
Dießenbacher, Hartmut 138
Diestelkamp, Adolf 42
Dietl, Gerda-Luise 254
Dietrich, Otto 254
Dietrich, Richard 58
Dietrich, Valeska 254
Dietz, Heinrich 83
Dietze, Constantin von 254
Dietze, Gottfried 158
Dietzel, Hans 19
Diggins, John P. 254
Djilas, Milovan 77 112 254
Dilks, David 254
Dillon, Conley H. 132
Dillon, Viscount Michael Eric 254
Dimitrov, Georgi 254
Dimitrov, Th. D. 6
Dimock, M. E. 254
DiMurzio, Luigi Carlo 254
Dinur, Benzion 46
Dioudonnat, Pierre-Marie 254
Diplich, Hans 254
Diplomat in Berlin 1933–1939 254
Diplomaticus 254
Dirks, Walter 66 86
Dirksen, Herbert von 254
Dirschauer, Wilfried 254
Discorsi pronunciati da Vittorio Emanuele Orlando 254
Diskussionen zur politischen Theologie 86
Dissertationen zur Problematik des böhmisch-mährischen Raumes 25
Dittmar, Peter 91
Dittrich, Gottfried 60
Divine, Robert A. 186
Dixon, Piers 254
Dobb, Maurice 161
Dobosiewicz, Zbigniew 202
Dobrin, Arnold 254
Dobrowolski, Kazimierz 52
Doch das Zeugnis lebt fort 91
Documents on Asian affairs 33
Dodd, William Edward 254
Dodge, Dorothy R. 130

Dodonow, I. K. 42
Döll, Bernhard 186
Dönhoff, Marion Gräfin 254
Dönitz, Karl 254
Dörr, Margarete 68 121
Doehring, Karl 186
Doeker, Guenther 131
Doepfner, Julius 86
Doerner, Heinz 180
Doerries, Reinhard R. 254 255
Dognin, P.-D. 255
Dohen, Dorothy 121
Dohms, Peter 35
Doktor Hans Globke 271
Dokumentation in Österreich 4
Dokumentationsarchiv des deutschen Widerstandes 42
Dokumentationsarchiv des österreichischen Widerstandes 42
Dokumente 255
Dokumente brüderlicher Unterstützung der KPD 170
Dokumente und Materialien zur Geschichte der Deutschen Arbeiterbewegung 165
Dokumente zur Bonhoeffer-Forschung 255
Dokumente zur christlichen Demokratie 153
Dolanský, Julius 255
Dollmann, Eugen 255
Dollot, René 255
Domarus, Max 255
Dombois, Hans 107
Dombrowski, Roman 255
Dominguez, Francisco 255
Dommanget, Maurice 103
Donald, William 255
Donat, Alexander 255
Donat, Karl 255
Donoughue, Bernard 255
Donovan, James Britt 255
Donovan, Robert J. 255
Doorn, Jàcques van 83 180
Doorn, Jacques von 83
Dor, Milo 255
Dorn, Wolfram 255
Dornberg, Erhard J. 255
Dornberg, John 255
Dornemann, Luise 255
Dorner, Klaus 203
Dorpalen, Andreas 60 255
Dorso, Guido 158 255
Doskocil, Walter 255
Doß, Kurt 255
Dotti, Roberto 255
Dougherty, James E. 194
Douglas, L. Hewlett 194
Douglas-Hamilton, James 255
Douglas-Home, Charles 255
Dovifat, Emil 7 172 173
Dowe, Dieter 6
Downs, Anthony 153
Downton, James V. 176
Dr. Alfred Wiener 75 Jahre alt 381
Dr. Hans Speidel 362
Drachkovitch, Milorad M. 103 107 109 170
Dräger, Udo 42
Dränger, Jakob 256
Drage, Charles 256
Dragoun, Théodore 256
Draper, G. I. A. D. 186
Draper, Theodore 208

Drascher, Wahrhold 180 202
Draskovich, Slobodan M. 117 256
Drath, M. 153
Drawbell, James Wedgwood 256
Drees, Willem 256
Dreesmann, Bernd V. 75
Dreher, Klaus 256
Dreifort, John E. 256
Dreitzel, Hans Peter 81
Dresler, Jaroslav 256
Drexel, Joseph Eduard 256
Driberg, Tom 256
Driesch, Hans 256
Drieu la Rochelle, Pierre 256
Drimmel, Heinrich 176
Dritte Welt als Bildungsaufgabe 205
Drobisch, Klaus 256
Dröge, Franz Wilhelm 172
Drohojowski, Jan 256
Droit, Michel 256
Dror, Yehezkel 132
Drott, Karl 180
Droz, Jacques 60 103 104 165
Drożdżyński, A. 256
Drucker, H. M. 97
Drucker, Peter Ferdinand 77
Druks, Herbert 256
Drummond, Roscoe 256
Dubief, Henri 175
Dubnow, Simon 91
Dubofsky, Melvyn 165
Dubois, Jules 256
Duboscq, Guy 42
Dubroszycki, Lucjan 25
Duchacek, Ivo D. 133
Duclos, Jacques 166 256
Dudek, Ursula 68
Dülffer, Jost 97
Dürrenmatt, Peter 133
Düwell, Kurt 256
Duff, Edward 86
Dulles, Allen 256
Dulles, Eleanor Lansing 256
Dulles, Foster Rhea 256
Dumont, René 103
Dumrath, Karlheinrich 42
Duncanson, Dennis J. 256
Dunchi, Nardo 256
Dungern, Otto Frhr. von 256
Dunin-Wąsowicz, Krysztof 256
Dunk, Hermann von der 52
Dunlap, Aurie N. 186
Dunn, John 176
Dunne, John S. 194
Dunner, Joseph 256
Dunphy, Jocelyn 256
Dupaquier, Robert 256
Dupeux, Georges 256
Dupeux, Louis 121
Dupuy, René Jean 186
Durkee, Travers E. 120
Duroselle, Jean-Baptiste 208 256
Durosoy, Maurice 256
Dusen, Henry P. van 256 257
Duverger, Maurice 72 145 153 164
Dux, Günter 83
Dvorjetski, M. 257
Dwinger, Edwin Erich 257
Dworzaczek, Wlodzimierz 42
Dyba, Johannes Felix 186
Dyke, Vernon van 148 194
Dyroff, Robert 215
Dzelepy, E. N. 257
Dzerzinskij, F. E. 257

Dziewanowski, Marian Kamil 257

Eagleton, Clyde 186
East Germany's institute for contemporary history 47
Easton, David 133
Easton, Stewart Copinger 202
Eayrs, James 194
Eban, Abba 91 257
Eberhardt, Hans 42
Eberlein, Alfred 7
Ebermayer, Erich 257
Ebersbach, Volker 257
Ebert, Theodor 77
Ebert, Thomas 172
Eberwein, Wolf-Dieter 206
Ebon, Martin 112 257
Eccard, Frédéric 257
Echt, Samuel 91
Eckart, Felix von 257
Eckermann, Walther 52
Eckert, Georg 68 103 106
Eckert, Hermann 186
Eckert, Roland 153
Eckert, Willehad 257
Eckhardt, Walter 141
Edelman, Maurice 257
Eden, Guy 257
Eden, Sir Anthony 257
Edinger, Lewis J. 141
Edinger, Lewis Joachim 77 257
Edouard Daladier, Chef du Gouvenement 251
Eduard Bernsteins Briefwechsel mit Friedrich Engels 241
Eduard Spranger 362
Eduard Spranger und die Hochschulgeschichte 362
Edwardes, Michael 257
Edwards, Marvin L. 257
Eggebrecht, Axel 257
Églises chrétiennes et la décolonisation 86
Ehard, Hans 257
Ehbauer, Hans 257
Ehinger, Paul H. 101
Ehlen, Peter 107
Ehlers, Hermann 257
Ehmke, Horst 145 180 257
Ehrenburg, Ilja 257 258
Ehrenstein, Walter 77
Ehrentreich, Alfred 258
Ehrhard, Jean 202
Ehrhardt, Dieter 215
Ehrlich, Ernst Ludwig 91 92
Ehrlich, Stanislaw 133 161
Ehrmann, Henry Walter 138
Eibl-Eibesfeldt, Irenäus 180
Eiche, Hans 258
Eichelberger, Clark M. 215
Eichler, Willi 103 258
Eid, Mohammed Salah-uddin 215
Eidelberg, Paul 258
Einaudi, Luigi 258
Einaudi, Mario 117 154 258
Einführung in die politische Wissenschaft 133
Einführung in die Soziologie 72
Eingriffe in die Rüstungsindustrie 180
Einsiedel, Heinrich Graf von 258
Einstein, Albert 258
Einstein, Lewis 258
Eisenberg, Dennis 124
Eisenhower, Dwight David 258

Eisenhowers Weg vom Pentagon zum Weißen Haus 379
Eisenstein, Ira 91
Eisermann, Gottfried 72 75 77
Eisner, Erich 258
Eisner, Freya 258
Eisner, Kurt 258
Eisner, Ruth 258
Eitner, Hans-Jürgen 258
Ekirch, Arthur A. 180
Eksteins, Modris 258
El-Ayouty, Yassin 215
Elfstrand, Percy 25
Elian, George 215
Eliav, Mordechai 92
Elkar, Rainer S. 258
Ellbogen, Ismar 91
Elleinstein, Jean 118
Elletson, D. H. 258
Elliott, Lawrence 258
Ellis, L. 259
Ellul, Jacques 176
Ellwein, Theodor 208
Ellwein, Thomas 7 86 99 133 138
Elm, Ludwig 99
Elmandjra, Mahdi 215
Elminger, Josef 11
Elon, Amos 259
Elsenberg, Götz 107
Elsenhans, Hartmut 210
Elwood, Ralph Carter 259
Ely, Paul 259
Elyashiv, Vera 259
Embry, Sir Basil 259
Emerich, Francis 77
Emerson, Rupert 149
Emerson, William 259
Emig, Dieter 7
Emmendörfer, Heinrich 259
Emmerich, Leo 259
Emmerich, Wolfgang 97
Emmerson, John K. 259
Empfehlung der Kultusminister-Konferenz 68
Empfehlungen für Schulbücher der Geschichte und Geographie 68
Empirische Revolutionsforschung 177
Emrich, Willi 259
Enckell, Carl 259
End, Heinrich 206
Enders, Gerhart 42
Endruweit, Günter 77
Energie 1946–1959 15
Engel, Gerhard 259
Engel, Josef 52
Engel, Marcel 52
Engel-Janosi, Friedrich 52 60 97 259
Engelberg, Ernst 57 59 60 166 176 180
Engelhardt, H. 215
Engeli, Christian 259
Engelman, Ralph Max 259
Engelmann, Konrad 72
Engels, Friedrich 259
Engelsing, Rolf 52
Engert, Jürgen 259
Engl, Steven 259
Enssle, Manfred J. 259
Entstehung der UNO 215
Entstehung des modernen souveränen Staates 141
Entwicklungshilfe, Entwicklungsländer 15
Entwicklungsländer 203
Enzensberger, Hans Magnus 208

Eppler, Erhard 203 259
Eppler, John W. 259
Eppstein, John 86
Epstein, Edna 215
Epstein, Fritz Theodor 19 35
Epstein, Joseph 259
Epstein, Isidore 92
Epstein, Julius 259
Epstein, Klaus 52 99 259
Epstein, Leon D. 164
Epstein, Melech 92 259
Epting, Karl 259 260
Epting-Kullmann, Alice 260
Erb, Alfons 260
Erb, Ludwig 166
Erbe, Walter 154
Erbès-Seguin, Sabine 166
Erdmann, Karl Dietrich 35 46 60 68 97
Erdmann, Ulrich 186
Eremenko, V. 260
Erfurth, Waldemar 260
Erhard, Ludwig 154 260
Erich Honecker 288
Erickson, Charlotte 58
Erinnerung an Ferdinand Freiherr von Lüninck 260
Erlander, Tage 260
Erlanger, Philippe 260
Erlay, David 260
Erler, Fritz 154 194 260
Erler, Georg 215
Erler, Hans 260
Erlich, Victor 260
Ermacora, Felix 149 186 215
Erman, Hans 260
Ermecke, Gustav 86
Ernst Blochs Revision des Marxismus 110
Ernst, Franz 133
Ernst, Fritz 60 260
Ernst, Günther 265
Ernst, Robert 260
Ernst Thälmann 369
Ernst von Weizsäcker 380
Ernst-Weis, Agnes 260
Erpenbeck, Fritz 260
Ertel, Christoph 158
Ertl, Eric 166
Erusalimskij, Arkadij Samsonovič 200 260
Esch, Patricia van der 170
Eschenburg, Theodor 49 77 133 141 145 164–172 175 208 260 262
Eschmann, Ernst Wilhelm 260
Esh, Shaul 92
Esme, Jean d' 260
Essame, H. 260
Essén, Rütger 260
Esser, Josef 141
Esslin, Martin 261
Estorick, E. 261
Études et documents sur la Première Internationale en Suisse 171
Etzioni, Amitai 83
Etzold, Thomas H. 261
Eubank, Keith 261
Eubank, Weaver K. 261
Euchner, Walter 107
Eucken-Erdsieck, Edith 261
Euler, Alexander 180
Euratom 17
Euringer, Richard 261
Eurokommunismus im Widerspruch 117

Europa 46
Europäische Integration 17
Europäische Zusammenarbeit auf dem Gebiete des Verkehrs 18
Europäisches Geschichtsbild und die Schule 68
European Fascism 124
European jewry ten years after the war 93
European political parties 164
Evangelisches Staatslexikon 144
Evans, Ellen L. 261
Evans, Geoffrey 261
Evans, Humphrey 261
Evans, John Lewis 171
Evans, Marian 261
Evans, Rowland 261
Evans, Trevor 261
Evatt, Herbert Vere 215
Even, Bert 150
Evolution und Geschichte 52
Ewald, Günter 106
Exil-Literatur 1933–1945 11
Existentialismus und Marxismus 108
Explorations 92
Eyck, Erich 261
Eynern, Margarete von 340
Eysenck, H. J. 108 133

Faber du Faur, Moritz von 261
Faber, Karl-Georg 57
Faber, Manfred 180
Fabre-Luce, Alfred 261
Fabry, Philipp Walter 261
Faccenda, Luigi M. 261
Facius, Friedrich 36 42
Faddejew, G. D. 180
Fahey, James 261
Fahl, Gundolf 215
Fain, Haskell 52 66
Fairbank, John King 33
Fakher, Hossein 215
Faktoren der Machtbildung 133
Faktoren der politischen Entscheidung 261
Falk, Heinrich 112
Falk, Lucy 261
Falk, Richard A. 77
Fall Oberländer 330
Fall Tuchatschewski 372
Faller, Edmund W. 186
Fanfani, Amintore 261
Farago, Ladislas 261
Farajallah, Samaan Boutros 215
Farmer, Bernard J. 11
Farner, Konrad 103
Farneti, P. 208
Farnsworth, Beatrice 261
Farran, Roy 261
Farrell, John C. 199
Faschismus als soziale Bewegung 124
Faschismus in Deutschland 124
Faschismus — Nationalsozialismus 124
Faschismus und Kapitalismus 124
Faschismus und Widerstand 15
Fascism 124
Fascism in action 124
Fascismes et National-Socialisme 124
Fascismo 124
Fascismo e antifascismo 124
Fascist international 125
Fassbinder, Klara-Marie 261
Fasting, Kåre 261
Faul, Erwin 141 261

Faulenbach, Bernd 53
Faulhaber, Michael von 261
Faure, Edgar 261
Favre, Pierre 108
Fawcett, J. E. S. 148 149
Fechner, Erich 77
Fechter, Paul 261
Feder, Ernst 261
Federalism 162
Fédéralisme 162
Federbush, S. 92
Federici, Federico 101
Fedoseev, Petr Nicolaevič 108
Fehling, Helmut M. 261
Feidel-Mertz, Hildegard 138
Feierabend, Ladislav Karel 261 262
Feil, Ernst 176
Feis, Herbert 262
Feit, Edward 163
Fejtö, François 108 112 117 128 166 262
Feldmann, Erich 172
Felgentreff, Ruth 294
Felix, David 262
Feller, A. H. 215
Fenn, Charles 262
Fenner, Christian 103
Fenno, Richard F. 77
Fensch, Dorothea 262
Ferber, Christian von 75 262
Ferber, Walter 162 262
Ferdinand, Horst 262
Fergusson, Bernard 262
Ferkiss, Victor C. 124
Fermi, Laura 262
Fernet Vice-Amiral 262
Ferns, Henry Stanley 262
Ferrara, Marcella 262
Ferrarotti, Franco 108
Ferrell, Robert Hugh 262
Ferro, Maurice 262
Ferry, Abel 262
Fest, Joachim C. 262
Festa, E. 262
Festgabe für Carl Schmid 262
Festgabe für Heinrich Herrfahrdt 262
Festgabe Harold Steinacker 262
Festschrift für Rudolf Laun 263
Festschrift Landesrat Professor Dr. Hans Gamper 262
Fetscher, Iring 106 108 110 113 114 125 130 131 133 154 175 206 263
Feuer, Lewis S. 83 97
Feuersenger, Marianne 78
Feuerstein, Valentin 263
Feuerwerker, Albert 33
Fiechtner, Urs M. 221
Fiedler, Heinz 186
Fiedler, Leslie 263
Field, G. Lowell 141
Field, Mark G. 113
Field-Haviland, H. 215
Figueroa, Agustín de 263
Fijalkowski, Jürgen 133 263
Fikentscher, Wolfgang 77
Filesi, Teobaldo 120
Film, Funk, Fernsehen 172
Filtraut, Ephrem 86
Findbücher zu Beständen des Bundesarchivs 35
Finer, Herman 141
Finer, S. E. 180
Finger, Seymour Macwell 215
Fink, Gary M. 263
Finkelstein, Louis 92

Finker, Kurt 263
Finocchiaro, Beniamino 263
Finzelberg, Sigtraut 263
Fiori, Giuseppe 263
Fiš, Teodor 263
Fischbach, Günter 6 20
Fischer, Alexander 60
Fischer, Ernst 263
Fischer, Fritz 60
Fischer, Gert Heinz 138
Fischer, Hans Gerhard 87
Fischer, Heinz 263
Fischer, Heinz-Dietrich 173
Fischer, Klaus-Dieter 108
Fischer, Kurt Gerhard 138 263
Fischer, Louis 263
Fischer, Per 263
Fischer, Ruth 113 263
Fischer, Willibrord 166
Fischer-Baling, Eugen 194 263
Fisher, Harold H. 113
Fishman, Sterling 263
Fitzgerald, C. P. 263
Fitzgibbon, Russell H. 154 176
Fitzhenry, R. 72
FitzRandolph, Sigismund-Sizzo 263
Fitzsimons, M. A. 263
Flach, Karl Hermann 263
Flach, Karl-Hermann 173
Flach, Paul 263
Flachowsky, Gert 154
Flechtheim, Ossip K. 97 99 113 118 133 154 158 171 176 208 263
Fleck, Florian 173
Fleischer, Helmut 108
Fleischhack, Ernst 20
Fleming, D. F. 125 263
Fleming, Peter 263
Flinker, Martin 263
Flint, John E. 263
Flohr, Heiner 133 164
Flor, Georg 180
Flora, Francesco 264
Flores, Marcello 60
Flottau, Heiko 173
Flütsch, Hans-Jürg 180
Flynn, John Thomas 264
Foa, Lisa 264
Foard, Douglas W. 264
Focsaneanu, Lazar 121
Föderalismus als nationales und internationales Prinzip 162
Föderalistische Ordnung 163
Födermayr, Florian 264
Fölsing, Günter H. 154
Förder, Herwig 108
Först, Walter 264
Foerster, Friedrich Wilhelm 92 133 264
Foerster, Wolfgang 180 264
Foertsch, Hermann 113
Fogarty, Michael P. 154
Fogel, William 58
Folkers, Karl-Heinz 77
Fomin, V. T. 264
Fonesca, A. 264
Fontaine, François 154
Fontaine, Pierre 264
Fontenay, Elisabeth de 264
Foot, M. R. D. 180
Foot, Michel 264
Foot, Sylvia 264
Foote, Wilder 264
Footitt, Hilary Ann 264
Ford, Robert 264

Foreign governments 195
Forell, Fritz von 264
Form und Erfahrung 264
Forman, Eric M. 180
Forman, James D. 125
Formiggini, Gina 92
Fornari, Harry 264
Forndran, Erhard 206
Forrestal, James 264
Forschbach, Edmund 264
Forschung und Schrifttum 46
Forschungsarbeiten 1973 in den Sozialwissenschaften 49
Forschungsinstitut der Friedrich-Ebert-Stiftung 46
Forst de Battaglia, Otto 77 264
Forster, Arnold 92 128
Forster, Karl 53 87
Forsthoff, Ernst 145 154 264
Forstmeier, Friedrich 264
Forstreuter, Kurt 42
Forsythe, David P. 215 220
Fortuna, Ursula 212
Forward, Nigel 194
Fosdick, Raymond B. 264
Foster, William Z. 166 171
Fowkes, F. B. M. 117
Fox, Richard W. 264
Fraenkel, Ernst 133 144 145 154 173 186 212 264
Fraenkel, Heinrich 264 265
Fraenkel, Josef 92
Franchini, Raffaello 66
Francis, E. K. 60
Franck, Thomas M. 194
Franco, Francisco 265
François, J. P. A. 186
François-Poncet, André 265
Francos, Ania 265
Francovich, Carlo 46
Frandsen, Dorothea 265
Frank, Anne 265
Frank, Dietrich 145
Frank, Elke 265
Frank, Ernst 265
Frank, Hans 265
Frank, Jürgen 77
Frank, Lewis A. 194
Frank, Wolfgang 265
Franke, Peter 149
Frankel, Joseph 194
Frankenberg, Egbert von 265
Frankenfeld, Alfred 173
Frankfurter Felix 265
Frankl, Viktor E. 265
Franz, Ernst 265
Franz, Fritz 186
Franz, Georg 101
Franz, Günther 4 83
Franz, Helmut 265
Franz, Ingbert 265
Franzel, Emil 77 99 265
Franzen, Erich 265
Fraschka, Günter 265
Fraser, Lindley 173
Fraser, Stuart F. 33
Frassati, Alfredo 265
Frauendienst, Werner 60
Frauenfeld, Alfred E. 265
Frazier, Robert 265
Frederik, Hans 265
Freed, Leonard 92
Freedman, Max 265
Frei, Bruno 265

Frei, Daniel 187 194
Freidel, Frank 265 266
Freiheit und Verantwortung in der modernen Gesellschaft 266
Freisel, Ludwig 266
Frenay, Henri 266
Frenkel-Brunswik, Else 128
Frentz, Hans 266
Frenzke, Dietrich 187
Frenzke, Franz 187
Freudenberg, Adolf 128
Freudenberger, Gerlind 266
Freudenfeld, Burghard 150
Freudenhammer, Alfred 266
Freund, G. 266
Freund, Julien 133 266
Freund, Ludwig 77 133 141 154 195
Freund, Michael 46 49 60 99 101 133 150 266
Freund, Siegfried 108
Freundschaftliche Begegnungen 230
Freville, Jean 266
Frey, Kurt 162
Frey, Michael G. 266
Freyer, Hans 66 77 83 133
Freyh, Richard 103
Freymond, Jacques 104 170 171 187 195 220 266
Freytag von Loringhoven, Bernd Frhr 266
Fricke, Dieter 103 164 166 180 266
Fricke, Karl W. 266
Fridrichs, Hans 266
Friedeburg, Ludwig von 52
Frieden, Gewalt, Sozialismus 166
Friedensburg, Ferdinand 266 267
Friedensforschung 206
Friedensforschung und Gesellschaftskritik 206
Friedensvölkerrecht 187
Friedl, Gerhard Anton 78
Friedländer, Saul 128 267
Friedlander, Albert H. 267
Friedman, Bernard 267
Friedman, Julian R. 195
Friedman, Milton 161
Friedman, Philip 7 25 49 92 267
Friedman, W. 133
Friedmann, Friedrich Georg 267
Friedmann, Georges 92
Friedmann, Wolfgang 195
Friedrich Adler vor dem Ausnahmegericht 222
Friedrich, Carl J. 85 97 133 141 145 154 158 160 163 176 208
Friedrich Christian Prinz zu Schaumburg-Lippe 267
Friedrich Ebert 1871-1925 257
Friedrich Engels und die internationale Arbeiterbewegung 103
Friedrich Grimm 275
Friedrich, Manfred 145
Friedrich Wilhelm Foerster 264
Friedrich-Meinecke-Institut der Freien Universität Berlin 46
Friedrichs, Günter, 78
Friedrichs, Robert W. 72
Friesenhahn, Ernst 149
Friis, Erik J. 267
Frisch, Alfred 121
Frisch, Max 267
Frisch, Morton J. 267
Frischauer, Willi 267
Fritsch, Bruno 203

Fritsch, Pierre 267
Fritzsche, Hans Karl 68
Fröhlich, Elke 36
Fröhner, Rolf 173
Frölich, Paul 267
From Weimar to Hitler 22
Fromkin, David 141 175
Frowein, Jochen Abraham 187 215
Frühe Sozialisten 106
Frye, Charles E. 267
Frye, William R. 215
Fryksen, Arne 267
Fuchs, Günther 267
Fuchs, Lawrence H. 92
Fuchs, Werner 73
Fučík, Julius 267
Fügen, Norbert 84
Führer ins Nichts 267
Führungsschicht und Eliteproblem 208
Füllenbach, Josef 85
25 Jahre Institut für Zeitgeschichte 267
Fürstenberg, Friedrich 72 83 84
Füsslein, Rudolf Werner 141
Fueter, Eduard K. 52
Fuhrmann, Peter 187 215
Fulbright, James William 208
Funder, Friedrich 267
Funk, Arthur L. 15 42 60 267
Funke, Liselotte 87
Funke, Manfred 175 267
Funktion der Geschichte in unserer Zeit 52
Furgurson, Ernest B. 267
Furler, Hans 267
Furtak, Robert 113
Furtwängler, Franz-Josef 166 267
Fusfeld, Daniel R. 267
Fusilier, R. 164
Fusti Carofiglio, Mario 267

Gablentz, Otto Heinrich von der 99 133 141 164 208 267
Gacon, Jean 125
Gadolin, Axel von 267
Gäbler, Fritz 267
Gäfvert, Björn 268
Gärtner, Karl-Heinz 145
Gärtner, Margarete 268
Gäßler, Fidelis 97
Gaertner, Franz von 268
Gaier, Otto R. 268
Gajewski, Jan 268
Gaitanides, Johannes 83
Galante, Pierre 268
Galbraith, John Kenneth 78 268
Galeazzi-Risi, Riccardo 268
Galen, Clemens August Graf von 268
Galenson, Walter 166
Galinsoga, Luis de 268
Gall, Lothar 101
Galland, Adolf 268
Galli, Giorgio 268
Galli, M. 121
Galli, Mario von 87
Gallman, Waldemar J. 268
Galois, Pierre M. 268
Galtung, Johan 206
Gambetti, Fidia 268
Gamble, John King 211
Gamm, Hans-Jochen 92
Gandhi, Indira 268
Gandhi, Mohandas Karamchand 268
Gankin, Olga Hess 171
Gann, L. H. 202

Gann, Lewis H. 178
Gannon, Robert Ignatius 268
Ganshof van der Meersch, W. J. 268
Gantzel, Klaus Jürgen 180 193
Garas, Félix 268
Garaudy, Roger 78 103 113 120 268
Garcia Arias, Luis 211
Garcia Mora, Manuel R. 187
Garcia y Mas, Renate 42
Garder, Michel 268
Gardiner, George 268
Gardner, Brian 268
Gardner, Richard M. 215
Gargallo di Castel Lentini, Gioacchino 52
Garleff, Michael 268
Garliński, J. 268
Garosci, Aldo 60
Garraty, John A. 268
Garrett, Randall 268
Garthoff, Raymond L. 180
Gasiorowski, Zygmunt J. 268
Gasperi, Alcide de 268
Gaßmann, Jürgen 150
Gasser, Adolf 154
Gather, Gernot 269
Gathmann, Hans 128
Gatterer, Claus 269
Gatti, Armand 269
Gatzke, Hans W. 11 36 269
Gaugler, Edward 47
Gauland, Alexander 141
Gaulle, Charles de 269
Gaultier, Marcel 269
Gaus, Günter 269
Gause, Fritz 61
Gautron, Jean Claude 211
Gautschi, Willi 269
Gavagnin, Armando 269
Gavi, Philippe 269
Gavshon, Arthur L. 269
Gawroński, Jan 269
Gay, Peter 103
Gebhardt, Jürgen 66
Gedächtnis Konstantin Hierl 269
Gedanken über einen Politiker 269
Gegenwärtige Situation der Soziologie 75
Gegenwartsaufgaben der Geschichtswissenschaft 52
Gegenwartsprobleme der Vereinten Nationen 215
Gehlen, Arnold 72 78 81 141
Gehlen, Reinhard 269
Gehrig, Emmy 269
Gehrig, Norbert 145
Gehring, Axel 176
Geigenmüller, Ernst 269
Geiger, Rudolf 161
Geiger, Theodor 78 83
Geiger, Willi 150 163
Geis, Robert 269
Geismann, Georg 154
Geißler, Heiner 175
Geiss, Imanuel 50 52 61 176 202 269
Geistige Gestalt des heutigen Judentums 92
Geistige und politische Freiheit in der Massendemokratie 154
Geistiges Rüstzeug des Deutschen Bundestages 44
Gelber, N. M. 269
Gelberg, Ludwik 187
Geldern, Wolfgang von 269

Gelsner, Kurt 269
Gemeinsamer Markt 17
Gemkow, Karl 269
Gencarelli, E. 36
General Eduard Dietl 254
Général Raymond Duval 257
General Sikorski w dziesiątą rocznicę śmierci 359
Generalfeldmarschall Walter Model 321
Generalfeldmarschall Wilhelm Keitel 296
Generalleutnant Hans Röttiger 345
Genscher, Hans-Dietrich 269
Gentile, Emilio 125 269
Georg Ledebour 306
Georg, Siegfried 78
George, Alexander L. 269
George, Thayil Jacob Sony 270
George, William 270
Georghiu-Dej, Gh. 270
Gerbet, Pierre 211
Gerechte und ungerechte Kriege 182
Gereke, Günther 270
Gerhard, Dietrich 52
Gerhard, Jan 270
Gerhardt, Maria 270
Gerhart, Eugene C. 270
Gerlach, Hellmut von 270
Gerland, Brigitte 270
Germain, André 270
Germain, Louis 270
German Jewry 7
German materials 38
German revolution from above 343
Germani, G. 125
Germanis, Uldis 270
Gersdorff, Rudolf-Christoph Frhr von 270
Gersdorff, Ursula von 36 49 52 270
Gerson, Louis L. 270
Gerstenberger, Heide 101
Gerstenmaier, Eugen 270
Geschichte 52
Geschichte an Universitäten und Schulen 68
Geschichte der deutschen Arbeiterbewegung 166
Geschichte des deutschen Liberalismus 101
Geschichte heute 52
Geschichte und Gegenwartsbewußtsein 270
Geschichte und Militärgeschichte 52
Geschichte und Ökonomie 52
Geschichte und Psychoanalyse 52
Geschichte und Soziologie 52
Geschichtliche Erscheinung Hitler 260
Geschichtliche Grundbegriffe 53
Geschichtsbeschreibung 61
Geschichtsbuch als Umerzieher 69
Geschichtsstudium, Geschichtsunterricht 69
Geschichtsunterricht 69
Geschichtsunterricht in einer sich wandelnden Welt 69
Geschichtswissenschaft in Deutschland 53
Geschichtswissenschaft und Geschichtsunterricht 69
Gesellschaft in der industriellen Revolution 78
Gesellschaft, Parlament und Regierung 145

Gesellschaftliche Rolle der deutschen öffentlichen Bibliothek 44
Gespaltenes Land 20
Geßler, Otto 270
Getzler, Israel 270
Gewalt und Gewaltlosigkeit 97
Gewerkschaften im Klassenkampf 166
Gewerkschaften und Entwicklungspolitik 166
Geyelin, Philip 270
Geyer, Arthur 25
Geyer, Curt 270
Geyer, Dietrich 49 53 61 270
Geyer, Michael 180
Geyer, Rolf 149
Geyl, Piet 61
Geyl, Pieter 53
Geyr von Schweppenburg, Leo Frhr. 195
Geyr von Schweppenburg, Leo Frhr 270
Gheorghe, Jon 270
Giacomini, Ruggero 270
Giannini, Amedeo 270
Giap, Vo-nguyen- 270
Gibney, Frank 270
Gibt es ein deutsches Geschichtsbild 53
Gibt es noch ein Proletariat 78
Giddens, Anthony 161
Gidion, Jürgen 78
Gierke, Julius von 151
Gies, Horst 69
Giesbert, Franz-Olivier 270
Giesecke, Hermann 69
Giesen, Bernhard 58 75
Giesler, Hermann 271
Gießen, Karl-Heinz 166
Gilberg, Trond 117
Gille, Hans-Werner 141
Gilles, Ernst-Dieter 72
Gillessen, Günther 271
Gilpin, Robert 134
Gimpel, Erich 271
Ginsburg, J. 92
Ginsburg, Shaul 271
Ginther, Konrad 187
Ginzberg, Eli 166
Giolitti, Giovanni 271
Giordani, Igino 271
Giordano, Ralph 94
Giovana, Mario 36
Girard, Ilse 271
Girard, Louis-Dominique 271
Girardi, Giulio 108
Giraud, Emile 149
Girock, Hans-Joachim 89
Gisevius, Hans Bernd 271
Gitermann, Valentin 61
Gittler, Joseph B. 72 121
Giudice, Gaspare 271
Giudice, Mauro del 271
Giuliani, A. 53
Giuliano, Bartolomeo 271
Glässer, Alfred 87
Glaeser, Georg 7
Glahn, Gerhard von 187
Glanz, Rudolf 92
Glaser, Georg K. 271
Glaser, Hans Georg 117
Glaser, Hermann 83 175
Glaser, Stefan 187
Glasneck, Johannes 103 271
Glass, David V. 80
Glassl, Horst 53

Glazer, Nathan 92 271
Glazier, Kenneth M. 34
Glees, Anthony 271
Glenthøj, Jøorgen 255
Glesermann, G. J. 78
Glock, Charles Y. 128
Glubb, Sir John Bagot 271
Glum, Friedrich 141 145 154 271
Gluszek, Stanislaw 23
Gniffke, Erich Walter 271
Gobetti, Ada 271
Goch, Gerd 271
Goddard, David 271
Gödde-Baumanns, Beate 61
Göhring, Martin 271
Görlich, Ernst Joseph 272
Görlitz, Axel 134 138 154 208
Görlitz, Walter 272 296
Gössner, Rolf 149
Götte, Klaus 215
Götting, Gerald 272
Götting, W. 69
Götz, Christian 208
Götze-Claren, Klaus 159
Goebbels, Joseph 271
Goebel, Klaus 36 271
Goellner, Aladar 187
Goergen, Josef Matthias 271
Goering, Emmy 272
Goetel, Ferdynand 272
Goetz, Helmut 272
Goetz, Walter 46 272
Goetze, Dieter 159
Gogarten, Friedrich 87
Goglia, Luigi 121 272
Goguel, Rudi 15
Gold, Hugo 11 92
Goldbach, Marie-Luise 18 272
Goldberg, Harvey 272
Goldenberg, Boris 120
Goldman, Emma 272
Goldman, Eric Frederick 272
Goldman, Guido G. 92
Goldman, Ralph M. 134
Goldmann, Erwin 272
Goldmann, Lucien 72 108
Goldmann, Nahum 92 272
Goldschmidt, Dietrich 128
Goldschmidt, Hermann Levin 92 272
Goldstein, Anatole 128
Goldstein, Moritz 272
Golffing, Francis 272
Goliakov, G. 272
Gollancz, Victor 272
Gollert, Friedrich 272
Gollin, Alfred M. 272
Gollwitzer, Heinz 61 97 200 272
Gollwitzer, Helmut 87 134 161 272
Golsong, Heribert 149
Gomez, Molleda, D. 25
Gomułka, Władysław 272
González Ruano, César 273
Gonzalez, Valentin 273
Gooch, G. P. 273
Good, Colin H. 113
Goodrich, Leland M. 211 215
Goodspeed, Donald James 176 273
Goodspeed, Stephen S. 211
Goodwin, Goeffrey 215
Goold, Douglas 215
Goold-Adams, Richard 273
Gopal, Servepalli 273
Goppel, Alfons 273
Gordenker, Leon 216

Gordis, Robert 92
Gordon, David C. 203
Gordon, Harold J. 273
Gordon, Morton 141
Gorman, Robert M. 273
Gorrissen, Ellen Maria 273
Gorz, André 103
Gosnell, Harold F. 273
Gosovic, Branislav 203
Gosset, Pierre und Renée 273
Gosztony, Peter 273
Gotlieb, Allan 149
Gottberg, Erika von 113
Gottfried, Paul 273
Gottfurch, Hans 166
Gottgetreu, Erich 273
Gottschalch, Wilfried 103 273
Gottschalk, Anni A. 212
Gottwald, Klement 273
Gould, B. J. 273
Gould, Wesley L. 187
Goulet, Denis 203
Gounelle, Claude 273
Gourdon, Alain 273
Gourevitch, Boris 206
Goyke, Ernst 273
Grabert, Herbert 69 121 275
Grabitz, Eberhard 145
Grabmayr, Karl von 273
Grabowsky, Adolf 53 66 134 141 159 214 273
Gradl, Johann Baptist 273
Gradobojew, N. 274
Graef, Hilda 274
Graf, Oskar Maria 274
Graf, Pedro 138
Grag, Walter 167
Graham, George J. 134
Graham, Robert Andrew 274
Grahl-Madsen, A. 187
Graml, Hermann 49 274
Gramsci, Antonio 125 274
Gran, Bjarne 274
Granatstein, J. 274
Grand, Alexandre 274
Grandval, Gilbert 274
Graneri, Lino 57
Granier, Gerhard 36 41 274
Grant Duff, Shiela 274
Granzow, Klaus 274
Graßmann, Siegfried 274
Grass, Franz 262
Grass, Friedrich 274
Grass, Günter 274
Grathwol, Robert 274
Graubard, Stephen 274
Graupe, Heinz Mosche 92
Graus, František 53 61
Grauwin, Paul 274
Gravelli, Asvero 274
Grawitz, Madeleine 72
Gray, Ezio Maria 274
Grayzel, Salomon 92
Grazia, Alfred de 134
Graziani 274
Graziani, Rodolfo 274
Greber, Anton 216
Grebing, Helga 100 101 103 121 125 164 166 208
Gredel, Zdenka Josephine Maria 61
Green, L. C. 187 216
Green, Philip 134
Greene, F. 187
Greene, Theodore Meyer 101

Greene, Theodore P. 274
Greene, Thomas H. 113
Greenfield, Kent Roberts 61
Greenspan, Morris 180
Greenwall, H. J. 274
Greer, Thomas H. 274
Gregg, Robert Whitcomb 211 216
Gregor, A. James 125 159 274
Greifenberg, Benno 187
Greiffenhagen, Martin 69 73 99 100 134 153 159
Greig, Ian 176
Greil, Lothar 274
Greinacher, Norbert 86
Gremmels, Herbert 274
Grenier, Fernand 275
Grenz, Friedemann 274
Grenzen der Demokratie? 154
Grenzfall der Wissenschaft 275
Grenzmann, Robert 275
Greuner, Ruth 275
Grew, Joseph C. 275
Grewe, Wilhelm Georg 195
Grézer-Vlkanow, J. O. 275
Griebel, Alexander 275
Griep, Günter 275
Griepenburg, R. 125
Griesbach, Ernst 275
Grieser, Helmut 275
Grieser, Utho 275
Grieswelle, Detlef 73 275
Griewank, Karl 176
Griffith, Robert 275
Griffiths, Richard 275
Grigorenko, Piotr 275
Grille, Dietrich 61 275
Grimal, Henri 202
Grimann, Jutta 7
Grimes, A. P. 97
Grimm, Friedrich 275
Grimm, Gerhard 4 275
Grimm, Hans 275
Grimm, Tilemann 275
Grimme, Adolf 275
Grimme, Bruno 121
Grimond, Joseph 101
Gringmuth-Dallmer, Hanns 42
Grinišin, D. 275
Grinnel-Milne, Duncan 275
Gritschneder, Otto 276
Grivas, George 276
Grobba, Fritz 276
Grodzins, Morton 78
Groener, Wilhelm 276
Groener-Geyer, Dorothea 36 276
Groeninx van Zoelen, R. 36
Groh, Dieter 53
Grohmann, Johannes 276
Gromyko, Anatolij Andreevič 276
Gronau, Wolfgang von 276
Groos, Helmut 276
Groote, Wolfgang von 61
Gropp, Rugard Otto 53
Groppe, Lothar 87
Grosche, Robert 276
Groscurth, Helmuth 276
Grosfeld, Leon 276
Gross, Babette 276
Gross, David 276
Gross, Ernest Arnold 216
Gross, Feliks 83 176
Gross, Leonard 276
Gross, Mirjana 276
Grosse, Will 173 211

Grosser, Alfred 134 159
Grosser, Dieter 276
Grosshut, Friedrich Sally 141
Grossi, Mazzorin C. de 276
Grossman, S. 276
Grossmann, Kurt R. 15 53 92 96 276
Grote, Adolf 53 61
Grote, Hermann 166
Grotewohl, Otto 276
Groth, Alexander J. 97 195
Grottian, Walter 276
Grotzer, Peter 276
Grube, Frank 153
Grube, Walter 145
Gruber, Helmut 171 276
Gruber, Karl 276
Gruber, L. Fritz 277
Gruchmann, Lothar 49 277
Grüber, Hans-Rolf 216
Grüber, Heinrich 277
Grün, Robert 277
Grünagel, Fritz 130
Grünberg, Gottfried 277
Gründer, Horst 277
Gründung eines Österreichischen Instituts für Zeitgeschichte 46
Grüner, Karl 277
Grünewald, Armin 314
Grünwald, Leopold 113
Gruenwald, Oskar 108
Gruhl, Herbert 85
Grundbegriffe der Geschichte 53
Grundig, Hans 277
Grundlagen des Spätmarxismus 108
Grundmann, Werner 164
Grundprobleme der Demokratie 154
Grunenberg, Antonia 277
Gruner, Erich 164 171
Grunert, Hansheinrich 180
Gruppi, Luciano 277
Guárard, Jacques 277
Guardini, Romano 78 92 134
Guardiola, Antonio 277
Guarglia, Raffaele 277
Guastalla, Pierre-André 277
Guderian, Heinz 277
Gülzow, Gerhard 277
Günsche, Karl-Ludwig 104
Günther, Hans F. K. 277
Günther, Hans Karl 49
Günther, Henning 277
Günther, Joachim 66
Günther, Klaus 20 166
Günther, Theodor 277
Gürster, Eugen 97
Guedalla, Philip 277
Guénon, René 97
Guerilleros, Partisanen, Theorie und Praxis 178
Guérin, Alain 277
Guérin, Daniel 277
Guerry, Emile Maurice 87
Guest, Freddie 277
Guevara, Ernesto Che 277
Guffith, Ernest S. 124
Guggenberger, Bernd 141
Guggenheim, P. 187
Guglielmelli, Francesco 277
Guhin, Michael A. 277
Guichonnet, Paul 125
Guide des Archives des Armées 42
Guide des centres nationaux d'information bibliographique 4
Guide to captured documents 36

Guide to unpublished materials of the Holocaust period 36
Guides to German records microfilmed at Alexandria 36
Guillaume, Emil 78
Guillaume, Gilbert 175
Guisan, Henri 277
Guitton, Jean 277
Gulick, Charles A. 7
Gulick, Merle Lewis 277
Gun, Nerin E. 278
Gundlach, Rolf 58
Gunst, Dietrich 195
Gunst, Dietrich Wilhelm 187
Gunther, John 278
Gunzenhäuser, Max 15
Guradze, Heinz 187
Gurian, Waldemar 87 118 159 278
Gurland, Arcadius Rudolf Lang 134
Gurr, Ted 78
Guske, Claus 278
Gustafsson, Bo 108
Gustav Dahrendorf 250
Gustav Oelsner 330
Gustav Stresemann 366
Gustav Stresemann 1878/1978 366
Gustmann, Kurt 278
Gutachten des deutschen Ausschusses für das Erziehungs- und Bildungswesen 138
Guthrie, Anne 278
Gutmann, Israel 278
Gutsche, Willibald 61 201 278
Gutteridge, W. F. 278
Guyer, Roberto E. 201
Guzman, German 278
György, Ervin 278
Gyorgy, Andrew 113
Gysae, Gudrun 4

Haack, Hanns-Erich 61 216 278
Haacke, Wilmont 173
Haas, Ernst B. 149 195
Haas, Helmuth de 278
Haas, Leonhard 278
Haas, Michael 7 195
Haas, Willy 278
Haase, Carl 37
Habe, Hans 278
Habel, Walter 13
Haber, Eitan 278
Haber, Fritz 278
Haber, Julius 92
Habermas, Jürgen 53 73 78 82 161
Habsburg, Alice 278
Habsburg, Otto von 78
Hachenburg, Max 278
Hachiya, Michiko 278
Hacke, Christian 278
Hacker, Jens 49
Hacker, Rupert 278
Hadancourt, Gaston 278
Hadwen, John G. 216
Hägele, Michael P. 216
Hägglöf, Gunnar 278
Häring, Bernhard 87
Härtle, Heinrich 93
Härtling, Peter 278
Hättich, Manfred 99 134 154 216
Häußermann, Hartmut 163
Haecker, Theodor 278
Haenisch, Wolf 45
Haensch, Günther 195
Haerdter, Robert 101 278

Haeussler, Helmut 278
Haferkorn, Katja 61 278
Haffner, Sebastian 180 278 279
Hafner, Gerhard 216
Haftendorn, Helga 199
Hagedorn, Manfred R. 187
Hagelstange, Rudolf 279
Hagelweide, Gert 42
Hagemann, Walter 78
Hager, Kurt 104 279
Haghettaoth, Lohamei 42
Hagolani, Elhanan 93
Hahlweg, Werner 178 182 279
Hahn, Assi 279
Hahn, Dietrich 279
Hahn, Emily 279
Hahn, Hugo 279
Hahn, Manfred 82 104 106
Hahn, Otto Max 93
Hahne, Heinrich 279
Hahnenfeld, Günter 180
Hájek, Miloš 171
Hailsham, Lord Quintin McGarel Hogg 134
Haimson, Leopold H. 118
Hainisch, Michael 279
Halasz de Beky, I. L. 25
Halasz, Nicholas 279
Halberstam, David 25
Haldeman, Harry Robins 25
Halder, Franz 25
Hale, Oron James 25
Halecki, Oscar 25
Halévy, Elie 104
Halfmann, Horst 15
Halifax, Edward Frederick Lindley Wood Earl of 279
Hall, John W. 33
Halle, Louis J. 53
Haller, Johannes 279
Hallgarten, Constanze 279
Hallgarten, George W. F. 159 201 279
Hallmann, Hans 64
Hallstein, Walter 279
Halperin, Ernst 117 279
Halperin, Israel 93
Halperin, Maurice 279
Halperin, Morton H. 15 195
Halperin, Samuel 93
Halperin, Samuel William 61 279
Halpern, Ben 93
Halstead, Charles R. 279
Haltern, Utz 82
Hamacher, Paul 279
Hamann, Günther 279
Hamburger Bibliographie zum parlamentarischen System der Bundesrepublik 18 19
Hamburger, Ernest 46 93 279
Hamby, Alonzo L. 279
Hamelet, Michel Pierre 280
Hamer, Philip M. 37
Hamilton, Alastair 125
Hamm-Brücher, Hildegard 280
Hammarskjoeld, Dag 280
Hammen, Oscar J. 280
Hammer, Franz 280
Hammer, Hermann 280
Hammer, Richard 129
Hammer, Walter 280
Hammer, Wolfgang 280
Hammerstein, Kunrat Frhr von 280
Hammond, Paul Y. 195
Hammond, Thomas Taylor 117

Hamon, Léo 180 280
Hampe, Johann Christoph 85
Hampe, Peter 201
Hamsun, Tore 280
Han Yu-shan 61
Hanauer, Rudolf 280
Hancock, William Keith 180 280
Handbuch der Auslandspresse 7
Handbuch der deutschsprachigen Presse außerhalb Deutschlands 7
Handbuch der Dritten Welt 203
Handbuch der Publizistik 173
Handbuch der Weltpresse 173
Handbuch Vereinte Nationen 217
Handbuch zur deutschen Militärgeschichte 180 181
Handke, Werner 203
Handlexikon zur Politikwissenschaft 134
Handlin, Oscar 166
Handwörterbuch der Sozialwissenschaften 73
Haney, Gerhard 154
Hanfstaengl, Ernst 280
Hangen, Welles 104
Hanham, H. J. 24
Hanke, Erich 280
Hanko, Helmut M. 280
Hannak, Jacques 280
Hannover, Welf Heinrich Prinz von 187
Hanns Seidel und die Stiftung 357
Hans Heinrich Dieckhoff 253
Hans von Seeckt 357
Hanschel, Hermann 280
Hansen, Else 117
Hansen, Poul 280
Hanssler, Bernhard 87
Hantsch, Hugo 121 280
Hanusch, Gerhard 25
Happ, Wilhelm 280
Haralampieff, K. 25
Harbottle, Michael 216
Harcourt, Robert d' 280
Hardach, Gerd 104
Hardman, J. B. S. 280
Hardy, Henry Reginald 280
Harich, Wolfgang 175
Harlan, Veit 280
Harlinghausen, Norbert 280
Harmel, Claude 117
Harmon, M. J. 280
Harnack, Axel von 61 280
Harpprecht, Klaus 129 281
Harr, John Ensor 195
Harriman, Averell W. 195 281
Harrington, James 281
Harrington, Michael 104
Harris, George S. 120
Harris, Nigel 98 104
Harris, Ralph 281
Harris, Seymour E. 281
Harrison, John P. 37
Harrod, R. F. 281
Hart, Hermann 281
Hartenstein, Wolfgang 154
Hartigan, Richard Shelly 181
Hartl, Hans 281
Hartmann, Albert 141
Hartmann, Frederick H. 195
Hartmann, Heinz 75
Hartmann, Heinz Ernst Otto 281
Hartmann, Karl 42
Hartmann, Peter Claus 42

Hartmann, Sverre 281
Hartmann, Woldemar 281
Hartung, Fritz 20 281
Hartung, Hugo 281
Hartwich, Hans Hermann 139
Hartwieg, Oskar 78
Hartwig, Bernd 187
Harvey, John 281
Haschke, Georg 281
Hase, Hans Christoph von 281
Hasenclever, Walter 281
Hasenhüttl, Gotthold 87
Hass, Ernst 134
Hass, Gerhart 11
Hassan II König von Marokko 281
Hassel, Kai Uwe von 281
Hassel, Sven 281
Hassell, Ulrich von 281
Hassett, William D. 281
Hatch, Alden 281
Hatch, H. R. H. 281
Haubach, Theodor 281
Hauer, Erich 281
Haug, Hans 187 220
Haug, Wolfgang Fritz 78 125
Haupt, Georges 166 171
Hausenstein, Wilhelm 281
Hauser, Jürg A. 203
Hauser, Oswald 164
Hauser, Richard 87
Hausmann, Manfred 181 281
Hauss, Alfred 281
Haussmann, Frederick 101
Hautmann, Wilhelm 139
Hauwaldt, Rüdiger 216
Havemann, Robert 282
Hayek, Frederick A. 101
Hayes, Carlton Joseph Huntley 121
Hayes, Paul M. 125 282
Headlam-Morley, Sir James 282
Heath, Jim F. 282
Heberle, Rudolf 73
Hecht, Günther 282
Heck, Bruno 381
Hecker, Hellmuth 181 187
Heckscher, August 208
Heckscher, Gunnar 141
Hedin, Sven 282
Hedinger, Hans-Walter 53
Heer, Friedrich 87 93 154 282
Heer, Hannes 167 282
Heffter, Heinrich 49
Hegels, Ernst Wolfgang 164
Hehn, Jürgen von 66 206
Heiber, Helmut 61 282 286
Heidenheimer, Arnold J. 154
Heike, Otto 42 282
Heilbronner, L. 161
Heilbrunn, Otto 178 181
Heimann, Eduard 104 113
Heimann, Horst 130
Heimpel, Hermann 53 61 66 282
Heine, Friedrich 282
Heinemann, Gustav W. 282
Heiner, Stefan 282
Heinkel, Ernst 282
Heinrich, Brigitte 161
Heinrich Brüning 242
Heinrich Grüber 277
Heinrich Hellwege 283
Heinrichs, Erik 282 283
Heinsius, Paul 38
Heintel, Peter 108
Heintz, Albert 283

Heintz, Peter 175
Heinz, Grete 25 38
Heinz Oskar Vetter 375
Heisenberg, Werner 283
Heiss, Robert 98
Heist, Walter 283
Heitman, Sidney 283
Helberger, Christof 108
Helbich, Wolfgang Johannes 283
Helbig, Herbert 283
Held, Josef 99 283
Held, Walter 20
Helfferich, Emil 283
Helfritz, Hans 283
Hell, Victor 283
Heller, Deane 283
Heller, Erich 283
Heller, Hermann 142
Hellwege, Heinrich 163
Helm, Johann Georg 187
Helmer, Oskar 283
Hemleben, Johannes 283
Hemmerle, Josef 25
Hencke, Andor 283
Henderson, James L. 283
Henderson, K. D. D. 283
Henig, Ruth B. 212
Henig, Stanley 164
Henke, Josef 283
Henkin, Louis 195 216
Henle, Günter 283
Henle, Hans 283
Hennig, Eike 82 159
Hennig, Günter 283
Hennig, John 53
Henning, Friedrich 101
Hennis, Wilhelm 134 142 143 155 173 208 283
Hennyey, Gustav 283
Henrichs, Wilhelm 187
Henry-Haye, Gaston 283
Hensel, Walther 181 283
Hensman, C. R. 176
Hentig, Hans von 195
Hentig, Werner-Otto von 283
Hentsch, Guy 283
Hentschel, Volker 49
Hentze, Jürgen 283
Hepple, Alexander 284
Héraud, Guy 163
Herbermann, Nanda 284
Herbert Wehner 379
Herberts, Hermann 284
Herbst, Ludolf 284
Herczegh, Géza 188
Herden, Werner 284
Héring, Général 284
Herkunft und Mandat 167
Herlin, Hans 284
Herling, Gustav 284
Herman, Valentine 145
Hermann, Carl Hans 181
Hermann, Charles F. 195
Hermann Ehlers 257
Hermann, Fritz H. 155
Hermann, Hans Heinrich 203
Hermann Hesse 285
Hermann, Ingo 87
Hermann, Lutz 284
Hermanns, Johannes 284
Hermens, Ferdinand A. 98 145 155 206 284
Hermes, Anna 284
Hernández Tomás, Jesús 284

Hernon, Joseph M. 284
Herraiz, Ismael 284
Herre, Franz 4 121 163 284
Herre, Paul 284
Herrfahrdt, Heinrich 121
Herriot, Edouard 284
Herrmann, Alfred 284
Herrmann, Friedrich Georg 284
Herrmann, Paul 284
Herrmann, Ursula 171
Herrschaft und Krise 134
Hersch, Jeanne 98
Hersey, John Richard 284
Hertel, Hans 284
Hertzberg, Arthur 129
Hertzman, Lewis 284
Herwarth, Hans von 195 284
Herwig, Holger H. 284
Herz, Emil 284
Herz, John H. 142 159 195
Herzer, Christine 33
Herzfeld, Hans 12 53 61 69 129 284
Herzl, Theodor 285
Herzog, Philippe 161
Herzog, Roman 149
Herzstein, Robert 129
Hespe, Klaus 142
Hesperus 285
Heß, Hans 93
Heß, Ilse 285
Heß, Jürgen C. 285
Heßlein, Pablo 285
Hesse, Eva 176
Hesse, Kurt 203
Hetherington, John 285
Hetzer, Walther 285
Heuer, Uwe-Jens 78
Heumos, Peter 61
Heuschele, Otto 285
Heusinger, Adolf 285
Heuss, Theodor 53 61 128 208 285
Heuss-Knapp, Elly 285
Hewins, Ralph 285
Heydecker, Joe J. 285
Heydegger, Gerald 208
Heydorn, Heinz-Joachim 129 286 376
Heydrich, Lina 286
Heydte, Friedrich August Frhr von der 83 181 188
Heyl, Arnulf von 145
Heyl, John D. 286
Heyland, Carl 151
Heymann, Eva 286
Heymann, Egon 286
Hjalmar Branting 239
Hibbert, Christopher 286
Hibbs, Douglas A. 78
Hielscher, Friedrich 286
Hier spricht Otto Dibelius 286
Hierl, Konstantin 286
Hieronimus, Ekkehart 286
Hieronymus, Hanns Eberhard 151
Hiess, Joseph 286
Higgins, Rosalyn 188 216
Higgins, Trumbull 286
Hilbert, Lothar Wilfried 188
Hildebrand, Klaus 11 61 286
Hildebrand, Walter 83
Hilferding, Rudolf 53 161
Hilger, Dieter 164
Hilger, Gustav 286
Hill, Leonidas E. 286
Hill, R. W. 34
Hillard, Gustav 286

Hille, Hans Joachim 286
Hiller, Kurt 104 208 286
Hiller von Gaertringen, Friedrich Frhr 38 61
Hillgruber, Andreas 25 53 61 66 69 195 286
Hillmann, Günther 115
Hillmann, William 286
Hills, George 286
Hillson, Norman 286
Hilmi, Abbas 216
Hilsman, Roger 195
Hilton, Richard 286
Himmler, Heinrich 286
Himmler, Robert 286
Hindls, Arnold 286
Hindrichs, Günter 7
Hingley, Ronald 286
Hinkel, Karl 104
Hinsley, F. H. 121 195
Hintze, Otto 146
Hinz, Joachim 188
Hippel, Ernst von 53 113 130 142 151 286
Hippel, Fritz von 146 286
Hirche, Kurt 167
Hirsch, Ernst E. 84
Hirsch, Felix E. 286 287
Hirsch, Gisela 20
Hirsch, Helmut 167 229 241 287
Hirsch, Joachim 167
Hirsch, Kurt 131
Hirsch, Wolfgang 73
Hirsch-Weber, Wolfgang 167 208
Hirschberg, Alfred 287
Hirshler, Eric E. 93
Hirzel, Johannes 287
Hiscocks, Richard 216
Hiss, Alger 287
Histoire contemporaine 4
Histoire générale du socialisme 104
Histoire universelle des armées 181
Historical abstracts 1775–1945 3
Historical periodicals 5
Historiographie der Deutschen Demokratischen Republik über den deutschen antifaschistischen Widerstandskampf 20
Historische Gegenwartskunde 68
Historische Objektivität 57
Historische Sozialwissenschaften 75
Historische Theorie und Geschichtsforschung der Gegenwart 58
Historischer Materialismus und europäisches Geschichtsdenken 66
Hitler, Adolf 287
Hitlers private library 308
Hitzer, Friedrich 287
Hô-chi-Minh 287
Hobbs, Joseph P. 287
Hobe, Cord von 287
Hobsbawm, Eric J. 104 176
Hobson, John Atkinson 201
Hoby, Jean-Pierre 83
Hocevar, Rolf 155
Hočevar, Rolf K. 12
Hoch, Anton 42 287
Hochfeld, Julian 104
Hochman, Elena 287
Hochmuth, Ursel 16
Hochschulschriften zur neueren deutschen Geschichte 20
Hocke, Gustav René 87
Hockerts, Hans Günter 99

Hodes, Aubrey 287
Hodgkin, Thomas 121
Höfer, Werner 287
Höhle, Thomas 287
Höhmann, Hans-Hermann 85
Höhn, Reinhard 181
Höhne, Hansjoachim 173
Höhne, Heinz 287
Hölzle, Erwin 287
Hönig, Albertine 288
Höppner, Joachim 46
Hörning, Karl H. 78
Hörsing, Otto 288
Höß, Rudolf 288
Hoegner, Wilhelm 155 287
Hoek, K. van 287
Hoepli, Nancy L. 202
Hoerkens, Maria 108
Hofer, Walther 53 61 62 149 159 288
Hoff, Klaus 99 288
Hoffacker, Helmut 69 104
Hoffinger, Max Ritter von 288
Hoffman, Robert 175
Hoffmann, Alexander von 288
Hoffmann, Dietrich 139
Hoffmann, Heinrich 288
Hoffmann, Hermann 38
Hoffmann, Kurt 84
Hoffmann, Peter 288
Hoffmann, S. 288
Hoffmann, Stanley H. 195
Hoffmann, Walter 117 139
Hofmann, Gerhard 38
Hofmann, Hanns Hubert 141
Hofmann, Hasso 288
Hofmann, Josef 288
Hofmann, Rupert 155
Hofmann, Werner 73 104 118
Hogard, Jacques 181
Hogg, J. F. 188
Hohoff, Curt 288
Hohorst, Gerd 58
Holborn, Louise W. 188 216 220
Holger, Hans 288
Holl, Karl 206
Hollerbach, Alexander 146 288
Hollis, Sir Leslie 288
Hollitscher, Walter 205
Holm, Torsten 181
Holm-Olsen, Anne Grete 23
Holmes, Oliver Wendell 288
Holotiková, Zdenka 288
Holsti, Ole R. 195
Holt, Edgar 288
Holthusen, Hans Egon 288
Holubek, Reinhard 142
Holubnychy, Vsevolod 288
Holz, Hans Heinz 175 288
Holzamer, Karl 288
Holzer, Rainer 117
Holzgreve, Werner 209
Holzheuer, Walter 288
Homans, George Caspar 73
Homar, Helmuth 288
Homberger, Heinrich 288
Homburg, Wilhelm 288
Hommes, Jakob 113
Homonnay, Elemer 288
Hondrich, Karl Otto 78 155
Honecker, Erich 288 289
Honig, F. 188
Honigmann, Georg 289
Hook, Sidney 62
Hooker, J. R. 289

Hooker, M. B. 202
Hooker, Nancy Harvison 289
Hoop, Jean-Marie d' 289
Hoopes, Townsend 289
Hoover, Calvin B. 142 289
Hoover, Herbert 289
Hope, Marjorie 83
Hoppe, August 113
Hoppe, Hans-Joachim 289
Horecky, Paul L. 25 42
Horkheimer, Max 73 134 159 289
Horn, Carl Carlson von 216
Horn, Rüdiger 62
Horn, Wolfgang 289
Horné, Alfred 169
Hornung, Klaus 181 289
Horowitz, Irving Louis 73 289
Horrocks, Sir Brian 289
Horster, Detlef 125
Horstmann, Lali 289
Horthy, Nikolaus von 289
Horvath, Barna 83
Hoschka, Peter 146
Hough, Richard 289
Hourdin, Georges 289
Houston, John A. 216
Hovdkinn, Øystein 289
Hovet, Thomas 216
How popular was Streicher 289
Howard, Dick 108
Howard, Harry N. 121
Howard, Michael 181
Howe, George Frederick 4
Howe, Irving 289
Howley, Frank Leo 289
Hoyt, Edwin C. 188
Hsiung, S. J. 289
Hsu Kai-Yu 289
Hsüeh Chün-tu 33
Hu Chi-Hsi 290
Hubatsch, Walther 11 290
Huber, Ernst Rudolf 142
Huber, Maria 203
Huber, Max 188
Huber, Wolfgang 86 87 166
Huck, Jürgen 290
Hucker, C. O. 33
Hudak, Adalbert 87
Hudal, Alois C. 290
Huddleston, Sisley 195 290
Hudson, G. F. 113
Hübinger, Paul Egon 290
Hübner, Emil 142
Hübner, H. 46
Hübner, Peter 78
Hüfner, Klaus 7 9 216
Hühne, Werner 290
Hühnerfeld, Paul 290
Hülsmann, Bernhard 99
Hünenburg, Friedrich 290
Hürten, Heinz 290
Hüttenberger, Peter 134
Hütter, Joachim 195
Huemer, Peter 290
Hufen, Fritz 174
Hufnagel, Gerhard 290
Hug, Heinz 290
Hugenbergs Ringen in deutschen Schicksalsstunden 344
Hughes, E. J. 290
Hughes, Emrys 290
Hughes, H. Stuart 66
Hughes, Thomas L. 196
Hugo, Grant 196

Huie, William Bradford 290
Huitt, Ralph K. 7
Huizinga, James H. 290
Hulse, James W. 171
Hulton, Charles M. 290
Humanist und Politiker 290
Humbert-Droz, Jules 290
Hundert Jahre deutsche Sozialdemokratie 106
Hundert Jahre Rotes Kreuz 220
111 Zeitgenossen 290
Hundsnurscher, Franz 93
Hunt, Frazier 290
Hunt, R. N. Carew 7 108 113
Huntemann, Georg H. 85
Huntington, Samuel P. 78 181 203 211
Hurtig, S. 290
Hurwicz, Elias 290
Hurwiez, Elias 93
Hury, Carlo 16
Husák, Gustáv 290
Huss, Hermann 128
Hussein, König von Jordanien 290
Hutchinson, Bruce 290
Hutchinson, George 290
Hutton, Bernard J. 290
Huyen, N. Khac 291
Huyssen, Hans 291
Huyts, J. 117
Hwa Yol Jung 291
Hyde, Douglas 291
Hyde, Harford Montgomery 291
Hying, Klemens 62
Hymans, Paul 291

I. S. Konjew 300
Jaarverslag 46
Jablonka, Hans 291
Jablonowsky, Horst 49
Jaccard, Pierre 73
Jackson, Robert 291
Jackson, W. G. F. 291
Jacob, Ernst Gerhard 20
Jacob, Paul 309
Jacobi, Claus 291
Jacobi, Gerhard 253
Jacobius, Arnold J. 42
Jacobmeyer, Wolfgang 291
Jacobs, Dan N. 113
Jacobs, Travis Beal 291
Jacobsen, Hans-Adolf 291
Jacobsen, Ingrid 291
Jacobsen, Otto 291
Jacoby, E. Georg 291
Jacomet, A. 291
Jacquemin, Gaston 291
Jäckel, Eberhard 52 62 291
Jäckh, Ernst 134 291
Jäger, Wolfgang 291
Jähnig, Bernhart 26
Jänicke, Martin 113 134 159
Jäschke, Gotthard 291
Jaeger, Hans 53 104 113 125 129 130 291
Jaeger, Harald 38
Jaeggi, Urs 81
Jaffré, Yves-Frédéric 291
Jager, Hugo de 73
Jahn, Gerhard 379
Jahn, Hans Edgar 209
Jahn, Rudolf 275
Jahrbuch der historischen Forschung 49

Jahrbuch für Friedens- und Konfliktforschung 206
Jahresbericht 1951/52 42
Jahresberichte für deutsche Geschichte 20
Jahresbibliographie der Bibliothek für Zeitgeschichte, Weltkriegsbücherei 4
Jahrreiß, Hermann 134 142
Jaide, Walter 139
Jakovlev, Nikolaj 291
Jaksch, Wenzel 291
Jalée, Pierre 201 203
Jallon, Andrée 162
James, A. M. 216
James, Daniel 291
James, Dorris Clayton 291
James, Robert Rhodes 291
James, Sir William 292
Janke, Rudolf 142
Janni, Ettore 292
Janowitz, Morris 181 204
Jansen, Marius B. 292
Jansen, Reinhard 292
Jansohn, Heinz 292
Janßen, Karl-Heinz 292
Jantzen, Hinrich 11
Jarausch, Konrad H. 59 292
Jarck, Horst-Rüdiger 38
Jaroslawski, Jan 104
Jasper, Gotthard 11
Jaspers, Karl 151 292
Jászi, Oscar 151
Jaszunski, G. 125
Jawaharlal Nehru 327
Jayakar, M. R. 292

Ibach, Karl 151
Ibárruri, Dolores 292
Ickes, Harold L. 292
Ideologies and modern politics 98

Jean de Lattre 305
Jean Edward Smith 333
Jeanneney, Jean-Noël 292
Jeantet, Fernand-Charles 188
Jebb, Gladwyn 216
Jedlicka, Ludwig 43 46 292
Jeffries, Sir Charles Joseph 188
Jéhouda, Josué 93 129
Jeismann, Karl Ernst 181
Jelonneck, Klaus 292
Jenke, Manfred 131
Jenkins, Roy 292
Jenks, Wilfred C. 211
Jenks, William A. 292
Jennings, Robert Yewdall 188
Jens, Walter 46
Jenschke, Bernhard 292
Jensen, Jens Marinus 292
Jensen, Jürgen 43 269
Jerussalimskij, A. 62
Jessup, Philip, Caryl 188
Jetzinger, Franz 292
Jewish holocaust and heroism 7
Ježek, Alexandr 27
Jeziorowski, Jürgen 83

Iggers, Georg G. 54 159
Igino, Cardinale 87
Ignotus, Paul 292
Ihlau, Olaf 167
Ihlenfeld, Kurt 292

Jilek, Heinrich 24 26

Iklé, Fred Charles 196
Ilie, Petre 26
Ilsar, Yehiel 93
Ilsemann, Sigurd von 292
Imboden, Max 134 159
Imhoff, Christoph von 87
Imig, Werner 292
Impérialisme 201
Imperialismus 201
Imperialismus im 20. Jahrhundert 201
Imperialismus und strukturelle Gewalt 201
In memoriam Alfred Schmid 318
In memoriam Wilhelm Böhler 318
Incze, M. 54
Index to unpublished studies for Free Europe Commitee 4
Industriesoziologie 83
Infield, Glenn B. 292
Informationsbericht. Institut für Zeitgeschichte München 46
Ingensand, Harald 119
Ingersoll, David E. 98
Inglis, Brian 292
Ingrim, Franz Robert 181
Ingrim, Robert 99 104 196
Inhaltsverzeichnisse sowjetischer Fachzeitschriften 7
Inkeles, Alex 204
Innere Systemkrisen der Gegenwart 210
Innerer Zensor 81
Inozemzev, Nikolaj N. 161
Institut für Dänemarks neueste Geschichte 47
Institut für Zeitgeschichte 47
Institut für Zeitgeschichte in München 47
Institutions du développement 204
Instytut śląski w Opolu 47
International bibliography of historical sciences 3
International bibliography of political science 6
International Institute of Social History 47
International Political Science Abstracts 9
International terrorism 175
International terrorism and political crimes 175
International Who's who 14
Internationale Beziehungen 193
Internationale Beziehungen als System 193
Internationale Vertretung Deutschlands nach 1945 22
Internationaler Faschismus 124
Internationales Jahrbuch für Geschichtsunterricht 69
Internationales Universitäts-Handbuch 48
Inventar des Kriegsarchivs Wien 43

Joachim, Horst 188
Joas, Hans 78
Jobert, Michel 292
Jochimsen, Reimut 139
Jochmann, Werner 139 293
Jodl, Luise 293
Jørgensen, Harald 43
Jørgensen, Stig 78
Joesten, Joachim 293
Joffroy, Pierre 293
Johannes Weyl 381

Johannes XXIII., Papa 87
Johe, Werner 293
John, Otto 293
Johnson, Alan Campbell 293
Johnson, Ale 293
Johnson, C. A. 178
Johnson, Chalmers 113 176
Johnson, Haynes 293
Johnson, James E. 293
Johnson, John J. 204
Johnson, Lyndon Baines 293
Johnson, Niel M. 293
Johnston, G. A. 216
Joliot-Curie, Frédéric 293
Joll, James 62 171 209 293
Jonas, Frank Herman 16
Jonas, Friedrich 73
Jonas, Klaus W. 293
Jonas, Pal 293
Jonášová-Hajkova, Stanislava 26
Jones, David Lewis 26
Jones, Graham 204
Jones, Jack 293
Jones, Peter 196
Jones, R. V. 293
Jones, Thomas 293

Ionescu, Ghita 113

Jong, C. T. de 26 50
Jong, Dirk de 4
Jong, L. de 47
Joos, Joseph 293
Joppich, Adalbert 188
Jordan, David C. 196
Jordan, Peter 173
Jordan, Robert S. 196
Jordan, Rudolf 293
Jordan, Z. A. 108 113
Journal du Dr. Goebbels 293
Jouve, Edmond 204
Jouvenel, B. de 134 293
Jouvenel, Renaud de 293
Jowitt, Kenneth 117
Jowitt, William Allen 293

Iraci, Agostino 293
Iraci, L. 204
Ironside, Sir Edmund 293
Irving, David 293 294
Isaac, Jules 129
Isay, Rudolf 294
Ishoven, Armand van 294
Ismail, Sir Mirza 294
Isnard, Hildebert 202
Isorni, Jacques 294
Ist die Epoche des Faschismus beendet 125
Ist verpflichtet den Judenstern zu tragen 294
Italiaander, Rolf 294

Juchacz, Marie 104
Judd, Denis 294
Juden im deutschen Kulturbereich 93
Juden und die Kultur 93
Juden und jüdische Aspekte in der deutschen Arbeiterbewegung 167
Judenfeindschaft 129
Judentum 93
Judentum in Geschichte und Gegenwart 93
Jünger, Ernst 98 142 294
Jünger, Friedrich Georg 294

Juin, Alphonse Pierre 294
Jukić, Ilija 294
Julier, Elmar 108
Juling, Peter 102
Julius Leber 306
Jullian, Philippe 294
Junker, Detlef 58
Junker, Heinrich 294
Junne, Gerd 196
Jurkiewicz, Jaroslaw 294
Jurkiewiez, Jaroslaw 38
Jurt, Joseph 294
Just, Artur W. 294
Juterczenka, Manfred von 216
Juva, Einar W. 294

Ivanov, Miroslav 294
Ivanskij, Anatolij Ivanovič 294
Iwan Stepanowitsch Konjew 301
Iwanejko, Marian 211
Iyer, Raghavan N. 294
Izard, Georges 119

Kaas, Ludwig 294
Kabel, Rainer 206
Kabeli, Isaac 93
Kabermann, Friedrich 294
Kaczkowska, Ada 294
Kádár, János 294
Kadritzke, Ulf 84
Kämpf, Hellmut 294
Käsler, Dirk 11 294
Kästner, Erich 294
Kaegbein, Paul 43
Kaehler, Siegfried August 294
Kafka, Gustav Eduard 87 295
Kahan, Vilém 171
Kahanovitch, Moshe 295
Kahle, Wolfgang 93
Kahlenberg, Friedrich P. 35 38 43
Kahler, Erich 129 295
Kahler, Erich von 54
Kahn, Herman 16
Kahn, Siegbert 201
Kaisen, Wilhelm 295
Kaiser, Carl-Christian 295
Kaiser, Helmut 295
Kaiser, Hermann 295
Kaiser, Jakob 167
Kaiser, Wilhelm Jakob 295
Kalb, Mervin 295
Kalinin, M. I. 295
Kalischer, Wolfgang 295
Kallay, Nicholas 295
Kallenberg, Fritz 131
Kallmeyer, Horst 188
Kallner, Rudolf 93
Kalnoki Bedo, Alexander 26
Kalow, Gert 66
Kaltefleiter, Werner 146 155
Kaltenbrunner, Gerd-Klaus 81 100 175 295
Kalusche, Elfriede 295
Kalvoda, Josef 117
Kalz, Wolf 295
Kamiński, Andrzej 50 125
Kamlah, Wilhelm 131
Kamm, Josephine 93
Kammler, Hans 134 142 206
Kammler, Jörg 295
Kampmann, Wanda 69 93 129
Kamps, Karl 295
Kanet, Roger E. 26
Kann, Robert A. 100 295

Kanonikus Michael Gamper 268
Kantor, Harry 32
Kantorowicz, Alfred 295
Kantzenbach, Friedrich Wilhelm 295
Kanza, Thomas 295
Kapitalismus 161
Kaplan, Chaim Aron 296
Kaplan, Jacob J. 204
Kaplan, Mordecai Menahem 93
Kaplan, Morton A. 98 188 196
Kappelmann, Uwe 211
Karaka, D. F. 296
Karbach, Oskar 129
Kardelj, Edvard 104
Kardorff, Ursula von 296
Kardorff-Oheimb, Katharina von 296
Karl Bonhoeffer zum hundertsten Geburtstag 237
Karl, Heinz 125
Karl Marx 316
Karl Marx. Das Kapital 108
Karl Rudolf Werner Best Sagen 348
Karl Schiller 352
Karl-Georg Faber 19
Karlman, Roland 58
Karolyi, Michael 296
Karrenberg, Friedrich 73
Karsch, Friederun 173
Karst, Heinz 181
Kasch, Wilhelm Friedrich 296
Kasdan, Alan Richard 204
Kasdorff, Hans 296
Kase, Francis J. 155
Kasme, Badr. 216
Kaspi, André 47
Kassof, Allen 159
Kast, Hans 296
Kastner, Rudolf 296
Katalog der Bibliothek des Auswärtigen Amts 4
Katalog des Dokumentationsarchivs des österreichischen Widerstandes 43
Katalog des Schrifttums über den deutschen Osten 26
Katalog „Gemeinsamer Markt" 17
Katcher, Leo 93 296
Kater, Michael Hans 58
Katholizismus und freiheitlicher Sozialismus in Europa 87
Katkov, George 119
Katsoulis, Ilias 108
Kattermann, Hildegard 93
Katz, Daniel 174
Katz, Henryk 171
Katz, Jacob 93
Katz, Milton 296
Katzarov, Konstantin 188
Katzenbach, Edward L. 296
Katzer, Hans 296
Kaufmann, Arthur 54 152
Kaufmann, Erich 155
Kaufmann, Franz-Xaver 75
Kaufmann, William W. 181
Kaul, Friedrich Karl 296
Kaunda, Kenneth David 296
Kaupp, Peter 296
Kautsky, Benedikt 113
Kautsky, John H. 113 120 204
Kautsky, Karl 241 296
Kawa, Elisabeth 296
Kay, David A. 85 216 217
Kayser, Jaques 62
Kayser-Eichberg, Ulrich 181
Kaznelson, Siegmund 93

Kearns, Doris 296
Kebschull, Dietrich 204
Kecskemeti, Paul 159
Kedourie, Elie 121
Kedward, H. R. 125
Keep, J. L. H. 26
Kehr, Helen 9 20
Kehrberger, H. Peter 16
Kehrl, Hans 296
Keith, K. J. 149
Kellaway, William 4
Kellen, Konrad 296
Keller, Ernst 209
Keller, Hans K. E. L. 192
Kellgren, Henry 296
Kellner, Erich 107
Kelly, David 296
Kelly, George A. 177
Kelly, Sir David 196
Kelmes, Erwin 121
Kelsen, Hans 98 113 188 216
Kemmerich, Max 296
Kempf, Wilhelm 206
Kempka, Erich 296
Kempner, Robert M. W. 296 378
Kempski, Jürgen von 101 151
Kennan, George F. 62 85 196 296
Kennedy, Gavin 204
Kennedy, John 296
Kennedy, John Fitzgerald 297
Kennedy, Malcolm 120
Kennedy, Paul M. 62
Kennedy, Robert Francis 297
Kenner, Martin 297
Kennett, Lee 38
Kenney, George C. 297
Kenworthy, Aubrey Saint 297
Keogh, James 297
Keohane, Robert O. 211
Kepeszczuk, J. 11
Kepplinger, Hans Mathias 98
Kerekes, Lajos 297
Kerensky, Alexander Feodorowitsch 297
Kerff, Willy 297
Kerker, Elke 297
Kerlinger, Fred N. 73
Kermisch, Joseph 38 297
Kern, Eduard 209
Kern, Erich 297
Kern, Fritz 151
Kern, Horst 84
Kern, Lucian 80
Kern, Walter 109
Kernig, Claus Dieter 29
Kernwaffen und internationale Sicherheit 16
Kerr, Malcolm H. 297
Kersten, Felix 297
Kersten, Heinz 113
Kersten, Kurt 297
Kertesz, Stephen D. 196 216
Keßler, Heinrich 297
Keßler, Richard 297
Kessel, Eberhard 201 297
Kessel, Joseph 297
Kesselring, Albert 297
Kessler, Harry Graf 297
Kessler, Helmut 297
Kessler, Karl 297
Kesten, Hermann 298
Kesting, Hanno 66
Kettenacker, Lothar 298

Key, V. O. 134
Keynes, John Maynard 298
Keyser, Erich 47 298
Khadduri, M. 298
Kidron, Michael 161
Kiedrzyńska, Wanda 16 26
Kjellström, Marianne 23
Kielmansegg, Erich Graf 298
Kielmansegg, Peter Graf 62 142 155 159 298
Kienböck, Viktor 298
Kiernan, B. P. 113
Kiernan, Thomas 298
Kiesewetter, Hubert 98
Kiesinger, Kurt Georg 298
Kieslich, Günter 69
Kiessling, Heinz 209
Kiessling, Wolfgang 298
Killian, Hans 298
Kilmuir, Earl of 298
Kilroy-Silk, Robert 104
Kimmel, Adolf 298
Kimmel, Husband E. 298
Kimminich, Otto 149 188
Kinder, Elisabeth 35
Kindermann, Gottfried-Karl 120
King, Ernest J. 298
King George VI to his peoples 269
King, Martin Luther 298
King, Robert R. 62
King-Hall, Stephan 188
King-Hall, Stephen 146 298
Kingston-McCloughry, Edgar James 188
Kinloch, Graham Charles 82
Kinnear, Michael 298
Kintner, William R. 196
Kjoelsen, Frits Hammer 298
Kjosseff, Dino G. 298
Kipp, Heinrich 217
Kipphan, Klaus 298
Kirche und die Rassenfrage 87
Kirche und moderne Demokratie 87
Kirche und Staat 87
Kirche und Staat auf Distanz 87
Kirchheimer, Otto 78 142 155 188 209
Kirgis, Frederic L. 211
Kirk, Lydia 298
Kirk, Russel 99 100
Kirkemo, Ronald B. 188
Kirkpatrick, Evron M. 113
Kirkpatrick, Sir Ivone 298
Kisch, Guido 7 298
Kischnick, Klaus 11
Kissenkoetter, Udo 298
Kissinger, Henry A. 196 298
Kiszling, Rudolf 298 299
Kitchen, Martin 299
Kitson, Frank 181
Kittsteiner, Heinz-Dieter 58
Klafkowski, Alfons 188
Klages, Helmut 73
Klarsfeld, Beate 299
Klass, Gert von 299
Klassen und Klassenkampf heute 109
Klatt, Rudolf 149
Klaue, Wolfgang 38
Klaus, Barbara 167
Klausener, Erich 299
Klebelsberg, Raimund von 299
Klecatsky, Hans 142
Klee, Karl 50 62
Klein, Anton Adalbert 299
Klein, Donald 11

Klein, Fritz 50 299
Klein, Jürgen 167
Klein, Karl 181
Klein, Karl Kurt 299
Klein, Paul 7
Klein, Sidney 299
Klein, Theo Georg 299
Kleine, Erwin 87
Kleines Lexikon zur politischen Bildung 139
Kleinewefers, Paul 299
Kleinknecht, Wolfgang 67
Kleist-Schmenzin, Ewald von 299
Klement Gottwald 1951–1953 273
Klemperer, Klemens von 100 131 299
Klenk, F. Friedrich 142
Klenk, G. Friedrich 62 66
Klenner, Fritz 104
Klepper, Jochen 299
Klerikalismus heute? 87
Kleßmann, Christoph 69 299
Klesse, Max 129
Klett, Ernst 100
Klibanski, Bronia 38
Klieger, Bernard 299
Klietmann, Horst G. 14
Klimkoski, Jerzy 299
Klingemann, Hans D. 209
Klinger, Edwin 11
Klocke, Helmut 122
Klöckener, Rolf 69
Klöcker, Michael 87
Klönne, Arno 144
Kloidt, Franz 299
Klose, Olaf 12
Klose, Werner 299
Kloss, Heinz 185
Klotzbach, Kurt 7 78
Klüber, Franz 104
Klugmann, James 117
Kluke, Paul 38 47 50 62 122 151
Klump, Brigitte 299
Kluth, Heinz 73 167
Kluxen, Kurt 57
Knackstedt, Heinz 189
Knaplund, Paul 299
Knapp, Manfred 299
Knapp, Thomas A. 299
Knappe, Charlotte 299
Knee, Stuart E. 93
Knoeringen, Waldemar von 139
Knoll, Helli 299 300
Knoll, Joachim H. 100 131 139 159 299
Knoop, Anneliese 69
Knorr, Birgit 62
Knorr, Klaus 181 196
Knudsen, Harald Franklin 299
Knütter, Hans-Helmuth 8
Koch, Diether 299
Koch, Ernst-Günther 189
Koch, Erwin Erasmus 299
Koch, H. W. 201
Koch, Hans 113 299
Koch, Max Jürgen 167
Koch, Werner 299
Koch-Kent, Henri 299
Kochański, Aleksander 167
Kock, Erich 300
Kocka, Jürgen 54 58
Kodalle, Klaus-Michael 104 300
Kodoška, Jaroslav 300
Köhle, Klaus 206
Köhler, Erich 300
Köhler, Ernst 300

Köhler, Hans 109 129
Köhler, Heinrich 300
Köhler, J. 34
Köhler, Karl 16
Köhler, Wolfram 300
Köllner, Lutz 161
Kölsch, Hans 167
König, Hanno 300
König, Hartmut 62
König, Helmut 117 300
König, Joel 300
König, Joseph 38
König, René 73 82 179
Köstring, Ernst 300
Kövér, J. F. 189
Köves, Erzsébet 26
Koebner, Richard 201
Koehl, Robert 54
Koehl, Robert L. 300
Koehler, Hans 94
Koenigswald, Harald von 300
Koepcke, Cordula 104 176
Koestler, Arthur 300
Kofler, Leo 54 104 119
Kogon, Eugen 82 100 146 149 300
Kohl, Helmut 221 300
Kohlhaas, Wilhelm 300
Kohli-Kunz, Alice 54
Kohlmey, Gunther 104
Kohn, Hans 54 62 122 202 300
Kohout, Pavel 300
Koht, Halvdan 300
Kojanec, G. 217
Koktanek, Anton Mirko 300
Kolakowski, Leszek 98 109
Kolarz, Walter 8 114 122
Kolbe, Dieter 300
Kolbinger, Edgar 300
Kolinsky, Martin 69
Kollman, Eric C. 201 300
Kolloquium von Ceylon über die Rechtsstaatlichkeit 149
Kolmar, Harry 173
Kolodziej, Edward A. 300
Komarnicki, Tytus 300
Kommunismus 114
Kommunismus in Geschichte und Gegenwart 8
Kommunistische Herrschaftssysteme in Theorie und Wirklichkeit 113
Kommunistische Internationale 171
Kommunistische Weltbewegung 116
Kon, I. S. 57
Kondrašov, Stanislav N. 300
Konegen, Norbert 134
Konetzke, Richard 32
Konev, Ivan Stepanovič 300 301
Koning, Ines de 301
Konrad Adenauer 222
Konrad Adenauer, Oberbürgermeister von Köln 221
Konrad Adenauer und seine Zeit 222
Konrad Adenauer 1876/1976 221
Konservatismus 100
Konservatismus, eine deutsche Bilanz 222
Konservatismus international 222
Konstanten und Abweichungen im Weltkommunismus 114
Konvergenztheorie 8
Kool, Fritz 106
Koops, Tilman P. 301
Kopecky, Vaclaw 301
Kopelev, Lev 301

Koplenig, Johann 301
Koplin, Raimund 301
Kopp, Bernhard 101
Kopp, Fritz 54 62
Kopp, Hans 301
Kopp, Otto 301
Koppelmann, Heinrich L. 122
Korab, Alexander 117
Korany, Bahgat 204
Korbel, Josef 117
Korbonski, Stefan 301
Kornhauser, William 209
Korowicz, Marc-Stanislas 211
Korpi, Walter 117
Korsch, Karl 301
Kortner, Fritz 301
Koschaker, Paul 301
Koschwitz, Hansjürgen 173 181 301
Koselleck, Arno 54
Koselleck, Reinhart 58
Kosicki, Jerzy 26
Kosing, Alfred 122
Kosinski, Adam 301
Kosmin, Barry A. 301
Koss, Stephen 301
Kossak, Zofia 301
Kossoy, Edward 178
Kosthorst, Erich 54 301
Kosygin, Aleksej Nikolaevič 301
Koszyk, Kurt 8 38 301
Kot, Stanislaw 301
Kotelawala, Sir John 301
Kotowski, Georg 155 301
Kotze, Hildegard von 301
Kotzsch, Lothar 189
Kovacs, Imre 301
Kovar, R. 301
Kowalczyk, J. 301
Kowalewskyj, M. 301
Kowark, Hannsjörg 16
Kozák, J. B. 301
Kozhen, M. 301
Koziebrodzki, Léopold 189
Kozocsa, S. 26
Kracke, Friedrich 302
Krader, Lawrence 109 302
Krämer, Manfred 88
Krämer-Badoni, Rudolf 175 302
Kraft, Emil 167
Kraft, Heinz 302
Kraft, Julius 131
Kramarz, Joachim 302
Kramer, Dieter 109
Kramer, Gerhard 302
Kramer, Hans 302
Kramish, Arnold 196
Kramm, Heinrich 3
Kramnick, Isaac 176
Krantz, Hubert W. 302
Kraus, Fritz 302
Kraus, Herbert 196
Kraus, Karl 302
Krause, Werner 43
Krausnick, Helmut 47 302
Kravchenko, Victor A. 302
Krebs, Albert 302
Kreckel, Reinhard 73
Krein, Daniela 302
Kreisky, Bruno 104 196 302
Kreisky, Eva 139
Kreiterling, Willi 88
Krekeler, Heinz L. 196
Krelle, Wilhelm 182
Kremer, Klemens 146

Kreslins, Janis A. 16
Kress, Gisela 136
Kretzschmer, Hellmut 43
Kreuger, Torsten 302
Kreutzberg, H. 302
Kreutzberger, Max 43 47 48
Kreuzer, Franz 302
Kreye, Otto 161
Krezdorn, Franz Joseph 217
Krieg, Ernst 315
Krieger, Leonard 155
Kriegsfolgen und Kriegsverhütung 182
Kriegsverluste und -zerstörungen an nichtstaatlichem Archivgut 43
Kriele, Martin 142 149
Krill, Hans Heinz 217
Krill, Hans-Heinz 62
Krings, Hermann 302
Kripalani, J. B. 302
Krippendorff, Ekkehart 134 193 196 201 206 302
Kristen, Christian 173
Kristensen, Thorkil 75
Kristl, Wilhelm Lukas 302
Kritik der bürgerlichen Geschichtsschreibung 62
Kritik der bürgerlichen Sozialwissenschaften 73
Kritischer Rationalismus und Sozialdemokratie 209
Krockow, Christian Graf von 82 104 122 135 139 142 302
Kröger, Klaus 142 151
Kroef, J. M. van der 302
Kroeger, Jürgen E. 302
Krogmann, Carl Vincent 302
Krohn, Helga 94
Kroker, Eduard J. M. 120
Kroll, Edith 155
Kroll, Hans 302
Kronika, Jacob 302
Kropat, Wolf-Arno 303
Krosigk, Friedrich von 303
Krüger, Arnd 303
Krüger, Gerhard 78
Krüger, Hans-Jürgen 125
Krüger, Hartmut 155
Krüger, Herbert 142
Krüger, Peter 303
Krüschet, Gunter 38
Krug, Mark M. 303
Krumholz, Walter 38
Krummacher, Friedrich A. 303
Krupskaja, Nadežda Konstantinovna 303
Kruse, Albrecht 47
Kruse, Joachim von 114
Krylov, Ivan 303
Krywalski, Diether 303
Křížek, Jaroslav 302
Křížek, Jurij 302
Kubizek, August 303
Kuby, Erich 303
Kučera, Ladislav 26
Kuckhoff, Greta 303
Kuczynski, Jürgen 62 79 161 303
Kuderowicz, Zbigniew 66
Kübler, Paul 146
Küchler-Silbermann, Lena 303
Kücklich, Erika 303
Kühlmann, Mira von 303
Kühlmann, Richard von 303
Kühn, Heinz 303
Kühner, Hans 303

Kühnl, Reinhard 73 82 98 125 127 142
Kühnrich, Heinz 303
Kühr, Herbert 139 164 167
Külp, Bernhard 80
Künneth, Walter 135 151
Küppers, Waltraut 69
Küsel, Herbert 303
Küster, Ingeborg 303
Küttler, Wolfgang 62
Kuebart, Friedrich 303
Kuehnelt-Leddihn, Erik von 303
Kuhn, Annette 131 139 206
Kuhn, Axel 58 125
Kuhn, Helmut 84 135 142
Kuhn, Manfred 155
Kuiper, Frits 94
Kuisel, Richard F. 303
Kumar, Mahendra 196
Kumleben, Gérard 217
Kumpmann, Walter 303
Kundel, Erich 104
Kunina, V. E. 303
Kunst, Hermann 144
Kuntze, Peter 114
Kunzmann, K. H. 217
Kupfer, Heinrich 303
Kupfer-Koberwitz, Edgar 303
Kupferman, Fred 303
Kupisch, Karl 94 304
Kuppe, Rudolf 304
Kuranow, G. G. 304
Kurata, Minoru 11
Kurella, Alfred 304
Kuri, Salme 26
Kurt Heinig 282
Kurt Löwenstein 310
Kurth, Josef 167
Kurth, Karl O. 7
Kurz, Hans Rudolf 304
Kurz, Paul Konrad 109 304
Kurzrock, Ruprecht 143
Kusielewicz, Eugene 304
Kusnezow, Eduard 304
Kussbach, Erich 196
Kusserow, Hans Ulrich 304
Kuter, Laurence S. 304
Kutscher, Artur 304
Kuusinen, Aino 304
Kux, Ernst 84 304
Kuypers, Karel 79
Kykal, Inez 304
Kyle, Barbara 43

Laack-Michel, Ursula 304
Laak, Ursula van 20 43
Laak, Ursula von 43
Labedz, Leopold 110
Labenski, Rosa 304
Labin, Suzanne 155
Labuda, Gerard 62
Lachmann, Ludwig M. 304
Lackner, Martin 20
Lackó, Miklós 125
Lacouture, Jean 304
Lademacher, Horst 171
Lades, Hans 62 119
Länderkatalog der Bibliothek des Instituts für Zeitgeschichte 4
Laffargue, André 304
Laforge, Marcel 304
LaFournière, Xavier de 304
Lagardelle, Hubert 304
LaGorce, Paul-Marie de 304

Lahm, Karl 304
Laing, Margaret 304
Lall, Arthur 217
Laloy, Jean 119
LaMazière, Christian de 304
Laminsky, Gerhard 166
Lamm, Hans 94
LaMond Tulis, F. 204
Lancaster, Joan C. 5
Lancel, François 304
Łańcucki, S. 304
Landau, David 304
Landauer, Carl 104 167
Landauer, Georg 94
Landauer, Gustav 105 304
Lande, Gabriella Rosner 217
Landgrebe, Wilhelm 304
Landheer, Bart 79
Landmann, Michael 54 305
Landmann, Salcia 94 305
Landsberg, William H. 217
Landshut, Siegfried 135
Landtage in der Bundesrepublik Deutschland 20
Lang, Franz 135
Lang, Hugo 305
Lang, Jochen von 287 305
Lang, Kaspar 163
Lang, Kurt 8
Lang, Rudolf 8
Lange, Friedrich C. A. 305
Lange, Gerhard 48
Lange, Karl 305
Lange, Karlheinz 122
Lange, Max G. 73 109
Langemann, Hans 209
Langenhove, Fernand van 217
Langer, P. F. 33
Langer, R. 196
Langer, Walter C. 305
Langkau, Götz 305
Langlade, Paul de 305
Langner, Albrecht 87 88
Langoth, Franz 305
Langrod, G. 146
Language and politics 209
Laniel, Joseph 305
Laor, Eran 94
Lapide, Pinchas E. 88
Lapie, Pierre Olivier 305
LaPira, Giorgio 114
Laponce, J. A. 305
Lapter, Karol 305
Laqueur, Walter Z. 84 94 114 120 124 175 178
Laqueur, Walther 305
Laroche, Jules 305
Larrabee, Harold A. 207
Larsson, Reidar 177
Laschitza, Annelies 305
Lash, Joseph P. 305
Laski, Harold J. 167 177
Lasky, Melvin J. 305
Lasky, Viktor 305
Laß mein Volk ziehen 94
Lasswell, Harold D. 135
Last, Jef 305
Latey, Maurice 159
Latham, Earl 305
Lathem, Edward Connery 305
Latin-America 1935–1949 32
Lattmann, Dieter 305
Lau-Lavie, Naphtali 305
Lauerhass, Ludwig 32

Laufer, Heinz 79 155
Laun, Rudolf 142
Launey, Jacques de 305
Laurat, Lucien 105 114
Laurent, Jacques 305
Laurent, Pierre-Henri 305
Laurentin, René 88
Lautenschlager, Friedrich 11
Lauterpacht, E. 217
Lauterpacht, Sir Hersch 189
LaVallée Poussin, Etienne de 204
Lavau, G. 164
Laves, Walter H. C. 217
Lawrence, L. M. 201
Lawrynenko, Jurij 26
Lazare, Bernhard 129
Lazareff, Serge 182
Lazarsfeld, Paul 73
Lazitch, Branko 11 117 171 305
Lazzarini, Andrea 306
Leahy, William D. 306
Learning in Poland 47
Leasor, James 306
Leben eines deutschen Patrioten 306
Lebendige Tradition 371
Leber, Julius 306
Lebow, Richard Ned 306
Leca, Jean 189
Leclercq, Jacques 88
Lécorché, Maurice 306
Ledebour, Minna 306
Ledeen, Michael A. 125 306
Lederer, Moritz 306
Ledré, Charles 306
Leduc, V. 126
Lee, Arthur Gould 306
Lee, Asher 306
Lee, Guy, A. 47
Leeb, Wilhelm Ritter von 306
Leers, Johann von 306
Leesch, Wolfgang 43
Leeuwen, Arend Theodor von 177
Lefèbvre, Georges 62
Lefèbvre, Henri 109 114 161
Lefebvre, Jacques-Henri 306
Lefever, Ernest W. 217
Lefranc, Georges 105 306
Legg, Keith R. 196
Legge, J. D. 306
Legitimationsprobleme politischer Systeme 142
Legler, Anton 33
Legters, Lyman H. 306
Léhar, Anton 306
Lehmann, Albrecht 84
Lehmann, Hans G. 306
Lehmann, Hans Georg 167
Lehmann, Hartmut 306
Lehmann, Heinz 306
Lehmann, Ruth Pauline 8
Lehmann-Rußbüldt, Otto 196
Lehmbruch, Gerhard 135 146
Lehndorff, Hans Graf von 306
Lehne, Friedrich 155
Lehner, Franz 135
Lehr, Stefan 129
Lehre von den internationalen Beziehungen 196
Lehrmeister des kleinen Krieges 182
Leiber, Robert 306
Leibholz, Gerhard 146 155 189 209
Leibholz, Sabine 306
Leichter, Otto 26 217 306
Leiden, Carl 177

Leip, Hans 307
Leistner, Otto 11
Leistritz, Hans-Karl 209
Leitenberg, Milton 33
Leites, Nathan 114
Leithäuser, Joachim Gustav 307
Leitner, Isabella 307
Leitner, Thea 307
Lemarchand, René 34
Lemberg, Eugen 98 114 117 122
Leminsky, Gerhard 167
Lemmer, Ernst 307
Lemmnitz, Alfred 161
Lendvai, Paul 117 129 307
Lenin, Vladimir Il'ič 307
Lenins Werk in deutscher Sprache 14
Lenk, Hans 177
Lenk, Kurt 98 135 155 307
Lenman, Robin 307
Lenné, Raphael 307
Lennert, Rudolf 307
Lens, Sidney 114
Lenski, Gerhard E. 79
Lentner, Howard H. 196
Lenz, Friedrich 84 101 142 196 307
Lenz, Hans 101
Lenz, Karl Otto 163
Lenz, Wilhelm 12 38
Leo Wohleb 383
Leo Wohleb 1888–1955 383
Léon Blum 235
Leonard, Roger 307
Leonhard, Susanne 307
Leonhard, Wolfgang 109 114 117 307
Leonhardt, Fritz Hermann 307
Leoni, D. 307
Leonid Breschnew 240
Léopold III. 307
Leopold, John A. 307
Lepinski, Franz 167
Leppa, Konrad 307
Lepre, Aurelio 307
Lepsius, Mario Rainer 135
LeQuang, Gérard 307
Lerche, Charles O. 197
Lerche, Peter 146
Lerg, Winfried B. 8
Lerner, Daniel 135
Lerner, Warren 307
Leschnitzer, Adolf 94 129
Leser, Lothar 16
Leser, Norbert 105 109 135
Lesnodorski, Boguslaw 54
Lesser, J. 50
Lesser, Jonas 307
Leto, Guido 126
Lettow-Vorbeck, Paul von 307
Letwin, Shirley Robin 209
Leuchtenburg, William E. 307
Leuenberger, Theodor 79 163
Leuner, Heinz David 94
Leuschner, Joachim 68 69
Leutelt, Helmut 307
Levi, Paul 307
Levi, Werner 197
Levi-Strauß, Claude 66
Levin, N. Gordon 307
Levinas, Emmanuel 94
Levine, Herbert S. 307
Levine, Norman 307
Leviné-Meyer, Rosa 307
Levontin, A. V. 197
Lévy, Yves 159
Lewack, Adam 43

Lewin, Leif 155
Lewin, Moshé 307
Lewin, Ronald 307 308
Lewis, Beth Irwin 308
Lewis, David L. 308
Lewis, Flora 308
Lewis, G. K. 100
Lewis, John 109
Lewis, Piera R. 308
Lewis, Russell 308
Lewy, Guenter 151 182
Lewytzkyj, Borys 14
Lexikon der historischen Persönlichkeiten 12
Lexikon des Judentums 94
Lexikon zur Soziologie 73
Ley, Karl 308
Leyen, Ferdinand Prinz von der 308
Lezsak, Mihaly 20
Lhotsky, Alphons 47 54
L'Huillier, F. 308
L'Huillier, Fernand 211
Liberale europäische Parteien 101
Liberalismus 101
Lichtenstein, Erwin 94
Lichtervelde, Louis Comte de 308
Lichtheim, George 105 109 114 201
Lichtheim, Richard 94 308
Liddell Hart, Basil Henry 308
Lie, Trygve 308
Lieber, Hans-Joachim 119
Lieber, Robert J. 197
Liebermann, Franz 308
Liebeschütz, Hans 54 62 308
Liebfeld, Alfred 308
Liebknecht, Karl 308
Liebknecht, Wilhelm 308
Liedman, Sven-Eric 54
Liefmann, Else 129
Liening, Walter 5
Liermann, Hans 88
Ließ, Otto Rudolf 167 168
Life and times of King George VI. 308
Lilje, Hanns 308
Lillich, Henry 168
Lincoln, Charles 308
Lindberg, Folke 26
Lindbergh, Charles A. 308
Lindblom, Charles E. 155
Lindemann, Albert A. 105
Lindemann, Helmut 62 182 207
Linden, Carl A. 309
Linder, Christian 309
Linder, Staffan Burenstam 204
Lindgren, Henrik 309
Lindlau, Dagobert 269
Lindley, Ernest K. 309
Lindner, Clausjohann 177
Lindskog, Claes 309
Linebarger, Paul Myron Anthony 182
Lingelbach, Karl 8
Lingens, Ella 309
Link, Arthur S. 309
Link, Jochen 79
Link-Salinger, Ruth 309
Linster, Kurt 189
Lipgens, Walter 8 109
Lippe, Viktor Freiherr von der 309
Lipper, Elinor 309
Lippert, Julius 309
Lippman, Theo 309
Lippmann, Heinz 114 309
Lippmann, Leo 309
Lippmann, Walter 114 135 173

Lipset, Seymour M. 126 164 177
Lipsky, Louis 94
Lipsky, Michael 79
Lipsky, William E. 177
Lipták, Lubomier 62
Liska, George 197
Lisko, geb. Hegemann, Maria 168
Lissner, Ivar 309
Literatur zur deutschen Frage 20
Literatur-Verzeichnis der politischen Wissenschaften 8
Litt, Theodor 54 142 155
Littell, Franklin H. 88
Littera Judaica 309
Litvinoff, Barnet 94 309
Litvinov, Maxim 309
Livermore, Seward 309
Livingstone, Arthur 204
Lizzadri, Oreste 309
Lloyd, Alan 309
Lloyd George, Earl Richard 309
Loader, Colin T. 54
Lobkowicz, Nikolaus 109 309
Loch, Theo M. 309
Locher, Th. J. G. 66
Lochner, Louis Paul 309
Lockhart, Robert Bruce 309 310
Lockwood, Lee 310
Loda, N. 126
Lodge, Henry Cabot 310
Løchen, E. 197
Löbe, Paul 310
Löffler, Henner 159
Löffler, Martin 173
Lönne, Karl-Egon 310
Lösche, Peter 168 175
Lösener, Albrecht 310
Lötzke, Helmut 38 43
Löwe, Bernd P. 79
Löwe, Heinz-Dietrich 129
Löwenstein, Hubertus Prinz zu 310
Löwenstein, Julius I. 109 310
Löwenstein, Kurt 310
Löwenthal, Fritz 114 310
Löwenthal, Richard 105 120 153 177 310
Loerke, Oskar 310
Loesdau, Alfred 62
Loevenich, Heinz 66
Loewenberg, Gerhard 146
Loewenberg, Peter 129 310
Loewenstein, Karl 100 131 135 142 146
Loewenstein, Rudolph Maurice 129
Logue, William 310
Loh, Pichon P. Y. 310
Lohe, Eilert 310
Lohmar, Ulrich 84 182
Lohmeier, Georg 310
Lombardini, Gabriele 310
Lompe, Klaus 135
London, Kurt 114 197
Long, Clarence Dickinson 168
Long, Gavin 310
Loock, Hans-Dietrich 54
Looper, R. B. 310
Loose, Gerhard 310
López Calera, N. M. 310
Lorant, Stefan 310
Lorenz, Franz 88
Lorenz, Günter Wolfgang 310
Lorenz, Reinhold 310
Lorenz, Richard 139
Lorit, Sergio C. 310
Lort-Phillip, Patrick 101

Lorwin, Lewis L. 168
Losada Aldana, Ramon 204
Lottig, Hans 20
Lotz, Kurt 310
Lotz, Martin 12
Louch, A. R. 54
Loucheur, Louis 310
Lougee, Robert W. 310
Louis-Antériou, Jacques 310
Louise Schröder 355
Lovell, John P. 197
Lovsky, F. 129
Low-Beer, Francis 189
Łowczowski, G. 310
Lowenthal, E. G. 47
Lowenthal, Richard 114 119
Lowi, Theodore J. 101
Lowy, Michael 311
Lozek, Gerhard 62
Luard, Evan 149 182 197
Lubasz, Heinz 177
Lucas, Friedrich J. 69 311
Lucas, J. R. 135
Luchtenberg, Paul 101 311
Luciolli, Mario 311
Luckemeyer, Ludwig 311
Ludat, Herbert 62
Ludendorff, Erich 311
Ludendorff, Mathilde 311
Ludlow, Peter W. 311
Ludwig, Emil 311
Ludwig Erhard 260
Ludwig Erhard, Erbe und Auftrag 260
Ludwig, Hartmut 311
Ludwig, Karl-Heinz 311
Ludz, Peter Christian 75 109 118 159
Lübbe, Hermann 57 101 131 135 175
Lübbe, Peter 105
Lückenhaus, Alfred 311
Lückert, Hans-Rolf 207
Lüdemann, Rudolf 69
Lüders, Marie-Elisabeth 311
Lüders, Martin 311
Lühe, Irmgard von der 311
Lührs, Georg 209
Lührs, Wilhelm 10
Lürs, Ulf 139
Lütge, Klaus 311
Lüth, Erich 94 311 330
Lüth, Paul 151
Lüthy, Herbert 122 163 202 311
Lueg, Ernst Dieter 311
Luhmann, Niklas 73 79
Lukács, Georg 131 311
Lukasiewicz, Juliusz 311
Luke, Sir Harry 311
Lukes, Steven 311
Lukomski, Jess M. 311
Lukowski, Jerzy 27
Lumer, Hyman 94
Lummert, Günther 114
Luna, Giovanni de 311
Lundgreen, Peter 58
Lunn, Eugene 312
Luppe, Hermann 312
Lusignan, Guy de 211
Lussu, Emilio 177
Luther, Hans 312
Luthuli, Albert 148 312
Luttwak, Edward 177
Luttwak, Edward N. 312
Lutz, Hans 105 168
Lutz, Heinrich 88
Lutz, Hermann F. 312

Lutz, Ralph H. 312
Luxburg, Karl Graf 312
Luxemburg, Rosa 312
Luza, Radomir 168
Lyautey, Pierre 312
Lyon, Peter 189
Lyons, Eugene 312

Maas, Liselotte 43
Maassen, Hermann 312
MacArthur, Douglas 312
McBride, Will 312
McCagg, William O. 312
McCallum Scott, John H. 197
McCann, Kevin 312
McCarthy, Joseph Raymond 312
McCearney, James 312
MacClendon, R. Earl 312
McClosky, Herbert 159
McClosky, Robert C. 146
McCord, William 204
McCormick, Anne O'Hare 312
McCormick, Donald 312
McCrystal, Cal 312
McCune, Wesley 312
McDermott, Geoffrey 197
Macdonald, D. F. 168
McDonald, James G. 312
McDougal, Myres S. 209
McDowell, Edwin 312
Maček, Vladko 312
MacEoin, Garry 114
McFarland, Andrew S. 209
McGill, Barry 312
McGovern, James 312
McGregor Burns, James 312
MacGregor-Hastie, Roy 312
Macha, Josef 88
Machovec, Milan 312
Macht und Ohnmacht der Intellektuellen 84
Macht und Ohnmacht der Parlamente 146
Machtstrukturen des heutigen Kapitalismus 161
MacIntyre, Alasdair 109 312
MacIver, Robert Morrison 143 146 217
McKenna, Joseph C. 197
McKenna, Marian C. 312
McKenzie, Kermit E. 171
Mackenzie, W. J. M. 74 135
Mackert, Josef 20 43
Mackh, Udo 189
McKibbin, R. L. 313
Mackiewicz, Stanislaw 313
McKinley, Silas Bent 313
Macksey, Kenneth 313
MacLaurin, John 217
McLean, E. B. 313
Maclean, Fitzroy 313
McLellan, David 313
McLellan, David S. 197 313
McLennan, Barbara N. 143
Macleod, Iain 313
Macmahon, Arthur W. 162
MacMahon, Arthur W. 313
MacManus, M. J. 313
Macmillan, Harold 313
Macmillan, William M. 189
McNair, Lord 189
McNamara, Robert Strange 204
McNeal, Robert H. 63 197 313
Mcnulty, A. B. 149
Macomber, William 197

Macpherson, C. B. 135 155
Macpherson, Fergus 313
Macridis, Roy C. 143 197
McVicker, Charles P. 118
McWhinney, Edward 189
Madajczyk, Czesław 47
Madariaga, Salvador de 156 313
Madia, Titta 313
Mähler, Hans-Georg 189
Männer der Evangelischen Kirche in Deutschland 313
Maerker, Rudolf 168
Mager, Wolfgang 313
Magistrati, Massimo 313
Mahlberg, Hartmuth 313
Mahnke, Hans Heinrich 143 189
Mahr, Gerhard 313
Maier, Hans 8 54 88 135 136 143 149 156 159 290 313
Maier, Hermann 313
Maier, Reinhold 313
Maier-Hultschin, J. C. 313
Majert, Regina 38
Maihofer, Werner 109 313
Majskij, Ivan Michajlovič 314
Maitland, Francis Hereward 314
Maiwald, Serge 159
Maizière, Ulrich de 314
Malachowski, Witold 314
Malcor, Colonel 314
Malczewski, Kazimierz 314
Malecki, Edward 79
Maleczyński, Karol 27
Malenbaum, Wilfred 204
Maller, Martin 314
Mallet, Alfred 314
Mallet, Serge 79
Malone, G. P. 314
Malraux, André 314
Maltoni, Roberto 314
Malys, A. I. 314
Mammach, Klaus 47 63 117
Man, Hendrik de 79 314
Manacorda, Gastone 63
Manacorda, Giuliano 314
Manchester, William Raymond 314
Mandel, Arnold 94
Mandel, Ernest 109 118 314
Mandel'štam, Nadežda Jakovlevna 314
Mándi, Péter 204
Mandt, Hella 151
Mangone, Gerhard J. 211
Mankiewicz, Frank 314
Manly, Chesly 217
Mann, Bernhard 13
Mann, der Brücken schlug 314
Mann, Golo 63 66 100 105 129 182 197 314
Mann, Heinrich 314
Mann, Klaus 314
Mann, Thomas 94 314
Mannerheim, Carl Gustav Freiherr von 315
Mannheim, Karl 156
Manning, Charles Anthony Woodward 79
Mannoni, Eugène 315
Manny, Peggy 315
Manor, Alexander 315
Manshard, Walther 85
Mansilla Ferret d'Arau, Hugo Celso Felipe 126
Manstein, Erich von 315
Mantl, Wolfgang 156

Manus, Max 315
Manvell, Roger 315
Mao Tse-tung 315
Mao Tsé-Toung 315
Maoismus 120
Maòr, Harry 94
Marabini, Jean 315
Marchand, Daniel 189
Marchat, Henry 315
Marcic, René 143
Marcks, Erich 315
Marcosson, Isaac F. 315
Marcuse, Herbert 79 119 209
Marcuse, Ludwig 315
Marczewski, Jan 114
Marczewski, Jerzy 63
Marder, Arthur J. 315
Maréchal Lyautey 312
Marek, Franz 177
Maretzky, Klaus-Dieter 315
Margull, Hans Jochen 88
Marianelli, Marianello 315
Marie, Jean-Jacques 119 315
Marinoff, Stefan 109
Maritain, Jacques 129 143
Markel, Lester J. 197
Markert, Werner 114
Markiewicz, Stanisław 315
Marko, Kurt 63
Markovitz, Irving Leonard 315
Marle, René 315
Maroselli, André 315
Marquand, David 315
Marquard, Odo 66
Marquardt, Friedrich-Wilhelm 12
Marrou, Henri-Irénée 58
Marrus, Michael R. 94
Marschall, Hanne 36
Marshall, George Catlett 315
Martens, Hans 315
Martin, Alfred von 74 79 156
Martin, Bernd 315
Martin, Claude 315
Martin, David 316
Martin, Hans-Leo 316
Martin, Jan 316
Martin, John Bartlow 316
Martin, Kingsley 316
Martin, L. John 173
Martin, Laurence W. 182 316
Martinet, Gilles 114
Martini, Winfried 146 197
Martiny, Martin 168
Marwick, Arthur 54
Marwitz, W. G. 105
Marx, Fritz Morstein 195
Marx, Hugo 316
Marx, Julius 316
Marx, Karl 109 129 316
Marx, Lily E. 126
Marx und Marxismus heute 109
Marxism in the modern world 109
Marxismus — ernstgenommen 109
Marxismus in unserer Zeit 109
Marxismus-Bibliographie 8
Marxismusstudien 110
Marxistische Gewerkschaftstheorie 166
Marzari, Walter 316
Marzian, Herbert 27
Masani, Zareer 316
Maschke, Erich 316
Maschmann, Melita 316
Maser, Werner 114 316
Masiero, Giulio 316

Mason, Henry L. 151
Mason, John Brown 20 33
Masse und Demokratie 156
Massenmedien in der postindustriellen Gesellschaft 173
Massenwahn in Geschichte und Gegenwart 209
Masset, Pierre 110
Massiczek, Albert 128
Massigli, René 316
Massing, Hede 316
Massing, Otwin 135
Massing, Paul W. 129
Massip, Roger 316
Mast, Adolf 316
Maste, Ernst 143 316
Masuch, Michael 119
Masur, Gerhard 66
Masur, Norbert 316
Maszlanka, Bronisław 182
Material zum Problem Kirche und Politik 88
Matern, Hermann 316
Mathieu, Pierre-Louis 316
Mathisen, Trygve 197
Matrat, Jean 316
Matsulenko, V. 63
Mattenklott, Diedrich 146
Mattern, Karl Heinz 189
Mattfeldt, Rudolf 217
Matthews, Gareth B. 316
Matthews, Herbert L. 316
Matthews, Kenneth 317
Matthews, William 12
Matthias, Erich 317 321
Matthias, L. L. 317
Matthiessen, Gunnar 120
Matull, Wilhelm 105 168 317
Matuschka, Edgar Graf von 181
Matz, Ulrich 154 177
Matzke, Otto 204
Matzky, Gerhard 317
Mau, Hermann 38
Mauerer, J. H. 163
Mauerer, Josef 339
Maulnier, Thierry 177
Maunz, Theodor 317
Maurach, Bruno 63
Maurach, Reinhart 192
Maurer, Charles B. 317
Maurer, Rudolf 317
Mauriac, Claude 317
Mauriac, François 317
Mauriac, Jean 317
Maurizi, Carlo 317
Maurois, André 317
Maurras, Charles 317
Maus, Heinz 84
Maus, Ingeborg 317
Mavrakis, Kostas 119
Max, Rolf 120
Maxelon, Michael-Olaf 317
May, Elmar 317
May, Georg 88
Mayenburg, Ruth von 317
Mayer, Arno J. 197
Mayer, Evelies 168
Mayer, Gustav 156 317
Mayer, Hans 317
Mayer, Paul 41 43
Mayer, Peter 114
Mayer, Reinhold 317
Mayer, Sydney L. 38
Mayer, Uriel Kurt 47

Mayer-Tasch, Peter Cornelius 151
Mayneri, Carlo Ceriana 317
Mayntz, Renate 74 84
Mayo, H. B. 110
Mazlish, Bruce 317
Mazo, Earl 317
Mazor, Michel 47 317
Mazour, Anatole G. 63
Mazucco, Giuseppe 317
Meckling, Ingeborg 317
Medienfreiheit, Pressekonzentration, Presserahmengesetz 8
Medina, Manuel 197
Medlicott, W. N. 317
Medvedev, Roy 119 318
Meerhaeghe, M. A. G. van 211
Megevand, Louis 318
Megill, Kenneth A. 156
Mégret, Maurice 182
Mehnert, Klaus 114 119 318
Mehrjährige Finanzplanung 19
Mehring, Franz 318
Mehring, Walter 318
Mehta, Asoka 105
Meiburger, Sister Anne Vincent 318
Meier, Christian 156
Meier-Cronemeyer, Hermann 94
Meier-Welcker, Hans 54 180 181 182 184 318
Meiland, Jack W. 318
Meinecke, Friedrich 66 318
Meinertzhagen, Richard 318
Meinhardt, Günther 318
Meinhold, Peter 88
Meinik, Hans Jürgen 318
Meïr, Golda 318
Meisel, James H. 209
Meisner, Heinrich Otto 146
Meisner, Maurice J. 110
Meißner, Friedrich 149
Meissner, Boris 30 63 114 189 318
Meissner, Hans Otto 318
Meister, Jürg 318
Meister, Maria 318
Melchior, Marcus 318
Mel'nikov, Daniil Efimovič 318
Melzer, Joseph 8
Melzer, Yehuda 182
Mémoires d'Isaac Schneersohn 318
Memoirs of Dr. Eduard Beneš 318
Memoirs of General the Lord Ismay 318
Memoirs of Lord Gladwyn 318
Menczer, Béla 318
Mende, Dietrich 50
Mende, Gerhard von 98
Mende, Tibor 318
Mendel, Arthur P. 63 105
Mendelson, Wallace 189
Mendelssohn, Peter de 159 319
Mendershausen, Horst 197
Mendès-France, Pierre 319
Menéendez, Jaime 319
Meneses, Enrique 319
Menger, Christian-Friedrich 146
Menges, Franz 319
Menke, J. 69
Mennan-Tebelen, A. 319
Mensch im kommunistischen System 114
Mensch und Kamerad Hugo Sperrle 319
Mensch und Staat in Recht und Geschichte 319
Mensch und Weltgeschichte 63

Menschenrechte 149
Menschenrechte heute und morgen 149
Ménudier, Henri 21
Menzel, Claus 156
Menzel, Eberhard 47 177 189
Menzies, Robert Gordon 319
Méray, Tibor 319
Mercanligil, M. D. 27
Mérei, Gyula 63
Mergner, Gottfried 168
Merkatz, Hans Joachim von 100
Merker, Egon 38
Merker, Wolfgang 38
Merkl, Peter Hans 156
Merle, Marcel 197 202
Merle, Robert 319
Merlin, Rafael W. 319
Meron, Theodor 217
Mérot, Jean 319
Merrill, James W. 319
Merrills, J. G. 189
Mertens, A. Th. 319
Merton, Richard 319
Mesa, Roberto 204
Messelken, Karlheinz 74
Messerschmid, Felix 69 139 319
Messerschmidt, Manfred 63 183
Messner, Johannes 84
Methoden der Geschichtswissenschaft und der Archäologie 58
Methoden der Politologie 135
Methodenprobleme der Geschichtswissenschaft 58
Methodik der politischen Bildung 139
Methodologische Probleme einer normativ-kritischen Gesellschaftstheorie 80
Methuen, Paul Ayshford Lord 319
Metschies, Kurt 43
Metz, Johann Baptist 319
Metz, William S. 319
Metzger, Arnold 105
Metzler, Fritz Jakob 319
Meulen, D. van der 319
Meunier, Hubert 319
Meurling, Per 319
Meusel, A. 182
Meyer, A. J. 161
Meyer, Ahlrich 105
Meyer, Alex 189
Meyer, Alfred G. 114
Meyer, Amiral 319
Meyer, Claus Heinrich 319
Meyer, Enno 69 94
Meyer, Franz 320
Meyer, Georg P. 21
Meyer, Hans Chanoch 92
Meyer, Karl W. 319
Meyer, Klaus 27
Meyer, Kurt 319
Meyer, Renate 319
Meyer, Thomas 319
Meyer-Leviné, Rosa 319
Meyer-Lindenberg, Hermann 189
Meyers, Franz 209
Meyers, Fritz 320
Meyers, Reinhard 197
Meynaud, Jean 6 135
Meynell, Hildamarie 171
Meyriat, Jean 8
Meyrowitz, Henri 182
Miaja de la Muela, Adolfo 202
Mičev, Dobrin 320
Michael, J. P. 88 320

Michael, Maurice 320
Michaelis, Meir 159 320
Michaelis, Wilhelm 320
Michalak, Jan 320
Michaux, Charlotte 320
Michel, Henri 27 43 320
Michelat, Guy 122
Michels, Robert 164
Mickel, Wolfgang Wilhelm 70 139 197
Middlemas, Keith 320
Midlarsky, Manus I. 182
Mielcke, Karl 70
Mieli, Renato 320
Migdal, Joel 204
Migliazzi, Alessandro 211
Miguel, Pierre 320
Mihalovics, Sigismund 320
Mikat, Paul 88 143
Mikrofilm-Archiv der deutschsprachigen Presse 43
Miksche, F. O. 38 182
Mikusch, Dagobert von 320
Milan, Maurizio 126
Milano, Attilio 94
Milatz, Alfred 12 20
Milcent, Ernest 320
Miliband, Ralph 143
Milićević, Vladeta 320
Militärgeschichte, Militärwissenschaft und Konfliktforschung 182
Militarismus 182
Millard, Henry 320
Miller, Andreas 74
Miller, Elizabeth W. 32
Miller, Francis Trevelyan 320
Miller, James E. 320
Miller, Lynn H. 182
Miller, Max 320
Miller, Merle 320
Miller, Richard I. 320
Miller, Robert W. 21
Miller, Susanne 105
Miller, William Johnson 320
Miller, William Robert 320
Millis, Walter 182
Mills, Charles Wright 74
Milton, Sybil 38
Mindlin, Murray 92
Mindszenty, József 320
Minerva 47
Minney, R. J. 320
Minogue, K. R. 122
Minssen, Friedrich 122
Minte, Horst 173
Mirgeler, Albert 54 97 126 320
Mirtschuk, I. 321
Mischnick, Wolfgang 321
Mises, Ludwig von 161 321
Misiulis, Vincas 217
Misra, K. M. 197
Mit dem Gesicht nach Deutschland 321
Mitbestimmung in der Wirtschaft 21
Mitchell, R. Judson 197
Mitkiewicz, Leon 321
Mitrany, David 114 135
Mitscherlich, Alexander 79 156 207
Mittelstraß, Jürgen 80
Mittenzwei, Werner 110
Mitterand, François 321
Mitterauer, Michael 84
Miyake, Tatsuru 50
Mlynář, Zdeněk 321
Moats, Alice-Leone 321
Moch, Jules 321

Mochalski, Herbert 321
Mockenhaupt, Hubert 321
Moczarski, Kazimierz 321
Model, Hansgeorg 182
Modelski, George 197
Moderne amerikanische Soziologie 75
Moderne Kolonialgeschichte 202
Moderne Wissenschaften und die Aufgaben der Diplomatie 200
Moderner Imperialismus 201
Moderner Parlamentarismus und seine Grundlage 147
Möbus, Gerhard 114 156
Möhring, Werner 8
Möller, Alex 321
Möller, Dietrich 321
Möller-Witten, Hans 321
Mönnig, Richard 21
Mörl, Anton 321
Mötzk, Erwin 321
Moellendorff, Wichard von 321
Moen, Peter 321
Mogk, Walter 321
Mohammed Reza Pahlevi 321
Mohan, Anand 321
Mohler, Armin 100 230 321 352
Mohr, Heinrich 70
Mohr, Hubert 88
Moineville, Hubert 189
Mokre, Johann 189
Molden, Fritz 321
Molènes, Charles Melchior de 321
Mollet, Guy 105 321
Molnar, Miklos 322
Molnar, Thomas 322
Molo, Walter von 322
Molotov, Vjačeslav Michailovič 322
Moltke, Freya von 322
Moltmann, Günter 40 63
Mommsen, Ernst Wolf 162
Mommsen, Hans 54 63
Mommsen, Wilhelm 54 66 163 322
Mommsen, Wolfgang 35 38 43 322
Mommsen, Wolfgang A. 40
Mommsen, Wolfgang J. 55 201 322
Momper, Walter 39
Monaco, Riccardo 131 211
Monelli, Paolo 322
Monfreid, Henry de 322
Monnerat, Paul 322
Monnerot, Jules 114 177
Monnerville, Gaston 322
Monnet, Jean 322
Montelone, Renato 201
Montesi, Gotthard 322
Montgelas, Albrecht Graf 322
Montgomery of Alamein, Bernard Law Viscount 322
Montherlant, Henry de 322
Monticone, Alberto 322
Monz, Heinz 322
Mooney, Booth 322
Moore, Barrington 156
Moore, Bernard 322
Moore, R. Laurence 105
Moore, Raymond A. 217
Moore, Stanley 110
Moore, Wilbert Ellis 79
Moorehead, Alan 322
Moraes, Frank 322
Morandi, Luigi 322
Morazé, Charles 322
Mordal, Jacques 323
Mordant, Général 323

Mordstein, Friedrich 110
Morel, Léon 323
Morgan, Kenneth Owen 323
Morgan, M. C. 323
Morgan, Roger 171
Morgenstern, Günther 323
Morgenthau, Hans J. 135 189 197
Morgenthau, Henry 323
Morison, Elting Elmore 323
Morkel, Arnd 135 209
Moro, Aldo 323
Morof, Federico 146
Morozow, Michael 323
Morris, Bernard S. 115 118
Morris, Joe Alex 323
Morrison, Clovis C. 149
Morrison, Herbert 323
Morse, Arthur D. 94
Morsey, Rudolf 12 14 222 323
Mortkowicz-Olczakowa, Hanna 323
Morton, Frederic 323
Morton, Louis 39
Mosca, Gaetano 135
Mosen, Wido 182
Moser, Simon 135
Moser von Filseck, Carl 323
Moses, John A. 63 323
Moskos, Charles C. 217
Moskowitz, Moses 217
Mosley, Leonard 323
Mosley, Sir Oswald 159 323 324
Moss, Robert 84
Moss, W. Stanley 324
Mosse, Werner Eugen-Emil 93
Mossuz, Janine 324
Most, Johann 324
Most, Otto 324
Mostar, Gerhart Hermann 324
Moszczeńska, Wanda 58
Mote, F. W. 33
Moulakis, Athanasios 209
Moulin, L. 159 324
Mourin, Maxime 88 126 324
Mowat, C. L. 27 324
Mroßko, Kurt-Dietrich 324
Mucci, Luigi de 55
Mühlbradt, Werner 324
Mühle, Dieter 324
Mühlen, Norbert 324
Mühlenfeld, Hans 100
Mühlfeld, Claus 74
Mühlmann, Wilhelm E. 177
Mühlpfordt, Günter 39
Müller, André 324
Müller, Artur 324
Müller, Christian 324
Müller, Georg Alexander von 324
Müller, Gert 66 70
Müller, Hanfried 324
Müller, Heinz 70 151 324
Müller, Helmut 324
Müller, Joachim 324
Müller, Johannes 324
Müller, Josef 324
Müller, Karl Alexander von 324
Müller, Klaus-Jürgen 324
Müller, Sepp 27
Müller, Vincenz 324
Müller, Wolfgang 44
Müller-Armack, Alfred 325
Müller-Borchert, Hans-Joachim 178
Müller-Brandenburg, Hermann 189
Müller-Claudius, Michael 94
Müller-Jabusch, Maximilian 325

Müller-Jentsch, Walther 161 325
Müller-Marein, Josef 325
Müller-Sternberg, Robert 119
Müller-Werth, Herbert 325
Müllern-Schönhausen, Johannes von 325
Münch, Fritz 211
Münch, Ingo von 189
Münch, R. 74 190
Münchener Bibliotheken 41
Münchner Abkommen von 1938 14
Münchow, Ursula 82
Mündige Welt 380
Münnich, Ralf 16
Münster, Clemens 79
Münzebrock, August 325
Münzenberg, Willi 325
Mütherties, Heinz 325
Mueller, Claus 79
Mueller, Franz Hermann 88
Muench, Aloisius J. 325
Muhlack, Ulrich 63
Muhlen, Norbert 94 325
Muhler, Emil 88
Muir, Nadejda 325
Muller, Herbert J. 325
Mulley, Frederick W. 182
Multhoff, Robert F. 70
Multinationale Konzerne 161
Munafò, Stefano 325
Munby, Lionel Maxwell 9
Munro, Sir Leslie 217
Murase, Okio 50
Murawski, Erich 63
Murín, Karol 325
Murphy, Robert Daniel 325
Murray, James N., jr. 217
Murray, Nora 325
Murray, Robert K. 325
Murray, Thomas E. 197
Murray-Brown, Jeremy 325
Murswieck, Axel 75
Murti, B. S. N. 325
Musaliam, Sami 217
Musiker, Reuben 34
Mussolini 325
Mussolini antwortete Papst Pius 325
Mussolini, Benito 325
Mussolini, Edwige 325
Mussolini, Rachele 325 326
Mussolini, Vittorio 326
Muth, Heinrich 55 326
Muthesius, Volkmar 101 326
Muynck, Gust de 326
Myagkov, Aleksei 326
Myckland, Falck 23
Myrdal, Gunnar 74 326
Myška, Věroslav 23
Mytelka, Lynn Krieger 204

Na'aman, Shlomo 168 326
Nachlaß des Reichskanzlers Wilhelm Marx 326
Nachtsheim, Hans 159
Nachweis der im Bundesgebiet erfaßten Personalunterlagen der neuen Wehrmacht 39
Nadich, Judah 326
Nadler, Josef 326
Nadolny, Rudolf 326
Näf, Werner 66 326
Naegelen, Marcel-Edmond 326
Nagels, J. 110
Nagy, Bela 326

Nagy, Imre 326
Nagy-Talavera, Nicholas M. 126
Nahlik, Stanisław Edward 197
Najdenov, M. E. 63
Nair, L. R. 326
Nal, Louis 326
Namier, L. B. 326
Nanda, B. R. 326
Nanita, Abelardo R. 326
Nantet, Jacques 94 326
Naphtali, Fritz 156
Naraghi, Eshan 84
Narben, Spuren, Zeugen 94
Nardone, Giorgio 326
Naroun, Amar 326
Narr, Wolf-Dieter 79 81 135 156 177 209
Narvaez, Louise 326
Naschold, Frieder 79 135
Nash, Gerald D. 326
Nash, Henry T. 197
Nash, Jay Robert 326
Naske, Karl E. 326
Naso, Eckardt von 326
Nassmacher, Karl-Heinz 136
Năstase, Gheorghe 115
Nasution, Abdul Haris 178
Natan, Alex 326
Nation und Nationalismus 122
Nationalismus gestern und heute 122
Native fascism in the successor states 124
Natoli, Claudio 171
Nattiez, Jean-Jacques 326
Naudé, Horst 326
Naujoks, Eberhard 55
Naumann, Friedrich 327
Naumann, Horst 171 327
Naumann, Robert 101
Nawrocki, Joachim 149
Nawrocki, Stanisław 44
Nay, Stephen N. 33
Neathy, H. Blair 327
Nebgen, Elfriede 327
Nebinger, Rolf 164
Needler, M. C. 327
Neeße, Gottfried 143
Nehls, Gerd E. 218
Nehru, Jawaharlal 327
Neidert, Rudolf 151
Nejkow, Peter 327
Neill, Stephen 203
Neill, Th. P. 101
Nell-Breuning, Oswald von 79 89 161
Nemec, Ludvik 327
Nenni, Pietro 126 327
Nenning, Günther 105
Netea, Vasile 327
Neton, Albéric 327
Nettl, John Peter 209 327
Nettlau, Max 171
Netzer, Hans-Joachim 327
Neubacher, Hermann 327
Neubauer, Deane E. 156
Neubauer, Ernst 66
Neubauer, Helmut 63 327
Neuberg, Assia 33
Neubronn, Alexander Frhr von 327
Neue Bibliographie zur Friedensforschung 6
Neue deutsche Biographie 10
Neuer Konservatismus der siebziger Jahre 100
Neuere politische Theorie 137

Neuerscheinungen wissenschaftlicher Literatur 5
Neugebauer, Max 327
Neuhäußer-Wespy, Ulrich 63
Neuman, Hendricus Johannes 327
Neumann, Carl 79
Neumann Erich Peter 328
Neumann, Franz 143 209
Neumann, Siegfried 328
Neumann, Sigmund 79 164
Neumann-Hoditz, Reinhold 328
Neundörfer, Ludwig 139
Neuner, Josef 328
Neuß, Wilhelm 89
Neusüß, Arnhelm 328
Nevadomsky, Joseph-John 33
Nevermann, Paul 328
Nevins, Allan 328
Newcastle, Percy Lord 156 328
Newcomb, Joan I. 12
Newfield, Jack 328
Newhouse, John 328
Newman, Albert H. 328
Newman, B. 39 328
Newman, Edward Polson 328
Newman, Karl Johann 159
Nicholas, H. G. 212 218
Nicholls, David 328
Nichols, Jeannette P. 198
Nickel, B. 190
Nickolls, L. A. 328
Nicolaevsky, Boris 328
Nicolaisen, Carsten 47
Nicolas, M. 328
Nicolet, Claude 209 328
Nicoletti, Gioacchino 151
Nicolini, Fausto 328
Nicolson, Harold 198 328
Nicolson, Nigel 328
Niculescu, Barbu 203
Niebuhr, Reinhold 55 66 105 156 198
Niedermayer, Franz 328
Niekisch, Ernst 328
Nielsen, Frederic W. 328
Niemeyer, Gerhart 115
Niemöller, Martin 328
Niemöller, Wilhelm 328 329
Niess, Frank 66 204
Niethammer, Lutz 329
Niezing, Johan 74 207
Nikulin, Lev 329
Nilson, Sten Sparre 329
Nipperdey, Thomas 57 126 164
Nisbet, Robert 98
Nissen, Walter 39 44
Nitschke, August 56 70 209
Nitti, Francesco Saverio 329
Nixon, Edgar B. 329
Nixon, Richard 329
Nkrumah, Kwame 329
Noack, Paul 136 146 198 207 329
Noack-Prozeß 334
Noble, Bernard G. 329
Nöth, Gerhard 122
Noel, Gerard Eyre 329
Noel-Baker, Francis 115
Noel-Baker, Philip 182
Noël-Baker, Philip 207
Noelle-Neumann, Elisabeth 174
Noether, Emiliana P. 27
Noguères, Louis 329
Nohlen, Dieter 146 203
Nohn, Ernst August 182
Nolde, O. Frederick 89

Nolfo, Ennio di 329
Nollau, Günther 115 171 329
Nolte, Ernst 55 63 98 100 126 127 329
Nolte, Hans-Heinrich 63
Norden, Albert 183 329
Norden, Günther van 89
Norman, Charles 329
Norris, Albert George Samuel 329
North, Robert Carver 120
Northedge, F. S. 198
Norton, Donald H. 329
Nostiz, Siegfried von 329
Notstandsrecht 21
Novack, George 171
Novák, Jaroslav 329
Noville, Jean Albert 330
Novotny, Alexander 330
Nowak, Josef 330
Nowotny, Rudolf 330
Nürnberger, Richard 110
Nuechterlein, James A. 330
Nukleare Sicherheitspolitik der einzelnen Staaten 16
Nunn, Raymond G. 33
Nunnerly, David 330
Nuschke hat vielen geholfen 330
Nuschke, Otto 330
Nußbaum, Arthur 190
Nutter, Gilbert Warren 330
Nutting, Anthony 330
Nyerere, Julius K. 330

Oakeshott, Michael 136
O'Barr, William M. 209
Oberkofler, Gerhard 330
Oberländer, Erwin 119 175
Oberländer, Theodor 190
Obermann, Emil 146 183
Obermann, Karl 47
Oberndörfer, Dieter 136
Oberreuter, Heinrich 146
Oberster Befehlshaber 230
Običkin, Gennadij Dmitrievič 330
O'Connor, Raymond G. 330
Oder, Irwin 95
Oder-Neisse bibliography 27
Odložilik, Otakar 330
O'Doherty, Katherine 330
Ørvik, Nils 27
Öffentliche Meinung 173
Ökumenische Konzile der Christenheit 88
Österreich, Tina 330
Österreich und Europa 330
Österreichische historische Bibliographie 24
Österreichisches Biographisches Lexikon 12
Oehme, Walter 330
Oelmüller, Willi 111
Oelsner, Toni 95
Oelßner, Fred 122 330
Oelze, Regina 330
Oertel, Helmut 70
Oertzen, Peter von 74 80 143
Oestmann, Erika 130
Oestreich, Gerhard 55 149 330
Oetinger, Friedrich 139
Offe, Claus 161
Offenberg, Mario 95
Offiziere im Bild von Dokumenten 183
Ogley, Roderick 198
Ogorkiewicz, Richard M. 183
Ohse, Bernhard 330

Okupaeja i ruch operu w dzienniku
 Hansa Franka 330
Olasz, F. 330
O'Leary, Michael K. 198
Oliver, Robert Tarbell 330
Ollenhauer, Erich 330
Olzog, Günter 55 136 183
Omari, T. Peter 330
Oncken, Hermann 330
O'Neill, Robert John 330
Opel, Fritz 168
Opgenoorth, Ernst 55
Opitz, Peter 120
Opitz, Reinhard 101 126
Opp, Karl-Dieter 74
Oppel, Kurt 330
Oppen, Dietrich von 80
Oppenheim, Ralph 330
Oppenheimer, Franz 330
Oppenheimer, Max 331
Oppler, Friedrich 95
Oprea, Ion M. 331
Ordžonikidze, G. K. 331
Ordžonikidze, Zinaida Gavrilovna 331
Orfei, Ruggero 331
Orga, Irfan 331
Organisation au traité de l'Atlantique
 Nord 16
Organisierter Kapitalismus 161
Organski, A. F. K. 198
Orlando, Vittorio Emanuele 331
Orlov, Alexander 331
Ornes, German E. 331
Ornstein, Hans 130
Ortega, Manuel Medina 218
Orth, Robert 115
Orth, Wilhelm 331
Oschilewski, Walter G. 331
Oschilewski, Walther G. 105
Oschlies, Wolf 331
Osgood, Robert E. 209 331
Oshinsky, David M. 331
Oskar Stark zu seinem achtzigsten Geburtstag 363
Ossietzky, Carl von 331
Ossietzky, Maud von 331
Osswald, Albert 143
Ost- und Deutschlandpolitik der Bundesrepublik Deutschland 21
Ostblockstaaten 16
Osten, Walter 115
Osterheld, Horst 331
Osterroth, Franz 12 105
Osterwalder, Theodor 331
Ostforschung — ein Stoßtrupp des
 deutschen Imperialismus 47
Ott, Eugen 331
Ottenga, Cesare 63
Ottinger, Axel 156
Ottino, Carlo Leopoldo 332
Otto, Bernd 168
Otto, Bertram 332
Otto Dibelius, Leben und Wirken 253
Otto, Dora 332
Otto Nuschke 330
Otto, Ulla 174
Ottone, Pietro 332
Otto-Suhr-Institut an der Freien Universität Berlin 47
Ovčarenko, N. E. 332
Overstraeten, R. van 245
Overstraeten, Raoul François Casimir
 van 332
Owe, Roderic 332

Owen, Frank 332
Owen, Roger 201

Paasikivi, Juho K. 332
Pabst, Helmut 332
Pacelli, Francesco 332
Paczensky, Gert von 203
Padberg, Magdalena 332
Padelford, Norman J. 198 218
Padellaro, Nazareno 332
Pächter, Heinz 209
Paetel, Karl Otto 12 16 126 131 332
Paffrath, F. Hartmut 332
Page, Stanley W. 332
Paget, Reginald T. 332
Pahlen, Holger 332
Paillard, Georges 332
Paillole, Paul 332
Pakenham, Francis Aungier 332
Paklons, L. L. 18
Pal, D. 190
Palarczykowa, Anna 39
Pallenberg, Corrado 332
Palme, Olof 105
Palmer, John 27
Palmer, Norman D. 198
Palmier, L. H. 332
Paloczi-Horvath, Georg 332
Palumbo, Pier Fausto 15
Panaccione, Andrea 171
Pandey, B. N. 332
Panhuys, Haro Frederik van 190
Panjabi, Kewal L. 332
Panikkar, K. M. 198 332
Panin, Dimitrij Michailovič 333
Pankoke, Eckart 333
Pannwitz, Rudolf 131 207
Papadatos, Pierre Achille 151
Papcke, Sven 151
Papcke, Sven Gustav 165
Papée, Kazimierz 333
Papeleux, Léon 333
Papen, Franz von 333
Papers of General Lucius D. Clay 333
Pappi, Franz Urban 146
Papritz, Johannes 39
Para la historiografia de la última
 guerra 61
Pardo, Arvid 190
Pardon, Fritz 218
Paris, Robert 126
Park Chung Hee 333
Park, Sung-Jo 204
Parkes, James 95 130
Parkin, Frank 80
Parkinson, C. Northcote 98
Parkinson, G. H. R. 333
Parlament und Wissenschaft 147
Parlamentarische Opposition 146
Parlamentarismus ohne Transparenz
 147
Parlamentsreform 21
Parmet, Herbert S. 333
Parrish, Michael 27
Parry, Geraint 80
Parsons, Talcott 80
Parteiensysteme, Parteiorganisationen
 164
Partizipation, Demokratisierung, Mitbestimmung 209
Partner von morgen 89
Partsch, Karl Josef 147
Partsch, Karl Joseph 333
Parzen, Herbert 333

Pasa, Luigi 333
Paschos, Georgios 190
Passerin d'Entrèves, Alexander 143 156
Passeron, André 333
Passy, Colonel 333
Patai, Raphael 9 33
Patel, S. R. 190
Pateman, Carole 156
Paterson, William E. 168
Patri, Aimé 333
Patrizi, Paolo 333
Patrušev, A. I. 63
Pattee, Richard 333
Patterson, James T. 333
Patton, George S. 333
Patze, Hans 333
Paucker, Arnold 333
Paučo, Joseph 333
Pauer, Max 44
Paul, Egbert 156
Paul, Joseph 333
Paulus, Friedrich 333
Paulus, Günter 50
Paulus VI Papa 333
Pauly, Walter 333
Pausewang, Siegfried 174
Pavetto, Renato 126
Pawelka, Peter 218
Pawlofsky, Walter 70
Pawlowicz, Sala 333
Payer, Friedrich 333
Payne, Robert 333 334
Paździor, Bolesław 218
Pazi, Margarita 334
Peare, Catherine Owens 334
Pearlman, Moshe 334
Pearson, Lester B. 156 198 204 334
Peaslee, Amos Jenkins 147 211
Pech, Karlheinz 334
Pechel, Jürgen 218
Pechel, Rudolf 334
Peck, Joachim 334
Pedroncini, Guy 334
Peege, Joachim 139
Pekelský, Vladimir 82
Pelchen, Georg 183
Pelinka, Anton 156 172
Pella, V. V. 190
Pelletier, Antoine 110
Pellicano, Luciano 334
Pelling, Henry 105 334
Peltier, R. 334
Penders, C. L. M. 334
Peniakoff, Wladimiro 334
Penkowskij, Oleg 334
Pennock, James Roland 156
Pentkovskaja, V. V. 334
Perau, Josef 334
Perels, Joachim 105
Perich, Giorgio 334
Periodika der Arbeiterbewegung auf
 Mikrofilm 9
Peripherer Kapitalismus 204
Perkins, Dexter 334
Perlmutter, Amos 183
Perlmutter, O. W. 334
Pernthaler, Peter 183
Perón, Eva 334
Perré, Jean 183 334
Perret, Robert Louis 190
Perrone, Ottorino 171
Persecution and resistance under the
 Nazis 16
Peter, Ania 334

Peter, Colette Capitan 334
Peter, Hans 101
Peter II., King of Yugoslavia 334
Peterich, Eckart 334
Peters, Hans 147
Peters, Max 335
Peters, Tiemo Rainer 335
Peters, Wilhelm 41
Petersen, Jens 63 126
Petershagen, Rudolf 335
Peterson, Edward Norman 335
Peterson, Sir Maurice 335
Petit, Antoine G. 335
Petitpierre, Max 220
Petljura, Symon 335
Petrie, Charles 100 335
Petrignani, Rinaldo 190
Petrov, Vladimir 335
Petrović, Gajo 110
Petry, Ludwig 335
Petry, Richard 105
Petzold, Joachim 122 126 335
Peukert, Helmut 86
Peyrefitte, Roger 95 198
Peyrouton, Marcel 335
Pfabigan, Alfred 335
Pfäfflin, Friedrich 285 335
Pfaltzgraff, Robert L. 198
Pfarrer, die dem Terror dienen 335
Pfarrhofer, Hedwig 335
Pfeifenberger, Werner 218
Pfeifer, Wilhelm 147
Pfeiffer, Arnold 106
Pfeil, Alfred 212 335
Pfeil, Sigurd Graf von 335
Pfister, Bernhard 152 168
Pfister, Eberhard von 115
Pfisterer, Rudolf 95
Pfizer, Theodor 335
Pflanze, Otto 122 335
Pflaumer, Hans 335
Pfleiderer, Karl Georg 335
Pfliegler, Michael 89
Pfotenhauer, David 136
Phelps, Reginald H. 130 335
Phelps, Reginald S. 335
Philby, H. St. J. B. 335
Philip, André 105
Philipp, Werner 27
Philippi, Alfred 335
Philippi, Hans 44
Phillips, John 335
Phillips, L. H. 211
Phillips, N. R. 100
Phillips, William 335
Philosophie der Menschenrechte und der Grundrechte 149
Phleps, Artur 335
Pianzola, Maurice 335
Picht, Georg 55 89 98 174 207
Picht, Werner 183
Pick, Otto 136
Picker, Henry 335 336
Pickersgill, John Whitney 336
Pickl, Norbert 159
Pictet, Jean 220
Piddington, W. E. R. 336
Pieck, Wilhelm 336
Piehl, Ernst 168
Piekarz, Mendel 7
Pielow, Winfried 336
Pieri, Piero 336
Pieris, Ralph 204
Pierotti, Francesco 336

Pierre, Andrew J. 175
Pierre-Bloch, Jean 336
Pies, Otto, S. J. 336
Piétri, François 336
Pietsch, Max 336
Pikart, Eberhard 147 168 336
Pilch, Judah 95
Pinay, Antoine 115
Pineau, Christian 336
Pingaud, Bernhard 336
Pini, Giorgio 336
Pinl, Claudia 168
Pinzani, Carlo 336
Piotrow, Phillis Tilson 75
Piotrowski, Stanislaw 336
Piovanelli, Maricilla 336
Pipes, Richard 336
Piquet-Wicks, Eric 336
Pirker, Theo 115 126
Piroschkow, Vera 110
Pirow, Oswald 336
Pistiner, Ephraim 336
Pistone, Sergio 201 336
Pistrak, Lazar 336
Piłsudska, Aleksandra 336
Pitz, Ernst 44 63
Pius XII, Papa 337
Pius XII. zum Gedächtnis 336
Plamenatz, John 110 115
Plano, Jack C. 211
Planté, Louis 337
Planung in Politik und Verwaltung in der Bundesrepublik Deutschland 21
Plaschka, Richard G. 55 64
Platte, Hans Kaspar 84
Plechanov, Georgij V. 110
Plechl, Pia Maria 336
Plehwe, Friedrich-Karl von 212
Pless-Damm, Ursula 337
Plessner, Helmuth 74 80 209
Plessner, Monika 337
Plettenberg, Malte 337
Plewnia, Margarete 337
Pleyer, Wilhelm 337
Plischke, Elmer 32
Ploetz, Gerhard 34
Ploncard d'Assac, Jacques 337
Pluet, Jacqueline 119
Plum, Günter 12
Plumyène, Jean 337
Podgóreczny, Marian 337
Pöggeler, Otto 337
Pötzsch, Stefan 39
Poelchau, Harald 337
Pogue, Forrest C. 337
Pohl, Brigitte 337
Pohl, Gerhart 337
Pohl, Hans 50
Pohl, Oswald 337
Poidevin, Raymond 122
Poincaré, Raymond 337
Poirier, Pierre 218
Pois, Robert A. 337
Polak, Karl 143
Poliakov, Léon 47 82 130 337
Polin, C. 337
Polišenský, Josef 39
Political education of Arnold Brecht 257
Political literature of London exiles 12
Political science 137
Political science, government and public policy series 9
Politik als Gedanke und Tat 98

Politik durch Gewalt 178
Politik und Massenmedien 174
Politik und Ökonomie 209
Politik und Wissenschaft 136
Politiker des 20. Jahrhunderts 12
Politikwissenschaft 136
Politique étrangère et ses fondements 198
Politique régionale des Communautés européennes 18
Politique scientifique en Europe 9
Politische Bildung 6
Politische Bildung durch das Buch 6
Politische Forschung 133
Politische Justiz 294
Politische Ordnung und menschliche Existenz 331
Politische Parteien in Deutschland und Frankreich 164
Politische Planung in Theorie und Praxis 136
Politische Probleme der Dritten Welt 204
Politische Urteilsbildung in der Demokratie 174
Politische Verantwortung der Nichtpolitiker 137
Politische Wissenschaften 138
Politischer Liberalismus und Evangelische Kirche 101
Politisches Tagebuch Alfred Rosenbergs 367
Politisches Testament Ho Chi Minhs 369
Polizien, Götz 337
Poll, Bernhard 39 337
Poll, F. G. van der 337
Pollak, Michal 47
Pollard, Sidney 80
Polski czyn zbrojny w II wojnie światowej 27
Polte, Willy 337
Polte, Winfried 218
Pompe, C. A. 190
Pomper, Gerald 147
Pompidou, Georges 337
Ponteil, Félix 156
Ponto, Jürgen 337
Poor, Harold L. 337
Pope-Hennessy, James 337
Popoff, George 337
Popović, Dragiša 337
Poppel, Stephen M. 95
Popper, Karl R. 55 80
Poppinga, Anneliese 337
Popplow, Ulrich 338
Pordea, G. A. 190
Portal, Roger 27 64
Portelli, H. 338
Porter, David 130
Porter, Dorothy B. 32
Portmann, Heinrich 338
Portner, Ernst 338
Positivismusstreit in der deutschen Soziologie 74
Posse, Hans 101
Possony, Stefan T. 115 190 338
Post, Werner 338
Post-war publications on German Jewry 9
Pot, J. H. J. van der 64
Potok, Chaim 338
Potthoff, Heinz 338
Potyka, Christian 338

Pouget, Jean 338
Poujade, Pierre 338
Poulantzas, Nicos 159 161 171
Poulat, Emile 89
Pound, Reginald 338
Powell, David E. 136
Powell, Horace B. 338
Power, Paul F. 338
Powicke, F. M. 55
Prakke, Henk 173
Pranger, Robert J. 338
Prantner, Robert 190
Prasad, Rajendra 338
Pratt, Julius William 338
Praun, Albert 338
Prauss, Herbert 338
Přečan, Vilém 338
Preidel, Helmut 28
Prejudice 9
Prélot, Marcel 74 98
Première Internationale 104
Prescher, Hans 338
Prescott, John R. V. 136
Press in authoritarian countries 174
Pressefreiheit, Pressekonzentration, Presserechtsrahmengesetz 9
Presthus, Robert 80
Preuß, Ulrich K. 139 143
Preußen, Cecilie Kronprinzessin von 338
Preußen, Louis Ferdinand Prinz von 338
Preuss, Hugo 338
Preuss, Walter 338
Pribilla, Max 48
Price, Arnold H. 21
Price, D. B. 218
Priester, Karin 139 338
Primo de Rivera, José Antonio 338
Prinz, Franz 89
Prinz, Friedrich 338
Prinz und Demokrat 338
Prittie, Terence 338 339
Prittwitz und Gaffron, Friedrich W. von 198 339
Privat, Edmond 339
Problema storico del fascismo 126
Probleme der Demokratie heute 156
Probleme der Geschichte des Zweiten Weltkrieges 64
Probleme der Geschichtsmethodologie 59
Probleme der Geschichtswissenschaft 55
Probleme der postindustriellen Gesellschaft 80
Probleme einer europäischen Staatengemeinschaft 163
Procacci, Giuliano 115
Proebst, Hermann 339
Programme der deutschen Sozialdemokratie 105
Prokešová, Nina 28
Prokoptschuk, Gregor 339
Prolingheuer, Hans 339
Pross, Harry 80 130 174 339
Pross, Helge 74 339
Protifašistický odboj za druhé světové války 27
Prowe-Isenbörger, Ina 95
Prozesso Graziani 274
Prpic, George J. 28
Pruck, Erich 64 160
Prüfer, Karl 339

Prunkl, Gottfried 339
Pu Yi 339
Puaux, Gabriel 339
Public opinion and propaganda 174
Public papers of the presidents 333
Public papers of the Secretaries-general of the United Nations 218
Publications of the Department of State 32
Publikationen des Leo-Baeck-Instituts 48
Pucher, Paul 339
Puchner, Otto 39
Puder, Martin 339
Pünder, Hermann 147 339
Pulte, Peter 149
Pulzer, Peter G. J. 130
Purdy, Anthony 339
Purdy, William Arthur 89
Pusch, Hanns Ulrich 339
Puschnig, Rainer 39
Pusey, Merlo J. 339
Pustejofsky, Otfried 339
Putlitz, Wolfgang Gans Edler Herr zu 339
Puttkamer, Ellinor von 163
Puttkamer, Karl Jesko von 339
Pyarelal 339
Pye, L. W. 120 339
Pyper, Charles Bothwell 339

Quantifizierung der Geschichtswissenschaft 59
Quantitative Methoden in der historisch-sozialwissenschaftlichen Forschung 58
Quaritsch, Helmut 89
Quaroni, Pietro 218 339
Quellen zur Zeitgeschichte in den staatlichen Archiven des Landes Nordrhein-Westfalen 39
Quellenkunde zur deutschen Geschichte der Neuzeit 39
Quervain, Alfred de 143
Quest for peace 339
Quester, George H. 183 198

Raab, Heribert 89
Raab, Julius 339
Raasch, Rudolf 139
Raase, Werner 339
Rabaut, Jean 340
Rabbath, E. 149
Rabe, Bernd 84
Rabinbach, Anson G. 126
Rabinowicz, Oskar K. 95
Rabl, Kurt 190
Rabus, G. 164
Raczynski, Edward 340
Radandt, Hans 340
Radbruch, Gustav 105 340
Radczun, Günter 340
Raddatz, Fritz Joachim 340
Radde, Gerd 340
Radecki, Sigismund von 340
Radetzki, Marian 205
Radhakrishnan, S. 340
Radius, Pietro 340
Radkau, Joachim 55 201
Radovanovic, Ljubomir 203
Rae, Douglas W. 147
Raeder, Erich 340
Raeymaker, Omer de 212
Ragionieri, Ernesto 340

Rajan, M. S. 218
Raina, Peter 340
Rais, Štefan 340
Raiser, Ludwig 154 340
Raiser, Thomas 84
Raissac, Guy 340
Rake, Alan 340
Rakenius, Gerhard W. 340
Rákosi, Mátyás 340
Rama, Carlos M. 126
Ramati, Alexander 340
Ramcke, Hermann Bernhard 340
Ramm-Helmsing, Herta von 44 48
Rammstedt, Otthein 157 175
Ramundo, Bernard A. 190
Randa, Alexander 63
Randall, J. G. 55
Randle, Robert F. 207
Range, Willard 340
Ransom, Harry Howe 198
Rantzau, Johann Albrecht von 64
Ranulf, Svend 340
Raoul Wallenberg 377
Raphael, D. D. 98
Rapone, Leonardo 340
Rapoport, David C. 183
Rappaport, Armin 340
Rappard, William Emmanuel 340
Rasch, Harold 340
Rasche, Friedrich 340
Raschhofer, Hermann 122 190 340
Raschke, Joachim 164
Rasehorn, Theo 340
Rassismus und Widerstand 82
Rassow, Peter 64
Rataj, M. 340
Ratcliff, Dillwyn F. 340
Rathenau, Walther 341
Ratifikation und Anwendung internationaler Konventionen 150
Ratinaud, Jean 341
Ratschow, Carl Heinz 89
Rattinger, Johannes 183
Ratz, Ursula 341
Rau, Günter 182
Rauch, Georg von 50 341
Rauch, Karl 341
Raudive, Konstantin 209
Raumer, Hans von 341
Raumer, Kurt von 207
Rausch, Jürgen 341
Rauschning, Dietrich 9 85
Rauschning, Hermann 131 341
Raven, Wolfram von 183
Rawengel, Lieselotte 19
Razumowsky, Andreas 341
Read, Herbert 160
Reagan, Michael D. 163
Rebentisch, Dieter 341
Rebhahn, Hans 157
Rechberg und Rothenloewen, Albrecht Graf von 212
Rechtsradikalismus 131
Reck-Malleczewen, Friedrich Percyval 341
Recktenwald, Johann 341
Records of the Foreign Office 44
Recum, Hasso von 205
Rede des Bundespräsidenten Theodor Heuss 341
Reding, Alois von 190
Reding, Marcel 98 110
Redlich, Fritz 64
Redlich, Josef 341

Redlich, Shimon 341
Redslob, Edwin 341
Reed, Douglas 341
Rees-Mogg, W. 341
Regala, Roberto 341
Regele, Oskar 341
Reggiani, Carlo 341
Regierbarkeit 143
Regierungskunst in der heutigen Welt 143
Regimes and oppositions 147
Regionalbibliotheken in der Bundesrepublik Deutschland 44
Regler, Gustav 341
Regling, Heinz Volkmar 105
Rehm, Max 341
Rehm, Walter 183
Rehwinkel, Edmund 341
Rejai, Mostafa 157
Reich, Wilhelm 126
Reichard, Gary W. 341
Reichardt, Fritz 341
Reichel, Joachim von 341
Reichel, Waltraut 64
Reichenberger, Emmanuel J. 342
Reichhardt, Hans J. 44 341
Reichmann, Eva G. 55 95 130
Reichstag 147
Reichwein, Adolf 342
Reid, B. L. 342
Reid, Herbert G. 136
Reif, Adelbert 342 362
Reifenberg, Benno 342
Reile, Oscar 342
Reimann, Joachim 342
Reimann, Max 342
Reimann, Viktor 342
Reimers, Karl Friedrich 39 342
Reineke, Wolfgang 207
Reiner, Guido 12
Reinhard, Marcel 342
Reinhart, Rainer 190
Reinisch, Leonhard 56 93
Reinowski, Werner 342
Reisberg, Arnold 44 342
Reisner, Erwin 95
Reißmüller, Georg 14
Reiss, Jürgen 342
Reitlinger, Gerald 342
Reitsch, Hanna 342
Reitter, Ekkehard 342
Reitzer, Alfons 115
Reitzner, Almar 342
Reiwald, Paul 80
Reklaitis, Povilas 28
Relevance of liberalism 101
Religiöse Sozialisten 106
Religiöser Sozialismus 106
Religion im Umbruch 89
Religionssoziologie 84
Remme, Irmgard 342
Rémond & René 251
Rémy 342
Renault, Gilbert 342
Rendel, Sir George 342
Rendtorff, Trutz 89
Rendulic, Lothar 136 183 342
Renner, Hermann 342
Renner, Karl 157 342
Rennhofer, Friedrich 343
Renouvin, Pierre 50
Repaci, Antonio 126
Répertoire des périodiques publiés par les organisations internationales 9

Repertorium van boeken en tijdschriftartikelen 28
Reprodukeje dokumentów do sprawy Clauberga 343
Requin, E. 343
Réti, László 343
Retzlaw, Karl 343
Reucher, Theo 57
Reuter, Ernst 343
Reuter, Hans-Georg 64
Reuter, Paul 198 212
Revel, Jean-François 105 343
Reventlow, Rolf 105 168 343
Révész, László 115
Revision des Bismarckbildes 64
Revision of the United Nations charter 218
Revisionism 110
Revolution und Gesellschaft 177
Revolutionäre Praxis 110
Rex, John 74
Reynaud, Paul 343
Reynolds, Charles 198
Reynolds, Nicholas 343
Reynolds, P. A. 198
Reynolds, Quentin 343
Rheinbaben, Werner Frhr von 343
Rhode, Gotthold 343
Rhodes, Anthony 343
Rials, Stéphane 343
Ribbentrop, Joachim von 343
Ribhegge, Wilhelm 343
Rice, Edward E. 343
Rich, Norman 343
Richards, Fred H. 171
Richmond, Sir Herbert 198
Richter, Günter 343
Richter, Hans 164
Richter, Hans Werner 344
Richter, K. 190 198
Richter, Werner 344
Ridder, Helmut 344
Ridgway, Matthew Bunker 344
Ridley, Frederick Fernand 143
Riechers, Christian 344
Riedl, Franz H. 344
Riegel, Klaus-Georg 80
Riemeck, Renate 344
Riemschneider, Ernst Günther 344
Riese, Werner 55
Riesenberger, Dieter 344
Riess, Curt 344
Riesser, Hans Eduard 344
Riezler, Kurt 344
Rigassi, Georges 344
Riha, Thomas 344
Riker, William H. 136
Rimscha, Hans von 344
Rindl, Peter 115
Ring, Camil 344
Ringelblum, E. 344
Ringgenberg, Cécile M. 220
Rintala, Marvin 344
Rintelen, Karlludwig 70
RIO-Bericht an den Club of Rome 85
Riper, Paul van 9
Ripp, Géza 161
Rischin, Moses 95
Ristelhueber, René 344
Rister, Herbert 21 24 28
Ritter, Annelies 13
Ritter, Ernst 48
Ritter, Ernst-Hasso 147
Ritter, Gerhard 39 55 70 183 344

Ritter, Gerhard A. 144 145 147 168 261
Ritter, Waldemar 344
Ritthaler, Anton 344
Rittig, Gisbert 106
Ritzel, Heinrich G. 344
Riva, Giuliano 344
Rivero, J. 136
Rizzo, F. 64 344
Rizzo, Giovanni 344
Roach, John Peter Charles 5
Road to Auschwitz 50
Robert Breuer 240
Robert Tillmanns 370
Roberts, Adam 151 183
Roberts, Henry L. 16
Robertson, Arthur Clendenin 344
Robertson, Athur Henry 150
Robertson, E. H. 344
Robins, Robert S. 209
Robinson, Edgar Eugene 344
Robinson, Jacob 36 39 344
Robinson, Joan 80
Robinson, Nehemia 66
Robinson, Nehemiah 95 190
Robinson, Saul Benjamin 70
Robrieux, Philippe 344
Robuchon, Me Jean 344
Rochat, Giorgio 344 345
Roche, Georges 345
Rochefort, Robert 345
Rock, Martin 151
Rocker, Rudolf 345
Rodee, Carlton Clymer 136
Rodens, Franz 345
Rodgers, W. T. 345
Röder, Horst 80
Röder, Werner 39 50
Röhl, John C. G. 345
Röhr, Heinz 345
Röhrich, Wilfried 77 137 168 345
Röhricht, Edgar 345
Röhricht, R. 66
Röhrig, Paul 139
Röhrs, Hans-Dietrich 345
Röling, Bert V. A. 207
Römer, Peter 345
Rönblom, Hans Krister 345
Rönnefahrt, Helmuth 39
Röpke, Wilhelm 102 122 345
Rösch, Augustin 345
Roegele, Otto B. 89 174
Roehl, Fritzmichael 345
Rogalla von Bieberstein, Johannes 44
Rogé, Lieutenant-colonel 345
Rogge, Heinrich 143 190
Rogge, Helmuth 345
Rogier, L. J. 345
Rogow, Arnold A. 345
Rohan, Karl Anton 345
Roherty, James M. 345
Rohland, Walter 345
Rohlfes, Joachim 68 70 139
Rohr, Donald G. 102
Rohr, Wilhelm 39 345
Rohrbach, Paul 345
Rohrmann, Elsabea 345
Rohrmoser, Günter 80 98 177
Rohwer, Jürgen 44 50 55
Rokossovskij, K. K. 346
Rollins, Alfred B. 346
Rolnikaité, Maria 346
Roloff, Ernst-August 115 136 139
Romanus, Charles F. 346
Romeo, Rosario 55

Rommel, Erwin 346
Rommel, Juliusz 346
Romulo, Carlos P. 122 346
Ronge, Volker 136
Ronneberger, Franz 106 160
Roon, Ger van 346
Roos, Hans 346
Roos, Lothar 157
Roosevelt, Eleanor 346
Roosevelt, Elliott 307
Roosevelt, Franklin Delano 346
Roosevelt, James 346
Roosevelt letters 307
Ropp, Friedrich von der 346
Ropp, Theodore 183
Rosa, Gabriele de 346
Rosar, Wolfgang 346
Rosati, Mariano 55
Rose, Guenther 80
Rose, William J. 347
Rosecrance, Richard N. 198
Rosen, Elliot A. 346
Rosen, Friedrich 346
Rosen, Steven J. 198 201
Rosenau, James N. 198
Rosenberg, Alfred 346 347
Rosenberg, Arthur 106 119
Rosenberg, Curt 346
Rosenberg, Ludwig 168
Rosenblüth, Pinchas E. 346
Rosenblueth, Arturo 347
Rosenfeld, Elsbeth 346
Rosenfeld, Günter 346
Rosenkranz, Erhard 183
Rosenman, Samuel I. 347
Rosenne, Shabtai 212 218
Rosenstiel, Francis 136
Rosenstock, Werner 95
Rosenstock-Huessy, Eugen 74 177
Rosenthal, Gerard 346
Roskin, Michael 347
Roskothen, Ernst 347
Rosner, Gabriella 218
Rosner, Jacob 127
Rosner, Thomas 347
Ross, Alf 218
Ross, Hugh 347
Ross, Ronald J. 347
Ross, Werner 347
Rossel, Albert 102
Rossi, A. 118 119
Rossi dell'Arno, G. de 347
Rossi, Ernesto 127
Rossi, Francesco 347
Rossi, Pietro 55
Rossiter, Clinton 100
Rossmann, Erich 347
Rossmann, Gerhard 64
Rost, Hans 102
Rost van Tonningen, Meinoud Marinus 347
Rotblat, Joseph 205
Rotenstreich, Nathan 95 130
Roth, Andrew 347
Roth, Cecil 95
Roth, Dieter 209
Roth, Gerhard 347
Roth, Guenther 74 205
Roth, Jack J. 347
Roth, Joseph 347
Roth, Wolfgang 356
Rothacker, Erich 55
Rothberg, Abraham 347
Rothe, Wolfgang 74

Rothenberg, Joshua 9
Rother, Ewald Fr. 55
Rothermund, Dietmar 55
Rothfels, Hans 50 122 198 210 347
Rothkirchen, Livia 48
Rothschild, Robert 347
Rothstein, Robert L. 198
Rothwell, V. H. 347
Rouanet, Pierre 347
Roubiczek, Paul 347
Roucek, Joseph S. 29 178
Rouch, Jane 347
Roudiez, Léon S. 347
Rougemont, Denis de 347
Rous, Jean 347
Roussier, Michel 18
Roussinov, S. 347
Rouyer-Hameray, Bernard 212
Rovan, Joseph 89 347
Rovere, Richard H. 348
Rovida, Giorgio 348
Rovine, Arthur W. 212
Rowland, Peter 348
Rowse, A. L. 348
Roy, Maurice Pierre 205
Rshewskaja, Jelena 348
Rubin, Seymour J. 205
Rubinowicz, Dawid 348
Rubinstein, A. Z. 9 115 205 348
Rubio Garcia, Leandro 29
Ruby, Edmond 348
Ruch, Alexander 147
Rudel, Christian 348
Rudel, Hans-Ulrich 348
Rudin, Josef 210
Rudolf Bahro 227
Rudolf Lodgman von Auen 310
Rudolf, Walter 190 198
Rudolf Wissel 383
Rudolph, Ludwig Ritter von 70
Rückkehr unerwünscht 348
Rüdinger, Karl 52 68
Rühle, Jürgen 115
Rülcker, Christoph 169
Rürup, Reinhard 56 75 95
Rüsen, Jörn 57 70
Rüstow, Alexander 66 136 201 348
Rüstow, Dankwart A. 80
Rue, John E. 120
Ruediger, Wilma 348
Rufer, D. 348
Ruffmann, Karl-Heinz 8
Ruge, Friedrich 183
Ruge, Wolfgang 348
Ruland, Max 348
Ruloff, Dieter 57
Rumi, Giorgio 348
Rumpf, Helmut 207
Rumpf, Horst 64 70
Rumpler, Helmut 201
Runciman, Walter Garrison 74
Rundfunk und Fernsehen im öffentlichen Leben 9
Runge, Friedrich 348
Runkle, Gerald 175
Rupp, Hans Karl 157
Rupp, Heinrich 150
Rupp, Michael 70
Rupp, Reinhold 39
Ruppel, Edith 348
Ruppert, Karl 44
Rush, Myron 348
Ruslanov, P. 348
Russell, Bertrand 80 348

Russell, Ruth B. 218
Russian history since 1917 25
Russian Institute 47
Rust, Holger 74
Rutkowski, Adam 348
Ruyssen, Théodore 131
Ruzié, David 212
Ryan, A. P. 348
Rychner, Max 70
Rydbeck, Jan 23
Ryffel, Hans 84
Ryle, J. Martin 172
Ryszka, Franciszek 55 56

Saage, Richard 100 127
Šabad, Boris Abramovič 201
Sabatier, G. 348
Sabille, Jacques 348
Saccomani, Edda 127
Sachar, Howard M. 95
Sacher, Wilhelm 136
Sachkatalog der Bibliothek des Instituts für Zeitgeschichte 5
Sacks, Benjamin 348
Sadat, Anwar el 348
Sady, Emil J. 218
Sänger, Fritz 348
Saggio bibliografico sulla seconda guerra mondiale 16
Sahgal, Nayantara 348
Sahm, Heinrich 348
Sahner, Heinz 84
Saint John, Robert 349
Saint-Aulaire, Comte de 348
Saint-Caunat, Hugues 348
Saint-Quentin, René de 349
Saitschick, Robert 115
Salandra, Antonio 349
Salazar, A. Sanchez 349
Salazar, Antonio de Oliveira 349
Saldern, Adelheid von 349
Salem, Daniel 349
Salin, Edgar 349
Salinari, Carlo 349
Salinger, Pierre Emil George 349
Salis, Jean Rudolf von 349
Salisbury-Jones, Sir Guy 349
Sallet, Richard 199
Salmon, André 203
Salmon, Jean 212
Salomon, Ernst von 349
Salomon, J. 160
Salomon, Michael 349
Salomon, Werner 349
Salomon-Delatour, Gottfried 74
Salov, V. I. 64
Salter, Ernest J. 119
Salter, Lord Arthur 349
Salvadori, Massimo 102 115 119 162
Salvatore, Attilio 349
Salvatorelli, Luigi 64 218 349
Salvatori, Luigi 349
Salvemini, Gaetano 127 349
Samaran, Charles 59
Sampson, Anthony 349
Sampson, Ronald V. 80
Sanden, Heinrich 349
Sander, Hans-Dietrich 349
Sandfuchs, Wilhelm 349
Sandhofer, Gert 350
Sandkühler, Hans-Jörg 107
Sandmeier, Rudolf 150
Sandvoss, E. 350
Santarelli, Enzo 127

Santifaller, Leo 12
Santner, Inge 350
Santucci, A. 350
Saragat, Giuseppe 350
Saran, Vimlan 16
Sarkisyanz, Emanuel 350
Šarmazanašvili, G. V. 190
Sarrus, Jean 350
Sartori, Giovanni 136 157
Sartre, Jean-Paul 130
Sasso, Gennaro 350
Sathamurthy, T. V. 218
Sattler, Rolf-Joachim 70
Sauer, Ernst 190
Sauer, Paul 95
Sauer, Wolfgang 122
Sauerbruch, Ferdinand 350
Saurel, Louis 350
Sauvy, Alfred 106
Saventhem, Eric M. 89
Savord, Ruth 48
Savova, Elena 350
Savramis, Demosthenes 89
Sawer, Geoffrey 163
Sławoj-Składowski, Felicjan 360
Sbarberi, Franco 350
SBZ-Biographie 13
Scapini, Georges 350
Scaroni, Silvio 350
Schachenmayer, Helmut 350
Schacht, Hjalmar 350
Schacht, Kurt 350
Schachter, Oscar 218
Schack, H. 199
Schack, Herbert 110 131
Schade, Franz 350
Schadewaldt, Hans 350
Schadt, Jörg 350
Schäfer, Gerhard 350
Schäfer, Hans 143
Schäfer, Hermann P. 169
Schäfer, Ingo 350
Schäfer, Karl 350
Schäffer, Ernst 350
Schärf, Paul 350
Schätzel, Walter 143 190 214
Schaeder, Grete 350
Schaeder, Hildegard 89 350
Schaefer, Eduard 106
Schaeffler, Richard 66
Schaefgen, Heinz 183
Schafer, Mark 190
Schaff, Adam 55 56 110
Schall, James V. 136
Schall, Wolfgang 84 183
Schall-Riaucour, Heidemarie Gräfin 350
Schallenberger, Horst 70
Schaltenbrand, Georges 350
Schambeck, Herbert 87 336
Schandler, Herbert J. 350
Schaper, B. W. 350
Schaper, Edzard 350
Schapiro, J. Salwyn Jacob 102
Schapiro, Leonard 160 350
Scharf, Kurt 350
Scharf, Wilfried 174
Scharffenberg, Johan 350
Scharffenberg, Renate 70
Scharffenorth, Gerta 5 6
Scharlau, Winfried Bernhard 350
Scharndorff, Werner 350
Scharnow, Wolfgang 213
Scharpf, Fritz 157

Scharping, Thomas 351
Scharrer, Adam 351
Schatz, Rudolf 44
Schaufelberger, Constant 351
Schauff, Karin 351
Schaumann, Wilfried 190
Schaumburg-Lippe, Friedrich Christian Prinz zu 351
Schebera, Jürgen 351
Schechtman, Joseph B. 351
Scheel, Walter 351
Scheffer, Paul 351
Scheffler, Hildegard 9
Schefold, Christoph 351
Scheiber, Alexander 351
Scheibert, Peter 44 177 351
Scheider, Armin 183
Schell, Margarethe 351
Schellenberg, Theodore R. 44
Schellenberg, Walter 351
Schelling, Thomas C. 183
Schelling, Werner 351
Schelsky, Helmut 98 351
Schenck, D. von 199
Schenck, Ernst-Günther 351
Schenck, Olga 351
Schenda, Rudolf 74
Scherer, André 351
Scherer, Anton 29
Scheringer, Richard 351
Scherzer, Michael 351
Scheschkewitz, Jürgen 61
Schetelich, Eberhard 44
Scheuch, Erwin K. 157
Scheuer, Georg 351
Scheuner, Ulrich 147 163 191 217 219
Scheurer, Karl 351
Scheurig, Bodo 55 56 183 351
Schiavi, Alessandro 352
Schick, Franz B. 191
Schickel, Alfred 172 213
Schickel, Joachim 178
Schicksalsfragen der Gegenwart 140
Schieche, Emil 352
Schieder, Julius 352
Schieder, Theodor 56 58 59 64 102 122 143 144 157 177 352
Schieder, Wolfgang 106 124 127 352
Schiefel, Werner 352
Schiffer, Eugen 352
Schildt, Gerhard 75
Schiller, Karl 352
Schimmelpfennig, Klaus 213
Schimmelpfennig, Walter 352
Schindler, Bärbel 352
Schindler, Dietrich 220
Schindler, Peter 21
Schirach, Baldur von 352
Schirach, Henriette von 352
Schirmer, Gregor 191
Schirmer, Hugo 352
Schissler, Jakob 98
Schiwy, Günther 84
Schlabrendorff, Fabian von 352
Schlaich, Heinz Wolf 70
Schlamm, William S. 95 352
Schlangen, Walter 136 157 160
Schlarp, Karl-Heinz 64
Schlechte, Horst 44 352
Schlegel, Wolfgang 56
Schleier, Hans 58 64 352
Schleife 352
Schleifstein, Josef 162
Schlenger, Herbert 29

Schlenke, Manfred 352
Schlesinger, Arthur M. 352
Schlesinger, Moritz 352
Schlesinger, Rudolf 157
Schlesische Bibliographie 24
Schleswig-Holsteinisches Biographisches Lexikon 12
Schlette, Heinz Robert 352
Schleyer, Hanns Martin 352
Schlicker, Wolfgang 352
Schlinghoff, Gerhart 147
Schlochauer, Hans-Jürgen 207
Schlomann, Friedrich-Wilhelm 3522
Schloss, Rolf Walter 94
Schlottner, Erich 50
Schluchter, Wolfgang 352
Schlüter, Bernhard 212
Schlüter, Hilmar Werner 219
Schmalriede, Silke 160
Schmauch, Jochen 177 205
Schmelzer, Wally 70
Schmickl, Emil 74
Schmid, Alex P. 352
Schmid, Carlo 13 95 106 143 157 210 352 353
Schmid, Felix 199
Schmid, Gerhard 40 44 147
Schmid, Irmtraud 40
Schmid, Irmtraut 40
Schmid, Jürgen H. 191
Schmid, K. 353
Schmid, Richard 169
Schmidt, Alfred 56 201
Schmidt, C. Hugo 213
Schmidt, Carlo 95
Schmidt, Dietmar 353
Schmidt, Eberhard 169
Schmidt, Franz 56
Schmidt, Giselher 160
Schmidt, Gustav 64
Schmidt, Hans Karsten 191
Schmidt, Heinrich 353
Schmidt, Heinz Werner 353
Schmidt, Helmut 353
Schmidt, Johann-Lorenz 205
Schmidt, Johannes 353
Schmidt, Jürgen 21 353
Schmidt, Karl M. 353
Schmidt, Otto 353
Schmidt, Paul 353
Schmidt, Robert Heinz 135
Schmidt, Walter 56 353
Schmidt-Freytag, Carl Günter 76
Schmidt-Hannover, Otto 353
Schmidt-Ott, Friedrich 353
Schmidtchen, Gerhard 174
Schmiederer, Rolf 140
Schmiederer, Ursula 140
Schmierer, Wolfgang 169
Schmitt, Carl 147 191 210 353
Schmitt, Eberhard 191
Schmitt, Hejo 353
Schmitz, Heinrich Karl 169
Schmitz, Mathias 136 210
Schmölz, Franz Martin 136
Schmolze, Gerhard 353
Schnabel, Franz 353
Schnabel, Peter-Ernst 353
Schnädelbach, Herbert 67
Schnee, Heinrich 353
Schneeberger, Guido 13 353
Schneersohn, Isaac 48 353
Schneider, Burkhart 353
Schneider, Dieter 170

Schneider, Fernand 183
Schneider, Franz 174
Schneider, Friedrich 40
Schneider, Gerhard 70 123
Schneider, Hans 21 151
Schneider, Hans-Roderich 353
Schneider, Heinrich 140
Schneider, Herbert 70
Schneider, Johannes Wilhelmus 212
Schneider, Klaus-Jürgen 191
Schneider, Michael 115
Schneider, Oswald 50
Schneider, Otfried 212
Schneider, Peter 143 151 353
Schneider, Peter Karlfried 74
Schneider, Reinhold 80
Schneider, Wolf 183
Schneider-Flume, Gunda 354
Schneller, Martin 354
Schnitter, Helmut 184
Schnur, Roman 136 163
Schoch, Jakob 80
Schochow, Werner 9
Schöffer, Ivo 354
Schöllgen, Werner 207
Schön, Konrad 140
Schönberner, Franz 354
Schönfeld, Walther 151
Schönherr, Carl-Heinz 147
Schöppe, Lothar 89
Schörken, Rolf 70
Schötzau, Richard 29
Schoebe, Gerhard 354
Schoeck, Helmut 74
Schoelen, Georg 21
Schoenbrunn, David 354
Schoenthal, Klaus 354
Schoenwald, Marianne 21
Schoeps, Hans Julius 96
Schoeps, Hans-Joachim 40 56 95 100 354
Schoeps, Julius H. 95 354
Schokking, Jan Juriaan 143
Scholder, Klaus 85
Scholem, Gershom 354
Scholler, Heinrich 174
Scholmer, Joseph 354
Scholz, Arno 240 354 371 373
Scholz, Dietmar 354
Scholz, Ursula 18
Scholze, Siegfried 354
Schomerus, Johanna 354
Schonauer, Franz 354
Schooler, Dean 137
Schopen, Edmund 95
Schorn, Hubert 151
Schorr, Gene 354
Schorr, Helmut J. 354
Schorske, Carl E. 169
Schottländer, Rudolf 354
Schou, August 199
Schrader, Hans-Jürgen 354
Schrader, Rolf 199
Schraepler, Ernst 64 102 354
Schram, Stuart Reynolds 354
Schramm, Friedrich 257
Schramm, Percy Ernst 354
Schramm, Wilhelm Ritter von 184 354 355
Schreckenbach, Hans-Joachim 44
Schreckenberg, Wilhelm 95
Schreiber, Boris 191
Schreiber, Georg 355
Schreiber, Hermann 355

Schreiber, Ottomar 355
Schreiber, Rudolf 48
Schrifttum über Deutschland 21
Schröder, Dieter 199 355
Schröder, Ernst 355
Schröder, Gerhard 260
Schröder, Hans-Christoph 201
Schröder, Heinrich Josef 172
Schröder, Josef 29
Schröder, Rudolf Alexander 355
Schröder, Wolfgang 355
Schrörs, Hans 355
Schröter, Klaus 355
Schroers, Rolf 178 210 355
Schroth, Hans 13
Schrumpf, Emil 169
Schubert, Friedrich Hermann 355
Schubert, Glendon 210
Schubert, Peter von 169
Schubnell, Hermann 75
Schuck, Hans 191
Schuder, Werner 47
Schüddekopf, Otto-Ernst 5 71 100 127
Schüle, Klaus 56 64
Schüler-Springorum, Horst 191
Schümperli, Walter 219
Schürmann, Karl Heinz 169
Schüssler, Wilhelm 67 355
Schütte, Ernst 355
Schütte, Hermann 191
Schütte, Manfred 174
Schütz, Paul 67
Schütz, Wilhelm Wolfgang 80 199 355
Schütze, Christian 219
Schulin, Ernst 64 355
Schulla, Renate 355
Schulte, Ludwig 183 184
Schultes, Karl 137 355
Schultz, Hans-Jürgen 95
Schultz, Lothar 50 157 191
Schulz, Eberhard 355
Schulz, Gerhard 52 64 127 160 172 355
Schulz, Heinrich E. 14
Schulz, Joachim 191
Schulz, Klaus-Peter 169 355
Schulz, Ursula 13 165 355
Schulz, Winfried 174
Schulz-Hageleit, Peter 71
Schulze, Erich Edgar 355
Schulze, Fiete 355
Schulze, Hagen 355
Schulze, Hans 67 86
Schulze, Heinz-Joachim 40
Schulze, Winfried 56
Schulze-Wilde, Harry 210
Schulze-Sölde, Walther 67
Schulze-Wilde, Harry 355 356
Schumacher, Ernst 356
Schumacher, Kurt 356
Schumacher, Martin 22 356
Schuman, Frederick L. 199
Schumann, Hans-Gerd 9 22 100 169 201
Schumpeter, Joseph A. 162 201
Schuon, Karl Theodor 82 137
Schupp, Franz 59
Schurmann, Franz 199
Schuschnigg, Kurt von 191 356
Schuster, Dieter 356
Schuster, Hans 199 356
Schuster, Karlgeorg 356
Schwab, George 356
Schwab, Hermann 356
Schwab-Felisch, Hans 48

Schwabe, Klaus 356
Schwan, Alexander 89 356
Schwandt, Ernst 40
Schwank, Karl-Heinz 356
Schwartz, Benjamin 356
Schwartz, David C. 137
Schwartz, Michael 29
Schwartz, W. 219
Schwarz, George M. 356
Schwarz, Gotthart 356
Schwarz, Hans-Peter 356
Schwarz, Jürgen 356
Schwarz, Max 13
Schwarz, Stefan 95
Schwarz, Urs 199 210
Schwarz, Wolfgang 147
Schwarzbuch Franz Josef Strauß 356
Schwarzenberger, Georg 191
Schwarzkopf, Dietrich 100 191
Schwarzwäller, Wulf 356
Schweckendiek, Adolf 356
Schweinitz, Karl de 157
Schweisfurth, Theodor 191
Schweitzer, Carl Christoph 199
Schweitzer, Michael 187
Schweizer, Gerhard 127
Schwelien, Joachim Hans 357
Schwelle zum gespaltenen Europa 357
Schwerin von Krosigk, Lutz Graf 357
Schwertl, Gerhard 40
Schwier, Rudolf 16
Scoppola, P. 89
Scott, Andrew M. 199
Scott, George 213
Screen, J. E. O. 357
Seagren, Leonard W. 357
Seaton, Albert 357
Sebald, Winfried Georg 357
Secchia, Pietro 118
Second World War 45
Sedivy, Jaroslav 199
See, Klaus von 123
Seeber, David Andreas 89
Seeber, Gustav 98
Seeberg-Elverfeldt, Roland 44
Seeger, Wolfgang 98
Seelbach, Ulrich 40
Seeldrayers, Edmond-Pierre 144
Seeler, Hans Joachim 191
Seelig, Carl 357
Segal, Ronald Michael 82
Segel, Edward B. 64
Segelken, Hans 357
Seger, Imogen 74
Sehn, Jan 357
Seibel, Hans Dieter 80
Seibel, Wolfgang 90
Seibt, Ferdinand 71
Seicaru, P. 357
Seidel, Bruno 106 157 160 210
Seidel, Christian 357
Seidel, Hanns 174 357
Seidel, Ina 357
Seidel, Jutta 357
Seidler, Franz W. 357
Seidman, Joel 32
Seier, Hellmut 357
Seiffert, Helmut 110
Seipel, Ignaz 357
Seitz, Konrad 219
Seiz, Wolfgang 357
Selbstkritik des Kommunismus 115
Selby, Sir Walford 357

Selected bibliography of articles dealing with the Middle East 32
Selective bibliographies of the Library of the Peace Palace 6
Self, Peter 147 148
Seliger, Kurt 357
Seliger, Martin 98
Seligman, Lester G. 210
Sell, Friedrich C. 102
Sellen, Robert W. 357
Selmeier, Franz 71
Seltenreich, Susanne 357
Selznick, Philip 115
Semenov, Vadim S. 162
Seminar: Geschichte und Theorie 58
Semmes, Harry H. 357
Sen, N. B. 357
Sencourt, Robert 357
Sendtner, Kurt 357
Senger und Etterlin, Frido von 184 357
Senger, Valentin 357
Senghaas, Dieter 80 137 184 199 201 204 205 206 207
Senghaas-Knobloch, Eva 207
Senghor, Léopold Sédar 357
Seniga, Giulio 357
Senkbeil, Walter 357
Senn, Alfred Erich 357
Seraphim, Hans Günther 50
Seraphim, Hans-Günther 40 48 367
Serbyn, R. 163
Serer, Rafael Calvo 100
Serge, Victor 358
Serrigny, Bernhard 358
Servan-Schreiber, Jean-Jacques 358
Service, John S. 358
Seth, Ronald 90
Sethe, Paul 358
Seton, Marie 358
Seton-Watson, Hugh 115 123 177 358
Setterwalls, Kristian 29
Settimeli, Emilio 358
Setzen, Karl M. 174
Sevenich, Maria 90
Sexau, Richard 358
Seydewitz, Max 358
Seydlitz, Walther von 358
Seydoux, François 358
Seymour, Charles 358
Seymour-Ure, Colin 174
Sforza, Conte Carlo 358
Shafer, Boyd C. 123
Shamir, Haim 95
Shanahan, William O. 358
Shandruk, Pavlo 358
Shannon, William V. 358
Shao Chuan-leng 358
Sharlin, Allan N. 358
Sharp, Walter Rice 219
Shaul, Esh 358
Shawcross, William 358
Sheean, Vincent 358
Sheehan, James J. 358
Sheldon, William F. 358
Shepherd, Gordon Brook 358
Sherwood, John M. 358
Shigemitsu, Mamoru 358 359
Shihor, Samuel 359
Shimoni, Gideon 359
Shinwell, Emanuel 359
Shklar, Judith N. 99
Shonfield, Andrew 162
Shoup, Paul 115
Shtenkler, Ephraim 359

Shtrigler, M. 359
Shu, Austin C. W. 13
Shub, David 359
Shukman, Harold 359
Shukow, Symbol des Sieges 359
Shumway, Gary L. 64
Shunami, Shlomo 9
Shuster, George N. 219 359
Siberski, Elias 81
Sidey, Hugh 359
Sidorov, A. L. 56
Siebel, Wigand 90
Sieber, Rolf 110
Sieberg, Herward 205
Siebert, Ferdinand 359
Siebert, Horst 71
Sieburg, Friedrich 359
17 Empfehlungen zur Behandlung der deutsch-polnischen Beziehungen 359
Sieger, Gerd Joachim 157
Siegert, Heinz 359
Siegfried, André 359
Siegfried, Klaus-Jörg 359
Siegler, Heinrich von 219
Siegmund-Schultze, F. 207
Siemens, Georg 359
Siemoneit, Martin A. 359
Siemsen, August 359
Siewerth, Gustav 67
Sigmann, Jean 48
Sigmund, Paul E. 359
Signale von rechts 131
Signoretti, Alfredo 359
Šik, Ota 81 115
Silbermann, Alphons 174
Silbermann, B. S. 33
Silberner, Edmund 9 95 359
Silberschmidt, Max 359
Silex, Karl 359
Silfen, Paul Harrison 359
Silling, Victor 359
Silone, Ignazio 160
Silver, Abba Hillel 96
Silverberg, Paul 359
Silvestri, Maria 359
Sima, Horia 123
Simiot, Bernard 359
Simon, Albert Karl 359
Simon, Hermann 115
Simon, Yves R. 157
Simpfendörfer, Jörg 169
Simpson, Amos E. 359
Simpson, George Eaton 191
Simson, W. von 191
Sinclair, Louis 13
Sing, Horst 360
Singer, J. David 137 213 219
Singer, Ladislaus 119 360
Singer, Peter 157
Singh, Nagendra 191 212
Singleton, Gates Peter 360
Sinha, S. Prakash 191
Sinkó, Ervin 360
Sinn der Geschichte 56
Sinsheimer, Hermann 360
Sjödell, Ulf 56
Sjöstedt, Lennart 64
Siorat, L. 360
Siotis, Jean 184
Sipkov, Ivan 29
Sithole, N. 123
Sitti, Renato 127
Skalnik, Kurt 100 360
Skard, Sigmund 29

Škerl, France 29
Skibowski, Klaus Otto 360
Skidelsky, Robert 360
Skilling, H. Gordon 115
Skinner, G. William 33
Sklarė, Marshall 96
Skop, Arthur Lloyd 360
Skopowski, Czesław 40
Skorzeny, Otto 360
Skrjabin, Elena 360
Skuhra, Anselm 360
Sladeczek, Heinz 151
Slánská, Josefa 360
Slater, Montagu 360
Slessor, Sir John 360
Slim, Sir William 360
Sloan, Jacob 360
Slobodskoi, S. M. 127
Smal-Stocki, Roman 115
Smalko, E. 29
Smend, Rudolf 144
Smith, Anthony D. 123
Smith, Arthur L. 360
Smith, Bradley F. 360
Smith, Bruce Lannes 17
Smith, Daniel M. 360
Smith, David G. 360
Smith, Denis Mack 360
Smith, Donald Eugene 205 360
Smith, Edward Ellis 360
Smith, Gaddis 360
Smith, Gary V. 96
Smith, Henry 106
Smith, Leslie 360
Smith, Walter Bedell 360
Smith, William Edgett 360
Smits, Rudolf 29
Smolitsch, Igor 29
Smuts, J. O. 360
Snell, John L. 5 22 40 360
Snetsinger, John 361
Snow, Edgar 361
Snow, Peter 361
Snyder, Glenn H. 199
Snyder, Louis L. 123
Soarès, Mario 361
Sobakin, Vadim Konstantinovich 219
Sobel, Robert 361
Sobolev, A. 115
Sodenstern, Georg von 50
Soder, Josef 219
Söhngen, Gottlieb 106
Sölle, Dorothee 86
Söllner, Christa 361
Sösemann, Bernd 361
Soell, Hartmut 361
Soffke, Günther 13
Sogno, E. 174
Sohn-Rethel, Alfred 162
Sokol, Hans 361
Solasse, B. 361
Solomon, Michael 361
Soloveytchik, George 106
Solženicyn, Aleksandr 361
Somary, Felix 157 361
Sombart, Werner 106
Somervell, D. G. 361
Somerville, Sir Robert 44
Somit, Albert 137
Sommer, Dudley 361
Sommerfeld, Dieter 219
Sommerlad, E. Lloyd 205
Sommerville, John 110
Sondermann, Fred A. 361

Sonnemann, Theodor 361
Sonnewald, Karl-Heinz 9
Sonnino, Sidney 361
Sonntag, Catrin 361
Sonntag, Heinz Rudolf 277
Sontag, Ernst 361
Sontag, Raymond James 40
Sontheimer, Kurt 137 140 174 177 361
Sorensen, Theodore G. 361
Sorge, Walter 361
Sorlin, Pierre 130
Sormani, Pietro 361
Sorokin, Pitirim A. 67
Soubise, Louis 110
Souchy, Augustin 361
Soucy, Robert 127 361
Soulié, Michel 361
Soustelle, Jacques 361
Southeast Asia 33
Souvarine, Boris 361
Souyri, Pierre 110
Sovetskaja strana v period graždanskoj vojny 1918–1920 30
Soward, F. H. 219
Sowjetkommunismus 119
Sowjetpatriotismus und Geschichte 119
Sowjetsystem und demokratische Gesellschaft 29
Sowjetunion und Völkerrecht 1917 bis 1962 30
Sozialdemokratie in Europa 169
Soziale Probleme der modernen Industriegesellschaft 80
Soziale Schichtung und soziale Mobilität 80
Sozialer Wandel 81
Sozialismus 106
Sozialisten, Kommunisten und der Staat 106
Sozialistischer Pluralismus 80
Sozialstruktur und politische Systeme 81
Soziologie 81
Soziologie und Sozialgeschichte 75
Soziologie und Sozialpolitik 75
Spaak, Paul-Henry 361
Spacek, Peter 361
Spadolini, Giovanni 362
Späth, Alfred 362
Spätkapitalismus oder Industriegesellschaft? 162
Spael, Wilhelm 362
Spaeth, Alfons 362
Spalcke, Karl 362
Spall, Peter van 162
Spampanato, Bruno 362
Spanier, John W. 199
Spannraft, Eckhard 210
Sparrow, Gerald 362
Spartakusbriefe 118
Speeckaert, G. P. 9
Speer, Albert 362
Speidel, Hans 362
Spencer, C. 362
Spencer, John H. 362
Spengler, Oswald 362
Sperber, Manès 362
Sperco, Willy 362
Spetzler, Eberhard 191
Spezialinventar des Betriebsarchivs der VEB Filmfabrik Wolfen 44
Spiazzi, R. 99
Spiegel-Schmidt, Friedrich 362
Spieker, Josef 362

Spieker, Manfred 90 144
Spies, Gerty 362
Spiess, Volker 9
Spillmann, Charles 362
Spinella, Mario 362
Spinetti, G. Silvano 30
Spitta, Theodor 362
Spitzemberg, Hildegard Baronin 362
Splett, Jörg 99
Spoegler, Franz 362
Spranger, Eduard 64 67 99 102 140 362
Sprenger, Heinrich 362
Sprigge, C. 362
Springer, Axel 362
Springer-Fritzsche, Hildegard 362
Squarcini, Marco 362
Squires, Richard 362
Srbik, Heinrich Ritter von 56 65
Ssu-Yü Teng 33
Staar, Richard F. 116
Staat und Politik 144
Staatliche Sozialpolitik im Sozialsektor 75
Staatsgründungen und Nationalitätenprinzip 144
Stachura, Peter D. 22
Stackelberg-Sutlem, Eduard Frhr von 362
Stadler, Karl R. 362
Stadler, Peter 363
Stadtmüller, Georg 65 363
Staedtke, Joachim 90
Staempfli, Paul 363
Stahl, Friedrich-Christian 45
Stahl, W. 363
Stahlberger, Peter 363
Stahn, Eberhard 205
Staiger, Emil 56
Stalin and his Generals 363
Stalin, Josif Vissarionovič 363
Stammen, Theo 143 144 147 148
Stammer, Otto 75 133 157 160 164
Stammler, Eberhard 363
Stampfer, Friedrich 363
Stamps, Norman L. 160
Standley, William H. 363
Stanislawska, Stefania 363
Stapleton, Margaret L. 32
Starhemberg, Ernst Rüdiger Fürst 363
Stark, Edwin 10
Starr, John Bryan 120
Staub, Herbert Ulrich 363
Staude, John Raphael 363
Staudinger, Anton 40
Staudinger, Hugo 144
Stebelski, Adam 45
Stechert, Kurt 130
Steck, Karl Gerhard 90
Steding, Friedrich 363
Steenberg, Sven 363
Steffani, Winfried 147 148 157 363
Steffen, Bernhard 169
Steffen, Fr. 40
Steffen, Jochen 363
Steffens, Manfred 97
Stegemann, Herbert 160
Stegemann, Otto 147 148
Steger, Karl 115
Stegner, Artur 131
Stehkämper, Hugo 45 221 326 363
Stehle, Emil 363
Stehle, Hansjakob 90
Stehlin, Paul 363
Stehr, Nico 84

Steiger, Heinhard 191
Stein, Alfred 363
Stein, E. 219
Stein, Edith 363
Stein, Ekkehart 157
Stein, George A. 363
Stein, Jean 363
Stein, Leon 363
Stein, Leonard 96
Steinacher, Hans 363
Steinbach, Ernst 67
Steinbacher, Franz 81
Steinberg, Alfred 363
Steinberg, Hans-Josef 106
Steinberg, Helmut 116
Steinberger, Walter 157
Steinbömer, Gustav 363
Steinbüchel, Theodor 106
Steindorff, Ernst 18
Steinen, Wolfram von den 67
Steiner, Felix 184
Steiner, Herbert 30 169 363
Steinert, Heinz 81
Steinhaus, Kurt 106
Steinhöfer, Dieter 363
Steinhoff, Johannes 363 364
Steinkamm, Armin Arne 184
Steinkühler, Manfred 117
Steinmann, Matthias Friedrich 174
Stellrecht, Helmut 364
Steltzer, Theodor 364
Stengel, August 45
Stephens, Robert 364
Stepun, Fedor 116 364
Sterling, Claire 364
Sterling, Eleonore 130 144 160
Sterling, Richard W. 199 364
Stern, Alfred 67
Stern, Bruno 364
Stern, Carola 221 364
Stern, Frederick Martin 184
Stern, Geoffrey 116
Stern, Heinemann 364
Stern, Joseph Peter 364
Stern, Leo 50 56 65 81
Stern, Philip M. 364
Stern, Rudolf A. 364
Stern, Victor 364
Stern-Rubarth, Edgar 364
Sternberg, Fritz 106 110 162 177 364
Sternberg, Judith 364
Sternberger, Dolf 106 116 137 144 147 148 157 199
Sternfeld, Wilhelm 13 364
Stettinius, Edward R. 364
Steuernagel, Hans 213
Stevens, Leslie C. 364
Stevenson, Adlai E. 219 364
Stevenson, Frances 364
Stewart, Desmond 364
Stewart, Elbert W. 75
Stewart, Michael 144
Stewart, Oliver 184
Stewart, William J. 17
Stibio, André 365
Sticken, Werner 75
Stiehler, Gottfried 365
Stier, Hans Erich 157
Stierlin, Helm 365
Stieve, Friedrich 199
Stikker, Dirk Uipko 365
Stiles, Lela 365
Stilwell, Joseph Warren 365
Stirtz, Maria 365

Stockwood, Mervyn 365
Stöhr, Liselotte 22
Stökl, Günter 65
Stökl, Günther 50 365
Stölzl, Christoph 96
Stössinger, Felix 106 110
Stoecker, Helmuth 365
Stoekhausen, Max von 365
Stoessinger, John G. 184 199 365
Stoevesandt, Gertrud 219
Stojanović, Svetozar 106
Stokes, Gale 123
Stokes, Lawrence D. 365
Stokvis, B. 130
Stolberg-Wernigerode, Otto Graf zu 100 365
Stoljarowa, Ruth 365
Stollmann, Rainer 127
Stollreither, Konrad 219
Stolpe, Sven 365
Stolper, Toni 365
Stolte, Stefan C. 365
Stoltenberg, Gerhard 147 148
Stolze, Diether 161
Stone, Julius 191
Stone, Paul 365
Stoph, Willi 365
Storck, Joachim W. 365
Storia fotografica di Mussolini e del fascismo 365
Storz, Gerhard 365
Stourzh, Gerald 365
Strachey, John 162 201
Sträter, Lothar 365
Strätz, Hans-Wolfgang 45
Strang, William Lord 199 365
Strasser, B. 365
Strasser, Otto 127 365
Strategy and tactics of world communism 116
Stratmann, Franziskus Maria 365
Strauch, Rudi 365
Straus, Rahel 365
Straus, Raphael 96
Strauß, Franz Josef 365 366
Strauss, Herbert A. 128
Strausz-Hupé, Robert 116 203
Strawson, John 366
Streb, Xaver 366
Strecker, Reinhard-M. 271
Streiff, Ullin 102
Streisand, Joachim 56 65 366
Streit um die Gesellschaftsordnung 81
Streiten, Cornelius 366
Streiter aus Verantwortung 366
Strempel, Heribert von 366
Stresau, Hermann 366
Stresemann, Gustav 366
Strik-Strikfeldt, Wilfried 366
Strobel, Georg Waldemar 30 106
Strobel, Robert 366
Strodthoff, Werner 366
Ströbinger, Rudolf 177 366
Ströhm, Carl Gustav 48 118
Strölin, Karl 151
Strohm, Theodor 87 366
Strong, Kenneth 366
Strong, Tracy B. 366
Stroomann, Gerhard 366
Strubl, Gerhard 102
Struggles in the state 177
Strukturwandel der modernen Regierung 144
Strumph-Wostkiewicz, Stanislaw 366

Strzelewicz, Willy 81 150 157
Stubbe, Walter 366
Stubbs, J. O. 366
Stuchlik, Werner 160
Studentische Opposition in der Bundesrepublik 21
Studien über die deutsche Geschichtswissenschaft 65
Studien und Materialien zur Rechtssoziologie 84
Studien zum Föderalismus 163
Studien zur Friedensforschung 207
Studien zur Geschichte der Kommunistischen Internationale 172
Studienführer durch die Münchener Institutionen der Ost- und Südosteuropaforschung 48
Studnitz, H. G. von 130 199 366
Studziński, Tadeusz 366
Stüber, Fritz 366
Stück Wirklichkeit mehr 383
Stüttler, Josef Anton 152
Stuebing, D. 366
Stuke, Horst 81
Stumpp, Karl 30
Stupp, Johann Adam 366
Stupperich, Robert 366
Sturm, Heribert 11
Sturm, Hertha 174
Sturm, Rudolf 30
Sturminger, Alfred 174
Sturmthal, Adolf 169
Stursberg, Peter 366
Sturzo, Luigi 366
Stutterheim, Kurt von 366
Stutz, Ernst 367
Stutzer, Dietmar 84
Stypułkowski, Zbigniew 367
Suarez, Georges 367
Sudetendeutsches Geschichtsbild in Vergangenheit und Gegenwart 52
Südafrikanische Bibliographie 34
Südosteuropa-Bibliographie 30
Süle, Tibor 44
Sündermann, Helmut 367
Süsterhenn, Adolf 150 163
Sugar, Peter F. 124 127
Sullivan, John Edward 67
Sulzbach, Walter 123 130 199 201
Sulzberger, Cyrus L. 367
Supek, Rudi 75
Supplement to the Guide to captured German documents 40
Suri, Surindar 120
Surkin, Marvin 137
Suslov, Michail Andreević 110
Susman, Margarete 367
Susmel, Duilio 367
Susmel, Edoardo 367
Sussmann, Heinrich 367
Sutor, Bernhard 140
Suy, Eric 191
Svanidze, Budu 367
Svensk historisk bibliografi 23
Svenson, Sven 367
Swanberg, W. A. 367
Swarup, Ram 120
Swearingen, Rodger 13 116
Sweet, Paul R. 367
Sweezy, Paul M. 111 162
Swianiewicz, Stanislaw 367
Sworakowski, W. S. 45 116
Sykes, Christopher 367
Syllaba, T. 367

Symonds, Richard 219
Synder, E. A. 191
Syrkin, Marie 367
Systemkritik und Systemstabilisierung 10
Sywottek, Arnold 56
Szalai, Alexander 219
Szameitat, Max 30
Szawlowski, Richard 212
Szczesniak, B. 13
Szczesny, Gerhard 102 109 157
Szeczinowski, Waldemar 48
Szelpal, Arpad 367
Szembek, Jan 367
Szembek, Jean Comte 367
Szende, Stefan 367
Szentes, Tamás 205
Széplábi, Michael 169
Sztachova, Jirina 30
Sztaray, Zoltan 30
Sztompka, Piotr 75
Szymańska, Maria 30
Szymanski, Antoni 367

Taalingen-Dols, L. M. I. L. 367
Taber, George M. 367
Taber, Robert 178
Taborsky, Edward 116 205 367
Tabouis, Geneviève 367
Tacke, Bernhard 169
Tagliacozzo, Enzo 367
Tagung des Donau-Instituts 48
Takahashi, H. Kôhachirô 65
Talmon, Jacob Leib 160 367 368
Talmon, Jakob Leib 210
Tamborra, Angelo 30 65
Tanenbaum, Jean Karl 368
Tang, Peter S. H. 116 368
Tannenbaum, Edward R. 368
Tanner, Väinö 368
Tansky, Michel 368
Tanter, Raymond 199
Tapié, Victor-L. 65 368
Tappolet, Walter 368
Tarchiani, Alberto 368
Tarde, Guillaume de 368
Tardini, Domenico 368
Tarumi, Setsuko 22
Tasca, Angelo 127
Taschenbuch Archivwesen der Deutschen Demokratischen Republik 45
Tattenbach, Franz von 368
Tau, Max 368
Taube, Arved Frhr von 368
Taube, Otto Frhr von 368
Taube, Utz-Friedebert 368
Taubinger, László M. von 368
Taucher, Franz 368
Taurer, Bernhard 368
1000 Jahre deutsch-italienischer Beziehungen 368
Tavard, Georges Henri 90
Taylor, Alan John Percivale 67 137 368
Taylor, Alan R. 96
Taylor, Gordon Rattray 85
Taylor, Robert Lewis 368
Tedder, Lord Arthur William 368
Teichman, Miroslav 368
Teichmann, Christian Hermann 147 148
Tellegen, E. 368
Templewood, Samuel Hoare Viscount 368

Ten years American Federation of Jews from Central Europe 96
Ten years of United Nations publications 1945–1955 10
Tenbruck, Friedrich H. 368
Tendler, Judith 205
Terhorst, Jerald F. 368
Terraine, John 368
Terrara, Marcella 368
Terrorismus 175
Terrorismus und Gewalt 10
Terrorismus und Gewalt, 1975–1977 10
Terveen, Fritz 40 368
Teske, Hermann 40 45
Tessier, Georges 199
Tessitore, Fulvio 368
Tetsch, Hartmut 177
Teuscher, Hans-Herbert 191
Teveth, Shabtai 369
Texte zur Faschismusdiskussion 127
Thälmann, Ernst 369
Thaer, Albrecht von 369
Thalmann, Paul 369
Thalmann, Rita 369
Thamer, Hans-Ulrich 127
Thape, Ernst 369
Thape, Moritz 295
Thayer, Charles W. 199
Thayer, Charles Wheeler 178
Thaysen, Uwe 137
Theimer, Walter 99 111 137
Theisen, Heinz 22
Theodor Heuss 285
Theodor Heuss. Der Mann, das Werk, die Zeit 285
Theodōrakēs, Mikēs 369
Theoharis, Athan 369
Theorie der Geschichte 58
Theorie der Geschichtswissenschaft und Praxis des Geschichtsunterrichts 58
Theorie der internationalen Politik 199
Theorie, Handeln und Geschichte 75
Theorie und Praxis der direkten Demokratie 157
Theorien in der Praxis des Historikers 58
Theorien über den Faschismus 127
Theorieprobleme der Geschichtswissenschaft 58
Theory and reality in international relations 199
Thesen gegen den Mißbrauch der Demokratie 157
Theunissen, Gert H. 96
Thieberger, Richard 369
Thielicke, Helmut 90
Thieme, Hans 56
Thieme, Karl 67 129 369
Thieme, W. 102
Thien, Hans-Günter 82
Thier, Erich 111 369
Thier, Günther de 369
Thies, Jochen 369
Thiess, Frank 369
Thilliez, Jean 369
Thimme, Anneliese 369
Thirring, Hans 192
Tholund, Jakob 99
Thomale, Eckhard 13
Thomann, M. 137
Thomas, Daniel H. 45
Thomas, Hugh 369
Thomas, Jean 90

Thomas, Siegfried 65
Thomasset, R. 369
Thompson, Dennis F. 157
Thompson, J. A. 369
Thompson, Kenneth W. 199
Thompson, Sir Geoffrey 369
Thompson, W. H. 199
Thoms, Lieselotte 199
Thomson, A. Raven 370
Thomson, David 370
Thomson, Erik 30
Thomssen, Wilke 157
Thorbecke, William J. 99
Thordarson, Bruce 370
Thorez, Maurice 370
Thorn, James 370
Thornton, A. P. 201
Thornton, Richard C. 172
Thorp, Willard L. 205
Thorsen, Svend 30
Thränhardt, Dietrich 90
Tjaden, Karl Hermann 71
Tibi, Bassam 203 205
Tiemann, Dieter 71
Tiemann, Klaus 172
Tietgens, Hans 127 137
Tietz, Georg 370
Tijan, Pablo 370
Tikos, Laszlo 370
Tilkovszky, Lóránt 370
Tillich, Paul 81 96 99 106 111
Tillion, Germaine 157
Timm, Albrecht 56 370
Timmermann, Heinz 118
Timmler, Markus 205
Timmons, Bascom N. 370
Timothy, Bankole 370
Tinbergen, Jan 204
Tingsten, Herbert 157 370
Tinker, H. 370
Tito, Josip Broz 370
Titulescu, Nicolae 370
Tobler, D. F. 370
Tockhorn, Friedrich 164
Todd, Olivier 370
Tönnies, Ferdinand 75
Tötemeyer, Gerhard 34
Tötemeyer, Gerhard Karl Hans 370
Toeplitz, Heinrich 370
Togliatti, Palmiro 127 370
Toland, John 370
Toledano, Ralph de 370
Tomasic, D. A. 119
Tomberg, Friedrich 370
Tomicki, Jan 172
Tommissen, Piet 13 370
Tompkins, Berkeley 219
Tompkins, Stuart Ramsay 119
Tondi, Alighiero 127
Tondokumente zur Zeitgeschichte 40
Tong, André 370
Tophoven, Rolf 178
Toppe, Hilmar 17 50 370
Torbacke, Jarl 370
Torstendahl, Rolf 56
Toscano, Mario 40
Tosti, Amedeo 370 371
Totalitarianism 160
Totok, Wilhelm 44
Touchard, Jean 99
Toulmin, Stephen 371
Touraine, Alain 81
Tournoux, Jean-Raymond 371
Toury, Jacob 96 130

Toussaint, Charmian Edwards 219
Toye, Hugh 371
Toynbee, Arnold Joseph 67 184 371
Traiser, Walther 13
Trampe, Gustav 71
Tramsen, Eckhard 10
Tranfaglia, Nicola 371
Traugott, Edgar 174
Trausch, Gilbert 371
Tree, Ronald 371
Treffz-Eichhöfer, Friedrich 371
Tregonning, Kennedy G. 33
Tremel, Ferdinand 371
Trentzsch, Christian 160
Trepp, Leo 96
Trepper, Leopold 371
Treue, Wilhelm 371
Treuer Diener von Partei und Volk 254
Treuheit, Werner 106
Treviranus, Gottfried R. 371
Treviranus, Hans Dietrich 199
Trevor-Roper, Hugh Redwald 371
Tribute to Leo Baeck 371
Triesch, Günter 169
Trillhass, Wolfgang 371
Tripodi, Nino 127 371
Triska, J. F. 199
Tröger, Walter 371
Trost, Ernst 371
Trotnow, Helmut 371 372
Trotski et le trotskisme 119
Trott zu Solz, Werner von 152 372
Trotzki, Leo 372
Trujillo, Rafael L. 372
Truman, Harry S. 372
Trummel, Hans-Gerhard 169
Trumpp, Thomas 35
Trunk, Isaiah 96
Trythall, J. W. D. 372
Tsamriyon, Tsemach Mosche 96
Tsatsos, Themistokles 152
Tschirschky, Fritz Günther von 372
Tschistjakow, W. W. 372
Tsur, Jacob 372
Tsurutani, Taketsugu 81
Tuchhändler, Klaus 372
Tuchman, Barbara Wertheim 372
Tucholsky, Kurt 372
Tucker, Ben 372
Tucker, Robert C. 111 119 160 372
Tucker, William R. 372
Tudyka, Kurt P. 137
Tudyka, Kurt Paul 10 169 200
Tümmler, Karl 174
Tugwell, Rexford Guy 372
Tumin, Melvin T. 130
Tung, William L. 219
Tunkin, G. I. 192
Turati, Filippo 372
Turmwächter der Demokratie 373
Turner, Henry Ashby 373
Tutaev, David 373
Tutenberg, Volker 10
Twenty testing years 45
Twitchett, Kenneth J. 219
Tych, Feliks 373
Tyrell, Albrecht 373
Tyson, Geoffrey William 373

U Thant, Sithu 220
Ubbens, Wilbert 10
Udet, Ernst 373
Über die Darstellung der deutsch-polnischen Beziehungen 68

Übermensch 81
Übersicht über ausländische Institute 48
Übersicht über die Bestände des Deutschen Zentralarchivs Potsdam 45
Übersicht über die Bestände des Geheimen Staatsarchivs 45
Übersicht über die Bestände des Hauptstaatsarchivs Stuttgart 45
Übersicht über die Bestände des Hessischen Hauptstaatsarchivs 45
Überwindung des Nationalismus 123
Ueberhorst, Horst 373
Ueberschär, Gerd R. 373
Uexküll, Gösta von 373
Uffelmann, Uwe 71
Ugolino Luigi 373
Uhalley, Stephen 373
Uhe, Ernst 71
Uhlig, Christian 169 205
Uhlmann, Maria 14
Uibopuu, Henn-Jüri 192
Ulam, Adam B. 111 118 373
Ulbricht, Walter 166 373
Ullmann, Hermann 373
Ulrich, Carl 373
Ulrich, Theresia 65
Ungari, Paolo 373
Unger, Aryeh L. 160
Ungerer, Werner 192
Ungern-Sternberg, Roderich von 75 81
United Nations and disarmament 219
United Nations development decade 219
United Nations Publications 10
Universität Mannheim in Vergangenheit und Gegenwart 47
Unpublished diary of Pierre Laval 253
Unruh, Friedrich Franz von 374
Unruh, Fritz von 374
Unseld, Siegfried 374
Unser Geschichtsbild 52 68
Unser, Günther 220
Unterberger, Betty Miller 374
Untersuchungen zur Geschichte des Offizierkorps 184
Uralov, Alexander 374
Urbani, Giuliano 137
Urbanski, Rudolf 116
Urbas, Emanuel 374
Urofsky, Melvin I. 96
Urquhart, Brian 374
USA im deutschen Schulbuch 71
Usinger, Fritz 374
Usteri, Johann Martin 163
Utis, O. 374
Utley, T. E. 99
Utz, Arthur Fridolin 10 131 155
Uys, Stanley 374

Vacca, G. 374
Vaccarino, Giorgio 50 374
Vademecum der politischen Bildungsarbeit 48
Vademecum deutscher Forschungsstätten 48
Vademecum deutscher Lehr- und Forschungsstätten 48
Vaerting, Mathilde Themis 160
Vagelis, geb. Bimanis, Alise 200
Vago, Bela 374
Vagts, Alfred 184 374
Vailati, Vanna 374
Vaizey, John 169
Vakar, Nicholas P. 30

Valabrega, Guido 96
Valenti, Jack 374
Valentin, Kurt 147 148
Valentin, Otto 160
Valentinov, Nikolay 374
Valeri, Nino 374
Valev, L. 30
Valjavec, Fritz 30
Valkenier, Elizabeth 65
Vall, Mark van de 169
Vallat, F. A. 220
Vallet, René 374
Vallinkoski, Jorma 30
Vallon, Louis 374
Vallotton, H. 374
Valori, Gino 374
Valsecchi, Franco 56
Valtin, Jan 374
Vandenberg, Arthur H. 374
Vandenbosch, Amry 212
Vanezis, P. N. 374
Vanino, Maurice 374
Vansittart, Robert Gilbert Lord 374
Vantijn, B. 374
Varaigne, Roland 118
Varain, Heinz Josef 147 148
Vardy, Steven Bela 65
Varga, Eugen 202
Varga, Evgenij Samojlovič 162
Varlin, Catherine 246
Varma, Vishwanath Prasad 99
Vasari, Emilio 374
Vasudev, Uma 374
Vater, Margarethe 243
Vaucher, Georges 374
Vaussard, Maurice 123 158
Veale, Frederick John Partington 210
Veddeler, Peter 40
Veenhoven, Willem A. 148
Vegesack, Siegfried von 374
Veit, Otto 81 96
Velikaja oktjabŕskaja socialističeskaja revoljucija 28
Velsen, Stephan von 374
Venezia, Jean Claude 184
Venkataramani, M. S. 374
Venus, Ernst 375
Verba, Sidney 210
Verbrecherischer Befehl 185
Verdier, H. 210
Verdross, Alfred 192
Vereinte Nationen und die Mitarbeit der Bundesrepublik Deutschland 217
Verfassung und Verwaltung in Theorie und Wirklichkeit 375
Verfassungsreform 22
Vergleichende Analyse politischer Systeme 131
Vergleichende Regierungslehre 143
Verhaltenswandel in der industriellen Revolution 56
Vérité sur l'affaire Nagy 375
Vermeil, Edmond 375
Vernehmung von Generalfeldmarschall Keitel 375
Vernehmung von Generaloberst Jodl 375
Vernekohl, Wilhelm 242
Verzeichnis amtlicher Veröffentlichungen der Bundesrepublik Deutschland 22
Verzeichnis der Filmdokumente zur Zeitgeschichte 40

Verzeichnis der Schriften von Peter Rassow 13
Verzeichnis der Schriften von Werner Conze 13
Verzeichnis der schriftlichen Nachlässe in deutschen Archiven und Bibliotheken 40
Verzeichnis der Spezialbibliotheken 45
Verzeichnis der Veröffentlichungen von Hans Rothfels 1918-1976 13
Verzijl, J. H. W. 212
Veselý, Ludvík 375
Vestuti, Guido 375
Vetter, August 137
Veyrier, Marcel 375
Vezzani, Matteo 375
Vialon, Friedrich Karl 147 148
Viefhaus, Erwin 123
Viehöver, Else 375
Viereck, Peter 100
Vierhaus, Rudolf 127
Vierteljährliche methodische Bibliographie 17
14 Empfehlungen zur Behandlung der deutsch-polnischen Beziehungen 35 45 375
Vigen, Anders 375
Vigor, P. H. 10
Vigorelli, Giancarlo 375
Vile, M. J. C. 147 148
Villacres, Jorge W. 220
Villain, Jörg 375
Villefosse, Louis de 375
Villiers, Gérard de 375
Vincent, R. J. 200
Vinde, P. 375
Vinke, Hermann 375
Vins, Georgij Petrowitsch 375
Vinson, John Chalmers 213 375
Vinterhalter, Vilko 375
Virally, Michel 212 220
Virtute, fideque 375
Virza, Edvards 375
Viskov, S. I. 65
Visser't Hooft, H. Ph. 220
Visser't Hooft, Willem A. 375
Vital, David 200
Vittachi, Tarzie 375
Vives, J. Vicens 65
Vizeadmiral Friedrich Ruge 348
Vladimirov, Oleg 375
Vocke, Wilhelm 375
Völker, Klaus 375
Völkerrecht 192
Völkerrecht als Rechtsordnung 192
Völkerrecht. Dokumentensammlung 192
Völkerrecht in Ost und West 192
Völkerrecht und Völkerpflicht 192
Völpel, Christiane 376
Voegelin, Eric 58 102 137 160
Vogel, Ernst 210
Vogel, Georg 376
Vogel, Hans-Jochen 376
Vogel, Heinrich 313 376
Vogel, Karl 376
Vogel, Robert 31
Vogel, Rolf 96
Vogel, Walter 36 267
Vogelsang, Reinhard 376
Vogelsang, Thilo 3 45 48 50 376
Vogt, Adolf 376
Vogt, Hannah 122 147 148 169
Vogt, Josef 57 67

Vogt, Martin 57
Voicu, Ioan 200
Voigt, Dieter 75
Voigt, Frederick A. 376
Volk, Ludwig 376
Volkert, Wilhelm 45
Volkmann, Heinrich 170
Volland, Rudolf 17 18
Volle, Hermann 220
Vollmar, Georg von 376
Vollmer, Gisela 3 5 40
Vollrath, Ernst 376
Volpe, Gioacchino 123 127
Vom rechten Gebrauch der Freiheit 210
Vom Strukturwandel deutscher Hochschulbibliotheken 45
Vom Wohlfahrtsausschuß zum Wohlfahrtsstaat 144
Vordtriede, Werner 376
Vorläufiges Verzeichnis der in den letzten Jahren abgeschlossenen bzw. begonnenen Hochschularbeiten 10
Vormarxistischer Sozialismus 106
Vorurteile, ihre Erforschung und ihre Bekämpfung 81
Vos, Pierre de 376
Voßke, Heinz 376
Vossen, Frantz 376
Vranicki, Pedrag 111
Vries, Wilhelm de 90
Vromans, A. G. 48
Vrtačič, Ludvik 118
Vucinich, Wayne 31
Vukmanović-Tempo, Svetozar 376
Vulpius, Axel 148
Vygodskij, Vitalij Solomonovič 111

Wache im Niemandsland 376
Wachenheim, Hedwig 170 376
Wachtling, Oswald 376
Wachtsmuth, Wolfgang 376
Wadsworth, James J. 220
Władyka, Maria 383
Waelder, Robert 177
Wagener, Hans 80
Wagener, Otto 376
Wagenlehner, Günther 119
Wagenseil, Gordan 144
Wagner, Cosima 376 377
Wagner, Elisabeth 377
Wagner, Fritz 57 65
Wagner, Gisela 71
Wagner, Heinz 192
Wagner, Hellmuth 220
Wagner, Helmut 71
Wagner, James E. 377
Wagner, Johannes Volker 377
Wagner, Richard 377
Wagner, Wolfgang 150 377
Wahl der Parlamente und anderer Staatsorgane 148
Wahl, Karl 377
Wahl zum deutschen Bundestag 22
Wahlen, Verena 17
Wahlrecht der sozialistischen Staaten Europas 148
Wahlstatistik in Deutschland 10
Wahlsystem und Wahlrecht der Bundesrepublik Deutschland 22
Wahrhaftig, Samuel 377
Wahrheit über Friedrich Wilhelm Foersters Memoiren 377
Wahrheit über Theodor Oberländer 377

Wainhouse, David Walther 220
Waite, Robert G. L. 377
Wakeman, Frederick 377
Walde, Karl J. 377
Waldenberg, Marek 377
Waldenfels, Otto Frhr von 377
Waldheim, Kurt 377
Waldman, Eric 184
Waldman, Sidney R. 137
Waldmann, Alfred 192
Waldraff, Felix 100
Waldrich, Hans-Peter 144
Walentynowicz, Maria 45
Walicki, A. 162
Walk, Joseph 96
Walker, Denis Paul 377
Walker, Oliver 377
Walker, Richard Louis 377
Wall, David 205
Wallace, Henry A. 377
Wallace, Lillian Parker 377
Wallace, Victor H. 200
Wallach, Jehuda L. 184 377
Wallner, Ernst Maxim 75
Wallraff, Günter 377
Wallraff, Hermann-Josef 170
Wallraven, Klaus 140
Walper, Karl Heinz 163
Walsdorff, Martin 13 377
Walsh, Edmund A. 116 160
Walter, Dirk 377
Walter, G. 377
Walter, Hans 377
Walter, Hans-Albert 377 378
Walter, Hilde 378
Walter Kolb 300
Walter Ulbricht 373
Walters, F. P. 213
Walters, Francis Paul 213
Walther, Gerda 378
Walther Rathenau 340
Walton, Hanes 378
Walton, Richard J. 378
Waltz, Kenneth N. 200
Walworth, Arthur 378
Wandel durch Annäherung 378
Wandel, Eckhard 378
Wandel, Paul 378
Wandowski, Henryk 378
Wandruszka, Adam 65 378
Wannow, Marianne 192
War and peace aims of the United Nations 220
Ward, Alan J. 378
Ward, Barbara 81 123 202
Ward, Robert E. 33
Warner, Geoffrey 378
Warner, O. 378
Warnke, Herbert 170
Warren, Harris Gaylord 378
Warren report über die Ermordung des Präsidenten John F. Kennedy 378
Wartenweller, Fritz 378
Warth, Hermann 106 114
Warth, Robert D. 378
Was heißt heute liberal 102
Was ich über Adolf Hitler gehört habe 378
Was ist heute links 106
Was verschweigt Fest 378
Waschke, Hildegard 170
Wasser, Hartmut 71
Wasservogel, Martin 96
Wassmund, Hans 178

Waterkamp, Rainer 184 200 207 210
Waters, Maurice 220
Watson, D. R. 378
Watson, Francis 378
Watson, Richard L. 378
Watson-Watt, Sir Robert A. 378
Watt, Donald Cameron 45 378
Wauters, Arthur 116 200 378
Wavell, Archibald Percival 1st Earl of 378
Wayper, C. C. 99
Weber, Alfred 67 72 81
Weber, Eugen 127
Weber, Gerda 378
Weber, Hermann 65 116 118 119 171 378 379
Weber, Josef 184
Weber, K. 184
Weber, Manfred 162
Weber, Max 379
Weber, Theodore R. 200
Weber, Werner 144 379
Weber-Schäfer, Peter 379
Webersinn, Gerhard 379
Webster, Sir Charles 200
Weckerling, Rudolf 379
Wedemeyer, Albert C. 379
Wedl, Kurt 163
Wedleff, Margarete 379
Weg in die Gewalt 175
Wegbereiter des Nationalsozialismus 379
Wege der Literatursoziologie 84
Wege der Totalitarismus-Forschung 160
Wegmüller, Jürg 172
Wegscheider, Hildegard 379
Wehberg, Hans 192
Wehe, Walter 150
Wehler, Hans-Ulrich 10 22 52 57 58 184 201
Wehner, Herbert 169 379
Wehr, Gerhard 379
Weichmann, Herbert 379
Weidenfeld, Werner 379
Weidenreich, Ruth 379
Weidlein, Johann 71 379
Weigel, Hans 379
Weil, Eric 137
Weil, Gordon Lee 150
Weil, Simone 379
Wein, Abraham 48
Weinacht, Paul-Ludwig 140 383
Weinberg, Alvin M. 379
Weinberg, Gerhard L. 36 40 379
Weinbrenner, Hans-Joachim 45
Weinkauff, Hermann Karl August 158
Weinstein, Adelbert 379
Weinzierl, Erika 130 379
Weippert, Georg 99 210
Weis, Erwin 45
Weis, P. 192
Weisgal, Meyer W. 379
Weißthanner, Joseph 380
Weiss, Andreas von 107 111
Weiss, Hellmuth 31
Weiss, Oskar 379
Weissberg, Alex 379
Weissensteiner, Friedrich 379
Weissmann, Benjamin M. 380
Weisstein, Ulrich 380
Weisz, Christoph 65
Weit, Erwin 380

Weiterentwicklungen des Marxismus 111
Weizman, Ezer 380
Weizmann, Chaim 380
Weizsäcker, Carl Friedrich von 182 200 380
Weizsäcker, Ernst Freiherr von 380
Welchert, Hans-Heinrich 380
Weldon, Thomas Dewar 137
Weller, B. Uwe 380
Welte, Bernhard 81
Weltmann, Saadia E. 96
Weltsch, Robert 93
Wende, Erich 380
Wendland, Heinz-Dietrich 123 131
Wenger, Pierre 65
Wengler, Wilhelm 192
Wengst, Udo 380
Wenke, Hans 57 210
Wennerström, Stig 380
Wenzel, Fritz 90
Wenzel-Burchard, Gertrud 380
Wenzl, Aloys 57 67 210
Wepsiec, Jan 31
Wer ist Mendès-France 380
Wer ist wer? 13
Werhan, Walter 35 36
Wermke, Ernst 31
Wermuth, Helga 380
Werner, Alfred 380
Werner, Carl M. 380
Werner, Karl Ferdinand 48 65
Werner, Ulrich 119
Werth, Alexander 380
Werther, Maurice 380
Wesemann, Fried 380
West, Charles G. 116
Westdeutsche Dissertation über das Recht der DDR 19
Westen, Klaus 380
Westphal, Siegfried 380
Westphalen, Jürgen 48
Wette, Wolfram 57
Wetter, Gustav A. 116 119
Wettig, Gerhard 200
Wetzel, Hans Heinrich 380
Wexley, John 380
Weyde, Eugen 184
Weygand, Jacques 380
Weygand, Maxime 380 381
Weymann, Ansgar 111
Weymar, Ernst 57 111 140
Weymar, Paul 381
Whalen, Richard J. 381
Wharton, Michael 381
What did Hitler read 381
What to read on Vietnam 34
Whealey, Robert H. 381
Wheeler, Harvey 119 158
Wheeler, Robert 170 172
Wheeler, Robert F. 172
Wheeler-Bennett, John Wheeler 381
White, Gillian 192
White, John 205
White, Leigh 381
White, Ralph K. 107
White, William Smith 381
Whiteside, Andrew G. 381
Whitney, Courtney 381
Whitney, Thomas P. 381
Whittle, Peter 381
Who was who in the USSR 14
Who's who in Austria 14
Who's who in der Politik 14

Who's who in France 14
Who's who in Germany 14
Who's who in the socialist countries 14
Wiatr, Jerzy J. 111 137
Wichterich, Richard 381
Widener, Don 85
Widenmann, Wilhelm 381
Wider den Antisemitismus 128
Widerstand ist vaterländische Pflicht 152
Widerstand, Kirche, Staat 381
Widerstandsrecht 152
Widerstandsrecht und Grenzen der Staatsgewalt 152
Widmann, Hans 5
Wiechert, Ernst 381
Wiedemann, Fritz 381
Wiedemeyer, Wolfgang 381
Wiedenfeld, Kurt 381
Wiedmann, Franz 57
Wiedner, Wolfgang 381
Wiegand, Brigitte 90
Wiehn, Erhard R. 75 81
Wiemers, Gerald 381 383
Wien, Otto 381
Wiener, Alfred 381
Wiener Library 1934–1954 45
Wierer, Rudolf 163
Wiersing, Klaus 382
Wighton, Charles 382
Wignall, Sydney 382
Wilber, Donald Newton 382
Wilczek, Gerhard 116 382
Wild, Adolf 382
Wild, J. E. 18
Wildenmann, Rudolf 137 174 264
Wilder-Okladek, F. 96
Wildmann, A. K. 170
Wildner, Clemens 382
Wildner, Heinrich 200
Wilhelm, Hans-Heinrich 382
Wilhelm Kaisen 75 Jahre 295
Wilhelmina, Prinzessin der Niederlande 382
Wilkens, Erwin 152
Wilkinson, David 382
Willard, Claude 118
Wille, Werner 226
Willequet, Jacques 32 50 382
Willi Graf 274
Williams, Donald 382
Williams, Francis 382
Williamson, D. G. 382
Williamson, John G. 382
Williamson, Samuel R. 382
Willms, Bernard 99 382
Willms, Günther 164
Willner, Jakub 382
Willoughby, Charles A. 382
Wilmowsky, Tilo Frhr von 382
Wilson, Andrew 184
Wilson, Francis Graham 175
Wilson, Harold 382
Wilson, Lawrence 382
Wilson, Patrick 34
Wilson, Sir Charles McMoran 382
Wilson, Thomas 162
Wimer, Kurt 382
Wimmer, Lothar 382
Winckelmann, Johannes 81 148
Winckler, Lutz 65 127
Winckler, Martin 45
Windell, George C. 382
Windell, George G. 85

Windisch-Graetz, Ludwig A. 382
Windsor, Edward Duke of 382
Winegarten, Renee 382
Wingate, Sir Ronald 383
Wingenroth, Carl G. 84
Winham, G. R. 200
Winkel, Udo 383
Winkler, Arnold 137
Winkler, Heinrich August 161
Winkler, Henry R. 383
Winnig, August 383
Winowska, Maria 383
Winter, E. 383
Winter, Franz Florian 383
Winter, Georg 45
Winter, Gibson 75
Winter, Herbert R. 137
Winzer, Bruno 383
Wippermann, Wolfgang 127
Wirsing, Giselher 178
Wirth, Benedicta 202
Wirth, Günter 383
Wirth, Margaret 162
Wischnewski, Hans-Jürgen 205
Wischnitzer, Mark 96
Wiseman, H. V. 137
Wiskemann, Elizabeth 127 383
Wissenschaft und Politik 137
Wissenschaftliche Politik 136
Wissenschaftssoziologie 84
Wisser, Richard 98
Wistrich, Robert S. 383
Wit, Daniel 144
Witcover, Jules 383
Witetschek, Helmut 383
Witke, Roxane 383
Witos, Wincenty 383
Witt, Peter-Christian 383
Witte, Bernd 85
Witten, Ulrich von 192
Wittenberg, Erich 383
Wittenberg, Hans-Werner 12
Wittfogel, Karl A. 160
Wittig, Hans 131 140
Wittig, Roland 383
Wittowski, Adolf 18
Wittram, Reinhard 48 50 57 59 123
Wiznitzer, Manuel 383
Wladimir Iljitsch Lenin 11
Wodak, Walter 383
Woddis, Jack 178
Wölke, Gabriele 85
Wörterbuch der Soziologie 75
Wössner, Jakobus 75 81 89
Wohl, Robert 383
Wohlfahrtsstaat und Massenloyalität 81
Wohlfeil, Rainer 57 180 181
Wohlgemuth, Heinz 383
Wohlgemuth, Juda Ari 99
Wohlnick, Helmut 152
Wojna, Ryszard 383
Woitinas, Erich 45
Wolf, Curt 383
Wolf, Erik 383
Wolf, K. 383
Wolf, Karin 383
Wolf, Lore 383
Wolf, Mechthild 384
Wolf-Philips, Leslie 148
Wolfe, Alan 162
Wolfe, Bertram David 111
Wolfe, Martin 202
Wolff, Georg 116
Wolff Metternich, Paul Graf 319 384

Wolff, Richard D. 203
Wolff, Robert Paul 102
Wolffsohn, Michael 34
Wolfrum, Rüdiger 217
Wolfskehl, Karl 384
Wolfskill, George 384
Wollenberg, Erich 384
Wollmann, Hellmut 148
Wollschläger, Dagmar 384
Wollte Stalin Togliatti kaltstellen 118
Wolpin, Miles D. 205
Wood, H. W. 34
Wood, Neal 118
Wood, Robert S. 212
Woodhouse, Edward J. 205
Woods, Frederick 14
Woods, John A. 384
Woodward, Llewellyn 57
Woolf, S. J. 124
Woolton, Earl of 384
Wooten, James 384
Wormser, Georges 384
Wormser, René A. 99
Worte des Vorsitzenden Mao Tse-Tung 315
Wortley, B. A. 192 220
Wortmann, Wilhelm 158
Wrangel, Baron Peter N. 384
Wrangell, Wilhelm Baron 384
Wrench, John Evelyn 384
Wright, Gordon 384
Wright, Quincy 192 200 220 384
Wright, Robert 384
Wrigley, Chris 384
Wriston, Henry M. 200
Wroblewsky, Vincent von 384
Wrona, Vera 384
Wu, Eugene 14
Wucher, Albert 90 384
Wührer, Sophia 152
Wülker, Gabriele 205
Wünsche, Harry 215
Württembergische Landesbibiliothek Stuttgart 43
Wüst, Hans 384
Wüstemeyer, Manfred 57
Wulf, Hans 158
Wulf, Josef 40
Wulf, Joseph 384
Wulff, Wilhelm Theodor Heinrich 384
Wulffen, Christian 384
Wurm, Shalom 85
Wurm, Theophil 384
Wyatt, Woodrow 384
Wyckoff, Theodore 384
Wynen, Arthur 384
Wynn, Wilton 384
Wysocki, Alfred 384

Yad Washem Research Department 48
Yahil, Leni 65
Yakemtchouk, R. 192 220
Yamaguchi, Yasushi 128
Yavuz, Fehmi 384
Yearbook of international organizations 212
Yearbook on International Communist Affairs 116
Yerushalmi, Eliezer 384
Yoder, Amos 205
Yorck von Wartenburg, Paul Graf 384
Yoshida, Shigeru 385
Young, Arthur James Balfour 385
Young, Arthur Primrose 385

Young, Crawford 203
Young, Desmond 385
Young, G. M. 385
Young, Gordon 385
Young, Harry F. 385
Young, Kenneth 385
Young, Oran R. 138 200
Yowev, Stefan 116
Yuan Tung-li 33 34

Zacher, Hans Friedrich 148
Zacher, Mark W. 220
Zagorin, Perez 65
Zahn, Ernst F. J. 67
Zahrnt, Heinz 90
Zakaria, Rafiq 385
Zanarini, Gaston 90
Zander, Jürgen 385
Zapponi, Niccolò 385
Zashin, Elliot M. 158
Zbyszewski, W. A. 385
Ze života a činnosti Klementa Gottwalda 386
Zebel, Sydney H. 385
Zechlin, Egmont 385
Zechlin, Walter 200 385
Zehm, Günter Albrecht 385
10 Jahre Vereinte Nationen 40
Zeitgeschichte in Lebensbildern 14
Zeitgeschichtliche Forschung in Dänemark 49
Zeitkritische Romane des 20. Jahrhunderts 80
Zeitlin, Egon S. 96
Zeitlin, Irving M. 111
Zeitz, Alfred 170
Zelger, Josef 210
Zelinsky, Hartmut 385
Zelle, Claus 192
Zellentin, Gerda 17
Zeller, Bernhard 45
Zeller, Eberhard 385
Zellweger, Eduard 107
Zemanek, Karl 200 212
Zenk, Günter 205
Zentner, Christian 385
Zeppi, S. 67
Zerkaulen, Heinrich 385
Zerner, Ruth 385
Zeßner, Klaus 385
Zessner-Spitzenberg, Hans Karl 385
Zetkin, Klara 385
Zevin, Vladimir 385
Ziccardi, P. 220
Ziebill, Otto 164
Ziebura, Gilbert 385
Zieger, Gottfried 220
Ziegler, Adolf Wilhelm 90
Ziegler, Hans Severus 385
Ziegler, Janet 17
Ziegler, Leopold 116
Ziehen, Ursula 193
Ziehm, Ernst 385
Zierer, Otto 385
Zilliacus, K. 116 386
Zillich, Heinrich 386
Zimmel, Bruno 32
Zimmer, Gerhard 193
Zimmerli, Walther 96
Zimmermann, Ekkart 200
Zimmermann, Gerhard 45
Zimmermann, Ludwig 386
Zimmermann, Wolf-Dieter 230
Zimpel, Gisela 158

Zini, Zino 386
Zink, Harold 144
Zionismus 96
Zipfel, Friedrich 386
Zippelius, Reinhold 144
Zirngibl, Willy 386
Zischka, Gert A. 14
Zitta, Victor 386
Zivier, Ernst Renatus 193
Živković, Dušan 32
Zmarzlik, Hans-Günter 128 130 386
Zoccoli, Ettore G. 175
Zöller, Michael 138
Zöllner, Erich 123
Zoff, Otto 386
Zohn, Harry 386
Zopf, Hans 18
Zorgbibe, Charles 200
Zortea, Beat 193
Zpověd Karl Hermanna Franka 386
Zsifkovits, Valentin 207
Zu den Memoiren Franz von Papens 318
Zubek, Th. J. 386
Zubow, Valentin Graf 386
Zuckermann, Sir Solly 386
Žukov, Georgij Konstantinovič 386
Zukunft des Kapitalismus 162
Zukunftsforschung 10
Zum Gedenken an den vermutlichen Todestag von Generaloberst Löhr 269
Zumpe, Lotte 202
Zundel, Rolf 102
Zunz, Leopold 386
Zur Periodisierung des Feudalismus und Kapitalismus 63
ZurLinden, Wilhelm 386
ZurMühlen, Patrik von 82
Zutt, J. 237
Zwahr, Hartmut 85
Zwanzig Jahre Vereinte Nationen 9
Zwei Weltkriege im Buch 17
Zweig, Arnold 96
Zweig, Stefan 386
Zweite Internationale Konferenz über die Geschichte der Widerstandsbewegung 50
Zweites Vatikanisches Konzil 87
Zwerenz, Gerhard 386
Zwintz, Richard 123
Zwischen Römer und Revolution 170
Zwischen Stillstand und Bewegung 169
Zwoch, Gerhard 14

PERSONENREGISTER ZUM KAPITEL 4, BIOGRAPHIEN

Abbas, Ferhat 326
Abd-el-Krim 264
Abel, Oberst 255
Abend, H. 221
Abendroth, Wolfgang 221
Abernon, Viscountess d' 221
Abs, Hermann Josef 250
Abusch, Alexander 221 229
Acheson, Dean 221 313 334 360
Achterberg, Erich 221
Addison, Viscount 320
Adelung, Bernhard 221
Adenauer, Konrad 221 222 223 232 242 243 249 253 256 257 260 265 266 269 270 275 277 280 281 282 288 291 299 301 302 309 312 318 322 323 327 328 329 331 332 334 337 338 345 356 360 363 366 376 381 382
Adler, Friedrich 222
Adler, Marta 222
Adorno, Theodor W. 248 274 317
Aehrenthal, Aloys Lexa Graf 371
Agnew, Spiro T. 222 248 383
Alanbrooke, Viscount Alan Francis Brooke 242
Albert Ier, Roi des Belges 245
Albertini, Luigi 223 227
Albertz, Heinrich 223
Alexander of Tunis 223 286 291 328
Alexander von Jugoslawien, König 320
Alfonso XIII 249 335
Allard, Sven 223
Allardt, Helmut 223
Allende, Salvador 223 238 243 359
Allilueva, Svetlana 223
Aloisi, Pompeo Baron 223
Alphand, Hervé 223
Alvensleben, Udo von 223
Amelunxen, Rudolf 224
Amendola, Giovanni 224 245
Amery, Leopold Stennett 224 278
Amin, Idi 316
Anders, Günther 224
Anders, Wladyslaw 224
Andersa 299
Anderson, John 381
Andford, Rolf 224
Andreas-Friedrich, Ruth 224
Andreotti, Giulio 331
Ankersmit, Heleen 385
Annet, Armand 224
Anrich, Ernst 298
Ansaldo, Juan Antonio 224
Anschütz, Gerhard 264
Antonow-Owsejenko, W. 224
Apel, Hans 224
Apelt, Willibalt 224
Arafat, Yassir 298
Ardenne, Manfred von 224
Arendt, Hannah 245 249
Aretin, Erwein von 225
Armonas, Barbara 225
Arndt, Adolf 225
Arndt, Klaus Dieter 314
Arnold, H. H. 225
Arnold, Karl 228
Aron, Raymond 225 337 366
Aron, Robert 225

Arpinati, Leandro 293
Arthoffer, L. 225
Asa, Hafiz 297
Asquith 312
Astier, Emmanuel d' 225
Astor, Nancy 248
Atatürk, Kemal 241 271 331 362
Athenagoras I. von Konstantinopel 330
Atlas, Ezekiel 274
Attlee, Clement Richard 225 382
Aubin, Hermann 343
Auchinleck 249
Aufricht, Erna 294
Auman, Hans J. 226
Auphan, Amiral 333
Auriol, Vincent 226
Avenol, Joseph 228
Ayub, General 222
Ayub Khan, Mohammed 226
Azad, Maulana Abul Kalam 226

Ba Maw 227
Bach, Erich von dem 228
Bach, Otto 229
Baczynski, Edward 340
Baden, Max Prinz von 226 311
Badoglio, Pietro 224 232 270 309 336 370 374
Bäumer, Gertrud 227
Baeck, Leo 223 267 269 272 317 351 371
Baernreither, Joseph Maria 226
Bahr, Egon 249 378
Bahr, Hermann 266
Bahro, Rudolf 227
Bainville, Jacques 368
Bakunin 227 234
Baldwin, Stanley 227 291 320 324 361 385
Balfour, Arthur James 226 247 294 328 385
Ball-Kaduri, Kurt Jakob 227
Ballin, Albert 246 307
Bamberger-Beyfus, Elise 227
Bannister, Sybil 227
Barbey, Bernard 227
Barbier, J.-B. 227
Bardoux, Jacques 227
Barnard, John T. 228
Barraclough, Geoffrey 303
Barrès, Maurice 361
Barth, Karl 228 244 249 291 304 311 339
Barthelot, Jean 228
Bartolai, Sante 228
Baruch, Bernard M. 228 248
Barzel, Rainer 228 256
Basch, Franz Anton 263 362
Battisti, Cesare 269
Baudouin, Paul 228
Bauer, Max 299 376
Bauer, Otto 229 238 297 306
Baumgartner, Joseph 310
Baur, Hans 229
Bauseh, Paul 229
Bayar, Celâl 229
Bayern, Konstantin Prinz von 229 338
Bayern, Kronprinz Rupprecht von 270 285 357

Bea, Augustin 229
Beam, Jacob D. 229
Beamish, Hamilton 301
Beard, Charles A. 229 237 318 365
Beaufre, André 229 300
Beaverbrook, Lord William Maxwell Aitken 229 256 368
Bebel, August 221 229 235 241 283 287 354 384
Becher, Johannes R. 229
Becher, Walter 319
Beck, Józef 240 294 305 343 363
Beck, Ludwig 229 242 264 275 324 343 354 355 362
Becker, Carl Heinrich 230 256 380
Beckmann, Joachim 329
Begin, Menachem 230 278
Béguin, Albert 276
Behrend, Rahel 230
Beigbeder, Juan 279
Beke, Laszlo 230
Bell, George 230 357
Belotti, Bortoli 292
BenBella, Ahmed 319
Benckendorff, Count Constantine 231
Benedikt XV 253
Beneš, Eduard 229 231 242 268 303 318 330 337 352 367 368 379
Beneš, Karel 261
BenGurion, David 226 228 231 237 257 309 334 349
Benjamin, Georg 231
Benjamin, Walter 277 354
Benn, Gottfried 223 231 295 317
Benoist-Méchin, Jacques 231
Benoit, Joseph 231
Benson, Ezra Taft 231 312
Bentwich, Norman 231
Bérard, Armand 231
Berardi, Paolo 231
Béraud, Henri 231
Berchtold, Leopold Graf 280 306
Berenz, Adam 231
Berëzkov, Valentin Michajlovič 232
Berg, Friedrich von 232
Berger, Alexander 232
Bergér, Ludwig 232
Berggrav, Eivind 293 311 365
Bergsträsser, Ludwig 232
Bergstraesser, Arnold 319 356
Beria 253
Berlinguer, Enrico 232
Bernadotte, Folke 285 350 367
Bernanos, Georges 294
Bernaschek, Richard 304
Bernhard of the Netherlands, Prince 281
Bernstein, Eduard 224 241 340 382
Bernstorff, Albrecht 366
Bernstorff, Johann Heinrich Graf von 255
Bertram, Adolf Kardinal 232
Bertrand, Louis 233
Besson, Waldemar 233
Best, Karl Rudolf Werner 348
Bethmann Hollweg, Theobald von 278 292 375 386
Béthouart, Antoine 233

Bettelheim, Bruno 344
Betz, Anton 233
Beuve-Méry, Hubert 233
Bevan, Aneurin 233 241 264 303
Beveridge, Lord William Henry 233
Bevin, Ernest 243 261 382
Bianco, Livio 233
Bidault, Georges 233 287
Biddle, Anthony 233
Biddle, Francis Beverley 233
Biedenkopf, Kurt H. 233
Bielenberg, Christabel 234
Biermann-Ratjen, Hans Harder 234
Birnbaum, Immanuel 234
Bismarck, Graf Herbert von 234
Bismarck, Otto von 244 260 266 298 310 322 335 340 344 347 368 383 386
Bizardel, Yvon 234
Blamey, Sir Thomas 285
Blanckenhagen, Herbert von 235
Bloch, Ernst 235 251 307 385
Bloch, Joseph 235
Bloch, Marc 235
Blondel, Jules-François 235
Blücher, Wipert von 235
Blüher, Hans 234 235
Blum, Léon 225 228 235 238 248 251 256 293 304 310 321 348 382 385
Blumenberg, Werner 374
Blumenfeld, Erik 235
Blumenfeld, Kurt 236
Blunek, Hans Friedrich 236
Bodenheimer, Max Isidor 236
Böckler, Hans 238 356 375
Böhler, Wilhelm 318
Böhm, Franz 236
Böhm, Gustav 236
Böhm, Johann 236
Böhme, Herbert 236
Böll, Heinrich 236 283 304 309
Böschenstein, Hermann 236
Böß, Gustav 259
Boeselager, Georg von 287
Bogdanov 275
Bohlen, Charles E. 236
Bolin, Luis 236
Bolz, Lothar 236 320
Bonachen, Rolando E. 237
Bonar Law, Andrew 234
Bonhoeffer, Dietrich 222 230 233 237 255 281 288 289 304 306 315 324 335 380 385
Bonhoeffer, Karl 237
Bonn, Moritz Julius 237
Boor, Lisa de 237
Boothby, Robert 237
Borah 312 375
Borah, William E. 375
Boris III, roi des Bulgares 351
Boris, Zar 282
Bormann, Martin 233 237 285 305 312 371 384
Bornewasser, Franz Rudolf 283
Bornstein, Ernst Israel 237
Borodajkewycz, Taras 263
Bose, Subhas Chandra 371 380
Bottai, Giuseppe 274
Boumediène, Houari 265
Bourgiba 268
Boveri, Margret 238
Bowers, Claude G. 238
Bowles, Chester 238
Braan, Magnus Frhr. von 239
Bracke, Wilhelm 357

Brackmann, Albert 301
Bradley, Omar N. 238
Brändström, Elsa 332
Bräutigam, Otto 238
Brand, Joel 379
Brandsch, Rudolf 297
Brandsma, Père 223
Brandt, Heinz 239
Brandt, Willy 232 234 236 239 269 284 306 337 338 355 364 383
Branting, Hjalmar 239
Brasillach, Robert 239 264 372
Brauer, Max 239 311
Braun, Eva 255 278
Braun, Heinrich 239 321
Braun, Otto 266 317 355
Brecht, Arnold 240 257
Brecht, Bertolt 230 239 240 261 267 304 311 324 356 375
Brecht, Gustav 240
Bredel, Willi 240
Bredow, Hans 240
Bredt, Johann Victor 240 271
Brehm, Bruno 240
Breitscheid, Rudolf 297 350
Breker, Arno 240
Brenner, Otto 240
Brentano, Heinrich von 230 240 288 365
Brentano, Lujo 358
Brereton, Lewis H. 240
Brese, Wilhelm 240
Bret, Paul Louis 240
Breuer, Robert 240 297
Breysig, Kurt 363
Brežnev, Leonid Il'ič 240 255 323 361
Briand, Aristide 229 269 307 312 314 315 359 367
Briefs, Goetz 241
Brill, Hermann 241 355
Broch, Hermann 241
Brockdorff-Rantzau, Ulrich Graf von 283 380
Brod, Max 241 334
Brodetsky, Selig 241
Bronnen, Arnolt 241 379
Brown, George 241
Bruchmann, Karl C. 322
Brüning, Heinrich 225 227 238 241 242 279 299 301 310 320 323 326 348 371 374 376
Bruge, Roger 242
Brugère, Raymond 242
Brugmans, Hendrik 242
Brundert, Willi 242
Buber, Martin 231 234 242 286 287 300 305 338 350 379
Buber-Neumann, Margarete 242
Bucard, Marcel 291
Bucharin, N. I. 248 283
Bucher, Rudolf 242
Bukovskij, Vladimir 243
Bulganin, Nikolai A. 318
Bullitt 384
Bullitt, William C. 261
Bumke, Erwin 300
Bumke, Oswald 243
Bungarten, Franz 243
Buozzi, Bruno 243
Burckhardt, Carl J. 243 298 307
Burger, Hanuš 243
Burgess 339
Burgess, Guy 256
Burkhard, Hugo 243

Butler, R. A. 281
Butler, Richard Austen 238
Byrnes, James F. 244

Caballero, Ernest Gimenez 264
Cachin, Marcel 244
Cadogan, Sir Alexander 254
Cahén, Fritz Max 244
Caillaux 234
Calwer, Richard 324
Cambó, Francisco 245
Cambon, Paul 261 386
Campbell, Roy 244
Camus, Albert 237 244 245 283
Canaris, Wilhelm 231 241 242 248 264 268 281 287 300 302 318 333
Canetti, Elias 223 245
Carboni, Giacomo 245
Carcopino, Jérôme 245
Cardenal, Ernesto 328
Carlebach, Alexander 245
Carol II 341
Carossa, Hans 245 285
Carstens, Karl 245 255
Carter, Jimmy 384
Carton de Wiart, Comte 308
Carton de Wiart, Sir Adrian 245
Casati, Allesandro 270
Casement, Roger 292 342 383
Castro, Fidel 223 245 256 279 297 316 319 326 335
Catroux 323
Catroux, Georges Albert Julien 246
Cavallero, Maresciallo 246
Caviglia, Enrico 246
Ceaușescu, Nicolae 246 280 359
Cecil, Robert 226 369
Cerf-Ferrière, René 246
Cerruti, Elisabeth 246
Ceva, Bianca 246
Chabod, Federico 350
Chamberlain, Houston Stewart 295
Chamberlain, Neville 313 314 317 339
Chambon, Albert 246
Chandos, Lord 246
Chautemps, Camille 246
Cheshire, Captain 238
Choltitz, Dietrich von 247
Chromy, Edward 247
Chruschtschow 223 238 247 248 270 296 307 309 310 321 332 336 341 348 381
Churchill, Peter 247
Churchill, Winston 222 224 225 233 236 241 242 243 245 246 247 249 257 259 261 268 269 277 278 281 286 287 290 291 294 300 305 308 319 322 326 329 334 343 348 352 357 359 360 363 368 369 371 372 381 382
Ciano 324
Ciano di Cortellazzo, Conte Galeazzo 320
Cierva y Peñafiel, Juan de la 247
Cisneros, Ignacio Hidalgo de 247
Ciszek, Walter J. 247
Clark, Mark W. 247
Clary-Aldringen, Alfons 247
Clauberga, Carla 343 357
Clausewitz 279
Clay, Lucius D. 248 333
Cleaver, Eldridge 310
Clemenceau, Georges 227 243 248 278 288 322 341 344 378
Coeli, Regina 373

Coillie, Dries van 248
Colby, William 248
Collingwood, Lord 378
Collins, Sarah Mabel 248
Compton, Arthur Holly 248
Conant, James B. 248
Connally, Tom 277
Conrad von Hötzendorf, Franz 249 296 298 341
Coolidge, Calvin 249 305
Cordemann, Margarete 249
Cornil, Leon 268
Coudenhove-Kalergi, Richard 249 294
Couve de Murville, Maurice 249 317
Craig, Gordon A. 233
Creghton, Sir Kenelem 250
Cripps, Sir Stafford 249 261 357
Croce, Benedetto 222 244 245 246 253 264 310 313 328 331 362
Cronbach, Abraham 250
Crowe, Philip K. 250
Csokor, Franz Theodor 250
Cube, Walter von 250
Cuikov, Vasilij 250
Cunningham of Hyndhope, Andrew Browne Viscount 250
Curzon, George 289 323
Cysarz, Herbert 275
Czech, Ludwig 242
Czerniakow, Adam 250
Czernin, Ottokar 317 360

Dahlerus, Birger 250 315
Dahrendorf, Gustav 250 331
Dājā, Ja'el 250
Daladier, Edouard 251
Dalton, Hugh 251
Dammer, Otto 326
Daniels, Jonathan 251
D'Annunzio, Gabriele 237 252 306 343 344 349 374
D'Aosta, Amedeo 232 371
Darlan 241 323
Daumiller, Oscar 251
David, Eduard 251
Davies, S. J. 251
Davis, Angela 251
Dawes, Charles G. 370 382
Dayan, Moshe 251 305 369
Dean, General 251
Déat, Marcel 227 248 276
Debré, Michel 251
Decoux, Amiral 252
Dedijer, Vladimir 252
DeGasperi, Alcide 224 245 246 252 268 271 308 310 332 374
Degen, Gustave 252
Degrelle 326
Dehio, Ludwig 352
Dehler, Thomas 252 312
Delbo, Charlotte 252
Delbos, Yvon 256
Delbrück, Hans 369
Delcassé 327
Delgado, General 252
Delmer, Sefton 252
Delp S. J., Alfred 252 276 319 368
Dennler, Wilhelm 252
Dentz, général 304
Derby, Lord 247
Dernburg, Bernhard 352
Dessauer, Max 253
Detoeuf, Auguste 303
Detuschkron, Inge 253

Deutsch, Julius 253
Deutscher, Isaac 264
DeValera, Eamon 222 241 242 313 330
Dewavrin, André 253
Dewhurst, Claude H. 253
Dibelius, Otto 253 272 286 377
Dieckhoff, Hans Heinrich 253
Dieckmann, Johannes 253
Diefenbaker, John 366
Diels, Rudolf 303
Diem, Hermann 254
Dietl, Eduard 254
Dietrich, Hermann 349
Dietrich, Otto 254 371
Dietze, Constantin von 254
Djilas, Milovan 228 254 347 348
Dillon, Viscount Michael Eric 254
Dimitrov, Georgi 254 304 319 320 347 350
Dioudonnat, Pierre-Marie 254
Dirksen, Herbert von 239 254
Dix, Arthur 230
Dixon, Sir Pierson 254
Dobrzański, Henryk 291
Dodd, Martha 325
Dodd, William Edward 254
Döblin, Alfred 355
Dönitz, Karl 254 272 275 318 350 357
Döring, Wolfgang 255
Doerries, Reinhard 254
Dollfuß, Engelbert 221 242 358
Dollmann, Eugen 255
Donald, William 255
Donat, Alexander 255
Dor, Milo 255
Doriot, Jacques 223
Dostojewski 350
Doudot, Joseph 299
Douglas-Home, Sir Alec 253 385
Dowding, Lord 248 384
Drawbell, James Wedgwood 256
Drees, Willem 256
Dregger, Alfred 226
Drexel, Joseph 348
Drexler, Anton 335
Driesch, Hans 256
Drieu la Rochelle, Pierre 256 335 372 382
Drohojowski, Jan 256
Dubček, Alexander 342 358 375
DuBois, W. E. B. 241
Duclos, Jacques 256
Dudas, Jozsef 293
Dulles 323
Dulles, Allen 256
Dulles, John Foster 229 231 237 256 257 270 273 277 283 289 344
Dunchi, Nardo 256
Duncker, Hermann 275
Dungern, Otto Frhr. von 256
Dunin-Wasowicz, Krysztof 256
Dunner, Joseph 256
Durkheim, Emile 244 311 383
Duval, Raymond 257
Dzerżinskij, F. E. 241 257

Eban, Abba Solomon 257
Ebermayer, Erich 257
Ebert, Friedrich 225 233 234 244 257 259 281 301 332 335 350 355 356
Eccard, Frédéric 257
Eckart, Dietrich 259 337
Eckart, Felix von 257

Eden, Sir Anthony 221 225 227 241 244 247 257 262 266 341
Edøuard VII 294
Eggebrecht, Axel 257
Eggleston, F. W. 257
Ehard, Hans 257
Ehbauer, Hans 257
Ehlers, Hermann 236 257
Ehmke, Horst 257
Ehrenburg, Ilja 257 258 260 277 305
Eichhorn, Emil 327
Eichler, Willi 258
Eichmann, Adolf 223 238 239 272 296 297 301 303
Einaudi, Luigi 232 258 307 345
Einsiedel, Heinrich Graf von 258
Einstein, Albert 241 258 276 334 335 357
Einstein, Lewis 258
Eisenhower, Dwight D. 225 231 247 249 252 255 258 278 281 283 287 289 312 319 326 333 339 341 360 379
Eisler, Gerhart 384
Eisler, Hanns 351
Eisner, Kurt 258 305 350 353 356
Elizabeth II., Queen 328
Elser, Johann Georg 236 287
Ely, Paul 259
Elyashiv, Vera 259
Elzt-Rübenach, Paul Frhr. v. 290
Embry, Sir Basil 259
Emmendörfer, Heinrich 259
Emmerson, John K. 259
Enckell, Carl 259
Ende, Lex 239
Engel, Gerhard 259
Engel-Janosi, Friedrich 259
Engels, Friedrich 241 244 259 263 287 314 317
Epp, Ritter von 273
Eppler, Erhard 259
Eppler, John W. 259
Epstein, Melech 259
Epting, Karl 259 260
Epting-Kullmann, Alice 260
Erdmann, Karl Dietrich 230
Eremenko, V. 260
Erfurth, Waldemar 260
Erhard, Ludwig 236 245 260 284 311 324
Erkelenz, Anton 246
Erlander, Tage 260 319
Erlanger, Philippe 260
Erler, Fritz 260 292 361
Ernst, Robert 260
Ernst-Weis, Agnes 260
Erzberger, Matthias 259 260 321 348
Eschkol, Levi 339
Estournelles de Constant, Baron d' 382
Euringer, Richard 261
Eyck, Erich 299

Faber du Faur, Moriz von 261
Fahey, James 261
Faisal 231 358
Falk, Lucy 261
Falkenhayn 302
Fanfani, Amintore 261 268 341
Farinacci, Roberto 264
Farran, Roy 261
Fassbinder, Klara-Marie 261
Faulhaber, Michael von 225 261 305 376 380
Faure, Edgar 261 350

Fechter, Paul 261
Feder, Ernst 261 333
Fehling, Helmut M. 261
Feierabend, Ladislav Karel 262
Feis, Herbert 262
Feldmann, Markus 317
Fermi, Enrico 262
Ferry, Abel 262
Feuerstein, Valentin 263
Ficker, Ludwig 329
Field, Noel H. 308
Figl, Leopold 357 371
Figueroa, Augustin de 263
Fischer, Ernst 263 265
Fischer, Fritz 232
Fischer, Karl 235
Fisher, John 289
Fisher of Kilverstone, Lord 315
Fitz Randolph, Sigismund-Sizzo 263
Flach, Karl Hermann 263
Flach, Willy 333
Flake, Otto 278
Foch 381
Foch, Marschall Ferdinand 223
Födermayr, Florian 264
Foerster, Friedrich Wilhelm 243 264 271 303 371 377
Foerster, Wolfgang 270
Foot, Sir Hugh 264
Foot, Sylvia 264
Ford, Gerald Rudolph 221 284
Ford, Gerald Rudooph 368
Ford, Henry 243 328 336
Ford, Robert 264
Forell, Birger 300
Forrestal, James 264 312 345
Forst de Battaglia, Otto 264
Forster, Albert 337
Fraenkel, Ernst 261 264 277 363
Fraenkel, Heinrich 265
Franco, Francisco 248 250 265 268 286 309 315 372
François-Poncet, André 265
Frank, Anne 265
Frank, Hans 265 299 303 330 336 349 384
Frank, Karl Hermann 265 386
Frankenberg, Egbert von 265
Frankfurter, Felix 227 265
Frankl, Viktor E. 265
Franz Ferdinand, Erzherzog 276 292 295 299 382
Franz, Ingbert 265
Fraser, Peter 370
Frauenfeld, Alfred E. 265
Freder, Wilhelm 299
Frederick IX 280
Frei, Bruno 265
Frei, Eduardo 276
Freisler, Roland 242
Freitag, Walter 284
Frenay, Henri 266
Freyberg V. C., Lord 360
Freyer, Hans 333
Friderichs, Hans 273
Fridrichs, Hans 266
Fried, Alfred Hermann 336
Friedensburg, Ferdinand 266 267
Friedenthal, Richard 231
Friederike, Königin von Griechenland 350
Friedmann, Friedrich Georg 267
Friedmann, P. 269
Fritsch, Werner Frhr von 239

Fritzsche, Hans 362
Frowein, Abraham 267
Fučik, Julius 267
Fürst, Max 267
Fulbright, J. William 248 293
Funder, Friedrich 267 335
Furler, Hans 262 267
Furtwängler, Franz Josef 267

Gärtner, Margarete 268
Gaertner, Franz von 268
Gaitskell, Hugh 292 345
Galbraith, John Kenneth 268
Galeazzi-Risi, Riccardo 268
Galen, Clemens August Graf von 234 268 323 338
Galland, Adolf 268
Gallois, Pierre M. 268
Gambetti, Fidia 268
Gamper, Hans 262
Gamper, Michael 268 299
Gandhi 223 225 237 264 302 338 339 378
Gandhi, Indira 250 268 316 321
Gandhi, Mahatma 234 241 263 268 294 339
Garaudy, Roger 268 343
Garliński, J. 268
Garvin, J. L. 272
Gasparini, Jacopo 272
Gaulle, Charles de 224 227 234 237 246 247 256 262 267 268 269 270 275 291 298 307 311 338 343 354 371 372
Gaulle, de 225 226 248 251 260 261 280 281 304 305 315 316 317 320 321 322 328 333 334 336 344 354 355 374 376 379 380
Gaultier, Marcel 269
Gavagnin, Armando 269
Gawroński, Jan 269
Gayk, Andreas 269
Gebhardt, Karl 230
Gehlen, Reinhard 249 269
Geiler, Karl 366
Gens, Jacob 267
Genscher, Hans-Dietrich 269
Gentile, Giovanni 272
Georg V., von England 328
George, Stefan 349 359 366
George VI 269 308 381
George, William 270
Georghiu-Dej, Gh. 270
Gereke, Günther 270
Gerlach, Hellmut von 270
Gerland, Brigitte 270
Gerlich, Franz Michael 284
Germain, André 270
Germain, Louis 270
Gernier, Fernand 275
Gersdorff, Rudolf-Christopf Frhr von 270
Gerstein, Kurt 265 267 293 337
Gerstenmaier, Eugen 270 284 352 381
Gesell, Silvio 235
Geßler, Otto 230 270
Geyer, Curt 270
Geyr von Schweppenburg, Leo Freiherr 270
Gheorghe, Jon 270
Giano, Galeazzo 367
Giap, Vo-nguyen 270 307 330
Gildenman, Moshe 295
Gimpel, Erich 271
Giolitti 222 245 265 271 346 349 362

Giraud, Henri 267
Giscard d'Estaing, Valéry 304 370
Giuliano, Bartolomeo 271
Gladwyn, Lord 318
Glaser, Georg 271 278
Globke, Hans 271
Glubb, Sir John Bagot 271
Glum, Friedrich 271
Gobetti, Ada 271
Gobetti, Piero 228
Göhring, Martin 355
Göring, Hermann 224 233 241 244 264 267 306 315 323
Götting, Gerald 272
Goebbels, Joseph 238 239 264 267 271 282 289 293 315 342 344 351 354
Goebbels, Magda 257 318
Goerdeler, Carl 238 266 271 343 344 385
Goering, Emmy 272
Goetel, Ferdynand 272
Gogarten, Friedrich 366
Goldie, Sir George 263
Goldman, Emma 272
Goldmann, Erwin 272
Goldmann, Nahum 256 272 310
Goldstein, Moritz 272
Goldwater, Barry 312
Gollancz, Victor 272
Gollwitzer, Helmut 272
Gomulka 230 272 340
Gonzalez, Valentin 273
Gooch, G. P. 273 286 352
Goppel, Alfons 273
Gossler, Alfred von 292
Gottwald, Klement 273 288 301 308 340 386
Gould, B. J. 273
Grabmayr, Karl von 273
Grabowsky, Adolf 273
Gradl, Johann Baptist 273
Graf, Oskar Maria 274
Graf, Willi 274 302 336
Gramsci, Antonio 245 247 248 263 270 274 307 326 332 338 340 344 347 349
Grandval, Giblert 274
Grant Duff, Shiela 274
Granzow, Klaus 274
Grass, Günter 274
Grauwin, Paul 274
Gray, Lord 237
Graziani, Rodolfo 274 313
Grenzmann, Robert 275
Grew, Joseph C. 275
Griewank, Karl 224
Grimm, Friedrich 275
Grimm, Hans 275
Grimme, Adolf 275 331
Grivas 228 244
Grivas, George 276
Grobba, Fritz 276
Groener, Wilhelm 240 262 266 276 278 340 353
Gronau, Wolfgang 276
Gronchi, Giovanni 327 333 375
Grosche, Robert 276
Groscurth, Helmuth 276
Groß, Nikolaus 276
Grossi, Mazzorin C. 276
Grosz, George 308
Grotewohl, Otto 263 276
Gruber, Karl 276
Grüber, Heinrich 277 379
Grünberg, Gottfried 277

Grundig, Hans 277
Grynszpan, Herschel 296
Grzesinski, Albert C. 271
Gscheidle, Kurt 311
Guardini, Romano 313 344
Guastalla, Pierre-André 277
Guderian, Heinz 277 313 337 377
Gülzow, Gerhad 277
Günther, Hans F. K. 274
Gürtner, Franz 340 342
Guérin, Alain 277
Guest, Freddie 277
Guevara, Ernesto Che 269 277 288 291 311 317
Guggenheim, Edwin 309
Guiraud, Paul 291
Guisan, Henri 277 304
Gundlach S. J., P. Gustav 266
Gurian, Waldemar 224 263 290
Gustaf V 370
Gustav V 224
Guttenberg, Karl Ludwig Freiherr von und zu 344
Guttenberg, Karl-Theodor Freiherr von und zu 339
György, Ervin 278

Haakon, King of Norway 320
Haas, Ludwig 311
Haas, Otto 350
Haas, Willy 278
Haase, Hugo 244
Habe, Hans 278
Haber, Fritz 364
Habermas, Jürgen 246 291 319 350 382
Habsburg, Alice 278
Habsburg, Otto 295
Habsburg, Otto von 304 375
Hachenburg, Max 278
Hachiya, Michiko 278
Hägglöf, Gunnar 278
Haecker, Theodor 278
Hager, Kurt 279
Hahn, Assi 279
Hahn, Hugo 279
Hahn, Otto 279
Haile Selassie 338 362
Hainisch, Michael 279 379
Haldane of Cloan 361
Haldeman, Harry Robins 279
Halder, Franz 260 279 350 373
Halecki, Oskar 294
Halifax, Earl of 234 279
Hall, Sir William 292
Haller, Johannes 279
Hallgarten, Constanze 279
Hallgarten, George Wolfgang Felix 279
Hallstein, Walter 279 309
Halsey, William F. 319
Hamm-Brücher, Hildegard 280
Hammarskjöld, Dag 256 264 269 278 280 292 339 374
Hammarskjold, Dag 305 320
Hammer, Franz 280
Hammerstein-Equord, Kunrat Frhr. von 280
Hamsun, Knut 280 299 319 329
Hanauer, Rudolf 280
Hanfstaengl, Ernst 280
Hanke, Erich 280
Hantsch, Hugo 279 330
Harden, Maximilian 232 273 345 380 385
Harding, Warren G. 325

Hardinge, Lord Charles 273
Hardter, Robert 278
Harlan, Veit 280
Harnack, Adolf von 370
Harnack, Ernst von 280
Harriman, Averell W. 281
Harrington, James 281
Hartmann, Woldemar 281
Hartung, Fritz 281 330
Hartung, Hugo 281
Harvey, Oliver 281
Hasenclever, Walter 281
Hassan II, König von Marokko 281
Hassel, Kai Uwe von 230 281 339
Hassel, Sven 281
Hassell, Ulrich von 281
Hatta 302
Haubach, Theodor 280 281
Hauptmann, Gerhart 240 337
Hausenstein, Wilhelm 281 342
Haushofer, Albrecht 275 282 304 366
Haushofer, Heinz 265
Haushofer, Karl 329
Hausmann, Manfred 281
Havemann, Robert 282
Hayes, Carlton J. H. 279
Headlam-Morley, Sir James 282
Hearst, William Randolph 367
Heath, Edward 290 347
Hecht, Robert 290
Heckert, Fritz 303
Hedin, Sven 260 282
Heid, Heinrich 283
Heidegger, Martin 224 290 333 337 353 356
Heiles, Wilhelm 285
Heim, Georg 342
Heine, Wolfgang 266
Heinemann, Gustav 224 239 281 282 299 309 328 355
Heinkel, Ernst 282
Heisenberg, Werner 283
Held, Heinrich 297
Helen, Queen Mother of Rumania 306
Helfferich, Emil 283
Helfferich, Karl 382
Heller, Hermann 352
Hellwege, Heinrich 283
Helmer, Oskar 283
Hencke, Andor 283
Henderson, Sir Nevile 365
Henig, Kurt 282
Henle, Günter 283
Hennyey, Gustav 283
Henry-Haye, Gaston 283
Hensel, Walther 283
Hentig, Werner-Otto von 283
Herling, Gustav 284
Hermens, Ferdinand Aloys 264 284
Hermes, Andreas 284 341 356
Hernández Thomás, Jesús 284
Herrfahrdt, Heinrich 262
Herriot, Edouard 231 284 305 310 361
Hertel, Hans 284
Herter, Christian A. 329
Hertzog, James Barry Munnik 336
Herzfeld, Hans 244 284
Herzl, Theodor 247 248 259 285 354 364 386
Hess, Moses 359
Hess, Rudolf 234 255 275 285 290 306 315 356
Hesse, Fritz 283
Hesse, Hermann 285 347 376

Heusinger, Adolf 237 285 335
Heuss, Theodor 230 238 243 258 260 285 341 379 380 381
Heuss-Knapp, Elly 243 285
Hewart, Gordon 291
Heydrich, Lina 286
Heydrich, Reinhard 252 266 294 332 338 366 382
Heyman, Eva 286
Hielscher, Friedrich 286
Hierl, Konstantin 269 286
Hiess, Joseph 286
Hilferding, Rudolf 273 297 321
Hiller, Kurt 286
Hilton, Richard 286
Himmler, Heinrich 221 230 264 267 279 286 297 300 303 310 316 324 360 375 376 377 384
Hindenburg, Paul von 255 272 274 290 295 311 315 317 381
Hindls, Arnold 286
Hintzes, Otto 300
Hippel, Ernst von 286
Hirohito 323
Hirsch, Emanuel 354
Hirsch, Helmut 261 364
Hiss, Alger 250 287 293
Hitler, Adolf 221 222 224 225 226 227 228 229 230 233 234 238 239 241 242 243 245 250 251 253 255 260 261 262 263 266 267 269 271 272 273 274 275 277 278 279 280 281 282 285 286 287 288 289 291 292 293 294 296 298 299 301 303 305 311 316 322 325 326 327 329 334 335 336 337 339 340 341 342 345 348 349 350 351 352 354 356 358 360 363 364 365 366 368 369 370 371 373 374 376 377 378 379 381 382 384 385 386
Ho-Chi-Minh 237 256 262 263 277 279 287
Ho-Chi-Minh 291 299 304 328 369
Hoare, Samuel 234
Hochwälder, Fritz 369
Höcherl, Hermann 230
Höfer, Werner 287
Högner, Wilhelm 229 287 322
Hönig, Albertine 288
Höpker-Aschoff, Hermann 269
Hörsing, Otto 288
Höß, Rudolf 288
Hoepner, Erich 246
Hoetzsch, Otto 303 383
Hofmann, Josef 288
Holger, Hans 288
Holis, Sir Leslie 288
Hollaender, Ludwig 287
Holmes, Justice 288
Holstein, Friedrich von 343 345
Holzamer, Karl 288
Homburg, Wilhelm 288
Homma 297
Honecker, Erich 288 289 309
Hoover, Calvin 289
Hoover, Edgar 312 326
Hoover, Herbert 228 233 239 289 309 312 344 361 378 380
Hopkins, Harry 221 246
Hore 320
Horkheimer, Max 289 338 360
Horrocks, Sir Brian 289
Horstmann, Lali 289
Horthy, Ammiraglio 248
Horthy, Nikolaus von 273 289 306

Horton, Max 246
Howe 346
Howe, Louis McHenry 365
Howley, Frank Leo 289
Hudal, Alois C. 290
Hünenburg, Friedrich 290
Hugenberg, Alfred 254 289 307 344 377
Huie, William Bradford 290
Huizinga, J. H. 290
Hull, Cordell 338
Humbert-Droz, Jules 290
Hundhammer, Alois 290
Huntzinger 348
Hurwiez, Elias 290
Husák, Gustáv 290
Hussein 290 361 362
Husseini, Haj el 351
Hyde, Douglas 291
Hymans, Paul 291

Jabotinsky 351
Jackson, Robert H. 270
Jäckh, Ernst 291
Jaksch, Wenzel 226 236 291 338
Jannack, karl 242
Jannasch, Wilhelm 329
Jansa, Alfred 292
Jaspers, Karl 292 354
Jaurès, Jean 239 272 306 336 340 355
Jayakar, M. R. 292

Ibárruri, Dolores 292
Ibn Saud 319 320 335
Ickes, Harold L. 280 292

Jenschke, Bernhard 292
Jesenska, Milena 242

Ignotus, Paul 292

Jinnah, Mohammed Ali 236 319

Innitzer, Kardinal 342

Jobert, Michel 292
Jodl, Alfred 230 293 317 375
Johannes XXIII 223 258 306 315 336
Johannes XXIII, Papst 268
John, Otto 254 293 306 370
Johnson, James E. 293
Johnson, Lyndon B. 247 261 270 272 293 296 312 322 350 357 374 381
Joliot-Curie, Frédéric 293
Jonas, Franz 302
Jones, R. V. 293
Jones, Thomas 293
Joos, Joseph 293 376
Jordan, Rudolf 293

Ironside, Sir Edmund 293
Irwin, Lord 273
Isay, Rudolf 294
Ismail, Sir Mirza 294
Ismay, Lord 318 383

Juchacz, Marie 345
Jünger, Ernst 230 238 294 300 302 310 325 332 352 355 356
Jünger, Friedrich Georg 294
Juin, Alphonse Pierre 246 294
Jung, Edgar 264
Jung, Edgar Julius 274 335
Junker, Heinrich 294
Junkers, Hugo 236 340

Kaas, Ludwig 294 351 384
Kabongo 227
Kádár, János 294 332 358
Kadhafi 233
Kästner, Erich 294 377
Kahler, Erich 295
Kaisen, Wilhelm 295
Kaiser, Carl-Christian 295
Kaiser, Hermann 295 346
Kaiser, Jakob 249 301 327
Kallay, Nicholas 295
Kallinin, M. I. 295
Kalusche, Elfriede 295
Kantorowicz, Alfred 295 376
Kapian, Chaim Aron 296
Kaplan, Joseph 278
Kappler, Herbert 225
Kardorff, Ursula von 296
Kardorff-Oheimb, Katharina 296
Kareski, Georg 307
Karl I, Kaiser 247 272 292 310 358 382 385
Karmasin, Franz 329
Karolyi, Count Michael 318
Karolyi, Michael 296
Karsen, Fritz 340
Kastner, Rudolf 296 305 359
Katzer, Hans 296
Kaunda, Kenneth 296 313
Kautsky, Karl 241 288 296 305 349 377
Kehr, Eckart 360
Kehrl, Hans 296
Keitel, Wilhelm 296 375
Kekkonen 267
Kellgren, Henry 296
Kellog, Frank B. 259 262
Kellogg, W. K. 338
Kelly, David 296
Kelsen, Hans 345
Kennan, George Frost 296 342
Kenndey, John F. 246
Kennedy, Edward 309
Kennedy, John F. 237 238 239 265 276 278 282 293 297 299 302 314 321 328 330 333 349 352 354 359 361 367 378 381
Kennedy, Robert 242 305 328 352 358 363
Kennedy, Sir John 296
Kenyatta, Jomo 225 238 252 322 325 360
Kerenskij, Alexander 234 297 327
Kersten, Felix 233 297 371
Kesselring, Albert 297
Kessler, Harry Graf 297
Kessler, Helmut 297
Keyes, Roger 225
Keynes, John Maynard 281 298
Keyserlingk, Graf Robert 229 368
Kielmansegg, Erich Graf 298
Kiesinger, Kurt Georg 281 284 298 299
Killian, Hans 298
Kilmuir, Earl of 298
Kimmel, Admiral 298
King, Fleet Admiral 298
King, Martin Luther 231 294 298 300 308 310 320 378
King, William Lyon Mackenzie 251 262 280 290 327 336 344
King-Hall, Stephen 298
Kjoelsen, Frits Hammer 298
Kircher, Rudolf 342
Kirchner, Johanna 331
Kirdorf, Emil 373

Kirk, Lydia 298
Kirkpatrick, Sir Ivone 298
Kisch, Egon Erwin 298 359
Kisch, Guido 298
Kishi, Nobusuke 258
Kissinger, Henry 242 274 295 304 312 317 330 347 365
Klages, Ludwig 296
Klagges, Dietrich 226 232
Klausener, Erich 222
Klebelsberg, Raimund von 299
Klein, Theo Georg 299
Kleinewefers, Paul 299
Kleist-Schmenzin, Ewald von 299 351
Klepper, Jochen 226 292 299 300 344 357 365
Klieger, Bernard 299
Klump, Brigitte 299
Knolla, Romana 294
Knudsen, Harald Franklin 299
Koch, Hans 321 365
Koch, Ilse 324
Koch-Weser, Erich 246 338
Köhler, Erich 300
Köhler, Heinrich 300
König, Heinrich 377
König, Joel 300
Körner, Theodor 300
Köster, Adolf 255
Köstring, Ernst 284 300
Koechlin, Alphons 230
Koenen, Bernard 342
Koenne, Wilhelm 327
Koestler, Arthur 300
Kogon, Eugen 272
Kohl, Helmut 300 381
Kohn, Hans 299 300 339 383
Kohout, Pavel 300
Kolakowski 228
Kolb, Walter 299 300
Kolbe, Maximilian 261 310 316 383
Kolčak, Admiral 263
Kollwitz, Käthe 229
Konjew, Ivan Stepanowitsch 300
Konjew, Iwan Stepanowitsch 301
Kopelev, Lev 301
Kopf, Hinrich Wilhelm 376
Koplenig, Johann 301
Korbonski, Stefan 301
Korczak, Janusz 323
Korfanty 343
Korfanty, Adalbert Wojciech 361
Kortner, Fritz 301
Koschaker, Paul 301
Koslow, Frol Romanowitsch 258
Kossak, Zofla 301
Kosygin, Aleksej Nikolaevič 301
Kot, Stanislaw 301
Kotelawala, Sir John 301
Kovaes, Imre 301
Kramer, Gerhard 302
Kraus, Herbert 319
Kraus, Karl 265 283 302 306 335 340
Krausneck, Wilhelm 319
Kravchenko, Victor A. 302
Krebs, Albert 302
Kreisky, Bruno 224 302 307 342
Kreuger, Ivar 268 302 309
Krieck, Ernst 275
Kroeger, Jürgen E. 302
Krogmann, Carl Vincent 302
Kroll, Hans 302
Kronika, Jacob 302
Krümmel, Carl 373

Krupp 228 236 314 324
Krupp, Alfried 385
Krylov, Ivan 303
Kube, Wilhelm 342
Kuby, Erich 303
Kuckhoff, Adam 381 383
Kuckhoff, Greta 303
Kuczynski, Jürgen 303
Kudlich, Hans 338
Küchler, Georg von 284
Küchler-Silbermann, Lena 303
Kühlmann, Mira von 303
Kühlmann, Richard von 272 303 326 350
Kühn, Heinz 271 303
Külz, Wilhelm 230
Küster, Ingeborg 303
Kuhl, Hermann v. 318 321
Kun, Bela 367
Kuntz, Albert 298
Kupfer-Koberwitz, Edgar 303
Kusnezow, Eduard 304
Kuter, Laurence S. 304
Kutscher, Artur 304
Kuusinen, Aino 304

Labenski, Rosa 304
Laforet, Wilhelm 375
Laforge, Marcel 304
Lagarde, Paul de 310
LaMaziere, Christian de 304
Lambsdorff, Otto Graf 353
Lancucki, S. 304
Landauer, Gustav 295 304 309 312 317 339
Landmann, Ludwig 341
Landsberg, Otto 221
Landshut, Siegfried 283
Lang, Otto 362
Lange, Friedrich C. A. 305
Lange, Helene 265
Langlade, Paul de 305
Langoth, Franz 305
Laniel, Joseph 305
Lansing, Robert 230 360
Lanz von Liebenfels 250
LaPira, Giorgio 315
Laqueur, Walter 305
Laroche, Jules 305
Lasker-Schüler, Else 334
Laski, Harold J. 251 288 316 355
Lassalle, Ferdinand 248 326 330 373
Lattmann, Dieter 305
Lattre, Jean de 246 256 260 305 349 359 369 380
Laun, Rudolf 263
Laval 248 273 277
Laval, Pierre 229 253 291 303 314 350 370 378
Leahy, William D. 306
Leber, Georg 284 385
Leber, Julius 306
Leclerc 251 305
Lécorché, Maurice 306
Ledebour, Georg 306 341
Leeb, Wilhelm Ritter von 306
Leese, Arnold 273
Lefebvre, Georges 342
Lefebvre, Henri 319
Lefebvre, Jacques-Henri 306
Lefebvre, Raymond 271 383
Legien, Carl 323
Léhar, Anton 306
Lehman, Herbert H. 271

Lehndorff, Hans Graf von 306
Lehr, Robert 264
Leibholz, Gerhard 357
Leichter, Käthe 363
Leisner, Karl 336
Leith, Sir Fredrick 347
Leitner, Isabella 307
Lemmer, Ernst 307
Lenin 224 227 230 248 249 259 263 266 268 269 270 275 276 279 287 288 292 294 300 303 304 305 307 311 313 315 318 323 330 332 334 335 338 341 342 343 344 346 350 351 355 356 357 359 360 361 365 366 370 371 372 373 374 376 377 378 379 382 383 384 385
Lennert, Rudolf 307
Leo XIII 377
Leonard, Roger 307
Leonhard, Susanne 307
Leonhard, Wolfgang 307
Leopold III 224 276 307
Leopold, Josef 292
Lersner, Freiherr von 266
Lessing, Theodor 286 364
Lestchinsky, Jacob 315
Letterhaus, Bernhard 276 353
Lettow-Vorbeck, Paul von 307
Leuschner, Wilhelm 307
Leutelt, Helmut 307
Levetzow, Magnus von 284
Levi, Paul 231 307
Leviné, Eugen 319
Leviné-Meyer, Rosa 307
Leviné-Nissen, Eugen 353
Lewald, Theodor 303
Lewis, John L. 280
Ley, Karl 308
Leyen, Ferdinand Prinz von der 308
Lichtenberg, Bernhard 260
Lichtheim, Richard 308
Liddell Hart, Basil Henry 237 307 308
Lie, Trygve 308
Liebitzky, Emil 292
Liebknecht, Karl 297 308 319 354 371 372 383
Liebknecht, Wilhelm 250
Lilje, Hanns 308
Lin Piao 240
Lincoln, Charles 308
Lindbergh, Charles A. 248 251 308
Lindemann, A. 234
Lingens, Ella 309
Lippe, Viktor Freiherr von der 309
Lipper, Elinor 309
Lippmann, Leo 309
Lipski, Józef 254
Lischka, Kurt 234
Lissner, Ivar 309
Litwinow, Maxim 245 309 314
Liu Shao Chi 380
Lloyd George 244 249 250 266 332 364 368
Lloyd George, David 293 298 301 312 319 323 348 378 384
Lloyd George, Earl Richard 309
Lochner, Louis Paul 309
Lockhart, Sir Robert Bruce 309 310
Lodge, Henry Cabot 310 320
Lodgman von Auen, Rudolf 310 359
Löbe, Paul 310 331 355 371
Löhr, Alexander 253 269
Löwenstein, Hubertus Prinz zu 310
Löwenstein, Kurt 310
Loe, Emilie von 320

Loerke, Oskar 310
Lorca, Ferderico Garcia 310
Lothian, Lord 244
Lotz, Kurt 310
Loucheur, Louis 310
Lu Hsün 305
Luchtenberg, Paul 311
Luciolli, Mario 311
Ludendorff, Erich 229 240 264 266 273 294 301 311 313 385
Ludendorff, Mathilde 311
Lübke, Heinrich 258 284
Lücke, Paul 237
Lückenhaus, Alfred 311
Lüders, Marie-Elisabeth 311
Lüninck, Ferdinand Freiherr von 260
Lueger, Karl 304 353 360
Lukács, Georg 227 238 252 277 295 299 311 315 333 339 386
Lukasiewicz, Juliusz 311
Luke, Sir Harry 311
Lumumba 295 347
Lupescu, Elena 321
Luppe, Hermann 280 312
Luther, Hans 312 371
Luther, Martin 242
Luthuli, John 244
Luthull, Albert 312
Luxburg, Karl Graf 312
Luxemburg, Rosa 224 226 228 230 248 263 267 277 283 287 305 312 313 327 330 356 372 373 383
Lyautey 256 368
Lyautey, Louis Hubert Gonzalve 312

MacArthur 278 291 297 352 381 382
MacArthur, Douglas 249 290 310 320 354
MacCarthy 224 243
MacCarthy, 316 348
MacCarthy, Joseph 225 263 275 290 312 331
MacCormick, Anne O'Hare 312
MacDonald, J. Ramsay 348 374
MacDonald, J. Ramsey 313 315
MacDonald, James G. 312
Maček, Vladko 312
MacGovern 224
Mackiewicz, Stanislaw 313
Maclean 339
Macmillan, Harold 290 313 349
MacNamara, Robert S. 345
Madariaga, Salvador de 313
Magistrati, Massimo 313
Magsaysay 346
Mahraun, Artur 316
Maier, Hans 313
Maier, Hermann 313
Maier, Reinhold 313 371
Maihofer, Werner 386
Majskij, Ivan Michajlovič 314
Maitland, Francis Hereward 314
Maizière, Ulrich de 266 314
Makarios 374
Malan, Sailor 377
Malcor, Colonel 314
Malenkov 257 265 279
Malenkov, Georgij 367 318
Malenkow, Georgij 274
Maleta, Alfred 292
Malezewski, Kazimierz 314
Malinowskij, Rodion 258
Maller, Martin 314

Malraux 247 382
Malraux, André 268 304 314 324 332 362
Man, Hendrik de 314
Manacorda, Guiliano 314
Mandel, Georges 358 384
Mandel'štam, Nedežda Jakovlevna 314
Mann, Heinrich 257 276 284 295 298 300 314 380 383
Mann, Klaus 254 297 314
Mann, Thomas 228 234 240 243 263 268 282 290 291 302 307 314 319 337 340 354 361 366
Mannerheim 235 283 357
Mannerheim, Carl Gustav Freiherr von 315
Mannerheim, Gustaf 222 282 344 350
Mannheim, Karl 253 328
Manstein, Erich von 280 315 332 377
Manstein, von 351
Manus, Max 315
Mao Tse-tung 238 246 249 258 263 264 268 275 288 290 296 299 301 311 315 332 334 339 343 350 351 354 356 366 373 375 377 378 379
Marcks, Erich 291 365
Marcuse, Herbert 232 249 258 292 293 295 310 312 325 360 361
Marcuse, Ludwig 315
Margerie, Pierre de 226
Marinetti, Tommaso 269
Maroselli, André 315
Marshall, George C. 229 262 312 315 334 337
Martin, Benno 275
Martin, Hans-Leo 316
Martov 270
Marx, Hugo 316
Marx, Jenny 357
Marx, Julius 316
Marx, Karl 224 226 227 230 235 244 246 255 263 264 280 301 302 303 304 309 313 314 316 322 328 334 338 339 340 345 349 351 352 354 356 363 365 369
Marx, Marl 269
Marx, Wilhelm 326
Mary, Queen 337
Masaryk, Jan 255 256 309 328 364 367 370
Masaryk, Jan Thomas G. 234 302
Masaryk, Thomas G. 245 301 312 331 347
Maschmann, Melita 316
Massigli, René 316
Mast, Adolf 316
Matern, Hermann 316
Matteotti 271 349 352 371 372
Matthews, Kenneth 317
Matuschka, Michael Graf von 221
Mau, Hermann 242
Mauriac, François 317
Maurois, André 317
Maurras 347 359
Maurras, Charles 312 317 334
Mayenburg, Ruth von 317
Mayer, Rupert 276 345 376
Mayer, Saly 229
Mayrisch, Emile 227
Mazucco, Giuseppe 317
Mboya, Tom 340
Mehring, Franz 287 303 332 341

Meinecke, Friedrich 233 244 252 272 274 284 288 294 297 318 337 346 347 354 364 368
Meinecker, Federico 336
Meinertzhagen, Richard 318
Meir, Golda 247 254 315 318 367
Meiser, Hans 352
Meißner, Hans-Otto 318
Melchior, Carl 318
Melchior, Marcus 318
Melter, Pál 273
Mende, Erich 236
Mendès France, Pierre 273
Mendès-France, Pierre 238 273
Mendés-France, Pierre 305
Mendès-France, Pierre 319 326 328 347 349 380
Mengden, Guido von 232
Menna-Tebelen, A. 319
Menon, Krishna 239 270
Menzies, Robert Gordon 319
Merin, Moses 267
Merkel, Rudolf Franz 275
Merton, Richard 319
Methuen, Paul Ayshford Lord 319
Metternich, Paul Graf Wolff 319
Metzger, Max Josef 256
Metzler, Fritz Jakob 319
Meunier, Hubert 319
Meyer, Amiral 319
Meyerhof, Otto 286
Meyers, Franz 280 320
Michael of Rumania, King 306
Michaelis 355
Michaelis, Reichskanzler 320
Michalak, Jan 320
Michels, Robert 345
Mierendorff, Carlo 374
Mihajlović, Draža 226 376
Mihailović, Max 376
Miliukov, Paul 344
Miller, Otto 352
Millerand, Alexandre 252
Milner, Alfred Lord 366 384
Mindszenty 303 320
Mindszenty, József 320 359
Minster, Carl 301
Mischnick, Wolfgang 321
Mises, Ludwig von 321
Mitterand, François 238 270 321 336
Mitterer, Franz X. 316
Mlynár, Zdeněk 321
Model, Walter 272 291 307 321
Mölders 264 320 383
Möller, Alex 321
Mörl, Anton 321
Moellendorff, Wichard von 267 321
Moeller, Arthur 359
Moeller van den Bruck, Arthur 295
Moen, Peter 321
Moffat, Jay Pierrepont 289
Mohammed Reza Pahlevi 321 382
Mohammed Reza Pahlewi 375
Mohler, Armin 321
Molden, Fritz 321
Moll, Bruno 277
Mollet 375
Molo, Walter von 322
Molotov 241 310 322
Moltke, Helmuth James Graf von 263 322 346
Moltke, Helmuth von 227 291
Mombert, Alfred 231
Mommsen, Theodor 308

Monnet, Jean 284 322
Montgomery 298
Montgomery of Alamein, Bernard Law Viscount 246 322
Montherlant, Henry de 322
Monzie, Anatole de 337
Moor, Carl Vital 278
Moore, Bernard 322
Morandi, Rodolfo 222
Mordant, Général 323
Morgenthau, Henry 235 323
Morrison, Herbert 255 323
Morsey, Rudolf 323
Moser von Filseck, Carl 323
Mosley, Sir Oswald 225 323 324 360
Most, Johann 324
Most, Otto 324
Moulin, Jean 320 324 345
Mountbatten 244 293 368
Muckermann, Friedrich 284
Mühsam, Erich 228 290 340
Mühsam, Zensl 356
Müller, Admiral v. 345
Müller, Georg Alexander von 324
Müller, Heinz 324
Müller, Johannes 324
Müller, Josef 324
Müller, Karl Alexander von 272 324 351
Müller, Vincenz 324
Müller-Armack, Alfred 325
Müller-Marein, Josef 325
Müller-Meiningen senior, Ernst 342
Müller-Stifter, Albert Gerhard 383
Münzebrock, August 325
Münzenberg, Willi 276 325 362
Muench, Aloisius 228 325
Murphy, Robert 325
Murray, Nora 325
Mussert, Anton 345 365
Mussolini 225 237 244 245 248 254 262 267 274 279 298 304 312 316 322 325 329 336 347 349 360 362 365 375 381
Mussolini, Benito 252 255 262 271 286 302 311 326 330 337 344 345 348 358 367 374 381
Mussolini, Vittorio 326
Muthesius, Volkmar 326
Myagkov, Aleksei 326
Myrdal, Gunnar 326

Nadolny, Rudolf 294 326
Nagy 375
Nagy, Bela 326
Nagy, Imre 228 262 319 322 326
Namier, Sir Lewis 326 368 378 383
Naso, Eckardt von 326
Nasser 222 251 286 291 293 304 330 349 364 374 384
Naudé, Horst 326
Naumann, Friedrich 259 270 280 285 327 330 358 375
Nebe 271
Negrin, Juan 253 347
Nehru 232 239 246 250 257 296 306 318 325 326 348 358 360 373 385
Nehru, Jawaharlal 251 273 322 326 327 332 340 350 357 358 378
Nejkow, Peter 327
Nelson, Leonard 286
Németh, László 365
Nenni, Pietro 314 327
Nestriepke, Siegfried 331
Nettlau, Max 345
Neubacher, Hermann 327 386

Neubronn, Alexander Frhr. von 327
Neuendorff, Edmund 373
Neumann, Franz 331
Neumann, Siegfried 328
Nevermann, Paul 328
Newbold, Sir Douglas 283
Newcastle, Percy Lord 328
Niccacci, Rufino 340
Nicolson, Sir Harold George 328
Niebuhr, Reinhold 251 264
Niedermayer, Oskar Ritter von 357
Niekisch, Ernst 229 242 256 263 294 304 321 328 351
Nielsen, Frederic W. 328
Niemöller, Martin 233 321 328 329 353 361
Niemöller, Wilhelm 328
Nietzsche, Friedrich 318
Nikolaj II 228
Nitti 223 322
Nitti, Francesco Saverio 329
Nixon 223 261 293 297 370
Nixon, Richard 273 314 317 329 357
Nkrumah, Kwame 240 251 329 330 335 370
Noack, Ulrich 334
Nollau, Günther 329
Norden, Albert 329
Norman, Lord 247
Northcliffe 274 338 348
Noske, Gustav 236 250
Nostiz, Siegfried von 329
Nowak, Josef 330
Nowotny, Walter 330
Nuri as-Said 234 268
Nuschke, Otto 306 330
Nutting, Anthony 330
Nyerere, Julius K. 330 360 361

Oberländer, Theodor 256 330 340 359 377
Oberth, Hermann 281
Österreich, Tina 330
Oechelhäuser, Wilhelm 269
Oehme, Walter 330
Oelsner, Gustav 330
Oelze, F. W. 231
Oelze, Otto 331
Oelze, Regina 330
Ohlendorf, Otto 317
Ollenhauer, Erich 330 331 355
Oppenhejm, Ralph 330
Oppenheimer, Franz 331 338
Oppenheimer, J. Robert 250 364 381
Oppenhoff, Franz 337
Oprecht, Emil 363
Ordzonikidze, G. K. 331
Orlando, Vittorio Emanuele 254 331
Ortega y Gasset 242 302
Oschilewski, Walther Georg 331
Ossietzky, Carl von 275 276 281 301 318 331 375 378
Ossietzky, Maud von 331
Oster, Hans 228
Overstraeten, Raoul François Casimir 332

Paasikivi, J. K. 267
Paasikivi, Juho Kusti 274 332
Pabst, Helmut 332
Pabst, Major 344
Pacelli, Eugenio 279 348
Pacelli, Francesco 332 353
Pacher, Raphael 226

Paetel, Karl Otto 226 332
Paillole, Paul 332
Pakenham, Francis Aungier Baron 332
Palme, Olof 221
Palowiez, Sala 333
Pandit, Vijaya Lakshmi 278
Panikkar, K. M. 332
Pannwitz, General von 297
Papagos, Marschall 249
Papen, Franz von 226 232 238 249 260 261 288 292 313 318 333 349 358 379
Pareto, Vilfredo 295
Park Chung Hee 333
Parri 227
Parvus-Helphand 350
Pascoli 349
Pass, Luigi 333
Passy, Colonel 333
Pastor, Ludwig von 259
Patton 261 357
Patton, George S. 260 332 333
Paukers, Anna 344
Paul VI 224 247 277 332 333
Paulssen, Hans Constantin 324
Paulus, Friedrich 333
Pauly, Walter 333
Pavelić 227
Pavlov 226
Payer, Friedrich 333
Pearson, Lester Bowles 247 249 334 370
Pech, Karlheinz 334
Pechel, Rudolf 334
Peirotti, Francesco 336
Pekař, Josef 339
Peltier, R. 334
Peniakoff, Wladimiro 334
Penkowskij, Oleg 334
Perkins, Dexter 334
Pernerstorfer, Engelbert 362
Perón, Eva 334
Perón, Juan 255 332
Pétain 224 235 236 241 277 290 337 348 358 371 374
Pétain, Philippe 230 238 245 254 262 265 271 275 284 294 329 334
Peter II., King of Yugoslavia 334
Petersen, Carl 311
Petersen, Rudolf 293
Petershagen, Rudolf 335
Peterson, Sir Maurice 335
Petljura, Symon 252 301 335
Petrov, Vladimir 335
Peyrouton, Marcel 335
Pfleiderer, Karl Georg 263 335 341
Phillips, William 335
Phleps, Artur 335
Piddington, W. E. R. 336
Pieck, Wilhelm 260 266 336 376 378
Piétri, François 336
Pijade, Moscha 254
Pilsudska, Aleksandra 336
Pilsudski 257 276 300 346
Pimen 366
Pinay, Antoine 365
Pini, Giorgio 336
Piquet, Wicks, Eric 336
Pittnam, Key 248
Pius XI 245 249 347
Pius XII 229 243 244 247 250 259 266 271 306 320 332 333 336 337 345 349 352 353 368 379
Pivert, Marceau 227
Planck, Max 352
Plate, August 356

Platz, Hermann 232
Plener, Ignaz von 384
Pless-Damm, Ursula 337
Pleyer, Wilhelm 337
Plivier, Theodor 279 356
Poelchau, Harald 337
Pohl, Brigitte 337
Pohl, Oswald 337
Poincaré, Raymond 255 320 337
Polte, Willy 337
Pompidou, Georges 241 249 337 343 347
Ponto, Jürgen 337
Popitz, Johannes 253 284
Popoff, Georges 337
Popper-Lynkeus, Josef 230
Potthoff, Heinz 338
Poujade, Pierre 328 338
Pound, Ezra 329 385
Prasad, Rajendra 332 338
Praun, Albert 338
Prauss, Herbert 338
Přecan, Vilém 338
Preuß, Hugo 271 274 338
Preußen, Cecilie Kronprinzessin von 338
Preußen, Kronprinz Wilhelm von 284 293
Preußen, Louis Ferdinand Prinz von 338
Preysing, Konrad von 222 376
Preziosi, Giovanni 252
Prien, Günther 265
Primo de Rivera 231 272 340
Primo de Rivera, José Antonio 338 369
Prittwitz und Gaffron, Friedrich W. 339
Proebst, Hermann 339
Pu Yi 339
Puaux, Gabriel 339
Pünder, Hermann 339
Pünder, Werner 277
Putlitz, Wolfgang Gans Edler Herr zu 339

Quadros, Janio 223 374
Quaroni, Pietro 339
Quidde, Ludwig 368
Quisling 281 282 285

Raab, Julius 339
Radbruch, Gustav 227 237 273 286 340 383
Radek, Karl 272 306 307 321 363
Radhakrishnan, S. 328 340
Raeder, Erich 225 318 340 356
Rahner, Karl 319
Rajk, László 273
Rákosi, Mátyás 251 340
Rameke, Hermann Bernhard 340
Rappard, William E. 334
Rataj, M. 340
Rathenau, Walther 232 236 239 240 262 263 281 286 297 302 318 331 340 341 348 355 382
Rauch, Karl 341
Rausch, Jürgen 341
Rechberg, Arnold 375
Reck-Malleczewen, Friedrich Percyval 341
Reder, Major 274
Redlich, Josef 341
Redslob, Edwin 341
Regala, Roberto 341
Regler, Gustav 341

Rehwinkel, Edmund 341
Reichenberger, Emmanuel J. 342
Reichwein, Adolf 236 283 342
Reile, Oscar 342
Reimann, Max 222 342
Rein, Hermann 340
Reinhardt, Max 222
Reinhardt, Walther 260
Reinisch, Franz 302
Reitsch, Hanna 342
Remarque, Erich Maria 229
Remiger, Johannes Nepomuk 255
Renault, Gilbert 342
Rendel, Sir George 342
Rendulie, Lothar 342
Renner, Karl 221 280 295 327 342 355
Renouvin, Pierre 256
Retzlaw, Karl 343
Reusch, Paul 316
Reuter, Ernst 223 239 281 285 306 331 334 341 343 384
Reuther, Walther 251
Rey, Jean 345
Reynaud, Paul 343
Reza Pahlevi Mohammed 304
Rhee, Syngman 223 330
Rheinbaben, Werner Frhr. von 343
Ribbentrop, Joachim von 308 343
Richter, Hans Werner 344
Richter, Willi 230
Ridgway, Matthew Bunker 344
Riefenstahl, Leni 292
Riesser, Hans Eduard 344
Riezler, Kurt 269 322 336 344 361
Ringelblum, Emmanuel 297 301 344 348 360
Ritter, Gerhard 232 259 284 291 307 345 386
Robins, Raymond 318
Rocco, Alfredo 373
Rockefeller 223 248
Rockefeller, John D. 264
Rockefeller, Nelson 323
Röhm, Ernst 231
Röhricht, Edgar 345
Römer, Josef 349
Röpke, Wilhelm 345
Röttiger, Hans 345
Rohan, Karl Anton 345
Rohland, Walter 345
Rohrbach, Paul 233 237 321 345
Rokossovskij, K. K. 346
Rolnikaité, Maria 346
Rommel, Erwin 232 255 265 294 302 308 317 324 326 346 350 353 385
Rommel, Juliusz 346
Romulo, Carlos P. 362
Rood, Sir Rennell 238
Roosevelt, Eleanor 346
Roosevelt, Franklin D. 225 228 230 232 233 237 241 243 244 250 251 256 258 259 261 264 265 266 267 273 274 278 279 281 283 288 291 307 310 323 326 329 330 334 340 344 346 347 349 372 378 384
Ropp, Friedrich von der 346
Rosen, Friedrich 325 346
Rosenberg, Alfred 234 246 295 346 347 360 367
Rosenberg, Arthur 245 350
Rosenberg, Curt 346
Rosenberg, Ethel 380
Rosenberg, Ludwig 356
Rosenfeld, Elsbeth 346

Rosenstock-Huessy, Eugen 306
Roskothen, Ernst 347
Rosner, Thomas 347
Rossé, Joseph 353
Rossmann, Erich 347
Rosso, Alfredo 246
Rost van Tonningen, Meinoud Marinus 347
Roth, Joseph 238 241 264 347
Rothfels, Hans 270 347 352
Rothschild 323
Roubiczek, Paul 347
Rougemont, Denis 347
Rubinowicza, Dawida 348
Rudel, Hans-Ulrich 348
Rühle, Otto 284
Ruediger, Wilma 348
Rueter, Emilie 371
Ruge, Friedrich 348
Rundstedt, von 236
Rusk, Dean 309
Russell, Bertrand 348

Sabatier, G. 348
Šachta 264
Sack, Karl 236
Sadat, Anwar el 348
Sänger, Fritz 348
Sahm, Heinrich 348 362
Saint-Aulaire, Comte de 348
Saint-Exupéry, Antoine de 252 278
Salandra, Antonio 322 349
Salazar 247 308 317 318 337 348 349 361
Salengro, Roger 249
Salis, Jean Rudolf von 349
Salomon, Ernst von 321 349
Salomon, Michael 349
Salter, Lord Arthur 349
Salvatori, Luigi 349
Salvemini, Gaetano 243 244 252 263 349 367
Samuel, Viscount 238
Saragat, Giuseppe 350
Sarrail, Maurice 368
Sartre, Jean-Paul 303 322 384 385
Sauerbruch, Ferdinand 303 350
Savoia, Mafalda di 277
Scavenius, Erik 375
Schacht, Hjalmar 229 237 299 307 324 335 350 359 375
Schäfer, Karl 350
Schäffer, Hans 378
Schärf, Adolf 307
Schaeder, Hildegard 350
Schaffner, Jakob 226
Scharf, Kurt 313 335 350
Scharrer, Adam 351
Schauff, Karin 351
Schaumburg-Lippe, Friedrich Christian Prinz zu 351
Schedl, Otto 339
Scheel, Walter 351 353 381
Scheer, Reinhard 264
Scheffer, Paul 351
Scheler, Max 363
Schell, Margarethe 351
Schellenberg, Walter 351
Schelsky, Helmut 351
Schempp 234
Schenck, Ernst-Günther 351
Schenck, Olga 351
Scheptytzkyj, Andreas Graf 339
Scheringer, Richard 267 351

Scherl, August 260
Scheurer, Karl 351
Schickele, René 365
Schiemann, Paul 268 344
Schiffler, Eugen 352
Schiller, Karl 352
Schinckel, Max von 345
Schirach, Baldur von 352
Schirach, Henriette von 352
Schlamm, William S. 352
Schleicher, Kurt von 232 249 331 376
Schlenger, Herbert 335
Schlesinger, Jr., Arthur M. 330
Schlesinger, Moritz 352
Schleyer, Hanns Martin 352
Schlitter, Oscar 325
Schlüter 353
Schmid, Alfred 318
Schmid, Carl 262
Schmid, Carlo 352 353
Schmid, Willi 368
Schmidt, Anton 257
Schmidt, Helmut 235 353
Schmidt, Johannes 353
Schmidt, Paul 353
Schmidt-Hannover, Otto 353
Schmidt-Ott, Friedrich 353
Schmitt, Carl 226 231 263 267 288 300 314 317 326 335 344 353 356 370
Schmitz, Richard 379
Schmücker, Kurt 232
Schmumacher, Kurt 344
Schnabel, Franz 353 355
Schnee, Heinrich 353
Schneersohn, Isaac 318 353
Schneider, Paul 344 376
Schönaich, Franz von 285
Schönberner, Franz 354
Schönerer, Georg Ritter von 262 381 383
Schörner, Ferdinand 225 278 297
Schoeps, Hans-Joachim 354
Scholz, Arno 354
Schonauer, Franz 354
Schramm, Percy Ernst 282
Schreiber, Georg 355
Schreiber, Ottomar 355
Schröder, Gerhard 377
Schröder, Louise 355
Schröder, Rudolf Alexander 355
Schubert, Friedrich Hermann 224
Schücking, Walther 221
Schütz, Klaus 259
Schulenburg, Fritz-Dietlof Graf von der 302
Schulze, Fiete 355
Schumacher, Kurt 243 257 282 331 354 355 356 373 380
Schuman, Robert 306 312 345
Schuschnigg, Kurt von 356
Schuster, Kardinal 344
Schwab, Hermann 356
Schwarzschild, Leopold 314 377
Schweitzer, Albert 276 295 377
Schwerin von Krosigk, Lutz Graf 357
Scialoja, Vittorio 244
Seapini, Georges 350
Seeberg, Reinhold 238
Seeckt, Hans von 232 259 270 273 278 297 318 335 357 360
Segelken, Hans 357
Segerstedt, Torgny 278 366
Seghers, Anna 234 342
Seidel, Hanns 335 357

Seidel, Ina 357
Seipel, Ignaz 298 299 330 343 357 378
Seitz, Karl 250
Selby, Sir Walford 357
Seliger, Josef 385
Semjonow, Wladimir Semjonowitsch 261
Senger und Etterlin, Frido von 357
Senger, Valentin 357
Senghor, Léopold Sédar 237 315 320 347 357 362
Seraphim, P. H. 271
Serge, Victor 358
Servan-Schreiber, Jean-Jacques 249 358
Sethe, Paul 358
Seton-Watson, Robert William 358
Severing, Carl 369
Seydewitz, Max 358
Seydlitz, Walther von 315 358
Seydoux, François 358
Seymour, Charles 358
Seyss-Inquart, Arthur 327 346
Sforza, Carlo 320 358
Shandruk, Pavlo 358
Shavli, Pinkas 384
Shaw, George Bernard 357
Shdanow 318
Shigemitsu, Mamoru 358 359
Shinwell, Emanuel 359
Shtenkler, Ephraim 359
Shukov 348
Shukow 359 368
Shuster, George N. 359
Sieburg, Friedrich 359
Siegfried, André 359
Siemens 359
Siemsen, Anna 359
Signoretti, Alfredo 359
Sihanouk 370
Sikorski 293 294 310 321 359
Silex, Karl 359
Silverberg, Paul 359
Simmel, Georg 229 353
Simons, Walter 277
Simson, Eduard von 286
Sinkó, Ervin 360
Sinoviev 346
Sinsheimer, Hermann 360
Skölds 296
Skorzeny, Otto 360
Skrjabin, Elena 360
Slánský 360
Slawoj-Skladowski, Felicjan 360
Slessor, Sir John 360
Slim, Sir William 261 360
Smith, Walter Bedell 360
Smrkovský, Josef 331
Smuts, Jan Christiaan 267 280 359 360
Snow, Edgar 358 361
Soarès, Mario 361
Solf, Hanna 334
Solf, Wilhelm 319 375
Sollmann, Wilhelm 286 287
Sologdin 333
Solomon, Michael 361
Somary, Felix 361
Sonnemann, Theodor 361
Sonnenschein, Carl 260
Sonnino, Sidney 322 361
Sonntag, Catrin 361
Sorel, Georges 246 266 272 289 347 367
Sorge, Richard 243 251 266 272 316
Sorin, Valerian Alexandrowitsch 275 291

Sosnowski 328
Souchy, Augustin 361
Soustelle, Jacques 361
Spaak, Paul-Henri 290 305 342 361 382
Spahn, Martin 262
Spann, Othmar 354 359
Speer, Albert 251 314 355 362
Speidel, Hans 348 362
Spellman, Cardinal 268
Spengler, Oswald 300 335 362 367
Speranzewa, Kyra 242
Sperling, Fritz 357
Sperrie, Hugo 319
Spieker, Josef 362
Spies, Gerty 362
Spinella, Mario 362
Spitta, Theodor 362
Spitzemberg, Hildegard Baronin 362
Spranger, Eduard 332 362
Springer, Axel 362 378
Sproll, Johannes Baptista 362
Squires, Richard 362
Srbik, Heinrich Ritter von 222 229 326 347 367
Stackelberg-Sutlem, Eduard Frh. von 362
Staehle, Wilhelm 346
Staempfli, Paul 363
Stahl, Julius 276
Stalin 221 223 224 225 226 230 245 252 253 254 255 263 266 275 278 281 283 291 294 305 310 315 318 331 332 357 360 361 363 364 367 368 372 373 374 380
Stalin, Josif Vissarionovič 228 231 238 241 286 312
Stampfer, Friedrich 266 321 363 371
Stancioff, Dimitri 325
Standley, William H. 363
Stapel, Wilhelm 297
Starhemberg, Ernst Rüdiger Fürst 363
Stark, Oskar 363
Stauffenberg, Bertold 385
Stauffenberg, Claus Graf 263 302 333 351 385
Stauffenberg, G. 324
Steding, Friedrich 363
Steg 284
Stegerwald, Adam 223 253 261 354
Stehlin, Paul 363
Stehmann, Siegbert 355
Stein, Edith 223 254 257 274 296 363
Stein, Sigmund 253
Steinacher, Hans 291 344 363
Steinacker, Harold 262
Steinbömer, Gustav 285
Steinhoff, Johannes 363 364
Steinömer, Gustav 363
Steitzer, Theodor 364
Stennes, Walther 256
Stepinac, Aloysius 256 333 336
Stepun, Fedor 364
Stern, Bruno 364
Stern, Heinemann 364
Stern-Rubarth, Edgar 364
Sternberg, Judith 364
Sternheim, Carl 357
Stettinius, Edward R. 364 377
Stevens, Leslie C. 364
Stevenson, Adlai 248 259 316 325
Stevenson, Adlai E. 241 251 364
Stieff, Helmuth 347
Stikker, Dirk Uipko 365
Stilwell, Joseph Warren 346 365 372

Stimson, Henry L. 250 323 340 384
Stinnes, Hugo 299
Stock, Franz 243 300
Stockhausen, Max von 365
Stoecker, Adolf 366
Stoecker, Walter 278 365
Stolper, Gustav 365
Stoltenberg, Gerhard 339 381
Stone, Paul 365
Stoph, Willi 365
Storz, Gerhard 365
Strachwitz, Graf 265
Strang, William Lord 365
Strasser, Gregor 298 365
Strasser, Otto 224 273 327 332 341 351 365 380
Stratmann, Franziskus Maria 365
Straus, Rahel 365
Strauß, Franz Josef 248 251 258 265 303 314 356 365 366 377 383 384 385
Strauss, Leo 291
Streicher, Julius 289 298 307
Strempel, Heribert von 366
Stresemann, Gustav 227 232 238 249 257 259 260 268 269 271 274 284 286 287 310 312 317 348 352 353 359 366 369 373 377 379
Strong, Kenneth 366
Stroop, Jürgen 321
Strumph-Wostkiewicz, Stanislaw 366
Student, Kurt 363
Studnitz, Hans-Georg von 366
Studziński, Tadeusz 366
Stüber, Fritz 366
Stücklen, Richard 296
Sturzo, Luigi 245 323 344 346 349 366
Stypulkowski, Zbigniew 367
Südekum, Albert 266
Sündermann, Helmut 367
Suhr, Otto 331
Suhrkamp, Peter 374
Sukarno 250 302 306 332 334 375
Sulzberger, Cyrus L. 367
Sulzer, Hans 288
Sun Yat-sen 229 247 292 358
Susman, Margarete 367
Sussmann, Heinrich 367
Svoboda, General 263
Swianiewicz, Stanislaw 367
Sylvester, A. J. 250
Szembek, Graf 282
Szembek, Jan 367 385
Szende, Stefan 367
Szymanski, Antoni 367

Taalingen-Dols, L. M. I. L. 367
Tabouis, Geneviève 367
Tadden-Trieglaff 290
Taft 225 381
Taft, Robert A. 333
Taft, William Howard 224
Tank, Kurt 249
Tanner, Väinö 368
Tarchiani, Alberto 368
Tardieu, André 225 301
Tau, Max 368
Tauber, Otto Frhr von 368
Taucher, Franz 368
Tausk, Walter 368
Taylor, A. J. P. 255
Taylor, Alan John Percivale 238 378
Tedder 332
Tedder, Lord Arthur William 368
Teilhard de Chardin 248 252 283 316

Teleki, Pál 370
Templewood, Samuel Hoare Viscount 368
Tesch, Bruno 222
Thadden, Adolf von 348
Thadden, Elisabeth von 311
Thälmann, Ernst 232 240 251 282 316 325 327 339 352 369
Thaer, Albrecht von 369
Thalmann, Paul 369
Thape, Ernst 369
Thatcher, Margaret 249 268 308
Theodōrakēs, Mikēs 369
Thieme, Karl 369
Thiess, Frank 369
Thimayya of India 261
Thomas, Albert 350
Thorez, Maurice 344 370
Thyssen, Fritz 373
Tietz, Hermann 370
Tillich, Paul 256
Tillmanns, Robert 370
Tingsten, Herbert 370
Tinker, H. 370
Tirpitz, Alfred von 355 369
Tiso, Jozef 325 333 386
Tito 226 227 228 247 252 256 279 293 294 298 326 334 375 381 386
Tito, Josip Broz 236 313 339 370 375 376
Titulescu, Nicolae 305 327 331 368 370
Tönnies, Ferdinand 244 291
Toeplitz, Heinrich 370
Togliatti 252 262 320 357 365
Togliatti, Palmiro 236 277 350 368 370 374
Togo 235
Tojo 244
Toller, Ernst 243 302
Torres, Camilo 241 278 287 363
Touré, Sékou 258
Toynbee, Arnold J. 244 296 371
Tree, Ronald 371
Treitschke, Heinrich von 255 308 335
Trendelenburg, Ernst 251
Trepper, Leopold 371
Tresckow, Henning von 351
Treutler, Karl Georg von 292
Trevelyan, George Macaulay 284
Treviranus, Gottfried R. 371
Trevor-Roper, Hugh Redwald 371
Triepel, Heinrich 288
Trillhaas, Wolfgang 371
Tripodi, Nino 371
Trochta, Stephen Cardinal 327
Troeger, Heinrich 376
Troeltsch, Ernst 296 356
Trott, Adam von 233 309 347 367
Trott zu Solz, Werner von 372
Trotzki 228 253 356 364 375
Trotzki, Leo 221 241 245 251 259 289 324 340 349 358 372 378
Trudeau, Pierre 366
Trujillo 249 284 326 331 372
Truman 278 290 363
Truman, Harry S. 248 256 263 279 286 320 333 361 369 372
Tschammer, Hans von 363
Tschiang Kai-schek 250 259 279 289 310 333 347 352
Tschiang Tsching 383
Tschirschky, Fritz Günther von 372
Tschu En-lai 289 291
Tsur, Jacob 372

Tuchatschewski 223 329 350 362 372
Tucholsky, Kurt 337 338 340 372
Turati, Filippo 352 372

Udet, Ernst 284 294
Üxküll, Nikolaus Graf von 362
Ugolino, Amedeo 255
Ulbricht, Walter 229 271 330 364 369 373 386
Ulitz, Otto 379
Ulitzka, Carl 221 379
Ullmann, Hermann 371 373
Ulmanis, Kārlis 375
Ulrich, Carl 373
Umberto II 225
Unden, Østen 274
Unruh, Friedrich Franz von 374
Unruh, Fritz von 340
UNu 244
Urbas, Emanuel 374
UThant 234

Vācietis, Jukums 270
Valentinov, N. 374
Valjavec, Fritz 254
Valtin, Jan 374
Vandenberg 374
Vansittart, Robert Gilbert Lord 248 374
Varga, Eugène 370
Vegesack, Siegfried von 374
Velsen, Stephan von 374
Venus, Ernst 375
Vermeil, Edmond 268
Verweyen, Johannes Maria 295
Verwoerd 223 284 374
Vetter, Heinz Oskar 375
Viereck, Sylvester 293
Viertel, Berthold 335
Villa, Francisco 246
Vins, Georgij Petrowitsch 375
Visser't Hooft, Willem A. 375
Vittorio Emanuele III 232 236 244 249 350
Vocke, Wilhelm 375
Vögler, Albert 299
Vörörs, János 273
Voegelin, Eric 331
Vogel, Georg 376
Vogel, Hans-Jochen 376
Vogel, Karl 376
Vogeler, Heinrich 260
Vogelsang, Thilo 376
Vollmar, Georg von 287 292 376
Vollmer, Bernhard 376
Vollrath, Ernst 376
Vordtriede, Werner 376
Vos, Pierre de 376
Voßkühler, Heinz 329

Wachenheim, Hedwig 376
Wachstmuth, Wolfgang 376
Wagner, Cosima 376 377
Wagner, Eduard 377
Wagner, Richard 317 363 377 385
Wahl, Karl 377
Waitz, Sigismund 291
Walden, Rudolf 294
Waldheim, Kurt 377
Wallace, Henry A. 279 353 377
Wallenberg, Raoul 377 384
Wallraff, Günter 377
Walther, Gerda 378
Wang Chingwei 237
Warburg, Gerta 380

Warren, Earl 296
Wassermann, Jakob 258
Watson-Watt, Sir Robert A. 378
Wavell 249 262 378
Weber, Alfred 260 339 348
Weber, Max 221 225 230 231 232 235 262 265 271 290 292 294 304 310 322 329 336 355 358 368 379 385
Wedemeyer, Albert C. 379
Wegscheider, Hildegard 379
Wehner, Herbert 266 269 379
Weichmann, Herbert 379
Weidenreich, Ruth 379
Weidlein, Johann 379
Weil, Simone 379
Weinheber, Josef 279 282 326
Weit, Erwin 380
Weizman, Ezer 380
Weizmann, Chaim 227 232 235 266 278 309 340 359 379 380
Weizsäcker, Carl Friedrich von 380
Weizsäcker, Ernst von 274 286 380
Welensky 223
Wells, H. G. 379
Wels, Otto 222
Wendel 267
Wendel, François de 292
Wenner-Gren, Axel 236
Wennerström, Stig 345 380
Westarp, Kuno Graf 371
Westmoreland 267
Westphal, Siegfried 380
Weygand, Maxime 227 237 340 380 381
Weyl, Johannes 381
Widenmann, Wilhelm 381
Wiechert, Ernst 381
Wiedenfeld, Kurt 381
Wiedfeldt, Otto 355
Wield, Friedrich 311
Wien, Otto 381
Wiener, Alfred 225 381
Wiese, Leopold von 223
Wignall, Sydney 382
Wilamowitz-Moellendorff, Ulrich von 245
Wildermuth, Eberhard 300
Wildner, Clemens 382
Wilhelm II, Kaiser 227 233 248 272 281 283 292 302 314 324 344 355 361 381 386
Wilhelmina, Prinzessin der Niederlande 382
Wilhlelm II, Kaiser 382
Willefosse, Louis de 375
Willner, Jakub 382
Wilmot, Chester 288
Wilmowsky, Tilo Frhr. von 382
Wilson 238 251 270 274 288 304 361 374
Wilson, Harold 329 360 382
Wilson, Woodrow 227 235 243 245 247 250 253 254 262 263 268 269 279 286 289 293 305 306 307 309 313 316 331 339 353 356 358 373 378 384
Wimmer, Lothar 382
Wimmer, Thomas 280
Windsor, Eduard Herzog von 236 357 382
Windthorst, Ludwig 253 262 362
Wingate, Sir Ronald 383
Wining, August 343
Winkler, Max 380
Winnig, August 296 304 383
Winter, Franz Florian 383

Winter, Georg 345
Winzer, Bruno 383
Wirth, Reichskanzler a. D. 266
Wiskemann, Elizabeth 383
Wissell, Rudolf 226 383
Witos, Wincenty 383
Wittgenstein, Ludwig 371
Wlassow 363 366
Wlassow, General 257 282
Wodak, Walter 383
Wohleb, Leo 290 383
Wolf, Gerhard 373
Wolf, Lore 383
Wolff Metternich, Paul Graf 384
Wolff, Theodor 300 356
Wolff, Wilhelm 353
Wolfskehl, Karl 319 384
Wollton, Earl of 384
Woroschilow, Kliment Jefremowitsch 258

Wrangel, Baron Peter N. 384
Wrangell, Wilhelm Baron 384
Wüscht, Johann 366
Wulff, Wilhelm Theodor Heinrich 384
Wulffen, Christian 384
Wurm, D. 350
Wurm, Theophil 384
Wyneken, Gustav 258 303
Wyschinski, Andrej 245
Wysocki, Alfred 384

Yomashita 297
Yorck von Wartenburg, Paul Graf 384
Yoshida, Shigeru 385

Zápotocký, Antonin 316
Zechlin, Walter 385
Zeeland, Paul van 330
Zehrer, Hans 252
Zerkaulen, Heinrich 385
Zetkin, Clara 255 361 378 385
Ziehm, Ernst 385
Ziekursch, Johannes 352
Zini, Zino 236 386
Zita, Kaiserin 269 374
Živkov, Todor 289
Zoff, Otto 386
Zubow, Valentin Graf 386
Zuckermann, Sir Solly 386
Žukov, Georgij 246 386
Zunz, Leopold 386
ZurLinden, Wilhelm 386
Zweig, Arnold 383
Zweig, Friderike 386
Zweig, Stefan 378 386

Microfiche-Editionen zu Politik und Zeitgeschichte

Verhandlungen des Deutschen Bundestages und des Bundesrates. 1949–1980

Hrsg. vom Deutschen Bundestag und dem Bundesrat. Ca. 800 000 Seiten auf ca. 2000 Microfiche
(Koproduktion mit dem Verlag C.H. Beck)

1. Wahlperiode 1949–1953 Bundestag.
1981. ca. 51 000 S. auf 91 Microfiche
DM 2450,—
ISBN 3-598-30201-0

2. Wahlperiode 1953–1957 Bundestag
1982. 54 000 S. auf 113 Microfiche
DM 2950,—
ISBN 3-598-30203-7

3.–6. Wahlperiode Bundestag und 1.–6. Wahlperiode Bundesrat
in Vorbereitung

7. Wahlperiode 1972–1976 Bundestag.
1980. Ca. 86 000 S. auf 248 Microfiche
DM 3750,—
ISBN 3-598-30213-4

7. Wahlperiode 1973–1976 Bundesrat.
1981. Ca. 55 000 S. auf 187 Microfiche
DM 2400,—
ISBN 3-598-30214-2

8. Wahlperiode 1976–1980 Bundestag.
1981. Ca. 84 000 S. auf 196 Microfiche
DM 2950,—
ISBN 3-598-30215-0

8. Wahlperiode 1977–1980 Bundesrat
1981. Ca. 50 000 S. auf 177 Microfiche
DM 2500,—
ISBN 3-598-30216-9

9. Wahlperiode 1980–1984 Bundestag
und
9. Wahlperiode 1981–1984
erscheinen periodisch

German-Jewish Periodicals 1845–1938

Sammelwerk: 45 Zeitschriftentitel auf 102 Filmrollen. 35 mm Silberhalogenid-Mikrofilm. DM 10 800,—
ISBN 3-598-40522-7

Historiker datieren den Beginn des Zweiten Weltkrieges auf den 1. September 1939. Daß in dieser Zeit deutsche und österreichische Juden von den Nationalsozialisten verfolgt, gefoltert und ermordet wurden, war bekannt. Tatsächlich reicht die Geschichte des Antisemitismus aber wesentlich weiter zurück als bis zur Machtergreifung Hitlers.

Deutsch jüdische Zeitschriften, die schon im 19. Jahrhundert erschienen sind, geben ein genaues Bild der Lebensumstände der deutschen Juden wieder.

Das Leo Baeck Institut in New York besitzt eine fast komplette Sammlung von deutsch-jüdischen Zeitschriften, die zu den bedeutendsten der Welt gehört. Diese äußerst seltenen Zeitschriften sind jetzt als Gesamtwerk auf Filmrollen erhältlich.

Reichskommissar für Überwachung der öffentlichen Ordnung und Nachrichtensammelstelle im Reichsministerium des Innern

Lageberichte (1920–1929) und Meldungen (1929–1933)

Hrsg.: Ernst Ritter
1979. 1 + 399 Microfiches mit Begleitbuch. Einleitung und Indices, XXXVI, 258 S. Brosch, DM 1785,—
ISBN 3-598-10004-3

Seit dem Sommer 1920 koordinierte ein Reichskommissar beim Reichsministerium des Innern die Berichterstattung der für die deutschen Länderregierungen arbeitenden Nachrichtendienste, insbesondere der Staatskommissare zur Überwachung der öffentlichen Ordnung. In zeitweise wöchentlich erstatteten Lageberichten registrierte er sämtliche staatsfeindliche Bestrebungen, die die territoriale Integrität des Reichsgebiets bedrohten – so vor allem die gegen die Weimarer Verfassung gerichteten rechts- und linksextremistischen Umsturzbestrebungen. Mit besonderer Intensität wurden die KPD mit ihren Nebenorganisationen und die Wehrverbände beobachtet.

Die hier herausgegebenen 128 Lageberichte spiegeln in chronologischer Reihenfolge die Beobachtungen des Reichskommissars von August 1920 bis Februar 1929 wider. Die Zeit von 1929 bis 1933 wird in nicht durchgezählten Einzelmeldungen in sach- und organisationsbezogener Zusammenstellung dokumentiert.

K·G·Saur München · New York · London · Paris

K·G·Saur Verlag KG, Postfach 71 10 09, 8000 München 71, Tel. (0 89) 79 89 01, Telex 05 212 067 saur d · Auslieferung: Stuttgarter Verlagskontor